U0907472

“十二五”国家级专项规划汇编

（第三辑）

国家发展和改革委员会 编

人民出版社

出版说明

国家“十二五”规划《纲要》颁布实施以来，国务院各有关部门围绕《纲要》提出的目标任务，组织编制并报请国务院批准实施了一批国家级专项规划。这些规划的批准实施，对于有效促进《纲要》的贯彻落实、加强和改善宏观调控发挥了重要作用。

为加强宣传、增进共识，进一步发挥规划对经济社会发展的引领作用，我们将陆续组织出版《“十二五”国家级专项规划汇编》丛书。本书是丛书第三辑，收录了近年来国务院批准实施的47个涉及“十二五”时期的国家级专项规划，包括农业农村、产业发展、基础设施、资源环境、科技教育、社会发展等领域。汇编过程中，根据需要对部分规划进行了适当删节。

希望丛书的陆续出版发行，能够为各级政府部门提供决策参考的依据，为科研中介机构提供研究咨询的素材，为社会各界提供增进发展共识的途径，引导各有关方面努力将“十二五”经济社会发展宏伟蓝图变为现实。

本书汇编和出版过程中，得到了国务院各有关部门的大力协助，在此一并表示感谢。

编　者

2013年12月

目　录 Contents

一、农业农村

3 国家农业节水纲要(2012—2020年)

9 全国现代农作物种业发展规划(2012—2020年)

19 国家农业综合开发高标准农田建设规划

35 扶贫开发整村推进"十二五"规划

67 全国游牧民定居工程建设"十二五"规划

二、产业发展

85 服务业发展"十二五"规划

107 金融业发展和改革"十二五"规划

124 生物产业发展规划

136 关于促进光伏产业健康发展的若干意见

142 民用航空工业中长期发展规划(2013—2020年)

149 信息产业发展规划

161 船舶工业加快结构调整促进转型升级实施方案(2013—2015年)

三、基础设施

169 能源发展"十二五"规划

191 天然气发展"十二五"规划

211 国家公路网规划(2013—2030年)

219 长江流域综合规划(修编)(2012—2030年)

275 黄河流域综合规划(修编)(2012—2030年)

322 淮河流域综合规划(修编)(2012—2030年)

369 海河流域综合规划(修编)(2012—2030年)

418 辽河流域综合规划(修编)(2012—2030年)

469 松花江流域综合规划(修编)(2012—2030年)

520 珠江流域综合规划(修编)(2012—2030年)

552 太湖流域综合规划(修编)(2012—2030年)

四、资源环境

593 节能减排“十二五”规划

609 循环经济发展战略及近期行动计划

638 重点区域大气污染防治“十二五”规划

664 近期土壤环境保护和综合治理工作安排

667 重金属污染综合防治“十二五”规划

681 核安全与放射性污染防治“十二五”规划及2020年远景目标

694 全国防沙治沙规划(2011—2020年)

725 全国湿地保护工程“十二五”实施规划

744 我国气象卫星及其应用发展规划(2011—2020年)

五、科技教育

755 “十二五”国家自主创新能力建设规划

770 国家重大科技基础设施建设中长期规划(2012—2030年)

780 全民科学素质行动计划纲要实施方案(2011—2015年)

794 计量发展规划(2013—2020年)

803 关于推进物联网有序健康发展的指导意见

六、社会发展

811 卫生事业发展“十二五”规划
825 国民旅游休闲纲要(2013—2020年)
828 孔子学院发展规划(2012—2020年)
833 中国反对拐卖人口行动计划(2013—2020年)

七、其　他

843 关于加快培育国际合作和竞争新优势的指导意见
850 国内贸易发展“十二五”规划
862 全国老工业基地调整改造规划(2013—2022年)
876 国家海洋事业发展“十二五”规划
893 全国海洋经济发展“十二五”规划
911 关于促进海洋渔业持续健康发展的若干意见

一、农业农村

国家农业节水纲要

（2012—2020年）

水资源是基础性的自然资源和重要的战略资源。我国是一个水资源严重短缺的国家，水资源供需矛盾突出仍然是可持续发展的主要瓶颈。农业是用水大户，近年来农业用水量约占经济社会用水总量的62%，部分地区高达90%以上，农业用水效率不高，节水潜力很大。大力发展农业节水，在农业用水量基本稳定的同时扩大灌溉面积、提高灌溉保证率，是促进水资源可持续利用、保障国家粮食安全、加快转变经济发展方式的重要举措。为贯彻落实《中共中央 国务院关于加快水利改革发展的决定》（中发〔2011〕1号）和《国务院关于实行最严格水资源管理制度的意见》（国发〔2012〕3号）精神，把节水灌溉作为经济社会可持续发展的一项重大战略任务，全面做好农业节水工作，特制定本纲要。

一、总体要求

（一）指导思想

以邓小平理论、"三个代表"重要思想、科学发展观为指导，按照中央关于加快水利改革发展、推进农业科技创新的决策和部署，以改善和保障民生为宗旨，以提高农业综合生产能力为目标，以水资源高效利用为核心，严格水资源管理，优化农业生产布局，转变农业用水方式，完善农业节水机制，着力加强农业节水的综合措施，着力强化农业节水的科技支撑，着力创新农业节水工程管理体制，着力健全基层水利服务和农技推广体系，以水资源的可持续利用保障农业和经济社会的可持续发展。

（二）基本原则

——坚持科学规划，统筹兼顾。编制全国性、区域性的农业节水相关规划，以供定需，量水而行，因水制宜，合理确定农业节水发展目标和建设重点。

——坚持因地制宜，分区实施。根据各地水土资源条件、农业生产布局等实际情况，抓住影响农业用水效率和效益的关键环节，分区采取适宜的农业节水措施，兼顾节水的经济效益、社会效益和生态效益，促进农业增产和农民增收。

——坚持突出重点,示范推广。突出抓好重点区域、主要农作物的节水技术应用,集中连片建设农业节水工程,实行规模化发展。建设旱作节水农业示范工程,加快节水技术推广。

——坚持政府主导,多方参与。建立政府调控、市场引导、公众参与的农业节水机制。充分尊重农民意愿,加大公共财政投入,明确各方职责,调动和发挥广大农民以及社会力量的积极性。

——坚持建管并重,深化改革。在加强农业节水工程建设的同时,建立健全工程管理体制和运行机制,推行用水总量控制和定额管理,深化农业水价综合改革,完善农业节水产业支持、技术服务、财政补助等政策措施。

(三)发展目标

到2020年,在全国初步建立农业生产布局与水土资源条件相匹配、农业用水规模与用水效率相协调、工程措施与非工程措施相结合的农业节水体系。基本完成大型灌区、重点中型灌区续建配套与节水改造和大中型灌排泵站更新改造,小型农田水利重点县建设基本覆盖农业大县;全国农田有效灌溉面积达到10亿亩,新增节水灌溉工程面积3亿亩,其中新增高效节水灌溉工程面积1.5亿亩以上;全国农业用水量基本稳定,农田灌溉水有效利用系数达到0.55以上;全国旱作节水农业技术推广面积达到5亿亩以上,高效用水技术覆盖率达到50%以上。

二、建立农业节水体系

(四)优化配置农业用水

通过建设骨干水源工程和实施区域水资源配置工程,进一步优化用水结构,缓解重点农业生产区的用水压力。充分利用天然降水,合理配置地表水和地下水,重视利用非常规水源,提高农业用水总体保障水平。在渠灌区因地制宜实行蓄水、引水、提水相结合。在井渠结合灌区实行地表水和地下水联合调度。在井灌区严格控制地下水开采。在不具备常规灌溉条件的地区,利用当地水窖、水池、塘坝等多种手段集蓄雨水,解决抗旱播种和保苗用水。

(五)调整农业生产和用水结构

根据各地水资源承载能力和自然、经济、社会条件,优化配置水、土、光、热、种质等资源,合理调整农业生产布局、农作物种植结构以及农、林、牧、渔业用水结构。在水资源短缺地区严格限制种植高耗水农作物,鼓励种植耗水少、附加值高的农作物。在规划建设商品粮、棉、油、菜等基地时,要充分考虑当地水资源条件,避免加剧用水供需矛盾。积极发展林果业和养殖业节水。

(六)完善农业节水工程措施

优先推进粮食主产区、严重缺水和生态环境脆弱地区节水灌溉发展。除有回灌补源要求的渠段以外,对渠道要进行防渗处理。要平整土地,合理调整沟畦规格,推广抗旱坐水种和移动式软管灌溉等地面灌水技术,提高田间灌溉水利用率。在井灌区和有条件的渠灌区,大力推广管道输水灌溉。在水资源短缺、经济作物种植和农业规模化经营等地区,积极推广喷灌、微灌、膜下滴灌等高效节水灌溉和水肥一体化技术。因地制宜实施坡耕地综合治理、雨水集蓄利用等措施。

(七)推广农机、农艺和生物技术节水措施

合理安排耕作和栽培制度,选育和推广优质耐旱高产品种,提高天然降水利用率。大力推广深松整地、中耕除草、镇压耙耱、覆盖保墒、增施有机肥以及合理施用生物抗旱剂、土壤保水剂等技术,提高土壤吸纳和保持水分的能力。在干旱和易发生水土流失地区，加快推广保护性耕作技术。

（八）健全农业节水管理措施

加强水资源统一管理，强化农业用水管理和监督，严格控制农业用水量，合理确定灌溉用水定额。明确农业节水工程设施管护主体，落实管护责任。完善农业用水计量设施，加强水费计收与使用管理。完善农业节水社会化服务体系，加强技术指导和示范培训。积极推行农业节水信息化，有条件的灌区要实行灌溉用水自动化、数字化管理。加强技术监督，规范节水材料和设备市场。

三、实行分区指导

（九）东北地区

包括辽宁、吉林、黑龙江3省以及内蒙古自治区东部。西部要根据水资源承载能力，大力推广高效节水灌溉技术，积极采用深松整地、抗旱坐水种等措施，合理施用生物抗旱剂和土壤保水剂；合理发展膜下滴灌、喷灌，在有规模化耕作条件的地区集中连片发展大、中型机械化行走式喷灌。东部要加大现有灌区续建配套与节水改造力度，新建灌区应达到节水灌溉工程规范要求，大力推广水稻控制灌溉技术。

（十）西北地区

包括陕西、甘肃、青海、宁夏、新疆5省（区）和内蒙古自治区中西部以及山西省西部，要严格按照水资源配置总量，控制灌溉发展规模。在灌区重点发展渠道防渗，在适宜地区大力推广膜下滴灌、喷灌技术。在水资源条件允许的地区，适度发展大、中型机械化行走式喷灌，兼顾发展小型移动机组式喷灌和管道输水灌溉；在具有水力自流条件的地区优先发展自压喷灌、微灌和管道输水灌溉。在内陆河区优先发展高效节水灌溉，维护生态安全。要加强土地平整，改进沟畦灌水技术，推广垄膜沟灌、覆盖保墒等技术，配套施用长效、缓释肥料及抗旱、抗逆制剂。根据水资源条件，在草原牧区积极发展节水灌溉饲草料地。大力实施小流域、坡耕地综合治理和黄土高原淤地坝等工程建设，有效改善农业生产条件和生态环境。

（十一）黄淮海地区

包括北京、天津、河北、山东、河南5省（市）和山西东部以及江苏、安徽两省北部。在井灌区重点发展管道输水灌溉，积极发展喷灌、微灌和水肥一体化，推广用水计量和智能控制技术。在渠灌区、井渠结合灌区重点发展渠道防渗，因地制宜发展低压管道输水灌溉，推广水稻控制灌溉技术。在地下水超采区严格控制新增灌溉面积，大力提倡合理利用雨洪资源、微咸水、再生水等。

（十二）南方地区

包括长江沿岸及其以南的各省（区、市），要以渠道防渗为主，重点加快灌排工程更新改造，适当发展管道输水灌溉，大力发展水稻控制灌溉。在丘陵山区兴建小水窖、小水池、小塘坝、小泵站、小水渠等“五小水利”工程，积极推广节水灌溉技术，提高抗旱减灾能力；搞好水土保持和生态建设，推广坡耕地综合治理，采取覆盖等农艺措施，提高土壤蓄水保墒能力。东南沿海经济发达地区要采取各类节水综合措施，提高灌溉保证率，率先实现农田水利现代化。

四、推进重点工程

(十三)大中型灌区节水改造工程

优先安排粮食主产区、严重缺水和生态环境脆弱地区的灌区续建配套与节水改造,着力解决工程不配套、渠(沟)系建筑物老化、渗漏损失大、计量设施不全、管理手段落后等问题。加强末级渠系建设,加快解决“最后一公里”问题。

(十四)高效节水灌溉技术规模化推广工程

以东北、西北、黄淮海地区为重点,选择农业生产急需、发展条件好、农民积极性高的地区,集工程、农艺、农机和管理等措施于一体,建设一批高效节水灌溉技术规模化推广工程,为周边农户开展技术咨询和培训,让实用节水技术进村入户到人,努力做到节水效果明显、经济效益显著、示范作用较大。

(十五)旱作节水农业技术推广示范工程

建设旱作节水农业示范县,突出工程措施与农艺措施集成配套,旱作节水农业技术与区域优势产业发展相结合,完善田间基础设施,发展补充灌溉和微水灌溉,推广改土、覆盖、倒茬、平整土地和秸秆还田、土壤墒情监测等技术,提高降雨入渗量,增强田间蓄墒能力。

(十六)农业节水技术创新工程

积极发挥科研单位、大专院校的优势,建立企业、用水户广泛参与、产学研相结合的农业节水技术创新和推广机制。注重引进、消化和吸收国外先进节水技术,集成和再创新形成适应我国不同地区的农业节水模式。加强主要农作物高效用水基础科学研究,开展节水灌溉技术标准、灌溉制度、新产品与新技术研发和综合节水技术集成模式等方面的联合攻关,在喷灌、微灌关键设备和低成本大口径管材及生产工艺等方面实现新突破,推广具有自主核心知识产权的智能控制和精量灌溉装备。开展灌区自动化控制、信息化管理等应用技术研究,逐步建立农田水利管理信息网络。重视发挥节水材料和设备生产、销售骨干企业在农业节水技术创新与集成中的主体作用,落实相关财税优惠政策,完善其售后服务网络。

(十七)山丘区“五小水利”工程

以西南地区为重点,在具有一定降水条件的地区大力推进“五小水利”工程建设,实现人均占有半亩以上具有补充灌溉条件的基本农田,使中等干旱年生产生活用水有保障、粮食不减产,严重干旱年生活用水有保障、粮食少减产。积极发挥人工增雨(雪)的抗旱减灾作用。

五、健全体制机制

(十八)完善法规政策

积极推进农田水利立法工作。各地区要实行最严格水资源管理制度,加强水资源论证和取水许可管理,加大水行政执法力度,规范农业节水工程建设和管理。针对农村劳动力大量外出、农业比较效益下降等实际情况,研究支持农田水利特别是发展节水灌溉的长效机制。进一步完善占用农业灌溉水源和灌排工程设施补偿制度。

（十九）推行节水灌溉制度

建立取用水总量控制指标体系，逐级分解农业用水指标，落实到各地区和各灌区。各地区要发布适合本地区条件的主要作物灌溉用水定额。有条件的地区要逐步建立节约水量交易机制，构建交易平台，保障农民在水权转让中的合法权益。

（二十）增加农业节水投入

进一步加大中央和地方对大型和中型灌区节水改造、高效节水灌溉和旱作节水农业示范等投入力度；增加中央和省级小型农田水利设施建设补助专项资金规模；全面落实从土地出让收益中提取10%用于农田水利建设政策，抓好中央统筹资金的使用管理，重点向粮食主产区、中西部地区和革命老区、少数民族地区、边疆地区、贫困地区倾斜，大力发展节水灌溉。农业发展银行要在风险可控的前提下，为发展节水灌溉提供中长期政策性贷款支持。加大节水灌溉研发投入，提高科技装备水平。扩大节水和抗旱机具购置补贴范围。

（二十一）发挥农民的主体作用

农民是开展农业节水和受益的主体，要充分尊重农民意愿和首创精神，鼓励农民建立用水户协会等多种形式的农民用水合作组织，让农民广泛参与农业节水工程的建设和管理，对用水节水中的问题进行民主协商、自主决策。通过政策引导、项目带动、“一事一议”财政奖补、技术指导、制度约束、信息服务等多种形式，调动农民节水积极性，让农民得到实实在在的经济利益。

（二十二）完善技术服务体系

建立健全以乡镇或小流域为单元的基层水利服务机构、专业化服务队伍和农民用水合作组织“三位一体”的基层水利服务体系。强化基层水利服务机构水资源管理、防汛抗旱、农田水利建设、水利科技推广等公益性职能，按规定核定人员编制，充实技术力量，经费纳入县级财政预算；加强与农机、农业技术服务机构等的合作，在节水灌溉技术模式、设备选型与运行维护等方面为农民提供指导。充分发挥灌溉试验站、抗旱服务组织、节水灌溉公司等专业化服务队伍在节水灌溉、抗旱减灾、设备维修、技术推广等方面的作用。大力扶持农民用水合作组织发展。组织开展针对基层水利技术人员、农技推广人员、农民的技术培训，提高其管水、用水的能力。重视解决基层水利技术人员和农技推广人员在生产生活中的实际困难。

（二十三）深化工程管理体制改革

明晰农业节水工程产权，落实管护主体责任和管护经费，逐步建立职能清晰、权责明确、管理规范的运行机制。深化水管单位管理体制改革，落实公益性、准公益性水管单位基本支出和维修养护经费。以产权制度改革为核心，采取租赁、承包等方式，不断创新工程管理模式，大力推行用水户参与管理，逐步形成小型农业节水工程良性运行机制。

（二十四）推进农业水价综合改革

按照促进节约用水、降低农民水费支出、保障灌排工程良性运行的原则，建立科学合理的农业用水价格形成机制，合理确定农业水价。在渠灌区逐步实现计量到斗口，有条件的地区要计量到田头；在井灌区推广地下水取水计量和智能监控系统。重视利用经济杠杆促进农业节水，探索实行农民定额内用水享受优惠水价、超定额用水累进加价的办法，农业灌排工程运行管理费用由财政适当补助。强化农业水价制定、水费计收与使用监管，增加工作透明度，坚决制止中间环节搭车收费和截留挪用。

六、组织实施

（二十五）加强组织领导

地方各级人民政府要将农业节水摆在重要位置，及时研究解决工作中遇到的突出问题，在政策制定、资金安排等方面发挥主导作用。各省（区、市）要根据本纲要，结合本地区实际，制定具体实施办法。水利、农业、发展改革、财政、国土资源、科技、林业、气象等部门要各司其职，密切配合，共同做好农业节水工作。

（二十六）制订相关规划

地方各级水利、农业等部门要根据经济社会发展的总体目标和水资源承载能力，制订节水灌溉、旱作节水农业等相关中长期发展规划和年度实施计划，经各方面专家论证、审查和政府审批后，作为安排农业节水补助资金和整合相关资金的重要依据。规划要与流域、区域的水资源开发利用和总量控制指标相适应，与抗旱、农村土地整治、农业发展、资源能源节约、生态环境保护、节水型社会建设等规划相衔接。

（二十七）加强监督检查

结合落实最严格水资源管理制度，对农业节水目标和任务完成情况进行考核，并将考核结果与下年度项目和投资计划安排相挂钩。对在发展农业节水中作出优异成绩的单位和个人按照国家有关规定进行表彰；对严重破坏农业节水设施、违反节水有关规定、扰乱用水秩序的行为依法追究责任。建立农业用水和农业节水监测评估制度，进行年度监测和定期评估，确保工程长期发挥效益，避免对环境造成不利影响。

（二十八）强化宣传教育

充分运用广播、电视、报刊、网络等多种媒体，大力宣传节水的重要性和紧迫性，不断扩大水情宣传教育覆盖面，营造节水的良好社会氛围，形成全社会治水兴水的强大合力。围绕水与生命、水与粮食、水与生态等主题，大力普及农业节水知识和先进实用节水方法，广泛宣传和交流各地开展农业节水取得的成效、经验和做法。

全国现代农作物种业发展规划

（2012—2020年）

国以农为本，农以种为先。我国是农业生产大国和用种大国，农作物种业是国家战略性、基础性核心产业，是促进农业长期稳定发展、保障国家粮食安全的根本。为贯彻落实《国务院关于加快推进现代农作物种业发展的意见》（国发〔2011〕8号）要求，结合实施《全国新增1000亿斤粮食生产能力规划（2009—2020年）》和《全国现代农业发展规划（2011—2015年）》，特制定本规划。

一、规划背景

（一）主要成效

改革开放特别是进入新世纪以来，我国农作物种业发展实现了由计划供种向市场化经营的根本性转变，取得了巨大成绩，为提高农业综合生产能力、保障农产品有效供给和促进农民增收作出了重要贡献，特别是为近年来实现粮食生产"九连增"发挥了重要作用。一是品种选育水平显著提升。成功培育并推广了超级杂交稻、紧凑型玉米、优质专用小麦、转基因抗虫棉、"双低"油菜等一大批突破性优良品种，主要农作物良种覆盖率提高到96%，良种在农业增产中的贡献率达到43%以上。二是良种供应能力稳步提高。建立了一批良种繁育基地，主要农作物商品化供种率提高到60%，其中杂交玉米和杂交水稻全部实现商品化供种。三是种子企业实力明显增强。"育繁推一体化"水平不断提高，农作物种业前50强企业的市场占有率提高到30%以上。四是法律法规和管理体系逐步完善。公布实施了种子法和植物新品种保护条例，绝大部分涉农县（市、区）成立了种子管理机构。

（二）发展形势

当前，我国正处在工业化、信息化、城镇化、农业现代化同步发展的新阶段，保障国家粮食安全和实现农业现代化对农作物种业发展的要求明显提高。随着全球经济一体化进程不断加快和生物技术迅猛发展，农作物种业国际竞争异常激烈。加快推进现代农作物种业发展，加强种业科技创新，培育和推广优良品种，已成为突破耕地和水等资源约束、加快现代农业发展、提升农业国际竞争力的迫切需要。

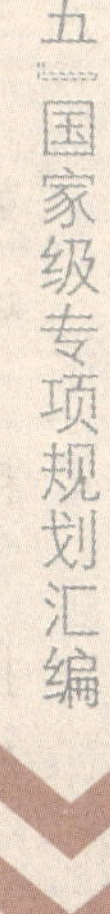

(三)存在的问题

我国农作物种业发展尚处于初级阶段,与发展现代农业的要求还不相适应。一是育种创新能力较低。育种材料深度评价不足,育种力量分散,育种方法、技术和模式落后,成果评价及转化机制不完善,育种复合型人才缺乏。二是种子企业竞争能力较弱。企业数量多、规模小、研发能力弱,尚未建立商业化育种体系。三是种子生产水平不高。种子繁育基础设施薄弱,抗自然灾害风险能力差,机械化水平低,加工工艺落后。四是市场监管能力不强。种子管理力量薄弱,监管技术和手段落后,工作经费不足。五是种业发展支持体系不健全。种子法律法规不能完全适应农作物种业发展新形势的需要,财政、税收、信贷等政策扶持力度有待进一步强化。

二、总体要求

(四)指导思想

以邓小平理论、“三个代表”重要思想、科学发展观为指导,以发展现代农业、保障国家粮食安全和促进农民增收为目标,以体制改革和机制创新为动力,加强政策扶持,加大农作物种业投入,整合农作物种业资源,强化基础性公益性研究,推进商业化育种,完善法律法规,严格市场监管,快速提升我国农作物种业科技创新能力、企业竞争能力、供种保障能力和市场监管能力,努力构建与农业生产大国地位相适应、具有国际先进水平的现代农作物种业体系,全面提高我国农作物种业发展水平。

(五)基本原则

——坚持机制创新。明确科研院所和高等院校是农作物种业基础性公益性研究的主体。建立以企业为主体的商业化育种新机制。鼓励科技资源向企业流动,促进产学研紧密结合,加强种业自主创新和国际合作。

——坚持企业主体。充分发挥种子企业在商业化育种、成果转化与应用等方面的主导作用。鼓励“育繁推一体化”种子企业整合农作物种业资源,通过政策引导带动企业和社会资金投入,推进“育繁推一体化”种子企业做大做强。

——坚持统筹兼顾。重点支持主要粮食作物种业发展,兼顾重要经济作物。重点加强国家级种子生产基地建设,兼顾区域级和县(场)级种子生产基地,确保种子生产总量和结构平衡。

——坚持扶优扶强。完善法律法规,营造统一开放、公平竞争的农作物种业发展环境。重点支持具有育种能力、市场占有率较高、经营规模较大的“育繁推一体化”种子企业,鼓励企业兼并重组,吸引社会资本和优秀人才流入企业。

(六)发展目标

到2015年,初步形成科研分工合理、产学研结合的育种新机制,科研院所和高等院校基本完成与其所办种子企业“事企脱钩”;以西北、西南、海南为重点,初步建成国家级主要粮食作物种子生产基地,主要农作物良种覆盖率稳定在96%以上;培育一批“育繁推一体化”种子企业,前50强企业的市场占有率达到40%以上;种子法律法规更加完善,监管手段和条件显著改善,通过考核的种子检验机构年样品检测能力达到40万份,例行监测的种子企业覆盖率达到30%。

到2020年,形成科研分工合理、产学研紧密结合、资源集中、运行高效的育种新机制,发掘一批目标性状突出、综合性状优良的基因资源，培育一批高产、优质、多抗、广适和适应机械化作业、设施化栽培的新品种；建成一批标准化、规模化、集约化、机械化的优势种子生产基地，主要农作物良种覆盖率达到97%以上，良种在农业增产中的贡献率达到50%以上，商品化供种率达到80%以上；培育一批育种能力强、生产加工技术先进、市场营销网络健全、技术服务到位的“育繁推一体化”现代农作物种业集团，前50强企业的市场占有率达到60%以上；健全国家、省、市、县四级职责明确、手段先进、监管有力的种子管理体系，通过考核的种子检验机构年样品检测能力达到60万份以上，例行监测的种子企业覆盖率达到50%以上。

三、重点任务

（七）建立新型农作物种业科技创新体系

支持科研院所和高等院校从事农作物种业基础性公益性研究，引导和积极推进科研院所和高等院校逐步退出商业化育种，促进种子企业逐步成为商业化育种的主体。支持种子企业与科研院所、高等院校联合组建技术研发平台和产业技术创新战略联盟。

（八）加强种业基础性公益性研究

开展农作物种质资源普查、搜集、保护、鉴定、深度评价和重要功能基因发掘，建设种质资源共享平台，实现种质资源依法向社会开放。加强育种理论方法和分子育种、检测检疫、抗性鉴定、生产加工、信息管理等关键技术研究，制定和完善品种真实性、种子质量等检验检测技术标准。加强常规作物育种和无性繁殖材料选育及应用技术研发。

（九）构建以企业为主体的商业化育种体系

支持有实力的种子企业建立科研机构和队伍，构建商业化育种体系，培育具有自主知识产权的突破性优良品种，并率先在杂交玉米和杂交水稻领域取得重大突破。支持“育繁推一体化”种子企业整合育种力量和资源，加大科研投入，引进国内外高层次人才、先进育种技术、育种材料和关键设备，创新育种理念和研发模式，加快提升企业核心竞争力。

（十）做大做强种子企业

鼓励种子企业间的兼并重组，强强联合，实现优势互补、资源聚集；鼓励具备条件的种子企业上市募集资金。支持大型企业通过并购和参股等方式进入农作物种业；支持种子企业牵头或参与组织实施种业应用研究和产业化等项目。鼓励“育繁推一体化”种子企业开展自育品种试验，采用先进种子加工技术及装备，提升种子质量。引导企业建立新品种示范网络，完善种子市场营销、技术推广、信息服务体系，建立乡村种子连锁超市、配送中心、零售商店等基层销售网络，加强售后技术服务，延伸产业链条。推动种子企业建立现代企业制度，加强企业文化和品牌建设，强化企业自律，积极承担社会责任。

（十一）加强种子生产基地建设

分区域、分作物建设优势种子生产基地，按照土地利用总体规划，将生产基地内的耕地划入基本农田，实行永久保护，确保种子生产长期稳定。支持种子企业建立稳定的种子生产基地，在依法自愿有偿和不改变土地用途的前提下，采取租用等土地流转方式，构建种子企业与制种大户、专业合作组织、农民长期的契约合作关系。建立政府支持、种子企业参与、商业化运作的种子生产风险分散机制。加强种子生产基地基础设施建设，改善生产条件，建设现代化种子加工中心和配送体系，提高种子生产、加工能力和服务水平。

（十二）严格品种审定与保护

统筹植物新品种测试和品种区域试验，加强品种特异性、抗病性和抗逆性鉴定。建立国家级与省级品种审定协调机制，科学制定品种审定标准，规范品种审定行为，健全品种退出机制，加快不适宜种植品种退出。完善植物新品种保护制度，扩大保护名录，切实保护原创性、突破性亲本和品种。建立品种权转让交易公共平台，制定交易管理办法，规范交易行为。在粮棉油生产大县建设新品种引进示范场，开展新品种展示示范，加快突破性优良品种推广。对在生产中发挥重要作用的新品种，国家按照有关规定给予育种者成果奖励。

（十三）强化种子市场监管

加强行政许可全过程管理，严格准入条件和标准，依法核发种子生产经营许可证，强化行政许可后的监督管理，建立许可信息公开查询平台和生产经营信息报告制度。加强种子市场监督，健全种子例行监测机制，严厉打击未审先推、无证生产、抢购套购、套牌侵权和制售假劣种子等违法行为。强化进出境种子检验检疫，开展疫情监测及监督抽查。加大知识产权保护力度，健全以新品种权为主的知识产权服务体系。

（十四）健全种子市场调控体系

建立农作物种业信息服务平台，推进物联网技术应用，引导企业建立覆盖生产、加工、流通各环节的种子质量可追溯系统。建立健全国家和省两级种子储备体系，国家重点储备杂交玉米、杂交水稻种子及其亲本，省级重点储备短生育期和大宗作物种子。种子储备实行公开招投标，国家重点支持的“育繁推一体化”种子企业要主动承担储备任务，中央和省级财政对种子储备给予支持。

（十五）提升农作物种业人才素质

支持企业建立院士工作站、博士后科研工作站和学习实践基地。依托重大科技项目、重要创新平台和重点创业基地，通过“千人计划”等途径，支持企业引进国内外高层次人才和领军人物，支持企业选派人员到高等院校进修和培训。对种子企业科研、生产、检验、营销、管理等人员进行定期培训，加强对制种农民技术培训，培养制种能手和制种大户。严格种子行政执法人员资格考核，提高业务水平和依法行政能力。

（十六）加强种业国际交流与合作

积极参加国际植物新品种保护联盟、国际种子联合会等国际组织发起的活动，参与国际植物保护公约框架下的国际交流与合作，推进国家间、区域间的农作物种业双边和多边合作。制定和完善外资进入农作物种业开展资源研究及种子研发、生产、经营等领域相关管理办法，规范国内种子企业、科研机构与国外种子企业技术合作，做好外资并购我国种子企业的安全审查工作。支持国内优势种子企业开拓国外市场，开展科研育种和种子生产经营合作，引进优质种质资源、先进育种和种子加工技术。

四、发展布局

（十七）科研目标和重点

以水稻、玉米、小麦、大豆、马铃薯等5种主要粮食作物和蔬菜、棉花、油菜、花生、甘蔗、苹果、柑橘、梨、茶树、麻类、蚕桑、花卉、香蕉、烤烟、天然橡胶等15种重要经济作物为重点，开展相关种质资源的搜集、保存、评价与利用，挖掘高产、优质、抗病虫、营养高效等具有重大应用价值的功能基因；坚持常规育种与生物技术相结合，培育适宜不同生态区域和市场需求的农作物新品种；开展种子（苗）生产轻简化、机械化、工厂化以及加工贮藏、质量检测、高产高效栽培、病虫害防控、品质测试等相关技术研究，实现良种良法配套。

专栏1　主要粮食作物种业科研目标和重点

作　物	2020年科研目标	科研重点
水　稻	培育年推广面积超过1000万亩的新品种3—5个；杂交水稻机械化制种面积达到50%；常规水稻商品化供种率达到70%	创制一批广适、高抗、高品质、高配合力的水稻骨干亲本以及"三系"新型不育系、对低温钝感的"两系"不育系；加强杂交水稻安全繁制种、机械化制种、种子检测、加工和贮藏等技术研究与应用
玉　米	培育年推广面积超过1000万亩的新品种5—10个	建立规模化高效单倍体育种技术体系和分子标记辅助育种技术平台，构建骨干育种群体；开展玉米机械化制种、不育化制种、生产隔离、种子加工、质量检测等技术研究与应用，制定种子活力、单粒播种等质量技术标准
小　麦	培育年推广面积超过1000万亩的新品种4—8个；商品化供种率达到70%以上	在黄淮海麦区发展高产、优质的强筋小麦品种和广适、节水、高产的中筋小麦品种，在长江中下游麦区发展高产、优质、抗逆性强的弱筋和中筋小麦品种，在西南麦区发展高产、优质、抗病性强的中筋小麦品种，在西北麦区发展高产、优质、抗旱节水、抗病抗逆性强的中筋小麦品种，在东北麦区发展高产、优质、早熟、抗逆性强的强筋和中筋小麦品种
大　豆	培育年推广面积超过500万亩的新品种3—5个；商品化供种率达到60%	开展抗逆性鉴定和适应性评价等技术研究与应用；在东北地区重点选育一批高油、高蛋白品种，在黄淮海地区重点选育一批高蛋白、多抗品种
马铃薯	脱毒种薯覆盖率达到40%	加强品种资源保存、鉴定和遗传改良，选育高产、优质专用新品种；加强脱毒种薯繁育和质量控制技术研究与应用

专栏2　重要经济作物种业科研目标和重点

作　物	2020年科研目标	科研重点
蔬　菜	自主研发品种占80%以上，实现大宗蔬菜作物品种1—2轮更新；蔬菜良种覆盖率达到90%以上	加强大宗蔬菜作物农艺性状遗传规律、杂种优势利用、种子生产和精加工技术，以及食用菌种健康环境因子研究；培育适合设施栽培、露地栽培、加工生产专用的新品种

续表

作　物	2020年科研目标	科研重点
棉　花	培育适应机械化作业、轻简栽培、抗病虫的新品种20—30个	挖掘高衣分、抗逆等优异资源，开展繁制种、加工、贮藏、检测等技术研究与应用；在黄河流域和长江流域棉区培育简化高效、适宜套种新品种，在西北内陆棉区培育适合机械化作业的优质、高产新品种
油　菜	培育适应机械化作业、年推广面积超过100万亩的新品种10个以上	创制一批具有高含油、抗裂角、耐密植等性状优异材料和骨干亲本；培育一批高产、高油、抗病且适合机械化收获的“双低”油菜新品种；开展种子丸粒化包衣、种子发芽化学调控等技术研究与应用
花　生	培育年推广面积超过300万亩的新品种5—10个；油用花生含油量达到56%以上，高油酸品种油酸含量达到70%以上	开展种子无损伤检测、脱壳、包衣、加工技术研究与应用
甘　蔗	培育年推广面积超过200万亩的新品种5个以上	开展多熟期甘蔗品种的生态适应性评价研究；选育具有遗传多样性、不同熟期、高产、高糖新品种
苹　果	种质资源长期保存2000份以上；自主知识产权的优良品种栽培占新发展苹果园面积30%左右	开展苹果生物技术、工程育种技术和砧木育种技术研究，加快培育适合不同区域栽培的新品种
柑　橘	种质资源长期保存1800份以上；培育新品种10个以上；柑橘无毒化良种苗木所占比例达到60%以上	开展最佳砧穗组合选配等技术研究与应用，培育矮化、抗病性强、适应能力强的砧木类型；培育一批不同熟期、高抗、优质的新品种
梨	种质资源长期保存2500份以上；培育适合不同生态条件的新品种10个以上	开展砧穗组合亲和力鉴定技术研究，通过嫁接致矮试验，筛选优良砧木；采取远缘杂交、回交等常规育种方法和分子育种技术，选育早、中、晚熟期配套的新品种
茶　树	培育适合不同生态区和不同茶类的优良新品种20个以上；无性系茶树良种覆盖率达到75%以上	开展茶树抗寒、抗病、抗虫和抗旱遗传机理及遗传转化、植株再生技术研究；筛选种内杂交和远缘杂交结实率高的亲本组合，选育一批优质、抗病、低氟、适合机采的新品种
麻　类	保存种质资源10000份以上；培育新品种8个以上；良种覆盖率达到60%以上	改良纤维支数、含胶量及可纺性等参数，兼顾蛋白含量、生物产量等饲用、能源用参数，选育抗逆性强、高产、稳产、优质新品种
蚕　桑	培育蚕新品种20个、桑树新品种10个、柞树新品种5个	选育病虫抗性较强、优质、高产的桑(柞)树、桑(柞)蚕新品种
花　卉	全国花卉种植用种子自给率达到30%	创制一批广适、高抗、高品质、高配合力的重要花卉亲本，以及对低温、光照钝感的育种材料；选育一批有特色的、适用于不同地区、不同目标市场的新品种
香　蕉	保存种质资源700份；培育新品种10个以上；年繁育优良香蕉苗占所需种苗的60%	培育综合性状好、适宜不同生态区域的新品种
烤　烟	培育新品种50个以上	创制不同香气香型、重要病害抗性的骨干亲本；研究烟草不同种质、发育时期、组织器官及逆境条件下的基因表达调节机制；选育一批高香气、低焦油、抗病、抗逆、丰产新品种
天然橡胶	培育新品种2—3个；新植胶园良种覆盖率达到100%，胶园良种比例达到70%	加强砧木无性系培育理论研究，开展砧穗组合型无性系选育技术研究；选育适合不同植胶区域的抗寒、抗风、高产新品种

(十八)生产布局

按照“优势区域、企业主体、规模建设、提升能力”的原则，科学规划建设主要粮食作物和重要经济作物种子生产基地，打造种子生产优势区，全面加强基地建设，形成稳定的种子生产能力。建立联动协调机制，强化基地管理，优化基地环境。

<table>
<tr><th colspan="4">专栏 3　农作物种子生产布局</th></tr>
<tr><th colspan="2">类　型</th><th>区域范围</th><th>建设内容</th></tr>
<tr><td rowspan="3">主要粮食作物种子生产基地</td><td>国家级</td><td>西北杂交玉米种子生产基地、西南杂交水稻种子生产基地、海南南繁基地</td><td>加强田间基础设施建设和种子检测能力建设，引导有实力的企业参与农田规模化生产改造，配备种子生产专用设施设备，建设种子加工中心，提升种子生产机械化水平</td></tr>
<tr><td>区域级</td><td>根据不同区域生态特点，在粮食生产核心区建设 100 个区域级种子生产基地</td><td rowspan="2">加强田间基础设施建设，配备种子加工检验设备，提高稳定供种能力</td></tr>
<tr><td>县（场）级</td><td>选择粮食作物种子生产面积在 1 万亩以上的大县（场），建设种子生产基地</td></tr>
<tr><td>重要经济作物种子生产基地</td><td>县（场）级</td><td>按照我国特色农产品优势区规划，选择重要经济作物种子生产规模较大、承担单位实力较强的种子生产优势县（场），建设种子生产基地</td><td>完善种子生产田间条件，建设育苗温室及种苗脱毒车间，提高种子生产设施化、规模化、标准化水平</td></tr>
</table>

五、重大工程

（十九）种业基础性公益性研究工程

建设农作物种质资源库、生物育种领域国家重点实验室、国家工程技术研究中心、南繁科研育种基地，改善科研基础设施条件。支持开展育种理论、方法、遗传机理等重大课题和现代育种、机械化制种、种子加工、质量检测等共性关键技术研究，推进农作物种质资源深度评价、材料规模化创制与利用，支持水稻、小麦、大豆等常规品种和马铃薯、甘蔗、果树、茶树等无性繁殖作物品种选育，全面提高农作物种业科技创新能力。

（二十）商业化育种工程

支持和引导有实力的"育繁推一体化"种子企业，改善育种基础设施和技术装备条件，建设育种研发中心、种子加工处理中心、品种测试体系和展示示范基地。支持企业开展杂交作物育种材料筛选、组合选配与测试、新品种试验示范，培育一批突破性优良品种。支持企业与优势科研单位建立科企合作平台，充分利用科研单位人才、技术、资源和科研成果，加快提升企业育种创新能力。

（二十一）种子生产基地建设工程

加强国家级和区域级种子生产基地建设，支持主要粮食作物种子生产大县（场）和重要经济作物种子生产优势县（场）建设，配套建设一批大型现代化种子加工中心，形成相对集中稳定的标准化、规模化、集约化、机械化种子生产基地。增加种子储备财政补贴，调动企业承担国家种子储备的积极性。在现有农业保险中，增加制种风险较高的杂交玉米和杂交水稻等种子生产保险。

（二十二）种业监管能力提升工程

建设和完善一批农作物品种试验站、抗性鉴定站、新品种引进示范场、植物新品种测试（分）中心、植物品种繁殖材料保藏库（圃）以及品种真实性鉴定中心，形成覆盖不同生态区的农作物品种试验网络体系。建设和完善省、市、县三级种子质量监督检测中心，配备必要的检测设施设备，提升检测能力。强化基地、市场和品种管理，加强种子质量、真实性、转基因检测和检验检疫等工作。

专栏 4　农作物种业重大工程和重点项目

重大工程	重点项目	支持内容
种业基础性公益性研究工程	国家重点基础研究发展计划（973 计划）	支持育种基础理论、遗传机理等重大科学问题研究，整合作物种质资源学、功能基因组学等各种组学和育种学技术，指导育种技术创新
	国家高技术研究发展计划（863 计划）	支持育种前沿高新技术、主要农艺性状基因资源和位点挖掘、新型育种材料与品种创制，建立原创性的育种高新技术和育种制种技术体系，加强具有重大应用前景的新品种创制
	国家科技支撑计划（基础研究方面）	支持育种资源创新、常规育种技术研究与新品种培育，研究高效且符合我国国情的育种、繁种、制种、种子加工、储运各环节的共性关键技术并集成应用
	科技基础条件平台、国家重点实验室、国家工程技术研究中心建设项目	支持生物育种领域国家重点实验室、国家工程技术研究中心和农作物种质资源、农作物种业科学数据共享平台建设
	区域产业创新基础能力建设项目	支持生物育种领域工程研究中心、工程实验室、企业技术中心、公共技术服务平台等创新支撑体系建设
	转基因生物新品种培育国家科技重大专项（基础研究方面）	开展功能基因克隆验证与规模化转基因操作技术、转基因生物安全技术研究
	现代农业产业技术体系（基础研究方面）	筛选有价值的种质资源，支持遗传育种理论、方法及配套关键技术研究与应用
	公益性行业（农业）科研专项	开展现代育种、品种测试、机械化制种、种子加工、质量检测、疫情检测、除害处理及监测防控和种业管理等环节的共性关键技术、标准规范和配套装备研究与应用
	种子工程项目（基础研究方面）	支持种质资源引进、保存与利用，以及农作物改良中心和分中心、育种及关键技术创新基地、南繁科研育种基地等基础设施建设
	引进国际先进农业科学技术计划（948 项目）	支持境外优势农作物种质资源的引进、保存、利用及外来有害生物检疫防控
	农作物种质资源保护专项	支持种质资源保存、创新与利用，大力开展种质资源深度评价、创新、分发利用以及育种材料创制，开展出境种质资源查验与保护
	农业部重点实验室项目	支持遗传育种理论、方法及配套关键技术等基础研究
商业化育种工程	国家科技支撑计划（产业化应用方面）	支持企业和科研单位加强产学研合作，构建农作物种业技术创新战略联盟，加速科技成果的产业化应用
	生物育种重大产业创新发展工程	扶持和培育具有核心竞争力的“育繁推一体化”大型种子企业，形成我国农作物生物育种研发及产业化的重要平台和试验示范基地
	现代种业发展基金	通过投资入股的方式支持企业开展兼并重组，培育一批“育繁推一体化”大型种子企业
	转基因生物新品种培育国家科技重大专项（品种培育方面）	支持有实力的种子企业创制一批目标性状突出、综合性状优良的突破性转基因新品种
	现代农业产业技术体系（品种培育方面）	支持“育繁推一体化”种子企业承担育种任务
	种子工程项目（创新能力建设方面）	支持具有一定实力的“育繁推一体化”种子企业建设育种创新基地

续表

重大工程	重点项目	支持内容
种子生产基地建设工程	新增千亿斤粮食工程	重点支持国家级种子生产基地建设，在规划范围内建设区域性、规模化的种子生产基地
	农业综合开发部门专项	支持农作物原原种、原种、良种繁育与加工基地建设
	种子工程项目（生产能力建设方面）	在种子生产优势区支持集中建设农作物种子生产基地
	种子生产保险补助	开展种子生产保险试点，给予保费补贴
	种子储备财政补助	对国家救灾备荒种子储备的贷款贴息、保管、检验、自然损耗及正常转商费用等进行补助
种业监管能力提升工程	种子工程项目（监管能力建设方面）	支持种子质量检验检测机构和能力建设，在粮棉油生产大县建设新品种引进示范场
	农业技术试验示范（品种试验）项目	支持开展国家主要农作物品种审定试验
	农产品质量安全监管项目（种子管理方面）	支持基地管理、市场监管、新品种保护和转基因监管、检验检疫等方面工作

六、保障措施

（二十三）健全法律法规

加快研究修订种子法和植物新品种保护条例，修订农作物品种审定、种子标签管理、农业植物新品种权侵权案件处理规定等配套规章。制定品种权转让交易、种子（苗）生产基地建设、基地认定保护等管理办法，以及植物新品种测试指南、新品种保护名录、品种试验规程、审定标准等规范性文件。探索建立非主要农作物品种登记制度。完善覆盖生产、加工、流通全过程的种子标准体系。

（二十四）建立多元化投资渠道

加大农作物种业财政投入力度，支持种质资源开发、常规品种培育、关键技术及标准研发。建立现代种业发展基金，重点支持“育繁推一体化”种子企业开展商业化育种。支持种子企业参与转基因生物新品种培育国家科技重大专项；支持种子企业通过兼并、重组、联合、入股等方式集聚资本，引导发展潜力大的种子企业上市融资。支持育种创新、种子生产加工等条件能力建设，改善品种测试、试验和种子检测条件。

（二十五）强化政策支持

对符合条件的“育繁推一体化”种子企业的种子生产经营所得，免征企业所得税；经认定的高新技术种子企业享受有关税收优惠政策；对种子企业兼并重组涉及的资产评估增值、债务重组收益、土地房屋权属转移等，按照国家有关规定给予税收优惠。将种子精选加工、烘干、包装、播种、收获等制种机械纳入农机具购置补贴范围。加大对制种大县扶持力度，调动基层政府发展制种产业和农民生产优质种子的积极性。金融机构特别是政策性银行要加大对种子收储的信贷支持力度。建立种子物流快捷通道，铁路部门要优先保障种子运输。对企业引进的科研人才，当地政府要参照有关政策解决人员户籍问题。

(二十六)完善管理体系

加强国家、省、市、县四级种子管理体系建设,明确负责种子管理的机构,强化种子管理职能;健全管理队伍,强化人员培训,提高人员素质,增强依法行政和公共服务能力;强化能力建设,保障工作经费,确保工作有效开展。建立绩效考核制度,对种子管理机构进行综合考核,对管理人员实行岗位和业绩考核。强化品种管理,改进现有农作物种业科研成果评价方式,完善育种成果奖励机制,形成有利于加强基础性公益性研究和解决生产实际问题的评价体系。充分发挥种子行业协会的协调、服务、维权、自律作用,规范企业行为,加强行业服务,重点开展种子企业信用等级评价,推进企业间、行业间的国内外交流与合作。

(二十七)加强组织领导

充分发挥推进现代农作物种业发展工作协调组的作用,加强部门协调,密切合作,研究解决农作物种业发展中的重大问题。各省(区、市)要依据本规划,制定本地区农作物种业发展规划,细化各项工作措施。各级农业、发展改革、科技、财政、人力资源社会保障、质检、林业等部门要认真贯彻落实规划要求。

国家农业综合开发高标准农田建设规划

前　言

加快推进高标准农田建设，对于提高农业综合生产能力，确保国家粮食安全和主要农产品有效供给；对于提高耕地生产效率和水资源利用效率，实现我国农业可持续发展具有重要战略意义。党中央、国务院高度重视高标准农田建设工作。党的十七届五中全会明确提出"大规模建设旱涝保收高标准农田"。2010 年底召开的中央农村工作会议部署"抓紧制定实施全国高标准农田建设总体规划"，"力争到 2020 年新建 8 亿亩高标准农田"。2012 年中央 1 号文件再次强调要"制定全国高标准农田建设总体规划和相关专项规划"。

本规划所述的高标准农田，是指达到"田地平整肥沃、水利设施配套、田间道路通畅、林网建设适宜、科技先进适用、优质高产高效"标准，即"旱涝保收高标准农田"。

本规划是全国高标准农田建设专项规划之一，对改造中低产田、建设高标准农田及重点中型灌区节水配套改造，按照粮食主产区、非粮食主产区进行规划，规划期限为 2011—2020 年。

第一章　高标准农田建设面临的形势

一、改造中低产田、建设高标准农田的成效与经验

为解决农业生产徘徊不前、粮食产量连续多年停留在 8000 亿斤左右的问题，在总结以往商品粮棉油基地建设经验的基础上，国务院决定自 1988 年开始设立土地开发建设基金，专项用于农业综合开发。20 多年来，农业综合开发通过改造中低产田、建设高标准农田，改善农业生产条件，为粮食增产、农业增效、农民增收，为推动农业发展方式转变、促进农业可持续发展，做出了突出贡献。同时，通过采取

综合措施，实行田水路林山综合治理，提高农业物质技术装备水平，发展区域主导产业，有力地促进了项目区农业规模化经营，提高了标准化生产、机械化耕作、科学化种田和产业化发展水平，为推进我国现代农业发展发挥了重要的示范引领作用。

（一）改善农业生产条件，增强农业抗御自然灾害能力

1988—2010年农业综合开发共投入资金4548亿元，其中中央财政资金1482.7亿元（含利用外资），地方财政投入1067.7亿元，银行贷款、农民筹资投劳及其他资金投入1997.6亿元（不包括财政贴息“撬动”的银行贷款）。投入资金70%以上用于改善农业生产条件，累计改造中低产田、建设高标准农田6.05亿亩，其中：改造中低产田6亿亩，建设高标准农田示范工程531.6万亩；开展中型灌区节水配套改造433处。新增和改善灌溉面积5.6亿亩，新增和改善除涝面积2.4亿亩，农业抵御自然灾害的能力显著增强。

（二）提高农业综合生产能力，为保障粮食安全和主要农产品有效供给做出重要贡献

1988—2010年，通过农业综合开发，项目区新增主要农产品生产能力为：粮食1970亿斤，棉花37亿斤，油料100亿斤，糖料560亿斤。农业生产能力的显著提高，为我国粮食产量连续迈上9000亿斤、10000亿斤、11000亿斤大关，实现主要农产品由长期短缺到总量基本平衡历史性转变，最近连续9年粮食增产、农民增收，保障国家粮食安全和主要农产品有效供给做出了重要贡献，同时也为项目区调整优化农业生产结构，发展优质、高产、高效农业打下了比较好的基础。

（三）保护改善生态环境，有力地促进了农业可持续发展

1988—2010年，农业综合开发结合中低产田改造、高标准农田示范工程建设加强农田林网建设，新增农田林网防护面积3.6亿亩。同时，改良草原（场）5863万亩，治理沙化土地面积240万亩，支持丘陵山区开展水土流失小流域治理663万亩。积极支持中央有关部门组织实施的太行山绿化工程，长江上中游、黄河上中游、陕甘宁地区和东北黑土区水土保持工程，长江中下游及淮河流域防护林工程，防沙治沙示范工程，土地复垦等生态建设，有效保护和改善了生态环境，促进了农业的可持续发展。

（四）提高开发科技含量，有效推动了农业科技进步

在项目区大力推广优良品种和集成适用的农业技术，尤其是发展节水灌溉和旱作农业。积极开展农民技术培训，开展农业技术培训1.6亿人次，提高了广大农民科技种田水平。同时，认真组织实施了一批农业科技示范项目和现代化示范项目。这些“点面结合”措施，既促进了项目区农业科技进步，又为提高我国农业科技水平起到了示范带动作用，为改善农业生产条件、增强农业发展后劲奠定了基础。

同时，农业综合开发在长期的改造中低产田、建设高标准农田实践中，形成了一整套行之有效的政策措施，积累了很多成功经验。一是坚持以田间水利工程建设为重点进行综合治理；二是坚持集中连片开发；三是坚持多元化投入机制；四是坚持严格的资金和项目管理；五是坚持合力开发的管理体制。这些在实践中积累的宝贵经验，既是今后农业综合开发工作中必须遵循的基本准则，也为更大规模地开展高标准农田建设提供了制度保证。

二、大力推进高标准农田建设的必要性

大力推进高标准农田建设，是稳步提高农业综合生产能力、保障国家粮食长久安全的物质基础，是发展现代农业、建设社会主义新农村的现实要求，是公共财政支持“三农”工作的重要战略举

措，是提高农业整体效益的重要手段，也是新时期农业综合开发的重要历史使命，具有重大的现实意义和深远的战略意义。

（一）建设高标准农田是提高农业综合生产能力、保障粮食安全的现实需求

我国正处于从传统农业向现代农业过渡的关键时期，随着工业化、城镇化深入发展，人民生活消费水平的不断提高，对粮食等主要农产品需求压力日益增加。而我国耕地正呈数量减少、质量下降趋势，中低产田比重较大、水资源利用率不高，抗御自然灾害的能力差，农业基础设施薄弱等问题未从根本上解决，自然灾害多发、频发、重发对农业影响不断加大。要实现保障粮食等主要农产品有效供给的目标，迫切需要下大力气改造中低产田、建设旱涝保收高标准农田。

（二）建设高标准农田是发展现代农业、增加农民收入的迫切需要

中央提出要在工业化、信息化、城镇化深入发展中同步推进农业现代化，建设高标准农田就是同步推进农业现代化、强化农业基础的重大战略工程。发展现代农业需要以现代科学技术、现代物质装备、现代产业体系为支撑。通过高标准农田建设，可以有效改善农业生产条件，提高现有农业装备水平，提高农业科技含量，提高现有耕地资源利用效率和土地产出效率，同时促进农民增收。

（三）建设高标准农田是促进农业可持续发展、推进新农村建设的需要

我国人多地少，必须立足于集约化经营，着力加强农田基础设施建设，建设旱涝保收、高产稳产的高标准农田，提高现有耕地的产出率和水资源利用率，走以内涵开发为主的可持续发展战略。建设高标准农田，合理利用农田，保护耕地，加强土壤改良和农田整治，推广节水增效技术，防止土壤退化、肥力下降，促进农业生态环境的良性循环和可持续发展。通过平田整地、沟塘清淤、配套路桥涵闸灌排设施、建设农田林网，可以改善农村面貌，提高新农村形象。

（四）建设高标准农田是新时期农业综合开发的重要历史使命

高标准农田建设是农业综合开发立足于深入总结中低产田改造经验，在建设标准、内涵和思路上的提升，是新时期农业综合开发适应现代农业发展要求、大力改造中低产田的目标取向。国务院领导指出，“农业综合开发最重要的任务是建设高标准农田，这是保持粮食稳定发展和农民持续增收的当务之急”，强调“农业综合开发资金要向高标准农田聚焦”，要求“农业综合开发要继续在高标准农田建设中发挥主导作用，集中力量予以支持”。近几年，农业综合开发深入贯彻落实中央领导要求，在财政部党组的正确领导下，积极探索推进高标准农田建设工作，取得了初步成效。当前和今后一段时期，农业综合开发要继续将建设高标准农田作为工作的“中心”和投入的“重心”，继续集中资金，集中力量深入推进高标准农田建设工作。

第二章　总体要求

一、指导思想

以邓小平理论、“三个代表”重要思想、科学发展观为指导，认真贯彻落实党中央、国务院关于大规模建设旱涝保收高标准农田的决策部署，坚持资金安排向高标准农田建设聚焦、项目布局向粮食主产区聚焦，加大投入力度，强化政策措施，加快推进中低产田改造和中型灌区节水配套改造，大规模建设高标准农田，加强农田基础设施建设，提高农业物质装备水平，促进农业规模化经营，显著

增强农业综合生产能力和抗灾减灾能力，为保障国家粮食安全提供支撑，为构建集约化、专业化、组织化、社会化相结合的新型农业经营体系奠定基础，为加快发展现代农业搭建平台。

二、基本原则

（一）坚持统筹协调

根据《国家粮食安全中长期规划纲要（2008—2020年）》、《全国新增1000亿斤粮食生产能力规划（2009—2020年）》（以下简称《新增千亿斤规划》）和全国高标准农田建设总体规划的有关要求，结合各地区自然资源条件，科学制定国家农业综合开发高标准农田建设中长期规划，并注重与国务院各有关部门高标准农田建设规划相衔接，形成全面推进高标准农田建设的合力。

（二）坚持突出重点

把握高标准农田建设的主攻方向，以粮食主产区为重点，资金投入和项目安排进一步向粮食主产区倾斜，重点加大对各地区粮食主产县特别是纳入《新增千亿斤规划》的800个产粮大县的支持力度，全力打造全国高标准农田的核心区，努力构建保障国家粮食安全的稳定基石。

（三）坚持连片开发

按灌区、流域和区域整体规划，打破行政区域界限，确定重点建设地区，采取集中投入、连片治理、整体推进的开发方式，确保开发一片，成效一片，努力发挥高标准农田的规模效益。

（四）坚持综合治理

针对农业生产的主要制约因素，因地制宜、抓住关键、多措并举，切实把田间水利灌排工程建设摆在优先位置，实行水利、农业、道路、林业和科技等综合措施，进行田水路林山综合治理，努力实现建设高标准农田目标。

（五）坚持多元投入

中央财政和地方财政不断加大投入。在尊重农民意愿前提下，鼓励农民筹资投劳。积极引导信贷资金和社会资本增加投入，努力形成高标准农田建设的合力。

（六）坚持机制创新

按照转变农业发展方式的要求，不断探索推进高标准农田建设的新机制、新举措，围绕资金投入、项目管理、工程管护、绩效考评等方面加快改革创新，激发高标准农田建设的活力，努力促进高标准农田建设可持续发展。

三、目标任务

到2020年，农业综合开发高标准农田建设的目标任务是：

——改造中低产田、建设高标准农田4亿亩。其中通过农业综合开发资金投入完成3.4亿亩；通过统筹和整合农业、水利等相关部门财政性资金完成0.6亿亩。亩均粮食生产能力比实施农业综合开发前提高100公斤以上。

——完成1575处重点中型灌区的节水配套改造。通过改造，有效灌溉面积明显扩大，灌溉保证率和工程完好率显著提高，农田抗御水旱灾害的能力明显增强。

第三章　区域布局

一、划分建设区域

根据“突出以粮食主产区为重点，适当兼顾非粮食主产区”的原则，将高标准农田建设区域布局划分为粮食主产区和非粮食主产区两类。

（一）粮食主产区

包括13个粮食主产省（区，含大连和青岛市）及黑龙江农垦总局。现有中低产田面积78910万亩，占全国的61.71%；待改造重点中型灌区911处，占全国的57.8%。具体包括三类地区：

1.东北区

包括黑龙江、吉林、辽宁、内蒙古等4省（区，含大连市）及黑龙江农垦总局，现有中低产田面积30862万亩，占全国的24.1%。农业生产的主要制约因素：一是东涝西旱，蓄引提工程明显不足，农田水利基础设施薄弱，抗灾避灾能力差，粮食生产依然没有摆脱“靠天吃饭”的局面。二是农业集成技术缺乏，农技推广薄弱，农业技术与农民对接的通道还没有完全建立起来，大部分地区耕作方式粗放。三是土壤板结，犁底层浅，耕地质量下降。

2.黄淮海区

包括河北、山东、河南、安徽、江苏等5省（含青岛市），现有中低产田面积29760万亩，占全国的23.3%。农业生产的主要制约因素：一是农田水利设施老化失修，灌溉面积萎缩现象较为普遍，旱涝灾害在年度内频繁出现。二是作物套种面积大，品种熟期不配套，影响秋粮单产水平。

3.长江中下游区

包括江西、湖北、湖南、四川等4省，中低产田面积18288万亩，占全国的14.3%。农业生产的主要制约因素：一是水源工程建设滞后，工程性缺水严重。二是部分地区排涝设施不足，排涝标准偏低。三是农业机械化水平低。

（二）非粮食主产区

13个粮食主产省（区）以外的其他地区。现有中低产田面积48969万亩，占全国的38.29%；待改造重点中型灌区664处、占全国的42.2%。非粮食主产区农业生产的主要制约因素：除少数县生产条件相对较好外，水土资源不匹配，耕地质量不高，水资源利用不当、排水系统不完善、旱涝灾害频繁发生。

表 3-1 全国分区域耕地面积、中低产田面积和待改造重点中型灌区情况一览表

区域名称		耕地面积（万亩）	中低产田面积（万亩）	中低产田占耕地面积（%）	待改造重点中型灌区（处）	待改造重点中型灌区设计灌溉面积（万亩）	待改造重点中型灌区有效灌溉面积（万亩）
全国合计		182573	127879	70.54	1575	15932	11504
粮食主产区	东北区	42896	30862	71.95	164	1540	989
	黄淮海区	48379	29760	61.51	386	4922	3509
	长江中下游区	25842	18288	70.77	361	3175	2205
	小计	117117	78910	67.38	911	9637	6703
非粮食主产区		65456	48969	74.81	664	6295	4801

全国分区域待改造重点中型灌区数量分布图

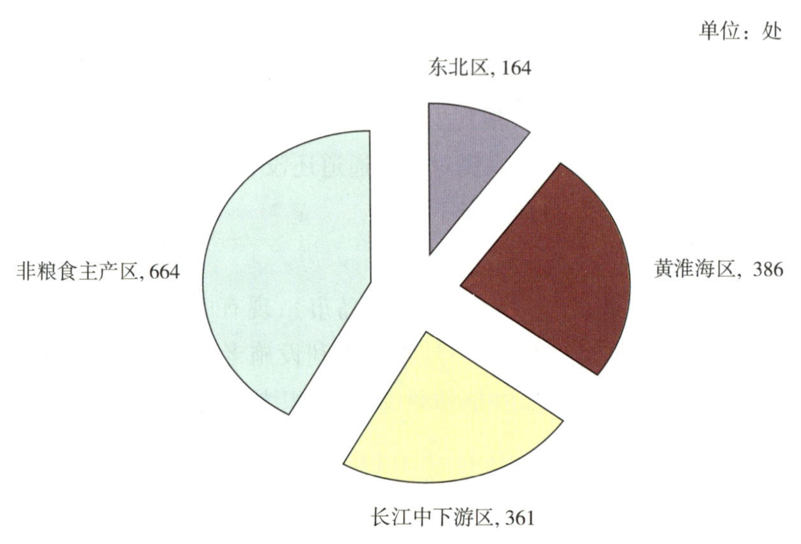

二、分区目标任务

综合考虑各地区农业自然条件和灌溉条件等情况，根据中低产田面积、粮食产量、粮食商品率等因素，测算确定粮食主产区和非粮食主产区的建设任务和目标，把粮食主产区，特别是增产潜力大、总产量大、商品率高的重点粮食主产区放在高标准农田建设的突出位置。同时，各地区在制定本地区高标准农田建设规划时，要向粮食主产县特别是向《新增千亿斤规划》确定的 800 个产粮大县倾斜（其中粮食主产区 680 个、非粮食主产区 120 个）。在布局安排上与土地整治规划等做好衔接，避免交叉重叠、重复建设。

为突出以粮食主产区为重点，根据粮食主产区耕地占全国耕地面积总量的 64%、粮食主产区粮食产量占全国粮食总产量的 76%、粮食主产区中低产田面积占全国中低产田面积总量的 62%等情况，按照粮食主产区占 70%、非粮食主产区占 30%的比重，对全国规划新建高标准农田 4 亿亩进行划分，其中粮食主产区建设高标准农田 2.8 亿亩，非粮食主产区建设高标准农田 1.2 亿亩。在此基础上，根据中低产田面积大小、粮食产量多少和粮食商品率高低等因素，将已分配给粮食主产区

和非粮食主产区的建设任务，分别在主产区和非主产区内按省级单位进行分解，确定分省（区、市）高标准农田建设任务，在此基础上确定分区域的建设任务。

表 3-2　全国高标准农田建设规划分区任务一览表

区域名称		中低产田面积（万亩）	产粮大县个数（个）	规划高标准农田建设任务（万亩）	规划建设任务占总任务比重（%）
全国合计		127879	800	40000	100
粮食主产区	东北区	30862	209	9385	23.46
	黄淮海区	29760	300	11960	29.90
	长江中下游区	18288	171	6655	16.64
	小计	78910	680	28000	70
非粮食主产区		48969	120	12000	30

（一）粮食主产区

共规划建设高标准农田 28000 万亩，占建设高标准农田面积的 70%。实施重点中型灌区节水配套改造 911 处，占实施重点中型灌区节水配套改造总数的 57.8%。

1.东北区

建设高标准农田 9385 万亩，占全国建设高标准农田面积的 23.46%。实施重点中型灌区节水配套改造 164 处，占实施重点中型灌区节水配套改造总数的 10.4%。

2.黄淮海区

建设高标准农田 11960 万亩，占全国建设高标准农田面积的 29.9%。实施重点中型灌区节水配套改造 386 处，占实施重点中型灌区节水配套改造总数的 24.5%。

3.长江中下游区

建设高标准农田 6655 万亩，占全国建设高标准农田面积的 16.64%。实施重点中型灌区节水配套改造 361 处，占实施重点中型灌区节水配套改造总数的 22.9%。

（二）非粮食主产区

共建设高标准农田 12000 万亩，占建设高标准农田面积的 30%。实施重点中型灌区节水配套改造 664 处，占实施重点中型灌区节水配套改造总数的 42.2%。

表 3-3　2011—2020 年重点中型灌区节水配套改造任务表

区域名称		规划改造灌区（处）	新增效益		
			新增灌溉面积（万亩）	改善灌溉面积（万亩）	增加节水量（万立方米）
全国合计		1575	3190	8861	2032978
粮食主产区	东北区	164	509	912	220234
	黄淮海区	386	792	2811	418402
	长江中下游区	361	818	1696	559644
非粮食主产区		664	1071	3442	834698

第四章　建设标准

一、高标准农田建设标准

(一)综合标准

高标准农田建设应达到“田地平整肥沃、水利设施配套、田间道路畅通、林网建设适宜、科技先进适用、优质高产高效”的总体目标。通过建设,解除制约农业生产的关键障碍因素,抵御自然灾害能力显著增强,农业特别是粮食综合生产能力稳步提高,达到旱涝保收、高产稳产的目标;农田基础设施达到较高水平,田地平整肥沃,水利设施配套、田间道路畅通;因地制宜推行节水灌溉和其他节本增效技术,农田林网适宜,区域农业生态环境改善,可持续发展能力明显增强;推广优良品种和先进适用技术,农业科技贡献率明显提高,主要农产品市场竞争力显著增强;建设区达到优质高产高效的目标,取得较高的经济、社会和生态效益。同时,坚持节约土地、合理使用的原则开展农田基础设施建设,建成后农田基础设施占地率符合有关规范标准。

(二)主要措施标准

——水利措施

1.灌溉工程

(1)灌溉系统完善,灌溉用水有保证,灌溉水质符合标准,灌溉制度合理,灌水方法先进。

(2)湿润半湿润地区灌溉保证率:旱作区不低于75%,水稻区不低于85%;干旱半干旱地区灌溉保证率:旱作区不低于50%,水稻区不低于75%;其他地区一般不低于70%。

(3)灌溉水利用系数:大型灌区不应低于0.5;中型灌区不应低于0.6;小型灌区不应低于0.7;井灌区不应低于0.8;喷灌区、微喷灌区不应低于0.85;滴灌区不应低于0.9。

(4)新建、除险加固和更新改造的小型水库、塘坝及引水渠首等工程,符合国家和水利行业的技术规范规定的设计标准和技术要求;井灌工程做到地下水资源合理利用、采补平衡;机井和泵站的水工建筑物、机电设备、输变电设施配套齐全,综合装置效率达到有关规范标准。

(5)输水、配水渠系(管道),桥、涵、闸等建筑物和田间灌溉设施配套齐全,性能与技术指标达到规范标准。

(6)推广各种适用节水和旱作农业技术。有条件地区,应积极采取膜下滴灌、喷灌等先进高效节水技术;灌溉条件较差的旱作农业区,应采取农艺、工程等旱作农业节水措施提高天然降水的利用率。

2.排水工程

(1)防洪设计标准应符合有关规定。

(2)排涝设计标准应符合有关规定,设计暴雨重现期不少于10年。设计暴雨历时和排出时间应达到:旱作区1—3天暴雨1—3天排除;稻作区1—3天暴雨3—5天排至耐淹水深。

(3)排水系统健全,排水出路通畅,排水渠系断面及坡度设计合理,桥、涵、闸等建筑物配套,性能与技术指标达到有关规范要求,末级固定排水沟的深度和间距,符合当地机耕作业、农作物对地下水位的要求。

(4)有渍害的旱作区,在设计暴雨形成的地面明水排除后,应在农作物耐渍时间内将地下水位降到耐渍深度;水稻区在晒田期3天内将地下水位降到耐渍深度。

(5)改造盐碱地要建立完善的排灌系统,在返盐(碱)季节前将地下水位降到农作物生长的临界深度以下。

3.工程折旧和完好率

灌、排等工程设施使用年限不低于15年。田间灌、排工程及附属建筑物配套完好率大于95%。

——农业措施

1.农田工程

平原地区以有林道路或较大沟渠为基准形成格田,土地平整,集中连片,以适应农业机械化和田间管理要求。丘陵、山区15度以下坡耕地,按照有利于水土保持要求,建成等高水平梯田(地),地面平整,并构成反坡;土壤活土层厚度一般不小于25—30厘米,田面宽度一般要达到3米以上,田(地)埂稳定牢固(南方地区的田埂要采用石块衬砌或建设生物梯坎),修建好排水沟、泄洪沟,达到防洪标准,防止水土流失。

2.土壤改良

土壤耕作层达到20厘米以上,土壤耕作层有机质含量提高0.1个百分点以上。

3.良种繁育与推广

具有较好的良种繁育能力,具备优良品种的覆盖率达到100%水平的基础性条件。

4.农业机械化

平原地区主要作业环节具备基本实现机械化、丘陵山区农业机械化水平在原有基础上有较大提高的基础性条件。

——田间道路建设

田间道路建设分干道、支路两级,布局合理,顺直通畅。干道要与乡、村公路连接,必要时进行简易硬化,保证晴雨天畅通,东北地区的干道能满足大型农业机械的通行,其他地区能满足中型农业机械的通行;支路应配套桥、涵和农机下田(地)设施,便于农机进出田间作业和农产品运输。田间道路建设突出节约土地的原则,建设标准合理实用。田间道路设施使用年限不少于15年,完好率大于95%。

——林业措施

因地制宜地加强农田防护林网建设,达到当地林业部门规定的标准。主要道路、沟渠、河流两侧,要适时、适地、适树进行植树造林,长度达到适宜植树造林长度的90%以上。造林时应预留出农机进出田间的作业通道。造林当年成活率达到95%以上,三年后保存率要达到90%以上。平原地区防护林网格面积与格田面积一致,防护林网控制面积占宜建林网农田面积的比例,北方地区达到85%以上,南方地区原则上达到75%以上。

——科技措施

在项目建设期间,推广2项以上先进适用技术,重点是良种、良法等先进适用生产技术;加强对项目区受益农户进行先进适用技术培训2次以上;适当扶持县乡农技服务体系,重点支持具有技术推广服务功能的农民专业合作经济组织。

二、重点中型灌区节水配套改造标准

（一）综合标准

通过对重点中型灌区灌排骨干工程设施进行节水改造和续建配套，为高标准农田建设提供灌排骨干工程条件。灌区范围明确，设计灌溉面积一般不低于5万亩，不超过30万亩；灌区规划设计合理，符合区域水资源利用总体规划和节水灌溉发展规划；灌溉设计保证率符合高标准农田建设的需要；灌区工程设施质量达标，运行管护规范；灌区管理体制及运行机制完善，用水户参与灌溉管理模式初步形成。

（二）主要工程标准

1.水源及渠首工程

（1）灌溉水源有保障。灌溉水源水质符合农田灌溉水质标准。水源及渠首工程（含泵站）总体完好，运行安全可靠。

（2）井灌工程做到地下水资源合理利用、采补平衡。

2.灌排渠系

（1）干支渠（沟）道能保证设计输水能力，边坡稳定，水流畅通。

（2）干支渠道衬砌防渗技术指标达到规范要求，坚固耐用，寒冷地区抗冻性能好。输水管道、暗渠等设计合理，技术指标达到规范要求。渠系水利用系数绝对值提高0.1以上。项目区单位面积用水量节约15%以上。

（3）排水系统健全，排水出路通畅，排涝设计标准不低于3—5年一遇，主要建筑物防洪设计标准不低于10—20年一遇。

3.渠（沟）系建筑物

（1）农桥、涵洞、水闸、渡槽、倒虹吸、隧洞等渠系建筑物分布合理，能满足灌排系统水位、流量、泥沙处理、运行要求，适应群众生产生活需要。

（2）渠（沟）系建筑物的设计、施工等符合现行有关标准的规定。

4.量水设施设备

灌溉渠道的进水口、分水口等处配备有必要的量水设施设备系统，可满足灌溉水量调度和计量供水需要。

5.工程管护设施

工程管护设施布设合理，可满足工程管护需要。

第五章　建设内容

一、高标准农田建设

（一）农田水利工程

针对建设区农业生产的主要障碍因素进行投资建设，按照全面配套、综合治理的要求，安排配套农田水利基础设施建设内容，积极发展节水灌溉工程，大力推广渠道防渗、管道输水、微灌喷灌、覆膜沟播、适水种植等综合节水技术，以及旱作农业技术，提高水资源利用效率。据估算，农业综合开发建设4亿亩高标准农田，加固和改造小型水库4960座，新建拦河坝1.6万座、排灌站1040万座，新打和修复机电井135万眼，配套输变电线路33万公里，开挖疏浚渠道106万公里，衬砌渠道89万公里，埋设管道58万公里，配套渠系建筑物2080万座，新建小型蓄水工程9万座，扩建加固小型蓄水工程6万座。

（二）农业措施

通过秸秆还田、科学施肥和合理耕作等多种措施，加快土壤改良。进一步完善良种仓库、晒场等配套设施建设，建立高标准的良种繁育基地，确保项目区良种覆盖率达到100%。预计需改良土壤2亿亩，建设良种繁育基地800万亩，配套农用动力机械13万台（套）、植保机械14万台（套），配套农机具22万台（套）。同时，积极鼓励其他工程措施及农艺措施与高标准农田建设配套实施，因地制宜加大对测墒节灌、水肥一体化、先进植保、深耕深松等技术推广应用。

（三）田间道路工程

配套完善农田道路体系，便于农机耕作和农产品运输，为大规模推广农业机械创造条件。预计需修建田间机耕路88万公里，梯田埂1.6万公里。

（四）林业措施

按照“布局合理、乔灌结合、功能齐全、质量提高”的要求，在项目区沟、渠、路旁和其他宜林地种植树木，实现农田防护林网格化，平原区林网网格面积一般为200—400亩，造林当年成活率达到95%以上，三年后保存率要达到90%以上。全国预计建设农田林网防护面积1.3亿亩，折合成片林1840万亩，新建苗圃5万亩。

（五）科技措施

采取有效措施，鼓励和吸引农业科研单位和农技推广服务机构到项目区，为农民开展科技示范、培训和指导，把优良品种和先进适用技术普及应用于项目区农业生产的过程，进一步发挥科技进步对农业生产特别是粮食增产的支撑作用。加强农业面源污染治理和水土流失治理，引导农民科学合理施用复合肥、缓释肥、生物肥料和高效、低毒、低残留农药，切实保护农田土壤和水资源。示范推广新品种、新技术2.4亿亩，预计需培训农民及基层农技人员0.8亿人次，扶持农业社会化服务组织1.6万个。

二、重点中型灌区节水配套改造

（一）干支渠沟道疏浚开挖及衬砌防渗

对灌区干支渠沟进行疏浚、整修，根据实际需要和可能适当新开挖和延长，采用混凝土、石料和土工膜布等材料对渠道进行衬砌防渗。预计需疏浚开挖及衬砌防渗干支渠沟道13.6万公里。

（二）干支渠沟建筑物改造及配套

主要包括农桥、涵洞、水闸、隧洞、渡槽、倒虹吸、输水暗管、暗渠、跌水以及非水源型泵站等。加固整修、改造、重建、续建各类渠系建筑物，使渠系建筑物配套齐全，运用自如，以保证灌溉系统正常运行。预计需改造及配套干支渠沟建筑物27万座。

（三）渠首工程改造与加固

主要包括放水塔、放水洞改造，进水闸、冲沙闸改建和加固，闸门及启闭机更新改造，水源型提水泵站泵房和机电设备更新改造等。预计需改造与加固渠首工程4000座。

(四)量水设施、工程管护设施等建设

在干渠进水口和支渠分水口以及农渠进水口等处设立量水设施,为灌区按水量管理及计收水费创造条件。同时,结合工程管理和灌溉调度需要,维修、改建或重建工程管护设施。

(五)非骨干工程和田间工程配套建设

非骨干工程建设包括支渠以下斗渠、农渠等固定渠道及其建筑物,田间工程包括临时渠道、田间道路及土地平整等。以灌区骨干工程配套改造建设总体布局为基础,以节水增效为中心,因地制宜,推广先进实用灌水技术与改进传统灌水方法并举,实行渠、沟、田、林、路综合规划,桥、涵、闸、站等全面配套,达到渠沟系统健全。

第六章　效益分析

一、经济效益

根据近三年改造中低产田、建设高标准农田亩均实际增产粮食生产能力平均数,本规划建设高标准农田亩均粮食生产能力比实施农业综合开发前提高 100 公斤以上。预计可直接带动种粮农民亩均增加收入约 200 元,每年 3200 多万农民直接受益。

二、社会效益

(一)为整体推进新农村建设奠定了物质基础

通过建设高标准基本农田,不仅可以将项目区的农田全部建设成为旱涝保收、高产稳产、节水高效的高标准基本农田,而且可以推动土地向种植大户、种粮能手集中,发展多种形式的适度规模经营,还可以增加农机整体装备,提高农机作业水平,夯实发展农业生产基础,为推进新农村建设创造良好的物质条件。

(二)推动项目区农业科技进步

通过加大农业新技术、新品种的示范推广和农民培训力度,项目区农民种田水平得到有效提高,良种良法在项目区全面推广。初步测算,项目实施完成后,可扶持基层农技服务站 1.15 万个,完善农产品检测体系 0.32 万个,新增优质粮种植面积 1.36 亿亩,优质农产品种植面积达到 2.8 亿亩。

(三)为发展现代农业创造条件

通过项目实施,显著改善项目区农业生产条件,大幅提高土地产出率、水资源利用率和农业劳动生产率,提高农业综合生产效益和增加种粮农民收入,提高现代农业物质装备水平,促进专业化、标准化和集约化发展,加快农业发展方式转变,为加快现代农业发展奠定坚实基础。

三、生态效益

(一)保护和改善农田生态环境

通过合理耕作、平衡施肥、秸秆还田等农业技术措施的实施,土壤有机质含量将进一步增加,土壤理化性状得到改善,保水、保肥、通气能力明显增强。通过完善农田林网建设,可以涵养水源、防风固沙、防御干热风，调节田间小气候，维护农田生态平衡。预计项目实施后，土壤有机质含量可提高0.1—0.3个百分点，可控制水土流失面积1.5万平方公里，农田生态环境向良性方向发展。

（二）提高水资源利用率

通过不断完善农业节水机制，大力推广渠道防渗、管道输水、微灌喷灌、覆膜沟播、适水种植等综合节水措施，可以大大提高项目区灌溉用水效率，有效减少农业灌溉水资源的浪费，努力促进水资源可持续利用。

第七章　水资源供需分析与环境影响分析

一、水资源供需分析

2000年以来，全国灌溉用水在3300亿—3600亿立方米之间波动，灌溉用水基本保持稳定，在有效灌溉面积不断扩大的同时，占经济社会用水总量的比例和亩均灌溉用水量均呈下降趋势，农田灌溉水有效利用系数由0.4提高到了0.51，农田水利建设成效显著。根据国务院批准的《全国水资源综合规划（2011—2030年）》，2030年农业用水配置量为4078亿立方米，其中灌溉用水约占农业用水总量的90%，测算2030年灌溉用水配置量约为3700亿立方米，略高于多年平均灌溉用水量。规划建设的4亿亩高标准农田，绝大部分在有效灌溉面积上，且以重点中型灌区配套改造为主，随着工程建设推进和节水灌溉技术、先进农业技术的普及，灌溉用水效率将进一步提高，还将形成大量节水能力，灌溉保证率也将有所提高，进一步夯实现代农业发展的基础。综合分析，规划实施的4亿亩高标准农田的灌溉用水是基本有保障的。

二、环境影响分析

（一）水资源利用对生态环境的影响

通过新建小塘坝、拦河坝、水库除险加固等来集蓄、利用雨水、地表径流水，增加可利用水资源；通过输水管道、衬砌渠道、配套田间水利工程、新建与改造机电排灌站（井）、推广喷滴灌等措施，加快流速、减少渗漏、节约用水；通过营造农田防护林和水源涵养林，涵养水分；通过修建农田排水沟渠等措施，排除过高地下水，防止土壤盐渍化程度加剧。通过中型灌区配套节水改造，可大大减少渠道水量渗漏，提高渠道水利用系数和农田灌溉保证率，增加和改善灌溉面积。

在缺水地区新增灌区可能影响生态用水量，部分灌区和排涝退水将对河流水质产生影响；水利工程建设可能对湿地造成负面影响。为此，要进行科学论证，合理控制各区域水资源开发程度，协调好生活、生产和生态用水，保证河流基本生态用水，维护河流健康；对区域水量进行水资源综合平衡分析，确定合理的建设规模，避免对区域生态环境产生不利影响；禁止开垦占用和随意改变自然湿地用途。

（二）工程建设对水土流失的影响

农业综合开发高标准农田建设大部分工程为新建小塘坝（库）、水坡（拦河坝）、水库除险加固、小型泵站的建设与维修、开挖沟渠、衬砌渠道、铺设管道、整修农田道路和建设农田防护林网等，由于单个工程规模小，分布面广，工程施工周期短，在建设期内，不会造成较大的水土流失。引黄灌区的骨干渠道防渗处理后,将提高渠道输沙能力,减少渠首地带沙化影响。农田林网的建设,可有效拦截泥沙,有效地减轻土壤侵蚀强度,对防治水土流失,改善生态环境将起到积极作用。

(三)农业投入品施用及其对环境的影响

通过高标准农田建设,提高土壤肥力,改善农田小气候,可减轻对化肥、农药等投入品的依赖,同时通过推广应用科学施肥、秸秆还田、病虫害综合防治等技术,推广使用高效、低毒、低残留农药和生物农药,可降低化肥、农药的使用量,提高化肥、农药的使用效率。同时,由于水资源的高效利用,田间灌溉水量减少,使土壤中养分流失量减少,可有效地减少农业的面源污染。

总之,在土地、水资源开发利用强度可承受范围内,按照保护环境、综合利用的原则进行开发和建设,农业综合开发高标准农田建设对环境会产生积极的影响,不会产生明显不利的影响。

第八章 保障措施

一、多渠道增加投入

加大农业综合开发中央财政资金投入力度,积极利用世界银行贷款、亚洲开发银行贷款等外资实施农业综合开发高标准农田建设项目。地方各级政府要将高标准农田建设所需资金全额纳入年度财政预算,优先安排,足额到位。进一步落实各项资金用于建设旱涝保收高标准农田建设的政策要求,拓宽农业综合开发财政资金筹资渠道。充分发挥财政政策与信贷政策的协调配合作用,加强与中国农业发展银行等政策性银行的合作,通过财政全额贴息的方式,支持和鼓励垦区企业和其他符合条件的企业利用中长期贷款进行高标准农田建设。按照"农民自愿,量力而行,民主决策,数量控制"的原则,鼓励和引导项目区广大农民群众积极筹资投劳,并将项目区农民筹资投劳纳入村内"一事一议"范畴,实行专项管理。

二、推进资金整合和统筹

按照"统一标准、分类指导,用途不变、优势互补,各记其功、形成合力"的原则,加大农业综合开发资金与其他各类高标准农田建设资金的统筹整合力度。一是做好规划衔接。分别建立中央、省级和县级统筹协调机制,尤其是在县级政府统一领导下,农业综合开发机构应加强与发展改革、国土、水利、农业等部门沟通协调,统一制定总体规划,并将农业综合开发高标准农田建设规划纳入总体规划,在不改变资金管理体制和分配方式的前提下,明确各部门的任务分工,由各部门共同协调高标准农田建设的投入政策、建设任务和工作部署,形成统筹整合高标准农田建设资金的合力。完善国家农业综合开发政策措施,为县级政府整合资金支持高标准农田建设提供制度保障。二是充分发挥农业综合开发集中投入、综合治理、机构健全、制度完善的优势,以"条件具备,农民自愿,地方政府规划,农业综合开发参与,组合各种资金"为原则,将农业综合开发资金与小型农田水利建设补助专项资金、现代农业生产发展资金等财政性资金有效整合和统筹安排,建立"集中规划、集中建设,各付其账、各记其功"的统分结合模式。在立足现有资金渠道和投资标准的前提下,通过各项开发措施的集成投入,实现连片治理、整县推进、区域衔接,充分发挥资金整合后的集聚作用,提高资金使用效益。三是建立资金整合的激励机制。将各地区资金整合和统筹安排情况纳入农业综合开发绩效考评范围，对资金整合积极性高、成效显著的地区在分配资金时给予适当奖励，进一步加大扶持力度。

三、完善资金和项目管理机制

加强资金和项目的全过程管理，提高科学化、精细化管理水平。坚持完善和落实各项资金和项目管理制度，建立覆盖规划、设计、施工、验收、运行和管护各个环节的管理制度。加强资金管理，强化以县级财政报账制为核心的财务管理体系，坚持财政资金专人管理、分账核算、专款专用。每年提前下达中央财政高标准农田建设资金指标，加快财政资金拨付和报账进度。强化项目选项立项工作，规范建立项目库，实行竞争择优选项，严格规范评估项目；强化规划设计工作，坚持科学合理，综合治理，提高规划设计质量；规范项目验收考核制度，制定严格的验收标准；尽快完善高标准农田建设信息管理系统，实行高标准农田的动态监管。进一步完善农业综合开发绩效考评制度，将考评结果与资金分配挂钩，实行奖优罚劣。加强基础工作，认真做好资金决算编报工作，改进和强化统计工作，加快推进信息系统建设，实行对资金和项目全程监控监管。充分发挥基层财政部门特别是乡镇财政就近就地监管的优势，明确乡镇财政对项目资金的具体监管范围，量化、细化监管任务和责任，逐步实现乡镇财政从立项、建设、验收到管护的全过程参与管理。同时，积极鼓励各地探索支持农民专业合作社参与高标准农田建设。

四、强化项目实施监督检查

切实强化高标准农田建设监督检查工作，确保工程建设质量，努力提高资金使用效率。严格按照农业综合开发招投标管理规定，规范组织工程招投标工作。主要单项工程和工程质量要求高的工程，必须由专业队伍施工。认真落实工程监理制度，由具备资质的监理单位对工程建设的全过程实施全面监理，加强对施工监理单位的考核工作，确保监理职责到位。完善项目公示制度，全面准确地公示项目投资规模、建设内容、施工单位和监督单位、项目建设成效等。探索建立专业单位监理、管理部门监管、农民群众监督三位一体的监督模式。严把竣工项目验收关，通过专项检查、竣工验收、综合检查、委托社会中介机构检查等方式，加大监督检查力度，确保项目工程建设质量。各省级农业综合开发机构应在本规划确定的亩均粮食生产能力增加目标的基础上，结合本地实际，制定粮食、棉花、糖料等生产能力的综合考核标准。

五、加强工程建后管护工作

工程建后管护是工程质量管理的延续和拓展，是工程长期发挥效益的关键。加大管护工作宣传力度，进一步提高对工程建后管护工作的认识，按照建管结合、建管并重的要求，切实采取有效措施落实维修养护经费，加强建后管护工作。完善工程建后管护制度，按照谁受益、谁管护的原则，明确产权归属、管护主体，落实管护责任和管护经费，提高工程建后管护水平。加强灌区管理体制改革，推行农民用水户协会参与管理，鼓励农民用水户以承包、租赁和股份制等方式经营管理小型水利工程。加强对项目工程管护工作的督查指导和监测评价，建立长效管护机制。积极探索在立项规划时按受益主体和范围，将适宜明晰产权的单项工程拍卖、租赁或直接划归农民用水户协会或个人所有，对道路、桥梁等公益性工程按受益范围界定给村组集体，保证项目监督责任和管护责任一并落实，确保工程长久发挥效益。

六、认真组织实施规划

各地要进一步统一思想,提高认识,增强建设高标准农田的责任感和使命感。要切实加强组织领导,强化队伍建设,转变工作作风,把握工作规律,提高工作水平,全力推进高标准农田建设工作。各省(区、市)要根据本规划确定的任务,抓紧制定本地区的实施规划,指导市县编制好项目实施方案,明确建设目标,突出重点区域,细化具体措施,完善保障机制。要周密部署,精心组织,广泛发动,集中投入,连片推进。要实行分级负责,层层落实工作责任,加强对规划落实情况,特别是建设任务和粮食增产目标的考核和评价。要健全多部门共同协商、密切协作、互相支持的工作机制。水利、农业、林业等部门要充分发挥行业技术优势,结合实施相关行业规划,认真履行好本规划所涉及的行业职责,形成高标准农田建设的强大合力。

扶贫开发整村推进“十二五”规划

前　　言

整村推进是贫困地区建设社会主义新农村的重要举措，是新阶段扶贫开发工作的重要内容。为实现“十二五”农村扶贫开发的目标任务，加强对整村推进工作的指导，根据《国民经济和社会发展第十二个五年规划纲要》和《中国农村扶贫开发纲要（2011—2020年）》（以下简称《纲要》）的总体要求，编制本规划。

本规划实施范围在中西部地区，重点是《纲要》明确的集中连片特殊困难地区（以下简称连片特困地区）的贫困村（指行政村），同时兼顾连片特困地区之外的部分贫困村，包括中西部21个省（区、市）的30000个贫困村和西藏自治区的200个贫困乡镇（辖1642个村居委会）。由于西藏自治区以“整乡推进”的方式实施，本规划在规划区概况、目标任务部分单列出了西藏整乡推进的有关内容。

规划期为2011—2015年。

一、基本形势

（一）取得的成绩

根据《中国农村扶贫开发纲要（2001—2010年）》关于扶贫工作要重心下沉、进村入户的要求，针对当时农村贫困状况“大分散、小集中”的特点，在深入总结《国家八七扶贫攻坚计划（1994—2000年）》后期开展贫困村建设经验的基础上，国务院扶贫开发领导小组提出将整村推进作为2001年到2010年扶贫开发的重点工作。2002年，全国有扶贫开发工作任务的省（区、市）共确定了15万个贫困村实施整村推进，占当时全国行政村总数的近1/4，覆盖了80%左右的扶贫对象。

截至2010年底，全国共有12.6万个贫困村实施了整村推进，占贫困村总数的84%，共投入中央和地方财政扶贫资金789亿元，村均投入财政扶贫资金约63万元。据统计，在同一县域内，实施整村推进的贫困村农民人均纯收入比没有实施的增幅高出20%以上。整村推进使贫困村在基础设施、产业发展、社会事业、村容村貌等方面实现了突破，不仅改善了贫困村的生产生活条件，增加了扶贫对象的收入，提高了贫困群众的自我发展能力，同时打造了扶贫开发进村入户的平台，成为构建大扶贫格局的重要载体。整村推进深受贫困地区广大干部群众的认可和欢迎，有力地促进了贫困地区的社会主义新农村建设，为全面建设小康社会奠定了基础。

（二）面临的挑战

经过20多年的扶贫开发，我国农村居民的生存和温饱问题已基本解决，但农村贫困人口依然面广量大，制约贫困地区发展的深层次矛盾没有得到有效解决。各地资源禀赋和发展基础差异较大，贫困问题呈现出区域分布集中、致贫原因复杂、脱贫难度加大等特征。贫困村大多地处偏远，自然条件恶劣、生态环境脆弱、基础设施落后、产业发育迟缓、扶贫对象素质偏低，加快这些地区经济社会发展，带动和促进扶贫对象脱贫致富的任务依然十分繁重。

受各种主客观条件的制约，整村推进工作还存在一些问题。缺乏宏观规划指导，对整村推进贫困村的投资规模、建设任务、建设标准等没有提出明确要求，整村推进的实施效果差别较大；专项扶贫资金总量有限，资源整合力度不够，村与村之间投入不均，部分村投入严重不足；没有建立扶贫对象瞄准机制，一些最贫困的人口没有得到有针对性的项目扶持。此外，整村推进的检查验收和项目后续管理工作有待进一步加强。这些都对新一轮的整村推进工作提出了严峻的挑战。

（三）有利条件

近年来，我国经济保持平稳较快发展，综合国力不断增强，社会保障体系逐步健全，国家不断加大对“三农”领域的投入，各项强农惠农富农政策向贫困地区倾斜，为贫困地区发展和整村推进工作创造了有利条件。党中央、国务院高度重视扶贫开发工作，“十二五”时期，中央和地方财政将大幅度增加扶贫开发投入，行业部门和社会各界越来越关注扶贫开发，会有更多的资源汇集到贫困地区，为整村推进提供了有力保障。连片特困地区区域发展与扶贫攻坚规划的实施，为贫困地区整村推进工作提供了新的平台。整村推进实施多年来，积累了丰富的经验，探索形成了比较成熟的管理办法和运行机制，为“十二五”时期继续开展整村推进奠定了坚实的基础。

二、总体思路

（一）指导思想

以邓小平理论和“三个代表”重要思想为指导，深入贯彻落实科学发展观，按照《纲要》的总体要求，坚持开发式扶贫方针，以连片特困地区为主战场，以贫困村整体脱贫、贫困户持续增收为目标，以发展特色优势产业、改善生产生活条件、增加集体经济收入、提高自我发展能力为重点，坚持整村推进与连片特困地区扶贫攻坚相结合、与社会主义新农村建设相结合、与生态建设和环境保护相结合，通过统一规划、整合资源、集中投入、综合治理，切实促进贫困地区经济社会平稳较快发展。

（二）基本原则

政府主导，群众参与。各级政府要把做好整村推进，帮助扶贫对象尽快脱贫致富作为一项重要工作，按照“中央统筹、省负总责、县抓落实”的扶贫开发管理体制，落实领导责任。充分发挥贫困村党组织的作用，积极动员群众参与整村推进，发挥主动性和创造性，立足自身改变贫穷落后面貌。

统筹兼顾,持续发展。立足当前,着眼长远,既解决贫困村当前的突出民生问题,又解决制约其长远发展的根本问题。坚持产业开发、基础设施建设与能力建设相结合,坚持生产发展、生活富裕与生态良好相协调,坚持经济发展、人口控制与社会建设相统筹。

突出重点,先难后易。把连片特困地区作为重点区域,把深度贫困村、人口较少民族贫困村、边境地区贫困村作为优先实施对象。针对制约贫困地区发展的突出问题,利用两项制度有效衔接的成果,瞄准最困难的群众,采取有效措施,集中攻坚。

因地制宜,分类指导。根据贫困村自然条件和经济发展状况,对有一定发展基础、具备开发条件的村,重点发展特色优势产业;对发展基础差、经济落后的村,坚持基础设施建设、产业培育和能力建设并重;对地理上自然相连的贫困村,统筹规划,连片开发。

整合资源,合力推进。以县为平台,统筹各类涉农资金和社会帮扶资源,集中投入,合力推进,实施水、电、路、气、房和环境改善“六到农家”工程,建设公益设施较为完善的农村社区,健全贫困村管理和服务体制,提升整村推进实施效果。

三、规划区概况

(一)30000 个贫困村概况

30000 个贫困村分布在中西部 21 个省(区、市)的 959 个县(区、市、旗),主要分布在六盘山区等 11 个连片特困地区和已明确实施特殊政策的四省藏区、新疆南疆三地州。土地总面积 6036.4 万公顷,总人口 5497.9 万人,其中:扶贫对象 2191.8 万人,按 2009 年各省(区、市)的扶贫标准,扶贫对象占总人口的 39.9%。

1.分布情况

30000 个贫困村中,西部 11 个省(区、市)有 20420 个,占 68.1%,分布于 671 个县(区、市、旗);中部 10 个省有 9580 个,占 31.9%,分布于 288 个县(区、市)。有 21267 个村分布于 11 个连片特困地区和 4 省藏区、新疆南疆 3 地州,占总数的 70.9%;8733 个村分布于连片特困地区外,占 29.1%。其中:位于革命老区县的村 14252 个,占 47.5%;位于民族自治地方的村 13158 个,占 43.9%;位于边境县的村 1254 个,占 4.2%;自然相连的村 14972 个,占 49.9%。

表 3-1　贫困村总体分布情况表

单位:个

区域	总县数	总村数	连片特困地区内		连片特困地区外			
			县数	村数	国家扶贫开发工作重点县数	村数	非国家扶贫开发工作重点县数	村数
合计	959	30000	595	21267	141	4643	223	4090
西部	671	20420	428	15301	56	1749	187	3370
中部	288	9580	167	5966	85	2894	36	720

表 3-2　连片特困地区内贫困村分布表

单位:个

分区名称	省　数	县　数	村　数
合　计	21	595	21267
六盘山区	4	61	2483
秦巴山区	6	75	2826
武陵山区	4	62	2317
乌蒙山区	3	38	1994
滇桂黔石漠化区	3	80	3020
滇西边境山区	1	56	1568
大兴安岭南麓山区	3	19	455
燕山—太行山区	3	30	1065
吕梁山区	2	20	838
大别山区	3	35	1434
罗霄山区	2	21	818
四省藏区	4	74	1483
新疆南疆三地州	1	24	966

表 3-3　30000 个贫困村分省情况表

单位:个

省　份	村　数	省　份	村　数	省　份	村　数
河　北	1630	河　南	1440	贵　州	3800
山　西	1440	湖　北	1020	云　南	2800
内蒙古	750	湖　南	1200	陕　西	1950
吉　林	500	广　西	2220	甘　肃	2500
黑龙江	330	海　南	200	青　海	790
安　徽	700	重　庆	930	宁　夏	480
江　西	1120	四　川	2800	新　疆	1400

2.贫困状况

基础设施薄弱。2009 年,纳入规划的村通公路、通电、通电话比例分别是 91.1%、97.1%、95.1%,比全国平均水平分别低 7.7、2.5、4 个百分点,饮水困难人口比重为 29.3%。出行难、用电难、吃水难、信息闭塞等问题较为突出,严重制约了贫困村经济社会发展和扶贫对象生活水平提高。

表 3-4 规划区基础设施情况表

	通公路的行政村比例	通电的行政村比例	通电话的行政村比例
全国	98.8%	99.6%	99.1%
国家扶贫开发工作重点县	99.0%	98.7%	98.0%
规划区	91.1%	97.1%	95.1%
中部 10 省	94.8%	98.9%	94.4%
西部 11 省(区、市)	89.4%	96.2%	95.4%

生产条件较差。纳入规划的村大多地处边远高寒山区和地质条件恶劣地区,生态环境脆弱,自然灾害多发。耕地总面积为 1112 万公顷,其中:水浇地 196.6 万公顷,占 17.7%;机耕地 257.3 万公顷,占 23.1%。人均水浇地面积为 0.54 亩/人,人均机耕地面积为 0.7 亩/人,耕作条件差,机械化程度低。

社会事业滞后。2009 年,纳入规划的村劳动力平均受教育年限为 7.3 年,比全国平均受教育年限少 1.6 年,西部地区仅为 6.8 年。扶贫对象文化程度更低,自我发展能力提升难度大。规划村中有卫生室的行政村比例为 81.5%,比全国平均水平低 11.5 个百分点,公共卫生条件落后。

贫困程度较深。纳入规划的村基本没有集体经济,产业规模小,市场化程度低。2009 年,农民人均纯收入 2453 元,仅为全国同期农民人均纯收入 5153 元的 47.6%,是国家扶贫开发工作重点县农民人均纯收入 2842 元的 86.3%。扶贫对象 2191.8 万人,扶贫对象占总人口的 39.9%,其中:中部有扶贫对象 678.9 万人,占总人口的 37.7%;西部有扶贫对象 1512.9 万人,占总人口的 40.9%。

(二)西藏 200 个贫困乡镇概况

西藏的 200 个贫困乡镇,分布在自治区 7 个地(市)、73 个县(市)中的边境地区、人口较少民族聚居区、地方病高发区、高寒退化牧区、高山峡谷区、灾害多发区。200 个乡镇辖 1642 个村委会(居民委员会),占全区总乡镇数的 29.3%,占全区总村数的 30.1%;总人口 70.7 万人,占全区乡村总人口 221 万的 32%。2009 年农牧民人均纯收入低于 1700 元(西藏自治区当年的扶贫标准)的有 22.41 万人,占总人口的 31.7%。

200 个乡镇的自然环境恶劣,土地草场贫瘠,常年平均降雨量在 500 毫米以下,无霜期短,农牧民赖以生存的 340 万亩耕地,高产稳产田少。1/3 以上的草地退化沙化,其中重度退化沙化占 50%以上,草畜矛盾大。经营方式粗放,科技推广落后,农牧业科技贡献率仅为 36%。产业结构调整滞后,特色产业发展缓慢,市场发育严重不足。农牧民受教育程度远低于全国平均水平。

四、目标任务

“十二五”期间，规划完成30000个贫困村整村推进和200个贫困乡镇的整乡推进，分期分批组织实施。

（一）发展目标

以促进贫困村（乡）经济、社会、生态全面发展为目标，确保实施整村推进贫困村（乡）的水、电、路、气、房和社区环境等基本生产生活条件有明显改善，农民人均纯收入增长幅度高于当地平均水平，扶贫对象自我发展能力明显增强，发展差距扩大趋势得到扭转。

——特色优势产业培育。到2015年，实现一户发展一项种植、养殖、加工、旅游等增收项目，一村争取培育一个主导产业。

——基础设施建设。到2015年，实现具备条件的贫困村和西藏200个贫困乡镇所辖行政村通公路，自然村通路比例明显提高；农田水利设施有较大改善，农村饮水安全问题基本解决；贫困户的危房全面得到改造；无电行政村用电问题全部解决；通过大力开展农村土地整治，建设一批高标准基本农田，农业生产生活条件和生态环境进一步改善。

——生态建设和环境保护。到2015年，森林面积进一步增加，森林质量进一步提高，优质草场面积进一步扩大，生态环境和人居环境明显改善。

——公共服务和社会事业建设。到2015年，稳步提高劳动力平均受教育年限，提高农村实用技术、经营管理和职业技能培训水平；确保每个行政村有卫生室；农民专业合作组织普遍建立；农业科技应用水平得到提升。

（二）建设任务

本规划的项目选择，根据贫困村（乡）的经济社会发展现状，依据财政扶贫资金、行业部门整合资金、群众自筹资金等投资来源，在项目实施村（乡）群众参与的基础上确定。

1.30000个贫困村的建设任务

30000个贫困村的整村推进建设内容主要包括特色优势产业培育、基础设施建设、生态建设和环境保护、公共服务和社会事业建设共4类17项。

（1）特色优势产业培育项目

充分发挥贫困地区自然资源和生态环境优势，因地制宜发展农林牧渔等特色优势产业，优化产业结构，提高科技含量，培植支柱产业，推进旅游扶贫，多方位带动扶贫对象发展生产，增加收入，增强自我发展能力。

专栏1　特色优势产业培育

种植业：发展以粮食、经济作物、经济林果等为主的种植业4700万亩；

养殖业：发展以生猪、牛、羊、家禽、水产为主的各类养殖1.2亿羊单位，配套建设圈舍9万座；

特色产业：依托区域资源优势，打造特色农产品产加销一体化链条，扶持2.4万个农畜产品加工、有机食品深加工、中药材加工、林产品加工、农贸市场等扶贫龙头企业（产业基地）和12万个微小企业、零售商铺等；

旅游业：发展乡村旅游、民俗文化旅游、农业观光旅游、森林旅游、红色旅游等旅游开发和服务项目。

(2)基础设施建设项目

以县为平台,统筹各类资源,加强贫困村的道路、农田、水利、住房等基础设施项目建设,为扶贫对象脱贫致富创造良好条件,为贫困地区发展提供有力支撑。

专栏2　基础设施建设

道路:重点修建通村公路和村内道路,分别完成6万公里和18万公里;
农田:保稳产、促增产,完成基本农田建设及改造800万亩,发展设施农业270万亩;
水利:以解决农村饮水安全和灌溉用水困难为目标,完成小型水利建设2811处、蓄水池(窖)5.2万座以及其他通村水利设施项目,力争解决330万农户饮水安全问题,新增1100万亩有效灌溉面积;
住房:通过农村危房改造、游牧民定居、奖励性住房等各项工程,改善贫困农户住房条件;
其他:实施农村土地整治、农村电网改造、山洪地质灾害防治等基础设施建设。

(3)生态建设和环境保护项目

实施退牧还草、天然林保护、水土保持工程,巩固退耕还林成果,结合扶贫开发和库区移民,在重点生态脆弱区和重要生态区位有计划地推进退耕还林。开展人居环境改造,推广新型清洁能源应用,改善生态环境和贫困村村容村貌,增强抵御自然灾害能力,促进贫困地区经济、社会与资源、环境协调发展。

专栏3　生态建设和环境保护

人居环境:通过实施院落修整、卫生厕所、节能灶、淋浴设施等项目,改善294万户人居生活环境;建设村内垃圾及污水处理项目10万余个;
生态改善:实施退牧还草、天然林保护、水土保持工程,巩固退耕还林成果;
新能源:建设沼气池、太阳灶等清洁能源设施50万套(台);
其他:实施泥石流、滑坡、洪涝等自然灾害防治工程。

(4)公共服务和社会事业建设项目

强化基层组织建设,改善办学条件,加快医疗卫生建设步伐,建设公益设施较为完善的农村社区,让扶贫对象共享改革发展成果。

专栏4　公共服务和社会事业建设

教育卫生:按实际需求建设及维修学校、幼儿园;按照"填平补齐"原则规划建设村卫生室;
基层组织:加强基层组织建设,新建村级组织活动中心1.5万个;
能力建设:建立农民专业合作组织1.6万个,培育示范户50万户,开展劳动力转移培训380万人,开展农牧民实用技术培训120万人次;
其他:建设村文化室、农家书屋;完成20户以下已通电自然村的广播电视村村通建设,力争实现户户通,加快农村电影数字化放映进程。

2.西藏200个贫困乡镇的建设任务

200个贫困乡镇的整乡推进建设任务包括以下四类项目。

(1)基础设施建设项目

——农田水利设施建设。新修和改建农田水渠430条、长1690公里,扩大和改善农田灌溉面积20万亩。

——土地整治。改造中低产田12万亩。

——草场建设。建设网围栏10万亩,补播、灭害等草场建设12万亩。

——乡村道路建设。新修和改建乡村道路420条,沙石路面9840公里。

——贫困户安居工程建设。安排贫困户安居工程建设1.1万户。

——农村饮水安全。实施农村饮水安全项目800个。

(2)产业开发建设项目

——种植业。安排种植项目410个,种植面积8万亩以上,修建温室大棚800座以上。

——养殖业。安排养殖项目480个,扩繁448万头(只、匹)。

——农畜产品加工业。安排加工业项目120个。

——民族手工业。安排民族手工业项目130个。

——家庭旅游业。安排家庭旅游业项目80个,扶持家庭旅馆900户以上,床位10000个。

(3)社会事业发展项目

——贫困群众扶贫培训项目。安排农牧民培训6万人次,劳动力转移就业2万人。

——科技示范推广。安排农牧业科技示范推广5万亩,改良牲畜6万头。

——农牧民专业合作经济组织。安排扶持初级农牧民专业合作经济组织160个。

——教育事业建设。新建和改扩建乡村小学80所。

——文化事业建设。新建或改扩建文化活动场所、图书室900个。继续实施广播电视村村通工程,力争基本实现“户户通”。

——村民委员会建设。建设800个村民委员会办公活动场所。

(4)村容村貌改善项目

按照“统一规划、统一整治”的要求,对200个整乡推进乡镇中的1642个村进行村容村貌整治,改善村路差、村貌脏、人畜同居等落后状况。

(三)建设标准

1.建设标准

有行业标准的执行行业部门规定标准;没有行业标准的,各地根据建设实际,采取“典型设计”方式确定建设标准。

2.费用预算

执行行业建设标准的项目,按照国家建设定额进行费用预算,并结合当地建设实际,对原材料、人工费用等进行适当调整。执行“典型设计”的项目,依据建设地各项费用实际需要进行估算。

(四)建设周期

贫困村(乡)一次规划,分期分批实施。原则上每个贫困村(乡)实施期不超过两年。

五、保障措施

（一）加强组织领导

坚持政府主导，各级党政领导要按照"省负总责、县抓落实、村（乡）为主体"的工作格局，层层落实目标责任制。

各级政府及扶贫开发领导小组要充分发挥统筹协调作用，明确各级政府的工作责任和各部门的具体任务，完善上下联动、部门配合、共同推进的工作机制。做好整村推进规划与各连片特困地区区域发展与扶贫攻坚规划、相关行业部门规划的衔接。把整村推进规划实施纳入领导干部绩效考评，强化党政领导干部对扶贫开发的领导责任。

各级扶贫部门对规划的实施进行指导监督，要主动协调有关部门，建立完善联席会议制度，研究解决规划实施中的重大政策性问题和共性问题。要通过多种形式对规划实施提供技术指导、质量监督和信息服务，确保各项规划建设任务的完成。

充分发挥贫困村党组织的战斗堡垒作用，把整村推进与基层组织建设有机结合起来。选好配强村（乡）级领导班子，选派思想好、作风正、能力强，有奉献精神的优秀干部、退伍军人、高校毕业生到贫困村（乡）工作。

（二）加大投入力度

地方各级政府要按照构建专项扶贫、行业扶贫、社会扶贫有机结合的大扶贫工作格局的要求，围绕整村推进规划的实施，整合多方力量，加大投入力度。利用财政专项扶贫资金、行业部门资金、信贷资金、群众自筹资金等开展整村推进规划项目建设。财政专项扶贫资金由中央和地方财政专项扶贫资金组成，其中中央财政专项扶贫资金按照主要用于支持扶贫对象发展特色优势产业的原则由各省（区、市）从到省资金中安排。要把整村推进与产业扶贫、就业促进、科技扶贫、彩票公益金支持扶贫开发事业等工作结合起来，发挥各类专项资金的集聚效益。

按照"统一规划、集中使用，渠道不乱、用途不变，各负其责、各记其功"的原则，在县级统筹各类强农惠农富农资金，用于贫困村（乡）的建设，建立跨部门的项目审核机制，确保资金使用效果。积极引导定点扶贫、东西扶贫协作和社会帮扶资金投向贫困村。鼓励信贷资金合理流向贫困村（乡），开展小额信贷和微型金融，引导扶贫贴息贷款进村入户。不断壮大贫困村互助资金组织。在尊重农民意愿和不加重农民负担的基础上，组织开展"一事一议"财政奖补引导群众投资投劳用于公益事业建设。

（三）创新工作机制

建立健全扶贫对象优先受益机制。加强贫困村扶贫开发与农村低保的有效衔接，做好扶贫对象的识别工作，突出重点，差别扶持。各类扶贫项目优先保证扶贫对象受益，产业扶贫项目、能力建设项目要确保扶贫对象得到重点扶持，基础设施和公共服务项目要优先惠及扶贫对象。对扶贫对象实行动态管理，完善进出机制，确保建档立卡的扶贫对象得到有效扶持。

完善社会帮扶机制。大力组织各级党政机关、企事业单位到贫困村（乡）帮扶，在贫困村开展领导挂点、部门帮村、干部包户活动，积极协调东部发达地区在东西扶贫协作工作中到贫困村对口帮扶。省、市、县级有关部门结合各自职责，在制定政策、编制规划、分配资金、实施项目时向贫困村

(乡)倾斜,形成扶贫攻坚合力。支持鼓励社会组织开展扶贫济困。

强化群众参与机制。充分发挥贫困村群众脱贫致富的积极性、主动性和创造性,广泛发动群众全程参与村(乡)级规划的制定、实施、监督和后续管理,探索增加集体积累的新机制,使村级公共工程项目做到民建、民管、民用,确保群众成为整村推进的实施和受益主体。

(四)强化管理监督

加强整村推进项目和资金管理,提高资金使用效益。财政专项扶贫资金必须严格遵照《财政专项扶贫资金管理办法》(财农〔2011〕412 号)进行使用管理,并按照有关规定开展绩效考评工作,其他项目资金按照有关规定使用管理。要抓好规划项目建设,加强工程技术指导、质量监管和实施效果检查。具备条件的项目要执行工程招投标制、监理制和合同管理制。按照国家扶贫资金、行业部门专项资金使用的有关政策规定,严格执行审批、公示、报账、招标、审计等财务管理程序,确保各类扶贫资金安全运行。

建立规划实施的监督机制。财政、监察、审计、扶贫等部门和相关行业部门全程介入,加强项目实施督导。实施村务公开、民主管理,对扶贫资金、扶贫项目、工程招标、款物发放、项目承包、财务收支等情况全面公开公示,组织村民代表对资金使用、项目建设进展和实施质量进行监督,确保实施一批项目,富裕一方百姓。

(五)做好考核评估

研究制定科学合理的监测评估指标体系和监测评估管理办法,建立健全整村推进工作监测、评估制度,定期开展工作进展情况日常监测和实施效益跟踪评估。探索开展第三方对整村推进规划实施的抽查评估。整村推进工作监测和评估结果纳入扶贫开发工作考核。

县级扶贫部门按照有关要求,定期向市(州)、省相关部门报送整村推进项目建设进度和资金使用情况,规划建设项目完工后,进行考核验收和效益评估。省级和市(州)级扶贫部门要定期对整村推进开展情况进行抽查,并根据县级考核验收情况开展复检。国务院扶贫办组织力量适时对各省(区、市)规划实施情况进行检查和评估,结合年度扶贫工作考核结果,分析问题,总结经验,确保整村推进工作取得实效。

附图:扶贫开发整村推进"十二五"规划各省(区、市)贫困村分布情况图

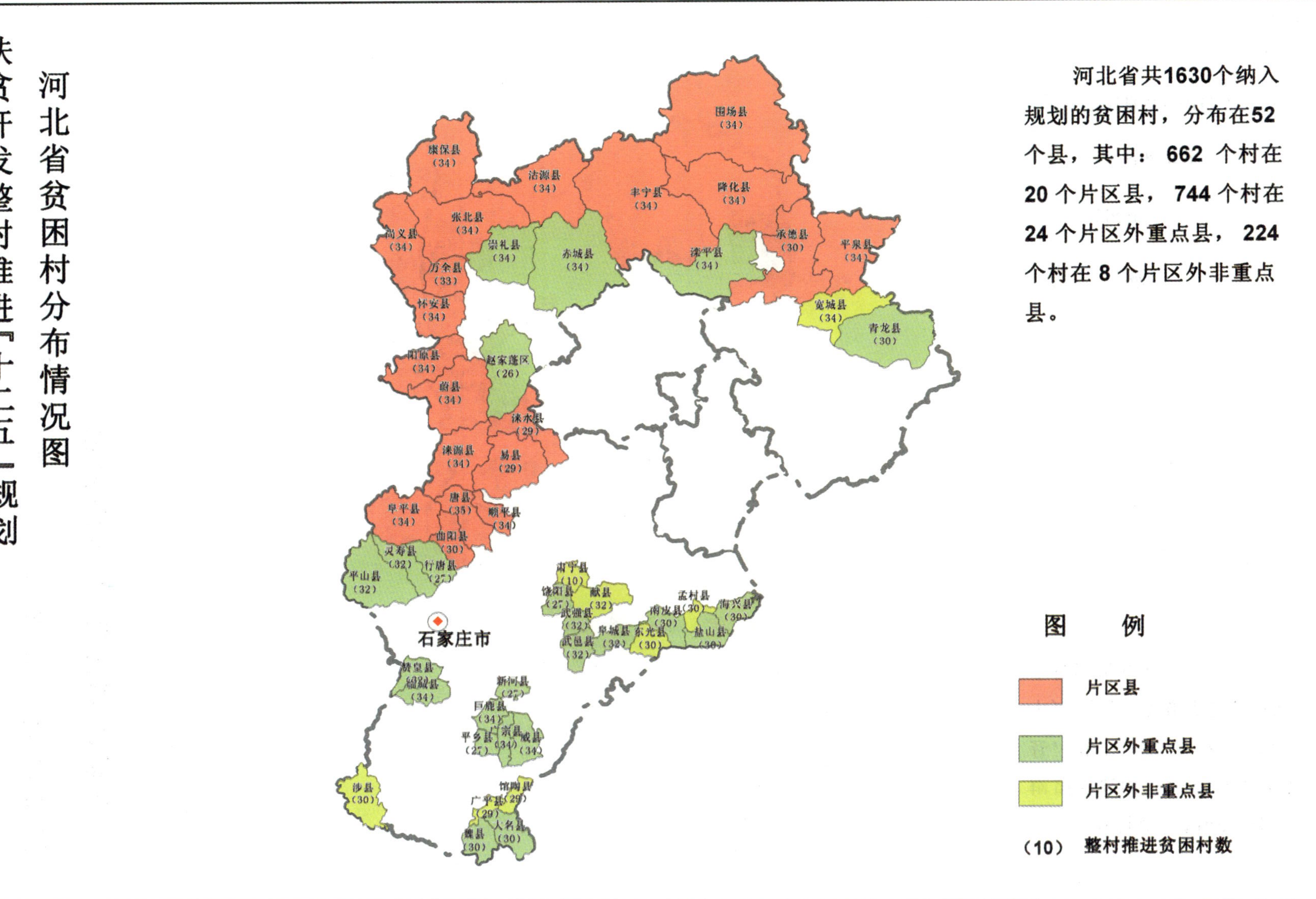
扶贫开发整村推进『十二五』规划
河北省贫困村分布情况图
河北省共1630个纳入规划的贫困村，分布在52个县，其中：662 个村在20 个片区县，744 个村在24 个片区外重点县，224 个村在 8 个片区外非重点县。
图　例
片区县
片区外重点县
片区外非重点县
（10）整村推进贫困村数
康保县（34）
沽源县（34）
丰宁县（34）
围场县（34）
隆化县（34）
尚义县（34）
张北县（34）
崇礼县（34）
赤城县（34）
滦平县（34）
承德县（30）
平泉县（34）
万全县（33）
怀安县（34）
宽城县（34）
青龙县（30）
阳原县（34）
蔚县（34）
赵家蓬区（26）
涞水县（29）
涞源县（34）
易县（29）
阜平县（34）
唐县（35）
顺平县（34）
曲阳县（30）
灵寿县（32）
行唐县（27）
平山县（32）
石家庄市
献县（32）
武强县（32）
武邑县（32）
阜城县（32）
东光县（30）
孟村县（30）
南皮县（30）
海兴县（30）
盐山县（30）
新河县（27）
巨鹿县（34）
平乡县（27）
广宗县（34）
威县（34）
涉县（30）
广平县（29）
馆陶县（29）
魏县（30）
大名县（30）

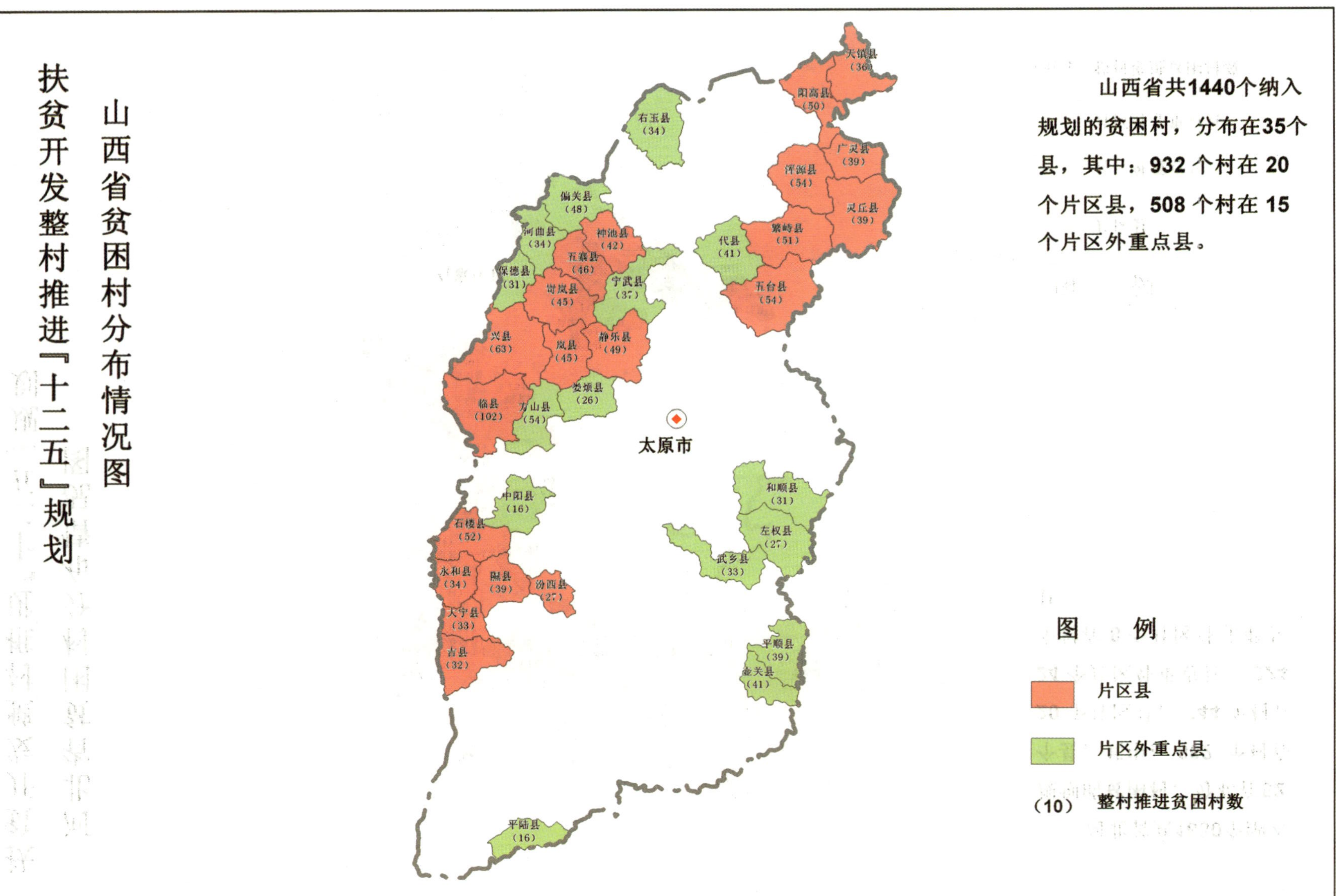
扶贫开发整村推进『十二五』规划
山西省贫困村分布情况图
山西省共1440个纳入规划的贫困村，分布在35个县，其中：932个村在20个片区县，508个村在15个片区外重点县。
天镇县（36）
阳高县（50）
广灵县（39）
浑源县（54）
灵丘县（39）
繁峙县（51）
代县（41）
五台县（54）
右玉县（34）
偏关县（48）
河曲县（34）
神池县（42）
五寨县（46）
保德县（31）
岢岚县（45）
宁武县（37）
兴县（63）
岚县（45）
静乐县（49）
临县（102）
方山县（54）
娄烦县（26）
太原市
中阳县（16）
石楼县（52）
永和县（34）
隰县（39）
汾西县（27）
大宁县（33）
吉县（32）
和顺县（31）
左权县（27）
武乡县（33）
平顺县（39）
壶关县（41）
平陆县（16）
图例
片区县
片区外重点县
（10） 整村推进贫困村数

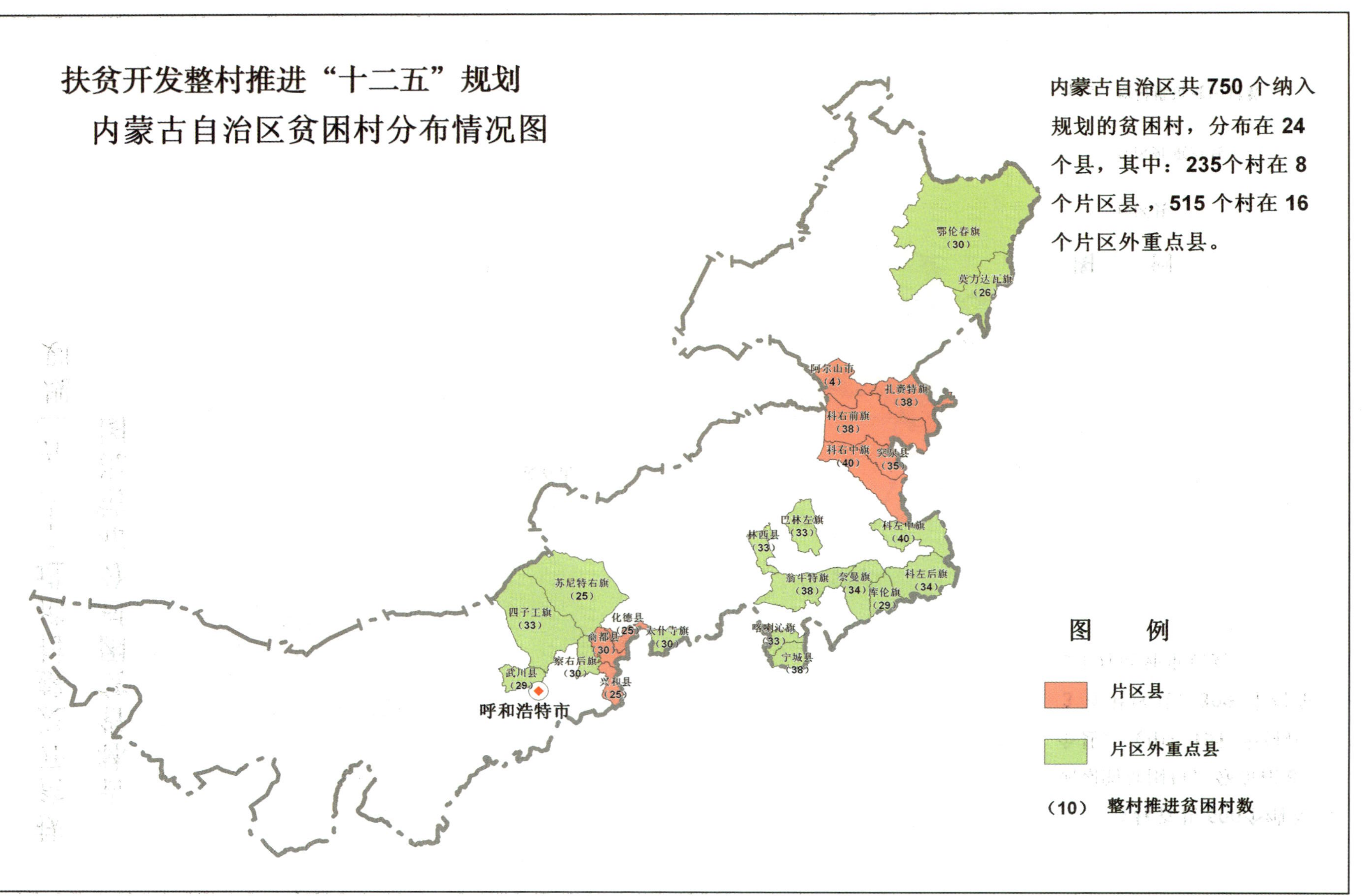
扶贫开发整村推进"十二五"规划
内蒙古自治区贫困村分布情况图
内蒙古自治区共750个纳入规划的贫困村，分布在24个县，其中：235个村在8个片区县，515个村在16个片区外重点县。
鄂伦春旗 (30)
莫力达瓦旗 (26)
阿尔山市 (4)
扎赉特旗 (38)
科右前旗 (38)
科右中旗 (40)
突泉县 (35)
巴林左旗 (33)
林西县 (33)
科左中旗 (40)
翁牛特旗 (38)
奈曼旗 (34)
库伦旗 (29)
科左后旗 (34)
喀喇沁旗 (33)
宁城县 (38)
苏尼特右旗 (25)
四子王旗 (33)
化德县 (25)
商都县 (30)
太仆寺旗 (30)
察右后旗 (30)
武川县 (29)
兴和县 (25)
呼和浩特市
图例
片区县
片区外重点县
(10) 整村推进贫困村数

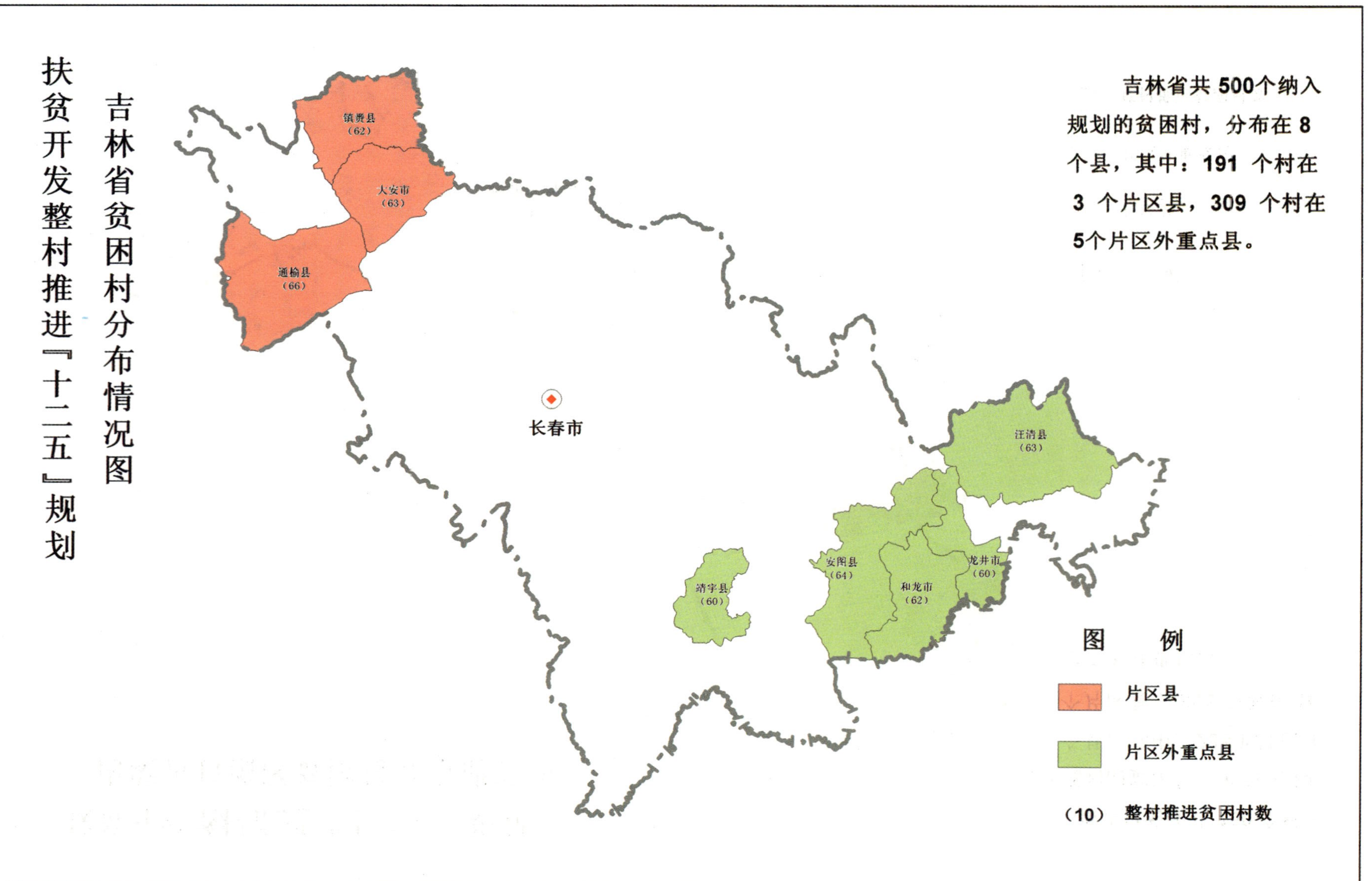

扶贫开发整村推进『十二五』规划
吉林省贫困村分布情况图

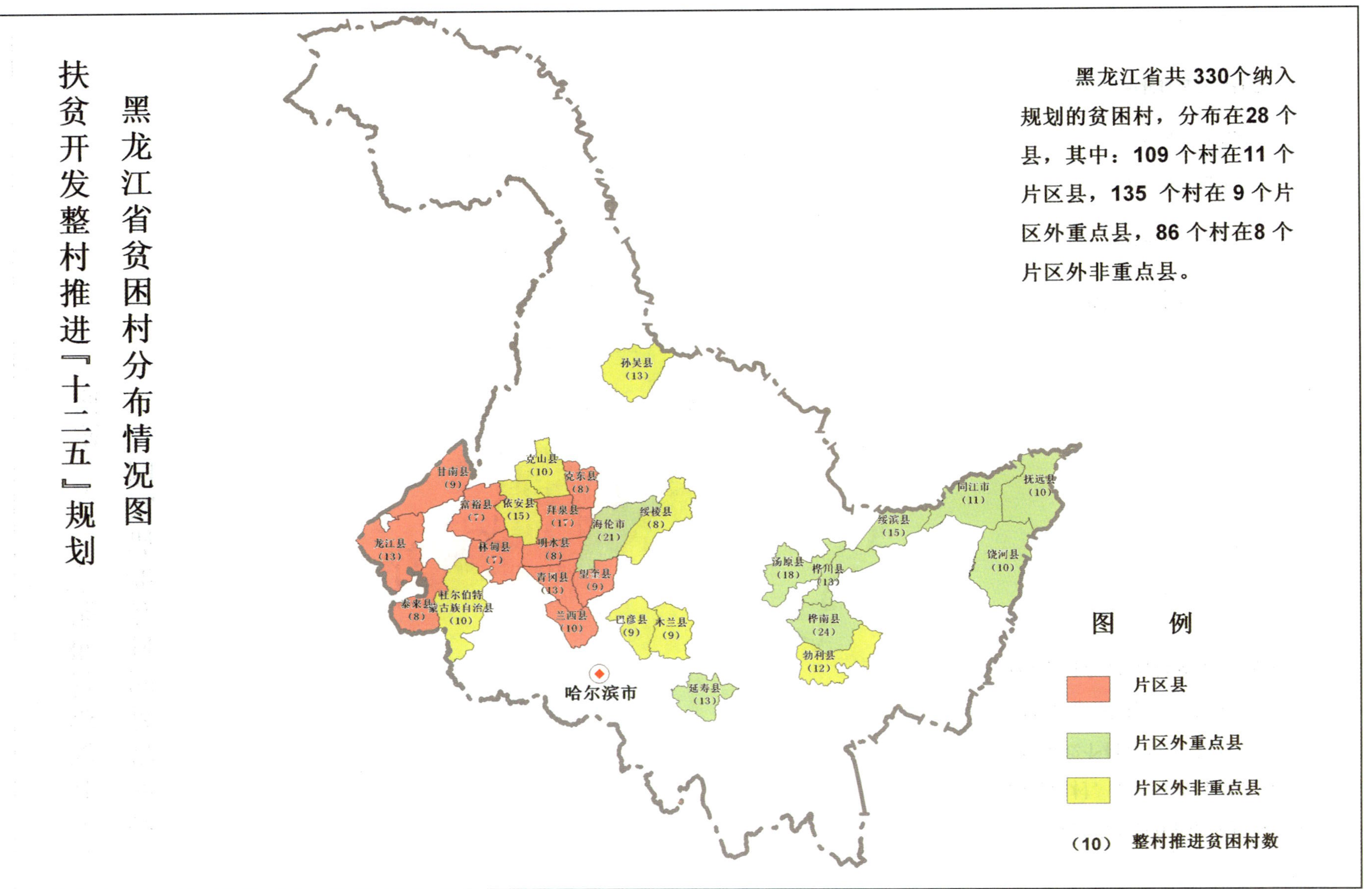
扶贫开发整村推进『十二五』规划
黑龙江省贫困村分布情况图
黑龙江省共330个纳入规划的贫困村，分布在28个县，其中：109个村在11个片区县，135个村在9个片区外重点县，86个村在8个片区外非重点县。
孙吴县（13）
甘南县（9）
克山县（10）
克东县（8）
富裕县（7）
依安县（15）
拜泉县（17）
海伦市（21）
绥棱县（8）
龙江县（13）
林甸县（7）
明水县（8）
青冈县（13）
望奎县（9）
泰来县（8）
杜尔伯特蒙古族自治县（10）
兰西县（10）
巴彦县（9）
木兰县（9）
哈尔滨市
延寿县（13）
同江市（11）
抚远县（10）
绥滨县（15）
饶河县（10）
汤原县（18）
桦川县（13）
桦南县（24）
勃利县（12）
图例
片区县
片区外重点县
片区外非重点县
（10）整村推进贫困村数

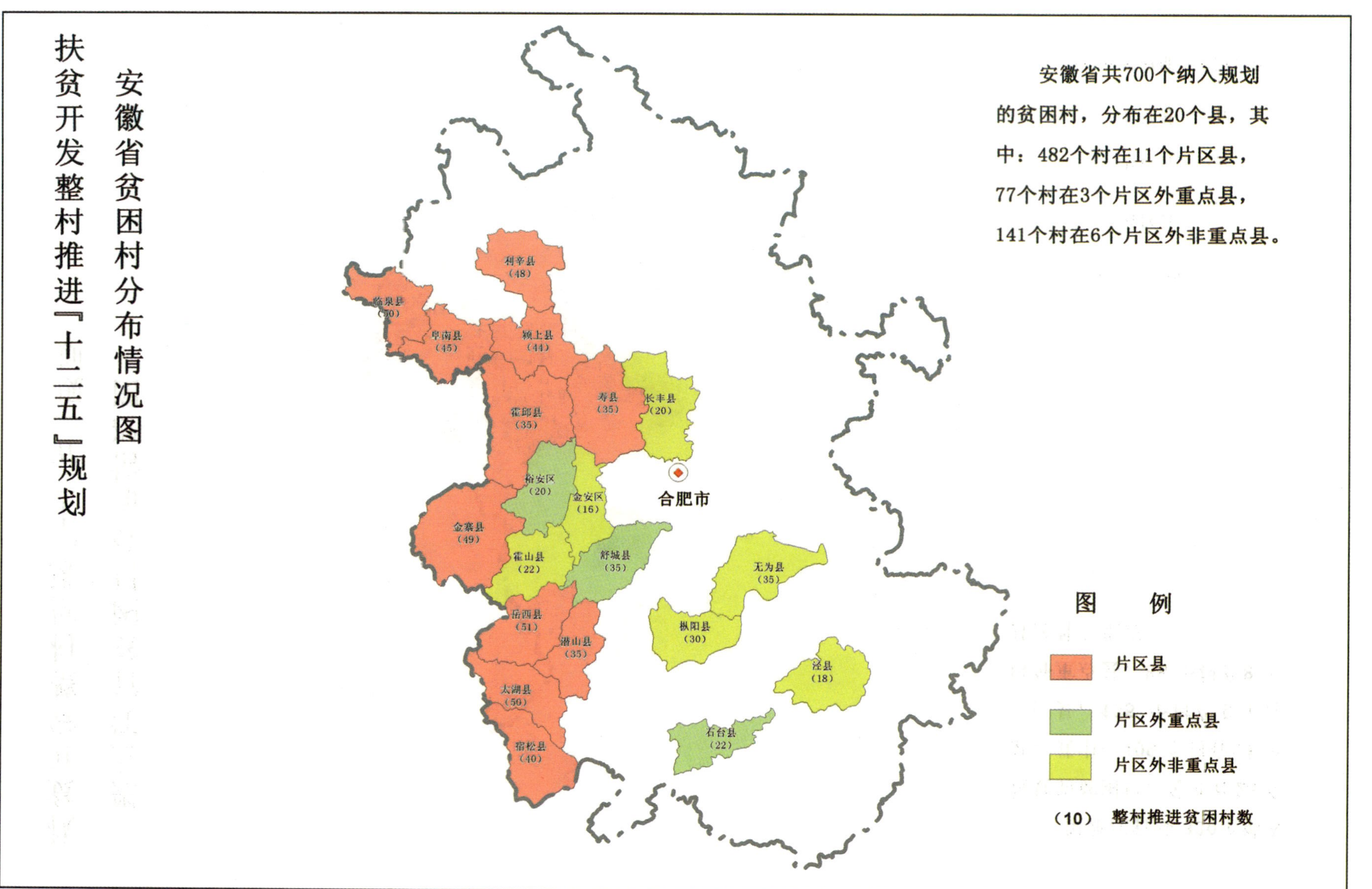
扶贫开发整村推进『十二五』规划
安徽省贫困村分布情况图
安徽省共700个纳入规划的贫困村，分布在20个县，其中：482个村在11个片区县，77个村在3个片区外重点县，141个村在6个片区外非重点县。
利辛县（48）
临泉县（50）
阜南县（45）
颍上县（44）
霍邱县（35）
寿县（35）
长丰县（20）
合肥市
裕安区（20）
金安区（16）
金寨县（49）
霍山县（22）
舒城县（35）
岳西县（51）
潜山县（35）
太湖县（50）
宿松县（40）
无为县（35）
枞阳县（30）
泾县（18）
石台县（22）
图例
片区县
片区外重点县
片区外非重点县
（10） 整村推进贫困村数

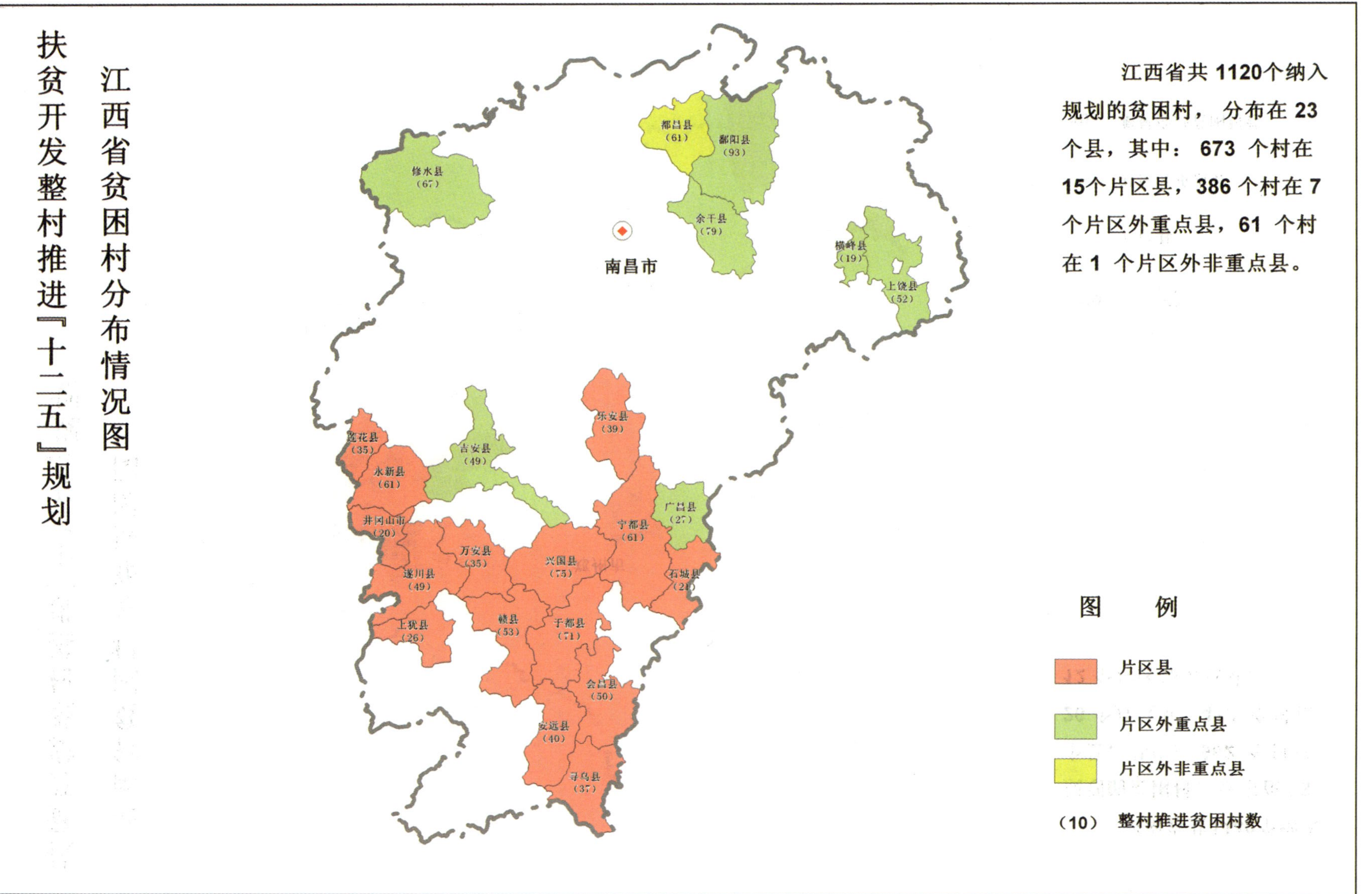
扶贫开发整村推进『十二五』规划
江西省贫困村分布情况图
江西省共1120个纳入规划的贫困村，分布在23个县，其中：673个村在15个片区县，386个村在7个片区外重点县，61个村在1个片区外非重点县。
图 例
片区县
片区外重点县
片区外非重点县
（10） 整村推进贫困村数
修水县（67）
都昌县（61）
鄱阳县（93）
余干县（79）
横峰县（19）
上饶县（52）
南昌市
乐安县（39）
莲花县（35）
吉安县（49）
永新县（61）
广昌县（27）
井冈山市（20）
宁都县（61）
万安县（35）
兴国县（75）
遂川县（49）
石城县（21）
赣县（53）
上犹县（26）
于都县（71）
会昌县（50）
安远县（40）
寻乌县（37）

扶贫开发整村推进『十二五』规划

河南省贫困村分布情况图

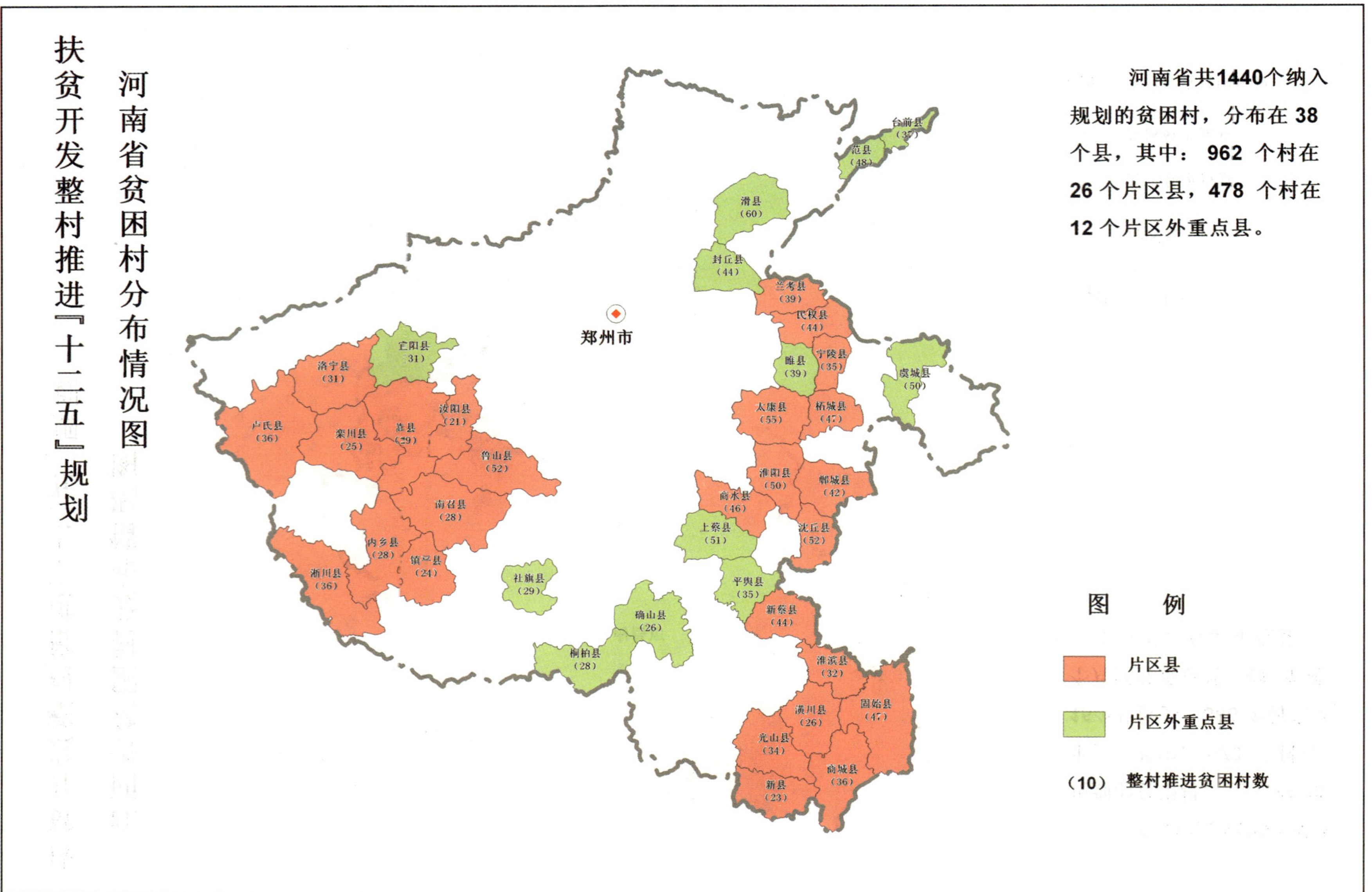

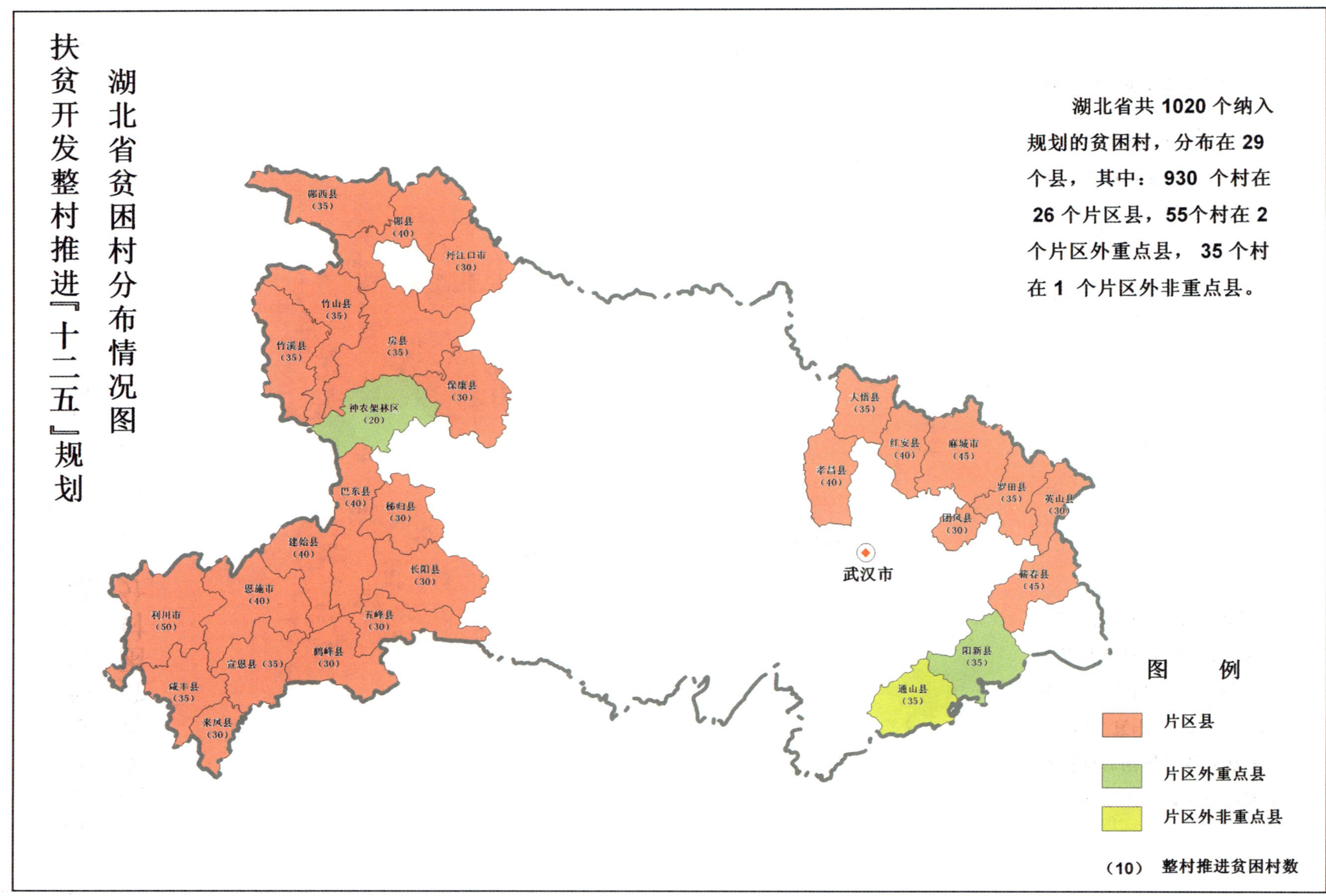
扶贫开发整村推进『十二五』规划
湖北省贫困村分布情况图
湖北省共1020个纳入规划的贫困村，分布在29个县，其中：930个村在26个片区县，55个村在2个片区外重点县，35个村在1个片区外非重点县。
郧西县（35）
郧县（40）
丹江口市（30）
竹山县（35）
房县（35）
竹溪县（35）
保康县（30）
神农架林区（20）
巴东县（40）
秭归县（30）
建始县（40）
长阳县（30）
恩施市（40）
利川市（50）
五峰县（30）
鹤峰县（30）
宣恩县（35）
咸丰县（35）
来凤县（30）
大悟县（35）
孝昌县（40）
红安县（40）
麻城市（45）
罗田县（35）
英山县（30）
团风县（30）
蕲春县（45）
阳新县（35）
通山县（35）
武汉市
图例
片区县
片区外重点县
片区外非重点县
（10） 整村推进贫困村数

扶贫开发整村推进『十二五』规划 湖南省贫困村分布情况图

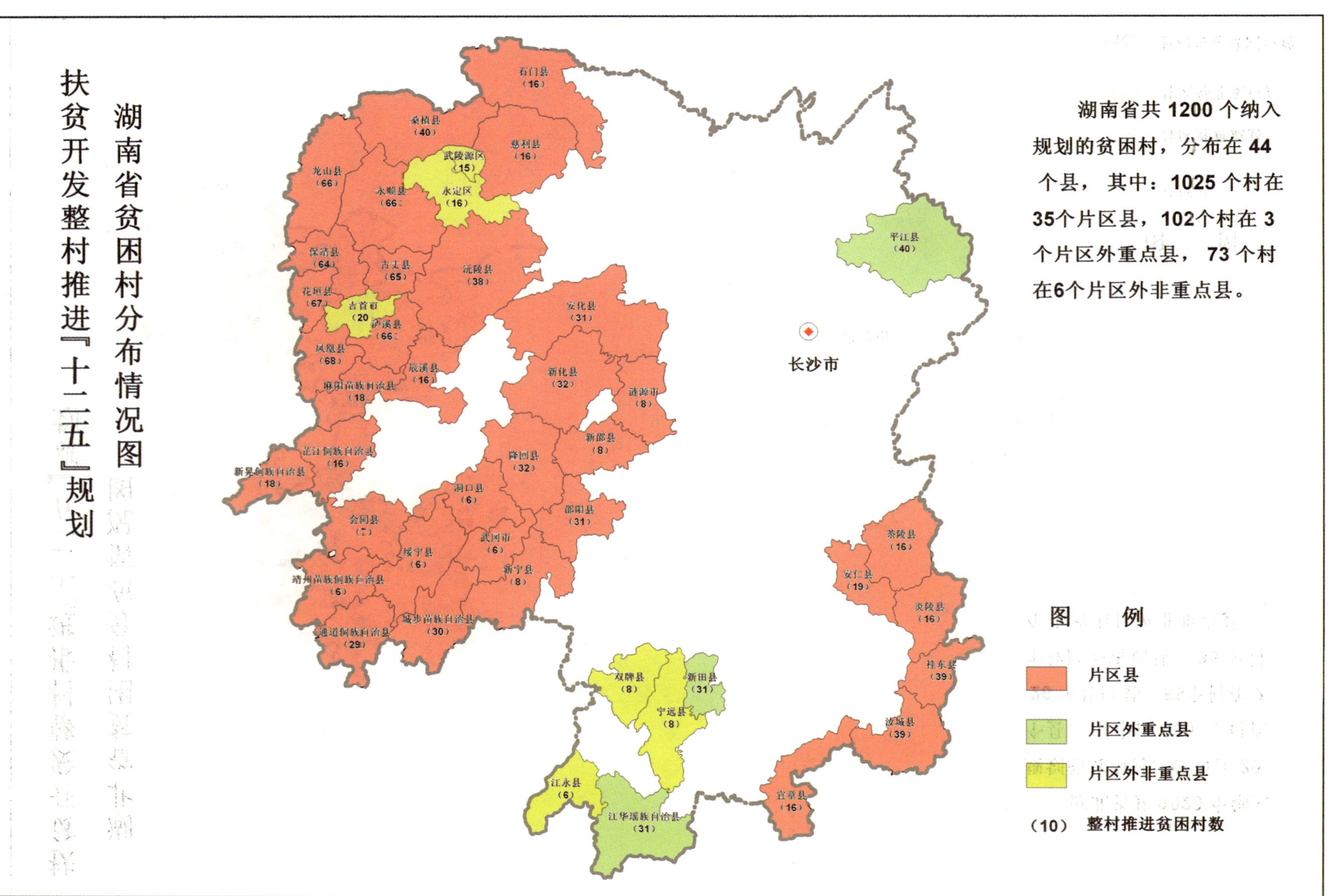

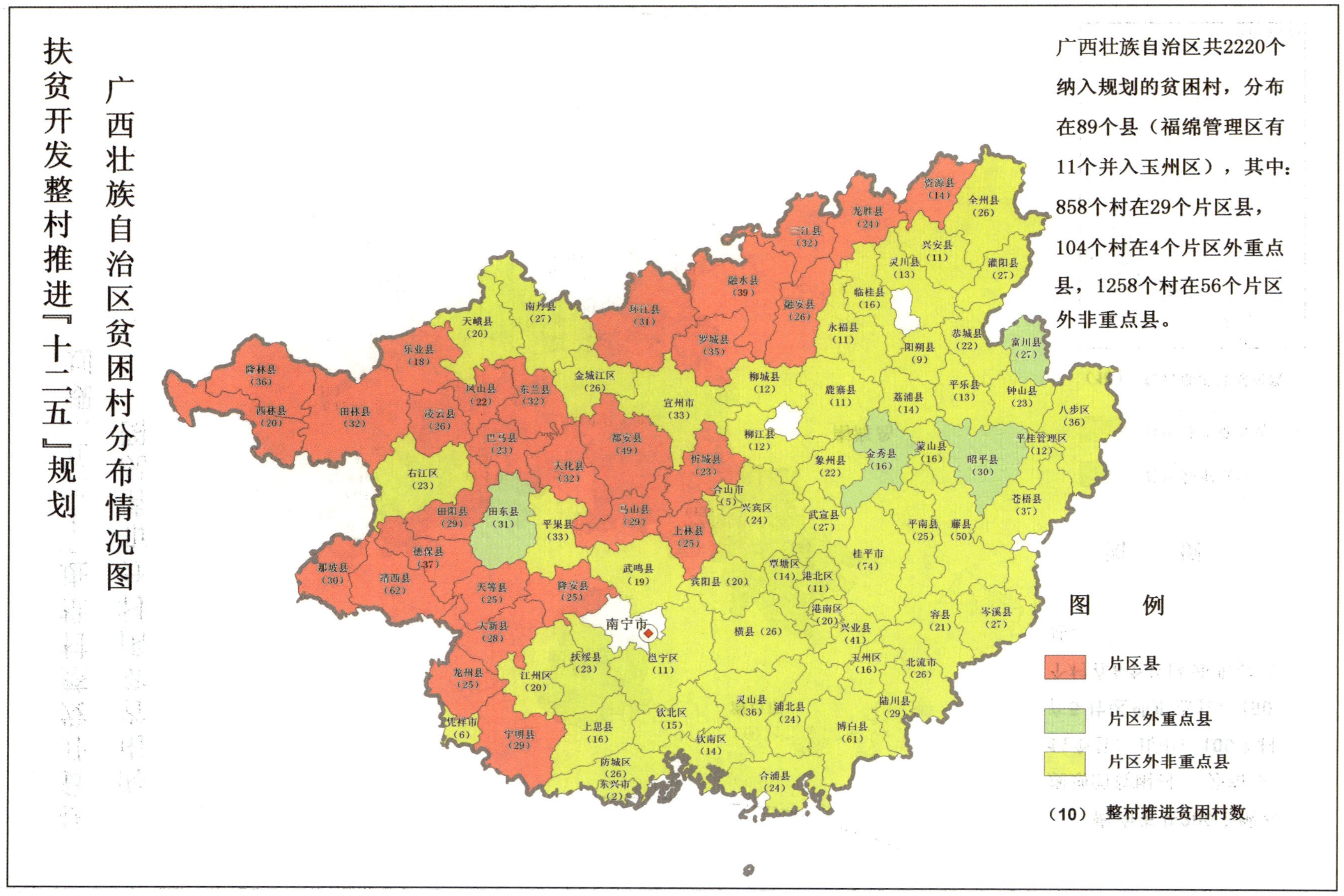
扶贫开发整村推进『十二五』规划
广西壮族自治区贫困村分布情况图
广西壮族自治区共2220个纳入规划的贫困村，分布在89个县（福绵管理区有11个并入玉州区），其中：858个村在29个片区县，104个村在4个片区外重点县，1258个村在56个片区外非重点县。
图 例
片区县
片区外重点县
片区外非重点县
（10） 整村推进贫困村数
资源县（14）
全州县（26）
龙胜县（24）
三江县（32）
兴安县（11）
灵川县（13）
灌阳县（27）
融水县（39）
临桂县（16）
融安县（26）
环江县（31）
南丹县（27）
天峨县（20）
罗城县（35）
永福县（11）
阳朔县（9）
恭城县（22）
富川县（27）
隆林县（36）
乐业县（18）
金城江区（26）
柳城县（12）
鹿寨县（11）
荔浦县（14）
平乐县（13）
钟山县（23）
西林县（20）
田林县（32）
凤山县（22）
东兰县（32）
凌云县（26）
宜州市（33）
八步区（36）
巴马县（23）
都安县（49）
柳江县（12）
金秀县（16）
蒙山县（16）
平桂管理区（12）
昭平县（30）
右江区（23）
大化县（32）
忻城县（23）
象州县（22）
合山市（5）
兴宾区（24）
苍梧县（37）
田阳县（29）
田东县（31）
平果县（33）
马山县（29）
上林县（25）
武宣县（27）
平南县（25）
藤县（50）
德保县（37）
那坡县（30）
靖西县（62）
天等县（25）
隆安县（25）
武鸣县（19）
覃塘区（14）
港北区（11）
桂平市（74）
宾阳县（20）
港南区（20）
容县（21）
岑溪县（27）
大新县（28）
南宁市
横县（26）
兴业县（41）
扶绥县（23）
邕宁区（11）
玉州区（16）
北流市（26）
龙州县（25）
江州区（20）
灵山县（36）
浦北县（24）
陆川县（29）
凭祥市（6）
宁明县（29）
上思县（16）
钦北区（15）
钦南区（14）
博白县（61）
防城区（26）
东兴市（2）
合浦县（24）

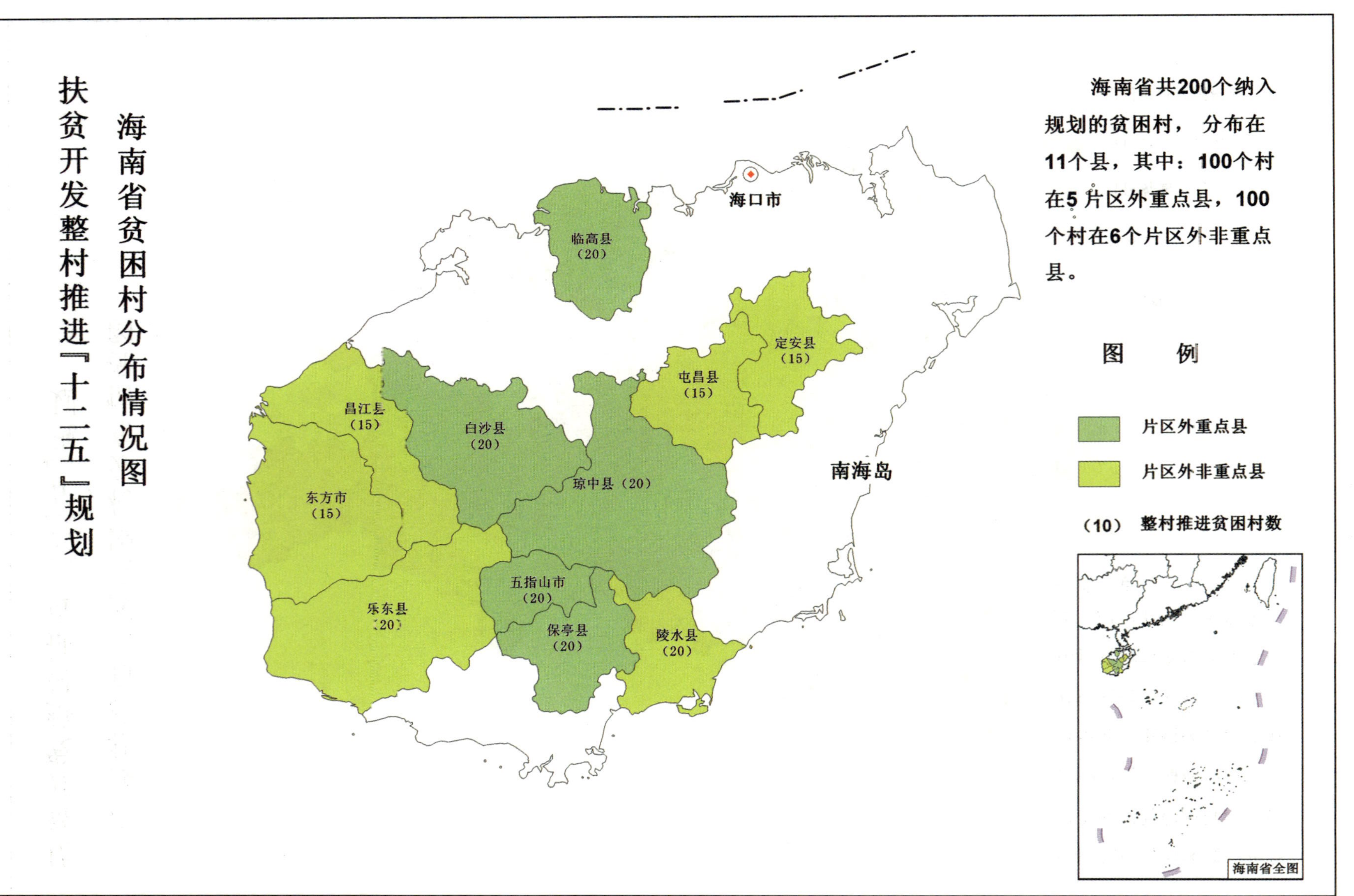
扶贫开发整村推进『十二五』规划
海南省贫困村分布情况图
海南省共200个纳入规划的贫困村，分布在11个县，其中：100个村在5片区外重点县，100个村在6个片区外非重点县。
图例
片区外重点县
片区外非重点县
（10） 整村推进贫困村数
海口市
南海岛
临高县（20）
定安县（15）
屯昌县（15）
白沙县（20）
琼中县（20）
昌江县（15）
东方市（15）
五指山市（20）
保亭县（20）
陵水县（20）
乐东县（20）
海南省全图

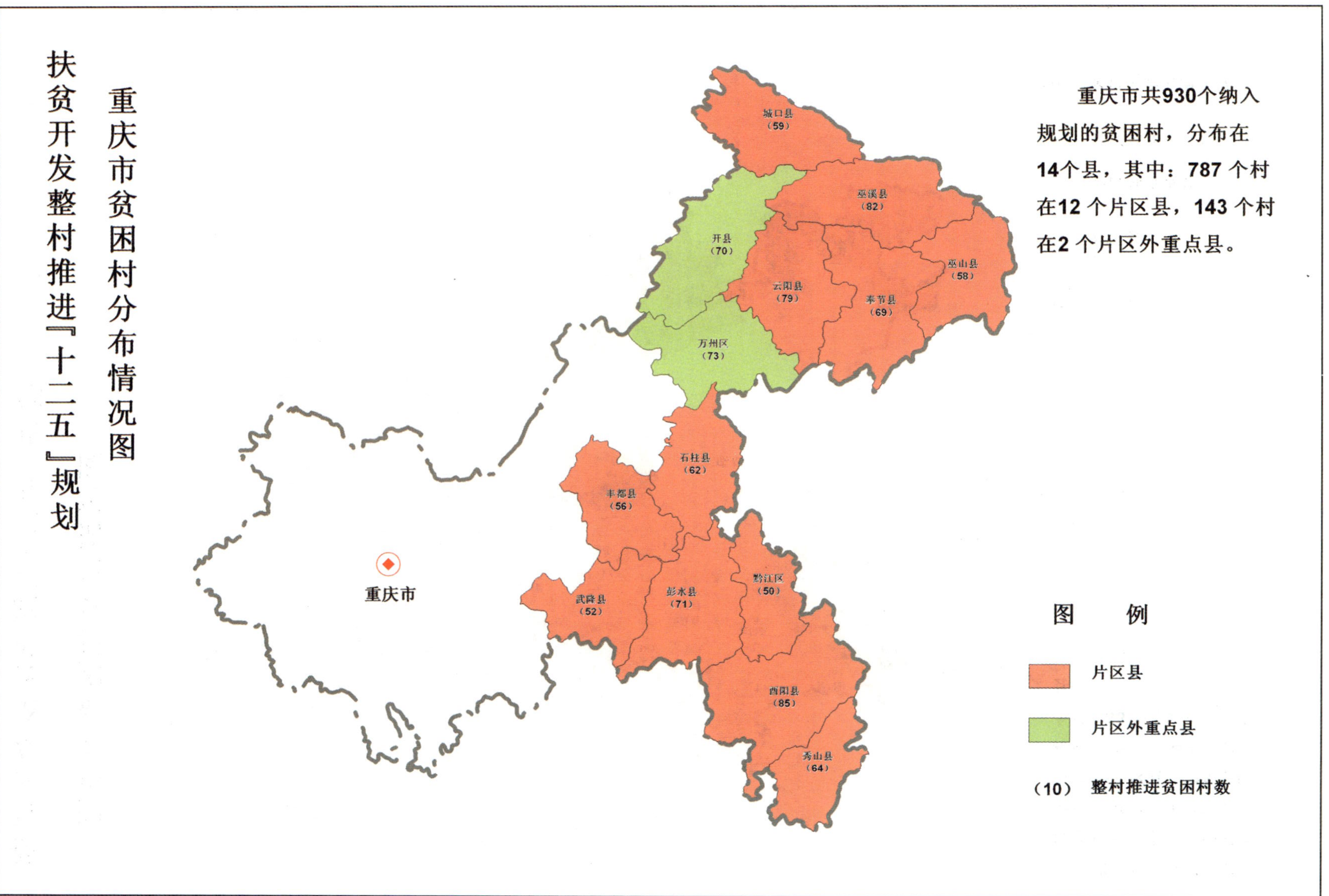

扶贫开发整村推进『十二五』规划
重庆市贫困村分布情况图

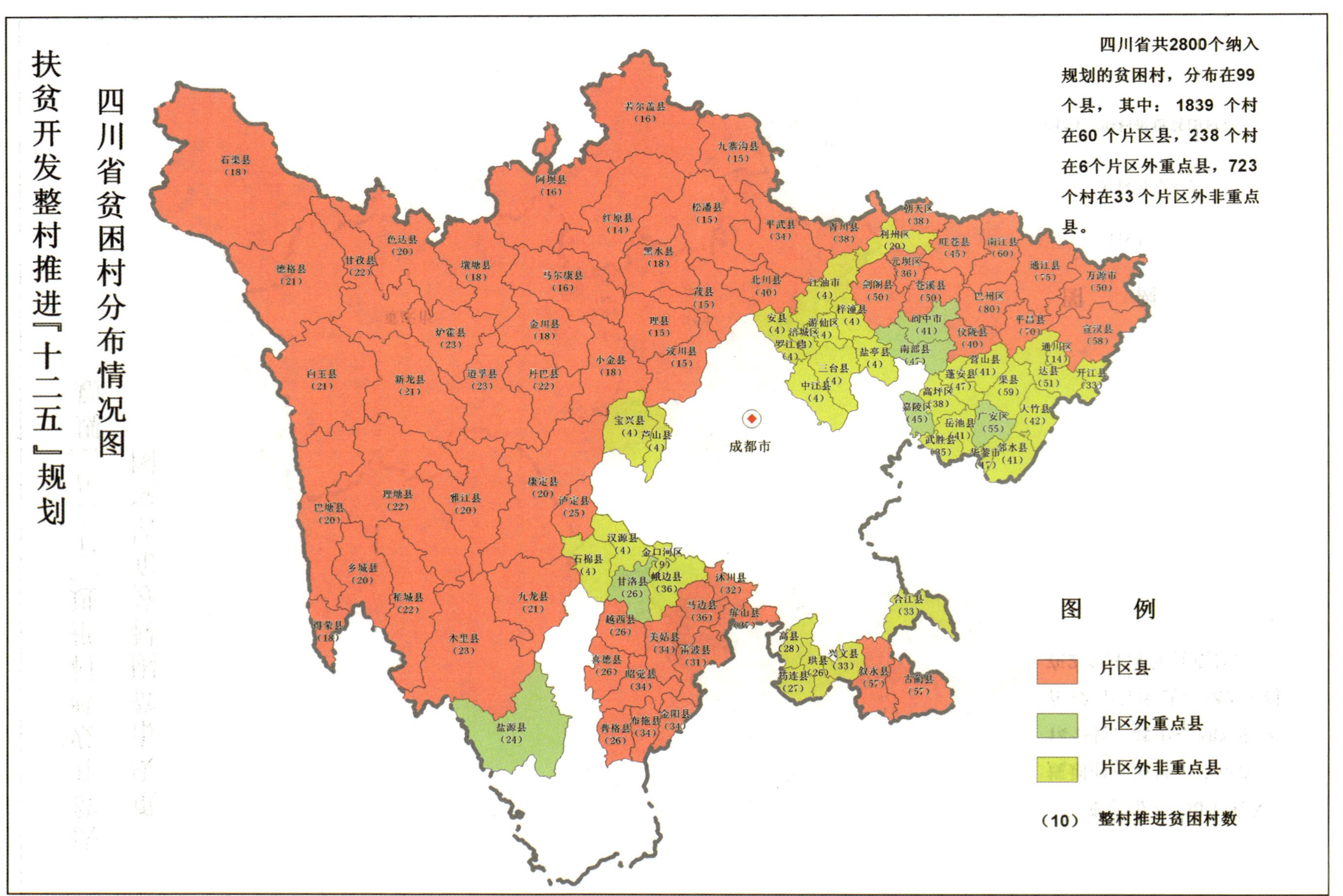

扶贫开发整村推进『十二五』规划
四川省贫困村分布情况图

扶贫开发整村推进『十二五』规划

贵州省贫困村分布情况图

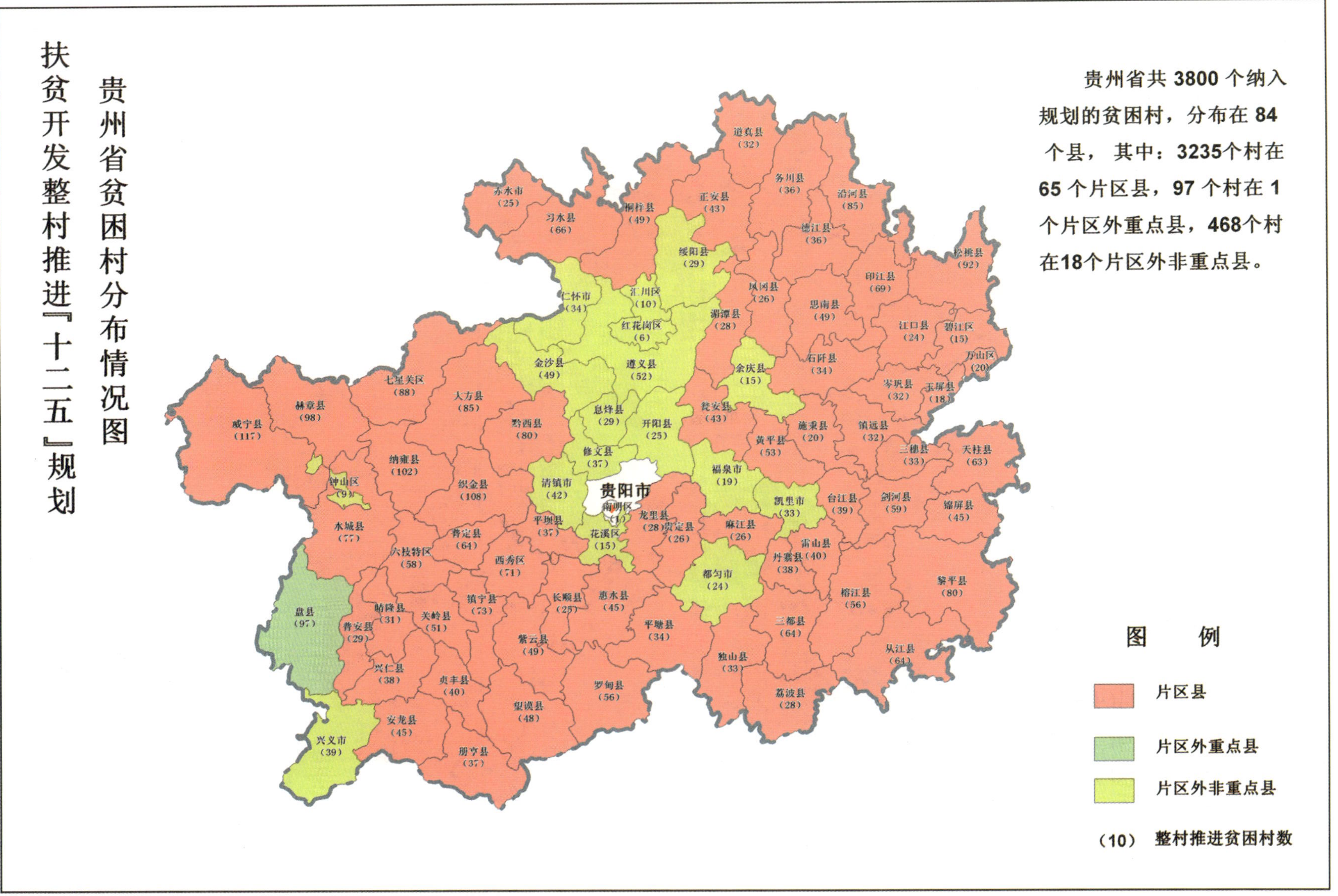

扶贫开发整村推进『十二五』规划

云南省贫困村分布情况图

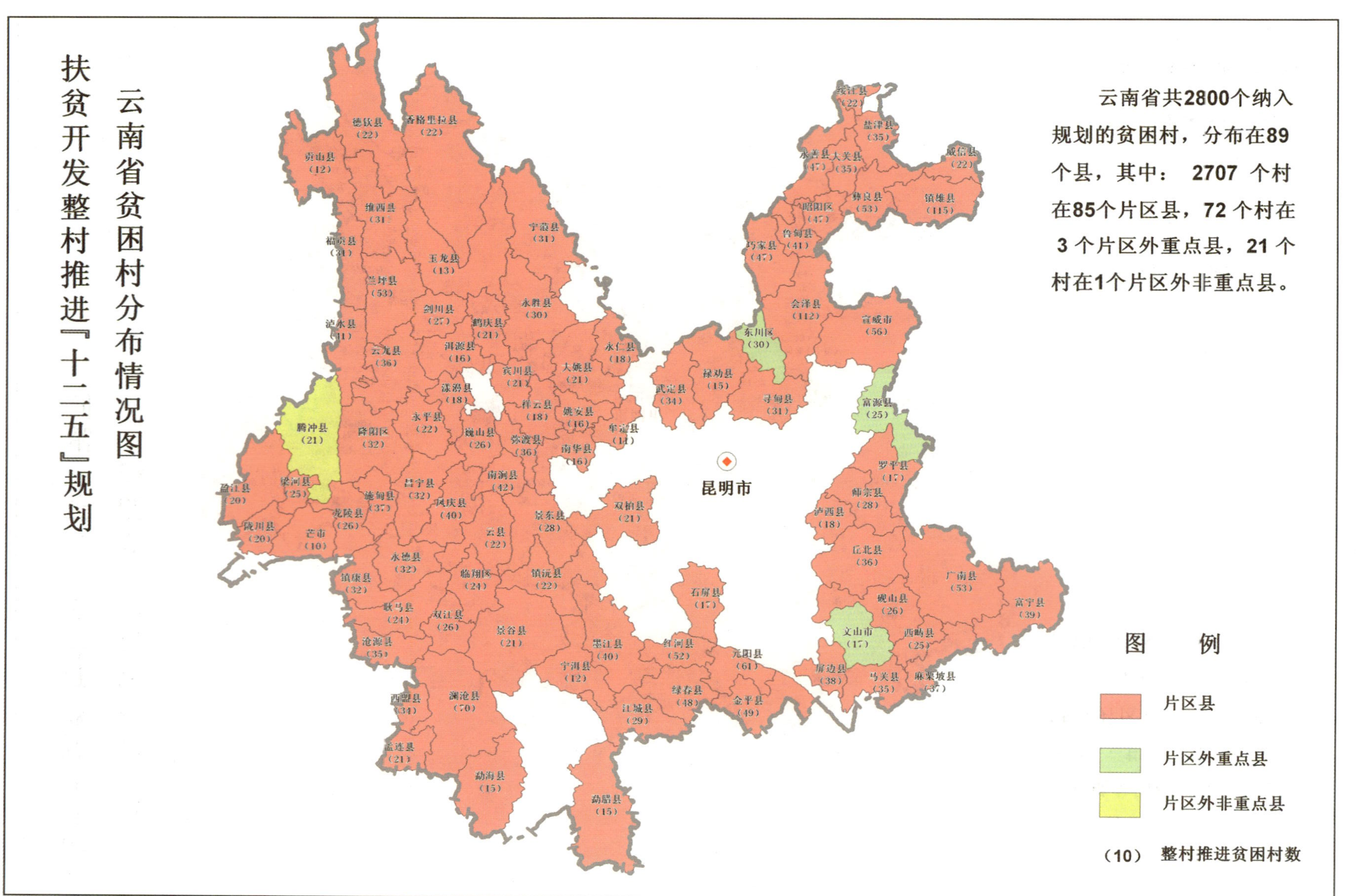

扶贫开发整村推进『十二五』规划

陕西省贫困村分布情况图

陕西省共1950个纳入规划的贫困村，分布在95个县，其中：1074个村在43个片区县，331个村在13个片区外重点县，545个村在39个片区外非重点县。

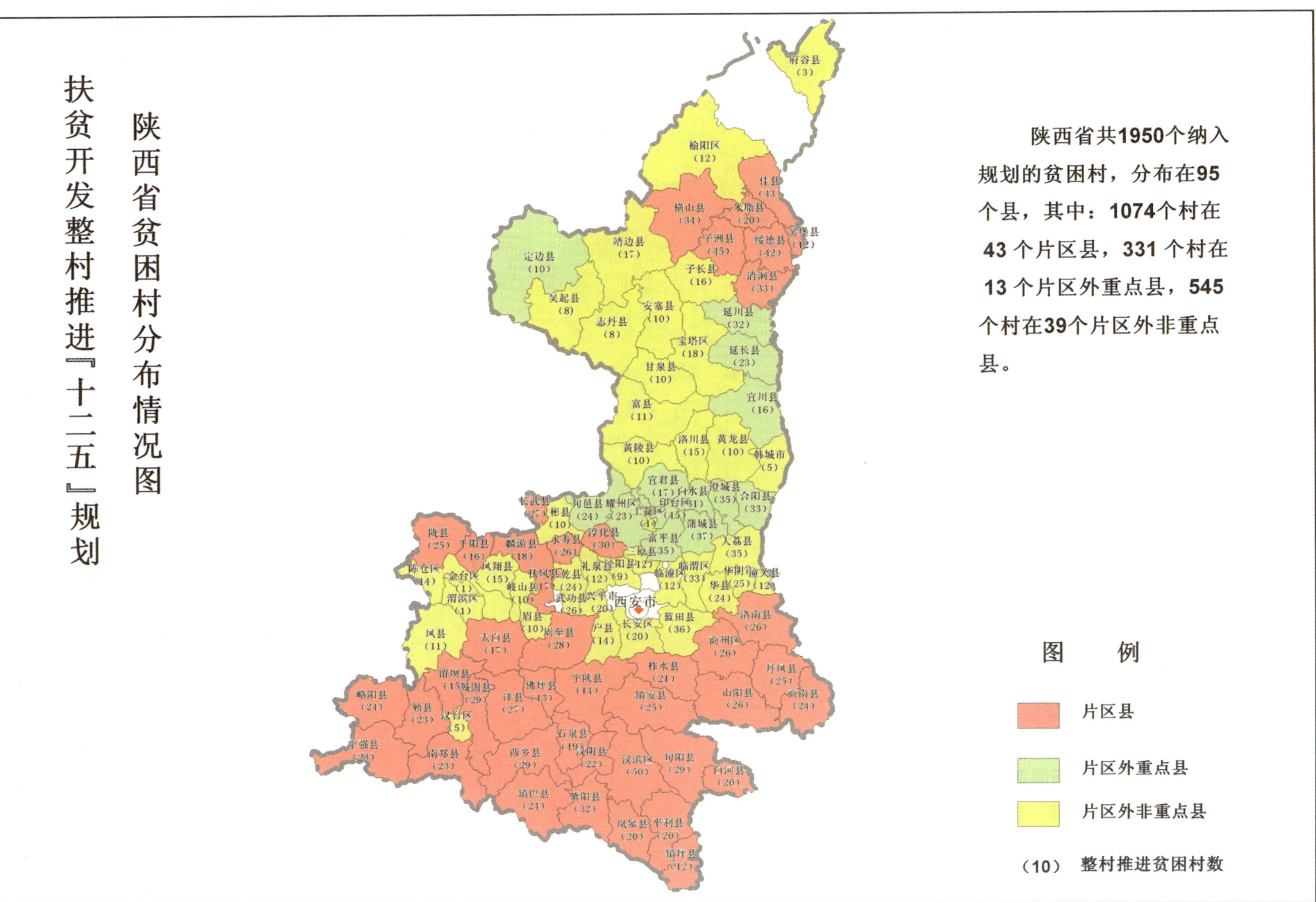

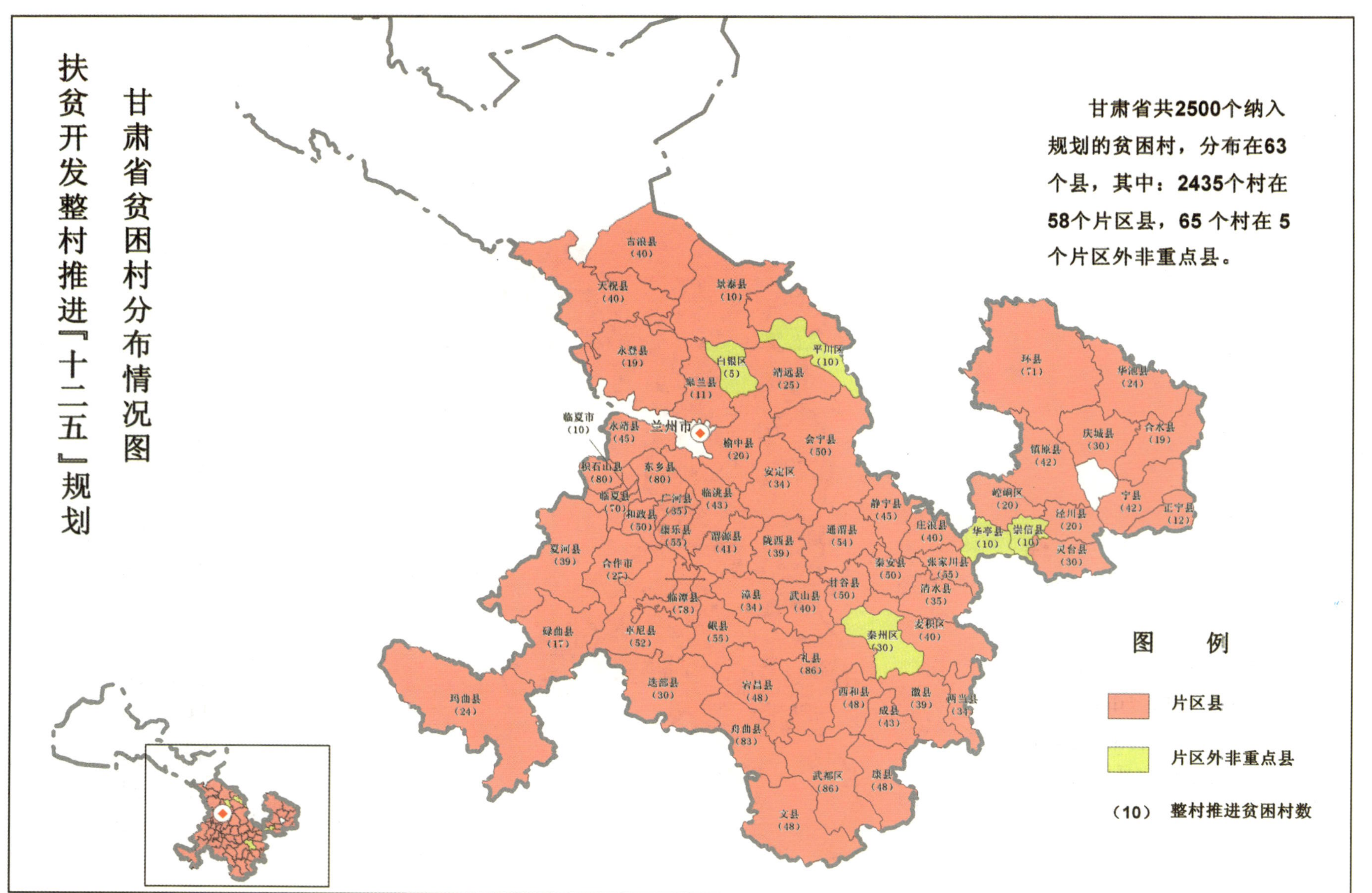
扶贫开发整村推进『十二五』规划
甘肃省贫困村分布情况图
甘肃省共2500个纳入规划的贫困村，分布在63个县，其中：2435个村在58个片区县，65个村在5个片区外非重点县。
图例
片区县
片区外非重点县
（10） 整村推进贫困村数
兰州市

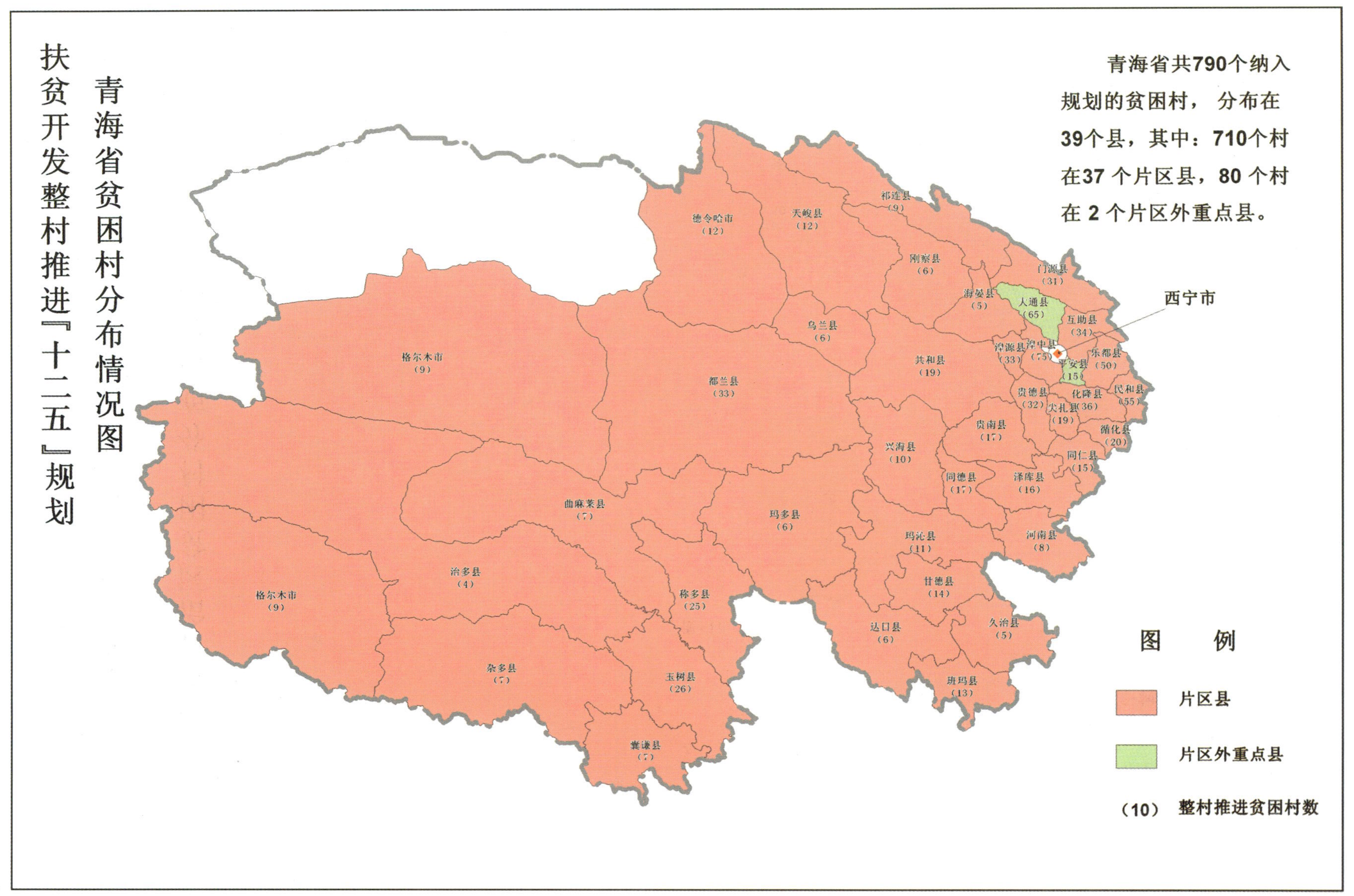
扶贫开发整村推进『十二五』规划
青海省贫困村分布情况图
青海省共790个纳入规划的贫困村，分布在39个县，其中：710个村在37个片区县，80个村在2个片区外重点县。
西宁市
德令哈市（12）
天峻县（12）
祁连县（9）
刚察县（6）
门源县（31）
海晏县（5）
大通县（65）
互助县（34）
乌兰县（6）
湟源县（33）
湟中县（75）
乐都县（50）
平安县（15）
共和县（19）
贵德县（32）
化隆县（36）
民和县（55）
尖扎县（19）
循化县（20）
贵南县（17）
兴海县（10）
同仁县（15）
同德县（17）
泽库县（16）
格尔木市（9）
都兰县（33）
曲麻莱县（7）
玛多县（6）
河南县（8）
玛沁县（11）
甘德县（14）
治多县（4）
称多县（25）
格尔木市（9）
达日县（6）
久治县（5）
杂多县（7）
玉树县（26）
班玛县（13）
囊谦县（7）
图例
片区县
片区外重点县
（10） 整村推进贫困村数

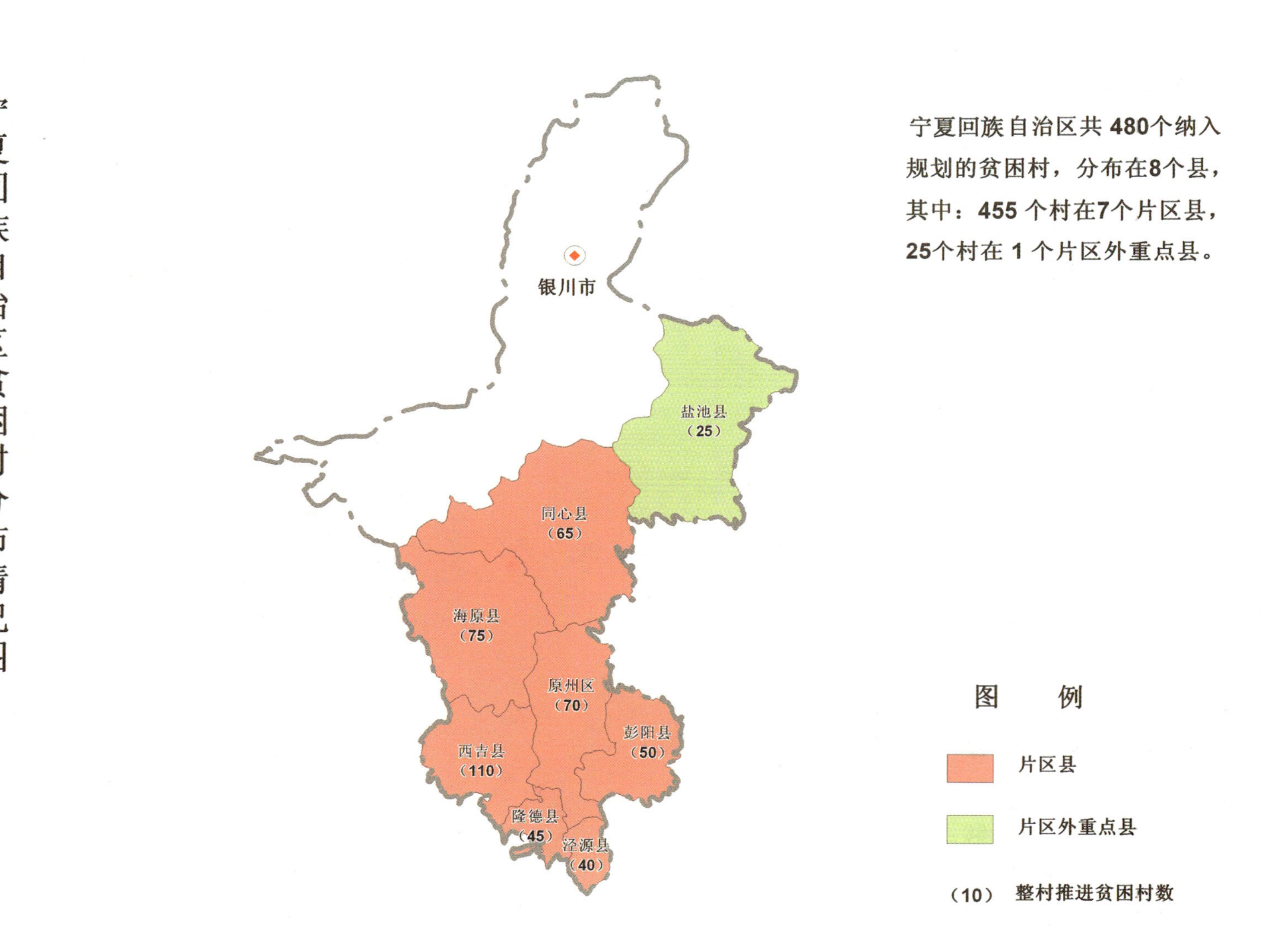

扶贫开发整村推进『十二五』规划

宁夏回族自治区贫困村分布情况图

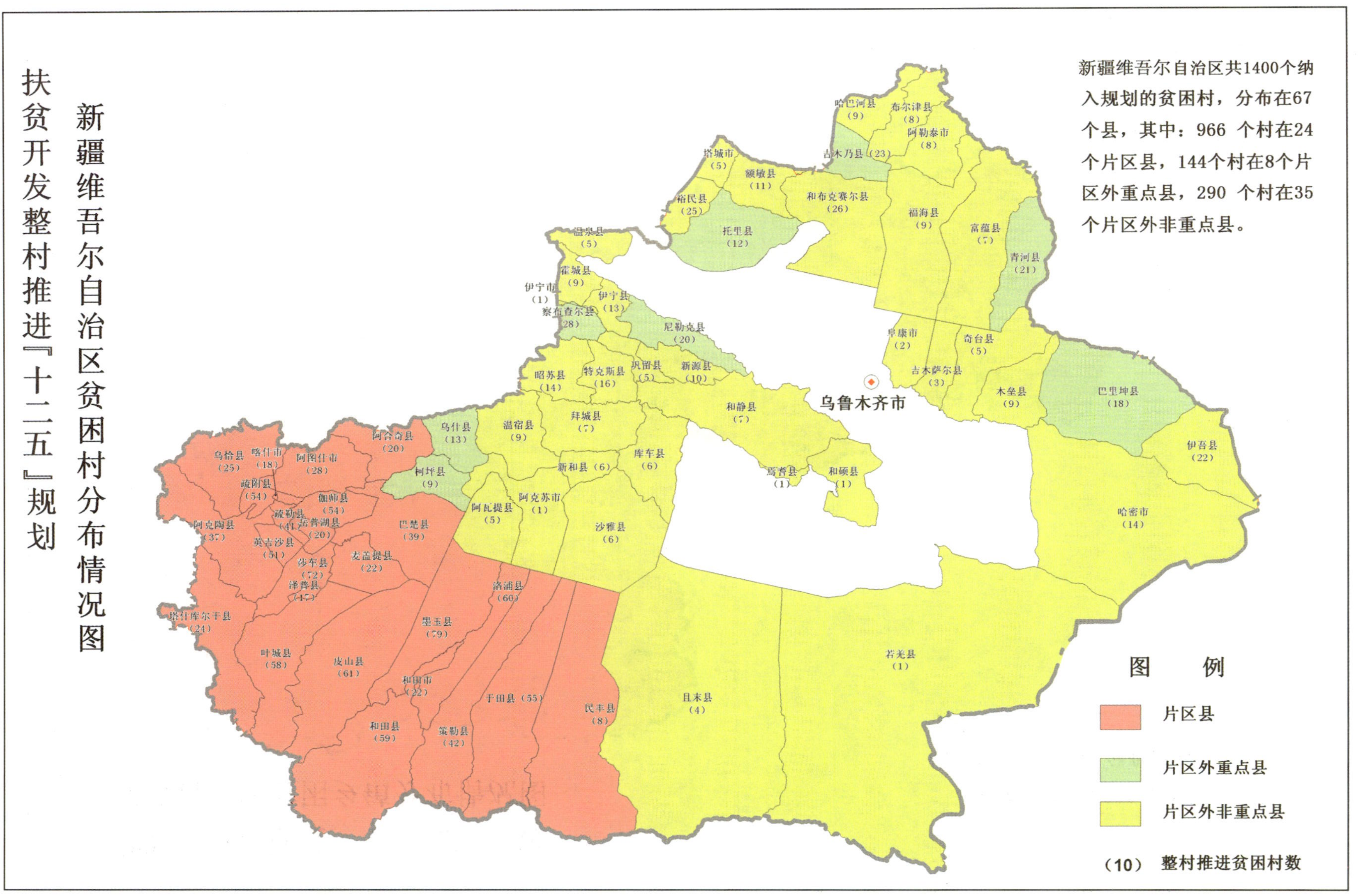

扶贫开发整村推进『十二五』规划
新疆维吾尔自治区贫困村分布情况图

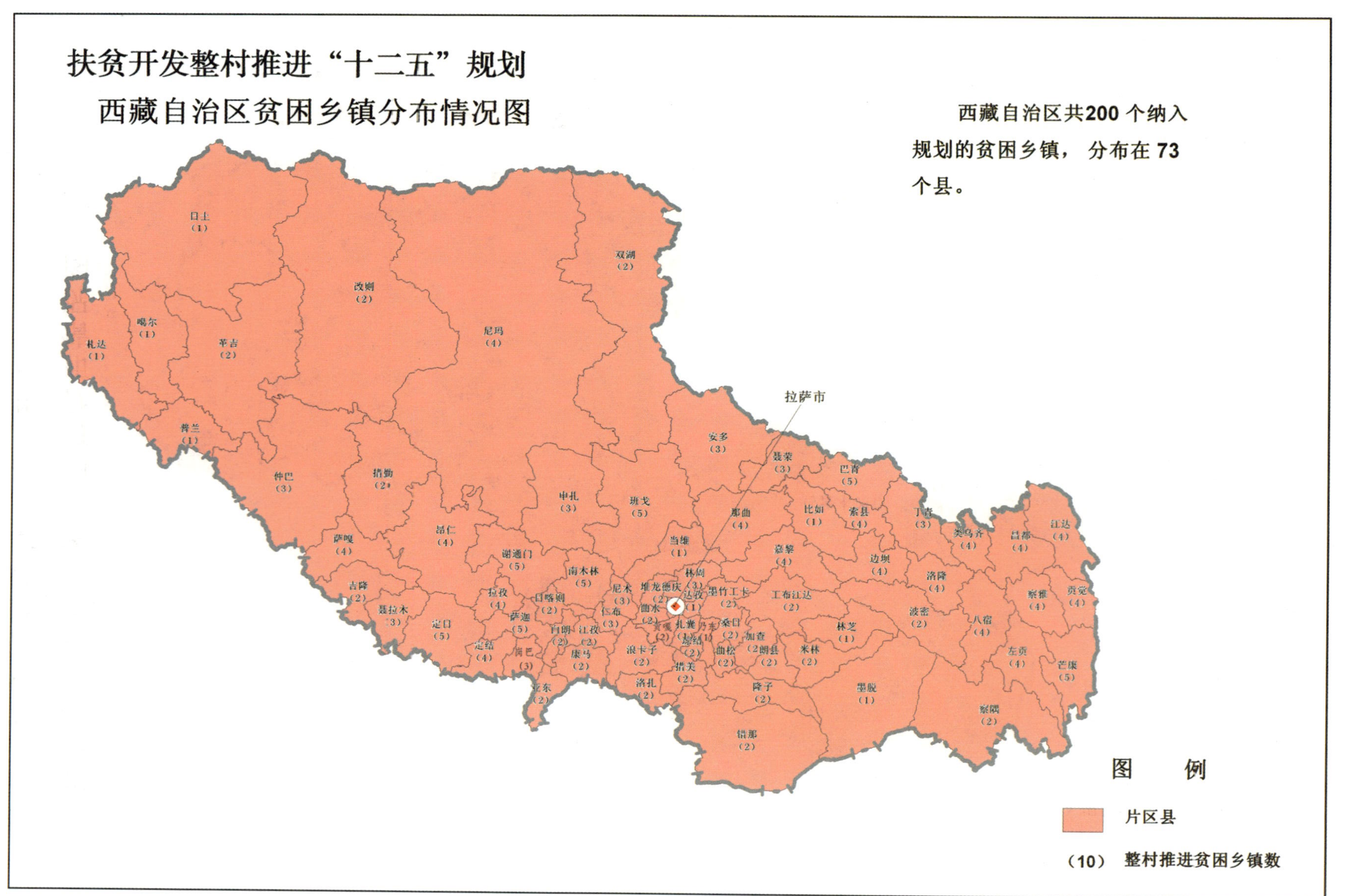
扶贫开发整村推进“十二五”规划
西藏自治区贫困乡镇分布情况图
西藏自治区共200个纳入规划的贫困乡镇，分布在73个县。
拉萨市
日土(1)
改则(2)
双湖(2)
噶尔(1)
札达(1)
革吉(2)
尼玛(4)
普兰(1)
仲巴(3)
措勤(2)
申扎(3)
班戈(5)
安多(3)
聂荣(3)
巴青(5)
比如(1)
索县(4)
丁青(3)
类乌齐(4)
昌都(4)
江达(4)
那曲(4)
当雄(1)
嘉黎(4)
边坝(4)
洛隆(4)
察雅(4)
贡觉(4)
萨嘎(4)
昂仁(4)
谢通门(5)
南木林(5)
林周(3)
尼木(3)
堆龙德庆(2)
达孜(1)
墨竹工卡(2)
工布江达(2)
波密(2)
八宿(4)
曲水(2)
日喀则(2)
仁布(3)
贡嘎(2)
扎囊(1)
乃东(1)
桑日(2)
加查(2)
琼结(2)
曲松(2)
朗县(2)
米林(2)
林芝(1)
左贡(4)
芒康(5)
吉隆(2)
聂拉木(3)
定日(5)
拉孜(4)
萨迦(5)
白朗(2)
江孜(2)
康马(2)
定结(4)
岗巴(3)
浪卡子(2)
措美(2)
洛扎(2)
亚东(2)
隆子(2)
墨脱(1)
察隅(2)
错那(2)
图例
片区县
(10) 整村推进贫困乡镇数

全国游牧民定居工程建设“十二五”规划

引　言

新中国成立后，党中央、国务院高度重视牧区经济社会发展，牧民生活条件得到很大改善，绝大部分游牧民实现了定居。但由于种种原因，到2000年，在青藏高原和新疆、内蒙古等边远牧区仍有约44万户、200多万游牧民沿袭着传统游牧方式，居无定所、生产生活条件落后，饱受自然灾害侵袭。这已成为我国全面建设小康社会的薄弱环节之一。

2001年，根据中央第四次西藏工作座谈会精神，启动了西藏游牧民定居工程试点，到2008年，共安置约2.6万户。2008年底中央实施扩大内需政策，加大对游牧民定居工程投入力度，在总结西藏游牧民定居工程成功经验的基础上，西藏、新疆、内蒙古以及青海、四川、甘肃、云南4省藏区游牧民定居工程全面启动。

实施游牧民定居工程是国家民生工程和安居工程的重要组成部分，是惠及游牧民的德政工程。为保障游牧民定居工程的顺利实施，依据《国务院关于支持青海等省藏区经济社会发展的若干意见》（国发〔2008〕34号）、《中共中央 国务院关于推进西藏跨越式发展和长治久安的意见》（中发〔2010〕4号）、《中共中央 国务院关于加快四川云南甘肃青海省藏区经济社会发展的意见》（中发〔2010〕5号）、《中共中央 国务院关于推进新疆跨越式发展和长治久安的意见》（中发〔2010〕9号），国家发展改革委会同住房城乡建设部、农业部编制本规划。

截至2008年底，全国游牧民在册户籍为41.4万户、约194.2万人，扣除2008年四季度至2010年底完成定居的16.8万户、约78.5万人，本规划拟安置24.6万户、约115.7万游牧民定居，涉及西藏、青海、四川、云南、甘肃、内蒙古、新疆等7省（区）的38个市（地、州、盟）162个县（市、区、旗）和新疆生产建设兵团12个师27个团场。

一、全国游牧民基本情况

游牧民是指依靠草原畜牧业维持生计,四季转场放牧,逐水草而居,无固定居所(现居所为黑白帐篷、土围子、草皮地窝子、塑料棚、畜棚等)的牧民。

(一)未定居游牧民分布

2010年底,我国未定居游牧民24.6万户,包括藏族、蒙古族、维吾尔族、哈萨克族、柯尔克孜族、裕固族、土族、回族、鄂伦春族、羌族、撒拉族等十余个少数民族。从地区分布看,西藏自治区1.3万户,占全国未定居户数的5%;青海省6万户,占25%;四川省6.7万户,占27%;云南省0.2万户,占1%;甘肃省1万户,占4%;内蒙古自治区0.3万户,占1%;新疆自治区(包括兵团)9万户,占36%。从民族构成来看,藏族占未游牧民总人数的58%,哈萨克族占18%,维吾尔族占9%,柯尔克孜族占7%,裕固族占4%,其他民族占4%。

(二)游牧区基本情况

根据地理条件、气候类型、草场特点等,将游牧民定居工程区划分为青藏高原区、新疆区和内蒙古区。

1.青藏高原区

青藏高原区包括西藏,青海,四川甘孜、阿坝藏族自治州和凉山州木里县,甘肃甘南藏族自治州和天祝藏族自治县,云南迪庆藏族自治州等,截至2010年底,未定居游牧民分布在19个地(州、市)92个县(市),共15.3万户、约72.8万人,分别占全国未定居游牧民户数、总人数的62.4%和63%。

2.新疆区

新疆是我国五大牧区之一,截至2010年底,未定居游牧民主要分布于额尔齐斯河流域、塔额盆地、天山北坡、哈密盆地、巴音布鲁克草原、帕米尔高原的13个市(地、州)59个县(市)和新疆生产建设兵团12个师27个团场,共9万户、约41.6万人,分别占全国未定居游牧民户数、总人数的36.4%和36%。

3.内蒙古区

内蒙古位于我国北部边疆,截至2010年底,未定居游牧民主要分布在6个盟(市)11个旗,共0.3万户、约1.2万人,分别占全国未定居游牧民户数、总人数的1.2%和1%。

(三)游牧民生产生活状况

1.居住条件简陋

(1)帐房

帐房是常见的游牧民流动住所,主体由房杆搭建,外围为牦牛毛、羊毛织成的褐子或毛毡,四周以皮绳或毛绳固定。这种临时住所结构简单、搭建容易、拆装方便、易于搬迁,适用于游牧生活,但保暖、抗风、防雨性较差。

(2)草皮地窝子

没有帐房的游牧民就地取材,将草甸上的草皮挖掘成块状,垒成围墙,搭上木棍、树枝,覆以牦毡或塑料布,遮风挡雨。草皮支撑性差、不能垒高,游牧民不得不向地下挖掘,形成一个半地下式窝棚。地窝子空间狭小,阴暗潮湿。

(3)牛粪棚

在无草皮可挖的情况下,游牧民以牛粪片垒成墙,外糊稀牛粪,再用木棍、树枝搭架子,其上覆盖毛毡或塑料布遮风挡雨。牛粪棚面积更小,居住条件更为简陋、卫生条件极差。

(4)人畜混居畜棚

畜棚内温度高于帐房、草皮地窝子、牛粪棚。游牧民为了度过严寒,常搬进畜棚居住,人畜混居。畜棚内空气混浊、潮湿,牲畜粪便横流,卫生条件很差,人畜共患病极易发生。

2.畜牧业生产水平不高

(1)出栏率低

2009 年,规划区①大牲畜、羊年出栏率分别为 27.7%和 59%,远低于全国平均牛、羊出栏率 43.5%和 95.2%的水平。新疆北疆地区、内蒙古东部地区大牲畜、羊的商品率高于规划区内其他地区,但仍与全国平均水平有较大差距。放牧牲畜以自然繁殖为主,畜群内近亲繁殖现象普遍,品种退化比较严重。

(2)防灾减灾能力弱

牧区暴风雪、沙尘暴、洪水、泥石流等自然灾害频发,游牧民转场迁徙距离远,沿途环境恶劣,防灾减灾设施薄弱,牲畜因灾死亡率较高。2009 年 6 月,西藏那曲雪灾造成大小牲畜死伤 8 万余头(只)。

3.游牧民收入水平低

游牧民收入水平不仅远低于全国农民人均纯收入水平,也低于所在省(区)农牧民收入水平。2009 年,规划区未定居游牧民人均纯收入 2724 元,仅为当年全国农民人均纯收入 5153 元的 52.9%、7 省(区)农牧民人均纯收入的 69.2%。

4.基础设施薄弱

规划区内通电、通公路、通邮行政村比例分别是 74.3%、77%和 72.5%,分别比所在省(区)低 21.4 个、8.7 个和 7.2 个百分点。游牧民居住分散,用电难、出行难、信息闭塞等问题更为突出,严重制约了牧区经济社会发展和游牧民生活水平的提高。

5.社会事业发展滞后

(1)教育发展水平较低

2009 年,规划区未定居人口适龄儿童入学率仅为 90.1%,比规划区县(市、区、旗)和所在省(区)适龄儿童平均入学率分别低 3.1 个和 9.1 个百分点。未定居游牧民文盲率普遍高于所在省(区)的平均水平。

(2)公共卫生体系不完善

规划区平均每千人拥有医生 1.7 人,每千人拥有医院床位数 1.7 张,分别比全国平均水平少 0.1 人和 1.4 张。恶劣的自然条件以及居无定所的生活方式,造成游牧民风湿病、心脏病、大骨节病等疾病多发,布病、结核病、包虫病等人畜共患病防控形势比较严峻,就医不及时和就医条件差,造成牧区人均寿命短、婴儿死亡率居高不下。

---

① 规划区:指未定居游牧民所在的 7 省(区)38 个市(地、州、盟)162 个县(市、区、旗)和新疆生产建设兵团 12 个师 27 个团场所辖区域。

6.冬春饲草供应不足,牧区青稞供求缺口加大

(1)冬春饲草供应不足

规划区草场平均超载率达44%以上,草地产草量低,加之饲草地建设滞后、饲草调运困难,造成冬春季节特别是遭遇雪灾时饲草储备和应急供应严重不足,严重制约着畜牧业生产健康发展。

(2)牧区青稞供求缺口加大

青稞是藏族游牧民的必备口粮,又是适合青藏高原高寒地区种植的特有粮食作物。"十五"期间国家支持藏区青稞基地建设,青稞种植面积、总产量均有增长,目前分别达到约530万亩、100万吨。但由于人口增长过快,人均占有量167公斤,仅维持在2002年水平。由于青稞种植大部分在农区,纯牧区种植面积较少,游牧区粮食自给能力差。游牧民大多地处偏远牧区,远离青稞主产区,青稞消费主要依靠调入,但由于交通不便,青稞调运十分困难、运费高昂,增加了生活成本,游牧民难以承受,造成青稞消费存在缺口。2009年西藏农牧民人均年消费粮食295公斤,其中青稞占75%,游牧民青稞人均消费量只有110公斤,仅为全区人均青稞消费量的50%左右。另外,随着青藏高原地区人口增长、游牧民定居后膳食结构变化,青稞消费需求增加,牧区青稞供求缺口呈扩大趋势。从西藏已定居的游牧民看,定居后人均年青稞消费量比定居前提高了80公斤。

(四)游牧民定居历程

解放前,我国北部和西部草原上有1000多万藏、蒙、哈萨克、柯尔克孜、裕固、塔吉克等少数民族牧民沿袭着逐水草而居的游牧方式。新中国成立后,党和政府高度重视少数民族地区发展,采取多种措施推进游牧民定居放牧。党的十一届三中全会以来,牧区经济社会快速发展,牧民收入提高后定居愿望更加迫切。青海、内蒙古、新疆等省(区)先后结合生态搬迁等相关工程实施了游牧民定居工程,部分游牧民已经逐步转变为定居放牧或直接转为农业生产,游牧民人口进一步减少。

进入新世纪以来,党中央、国务院更加重视游牧民定居工作。2001年,中央第四次西藏工作座谈会对游牧民定居工程进行了安排部署。2001—2008年,中央安排补助投资6.4亿元,支持西藏定居游牧民2.6万户。2008年第四季度以来,国家在认真总结游牧民定居工程实施经验的基础上,在西藏、青海、四川、甘肃、云南、内蒙古、新疆等7省(区)全面启动了游牧民定居工程,2009—2010年,国家共安排中央投资42亿元,在7省(区)定居游牧民16.8万户、约78.5万人。

从游牧到定居,是游牧民生产和生活方式的一场深刻变革,是改善游牧民生活条件、促进草原畜牧业转型、推动牧区经济社会全面发展、维护民族团结和边疆稳定的重要途径。游牧民定居工程的实施,受到广大游牧民和地方各级人民政府的热烈欢迎和积极响应,被称为民心工程、德政工程,取得了显著成效,在广大牧区产生了积极、深远的社会影响。通过定居房建设,游牧民拥有干净、整洁、宽敞、明亮的固定住所,为游牧民安居乐业奠定了坚实基础。通过配套建设牲畜棚圈(暖棚)、贮草棚,提高了牲畜防灾抗灾能力,减少了牧民因灾损失。随着定居点公共设施配套不断完善,交通、饮水、通讯、教育、医疗卫生条件逐步改善,游牧民出行难、就医难、上学难问题初步解决,为游牧民提高物质文化生活水平奠定了基础。

二、游牧民定居工程的重要意义

（一）全面建设小康社会的必然要求

规划区地处我国边远少数民族地区，生产生活条件恶劣，经济社会发展缓慢，贫困人口集中，历来是我国扶贫工作的重点地区。长期以来，游牧民收入来源渠道单一，与农民或定居牧民的收入差距逐步扩大，难以同步享受到教育、医疗等基本公共服务及现代文明成果，其生活水平不仅远低于国内农村居民平均水平，也低于所在省（区）农牧民生活水平。通过实施游牧民定居工程，改善游牧民生产生活条件，实现游牧民安居乐业，使其共享改革发展成果，是推进实现党的十七大提出全面建设小康、构建和谐社会目标的必然要求，是贯彻落实科学发展观的具体体现。

（二）转变牧区畜牧业发展方式的重要途径

游牧民靠天养畜，四季转场，沿袭着传统的逐水草而居的生产方式，牧业生产水平低下。通过实施游牧民定居工程，配套建设牲畜棚圈（暖棚）、贮草棚和饲草基地等，不仅有利于加快转变畜牧业发展方式，加强牲畜品种改良和疫病防控，推广应用现代养殖技术，增强抵御自然灾害的能力，提高畜牧业生产水平和商品率，也有利于增加牧民收入。

（三）保护牧区草原生态的有效手段

随着全球气候变暖、干旱少雨、牧区人口和牲畜数量的快速增长，天然草原严重超载，草场退化严重，人草畜矛盾突出，严重制约着畜牧业的可持续发展和草原生态安全。通过实施游牧民定居工程，结合草原生态保护补助奖励机制等一系列牧区优惠政策，有利于推广普及畜牧业生产新技术、新观念，合理确定草原载畜量，科学利用草场，加强草场保育，保护草原生态环境。游牧民定居后，信息渠道增加，牧民视野更加开阔，有利于提高定居游牧民就业技能，促进牧民转产转业，减轻草原人口承载压力。

（四）维护民族团结和边疆稳定的有效措施

青藏高原、新疆等少数民族地区，是反分裂、反渗透、反破坏重点地区，藏独、疆独等分裂势力和西方反华势力一直伺机制造分裂破坏活动。通过实施游牧民定居工程，有利于提高游牧民生产生活水平，促进民族地区经济增长与社会发展，从而有效抵御境内外敌对势力的渗透，消除社会不安定因素，维护民族团结和边疆稳定。

三、游牧民定居工程的指导思想、总体目标和建设原则

（一）指导思想

以邓小平理论和“三个代表”重要思想为指导，深入贯彻落实科学发展观，以保障和改善民生为根本出发点和落脚点，深入推进游牧民定居工程，多渠道筹集资金，加大政策扶持力度。统筹考虑牧民生活、牧业生产及草原生态保护的需要，合理规划布局定居点，因地制宜选择定居模式，重点建设定居房、牲畜棚圈（暖棚）等生产生活设施，完善定居点公共基础设施，提高防灾减灾能力，实现游牧民居有定所、生产发展、收入增加、生活改善，为促进民族团结、边疆稳定和实现全面建设小

康社会目标奠定坚实基础。

(二)总体目标

力争到2015年,基本解决24.6万户、约115.7万未定居游牧民定居问题。具体建设目标是:

1.切实完成定居房建设

规划建设定居住房24.6万套,总建筑面积1472万平方米以上,使未定居游牧民每户拥有一套建筑面积不低于60平方米(其中内蒙古不低于50平方米)的固定住房。

2.保障基本生产条件

建设牲畜棚圈(暖棚)2339万平方米、贮草棚246万平方米,有效改善定居游牧民生产条件。在具备水土资源条件的地区建设公共救灾饲草基地247万亩,提高雪灾期间饲草供应能力。在新疆已建或规划建设的水源工程区内,建设50万亩人工饲草基地,解决2.5万户异地搬迁定居的游牧民牲畜饲草需求。在藏区现有青稞产区建设50万亩青稞基地,满足游牧民定居后增加的粮食和饲料消费需求。

3.公共服务基本覆盖

结合现有农村饮水安全工程、无电地区电力建设、农村电网、农村公路、农村社会事业等各类专项工程,配套完善定居点水电路等公共基础设施,使定居游牧民能够享受到通水、通路、通电、通邮和医疗卫生、子女就学等基本公共服务。

(三)建设原则

1.坚持因地制宜,分区分类指导

坚持从实际出发,充分尊重游牧民意愿,因地制宜,循序渐进,推进游牧民定居工程。结合不同地区的自然生态、经济条件和畜牧业生产特点,科学规划布局游牧民定居点,以大分散、小集中为主,有条件的地区游牧民可并入周边村落或适当安排集中定居。根据不同地区游牧民的实际需要和民族习俗,合理确定建设内容和建筑形式。

2.满足基本需要,兼顾承受能力

根据游牧民的经济承受能力,合理确定定居住房及配套设施的最低建设标准,确保满足基本生产生活需要。对经济条件较好的游牧民,允许在政府统一补助标准的基础上,增加自筹资金,适当提高建设标准。

3.定居解困优先,统筹生产生活

合理把握建设进度,循序渐进,优先建设保障游牧民基本生产生活的定居房、牲畜棚圈(暖棚),尽快解决游牧民居无定所的问题,尽量实现饮水、供电、道路、通讯、医疗、学校等设施同步配套,因地制宜建设饲草基地、青稞基地,提高防灾减灾能力,改善牧民生产生活条件。

4.兼顾长远生计,促进牧民增收

多渠道拓宽牧民增收渠道,确保游牧民定得下、稳得住、能发展。引导和支持草原畜牧业由粗放经营向集约发展转变,加强对游牧民定居后的培训,提高现代养殖技术及生存就业技能,优先安置游牧民进入公益性服务岗位,鼓励游牧民转产转业。

5.政府补助支持,强化资金整合

多渠道筹措建设资金,政府安排专项资金补助,同时积极引导社会资金、对口援助资金、银行信贷资金等投入,并充分调动游牧民投工投劳和落实自筹资金的积极性。对享受低保政策和纳入扶贫对象的游牧民,要适当提高补助标准,减轻游牧民自筹资金压力。加强现有渠道的资金整合力度，在规划指导下，同步完善定居点公共基础设施。

四、工程建设内容及分省（区）任务

（一）定居类型

根据游牧民分布区域、生产生活习惯、自然地理条件，按照土地利用总体规划、村镇建设规划等，在总结以往游牧民定居经验的基础上，因地制宜确定定居类型。

1.就地分散定居

按照大分散、小集中原则，就地就近建设小型定居点。依据水源、饲草地条件、放牧半径以及互助合作关系等合理确定定居点大小。参照西藏经验，每个定居点以10户左右为宜。定居点应尽量选择在公路沿线、电网覆盖以及水源、水质有保障的区域，以方便牧民生产生活，且应避开地质断裂带和山洪、泥石流等地质灾害易发区。

2.并入现有乡镇村落

充分利用现有乡村公共服务基础设施，在自愿的前提下，鼓励游牧户选择到就近集镇或村落定居。

3.整体搬迁集中定居

对于生态功能核心区的游牧户，可实行整体搬迁，异地集中安置。定居规模根据当地的资源环境承载能力确定，原则上不超过200户。定居点应选择在靠近城镇、交通便利、无地质灾害隐患的地区，且与当地土地利用、村镇布局，以及相关基础设施规划做好衔接。

（二）建设内容

游牧民定居工程建设内容主要包括定居住房、牲畜棚圈（暖棚）、贮草棚、饲草基地、青稞基地等基本生产生活配套设施。定居点水、电、路、文、教、卫等公共基础设施建设，由地方政府在编制定居规划时统筹考虑，并与国家正在实施的农村安全饮水、农村电网改造升级、农村公路、农村社会事业等项目做好衔接，切实保障资金来源。

1.定居住房建设

定居住房是游牧民定居工程的主体，每户游牧民建设一套固定住房。根据游牧民家庭人口数量及经济承受能力，按照人均居住面积不低于12平方米、每户建筑面积不低于60平方米进行规划（其中内蒙古自治区户均不低于50平方米）。对于经济状况较好的牧户，允许牧民根据意愿和自筹能力适当增加建筑面积。

2.配套生产生活设施

（1）牲畜棚圈（暖棚）

游牧区冬季漫长、气候寒冷，根据牲畜种类，需要建设一定面积的暖棚或普通棚圈，以提高牲畜成活率，降低死亡率。按每只羊占棚面积0.5—0.7平方米、每头犊牛1.4—1.8平方米或每头成年牦牛（或大牲畜）2.5—3平方米，青藏高原区每户过冬羊90只左右、牦牛30头左右，其他地区每户过冬羊150只左右估算，规划每户建设暖棚80平方米或棚圈120平方米。

（2）贮草棚

为满足牲畜越冬需要，规划每户建设10平方米以上的贮草棚（棚高3.5—4米），按每平方米贮打捆干草750公斤计算,可贮打捆干草7.5吨以上。

(3)饲草基地

公共救灾饲草基地。按照雪灾期两周、规划区3000万只标准羊单位日补饲1.5公斤饲草测算,需要应急救灾饲草约63万吨。为增加饲草储备,保障牲畜安全越冬,降低牧户灾害损失,在雪灾易灾县具备水资源条件的地区规划建设集中连片的天然割草场247万亩,作为公共救灾饲草基地,并以县为单位集中管理,统一调配使用。① 公共救灾饲草基地建设的主要措施包括围栏禁牧、补播、施肥等,严禁耕翻。

人工饲草基地。新疆部分山区、荒漠戈壁等地区草地退化严重,自然灾害频发,人均牲畜拥有量不足15只标准羊单位。这些地区有2.5万户游牧民需异地搬迁集中定居。为基本解决这部分游牧民定居后饲草供给问题,根据当地水资源承载能力,依托在建或规划建设的水源工程,按照户均20亩的规模,分片建设人工饲草基地50万亩。按亩产干草1000公斤计算,可产干草50万吨。主要建设内容为水源和渠系等水利设施,土地适度平整以及购置牧草种子、收获机械等。

(4)青稞基地

为满足藏族游牧民定居后青稞消费增加的需要,并能在雪灾期间充分利用秸秆资源,规划在靠近游牧民定居区的农牧交错带,选择交通便利和水土条件适宜的地区改建50万亩青稞基地。按照每亩增产50公斤计算,可增产青稞2.5万吨,按每人年均青稞消费增加80公斤计算,可满足31.25万人(约占120万藏族游牧民的1/4)的新增消费需求。同时,青稞基地增产秸秆2.5万吨,按照每只标准羊单位每天食用1.5公斤秸秆计算,可满足110万只羊单位15天的饲草量。建设内容主要是原有青稞地的提升改造,包括:平整土地、调整田型、提升耕地质量等;建设集水池等小型农田水源工程,修建完善排灌系统,购置节水灌溉设备等。

3.配套水、电、路、文、教、卫等公共基础设施

为保证游牧民定居后能享受基本公共服务,定居点要统筹建设水电路、学校、卫生室等公共基础设施。地方各级人民政府对定居点公共基础设施建设负总责,在编制本地区定居规划时,根据不同的定居类型,结合农村饮水安全工程、农村电网改造升级、无电地区电力建设、通乡(村)油路、中西部农村初中校舍改造工程、农村学前教育推进工程、边远艰苦地区农村教师周转宿舍建设、农村基层医疗卫生服务体系建设、农村急救体系建设、广播电视村村通、文化信息资源共享工程等各类专项,统筹规划各项公共基础设施建设,大力完善基本公共服务,多渠道落实资金,妥善解决定居点人畜饮水、电力入户、外出通行、儿童入学、看病就医等问题。

(三)建设规模与分省(区)任务

1.定居房

规划建设定居房1472万平方米以上。其中,西藏81万平方米,青海362万平方米,四川404万平方米,云南12万平方米,甘肃62万平方米,内蒙古15万平方米,新疆537万平方米(其中兵团24万平方米)。

---

① 目前,规划区牲畜存栏13000万只标准羊单位,草原平均超载率44%。实施草原生态保护补助奖励政策、实现草畜平衡后,规划区载畜量约为9000万只标准羊单位。根据草原上三年一小灾、五年一中灾、十年一大灾的规律,每年受灾牲畜数量约在3000万只标准羊单位以上,按照应急救灾饲草需要量,需要建设救灾饲草地247万亩以上。

2.配套生产生活设施

(1)牲畜棚圈(暖棚)

规划建设牲畜棚圈(暖棚)2339万平方米。其中,西藏161万平方米,青海482万平方米,四川808万平方米,云南24万平方米,甘肃123万平方米,内蒙古24万平方米,新疆716万平方米(其中兵团32万平方米)。

(2)贮草棚

规划建设贮草棚246万平方米。其中,西藏13万平方米,青海60万平方米,四川67万平方米,云南2万平方米,甘肃10万平方米,内蒙古3万平方米,新疆90万平方米(其中兵团4万平方米)。

(3)饲草基地

规划建设饲草基地297万亩。其中,西藏13万亩,青海60万亩,四川56万亩,云南3万亩,甘肃6万亩,内蒙古6万亩,新疆153万亩(其中新疆自治区人工饲草基地50万亩、公共救灾饲草基地100万亩,兵团公共救灾饲草基地3万亩)。饲草基地全部建成后,理论年产干草量可达到116万吨。

(4)青稞基地

规划建设青稞基地50万亩。其中,西藏5万亩,青海21万亩,四川19万亩,云南1万亩,甘肃4万亩。青稞基地建成后,可以实现增产2.5万吨。

(四)建设要求

1.定居房

根据各地民居建筑风格、民族生活习俗、自然地质条件和抗震设防要求,合理设计定居住房户型、结构,确保具备抗地震、冻融、雪压和强风能力。加强勘察选址、施工监管和技术指导,严格按照设计和工程建设标准组织施工,贯彻落实各项技术标准和操作规程,严把建材质量关,保证工程建设质量,确保定居房使用年限达到50年以上。

2.牲畜棚圈(暖棚)

牲畜棚圈(暖棚)要与定居房留有合理间距,位置处于定居房下风向,避免人畜共患病交叉感染。棚圈(暖棚)建设要就地取材,满足保暖、挡风雪、防止野生动物侵袭的需要,使用年限不低于15年。

3.贮草棚

贮草棚选址应靠近牲畜棚圈(暖棚),与定居房保持10米以上防火间距,并具备通风、防潮条件。

4.饲草基地

饲草基地建设应符合当地土地利用总体规划,并经充分论证,建立健全后续监管机制。公共救灾饲草基地建设条件包括:年降雨量相对较大,或具备利用高山融雪水灌溉条件;土地比较平缓,且土壤相对肥沃;草原覆盖度大于30%;相对集中连片,每片建设规模不少于300亩。新疆人工饲草基地建设条件包括:已经列入自治区人工饲草基地建设规划的地区;依托已建或规划建设的水库灌区;临近游牧民定居点。

5.青稞基地

青稞基地选址条件包括:藏区农牧交错带现有青稞产区;水土条件适宜,有灌溉水源;靠近游牧民定居区,交通便利;土地相对集中连片,每片建设规模不少于300亩;青稞商品率较高。

五、投资估算与资金筹措

(一)投资估算

游牧民定居工程规划总投资176.54亿元,其中西藏8.68亿元,占总投资的4.9%;青海46.12亿元,占总投资的26.1%;四川42.95亿元,占总投资的24.3%;云南1.34亿元,占总投资的0.8%;甘肃6.59亿元,占总投资的3.7%;内蒙古2.05亿元,占总投资的1.2%;新疆68.81亿元(其中兵团2.92亿元),占总投资的39%(其中兵团占1.7%)。分项投资如下:

1.定居房

按照800元/平方米的单价估算,定居房建设投资117.78亿元,占总投资的66.7%。

2.配套生产生活设施

配套生产生活设施投资58.76亿元,占总投资的33.3%。其中:

(1)按照牲畜棚圈100元/平方米和牲畜暖棚300元/平方米的单价估算,牲畜棚圈(暖棚)投资47.84亿元,占总投资的27.1%;

(2)按照80元/平方米的单价估算,贮草棚投资1.97亿元,占总投资的1.1%;

(3)按照公共救灾饲草基地160元/亩、人工饲草基地400元/亩的单价估算,[①]饲草基地投资5.95亿元,占总投资的3.4%;

(4)按照600元/亩的单价估算,青稞基地投资3亿元,占总投资的1.7%。

(二)资金筹措

1.补助标准

2011年以前,中央对游牧民建设定居房、牲畜棚圈(暖棚)等每户补助2.5万元。考虑物价上涨等因素,2011—2015年,每户中央补助提高到3万元,其中2.5万元用于定居房建设,5000元用于牲畜棚圈(暖棚)、贮草棚等配套生产生活设施。对公共救灾饲草基地、人工饲草基地、青稞基地,中央分别按照每亩112元、260元和400元的标准给予补助。

地方政府在整合相关项目的同时,安排相应的配套资金,其中对游牧民建设定居房、牲畜棚圈(暖棚)等平均每户地方配套补助资金不低于1万元(西藏财力较弱,每户配套补助5000元)。

2.资金筹措方案

游牧民定居工程规划总投资176.54亿元中,中央投入79.83亿元,占总投资的45.2%;地方配套42.99亿元,占总投资的24.4%;牧民自筹53.73亿元,占总投资的30.4%。

(三)户均投资与资金筹措

规划测算游牧民定居户均投资6.8万元(不含饲草基地和青稞基地投资),其中:户均中央投入3万元,占户均投资的44%;户均地方配套1.6万元,占户均投资的24%;户均牧民自筹2.2万元,占户均投资的32%。

---

① 饲草基地投资仅包括田间工程等投资,草种费用通过退牧还草工程、草原生态保护补助奖励机制中的草种补贴解决。

六、实施进度安排

（一）定居进度安排

2011—2015年，基本完成24.6万户游牧民定居任务。其中，2011年已定居6.8万户，占待安排户数的27.6%；2012年定居5.2万户，占待安排户数的21.1%；2013年定居5.2万户，占待安排户数的21.1%；2014年定居5万户，占待安排户数的20.3%；2015年定居2.4万户，占待安排户数的9.8%。

（二）工程进度安排

游牧民定居工程的牲畜棚圈（暖棚）、贮草棚、饲草基地、青稞基地建设任务随定居房建设进度逐年开展。

（三）投资进度安排

规划总投资176.54亿元。2011年已投资35.4亿元，占总投资的20.1%，其中中央投资17亿元；2012年计划投资39.24亿元，占总投资的22.2%，其中中央投资17亿元；2013年计划投资37.41亿元，占总投资的21.2%，其中中央投资17亿元；2014年计划投资36.24亿元，占总投资的20.5%，其中中央投资17亿元；2015年计划投资28.26亿元，占总投资的16%，其中中央投资11.83亿元。具体实施进度视实施情况和资金可能，年度间可适度调剂安排。

七、效益分析及环境影响评价

从总体上看，游牧民定居工程具有较好的社会效益，有利于提高游牧民生活质量，实现游牧民安居乐业，维护民族团结和边疆稳定，促进草原生态可持续发展。同时，通过该工程的实施，有利于提高牧民防灾减灾能力，减少牧民因灾损失，具有一定的经济效益。

（一）社会效益

1.有利于提高牧民生活质量与健康水平

游牧民定居工程的实施，将极大改善牧民群众的生活条件，使其能够享受到教育培训、医疗卫生、文化体育等基本公共服务，进一步提高生活质量。同时，居住环境、生活条件、基本公共服务的改善，有利于预防和减少因恶劣居住条件引发的各类疾病，提高牧民健康水平；有利于逐步实现牧民安居乐业，促进牧区各项社会事业的全面发展和进步。

2.有利于推进草原畜牧业生产方式转变

游牧民定居工程的实施将推动草原畜牧业生产方式由四季游牧向冬春定居舍饲、夏秋放牧转变，有利于改良畜群品种和加强动物防疫，促进现代草原畜牧业发展，有利于保护天然草原，防控布病、包虫病、结核病等人畜共患病。同时，游牧民定居后，有利于促进牧民之间、牧民与外界之间的信息交流，提高牧民商品意识和市场观念，发展牧区畜牧业专业合作组织。

3.有利于促进游牧民转产转业

游牧民定居工程及各项配套工程的建设，将带动当地建筑、建材、运输、市场零售等相关产业的发展,具备条件的地区还会带动观光旅游、餐饮服务等产业发展,不仅有利于培育特色优势产业,促进地方经济发展,增加地方财政收入,而且有利于创造新的就业机会,拓宽原游牧民的就业渠道,促进原游牧民转产转业。云南自实施游牧民定居工程以来,共增加相关就业约 1.5 万人。

4.有利于维护民族团结与边疆稳定

游牧民定居工程在部分牧区实施后,已产生了积极、深远的社会影响,游牧民群众充分感受到党和国家的关怀与温暖。随着游牧民定居工程的全面实施,在改善牧民生产生活条件的同时,通过加强定居点基本公共服务设施和基层政权建设、实施民主管理,让广大牧民共享改革开放的成果,有利于促进民族地区的文化交流和精神文明建设,进一步增强民族凝聚力,促进民族团结与边疆稳定。

(二)经济效益

游牧民定居后,尽管部分游牧民转产转业,大部分仍然以草原放牧为主业。虽然生活成本较定居前有所增加①,但通过配套建设牲畜棚圈(暖棚)、饲草基地等,为越冬牲畜提供了“避难所”和“救命草”,有利于增强抵御雪灾的能力,降低牲畜因灾死亡率,减少牧民经济损失,同时也节省了各级政府抗灾救灾的人力、物力和财力。定居后,部分接受能力强、市场意识强的游牧民可以转产到草原畜产品收购、交易、牧民房屋建设、建材流通等领域,也会有部分牧民从事草原灭鼠、草场维护等公益岗位,可以增加部分经营性或工资性收入。

(三)生态效益

1.有利于减轻草原载畜压力,促进生态良性发展

通过实施游牧民定居工程,建设天然割草场和人工草地,有效缓解了天然草场的载畜压力。定居后牧民素质普遍提高,市场意识逐步增强,不仅有利于提高牲畜出栏率,而且有利于牧民转产转业,减轻对草原的破坏。通过对西藏游牧民定居工程区的评价分析,工程区内草地退化趋势基本得到遏制,部分地区天然草原产草量增加 1 倍以上。

2.有利于促进草原植被恢复,增强草原生态功能

定居工程实施后,牧民由四季游牧转为冬春定居补饲、夏秋放牧,有利于促进天然草原休养生息,提高草层高度、产草量和载畜能力,使天然草原形成合理的恢复周期,减少草原沙化退化和水土流失,增强水源涵养能力、空气净化能力。

(四)环境影响评价

草原是我国面积最大的陆地生态系统,是我国主要江河的水源涵养地。游牧民定居工程的实施,对草原生态环境会带来一定不利影响,但通过采取有效应对措施可以降低影响程度。

1.定居点建设占用草原

牧民定居房、牲畜棚圈(暖棚)等定居配套工程的集中建设会占用一部分草原;建房施工期间,建筑材料运入工地,车辆碾压会造成草原破坏;定居后定居点周围牲畜踩踏频繁也会导致草场退化等。应严格按照大分散、小集中的原则进行牧民定居点建设布局,并合理控制定居点规模,同时教育和引导牧民保护定居点周边草原生态环境,鼓励以荒草地或原有道路为通道(牧道),避免形成新的破坏。

---

① 主要增加能源(电、煤)支出等。按照 5 口人考虑,预计每户增加支出 2000 元左右。

2.建筑取材和建筑垃圾破坏环境

建设定居房、牲畜棚圈(暖棚)就地取石、取土会对草原环境造成破坏,工程建筑废弃物等也会对定居点周边的生态环境造成一定的负面影响,如果不及时处理,会造成环境污染。应合理规划取材地点,避免乱挖乱采,及时清运建筑废弃物。

3.人工饲草基地开发建设不当将造成草原生态退化加剧

人工饲草基地开发会造成地表土壤裸露、疏松,遇强降雨可能会造成水土流失;人工饲草生长过程中耗用大量生态用水。应选种多年生牧草,减少草地耕翻和扰动,对拟利用的水源进行水平衡分析,根据水资源平衡结果,在留足生态用水的基础上,合理确定人工饲草基地建设规模。

八、保障措施

游牧民定居工程是关系牧民生活、牧区发展、民族团结和边疆稳定的重大民生工程,要切实加强组织领导,明确部门职责分工,落实地方政府责任,加大资金投入和项目整合力度,深化项目前期工作,加强建设管理和资金监管,确保游牧民定居工程顺利实施。在此基础上,科学引导牧民转产转业,最终实现游牧民能够定得下、稳得住、能发展。

(一)明确部门职责分工

发展改革部门牵头负责规划编制、投资计划下达,并对实施方案进行审查;财政部门负责资金拨付;住房城乡建设部门负责定居点规划选址和工程建设情况监督检查;农牧部门负责审定申请定居的游牧户资格,指导牲畜棚圈(暖棚)、贮草棚、饲草基地、青稞基地等建设,负责定居点草原植被保护的执法监督。其他相关部门也要根据各自职能范围加强对游牧民定居工程的支持力度。各部门要加强协调配合,建立信息交流机制,简化相关手续,提高行政效率,及时解决工程建设中出现的各种问题,保障游牧民定居工程顺利实施。

(二)落实地方政府责任

游牧民定居工程实行计划、任务、资金、目标、责任“五到省”,即项目建设计划下达到省、任务落实到省、资金拨付到省、目标和责任明确到省,由省级政府负总责。省级政府要建立健全由主管领导负责,发展改革、财政、建设、农牧、审计等相关部门参加的协调机制,负责规划落实、政策制定、资金整合、项目管理、监督检查等重大事项,特别要协同项目所在地县(市、区、旗)做好定居工程与其相应配套工程投资计划的衔接工作。市(地、州、盟)政府也要建立相应协调机制,负责及时解决工程实施中的问题。要强化县市、乡镇两级政府的责任,形成“县市统筹、乡镇主抓、村级实施”的项目建设机制,抓好项目组织实施、工程监管,以及水、电、路及社会事业等公共配套基础设施建设工作,确保各项建设任务落到实处。要建立目标责任制,层层落实责任,把游牧民定居工程的实施情况纳入部门和干部目标考核体系,实行项目终身负责制和责任追究制,加强社会监督和组织考核。

(三)多方筹措建设资金

地方各级人民政府要根据建设任务和工程实施进度,及时、足额落实配套资金,确保与中央补助资金同步到位。要引导金融机构加大对游牧民的小额贷款支持力度,鼓励建立定居贷款担保基金,有条件的地区给予财政贴息,切实减轻游牧民自筹资金压力。有对口援助机制的地区,要将援建资金纳入游牧民定居工程的总盘子,重点用于定居点配套基础设施建设。引导社会捐助、企业赞助等社会资金,用于游牧民定居重点工程建设,以及对特困游牧民的资助。要加大宣传和引导,调动游牧民作为受益主体的积极性,鼓励游牧民积极筹措资金,并投工投劳、互帮互助,积极参与工程实施。

(四)做好规划衔接和项目整合

在推进游牧民定居房建设的同时,要基本解决定居点的公共服务问题,尽量实现饮水、供电、道路、通讯、医疗、学校等配套设施与定居点同步建设。项目区的游牧民定居规划要与当地水、电、路、文、教、卫等相关规划进行衔接,按照渠道不乱、用途不变、统筹安排、分工协作的原则,充分结合农村饮水安全、以工代赈、农村电网改造升级、农村公路、农村社会事业项目及农村能源建设项目,推进新村新貌建设,提高游牧民定居工程的质量和效果。要积极整合扶贫开发、兴边富民、农业综合开发等项目,重点支持游牧民定居后续产业发展,实现居住条件改善与收入水平提高协调发展,妥善解决好定居后牧民的长远生计问题。

(五)做好工程建设前期工作

各地在编制游牧民定居工程年度实施方案时,要因地制宜选择定居模式,落实项目建设地点。定居工程如涉及非农业建设,应符合土地利用总体规划,并依法办理土地审批手续。对补助对象和项目安排等要张榜公布,做到公开透明,接受游牧民监督。要与游牧民签订协议或建设合同,切实维护游牧民的民主权利。要充分尊重游牧民意愿,合理设计游牧民定居房户型,并进行多方案比选,方便游牧民因需选择建设。要因地制宜建设饲草基地和青稞基地等配套设施,将建设和管护责任落实到县(市、区、旗)。饲草基地建设要逐片论证水土资源条件,不得破坏草原生态环境和转作他用。在落实各项建设条件的基础上,省级发展改革委要根据国家下达的年度建设任务,会同有关部门汇总编制年度实施方案,报省级政府审批后实施。

(六)严格项目资金管理

要加强投资计划下达和资金拨付管理,确保建设资金及时到位。要加强中央补助资金管理,中央专项补助资金严格用于定居住房、牲畜棚圈(暖棚)、贮草棚、饲草基地、青稞基地等基本生产生活设施建设,严禁挤占挪用。要严格执行国家有关财务管理制度,项目实施单位要做到专账管理、专款专用,补助资金分批发放,并逐户签字盖章。建设资金使用情况要定期向社会公布,接受群众监督。要加强建设资金审计监督,做到过程监督和事后审计相结合,及时查处截留挪用、违规使用、虚报套取资金等问题,项目验收时须附有审计部门的审计报告。

(七)强化项目建设管理

游牧民定居工程由项目所在地县(市、区、旗)政府严格按照年度投资计划和省级人民政府批复的实施方案进行建设,不得擅自调整补助对象、建设地点等,确需调整的,须报省(区)发展改革、住房城乡建设、农牧部门联合审批;不得擅自增加建设内容、扩大建设规模、提高建设标准。要加强游牧民定居工程建设过程中的质量管理和技术指导,确保工程建设质量。建设过程中要尊重牧民意愿,鼓励牧民参与、投工投劳。要建立和完善项目建设信息统计报告制度,各省(区)发展改革部门要牵头定期汇总工程建设进度、投资安排使用情况和建设成效等,并及时上报国家发展改革委、住房城乡建设部和农业部。要加强档案管理,建立严格的项目档案制度,项目文件、表册、图件、技术资料、账务资料等要及时整理归档。地方发展改革部门要会同同级有关部门,加强对工程建设情况的监督检查,国家发展改革委将不定期对工程建设情况开展专项稽察和检查,及时查处和纠正工程建设、资金管理中出现的问题。

（八）引导牧民转产转业

地方各级人民政府要加大对定居后游牧民的培训力度，提高游牧民科学文化素质和就业技能，帮助和引导游牧民在定居后发展生产，扩大就业，促进牧民增收。要推广普及牲畜良种、舍饲圈养技术，强化动物疫病防控，降低牲畜死亡率，提高畜群出栏率。免费提供就业信息、职业介绍等中介服务，鼓励游牧民在定居后从事商贸流通、建筑施工、旅游景区服务、民俗产品制作销售、草原特色产品（食用菌、草药等）销售等相关产业。积极设立毒草治理、围栏管护、防火等草原管护公益岗位，拓宽牧民就业渠道。因地制宜发展集体经济，增加集体积累。

二、产业发展

服务业发展“十二五”规划

前　　言

“十二五”时期是我国全面建设小康社会的关键时期，是深化改革开放、加快转变经济发展方式的攻坚时期，也是推动服务业大发展的重要时期。加快发展服务业是推进经济结构调整、产业结构优化升级的重大任务，是适应对外开放新形势、提升综合国力的有效途径，也是扩大就业、满足人民群众日益增长的物质文化生活需要的内在要求。

《服务业发展“十二五”规划》是落实《中华人民共和国国民经济和社会发展第十二个五年规划纲要》要求、指导我国服务业发展的总体部署，是编制服务业各领域专项规划（指导意见）和地方服务业发展规划的重要依据。

《服务业发展“十二五”规划》的范围是服务产业和可以市场化发展的服务领域。

第一章　服务业发展面临的形势

第一节　发展基础

“十一五”时期，我国社会生产力快速发展，综合国力大幅提升，人民生活明显改善，国际地位和影响力显著提高，经济建设和社会建设取得重大进展。我国服务业实现较快发展，对经济社会发展的支撑和拉动作用日益突出。

——规模不断扩大。“十一五”时期，服务业增加值年均增长 11.9%，高于国内生产总值年均增速 0.7 个百分点，比“十五”时期加快 1.4 个百分点。2010 年服务业实现增加值 17.4 万亿元，比 2005 年增加 9.9 万亿元，增长 1.3 倍。

——主要服务业行业较快发展。“十一五”时期，服务业各主要行业均实现了较快发展。金融业、批发和零售业、房地产业、住宿和餐饮业、交通运输仓储和邮政业等5个门类的增加值年均增速分别为18.7%、16.5%、11.3%、9.5%和8.3%。

——新兴服务产业快速发展。“十一五”时期，旅游、文化等产业实现了高速增长，对经济发展的带动作用明显增强；高新技术的广泛应用和管理理念的不断创新，推动了电子商务、增值电信、新一代信息技术服务、地理信息、动漫游戏、检验检测、气象服务等新型服务业态加速发展；认证认可、合同能源管理、环境服务、人力资源服务、家政服务等一批适应市场需求的新兴服务产业蓬勃发展。

——固定资产投资占比提高。“十一五”时期，服务业全社会固定资产投资累计完成49.6万亿元，年均增长25.5%，增速比“十五”时期提高8.5个百分点。2010年服务业全社会固定资产投资占全部投资比重为54.7%，比2005年提高1.1个百分点。

——企业不断发展壮大。“十一五”时期，服务业企业规模不断扩大，创新能力不断增强，形成了一批知名企业和著名品牌，竞争力不断提高。

——改革开放进一步深化。“十一五”时期，金融机构、资本市场、铁路投融资体制、文化体制、医药卫生体制、邮政体制等领域改革取得积极进展。服务业税收、价格、收费等改革深入推进。对外开放领域不断拓展，服务业外商投资占全部外商投资的比重明显提高。服务贸易规模迅速扩大，结构逐步优化，国际地位不断提升。

——吸纳就业能力进一步增强。2010年服务业就业人数达到26332万人，比2005年增加了2893万人，年均增加578.6万人；占全社会就业人数比重达到34.6%，比2005年提高3.2个百分点。在应对国际金融危机扩大就业方面，服务业发挥了重要作用。

党中央、国务院高度重视服务业发展。党的十七大报告提出，要发展现代服务业，提高服务业比重和水平。《国务院关于加快发展服务业的若干意见》（国发〔2007〕7号）明确了服务业发展的方向、目标、主要任务和政策措施。国家“十二五”规划纲要强调，要把推动服务业大发展作为产业结构优化升级的战略重点，营造有利于服务业发展的政策和体制环境。这些都为“十二五”时期服务业大发展奠定了良好基础。

第二节　发展机遇

“十二五”时期，我国服务业面临难得的发展机遇。从国际环境看，经济全球化深入发展，世界经济增长格局和市场需求形势发生新变化，科技创新和产业升级面临新突破，国际经济秩序出现新调整。我国与世界经济的相互联系和影响日益加深，服务业国际化发展的机遇增多，有利于在更广领域、更高层次参与国际合作与竞争。

从国内环境看，我国具备服务业大发展的有利条件。2010年我国人均国内生产总值超过4000美元，“十二五”时期将向更高水平迈进，必然进一步带动产业结构和消费结构升级，服务业市场需求潜力巨大。随着工业化、信息化、城镇化、市场化、国际化深入发展，服务业的发展基础和发展条件将进一步改善。改革攻坚步伐加快、社会主义市场经济体制趋向完善，将为服务业发展创造更加完善的体制环境，进一步激发服务业发展的活力和动力。转变经济发展方式、调整产业结构的加快推进，将对发展生产性服务业提出新的要求；保障和改善民生，不断满足广大人民群众日益增长的物质文化生活需要，将对发展生活性服务业提出更高的标准。党的十八大报告提出了推动服务业特别是现代服务业发展壮大的任务要求，为服务业发展指明了方向。

第三节　面临挑战

“十二五”时期，我国服务业发展还存在不少困难和问题，面临一些新的挑战。我国服务业发展长期滞后，结构不合理，生产性服务业水平不高，尚未形成对产业结构优化升级的有力支撑；生活性服务业有效供给不足，不能满足人民群众日益增长的服务需求。国际竞争力不强，缺少大企业大集团和知名品牌，服务贸易逆差短期内难以扭转。服务业人才不足，标准化水平不高，科技含量和服务水平有待进一步提升。服务业深化改革任务仍然艰巨，加快发展服务业的思想认识需要进一步提高，制约发展的一些长期性深层次矛盾依然存在，影响发展的体制机制障碍亟待解决。国家“十一五”规划纲要提出的服务业增加值占国内生产总值比重、服务业就业人数占全社会就业人数比重两个预期性指标均未完成，服务业不能适应经济社会发展需求的问题更加凸显。国际环境复杂多变，不确定因素增多，贸易保护主义加剧，发达国家的生产性服务业占有明显优势，围绕市场、资源、人才、技术、标准的竞争更加激烈，这些对提升我国服务业质量和水平，缩小与发达国家差距都提出了新的挑战。我们必须立足现有基础，充分利用各种有利条件，加快解决突出矛盾和问题，全力推动服务业大发展。

第二章　总体要求

第一节　指导思想

以邓小平理论、“三个代表”重要思想、科学发展观为指导，紧紧围绕科学发展主题和加快转变经济发展方式主线，适应中国特色新型工业化、信息化、城镇化、农业现代化同步发展的要求，进一步解放思想，深化改革，扩大开放，将推动服务业大发展作为调整经济结构的重要突破口，以市场化、产业化、社会化、国际化为方向，加快发展生产性服务业，大力发展生活性服务业，营造有利于服务业发展的良好环境，全力推动服务业发展提速、比重提高、水平提升，为增强我国产业核心竞争力和提高人民群众生活质量奠定坚实基础。

第二节　基本原则

“十二五”时期，推动服务业大发展需要把握以下原则：

（一）发展服务业与促进经济结构调整、产业结构优化升级相结合

推动服务业与工业、农业深度融合，催生新技术、新工艺、新产品，促进企业组织结构完善和生产经营模式创新，不断增强我国产业发展综合优势，推进产业结构优化升级。

（二）发展服务业与扩大国内需求、改善人民群众生活相结合

进一步发挥服务业对拉动消费和投资的积极作用，培育新的经济增长点，满足人民群众日益增长的物质文化生活需要。

（三）发展服务业与扩大就业、提高劳动者素质相结合

发挥服务业吸纳就业的主渠道作用，加强人才培养开发和就业服务体系建设，将我国人口多的压力转化为人力资源丰富的优势。

（四）发展服务业与推进城镇化相结合

适应城镇化发展的趋势和要求，强化服务产业支撑，增强服务功能，在城镇化进程中完善服务体系，提升城镇宜居宜业水平。

（五）推动服务业全面发展与重点突破相结合

坚持生产性服务业与生活性服务业并重、现代服务业与传统服务业并举，大力推动涉及面广、辐射作用大的服务业重点行业和领域加快发展，带动服务业全面发展。

（六）深化服务业改革与扩大服务业开放相结合

推进服务业改革，完善体制机制，为服务业大发展营造良好的政策环境。进一步扩大服务业开放，以开放促改革，以竞争促发展。

第三节 发展目标

根据推动服务业大发展的总体要求，“十二五”时期，要努力实现以下目标：

（一）提高服务业比重

服务业增加值年均增速超过国内生产总值年均增速，服务业固定资产投资年均增速超过全社会固定资产投资和第二产业固定资产投资年均增速。到2015年，服务业增加值占国内生产总值的比重较2010年提高4个百分点，成为三次产业中比重最高的产业。推动特大城市形成以服务经济为主的产业结构。

（二）提升服务业水平

服务业新兴领域不断拓展，新型业态和新兴产业不断涌现，规模化、品牌化和网络化水平不断提升，生产性服务业对产业结构优化升级的支撑作用明显提高，生活性服务业满足人民群众多样化需求的能力明显增强，农村服务业水平明显提升。培育一批具有核心竞争力的大企业大集团，创建一批具有国际影响力的著名品牌，建设一批主体功能突出、辐射范围广、带动作用强的服务业发展示范区。

（三）推进服务业改革开放

垄断行业改革不断深化，投资主体多元化机制进一步完善。公共服务领域改革不断深入，市场机制作用得到充分发挥。社会领域和事业单位改革加快推进，服务质量和效率不断提高。适应新型服务业态和新兴服务产业发展的市场管理办法逐步完善。国家服务业综合改革试点取得明显成效。服务业发展环境进一步改善，对外开放领域和范围进一步扩大，国际化水平不断提高。

（四）提高服务业吸纳就业能力

到2015年，服务业就业人数占全社会就业人数的比重较2010年提高4个百分点，服务业从业人员素质明显提高。

第三章 服务业发展重点

立足我国产业基础，发挥比较优势，以市场需求为导向，突出重点，引导资源要素合理集聚，构建结构优化、水平先进、开放共赢、优势互补的服务业发展格局。

第一节 加快发展生产性服务业

围绕促进工业转型升级和加快农业现代化进程，推动生产性服务业向中、高端发展，深化产业融合，细化专业分工，增强服务功能，提高创新能力，不断提高我国产业综合竞争力。

（一）金融服务业

加强金融市场体系建设，有序发展和创新金融组织、金融产品和服务，优化社会融资结构。发挥大型金融机构的综合性服务功能，积极发展为小型微型企业服务的中小金融机构，推进政策性银行、大型商业银行、股份制商业银行、中小银行业金融机构、资产管理公司实施差异化发展战略。推进金融服务专业化、特色化、精细化、品牌化，大力改善对“三农”和小型微型企业的金融服务。发挥信用融资、证券、保险、信托、理财、担保等服务的资产配置和融资服务功能。大力发展资本市场，完善多层次资本市场体系，推进建立全国性场外交易市场。加快发展债券市场，完善大宗商品期货和金融期货的品种体系。充分发挥保险业的功能作用，积极发展责任保险、信用保险，探索建立国家政策支持的巨灾保险体系。创新保险营销服务方式，推进中小保险公司差异化发展，规范发展保险中介市场，推进再保险市场建设。完善现代金融企业制度，强化内部治理和风险管理。提高监管方法的科学性、适用性和前瞻性，维护金融业安全稳健运行。加强金融法律、支付清算、征信、反洗钱等金融服务业基础能力建设。建立健全系统性金融风险防范预警体系、评估体系和处置机制，加强对系统重要性金融机构的监管。“十二五”时期，全面提升金融服务水平，有效防范和应对系统性风险，健全金融宏观审慎政策框架，构建功能健全、服务高效、分工合理、竞争有序、效益良好、安全稳健的现代金融服务体系，更好地服务实体经济。

（二）交通运输业

加快完善铁路网络，建设国家快速铁路网，强化重载货运网，提升服务能力和水平。加快国家高速公路网剩余路段、“瓶颈”路段建设，加强路网运行监测和交通出行信息服务；继续推进农村公路建设，提高城乡客运能力，推进城乡客运一体化。加快发展内河水运，推进重庆长江上游和武汉长江中游航运中心建设，发展专业化、规模化、现代化内河港区，加快推进内河运输船舶标准化，形成干支直达、江海联运的服务网络。推进沿海港口协调有序发展，加快推进上海国际航运中心、天津北方国际航运中心和大连东北亚国际航运中心建设。完善港口集疏运体系和专业化运输系统，拓展现代航运服务功能，形成具有国际竞争力的海运服务体系。建立通达通畅的国内国际航线网络，加强机场和空管保障能力建设，加快发展通用航空。实施公共交通优先发展战略，提高城市公共交通服务能力，建立多层次、差别化的公共交通服务网络，大力发展农村客运和农村物流。推进综合运输大通道和综合交通枢纽建设，提高基础设施养护水平。鼓励运输企业优化货物运输组织，大力发展铁水联运、江海直达、道路货物甩挂运输，加快发展冷链运输、零担快运和各种专用运输，鼓励道路运输企业向多式联运经营企业转型。加快邮政服务业发展，提高服务能力和水平。“十二五”时期，交通运输基础设施网络更趋完善，创新能力不断增强，管理能力不断提高，服务质量和效率不断提升，构建网络设施配套衔接、技术装备先进适用、运输服务安全高效的综合交通运输服务体系。

（三）现代物流业

大力发展第三方物流，优先整合利用现有物流资源，拓展服务功能，完善服务网络。加快综合交通运输网络配套物流设施建设，促进各种运输方式的无缝衔接和高效联运，建设覆盖全国的物流通道网络。加快推进城市配送体系建设，提高统一配送水平。鼓励物流业与制造业联动发展，提高一体化运作水平和规模化程度。加快农业生产资料、农产品、大宗矿产品、重要工业品、生活必需品、药品等领域物流发展。拓展邮政物流，支持快递能力建设，推动快递与电子商务、制造业协同发展。强化核心技术开发，加快物联网等新技术在物流领域的应用和推广，鼓励物流信息化和智能化技术的研发和应用,健全各类物流信息共享平台,推广条码等自动识别技术。提高物流行业标准化设施、设备和器具应用水平,推进标准化托盘等物流包装的循环共用,推广货运车辆标准化车型。鼓励生产资料流通企业强化物流服务功能,向仓储、交易、加工、配送等多功能、多业态拓展,形成一批集多功能于一体的专业化、综合性生产资料物流配送中心,引导生产资料流通集聚式发展。支持物流企业做强做大,培育一批具有国际竞争力的现代物流企业。完善物流基础设施和网络,统筹规划仓储设施发展,促进传统仓储企业向现代配送中心转变。支持物流园区等物流功能集聚区有序发展,规划建设一批重点物流园区。加强进出口口岸、国际商品交易中心物流基础设施和国际通道建设,增强进出口货物集散能力,重点布局建设一批口岸商贸物流中心,促进货运枢纽向物流园区转型,促进保税物流中心向分拨中心、配送中心和采购中心发展。“十二五”时期,物流业信息化、智能化和标准化水平明显提高,重点行业物流服务能力显著增强,初步建立社会化、专业化、信息化的现代物流体系。

(四)高技术服务业

重点发展高技术的延伸服务和相关科技支撑服务,突出研发设计对提升产业创新能力和企业核心竞争力的关键作用,加快支撑产业结构调整的研发设计服务体系建设。培育知识产权服务市场,构建服务主体多元化的知识产权服务体系。促进检验检测认证机构市场化运营,加大检验检测认证基础能力建设,加强战略性新兴产业等重点行业产品质量检验检测体系建设,鼓励检验检测认证服务机构由提供单一类型合格评定服务向复合型合格评定服务延伸,向规模化、品牌化、专业化发展。完善科技中介体系,大力发展专业化、市场化的科技成果转化服务。发展新一代信息技术和信息基础设施,开展云计算服务创新发展试点示范,加强云计算服务平台建设。加强物联网应用示范和推广,打造物联网应用平台。加快培育新兴网络信息技术服务,加强软件工具研发和知识库建设。推进各类面向行业应用的信息技术咨询、系统集成、系统运行维护和信息安全服务。加强数字文化教育产品开发和公共信息资源深化利用,构建便捷、安全、低成本的数字内容服务体系。推进地理、人口、法人、金融、税收、医疗、社保、农业、交通、统计等信息资源深度开发和社会化服务。完善生物技术服务体系,重点在医药创制、生物信息、生物环保、生物农业等领域培育新兴生物技术服务。“十二五”时期,高技术服务业营业收入年均增长18%以上,建设若干产业特色鲜明、比较优势突出的产业基地和创新集聚区,培育一批创新能力较强、服务水平较高、具有一定国际影响力的骨干企业,基本形成高技术服务产业体系、标准体系、统计体系和政策体系,推动研发设计服务、知识产权服务、检验检测认证服务、科技成果转化服务、信息技术服务、数字内容服务、生物技术服务等高技术服务业做大做强,发展成为国民经济的重要增长点。

(五)设计咨询

以促进产业结构升级、提升生活品质为重点,鼓励创新,促进设计咨询产业规模化、品牌化、国际化发展。整合现有资源,加强资源共享,建立实用、高效的设计和咨询基础数据库、资源信息库等公共服务平台。提高设计和咨询的信息化水平,支持相关软件等信息技术产品研发和推广应用。重点支持设计创新成果产业化,鼓励研发体现中华民族传统工艺和文化特色的设计项目和产品。引导设计企业和咨询企业加强品牌建设,提高专业化、规模化水平。充分发挥工业设计在丰富产品品种、提高附加值、创建自主品牌、提高企业核心竞争力等方面的作用。鼓励设计和咨询企业积极参与国际竞争与合作。“十二五”时期,设计咨询服务能力明显增强,专业人才素质明显提高,拥有自主知识产权和知名品牌的设计咨询机构数量大幅上升,培养一批综合素质高、创新能力强的领军人才,培育一批具有国际竞争力的设计咨询企业。

(六)科技服务业

大力发展研发服务外包、合同研发组织、检测、气象等服务,培育专业化第三方研发机构,促进研发服务集群发展。加快发展科技成果转移转化服务,提升技术转移机构的市场化运作和增值服务能力,强化产学研合作过程中的技术成果中试和熟化服务,推进技术市场交易模式和机制创新,提升技术市场网络化、信息化、国际化水平。积极发展创新创业服务,培育创业服务业态,大力推广"孵化加创投"模式。扩大科技企业加速器试点,为高成长企业做大做强提供资本、人才、市场等服务,优化创新创业环境。积极发展科技金融服务,推动设立科技金融专营机构,鼓励科技金融业务创新,探索科技贷款担保、科技保险、产权交易与股权交易等新模式;建设科技金融综合服务平台,为企业提供差异化金融服务;加强科技金融风险评估,防范和化解科技金融业风险。积极发展科技咨询服务,开展知识产权、产业研究和科技动态等服务,提升科技咨询服务水平。"十二五"时期,科技服务业社会化、专业化水平明显提高,产业实力明显增强,培育一批创新能力强、服务水平高、带动作用大的科技服务企业,形成一批特色鲜明、优势突出的科技服务产业基地和集聚区,科技在促进经济发展和创新型国家建设中的支撑能力明显增强。

(七)商务服务业

鼓励商务服务业专业化、规模化、网络化发展,加大品牌培育力度,积极开拓国内外市场。大力发展广告业,提高广告业集约化、专业化和国际化发展水平。加快发展资产管理、兼并重组、财务顾问、后勤管理等企业管理服务,积极发展会计、审计、税务、资产评估、矿业权评估、认证认可、信用评估、经纪代理、市场调查等专业服务,加快发展融资租赁、经营性租赁,推动拍卖、典当服务业发展,促进信用服务业发展。培育一批著名商务服务企业和机构;建设一批影响力大的商务服务集聚区。合理规划展馆布局,发展会展业。"十二五"时期,商务服务业发展水平明显提升,竞争力明显增强,结构明显优化,国内外市场份额明显提高,市场秩序、诚信体系、标准体系和法律法规进一步完善。

(八)电子商务

积极培育电子商务服务,支持第三方电子商务与交易服务平台建设,推动网络交易与电子认证、在线支付、物流配送、报关结汇、检验检疫、信用评价等环节的集成应用。发挥行业组织等社会中介机构作用,提高电子商务纠纷处理、争议调解、法律咨询、技术研究、成果转化等服务能力。推进交易保障设施建设,强化对电子商务交易主体、客体及交易行为的在线监测,完善交易保障服务体系。健全电子商务支撑体系,促进数字证书在电子商务全过程、各环节的深化应用,规范网上银行、网上支付平台等在线支付服务,发展与电子认证、网络交易、在线支付协同运作的物流配送体系,鼓励电子商务服务企业建立交易诚信档案,为改善电子商务环境提供有力支撑。深化电子商务应用,支持大型骨干企业以供应链协同为重点发展电子商务,引导中小企业利用第三方电子商务服务平台拓展国内外市场,推动政府采购电子商务平台建设。加快发展移动电子商务等互联网产业,大力培育远程维护、数据托管等技术服务,积极推进医药卫生、文化旅游等领域的信息化建设,不断拓展和深化电子商务应用领域。规范电子商务发展,保障网络交易安全。"十二五"时期,基本健全电子商务制度体系,初步形成大型企业供应链网络化协同能力和重要行业龙头企业全球化商务协同能力,营造安全可信、规范有序的网络商务环境。

（九）工程咨询服务业

完善市场机制，鼓励工程咨询单位深化体制机制创新，形成以企业为主体的工程咨询服务体系。规范市场准入，建立统一规范的职业资格制度和行业管理体系，鼓励和引导民间资本进入工程咨询领域，支持工程咨询机构为民间投资提供服务。加快工程咨询业务结构调整，促进工程咨询全过程协调发展。加强投资建设项目策划、准备、实施、运营、评价各阶段咨询服务能力建设，提高咨询服务科学水平，推进工程项目全过程管理，充分发挥工程咨询服务业在投资建设中的关键作用。在全行业倡导诚信为本、廉洁高效的工程咨询理念，坚持独立、公正、客观、科学原则，加强行业自律。扩大工程咨询在统筹城乡发展、新兴产业、资源能源综合利用以及环境保护与生态建设等领域的服务范围。培育一批具有国际竞争力的企业，培养一批具有国际视野、熟悉国际惯例的人才。“十二五”时期，工程咨询服务业产业化、市场化步伐明显加快，行业规模显著扩大，服务质量和水平稳步提升，行业立法逐步完善，基本形成具有中国特色、符合国际惯例、拥有较高水平自主知识产权的理论、方法和技术创新体系，建立健全统一开放、竞争有序、监管有效的工程咨询市场。

（十）人力资源服务业

以产业引导、政策扶持和环境营造为重点，推进人力资源服务创新，鼓励差异化发展，大力开发能够满足不同层次、不同群体需求的各类人力资源服务产品。规范发展人事代理、人才推荐、人员培训、劳务派遣等人力资源服务，鼓励发展人力资源服务外包、人力资源管理咨询、高级人才寻访、网络招聘等新型服务业态。鼓励社会资本投资人力资源服务领域，发展行业性、专业性人力资源服务机构，建设产业人才信息平台。构建多层次、多元化的人力资源服务机构集群，探索建立人力资源服务产业园区，推进行业集聚发展。实施人力资源服务品牌推进战略。建立健全人力资源服务标准体系，规范服务流程。鼓励人力资源服务机构“走出去”，为我国企业开拓国际市场提供人力资源服务。加快发展服务业职业教育，加强从业人员培训，培育形成功能完善、规范有序、较为成熟的培训市场，不断满足多样化、个性化的学习需要。支持社会资本投资发展培训业，鼓励高等学校、职业学校、企业、行业协会和其他社会组织开展培训，推动培训主体多元化。规范和丰富培训内容，扩展和创新培训形式，健全质量评价机制，规范培训市场秩序。“十二五”时期，建立专业化、信息化、产业化、国际化的人力资源服务体系，实现公共服务充分保障、市场经营性服务逐步壮大、高端服务业务快速发展，人力资源开发配置和服务就业的能力明显提升，在实施人才强国战略和就业优先战略中的作用进一步凸显。

（十一）节能环保服务业

大力推行合同能源管理，以做精、做专、做强为方向，扶持壮大一批专业化节能公司，引导技术研发、投融资等机构利用合同能源管理机制开展节能服务。创新丰富节能服务形式和内容，推动节能技术成果转化和应用。规范节能市场秩序，建立完善职业资格制度和失信惩戒机制。积极培育提供资源节约、废物管理、资源化利用等一体化服务的循环经济专业化服务公司，重点培育再制造专业技术服务公司，鼓励发展循环经济咨询服务业，促进资源循环再生利用。以大宗工业固体废物综合利用、烟气脱硫脱硝、城镇污水垃圾处理、危险废物处理处置为重点，大力推行特许经营制度，推进污染防治设施建设和运营的专业化、市场化、社会化进程，提高工业污染治理设施专业化、社会化运营服务比例，完善监管制度。健全有利于资源循环利用的回收体系，完善废旧商品回收网络，提高回收企业的组织化和规模化程度，建设分拣技术先进、环保处理设施完备、劳动保护措施健全的废旧商品回收分拣体系。建设废旧商品回收体系示范城市，完善再制造旧件和垃圾分类回收体系。重点发展集研发、设计、制造、工程总承包、运营及投融资于一体的综合环境服务，着力培育综合环境服务龙头企业。推进环境咨询、环境污染责任保险、环境投融资、环境培训、清洁生产审核咨询评估、环保产品认证评估等环保服务业发展。加快培育环境顾问、监理、监测与检测、风险与损害评价、环境审计、排放权交易等新兴环保服务业。推动环保技术成果的转化和应用，开展关键技术工程示范，加快环境科技创新平台建设，完善环保服务业标准体系。“十二五”时期，采用合同能源管理机制的节能服务业销售额年均增长30%。到2015年，节能服务业总产值突破3000亿元，环保服务业产值超过5000亿元。

（十二）新型业态和新兴产业

适应产业结构和消费结构升级趋势，鼓励技术创新、商业模式创新和服务产品创新，培育壮大服务业新型业态和新兴产业。适时研究制定促进服务业新型业态和新兴产业发展的指导意见，以及适合服务业新型业态、新兴产业发展的行业准入标准和市场管理办法。支持设立服务业新型业态和新兴产业发展投资基金。加强公共服务平台、示范基地建设，加强专业人才培训，研究建立配套政策措施和统计体系。“十二五”时期，新型业态和新兴产业发展环境明显改善，创新能力明显提高，产业规模明显扩大，壮大一批示范带动作用强的龙头企业，创建一批优质品牌，不断形成推动经济发展的新增长点。

第二节　大力发展生活性服务业

围绕满足人民群众多层次多样化需求，大力发展生活性服务业，丰富服务供给，完善服务标准，提高服务质量，不断满足广大人民群众日益增长的物质文化生活需要。

（一）商贸服务业

加强市场流通体系建设，发展新型流通业态，改善流通设施条件，优化消费环境。推动现代流通方式和循环经济理念在商贸流通领域的广泛应用，发展特许经营、电子商务、网络营销、总代理等现代经营方式。优化城市大型百货店、综合超市、购物中心、批发市场等商业网点结构和布局，积极发展连锁经营和统一配送，鼓励发展专业店、专卖店、会员店，大力发展便利店、中小超市、社区菜店等社区商业。通过开展社区商业民生促进工程，构建社区商业便利消费体系，促进居民服务便利化发展。统筹城乡贸易发展，支持城市商业企业向农村延伸开设商业网点，发展农资和日用工业品配送下乡服务，引导农产品进城直销。鼓励商贸企业兼并重组，支持发展具有国际竞争力的大型商贸流通企业。加快商贸服务业信息化建设，进一步完善商贸服务行业统计和城乡市场监测体系。建立健全中小商贸流通企业服务体系，建设一批中小商贸流通企业服务平台和服务机构。引导住宿和餐饮业健康规范发展。“十二五”时期，传统商贸服务业改造升级步伐加快，商贸流通业多业态、多形式发展，商业设施管理体制进一步完善，城市商业网点结构和布局进一步优化，农村商业设施建设取得重大进展，农村商贸流通现代化水平显著提高，初步建立现代化商贸服务体系。

（二）文化产业

实施重大项目带动战略，加快组织实施一批成熟度高、成长性好、先导性强的重大工程和重点项目。支持文化产业公共服务平台建设，建设一批产业特色鲜明、创新能力强、产业链完整、规模效应明显的特色文化产业基地，加快特色文化城市建设。培育骨干企业，扶持中小企业，鼓励文化企业跨地域、跨行业、跨所有制经营和重组。完善文化市场准入制度，在国家许可范围内鼓励非公有制资本进入文化产业领域。加快发展各类文化产品和产权、信息、技术、版权等要素市场，推进文化产业投融资体系建设。健全文化技术创新体系,研究制定文化产业技术标准。大力发展文化创意、移动多媒体、数字出版、动漫游戏等新型业态。大力发展演艺业,加强演艺基础设施建设,推动发展全国性文艺演出院线和电子票务系统。加强广播影视基础设施和服务体系建设,培育一批广播影视骨干企业,打造一批广播影视知名品牌,实施一批广播影视精品工程,推动广播影视产品和服务出口。整合提升图书、报刊等纸介质传统出版产业,发展数字出版等新兴出版产业,加快推广数字环保技术,创新出版传播手段和渠道,打造一批大型出版传媒、印刷复制和发行企业集团。加强文化市场监管,加快数字版权保护技术研发,推进国家版权监管平台建设,提高版权服务与保护水平。积极开拓国际文化市场,创新文化“走出去”模式,增强中华文化国际竞争力和影响力。“十二五”时期,推动文化产业跨越式发展,整体实力和国际竞争力显著增强,为将其培育成为国民经济支柱性产业奠定坚实基础。

专栏1 文化产业发展重点

1.文化艺术产业和网络文化产品发展重点。

鼓励演艺节目在内容与形式上的创新,推动发展全国性文艺演出院线,加快剧院、剧场、电子票务等演艺基础设施建设,形成1—2个国际知名的演艺产业集聚区,形成10家左右全国性或跨区域的文艺演出院线。开展动漫相关技术标准研制工作。发展网络游戏、电子游戏等游戏产业,推动国产游戏产品走出去。积极开发具有民族特色、健康向上和技术先进的新兴娱乐方式。繁荣美术创作,规范市场秩序,推动艺术品产业健康发展。发掘民族文化元素,突出地域特色,促进传统手工艺产品发展。大力发展艺术创意设计产业。加强文化内容与高新数字技术结合,培育和发展数字文化产业。鼓励研发具有自主知识产权及中华民族特色的网络文化产品,提高网络文化产品原创能力和文化品味,形成一批有影响力的网络文化品牌。

2.广播影视产业发展重点。

推进下一代广播电视网建设、卫星直播广播电视、地面数字电视推广应用、广播覆盖传输数字化、高清晰度电视、城镇数字影院、国产影视剧及影视动画、纪录片等重大产业项目。基本建成全国城市数字影院覆盖网络。大力发展移动多媒体、网络广播电视等新媒体新业态,加快移动多媒体广播电视的全国运营。加快影视产业、影视动画产业、影视纪录片产业、影视制作业和网络视听产业发展。

3.新闻出版产业发展重点。

加快实施新闻出版精品工程,构建重点出版物出版规划网络体系,引导出版精品创作生产,扶持动漫游戏出版产品、民族原创网络出版产品的创作和研发。加快建设新闻出版产业带和基地。提高新闻出版企业装备水平和新闻出版产品的科技含量,大力实施新闻出版科技创新工程。加快新闻出版领域基础性标准、新业态核心标准的制(修)订,加大标准宣传贯彻力度。鼓励海量数字内容资源平台建设。完善出版物发行流通网络,加快全国性出版物物流体系建设,提高网点覆盖面,努力实现“市市有书城、县县有书店、乡乡有网点、村村有书屋”。提高印刷复制产业发展质量,实施绿色印刷和数字化印刷工程。大力推进海峡两岸交流合作。实施“经典中国”国际出版工程,加快国际交易平台建设,拓展出版物国际营销渠道,打造国际知名出版传媒企业品牌。

(三)旅游业

大力发展国内旅游,积极发展入境旅游,有序发展出境旅游,走内涵式发展道路,实现速度、结构、质量、效益相统一。科学利用资源,坚持旅游资源保护与开发并重,加强旅游基础设施建设。提高观光旅游质量,大力发展休闲度假旅游和生态、文化、红色、乡村、森林、湿地、草原、海洋等专项旅游,提升旅游业发展的科技化、信息化水平。加快建设一批国家级旅游目的地和精品旅游线路,推进全国特色名镇(村)建设,规范发展主题公园。加快旅游公共服务体系建设,鼓励旅游公共服务主体多元化。培育一批有竞争力的大型旅游企业集团,支持民营和中小旅游企业发展。加快中西部地区和民族地区旅游业发展。实施人才兴旅工程,推进实施国民旅游休闲纲要。加快旅游立法和标准化体系建设,加强旅游诚信体系建设,规范旅游市场秩序,提高旅游服务质量。“十二五”时期,旅游业服务质量明显提高,市场秩序明显好转,可持续发展能力明显增强,初步发展成为国民经济的战略性支柱产业。

专栏 2　旅游业发展重点

1.乡村旅游发展。

推进实施《全国乡村旅游业发展纲要(2009—2015)》,建设一批乡村旅游及休闲农业示范村和示范县,加大对乡村旅游基础设施建设扶持。

2.旅游精品建设。

推进实施《“国家十二五”旅游基础设施建设专项规划》,加强旅游公共服务设施建设,提升打造一批国家级城市旅游目的地、国家级精品景区,推出一批文化旅游演艺精品和精品旅游线路及文物、森林、海洋、温泉、草原、工业、科技、会展、修学等专项精品旅游景区。

3.红色旅游发展。

推进实施《2011—2015 年全国红色旅游发展规划纲要》,继续加大红色旅游基础设施投入,深化红色旅游经典景区、精品线路、重点旅游区建设,加强红色旅游与其他旅游产品的结合,完善配套服务,提高红色旅游经典景区和精品线路的吸引力和影响力。

4.海南国际旅游岛建设。

推进实施《国务院关于推进海南国际旅游岛建设发展的若干意见》(国发〔2009〕44 号),加快体制机制创新,推进旅游要素转型升级,完善旅游基础设施和服务设施,开发特色旅游产品,规范旅游市场秩序,全面提升海南旅游业管理、营销、服务和产品开发的市场化、国际化水平。

(四)健康服务业

统筹基本医疗卫生服务和非基本医疗卫生服务,提升人民群众健康保障能力。加快建立和完善以基本医疗保障为主体,商业健康保险为补充,覆盖城乡居民的多层次医疗保障体系。依托深化医药卫生体制改革,建立完善有利于健康服务业发展的体制和政策,促进非基本医疗服务的发展。合理规划医疗资源,优化医疗卫生资源配置,进一步完善城乡医疗服务体系。加强对社会资本举办各类医疗机构的监管和技术指导,鼓励有条件的非公立医疗机构做大做强。积极促进医疗护理、健康检测、卫生保健、康复护理等健康服务业发展。充分发挥中医预防保健特色优势,大力发展中医医疗保健服务业。加强健康管理教育与培训,鼓励技术产品研发,制定标准与规范,加快健康体检行业的规模化与产业化进程。支持发展健康服务机构,鼓励健身活动,推动健康咨询、健康保险与健康服务融合发展。健全康复医疗服务网络,提高康复医学服务能力。“十二五”时期,基本形成以公立医疗机构为主导、各类医疗机构共同发展的多元化办医格局,构建集医疗服务、健康管理与健康促进、健康保险等服务内容为一体的健康服务产业体系。

(五)法律服务业

大力发展以律师和公证为主体的法律服务业,稳步扩大从业人员数量,全面提高从业人员素质,着力培养一批具有国际眼光、精通涉外法律业务的高素质律师人才。拓宽服务领域和服务方式,提高法律服务水平,实现法律服务在经济社会发展各领域的广泛、有效参与。稳步扩大法律服务规模,完善组织形式,推动业务转型和升级,促进专业化分工,扶持、培育一批规模较大、实力较强的法律服务机构。完善管理体制机制和行业规范,建立健全法律服务人员诚信执业制度,完善执业状况评价、监督机制和失信惩戒机制,规范服务秩序和服务行为。提升法律服务业开放水平,打造一批具有国际竞争力的法律服务机构。加大对法律服务业政策扶持和保障力度,改善法律服务业发展环境,健全体制机制和政策保障,扩大服务规模和服务领域,提升服务层次和服务质量,提高国际化水平和国际竞争力。“十二五”时期,建立起符合我国国情、适应我国经济社会发展和民主法治建设要求、较为成熟的法律服务制度体系。

（六）家庭服务业

健全家庭服务业相关法规、政策体系和监管措施，完善家庭服务业促进体系。研究制（修）订家庭服务业服务标准（规范），扩大标准（规范）覆盖范围，研究制订家庭服务业发展指导目录。加快推进家庭服务业公益信息服务平台建设。发挥市场机制，加强政府引导，鼓励各类市场主体进入家庭服务业，重点培育一批连锁经营的大型家庭服务企业，积极扶持中小家庭服务企业，促进家庭服务企业规模化、品牌化和网络化发展。鼓励各类人员到家庭服务业就业、创业，加强从业人员培训，提高职业素质、专业技能和服务水平。加快构建便利惠民的家庭服务体系，优化城市服务网点布局结构，积极推动家庭服务网点进社区。规范家庭服务市场秩序，促进企业诚信经营，维护从业人员合法权益。以家庭为服务对象，以社区为重要依托，以家政、养老、社区照料和病患陪护服务等业态为重点，创新家庭服务业发展模式，整合家庭服务资源，实现人力资源、信息资源、公共服务资源的优化配置。“十二五”时期，家庭服务业吸纳就业人数明显增加，形成多层次、多形式共同发展的家庭服务市场和经营机构，初步建立与我国经济发展水平和人民群众生活需求相适应的家庭服务体系。

专栏3　家庭服务业重点工程

1.家庭服务业公益性信息服务平台建设工程。

设立区域性家庭服务电话呼叫号码，整合资源，增加投入，实施家庭服务业公益性信息服务平台建设工程。依托该平台，健全供需对接、信息咨询、服务监督等功能，形成便利、规范的家庭服务体系，为家庭、社区、家庭服务机构提供公益性服务。

2.家庭服务业从业人员培训工程。

以家政服务、养老护理和病患陪护服务等从业人员为重点，开展订单式培训、定向培训和在职培训。“十二五”时期，每年培训100万人。加强培训基础能力建设，依托现有培训资源，在地级城市以及经济较为发达的中心城市建设家庭服务从业人员实训基地，同时对有创业愿望的人员提供相应的创业培训。

3.家庭服务业千户百强创建工程。

推动一批中小企业（单位）做专做精，扶持一批有实力的企业（单位）做大做强，培育一批知名家庭服务品牌，形成一批市场开拓能力强、辐射带动作用大、服务水平高的企业（单位）群体，加大对员工制家政服务企业（单位）的扶持力度，提升我国家庭服务业的规范化、产业化、品牌化水平。

（七）体育产业

以体育健身休闲业、体育竞赛表演业为先导，带动体育用品、体育中介等行业的联动发展。推动体育服务运营管理模式多样化。积极提供适应中低收入群体需求的体育服务，合理引导高收入群体体育消费。坚持重点体育项目带动战略，加快培育特色体育产品，着力培育体育产业骨干企业。合理规划体育产业基地布局，鼓励社会力量以多种方式参与体育场馆运营管理。推动体育产业与相关产业的互动发展，延长体育产业链。加强对体育组织、体育赛事、体育活动的名称、标志、版权等无形资产的开发和保护。推动体育服务贸易发展，积极拓展海外市场。“十二五”时期，体育产业整体实力明显增强，创建一批充满活力的体育产业基地，培育一批有竞争力的骨干企业，逐步打造一批有中国特色与国际影响力的体育产品和重大赛事品牌。

（八）养老服务业

引入多种形式的市场主体，培育发展专业化的养老服务机构，鼓励民间资本和境外资本开发养老服务项目，参与养老服务设施建设和运营，积极扶持非营利性社会组织和中小型养老服务企业创新发展。大力拓展养老服务领域，逐步实现从基本生活照料向健康服务、辅具配置、康复护理、精神慰藉、法律服务、紧急救援等方面延伸。大力发展社区照料服务，推进日间照料中心、托老所、老年之家、互助式养老服务中心等社区养老设施建设。发挥养老服务产业链长、涉及领域广的特点，推动养老服务与餐饮、服装、营养保健、休闲旅游、文化传媒、金融和房地产开发等相关产业互动发展。加强老年护理人员培养培训，推行养老护理员职业资格考试认证制度，提高其职业素养和服务水平。培育形成一批具有知名品牌和较强竞争力的养老机构，促进养老服务企业规模化、品牌化和网络化发展。健全养老服务市场准入、退出和监管制度。“十二五”时期，养老服务业规模显著扩大，社会化养老覆盖率明显提高，基本建立以居家为基础、社区为依托、机构为支撑的社会养老服务体系，推动实现老有所养。到2015年，每千名老年人拥有养老床位数量达30张。

（九）房地产业

加强和改善房地产市场调控，加强市场监管，规范房地产市场秩序，促进房地产市场健康发展。培育和规范住房租赁市场，引导住房合理消费。引导房地产估价、房地产经纪、土地评估和登记代理机构规模化、专业化发展，加强和完善房地产估价师执业资格制度，大力推行房地产经纪人、土地登记代理人执业资格制度，加强中介行业自律管理。建立房地产企业信用档案，发挥社会监督作用。加强土地登记代理制度建设，健全行业资信体系。加强农村建筑技术队伍建设。大力推广建筑节能服务，培育节能技术服务市场。进一步明确物业管理行业的责任边界，健全符合行业特征和市场规律的价格机制，规范物业管理行业市场秩序。建立和完善旧住宅区推行物业管理的长效机制，探索建立物业管理保障机制。鼓励物业服务企业开展多种经营，积极开展以物业保值增值为核心的资产管理。继续推进物业管理师制度建设，提升服务规范化、专业化水平。提高旧住宅区物业服务覆盖率，城镇新建居住物业全部实施市场化、专业化的物业管理模式。建立完善住房公积金管理绩效考核、人员准入、信息披露、责任追究制度，加快服务设施建设，优化服务流程，提高服务水平。“十二五”时期，房地产和土地中介服务机构服务功能明显增强，社会公信力明显提高，建筑节能服务标准规范进一步完善，培育一批骨干企业及第三方服务机构。

第三节　提升农村服务业水平

以繁荣农村经济、促进农业现代化、增加农民收入和提高农民生活质量为重点，贯彻统筹城乡发展的基本方略，协同推进城镇化和农村发展，积极引导各类市场主体进入，推动农村服务业水平尽快上一个新台阶。

加快发展农村生产性服务业。构建以公共服务机构为依托、合作经济组织为基础、龙头企业为骨干、其他社会力量为补充、公益性服务和经营性服务相结合、专项服务和综合服务相协调的新型农业社会化服务体系。加强农业科技创新，推进现代农业产业技术体系与基层农技推广体系的有效对接。强化基层农技推广服务，引导科研教育机构积极开展农技服务。搭建乡村测土配方施肥服务平台，提升科学施肥水平。培育新型农业社会化服务组织。提升农机社会化水平，加快农机流通服务体系建设，支持开展农机跨区作业、承包作业、机具租赁和维修服务，推进农机服务市场化、专业化、产业化。加强土地流转管理服务机构建设，培育壮大承包经营权流转中介服务组织，健全农村土地承包经营权流转市场服务体系。完善农副产品流通体系，加大农产品批发市场和农贸市场升级改造力度，加强产销衔接，扩大农超对接规模，积极打造“南菜北运”和“西果东送”产销链条。加强信息体系建设，推广先进交易方式，发展各类流通中介组织。强化农业生产资料市场准入和监管，实施经营台账和可追溯管理，提升经营单位技术服务能力，鼓励发展连锁配送等现代经营方式。支持发展农业信息服务,以农业生产经营为重点,逐步形成连接国内外市场、覆盖生产和消费的信息网络。改善农村金融服务,深化农村信用社改革,鼓励商业金融机构加大对"三农"的支持力度,鼓励有条件的地区培育村镇银行、贷款公司、农村资金互助社等新型农村金融机构,发展农村邮政金融业务,建立农村信贷担保体系,扩大农村金融抵押品范围。扩大涉农保险覆盖面,探索发展渔业保险,建立多形式经营、多渠道支持的农业保险体系。积极推动农村小额人身保险发展,健全农村保险服务体系。完善动物疫病诊疗等兽医服务体系,积极发展农作物和林业有害生物、草原鼠虫害防治专业化服务。提高农产品质量安全检验检测能力和水平。提高农产品流通组织化程度,培育大型流通主体。完善扶持政策,加大扶持力度,支持农民专业合作社发展,增强集体经济组织服务能力,提升农业、林业组织化水平。

积极发展农村生活性服务业。完善农村消费品销售网络,推动现代流通方式向农村延伸。加快物流配送体系建设,深入实施万村千乡市场工程,提升农村商品统一配送能力,发展一网多用,开展信息化改造,提高农村商业的组织化、标准化、现代化水平。推动机动车维修网点向农村延伸。积极发展园艺业、休闲农业、生态农业、休闲渔业、乡村旅游等特色产业,大力扶持农民和农民专业合作组织兴办农家乐、采摘、垂钓等休闲旅游项目,增加农民收入。与集体林权制度改革相配合,积极引导森林景观的开发利用,大力扶持农民兴办森林人家、林业观光园、森林氧吧、森林疗养等休闲旅游项目,提高兴林富民效益。搞好农民培训,提高农民素质,加强输出地与输入地劳务对接,完善农民创业就业服务体系。大力发展劳务经济,鼓励农民就地就近就业,支持农民工返乡创业。抓好农民创业促进工程试点工作,引导农村富余劳动力转移就业。广泛开辟农民就业创业渠道,逐步发展面向农村尤其是中心镇的家庭服务。加快发展农村客运。继续推进村庄整治,以农村环境连片综合整治区域为重点,大力发展农村生活污水、垃圾等污染治理设施的专业化运营,全面改善农村生活环境。

第四节　拓展海洋服务业领域

紧扣海洋经济发展战略部署和要求,加强陆海统筹,不断拓展服务领域,提升服务层次和水平。

大力发展海洋运输业,壮大海运船队,增强国际海运竞争力,提升能源、原材料等战略物资运输保障能力。完善港口布局,拓展港口服务功能,加快港口物流发展,发展内陆无水港。加强渔港建设,依托渔港积极发展水产品冷藏、加工、交易以及休闲渔业、渔民作业补给等服务业。整顿、维护航行秩序,完善海上交通管理和应急救助系统,不断提高航海保障、海上救生和救助服务水平。

积极发展海洋旅游,进一步突出海洋生态和海洋文化特色,开拓国内国际旅游客源市场,发展海滨度假旅游、海上观光旅游、涉海专项旅游、海岛度假旅游和海岛生态旅游。加强旅游基础设施与生态环境建设,科学确定旅游环境容量,促进海洋旅游可持续发展。推进电子客票系统建设和联网售票,提升海上客运服务质量。加强客运码头、游艇码头及停泊区的规划建设和管理,发展海峡、岛屿间客滚运输和海上旅游、游艇经济。在有条件的港口发展集娱乐、休闲、餐饮、购物于一体的邮轮经济。

建立海洋、海岛空间基础地理信息系统,积极开展海洋生物资源及矿产资源勘查定位、海洋工程维护、海洋综合调查与测绘、海洋教育、海洋科普与文化传播等服务。科学评价海洋环境质量,开展大范围、长时效、高精度海洋预报服务,重点建设面向海上监视、海上运输、海上搜救、海洋油气开采、大洋和极地勘探、渔业生产、滨海旅游、国际合作等活动的海洋专题服务体系。积极开展海洋灾害风险评估和区划工作，建设海洋灾害监测预警体系，建立海洋立体监测观测预报网络系统，形成有效的监测、评估和预警能力。

第四章 扩大服务业开放

统筹国内服务业发展和对外开放，加快转变对外贸易发展方式，大力发展服务贸易，积极合理有效利用外资，推动有条件的服务业企业“走出去”，完善更加适应发展开放型经济要求的体制机制，有效防范风险，充分利用好国际国内两个市场、两种资源，积极参与服务贸易规则制定，深入推进与港澳台地区服务业合作，在更大范围、更广领域、更高层次上参与服务业国际合作与竞争。

第一节 大力发展服务贸易

推动重点行业的服务出口，促进出口结构转型升级。进一步巩固运输、旅游、建筑等行业在服务贸易中的优势，积极推进中医药、文化艺术、动漫游戏、广播影视、新闻出版、教育、体育等有我国特色的服务出口，重点培育通信、金融、会计、资产评估、计算机和信息服务、传媒、咨询、会展等现代服务贸易，加快培育一批拥有自主知识产权和知名品牌的服务贸易重点企业。提高国内服务外包企业承接能力，加强人才队伍建设，增强产业集聚效应，逐步形成一批具有国际竞争力的服务外包产业基地。促进服务外包离岸业务与在岸业务协调发展。建立健全服务贸易促进体系，完善服务贸易法律法规、标准体系和统计体系，推进服务贸易便利化。稳步扩大服务进口，发挥进口在促进我国服务贸易发展中的积极作用。

第二节 提高服务业利用外资水平

进一步扩大服务业利用外资领域，优化结构，丰富方式，不断提高利用外资质量和水平。鼓励引进设计、研发和营销等方面先进技术和管理经验，鼓励设立外商投资研发中心。引导外商投资发展农业技术服务、交通运输、现代物流、银行、证券、保险、信息、软件设计开发、商务服务、工程咨询服务、节能环保服务等生产性服务业，积极稳妥推进教育、医疗、体育、文化、旅游、电信等领域对外开放，吸引外商投资发展家庭服务业，鼓励外商投资职业技能培训。合理引导房地产领域的外资投向，鼓励外资投资参与保障性安居工程、绿色节能环保建筑的建设。创新服务业利用外资方式，引进海外高层次人才，有效利用国外优惠贷款和国际商业贷款促进服务业发展。鼓励外商投资设立创业投资企业，完善创业投资规定，合理引导外商投资发展融资担保等金融服务关联产业，支持符合条件的外商投资服务业企业境内公开发行股票、发行企业（公司）债券和中期票据，拓宽融资渠道。优化服务业利用外资的政策环境，增强政策透明度，保护投资者合法权利，做好外资并购安全审查。鼓励跨国公司在华设立地区性总部和功能性机构。积极推进服务业在部分区域和领域试点先行开放，提高服务业开放水平。改善服务业利用外资的区域结构，推动中西部地区利用外资发展服务业，支持东部地区尤其是东部特大城市利用外资提升服务经济水平。

第三节 稳步实施“走出去”战略

按照市场导向和企业自主决策原则，引导各类所有制服务业企业有序开展境外投资合作，支持在境外开展技术研发投资合作,创建国际化营销网络和知名品牌。充分利用中华老字号企业已形成的品牌效应,带动中医药、中餐等产业开拓国际市场。将重点国别(地区)与重点领域相结合,分类指导,积极引导运输、建筑、旅游等有比较优势,以及分销、通信、快递、金融、计算机和信息服务、文化艺术、广播影视、新闻出版等有发展潜力行业的企业对外投资。支持发展对外翻译与传播,支持文化企业拓展国际营销渠道,加快建设国际版权交易平台,增强中华文化传播力和影响力。发展出口信用保险,促进对外贸易和投资。着力培育我国服务业大型跨国公司和跨国金融机构,提高国际化经营水平。完善支持国内企业“走出去”的服务平台,做好海外投资环境研究,强化投资项目的科学评估,增强境外投资法律、会计、信息、金融、管理和环境技术等服务。提高综合统筹能力,加强实施“走出去”战略的宏观指导和服务,提高服务业企业对外投资便利化程度,加大知识产权境外登记注册和海外维权力度,维护企业海外权益,有效防范和应对各类风险。进一步扩大与有关国家和地区的服务业交流与合作,充分利用自由贸易区框架,加强对服务业企业“走出去”的制度保障。

专栏 4　中国—东盟自由贸易区

履行我国在中国—东盟自由贸易区《服务贸易协议》中的承诺(包括建筑、环保、运输、体育和商贸等 5 个服务部门的 26 个分部门),鼓励我国企业在金融、电信、教育、旅游、建筑、医疗等行业开展国际化经营,深入推进与东盟服务业领域的交流与合作。

第四节　深化内地与港澳地区服务业合作

继续实施内地与香港、澳门《关于建立更紧密经贸关系的安排》(CEPA),进一步扩大对港澳服务业开放,大幅提升服务贸易开放程度。采取更加积极的措施,扩大对港澳传统服务业和新兴服务业的开放,充实贸易投资便利化的内容。到“十二五”末期,通过 CEPA 基本实现内地与香港、澳门服务贸易的自由化。

支持建设以香港金融体系为龙头、珠三角地区城市金融资源和服务为支撑的金融合作区域。支持香港发展成为离岸人民币业务中心,拓展香港与内地人民币资金循环流通渠道。支持香港企业使用人民币到境内直接投资。在内地推出港股组合交易所交易基金,支持符合条件的内地企业赴香港上市。不断提高内地对港资银行开放的层次和水平,支持港资银行在广东省内以异地支行形式合理布点,均衡布局。支持符合条件的香港证券机构稳步推进深港资本市场创新合作。支持香港保险公司设立营业机构或通过参股方式进入内地市场,加强内地与香港在保险产品研发、业务经营和运作管理等方面合作。积极支持保险创新发展试验区建设。增加在香港发行人民币债券的境内金融机构主体。

完善珠三角地区与港澳跨界交通运输体系,建立跨界交通监管合作机制,加强口岸综合配套服务功能和区域物流信息平台建设,提升通关和物流便利化水平,鼓励发展电子商务,积极支持电子认证、在线支付、网络信用、现代物流等电子商务支撑体系建设。打造区域航运衍生服务基地、生产组织中枢和国际供应链管理中心,构建现代流通经济圈。积极引导内地和香港服务业企业合作建立商品国际营销网络。继续推动职业资格互认、专业人士执业工作和职业技能鉴定合作,促进专业人才流动。

加强内地与港澳高等教育合作，积极探索多种形式的合作办学模式。加强职业教育培训合作，建立师资交流合作制度。加强文化交流，促进文化创意、影视、动漫、游戏、演艺、出版等方面合作。扩大开放医疗服务市场，合作发展医疗服务和中医药医疗保健服务，逐步扩大港澳资本独立举办医疗机构试点范围。完善动植物卫生检疫和食品、农产品质量安全信息通报制度，建立食品安全技术标准和地理标志保护合作沟通机制。加强内地与港澳中华老字号品牌的交流合作。拓宽内地与港澳旅游合作范围，共同完善旅游服务体系。采取积极措施引入港澳专业化社会服务，支持港澳家庭服务机构在内地设立高端专业服务机构，推进内地与港澳合作开展服务业从业人员培训及信息交流，支持港澳服务提供者到内地兴办养老服务机构，发展养老等服务。依托内地与港澳环境服务业现有基础，广泛开展环境金融、环境咨询、环境技术研发、人才培养、环保宣传教育、资源回收再利用等领域合作。打造环境服务业交流合作平台，鼓励港澳环境服务企业入驻，推动港澳环保企业在内地开展环保设施运营服务，在广东率先开展环境服务业合作模式创新。

深化粤港澳合作，落实粤港、粤澳合作框架协议，促进区域经济共同发展，打造更具综合竞争力的世界级城市群。鼓励广东在对港澳服务业开放中先行先试，逐步将先行先试有效措施拓展到内地其他地区。加快落实相关政策，把深圳前海深港现代服务业合作区打造成现代服务业体制机制创新区、现代服务业发展集聚区、香港与内地紧密合作的先导区、珠三角地区产业升级的引领区。全面推进内地与港澳服务业合作，建设内地重点地区与港澳服务业重大合作项目，形成优势互补、协作配套的现代服务业体系。

以珠三角地区需求为导向，重点在服装、灯饰、家具、五金、皮革等产业，依托有集聚规模的专业镇，统筹规划建设生产性服务业集聚区，引进港澳咨询、广告、设计、营销等服务。推进珠三角加工贸易转型升级示范区建设。鼓励信息服务基础设施和公共服务平台资源的合作与共享。支持依法开展跨境检验检测、认证认可、知识产权、安全监管和应急救援等方面服务，加快内地与港澳检验检测报告互认和电子签名证书互认，支持内地与港澳检验鉴定、认证、检测机构加大交流合作。

专栏5　粤港澳服务业合作重大项目

1.港珠澳大桥。
建设海中桥隧工程、三地口岸和连接线，实现香港、珠海、澳门三地高速公路连通。
2.广深港客运专线。
建设客运专线并与武广客运专线、沪深客运专线接驳。
3.港深西部快速轨道线。
研究建设途经深圳前海地区、连接香港国际机场和深圳宝安国际机场的香港第三条过境直通铁路。
4.莲塘/香园围口岸。
缩短香港至深圳东部之间车程，提高粤港东部地区出入境通行效率。
5.深圳前海开发。
发挥香港国际金融、贸易和航运中心优势，充分利用前海地区的地缘和交通便利优势，打造区域综合交通枢纽，以发展现代服务业为重点，创新行业管理制度，建设粤港现代服务业创新合作示范区，2020年建成亚太地区重要的生产性服务业中心。
6.广州南沙新区开发。
打造服务内地、连结港澳的商业服务中心、技术创新中心和教育培训基地，推动发展物联网等新兴产业，积极探索依托南沙保税港区建设大宗商品交易中心和华南重要物流基地，打造世界邮轮旅游航线著名节点。
7.珠海横琴新区开发。
重点发展商务服务、休闲旅游、教育研发和高技术服务业，促进成为珠江口西岸地区产业升级的新平台，建设连通港澳、区域共建的“开放岛”，经济繁荣、宜居宜业的“活力岛”，知识密集、信息发达的“智能岛”，以及资源节约、环境友好的“生态岛”。

第五节　推进海峡两岸服务业合作

以两岸经济合作委员会为平台，积极落实《海峡两岸经济合作框架协议》服务贸易早期收获计划，遵循平等互惠、循序渐进的原则，推进两岸商签服务贸易协议，逐步减少或消除两岸间涵盖众多部门的服务贸易限制性措施，推动两岸进一步互相开放服务业市场，促进两岸服务贸易自由化，继续扩展服务贸易的广度和深度，增进两岸间的服务业合作。推动两岸互补性生产要素资源的整合与流动，以具有两岸特色的新技术、新业态以及新服务方式改造和提升传统服务业，促进两岸产业转型升级。

深化两岸金融合作，维护和促进两岸金融市场的稳定与发展，不断完善两岸金融监管合作机制，积极稳妥推进两岸金融市场相互开放。支持符合条件的两岸金融机构互设分支机构、扩大业务领域，为两岸同胞提供更好的金融服务。鼓励和支持更多符合条件的台资企业在大陆上市，推进两岸资本市场创新合作。推动建立两岸货币清算机制，为两岸经贸交流和人员往来提供更多便利。

积极落实两岸已签署的涉及相关服务业的协议。合理调控运力，加强管理，维护两岸海运市场健康有序发展。根据市场需求，适时增加直航航点及定期航班班次，为两岸客货往来提供更多便利。拓展两岸邮政合作领域，提高邮政服务质量。深化两岸标准、计量、检验、认证认可及消费品安全等领域合作。加强农产品（含饲料）贸易中的检疫检验交流合作，确保农产品质量安全。加强专利、商标、著作权等两岸知识产权保护合作。加强两岸信息服务业合作，推进两岸无线城市试点项目建设，为两岸电子信息制造业提供优质服务。加快两岸物流合作，推进两岸冷链物流产业合作试点项目建设，共同提升两岸物流业的国际竞争力。促进两岸电信企业交流合作。加强两岸会展产业合作，搭建两岸企业经贸交流平台。

鼓励两岸文化创意、动漫游戏、影视、出版、演出领域广泛深入合作，繁荣两岸文化市场。推动两岸中华老字号品牌建设、交流与合作。加强两岸在检验检疫、中药材品质安全管理、医药品研发管理等方面交流合作。符合条件的台湾业者可在大陆设立医疗机构。促进两岸旅游交流与合作健康有序发展，积极稳妥扩大赴台个人旅游试点城市范围，为大陆居民赴台旅游提供便利。加强旅游沟通机制建设。加强两岸高等教育、职业教育交流合作，积极探索多种形式的合作办学模式，鼓励两岸相关机构开展教学、科研、人才培养、教材编写等方面合作。

积极发挥海峡西岸经济区、平潭综合实验区在推进两岸服务业合作中的作用。在两岸经济合作框架下，允许海峡西岸经济区在对台经贸、航运、旅游、邮政、文化、教育等方面交流与合作中，采取更加灵活开放的政策，先行先试，积累经验。充分发挥平潭综合实验区优势，加快发展现代物流、商贸流通、金融、文化创意、会展、旅游等服务业，促进产业结构优化升级，将平潭建成依托海西、服务两岸的现代服务业集聚区。推进厦门市深化两岸交流合作综合配套改革试验，加强厦门与台湾的服务业合作，推进厦门两岸区域性金融服务中心建设。

第五章　改革完善服务业发展体制机制

大力推进服务业各项改革，着力破除制约服务业发展的体制机制障碍，争取在重点领域和关键环节取得突破，创新政策支持，进一步研究制定促进服务业加快发展的政策措施，完善服务业市场监管体系，营造有利于服务业发展的体制机制和政策环境。

第一节 深化服务业改革

扩大服务业开放领域，完善服务业外资准入和经营的法律法规，积极探索外商投资管理体制改革。凡是法律法规及国家规定没有明令禁入的服务领域，都要向社会资本开放。进一步放宽服务领域市场准入，建立平等规范、公开透明的市场准入标准。鼓励和引导各类资本投向服务业，在投资核准、融资服务、财税政策、土地使用、对外贸易和经济技术合作等方面，对各类投资主体同等对待。大力发展多种所有制服务业企业，提高非公有制经济在服务业中的比重。各地区凡是对本地企业开放的服务领域，应全部向外地企业开放，切实打破市场分割和地区封锁，建立全国统一、开放、竞争、有序的服务业市场。依托产业园区、城市功能区和特色区域，建设一批服务业发展示范区。

深化电信、铁路等服务行业改革，进一步放宽市场准入，实现投资主体多元化，形成有效竞争的市场格局。逐步建立适应三网融合要求的政策体系和监管体制。推进虚拟运营服务对民间资本开放，加强对增值电信业务的规范和引导。按照政企分开、政资分开的要求，加快推进铁路体制改革。加快推动现行空域管理和使用方式的转变，推进低空空域开放，优化繁忙地区航路航线结构，提高空域资源配置使用效率。完善邮政普遍服务和竞争性业务分业经营制度。开展城市市政公用事业改革试点。

对文化艺术、广播影视、新闻出版、教育、医疗卫生、社会保障、体育、知识产权、检验检测等行业和领域中能够实行市场化经营的服务，要引导社会力量增加市场供给。推进经营性文化单位转企改制，全面推进非时政类报刊出版单位体制改革，积极稳妥推进电台电视台制播分离改革和重点新闻网站转企改制。积极推进文化投融资体制改革和市场体系建设。大力支持民办教育发展，推动形成以政府办学为主体、全社会积极参与、公办和民办教育共同发展的新格局。放宽社会资本举办各类医疗机构准入范围，大力改善社会资本举办各类医疗机构执业环境。推动注册医师多点执业，促进医务人员合理流动。鼓励有资质人员依法开办个体诊所。推进竞技体育制度改革，有条件的竞技体育项目逐步实现市场化，探索适合我国国情的职业化道路。按照营利性与非营利性机构分开的原则，引导和推进知识产权、检验检测等高技术服务领域体制机制改革。

加快国有服务业企业改革，推动国有资本向关系国家安全和国民经济命脉的重要服务行业和关键服务领域集中，在一般竞争性行业和领域为民间资本营造更为广阔的市场空间。推动具备条件的国有大型服务业企业实现整体上市，不具备整体上市条件的国有大型服务业企业要加快股权多元化改革，有必要保持国有独资的国有大型服务业企业要加快公司制改革，完善国有大型企业公司治理结构，建立现代企业制度。鼓励和引导民间资本进入金融、商贸流通、交通运输、电信、医疗卫生、教育、文化、体育、市政等行业，为民间投资创造良好环境。改善发展环境，大力发展中小服务业企业。鼓励企业分离非核心业务，提高服务业专业化、社会化水平。

加快推进事业单位改革，按照政事分开、事企分开、管办分离的要求，积极稳妥推进科技、教育、文化、卫生、体育等事业单位分类改革。将从事生产经营活动的事业单位逐步转为企业，规范转制程序，完善过渡政策，建立健全法人治理结构。加快推进非基本公共服务市场化改革，开展改革试点，大力发展经营性社会服务业。

推进社会组织社会化、行业协会市场化改革，加快社会组织、行业协会法律法规和政策体系建设,改革和完善现行管理体制,健全社会组织内部治理结构,开展社会组织和行业协会改革试点,完善政府向社会组织转移职能、资金支持和人才队伍建设等培育扶持政策,向社会组织开放更多的公共资源和领域。继续推进国家机关、事业单位后勤服务社会化和国有企业后勤服务社会化、市场化改革,分类制定改革指导意见,推动由内部自我服务为主向主要由社会提供服务转变。进一步发挥市场配置资源的基础性作用,加快发展服务外包,推进营利性后勤事业单位转企改制,实现后勤服务提供主体、提供方式多元化。

着眼于体制突破和机制完善,着眼于推动经济发展方式转变、结构调整和扩大内需,着眼于培育新的经济增长点,深入开展国家服务业综合改革试点,将其作为破解制约服务业发展难题的重要举措。有关部门要加强协作配合,鼓励试点区域积极探索、先行先试。通过试点,不断提高对服务业发展规律的认识,创新发展模式,完善体制机制和政策措施,为全国服务业发展提供经验。鼓励各地区结合实际,开展本地服务业综合改革试点。

第二节 创新政策支持

完善有利于服务业发展的税收政策,结合营业税改征增值税试点,逐步扩大增值税征收范围。合理调整消费税征收范围、税率结构和征收环节。研究扩大物流企业营业税差额征税范围,完善征税办法。

健全适应服务业发展的金融服务体系。拓宽服务业发展融资渠道,鼓励符合条件的服务业企业上市融资和发行债券。扶持发展创业投资企业,规范发展股权投资企业。拓宽金融机构对服务业企业贷款抵押、质押及担保的种类和范围。引导投融资机构扩大对中小服务业企业业务规模,创新金融产品和服务方式。加大对服务贸易的外汇管理支持力度,促进海关通关便利化。

在土地利用总体规划和城乡规划中统筹安排服务业发展用地规模、布局和时序,扩大服务业用地供给。调整城市用地结构,提高服务业用地比例。积极推进服务业企业节约集约利用土地,盘活存量用地,提高土地利用率,支持利用工业、仓储等用房、用地兴办符合规划的服务业,涉及原划拨土地使用权转让或改变用途的,经批准可采取协议出让方式供应。坚持分类指导、有保有压的原则,按照淘汰落后产能工作的总体要求,安排好新增建设用地计划,优先安排国家鼓励发展的高技术、高附加值、低消耗、低排放的新兴服务业项目用地。对列入国家鼓励类的服务行业依照海洋功能区划,在用海和用岛需求方面,给予优先支持。

逐步完善宏观经济调控下以市场形成价格为主、政府制定价格为辅的服务业价格形成机制,规范服务价格行为。实行鼓励类服务业用电、用水、用气与工业同价。纠正各地在服务业领域自行出台的歧视性收费项目,对合理合法的收费项目及标准要按照规定公示,接受社会监督。

国家财政预算安排资金,重点支持服务业关键领域和薄弱环节发展。扩大服务业发展引导资金规模,引导社会资金加大投入。创新财政资金使用方式,通过财政支持融资性担保、创业投资等经济手段,支持服务业发展。加大服务业综合性研究经费和人才培训投入。建立健全政府购买服务机制,增加政府采购服务产品的类别和数量。

推进服务业质量体系建设。加快交通运输、金融、信息、商务、旅游、体育、节能环保等领域认证认可制度的建立和实施。开展服务质量满意度评价试点,引导企业提升服务质量。大力支持服务业品牌创建,积极推进营销和管理创新,加强对商标、名称、版权等无形资产的开发和保护。建立具有我国特色的品牌价值评价制度,形成有利于促进品牌建设的咨询和技术服务体系。

加快社会信用体系建设。建立信用信息共享制度，建立完善以组织机构代码和身份证号码等为基础的实名制信用信息共享平台体系。建立国家商品条码信息服务平台，形成产品质量追溯体系。不断完善企业和个人征信系统，扩大征信系统服务范围和服务水平。

第六章 规划实施保障

适应服务业大发展新要求，健全法律法规，强化政府服务功能，增强服务能力，创新工作方法，夯实工作基础，为落实规划提供切实保障。

第一节 加强组织协调

进一步加强服务业统筹规划、综合协调，及时研究解决服务业发展和改革中的重大问题。探索建立推动服务业重点行业和重点领域加快发展的工作机制。加强服务业工作体系和人员队伍建设，加大培训力度。有关部门要尽快研究制定服务业发展评价体系，定期公布全国和各地区服务业发展水平、结构等主要指标。各省（区、市）要将服务业重要指标纳入本地经济社会发展的考核体系，针对不同地区、不同类别服务业发展的具体要求，实行分类考核，确保责任到位，任务落实。

第二节 夯实发展基础

紧紧围绕服务业发展需求，加强关键领域、薄弱环节工作，建立健全重要支撑体系。支持高等院校和职业学校开设服务业发展相关学科专业，强化服务业特别是现代服务业人才和复合型人才培养。加强服务业综合性研究机构建设，积极发展服务业协会、学会等社会组织。

建立和完善服务业创新体系，开展服务业理论、商业模式、关键技术等方面研究，提高服务业创新能力。以规范服务行为、提高服务质量和提升服务水平为核心，建立健全服务业标准体系，推进服务业标准贯彻实施，扩大服务业标准化覆盖范围，不断提高服务业标准化整体水平。推动知识产权服务与经济社会发展有机结合，提升知识产权创造、运用、保护和管理水平，构建基本公共服务与市场化服务协同发展的知识产权服务体系。坚持整体设计、规范透明、统筹兼顾、突出重点、分步推进的原则，全面提升统计能力，不断提高数据质量，建立科学、统一、全面、协调的服务业统计调查制度和信息管理制度。

专栏6 重要支撑体系主要任务

1.服务业创新体系。

支持一批服务业综合研究机构整合发展，建设服务业区域创新中心，提升服务业技术创新能力和战略研究能力。支持建设一批服务业领域国家重点实验室、国家工程（技术）研究中心，开展服务业共性关键技术研究，提高服务业创新能力。支持服务业企业建立企业技术中心、技术创新平台和技术创新联盟，开展模式创新和技术集成应用。完善产业园区创新体系，支持服务业领域的大学科技园、专业孵化器建设，提升园区创新支撑能力。

2.服务业标准体系。

围绕服务业新领域、新业态，健全服务业标准体系。加快制（修）订一批服务业重点行业和领域服务标准，鼓励在标准制（修）订过程中借鉴采用国际标准。推进国家级服务业标准化试点，及时总结推广经验。强化服务业标准宣传贯彻，健全标准实施反馈评价体系。加强服务业标准研究，密切跟踪国际发展趋势，推动我

续表

国服务业标准的国际化。

3.知识产权服务体系。

完善知识产权服务政策体系,推进体制机制创新。加强知识产权基础信息资源建设与开发利用,逐步建立分类科学、资源共享、高效优质的产业知识产权信息服务平台体系。拓展服务范围,促进知识产权转化运用。培育知识产权服务企业,壮大知识产权服务人才队伍。加强知识产权保护,建立健全预警、维权和争端解决机制。

4.服务业统计体系。

发挥服务业统计部际联席会议制度作用,不断提高统计工作质量和水平。适应服务业发展新形势,进一步完善服务业统计调查方法和指标体系。加强数据质量控制与评估,不断提高统计数据的准确性和及时性。加强服务业统计机构和人员队伍建设,提升服务业统计调查能力。建立健全服务业统计信息对外提供共享机制,研究建立服务业门类季度统计调查制度。

第三节　健全规划实施机制

本规划提出的服务业发展总体要求和主要任务,是对市场主体的导向,主要依靠市场主体的自主行为实施。政府部门要加强宏观调控和政策引导,保障规划顺利实施。

本规划提出的加快服务业改革、扩大对外开放和规划实施保障,是政府的重要职责,必须放在政府工作的重要位置。各省(区、市)及计划单列市人民政府要编制本地区服务业发展规划,并抓紧制定出台相关配套措施。国务院有关部门要按照职能分工,编制服务业各主要行业和主要领域的配套规划(指导意见),制定财税、金融、土地、价格、工商管理、质检等方面相应的落实意见或工作措施,并分解落实到年度。

发展改革委要会同有关部门加强对规划实施情况的跟踪分析,组织有关方面对规划实施情况进行中期评估,及时向国务院报告。

金融业发展和改革“十二五”规划

序　言

《金融业发展和改革“十二五”规划》是经过国务院审批的“十二五”国家专项规划，是党中央提出全面建设小康社会战略目标和科学发展观以来编制的第二个金融中期发展改革规划。本规划依据《中华人民共和国国民经济和社会发展第十二个五年规划纲要》和2012年全国金融工作会议有关文件编制。制定和实施好这一规划，对完善金融体制机制、促进金融业持续健康发展具有重要意义。

2010年9月，国务院批准金融业发展和改革“十二五”规划列为国家级专项规划以来，人民银行会同银监会、证监会、保监会、外汇局开展一系列调研，组织多次专家研讨会，广泛征求社会各界意见，对“十二五”时期金融业发展和改革的重点问题进行了深入研究。

本规划旨在阐明国家在“十二五”时期推动金融业改革发展的指导思想、主要目标和政策导向，明确金融工作重点，凝聚各方力量，推动金融发展再上新台阶。本规划分为九章：第一章，回顾了“十一五”时期金融业发展和改革取得的主要成就，分析了“十二五”时期金融业发展面临的机遇和挑战，提出了“十二五”时期金融业发展和改革的指导思想、主要目标和政策着力点。第二章至第八章，分别从改善金融调控、完善组织体系、建设金融市场、深化金融改革、扩大对外开放、维护金融稳定、加强基础设施等七方面，明确了“十二五”时期金融业发展和改革的重点任务。第九章，提出了完善规划实施的保障机制。

本规划实施时间为2011—2015年。

第一章　加快金融业改革开放
促进经济发展方式转变

“十二五”时期是我国金融业大有作为的重要战略机遇期。我国金融业将抓住机遇,顺应国内外金融形势变化的新趋势,继续推动金融改革、开放和发展,全面构建组织多元、服务高效、监管审慎、风险可控的金融体系,不断增强金融市场功能,更好地为加快转变经济发展方式服务。

第一节　“十一五”时期金融改革和发展的主要成就

“十一五”时期,在党中央、国务院的正确领导下,金融业成功经受了国际金融危机的严峻考验,整体实力和抗风险能力显著增强,金融调控和监管不断加强,金融市场快速发展,金融改革和开放深入推进,金融基础设施建设成效显著,金融服务水平明显提升,在应对国际金融危机冲击、促进国民经济持续健康发展方面发挥了重要作用。

(一)金融机构综合实力显著提升

金融机构资产规模快速增长,抗风险能力大幅提升。2010 年末,银行、证券、保险业金融机构总资产达到 101. 36 万亿元,较 2005 年末累计增长 158%。其中银行业金融机构总资产达到 94. 26 万亿元,比 2005 年末增长 152%,平均资本充足率为 12. 2%,商业银行拨备覆盖率达到 217. 7%,整体实力显著增强。证券业机构总资产达 2. 05 万亿元,比 2005 年末增长 583%,抗风险能力明显提升。保险业机构总资产达到 5. 05 万亿元,比 2005 年末增长 230%,机构体系不断完善。

(二)金融宏观调控和金融监管不断加强

针对不同时期经济金融运行情况,货币政策适时适度调整,综合运用多种政策工具进行宏观调控,货币政策的预见性、针对性和灵活性不断提高。金融监管进一步强化。银行业监管能力不断提升,证券期货业基础监管制度趋于完善,保险业现代监管框架基本形成。金融监管协调和信息共享进一步加强。系统性金融风险防范和处置机制不断完善,金融稳定动态评估机制逐步健全,金融安全网建设稳步推进,证券投资者保护基金、期货投资者保障基金和保险保障基金设立,积极推进存款保险制度建设。

(三)金融市场功能显著增强

债券市场迅速发展,2010 年债券发行量(含中央银行票据)达 9. 7 万亿元,比 2005 年增长 120. 5%。短期融资券、中期票据、中小企业集合债等非金融企业债务融资工具相继推出。货币、外汇、黄金市场快速发展,体制机制不断健全,金融创新步伐加快。股票市场不断壮大,2010 年末,沪深股市上市公司达 2063 家,总市值 26. 54 万亿元,分别较 2005 年末增长 50%和 719%。主板市场进一步巩固,中小板市场得到加强,创业板市场平稳推出,场外市场逐步发展。期货市场稳步发展,上市了 13 个大宗商品期货品种,商品期货成交量跃居全球第一位,股指期货顺利推出。保险市场快速发展,2010 年保费收入达到 1. 45 万亿元,比 2005 年增长 170%。

(四)金融改革取得突破性进展

国有大型商业银行股份制改革全面完成并成功上市,公司治理结构不断完善。政策性银行改革取得重要进展。中小商业银行改革持续深化。金融资产管理公司转型稳步推进。农村信用社产权制度改革取得新突破,新型农村金融机构建设有序推进,金融支持“三农”力度不断加强。资本市场股权分置改革顺利完成,股票发行体制改革进一步深化,证券机构综合治理全面完成并转入常规。现代保险企业制度基本建立,形成了原保险、再保险、保险中介、保险资产管理协调发展的现代保险组织体系。

利率市场化改革稳步推进,初步建立起以上海银行间同业拆放利率(Shibor)为代表的市场基准利率体系，市场化定价机制作用增强。汇率形成机制改革不断深化，以市场供求为基础、参考一篮子货币进行调节、有管理的浮动汇率制度进一步完善。

（五）金融对外开放与合作进一步深化

金融业全面履行对外开放承诺，对外资金融机构实行国民待遇，积极引进境外战略投资者。中资金融机构通过设立海外分支机构、并购等方式，稳妥布局境外市场。外汇管理理念和方式加快转变，跨境贸易和投资便利化加快实施，进口核销制度改革深化，强制结售汇制度取消，境内市场主体经常项目外汇收入可自主保留。人民币资本项目可兑换继续推进，合格境内、外机构投资者制度稳步实施，跨境贸易人民币结算开始试点，双边本币互换稳步推进。金融对外交往合作继续深化，积极参与国际金融标准和准则制定与修改，推动国际金融监管改革，中国金融业的国际地位和话语权不断提升。

（六）金融法制和基础设施建设成效显著

金融法律制度和执法体系逐步完善。金融产品和服务日益多元化。支付体系建设不断加强。征信及社会信用体系建设稳步推进。货币发行体制进一步完善。经理国库水平不断提高。金融信息化建设大力推进。反洗钱监管不断深化。金融会计制度和金融机构信息披露制度不断完善。金融统计数据集中系统建成。金融人才建设成效显著。

第二节　"十二五"时期面临的机遇和挑战

"十二五"时期，在加快发展方式转变过程中，我国经济社会发展将呈现新的阶段性特征，国际金融危机之后全球经济金融格局也将继续深度调整。"十二五"时期，我国金融业仍将处于可以大有作为的重要战略机遇期。

加快金融改革发展正面临难得的历史机遇。从国际看，金融危机改变了世界经济金融格局，新兴市场国家特别是中国成功应对了金融危机冲击，在国际经济、金融事务中将发挥更大作用。危机促使全球金融监管规则不断改进，加强金融宏观审慎管理、防范系统性金融风险已成为国际社会共识，对资本、流动性、系统重要性金融机构和"影子银行"的监管将得到加强，这为我国借鉴国际标准、推进金融改革提供了新动力。从国内看，"十一五"时期金融业发展和改革取得巨大成就，为下一步的发展创造了有利条件。我国工业化、信息化、城镇化、市场化、国际化深入发展，国民收入稳步增加，经济结构转型加快，既为金融发展提供了坚实基础，也加大了对多样化金融服务的需求，我国多元化金融机构体系和多层次金融市场体系将进一步完善。

加快金融改革发展也面临诸多挑战。从国际看，国际金融危机影响深远，发达国家和新兴市场国家金融发展模式均面临转型压力，货币、金融政策的国际协调难度增大。我国金融发展的外部环境更趋复杂，在国际金融标准制定、国际金融治理等全球金融问题上将承担更多责任。从国内看，对外开放不断扩大，需要建立和完善能够有效调节大国开放经济的金融政策框架。生产要素成本上升，"人口红利"开始减少甚至消失，人口老龄化将逐步显现，金融发展的经济基础出现新变化。金融宏观调控面临更复杂的挑战，在经济结构和国际收支失衡背景下，外汇净流入增加较多导致货币被动投放的机制和压力仍然存在。金融支持经济发展方式转变和结构调整的任务十分艰巨，对中小企业和"三农"等金融服务还存在一些薄弱环节。金融业粗放经营方式尚未根本转变，国有控股金融机构公司治理需进一步完善，整体竞争力和抗风险能力有待增强。各种潜在风险因素不容忽视。

面对难得的发展机遇和诸多复杂的挑战,我们必须主动适应环境变化,准确把握金融业发展趋势,有效化解风险,更加奋发有为地开创金融发展和改革的新局面。

第三节 指导思想

高举中国特色社会主义伟大旗帜,以邓小平理论和“三个代表”重要思想为指导,深入贯彻落实科学发展观,全面推动金融改革、开放和发展,显著增强我国金融业综合实力、国际竞争力和抗风险能力,显著提高金融服务实体经济的水平,着力完善金融宏观调控和监管体制,形成种类齐全、结构合理、服务高效、安全稳健的现代金融体系,开创金融改革发展新局面。

第四节 主要目标

——金融总量保持平稳较快增长。全面发展金融服务业,“十二五”时期,金融服务业增加值占国内生产总值比重保持在5%左右,社会融资规模保持适度增长。

——金融结构调整取得明显进展。到“十二五”期末,非金融企业直接融资占社会融资规模比重提高至15%以上。银行、证券、保险等主要金融行业的行业结构和组织体系更为合理。

——市场在金融资源配置中的基础性作用进一步增强。利率市场化改革取得明显进展。人民币汇率形成机制进一步完善。人民币跨境使用稳步扩大。在信息监测及时有效、风险可控的基础上,人民币资本项目可兑换逐步实现。银行、证券、保险业市场化水平显著提升,多层次金融市场体系进一步完善,市场机制建设取得重要进展。

——金融机构改革进一步深化。大型金融机构现代企业制度逐步完善,创新发展能力和风险管理水平明显提升。证券期货机构规范发展,保险机构创新服务能力进一步加强。金融机构国际竞争力进一步增强。

——金融服务基本实现全覆盖。坚持金融服务实体经济的本质要求,确保资金投向实体经济,坚决抑制社会资本脱实向虚、以钱炒钱,防止出现产业空心化现象。支持科技创新和经济结构调整的力度进一步加大。对“三农”、小型微型企业等领域的贷款增速超过全部贷款平均增速,资本市场体系建设基本完善,功能进一步发挥,保险覆盖面和服务领域明显拓宽。

——金融风险总体可控。主要银行业金融机构资本质量和水平保持较高标准,不良贷款率继续保持较低水平,风险管理能力持续提升。证券业风险防范机制进一步完善,期货市场风险预警和监测机制不断健全。保险业资本实力和偿付能力明显增强。外汇和国际收支风险防范能力显著提高。系统性金融风险防范预警体系、评估体系和处置机制进一步健全,存款保险制度等金融安全网制度基本建立。

第五节 政策着力点

——着力完善金融宏观调控。优化货币政策目标体系,更加突出和重视保持物价总水平基本稳定的目标。构建逆周期的金融宏观审慎政策框架。完善货币政策的传导机制,丰富金融宏观调控工具和手段。

——着力推动经济结构调整。通过健全金融机构体系和市场体系、增强金融服务能力,推动经济结构调整和经济发展方式转变。支持国家创新体系建设,加强对科技创新的金融支持,促进新能源、新材料等战略性新兴产业创新发展。支持绿色发展,加快构建绿色金融体系,推动节能减排。

逐步建立碳排放交易市场，促进低碳金融发展。

——着力促进国际收支趋向基本平衡。发挥利率、汇率和外汇管理等金融政策在促进国际收支平衡中的重要作用，支持实施扩大内需战略，重点支持扩大国内消费需求，促进形成消费、投资、出口协调拉动经济增长的新局面。支持转变外贸增长方式，逐步改变贸易不平衡状况。完善资本流出入均衡管理，便利企业和个人境外投资。

——着力深化金融关键领域的改革。逐步解决阻碍金融发展的深层次体制机制问题，充分发挥市场在金融资源配置中的基础性作用，进一步推进利率市场化和汇率形成机制改革。

——着力促进金融创新。以市场为导向，以提高金融服务能力和效率为根本目的，鼓励和加强金融组织、产品和服务模式创新。通过调整监管者功能定位、发展机构投资者和建设多层次金融市场，促进金融创新。动态把握金融创新的界限，把防范风险贯穿金融创新全过程。

——着力发挥金融市场的投融资功能。优化投融资结构，实现社会资本资源的优化配置。丰富货币市场和资本市场金融投资工具，推动发展金融衍生产品市场，疏通投资渠道，提高金融投资的安全性、流动性和盈利性，增加居民财产性收入。

——着力提升金融机构全面风险管理能力，不断提升金融监管有效性。建立和完善银行体系与资本市场之间的"防火墙"，防止风险跨业传染。规范系统重要性金融机构行为，避免因过度发展造成"大而不能倒"问题。进一步加强和改善金融机构信息披露制度，提高信息披露质量。深化监管合作，完善监管协调机制，抑制监管套利行为，持续改进监管工具和方法，进一步提升监管有效性，接受公众监督。

——着力加强金融消费者权益保护。保护广大存款人、投资人、被保险人等金融消费者的合法权益，通过宣传教育和信息披露，增进公众对现代金融产品和服务的了解，识别相应风险，严肃查处金融机构损害存款人、投资人、被保险人等金融消费者权益的行为。

第二章　完善调控　促进经济平稳健康发展

加强和改善金融宏观调控，处理好保持经济平稳较快发展、管理通胀预期和调整经济结构的关系，增强政策的预见性、灵活性和有效性，更好地保持价格总水平基本稳定，促进经济平稳健康发展。

第一节　建立健全金融宏观审慎政策框架

借鉴国际经验并结合我国国情，进一步构建和完善逆周期的宏观审慎政策框架，有效防范系统性金融风险，保持经济金融平稳较快发展。

把货币信贷和流动性管理等总量调节与强化宏观审慎管理相结合，引导并激励金融机构稳健经营，主动调整信贷投放，提升金融机构风险防范能力。建立、完善逆周期缓冲资本和前瞻性拨备制度，更好地发挥杠杆率等工具的作用。完善系统性金融风险监测评估框架，建立具有前瞻性的风险预警体系。研究制定系统重要性金融机构的评估方法，针对系统重要性金融机构设定更为严格的资本和流动性要求。构建层次清晰的系统性风险处置机制和清算安排。建立和完善宏观审慎政策与微观审慎监管协调配合、相互补充的体制机制。

第二节 完善货币政策调控体系

进一步完善货币政策决策机制。发挥好货币政策委员会在国家宏观调控、货币政策制定和调整中的作用,建立健全多层次的货币政策决策咨询体系。

优化货币政策目标体系。更加突出价格稳定目标,关注更广泛意义的整体价格水平稳定。处理好促进经济增长、保持物价稳定和防范金融风险的关系。合理调控货币信贷总量,保持合理的社会融资规模。在继续关注货币供应量、新增贷款等传统中间目标的同时,发挥社会融资规模在货币政策制定中的参考作用。

健全货币政策操作体系。完善市场化的间接调控机制,逐步增强利率、汇率等价格杠杆的作用,推进货币政策从以数量型调控为主向以价格型调控为主转型。完善公开市场操作目标体系、工具组合和操作方式,增强公开市场操作引导货币市场利率的能力。加强存款准备金工具与公开市场工具的协调配合。充分发挥再贷款、再贴现的作用,支持经济结构调整,促进薄弱环节发展,防范和化解金融风险。根据经济金融形势,合理安排货币政策工具组合、期限结构和操作力度,加强货币政策工具之间的协调配合,强化流动性管理,调节货币信贷增长。

第三节 加大对薄弱领域的金融支持

不断改进信贷政策实施方式,提高信贷政策调控效果,进一步优化信贷结构。发展消费信贷,支持扩大内需,促进国际收支基本平衡。加大对节能环保产业等战略性新兴产业、现代服务业、科技自主创新等领域的金融支持,强化对就业和再就业、助学、扶贫开发等环节的金融服务,促进区域经济协调发展。严格控制高耗能、高污染和产能过剩行业的贷款,支持低碳经济发展。

深化农村金融改革,解决农村金融服务不足问题。以服务"三农"为根本方向,充分发挥政策性金融、商业性金融和合作性金融的作用,构建多层次、多样化、适度竞争的农村金融服务体系。金融机构要积极探索服务"三农"模式,加大对"三农"的支持力度。积极拓展股票、债券和期货市场服务"三农"的渠道和模式,完善农业保险制度。加大财税政策支持"三农"力度。

着力解决小型微型企业融资困难。鼓励金融机构创新服务小微企业的金融产品和信贷模式。完善财税、担保、坏账核销、风险补偿、保险等政策支持体系和差异化监管措施,调动金融机构服务小微企业的积极性。完善资本市场体系,加大中小企业板、创业板、场外市场对小微企业的支持力度,鼓励创业投资机构和股权投资机构投资小微企业,发展中小企业集合债券、中小企业私募债等融资工具,拓宽融资渠道。

第四节 进一步加强宏观经济政策之间的协调配合

进一步加强财政政策与货币政策之间的协调配合。明确财政政策、货币政策的职能定位,完善财政部门与中央银行之间的合作机制,构建防范财政金融风险相互传递的"防火墙"。科学确定财政政策与货币政策的松紧配合。协调处理好财政收支、国债发行、国库现金管理与货币政策操作的关系。

加强金融监管与货币政策之间的协调配合。完善相关政策法规,协同做好金融体系建设的各项中长期规划。明确监管政策、货币政策的职能定位,加强监管部门与中央银行之间的信息交流和共享,引导金融业更好地处理支持经济发展和防范金融风险之间的关系。

专栏1 金融宏观审慎政策框架

2008年国际金融危机爆发后，构建宏观审慎政策框架成为国际金融改革的重点之一。宏观审慎政策是指以防范系统性金融风险为目标，主要采用审慎工具，以必要的治理架构为支持的相关政策。宏观审慎政策是宏观的、逆周期的政策，目的是更好地防范和管理跨时间维度和跨行业维度的整个金融体系的风险，解决金融体系顺经济周期性和系统性风险集中的问题，弥补微观审慎监管和传统货币政策工具在防范系统性金融风险方面的不足。宏观审慎政策框架是一个动态发展的框架，危机后国际金融组织和有关国家把一些公认的政策工具加以归纳完善，初步形成了宏观审慎政策框架。这一框架主要涉及对银行资本、流动性、杠杆率、拨备等审慎性要求，对系统重要性金融机构流动性和资本的额外要求，会计标准、信用评级、衍生产品交易和清算体系等方面的改革以及“影子银行”监管等内容。我国高度重视加强宏观审慎管理，在宏观审慎政策的制定和实施方面进行了有益探索，提高了最低资本比例和资本质量要求，实施差别准备金动态调整措施，探索建立逆周期资本缓冲，针对房地产价格波动调整按揭贷款首付比例，在会计准则、建立中央交易对手方面积极向国际标准靠拢等。下一步，我国将借鉴国际有效做法，根据我国国情，不断发展和完善宏观审慎政策框架。

第三章 优化布局 构建现代金融组织体系

优化金融机构的行业和地区布局，构建和完善现代金融组织体系，提升金融创新能力和服务水平，显著增强金融业综合实力、国际竞争力和抗风险能力。

第一节 完善银行业组织体系

构建功能健全、服务高效、竞争有序、效益良好、安全稳健的现代银行业体系。大力推进政策性银行、大型商业银行、全国性股份制商业银行、地方中小银行、非银行金融机构等各类银行业金融机构分层配置、科学合理布局，加快建设和完善社区金融服务组织体系，完善农村金融组织体系。加强以资本约束和风险管理为核心的银行业内控机制建设，提高银行业经营管理水平。

形成政策性银行与商业银行分工合理、相互补充、良性发展的格局。政策性银行建立和完善治理机制，坚持以政策性业务为主体，慎重把握自营性业务发展，严格管理业务范围。要明确划分政策性业务和自营性业务，实行分账管理、分类核算，防范道德风险。对政策性业务，由财政给予必要的支持；对自营性业务，要严格资本约束，实行审慎性监管。

建设一批具有良好品牌形象和国际竞争力的大型商业银行。鼓励中小商业银行选择合理的市场定位，提高可持续发展能力和竞争能力。加快社区金融服务组织体系建设，促进地方中小商业银行更加专注于社区居民和小微企业金融服务。

继续深化农村信用社改革，发挥支农主力军作用，坚持分类指导，推进产权制度改革，增强资本实力，坚持经营管理重心下沉，保持县域法人地位的长期总体稳定，减少行政干预。培育发展村镇银行等新型农村金融机构，规范发展农村信用合作组织，促进县域金融机构适度竞争。

强化银行业金融服务功能建设，推动银行业金融机构提供与实体经济发展相匹配的金融服务，实现服务专业化、特色化、精细化、品牌化，促进基础金融服务均等化，提高金融服务的可获得性。

第二节 促进证券业机构规范发展

大力完善证券期货经营机构、服务机构和资产管理机构的治理结构与内控机制，鼓励组织创新、业务创新和产品创新,不断提升证券业机构规范发展能力和专业服务水平。

积极支持证券公司做优做强。鼓励证券公司以合规经营和控制风险为前提、以市场需求为导向开展创新活动,提高核心竞争力。完善证券公司融资融券管理办法和配套规则,逐步扩大标的证券范围,适时推出并规范发展转融通业务。鼓励证券公司通过上市增强实力,提升竞争力。支持证券公司为企业并购重组提供优质服务。

支持期货公司通过兼并重组、增资扩股等方式,进一步壮大规模和实力。推动优质期货公司开展境外期货经纪业务,在服务实体经济“走出去”的过程中,逐步提高国际经营能力。

健全证券期货市场中介组织,推动中介机构归位尽责,规范发展,发挥中介机构对市场健康发展的监督约束作用。

大力发展资产管理机构,壮大多元化机构投资者队伍。促进创业投资和股权投资机构健康发展,规范发展私募基金机构。鼓励证券公司、基金管理公司等金融机构不断扩大资产管理业务,适时研究推动期货公司开展资产管理业务。研究放宽公募基金管理机构业务范围。继续推动社会保障基金、企业年金等中长期资金参与资本市场。

第三节　鼓励保险业机构创新发展

顺应经济社会发展需要和市场需求,初步建成市场体系完善、服务领域广泛、经营诚信规范、风险防范有效、综合竞争力较强的现代保险业,实现发展速度、质量和效益的统一。

着力优化保险业组织体系,形成市场主体多元、竞争有序、充满活力的市场格局。推动保险集团公司进一步完善内部治理,加强资源整合,依托保险主业,促进业务协同,提高运营透明度。鼓励发展养老、健康、责任、汽车和农业等专业保险公司,探索发展信用保险专业机构,初步形成专业性保险公司差异化竞争优势。支持中小保险公司创新发展,形成各有优势、各具特色的经营模式。规范发展相互保险组织,试点设立自保公司。规范保险资产管理公司管理体制,支持符合条件的中小保险公司设立公司治理完善、股权结构合理、市场化运作的保险资产管理公司,探索设立专业化保险资产管理机构。鼓励保险中介机构专业化发展,积极推动专属保险代理机构和保险销售公司的建立和发展。支持符合条件的国有资本、民间资本和境外资本投资保险公司。

第四节　继续积极稳妥推进金融业综合经营试点

引导具备条件的金融机构在明确综合经营战略、有效防范风险的前提下,积极稳妥开展综合经营试点,提高综合金融服务能力与水平。引导试点金融机构根据自身风险管控能力和比较优势选择金融业综合经营模式。推动中信集团公司和光大集团公司深化改革,办成真正规范的金融控股公司。

加强综合经营机构的并表管理和全面风险管理。建立健全金融业综合经营风险监测体系和有效的“防火墙”制度,合理确定各类业务的风险限额和风险容忍度,制定有效的风险隔离措施。

第四章　鼓励创新　加快建设多层次金融市场体系

积极推动金融市场协调发展,显著提高直接融资比重。着力推动金融产品创新,不断丰富产品种类,优化产品结构。加强市场制度和基础设施建设,完善市场运行机制。促进资金在各市场之间有序流动,提高市场联动性和效率。逐步形成层次合理、功能互补的金融市场体系,更好地为实体经济发展服务。

第一节 着力完善股票市场

规范发展主板和中小板市场,支持中小企业运用资本市场发展壮大。推进创业板市场建设,提高运行质量和效率,支持创新型经济发展。扩大代办股份转让系统试点,加快建设覆盖全国的统一监管的场外交易市场。探索建立国际板市场。完善不同层次市场间的转板机制和市场退出机制,逐步建立各层次市场间的有机联系,形成优胜劣汰的市场环境。继续深化股票发行制度市场化改革,积极探索发行方式创新,进一步弱化行政审批,强化资本约束、市场约束和诚信约束,完善新股发行询价制度,提高发行定价的合理性。探索建立优先股制度。健全退市制度,坚持优胜劣汰,不断提高上市公司质量,促进一级市场和二级市场协调健康发展。进一步完善上市公司再融资制度和投资者回报机制,引导和鼓励上市公司增加现金分红。

第二节 积极发展债券市场

完善债券发行管理体制,加强各部门协调配合,强化信息披露要求,落实监管责任。稳步扩大债券市场规模,推进产品创新和多样化。加强债券市场基础设施建设。坚持市场化改革方向,着力培育商业信用,强化市场约束和风险分担机制,提高市场运行透明度,为债券市场发展营造良好的制度环境。

第三节 继续发展货币、外汇和黄金市场

大力推动货币市场各子市场协调健康发展,进一步加强货币市场基础设施建设,不断完善货币市场管理制度,优化货币市场机构投资者结构,大力发展货币市场中介机构。鼓励货币市场工具创新,拓宽市场广度和深度,增强流动性管理功能。稳步推进外汇市场建设,丰富外汇市场产品,完善外汇市场交易机制,支持中小金融机构参与外汇市场,继续推进外汇市场对外开放。推动黄金市场稳步规范发展,改进黄金市场服务体系,完善黄金市场仓储、运输、交割和黄金账户服务体系。

第四节 积极培育保险市场

更好发挥保险服务功能,不断丰富保险产品,拓宽保险服务领域。大力发展个人寿险、健康保险、养老保险、企业年金业务,以及与住房、汽车消费有关的保险业务。搞好个人税收递延型养老保险试点。总结推广商业保险参与社会保障、医疗保障体系建设的经验和做法。加快发展与公众利益密切相关的环境污染、公众安全等责任保险。逐步建立国家政策支持的巨灾保险体系,完善巨灾风险分散转移和补偿机制。大力提高保险服务水平,规范保险市场秩序,解决销售误导和理赔难等突出问题。鼓励开展资产管理产品创新,稳步开展保险资金投资不动产和未上市企业股权。支持保险资金在风险可控的前提下拓宽投资渠道,依规投资保险类企业、非保险类金融企业和与保险业务相关的养老、医疗、汽车服务等企业股权。

第五节 推动发展期货和金融衍生品市场

推动期货市场由数量扩张向质量提升转变。稳步发展商品期货市场,继续推动经济发展需要、

市场条件具备的大宗商品期货品种上市,推动发展商品指数期货、商品期权、原油期货、碳排放权期货等。继续加强金融期货市场建设,在确保股指期货平稳运行的基础上,适时推出国债期货,积极稳妥发展其他权益类金融期货期权产品,以及利率、外汇期货期权产品等金融衍生品。

积极稳妥地推进金融衍生品市场制度创新和产品创新,健全金融衍生品监管法规体系。加强机构投资者队伍建设,积极扩大金融衍生品市场参与主体。稳步推进资产证券化,便利市场主体融资和实施资产管理。继续探索发展银行间市场信用风险缓释工具,在加强管理、严防风险的前提下,稳步发展场外信用衍生品市场,逐步形成有效的市场定价和风险管理机制。

专栏2　银行间市场信用风险缓释工具

银行间市场信用风险缓释工具(CRM)是我国银行间市场发展的用于管理信用风险的基础性信用衍生品。银行间市场已初步构建了以信用风险缓释合约和信用风险缓释凭证为核心的“2+N”的产品创新框架。其中,信用风险缓释合约(CRMA),是信用保护买方按照约定的标准和方式向信用保护卖方支付信用保护费用,由卖方就约定的标的债务向买方提供信用风险保护的金融合约。信用风险缓释凭证(CRMW),是由标的实体以外的第三方创设,为持有人提供信用风险保护的有价凭证,是一种可交易、一对多、标准化、低杠杆率的产品。与国际上通行的信用违约互换(CDS)不同的是,信用风险缓释工具的产品特性体现了“服务实需、简单透明、控制杠杆”的原则,其中信用风险缓释凭证是高度标准化的信用衍生产品,实行“集中登记、集中托管、集中清算”,是中国银行间市场交易商协会组织广大市场成员在总结国际金融危机教训基础上,结合我国实际,自主创新的信用衍生产品。信用风险缓释工具的推出,有利于完善信用风险分担机制,对金融市场健康发展将产生积极而深远的影响。

第五章　改革攻坚　不断完善金融运行机制

坚持按照市场化方向推进金融重点领域与关键环节改革,不断完善金融运行机制,激发市场主体活力,充分发挥市场在金融资源配置中的基础性作用。进一步明确政府作用的领域和边界,减少政府对微观金融活动的干预。

第一节　稳步推进利率市场化改革

推进金融市场基准利率体系建设,进一步发挥上海银行间同业拆放利率的基准作用,扩大其在市场化产品中的应用。健全中长期市场收益率曲线,为金融机构产品定价提供有效基准。按照条件成熟程度,通过放开替代性金融产品价格等途径,有序推进利率市场化。继续完善中央银行利率调控体系,疏通利率传导渠道,引导金融机构不断增强风险定价能力,依托上海银行间同业拆放利率建立健全利率定价自律机制,确保利率市场化改革按照“放得开,形得成,调得了”的原则稳步推进。

第二节　完善人民币汇率形成机制

按照主动性、可控性、渐进性原则,稳步推进人民币汇率形成机制改革。完善以市场供求为基础、参考一篮子货币进行调节、有管理的浮动汇率制度,增强人民币汇率双向浮动弹性,保持人民币汇率在合理均衡水平上的基本稳定。协调推进外汇市场发展,丰富汇率风险管理工具。进一步研究建立人民币对新兴市场货币的双边直接汇率形成机制，积极推动人民币对新兴市场经济体和周边国家货币汇率在银行间外汇市场挂牌。

第三节　逐步实现人民币资本项目可兑换

依照"突出重点、整体推进、顺应市场、减少扭曲、积极探索、留有余地"的总体原则，进一步放宽跨境资本流动限制，健全资本流出流入均衡管理体制，完善对外债权债务管理，稳妥有序推进人民币资本项目可兑换。以直接投资便利化为出发点，实现直接投资基本可兑换；以开放国内资本市场和扩大对外证券投资为重点，进一步提高证券投资可兑换程度；以便利跨境融资为重点，加快改革信贷业务外汇管理，深化外债管理体制改革，规范对外债权管理和监测；以扩大个人用汇自主权为着力点，进一步放开个人其他资本项目跨境交易。

第四节　进一步改进外汇储备经营管理

积极探索和拓展外汇储备多层次使用渠道和方式，完善外汇储备经营管理体制机制。进一步深入研究和评估外汇储备经营的风险承受力，加大对各类投资领域、产品和工具的研究，坚持长期战略性的投资理念，坚持科学有效的投资基准模式，在审慎评估的基础上稳步推进多元化投资，优化货币资产配置，提高投资收益，实现外汇储备安全、流动和保值增值的目标。创新外汇储备运用方式，更好地支持配合国家发展战略，服务国家可持续发展目标。

第五节　继续深化金融机构改革

继续深化大型金融机构改革，进一步完善公司治理，厘清股东大会、董事会、监事会和高管层的职责边界，形成有效的决策、执行、制衡机制。推进金融机构股权多元化，研究国家对国有控股金融机构的合理持股比例，完善国有金融资产管理体制。建立有效的选人用人机制，健全科学合理的激励约束机制。坚持和深化国家开发银行商业化改革，妥善解决债券信用、资金来源、监管标准等问题。继续推动中国进出口银行、中国农业发展银行和中国出口信用保险公司改革，完善治理框架。促进金融资产管理公司商业化转型。完善保险机构公司治理，继续推动国有保险公司股份制改革，支持符合条件的保险公司规范上市。

第六节　鼓励和引导民间资本进入金融服务领域

在风险可控的前提下，鼓励和引导民间资本参与银行、证券、保险等金融机构的改制和增资扩股。支持民间资本参与设立村镇银行、贷款公司、农村资金互助社等新型农村金融机构和小额贷款公司。在加强有效监管、促进规范经营、防范金融风险的前提下，进一步加大民间资本参与金融服务的力度，增强对"三农"和小微企业的金融服务能力。

第六章　互利共赢　深化金融对外开放

统筹国内国际两个大局，坚持"以我为主、循序渐进、安全可控、竞争合作、互利共赢"的方针，统筹"引进来"和"走出去"，深化金融对外开放。把握好对外开放的时机、力度和节奏，使金融对外开放与我国经济发展水平、市场发育程度和金融监管能力相适应。

第一节 提高金融对外开放水平

借鉴国际先进金融管理理念、经验和准则,完善我国金融业公司治理,提升稳健标准。鼓励金融机构通过多种形式利用境外资本,开展与境外机构的深度合作。有效利用国外优惠贷款和国际商业贷款,完善外债管理。处理好完善人民币汇率形成机制、实现人民币资本项目可兑换与扩大人民币跨境使用的节奏和先后顺序。进一步推进货币市场、资本市场、外汇市场和黄金市场对外开放。

完善金融机构“走出去”相关制度,引导金融机构采取行之有效的海外发展战略,加强国际型人才储备,逐步发展我国大型跨国金融机构。鼓励金融机构稳健拓展国际业务,提升国际化经营水平,加快发展有利于出口产品升级换代和企业“走出去”的对外金融服务体系。完善对金融机构海外分支机构的监管,推动建立跨境金融机构的风险处置机制。

第二节 逐步扩大人民币跨境使用

坚持实需为主、先易后难、强化监测、风险可控原则,推动人民币跨境使用。做好跨境贸易人民币结算工作,稳步扩大跨境直接投资人民币结算业务,支持境内银行业金融机构开展境外项目人民币贷款业务,逐步开展个人人民币跨境结算业务,探索建立人民币对外债权债务管理框架,不断拓宽境外机构人民币资金运用渠道。稳步推动境内机构赴香港发行人民币债券,继续推动境外机构在境内发行人民币债券,支持有关国家将人民币纳入国际储备。完善人民币跨境及海外流动的统计和监测机制,建立风险防范体系和处置机制。

第三节 深化内地与港澳台金融合作

加快上海国际金融中心建设,加强沪港金融合作。支持建设以香港金融体系为龙头、珠江三角洲城市金融资源和服务为支撑的金融合作区域。支持香港发展成为离岸人民币业务中心和国际资产管理中心,巩固和提升香港国际金融中心地位。建立更加紧密的粤港澳金融合作机制,深化粤港澳三地金融业在市场、机构、业务、监管和智力等方面的合作。加强海峡两岸金融合作,推动以适当方式建立两岸货币清算机制,推进厦门两岸区域性金融服务中心建设。

第四节 加强国际和区域金融合作

积极参与全球经济治理,深化双边、多边经济金融政策对话与合作,加强与主要经济体宏观经济金融政策协调。积极推动国际金融体系改革,促进国际货币体系合理化。积极参与金融稳定理事会、巴塞尔银行监管委员会等国际组织的金融标准修订和制定工作,在国际经济、金融组织中发挥更大作用。深化多边金融和货币合作,引导和推动区域金融合作进程。不断巩固与境外中央银行、监管机构的合作,完善信息共享机制。

专栏3 跨境贸易和投资人民币结算

受国际金融危机影响，美元、欧元等主要国际结算货币汇率大幅波动，我国及周边国家和地区的企业在使用第三国货币进行贸易结算时面临较大的汇率波动风险，不少企业希望使用人民币进行贸易结算。2009年4月，国务院决定在上海市和广东省四个城市开展跨境贸易人民币结算试点，2009年7月，试点正式启动。2010年6月，取消了境外地域范围限制，明确业务范围涵盖跨境货物贸易、服务贸易和其他经常项目人民币结算。2011年8月，跨境贸易人民币结算境内地域范围扩大至全国。截至2011年末，全国累计办理跨境贸易人民币结算业务金额达到2.6万亿元。为配合跨境贸易人民币结算试点工作，扩大人民币跨境使用，人民银行组织开展了人民币跨境投融资结算业务。在个案试点的基础上，2011年，人民银行先后明确境外直接投资、外商直接投资、境外项目贷款人民币结算政策，跨境人民币业务从贸易等经常项目扩展至资本项目。2011年全年累计办理人民币对外直接投资结算金额201亿元，外商直接投资结算金额907亿元。跨境贸易人民币结算业务试点初期，人民币回流渠道有限，以“走出去”为主。随着境外人民币存量逐步增加，香港离岸人民币业务中心稳步发展，境外人民币回流需求增强，外国投资者来华投资、境外“三类机构”（境外中央银行或货币当局、香港及澳门地区人民币业务清算行、跨境贸易人民币结算境外参加银行）投资银行间债券市场等回流渠道逐步建立，人民币跨境资金的良性循环初步形成。

第七章 强化监管 维护金融稳定和安全

坚持积极防范化解金融风险的永恒主题。提高金融机构风险管理水平，加强金融监管能力建设，避免监管缺位和错位，有效防范经济与金融风险相互作用，金融与财政风险相互传递，外部风险向境内转移。积极稳妥化解风险隐患，守住不发生系统性、区域性金融风险底线。

第一节 继续加强金融监管

银行业要积极稳妥推动实施新监管标准，不断优化监管工具和指标体系，切实提升银行业风险识别、计量、评价、监测、控制和预警能力。坚持动态资本充足率要求，有效控制杠杆化水平，强化贷款拨备率和拨备覆盖率监管要求，不断改进和加强流动性风险监管。按照资本充足率水平对商业银行实施分类监管，提高对系统重要性银行资本充足率监管要求，推动建立与新资本协议实施相配套的风险计量、信息管理系统。强化金融集团并表监管。加强对金融机构股东和实际控制人的监管。规范商业银行理财和委托贷款业务。进一步强化银行业市场准入监管，提高非现场监管和现场检查有效性。

加强证券期货公司净资本监管，完善以净资本为核心的风险控制指标体系。强化动态的风险控制指标监控和净资本补充机制，完善证券期货公司分类监管制度。推动证券期货机构完善公司治理与合规管理，提高风险管理能力。继续推动上市公司完善公司治理。加强证券期货市场运行监管和风险防范，严厉打击市场操纵等违法违规行为。

健全保险业偿付能力监管体系，强化资本补充和约束机制，健全以风险为导向的分类监管制度。完善保险公司治理监管制度和标准，显著提高公司治理监管制度的执行力。强化保险资金运用监管，防范投资风险。发挥保险保障基金的重要作用。

第二节 提升金融监管协调的有效性

健全金融监管机构之间以及与宏观调控部门之间在重大政策与法规问题上的协调机制。完善金融稳定信息共享机制,实现信息共享的规范化和常态化。细化金融机构分类标准,统一监管政策,减少监管套利,弥补监管真空。强化对综合经营和新产品、新业务的监管协作,探索对金融产品的功能监管,严格把握高关联、高复杂程度创新产品的市场准入,防范跨行业、跨市场风险。建立健全本外币跨境资金流动监管框架,加强本外币协同监管。加强金融风险处置协作,提升系统性金融风险处置能力。

第三节 加强对系统性金融风险的防范预警

建立健全适合中国国情的系统性金融风险监测评估方法和操作框架,完善跨行业、跨市场、跨境金融风险监测评估机制,加强重大风险的识别预警。明确对交叉性金融业务和金融控股公司的监管职责和规则,加强对系统重要性金融机构的监管。引导金融机构切实加强政府性债务管理,关注地方政府融资平台的风险,避免财政金融风险相互传递。加强对“影子银行”体系的统计监测、风险评估和宏观审慎管理。健全跨境资金流动监测预警体系,完善国际收支应急预案。

第四节 建立完善存款保险制度及金融机构市场退出机制

建立健全存款保险制度,加快存款保险立法进程,择机出台《存款保险条例》,明确存款保险制度的基本功能和组织模式。进一步完善证券投资者保护基金、期货投资者保障基金、保险保障基金管理制度,制定《证券投资者保护基金条例》。研究起草《保险公司风险处置条例》。建立适合我国国情的金融机构破产法律体系,规范金融机构市场退出程序,加强行政退出与司法破产之间的有效衔接。

第五节 完善地方政府金融管理体制

发挥中央金融管理部门的指导、协调和监督作用,维护金融业改革发展战略、金融宏观管理政策、监管规则与标准的一致性和权威性;注重引导和调动地方政府的积极性,发挥好地方政府的作用。强化地方政府金融监管意识和责任,进一步明确地方政府对小额贷款公司和担保公司等机构的管理职责,强化地方政府的风险处置责任。地方政府要大力改善金融环境,减少行政干预,促进经济和金融健康发展。

专栏4 存款保险制度

存款保险制度是对商业银行等存款类金融机构进行风险处置的一项制度安排,主要指存款类金融机构向存款保险机构缴纳保费购买存款保险,当金融机构濒临倒闭或倒闭时,存款保险机构运用存款保险基金及时向存款人赔付并适时处置问题机构,发挥保护存款人利益、维护金融稳定的作用。与政府直接救助金融机构相比较,存款保险制度的优势在于通过建立市场化的风险补偿机制,市场、股东和存款人合理分摊因金融机构倒闭而产生的财务损失。自20世纪30年代美国建立世界上第一个存款保险制度以来,迄今已有逾百个国家建立了这一制度,存款保险制度成为政府防范与化解系统性金融风险、应对金融危机的重要手段。

第六节 引导和规范民间融资健康发展

完善法律、法规等制度框架,加强引导和教育,发挥民间借贷对正规金融的补充作用。打击高利贷、非法集资、地下钱庄、非法证券等非法金融活动,加强对担保公司、典当行等机构的监测和监管，维护良好的金融秩序。

第八章　夯实基础　优化金融发展环境

完善金融法律法规，加强金融基础设施建设，规范金融会计统计制度，提高金融业信息化水平，加强金融研究，建设金融人才队伍，保障金融体系安全高效运行。

第一节　继续加强金融法制建设

适应金融业改革发展需要，借鉴国际金融改革经验，完善金融法律框架。加快制定金融业综合经营、存款保险、金融机构破产、上市公司监管、信用评级以及征信等方面的法律法规。加快农业保险立法。加强金融消费者保护立法。制定规范和引导民间借贷、打击非法金融活动的法规和规章。进一步修订《中华人民共和国中国人民银行法》、《中华人民共和国票据法》、《中华人民共和国证券法》、《中华人民共和国证券投资基金法》、《期货交易管理条例》等金融法律法规，推动制定《中华人民共和国期货法》、《中华人民共和国保险法》司法解释。完善对各类金融市场、金融产品和金融机构的监管规定。

第二节　加强支付体系、社会信用体系建设和反洗钱等工作

加快完善支付结算基础设施，建设第二代中央银行跨行支付系统和跨境人民币清算系统，继续推动非现金支付工具应用，进一步完善账户实名制，加强对非金融机构从事支付服务的监督管理。进一步健全金融市场的登记、托管、交易、清算系统。抓紧建立覆盖全社会的征信体系，完善国家金融信用信息基础数据库，加快建立金融业统一征信平台。促进我国信用评级机构发展，增强竞争力和公信力。加快推进行业信用和地方信用建设，完善中小企业和农村信用体系。构建符合国际标准和中国国情的反洗钱工作体制。研究建立特定非金融行业反洗钱制度。提高人民币防伪能力。

第三节　完善金融会计标准和统计制度

完善金融企业财务制度。积极跟踪研究国际财务报告准则改革，促进金融保险会计准则与相关国际财务报告准则持续趋同。推进金融统计标准化工作，建立统一、全面的金融业综合统计体系，支持监测社会融资规模。进一步完善国际收支统计，按照国际货币基金组织最新发布的《国际收支手册》第六版要求，修订相关统计制度，更新统计报表编制模板及公布表式。构建金融业综合统计信息平台，完善数据信息共享机制。

第四节　提升金融信息化水平

以科技手段促进金融服务与管理创新，提高金融信息化水平。完善金融业信息安全防护体系，大幅提升信息系统抵御风险能力。推广电子交易，不断提升金融业电子渠道交易替代率。建设金融信息化标准体系，推进信息化标准检测认证。全面实施银行卡芯片化迁移工作。建立适应新时期外汇管理改革需要的信息化体系。

第五节　加强金融消费者权益保护

借鉴国际经验,加强金融消费者权益保护制度和组织机构建设。督促金融机构遵守消费者权益保护的法律法规,信守对公众的承诺。建立金融消费者权益保护的申诉处理和处罚机制。加强金融消费者权益保护教育和咨询系统建设,积极开展金融知识普及宣传工作,提高金融消费者的安全意识和自我保护能力。

第六节　提高金融研究工作水平

及时分析和预测国内外经济金融形势,为金融宏观调控提供科学依据。收集、研究金融机构和市场的基础数据,度量和报告系统性金融风险状况。研究加强对金融机构和金融市场监管的措施。推广金融风险管理的国际标准和惯例。加强金融稳定评估和金融机构压力测试,提高对系统性金融风险的识别能力。不断强化经济金融基础理论研究,培养高素质研究队伍。

第七节　加强金融人才队伍建设

实施金融人才发展中长期规划,统筹推进各类金融人才队伍建设。加强高层次、创新型、国际化人才的开发、引进和培养。规范行业资格准入和专业技术资格认证管理,优化金融人力资源配置,促进人才合理流动。完善金融人才服务和评价体系,构建科学合理的金融业薪酬体系,完善激励约束机制。加强金融后备人才储备和信息库建设。

第八节　推进行业自律组织建设

加强行业协会等自律组织建设,完善自律组织的治理结构,提升行业自律管理水平。进一步厘清金融监管、自律组织和市场的边界,发挥行业自律组织提供服务、反映诉求、规范行为的作用,增强自律公约约束力,督促会员依法合规经营,不断提升服务能力,依法维护行业合法权益。

第九章　完善规划实施的保障机制

本规划反映了国家在金融发展和改革领域的战略意图,是国家在金融领域实施调控、履行监管职责和提供公共服务的重要依据。各级政府部门和金融管理部门要根据规划提出的发展和改革目标,全面履行职责,制定和落实支持金融业发展和改革的保障措施,创造良好的政策环境和市场环境,引导市场主体行为,实现规划提出的各项目标。

第一节　加强规划实施的组织领导

在各级政府部门和金融管理部门的统筹下,实行规划目标责任制,及时制定规划实施方案,明确部门分工,落实工作责任,将规划落实情况列入部门工作考核目标。各部门要加强领导,精心组织,协同合作,形成合力。

第二节　强化与其他规划的统筹协调

强化金融业专项规划与国家其他专项规划的统筹协调。加强各级部门的沟通和协调,合理安排地方金融规划与本规划的衔接，形成以金融业发展和改革的国家规划为统领、各级地方政府金融发展规划为补充的统一衔接的金融规划体系。

第三节　建立完善规划评估机制

建立对规划实施情况的跟踪监测、检查和评估制度。根据国家宏观经济金融形势，适时调整相关政策方向和力度，确保规划目标的顺利实现。对规划执行中出现的新情况、新问题，及时采取应对措施，提出调整和修订规划的意见。加强规划实施情况的信息披露，鼓励公众参与监督，切实推进规划实施。

附：“十二五”时期金融业发展指标及说明

一、金融业发展指标：“十二五”时期，金融服务业增加值占国内生产总值比重保持在5%左右。

测算说明：1.国际经验表明，金融服务业增加值占国内生产总值比重呈缓慢增长态势。美国20世纪50年代、80年代、本世纪前10年平均分别为3.22%、5.59%、8.01%，日本20世纪80年代、本世纪前10年平均分别为5.79%、6.53%；2.从我国看，金融服务业增加值占国内生产总值比重在20世纪90年代和本世纪前10年平均分别为4.46%、4.42%；3.“十二五”时期，预期我国金融服务业增加值增速将高于国内生产总值增速，金融服务业增加值占国内生产总值比重将保持在5%左右。

二、金融业发展指标：到“十二五”期末，非金融企业直接融资占社会融资规模比重提高至15%以上。

测算说明：“十一五”时期，社会融资规模显著增长，非金融企业直接融资占社会融资规模比重也明显提高。“十五”时期的2002—2005年年平均为5.03%，“十一五”时期年平均为11.08%。“十二五”时期，在继续显著提高直接融资比重的政策支持下，预期非金融企业股票和债券融资占社会融资规模比重将显著提高。

生物产业发展规划

生物产业是国家确定的一项战略性新兴产业，为推进我国生物产业持续快速健康发展，编制本规划。

一、现状和形势

近年来，全球范围内生物技术和产业呈现加快发展的态势，主要发达国家和新兴经济体纷纷对发展生物产业作出部署，作为获取未来科技经济竞争优势的一个重要领域。我国推动生物技术研发和产业发展已有30多年的历史，“十一五”以来，国务院批准发布了《促进生物产业加快发展的若干政策》和《生物产业发展“十一五”规划》，大力推进生物技术研发和创新成果产业化，一批生物科技重大基础设施相继建成，治疗性疫苗与抗体、细胞治疗、转基因作物育种、生物能源作物培育等一批关键技术取得突破，人用高致病性流感疫苗、分子诊断试剂、超级水稻、聚乳酸等一批创新产品得到推广应用，产业化项目大幅增加，市场融资、外资利用和国际合作取得积极进展，生物产业产值以年均22.9%的速度增长，2011年实现总产值约2万亿元，生物医药、生物农业、生物制造、生物能源等产业初具规模，出现一批年销售额超过100亿元的大型企业和年销售额超过10亿元的大品种，我国在生物技术研发、产业培育和市场应用等方面已初步具备一定基础。当前，我国面临日趋严峻的人口老龄化、食品安全保障、能源资源短缺、生态环境恶化等挑战，为保障人口健康、粮食安全和推进节能减排，亟须加快新型药物、作物新品种、绿色种植技术、生物燃料和生物发电、生物环保技术、生物基产品等开发培育和推广应用。同时要清醒地看到，我国生物产业还存在行业管理机制不健全、市场准入政策法规体系不完善、科研与产业结合不紧密、缺乏具有核心竞争力的龙头企业和具有创新活力的小企业群体等突出问题，在发展过程中将面临日益激烈的国际竞争，必须采取有力措施解决存在的突出问题，积极创造有利条件加快推进生物产业发展。

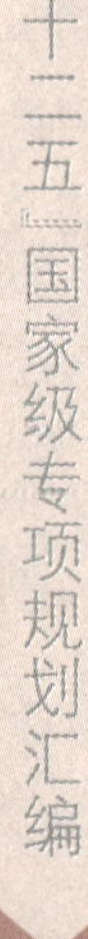

二、指导思想、基本原则和发展目标

（一）指导思想

以邓小平理论、“三个代表”重要思想、科学发展观为指导，面向健康、农业、能源、环保等领域的重大需求，以掌握核心关键技术、形成产业内生发展能力为主线，把握新兴产业发展规律，坚持企业主体作用，着力优化政策法规体系，营造产业创新发展环境，着力培育特色产业集群，建设现代生物产业体系和生物安全保障体系，加快推进生物产业高端化、规模化、国际化发展，为国民经济和社会可持续发展作出更大贡献。

（二）基本原则

坚持高品质发展。加强生命科学基础研究，加快生物科技创新，掌握核心关键技术及知识产权，逐步提高原创能力。大力发展新产品和新业态，占领产业发展制高点，增强产业核心竞争力，培育高附加值产业链。强化先进质量管理理念，推广先进质量标准，健全质量管理体系，推进产业高质量发展。

坚持企业主体地位。营造促进企业创新的良好环境，坚持企业在创新中的主体地位，引导创新要素向企业聚集。发挥市场配置资源的基础性作用，促进产学研结合，激励企业开展重大技术创新成果的产业化、商业化和推广应用。

坚持产业链协同发展。增强生物产业基础和共性技术对新业态、新产业的支撑能力，增强重点领域上下游配套能力及重点领域间的协调发展能力，大力促进专业化分工合作，支持发展延伸服务，构建具有竞争优势的产业链，培育特色产业集群，推动产业整体协调发展，提高产业化发展水平和层次。

坚持国际化发展。把握全球经济一体化带来的机遇，针对生物科技创新、新业态发展与金融创新结合紧密的特点，积极探索国际合作新模式，推动优化配置全球生物技术、人才、资本、市场资源，推动互利共赢合作发展。积极鼓励国内企业参与国际分工合作，不断提高竞争力和国际化发展水平。

（三）发展目标

到2015年，我国生物产业形成特色鲜明的产业发展能力，对经济社会发展的贡献作用显著增强，在全球产业竞争格局中占据有利位置。到2020年，生物产业发展成为国民经济的支柱产业。具体目标包括：

结构布局更加合理。生物产业重点领域实现全面发展，新业态健康成长，重点区域实现特色发展、错位发展，产业结构得到优化。培育一批具有国际竞争力的龙头企业和富有创新活力的中小企业，形成一批具有自身特色与国际影响力的产业集群和优势产业链。

创新能力明显增强。具有国际先进水平的产业技术创新体系基本形成，主要企业的研发投入占销售额比重明显提高，获得突破的关键核心技术大幅增多，境外授权专利数量显著增加，一批具有自主知识产权的创新产品得到广泛应用。

规模和质量大幅提升。2013—2015年，生物产业产值年均增速保持在20%以上。到2015年，生物产业增加值占国内生产总值的比重比2010年翻一番，工业增加值率显著提升。

发展环境显著改善。形成较完善的生物新产品、新技术市场准入、价格形成、市场监管等管理体系,建立鼓励创新的供给侧和需求侧双向激励政策体系,完善行业公共服务、生物安全保障和产业统计等服务体系。

社会效益加快显现。生物技术和生物产品得到广泛应用,生物产业对改善人口健康、保障粮食和能源安全、促进绿色增长、改善生态环境和增加就业机会等方面的作用明显提升。

三、重点领域和主要任务

(一)突出高品质发展,提升生物医药产业竞争力

以满足不断增长的健康需求和增强产业竞争力为目标,组织实施生物技术药物发展等行动计划,通过完善新药研制基础支撑平台和共性技术平台、开展产业化示范应用、加强先进技术规范推广应用和完善医药管理体制机制等,全面提升生物医药企业的创新能力和产品质量管理能力,加快生物技术药物、化学药物、中药等新产品与新工艺开发和产业化,增强区域支撑配套能力,积极推动行业结构调整,做大做强生物医药产业。2013—2015年,生物医药产业产值年均增速达到20%以上,推动一批拥有自主知识产权的新药投放市场,形成一批年产值超百亿元的企业,提高生物医药产业集中度和在国际市场中的份额。

1.大力开展生物技术药物创制和产业化

促进疫苗升级换代,重点推动新型疫苗(包括治疗性疫苗)研发和产业化。加速治疗性抗体等蛋白质和多肽药物的研制和产业化,促进核酸类药物发展。加快长效注射剂、非注射给药系统等新型制剂技术及产品的开发。促进血液制品综合利用水平的升级,支持重组血液制品的研制和产业化。发展细胞治疗、基因治疗等新技术与装备。支持抗体规模生产、新型生物反应器和佐剂等关键技术的推广应用,加快生物技术药物高品质规模化发展。建设生物技术药物发现、评价、检测、安全监测等公共技术平台,完善生物技术药物产业体系。推动我国生物技术药物的质量标准达到国际先进水平,推动生物技术药物企业和产品通过相关国家或国际组织的认证,提高产品国际市场份额。

专栏1 生物技术药物发展行动计划	
目　标	形成支撑生物技术药物发展的先进产业技术体系,建立一批多功能、符合国际标准的生物技术药物生产基地,培育一批具有国际竞争力的企业。
主要内容	支撑体系建设:与科技重大专项衔接,建立国家人类重大疾病相关基因资源库、支撑生物技术药物研发和生产检验的菌株库、细胞库和毒株库;建设生物技术药物细胞表达和产业化研发平台、生物技术药物检测和表征共享技术平台、动物细胞培养产品的安全检测平台。形成具有国际水平的生物技术药物安全监测体系。 产业化示范:依托企业建设多功能、符合国际标准的生物技术药物生产基地,建设治疗性抗体药物、蛋白质和多肽类药物、新型疫苗产品的产业化示范工程,突破一批规模化生产、制剂、质量控制关键技术,促进一批新品种投放市场,开展国际资质认证,形成示范效应。 政策配套:优化审批程序,强化生物技术药物监管体系建设,制定和完善生物技术药物纳入医疗保险产品目录相关政策。

2.推动化学药物品质全面提升

围绕心脑血管疾病、代谢性疾病、恶性肿瘤、免疫性疾病、感染性疾病、神经和精神性疾病等重

大疾病的防治需求，加速化学创新药物的产业化，高品质开发通用名药品，开展基本药物临床使用综合评价。重点推进缓释、靶向、长效等新型制剂研发和关键工艺技术产业化，鼓励新型辅料的研发和应用，推广应用先进的生产管理规范，提高我国制剂产品的市场竞争力，推动制剂产品进入国际主流市场。推进绿色制造和过程控制等新技术的应用，减少环境污染，提高产品质量，降低生产成本，强化我国原料药在国际市场的优势地位。提高产业集中度，完善国际认证服务体系，完善特色化合物库、测试和评价共享平台等创新支撑体系。

专栏 2　通用名药品高品质发展行动计划	
目　标	与科技重大专项衔接，形成通用名药品原料药和制剂质量提升和国际化支撑体系，实现一批药品的高品质规模化发展，推动一批制剂产品进入国际主流市场。
主要内容	支撑体系建设：建设杂质样品库和药用原、辅料数据库；建立综合质量评价实验室，建设微乳、脂质体、缓控释等新制剂关键技术平台，建设已上市药品品质提升关键技术平台。 产业化和国际化示范：建设一批符合国际标准的集约化制剂和药用辅料生产基地，开展绿色生产工艺和先进控制技术的应用示范，推动一批产品通过国际认证，带动全行业制剂品质提升。扶持一批国家基本药品目录产品的高品质生产，保障临床需求。 政策配套：研究完善药品价格形成机制和药品招标机制，鼓励采用新技术、新工艺提升药品品质，推行药品原、辅料登记备案管理制度，建立药品参比制剂遴选指南和目录。

3.提高中药标准化发展水平

以中药标准体系建设和推广应用为核心，加速规范化中药材基地建设，推动道地中药材优良品种的选育和无公害规范种植，促进中药资源的保护和可持续利用。建立健全中药材种植（养殖）、加工、运输的工艺标准、质量标准和操作规范，形成多层次、全方位的中药材现代质量控制体系。加大中药制药过程的关键技术开发和推广，提升装备制造水平。打造一批从原料药材到药品的中药标准化示范产业链。加快作用机理明确、物质成分可控、临床疗效确切、使用安全的中药品种的开发，培育现代中药大品种。

专栏 3　中药标准化行动计划	
目　标	形成中药标准化支撑体系，推动一批重点产品的标准化。
主要内容	支撑体系建设：建设常用中药材的基因库、标准实物库、化学成分库和指纹图谱库，构建质量检测技术平台。 重点产品标准化示范：建设中药材无公害种植与产地规范加工、中成药生产过程质量控制标准化的产业链；开展中药溯源检定和过程控制技术的应用，推动质量提升和标准统一的重点产品示范，建立系统、规范、严格的质量体系，提高中药行业标准化水平，促进中药国际化发展。 政策配套：对质量标准提高、用药安全显著改善的中药，研究制定优先纳入医疗保险目录等优惠政策。

（二）突破核心部件制约，促进生物医学工程高端化发展

围绕预防、诊断、治疗、手术、急救、康复等医疗、家庭和个人保健市场的需求，组织实施高性能医学装备产业化行动计划，支持以优势整机制造企业牵头带动产业链协同创新发展，大力推进生命科学技术与数字化、新材料等技术交叉融合，重点研发核心部件、基础材料和关键技术，发展高性能医学装备、高质量组织工程植介入产品和康复产品、先进体外诊断产品，显著提高我国生物医学工程产业的市场竞争力。到 2015 年，生物医学工程产业年产值达到 4000 亿元，突破一批核心技术，

培育一批高端化发展的生物医学工程制造企业。

1.推动高性能医学装备规模化发展

有效整合优质资源,推动产学研医深度结合,优先发展高性能医学影像、放射治疗、活体检验、体外诊断等医学装备及核心部件的设计和制造能力,促进高分辨率、低剂量、多模态、数字化和一体化的医学影像装置的产业化发展。推动基于互联网、物联网的全数字医疗集成系统、远程医疗系统的标准化和规模化发展。大力推进精准、微创外科和放射治疗中虚拟仿真、精确定位、智能反馈、光学成像等新型技术和装置的产业化,促进无创、低负荷、穿戴式等先进医疗技术和装备的发展和应用。推进生理监测、生命支持、血液净化、物理治疗、家庭保健等新型数字化生物医学工程产品高品质、规模化发展。发展先进的医疗器械产业链,提高市场竞争力。

专栏4　高性能医学装备产业化行动计划	
目　标	建成先进医疗器械特色发展产业链,建立生物医学工程产品协同开发、设计、集成制造等在内的产业链发展联盟,培育若干具有较强创新发展实力和市场竞争力的优势企业。
主要内容	高性能医疗设备:大力提升正电子发射探测、磁共振成像、超声成像平面换能器等核心关键部件专业生产能力,形成正电子—X射线计算机断层成像仪(PET-CT)、磁共振成像仪(MRI)、医用加速器(MLA)、内窥镜(ES)、超声成像仪(USI)等高端医学装备的核心部件和整机生产能力;发展新一代微创、无创和全科诊疗设备与检测设备、外科手术器械和机器人。 医院数字化系统和远程医疗装备:加快新一代互联网技术与生物医学工程技术的融合应用,加强医院数字化系统、远程医疗系统、个体健康信息管理系统等关键技术的研制和产业化,提供集成化、一体化整体解决方案。 新型通用医疗仪器设备:推动生物传感器等新技术的应用,研制数字化、智能化的新型体外诊断系统、医疗仪器和康复器械。 政策配套:研究建立大型仪器诊断服务社会化的管理机制,鼓励开展租赁、托管等新型商业模式。完善生物医学工程产品的技术审评体系、安全性评价、第三方评估机制、临床试验管理法规和相关标准,促进新技术、新产品的安全推广使用。研究制定鼓励性定价、医疗保险等政策。

2.加速高附加值植介入材料及制品的产业化

推动仿生医学、再生医学和组织工程与生物技术的融合,促进新型高生物相容性医用材料的研制和产业化。开发以药械结合、分子设计学为技术特征的植介入体设计和制作关键技术及其精密加工装备和生物反应器,推动新型生物医用材料及相关医疗器械的产业化发展。针对血管、关节等疾病置换、修复的不同临床治疗需要,创制具有自主知识产权的涂药支架、人工瓣膜、骨修复材料、人工关节、人工皮肤等医疗器械产品,加快临床应用推广,扩大我国植介入医疗器械的产业化发展规模。加强技术集成,支持新一代残障人员医用康复辅具的研制和生产。

3.大力发展新型体外诊断产品

围绕早期筛查、临床诊断、疗效评价、治疗预后、出生缺陷诊断等需求,开发高通量、高精度的检测仪器、试剂和体外诊断系统。加快发展分子诊断、生物芯片等新兴技术,加速免疫、生物标志物、个体化医疗、病原体等体外诊断产品的产业化;发展可现场快速检测的血液、生化、免疫、病原体等体外诊断仪器及试剂的制备技术,促进规模化生产。建设体外诊断试剂研发和产业化平台,加强原料酶、诊断性抗体等试剂原料基地建设,构建量值溯源体系及其参考实验室网络,推动我国体外诊断产业的发展。

(三)加速科技成果转化推广,增强生物农业竞争力

围绕粮食安全、生态改善、农民增收和现代农业发展等重大需求,充分发挥我国丰富的农业生

物资源优势，加强生物育种和农用生物制品技术研发能力建设，促进创新资源向企业集聚，加快开展新品种研发、产业化和推广应用，完善质量和安全管理制度，推动生物育种产业加快发展，促进农用生物制品标准化高品质发展。推进海洋生物资源的产业化开发和综合利用。到2015年，生物农业年工业产值达到3000亿元，推广一批新技术与重大新产品，培育一批年产值超百亿元的生物农业企业。

1.提升生物育种核心竞争力

大力开发主要农林动植物的高产、优质、多抗、高效新品种，重点推动水稻、玉米、小麦、大豆、棉花、油菜、马铃薯和猪、禽、牛、羊、水产等动植物重大新品种的培育、扩繁与产业化。加快推进分子育种、细胞育种、航天生物工程、胚胎移植等现代生物技术与常规育种技术的集成应用，加快培育推广超高产、多抗、优质专用、易储耐藏、营养强化等新品种。大力发展果蔬、花草和林木等生物育种高端产业群。发展良种繁育、加工与检测等先进规模化生产装备与技术。推进以企业为主体的国家生物种业品种研发、繁育与示范，规范种子生产、加工、销售与服务平台，建设市场主导的品种权转让交易公共平台，完善育繁推一体化的现代生物种业技术体系。

专栏5　生物育种创新发展行动计划	
目　标	建立国家生物育种产业支撑体系，创制和推广应用一批重大新品种，培育若干龙头企业。
主要内容	支撑体系建设：构建重要农林生物基因信息库、生物育种技术共享平台和国家生物育种基地，面向粮食、林木、畜禽、水产主产区和优势区域，建设新品种选育、规模化繁育、种子加工、营销、推广与品种权交易平台，完善国家生物育种产业技术体系。 龙头企业培育：支持企业与优势科教单位建立长期稳定的种业发展合作关系，培育掌握生物育种核心技术、具有国际竞争力的育繁推一体化龙头企业。 新品种产业化：突破一批分子育种关键技术和装备，加快水稻、玉米、小麦、速生林木、木本油料、猪、禽、牛、羊、水产等动植物重大突破性新品种的选育与产业化。 政策配套：研究完善现代种子(仔)企业扶持政策，推动健全种子法等相关法律法规，加强转基因生物安全评估与管理，进一步完善适用于生物农业发展的行政审批制度。

2.加快农用生物制品产业化

加速开发生物菌种新资源，发展规模化发酵培养关键技术与装备，强化农用生物制品的市场准入监管，促进农用生物制品产业标准化、规模化和高品质发展。加快构建大规模疫苗悬浮培养生产线，促进新型基因工程疫苗产业化，推进动物基因工程疫苗与动物疫病诊断试剂的生产标准化。加快动植物生物反应器核心技术和新产品的研发和产业化。加快基于饲用酶制剂、益生素、抗菌肽、植物提取物等的生物技术产品在生物饲料中的应用。推动高品质植物免疫诱抗剂、生物杀菌剂或杀虫剂、天敌生物等生物农药产品产业化。加快突破保水抗旱、荒漠化修复、磷钾活化、抗病促生、生物固氮、秸秆快速腐熟、残留除草剂降解及土壤调理等生物肥料的规模化和标准化生产技术瓶颈，提升产业化水平。

专栏6　农用生物制品发展行动计划	
目　标	建立国家农用生物制品产业支撑体系,创制一批重大农用生物制品,培育若干龙头企业,提升产业国际竞争力。
主要内容	支撑体系建设:构建生物兽药、生物农药、生物饲料、生物肥料等重要农用生物制品资源信息库、产品研发共享平台和产品孵化基地,完善国家农用生物制品产业支撑体系。 龙头企业培育:支持企业与优势科教单位建立长期稳定的合作关系,掌握核心技术,发展具有核心竞争力的产品,形成具有较强国际竞争力的龙头企业。 新产品研究与产业化:突破一批绿色农用生物制品生产关键技术、新工艺和装备,加快新型生物疫苗与兽药、生物农药、生物饲料、生物肥料等重要农用生物制品的产业化。 政策配套:研究完善现代农用生物制品企业扶持机制和产品生产应用补贴制度,健全适用于农用生物制品产业发展的法律法规。

3.加强海洋生物资源开发利用

加快开发海洋特有的生物资源,建设鼓励资源综合利用的产业聚集区,推动海水养殖、综合加工产业和远洋渔业快速发展。积极应用细胞工程和分子育种等现代生物技术开展种苗繁育和种质创新,大幅提升海水养殖新品种开发能力,加大力度推广应用新产品。加快海洋生物活性物质的开发应用,发展工业用酶、医用功能材料、生物分离材料、绿色农用生物制剂、创新药物等海洋新产品。建设海洋生物库等产业发展公共服务平台。提高海洋水产综合加工技术及加工废弃物高值化利用水平,加强远洋生物资源探捕开发,提高远洋新品种的利用水平。

(四)提高产品经济性,推动生物制造产业规模化发展

面向促进绿色、低碳和可持续发展,构建生物制造产业技术体系,组织实施生物基产品发展行动计划,加快推动生物基材料、生物基化学品、新型发酵产品的产业化与推广应用;组织实施生物工艺应用示范行动计划,大力推动绿色生物工艺在化工、轻纺、冶金及能源领域的应用示范,促进生物制造产业规模化发展。到2015年,生物制造产业年产值达到7500亿元,生物基产品和生物工艺对石油化工原料及传统化学工艺的替代取得重大进展,发酵产业的国际竞争力显著提高。

1.推动生物基产品的规模化发展应用

加快推动生物基材料、生物基化学品与新型发酵产品的规模化发展,提高生物基产品的经济竞争力。重点推进非粮生物醇、有机酸、生物烯烃等生物基化工原料的产业化,推动生物基产品及其衍生物在化工行业的应用。提升氨基酸、维生素等新型发酵产品的国际化发展水平。大力推进生物塑料、生化纤维等生物基材料的规模化发展与应用。加快构建典型生物基产品的产业链,推动集聚发展,初步形成生物基产品规模化发展能力。

专栏7　生物基产品发展行动计划	
目　标	实现一批重要生物基产品的非粮原料生产，形成年产百万吨级生物基材料、千万吨级生物基产品的生产能力。
主要内容	非粮工业糖产业化示范：推进薯类、秸秆、工程玉米等生物质处理、酶解糖化等高品质规模化制备技术的研发与应用，建设非粮工业糖产业化示范线，形成非粮可发酵糖的规模化供应。 生物基化学品产业化示范：推进微生物工程菌与热化学技术的产业化应用，建设化工醇、有机酸、生物烯烃及其衍生物等生物基化学品的规模化生产线，提高对石油化学品的经济竞争力。 生物基材料产业化示范：推进生物基材料生物聚合、化学聚合等技术的发展与应用，建设聚乳酸（PLA）、聚丁二酸丁二醇酯（PBS）、聚羟基烷酸（PHA）、生物基热熔胶、新型生物质纤维等生物塑料与生化纤维的产业化示范工程，推广应用生物基材料。 政策配套：建立生物基产品的认证机制，研究制定生物基产品消费的市场鼓励政策，研究农业原料对工业领域的配给制度。

2.推进绿色生物工艺的应用示范

围绕传统工业过程的转型升级，加强生物催化剂、工业酶制剂新产品的开发和产业化，培育发展高效的工业用微生物菌种，推动微生物制造产业升级。重点突破生化合成、生物印染、生物漂白、生物采矿等绿色生物工艺关键技术和装备，大力推动生物工艺在化工、医药、食品、纺织、冶金及能源等领域的应用示范，大力推进先进发酵工艺与装备的应用示范，大幅减少水资源、能源消耗和废水、废气排放，初步形成生物法绿色工艺体系，提高经济的绿色发展水平。

专栏8　生物工艺应用示范行动计划	
目　标	推动一批新型工业酶制剂上市，建设6—8个规模化生物工艺示范工程，能耗、物耗、水耗和环境污染物排放显著降低。
主要内容	酶制剂产业化示范：建设工业催化剂研发平台与现代化的工业酶生产基地，推动一批工业酶制剂与复合酶制剂新产品上市，提高酶制剂在化工、轻纺等领域的工程化应用能力。 生物工艺应用示范：推进生物工艺技术与装备的规模化应用，建设生化合成、生物印染、生物漂白、生物脱胶、生物制革、生物勘探与采矿等绿色生物工艺示范工程。 政策配套：制定鼓励发展绿色工艺的政策，研究实行工业生产生命周期评估机制和绿色工艺产品补贴机制。

（五）开辟多元途径，促进生物能源商业化发展

围绕开拓清洁能源、缓解能源短缺、解决“三农”问题等战略需求，积极拓展非粮生物质原料来源和途径，加快先进生物液体燃料的研发与应用示范，积极推动生物质燃气和成型燃料的规模化应用，因地制宜发展生物质发电产业，有力推进分布式能源并网标准和管理体系建设，进一步完善生物能源定价机制和激励机制，推进生物能源规模化、专业化、产业化发展。到2015年，生物能源年利用总量超过5000万吨标准煤，可减排二氧化碳9500万吨，生物能源产业年产值达到1500亿元。

1.加大新一代生物液体燃料开发力度

充分利用盐碱荒地、荒坡地、宜林地等宜能荒地种植能源作物，建设以能源林、甜高粱茎秆、非粮淀粉类植物、农林（工业）废弃物，以及新型能源作物为主的非粮原料多元化供应体系。突破纤维素乙醇原料预处理、低成本水解糖化关键技术瓶颈；加速生物质燃气合成燃油催化剂等的研发和产业化，建设纤维素燃料乙醇和生物合成燃油商业化示范工程，构建生物液体燃料产业链。加大油藻生物柴油和航空生物燃料等前沿技术的研发力度，推动开展产业化示范。

二、产业发展

专栏9　生物液体燃料产业化行动计划	
目　标	实施纤维素燃料乙醇和生物柴油商业化示范工程,与同类化石能源产品相比具有价格竞争力;实现生物液体燃料与化石燃料一体化调配、供应与流通。
主要内容	非粮原料供应体系建设:建成5—10个多种原料的种植加工基地,各类生物质原料供应能力达到500万吨以上。 生物燃气合成生物柴油示范:加快大型生物质气化技术、燃气净化和组份重整技术以及生物柴油制备用催化剂的研发,推进生物质燃气合成生物柴油成套装备产业化,建设生物燃气合成生物柴油示范工程。 纤维素乙醇产业化示范:推进具有国际先进水平的纤维素乙醇生产原料预处理工艺和高效低成本纤维素降解酶系的研发,建设纤维素乙醇产业化示范工程。 政策配套:研究建立有利于乙醇汽油和生物柴油产业快速发展的市场准入机制,促进生物能源与传统能源一体化发展进程;研究完善乙醇汽油和生物柴油的价格形成机制。

2.促进生物燃气和成型燃料的商业化应用

促进生物燃料供应的城乡一体化,重点在农林生物质资源条件较好的地区推广生物质燃气和成型燃料集中供应技术、沼气集中供应技术和生物质成型燃料技术的规模化应用,鼓励生物能源并入城市能源供应网络,提高生物能源产业的经济效益,促进市场化发展。重点加大对大型生物质集中供气成套装备、中高温高效沼气厌氧发酵成套装备、沼气净化、压缩、灌装成套设备、低电耗生物质燃料成型设备、生物质供热锅炉技术和民用炉具的研发和应用力度,建设城乡一体化的生物质燃气、沼气供应管网体系和生物质成型燃料供应体系。制定和完善生物质燃气、沼气、成型燃料产品质量标准,工程建设运行安全标准以及生物燃料应用污染物排放标准。

3.因地制宜加快生物质发电产业发展

充分利用农林剩余物、沙生植物平茬物及灌木林、生活垃圾、蔗渣、畜禽粪便、有机污水等,因地制宜发展各类生物质发电技术,加快生物质发电关键设备的研发和产业化。结合新能源集成应用重大产业创新发展工程的实施,建设适应不同区域特点的生物质发电示范工程,加快制定适用于生物质发电的分布式发电并网标准,建立健全生物质发电原料收集体系、装备研发和产业化体系及生物质发电管理体系。

(六)加强工艺应用,发展壮大生物环保产业

以水污染、大气污染、有机废弃物治理和受损生态系统的治理与修复为重点,大力发展高性能生物环保材料和生物制剂,加快高效生物监测、治理、修复及废物利用等成套技术工艺和装备的示范应用,扩大产业规模。组织实施环保用生物制剂发展行动计划,支持开展污水高效处理菌剂、生物膜、污泥减量化菌剂等生物制剂的开发和推广应用,推进污水生物处理高效反应器、废水深度处理和中水回用成套设备研发。加快有机废弃物腐熟剂、堆肥接种剂、微生物添加剂等专用功能菌剂和有机废物处理、复合肥生产配套装备的研制和产业化推广,推动发展有机肥类和生物复合肥。加快生态系统修复专用植物材料、制剂和装备的研发与规模化应用。2013—2015年,生物环保产业产值年均增长15%以上,到2015年,生物环保产业年产值达到1500亿元。

专栏 10　环保用生物制剂发展行动计划	
目　标	推动一批环保用生物新产品的开发应用，培育一批龙头企业。
主要内容	支撑体系建设：建立生物环保产品质量认证体系、生物环保制剂评估验证平台、新产品开发的共享技术平台。 新产品开发和产业化：开发用于矿山土壤、重金属和石油污染土壤和水体修复等的特种酶制剂和微生物菌剂产品，开发用于有毒有害难降解工业废水处理、污泥减量化处理和土壤改良等高效菌剂，大力推广应用新产品。 龙头企业培育：积极引导生物环保企业实施跨地区、跨行业的联合与兼并，培育集生物制剂新产品开发、生产和应用于一体的大型企业。 政策配套：落实完善支持生物环保企业发展的财政扶持政策，强化生物环保产品的质量管理与审批制度。

（七）着眼市场需求，培育生物服务新业态

适应现代生产和消费模式的新要求，集成生物技术和现代服务业的理念，发展合同研发、委托制造、公共技术服务、中介服务和延伸服务，积极培育生物服务新业态。重点支持合同研发和委托制造服务产业的发展，推动拥有优势专有技术的生物医药企业和科研院所向国内外研发机构和企业提供单项或整合化服务。积极提高公共技术专业化服务能力，加快高端实验仪器、生物试剂和实验动物的集约化发展，组织实施生物信息服务行动计划，培育基因测序、分析测试和生物信息等专业服务企业。努力培育生物产业延伸服务，发展健康管理、转化医学、细胞治疗、基因治疗、临床检验社会化、个体化医疗等新业态。加强生物产业专业中介服务，积极扶持生物产业政策咨询、技术转移、金融投资、流通交易、法律服务等业务发展，鼓励公共研发平台、孵化器、临床基地的企业化发展。鼓励企业承接国内外生物产业服务外包，加强国际技术合作，不断提高产业层次。到 2015 年，生物服务产业年产值达到 1500 亿元，培育一批具有国际先进水平的生物服务大型企业。

专栏 11　生物信息服务行动计划	
目　标	建设国家生物资源与生物信息技术网络化服务体系，形成面向生物产业的信息服务能力。
主要内容	关键技术开发：构建大规模和高通量基因组测序技术和装备、海量生物信息处理与分析技术。 公共技术服务平台建设：建设大规模的生物资源库和生物信息中心核心平台，建设网络化的国家生物资源和生物信息服务设施，加强对基因信息的深度发掘，带动新型测序仪的发展。对个体化诊疗、生物资源发掘、动植物分子育种、工业微生物的菌种改造等研发提供生物信息技术服务。 生物产业高端中介服务企业培育：以形成新技术与新产品研究、开发和示范推广协调发展机制，促进规范化、专业化、规模化发展为目标，在相关领域培育若干具有较强创新能力和市场服务能力的新型企业，推动形成新业态。 政策配套：研究改进生物资源开发相关的知识产权管理机制，将生物服务企业纳入高技术企业范畴。研究完善服务类企业的国家认证制度，加速国际互认谈判。

四、保障措施

（一）完善准入政策，促进创新创业

建立健全生物产业新产品进入市场的高效审查机制和监督机制，依法完善药品、医疗器械、生物农药、生物肥料的审批制度，进一步完善转基因农产品行业准入管理、生物安全管理和上市审批制度，加速高品质新产品的市场应用。全面推行高品质产品行业标准，促进产业健康发展。健全合同研究和委托制造的管理体制机制，进一步强化技术孵化、产品检验、技术服务等公共技术服务，大幅降低初创企业的外部投资成本。

（二）加强需求激励，强化市场拉动

建立生物技术新产品需求侧激励机制。打破区域垄断，扶持生物产业创新企业开拓市场。全面实施以优质优价、同质同价、竞争择价为原则的生物产品价格形成机制，促进新产品、新技术的推广应用，支撑高技术服务业和相关产业发展。扩大医疗保险覆盖范围，规范药品采购行为，发展商业健康保险，支持临床必需、疗效确切、安全性高、价格合理的创新药物优先进入医疗保险目录。完善生物良种补贴政策。稳步推进非粮燃料乙醇应用试点，有序开展生物柴油产业化示范，在完成航空生物燃料验证飞行等基础上，适时启动航空生物燃料商业化应用。加大力度推进资源税费改革，加快淘汰落后产品、技术和工艺，促进新兴绿色技术、产品的推广应用。

（三）完善创新激励，促进持续发展

研究完善引导生物企业加大长期研发投入的财税激励机制。通过国家创业投资引导资金，推动设立一批从事不同阶段投资的专业型生物产业创业投资机构，鼓励金融机构对生物产业发展提供融资支持，引导担保机构积极提供融资增信服务。鼓励相关企业、人才、资金等向生物产业基地集聚。完善国有企业经营业绩评价考核指标体系，鼓励国有企业加大生物产业技术创新力度。完善生物技术知识产权保护机制，依法保障知识产权所有者的权益，研究建立生物产业领域重大经济科技活动知识产权评议制度，提高创新效率和质量。

（四）重视人才培养，强化团队建设

落实《国家中长期生物技术人才发展规划（2010—2020年）》，加大生物技术人才培养力度。充分发挥高等院校的作用，重点培养生物产业高端创新型人才、产业链关键环节专业人才、生物技术知识产权人才、国际化发展人才、管理人才及团队。鼓励企业与科研机构、高校联合建立生物技术人才培养基地。建立人才及人才团队在企业与科研院所之间流动的畅通渠道。完善人才评价标准体系，引导人才在产业链不同环节合理分布。加大对生物技术高端人才及创新团队的引进力度，吸引海外高层次人才回国（来华）创新创业，促进生物产业国际化发展。

（五）加强资源管理，保护生物安全

加强生物资源保护，建立健全生物遗传资源保护法律法规体系，实现生物资源的可持续利用。强化生物安全监管，完善转基因生物安全技术标准、安全评价、检测监测、法律法规和监督管理体系。加强防范外来有害生物入侵。强化生物产业风险预警和应急反应机制。加强实验室生物安全监督管理，健全实验室生物安全体系。加强生物研究的伦理审查与监管，建立健全医学、农业等领域生命科学研究伦理审查监督制度。完善生物安全溯源机制。

（六）加强统筹协调，确保规划落实

建立健全推动生物产业发展的协调机制，加强宣传，统一思想，加强协调配合，调动社会和企业资源，形成合力促进生物产业快速发展。发展改革委要加强统筹协调，会同相关部门制定生物产业发展行动计划等重大任务的部门分工方案，加强规划与国家相关科技专项等的衔接，强化规划对年度计划执行和重大项目安排的统筹指导。各有关部门要按照职责分工，认真组织实施生物产业发展各项行动计划，加快研究出台有关政策措施，确保规划提出的各项任务落到实处。建立中央与地方信息沟通平台，形成高效协同机制。各地区要根据当地比较优势和产业发展现状，科学确定生物产业发展定位，出台政策措施，调整优化产业布局，强化产业链分工和区域协作配套。

发展改革委要会同有关部门加强对规划实施的跟踪分析和监督检查，及时开展后评估，针对规划实施中出现的新情况、新问题，适时提出解决办法，重大问题及时向国务院报告。

关于促进光伏产业健康发展的若干意见

发展光伏产业对调整能源结构、推进能源生产和消费革命、促进生态文明建设具有重要意义。为规范和促进光伏产业健康发展，现提出以下意见：

一、充分认识促进光伏产业健康发展的重要性

近年来，我国光伏产业快速发展，光伏电池制造产业规模迅速扩大，市场占有率位居世界前列，光伏电池制造达到世界先进水平，多晶硅冶炼技术日趋成熟，形成了包括硅材料及硅片、光伏电池及组件、逆变器及控制设备的完整制造产业体系。光伏发电国内应用市场逐步扩大，发电成本显著降低，市场竞争力明显提高。

当前，在全球光伏市场需求增速减缓、产品出口阻力增大、光伏产业发展不协调等多重因素作用下，我国光伏企业普遍经营困难。同时，我国光伏产业存在产能严重过剩、市场无序竞争，产品市场过度依赖外需、国内应用市场开发不足，技术创新能力不强、关键技术装备和材料发展缓慢，财政资金支持需要加强、补贴机制有待完善，行业管理比较薄弱、应用市场环境亟待改善等突出问题，光伏产业发展面临严峻形势。

光伏产业是全球能源科技和产业的重要发展方向，是具有巨大发展潜力的朝阳产业，也是我国具有国际竞争优势的战略性新兴产业。我国光伏产业当前遇到的问题和困难，既是对产业发展的挑战，也是促进产业调整升级的契机，特别是光伏发电成本大幅下降，为扩大国内市场提供了有利条件。要坚定信心，抓住机遇，开拓创新，毫不动摇地推进光伏产业持续健康发展。

二、总体要求

(一)指导思想

深入贯彻党的十八大精神，以邓小平理论、“三个代表”重要思想、科学发展观

为指导，创新体制机制，完善支持政策，通过市场机制激发国内市场有效需求，努力巩固国际市场；健全标准体系，规范产业发展秩序，着力推进产业重组和转型升级；完善市场机制，加快技术进步，着力提高光伏产业发展质量和效益，为提升经济发展活力和竞争力作出贡献。

（二）基本原则

远近结合，标本兼治。在扩大光伏发电应用的同时，控制光伏制造总产能，加快淘汰落后产能，着力推进产业结构调整和技术进步。

统筹兼顾，综合施策。统筹考虑国内外市场需求、产业供需平衡、上下游协调等因素，采取综合措施解决产业发展面临的突出问题。

市场为主，重点扶持。发挥市场机制在推动光伏产业结构调整、优胜劣汰、优化布局，以及开发利用方面的基础性作用。对不同光伏企业实行区别对待，重点支持技术水平高、市场竞争力强的骨干优势企业发展，淘汰劣质企业。

协调配合，形成合力。加强政策的协调配合和行业自律，支持地方创新发展方式，调动地方、企业和消费者的积极性，共同推动光伏产业发展。

（三）发展目标

把扩大国内市场、提高技术水平、加快产业转型升级作为促进光伏产业持续健康发展的根本出路和基本立足点，建立适应国内市场的光伏产品生产、销售和服务体系，形成有利于产业持续健康发展的法规、政策、标准体系和市场环境。2013—2015 年，年均新增光伏发电装机容量 1000 万千瓦左右，到 2015 年总装机容量达到 3500 万千瓦以上。加快企业兼并重组，淘汰产品质量差、技术落后的生产企业，培育一批具有较强技术研发能力和市场竞争力的龙头企业。加快技术创新和产业升级，提高多晶硅等原材料自给能力和光伏电池制造技术水平，显著降低光伏发电成本，提高光伏产业竞争力。保持光伏产品在国际市场的合理份额，对外贸易和投融资合作取得新进展。

三、积极开拓光伏应用市场

（一）大力开拓分布式光伏发电市场

鼓励各类电力用户按照“自发自用，余量上网，电网调节”的方式建设分布式光伏发电系统。优先支持在用电价格较高的工商业企业、工业园区建设规模化的分布式光伏发电系统。支持在学校、医院、党政机关、事业单位、居民社区建筑和构筑物等推广小型分布式光伏发电系统。在城镇化发展过程中充分利用太阳能，结合建筑节能加强光伏发电应用，推进光伏建筑一体化建设，在新农村建设中支持光伏发电应用。依托新能源示范城市、绿色能源示范县、可再生能源建筑应用示范市（县），扩大分布式光伏发电应用，建设 100 个分布式光伏发电规模化应用示范区、1000 个光伏发电应用示范小镇及示范村。开展适合分布式光伏发电运行特点和规模化应用的新能源智能微电网试点、示范项目建设，探索相应的电力管理体制和运行机制，形成适应分布式光伏发电发展的建设、运行和消费新体系。支持偏远地区及海岛利用光伏发电解决无电和缺电问题。鼓励在城市路灯照明、城市景观以及通讯基站、交通信号灯等领域推广分布式光伏电源。

（二）有序推进光伏电站建设

按照“合理布局、就近接入、当地消纳、有序推进”的总体思路，根据当地电力市场发展和能源结构调整需要,在落实市场消纳条件的前提下,有序推进各种类型的光伏电站建设。鼓励利用既有电网设施按多能互补方式建设光伏电站。协调光伏电站与配套电网规划和建设,保证光伏电站发电及时并网和高效利用。

(三)巩固和拓展国际市场

积极妥善应对国际贸易摩擦,推动建立公平合理的国际贸易秩序。加强对话协商,推动全球产业合作,规范光伏产品进出口秩序。鼓励光伏企业创新国际贸易方式,优化制造产地分布,在境外开展投资生产合作。鼓励企业实施“引进来”和“走出去”战略,集聚全球创新资源,促进光伏企业国际化发展。

四、加快产业结构调整和技术进步

(一)抑制光伏产能盲目扩张

严格控制新上单纯扩大产能的多晶硅、光伏电池及组件项目。光伏制造企业应拥有先进技术和较强的自主研发能力,新上光伏制造项目应满足单晶硅光伏电池转换效率不低于20%、多晶硅光伏电池转换效率不低于18%、薄膜光伏电池转换效率不低于12%,多晶硅生产综合电耗不高于100千瓦时/千克。加快淘汰能耗高、物料循环利用不完善、环保不达标的多晶硅产能,在电力净输入地区严格控制建设多晶硅项目。

(二)加快推进企业兼并重组

利用“市场倒逼”机制,鼓励企业兼并重组。加强政策引导和推动,建立健全淘汰落后产能长效机制,加快关停淘汰落后光伏产能。重点支持技术水平高、市场竞争力强的多晶硅和光伏电池制造企业发展,培育形成一批综合能耗低、物料消耗少、具有国际竞争力的多晶硅制造企业和技术研发能力强、具有自主知识产权和品牌优势的光伏电池制造企业。引导多晶硅产能向中西部能源资源优势地区聚集,鼓励多晶硅制造企业与先进化工企业合作或重组,降低综合电耗、提高副产品综合利用率。

(三)加快提高技术和装备水平

通过实施新能源集成应用工程,支持高效率晶硅电池及新型薄膜电池、电子级多晶硅、四氯化硅闭环循环装置、高端切割机、全自动丝网印刷机、平板式镀膜工艺、高纯度关键材料等的研发和产业化。提高光伏逆变器、跟踪系统、功率预测、集中监控,以及智能电网等技术和装备水平,提高光伏发电的系统集成技术能力。支持企业开发硅材料生产新工艺和光伏新产品、新技术,支持骨干企业建设光伏发电工程技术研发和试验平台。支持高等院校和企业培养光伏产业相关专业人才。

(四)积极开展国际合作

鼓励企业加强国际研发合作,开展光伏产业前沿、共性技术联合研发。鼓励有条件的国内光伏企业和基地与国外研究机构、产业集群建立战略合作关系。支持有关科研院所和企业建立国际化人才引进和培养机制,重点培养创新能力强的高端专业技术人才和综合管理人才。积极参与光伏行业国际标准制定,加大自主知识产权标准体系海外推广,推动检测认证国际互认。

五、规范产业发展秩序

（一）加强规划和产业政策指导

根据光伏产业发展需要，编制实施光伏产业发展规划。各地区可根据国家光伏产业发展规划和本地区发展需要，编制实施本地区相关规划及实施方案。加强全国规划与地方规划、制造产业与发电应用、光伏发电与配套电网建设的衔接和协调。加强光伏发电规划和年度实施指导。完善光伏电站和分布式光伏发电项目建设管理制度，促进光伏发电有序发展。

（二）推进标准化体系和检测认证体系建设

建立健全光伏材料、电池及组件、系统及部件等标准体系，完善光伏发电系统及相关电网技术标准体系。制定完善适合不同气候区及建筑类型的建筑光伏应用标准体系，在城市规划、建筑设计和旧建筑改造中统筹考虑光伏发电应用。加强硅材料及硅片、光伏电池及组件、逆变器及控制设备等产品的检测和认证平台建设，健全光伏产品检测和认证体系，及时发布符合标准的光伏产品目录。开展太阳能资源观测与评价，建立太阳能信息数据库。

（三）加强市场监管和行业管理

制定完善并严格实施光伏制造行业规范条件，规范光伏市场秩序，促进落后产能退出市场，提高产业发展水平。实行光伏电池组件、逆变器、控制设备等关键产品检测认证制度，未通过检测认证的产品不准进入市场。严格执行光伏电站设备采购、设计监理和工程建设招投标制度，反对不正当竞争，禁止地方保护。完善光伏发电工程建设、运行技术岗位资质管理。加强光伏发电电网接入和运行监管。建立光伏产业发展监测体系，及时发布产业发展信息。加强对《中华人民共和国可再生能源法》及配套政策的执法监察。地方各级政府不得以征收资源使用费等名义向太阳能发电企业收取法律法规规定之外的费用。

六、完善并网管理和服务

（一）加强配套电网建设

电网企业要加强与光伏发电相适应的电网建设和改造，保障配套电网与光伏发电项目同步建成投产。积极发展融合先进储能技术、信息技术的微电网和智能电网技术，提高电网系统接纳光伏发电的能力。接入公共电网的光伏发电项目，其接网工程以及接入引起的公共电网改造部分由电网企业投资建设。接入用户侧的分布式光伏发电，接入引起的公共电网改造部分由电网企业投资建设。

（二）完善光伏发电并网运行服务

各电网企业要为光伏发电提供并网服务，优化系统调度运行，优先保障光伏发电运行，确保光伏发电项目及时并网，全额收购所发电量。简化分布式光伏发电的电网接入方式和管理程序，公布分布式光伏发电并网服务流程，建立简捷高效的并网服务体系。对分布式光伏发电项目免收系统备用容量费和相关服务费用。加强光伏发电电网接入和并网运行监管。

七、完善支持政策

(一)大力支持用户侧光伏应用

开放用户侧分布式电源建设,支持和鼓励企业、机构、社区和家庭安装、使用光伏发电系统。鼓励专业化能源服务公司与用户合作,投资建设和经营管理为用户供电的光伏发电及相关设施。对分布式光伏发电项目实行备案管理,豁免分布式光伏发电应用发电业务许可。对不需要国家资金补贴的分布式光伏发电项目,如具备接入电网运行条件,可放开规模建设。分布式光伏发电全部电量纳入全社会发电量和用电量统计,并作为地方政府和电网企业业绩考核指标。自发自用发电量不计入阶梯电价适用范围,计入地方政府和用户节能量。

(二)完善电价和补贴政策

对分布式光伏发电实行按照电量补贴的政策。根据资源条件和建设成本,制定光伏电站分区域上网标杆电价,通过招标等竞争方式发现价格和补贴标准。根据光伏发电成本变化等因素,合理调减光伏电站上网电价和分布式光伏发电补贴标准。上网电价及补贴的执行期限原则上为20年。根据光伏发电发展需要,调整可再生能源电价附加征收标准,扩大可再生能源发展基金规模。光伏发电规模与国家可再生能源发展基金规模相协调。

(三)改进补贴资金管理

严格可再生能源电价附加征收管理,保障附加资金应收尽收。完善补贴资金支付方式和程序,对光伏电站,由电网企业按照国家规定或招标确定的光伏发电上网电价与发电企业按月全额结算;对分布式光伏发电,建立由电网企业按月转付补贴资金的制度。中央财政按季度向电网企业预拨补贴资金,确保补贴资金及时足额到位。鼓励各级地方政府利用财政资金支持光伏发电应用。

(四)加大财税政策支持力度

完善中央财政资金支持光伏产业发展的机制,加大对太阳能资源测量与评价及信息系统建设、关键技术装备材料研发及产业化、标准制定及检测认证体系建设、新技术应用示范、农村和牧区光伏发电应用,以及无电地区光伏发电项目建设的支持。对分布式光伏发电自发自用电量免收可再生能源电价附加等针对电量征收的政府性基金。企业研发费用符合有关条件的,可按照税法规定,在计算应纳税所得额时加计扣除。企业符合条件的兼并重组,可以按照现行税收政策规定,享受税收优惠政策。

(五)完善金融支持政策

金融机构要继续实施“有保有压”的信贷政策,支持具有自主知识产权、技术先进、发展潜力大的企业做优做强,对有市场、有订单、有效益、有信誉的光伏制造企业提供信贷支持。根据光伏产业特点和企业资金运转周期,按照风险可控、商业可持续、信贷准入可达标的原则,采取灵活的信贷政策,支持优质企业正常生产经营,支持技术创新、兼并重组和境外投资等具有竞争优势的项目。创新金融产品和服务,支持中小企业和家庭自建自用分布式光伏发电系统。严禁资金流向盲目扩张产能项目和落后产能项目建设,对国家禁止建设的、不符合产业政策的光伏制造项目不予信贷支持。

（六）完善土地支持政策和建设管理

对利用戈壁荒滩等未利用土地建设光伏发电项目的，在土地规划、计划安排时予以适度倾斜，不涉及转用的，可不占用土地年度计划指标。探索采用租赁国有未利用土地的供地方式，降低工程的前期投入成本。光伏发电项目使用未利用土地的，依法办理用地审批手续后，可采取划拨方式供地。完善光伏发电项目建设管理并简化程序。

八、加强组织领导

各有关部门要根据本意见要求，按照职责分工抓紧制定相关配套文件，完善光伏发电价格、税收、金融信贷和建设用地等配套政策，确保各项任务措施的贯彻实施。各省级人民政府要加强对本地区光伏产业发展的管理，结合实际制定具体实施方案，落实政策，引导本地区光伏产业有序协调发展。健全行业组织机构，充分发挥行业组织在加强行业自律、推广先进技术和管理经验、开展统计监测和研究制定标准等方面的作用。加强产业服务，建立光伏产业监测体系，及时发布行业信息，搭建银企沟通平台，引导产业健康发展。

民用航空工业中长期发展规划

（2013—2020年）

航空工业是国家战略性高技术产业，是国防空中力量和航空交通运输的物质基础，是国民经济发展、科学技术创新的重要推动力量。大力发展民用航空工业，是满足民航运输快速增长需要的根本保证，是引领科技进步、带动产业升级、提升综合国力的重要手段。为优化航空工业自主发展体系，不断增强核心竞争力和可持续发展能力，实现民用航空工业跨越式发展，根据《中华人民共和国国民经济和社会发展第十二个五年规划纲要》、《国家中长期科学和技术发展规划纲要（2006—2020）》、《"十二五"国家战略性新兴产业发展规划》和国家对航空工业中长期发展的总体部署和要求，制定本规划。

一、发展现状及面临的形势

（一）发展现状

经过60多年的艰苦创业，我国已经基本建立独立自主的航空工业体系，取得了举世瞩目的成就。进入新世纪，我国民用航空工业进入快速发展时期，科研生产水平跃上了一个新台阶。一是民用飞机发展取得重要进展。新舟60涡桨支线飞机、H425直升机、运十二通用飞机等开始批量进入国内外市场，C919大型客机、ARJ21涡扇支线飞机、直十五中型直升机等重点产品研制稳步推进。二是技术水平明显提升。民用飞机关键技术攻关取得重要进展。三是产业体系不断健全和完善。航空基础能力建设进一步加强，航空科研不断取得新成果，科技和产业国际合作不断深化，军民结合、寓军于民的产业格局正在逐步形成。

我国航空工业在取得巨大成就的同时，也面临不少困难和问题，与国际先进水平相比，仍存在较大差距。航空产品体系不完整，技术水平相对落后；基础研究薄弱，技术储备不足；民用飞机产业发展尚处于成长阶段，适航取证和适航审定能力不足；发动机、关键材料和元器件等仍然是制约我国民用航空工业发展的瓶颈。

（二）面临的形势

未来10年是加快推进中国特色社会主义现代化建设的关键时期，也是航空工

业实现跨越发展的攻坚时期。综合判断国际国内形势，我国民用航空工业发展面临难得的机遇。一是产业发展受到高度重视和广泛关注，国家已将航空装备列入战略性新兴产业的重点方向，正在实施大型飞机重大专项，将推动我国民用航空工业实现快速发展。二是国民经济快速发展和国防现代化建设为民用航空工业发展提供广阔的市场空间，尤其是空域管理改革和低空空域开放步伐的加快，为通用飞机的发展带来了新的市场机遇。三是工业转型升级、创新能力和国际竞争力显著增强将为加快民用航空工业发展提供良好的科技和工业基础。

另一方面，世界航空工业经过百余年的发展，在市场上已形成了高度垄断。市场竞争日趋激烈，航空科学技术前进步伐不断加快，我国民用航空工业发展面临诸多风险挑战。

二、指导思想和发展目标

（一）指导思想

以邓小平理论、“三个代表”重要思想和科学发展观为指导，紧紧抓住和用好重要战略机遇期，面向国民经济发展需要，以重大专项实施和重点型号研制为牵引，以市场为导向，以企业为主体，营造良好发展环境，着力提升自主创新能力，提高国际合作层次和水平，加快发展民用飞机产业，全面优化自主发展体系，不断增强核心竞争力和可持续发展能力，为建设航空工业大国和强国奠定坚实的基础。

（二）基本方针

坚持军民结合。统筹军、民用航空工业发展，建立和完善军民结合的科研生产体系，大力推进军地资源开放共享，逐步建立符合社会主义市场经济规律的军民融合式航空工业发展体系。

坚持创新驱动。加大科研经费投入力度，创新科研体制机制，大力推进科技创新，攻克和掌握一批关键核心技术，突破制约发展的基础瓶颈，加快科技创新人才队伍建设，提升科技创新能力和水平。

坚持开放发展。立足大航空理念，充分利用全国资源，积极引导和鼓励多种形式的社会资本投资和发展民用航空工业。同时，充分利用国际资源，积极开展多种形式的国际合作，大力引进先进技术和高端人才，扩大合作规模，提升合作层次和水平。

坚持统筹协调。按照航空工业发展总体战略和部署，构建各领域良性互动的发展格局，逐步实现民机与军机、飞机与发动机、主机与配套、航空制造业与航空工业服务业协调发展。

坚持质量至上。以满足民用航空市场需求为宗旨，建立健全航空产品质量技术体系，大力推行先进标准，发展先进测试技术，努力提高产品的可靠性和安全性，创建精品工程，树立国际品牌形象。

（三）发展目标

紧密衔接国家培育和发展战略性新兴产业的重大部署，综合考虑未来发展的趋势和条件，2013—2020年，我国民用航空工业发展的主要目标是：

——现代航空工业体系基本完善。建立以信息化为主导、以核心能力为基础、产业结构合理、体制机制完善、军民结合、产学研用结合的创新型航空工业体系，拓展和形成完整的产业链，具备较强的产业核心竞争力。建立公平、有序、高效的投资和发展环境；发展国际知名的大型骨干企业，发挥产业带动作用。

——可持续发展能力显著增强。掌握当代先进民用航空产品的设计、试验、制造和综合保障技术,建成一批重大基础设施和条件,造就一支结构合理、专业配套、素质优良的人才队伍,形成"系统、设备和器件"三层次配套体系,以及长期、稳固、高质量和可信赖的原材料、元器件配套体系,建立完善的适航体系。自主创新能力、配套能力明显提升。

——民用飞机产业化实现重大跨越。C919大型客机完成研制、生产和交付。ARJ21涡扇支线飞机、新舟涡桨支线飞机实现产业化。大型灭火和水上救援飞机、直十五中型直升机、高端公务机、中等功率级涡轴发动机等重点产品完成研制并投放市场。大型客机发动机研制取得重要进展。到2020年,国产干线飞机国内新增市场占有率达到5%以上,支线飞机和通用飞机国内市场占有率大幅度提高,民用飞机产业年营业收入超过1000亿元。

三、重点领域和任务

(一)加快民用客机产业化进程

按照"支线飞机—单通道干线飞机—双通道大型干线飞机"的发展路线,稳步推进民用客机发展。

1.涡扇支线飞机

以满足国内外中短程市场需求为目标,加快ARJ21-700型涡扇支线飞机研制,形成产业化能力,实现批量生产和交付。同时,针对不同用户需求,适时启动改进改型研制,实现系列化。

2.涡桨支线飞机

以满足国内外短程市场需求为目标,加快50座级新舟60系列的改进改型和市场推广,启动70座级新舟700涡桨支线飞机研制,形成产业化能力。

3.单通道干线飞机

以满足国内中心城市点对点、点对枢纽机场的市场需求为目标,加快实施大型飞机重大专项,研制具有国际竞争力的150座级C919大型客机,形成产业化能力。同时,针对不同用户需求,适时启动改进改型研制,实现系列化。

4.双通道大型干线飞机

以满足国际间枢纽机场和洲际飞行为目标,适时发展双通道大型干线飞机。

(二)积极发展通用航空产业

按照"轻重缓急"和"抓大放小"的思路,坚持开放发展原则,优先发展社会效益好、市场需求大和经济价值高的通用飞机和直升机,促进通用航空产业发展。

1.通用飞机

大力发展航空应急救援装备,加快研制生产大型灭火和水上救援飞机。根据市场需要,加快发展多用途飞机和特种飞行器。

2.直升机

提升现有直升机产品质量,加快先进中型多用途直升机研制,鼓励国际合作研制重型直升机。坚持改进改型,不断完善现有直升机系列。

3.公务机

采用"改型+研制"的模式,推进公务机稳步发展。一是根据客户需要对现有干支线飞机进行适应性加装或改进；二是针对高端商务或私人客户需求，鼓励国际合作研制具备洲际飞行能力的高端公务机。

4.大力拓展通用飞机产业链

坚持发展通用飞机与发展通用航空相结合，鼓励航空工业企业与地方政府、相关企业合作，拓展通用飞机产业链。

（三）推动航空发动机自主发展

坚持军民结合、远近结合，建立和完善航空发动机自主发展工业体系，增强自主创新能力，扭转航空发动机落后的被动局面。

1.建立和完善航空发动机自主发展工业体系

优化航空发动机研制生产体系，加快建设和完善航空发动机基础技术支撑、研发生产、考核验证、科研保障和产品配套等相关体系。遵循航空发动机发展规律，按照“核心机、验证机、原型机、批量生产和改进改型”的发展路径，提高航空发动机自主发展能力。

2.加快新型航空发动机研制

加快中等功率涡轴发动机的研制，2015 年建成发动机总装生产线，并实现批量生产和交付。集中力量发展大型客机发动机，用 10 年左右时间完成研制。

3.坚持现有发动机改进改型

针对现有发动机实际使用中出现的问题持续改进，不断提高产品质量和可靠性，加快新产品成熟，树立品牌和市场信誉，积累工程经验。根据民用航空市场急需，选择一批具有发展前景的航空发动机进行改进改型，力争在 2015 年前提供若干成熟的发动机机型。

4.推进小型发动机市场化发展

鼓励和支持有条件的企业面向市场需要，采取多种方式发展轻小型飞机适用的小型涡扇发动机、涡桨发动机、活塞发动机和其他类型发动机，发展发动机专项技术和相关配套件。

（四）加快发展航空设备、系统及相关产业

抓住航空工业快速发展机遇，大力发展航空机载、任务、空管和地面设备及系统，加快建设飞机和发动机大部件专业化生产基地，大力发展航空材料和基础元器件。

1.加快培育和发展机载系统供应商

按照“系统、设备和器件”三个层次建立产业配套体系，大力发展低成本通用飞机的系统和设备。以现有能力为核心，发展机载系统供应商。

2.扩展航空设备和系统发展领域

大力发展先进的空管系统装备、通用航空通信导航监视系统和设备，飞行培训、客户服务、快速检测、保养维修和机场保障设备，以及通用航空特种任务系统和设备。

3.改进质量，提高可靠性和经济性

加强新技术研究，支持航空设备适航取证，大力发展货架产品。发展高可靠性、长寿命、环境适应性强、标准化、低成本的航空设备和系统，促进航空设备技术进步和更新换代。加强航空电子设备及软件的技术寿命管理。

4.实现航空材料和基础元器件自主化

加强航空材料研制，完善国产航空材料体系。重点发展碳纤维复合材料、高性能铝锂合金以及高强高韧钢等关键材料，强化材料研制与应用考核的紧密衔接。提高国产元器件的性能、质量、寿命和可靠性,实现标准件、紧固件自主化。

5.加快机载计算机软件和硬件发展

重点开发具有自主知识产权的嵌入式操作系统、机载计算机软件和硬件,确保信息安全,提高自主保障能力和产业可持续发展能力。

(五)优化航空工业布局

按照军民融合式发展的要求,坚持政府引导与市场机制相结合的原则,科学规划,统筹资源,在依托现有骨干企业发展重大战略产品的同时,鼓励有条件的地方和企业积极进入民用航空工业领域,激发创新活力,优化行业布局,防止低水平重复建设,促进民用航空工业健康有序发展。

1.民用运输机

以上海、陕西及天津为基地,依托现有骨干企业发展民用干支线飞机。

2.通用飞机及直升机

重点依托哈尔滨、石家庄、珠海、成都和荆门等优势地区发展大中型通用飞机、公务机和特种飞行器,依托景德镇、哈尔滨和天津等优势地区发展大中型直升机;鼓励发展6座(含)以下轻小型通用飞机、3吨(含)以下直升机和轻小型特种飞行器。

3.航空发动机

提升现有大中型航空发动机基地发展能力;鼓励有条件的地方和企业发展轻小型航空发动机。

4.航空设备及配套

强化航空机载系统集成体系能力建设,提高航空设备的综合化水平。鼓励有条件的地方和企业按照专业化方式,积极发展航空设备和系统、航空零部件、航空材料和元器件等相关配套产业,以及航空租赁、维修、物流等工业服务业,拓展航空产业链,发挥集聚效应,促进航空产业集聚化发展。

(六)大力推进科学技术进步

强化和完善科研体系,加强基础科学研究,建立协同创新平台,积极开展国际合作,突破重大工程技术,增强技术储备,推进产业整体技术进步。

1.突破重大工程技术

以未来重点型号研制为牵引,重点突破飞机先进总体布局技术、高精度气动力设计及验证技术、复合材料结构应用技术、先进飞行控制技术、高效发动机研制技术、节能减排降噪技术、航空设备及系统集成技术、运营支持技术等。

2.加强航空基础科学研究

重点发展先进空气动力学、热动力学、固体力学、飞行力学、人机工效学、声学、推进技术、信息控制、新能源、新材料等航空基础科学技术,取得一批原始创新成果。

3.强化技术基础

加强航空标准、计量与测试、情报、质量、可靠性、市场分析、费用分析、适航、无损与理化检测、环境试验与观测、知识产权等技术基础领域发展。实施标准化战略、知识产权战略,促进技术成果的推广和产业化。

4.加强前沿技术探索

围绕下一代飞机和新概念飞行器,开展先期技术探索。

5.全面推进数字化技术应用

大力开发产品数字定义、数字仿真、模块化制造、数据管理等技术,加快发展协同工作平台、数据中心、专用网和物联网，全面推进数字化研制生产方式，提升航空工业信息化应用水平。

（七）加强基础设施和能力建设

按照军民统筹规划的原则，根据航空科研和型号研制需要，开展飞机及航空发动机科研试验重大基础设施建设。重点发展总体设计、系统集成、设计与试验等核心能力。

1.研发能力和科研试验设施建设

建设满足大中型飞机、直升机及其航空发动机的研制条件，建设航空设备和系统的研发平台，发展专业化生产线和快速响应的试制线。重点开展飞机和发动机科研试验重大基础设施建设，包括高品质试验风洞，强度试验和试飞设施、发动机试验台等。

2.适航基础条件建设

加快适航技术研究、人才培训和试验试飞验证条件建设，建设满足特殊气象和环境需求的试飞机场和试验设施，并与周边民用运输机场的正常运行相协调。加强适航审定能力建设。

3.技术基础条件建设

继续加强材料考核、标准件检验、计量测试、质量检测、可靠性试验、环境试验等条件建设，特别是要加强航空发动机科研保障基础条件建设。

四、重大工程和计划

（一）大型飞机重大专项

按照大型飞机重大专项要求，“十二五”期间开展大型飞机及其配套产品研制，开展关键技术攻关，建立研发标准和规范体系，形成人才队伍，“十三五”期间实现产业化。

（二）支线飞机和通用飞机产业化工程

落实战略性新兴产业发展规划，实施支线飞机和通用飞机产业化工程。突破一批提升安全性、经济性、舒适性和环保性的关键技术，攻克高可靠性、低成本、数字化的设计制造和网络化服务技术。加快推进支线飞机系列化、精品化和产业化，开发一批通用飞机、直升机、教练机、无人机、其他特种飞行器和模拟器。围绕国产支线飞机和通用飞机大规模推广和使用，建立维修、支援、保障、培训、租赁等配套服务体系。

（三）民用飞机产业化基础支撑计划

重点打造民用航空设备和系统集成能力，形成主要航空材料和基础元器件国内保障能力，为民用飞机产业化发展提供支撑。一是加强系统集成平台能力建设，大力发展系统集成技术和核心设备研发技术。二是推进航空专用工艺装备发展，促进航空制造向数字化、自动化、智能化和规范化转变，实现飞机、发动机和航空设备的高效、环保、低能耗、高可靠和低成本制造。三是加强航空材料、基础元器件的标准制定、研制和验证，建立质量评估和保证体系。

（四）航空质量提升计划

贯彻国际航空航天组织质量标准体系，全面提升民用航空产品质量，树立国产品牌形象。一是开展民用航空标准规范体系建设，发展大型试验设施和非标设备的测试和校准技术。二是推动企业建立质量技术体系，开展质量控制技术研究，建设环境和可靠性等质量保障的试验设施，完善质量管理制度。三是选择重点产品实施精品工程。四是发展质量认证、评估和审定等中介机构，建立航空事故分析研究机构,建立航空质量信息管理平台。

五、保障措施

(一)进一步完善体制机制

加快转变政府职能,创新管理方式,完善行业管理,培育良好市场环境。深化航空工业组织结构调整和专业化重组,加快构建和完善具有活力的体制机制。整合现有科研力量,完善管理体制,加强航空基础科学研究和应用基础研究。分类推进投资主体多元化,加快培育和发展具有国际竞争力的大型骨干企业,积极引导和鼓励社会资本投资和发展民用航空工业。

(二)建立健全法规标准和产业政策体系

研究制定民用飞机产业发展相关法律法规,完善行业管理规章制度,推进建立促进航空工业发展的法规体系,为产业发展提供保障。加快研究制定航空工业管理和技术标准,积极参与国际标准的制定和协调,逐步建立与产业发展相适应的标准体系。研究制定民用航空工业发展政策。加强支线和通用航空机场建设,推进国家空域管理体制改革,加快低空空域开放步伐,健全国产飞机客服体系,提高飞行员培训能力和水平,大力培育民用航空市场。建立与民用飞机产品适航管理制度相衔接的准入制度,规范投资行为,防止低水平重复建设,促进产业健康有序发展。

(三)建立和完善适航体系

开展民用飞机、航空设备和航空发动机的适航验证技术研究,加强能力建设,提高适航基础技术、工程技术、试验验证能力,建立适航技术体系。以提高航空产品质量和可靠性、保障航空安全为目标,完善适航管理体系,加快研究制定既符合中国国情又与国际接轨的适航标准和技术规范,加快适航审定机构、人才队伍和基础设施建设。加强适航审定技术研究、能力建设和教育培训,促进国际双边认可。

(四)加快人才队伍建设

整体推进各类人才队伍建设,着力培养急需紧缺专业人才,在关键技术领域形成以领军人才为核心的创新团队。加强高校航空相关专业学科建设,完善校企联合培养人才机制,不断提高各类人才专业水平。鼓励引进国外优秀人才。对为航空工业领域作出重大贡献的各类人才,按照国家有关规定加大表彰奖励力度。

(五)全面推进国际合作

深化政府间航空对话机制,积极拓展与航空工业发达国家和国际航空组织的交流渠道。支持航空工业企业和研究机构在航空基础和前沿技术领域开展国际合作研究,不断提高国际技术合作层次和水平。支持企业采用多种形式扩大航空转包生产,鼓励国际合作研制民用航空产品,支持国内企业参与国际航空工业风险合作和分工,鼓励国外供应商参与国内航空项目的风险合作。充分发挥各种多双边合作机制的作用,加强技术标准、政策法规等方面的国际交流与协调。

信息产业发展规划

信息产业是国民经济的战略性、基础性支柱产业，创新性强、带动性大、渗透性广，对于转变发展方式、拉动经济增长、促进社会就业和维护国家安全具有十分重要的作用。信息产业加快发展和转型，是推动经济结构调整、破解能源资源环境约束的根本要求，是提高社会管理科学化水平的基本保障。必须抓住新一代信息技术产业的发展机遇，加强规划引导，强化自主创新，加快转型升级，深化应用普及，推进信息化和工业化深度融合，实现信息产业综合竞争力的整体跃升。为促进信息产业持续健康发展，特制定本规划，作为指导今后一段时期我国信息产业发展的行动纲领。

一、信息产业发展回顾及面临的形势

（一）发展回顾

"十一五"以来，我国信息产业克服国际金融危机的不利影响，进一步加大结构调整力度，着力推进技术创新，产业保持了持续快速发展，综合实力得到显著提升。

产业规模持续增长。2011 年信息产业实现业务总收入约 10.5 万亿元，其中，通信业业务收入近 1.2 万亿元，规模以上电子信息产品制造业业务收入达 7.5 万亿元，软件业业务收入达 1.8 万亿元。2011 年，电子信息产品进出口额占全国外贸进出口总额的 31%，电话用户和互联网用户规模居世界首位，彩电、手机、微型计算机、网络通信设备等主要电子信息产品的产量居全球第一。

结构调整步伐加快。电信非话音业务的业务收入占通信业业务收入的比重接近 55%。电子产品加速更新换代，平板电视、笔记本电脑产量占彩电、计算机产量比重均超过 70%，移动智能终端、平板电脑等新型电子信息产品快速发展。软件业业务收入占信息产业业务总收入的比重从 2005 年的 8.8% 提高到 2011 年的 17.6%，新兴信息服务业态蓬勃发展。企业竞争能力增强，产业集聚水平提高，新型工业化产业示范基地（电子信息产业）产业规模占全行业比重达到 40%。

创新能力稳步增强。具有自主知识产权的第三代移动通信时分同步码分多址技术（TD-SCDMA）实现大规模商用，时分同步码分多址长期演进技术增强型（TD-LTE Advanced）成为第四代移动通信（4G）的国际候选标准，地面数字电视国家标准颁布实施，全球最大的国际互联网协议第6版（IPv6）示范网顺利建成，通信技术创新取得明显突破。高世代平板显示生产技术取得重大进展，集成电路设计水平达到40纳米，65纳米工艺技术用于大规模生产，千万亿次高性能计算机“天河一号”研制成功。基础软件产品进一步成熟，信息安全等应用软件技术创新能力明显增强，知识产权保护环境不断改善。

技术应用日益深入。信息化与工业化融合步伐不断加快，信息技术在经济社会领域深入应用，推动了生产和生活方式的深刻变革。工业控制软件、应用电子技术在工业领域的应用，提高了生产效率、技术水平和产品质量。“村村通电话、乡乡能上网”已经全面实现，农村信息服务水平显著提升。网络与信息安全、应急通信等保障能力明显增强，在国家重大活动和公共突发事件处置中发挥了关键作用。支撑电子政务、远程医疗、远程教育等的信息技术系统工程加快建设投用，提升了国家行政能力和社会公共服务水平。

（二）发展形势

今后一段时期，信息产业围绕市场、资源、人才、技术、标准等的国际竞争将更加激烈，信息技术创新持续活跃，新产品、新业态、新服务不断涌现。加快信息产业发展成为推动经济发展方式转变、维护国家安全、提升国家竞争力的重要选择。

产业发展面临新的机遇和挑战。我国积极稳妥推进城镇化，实施扩大内需战略，加快信息化与工业化融合，为信息产业发展和转型升级提供了强大动力，信息技术研发和产业配套的综合优势日益显现，为信息产业实现由大到强转变奠定了坚实基础。全球化的深入发展和新兴市场的崛起，带动信息产业加快实施“走出去”战略，为提高我国信息产业在国际分工中的地位、提升产业发展水平创造了有利条件。特别是国际金融危机以来，主要经济体纷纷将信息产业作为战略布局的优先领域，围绕新一代信息技术产业的竞争日趋激烈。

产业发展呈现出新的特点。总体上看，我国已成为全球电子产品制造和信息网络服务大国。融合创新和应用需求已经成为引领信息产业发展的重要引擎，通信、电子信息产品制造、信息服务相互融合互动发展，催生云计算、物联网、移动互联网等新兴业态，应用技术和商业模式不断创新，平板电脑、智能终端等新型电子产品对传统产品的替代速度不断加快，服务化趋势更趋明显，企业由单纯的提供产品向提供综合解决方案转变，信息服务日益成为提升企业竞争力和产品附加值的重要环节，产业发展模式正在经历前所未有的重大变革。

但是，还应当看到，我国信息产业发展面临的问题仍然突出：技术研发和创新能力较弱，核心技术受制于人；宽带网络、网络与信息安全、应急通信等基础设施相对滞后，两化融合仍需深入；标准体系尚不健全，产业政策和规划引导亟待加强。同时，信息产业发展面临的资源和环境约束更趋强化，依赖外需和规模扩张的粗放型发展模式难以为继。必须科学判断和准确把握信息技术和产业发展趋势，加快转变信息产业发展方式，全面提升产业核心竞争力，为经济社会发展提供有力支撑。

二、总体要求

（一）指导思想

以邓小平理论、“三个代表”重要思想、科学发展观为指导，按照加快转变经济发展方式的总体要求，以推进信息产业转型升级为主线，以培育发展新一代信息技术产业为主攻方向，加强自主创新，突破核心技术，加快发展宽带网络，提高装备保障水平，拓展应用服务，完善体制机制，着力推进信息产业发展向创新驱动型转变，着力推进网络设施向下一代信息基础设施升级，推动信息化和工业化深度融合，促进经济社会可持续发展。

（二）基本原则

坚持创新驱动。围绕突破一批核心关键技术，着力完善创新环境，强化企业主体地位，实施知识产权战略和标准战略，推动信息技术创新与市场机制、管理体制、商业模式创新的有机结合，促进产业发展向创新驱动型转变。

坚持市场引导。适应我国经济发展方式转变和社会进步的内在需求，深化信息技术应用，拓展信息网络服务，开发先进适用产品，培育新兴消费领域，积极扩大信息产品和服务市场，带动产业结构的优化升级。

坚持开放合作。建立更加开放和有序的市场环境，坚持“引进来”和“走出去”相结合，深化技术交流与合作，提升利用外资水平，充分利用全球资源，积极参与国际分工，提升产业发展的国际化水平。

坚持融合发展。统筹推进下一代信息基础设施建设，促进网络、设备、终端、软件、服务的互动发展，推动生产型制造向服务型制造转变，培育形成产业竞争新优势和融合发展新格局。加强信息技术与传统产业技术的综合集成，推动信息化和工业化深度融合。

（三）发展目标

到 2015 年，信息产业向创新驱动型转变取得突破性进展，宽带、融合、安全、泛在的下一代国家信息基础设施建设初步建成，具有较强国际竞争力的电子信息产品制造业和较强创新能力的软件产业体系基本形成，信息服务覆盖城乡、普惠全民。具体目标：

产业规模方面。信息产业业务总收入 16 万亿元左右，其中：通信业业务收入达到 1.5 万亿元，规模以上电子信息产品制造业业务收入超过 10 万亿元，软件业业务收入达到 4 万亿元左右，信息产业增加值年均增长超过 10%。

结构调整方面。电信非话音业务的业务收入占通信业业务收入的比重超过 60%，自主可控、附加值高的信息通信产业体系初步建立。新一代信息技术产业销售额年均增长超过 20%，基础电子产业业务收入占信息产业业务总收入的比重达到 30%左右，软件业业务收入占比超过 25%。培育 10 家以上营业收入超千亿元的大型骨干企业，创建 50 个新型工业化产业示范基地。

技术创新方面。电子信息百强企业研发经费投入强度超过 5%。集成电路芯片制造业规模生产技术达到 32/28 纳米工艺，新型平板显示面板产量满足国内彩电整机需求量的 80%以上，自主开发的移动智能终端及操作系统实现规模应用，网络操作系统、关键领域嵌入式系统、重点行业解决方案等实现自主可控，全面掌握下一代信息网络技术。在长期演进技术增强型（LTE Advanced）等领域国际主流标准中，我国基本专利所占比例达到 5%左右。

网络建设方面。城市和农村家庭的宽带接入平均速率分别达到20兆比特/秒(Mbit/s)和4兆比特/秒以上,互联网国际出口带宽达到6500吉比特/秒(Gbit/s)。第三代移动通信技术(3G)网络覆盖城乡,LTE规模商用,基于国际互联网协议第6版(IPv6)的下一代互联网实现规模商用,有线电视数字化整体转换基本完成,地面数字电视全面推广应用。重点领域的物联网示范应用取得积极进展。三网融合全面推广。形成适应下一代信息网络发展的安全保障体系,自主可控的信息安全服务体系基本建立。

信息服务方面。电话用户突破14亿,其中3G用户超过4.5亿。互联网网民数超过8亿,固定宽带接入户均普及率超过50%,初步实现“村村通宽带”。软件服务和信息增值服务的业务种类日益丰富,信息产业的综合服务能力显著增强。

三、主要任务

(一)培育壮大新一代信息技术产业

坚持自主创新,引导和支持创新要素向企业集聚,加大信息技术领域重大科技专项的组织实施力度,重点突破超高速光纤与无线通信、云计算、先进半导体、新型显示等新一代信息技术,支持企业技术进步和技术改造,推动创新成果产业化。实施宽带中国战略,建设下一代国家信息基础设施,实现信息网络广泛覆盖和技术升级。培育发展新兴服务业态,形成具有较强国际影响力的信息服务业。制定完善新一代信息技术产业相关标准,积极参与国际标准研究制定。加大知识产权保护力度,完善知识产权分析预警机制,推动建立专利联盟,强化新一代信息技术专利布局。

(二)调整和优化产业布局结构

以创建国家新型工业化产业示范基地、国家高技术产业基地、中国软件名城为重点,引导人才、资金、政策等要素资源向产业基地集中,培育形成若干具有国际影响力的产业聚集区。发挥北京、上海、广东、江苏等地区创新资源密集优势,支持先行先试,培育区域创新策源地,建设研发集聚中心和高端制造基地。支持中西部地区立足自身优势承接产业转移,鼓励产业基础较好的西安、成都、重庆、武汉、合肥等中心城市提高研发能力和产业层次,推动形成东中西部分工合作、优势互补的产业区域格局。鼓励企业加强资源整合,培育一批具有国际竞争力和品牌优势的骨干企业。

(三)推动产业融合互动发展

加强产业链各环节的协调互动,面向云计算、物联网、移动互联网等重点领域,强化应用服务引领,增强产品、网络与服务的垂直整合能力,推动电子信息产品制造、软件开发、通信服务的融合创新和互动发展。加快制造业服务化升级,着力提高产品和服务附加值。紧紧围绕工业转型升级的需求,大力发展应用电子产品、工业软件、生产性信息服务,培育新的增长点。加快制定统一的军民两用信息技术标准,大力发展军民结合的优势技术和产品,推动实现军用、民用信息技术和产品的互通互用,加快军民融合式发展。

(四)提升信息产业国际化发展水平

坚定不移走国际化发展道路,加强国际资源的整合利用,促进企业在更高水平、更大规模、更深层次参与国际合作与竞争,提高我国信息产业在全球分工中的地位。优化利用外资结构,引导外资从加工制造向研发、服务等环节拓展,鼓励外资投向新一代信息技术产业,促进外资向中西部合理有序转移。加强政策引导和服务，支持企业国际化运营，建立健全全球研发、生产和营销体系。加快具有自主知识产权的技术标准在海外推广应用。

（五）增强网络与信息安全保障能力

完善网络与信息安全保障体系，推动建立高效的安全协调指挥机制。深入推进网络与信息安全技术手段体系化建设，重点突破下一代互联网、物联网、云计算、移动互联网等领域的安全核心技术。健全网络与信息安全政策法规。推进信息安全标准化等基础性工作，完善信息安全认证认可体系，确保基础信息网络和重要信息系统安全可控。加快防病毒和防攻击系统、入侵检测、身份验证、容灾备份、可信计算等网络与信息安全产品自主研发与产业化。规范有序发展信息安全服务产业。建设和完善党政专用通信网络。

（六）促进信息产业向节能环保型发展

推行生态设计和能效标识，加强节能技术、工艺的研发和推广应用，鼓励开展电子信息产品节能环保工艺制造。加快制定重点电子产品能耗标准，降低多晶硅、电子玻璃、化成箔等高耗能电子材料生产能耗。推广电子信息产品污染控制自愿性认证制度，减少铅、汞等有毒有害物质使用量，控制"三废"排放，鼓励企业开展废旧电子产品回收和资源化、无害化处理。加快数据中心、基站等信息网络设施的节能化改造，加强信息基础设施共建共享，减少资源能源消耗，构建节能环保型信息网络。

四、发展重点

（一）信息基础设施

1.光纤宽带

加速光纤接入网络建设。加快网络宽带化进程，大力发展多种模式的光纤宽带接入，推进城市光纤到楼到户。扩大农村地区光纤宽带网络覆盖范围，光纤基本延伸至乡镇和行政村。到2015年，固定宽带接入用户超过2.7亿，其中光纤宽带接入用户超过7000万，网络接入能力达到城市家庭用户平均20Mbit/s以上，部分发达城市100Mbit/s，农村家庭用户平均4Mbit/s以上，95%的行政村实现宽带接入。

完善宽带城域网和骨干网。升级城域网和骨干网络，加快光网络智能化改造，部署大容量、高性能、智能化传输设备，优化网络结构，提升光网络通信能力。丰富干线光缆路由，增加西部地区光缆路由密度，优化国家骨干光缆网布局。加强重要路由的卫星电路备份。加强重要枢纽的网络调度能力建设，逐步形成网状网，提升网络承载能力和安全水平。

2.新一代移动通信网

加快推动3G网络建设。充分利用现有网络资源，坚持共建共享，加快扩大TD-SCDMA等技术的3G网络覆盖范围，推动3G网络在城市深度覆盖，并向乡镇、行政村延伸。力争在东部地区基本实现城乡覆盖，中部地区覆盖城镇和农村主要人口聚集区，西部地区覆盖城市及部分乡镇。全面提升高速公路、铁路、旅游景点、机场等重要聚集区3G网络的覆盖水平。

统筹推进新一代移动通信发展演进。继续实施新一代宽带无线移动通信网科技重大专项，加大TD-LTE研发及产业化发展力度，加快完善TD-LTE技术和产业链，加快部署LTE增强型关键技术研发和产业化，适时开展TD-LTE商用。加强频谱资源的优化配置，为新一代移动通信发展提供资源保障。支持并推动TD-LTE在全球的应用推广。

有序推进宽带无线城市建设。在条件成熟的地区,以3G网络为基础,充分发挥TD-SCDMA和TD-LTE的技术优势,推动蜂窝移动、无线接入和固定宽带资源的融合利用,建设宽带无线城市。充分发挥宽带无线移动通信在城市信息化中的作用,提升交通管理、教育卫生、公共文化、社会保障等社会公共信息服务的互动性和便捷性,推动数字城市发展。

3.互联网

加快向下一代互联网演进。加强产业链统筹协调,加快解决IPv4和IPv6的互通等关键技术问题,制定安全可靠、平滑稳定的过渡方案,积极推进基于IPv6的下一代互联网的规模化商用。引导支持互联网网络、商业网站、公共服务网站等改造,逐步实现向IPv6的升级。构建下一代互联网网络与信息安全保障体系。开展面向未来的新型网络体系架构及寻址、路由、管理、安全等关键技术研究,掌握核心技术。建立和完善我国下一代互联网标准体系。

优化互联网网络设施和应用设施布局。完善互联网国家顶层网络架构,升级骨干网络,实现高速高质量互联互通,提升网络安全性、可靠性和效率。优化我国互联网国际互联架构,提升国际互联层次和流量转接水平。增强互联网地址、域名等关键资源保障能力。加强互联网关键应用设施的统筹布局,综合业务需求分布和区位要素优势,引导大型数据中心在能源富集、土地充裕、自然灾害少、环境温度适宜的北部、西部地区优先部署,提升技术水平,完善安全管理,实现规模化、集约化、节能化升级和安全高效发展。

4.国际通信网络

优化国际通信网络布局。统筹规划海底光缆、陆地光缆发展。完善跨境陆地光缆,实现与有条件的周边国家和地区互连。合理部署海底光缆登陆点,丰富到亚太、北美、欧洲的国际路由,新增到非洲、中东、澳洲、南美的国际海底光缆,积极获取非登陆海缆系统容量,增加我国可通达的国家和地区数量。

完善海外网络服务提供点和国际业务出入口局分布。延伸国际通信网络和服务,加快部署海外业务接入点和国际数据中心,提升为驻外机构和企业提供信息网络服务的能力。适时在西部地区增设国际业务出入口,优化出入口布局,适度均衡国际通信业务分布。

专栏1 “宽带中国”工程

光纤宽带 支持光进铜退,城市新建楼宇同步部署光缆接入。实施公益性机构、政府部门的宽带覆盖工程。组织开展下一代光纤接入、超高速智能化光通信、高性能宽带网络等技术攻关和产业化,突破高端模块、高端器件与核心芯片技术。

新一代移动通信 加强3G网络纵深覆盖,支持具有自主知识产权的TD-SCDMA及TD-LTE产业链发展,开展TD-LTE研发、产业化和试点应用,组织实施TD-LTE新一代移动通信试点示范,支持系统设备、终端、核心芯片、射频器件、核心软件、测试仪器等产品技术攻关和产业化。组织基于北斗系统的移动通信基站授时方式研究和示范应用。

下一代互联网 实施下一代互联网商用示范及推广计划,在东部地区、中西部中心城市以及部分行业率先开展IPv6商用试点,开展重点网络改造、重点网站过渡和重点业务迁移。组织IPv6核心技术和关键装备协同研发。优化数据中心布局,实施数据中心绿色节能改造。

通信村村通 继续实施自然村通电话,加快光纤向乡镇延伸,推进行政村实现村村通宽带。建设农村综合信息服务平台,深入开展信息下乡活动,基本建成覆盖全国所有村镇的信息服务体系。鼓励利用卫星通信手段,解决偏远地区通信覆盖问题。

上网提升工程 拓展互联网覆盖范围,扩展上网带宽,提高网民普及率。推进政府、企业等生产、经营、服务、管理的网络化水平。推动图书馆、医院、学校等公共机构和社区的互联网服务平台建设,深化网络信息服务的应用普及。

5.应急通信

加强应急通信顶层设计。完善应急通信预案体系及相关体制机制。推进应急通信指挥中心、企业应急通信响应中心建设,建立健全跨部门应急联动机制,构建统一、灵活、高效的应急通信指挥调度体系。构建中央与地方、政府与企业、物资储备与生产能力储备相结合的应急通信物资储备体系。强化各级应急通信管理机构,建设专业高效、保障有力的应急通信机动队伍,促进应急通信平战结合和军民融合。

构建天空地一体的应急通信保障网络。支持我国自主卫星移动通信系统和导航系统建设,完善全国公用应急宽带卫星网络,加强应急卫星资源调度。推进数字集群通信系统建设,完善公网通信容灾体系,提高抗毁生存能力和应急服务能力。完善应急通信装备产业链。

(二)电子信息产品制造业

1.基础电子产业

提升集成电路产业可持续发展能力。依托科技重大专项和重大工程实施,加强技术创新,扩大产业规模,实现重点产品和工艺技术突破,满足应用市场需求。着力发展集成电路设计业,开发面向数字电视、新一代移动通信等重点整机的集成电路产品,增强系统解决方案能力。加强资源整合,重点支持1—2家骨干企业加快建设12英寸生产线,掌握32纳米及以下先进制造工艺、形成规模加工能力,具备较强国际竞争实力。改造升级现有8英寸/6英寸特色工艺生产线,积极发展模拟、混合、高压等特种工艺技术,形成差异化竞争实力。推进封装测试产业升级,大力推动先进封装工艺和测试技术的研发和产业化。完善产业配套体系,增强半导体和集成电路专用设备、测试仪器、关键材料的开发和供给能力,推进产业链上下游协调发展,增强产业可持续发展能力。

增强新型显示器件产业国际竞争力。以发展大尺寸薄膜晶体管液晶显示(TFT-LCD)产业为核心,完善新型显示产业链,积极培育下一代显示技术产业。完善TFT-LCD面板生产体系,重点支持国家规划布局内的高世代TFT-LCD面板生产线建设,形成规模生产能力,满足国内平板电视、显示器等行业需求,积极发展新型中小尺寸TFT-LCD,加快新技术研发和产业化,满足手机等移动智能终端需求。加快配套体系建设,重点发展玻璃基板、偏光片等上游关键材料和配套件,加快重要设备仪器的研发和产业化进程。稳妥发展等离子显示(PDP)产业。合理配置资源,支持有源驱动有机发光二极管(AM-OLED)、激光显示等新一代显示器件工艺技术开发和产业化。初步形成前沿技术研究与产业整体发展协调配合的新型显示器件产业体系。

推进电子元器件产业转型升级。面向信息网络升级和整机换代需求,加快电子元器件产业结构调整,推动产业从规模优势向技术产品优势转变。突破核心技术,增强产业化能力,提高半导体功率器件、光电子器件、高频器件、混合集成电路等元器件产品国内保障能力。支持重点企业技术改造,发展智能化、微型化、绿色化技术,实现传统元器件产品升级换代。以物联网、新能源、节能与新能源汽车等新兴产业发展为契机,支持新材料、新工艺的研发,加快推进高可靠性传感器的研发和产业化,发展高比容、高可靠性、长寿命锂离子电池。

提升发光二极管(LED)产业竞争力。突破产业链薄弱环节,重点支持骨干企业实现高亮度功率型外延片和芯片产业化,增强自主发展能力。加强高可靠性封装结构设计技术及关键封装材料的研究,增强功率型LED器件封装能力。引导和支持上游材料研发生产,完善LED产业链。加强行业引导,鼓励资源整合,提高企业整体竞争能力,完善产品检测、质量认证、推广应用等政策环境。扩大应用领域,积极拓展国内外市场。

强化电子材料产业的国内保障能力。坚持自主创新，重点发展半导体材料、新型显示材料、新型元器件材料、绿色电池材料，壮大产业规模，提高国内保障能力。突破部分制约产业发展的重大基础技术，促进产业优化升级。推广节能减排和循环利用技术，坚持走低能耗低污染发展道路，发展绿色电子材料，初步形成具有一定规模和较强支撑能力的电子信息材料产业体系。

实现电子专用设备仪器的重点突破。加强技术研发和国际合作，推动电子专用设备仪器研发生产企业与下游用户的整合与协作，加强设备开发与产品生产工艺配合，形成产用互动的良性发展机制。重点围绕集成电路、平板显示器件、太阳能电池、整机加工等领域，实现制造装备和成套工艺重点突破和产业化，形成配套能力。加大电子专用测量仪器的研发和产业化力度，提升电子专用设备仪器国内供给能力。

2.电子整机产业

发展高速宽带化的通信设备制造业。以下一代信息网络建设和移动互联网快速发展为契机，大力发展宽带、智能通信设备制造业。加快下一代光纤接入技术和超高速智能化光通信技术产业化，重点发展光传送网和分组传送网（OTN/PTN）传输、以太无源光网络和千兆无源光网络（EPON/GPON）接入网设备，支持光放大器、转换器等关键元器件的产业化。重点支持 TD-LTE 基站等新一代移动通信系统及终端设备产业化，完善配套产业体系，积极发展宽带集群通信设备，巩固和提升全球竞争优势。积极参与国际通信标准制定，推动我国自主标准成为国际标准。建立具有全球竞争优势的通信设备制造产业体系。

构建数字化的视听产业体系。落实国家数字电视产业政策，配合广播电视数字化转换，加快三维立体（3D）技术、新型背光技术、激光技术等新技术的研发和应用，支持网络化、智能化、节能环保、高清晰度数字电视产品发展。加快研发适应三网融合业务要求的数字家庭智能终端，大力推动数字家庭多业务应用示范，支持数字家庭产业基地建设，促进产业集聚发展。推进基于自主知识产权的数字音视频编解码技术标准（AVS）、多声道数字音频编解码技术标准（DRA）的高清播放系统及关键元器件的研发和产业化，鼓励高密度激光视盘机、数字音响系统、数字电影设备等发展。支持数字化摄录编播设备，无线广播电视发射设备，卫星电视地面接收设备等的研发和产业化。鼓励整机骨干企业加强资源整合，加强与面板企业的战略合作，加快发展 LED 背光源等上游关键元器件和中间件，培育具有全产业链竞争力的骨干企业，建设整机企业为主体、配套企业共同发展的产业体系。促进彩电工业转型升级，提高产业控制力。

打造面向网络新应用的计算机产业。顺应下一代互联网、物联网和三网融合的发展趋势，进一步增强计算机产业自主研发和工业设计能力，提升自主品牌的笔记本电脑、平板电脑、移动智能终端、高端服务器、大容量存储设备、激光打印机、专用打印机、扫描仪等产品的国际竞争力。针对物联网发展需求，研究制定新一代工业控制计算机体系结构，积极开展工业控制计算机软硬件基础平台和可靠性技术研究，提升我国工业控制计算机竞争能力。面向下一代互联网发展需求，重点发展支持国际互联网协议第 4 版（IPv4）和国际互联网协议第 6 版（IPv6）的高性能路由器、太比特（Tbit）以上大容量汇聚交换设备、智能网关等关键网络设备、网络安全设备和终端。构建品牌优势突出、产业配套齐全的计算机产业体系。

3.应用电子产业

提高装备电子国内保障能力。突破高档数控系统现场总线等技术，加强机床电子部件研发。推进智能仪表和控制系统的发展。重点支持汽车电子控制系统、车载网络、动力电池及管理控制系统等关键产品，提升汽车电子国内配套能力。积极研发航空机载电子设备及其相关计算机辅助设计和应用系统，加强船载北斗卫星导航系统（CNSS）和全球定位系统（GPS）产品系统集成技术、船舶自动识别技术、船舶通信技术、超声波探测技术研发，提高船舶的智能化水平。大力发展金融电子装备。

培育能源电子产业。加大绝缘栅双极晶体管（IGBT）、金属氧化物半导体场效应晶体管（MOSFET）等关键芯片、器件及模块研发投入，支持大功率密度、高性能电力电子装置研发与产业化，满足输变电、新能源汽车、轨道交通等领域发展需求。大力发展支持新能源产业和智能电网发展的大容量储能系统、智能电网控制系统等能源电子产品。

积极发展民生电子产业。重点突破数字化医学影像诊断、人体功能状态监测、医用传感器、微系统等方面的关键技术，提升医疗电子保障能力。发展数字化医院及协同医疗卫生系统、远程医疗系统，构建医疗电子公共技术平台。加快物联网、CNSS 和 GPS、地理信息系统（GIS）、射频识别（RFID）等技术在公共交通领域的应用，促进智能交通发展。在灾害救援、公共卫生、生产安全、环境保护等领域加快安防监控、监测预警等技术研发和产业化。

建立可持续发展的太阳能电池产业体系。支持高纯度多晶硅、高效太阳能电池等产品及相关设备、关键技术研发，提升电池产品性能，促进太阳能电池等产品的规模化、多样化应用。继续保持我国在晶硅电池领域的优势地位，大力发展新型薄膜太阳能电池、聚光太阳能电池等新型电池。鼓励产业集约发展和企业兼并重组，支持骨干企业向上下游产业延伸，推动太阳能电池产业持续健康发展。

专栏 2　电子信息产品重点突破工程

高性能集成电路　提升集成电路产业整体发展水平，增强芯片设计水平，推进移动互联、射频识别、信息安全、数字电视等关键领域芯片产业化；支持国家规划布局内重点生产线建设，形成 12 英寸 32/28 纳米生产线规模生产能力和 8 英寸生产线特种工艺产品加工能力；提高先进封装测试能力比重；实现上游关键材料、部分关键设备和测试仪器重点突破。

新型平板显示　重点支持规划布局内企业建设高世代 TFT-LCD 面板生产线和新型中小尺寸面板生产线，力争上游关键配套件产业和核心生产设备实现突破；提升 PDP 产业竞争力；突破 AM-OLED 技术瓶颈，攻克有机发光二极管（OLED）有机成模、器件封装等关键工艺技术，实现规模生产能力；提高 3D 显示竞争能力，实现低温多晶硅（LTPS）等新型显示技术的产业化。

LED　加强政策引导，有序发展 LED 产业。优先支持有条件企业实现高亮度 LED 外延片、芯片的规模生产。加强金属有机化学气相淀积（MOCVD）等关键设备、衬底材料等上游材料的技术攻关与产业化。支持硅衬底等新技术的发展和推广应用。继续实施半导体照明产品普及推广的试点示范，加快半导体照明产品推广应用。完善半导体照明标准体系和产品检测平台。

（三）软件产业

1.基础软件

依托国家科技重大专项，加强基础软件核心技术研发，重点支持多核中央处理器（CPU）的高可信服务器操作系统、安全易用桌面操作系统、手机操作系统，高可靠、高性能的大型通用数据库管理系统，支持网络服务的中间件、办公套件等基础软件的开发应用。着重突破新一代搜索引擎及浏览器、网络化操作系统、智能海量数据资源中心等网络化基础软件。不断完善国产基础软件产业链，稳步提高市场占用率。

2.应用软件

提升工业软件竞争力。围绕工业产品研发设计、生产控制、生产管理、市场流通、销售服务等环节，重点发展计算机辅助设计和辅助制造（CAD/CAM）、制造执行系统（MES）、企业管理、绿色制造等工业软件及行业应用解决方案，提高大型应用软件的研发水平和集成应用能力，积极推动工业软件在工业主要行业和国民经济重点领域广泛应用，促进工业化信息化深度融合和产业良性互动发展。

构建自主可控的信息安全软件体系。进一步加强信息安全标准战略与基础理论研究，做好顶层设计和整体规划，着力构建自主可控的信息安全标准体系。加强可信计算、安全防护、安全管理、安全测评等关键技术的研发，重点发展自主可控的安全基础平台、网络安全产品以及安全应用产品，支持云安全模式的新兴信息安全产品研发。推广安全可控的信息安全产品和服务，培育一批知名品牌，形成一批骨干企业，推动实现重要信息系统安全可控，提高网络与信息安全保障的技术支撑能力。

加快发展嵌入式软件。加大产学研结合力度，面向工业装备，加强传统产业升级所需工业控制类嵌入式软件产品研发。面向通信网络、汽车电子、消费电子、医疗电子、交通运输、环保监测等重点领域，大力发展面向下一代互联网、物联网、三网融合所需的嵌入式软件，进一步提高产品性能。

专栏3　软件产业提升工程

基础软件　攻克并行计算、虚拟化、分布式海量存储、资源调度等关键技术，开发推广面向移动互联网、云计算、物联网的系统软件。建立国产基础软件集成应用验证和测试环境，在政府机构、公共领域率先开展应用试点。

应用软件　建立重点工业软件行业解决方案体验中心，制定工业软件推广计划，提供低成本、高效率的工业软件和行业应用解决方案。面向工业装备、通信网络、汽车电子、消费电子、医疗电子、交通运输、环保监测等重点领域，开发推广基于开放标准的嵌入式软件开发平台、操作系统和应用软件。

产业集聚　加强软件产业基地建设，开展中国软件名城创建工作，建设一批软件和信息服务示范基地。

（四）信息服务业

推进基础电信业转型。加快信息网络的智能化改造，提升网络的业务智能化感知和用户精细化感知能力，实现面向业务创新和用户服务的网络资源动态配置，提升服务能力和用户体验。推进运营服务的智能化升级，发挥网络平台和业务平台的综合效能，推进第三方业务应用创新，实现开发者集聚、产业链协作和开放式业务创新。面向各行业信息化需求，依托电信网络资源发展以解决方案为核心的信息化服务。

推进三网融合。推动电信、广电业务的双向进入，推动移动多媒体广播电视、网络电视（IPTV）、手机电视、数字电视宽带上网等融合业务创新。加强技术研发和产品创新，推动具有自主知识产权的技术应用和新兴业态发展。加快培育市场主体，形成适度竞争的产业格局。加强网络统筹规划和共建共享，推进通信和有线电视网络升级改造，推动网络互联互通和信息资源共享。建立健全适应三网融合的网络、业务、信息服务、终端等标准体系。加强技术监控系统建设，保障三网融合模式下的网络与信息安全。

发展新兴网络信息服务。加强下一代信息技术、信息网络与研发设计、生产制造、营销管理等活动的深度结合，支撑电子商务、网络金融、视频营销、机器通信等信息服务发展，推进电子签名与认证等网络信任服务。积极发展导航与位置信息服务。促进数字城市、数字社区和数字农村建设，推动远程教育、远程医疗等在线公共服务发展。加快互联网基础平台、智能搜索、新一代网页技术、多媒体领域技术创新。

推进移动互联网创新突破。以移动智能终端和应用平台为重点,构建终端研发、网络运营、应用服务协同互动的产业体系和开放发展模式,在保障安全前提下探索形成移动网络应用程序编程接口(API)开放平台体系,鼓励第三方参与业务开发和运营。突破移动智能终端操作系统核心技术,构建自主发展的移动互联网终端和业务应用服务平台。

探索社会化商业化物联网信息服务。围绕工业转型升级的重点任务,加强生产流程监控、仓储物流管理和安全生产监测等领域的应用示范。面向城镇化进程中社会管理、环境保护等公共管理需求,开展智能交通、质量追溯、智能医疗、环境保护、公共安全和应急处置等领域的物联网应用示范,有序推进智能城市建设。

发展云计算技术与服务。开展云计算技术研发,重点攻克云操作系统、虚拟化、存储计算、云安全等关键核心技术。加快云计算基础设施、云计算平台、云计算服务、核心设备的发展建设,完善产业链。组织制定云计算国家标准,积极参与国际标准制定。推进有条件的企业和政府机构率先利用云计算改造内部信息化流程和信息基础设施。积极推动发展基础设施即服务(IaaS)、平台即服务(PaaS)和软件即服务(SaaS)等云服务模式。

提高信息技术服务水平。重点扶持信息系统咨询、规划设计、集成实施、运行维护、技术支持、数据处理等信息技术服务业,进一步满足政府部门、电信、金融、能源等重点机构和重要领域信息化发展需要。大力发展信息技术外包服务(ITO)、业务流程外包服务(BPO)和知识流程外包服务(KPO),加快推动信息技术服务外包业务向规模化、高端化升级。建立信息技术服务业标准化体系,提升我国信息技术服务业整体水平。

专栏4　新兴信息服务创新产业化工程

移动互联网　组织自主智能终端操作系统及应用平台技术攻关和产业化,制定应用接口、浏览器、视频、移动支付、安全隐私等标准规范,实现移动智能终端和应用服务的规模发展。

物联网　研究建立物联网公共服务平台,组织开展智能工业、智能城市、智能电网、智能交通、环境保护、公共安全等物联网应用示范。

云计算　开展云计算关键技术、核心设备、重点软件、新型服务的设计开发和产业化。支持企业构建商业化的云计算服务平台。在互联网服务、中小企业信息化、电子政务、城市管理、工业设计、社会公共服务等领域开展云计算应用示范。

互联网应用　组织实施共性关键技术攻关,开展新一代网页应用技术、智能搜索技术等研发突破和应用平台建设。建立互联网应用创新示范基地,开展生产和公共服务领域的互联网新型应用示范。

信息技术服务　制定推广应用信息技术服务系列标准,加强在系统运行维护、系统集成、设计开发、测试、数据处理等领域的信息服务技术研发,加快服务支撑平台建设,提供测试认证、开发环境、技术标准等服务。

五、保障措施

(一)健全法律法规

加快制定出台电信法,切实贯彻国务院关于进一步鼓励软件产业和集成电路产业发展的政策措施,落实废弃电器电子产品回收处理管理相关法规规定,完善实施细则和配套政策。在促进信息技术推广、推动自主技术软硬件开发应用、促进电子商务发展和支持电子支付、规范网络出版、保护未成年人在线行为、保障网络与信息安全等领域,健全和完善相关法律法规。加快物联网、云计算等新兴领域在知识产权保护、竞争行为规范、安全隐私保护等方面的立法。

(二)强化战略引导

充分发挥产业政策的指导作用,科学引导信息产业投资方向,合理规划布局。研究制定信息产业重点领域重大工程实施方案,强化信息网络基础设施、重大网络与信息安全工程的统筹规划,推进信息网络基础实施、各类公众信息网络及行业专用信息网络的共建共享与互联互通。在城乡规划、土地使用、公共设施配套等方面加大对下一代信息基础设施建设的支持力度,在市政交通基础设施、建筑物等改扩建时应同步建设光纤、无线宽带接入、移动通信基站,以基础设施的更新改造带动电子信息产品制造业和软件业发展。

(三)完善创新机制

构建产业创新服务体系,加强信息产业创新能力建设,在云计算、移动互联网、物联网、新型显示、集成电路、高端软件等领域建设一批国家工程中心(实验室)和企业技术中心。打造信息技术公共服务平台,构建技术转移、成果转化、知识产权等服务体系,支持建设电子产品设计、检测、计量、标准化、认证、系统验证等服务平台。建设产业创新促进中心。加强产业创新联盟建设,继续支持国内产业联盟发展,推动移动互联网、物联网、云计算等领域建立产业创新联盟。

(四)加大财税金融支持

加快实施信息产业相关重大科技专项和重大工程,增加电子发展基金、高技术产业化专项、技术改造专项资金规模。加大对宽带网络建设的引导资金投入。研究出台新兴信息服务、应用电子等领域应用推广的财税支持政策。国家重大工程建设要在确保安全前提下,采购集成电路、元器件、软件产品和信息服务。进一步研究加大电信普遍服务的资金支持力度。西部地区基础网络和应用服务设施建设,可按规定享受西部大开发税收优惠政策。加大金融信贷支持,完善信息产业中小企业融资服务,加快发展创业投资,建立健全支持企业创新创业发展的投融资体系。

(五)深化体制机制改革

深入落实深化电信体制机制改革的政策措施,加强电信监管能力建设。加强信息基础设施建设的组织协调,完善推进三网融合的体制机制。强化协同配合、联动预警的互联网管理体制。落实鼓励社会资本参与信息产业建设的投资机制,进一步扩大电信市场开放,支持社会资本开展新兴信息服务。

(六)完善市场环境

加强电信市场管理,建立市场监测应急机制,强化增值业务管理,规范增值电信服务行为。修订和完善电信业务分类目录,强化码号、域名、互联网地址等关键基础资源管理,推动无线频谱回收和有效利用,统筹新一代移动通信频谱规划,推进军民频率资源共享。加强互联网管理,完善互联网网间结算体系,健全网间互联质量提升长效机制,净化网络环境。加强电信市场和互联网监管能力建设,理顺监管体制,加强监管信息平台建设,完善互联网网站备案系统。加强电子信息产品质量、标准、安全监管和产业预警体系建设。加大信息产业人才队伍培养和投入力度,支持开展重点领域和新兴领域的人才知识更新培训,积极引进国家信息产业重大专项和重点工程所需的海外高端人才。充分发挥行业协会和中介组织作用,强化行业自律,建立健全诚信体系,促进信息产业持续健康发展。

船舶工业加快结构调整促进转型升级实施方案

（2013—2015年）

船舶工业是为海洋运输、海洋开发及国防建设提供技术装备的综合性产业。受国际金融危机的深层次影响，国际航运市场持续低迷，新增造船订单严重不足，新船成交价格不断走低，产能过剩矛盾加剧，我国船舶工业发展面临前所未有的严峻挑战。按照稳增长、调结构、促转型的工作要求，为保持产业持续健康发展，特制定本实施方案。

一、面临形势

（一）主要成就

新世纪以来，在党中央、国务院的领导下，我国船舶工业抓住难得的市场机遇，进入了历史上发展最快的时期，取得显著成就。2006年，国务院批准《船舶工业中长期发展规划（2006—2015年）》，明确了发展方向和重点任务，全面启动环渤海湾、长江口、珠江口地区等三大造船基地建设。2009年，国务院印发《船舶工业调整和振兴规划》，提出了船舶工业应对国际金融危机，保增长、扩内需、调结构的一揽子政策措施，我国船舶工业在极其不利的市场形势下，保持了平稳较快发展。产业规模迅速扩大，造船完工量、新承接订单量、手持订单量占世界市场比重显著提高；结构调整步伐加快，主流船型形成品牌，高技术船舶、海洋工程装备研发制造取得新进展，船用配套能力不断增强；产业布局得到优化，城市船厂搬迁有序推进，三大造船基地形成规模，发展质量明显改善。我国已经成为世界最具影响力的造船大国之一。

（二）挑战和机遇

受国际金融危机深层次影响，国际船舶市场需求大幅下降，手持订单持续减少，产业发展下行压力不断加大；国际航运和造船新规范、新公约、新标准密集出台，船舶产品节能、安全、环保要求不断升级；需求结构加快调整，节能环保船舶、高技术船舶、海洋工程装备等高端产品逐渐成为新的市场增长点。世界船舶工业已经进入了新一轮深刻调整期，围绕技术、产品、市场的全方位竞争日趋激烈。同时，我国船舶工业创新能力不强、高端产品薄弱、配套产业滞后等结构性问题依然存在,特别是产能过剩矛盾加剧,“十二五”后三年面临的形势十分严峻,加快结构调整、促进转型升级的任务十分迫切。但也应该看到,我国已经建成了一批高水平的造船基础设施,上下游产业齐全,劳动力资源充裕,国内市场潜力巨大,比较优势依然突出。必须抓住机遇,采取有力措施,深入推进结构调整,不断提高质量效益,为建成造船强国、实施海洋战略积蓄力量和创造条件。

二、总体要求

(一)指导思想

全面贯彻落实党的十八大精神,以邓小平理论、“三个代表”重要思想、科学发展观为指导,立足当前,着眼长远,以加快转变船舶工业发展方式为主线,以提高发展质量和效益为中心,适应国际船舶技术和产品发展新趋势,着力改善需求结构,实施创新驱动,推动技术和产品结构升级;发挥企业市场主体作用,加强宏观调控和引导,着力推进兼并重组和转型转产,优化产业组织结构和产能结构;积极应对国际船舶市场变化,着力加强企业管理和行业服务,稳定和巩固国际市场,提高产业国际竞争力,为实现船舶工业由大到强的转变奠定坚实基础。

(二)基本原则

强化需求引导,调整产品结构。发展技术含量高、市场潜力大的绿色环保船舶、专用特种船舶、高技术船舶,发展海洋工程装备,提高船用设备配套能力,扩大国内有效需求,推动船舶产品结构升级。

实施创新驱动,提高竞争能力。推进技术创新,全面满足国际新规范、新公约、新标准要求,提高船舶设计制造水平,增强产品国际竞争力,稳定国际市场份额。实施海外投资和产业重组,开展全球产业布局,积极拓展对外发展新空间。

控制新增产能,优化产能结构。遏制产能盲目扩张,利用骨干企业现有造船、修船、海洋工程装备基础设施能力,推进大型企业重组和调整,整合优势产能;调整业务结构,鼓励中小企业转型转产,淘汰落后产能。

完善政策体系,创新体制机制。尊重市场经济规律,顺应世界船舶工业深刻调整新形势,完善船舶工业转型发展的政策体系;推进重点领域改革和体制机制创新,加强企业管理,改善行业服务,不断增强船舶工业自身发展活力。

(三)发展目标

——产业实现平稳健康发展。“十二五”后三年,国内市场保持稳定增长,国际市场份额得到巩固,骨干企业生产经营稳定,船舶工业实现平稳健康发展。

——创新发展能力明显增强。新建散货船、油船、集装箱船三大主流船型全面满足国际新规范、新公约、新标准的要求,船用设备装船率进一步提高。高技术船舶、海洋工程装备主要产品国际市场占有率分别达到25%和20%以上。

——产业发展质量不断提高。产业布局调整优化,建成环渤海湾、长江口、珠江口三大世界级造船和海洋工程装备基地。骨干企业建立现代造船模式,造船效率达到15工时/修正总吨,单位工业增加值能耗下降20%,平均钢材一次利用率达到90%以上。

——海洋开发装备明显改善。运输船队结构得到优化，渔业装备水平明显提高，科学考察、资源调查等装备配置得到加强，海洋油气资源勘探开发装备满足国内需求，邮轮游艇产品适应海洋旅游产业发展需要。

——海洋保障能力显著提升。行政执法船舶配置大幅提升，调配使用效率明显提高，适应海上维权执法需要；救助、打捞船舶升级换代，航海保障能力及海上综合应急救援能力显著增强。

——化解过剩产能取得进展。产能盲目扩张势头得到遏制，产能总量不增加；企业兼并重组稳步推进，产业集中度不断提高；一批大型造船基础设施得到整合，产业布局更加合理；一批中小企业转型转产，落后产能退出市场。

三、主要任务

（一）加快科技创新，实施创新驱动

开展船舶和海洋工程装备关键技术攻关，培育提高科技创新能力，增强创新驱动发展新动力。加大主流船型符合国际新规范、新公约、新标准的节能安全环保技术开发，做好宣传、培训和推广，积极参与国际标准制订，支持数字化智能设计系统等重点技术研究和应用。开展液化天然气存储技术研究，突破液化天然气船双燃料、纯气体动力技术；组织豪华邮轮总体布置、减振降噪、海上舒适度等技术以及工程项目组织管理和特殊建造工艺研究。开展深海浮式结构物水动力性能、疲劳强度分析等关键共性技术攻关，提升钻井船、半潜式平台、液化天然气浮式生产储卸装置、水下生产系统等核心装备的概念设计和基本设计水平，掌握大型功能模块的设计制造技术。突破磷虾捕捞加工船、大型拖网加工船等大型远洋渔船设计建造技术，提高金枪鱼延绳钓船、金枪鱼围网船、秋刀鱼捕捞船等远洋渔船设计建造能力。加快产品开发，建立标准化船型库，加强防撞击、适航性等技术集成应用和创新，提高行政执法和公务船舶设计制造水平。

（二）提高关键配套设备和材料制造水平

重点依托国内市场需求，推进关键船用配套设备、海洋工程装备专用系统和设备以及特种材料的制造，提高产业核心竞争力。培育中高速柴油机、小缸径低速柴油机、甲板机械等优势产品自有品牌，加快转叶式舵机、污水处理装置、压载水处理系统、油水分离机等产品产业化，提高通信导航和自动化系统制造水平。加快液化天然气船动力推进系统、低温冷藏系统、低温液货装卸系统等关键系统的研制。开展透平和原油发电机组、单点系泊系统、动力定位系统、电力推进系统、海洋平台吊机、水下井口装置、铺管专业设备等海洋工程装备专用系统和设备研制技术攻关。推进渔船探渔、诱渔、捕捞、加工、冷藏等专用设备制造。推进行政执法和公务船舶电子、通信、导航设备产业化。发展耐腐蚀、超低温、高强度、超宽超长超薄和异形船板，海洋工程装备、海洋油气输送管线用钢等特种钢材。

（三）调整优化船舶产业生产力布局

严把市场准入关口，严格控制新增造船、修船、海洋工程装备基础设施（船台、船坞、舾装码头），坚决遏制盲目投资加剧产能过剩矛盾。通过优化产业组织结构，推进企业兼并重组，集中资源、突出主业，整合一批大型造船、修船及海洋工程装备基础设施资源，发展具有国际竞争力的船舶企业集团。通过调整中小船厂业务结构，发展中间产品制造、修船、拆船等业务，开拓非船产品市场,淘汰一批落后产能。在不增加产能的前提下,加快实施城市老旧船厂搬迁。依托环渤海湾、长江口和珠江口地区三大造船基地发展海洋工程装备,重点发展海洋工程装备专用系统和设备,形成造船、海洋工程装备、配套设备协调发展的产业格局。

(四)改善需求结构,加快高端产品发展

鼓励老旧船舶提前报废更新。加快淘汰更新老旧远洋、沿海运输船舶,推进内河船型标准化,发展满足国际新规范、新公约、新标准的节能安全环保船舶,优化船队结构,提高航运业竞争力。

大力发展海洋工程装备。加大海洋油气资源勘探开发力度,发展钻井平台、作业平台、勘察船、工程船等海洋工程装备。鼓励骨干油气、造船企业和科研院所等成立专业化企业或联合体,培育海洋工程装备设计、系统集成和总承包能力。

加强行政执法船舶配置。增加海上行政执法船舶数量,提高配置水平,开工建造一批海上行政执法船舶,改善装备条件,充实执法力量,尽快提高海上维权执法能力。

加快海洋综合开发和应急保障船舶建造。建设专业化海上应急救援队伍,开工建造一批大型救助、打捞船舶,提高海上综合救援能力。加快开发建造一批资源勘察、环境监测、科学考察船舶,改善海上科研条件,提高海洋科考能力。依托重大海洋基础设施工程,建造一批水上工程船舶,形成规模化海上施工能力。

开拓高技术船舶市场。大力发展大型液化天然气船,提高专业化设计制造能力和配套水平。加快培育邮轮市场,逐步掌握大中型邮轮设计建造技术。完善游艇产业链条,培育豪华游艇自有品牌。

实施渔船更新改造。逐步淘汰老、旧、木质渔船,发展选择性好、高效节能的捕捞渔船。加快老旧远洋渔船更新步伐,提升远洋渔业装备水平。发挥船舶工业研发和制造优势,整合科研生产要素,提高渔船开发设计和制造水平。

(五)稳定国际市场份额,拓展对外发展新空间

加强对国际船舶市场态势、产品发展趋势以及主要造船企业发展战略的分析和研究,加大国际市场开拓力度,稳定和努力扩大国际市场份额。

支持引进船舶和海洋工程装备开发、设计核心人才和团队。支持有条件的企业通过自建、并购、合资、合作等多种方式在海外设立研发中心,支持开展海外产业重组,掌握海洋工程装备、高技术船舶、配套设备等领域的先进技术。支持大型船舶和配套企业开展全球产业布局,在海外建立营销网络和维修服务基地。

(六)推进军民融合发展

促进军用与民用科研条件、资源和成果共享,促进船舶军民通用设计、制造先进技术的合作开发,加强军用与民用基础技术、产品的统筹和一体化发展,推动军用标准与民用标准的互通互用。引导造船企业发挥技术优势积极开拓民用特种、专用船舶市场。立足民用船舶工业基础,依托重大民品研制项目,突破关键产品、材料、加工制造设备等军工能力建设瓶颈。

(七)加强企业管理和行业服务

引导船舶企业深化内部改革,加强制度创新,夯实管理基础。加强成本和风险控制,增强应对市场变化和抵御市场风险能力。全面建立现代造船模式,加快信息化建设,推进精益造船,应用节能、节材技术和工艺,降低资源和能源消耗,提高发展质量和效益。加强船员人才队伍建设,建立严格的船员培养、选拔、考核、退出机制,提高船员综合素质,满足可持续发展需要。加强船舶行业管

理，完善行业准入条件，加强国际新规范、新公约、新标准的宣传、培训和推广，发挥行业协会、专业机构等在行业自律、信息咨询、技术服务、检验检测、宣传培训等方面的重要作用。

四、支持政策

（一）鼓励老旧运输船舶提前报废更新

调整延续实施促进老旧运输船舶和单壳油轮提前报废更新政策至 2015 年 12 月 31 日。鼓励老旧远洋、沿海运输船舶提前报废并建造符合国际新规范、新公约、新标准要求的绿色环保型船舶。

（二）支持行政执法、公务船舶建造和渔船更新改造

支持海上行政执法船舶以及救助打捞、资源调查、科学考察等公务船舶建造，支持航海保障设施、设备的配备，支持海洋渔船更新改造，满足船舶建造和更新改造资金需求。

（三）鼓励开展船舶买方信贷业务

鼓励金融机构加大船舶出口买方信贷资金投放，对在国内骨干船厂订造船舶和海洋工程装备的境外船东提供出口买方信贷。鼓励银行业金融机构积极拓展多元化融资渠道，通过多种方式募集资金。

（四）加大信贷融资支持和创新金融支持政策

鼓励金融机构按照商业原则，做好对在国内订造船舶且船用柴油机、曲轴在国内采购的船东的融资服务，加大对船舶企业兼并重组、海外并购以及中小船厂业务转型和产品结构调整的信贷融资支持。研究开展骨干船舶企业贷款证券化业务。积极引导和支持骨干船舶企业发行非金融企业债务融资工具、企业债券等。积极利用出口信用保险支持船舶出口。优化船舶出口买方信贷保险政策，创新担保方式，简化办理流程。鼓励有条件的地方开展船舶融资租赁试点。

（五）加强企业技术进步和技术改造

引导企业加大科研开发和技术改造投入，增强高技术船舶、海洋工程装备创新能力，开展生产工艺流程改造，加强高技术船舶、海洋工程装备、船用设备专业化能力建设，以及技术引进、消化吸收再创新和填补国内空白的产业化项目建设。

（六）控制新增产能，支持产能结构调整

地方各级人民政府及其有关部门不得以任何名义核准、备案新增产能的造船、修船和海洋工程装备基础设施（船台、船坞、舾装码头）项目，国土、交通、环保等部门不得办理土地和岸线供应、环评审批等相关业务，金融机构不得提供任何形式的新增授信支持。地方各级人民政府要立即组织对船舶行业违规在建项目进行认真清理，对未批先建、边批边建、越权核准的违规项目，尚未开工建设的，不准开工，正在建设的项目，要停止建设；国土、交通、环保部门和金融机构依法依规进行处理。对停建的违规在建项目，按照谁违规谁负责的原则，做好债务、人员安置等善后工作，区分不同情况，采取相应的措施，进行分类处理。对已经建成的违规产能，根据有关法律法规和行业准入条件等进行处理。在满足总量调控、布局规划、兼并重组等要求的条件下，推动整合提升大型基础设施能力。加快淘汰落后产能，支持企业转型转产。

五、实施保障

各地区、各部门、各单位要进一步提高对化解产能过剩矛盾、加快结构调整、促进转型升级、保持船舶工业持续健康发展重要性和紧迫性的认识,加强组织领导,抓好工作落实。

国务院各有关部门要加强沟通,密切配合,尽快制订和完善各项配套政策措施,切实做好有关指导和服务工作。各有关地区要按照本实施方案确定的目标、任务和政策措施,结合实际抓紧制订具体落实方案,确保按时完成各项任务目标。实施过程中出现的新情况、新问题及时反馈发展改革委等有关部门。

三、基础设施

能源发展“十二五”规划

前言

能源是人类生存和发展的重要物质基础，攸关国计民生和国家安全。推动能源生产和利用方式变革，调整优化能源结构，构建安全、稳定、经济、清洁的现代能源产业体系，对于保障我国经济社会可持续发展具有重要战略意义。

本规划根据《中华人民共和国国民经济和社会发展第十二个五年规划纲要》（以下简称“十二五”规划纲要）编制，主要阐明我国能源发展的指导思想、基本原则、发展目标、重点任务和政策措施，是“十二五”时期我国能源发展的总体蓝图和行动纲领。

第一章 发展基础和背景

第一节 发展基础

“十一五”时期，我国能源快速发展，供应能力明显提高，产业体系进一步完善，基本满足了经济社会发展需要，为“十二五”能源发展奠定了坚实基础。

能源供应能力显著增强。一次能源生产总量连续5年位居世界第一，2010年达到29.7亿吨标准煤；电力装机规模比2005年增长将近一倍，达到9.7亿千瓦，居世界第二。

清洁能源比重逐步增加。2010年，我国水电装机规模达到2.2亿千瓦，位居世界第一；核电在建规模2924万千瓦，占世界核电在建规模的40%以上；“十一五”时期新增风电装机规模约3000万千瓦，2010年并网规模位居世界第二；太阳能热水器集热面积继续保持世界第一。

能源重大科技专项顺利实施。资源勘探开发、加工转化技术水平显著提高，重大装备自主创新能力进一步增强。年产600万吨煤炭综采成套装备实现国产

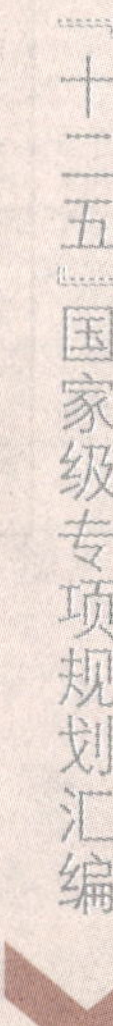

化，深海油气钻井平台建造取得重大突破，具备了百万千瓦级压水堆核电站自主设计、制造、建设和运营能力，掌握了大型风电设备制造技术，特高压等先进输电技术研发应用居世界领先水平。

节能环保成效明显。“十一五”时期，单位国内生产总值能耗下降19.1%，电力行业实施“上大压小”，单位火电供电标准煤耗下降37克，脱硫机组比重持续增加。

能源国际合作稳步推进。境外能源资源开发取得新进展，西北、东北、西南和海上四大能源进口战略通道格局初步形成，我国在国际能源事务中的作用逐步增强。

煤电油气运保障协调机制逐步完善。国家石油储备规模逐步扩大，应急保障能力不断增强，有效应对了汶川地震、玉树地震和南方雨雪冰冻等特大自然灾害，保障了北京奥运会、上海世博会等重大活动成功举办。

专栏1 “十一五”时期能源发展成就

指　标	单　位	2005年	2010年	年均增长率（%）
一次能源生产总量	亿吨标准煤	21.6	29.7	6.6
其中：煤炭	亿吨	23.5	32.4	6.6
原油	亿吨	1.8	2	2.1
天然气	亿立方米	493	948	14
非化石能源	亿吨标准煤	1.6	2.8	11.8
一次能源消费总量	亿吨标准煤	23.6	32.5	6.6
电力装机规模	亿千瓦	5.2	9.7	13.3
其中：水电	亿千瓦	1.2	2.2	12.9
火电	亿千瓦	3.9	7.1	12.7
核电	万千瓦	685	1082	9.6
风电	万千瓦	126	3100	89.8

第二节　面临形势

“十二五”时期，世情国情继续发生深刻变化，世界政治经济形势更加复杂严峻，能源发展呈现新的阶段性特征，我国既面临由能源大国向能源强国转变的难得历史机遇，又面临诸多问题和挑战。

从国际看，全球气候变化、国际金融危机、欧洲主权债务危机、地缘政治等因素对国际能源形势产生重要影响，世界能源市场更加复杂多变，不稳定性和不确定性进一步增加。

一是能源资源竞争日趋激烈。一些发达国家长期形成的能源资源高消耗模式难以改变，发展中国家工业化和现代化进程加快，能源消费需求将不断增加，全球能源资源供给长期偏紧的矛盾将更加突出。未来十年，发展中国家能源需求增量占全球增量的85%左右，消费重心逐步东移。发达国家竭力维护全球能源市场主导权，进一步强化对能源资源和战略运输通道的控制。能源输出国加强对资源的控制，构建战略联盟强化自身利益。能源的战略属性、政治属性更加凸显，围绕能源资源的博弈日趋激烈。

二是能源供应格局深刻调整。作为全球油气输出重地的西亚、北非地区局势持续动荡。美国和加拿大页岩气、页岩油等非常规资源开发取得重大突破，推动全球化石能源结构变化。美国出台了《未来能源安全蓝图》，提出“能源独立”新主张，加大本土能源资源开发，调整石油进口来源。日本福岛核电站核泄漏事故不仅影响了世界核电发展进程，而且对全球能源开发利用方式产生了深远影响。欧盟制定了2020年能源战略，启动战略性能源技术计划，着力发展可再生能源，减少对化石能源的依赖。世界能源生产供应及利益格局正在发生深刻调整和变化。

三是全球能源市场波动风险加剧。在能源资源供给长期偏紧的背景下，国际能源价格总体呈现上涨态势。金融资本投机形成“投机溢价”，国际局势动荡形成“安全溢价”，生态环境标准提高形成“环境溢价”，能源价格将长期高位震荡。发达国家能源需求增长减弱，已形成适应较高能源成本的经济结构，并将继续掌控世界能源资源和市场主导权，能源市场波动将主要给发展中国家带来风险和压力。

四是围绕气候变化的博弈错综复杂。气候变化已成为涉及各国核心利益的重大全球性问题，围绕排放权和发展权的谈判博弈日趋激烈。发达国家一方面利用自身技术和资本优势加快发展节能、新能源、低碳等新兴产业，推行碳排放交易，强化其经济竞争优势；另一方面，通过设置碳关税、“环境标准”等贸易壁垒，进一步挤压发展中国家发展空间。我国作为最大的发展中国家，面临温室气体减排和低碳技术产业竞争的双重挑战。

五是能源科技创新和结构调整步伐加快。国际金融危机以来，世界主要国家竞相加大能源科技研发投入，着力突破节能、低碳、储能、智能等关键技术，加快发展战略性新兴产业，抢占新一轮全球能源变革和经济科技竞争的制高点。高效、清洁、低碳已经成为世界能源发展的主流方向，非化石能源和天然气在能源结构中的比重越来越大，世界能源将逐步跨入石油、天然气、煤炭、可再生能源和核能并驾齐驱的新时代。

从国内看，能源发展的长期矛盾和短期问题相互交织，国内因素与国际因素互相影响，资源和环境约束进一步加剧，节能减排形势严峻，能源资源对外依存度快速攀升，能源控总量、调结构、保安全面临全新的挑战。

一是资源制约日益加剧，能源安全形势严峻。一方面，我国能源资源短缺，常规化石能源可持续供应能力不足。油气人均剩余可采储量仅为世界平均水平的6%，石油年产量仅能维持在2亿吨左右，常规天然气新增产量仅能满足新增需求的30%左右。煤炭超强度开采。另一方面，粗放式发展导致我国能源需求过快增长，石油对外依存度从本世纪初的26%上升至2011年的57%。与此同时，我国油气进口来源相对集中，进口通道受制于人，远洋自主运输能力不足，金融支撑体系亟待加强，能源储备应急体系不健全，应对国际市场波动和突发性事件能力不足，能源安全保障压力巨大。

二是生态环境约束凸显，绿色发展迫在眉睫。我国能源结构以煤为主，开发利用方式粗放，资源环境压力加大。大量水资源被消耗或污染，煤矸石堆积大量占用和污染土地，酸雨影响面积达120万平方公里，主要污染物和温室气体排放总量居世界前列。国内生态环境难以继续承载粗放式发展，国际上应对气候变化的压力日益增大，迫切需要绿色转型发展。

三是发展方式依然粗放，能效水平亟待提高。我国服务业发展滞后，能源密集型产业低水平过度发展、比重偏大,钢铁、有色、建材、化工四大高载能产业用能约占能源消费总量一半,单位产值能耗高。我国人均能源消费已达到世界平均水平,但人均国内生产总值仅为世界平均水平的一半;单位国内生产总值能耗不仅远高于发达国家,也高于巴西、墨西哥等发展中国家。较低的能效水平,与我国所处的发展阶段和国际产业分工格局有关,集中反映了我国发展方式粗放、产业结构不合理等突出问题,迫切需要实行能源消费强度和消费总量双控制,形成倒逼机制,推动在转方式、调结构方面取得实质性进展。

四是能源基础设施建设滞后,协调发展任重道远。我国区域经济和能源发展不平衡、不协调,能源供需逆向分布矛盾突出,基础设施建设相对薄弱,跨区输煤输电能力不足,缺煤缺电和窝煤窝电并存现象时有发生。城乡能源基础设施和用能水平差距大,农村能源建设和服务薄弱,农村电网建设和改造滞后,个别地方还没有用上电,全国仍有大量农户以秸秆和薪柴为生活燃料,减少能源贫困和推进城乡能源协调发展任重道远。

五是自主创新能力不足,能源产业大而不强。能源科技创新投入不足,研发力量较为分散,领军人才稀缺,自主创新基础薄弱,能源装备制造整体水平与国际先进水平相比仍有较大差距,关键核心技术和先进大型装备对外依赖程度较高,能源产业总体上大而不强,迫切需要进一步深化能源科技体制改革,大力提升能源科技自主创新能力。

六是体制约束日益显现,深化改革势在必行。能源产业行政垄断、市场垄断和无序竞争现象并存,价格机制不完善。煤电矛盾日益突出。风电、太阳能发电、小水电和分布式发电上网受到电力系统及运行机制制约。能源行业管理薄弱,缺位与错位现象并存,资源管理亟待规范,行业统计亟待加强。推动能源科学发展,迫切需要加快推进能源体制改革。

第二章　指导方针和目标

第一节　指导思想

高举中国特色社会主义伟大旗帜,全面深入贯彻落实党的十八大精神,以邓小平理论、"三个代表"重要思想、科学发展观为指导,以科学发展为主题,以加快转变发展方式为主线,着力推进能源体制机制创新和科技创新,着力加快能源生产和利用方式变革,强化节能优先战略,全面提升能源开发转化和利用效率,控制能源消费总量,构建安全、稳定、经济、清洁的现代能源产业体系,保障经济社会可持续发展。

第二节　基本原则

——坚持节约优先。实施能源消费强度和消费总量双控制,努力构建节能型生产消费体系,促进经济发展方式和生活消费模式转变,加快构建节能型国家和节约型社会。

——坚持立足国内。立足国内资源优势和发展基础,着力增强能源供给保障能力,完善能源储备应急体系,合理控制对外依存度,提高能源安全保障水平。

——坚持多元发展。着力提高清洁低碳化石能源和非化石能源比重,大力推进煤炭高效清洁利用,科学实施传统能源替代,加快优化能源生产和消费结构。

——坚持保护环境。树立绿色、低碳发展理念，统筹能源资源开发利用与生态环境保护，在保护中开发，在开发中保护，积极培育符合生态文明要求的能源发展模式。

——坚持深化改革。充分发挥市场机制作用，统筹兼顾，标本兼治，加快推进重点领域和关键环节改革，理顺价格机制，构建有利于促进能源可持续发展的体制机制。

——坚持科技创新。加快创新型人才队伍建设，加强基础科学研究和前沿技术攻关，增强能源科技创新能力。依托重点能源工程，推动重大核心技术和关键装备自主创新。

——坚持国际合作。统筹国内国际两个大局，大力拓展能源国际合作范围、渠道和方式，提升能源“走出去”和“引进来”水平，推动建立国际能源新秩序，努力实现合作共赢。

——坚持改善民生。统筹城乡和区域能源发展，加强能源基础设施和基本公共服务能力建设，尽快消除能源贫困，努力提高人民群众用能水平。

第三节　主要目标

根据对“十二五”时期经济社会发展趋势的总体判断，按照“十二五”规划纲要总体要求，综合考虑安全、资源、环境、技术、经济等因素，2015 年能源发展的主要目标是：

——能源消费总量与效率。实施能源消费强度和消费总量双控制，能源消费总量 40 亿吨标煤，用电量 6.15 万亿千瓦时，单位国内生产总值能耗比 2010 年下降 16%。能源综合效率提高到 38%，火电供电标准煤耗下降到 323 克/千瓦时，炼油综合加工能耗下降到 63 千克标准油/吨。

——能源生产与供应能力。着眼于提高安全保障水平、增强应急调节能力，适度超前部署能源生产与供应能力建设，一次能源供应能力 43 亿吨标准煤，其中国内生产能力 36.6 亿吨标准煤。石油对外依存度控制在 61%以内。

——能源结构优化。非化石能源消费比重提高到 11.4%，非化石能源发电装机比重达到 30%。天然气占一次能源消费比重提高到 7.5%，煤炭消费比重降低到 65%左右。

——国家综合能源基地建设。加快建设山西、鄂尔多斯盆地、内蒙古东部地区、西南地区、新疆五大国家综合能源基地。到 2015 年，五大基地一次能源生产能力达到 26.6 亿吨标准煤，占全国 70%以上；向外输出 13.7 亿吨标准煤，占全国跨省（区）输送量的 90%。

——生态环境保护。单位国内生产总值二氧化碳排放比 2010 年下降 17%。每千瓦时煤电二氧化硫排放下降到 1.5 克，氮氧化物排放下降到 1.5 克。能源开发利用产生的细颗粒物（$PM_{2.5}$）排放强度下降 30%以上。煤炭矿区土地复垦率超过 60%。

——城乡居民用能。全面实施新一轮农村电网改造升级，实现城乡各类用电同网同价。行政村通电，无电地区人口全部用上电，天然气使用人口达到 2.5 亿人，能源基本公共服务水平显著提高。

——能源体制机制改革。电力、油气等重点领域改革取得新突破，能源价格市场化改革取得新进展，能源财税机制进一步完善，能源法规政策和标准基本健全，初步形成适应能源科学发展需要的行业管理体系。

专栏2　“十二五”时期能源发展主要目标

类别	指　　标	单　　位	2010年	2015年	年均增长	属　性
能源消费总量与效率	一次能源消费总量	亿吨标准煤	32.50	40	4.3%	预期性
	非化石能源消费比重	%	8.60	11.40	〔2.8〕	约束性
	全社会用电量	万亿千瓦时	4.20	6.15	8.0%	预期性
	单位国内生产总值能耗	吨标准煤/万元	0.81	0.68	〔-16%〕	约束性
	火电供电标准煤耗	克/千瓦时	333	323	-0.6%	预期性
	电网综合线损率	%	6.50	6.30	〔-0.2〕	预期性能源
能源生产与供应	国内一次能源生产能力	亿吨标准煤	29.70	36.60	4.3%	预期性
	煤炭生产能力	亿吨	32.40	41	4.8%	预期性
	原油生产能力	亿吨	2	2	0	预期性
	天然气生产能力	亿立方米	948	1565	10.5%	预期性
	非化石能源生产能力	亿吨标准煤	2.80	4.70	10.9%	预期性
电力发展	电力装机容量	亿千瓦	9.70	14.90	9.0%	预期性
	其中：煤电	亿千瓦	6.60	9.60	7.8%	预期性
	水电	亿千瓦	2.20	2.90	5.7%	预期性
	核电	万千瓦	1082	4000	29.9%	预期性
	天然气发电	万千瓦	2642	5600	16.2%	预期性
	风电	万千瓦	3100	10000	26.4%	预期性
	太阳能发电	万千瓦	86	2100	89.5%	预期性
生态环境保护	单位国内生产总值二氧化碳排放下降				〔-17%〕	约束性
	煤电二氧化硫排放系数	克/千瓦时	2.90	1.50	-12.4%	约束性
	煤电氮氧化物排放系数	克/千瓦时	3.40	1.50	-15.1%	约束性
民生改善	居民人均生活用电量	千瓦时	380	620	10.3%	预期性
	绿色能源示范县	个	108	200	13.1%	预期性
	使用天然气人口	亿	1.80	2.50	6.8%	预期性

注：(1)〔〕内为五年累计数；
(2)国内生产总值以2010年不变价格计算，其他涉及价值量计算同；
(3)天然气生产能力包括常规天然气、煤层气和页岩气；
(4)2015年水电装机中含3000万千瓦抽水蓄能电站容量。

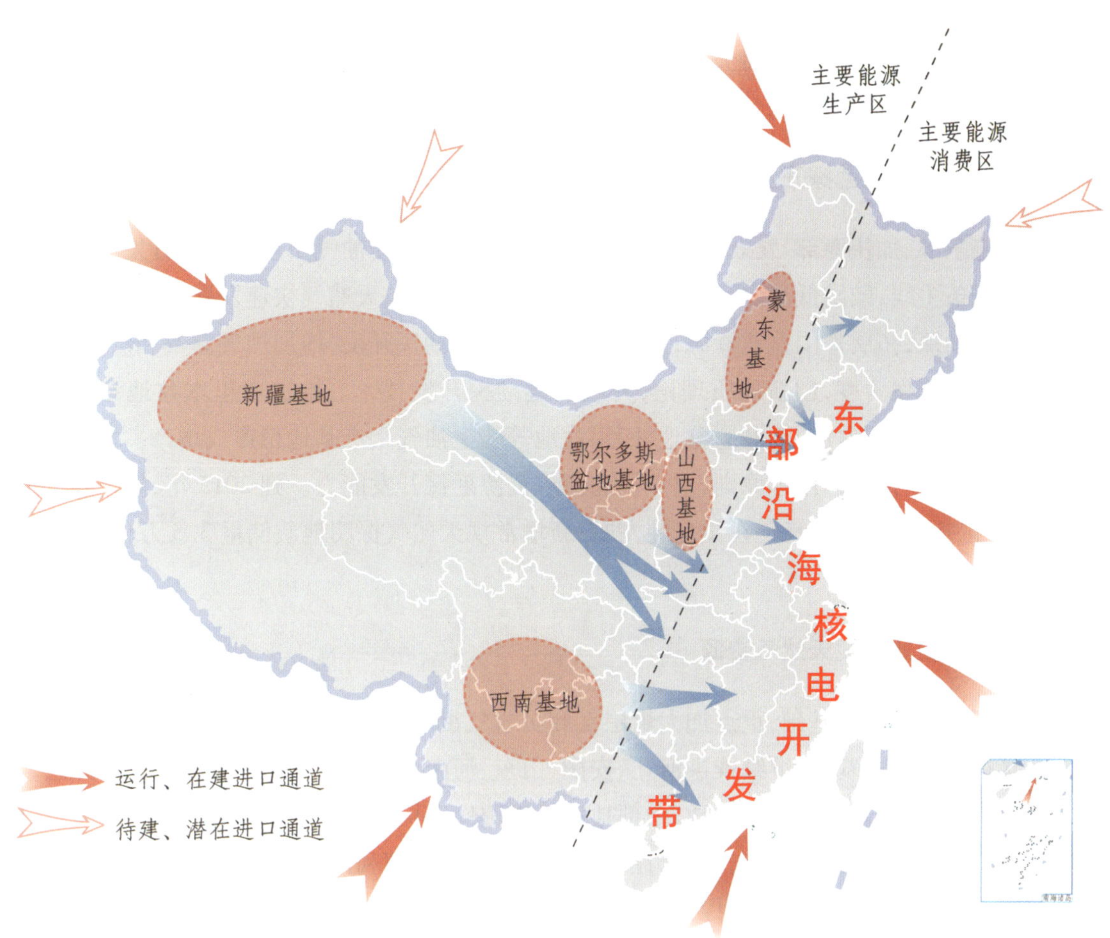

国家综合能源基地示意图

第三章 主要任务

第一节 加强国内资源勘探开发

加大国内能源资源勘探力度，优化开发常规化石能源，巩固能源供应基础。着力突破煤层气、页岩气等非常规油气资源开发技术瓶颈，大力发展非化石能源，培育新的能源供应增长极。

一、安全高效开发煤炭

按照控制东部、稳定中部、发展西部的原则，稳步推进大型煤炭基地建设，以大型骨干企业为主体，重点建设大型现代化煤矿。深入推进煤炭资源整合和煤矿企业兼并重组，调整优化产能结构，加快淘汰落后生产能力。加快煤矿改造升级，实施瓦斯治理、水火灾害防治、应急避险等重大安全工程，推行煤矿安全生产标准化，建设数字化自动化矿井、无人值守采煤工作面、煤炭地下气化示范工程，全面提升煤矿技术装备水平。加大焦煤、无烟煤等稀缺煤种保护性开发力度。积极推广保水开采、充填开采等先进技术，实施采煤沉陷区综合治理。因地制宜开发煤炭共伴生资源，大力发展矿区循环经济。到2015年,煤炭产能达到41亿吨,煤炭产量控制在39亿吨以内;采煤机械化程度达到75%以上;安全高效煤矿产量25亿吨,占全国的60%以上,比2010年增加约30个百分点;原煤百万吨死亡率下降28%以上;矿井水利用率达到75%。

二、加快常规油气勘探开发

按照稳定东部、加快西部、发展南方、开拓海域的原则,围绕新油气田规模高效开发和老油气田采收率提高两条主线,鼓励低品位资源开发,推进原油增储稳产、天然气快速发展。挖掘东部潜力,加强老区精细勘探,拓展外围盆地资源;加快西部重点盆地勘探开发,增加油气储量和产量;加大南方海相区域勘探开发力度,创新地质理论,突破关键勘探开发技术。推进塔里木盆地和准噶尔盆地、松辽盆地、鄂尔多斯盆地、渤海湾盆地、四川盆地等陆上油气生产基地稳产或增产。加快海上油气资源勘探开发,坚持储近用远原则,重点提高深水资源勘探开发能力。到2015年,新增石油探明地质储量65亿吨以上,产量稳定在2亿吨左右;新增常规天然气探明地质储量3.5万亿立方米,产量超过1300亿立方米。

三、大力开发非常规天然气资源

根据资源前景和发展基础,重点加大煤层气和页岩气勘探开发力度。建设沁水盆地和鄂尔多斯盆地东缘煤层气产业基地,继续推进河北、安徽、山东、河南、陕西、甘肃、宁夏等省(区)煤层气勘探开发试验,加快开展新疆低阶煤盆地、中部地区低渗透性煤层和西南高应力区煤层气勘查与开发评价。加快全国页岩气资源调查与评价,在保护生态环境和合理利用水资源的前提下,优选一批页岩气远景区和有利目标区。突破勘探开发关键技术,重点加快四川、重庆、云南、贵州、湖北、陕西、山西等省页岩气勘探开发,建设长宁、威远、昭通、富顺—永川、鄂西渝东、川西—阆中、川东北、延安等页岩气勘探开发区,初步实现规模化商业生产,为页岩气快速发展奠定坚实基础。到2015年,煤层气、页岩气探明地质储量分别增加1万亿和6000亿立方米,商品量分别达到200亿和65亿立方米,非常规天然气成为天然气供应的重要增长极。

四、积极有序发展水电

坚持水电开发与移民致富、环境保护、水资源综合利用、地方经济社会发展相协调,加强流域水电规划,在做好生态环境保护和移民安置的前提下积极发展水电。全面推进金沙江中下游、澜沧江中下游、雅砻江、大渡河、黄河上游、雅鲁藏布江中游水电基地建设,有序启动金沙江上游、澜沧江上游、怒江水电基地建设,优化开发闽浙赣、东北、湘西水电基地,基本建成长江上游、南盘江红水河、乌江水电基地。统筹考虑中小流域的开发与保护,科学论证、因地制宜积极开发小水电,合理布局抽水蓄能电站。"十二五"时期,开工建设常规水电1.2亿千瓦、抽水蓄能电站4000万千瓦。到2015年,全国常规水电、抽水蓄能电站装机分别达到2.6亿千瓦和3000万千瓦。

五、安全高效发展核电

严格实施核电安全规划和核电中长期发展规划(调整),把"安全第一"方针落实到核电规划、建设、运行、退役全过程及所有相关产业。在做好安全检查的基础上,持续开展在役在建核电机组安全改造。全面加强核电安全管理,提高核事故应急响应能力。在核电建设方面,坚持热堆、快堆、聚变堆"三步走"技术路线，以百万千瓦级先进压水堆为主，积极发展高温气冷堆、商业快堆和小型堆等新技术；合理把握建设节奏，稳步有序推进核电建设；科学布局项目，对新建厂址进行全面复核，"十二五"时期只安排沿海厂址；提高技术准入门槛，新建机组必须符合三代安全标准。同步完善核燃料供应体系，满足核电长远发展需要。利用有限时间、依托有限项目完成装备自主化任务，全面提升我国装备制造业水平。加快建设现代核电产业体系，打造核电强国。到2015年，运行核电装机达到4000万千瓦，在建规模1800万千瓦。

六、加快发展风能等其他可再生能源

坚持集中与分散开发利用并举，以风能、太阳能、生物质能利用为重点，大力发展可再生能源。优化风电开发布局，有序推进华北、东北和西北等资源丰富地区风电建设，加快风能资源的分散开发利用。协调配套电网与风电开发建设，合理布局储能设施，建立保障风电并网运行的电力调度体系。积极开展海上风电项目示范，促进海上风电规模化发展。加快太阳能多元化利用，推进光伏产业兼并重组和优化升级，大力推广与建筑结合的光伏发电，提高分布式利用规模，立足就地消纳建设大型光伏电站，积极开展太阳能热发电示范。加快发展建筑一体化太阳能应用，鼓励太阳能发电、采暖和制冷、太阳能中高温工业应用。有序开发生物质能，以非粮燃料乙醇和生物柴油为重点，加快发展生物液体燃料。鼓励利用城市垃圾、大型养殖场废弃物建设沼气或发电项目。因地制宜利用农作物秸秆、林业剩余物发展生物质发电、气化和固体成型燃料。稳步推进地热能、海洋能等可再生能源开发利用。到2015年，风能发电装机规模达到1亿千瓦；太阳能发电装机规模达到2100万千瓦；生物质能发电装机规模达到1300万千瓦，其中城市生活垃圾发电装机容量达到300万千瓦。

专栏3 "十二五"时期能源资源开发重点

大型煤炭基地：加快陕北、黄陇、神东、蒙东、宁东、新疆等煤炭基地建设，优化开发晋北、晋中、晋东、河南、两淮和云贵煤炭基地资源，控制冀中、鲁西煤炭基地开发规模和强度，到"十二五"末，形成10个亿吨级和10个5000万吨级特大型煤炭企业，产量占全国的60%以上。

非常规天然气开发区块：建成沁水盆地寺河、潘河、成庄、潘庄、赵庄和鄂尔多斯盆地柳林、韩城—合阳煤层气地面开发项目，推进山西、辽宁、安徽、河南、重庆、四川、贵州等省（市）重点矿区煤层气井下规模化抽采。建成长宁、威远、富顺—永川、昭通、鄂西渝东等21个页岩气规模化勘探开发区。

大型水电基地：重点开工建设金沙江白鹤滩、乌东德、梨园、龙开口、鲁地拉、观音岩、苏洼龙、叶巴滩、拉哇、昌波、旭龙，雅砻江两河口、牙根一级、牙根二级、孟底沟、卡拉、杨房沟，大渡河双江口、猴子岩、硬梁包、丹巴、老鹰岩、安谷、金川、安宁、巴底、枕头坝二级、沙坪一级，澜沧江古水、黄登、苗尾、乌弄龙、里底、托巴、大华桥、橄榄坝、古学、如美，黄河上游班多、羊曲、门堂、玛尔挡，雅鲁藏布江中游加查、街需、大古，长江干流小南海，怒江松塔，汉江旬阳，第二松花江丰满重建，乌江白马，红水河龙滩二期，帕隆藏布忠玉，库玛拉克河大石峡，开都河阿仁萨很托亥等项目；深入论证、有序启动澜沧江上游侧格、卡贡，黄河上游宁木特、茨哈峡，金沙江中游龙盘，怒江干流六库、马吉、亚碧罗、赛格等项目。

大型风电基地：建设河北、蒙西、蒙东、吉林、甘肃、新疆、黑龙江以及山东沿海、江苏沿海风电基地，到2015年，大型风电基地规模达到7900万千瓦。

太阳能电站：按照就近消纳、有序开发的原则，重点在西藏、内蒙古、甘肃、宁夏、青海、新疆、云南等太阳能资源丰富地区，利用沙漠、戈壁及无耕种价值的闲置土地，建设若干座大型光伏发电站，结合资源和电网条件，探索水光互补、风光互补的利用新模式。

第二节 推进能源高效清洁转化

立足资源优势，依靠科技创新，加快推进燃煤发电、炼油化工技术进步和产业升级，探索煤炭分

质转化、梯级利用的有效途径，提高能源加工转化效率和清洁化利用水平。

一、高效清洁发展煤电

稳步推进大型煤电基地建设，统筹水资源和生态环境承载能力，按照集约化开发模式，采用超超临界、循环流化床、高效节水等先进适用技术，在中西部煤炭资源富集地区，鼓励煤电一体化开发，建设若干大型坑口电站，优先发展煤矸石、煤泥、洗中煤等低热值煤炭资源综合利用发电。在中东部地区合理布局港口、路口电源和支撑性电源，严格控制在环渤海、长三角、珠三角地区新增除“上大压小”和热电联产之外的燃煤机组。积极发展热电联产，在符合条件的大中城市，适度建设大型热电机组，在中小城市和热负荷集中的工业园区，优先建设背压式机组，鼓励发展热电冷多联供。继续推进“上大压小”，加强节能、节水、脱硫、脱硝等技术的推广应用，实施煤电综合改造升级工程，到“十二五”末，淘汰落后煤电机组 2000 万千瓦，火电每千瓦时供电标准煤耗下降到 323 克。“十二五”时期，全国新增煤电机组 3 亿千瓦，其中热电联产 7000 万千瓦、低热值煤炭资源综合利用 5000 万千瓦。

二、推进煤炭洗选和深加工升级示范

以提高资源高效清洁利用水平为目标，加大煤炭洗选比重，提高商品煤质量，优化煤炭加工利用方式，逐步建立科学的煤炭分级利用体系，到 2015 年，原煤入选率达到 65%以上，煤矸石综合利用率提高到 75%。总结现有煤炭深加工示范项目经验，按照能量梯级利用、节水降耗、绿色低碳等要求，完善核心技术和工艺路线，稳步开展升级示范。重点在中西部煤炭净调出省（区），选择水资源相对丰富、配套基础条件好的重点开发区，建设煤基燃料、烯烃及多联产升级示范工程，探索符合我国国情的科技含量高、附加值高、产业链长的煤炭深加工产业发展模式，为适应未来能源更替和变革提供战略技术储备。“十二五”时期，新开工煤制天然气、煤炭间接液化、煤制烯烃项目能源转化效率分别达到 56%、42%、40%以上。

三、集约化发展炼油加工产业

按照上下游一体化、炼化储一体化的原则，依托进口战略通道建设炼化产业带，统筹新炼厂建设和既有炼厂升级改造，建设若干个大型化、集约化的炼化基地，逐步形成环渤海、长三角、珠三角三大炼油产业集群。严格行业准入管理，推进企业兼并重组，提高产业集中度。到 2015 年，全国一次原油加工能力达到 6.2 亿吨，成品油产量达到 3.3 亿吨，炼油每吨综合加工能耗下降到 63 千克标准油，水耗降低到 0.5 吨。

四、有序发展天然气发电

在天然气来源可靠的东部经济发达地区，合理建设燃气蒸汽联合循环调峰电站。在电价承受能力强、热负荷需求大的中心城市，优先发展大型燃气蒸汽联合循环热电联产项目。积极推广天然气热电冷联供，支持利用煤层气发电。“十二五”时期，全国新增燃气电站 3000 万千瓦。

专栏 4 “十二五”时期能源加工转化建设重点
大型煤电基地：统筹当地电力市场情况和跨区输电需要，重点在山西、内蒙古、陕西、宁夏、新疆等煤炭资源富集地区，采用先进节水技术，建设大型坑口煤电基地，在贵州、皖北、陇东等地区适度建设一定规模的外送煤电项目。 **煤炭深加工升级示范工程**：在继续组织实施好宁夏宁东、陕西榆林、内蒙古鄂尔多斯、新疆伊犁等既有煤炭深加工项目的基础上，在新疆、内蒙古、陕西、山西、云南、贵州、安徽等部分综合配套条件比较好的地区，积极推进以煤炭液化、煤制气、煤制烯烃、煤基多联产、煤油气资源综合利用等为主要方向的大规模工程示范项目。 **炼油基地**：加快先进炼油产能建设，重点建设浙江镇海、广东惠州、河南洛阳、新疆克拉玛依改扩建项目，充分利用境外资源，在天津、河北曹妃甸、浙江台州、广东湛江、广东揭阳、云南昆明、福建泉州等新建一批炼油项目，优化国内炼油产业布局，到“十二五”末，形成若干个具有较强竞争力的千万吨级炼油基地。

第三节 推动能源供应方式变革

根据新兴能源的技术基础、发展潜力和相关产业发展态势，以分布式能源、智能电网、新能源汽车供能设施为重点，大力推广新型供能方式，提高能源综合利用效率，促进战略性新兴产业发展，推动能源生产和利用方式变革。

一、大力发展分布式能源

统筹传统能源、新能源和可再生能源的综合利用，按照自用为主、富余上网、因地制宜、有序推进的原则，积极发展分布式能源，实现分布式能源与集中供能系统协调发展。

（一）积极发展天然气分布式能源。根据常规天然气、煤层气、页岩气供应条件和用户能量需求，重点在能源负荷中心，加快建设天然气分布式能源系统。对开发规模较小或尚未联通管网的页岩气、煤层气等非常规天然气，优先采用分布式利用方式。统筹天然气和电力调峰需求，合理选择天然气分布式利用方式，实现天然气和电力优化互济利用。加强天然气分布式利用技术研发，提高技术装备自主化水平。

（二）大力发展分布式可再生能源。根据资源特性和用能需求，加快风能、太阳能、小水电、生物质能、海洋能、地热能等可再生能源的分布式开发利用。以城市、工业园区等能源消费中心为重点，完善相关配套设施，大力推进屋顶光伏等分布式可再生能源技术应用，尽快提高分布式供能比重。因地制宜在农村、林区、牧区、海岛积极推进分布式可再生能源建设，解决偏远地区生活用能问题。

（三）营造有利于分布式能源发展的体制政策环境。将分布式能源纳入电力和供热规划范畴，加强配套电网和热力网建设。创新体制机制，研究制定分布式能源标准，完善分布式能源价格机制和产业政策，努力实现分布式发电直供及无歧视、无障碍接入电网。

专栏 5 “十二五”时期分布式能源发展重点和目标	
天然气分布式能源	**发展重点**：推进天然气分布式能源示范项目建设，在城市工业园区、旅游集中服务区、生态园区、大型商业设施等能源负荷中心，建设区域分布式能源系统和楼宇分布式能源系统；在条件具备的地区，结合太阳能、风能、地源热泵等可再生能源，建设能源综合利用项目。
	发展目标：到 2015 年，建成 1000 个左右天然气分布式能源项目、10 个左右各具特色的天然气分布式能源示范区；完成天然气分布式能源主要装备研制，初步形成具有自主知识产权的分布式能源装备产业体系。

三、基础设施

续表

分布式可再生能源	发展重点：推进分布式可再生能源项目建设，以民用建筑为重点，在城市推广太阳能热水、太阳能发电、地热能、垃圾发电等新能源技术应用；在城市社区、工业园区、企业等能源消费中心，积极开展分布式风能、太阳能发电、地热能等资源综合利用；在条件适宜地区，大力推动新建建筑应用太阳能热水系统，实施光伏建筑一体化工程；在重要风景名胜区周边、林区、边远和农村地区，合理布局离网式风电、太阳能发电、小水电和生物质能等可再生能源项目。
	发展目标：到 2015 年，分布式太阳能发电达到 1000 万千瓦，建成 100 个以分布式可再生能源应用为主的新能源示范城市。

二、推进智能电网建设

加快智能电网建设，着力增强电网对新能源发电、分布式能源、电动汽车等能源利用方式的承载和适应能力，实现电力系统与用户互动，推动电力系统各环节、各要素升级转型，提高电力系统安全水平和综合效率，带动相关产业发展。

加强智能电网规划，通过关键技术研发、设备研制和示范项目建设，确定技术路线和发展模式，制定智能电网技术标准。建立有利于智能电网技术推广应用的体制机制，推行与智能电网发展相适应的电价政策。加快推广应用智能电网技术和设备，提升电网信息化、自动化、互动化水平，提高可再生能源、分布式能源并网输送能力。积极推进微电网、智能用电小区、智能楼宇建设和智能电表应用。“十二五”时期，建成若干个智能电网示范区，力争关键技术创新和装备研发走在世界前列。

三、建设新能源汽车供能设施

加强供能基础设施建设，为新能源汽车产业化发展提供必要的条件和支撑，促进交通燃料清洁化替代，降低温室气体和大气污染物排放。结合充电式混合动力、纯电动、天然气（CNG/LNG）等新能源汽车发展，在北京、上海、重庆等新能源汽车示范推广城市，配套建设充电桩、充（换）电站、天然气加注站等服务网点。着力研发高性能动力电池和储能设施，建立新能源汽车供能装备制造、认证、检测以及配套标准体系。到 2015 年，形成 50 万辆电动汽车充电基础设施体系。

第四节　加快能源储运设施建设

按照海陆并举、内外衔接、安全畅通、适度超前的原则，统筹境外能源进口和国内产需衔接，统筹各种能源运输方式，优化能源流向，扩大北煤南运、北油南运、西气东输和西电东送规模。加强能源储备和调峰设施建设，全面提升能源应急保障能力。

一、强化战略通道和骨干网络建设

（一）石油。加快西北（中哈）、东北（中俄）和西南（中缅）三大陆路原油进口通道建设，加强配套干线管道建设；适应海运原油进口需要，加强沿海大型原油接卸码头及陆上配套管道建设。加强西北、东北成品油外输管道建设，完善华北、华东、华南、华中和西南等主要消费地区的区域管网。“十二五”时期，新增原油管道 8400 公里，新增成品油管道 2.1 万公里，成品油年输送能力新增 1.9 亿吨。

（二）天然气。加快建设西北（中国—中亚）、东北（中俄）、西南（中缅）和海上四大进口通道，形成以西气东输、川气东送、陕京输气管道为大动脉，连接主要生产区、消费区和储气库的骨干管网。统筹沿海液化天然气（LNG）接收站、跨省联络线、配气管网及地下储气库建设，完善长三角、环渤海、川渝地区天然气管网，基本建成东北、珠三角、中南地区等区域管网。形成天然气、煤层气、页岩气、煤制气等多种气源公平接入、统一输送的格局。推动液化天然气造船业和运输业发展。“十二五”时期，新增天然气管道4.4万公里；沿海液化天然气年接收能力新增5000万吨以上。

（三）电力。坚持输煤输电并举，逐步提高输电比重。结合大型能源基地建设，采用特高压等大容量、高效率、远距离先进输电技术，稳步推进西南能源基地向华东、华中地区和广东省输电通道，鄂尔多斯盆地、山西、锡林郭勒盟能源基地向华北、华中、华东地区输电通道。加快区域和省级超高压主网架建设，重点实施电力送出地区和受端地区骨干网架及省域间联网工程，完善输、配电网结构，提高分区、分层供电能力。加快实施城乡配电网建设和改造工程，推进配电智能化改造，全面提高综合供电能力和可靠性。到2015年，建成330千伏及以上输电线路20万公里，跨省（区）输电容量达到2亿千瓦。

（四）煤炭。加快既有铁路干线扩能改造和新建铁路煤运通道建设，提高煤炭跨区运输能力。重点建设内蒙古西部地区至华中地区的北煤南运战略通道，优化煤炭跨区流向；建成山西、陕西和内蒙古西部地区至唐山地区港口、山西中南部至山东沿海港口西煤东运新通道，缓解现有通道压力；结合兰新铁路扩能改造和兰渝铁路建设，形成疆煤外运新通道。建设沿海配套港口码头，完善内河水运通道。

专栏6 “十二五”时期能源输送通道建设重点	
原　油	中哈原油管道二期、中缅原油管道、独山子—乌鲁木齐、兰州—成都、大庆—铁岭、瑞丽—昆明等干线管道
天然气	中亚天然气管道C线和D线，西气东输二线东段及香港支线，西气东输三线、四线、五线，中缅天然气管道；陕京四线、鄂尔多斯—安平输气管线、东北天然气管网、中卫—贵阳天然气管道、青藏天然气管道（适时建设）、冀宁联络线复线、宁鲁联络线；南疆天然气利民工程；适时启动新疆煤制气外输管线、中俄东线天然气管道、萨哈林天然气管道
电　力	水电外送：金沙江溪洛渡送电浙江及广东、雅砻江锦屏等电站送电江苏、四川水电送电华中、糯扎渡等电站送电广东、云南水电送电广西 煤电和风电外送：蒙西送电华北及华中、锡盟送电华北及华东、陕北送电华北、山西送电华北及华中、淮南送电上海及浙江、新疆送电华中、宁东送电浙江、陕西送电重庆

二、提升储备应急保障能力

（一）油气储备。优化储备布局和结构，建成国家石油储备基地二期工程，启动三期工程，推进石油储备方式多元化。积极推进成品油应急调节储备，研究建立企业义务储备；加快华北、西北、西南及东南沿海地区天然气地下储气库和液化天然气储备库建设，加快城市调峰储气设施建设。

（二）煤炭储备。加快在沿海、沿江港口及华东、华中、西南等地区建设国家煤炭应急储备，鼓励重点厂矿企业提高仓储能力，稳步推进地方储备应急能力建设，逐步构建科学、有序、规范的煤炭应急储备体系。

（三）应急保障。健全能源应急组织系统，明确政府及各类社会主体的应急责任和义务。按照统一领导、分级负责、分类实施、协同保障的原则，完善应急保障预案，依法采取能源生产运输紧急调度、储备动用和价格干预等措施。加强系统演练，提高全社会能源安全应急意识和能力。

第五节 实施能源民生工程

坚持统筹规划、因地制宜、多能互补、高效清洁的原则，以逐步推进城乡能源基本公共服务均等化为导向，以实施新一轮农村电网改造升级、建设绿色能源示范县、解决无电地区用电问题为重点，全面推进能源民生工程建设。

一、加快农村电网建设

加快实施新一轮农村电网改造升级工程，消除电网薄弱环节，扩大电网覆盖面，提升农村电网供电可靠性和供电能力，农村生活用电得到较好保障，农业生产用电问题基本解决。到 2015 年，基本建成安全可靠、管理规范的新型农村电网，实现行政村通电，无电地区人口全部用上电，城乡各类用电同网同价。

二、大力发展农村可再生能源

结合农村资源条件和用能习惯，因地制宜推进小水电、农林废弃物、养殖场废弃物、太阳能、风能等可再生能源开发利用，推广普及经济实用技术，促进农村炊事、取暖和洗浴用能高效化、清洁化。积极推进农村可再生能源综合利用示范工程建设。到 2015 年，建成 200 个绿色能源示范县和 1000 个太阳能示范村。

三、完善农村能源基础服务体系

推进城镇能源供应设施和服务逐步向农村延伸，加强农村液化气供应站、加油站、型煤加工点以及生物质燃气站和管网等基础设施建设，建立各类能源设施维修和技术服务站，培育农村能源专业化经营服务企业和人才，增强能源基本公共服务能力。

专栏 7 “十二五”时期农村可再生能源建设重点工程

小水电：继续实施水电新农村电气化县建设和小水电代燃料工程建设，合理开展农村水电增容扩容，到 2015 年，全国建成 300 个水电新农村电气化县，新增小水电装机容量 1000 万千瓦。

沼气：优化发展户用沼气，加快发展集中沼气，到 2015 年，农村沼气用户达到 5000 万户，建设 3000 个规模化养殖场沼气集中供气工程，农村沼气年利用量达到 190 亿立方米。

太阳能：支持农村和小城镇居民安装使用太阳能热水器、太阳灶、太阳房等设施，实施村镇太阳能公共浴室建设工程，到 2015 年，建成 1000 个太阳能示范村。

四、加强边疆偏远地区能源建设

建设新疆天然气利民工程，适时启动格尔木至拉萨天然气输送管线建设。完善青藏直流联网工程。实施无电地区电力建设工程，加强西藏、新疆、青海、四川、云南、内蒙古等省（区）无电地区电网建设，扩大电网覆盖面；利用当地可再生能源资源，加快建设微水电、小型风电、户用光伏系统、风光互补电站等小型电源，解决无电地区用电问题。建立健全小型电源运营和维护长效机制，提高可持续供能能力。

五、着力提高民用天然气供给普及率

加快建设天然气输配管网和储气设施，扩大天然气供应覆盖面。逐步理顺天然气价格，培育和拓展天然气消费市场，扩大居民生活用气规模。到2015年，天然气使用人口达到2.5亿人。

第六节　控制能源消费总量

实施能源消费强度和消费总量双控制，尽快制定并严格落实控制能源消费总量工作方案，明确工作目标、任务和责任，采取综合配套措施，形成倒逼机制，推动经济发展转方式、调结构，促进资源节约型和环境友好型社会建设。

一、明确总量控制目标和分解落实机制

到2015年，全国能源消费总量和用电量分别控制在40亿吨标准煤和6.15万亿千瓦时左右，重点行业主要产品单位能耗总体接近世界先进水平。综合考虑各地经济社会发展水平、区位和资源特点等因素，将能源和电力消费总量分解到各省(区、市)，由省级人民政府负责落实。把能源消费总量控制目标落实情况纳入各地经济社会发展综合评价考核体系，实施定期通报制度。

二、优化产业结构和布局

加快发展现代服务业，培育发展战略性新兴产业，改造提升传统制造业。按照全国主体功能区定位，综合考虑资源、环境、物流等因素，优先在中西部能源资源富集地区布局能源密集型产业，东部地区除利用进口优质能源资源外，从严控制新上能源密集型项目，促进能源密集型产业梯级有序转移。

三、全面推进节能提效

把节能放在更加突出的位置。加强工业节能，以世界先进能效水平为目标，制定“领跑者”标准和政策，加快制修订重点行业单位产品能耗限额强制性国家标准，加大淘汰落后产能力度，实施工业节能重点工程。加强建筑节能，推行绿色建筑标准、评价与标识，提高新建建筑能效水平，加快既有建筑和城市供暖管网节能改造，实行供热计量收费和能耗定额管理，着力增加太阳能、地热能等可再生能源在建筑用能中的比重，实行公共建筑能耗定额管理、能效公示、能源计量和能源审计制度。加强交通节能，加快发展水路、轨道和管道运输，减少煤炭等大宗货物公路长途运输。大力发展公共交通。逐步实施世界先进水平的燃油经济性限值标准，推广节能和新能源交通工具。

四、着力加强用能管理

严格执行固定资产投资项目节能评估与审查制度。深入开展能源审计和能效水平对标活动，实行能源利用状况报告制度，建立企业能源管理体系，实行万家企业节能低碳行动，加快推行合同能源管理等市场化节能机制。鼓励发展智能电网和分布式能源，推进节能发电调度，鼓励余热余压综合利用。加强能源需求侧管理，开展电力需求侧管理城市综合试点，加强“能效电厂”示范和推广。加大高效节能技术产品推广力度，强化能效标识和节能产品认证制度，扩大节能产品政府采购，实施节能产品惠民工程。开展合理用能全民行动，倡导合理用能生活方式和消费模式。

第七节　深化能源体制机制改革

坚持社会主义市场经济改革方向,按照远近结合、标本兼治、统筹兼顾、突出重点的原则,抓紧制定和实施深化能源体制改革的指导意见,加快构建现代能源市场体系,着力化解重点领域和关键环节的突出矛盾,争取尽快取得突破。

一、加快现代能源市场体系建设

科学界定竞争性和非竞争性业务,对可以实现有效竞争的业务引入市场竞争机制,积极培育市场竞争主体;对自然垄断业务,加强监管,保障公平接入和普遍服务。加快国有能源企业改革,完善现代企业制度。完善区域性、全国性能源市场,积极发展现货、长期合约、期货等交易形式。

二、推进重点领域改革

(一)继续深化电力体制改革。加快建立现代电力市场体系,稳步开展输配分开试点,组建独立电力交易机构,在区域及省级电网范围内建立市场交易平台,分批放开大用户、独立配售电企业与发电企业直接交易。改进发电调度方式,逐步增加经济调度因素,为实行竞价上网改革探索经验。建立理顺煤电关系的长效机制。按照基本公共服务均等化和现代企业制度要求,兼顾电力市场化改革方向,统筹推进农村电力体制改革。

(二)深化煤炭领域改革。完善行业管理体制,加强对煤炭资源勘探开发、生产经营等全过程的监督管理。国家统一管理煤炭一级探矿权市场,规范矿业权二级市场。完善煤炭与煤层气协调开发机制。深化煤炭流通体制改革,实现重点合同煤和市场煤并轨,积极推行中长期合同,推进煤炭铁路运力市场化配置,加快健全区域煤炭市场,逐步培育和建立全国煤炭交易市场,开展煤炭期货交易试点。加快推进煤矿企业兼并重组,推行煤电运等一体化运营。

(三)推进石油天然气领域改革。加强油气矿业权监管,完善准入和退出机制。推进页岩气投资主体多元化,加强对页岩气勘探开发活动的监督管理。完善炼油加工产业市场准入制度,研究推动原油、成品油进口管理改革,形成有效竞争格局。加强油气管网监管,稳步推动天然气管网独立运营和公平开放,保障各种气源无歧视接入和统一输送。明确政府与企业油气储备应急义务和责任。

(四)推进可再生能源和分布式能源体制机制改革。研究建立水能资源开发权公平竞争、有偿取得及利益合理分配机制,创新移民安置和生态补偿机制。完善有利于可再生能源良性发展、分布式能源推广应用的管理体制,促进形成可再生能源和分布式能源无歧视、无障碍并网新机制。探索建立可再生能源电力配额及交易制度和新增水电用电权跨省(区)交易机制。

三、完善能源价格机制

(一)理顺电价机制。加快推进电价改革,逐步形成发电和售电价格由市场决定、输配电价由政府制定的价格机制。加大对电网输配业务及成本的监管,核定独立输配电价。改进水电、核电及可再生能源发电定价机制。推进销售电价分类改革。大力推广峰谷电价、季节电价、可中断负荷电价等电价制度。推进工业用户按产业政策实行差别化电价和超限额能耗惩罚性电价,实施并完善居民阶梯电价制度。

（二）深化油气价格改革。深化成品油价格市场化改革。深入推进天然气价格改革，在总结广东、广西试点经验的基础上，建立反映资源稀缺程度和市场供求关系的天然气价格形成机制，逐步理顺天然气与可替代能源比价关系，建立上下游价格合理传导机制。研究推行天然气季节性差价和可中断气价等差别性价格政策。页岩气出厂价格实行市场定价。

第八节　提升能源科技和装备水平

按照创新机制、夯实基础、超前部署、重点跨越的原则，以增强能源科技自主创新能力和提高能源装备自主化水平为目标，加快构建重大技术研究、重大技术装备、重大示范工程、技术创新平台"四位一体"的能源科技装备创新体系。

一、加快科技创新能力建设

（一）加强能源基础科学研究。坚持政府在能源基础科学研究中的主导地位，进一步优化配置能源科技资源，加大资金投入和政策扶持，建立一批国家工程技术研究中心、国家能源研发中心和重点实验室。面向世界能源科技前沿和国家重大战略需要，在地质、材料、环境、能源动力和信息与控制等基础科学领域，超前部署一批对能源发展具有战略先导性作用的前沿技术攻关项目，突破制约能源发展的核心技术、关键技术。

（二）推进先进适用技术研发应用。充分调动和发挥企业的主体作用，围绕能源发展方式转变和产业转型升级，集聚优势科研力量，加快先进适用技术研发，完善技术推广应用体系。力争在煤矿高效集约开采、页岩气等非常规油气资源勘探开发、先进油气储运、高效清洁发电、新一代核电、海上风电、太阳能热发电、大容量高效率远距离输电、大容量储能等重点领域取得突破，达到或超过世界先进水平。

二、提高能源装备自主化水平

加强对能源装备产业的规划引导，依托重点工程，加强技术攻关和综合配套，建立健全能源装备标准、检测和认证体系，努力提高重大能源装备设计、制造和系统集成能力。

三、实施重大科技示范工程

充分利用我国能源市场空间大、工程实践机会多的优势，加大资金、技术、政策扶持力度，以煤层气开发利用、油气资源高效开发、高效清洁发电、特高压输电、大规模间歇式发电并网、智能电网、多能互补利用、核燃料后处理等技术领域为重点，加快重大工程技术示范，促进科技成果尽快转化为先进生产力。

专栏8　"十二五"时期能源装备发展重点

核电装备：以先进核电项目为依托，加快大型锻件、核主泵、关键材料、数字化仪控系统、核电泵阀等关键设备的自主制造。

燃气轮机：推进现有燃气轮机制造技术进步，研制小型燃气轮机发电机组，开发重型燃气轮机，提升高温部件制造和试验验证能力。

超超临界火电机组：研发600℃百万千瓦级（单轴）超超临界燃煤发电机组，研制700℃超超临界发电机组锅炉、汽轮机设备、辅机、高温材料和部件。

续表

大型油气开采和长输管线装备：掌握压缩机、电机和变频控制系统等关键设备的设计制造技术；实现天然气长输管线大型球阀、电机驱动压缩机组、燃机驱动压缩机组等关键设备自主制造。 **大型国产化水电机组**：开展百万千瓦级大型水轮机组技术研究，实现35万千瓦、500米水头以上大容量、高水头抽水蓄能机组设计制造自主化，研制大型低水头贯流式水轮发电机组。 **风电和太阳能设备**：掌握7—10兆瓦级风电机组整机及大型轴承、变流器等关键零部件的设计制造技术，实现批量生产。研制兆瓦级光伏电站逆变、控制系统，培育太阳能热发电关键装备生产制造能力，发展10万千瓦级太阳能热发电技术装备。 **储能设施和分布式能源设备**：研发具有自主知识产权的高容量储能系统，实现核心部件制造和系统集成的国产化。实现多能互补分布式供能系统关键装备的系统集成。

专栏9　“十二五”时期能源示范工程重点任务	
勘探与开发	大型矿井快速施工与工作面自动化示范工程、地下气化采煤技术研发与示范工程、煤层气综合开发利用示范工程、低/特低渗透油气田开采示范工程、中深层稠油油藏开采示范工程、富酸性气藏开采示范工程、非常规天然气规模化开发示范工程
加工与转化	集煤气化、化工合成、发电、供热、废弃物资源化利用等于一体的多联产示范工程，拥有完全自主知识产权的万吨级生物质热化学转化制备液体燃料及热、电、化学品等多联产示范工程，生物质气化示范工程，煤—电—粉煤灰提取氧化铝—电解铝—建材一体化示范工程
发电与输电	400—500MW级整体煤气化联合循环（IGCC）多联产及碳捕获、利用与封存（CCUS）示范工程，分布式能源燃气轮机发电示范工程、高效节能环保节水型燃煤发电示范工程，中/低热值燃气蒸汽联合循环发电示范工程。具有自主知识产权的先进压水堆核电示范工程，200MW级模块式高温气冷堆核电示范工程，快堆示范工程，模块式小型堆示范工程，智能电网示范工程
新能源	大规模并网光伏发电系统、太阳能热发电示范工程，100MW级风、光、储、输综合供能系统示范工程和10MW级水、光、气、储互补发电系统示范工程

第九节　深化能源国际合作

坚持互利合作、多元发展、协同保障的新能源安全观，积极参与境外能源资源开发，扩大能源对外贸易和技术合作，提升运输、金融等配套保障能力，构建国际合作新格局，共同维护全球能源安全。

一、深入实施“走出去”战略

着眼于增强全球油气供应能力，发挥我国市场和技术优势，深入开展与能源资源国务实合作。继续加强海外油气资源合作开发。积极推进炼化及储运业务合作。支持优势能源企业参与境外煤炭资源开发，开展境外电力合作。依托境外能源项目合作，带动能源装备及工程服务“走出去”。

二、提升“引进来”水平

坚持引资引智与能源产业发展相结合，优化利用外资结构，引导外资投向能源领域战略性新兴产业，带动先进技术、管理经验和高素质人才的引进。鼓励外资参与内陆复杂油气田、深海油气田风险勘探。在四川、鄂尔多斯等页岩气资源富集盆地选择勘探开发合作区，建设先导性示范工程。鼓励与石油资源国在境内合作建设炼化和储运设施。鼓励开展煤炭安全、高效、绿色开采合作。借鉴国际能源管理先进经验，加强与主要国家和国际机构在战略规划、政策法规和标准、节能提效等方面的交流合作。

三、扩大国际贸易

优化能源贸易结构。以原油为主、成品油为辅，巩固拓展进口来源和渠道，扩大石油贸易规模，增加管输油气进口比例。以稀缺煤种和优质动力煤为主，稳步开展煤炭进口贸易。适度开展跨境电力贸易。优化能源进出口品种。

推进能源贸易多元化。鼓励更多有资质的企业参与国际能源贸易，推进贸易主体多元化。综合运用期货贸易、长协贸易、转口贸易、易货贸易等方式，推进贸易方式多元化。积极推进贸易渠道、品种和运输方式多元化。

四、完善国际合作支持体系

鼓励国内保险机构开展“国油国保”和境外人身、财产保险。积极稳妥参与国际能源期货市场交易，合理规避市场风险。积极参与全球能源治理，充分利用国际能源多边和双边合作机制，加强能源安全、节能减排、气候变化、清洁能源开发等方面的交流对话，推动建立公平、合理的全球能源新秩序，协同保障能源安全。

第四章　保障措施

第一节　健全财税金融政策

一、强化财政扶持

整合现有政策渠道，完善可再生能源资金支持制度，加大对分布式能源和非常规能源发展的支持力度。继续安排中央预算内投资，支持农村电网改造升级、无电地区电力建设、煤矿安全改造、国家石油储备基地、能源自主创新、能源战略性新兴产业、节能减排等领域发展，研究建立健全西藏、新疆等边疆地区及无电地区能源投入长效机制。

二、完善税收政策

加快推进能源资源税改革，逐步理顺国家与开发主体、中央与地方资源收益分配关系。推进煤炭税费综合改革，清理各类违规收费，逐步推行资源税从价计征。强化能源消费环节税收调节，完善化石能源的消费税，加快环境保护税立法工作。

三、加强金融支持

加强信贷政策和能源产业政策的衔接配合。创新金融产品和服务，为能源投资多元化提供便利。拓宽企业投融资渠道，提高能源企业直接融资比重。

第二节 改进能源投资管理

一、理顺能源投资及国有能源企业管理体制

坚持国有经济在关系国家安全和国民经济命脉的能源重点领域的主导地位。深化能源领域投资体制改革,加强规划和产业政策对投资的引导和调节作用,简化行政审批。完善国有能源企业考核评价机制。

二、鼓励能源投资多元化

进一步放宽能源投融资准入限制,鼓励民间资本进入法律法规未明确禁入的能源领域,鼓励境外资本依照法律法规和外商投资产业政策参与能源领域投资,推进电网、油气管网等基础设施投资多元化。以煤层气、页岩气、页岩油等矿种区块招标为突破口,允许符合条件的非国有资本进入,推动形成竞争性开发机制。规范流通市场秩序,稳步推进石油分销市场开放。

第三节 强化能源行业管理

一、加强能源法制建设

加快推进能源法出台,尽快完成煤炭法、电力法修订,组织开展石油、天然气、核能等领域的立法工作,拟定配套法规和规章,加强执法监督检查。

二、完善能源标准和统计体系

加强能源行业技术、装备、能效等标准体系建设,建立健全可再生能源和分布式能源发电并网标准。推进能源行业统计、监测、预测预警能力建设,建立信息共享平台,构建有利于宏观调控和行业管理的能源行业统计体系。

三、转变能源管理方式

构建系统科学、层次清晰的能源战略规划和产业政策体系,完善实施监督和评估调整机制。对能源规划、建设、生产、运营、消费等各环节实施全过程监管。建立能源基本公共服务新机制。

第四节 加强国际合作统筹协调

建立能源、外交、财税、外贸、金融等跨部门协调机制,加强境外能源开发利用的宏观指导和服务。完善能源“走出去”备案机制,提高企业参与境外资源开发的协调性。建立健全国际能源信息平台,开展国际能源储备和应急互助合作,制定能源安全应急预案,增强应对各类突发事件的能力。

第五章 规划实施

一、明确目标责任

本规划中非化石能源消费比重、能源消费强度等约束性指标，以及国家明确要求考核的能源消费总量控制目标，主要由地方各级人民政府和国务院有关部门负责组织落实。各地区、各部门要逐项分解任务，明确责任和进度，纳入综合考核和绩效评价体系。

本规划中其他指标和能源开发建设、结构调整、科技创新等任务，需要依靠各类市场主体和社会有关方面共同努力实现。各级人民政府要通过健全市场机制和利益导向机制，不断改善体制和法制环境，保障规划的贯彻落实。

二、做好衔接协调

国家有关专项规划、地方能源规划、大型企业集团发展规划要切实贯彻国家能源战略意图，落实本规划提出的主要目标和任务，重点做好与约束性指标和能源消费总量控制目标的衔接。已经发布但与本规划总体要求不一致的，应作出相应调整。

国务院能源主管部门要根据本规划编制电力、煤炭、天然气、可再生能源、能源科技、核电等专项能源规划，落实本规划提出的主要目标和任务。国务院有关部门要紧密结合实际，积极推动能源体制改革，制定和完善价格、财税、投资等政策，加大对能源领域战略性新兴产业发展、科技创新能力建设、提高能源基本公共服务水平等的支持力度。加强相关政策的统筹协调，形成推动规划实施的合力。

三、加强监测评估

国务院能源主管部门应完善规划监督执行制度，跟踪分析规划实施情况，掌握主要目标和任务完成进度。在规划实施过程中，适时组织开展全面评估，提出相关对策措施。需要对本规划调整时，及时研究提出调整方案，报国务院批准后实施。

专栏 10 规划实施部门分工

序号	工作任务	主要参加单位
一	主要任务	
1	加快国内能源资源开发	发展改革委、能源局、科技部、财政部、国土资源部、环境保护部、住房城乡建设部、水利部、农业部、林业局、海洋局
2	推进能源高效清洁转化	发展改革委、能源局、科技部、工业和信息化部、财政部、国土资源部、环境保护部、农业部、林业局
3	推进能源供应方式变革	发展改革委、能源局、科技部、财政部、工业和信息化部、环境保护部、住房城乡建设部、农业部、林业局
4	加快能源储运设施建设	发展改革委、能源局、财政部、国土资源部、环境保护部、交通运输部、铁道部、农业部、商务部、林业局、电监会

续表

序号	工作任务	主要参加单位
5	实施能源民生工程	发展改革委、能源局、财政部、住房城乡建设部、水利部、农业部、商务部、林业局
6	控制能源消费总量	发展改革委、能源局、财政部、工业和信息化部、住房城乡建设部、交通运输部、铁道部、农业部、统计局、电监会
7	深化能源体制机制改革	发展改革委、能源局、工业和信息化部、财政部、国土资源部、商务部、国资委、电监会、证监会
8	提升能源科技装备水平	发展改革委、能源局、科技部、工业和信息化部、财政部、国土资源部、农业部、林业局、中科院、工程院
9	深化能源国际合作	发展改革委、能源局、外交部、科技部、财政部、国土资源部、交通运输部、商务部、人民银行、银监会、保监会
二	**保障措施**	
1	健全财税金融政策	财政部、发展改革委、能源局、国土资源部、住房城乡建设部、人民银行、税务总局、银监会、证监会、保监会
2	改进能源投资管理	发展改革委、能源局、财政部、商务部、人民银行、国资委
3	强化能源行业管理	发展改革委、能源局、国土资源部、统计局、法制办、电监会
4	加强国际合作统筹协调	发展改革委、能源局、外交部、财政部、商务部
注:列第一位的为牵头单位。		

天然气发展“十二五”规划

前　言

天然气是一种优质、高效、清洁的低碳能源。加快天然气产业发展，提高天然气在一次能源消费中的比重，对我国调整能源结构、提高人民生活水平、促进节能减排、应对气候变化具有重要的战略意义。

根据《中华人民共和国国民经济和社会发展第十二个五年规划纲要》的总体要求，为扩大天然气利用规模，促进天然气产业有序、健康发展，发展改革委、能源局组织编制了《天然气发展“十二五”规划》。

为加快我国页岩气发展，国家发展改革委、财政部、国土资源部和国家能源局于2012年3月联合颁布了《页岩气发展规划（2011—2015年）》，规划明确“十二五”期间主要任务是攻克勘探开发关键技术，为“十三五”页岩气大规模开发奠定基础。

本规划以天然气基础设施为重点，兼顾天然气上游资源勘查开发和下游市场利用，涵盖了煤层气、页岩气和煤制气等内容，是“十二五”时期引导我国天然气产业健康发展的重要依据。在实施过程中，将根据实际情况进行适时调整、补充。

第一章　规划背景

第一节　发展基础

一、我国天然气发展现状

资源探明程度低，发展潜力大。根据新一轮油气资源评价和全国油气资源动态评价（2010年），我国常规天然气地质资源量为52万亿立方米，最终可采资源量约32万亿立方米。截至2010年底，累计探明地质储量9.13万亿立方米，剩余技

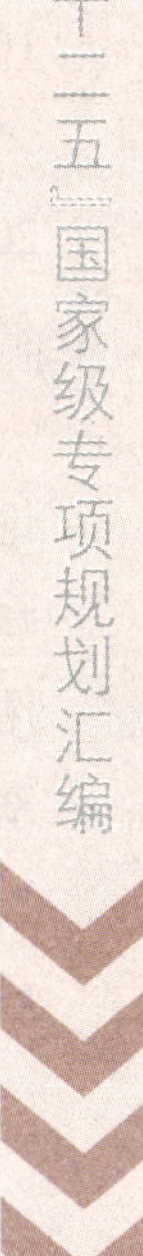

术可采储量3.78万亿立方米，探明程度为17.5%。总体上分析，我国天然气资源丰富，发展潜力较大。2010年我国天然气产量为948亿立方米，储采比约为40，处于勘查开发快速发展阶段。鄂尔多斯盆地、四川盆地、塔里木盆地和南海海域是我国四大天然气产区，合计探明剩余技术可采储量和产量分别约占全国的78%、73%，是今后增储上产的重要地区。

我国还有丰富的煤层气资源。埋深2000米以浅煤层气地质资源量约36.8万亿立方米、可采资源量约10.8万亿立方米。截至2010年底，煤层气探明地质储量2734亿立方米。2010年煤层气（煤矿瓦斯）产量90亿立方米，其中地面开采煤层气15亿立方米。

我国页岩气资源也比较丰富。据初步预测，页岩气可采资源量为25万亿立方米，与常规天然气资源相当。目前，我国在四川、重庆、云南、湖北、贵州、陕西等地开展了页岩气试验井钻探，已钻井62口，24口获天然气流，初步证实我国页岩气具有较好的开发前景。

产量快速增长，基础设施快速发展。我国天然气产量连续十年保持快速增长，2000年产量为272亿立方米，2010年达到948亿立方米，年均增长13.3%。

全国天然气基干管网架构逐步形成。截至2010年底，天然气主干管道长度达4万公里，地下储气库工作气量达到18亿立方米，建成3座液化天然气（LNG）接收站，总接收能力达到1230万吨/年，基本形成“西气东输、北气南下、海气登陆”的供气格局。西北、西南天然气陆路进口战略通道建设取得重大进展，中亚天然气管道A、B线已顺利投产。基础设施建设逐步呈现以国有企业为主、民营和外资企业为辅多种市场主体共存的局面，促进了多种所有制经济共同发展。

进口量持续增加，对外依存度不断攀升。我国从2006年开始进口天然气，当年进口0.9亿立方米，2010年进口量达到170亿立方米，对外依存度达到15.8%。随着中亚天然气管道及一批LNG接收站的投运，进口天然气的比例还将不断上升。

市场快速发展，消费结构逐步调整。2000年我国天然气消费量为245亿立方米，2010年达到1075亿立方米，年均增长15.9%，在一次能源消费结构中的比重从2.2%上升至4.4%。

2000年天然气消费结构中，城市燃气、发电、化工和工业燃料分别占12%、14%、38%、36%，2010年分别占30%、20%、18%、32%，城市燃气和发电比例大幅度提高。2010年用气人口为1.88亿人，占总人口的14%、城镇人口的28.2%。

科技创新能力增强，装备自主化水平提高。初步形成岩性地层气藏理论、海相碳酸盐岩成藏理论、前陆盆地成藏理论等，以及以地球物理识别为核心的天然气藏勘查技术。攻克超低渗透天然气藏经济开发，高含硫化氢气田安全开采，含CO_2火山岩气藏安全高效开发、集输处理和驱油循环利用等关键技术。研制成功3000米深水半潜式钻井平台等重大装备；3000型大型压裂车、可钻式桥塞等页岩气关键装备研制有所突破。以西气东输、广东LNG接收站和西气东输二线等一批重大工程为依托，实现了X70、X80钢级管材国产化；大型LNG运输船国产化工作顺利推进，已经实现批量生产；20兆瓦级电驱、30兆瓦级燃气轮机驱动离心式压缩机组总成满负荷试验成功。

二、主要矛盾和问题

随着天然气产业快速发展，产业链发展不协调逐步显现，供应增加与设施不足的矛盾、管道快速发展与储气能力滞后的矛盾、市场开发与配套能力落后的矛盾日益突出。问题主要表现在：

勘查领域缺乏竞争。我国天然气资源勘查潜力较大，但由于勘查主体少，竞争不足，造成部分区域内存在一定程度的“占而不勘”现象，影响了天然气增储上产。同时，缺乏对非常规天然气特别是页岩气勘查开发的扶持政策。

设施滞后形成瓶颈。天然气主干管网系统尚不完善，部分地区尚未覆盖，区域性输配管网不发达，天然气调配和应急机制不健全。特别是储气能力建设严重滞后，目前储气库工作气量仅占消费量的1.7%，远低于世界12%的平均水平。用气负荷集中的大中城市缺乏储气和应急调峰设施，已建成LNG储罐罐容约40万立方米、高压储罐罐容约30万立方米，主要分布在北京、上海、合肥、郑州等大城市。随着进口天然气规模扩大，储气能力愈显不足，供气安全压力日益加大。

天然气价格亟待理顺。目前，国内天然气价格水平偏低，没有完全反映市场供求变化和资源稀缺程度，不利于天然气合理使用。特别是进口中亚天然气按国产气价格亏损销售，不利于调动企业实施“走出去”引进资源的积极性。由于国内天然气用户承受能力有限，完全理顺天然气价格还需要一个过程。

关键技术尚待突破。大规模开发非常规天然气尤其是页岩气的关键技术体系尚未形成，缺乏核心技术和相关标准规范等；大型燃气轮机和大功率天然气压缩机、大型LNG低温泵等关键设备主要依靠进口；天然气高效利用关键技术，如微型燃气轮机等与国际水平差距较大。

法规体系尚不健全。如何依照反垄断法等法律法规，加强对具有自然垄断属性的管网等基础设施运营企业的有效监管，督促其向第三方提供公平、公正的服务，还需要在实践中进一步研究、探索，不断完善相关制度。

第二节　发展形势

“十二五”时期是全面构建现代能源产业体系的关键时期，也是天然气产业发展迈上新台阶的重要时期。需认真分析研判国内外天然气发展趋势，准确把握天然气发展面临的机遇和挑战，为我国天然气产业发展创造良好条件。

一、面临的机遇

国际资源供应较为丰富。截至2010年底，世界天然气探明剩余技术可采储量187万亿立方米，2010年产量约3.2万亿立方米，储采比约为58，发展潜力较大。

2008年国际金融危机爆发以来，世界天然气需求增速减缓。同时，美国页岩气开发取得突破，年产量已逾千亿立方米，对全球天然气市场供应格局产生重大影响，出现了天然气现货价与油价关联度降低的趋势。专家普遍认为，世界天然气资源完全可以满足经济发展的需要，特别是美国页岩气的快速发展，将使供应能力进一步增强。

国内需求快速增加。目前，天然气占我国一次能源消费比重为4.6%，与国际平均水平(23.8%)差距较大。同时，随着我国城镇化深入发展，城镇人口规模不断扩大，对天然气的需求也将日益增加。加快发展天然气，提高天然气在我国一次能源消费结构中的比重，可显著减少二氧化碳等温室气体和细颗粒物($PM_{2.5}$)等污染物排放，实现节能减排、改善环境，这既是我国实现优化调整能源结构的现实选择，也是强化节能减排的迫切需要。

二、面对的挑战

设施建设任务繁重。“十二五”期间，预计我国建设管道总长度将超过4万公里，建设储气库工作气量超过200亿立方米左右。工程建设任务艰巨，建设周期长，需要统筹合理安排，解决资源输送瓶颈,满足市场用气需求,提高保供能力。

市场开发还需下大力气。“十二五”期间,预计年均新增天然气消费量超过200亿立方米,到2015年达到2300亿立方米。在基础设施不足、进口气量不断增长且价格高于国产气价、国内用气需求受价格影响较大的情况下,市场开发总体形势不容乐观。

供气安全问题需高度关注。2010年,我国天然气对外依存度已超过15%,预计2015年超过35%,这将给我国能源安全带来新的挑战,必须在优化天然气消费结构同时,努力提高国内有效供给。

页岩气开发关键技术尚未突破。我国页岩气资源赋存条件比较复杂,总体资源情况尚不清楚;勘探开发关键技术和重大装备尚未攻克,核心技术远未掌握;环境和水资源约束突出。

体制改革进入攻坚阶段。天然气输配等自然垄断环节缺乏监管,关系错综复杂,需通过体制改革予以解决。

第二章　指导思想和目标

第一节　指导思想

高举中国特色社会主义伟大旗帜,以邓小平理论和“三个代表”重要思想为指导,全面贯彻落实科学发展观,按照以人为本、调整能源结构、促进节能减排、提高利用效率、安全保供的发展方针,通过科技创新和体制机制改革,加强行业监管,完善产业政策,解决天然气产业发展不协调问题,发挥市场配置资源的基础性作用,提高天然气在一次能源消费中的比重,构建供应稳定、运行高效、上下游协调发展的现代天然气产业体系。

第二节　基本原则

加强国内开发与稳步引进相结合。对国内资源要加大勘查开发投入,增加探明储量规模,不断夯实资源基础,实现国内天然气产量快速增长。根据国内天然气生产能力、气价承受能力、市场需求情况及国际天然气市场变化趋势,稳步引进境外天然气资源,形成多元化供应格局,确保供气安全。

常规与非常规天然气开发相结合。页岩气和常规天然气分布区多有重叠,输送和利用方式相同,页岩气开发利用要与常规天然气开发有机结合。

整体布局与区域协调相结合。统筹国内外多种气源及各地区经济发展需求,整体规划、适度超前、分阶段分步骤有序推进天然气基础设施建设,鼓励各种投资主体投资建设天然气基础设施。根据各地区调峰需求、地质条件等情况,有针对性地布局调峰及应急储备设施建设。

保障供应和节约使用相结合。提高天然气安全保供水平,以人为本,优先满足居民生活用气需求。加强天然气需求侧管理,按照“量入为出”的原则有序开发市场,坚持节约优先,抑制低效率的用气需求,鼓励应用先进工艺、技术和设备,加快淘汰天然气利用落后产能,提高天然气商品率和利用效率,推进天然气消费结构优化调整。

引进技术与自主创新相结合。积极引进先进的天然气勘查开发技术,加强企业科技创新体系建设,在引进、消化和吸收的基础上,提高自主创新能力,依托重大项目实施重大技术和装备自主化。

体制改革与加强管理相结合。加强天然气基础设施等薄弱环节的制度建设,不断创新体制机制。同时,进一步加强行业监管,保障天然气产业有序健康持续发展。

第三节　发展目标

资源储量。“十二五”期间,新增常规天然气探明地质储量3.5万亿立方米(技术可采储量约1.9万亿立方米),新增煤层气探明地质储量1万亿立方米。

国内产量。2015年国产天然气供应能力达到1760亿立方米左右。其中:常规天然气约1385亿立方米;煤制天然气约150亿—180亿立方米;煤层气地面开发生产约160亿立方米。

页岩气发展目标。到2015年,探明页岩气地质储量6000亿立方米,可采储量2000亿立方米,页岩气产量65亿立方米。基本完成全国页岩气资源潜力调查与评价,攻克页岩气勘探开发关键技术。

进口预期量。根据已签署的合同,到2015年,我国年进口天然气量约935亿立方米。

基础设施能力。“十二五”期间,新建天然气管道(含支线)4.4万公里,新增干线管输能力约1500亿立方米/年;新增储气库工作气量约220亿立方米,约占2015年天然气消费总量的9%;城市应急和调峰储气能力达到15亿立方米。

到“十二五”末,初步形成以西气东输、川气东送、陕京线和沿海主干道为大动脉,连接四大进口战略通道、主要生产区、消费区和储气库的全国主干管网,形成多气源供应,多方式调峰,平稳安全的供气格局。

用气普及率。到2015年,我国城市和县城天然气用气人口数量约达到2.5亿,约占总人口的18%。

第三章　重点任务

第一节　加强勘查开发,增加国内资源供给

一、常规天然气

加强鄂尔多斯盆地、四川盆地、塔里木盆地和南海海域四大气区勘查开发工作,夯实资源基础,到“十二五”末,形成四个年产量200亿立方米以上的大型天然气生产区。其中:

塔里木和鄂尔多斯气区实现新增探明储量分别为7500亿立方米和7000亿立方米,产量分别达到320亿立方米和390亿立方米。

西南气区以四川盆地及其周缘为重点,实现新增探明地质储量1万亿立方米,产量达到410亿立方米。

海上天然气生产基地以南海海域为主,实现新增探明储量4600亿立方米,产量达到200亿立方米(具体见附件一)。

二、非常规天然气

页岩气。开展全国页岩气资源潜力调查与评价,优选一批页岩气远景区和有利目标区。页岩气勘探开发以四川、重庆、贵州、湖南、湖北、云南为重点,建设长宁、威远、昭通、富顺—永川、鄂西渝东、川西—阆中、川东北、延安等19个页岩气勘探开发区,初步实现页岩气规模化商业性生产。

煤层气。以沁水盆地和鄂尔多斯盆地东缘为勘查开发重点,建成煤层气产业化基地,已有产区稳产增产,新建产区增加储量、扩大产能,实现产量快速增长。继续做好煤矿区煤层气地面开发。开展新疆、贵州、安徽、河南、四川、甘肃等省(区)煤层气试验性开发,力争取得突破。

煤制气。继续推进"十一五"期间国家已核准煤制气项目建设,尽快达产达标。"十二五"期间,开展煤制气项目升级示范,进一步提高技术水平和示范规模。

第二节 加快天然气管网建设

按照统筹规划两种资源、分步实施、远近结合、保障安全、适度超前的原则,加快天然气管网建设。

一、建设主干管网

进一步完善西北通道。重点建设西气东输二线东段、中亚天然气管道C线、西气东输三线和中卫—贵阳天然气管道,将进口中亚天然气和塔里木、青海、新疆等气区增产天然气输送到西南、长三角和东南沿海地区;建设鄂尔多斯—安平管道,增加鄂尔多斯气区外输能力;建设新疆煤制气外输管道。

优化和完善海上通道。加快沿海天然气管道及其配套管网、跨省联络线建设,逐步形成沿海主干管道。

二、完善区域管网

进一步完善长三角、环渤海、川渝地区管网,基本建成东北、珠三角、中南地区等区域管网。加快联络线、支线及地下储气库配套管道建设。建设陕京四线,连接长庆储气库群和北京,满足环渤海地区调峰应急需要。积极实施西气东输、川气东送、榆济线、兰银线、冀宁线等已建管道增输和新建支线工程。适时建设冀宁复线、宁鲁管道等联络线。建设东北管网和南疆气化管道,改造西南管网。积极推进省内管网互联互通。

三、加快煤层气管道建设

根据资源分布和市场需求,统筹建设以区域性中压管道为主体的煤层气输送管网。在沁水盆地、鄂尔多斯盆地东缘及豫北地区建设输气管道。

四、完善页岩气输送基础设施

一是在天然气管网设施比较完善的页岩气勘探开发区加快建设气田集输管道,将页岩气输入天然气管网。二是对于远离天然气管网设施、初期产量较小的勘探开发区建设小型液化天然气或压缩天然气利用装置,防止放空浪费。三是根据勘探开发进展情况,适时实施建设页岩气外输管道。

我国“十二五”天然气管网重点项目和区域管网项目见附件二、三。

第三节 稳步推进LNG接收站建设

LNG接收站布局要以资源为基础，以市场为导向，统筹规划，合理布局，适度超前，突出重点，做好现有项目建设的同时，优先扩大已建LNG接收站储存能力。“十二五”期间适时安排新建LNG接收站项目。

“十二五”期间，投产运行LNG接收站二期扩建项目以增加储气能力为主，主要考虑满足中心城市及辐射地区的应急调峰需求，并新增一部分接收能力。

适度发展小型LNG液化和气化站，以解决不同地区不同用户的用气问题。

第四节 抓紧建设储气工程设施

天然气储气设施是保障天然气安全稳定供应的重要手段，是天然气输送体系的重要组成部分。目前储气能力建设已严重滞后，要根据全国天然气管网布局，加快建设储气设施，力争到“十二五”末，能保障天然气调峰应急需求。在长输管道沿线必须按照因地制宜、合理布局、明确重点、分步实施的原则配套建设储气调峰设施。

北京、天津、河北、山西、辽宁、吉林、黑龙江、山东等省（市）储气设施建设起步较早、基础较好，今后以逐步完善现有储气库和新建地下储气库为主，辅以LNG中小液化装置和LNG接收站储罐。结合已有储气设施，建设完善辽河、大港、华北、大庆、胜利等枯竭油气藏储气库群，包括辽河双6、齐13、胜利永21、大港板南、华北苏1、功20、苏4、苏49、顾辛庄、文23、大庆和吉林油田枯竭油气藏。

上海、江苏、浙江等省（市）地下储气库建设条件较差，可建立以LNG储罐为主，地下储气库和中小储罐为辅的调峰系统。主要项目包括江苏盐穴储气库和江苏油田枯竭油气藏储气库。2015年前主要以LNG储气为主，依托江苏、浙江现有LNG接收站增建扩建LNG储罐，形成江苏LNG储气体系和浙江LNG储气体系。

福建、广东、广西、海南和云南等省（区）储气系统以LNG接收站储罐为主，中小储罐、地下储气库及中小液化装置为辅。力争在2015年前建成依托福建、广东、海南现有LNG接收站增建扩建LNG储罐的储气体系，以满足地区调峰需求；2020年前，在合理布局基础上新建LNG接收站以增加储气能力，同时建设一定规模的地下储气库工作气量，形成多种调峰手段互补、满足本地、辐射两湖的储气能力体系。

安徽、湖北、湖南等省具备一定的地质条件，可建立以地下储气库为主，LNG中小储罐和中小型液化装置为辅的调峰系统。主要项目包括湖北应城、云应、黄场盐穴储气库等。

山西、河南、四川等省要利用枯竭油气藏建设地下储气库，同时利用上游气田解决部分调峰问题，辅之以可中断用户调峰和中小型液化装置调峰。主要项目包括中原文23、中原文96、西南相国寺等枯竭油气藏储气库。

陕西、甘肃、青海、宁夏、新疆等省（区）储气体系以地下储气库为主，建设新疆呼图壁、榆林等枯竭油气藏储气库。

我国“十二五”规划储气库重点项目见附件四。

第五节 加强科技创新和提高装备自主化水平

一、勘查开发技术

以大型油气田及煤层气开发国家科技重大专项及其他科技项目为支撑,形成一系列符合我国气藏特点的先进且经济有效的核心工程技术和配套装备,完善高酸性气田安全开发技术,努力攻破页岩气勘查开发关键技术;掌握煤层气富集规律及高效开发关键技术。依托大型油气田及煤层气开发重大专项,开展页岩气专项科技攻关,包括页岩气资源评价技术、页岩气有利目标优先评价方法、页岩储层地球物理评价技术、页岩气水平井钻完井技术、页岩储层改造及提高单井产量技术、产能预测和井网优化与经济评价技术等,形成适合我国地质特征的页岩气勘探开发技术体系。同时,着手编制相应的页岩气技术标准和规范,并加快培育专业化技术服务公司。

二、重大装备工程

研究制定《页岩气主要装备自主化专项规划》。依托页岩气开发示范区项目,实现高效钻头、可钻式桥塞及分段压裂封隔器、3000 型压裂车等关键装备的本地化制造,研究同步压裂和微地震裂缝监测等技术装备;开展新型压裂液、压裂液处理和再利用、储层伤害机理及保护、分段压裂、长井段射孔和体积改造等技术装备研制,掌握适用于我国页岩气开发的核心装备技术体系。

依托重大项目建设,加快突破管道建设关键技术和关键设备,如燃气轮机、压缩机等,大力提高自主化水平。管材实现 100% 国产化。国内大型阀门和压缩机等关键设备技术接近世界先进水平,并在工程上应用。

依托重大工程继续做好 LNG 装备自主化工作,加大科技研发投入,引进消化吸收相结合,重点突破大型 LNG 液化工艺等关键技术,抓紧海水气化器、海水消防泵等设备国产化工作,整体降低接收站建设成本。继续支持“国船国造、国货国运”,推动 LNG 造船和运输业发展。

第六节 实施节约替代和提高能效工程

一、天然气节约工程

天然气生产企业要采取节能措施加强油田伴生气回收利用,努力提高天然气商品率,增加外供商品气量,科学合理安排油气田生产自用气,避免放空浪费。

二、天然气替代工程

在经济相对发达地区和天然气产区,按照科学规划、因地制宜原则稳步实施以气替油工程,如以气替代油发电,以气替代车用和船用燃料等。

三、提高天然气利用效率工程

严格遵循天然气利用顺序,鼓励应用先进工艺、技术和设备,加快淘汰天然气利用落后产能。鼓励页岩气就近利用(发电、制成 LNG 和 CNG 等)和就近接入管网。

四、大力发展天然气分布式能源

加快推动示范项目建设，“十二五”期间建设1000个天然气分布式能源示范项目和10个分布式能源示范区域。

第四章　规划实施

第一节　保障措施

一、加强行业管理和指导

一是完善全国天然气规划体系。各省(区、市)根据本规划制定本地区的天然气发展规划，并配套制定天然气管道建设等子规划，报国务院能源主管部门备案；大中城市也要制定管网等基础设施发展规划，并报省级人民政府主管部门备案。

二是通过页岩气探矿权招标试点，推动上游市场化改革。在管输和配气领域以新疆煤制气外输管道为试点，探索天然气管输、配气服务与天然气供应业务分离的有效途径；制定合理的管输价格标准，引导企业降低投资成本和造价。

三是完善天然气基础设施建设与运营管理的相关制度，明确建设单位、运营企业、销售企业以及用户等相关各方在基础设施建设、运营与天然气供应过程中的权利、义务和责任，保障安全稳定供气，促进天然气产业有序健康持续发展。

四是研究制定储气调峰有关制度，明确供用气各方责任。天然气销售企业应当逐步建立天然气商业储备，满足市场季节性调峰和资源供应中断时应急用气需求以及直供天然气用户的调峰应急用气需求。城镇燃气经营企业也要建立天然气商业储备，满足所供区域的日、小时调峰和应急用气要求。

五是加大天然气水合物资源勘查与评价力度，适时开展试开采工作。

二、建立完善天然气勘查开发促进机制

一是推动天然气探矿权、采矿权竞争性出让制度，严格探矿权退出机制，加快增储上产。二是做好天然气勘查开发与其他固体矿产勘查开发的衔接工作，协调解决天然气勘查开发区域与其他固体矿产矿业权、整装勘查区重叠问题。三是天然气资源勘查开发按现行税收政策规定进行税前扣除。四是明确页岩气作为新矿种的管理办法，继续推进和扩大页岩气探矿权区块招投标工作。

三、落实页岩气产业鼓励政策

将页岩气纳入战略性新兴产业加以培育和引导，推进页岩气投资主体多元化，加强页岩气勘探开发活动的监督管理，推动页岩气科学发展。参照煤层气政策，研究制定具体的页岩气财政补贴等支持政策；依法取得页岩气探矿权、采矿权的矿业权人或探矿权、采矿权申请人可按照相关规定申请减免页岩气探矿权和采矿权使用费；对页岩气勘探开发等鼓励类项目项下进口国内不能生产的

自用设备（包括随设备进口的技术），按有关规定免征关税；页岩气出厂价格实行市场定价；优先用地审批。

四、积极推动天然气基础设施建设

一是积极推动核准目录修订工作，经国务院批准后下放部分天然气管道核准权限，并建立地方省市管网等基础设施规划备案制度。二是抓紧开展非油气藏型地下储气库库址普查筛选和评价工作。三是加快地下储气库及其他储气设施核准工作，确保储气设施与管网联通。四是对从事国家鼓励发展的液化天然气进口项目、所需国内不能生产的进口设备，在规定范围内免征进口关税。五是鼓励省际管网互连互通。六是积极研究天然气战略储备问题。七是依据沿海天然气接收站布局，加强与港口规划的衔接，配套建设港口接卸中转储运设施，做好通航安全影响评估和岸线使用审批工作。八是加强重大项目社会风险评估工作力度。九是继续按《国务院关于鼓励和引导民间投资健康发展的若干意见》（国发〔2010〕13号）要求，积极支持民间资本参股建设天然气储运设施和城市供气管网。

五、引导天然气高效利用

一是修订《天然气利用政策》并组织实施，鼓励和支持天然气分布式能源、LNG汽车和船舶燃料等高效天然气利用项目，制定船用LNG燃料相关技术标准规范，鼓励地方政府出台相关政策支持天然气分布式能源项目，加大市场开发力度。二是各地和电网企业应加强配电网建设，电网公司将天然气分布式能源纳入区域电网规划范畴，解决分布式能源并网运行问题。三是对城镇居民用气等优先类用气项目，地方各级政府可在规划、用地、融资、收费等方面出台扶持政策，积极推进低碳城市试点。四是统筹考虑天然气产地的合理用气需求。符合条件的边疆、少数民族地区气化项目，可按税法规定享受相关税收优惠政策。五是将LNG接收站冷能利用纳入LNG项目核准评估内容，实现节能减排和提高能效。

六、完善天然气价格形成机制

一是建立反映资源稀缺程度和市场供求变化的天然气价格形成机制，加快理顺天然气与可替代能源的比价关系，充分发挥价格在调节供求关系中的杠杆作用，并为天然气价格最终市场化奠定基础。二是研究建立上中下游价格联动机制。三是鼓励天然气用气量季节差异较大的地区研究推行天然气季节差价和可中断气价等差别性气价政策，引导天然气合理消费，提高天然气利用效率。鼓励天然气生产企业、下游用户通过多种渠道积极参与储气调峰设施的建设，支持发展可中断、可转换、可调节的天然气用户。四是研究建立国家级天然气交易市场问题。

七、深化体制机制改革

一是完善天然气产业相关制度，依法加强监管。二是深入研究管网专营化运行管理机制，为培育竞争性市场创造条件。三是实施天然气基础设施互联互通及向第三方提供准入服务。四是明确参与天然气供应的相关主体储气调峰义务。五是逐步构建与国内天然气产业发展相符的监管体系和政策体系。

八、保障管道安全运行

一是研究制定石油天然气管道保护法实施细则，完善有关配套法规和标准。积极开展向全社会特别是管道沿线群众普及管道保护法的宣传活动。督促指导管道企业落实管道保护责任，严格履行各项法定义务。

二是各省（区、市）能源主管部门要加强对本行政区域管道保护工作的领导，督促本行政区域内设区的市级、县级人民政府指定主管管道保护工作的部门。县级以上地方人民政府主管管道保护工作的部门要依法履行职责，建立管道保护工作联系制度。

九、加强国际合作

按照互利双赢原则参与海外天然气开发项目；鼓励开展页岩气等非常规天然气与国外公司的合作，通过对外合作，引进技术，提高自主创新能力。

第二节　实施机制

一、加强规划协调管理

国务院能源主管部门要加强对规划实施的协调和指导，对规划实施情况进行跟踪分析和监督检查，推动规划各项指标和任务的落实。国务院各有关部门要按照职能分工，加强沟通配合，制定和完善相关配套政策措施，为规划实施创造有利条件。地方各级人民政府有关部门和相关企业要根据各自的职责，细化落实规划确定的主要目标和重点任务。

二、建立滚动调整机制

国务院能源主管部门要及时掌握规划实施情况，做好中期评估。根据国内天然气生产实际和国际天然气市场新形势，适时调整规划的主要目标、重点任务和项目，保障安全稳定供气，促进天然气产业健康持续发展。

三、编制年度实施计划

对规划确定的主要目标和重大任务，国务院能源主管部门要制定年度实施计划，指导各地区和有关企业按照国家战略意图和政策导向开展工作。同时，要研究建立规划实施考核体系和奖惩制度，保证规划目标和任务顺利实施。

第五章　环境影响评价

一、环境影响分析

（一）节能减排效果显著

目前，我国一次能源消费结构仍以煤炭为主，二氧化碳排放强度高，环境压力大。“十二五”期间,随着天然气资源开发利用加快,天然气占一次能源消费的比重将提高,可有效降低污染物和二氧化碳排放强度。如果2015年天然气消费量达到2300亿立方米,比2010年增加约1200亿立方米,同增加等量热值的煤炭相比,每年可减排二氧化碳5.2亿吨、二氧化硫580万吨。

(二)可持续发展作用重大

天然气广泛使用对保护生态环境、改善大气质量、提高公众生活质量和健康水平、实现可持续发展具有重要作用。天然气覆盖面的扩大和天然气普及率的提高,使越来越多的人民群众能共享天然气的清洁性,生活质量得到提高,对我国经济社会可持续发展将发挥重要作用。

二、环境保护措施

(一)总体要求

坚持科学发展观,统筹规划、合理布局、保护环境、造福人民,实现天然气开发利用与安全健康、节能环保协调发展。认真执行环境影响评价制度,加强项目环保评估和审查。加强国家重要生态功能区或生态脆弱区等生态保护重点地区环境监管力度。

(二)环保措施

资源开发生产。一是加强集约化开发力度,尽量减少耕地占用,施工结束后应及时组织土地复垦,降低对土地、水资源、生态环境等造成的不良影响。二是完善高酸性气田安全开发技术,加强环境监测和风险防范措施,制定应急预案。三是加强对页岩气开发用水及其处理的管理及环境监测。四是大力推广油田伴生气和气田试采气回收技术、天然气开采节能技术等。

设施建设运营。一是在选线、选站场过程中要尽量避免穿越自然保护区、风景名胜区、世界文化和自然遗产地、饮用水水源保护区、基本农田保护区、森林公园、地质公园、重要湿地、天然林、珍惜濒危野生动植物天然集中分布区、军事区和文物保护单位等环境敏感区,对确实无法避绕的,在相关法律法规允许的范围内,选择对环境敏感区影响最小的路由和施工方案通过,并采取严格的环境保护措施降低对环境敏感区的影响,减少耕地占用,采取水土保持措施。二是优化储运工艺,加强天然气泄漏检测,配备先进的监控和应急设备,制定应急预案,严格监控突发风险事故,降低事故影响。管道站场和储气库应选用低噪音设备。必要时进行降噪隔声处理,加强噪音监测。三是加大LNG冷能利用力度,冷能利用项目须与接收站同步建设,减少对海水生态环境的影响,提高能源综合利用效率。

附件一

我国“十二五”常规天然气开发重点项目表

气　区	新建产能(亿立方米/年)	2015年产量(亿立方米/年)
鄂尔多斯盆地	261	390
四川盆地	195	410
塔里木盆地	147	320
南海海域	100	150

附件二

我国“十二五”天然气管网重点项目表

	序号	管道名称	长度（公里）	输气能力（亿立方米/年）	设计压力（兆帕）	管径（毫米）	投产时间	气　源	备注
战略进口管道	1	西气东输二线东段	3000	300	12/10	1219/1016	2011	中亚一期	
	2	中亚天然气管道 C 线	1833	250—300	10	1219	2013	中亚二期	
	3	西气东输三线	7300	300	12/10	1219/1016	2013	中亚二期	
干线管道	1	陕京四线	1300	230	10	1219	2013	长庆、中亚气	
	2	中卫—贵阳天然气管道	1620	150	10	1016	2013	中亚气、塔里木气	
	3	东北天然气干线管网	1100	90—120	10	1016	2011	俄气、中亚气、大连 LNG	
	4	青藏天然气管道	1320	18	10	508	2014	青海	
	5	鄂尔多斯—安平	680					鄂尔多斯气、煤制气、晋陕煤层气	
联络线、干线配套支线	1	冀宁联络线复线	904	150	10	1016	2013	长庆气、塔里木气、LNG	
	2	宁鲁输气联络线工程	630	27	8	711	2013	鄂尔多斯气、川气、LNG	
	3	南疆天然气利民工程	2485	14	10	508/219	2013	塔里木气	
	4	海上气田天然气管道	1000			325—813	2013	海上	
	5	储气库配套管道	600			610—1219	2014	储气库	
	6	已有管网改造	700	60			2015	东北、西南	
	7	LNG 接收站外输管道及相互间联络线	6000				2015	LNG	
	8	已建干线的新建支线	3500						
煤制天然气和煤层气管道	1	新疆煤制天然气外输管道						新疆煤制天然气	视煤制气项目进展适时建设
	2	煤层气管道	2054	120	6.3/4	408—813	2015	煤层气	

注：煤制气管道将根据煤制气项目进展情况适时调整

附件三

我国“十二五”天然气区域管网项目表

序号	项目名称	长度（公里）	输气能力（亿方/年）	设计压力（兆帕）	管径（毫米）	投产时间	气源
四川							
1	四川石化基地供气工程	97	33	6.3	660	2012年	
2	江津—纳溪输气管道	98	46	6.3	813	2013年	
3	自贡—隆昌—荣昌—永川管道	90	10	4	508	2014年	
4	楚雄—攀枝花—西昌输气管道	450	30	6.3	508—711	2014年	
5	大邑—青白江—德阳输气管道	170	36	8	610	2016年	
6	南坝—达州输气管道	68	10	7	323.9	2013年	
北京							
1	古北口—高丽营	107	13	7.8	1016	2012年	大唐煤制气
2	四大热电中心供气专线	102	70	4	1000	2013年	陕京系统
3	西沙屯—大唐煤制气管道密云末站联络线	60	40	6.3	813	2014年	陕京四线
湖北							
1	武汉—宜昌	320	20	6.3	711	2014年	西二线、西三线
2	中石化安山—武石化专线	87	5	6.3	406.4—273	2012年	西二线、川气东送
3	荆州—石首	150	5	6.3	508—323.9	2012年	川气东送
4	豹澥—黄石（复线）	76	7	6.3	323.9	2015年	忠武线
云南							
1	楚雄—攀枝花—德昌支线	370	30/10	10/4	720/508	2013	中缅天然气
福建							
1	福州—平潭	98	12	6.3	406	2013年6月	中亚
2	武夷山—三明	320	15	6.3	406	2013年6月	中亚
3	福州—福鼎	300	100	10	1016	2013年6月	中亚
4	江西上饶—武夷山支线	45（100）	10	6.3	406.4	2011年底	西二线

续表

序号	项目名称	长度（公里）	输气能力（亿方/年）	设计压力（兆帕）	管径（毫米）	投产时间	气　源
5	龙岩—三明—南平支线	252	10	6.3	406	2012 年 12 月	西三线
6	厦门支线	20	8	6.3	406	2012 年 12 月	西三线
7	福州—南平联络线	200	10	6.3	406	2014 年 12 月	西三线
浙江							
1	甬台温天然气输气管道工程	464	95	6.3	干线 813、支线 355.6	2014 年	浙江宁波 LNG、丽水 36—1 气田、西气东输二线
2	浙沪天然气联络线工程（浙江段）	40	5	6.3	813	2013 年	上海、浙江多种气源互补
3	杭州—金华—衢州天然气管道	200	51	6.3	813	2014 年	西二线
4	金华—丽水—温州	258	40	6.3	813	2012 年	西二线
5	浙闽天然气联络线工程	50	5	6.3	660	2015 年	温州 LNG
6	上虞—三门联络线	170	10	6.3	660	2015 年	宁波 LNG
7	丽水 36—1 气田连接线	40	5	6.3	660	2013 年	丽水 36—1
8	温州 LNG 配套管线	80	50	7	813	2015 年	进口 LNG
9	衢州—常山支线	48	9.6	6.3	457	2011 年底	西二线
10	衢州—江山	58	7.6	6.3	457	2011 年底	西二线
11	金华—义乌支线	39	17.2	6.3	457	2011 年底	西二线
湖南							
1	湘潭—九华支线	32	30	6.3	508	2011 年	西二线
2	九华—娄底—邵阳	176	10	6.3	508	2011 年	西二线
3	湘潭—娄底—邵阳	213	7	6.3	508	2011 年	忠武线、西二线、西三线
4	株洲—衡阳支干线	130	20	6.3	508	2015 年底	西三线
5	衡阳—耒阳—郴州	133	5	4	457	2015 年底	西三线
吉林							
1	吉林—延吉长输管道	263	6	4	600	2014 年	陕京线、吉林油田、东北油气分公司

续表

序号	项目名称	长度(公里)	输气能力(亿方/年)	设计压力(兆帕)	管径(毫米)	投产时间	气源
2	松原—白城长输管道	175	8	8	800	2012年	陕京线、吉林油田、东北油气分公司
3	四平—白山长输管道	273	13.6	4	700	2012年	陕京线、中石油吉林油田、中石化东北油气分公司
4	八屋—长春高压外环复线	60	7.8	8	400	2011年	
5	前大—松原复线	76	40	8	800	2014年	
6	后五家—四平复线	64	8.6	6.3	400	2014年	
内蒙古							
1	建平—赤峰	177	8	6.3	450	2013年	锦州—朝阳—建平管道
2	克什克腾旗—赤峰	300	7	8	457	2014年	大唐克旗煤制气
3	呼和浩特支线	21	10	6.4	406.4	2014年	陕京四线
甘肃							
1	中贵线天水支线	40	5	6.3	273	2012年	中卫—贵阳线
山东							
1	沧淄线阳信支线	8	7.4	4	508	2012年	沧淄线
2	天津LNG项目唐官屯—淄博输气管道(山东段)	244	40	8/6.3	711	2015年	天津LNG项目
陕西							
1	靖西三线系统工程	626	30/90	8	700/900	一期2012年 二期2015年	中石油长庆气田
2	川东北—西安输气管道	134	11	8	650		普光气田
江苏							
1	海门支线	37	10	6.3	323.9	2011年	江苏LNG
2	如东—金鹰电厂支线	36	30	6.3	610	2011年底	江苏LNG
3	南京金陵电厂复线	15	6	6.3	323.9	2011年底	西一线
4	蓝天热电二期	5	6	4	323.9	2011年底	西一线

续表

序号	项目名称	长度（公里）	输气能力（亿方/年）	设计压力（兆帕）	管径（毫米）	投产时间	气源
5	仪征华电热电厂	6	10	4	406	2011 年底	西一线
6	常熟开发区燃气电厂支线	66	15	6.3	508	2011 年	西一线
7	华能苏州热电厂支线	25	8	4	406.4	2011 年	西一线
8	南京东亚电厂支线	2	6	4	323	2011 年	西一线
9	淮安—盐城	94	6	6.3	323.9	2011 年	冀宁线
10	淮安淮阴电厂	17	6	4	323.9	2011 年底	
11	徐州—商丘联络线	158	13	6.3	610	2015 年底	
12	龙池—天长	49	10	4	406.4	2015 年	西一线
广东							
1	韶关分输站—韶关支线	64	5	6.3	406.4	2011 年	西二线
2	东莞—惠阳区	64	6	6.3	323.9	2011 年	西二线
3	肇庆分输站—江门	120	6	6.3	406.4	2011 年	西二线
4	清远—花都	33	60	6.3	610	2011 年	西二线
5	揭阳—汕头	40	6	6.3	323.9	2014 年	西三线
6	潮州支线	5	6.5	6.3	324	2011 年	西三线
新疆							
1	西二线奎屯分输站—奎屯石化工业园	1.6	18	6.3	219	2012 年 7 月	西二线
2	西二线乌鲁木齐分输站—乌鲁木齐市	8.5	22	6.3	322	2012 年 8 月	西二线
3	西二线哈密分输站—哈密 LNG 厂	18.5	5.4	6.3	219	2012 年 8 月	西二线
4	西二线鄯善分输站支线	20	5.2	6.3	219	2013 年	西二线
5	达坂城支线	20	6	6.3	323.9	2012 年	西二线
6	塔城—北屯支干线	190	40	10	711	2015 年	
7	库车—哈密	860	80	10	914	2015 年	
8	“彩—乌线”—甘泉堡工业园	12	18.7	6.3	322	2012 年 5 月	新疆油田公司气源

续表

序号	项目名称	长度（公里）	输气能力（亿方/年）	设计压力（兆帕）	管径（毫米）	投产时间	气源
9	英买力—阿克苏—喀什输气管道	668	12.9	6.3	559		英买力气田及柯克亚等
10	喀什—泽普段输气管道	260	12.9	6.3	508	2012年	
辽宁							
1	阜新—沈阳	111.1	40	8	900	2013年	大唐阜新煤制天然气
2	沈阳—本溪	98	20	6.3	600/400	2015年	大唐阜新煤制天然气
3	沈阳—铁岭	86	20	6.3	600/450	2015年	大唐阜新煤制天然气
4	沈北—抚顺	49	20	6.3	450	2015年	大唐阜新煤制天然气
5	抚顺支线	65	5.5		250	2013年	大连 LNG 和秦沈天然气
6	松岚分输站—大连支线	17	20	6.3	610	2011年	大连 LNG
7	大连末站—大连石化支线	13	9.8	4	406	2011年	大连 LNG
8	营口—盘锦支线	73	10	4	508	2014年	大连 LNG
9	沈抚分输站—抚顺支线	98	9	6.3	457	2014年	大连 LNG
10	铁岭分输站—法库支线	38	5	4	323.9	2013年	大连 LNG
河南							
1	信阳—罗山支线	42	6	6.3	406.4	2013年	西二线
山东							
1	淄博支线末站—沧淄线淄博末站联络线	56	33	6.3	508	2011年底	山东管网
2	沧淄线阳信电厂支线	8	7	4	508	2011年底	沧淄线
江西							
1	九江支线	20	10	6.3	323.9	2012年	西二线
2	赣州支线	25	5	4	508	2012年	西二线
3	吉安支线	15	5	4	323.9	2012年	西二线
4	贵溪支线	30	5	4	323.9	2012年	西二线
5	樟树—丰城支线	70	5	4	219	2012年	西二线

续表

序号	项目名称	长度（公里）	输气能力（亿方/年）	设计压力（兆帕）	管径（毫米）	投产时间	气　源
6	麻丘储气库支线	49	20	10	610	2012 年	
广西							
1	南宁—田东支线	175	8	6.3	457	2014 年	西二线
2	沂城—桂林支线	205	7.3	6.3	255.6	2013 年	中缅天然气管道
3	南宁—北海支线	194	10.9	6.3	610/273	2013 年	中缅天然气管道
河北							
1	渤海—海兴—盐山	57	15	4	508	2012 年	唐山 LNG
天津							
1	丰南—汉沽—空港	150	65	6.3	813	2013 年	唐山 LNG
2	空港—大港东城—南港	60	65	6.3	813	2012 年	唐山 LNG 和永唐秦
3	宝坻—空港	90	65	6.3	813	2014 年	永唐秦
4	南港—临港	40	50	4	711	2011 年	永唐秦
上海							
1	海门—崇明—角直	35	150	10	1016	2017 年	
山西							
1	河曲—保德—兴县	55	17.5	4	457	2012 年	
2	保德—神驰—原平	180	7	4	406.4	2012 年	
3	大宁吉县—临汾	45	16.1	4	610	2012 年	
4	黄家沟—离石	40	13.9	4	508	2012 年	
5	离石—太原	200	29.3	4	711	2012 年	
6	不白霜—离石	20	15.4	4	508	2015 年后	
7	临县—兴县	300	10	6	406.4	2012 年	
青海							
1	甘河支线	30	12	6.3	406	2012 年	涩宁兰管道

附件四

我国“十二五”储气库重点项目表

序　　号	地　区	储气库	设计工作气量（亿立方米）	投资(亿元)
1	辽　河	双 6	16	84
2	大　港	板南	4	13. 2
3	华　北	苏 1	2	67. 1
4		苏 20	1	
5		苏 4	12	
6		苏 49	5	
7		顾辛庄	4	
8		文 23	4. 50	18. 5
9	西　南	相国寺	23	119. 1
10	新　疆	呼图壁	45	98. 6
11	榆　林	榆林储气库	60	180
12	大　庆	大庆库群(3 个库)	10	65
13	吉　林	吉林库群(2 个库)	10	
14	辽　河	齐 13	2. 50	7. 5
15	江　苏	金坛一期盐穴	2. 41	10
16	江　苏	金坛二期盐穴	1. 50	15. 4
17	中　原	文 96	2. 95	10
18	胜　利	永 21	1. 43	5
19	中　原	文 23 一期	17	50
20	江　汉	黄场盐穴	2. 50	13
21	江　苏	淮安盐穴	11. 90	13
22	云　南	安宁盐穴	9. 90	10
23	湖　北	云应盐穴	5. 80	17
24	河　南	平顶山盐穴	12. 10	15
合　　计			257	811

国家公路网规划

（2013—2030年）

前　　言

《中华人民共和国公路法》（第一章、第六条）明确，公路按其在公路路网中的地位分为国道、省道、县道和乡道。国家公路指《中华人民共和国公路法》规定的国道，是综合交通运输体系的重要组成部分，包括普通国道和国家高速公路，由具有全国性和区域性政治、经济等意义的干线公路组成。其中，普通国道网提供普遍的、非收费的交通基本公共服务，国家高速公路网提供高效、快捷的运输服务。为加快建设综合交通运输体系、促进现代物流业发展，构建布局合理、功能完善、覆盖广泛、安全可靠的国家公路网络，特编制《国家公路网规划》（以下简称《规划》），规划期限为2013—2030年。《规划》是公路交通基础设施的中长期布局规划，体现了国家发展综合交通运输的战略方针，是指导国家公路长远发展的纲领性文件。

一、规划基础

（一）发展形势

1981年，国家计划委员会、国家经济委员会和交通部印发的《国家干线公路网（试行方案）》明确，国道由“12射、28纵、30横”共70条路线组成，总规模约11万公里；2004年，国家发展和改革委员会印发的《国家高速公路网规划》明确，国家高速公路网由“7射、9纵、18横”等路线组成，总规模约8.5万公里。截至2011年底，全国公路总里程达到410.6万公里，其中普通国道10.6万公里，国家高速公路6.4万公里。

公路交通的快速发展，有效缓解了我国交通运输紧张状况，显著提升了国家的综合国力和竞争力。但随着经济社会的快速发展，现有的国家公路网规划与建设仍面临一些亟待解决的问题：一是覆盖范围不全面。全国还有900多个县没有国道连接，有18个新增的人口在20万以上的城市和29个地级行政中心未实现与国家高速公路相连接。二是运输能力不足。部分国家高速公路通道运能紧张、拥堵严重,不能适应交通量快速增长的需要。三是网络效率不高。普通国道路线不连续、不完整,国家公路与其他运输方式之间、普通国道和国家高速公路之间的衔接协调不够,网络效益和效率难以充分发挥。

(二)发展要求

1.适应经济社会发展的要求

未来我国新型工业化、信息化、城镇化和农业现代化加快发展,人均国民收入稳步增加,经济结构加快转型,交通运输总量将保持较快增长态势,各项事业发展要求提高国家公路网的服务能力和水平。预计到2030年,全社会公路客运量、旅客周转量、货运量和货物周转量将分别是当前的2.7倍、3.2倍、2.2倍和2.4倍,主要公路通道平均交通量将超过10万辆/日,达到目前的4倍以上,京沪、京港澳等繁忙通道交通量将达到20万辆/日以上。

2.促进城乡区域协调发展的要求

未来国家将加快实施区域发展总体战略和主体功能区战略,加快推进城镇化和城乡一体化发展,继续加大对革命老区、民族地区、边疆地区、贫困地区的扶持力度,要求发挥国家公路引导区域空间布局的作用,优化东部地区公路网络结构,加强中部地区东引西联通道建设,扩大西部地区路网覆盖,统筹城乡协调发展,提升公路交通公共服务水平。

3.提高应急保障能力的要求

有效应对重大自然灾害、突发事件,要求从国家层面统筹考虑重要通道及其辅助路线、迂回路线的布设,提高公路网的安全性、可靠性和应急保障能力。

4.构建综合交通运输体系的要求

加快转变交通运输发展方式,优化运输组织结构,合理配置和优化利用交通资源,发挥各种运输方式的比较优势和综合运输的组合效率,促进综合运输协调发展,要求发挥普通公路的基础作用和高速公路的骨干作用,加强与各种运输方式的衔接。

5.实现公路可持续发展的要求

发挥公路网络的整体效率和效益,进而实现可持续发展,要求做好路网顶层设计,明确各层次路网的功能定位,促进国家公路与其他层次路网的协调发展,并为科学制定公路行业发展政策,更好地开展公路建设、管理和养护奠定规划基础。

二、指导思想、基本原则和规划目标

(一)指导思想

以邓小平理论、“三个代表”重要思想、科学发展观为指导,按照转变交通运输发展方式、加快构建综合交通运输体系的要求,扩大覆盖范围、增强通道能力、加强方式衔接、提高运输效率,合理布局国家公路网,加快普通国道建设,构建以非收费公路为主体、收费公路为补充的公路网络,服务经济社会发展,提升国家竞争力。

(二)基本原则

1.布局合理

按照区域发展总体战略、主体功能区战略和生态功能区划要求,与城镇化格局、城镇体系布局、资源分布和产业布局相适应，统筹经济欠发达地区发展和国防建设需要，合理布局国家公路网。

2.结构优化

加强公路网结构顶层设计，注重发挥普通国道的干线作用和国家高速公路的主干线作用，构建层次清晰、功能完备的国家公路网。

3.衔接顺畅

注重与其他运输方式的衔接，加强与城市交通的融合，发挥综合运输整体效率。提高与周边国家路网的连通性，形成国际运输通道，拓展国际合作与发展空间。

4.规模适当

构建综合交通运输体系，科学把握未来公路交通运输需求，合理确定国家公路网总体规模，实现路网供给能力与经济社会发展要求相适应。

5.绿色发展

统筹规划通道资源，充分利用既有路线，节约集约利用土地；加强生态环境保护，贯彻低碳发展理念，避让环境敏感区和生态脆弱区，走资源节约型、环境友好型发展道路。

（三）规划目标

形成布局合理、功能完善、覆盖广泛、安全可靠的国家干线公路网络，实现首都辐射省会、省际多路连通，地市高速通达、县县国道覆盖。1000公里以内的省会间可当日到达，东中部地区省会到地市可当日往返、西部地区省会到地市可当日到达；区域中心城市、重要经济区、城市群内外交通联系紧密，形成多中心放射的路网格局；有效连接国家陆路门户城市和重要边境口岸，形成重要国际运输通道，与东北亚、中亚、南亚、东南亚的联系更加便捷。其中，

——普通国道全面连接县级及以上行政区、交通枢纽、边境口岸和国防设施。

——国家高速公路全面连接地级行政中心、人口超过20万的中等及以上城市、重要交通枢纽和重要边境口岸。

三、规划方案

国家公路网规划总规模40.1万公里，由普通国道和国家高速公路两个路网层次构成。

（一）普通国道网

由12条首都放射线、47条北南纵线、60条东西横线和81条联络线组成，总规模约26.5万公里。按照“主体保留、局部优化，扩大覆盖、完善网络”的思路，调整拓展普通国道网：保留原国道网的主体，优化路线走向，恢复被高速公路占用的普通国道路段；补充连接地级行政中心和县级节点、重要的交通枢纽、物流节点城市和边境口岸；增加可有效提高路网运行效率和应急保障能力的部分路线；增设沿边沿海路线，维持普通国道网相对独立。

1.首都放射线（12条）

北京—沈阳、北京—抚远、北京—滨海新区、北京—平潭、北京—澳门、北京—广州、北京—香港、北京—昆明、北京—拉萨、北京—青铜峡、北京—漠河、北京环线。

2.北南纵线（47条）

鹤岗—大连、黑河—大连、绥化—沈阳、烟台—上海、秦皇岛—深圳、威海—汕头、乌兰浩特—海

安、二连浩特—浙川、苏尼特左旗—北海、满都拉—防城港、银川—榕江、兰州—龙邦、策克—磨憨、西宁—澜沧、马鬃山—宁洱、红山嘴—吉隆、阿勒泰—塔什库尔干、霍尔果斯—若羌、喀纳斯—东兴、东营—深圳、同江—哈尔滨、嘉荫—临江、海口—三亚(东)、海口—三亚(中)、海口—三亚(西)、张掖—孟连、丹东—东兴、饶河—盖州、通化—武汉、嫩江—双辽、牙克石—四平、克什克腾—黄山、兴隆—阳江、新沂—海丰、芜湖—汕尾、济宁—宁德、南昌—惠来、正蓝旗—阳泉、保定—台山、呼和浩特—北海、甘其毛都—钦州、开县—凭祥、乌海—江津、巴中—金平、遂宁—麻栗坡、景泰—昭通、兰州—马关。

3.东西横线(60条)

绥芬河—满洲里、珲春—阿尔山、集安—阿巴嘎旗、丹东—霍林郭勒、庄河—西乌珠穆沁旗、绥中—珠恩嘎达布其、黄骅—山丹、文登—石家庄、青岛—兰州、连云港—共和、连云港—栾川、上海—霍尔果斯、乌鲁木齐—红其拉甫、西宁—吐尔尕特、长乐—同仁、成都—噶尔、上海—聂拉木、高雄—成都、上海—瑞丽、广州—成都、瑞安—友谊关、瑞金—清水河、福州—昆明、广州—南宁、秀山—河口、连云港—固原、启东—老河口、舟山—鲁山、洞头—合肥、丹东—阿勒泰、萝北—额布都格、三合—莫力达瓦旗、龙井—东乌珠穆沁旗、承德—塔城、天津—神木、黄骅—榆林、海兴—天峻、滨州港—榆林、东营港—子长、胶南—海晏、日照—凤县、大丰—卢氏、东台—灵武、启东—那曲、上海—安康、南京—德令哈、武汉—大理、察雅—萨嘎、利川—炉霍、台州—小金、张家界—巧家、宁德—福贡、南昌—兴义、福州—巴马、湄洲—西昌、东山—泸水、石狮—水口、佛山—富宁、文昌—临高、陵水—昌江。

此外包括81条联络线。

(二)国家高速公路网

由7条首都放射线、11条北南纵线、18条东西横线,以及地区环线、并行线、联络线等组成,约11.8万公里,另规划远期展望线约1.8万公里。按照“实现有效连接、提升通道能力、强化区际联系、优化路网衔接”的思路,补充完善国家高速公路网:保持原国家高速公路网规划总体框架基本不变,补充连接新增20万以上城镇人口城市、地级行政中心、重要港口和重要国际运输通道;在运输繁忙的通道上布设平行路线;增设区际、省际通道和重要城际通道;适当增加有效提高路网运输效率的联络线。

1.首都放射线(7条)

北京—哈尔滨、北京—上海、北京—台北、北京—港澳、北京—昆明、北京—拉萨、北京—乌鲁木齐。

2.北南纵线(11条)

鹤岗—大连、沈阳—海口、长春—深圳、济南—广州、大庆—广州、二连浩特—广州、呼和浩特—北海、包头—茂名、银川—百色、兰州—海口、银川—昆明。

3.东西横线(18条)

绥芬河—满洲里、珲春—乌兰浩特、丹东—锡林浩特、荣成—乌海、青岛—银川、青岛—兰州、连云港—霍尔果斯、南京—洛阳、上海—西安、上海—成都、上海—重庆、杭州—瑞丽、上海—昆明、福州—银川、泉州—南宁、厦门—成都、汕头—昆明、广州—昆明。

此外包括6条地区性环线以及若干条并行线、联络线等。

四、规划实施

（一）实施方案

1.建设需求

普通国道：规划总计 26.5 万公里，其中利用原国道 10.4 万公里、原省道 12.4 万公里、原县乡道 2.9 万公里，合计占规划里程的 97%，其余 3%约 0.8 万公里需要新建；目前达到二级及以上技术标准的普通国道路线约占 60%，按照未来基本达到二级及以上标准测算，共约 10 万公里需要升级改造。

国家高速公路：规划总计 11.8 万公里，目前已建成 7.1 万公里，在建约 2.2 万公里，待建约 2.5 万公里，分别占 60%、19%和 21%。

2.实施安排

“十二五”期间，加快推进普通国道改造，实现通车里程约 26 万公里，其中二级及以上公路比重达到 70%以上；有序推进对加强省际、区域和城际联系具有重要作用的国家高速公路建设，提高主要公路通道的通行能力，国家高速公路通车里程达 9.5 万公里。基本建成普通国道网和国家高速公路网，大约需要 20 年。

3.实施要求

统筹安排，集中力量，加快推进普通国道建设，以既有路线升级改造为主，着力提升技术等级、服务能力和水平。科学论证、量力而行，有序推进国家高速公路建设，把握好建设节奏，合理确定建设时机，因地制宜确定建设标准。慎重决策国家高速公路远期展望线，原则上到 2030 年左右，视区域经济社会和交通发展需求适时开展建设，灵活掌握建设标准。在满足安全和运输需求的前提下，努力降低公路建设和运营成本。

（二）实施效果

1.扩大基本公共服务

普通国道规模由 10.6 万公里调增至 26.5 万公里，新增连接县（市）900 多个，实现全国所有县级及以上行政区都有普通国道连接，提升公路交通基本公共服务能力，改善人民群众出行条件。

2.有效促进城镇化发展

强化城市群内外交通联系，提升路网对中小城镇的覆盖水平，形成多中心放射的路网格局，为城镇化发展提供有效支撑。

3.兼顾公平与效率

实现普通国道和高速公路的协调发展，明确普通国道侧重体现基本公共服务，高速公路侧重体现高效服务，加强两个网络在功能和布局上的衔接协调。

4.实现资源环境协调发展

新增普通国道建设以既有公路升级改造为主，高速公路合理把握建设规模和节奏，有效降低土地占用和环境影响，促进公路建设与资源环境和谐发展。

5.完善综合交通运输体系

加强与其他运输方式的协调衔接，统筹主要通道运输能力配置，促进综合交通运输体系构建和现代物流业发展。

(三)保障措施

1.修订公路法律法规

推动修订《公路法》、《收费公路管理条例》等法律法规,在法律上明确国家公路网的地位、性质及其组成结构。

2.完善投资融资政策

进一步完善国家投资、地方筹资、社会融资相结合的多渠道、多层次、多元化投融资模式。继续实施收费公路政策,鼓励包括民间资本在内的社会资本参与国家高速公路建设。加大各级政府财政性资金投入,提高中央代发地方债券用于普通公路建设的比重,大幅增加中央资金对普通国道建设的补助力度,逐步建立高速公路与普通公路统筹发展机制,促进普通公路持续健康发展。实施差异化的区域投融资政策,加大对革命老区、民族地区、边疆地区、贫困地区的扶持力度。加强资金监管,严格防范债务风险。

3.节约资源和保护环境

集约节约利用土地等资源,降低对环境的影响。跨江(河、湖、海)的路线尽可能与铁路、城市轨道交通等共用桥位;尽可能利用既有设施扩能改造,必须新建的尽可能利用既有交通走廊,多方案比选、合理布线,少占土地、占补平衡;尽可能避免对具有重要生态功能的生态系统的分割,从严控制穿越禁止开发区域和城市建成区,严禁新建公路穿越自然保护区的核心区,减少对生态脆弱区、环境敏感区的影响,加强生态保护,逐步实现从事后治理向事前规划和保护的转变。

4.科技引领提升服务

积极推进国家公路网的信息化、智能化建设,提高与铁路、水运、航空等多种运输方式的中转和衔接能力,推进运输方式之间的联程联运,逐步实现交通运输一体化,提高运输服务水平,促进现代物流业发展;加大科技投入力度,支持公路发展关键技术的研发应用;强化公路行业人才队伍建设,加强技能型、管理型人才培养,完善教育培训制度,提高从业人员素质。

5.促进公路协调发展

深化管理体制改革,落实各级政府在公路建设、运营、养护、管理中的事权和职责,提高公路养护质量和运营管理水平,增强公路的可持续发展能力。统筹安排国家公路网路线编号、线位规划、建设规划和前期工作,稳妥有序推进规划实施。研究建立国家公路网规划动态调整机制,根据经济社会发展变化,适时修订和完善规划。加强省级公路和乡村公路规划建设,合理确定规划目标和建设规模,注重与国家公路网的衔接,统筹各层次路网协调发展,提升路网整体服务能力和水平。

附图:1.普通国道网布局方案图

2.国家高速公路网布局方案图

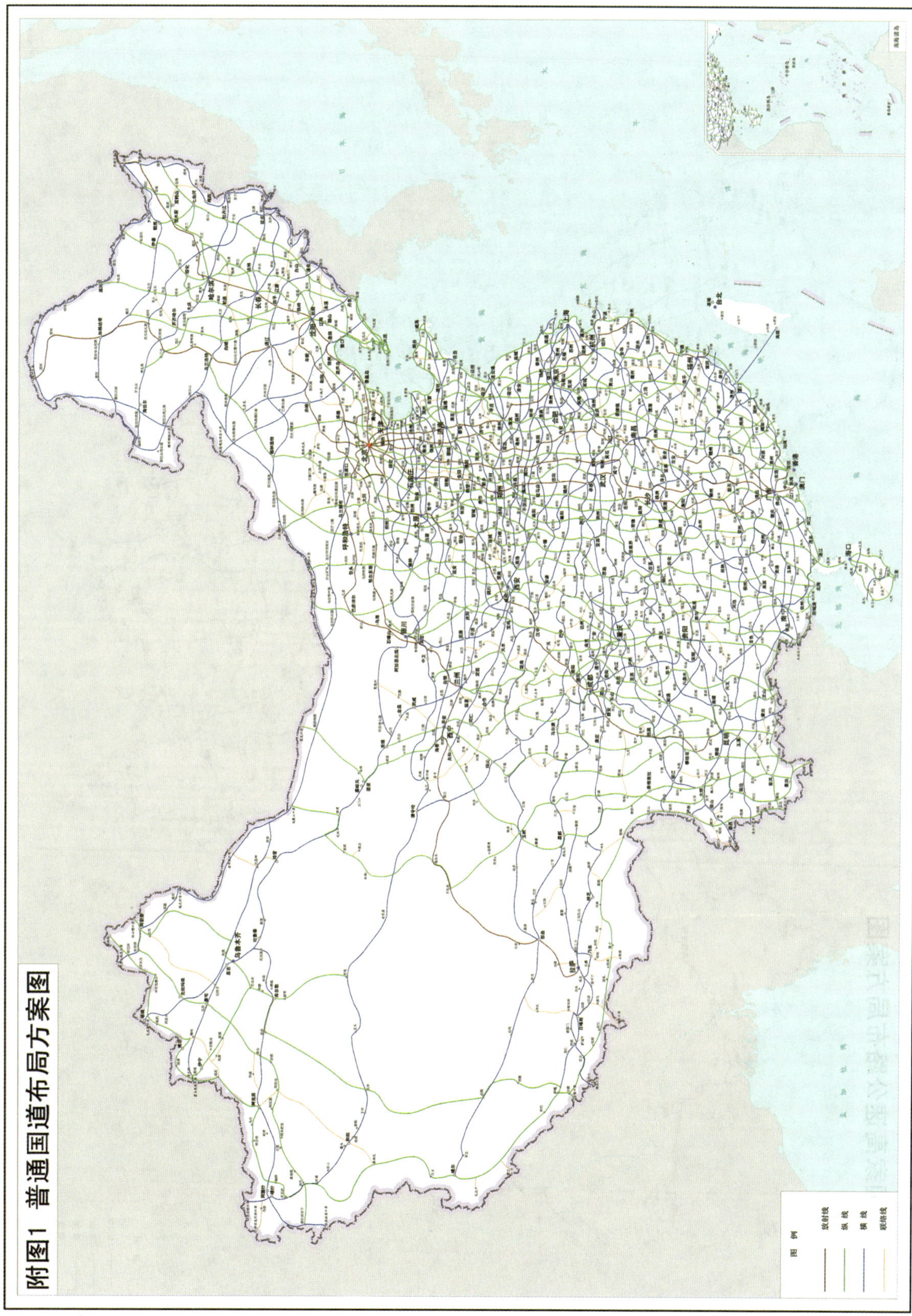

附图1 普通国道布局方案图

附图2　国家高速公路布局方案图

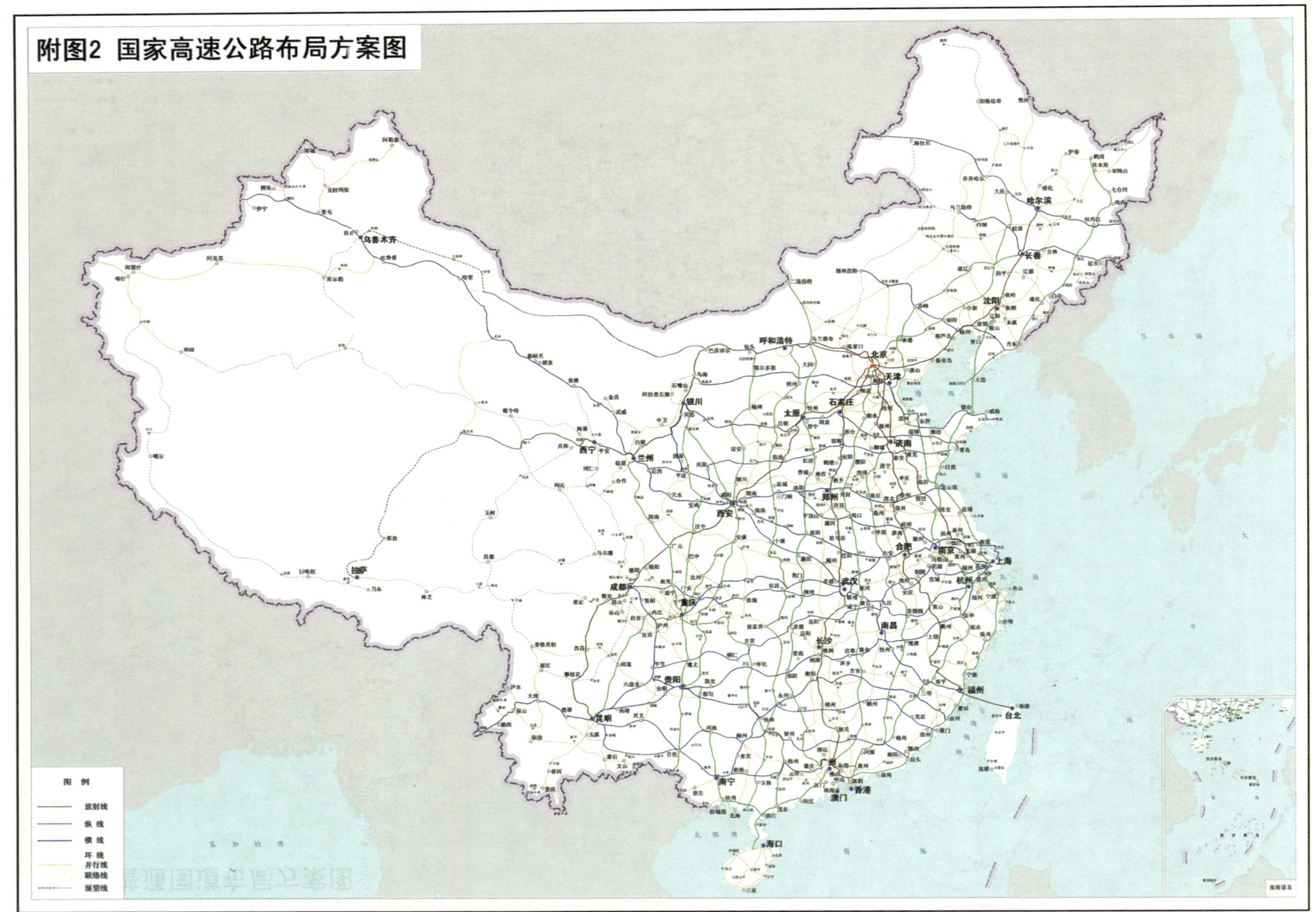

长江流域综合规划（修编）

（2012—2030 年）

前　言

长江发源于青藏高原的唐古拉山主峰格拉丹冬雪山西南侧，干流全长6300余公里，自西而东流经青海、四川、西藏、云南、重庆、湖北、湖南、江西、安徽、江苏、上海等11个省（区、市）注入东海。支流展延至贵州、甘肃、陕西、河南、浙江、广西、广东、福建等8个省（区）。流域面积约180万平方公里，占我国国土面积约18.8%。

新中国成立以来，为治理水旱灾害，开发利用水资源，保护水生态环境，长江水利委员会（曾名长江流域规划办公室，以下简称长江委）在党中央、国务院领导下，编制了流域综合利用规划以及大量专业、区域规划。1959年，长江委提出《长江流域综合利用规划要点报告》（以下简称《要点报告》）；20世纪80年代，为适应当时经济社会发展要求，对《要点报告》进行修订，于1990年提出《长江流域综合利用规划简要报告（1990年修订）》（以下简称《简要报告》），并经国务院国发〔1990〕56号文批准。在长江流域综合利用规划的指导下，经过几十年的治理开发与保护，长江流域防洪能力显著提高，水资源综合利用与保护取得较大成就，涉水事务管理明显增强，为支撑经济社会发展发挥了重要作用。长江流域治理开发与保护实践证明，历次长江流域综合利用规划的方针和指导思想基本正确，治理开发与保护的总体布局基本合理。

进入新世纪，《简要报告》拟定的2000年规划目标基本实现，经济社会的发展对长江水资源开发利用与保护提出了新的要求，长江的治理开发使流域水情工情、河流生态系统发生了新的变化，一批专业和区域规划的相继编制、基本资料的不断积累和对治理开发与保护认识水平的不断提高，为流域综合规划修订提供了有利条件，因此，2007年1月，国务院召开会议部署流域综合规划修编工作。为做好本次规划修编工作，长江委于2003年完成了《长江流域综合利用规划后评价报告》，2005年编制完成《长江流域综合利用规划修订思路报告》，2007年8月水利部以水规计〔2007〕341号文批复《长江流域综合规划修编任务书》。长江委在随后4年时

间里,组织委内有关单位和流域内各省(市、区)有关部门编制规划,经历次征求意见、咨询、审查和修改完善,于2012年上报了规划报告。2012年12月,国务院以国函〔2012〕220号批复了《长江流域综合规划(2012—2030年)》。

第一章　流域概况

长江是我国第一大河,发源于青藏高原的唐古拉山主峰格拉丹冬雪山西南侧,干流流经青海、四川、西藏、云南、重庆、湖北、湖南、江西、安徽、江苏、上海等11个省(区、市)注入东海,支流展延至贵州、甘肃、陕西、河南、浙江、广西、广东、福建等8个省(区)。干流全长6300余公里,流域面积180万平方公里,为我国国土面积的18.8%。

流域气候温和湿润,雨量丰沛,多年平均年降水量约1100毫米,多年平均入海水量9190亿立方米(不含淮河入江水量)。水能资源理论蕴藏量30.5万兆瓦、年发电量2.67万亿度,约占全国的40%,其中技术可开发装机容量28.1万兆瓦,年发电量1.30万亿度,分别占全国的47%和48%。长江水系通航河流3600多条,总计通航里程约7.1万公里,占全国内河通航里程的56%。湿地总面积约17.4万平方公里,约占流域面积的10%。流域鱼类400余种,其中特有鱼类166种。

流域现状总人口42727万人,占全国的32.3%,城镇化率42%;地区生产总值84778亿元,占全国的34%,人均地区生产总值19842元;耕地面积4.62亿亩,占全国的25.3%;粮食总产量1.63亿吨,占全国的32.5%。

经过几十年的治理开发与保护,长江流域防洪能力得到了显著提高,形成了总长约34000公里的堤防体系;结合兴利修建了以三峡工程为骨干的一批有较大防洪作用的干支流水库,总防洪库容达658.5亿立方米;兴建与安排了以荆江、杜家台为重点的一批蓄滞洪区;整治了长江中下游部分干流河道以及洞庭湖区、鄱阳湖区尾闾洪道;对中下游湘鄂皖赣四省实施了平垸行洪、退田还湖、移民建镇工程;长江防汛指挥系统正逐步完善,防洪非工程措施进一步得到加强。水资源利用和保护取得了较大成绩,流域已建成地表水蓄、引、提、调水工程设施522万座(处),总库容1186亿立方米,兴利库容619亿立方米,其中大、中、小型水库约4.57万座,集雨工程268万处。现状年流域城乡生活及城镇工业供水总量820.5亿立方米,农业供水量962.2亿立方米,有效灌溉面积22573万亩;已初步建立起以水功能区管理为基础的水资源保护管理体系。水能开发、水运交通等得到了长足发展,现状全流域水能资源开发利用率达到21%,已建、在建水电站总装机容量超过13万兆瓦,占流域技术可开发量的47%,其中大型水电站42座,装机容量8.7万兆瓦;长江航运条件得到显著改善,现状年长江水系水路完成客运量12820万人,完成货运量18.5亿吨、货物周转量28168亿吨·千米。流域综合管理明显加强。

由于长江中下游洪水来量大而河道泄洪能力不足,部分地区防洪形势严峻。支流和湖泊堤防较薄弱,蓄滞洪区建设滞后,病险水库除险加固任务繁重,护岸工程标准偏低,局部河段的河势变化仍较大,部分城市防洪能力较低;中下游地区排涝标准不高,中小河流洪灾和山洪灾害尚未建立起有效的防治体系。上游地区和中游部分丘陵山区工程性缺水现象突出,一些高原平坝和河源局部区域还存在资源性缺水,下游地区存在水质性缺水。水能资源开发要求与生态环境保护和移民安置的矛盾日益突出。航道、港口基础设施薄弱。局部水域、部分支流河段和湖泊污染严重。水域面积缩小,湿地退化。全流域现有水土流失面积53.08万平方公里。长江上游部分山丘区、中下游干流沿江地区、洞庭湖和鄱阳湖地区钉螺还没有得到有效控制。流域依法管水的法律法规体系尚不完善,流域管理与区域管理相结合的体制需要进一步健全,高效的跨部门跨行业协调机制尚待建立。水资源市场化配置机制、公众参与机制等还需大力培植。执法监督能力还需进一步加强,流域水行政事务管理还需进一步规范化和制度化。信息现代化水平和科技支撑能力尚待提高。

第二章　经济社会发展对长江治理开发和保护的要求

一、流域经济社会发展总体布局

进入新世纪以来,长江流域城镇化、工业化快速发展,经济全球化特征日益显现。同时,区域发展不均衡、产业结构不合理、经济增长方式粗放及资源环境约束加剧等矛盾更加突出。按照全面建设小康社会和构建社会主义和谐社会的要求,国家先后提出深入推进西部大开发、大力促进中部地区崛起、积极支持东部地区率先发展等重大战略部署,在今后较长时期内,流域建设将向空间布局合理、产业结构优化、资源集约节约利用、生态环境持续改善的经济社会发展总体目标迈进。

长江流域农业发展以加强粮食生产基地建设为重点,积极发展现代农业,加快农业结构调整;工业发展以长江干流为主轴,支流沿岸、环湖区带、铁路沿线等为支轴;服务业在长江流域的经济比重将逐步提高,根据地区差异,分别构建面向生产和服务民生的现代服务业;交通运输业以综合运输大通道和综合交通枢纽为重点,充分发挥铁路、公路、水运、航空、管道等各种运输方式的优势,扩大规模,完善网络,整合资源,优化结构。到2020年,长江流域将形成上中下游联动发展、东中西部优势互补的共同发展态势;到2030年,流域内产业结构将进一步优化,产业布局和规模更加合理,综合实力和国际竞争力进一步增强,生态环境持续改善,社会主义和谐社会建设取得显著成效。

按照全面建设小康社会和构建社会主义和谐社会的总体要求,参考国家有关机构对长江流域经济发展布局与产业结构研究成果,以及流域内有关区域中长期发展规划,预测至2030年,流域内经济社会发展的主要指标如下:

人口增长有效控制。人口自然增长率控制在7.1‰,其中2008—2020年为9.6‰,2021—2030年为4‰。到2020年,全流域总人口控制在4.84亿人,城镇化率达到52.3%;至2030年,全流域总人口控制在5.03亿人,城镇化率达到59.4%。

地区生产总值持续增长。地区生产总值年均增长8.7%,其中2008—2020年为10.6%,2021—2030年为6.3%。到2020年,实现地区生产总值31.6万亿元;至2030年,实现地区生产总值58.1万亿元。

产业结构不断优化。到2020年和2030年,第三产业增加值占地区生产总值比重与现状年相比分别提高1.7个和4.8个百分点,至2030年,三大产业结构调整为4∶50.4∶45.6。

二、经济社会发展对长江治理开发与保护的要求

水是生命之源、生产之要、生态之基。兴水利、除水害,事关人类生存、经济发展、社会进步,历来是治国安邦的大事。新中国成立以来,在党中央国务院的高度重视下,在流域综合规划的指导

下,长江流域的治理开发与保护取得了举世瞩目的成就,为流域经济社会的持续快速发展提供了坚实的基础保障。新的历史时期,我国迎来了新的发展机遇,也面临着气候异常、水资源短缺、能源危机、粮食安全、生态环境保护压力增大等一系列严峻挑战。特别是近年来流域频繁发生的严重水旱灾害,造成重大生命财产损失,暴露出流域水利等基础设施仍十分薄弱。为促进经济长期平稳较快发展和社会和谐稳定,夺取全面建设小康社会新胜利,必须加快水利建设,加强农田水利等薄弱环节基础设施建设,完善防洪减灾体系保障防洪安全、优化配置水资源保障供水安全、合理开发水能资源增加能源供应、加快黄金水道建设提高长江综合运输能力、强化水资源与水生态环境保护保障长江服务功能与生态功能正常发挥、增强流域管理促进和谐发展,从而切实增强流域水利支撑保障能力,实现水资源可持续利用,满足经济社会发展对流域治理开发与保护的要求。

第三章　总体规划

一、规划指导思想与原则

(一)规划指导思想

以科学发展观为统领,认真贯彻落实2011年中央1号文件《中共中央 国务院关于加快水利改革发展的决定》和2011年中央水利工作会议精神,以“维护健康长江,促进人水和谐”为基本宗旨的新时期治江思路作为规划工作的主线,按照“在保护中促进开发,在开发中落实保护”的原则,正确处理好需要与可能、兴利与除害、开发与保护、不同区域与相关行业、上下游、左右岸、远近期的关系,进一步明确目标、统筹规划,因地制宜、突出重点,分步实施、协调推进,注重科学治水、依法治水,突出加强薄弱环节建设,大力发展民生水利,不断深化水利改革,切实加强防洪减灾、水资源综合利用、水资源与水生态环境保护、流域综合管理四大体系建设,有效减轻洪涝旱等灾害,合理开发利用水资源,切实保护水资源和水生态环境,不断提高流域综合管理能力,实行最严格的水资源管理制度,以水资源的可持续利用,为经济长期平稳较快发展和社会和谐稳定提供有力的支撑。

(二)规划原则

以人为本,坚持民生优先。从人民群众的根本利益出发,着力解决群众最关心最直接最现实的水利问题,优先保障流域防洪安全、供水安全、粮食安全、经济安全和生态安全等公共利益,推动民生水利新发展。

水利与经济社会协调发展。水利发展要与国民经济发展规划、土地利用总体规划和海洋、农业、林业、环保等相关发展与保护规划相衔接,为经济社会全面协调可持续发展提供支撑和保障;经济社会发展布局又要与水资源、水环境承载能力相适应。

在保护中促进开发,在开发中落实保护。正确处理好发展与生态环境保护的关系,顺应自然规律和社会发展规律,合理开发、优化配置、全面节约、有效保护水资源。

统筹兼顾,综合治理。统筹流域防洪、供水、灌溉、发电、航运、水资源与水生态环境保护等任务,注重兴利除害结合、防灾减灾并重、治标治本兼顾,促进流域与区域水利协调发展。

全面节约,有效保护,实行最严格的水资源管理制度。控制用水总量、污染物入河排放量及有效提高用水效率。

因地制宜,远近结合。针对流域治理开发与保护中的主要矛盾,按照轻重缓急,合理确定近远期的规划目标、任务、重点和实施方案。

严格管理,统一调度。加强控制性水利水电工程和跨流域调水工程水资源统一调度,协调好生活、生产、生态环境用水,完善水资源调度方案、应急调度预案和调度计划,保障防洪安全和生活、生产、生态用水安全。

二、规划水平年

根据我国经济社会发展的战略目标,结合长江流域的特点,拟定规划现状基准年为2007年,近期规划水平年为2020年,远期规划水平年为2030年。

三、总体规划目标

(一)近期(2020年)目标

着力提高防洪减灾能力。重要防洪保护区在标准洪水下基本不发生灾害,遇超标准洪水,有对策措施,最大限度地减少人员伤亡和财产损失,保持社会稳定;山丘区在发生山洪灾害时尽量避免发生群死群伤事件;在遇设计标准内暴雨时,涝区能正常生产;维持干支流河势和河岸基本稳定。

合理配置和高效利用水资源。加强节水型社会建设,流域用水总量控制在2283亿立方米,水资源开发利用率达到25%左右;基本解决大中城市缺水问题,全面解决农村饮水安全问题;基本完成大型灌区及重点中型灌区的续建配套和节水改造,推进其他中型灌区的续建配套和节水改造,新建一批灌区和水源工程,新增灌溉面积4107万亩,新增节水灌溉面积4186万亩;加强抗旱应急备用水源和旱情监测预警系统、抗旱指挥调度系统、抗旱服务体系和抗旱管理系统的建设,抗旱减灾能力得到明显提高;基本形成以干支流骨干水库和南水北调中、东线工程为主体的水资源配置格局;加大长江上游干支流水能资源开发,水能资源开发利用率达到36%左右;以高等级航道为骨架、以主要港口为中心,构筑航道干支通畅、江海直达以及港口布局合理的现代化长江水运体系。

有效遏制水生态环境恶化趋势。流域内主要江河湖泊水功能区水质明显改善,城镇供水水源地水质全面达标,水功能区主要控制指标达标率达到80%,干流、主要支流重要水功能区达标;水生生物资源得到有效养护,自然保护区、重要湿地、风景名胜区、少数民族聚居地等生态环境优先保护区域和对象得到有效保护;重点区域水土流失得到有效治理,流域水土流失得到有效遏制;流域内所有血吸虫病流行县(市、区)达到血吸虫病传播控制标准,达到血吸虫病传播控制标准10年以上的县(市、区),力争达到血吸虫病传播阻断标准。

全面强化流域综合管理。初步形成流域涉水管理法律法规体系,基本建立最严格的水资源管理制度;在流域和区域管理相结合的管理体制下,初步建立跨地区和部门的协调机制;以统筹规划、科学调度、行政审批、执法监督、指导协调为主要特征的流域水行政管理得到全面加强;初步实现控制性水利水电工程和跨流域调水工程水资源统一调度;水利科技支撑能力、人才队伍保障及水利信息化全面提高。

(二)远期(2030年)目标

进一步提高流域防洪减灾能力。通过以三峡水库为骨干的上游干支流控制性水利水电工程联合调度,以及综合防洪减灾体系的联合运用,进一步提高流域抗御洪水的能力;山丘区避灾能力显著提高;涝区蓄涝排涝布局更加完善;有利河势得到有效控制,不利河势得到明显改善,形成河势和岸线稳定、堤防稳固、航道和港域良好的河道。

基本实现水资源高效利用。初步建成节水型社会，流域用水总量控制在2348亿立方米，水资源开发利用率达到30%左右；基本建成流域和区域配置合理、高效利用的水资源保障体系，进一步提高抗旱减灾能力，满足人民生活水平提高、经济社会发展和生态环境保护的用水需求；进一步合理开发长江上游干支流水能资源，水能资源开发利用率达到45%左右；扩展高等级航道和主要港口覆盖面，延伸内河水运的服务范围。

全面维系优良水生态环境。流域内水功能区主要控制指标达标率达到95%以上；河流生态系统呈良性发展；水土流失严重地区实现基本治理。

基本实现流域综合管理现代化。基本形成完善的流域涉水管理法律法规体系；全面建立高效的跨地区和部门的协调机制，公共参与机制成熟高效；基本建立有效的跨部门协调配合执法机制；基本实现控制性水利水电工程和跨流域调水工程水资源统一调度；基本建成流域水量、水质、水生态环境综合监测系统。

四、治理开发与保护分区

为指导流域治理开发与保护，加强流域综合管理，在近几年的各项专业规划中，已完成了防洪分区和水功能区划。本次规划根据河流的资源条件与开发潜力、水资源与水生态环境保护要求、治理开发现状及存在问题，以及经济社会发展需求等主要因素，对规划期内上游干流河段水能资源开发、干流岸线利用和干流采砂等进行了分区。已有分区与本次规划补充分区构成河流治理开发与保护分区体系。

五、控制性指标

根据实现保障防洪安全、合理开发利用、维系优良生态和稳定河势河床的总体战略目标，有重点地选择了以下主要控制指标作为管理依据。

（一）防洪安全控制指标

长江干流主要控制站防洪控制水位是防洪安全控制指标，即为堤防的设计洪水位，在需运用蓄滞洪区蓄纳超额洪水的长江中下游地区，控制站防洪控制水位一般也是蓄滞洪区的分洪运用水位。长江干流主要控制站防洪控制水位见表3-1。

表3-1 长江干流主要控制站防洪控制水位表

站名	设计洪水位（吴淞：米）	站名	设计洪水位（吴淞：米）
李庄	270	螺山	34.01
泸州	240.50	汉口	29.73
朱沱	212	黄石	27.50
寸滩 （朝天门）	192.12	武穴	24.50
	（193.66）	九江	23.25
万县	175.20	湖口	22.50
宜昌	55.73	安庆	19.34
枝城	51.75	大通（梅埂）	17.10

续表

站名	设计洪水位（吴淞：米）	站名	设计洪水位（吴淞：米）
沙市	45	南京	10.60
石首	40.38	镇江	8.85
监利（城南）	37.28	吴淞口	5.98
城陵矶（莲花塘）	34.40		

（二）水资源开发利用控制指标

1.控制断面水资源开发利用率

水资源开发利用率为一定时期当地水资源形成的供水总量（包括调出水量）与同期当地水资源总量比值，既反映流域或区域水资源开发利用程度，也反映水资源开发利用与生态环境保护的协调程度，是维护河流健康的重要控制指标。水资源开发利用率宜控制在 40%以内。长江流域主要控制断面水资源开发利用率见表 3-2。

表 3-2 长江流域主要控制断面水资源开发利用率表

河流/湖泊	控制断面	地表水资源可利用量（亿立方米）	水资源开发利用率控制指标（%）
金沙江	屏山	545	43
长江干流	宜昌	1192	41
长江干流	汉口	1932	38
长江干流	大通	2356	36
长江流域		2828	39
雅砻江	小得石	188	36
岷江	高场	225	36
沱江	李家湾	31	考虑从岷江、青衣江或金沙江补水后控制在 40 左右
嘉陵江	北碚	136	29
乌江	武隆	96	27
湘江	湘潭	187	30
资水	桃江	75	35
沅江	桃源	120	30
澧水	石门	46	30
汉江	皇庄	212	考虑从长江补水后控制在 40 左右
赣江	外洲	163	33
洞庭湖	城陵矶（七里山）	543	39
鄱阳湖	湖口	364	37

由于汉江承担了南水北调中线和引汉济渭调水任务，皇庄控制断面水资源开发利用率较大，为维持本流域合理的水资源开发利用和良好的生态环境，同时满足向外流域调水的需要，应根据汉江流域经济社会发展状况及水资源利用程度，尽快启动从长江干流引水补充汉江的研究工作，并相机实施，使汉江流域水资源开发利用率控制在 40%左右；沱江因现状开发利用程度较高，需考虑从岷

江、青衣江或金沙江适量调水补充，使水资源开发利用率控制在40%左右。

2.用水总量

经济社会发展用水要考虑水资源的承载能力和节水减污的要求。通过加强需水管理，抑制不合理用水，控制用水总量，有效保护生态环境。2010年10月，国务院关于全国水资源综合规划（2010—2030年）的批复（国函〔2010〕118号）明确到2030年全国用水总量力争控制在7000亿立方米以内，由此确定长江流域用水总量控制在2348亿立方米以内。长江流域各省（区、市）多年平均情况用水总量见表3-3。

表3-3 长江流域各省（区、市）用水总量表

单位：亿立方米

省级行政区	2030年
青海	0.4
甘肃	7.6
陕西	29.7
西藏	1.2
云南	81.0
贵州	104.1
四川	344.5
重庆	107.3
广东	0.3
广西	10.6
湖南	360.7
湖北	373.3
河南	33.3
江西	265.7
福建	0.4
安徽	135.1
浙江	59.6
江苏	297.5
上海	135.7
合计	2348

3.用水效率

用水效率采用各地区和各行业的用水定额指标。提高用水效率，是全面推进节水型社会建设和促进经济增长方式转变的有效手段。长江流域用水效率指标包括工业增加值（不含火、核电）用水量和农田灌溉亩均用水量2个指标，见表3-4和表3-5。

表 3-4 长江流域工业增加值(不含火、核电)用水量表

单位:立方米/万元

水资源二级区	2030年
金沙江石鼓以上	63
金沙江石鼓以下	47
岷沱江	46
嘉陵江	44
乌 江	48
宜宾至宜昌	52
洞庭湖水系	51
汉 江	46
鄱阳湖水系	61
宜昌至湖口	54
湖口以下干流	36
太湖水系	17
长江流域	37

表 3-5 长江流域农田灌溉亩均用水量表

单位:立方米/亩

水资源二级区	2030年
金沙江石鼓以上	369
金沙江石鼓以下	534
岷沱江	355
嘉陵江	315
乌 江	433
宜宾至宜昌	251
洞庭湖水系	481
汉 江	389
鄱阳湖水系	554
宜昌至湖口	485
湖口以下干流	308
太湖水系	435
长江流域	422

(三)水资源及水生态环境保护控制指标

1.控制断面生态基流

河道生态基流是指维持河床基本形态,保障河道输水能力,保持水体一定的自净能力的最小流量,是实现河流生态系统健康必须保留在河道中的基本流量。长江流域主要控制断面生态基流见表3-6。

表 3-6 长江流域控制断面生态基流表

序号	河流/湖泊	断面	生态基流（立方米/秒）
1	金沙江	屏山	1090
2	长江干流	宜昌	3090
3	长江干流	汉口	5280
4	长江干流	大通	7430
5	雅砻江	小得石	331
6	岷江	高场	551
7	沱江	李家湾	35
8	嘉陵江	北碚	257
9	乌江	武隆	269
10	湘江	湘潭	207
11	资水	桃江	69
12	沅水	桃源	238
13	澧水	石门	36
14	汉江	皇庄	200
15	赣江	外洲	281
16	洞庭湖	城陵矶（七里山）	1080
17	鄱阳湖	湖口	463

2.控制断面水质管理目标

根据国务院批复的《全国重要江河湖泊水功能区划（2011—2030年）》确定的控制断面水质管理目标，结合长江流域水资源保护和水环境实际情况，选择高锰酸盐指数和氨氮作为水质控制指标。长江流域主要控制断面水质管理目标见表3-7。

表 3-7 长江流域主要控制断面水质管理目标表

单位：毫克/升

序号	河流/湖泊	断面	水功能区	水质管理目标	指标要求（毫克/升）	
					高锰酸盐指数	氨氮
1	通天河	直门达	长江三江源自然保护区	I	≤2	≤0.15
2	金沙江	奔子栏	金沙江川藏滇缓冲区	I	≤2	≤0.15
3	金沙江	石鼓	金沙江香格里拉—丽江保留区	I	≤2	≤0.15
4	金沙江	格里坪	金沙江滇川2号缓冲区	III	≤6	≤1
5	金沙江	华弹	金沙江滇川4号缓冲区	III	≤6	≤1
6	长江干流	朱沱	长江川渝缓冲区	III	≤6	≤1
7	长江干流	宜昌	长江宜昌中华鲟保护区 长江宜昌饮用、工业用水区	II	≤4	≤0.5

三、基础设施

续表

序号	河流/湖泊	断面	水功能区	水质管理目标	指标要求(毫克/升)	
					高锰酸盐指数	氨氮
8	长江干流	汉口	长江武汉开发利用区	III	≤6	≤1
9	长江干流	武穴闸	长江武穴饮用、工业用水区(左岸) 长江鄂赣缓冲区(全断面)	III	≤6	≤1
10	长江干流	大通	长江枞阳无为保留区(左岸) 长江大通保留区(右岸)	II	≤4	≤0.5
11	长江干流	马鞍山	长江皖苏缓冲区(左岸) 长江皖苏缓冲区(右岸)	III	≤6	≤1
12	长江干流	徐六泾	长江通州东方红农场保留区(左岸) 长江常熟饮用、工业用水区(右岸)	II	≤4	≤0.5
13	长江干流	浏河	长江苏沪缓冲区(右岸)	III	≤6	≤1
14	雅砻江	小得石	雅砻江攀枝花保留区	II	≤4	≤0.5
15	牛栏江	大沙店	牛栏江滇黔缓冲区	II	≤4	≤0.5
16	横江	横江水富	横江滇川缓冲区	III	≤6	≤1
17	岷江	高场	岷江宜宾珍稀鱼类自然保护区	II	≤4	≤0.5
18	沱江	社家街	长江上游珍稀特有鱼类自然保护区(沱江口段)	III	≤6	≤1
19	嘉陵江	燕子砭	嘉陵江陕川缓冲区	III	≤6	≤1
20	嘉陵江	武胜	嘉陵江川渝缓冲区	III	≤6	≤1
21	嘉陵江	北碚	嘉陵江合川北碚保留区	III	≤6	≤1
22	乌江	鹿角沱	乌江黔渝缓冲区	II	≤4	≤0.5
23	乌江	武隆	乌江彭水涪陵保留区	II	≤4	≤0.5
24	洞庭湖	城陵矶(七里山)	东洞庭湖自然保护区	II	≤4	≤0.5
25	湘江	庙头	湘江全州保留区湘江桂湘缓冲区	III	≤6	≤1
26	湘江	湘潭	湘江湘潭城区饮用、工业用水区	III	≤6	≤1
27	资水	桃江	资水新化至益阳保留区	III	≤6	≤1
28	沅水	桃源	沅江桃源工业、景观娱乐用水区	III	≤6	≤1
29	汉江	白河	汉江陕鄂缓冲区	II	≤4	≤0.5
30	汉江	皇庄	汉江钟祥皇庄饮用水源区	II	≤4	≤0.5
31	鄱阳湖	湖口	鄱阳湖湖区保留区	III	≤6	≤1
32	赣江	外洲	赣江南昌开发利用区	III	≤6	≤1
33	滁河	104国道桥	滁河皖苏缓冲区	IV	≤10	≤1.5

3.限制排污总量意见

综合考虑流域经济社会发展、水资源条件和水功能区水质要求，依据《中华人民共和国水法》，按照有关技术规程规范，在核定水功能区水域纳污能力基础上，确定到2030年长江流域水功能区点源污染物COD（化学需氧量）、氨氮入河控制量的限制排污总量意见，作为水资源保护和水污染防治工作的依据。

六、规划任务与总体布局

（一）规划主要任务

长江治理开发与保护应在注重维护长江生态功能、改善长江水生态环境、修复已造成的不良水生态环境的基础上，充分发挥长江的服务功能，使长江永远成为一条生态环境优良、造福人类的健康河流，以水资源的可持续利用支撑和保障经济社会的可持续发展。

根据流域治理开发与保护现状、存在问题和经济社会发展需要，按照“维护健康长江，促进人水和谐”的基本宗旨，拟定长江治理开发与保护的主要任务是防洪、治涝、供水、灌溉、发电、跨流域调水、航运、水资源保护、水生态环境保护、水土保持、水利血防等。根据2011年中央1号文件关于到2020年基本建成防洪抗旱减灾体系、水资源合理配置和高效利用体系、水资源保护和河湖健康保障体系和有利于水利科学发展的制度体系的总体要求，在现已形成的治理开发与保护格局的基础上，逐步建成完善的防洪减灾体系、水资源综合利用体系、水资源与水生态环境保护体系、流域综合管理体系。

（二）治理开发与保护总体布局

1.防洪减灾体系布局

长江流域防洪减灾体系包括防洪、治涝和河道治理等。长江流域洪水灾害范围广，灾害损失严重，对经济社会可持续发展的危害极大，防洪减灾历来是长江流域治理开发与保护的首要任务。流域防洪总体上应遵循“蓄泄兼筹、以泄为主”的治理方针，按照“人水和谐”、“江湖两利”和“左右岸兼顾、上下游协调”的原则，安排好防洪工程措施和非工程措施，既要解决大江大河防洪安全问题，也要重视解决中小河流防洪和山洪灾害的防治问题。

长江中下游干流地区洪水由上游干流洪水和各支流洪水所组成，超额洪量巨大。因此，上游干流及主要支流的控制性水利水电工程在承担本地区防洪任务的同时，应配合三峡水库拦蓄洪水，尽量减少中下游干流地区的超额洪量及蓄滞洪区的运用范围和几率；洞庭湖和鄱阳湖是中下游干流洪水的重要调蓄场所，应长期保持其对中下游干流及入湖支流洪水的调蓄功能；长江流域大水年往往遭遇外洪内涝，内涝水外排会不同程度抬高外江水位，加重防洪压力，因此应保证适量的内蓄水面率，同时大型泵站应服从防洪的统一调度，在防汛紧张的时段，防止主要支流和湖泊涝渍水量盲目外排入江增加防洪压力。

一是加强堤防工程建设。中下游在进一步加固长江干堤的同时，重点完成支流和湖区主要堤防的建设，上游主要对城镇和耕地面积相对较大的重点地区筑堤护岸。

二是推进蓄滞洪区建设。开展蓄滞洪区围堤和蓄滞洪区安全建设，主要完成重要蓄滞洪区和一般蓄滞洪区的建设，兼顾重点蓄滞洪区和蓄滞洪保留区的建设，以能及时分洪运用并保障蓄滞洪区居民生命及财产安全。

三是新建防洪水库，进行病险水库及大中型病险水闸除险加固。在干流宜宾以上的金沙江河段和主要支流雅砻江、岷江、嘉陵江、乌江等按照规划要求,安排梯级水库预留防洪库容;巩固大中型病险水库除险加固成果,加快小型病险水库除险加固步伐,尽快消除水库安全隐患,恢复防洪库容,增强洪水调控能力;推进大中型病险水闸除险加固。

四是整治干支流河道。河道整治重点是以河道主流线为依据确定河道控导线,控制河道平面形态、两岸岸线和江心洲位置,在全面控制河势基础上,通过堵汊、裁弯等对局部河段河势适当调整,实行"分段控制、分类管理",结合护岸、疏浚、清障等措施,维护有利河势和保障防洪、供水、航运等设施的安全。

五是开展支流治理和山洪灾害防治。在支流(含中小河流)治理中,要因地制宜、经济合理地采取工程措施和非工程措施,优先安排洪涝灾害易发、保护区人口密集、保护对象重要的河流及河段,加固堤岸,清淤疏浚,使治理河段基本达到国家防洪标准;山洪灾害防治以非工程措施为主,非工程措施与工程措施相结合,抓紧完善专群结合的监测预警体系,加快实施防灾避让和重点治理,全面完成山洪灾害易发区预警预报系统建设。

六是强化涝区治理。长江流域涝区主要分布在中下游平原圩区,应坚持排、滞、蓄、截相结合,形成"自排、调蓄、电排"相结合的治涝体系,重点处理好蓄涝与排涝、排涝与防洪的关系;上游地区治涝以自排为主,地势低洼地区,安排必要的抽排;实施大中型灌溉排水泵站更新改造,加强重点涝区治理,完善灌排体系。

七是完善防洪非工程措施。加强气象、水文站网建设,进一步提高暴雨和洪水监测预警预报水平,建立水库群联合防洪调度系统,完善防汛指挥调度系统,制定超标准洪水的防御对策和调度运用方案。

2.水资源综合利用体系布局

水资源综合利用体系包括供水、灌溉、发电、跨流域调水和航运等。流域水资源开发应按照"控制用水总量"、"提高用水效率"、"兼顾三生用水"和"综合利用"的原则,在全面加强节约与保护的基础上,安排供水、灌溉骨干水源工程和跨流域调水工程建设,合理开发水能资源,大力发展航运,不断提高水资源的综合利用效益。应加强节水型社会建设,实行用水总量和用水效率控制,将水资源开发利用率严格限制在控制指标范围内。在枯水年应对上游干流及主要支流有调蓄能力的水利水电工程实行水资源统一调度,增加中下游干流枯期流量,提高中下游干流供水和灌溉保证率,改善航道通航条件。

一是做好水资源的合理配置。在保障河道内生态环境用水和强化节水基础上,合理配置生活、生产和河道外生态环境用水,在满足本地区用水基础上,合理安排跨流域调水。

二是加强城乡供水体系建设。加快城市供水水源建设,改扩建供水水库,建设一批蓄、引、提水工程,加快城市后备水源建设,建立健全应急供水预案,大力提高应急供水能力。因地制宜地解决农村安全饮水问题,平原丘陵区依托丰富的水源积极推进集中供水工程建设,提高农村自来水普及率;有条件的地方延伸集中供水管网,发展城乡一体化供水;山区建设分散供水工程,保障人畜饮水安全。

三是抓紧灌溉基础设施建设。基本完成大型灌区、重点中型灌区续建配套和节水改造任务;结合全国新增千亿斤粮食生产能力规划实施,在水土资源条件具备的地区,新建一批灌区,增加农田有效灌溉面积,提高灌溉用水效率;推广节水灌溉新技术,大力发展节水灌溉;新建一批灌溉水源工程。

四是合理开发水能资源。在保护生态和移民利益前提下，统筹兼顾防洪、灌溉、供水、发电、航运等功能，加快水能资源合理有序开发；加强控制性水利水电工程的统一调度，统筹兼顾经济效益、社会效益和生态环境效益；加快小水电开发及农村电气化建设，促进社会主义新农村建设。

五是推进跨流域调水工程建设。在保障长江流域用水的基础上，积极推进一批跨流域、区域调水工程建设，缓解邻近流域水资源严重短缺的状况，完善优化我国水资源南北调配、东西互济的战略配置格局。

六是加快航运发展。通过梯级渠化和航道整治工程，逐步建成以长江干流为主轴、干支流衔接和江海直达的航道网；加强港口建设，逐步形成布局合理、功能完善、专业高效的港口体系。

3.水资源与水生态环境保护体系布局

水资源与水生态环境保护体系包括水资源保护、水生态环境保护及修复、水土保持和水利血防等。长江流域水生态环境总体良好，但有逐步恶化的趋势。应贯彻水资源可持续利用的方针，按照“在保护中促进开发，在开发中落实保护”的原则，开发与保护并重，正确处理好治理开发与保护的关系，以水资源承载能力、水环境承载能力和水生态系统承受能力为基础，合理把握开发利用的红线和水生态环境保护的底线，加强水资源保护，强化水生态环境保护及修复，加强水土保持和水利血防，维护优良的水生态环境。

部分支流和湖泊水污染严重，不仅影响本地区的用水安全，还是干流污染物的主要来源之一。上游干流和部分支流上中游水土流失严重，不仅造成本地区生态环境退化，也是干流泥沙的主要来源。上游干流和主要支流还分布有特有的水生生物，是长江流域生物资源宝库的重要组成部分。因此应加强上游干流及主要支流和湖泊的水污染综合治理，强化水土保持，注重水生态环境保护及修复，在保障本地区生态环境良好的同时，为干流生态环境改善作出贡献。

一是强化水资源保护。以水功能区划为基础，严格控制入河污染物排放总量，加快点源和面源污染治理，加强干流主要河段和主要支流综合治理，强化湖泊和水库富营养化治理，逐步使水功能区入河污染物控制在纳污能力范围内，水环境呈良性发展；以河道生态需水为控制目标，合理控制水资源开发利用程度，加强水利水电工程调度运行管理，使干支流控制断面下泄水量和流量满足生态环境需水要求，水体多种功能发挥正常。

二是加强水生态环境的保护及修复。以水生态环境优先保护区域与保护对象为基础，合理规划流域治理开发方案；强化生境、湿地保护与修复，加强自然保护区建设、水生生物资源养护；保护好河流水体生物群落，确保水生生物的多样性和完整性。

三是推进水土保持。强化预防保护区的预防保护，大力发展植树造林，提高林草覆盖率；加强重点监督区的监督管理，有效遏制人为水土流失；实施长江上中游水土流失重点治理区的综合治理，有效防治水土流失，加快生态建设步伐。

四是做好水利血防。结合河流综合治理、饮水安全、灌区改造、小流域治理等水利工程进行水利血防设施建设，阻止钉螺扩散和孳生，充分发挥水利工程在血吸虫病防治中的作用。

4.流域综合管理体系布局

流域综合管理体系包括法律法规、管理体制与机制、执法监督、水行政事务管理和管理能力等。应按照“完善法律法规、健全体制机制、加强执法监督、强化水行政事务管理、提升管理能力”的思路，逐步建立起民主、协调、权威、高效的流域管理与区域管理相结合的流域综合管理体系。

一是完善法律法规。在对现有法律法规修订调整的基础上，从法律、行政法规和部门规章三个层次上,进一步加强长江流域水法规体系建设,逐步建立起完善的流域水法规和政策体系。

二是健全体制机制。通过合理划分流域与区域管理责权,完善流域管理与区域管理相结合的流域统一管理体制;建立高效的跨地区和部门协调机制、合理的补偿机制、稳定的投融资机制、广泛的公众参与机制和全面的信息采集与共享机制;建立用水总量控制制度、用水效率控制制度和水功能区限制纳污制度。

三是加强执法监督。加强执法管理制度建设,规范执法行为;推行相对集中执法权,实行综合执法;逐步建立高效的跨部门协调配合执法机制,提高执法效率;加强执法能力和执法环境基础设施建设,保障执法运作。

四是强化水行政事务管理。完善规划管理、防洪抗旱减灾管理、水资源综合利用管理、水资源保护管理、水土保持管理、河道管理、水利工程建设与运行管理、控制性水利水电工程统一调度管理、控制断面监督管理和应急管理等制度;有效实施水工程建设规划同意书签署、河道内建设项目建设方案审批、取水许可、水土保持方案审批、入河排污口设置审批、采砂许可等。

五是提升管理能力。强化水文气象和水利科技支撑;加强流域综合监测信息采集系统、数据传输和存储系统、决策支持系统等信息化基础设施建设;加强治江重大战略问题研究和人才队伍建设,为治江事业提供高水平的科技支撑。

第四章　防洪减灾体系规划

一、防洪规划

长江流域的洪灾主要由暴雨洪水形成,洪灾分布范围广。长江大洪水按暴雨分布可分为两类:一类是区域性大洪水,如历史上的1860年、1870年及1935年、1981年、1991年洪水;另一类为流域性大洪水,如1788年、1849年、1931年、1954年、1998年洪水。上游高海拔地区存在冰湖溃决灾害,长江河口三角洲地带受风暴潮威胁最为严重。此外,山丘区由短历时、小范围大暴雨引起的突发性洪水,常常导致山洪、泥石流、滑坡等灾害,严重威胁着人民生命财产的安全。

长江防洪面临的主要问题和挑战:一是长江中下游河道安全泄量与长江洪水峰高量大的矛盾仍然突出,三峡工程虽有防洪库容221.5亿立方米,但相对于长江中下游巨大的超额洪量,防洪库容仍然不足,遇1954年大洪水,中下游干流还有约400亿立方米的超额洪量需要妥善安排,而大部分蓄滞洪区安全建设滞后,一旦启用损失巨大;二是长江上游、中下游支流及湖泊防洪能力偏低,山洪灾害防治还处于起步阶段,防洪非工程措施建设滞后;三是三峡及上游其他控制性水利水电工程建成后长江中下游长河段、长时期的冲淤调整,对中下游河势、江湖关系带来较大影响,尚需加强观测,并研究采取相应的对策措施;四是近些年来,受全球气候变暖影响,长江流域部分地区极端水文气候事件发生频次增加、暴雨强度加大,一些地区洪灾严重;五是流域经济社会快速发展与城市化进程加快,人口与财富集中,一旦发生洪灾,损失越来越大。

(一)规划目标

考虑三峡及其他控制性水利水电工程建成后对长江防洪的作用和影响,完善长江综合防洪体系。到2020年,荆江地区防洪能力达到100年一遇防洪标准,遭遇类似1870年特大洪水时,不发生毁灭性灾害。城陵矶及以下干流河段能防御1954年洪水,重要蓄滞洪区能适时按量使用。主要城市、洞庭湖区和鄱阳湖区重点圩垸、上游干流、主要支流基本达到规定的防洪标准。初步建成重点防治区监测、通信、预警等为主的非工程措施与工程措施相结合的山洪灾害防灾减灾体系。

至2030年,进一步完善综合防洪体系,减少蓄滞洪区的运用几率和使用范围,防洪能力进一步提高。遇常遇洪水和较大洪水时,可保障经济发展和社会安全,在遭遇流域性大洪水或特大洪水时,经济社会生活不发生大的动荡,生态环境不遭受严重破坏,灾害损失明显减少,不会对可持续发展进程产生重大影响。基本建成山洪灾害防灾减灾体系。

(二)防洪区划分

防洪区是指洪水泛滥可能淹及的地区。长江流域防洪区面积为15.38万平方公里,其中长江上游(主要包括云南、四川、贵州及重庆3省1市)面积为1.34万平方公里,长江中下游防洪区面积为14.04万平方公里。

长江中下游防洪区分为防洪保护区、蓄滞洪区及行洪区三类。

防洪保护区是指遇防御标准洪水应保障防洪安全的地区,主要包括中下游干流堤防保护区,洞庭湖区、鄱阳湖区重点堤垸,主要支流城镇及尾闾地区。长江中下游防洪保护区总面积11.85万平方公里、人口约9710万人、耕地面积约6750万亩,分别占防洪区的84.4%、90%、84.8%。

蓄滞洪区是指包括分洪口在内的河堤背水面以外临时贮存洪水的低洼地区及湖泊等。蓄滞洪区主要分布在长江中下游干流及部分支流,总面积1.35万平方公里,内有人口约740万人、耕地面积约828万亩。长江中下游干流地区安排了40个蓄滞洪区,总面积1.2万平方公里,区内人口约686万人、耕地约712万亩,有效蓄洪容积约590亿立方米。

行洪区是指除防洪保护区和蓄滞洪区以外,遇大洪水时洪水泛滥淹及的长江干流及主要支流两岸堤防之间的洲滩民垸、洞庭湖及鄱阳湖区的一般圩垸。长江中下游行洪区总面积为8400平方公里,耕地面积约384万亩、人口约334万人。

(三)规划方案

1.中下游防洪规划方案

堤防:根据确保重点、兼顾一般的原则,对长江中下游堤防分等级进行建设。荆江大堤、无为大堤、南线大堤、汉江遥堤以及沿江重点防洪城市堤防等为1级堤防。目前长江中下游干堤已基本完成达标建设,需重点加固与长江中下游干堤形成封闭圈的连江支堤,洞庭湖、鄱阳湖区重点圩垸堤防及支流重要堤防。同时还需对仍存在安全隐患的干堤、三峡及上游其他控制性水库建成后因河道冲刷及河势变化受影响的干堤及岸坡进行除险加固。

蓄滞洪区:按照防御1954年洪水标准,长江中下游干流规划安排40处蓄滞洪区。1998年长江大洪水后,国务院以国发〔1999〕12号文要求在城陵矶附近尽快集中力量建设蓄滞洪水约100亿立方米的蓄滞洪区,按照湖北、湖南对等的原则,洪湖蓄滞洪区划出一块约50亿立方米的蓄滞洪区先行建设,并划分成东、中、西三块,优先建设东分块蓄滞洪区。

三峡工程建成后,荆江分洪区运用几率达到100年一遇,由国家防汛抗旱总指挥部调度,且分洪区内的建设与管理相对完善,运用条件相对较好,确定为重点蓄滞洪区。除荆江分洪区以外,长江中下游蓄滞洪区分为重要、一般和蓄滞洪保留区三类。

重要蓄滞洪区为使用几率较大的蓄滞洪区,2020年前属于这类的蓄滞洪区有12处,分别为城陵矶附近规划分蓄100亿立方米超额洪量的蓄滞洪区和洞庭湖区的围堤湖、民主、城西、澧南、西官、建设等6个蓄滞洪区,武汉附近的杜家台蓄滞洪区,湖口附近的康山蓄滞洪区。一般蓄滞洪区为防御1954年洪水除重要蓄滞洪区外,还需启用的蓄滞洪区,2020年前属于这类的蓄滞洪区有13处,分别为城陵矶附近的洪湖中分块和洞庭湖的屈原、九垸、江南陆城、建新蓄滞洪区,武汉附近的西凉湖、武湖、张渡湖、白潭湖蓄滞洪区,湖口附近的珠湖、黄湖、方州斜塘和华阳河蓄滞洪区,其中华阳河蓄滞洪区按建闸控制方案重新调整了蓄滞洪区范围。蓄滞洪保留区系防御超标准洪水或特大洪水的蓄滞洪区,2020年前属于这类的蓄滞洪区16处,分别为荆江地区的涴市扩大分洪区、人民大垸分洪区、虎西备蓄区,城陵矶附近的君山、集成安合、南汉、安澧、安昌、北湖、义合、安化、和康、南顶、六角山等11个蓄滞洪区及洪湖西分块,武汉附近的东西湖蓄滞洪区。

2020年以后,根据长江上游干支流控制性水库建设进程、上游控制性水库与三峡水库联合调度情况以及中下游河道冲刷和江湖关系演变的情况,拟将洞庭湖区的建设垸由重要蓄滞洪区调整为一般蓄滞洪区,九垸由一般蓄滞洪区调整为蓄滞洪保留区,取消洞庭湖区的安化、和康、南顶及六角山等4个蓄滞洪区;对武汉附近的东西湖蓄滞洪区深入研究论证调减蓄滞洪区范围或取消的可行性。由于长江上游干支流控制性水库建设进程还存在诸多不确定因素,加之中下游河道冲刷及江湖关系的变化仍需进一步分析论证,要适时对蓄滞洪区的布局进行调整。

水库:根据总体规划要求,上游干支流建库除承担所在河流(河段)的防洪任务外,还应配合三峡水库对长江中下游发挥防洪作用。规划对长江上游干支流水库采取分期分类预留防洪库容,并结合洪水遭遇情况采取逐步蓄水方式运用。除三峡水库外,7月长江上游干支流水库共预留最大防洪库容约340亿—360亿立方米,其中金沙江干流预留防洪库容220亿—249亿立方米;雅砻江预留防洪库容50亿—60亿立方米,为落实雅砻江防洪库容50亿立方米的低限要求,拟将锦屏一级防洪库容进一步扩大;岷江预留防洪库容30亿—40亿立方米,根据国务院批准的《长江流域防洪规划》中提出的大渡河"具备设置较大防洪库容条件,宜进一步扩大防洪库容"的规划意见,为落实岷江防洪库容30亿立方米的低限要求,拟将瀑布沟防洪库容进一步扩大;嘉陵江预留防洪库容约21.89亿立方米;乌江预留防洪库容10.25亿立方米。这些水库7月1日前应消落到预留的最大防洪库容对应的水位;汛期应遵从《中华人民共和国水法》和《中华人民共和国防洪法》的要求,按照有关主管部门批准的汛期调度方案,实施上下游梯级水库联合调度,在7—8月,在满足防洪安全的前提下,有计划地逐步分期蓄水;以避免在汛期同时弃水、汛末同步蓄水导致无水可蓄的被动局面,既使长江中下游成灾洪水多发期长江上游有较大防洪库容用于拦洪,又可实现防洪与水资源综合利用较好地结合。对于金沙江中游梨园、阿海、金安桥、龙开口、鲁地拉、观音岩(部分库容),雅砻江上游梯级、两河口、锦屏一级、二滩,岷江十里铺、下尔呷、双江口、瀑布沟(部分库容)、上寨等配合三峡水库为长江中下游防洪的水库,7月可根据防洪要求拦洪蓄水,8月初至汛末可不再设置专门防洪库容,水库蓄水由防汛主管部门进行调度;对承担所在河流(河段)防洪任务的水库,应在主汛期设置汛期限制水位。汛期水库调度方案,由运行管理单位编制,报有关主管部门审批。

中下游支流规划兴建清江姚家坪,资水金塘冲,澧水宜冲桥、凉水口、新街,赣江峡江,信江流口,饶河浯溪口等具有防洪作用的水库。

继续对病险水库(闸)进行除险加固,尽快消除水库安全隐患,恢复防洪库容,增强洪水调控能力;推进大中型病险水闸除险加固。

长江流域承担防洪任务的重要水库基本情况见表4-1。

表4-1 长江流域承担防洪任务的重要水库情况表

水系名称	水库名称	所在河流	控制流域面积（万平方公里）	规划预留最大防洪库容（亿立方米）	防洪库容合计（亿立方米）	备注
长江	虎跳峡河段	金沙江		58.60	452.81	规划新建
	梨园[×]		22	1.73		
	阿海[×]		23.50	2.15		在建
	金安桥[×]		23.74	1.58		
	龙开口[×]		23.97	1.26		
	鲁地拉[×]		24.73	5.64		
	观音岩		25.65	5.42		
	乌东德		40.61	24.40		规划新建
	白鹤滩		43.03	75		
	溪洛渡		45.44	46.50		在建
	向家坝		45.88	9.03		
	三峡	干流	100	221.50		
雅砻江	上游梯级	干流		5	50	规划新建
	两河口[×]		5.96	20		
	锦屏一级[×]		9.67	16		在建，防洪库容现为11亿立方米，拟扩大到16亿立方米
	二滩[×]		11.64	9		已建
岷江	十里铺	干流	1.35	1	30	规划新建
	紫坪铺		2.27	1.67		已建
	下尔呷	大渡河	1.55	8.70		规划新建
	双江口		3.93	6.63		
	瀑布沟		7.27	11		在建，防洪库容现为7.3亿立方米，拟扩大到11亿立方米
	上寨	绰斯甲河	1.03	1		规划新建
乌江	构皮滩	干流	4.33	4	10.25	已建
	思林		4.86	1.84		在建
	沙沱	干流	5.45	2.09		
	彭水		6.90	2.32		
嘉陵江	宝珠寺	白龙江	2.84	2.80	21.89	已建
	升钟	西河	0.18	2.70		
	亭子口	干流	6.26	14.40		在建，正常蓄水位以下防洪库容为10.6亿立方米
	草街		15.61	1.99		在建，防汛指挥部门调度需要时，再结合预警预报采取预泄等措施进一步挖掘防洪潜力

续表

水系名称	水库名称	所在河流	控制流域面积（万平方公里）	规划预留最大防洪库容（亿立方米）	防洪库容合计（亿立方米）	备注
清江	姚家坪		0.19	0.80	10.80	规划新建
	水布垭		1.09	5		已建
	隔河岩		1.44	5		
沮漳河	漳河		0.22	3.43	3.43	已建
洞庭湖	东江	湘江	0.47	1.58	58.08	已建
	双牌		1.03	0.58		
	涔天河		0.25	3		已建，防洪库容现为0.41亿立方米，扩建扩大到3亿立方米
	洮水		0.08	1		在建
	柘溪	资水	2.26	前汛期7，主汛期10.6—3.7，后汛期3.7—1.6		已建
	金塘冲		2.80	1.60		规划新建
	凤滩	沅江	1.75	2.80		已建
	五强溪		8.38	17.05		已建，防洪库容现为13.6亿立方米，拟扩大到17.05亿立方米
	江垭	澧水	0.37	7.40		已建
	皂市		0.30	7.80		在建
	宜冲桥		0.58	2.50		规划新建
	凉水口		0.10	1.32		
	新街		0.06	0.85		
陆水	陆水		0.34	2.29	2.29	已建
汉江	安康		3.86	3.60	124.01	已建
	丹江口		9.52	110		在建
	鸭河口	白河	0.30	5.21		已建
	潘口	堵河	0.90	4		在建
	三里坪	南河	0.20	1.20		
富水	富水		0.25	8.53	8.53	已建
鄱阳湖	柘林	修水	0.93	15.72	41.17	已建，防洪库容现为4.37亿立方米，拟扩大到15.72亿立方米
	流口	信江	1.04	3.20		规划新建
	万安	赣江	3.69	10.19		已建，防洪库容现为5.33亿立方米，拟扩大到10.19亿立方米
	峡江		6.29	6		规划新建
	廖坊	抚河	0.71	3.10		已建
	浯溪口	饶河	0.29	2.96		规划新建
皖河	花凉亭	长河	0.19	8.44	8.44	已建
菜子湖	下浒山	大沙河	0.04	0.44	0.44	规划新建

续表

水系名称	水库名称	所在河流	控制流域面积(万平方公里)	规划预留最大防洪库容(亿立方米)	防洪库容合计(亿立方米)	备注
青弋江	陈 村	青弋江	0.28	9.55	9.55	已建
水阳江	港口湾	西津河	0.11	4.11	4.11	已建
巢 湖	龙河口	杭埠河	0.11	3.03	4.17	已建
	大房郢	南淝河	0.02	0.48		
	董 铺		0.02	0.66		
滁 河	黄栗树	襄 河	0.03	1.05	1.88	已建
	沙河集	清流河	0.03	0.83		
全流域合计(亿立方米)				841.85		
注:*仅配合三峡水库承担长江中下游防洪任务						

河道整治:河道整治重点是长江中下游干流,具体规划方案详见"长江中下游干流河道治理规划"。

防洪非工程措施:进一步加强水文、气象预报研究,干支流水库建成后产汇流规律变化研究,水库群预报调度技术方案研究,提高水文、气象监测预报水平;继续推进防汛指挥调度系统建设,研究以三峡水库为骨干的干支流水库群联合调度方案,建立水库联合调度系统;建立完善的长江流域防洪政策法规体系;制定干支流洪水调度方案和超标准洪水的防御对策等。

2.上游干流及主要支流防洪规划方案

上游干流及主要支流可依据各自的治理开发条件,采用工程和非工程措施形成综合防洪体系解决各自的防洪问题。上游干流、岷江中下游、沱江、嘉陵江中下游、乌江中下游建成堤库结合的防洪体系;安宁河、涪江及渠江上游建设调蓄水库,中下游主要以护岸结合堤防加固为主;汉江中下游在续建丹江口水库扩大其防洪库容的基础上,加固现有堤防,建设蓄滞洪工程;洞庭湖、鄱阳湖水系按规划标准加固现有堤防,新建具有防洪能力的水库,扩大已建部分大型水库的防洪作用,加强蓄滞洪区建设,强化河道整治;青弋江、水阳江及滁河等支流以堤防建设为主,配合建设上游水库和下游蓄滞洪区及分洪道;加强山洪灾害的监测预警及群测群防工作。

3.主要城市防洪规划方案

位于中下游干流沿岸的荆州、岳阳、武汉、黄冈、鄂州、黄石、九江、安庆、池州、铜陵、芜湖、马鞍山、南京、镇江等14个地级以上城市依靠以堤防、蓄滞洪区、水库、河道整治等组成的长江中下游综合防洪体系保障防洪安全;位于长江口的上海、南通等城市防洪以加固堤防为主;重庆、宜宾、泸州、宜昌等城市的防洪安全依靠堤防和上游水库组成的防洪体系;成都、昆明、贵阳、长沙、南昌、合肥等位于支流的省会城市防洪体系以堤防为主,按相应标准加高加固堤防形成防洪保护圈,清除河道障碍,保障防洪安全。

4.支流(含中小河流)治理

支流治理的重点是保障河流沿岸易发洪涝灾害的县城、重要集镇及万亩以上基本农田等防洪保护对象的防洪安全。山丘区河流以县城、重要集镇河段为重点,浅丘区河流以沿河人口和农田较集中的河段为重点,平原盆地区河流以洪涝排泄出口河段和河道淤积卡口河段治理为重点。

支流(含中小河流)治理工程措施以河道整治、河势控导、河道疏浚和清淤、堤防护岸、除涝等为主,根据不同河流的特点,因地制宜,在合理确定河道的控导线、禁止侵占河道滩地的前提下合理提高治理标准。

5.山洪灾害防治

山洪灾害防治以防为主、防治结合,以非工程措施为主、非工程措施与工程措施相结合。建立监测预警系统和群测群防的组织体系,逐步完善山洪灾害防治体系。

二、治涝规划

长江流域易涝区分布面广,主要分布在长江中下游平原区。长江中下游易涝区总面积 11.32 万平方公里,内有耕地约 6630 万亩,人口约 8340 万人,分属湘、鄂、赣、皖、苏、沪等省(市)。

(一)规划目标

到 2020 年,长江中下游平原区形成"自排、调蓄、电排"相结合的治涝体系,全面达到 10 年一遇的治涝标准。至 2030 年,根据经济社会发展状况,有条件的地方可适当提高治涝标准。

(二)分区治涝规划

1.湖南省洞庭湖区

洞庭湖区现状排涝能力基本达到 5—10 年一遇。治涝在充分利用已有工程的基础上,以形成独立排水片的堤垸为单位,首先考虑撇洪渠排水,然后采用内湖调蓄及泵站抽水。规划标准为排田采用 10 年一遇 3 天暴雨 3 天排至作物耐淹水深;排湖采用 10 年一遇 15 天降雨 15 天排至内湖控制水位。

2.湖北省江汉平原区

江汉平原区现状排涝能力基本为 5—10 年一遇。治涝在保留合适的调蓄区域和调蓄容积的基础上,合理增建泵站,改造渍害低产田,完善排涝系统。规划排涝标准为两级或多级提排区达到 10 年一遇 3 天暴雨 5 天排至作物耐淹水深;排湖标准为 10 年一遇。

3.江西省鄱阳湖区(含沿江圩区)

鄱阳湖区现状排涝能力为 3—10 年一遇。根据"高水高排、低水低排、围洼蓄涝"的原则,治涝在合理保留排涝片(圩)区内的湖泊、河港及洼地的基础上,建设排水渠道、电排设施等,规划治涝标准为 5—10 年一遇 3 天暴雨 3 天排至作物耐淹水深。

4.安徽省沿江圩区

沿江圩区现状排涝能力为 5—7 年一遇。治涝以排为主,排蓄结合,适当修建截(撇)洪沟,实现高水高排,并保留一定水面率的洼地、沟塘作为调蓄。规划排涝标准为 10 年一遇 3 天暴雨 3 天排至作物耐淹水深。

5.江苏省通南地区

通南地区主要由九龙河、大桥河、红旗河等 15 条通江引排骨干河道,与 11 条内河及大量沟渠构成排灌系统。在恢复原有排水功能和调蓄能力的基础上,以扩大排水出路为主,适当增建洼地抽排站。同时全面疏浚整治现有河道,完善沿江圩区与平原区水系之间的控制,以消除高水下压的威胁。规划排涝标准为 10 年一遇。

6.上海市长江口三岛地区

长江口三岛地区包括崇明岛片、长兴岛片、横沙岛片。规划排涝标准采用 1963 年型,相当于 20 年一遇的最大 24 小时面雨量与同步实测潮位相组合不受涝。治涝总体上按照"以蓄为主、蓄以待排”的方式,疏拓河道,维持一定的水面率,必要时辅以抽排。

7.山丘区

长江中下游山丘排涝区包括湖北省汉江中游区和西南山丘区,湖南省洞庭湖区范围以外的湘、资、沅、澧4水和汨罗江流域的沿岸重要集镇及大片农田,江西省赣、抚、信、饶、修5河丘陵区,安徽省5个大型灌区及部分中小型水库灌区、引提灌区和其他零星分布的易涝区域。治涝以建排涝泵站、撇洪渠为主,因地制宜兼顾其他措施。

(三)防洪与治涝的关系

长江流域大水年,往往外洪内涝遭遇成灾。应制定相应政策,适当退田还湖,减轻排涝负担;制定必要的法规和管理制度,对大型泵站实行统一调度,遇大洪水年,在防汛紧张时期,限制或禁止排涝水量入江。

三、中下游干流河道治理规划

长江中下游干流河道流经广阔的冲积平原,随着沿程各河段水文条件和河床边界条件各异,主要形成顺直型、弯曲型、蜿蜒型和分叉型4大类,其中分叉型长度占总长的60%。宜昌至枝城段为顺直或微弯河型,河床稳定性较好;上荆江河段属微弯分叉河型,总体河势相对较稳定;下荆江河段为蜿蜒型河道,近期除石首弯道和监利弯道变化较为剧烈外,河势已得到初步控制;城陵矶至湖口段总体为宽窄相间的藕节状分汊河道,总体河势较稳定;湖口至徐六泾段为分汊河型,较湖口以上更为发育,洲汊众多,河床演变强度大于中游河道;徐六泾以下的河口段呈喇叭型三级分汊、四口入海的格局,受径流、潮流及风暴潮等多种动力因素的影响,加之河道宽阔,暗沙密布,河势变化复杂,河道稳定性较差。

(一)河势控制规划

河势控制规划主要是根据不同河型的演变特点及存在的主要问题,以河道主流线为依据确定河道控导线—控制河道平面形态的两岸岸线和江心洲的位置。

1.重点河段

宜枝河段保持现状河势,控制枯水位下降;上荆江河段在保持现有有利河势的基础上,结合航道治理要求,适当调整局部河段的河势;下荆江河段近期应进一步实施河势控制工程,稳定裁弯后的河势,远期结合三峡工程运用后江湖关系的调整变化,继续深入研究熊家洲至城陵矶河段的裁弯问题;岳阳河段在巩固防洪和航道综合治理工程效果的基础上,稳定现状河势,进一步改善航道条件;武汉河段在稳定现有河势的基础上,结合城市发展及航道治理要求,将白沙洲汊道段整治成单一河道,并适当提高天兴洲的分洪运用水位,远期进一步研究天兴洲汊道的治理方案;鄂黄河段以稳定现有河势为控制目标;九江河段通过整治工程,控制现有河势稳定,适当减少分汊,改善航道条件;安庆河段上段通过封堵官洲中汊,将其整治成稳定的双分汊河段,下段以稳定现有河势为控制目标;铜陵河段在稳定现状河势的基础上,促使太阳洲、太白洲并岸,实施南夹江裁弯工程,缩短南夹江的防洪战线,减轻无为大堤的防洪压力,并适当提高汀家洲的防洪标准;芜裕、马鞍山河段以稳定现有河势为河势控制目标;南京河段在稳定现有河势的基础上,封堵新生洲与新济洲之间的串沟,抑制新济洲和八卦洲左汊的淤积萎缩;镇扬河段应通过进一步的系统治理,抑制世业洲和畅洲右汊的淤积萎缩,稳定六圩弯道;扬中河段维持主流走左汊的现有河势,稳定嘶马弯道和上下两个弯道间过渡段的主流线;澄通河段结合航道治理工程,抑制福姜沙右汊萎缩,将如皋沙群汊道和通州沙汊道分别整治成主流稳定在浏海沙水道和通州沙东水道的双分汊河段;长江口维持三级分汊、四口入海的总体河势格局,加强徐六泾节点的控制作用,维持白茆沙河段南水道为主汊,稳定南北港分流口及分流通道,维持南港为主汊,通过北支近期缩窄工程及远期进一步的整治,减缓或消除北支水、沙、盐倒灌南支,减缓北支淤积萎缩速率,维持北支引排水功能。

2.一般河段

陆溪口河段稳定主流在中洲右侧,远期结合河势变化,研究调整河势的可行性;嘉鱼河段近期维持现有主流走左汊的河势,远期研究封堵护县洲和复兴洲右汊,使其逐渐转化为双分汊河道的可行性;簰洲湾河段近期以稳定现有弯曲型河道为河势控制目标,远期是否实施裁弯工程,应结合三峡工程建成后中下游防洪形势的变化进一步研究确定;叶家洲河段以稳定现有河势为控制目标;团风河段近期维持主流走右汊的河势,实施左汊封堵工程;韦源口、田家镇等河段以稳定现有河势为控制目标;龙坪、马垱等河段通过整治工程,控制现有河势稳定,适当减少分汊,改善航道条件;东流河段应结合航道治理,稳定洲滩,减少分汊;太子矶河段稳定主流走右汊的现状河势,改善航道条件;贵池河段通过封堵左汊,将现有三分汊河道整治成主流稳定在中汊的双分汊河段,并适时采取措施适当增加右汊分流比;大通河段在稳定现有河势的基础上,适时采取措施,促使小铁板洲与和悦洲合并;黑沙洲河段近期在稳定现状河势的基础上,封堵中汊串沟,稳定右汊的主汊地位,改善航道条件。

(二)河道治理工程规划

近期拟对中下游干流河道已有护岸工程进行全面加固,继续发挥其对河势的控制作用,避免清水下泄可能导致的河势变化。同时,对已经出现的和可能出现的新崩岸险情进行治理,避免崩岸险情加剧而引起河势调整,维护河势和岸坡稳定,保证堤防安全,并为进一步的系统治理打下基础。远期河势控制工程的具体布局,需根据三峡等工程建成后的河道演变情况,进一步深入研究确定。

此外,在全面稳定现有河势的基础上,结合新的水沙条件下中下游河道的变化趋势,在河势控制规划的指导下,对局部河段的河势进行适当调整。

第五章　水资源综合利用体系规划

一、水资源评价与配置

(一)水资源及其开发利用评价

长江流域多年平均年降水量约1100毫米,折合年降水量为19370亿立方米。流域多年平均地表水资源量为9856亿立方米,地下水资源量为2492亿立方米,多年平均水资源总量为9958亿立方米;平原区多年平均地下水可开采量为150.4亿立方米。流域20%、75%和95%频率的水资源总量分别为10949亿立方米、9130亿立方米和8079亿立方米。流域多年平均产水系数为0.51,产水模数为56万立方米/平方公里。流域人均占有水资源量为2330立方米,耕地亩均占有水资源量为2150立方米,均略高于全国平均水平。

流域径流量年际变化较大,年内分配不均匀。流域总体水质良好,大部分能满足所属水域功能的要求。干支流城镇江段岸边水域水质较差,部分河段污染严重,部分水库、湖泊存在向富营养转化的趋势。

流域总供用水量为1802.1亿立方米,其中地表水源1715.9亿立方米,地下水源80.5亿立方米,其他水源5.7亿立方米。总用水量中,农业962.2亿立方米,工业604.1亿立方米,生活216.4亿立方米,河道外生态用水量19.4亿立方米,农业、工业、生活、生态用水量分别占总用水量的53.4%、33.5%、12%和1.1%。流域水资源开发利用率为17.8%,低于全国平均值。

(二)水资源供需分析与配置

1.水资源供需分析

到2020年,多年平均情况下,长江流域总需水量2296亿立方米,可供水量2283亿立方米,缺水量13亿立方米;P=90%时,总需水量为2567亿立方米,可供水量为2535亿立方米,缺水量为32亿立方米,各保证率下的缺水量比基准年减少。至2030年,多年平均情况下,长江流域总需水量2351亿立方米,可供水量2348亿立方米,缺水3亿立方米;P=90%时,总需水量为2594亿立方米,可供水量为2587亿立方米,缺水量为7亿立方米,平水年份和中等干旱年份可基本实现水资源的供需平衡。

2.水资源配置

不同行业水量配置:到2020年,长江流域工业、农业、生活、河道外生态供水量分别为726亿立方米、1219亿立方米、307亿立方米、31亿立方米,供水的比例将由现状的29.1∶59.5∶10.4∶1调整为31.6∶53.6∶13.4∶1.4;至2030年,工业、农业、生活、河道外生态供水量分别为759亿立方米、1196亿立方米、358亿立方米、35亿立方米,供水的比例进一步调整为32.3∶50.9∶15.3∶1.5。其中工业、生活、河道外生态供水量年均分别增长1%、2.22%、2.76%,农业供水量年均减少0.14%。

城乡水量配置:到2020年,长江流域城镇供水量972亿立方米,农村供水量1311亿立方米,其比例由现状的37.1∶62.9调整为42.6∶57.4;至2030年,城镇供水量1064亿立方米,农村供水量1284亿立方米,比例进一步调整为45.3∶54.7。总的趋势是城镇供水所占的比例逐步增加。

跨流域水量配置:现状条件下,长江流域调(引)出水量为90.4亿立方米,约占全国跨一级区调水量的46%。随着南水北调东、中、西线工程以及滇中、黔中等调水工程的实施,到2020年,长江流域规划年均调出水量约276.9亿立方米;从钱塘江、珠江、西南诸河年均调入水量约18.3亿立方米(用于河道外7.8亿立方米,河道内生态环境10.5亿立方米),主要解决太湖水系以及长江上游局部缺水地区的需求。至2030年,长江流域规划年均调出水量为452.5亿立方米,占全国跨一级区调出水量的78%;年均调入水量基本维持18.3亿立方米。对跨流域调水量应按照“三先三后”的原则进行配置。

供水水源配置:到2020年,长江流域总供水量2283亿立方米,其中地表水2159亿立方米、地下水87亿立方米、其他水源29亿立方米(含中水回用量18亿立方米)、跨流域调入水量8亿立方米。至2030年,长江流域总供水量2348亿立方米,其中地表水2213亿立方米、地下水87亿立方米、其他水源40亿立方米(含中水回用量18亿立方米)、跨流域调入水量8亿立方米。与基准年相比,2030年总供水量增加327亿立方米,其中地表水增加303亿立方米,地下水减少9亿立方米,其他水源增加34亿立方米,供水以地表水为主,地下水实现采补平衡。为保证地表水供水量的增长,应加快水源工程建设,特别是大中型蓄水、引水工程的建设。

二、城乡供水规划

全流域总人口4.27亿人,其中城镇人口1.81亿人,农村人口2.46亿人。现状城乡生活及工业供水总量869亿立方米,其中城镇综合生活用水量147亿立方米,工业用水量604亿立方米,农村生活用水量99亿立方米,城镇生态环境用水量19亿立方米,分别占用水总量的17%、70%、11%、2%。

(一)规划目标

到2020年,解决1081万城镇人口和1.06亿农村人口饮用水安全问题;省会城市供水保证率达到97%,大中型城市供水保证率达到95%以上,小城市及县级城市(镇)供水保证率不低于90%,城市(镇)自来水普及率达到95%以上;农村自来水普及率大幅提高,东部地区达到80%以上,中部达到60%以上,西部达到40%以上;主要城市后备供水水源地和应急供水体系基本形成。

至2030年,流域内城乡供水水质进一步提高,水源地安全得到有效保护;农村自来水普及率进一步提高;城镇应急供水体系基本健全;形成较完善的供用水管理体系。

(二)规划意见

1.城市供水

充分挖掘现有设施的供水潜力,加强城市供水水源地保护与水体修复,逐步改善和提高供水水源地水质标准;多渠道开源,调整部分不合格水源地,加快城市供水备用水源地工程建设,合理增加城市供水量。主要城市供水水源工程建设规划如下:

上海市:属于水质性缺水城市。供水水源中,黄浦江水污染严重,长江受咸潮入侵影响。规划扩建陈行水库,新建青草沙、东风西沙水库,形成“两江并举、多库联动”的供水系统。为减轻长江口咸潮入侵,保障河口地区供水安全,遇特枯年份,实施经批准的长江下游干流河段特枯流量条件下水量分配应急预案。

南京市:主要供水水源是长江,供水条件好。市区有40多处工业和城市排污口,对供水水质影响较大。应调整取水口和排污口的布置,加强排污口整治,不断加强水资源保护和取水口水质管理,保障水质安全,并加快建设应急备用水源。

合肥市:供水水源主要是董铺水库、大房郢水库和巢湖。巢湖受周围工业废水、城镇生活污水以及面源污染,水体富营养化严重。应加强巢湖水污染治理,兴建引江济巢等引、提水工程,也可考虑从淠史杭灌区跨流域调水,向董铺水库、大房郢水库补水,满足城市供水需求。

南昌市:城区水厂总供水量的97%来自赣江,北部局部地区由水库供水。需加强水源地保护和应急后备水源建设。规划以赣抚平原水利工程西总干渠作为昌南城区应急水源,扩建幸福水库作为昌北城区应急水源。

武汉市:供水水源主要是长江和汉江。需严格控制污染物入河总量。为应对突发水污染事件,以汤逊湖、梁子湖、东湖、后官湖和梅垸泥水库作为应急备用水源地。

长沙市:湘江是第一供水水源。须加强湘江水污染防治,减少废污水排放;适当新建引、提水工程和改扩建水厂,并将株树桥水库作为城市第二水源和应急供水水源。

重庆市:长江、嘉陵江是主要供水水源。应在加强两江水污染防治的同时,合理开发利用当地水资源,新建藻渡、高望、观景口、观音洞、龙岗、高洞子、七星、苟溪桥等大中型水库以及提水工程,两江提水和当地水源互为备用。

成都市:城区以都江堰供水为主,地下水为辅。在加强水污染防治的同时,应做好枯水期的水资源优化调度工作,并兴建关口、李家岩等水库作为补充和应急水源工程。

昆明市:资源性缺水和水质性缺水并存,现状城市生活供水水源为松华坝、云龙、宝象河、柴河、大河等水库和沙朗河引水工程及滇池。规划自清水海、松茂水库引水济昆,并新建马料河、明朗、酸水塘等水库,同时以黑龙潭和白龙潭地下水为应急水源。但要从根本上解决昆明市的水资源供需矛盾,改善滇池的水环境状况,还需尽快实施滇中引水工程,近期抓紧实施牛栏江—滇池补水工程。

贵阳市:资源型缺水城市。供水水源主要为南明河中上游、市西河上游,其次是地下水。由于缺少大型骨干水源工程,枯水年河道断流给供水带来严重影响。要加强市区周边可供水源点的建设,兴建鱼洞峡、后所、红岩、付家桥、翁岗、栗木寨、老榜河等水库,尽快建成黔中水利枢纽。

2.农村供水

农村供水设施建设应与城镇化建设、新农村发展相协调,因地制宜地发展“规模适中、供水到户”的集中供水方式。距县城、集镇自来水供水管网较近的农村居民点,依托已有自来水厂,延伸供水管网,发展自来水;距城镇现有供水管网较远,且人口稠密、水源水量充沛的,可根据地形、管理、制水成本等条件,结合当地村镇发展规划,统筹考虑区域供水整体发展,兴建适度规模的跨村镇联片集中供水工程;水源水量较少,居民点分散时,兴建单村集中供水工程。对居住分散的农户,兴建单户或联户的分散式供水工程,在有浅层地下水的地区,采用浅井供水工程;在有山溪(泉)水的地区,建设引溪(泉)水设施;在水资源缺乏或开发利用困难的地区,建设雨水集蓄饮水工程。规划2020年建设集中供水工程17.11万处,分散供水工程45.24万处,农村人畜饮水问题将全部解决。

3.重点区域供水水源

四川盆地腹地:四川盆地腹地包括成都、德阳、绵阳、南充、遂宁、内江、自贡、资阳、眉山、乐山等地,主要属于工程性缺水。规划兴建亭子口、关口、罐子坝和清平等水利工程,实施向家坝灌区工程、亭子口灌区工程、长征渠引水工程,适时建设引大济岷工程。

渝西城市群:渝西城市群包括合川区、江津区、潼南县等12个区(县)。当地水资源短缺,区内多数城镇缺水严重。规划近期在充分利用当地径流的基础上,实施西部供水工程;远期研究将长征渠延伸到重庆渝西地区。同时应加强水资源、水生态与环境保护。

黔中地区:黔中地区地处乌江和珠江分水岭地带,包括贵州省的18个市(县)。除加强区内可供水源点的建设外,还需加快建设黔中水利枢纽工程。

滇中地区:滇中地区包括云南省的昆明、楚雄、曲靖市、大理、红河、丽江所辖的49个市(县、区)。在建设区内水源工程的基础上,适时建设滇中引水工程。

环长株潭城市群:环长株潭城市群地处湘江流域下游,包括湖南省的21个市(县)。应加强水源保护和水污染防治,合理调整第一供水水源,并加快第二供水水源和应急备用水源建设。

(三)应急供水规划意见

流域内各省(区、市)要建立健全应急供水体系。抓紧建设城市应急备用水源,重要城市应尽量形成双水源或多水源供水格局;以县级以上行政区为单元制定所辖区域的应急供水预案,逐级制定应急供水响应机制;加快城市供水水源地安全监控体系建设。

三、灌溉规划

长江流域是我国重要的农业生产区。现有耕地面积4.62亿亩,播种面积6.85亿亩。农作物以水稻、小麦、油菜、棉花等为主，粮食总产量1.63亿吨，占全国的32.5%。流域内已建灌区15.6万处，有效灌溉面积22574万亩，有效灌溉率约49%。流域灌溉用水总量877.8亿立方米，亩均用水量584立方米，灌溉水利用系数0.45左右。

（一）规划目标

近期基本完成大型灌区及重点中型灌区的续建配套和节水改造任务，推进其他中型灌区续建配套和节水改造工程建设，新建一批灌区和水源工程，新增有效灌溉面积4107万亩，总有效灌溉面积达到26681万亩，灌溉率达到58%、节水灌溉率达到35%、灌溉水利用系数0.55；远期进一步完善灌溉体系，在近期基础上再新增有效灌溉面积2649万亩，总有效灌溉面积达到29330万亩，灌溉率达到65%，节水灌溉率达到45%，灌溉水利用系数达到0.6。

（二）工程规划

1.新建、扩建灌区与续建配套

积极推进大、中型灌区的新建与扩建。近期新建、扩建30万亩以上灌区48处，远期再新建、扩建30万亩以上灌区27处。

2.节水改造

流域内节水灌溉面积5117万亩，约占有效灌溉面积的23%。规划推广薄、浅、湿、晒的水稻控制灌溉技术和喷、微灌等旱作物节水灌溉技术，加强灌区节水改造；进一步开展灌区渠系改造，扩大灌区末级渠道整治，提高灌溉水利用效率。

3.灌溉水源工程

结合流域水资源配置及防洪等综合利用要求，新（扩）建一批大中型灌溉水源工程，主要包括除“城乡供水规划”中有灌溉任务的大型水库外，还有四川省的兰草，重庆市的剪刀峡，云南省的小中甸，湖北省的长坪，湖南省的洮水、何仙观、毛俊、金塘冲，河南省的青山、老龙潭，江西省的峡江、井冈山、桐木堑、龙迳子、洞口、谷中、湖陂、高村、晓龙、永丰、关王亭一级、桃陂、石榴芬、流口、茶潭、甘坊等水库。

（三）重点地区灌溉规划

1.四川盆地腹地

四川盆地腹地分为岷涪长地区、涪嘉地区和嘉渠地区。耕地主要分布在都江堰、玉溪河等11处大型灌区中，有效灌溉面积1851万亩。

继续完成都江堰、玉溪河、通济堰等大型灌区的续建配套与节水改造、病险水库除险加固，兴建亭子口、武都、小井沟、武引二期、升钟二期、毗河供水、向家坝灌区、红鱼洞、亭子口灌区、鲜家湾、武引蓬船灌区、关口、李家岩、通江、罐子坝、长征渠、宝石、踏水、土溪口、黄桷湾等大型工程和其他中型工程，适时建设“引大济岷”工程等。

2.滇中高原

滇中高原位于云南省中部，已建大型灌区5个，区内有效灌溉面积323万亩。近期兴建车马碧、青山嘴等大中型水库15座，并新建“引漾入洱”工程补充“引洱济宾”水量不足。适时建设滇中引水工程，加快完成已建灌区续建配套和节水改造。远期新建松坪、枫木河等中型水库10座。

3.黔中地区

黔中地区位于贵州省中部，地处长江流域（乌江）和珠江（红水河）分水岭地带，区内有效灌溉面积31.5万亩。近期兴建黔中水利枢纽，实施大中型灌区续建配套与节水改造，并建设“滋黔”等水利工程。

4.南阳盆地

南阳盆地位于河南南阳和湖北襄阳间的唐白河流域,有效灌溉面积1074万亩。近期完成大型灌区续建配套与节水改造,兴建长山泵站等灌区。远期完成中型灌区续建配套,扩建青山、唐桐等大型灌区。

5.衡娄邵丘陵区

衡娄邵丘陵位于湖南中南部,已建大型灌区3个,有效灌溉面积753万亩。近期完成已建大型灌区的续建配套与节水改造,兴建犬木塘灌区和秀水、芦洪江、郭家嘴、太芝庙、长冲等中型水库。远期继续完成中小型灌区的续建配套与节水改造。

6.湘南地区

湘南地区位于湖南省南部,与赣、粤、桂三省交界,包括郴州、永州、衡阳的31个市(县),已建大型灌区2个,有效灌溉面积554万亩。近期扩建涔天河、欧阳海等水库及其灌区,新建一批中小型灌溉工程,兴建和改造湘江干流大中型提水泵站。远期新建毛俊、何仙观水库等灌溉工程,继续开展小型灌区的续建配套与节水改造。

7.洞庭湖区

洞庭湖区包括湖南、湖北两省7个地级市41个县(市、区),有效灌溉面积1099万亩。结合四口河道整治,控支强干,建设平原水库、华容河长江引水等骨干工程,开展环湖地区专项水源建设、灌区续建配套与节水改造。近期建设华君、安南、大通湖等灌区;远期建设松澧、沅澧、资阳、屈原、南湖、铜官、烂泥湖等灌区。

8.吉泰盆地

吉泰盆地位于江西中部,有效灌溉面积175万亩。继续建设峡江、谷中和湖陂等水利枢纽,完成大中型灌区配套,新建扩建中小型灌区。

9.鄱阳湖区

鄱阳湖区是指湖口水位22.5米(吴淞高程)所影响的区域,有效灌溉面积697万亩。继续在环湖丘陵区和边缘山地兴建中小型水库、提灌站和塘堰,完善长藤结瓜系统;研究兴建鄱阳湖水利枢纽工程。

10.皖江地区

皖江地区位于长江南北两岸,有效灌溉面积1797万亩。继续完成驷马山、花凉亭等大中型灌区的续建配套与节水改造,新建港口湾、下浒山等灌区。

四、水力发电规划

长江流域水能理论蕴藏量达30.5万兆瓦,年发电量2.67万亿度,约占全国总量的40%;技术可开发装机容量28.1万兆瓦,年发电量1.3万亿度,约占全国总量的50%。

流域内已建、正建水电站装机容量13.17万兆瓦,占流域技术可开发装机容量的47%,年发电量0.57万亿度,占理论蕴藏量的21%,其中大型水电站42座,装机容量8.66万兆瓦,年发电量0.37万亿度。下游地区水能资源已基本开发,中游开发约1/2,上游开发约1/3。

(一)规划目标

到2020年,根据全国水电总装机容量达到30万兆瓦和在能源总量中的比重达到20%以上的目标,长江流域需加快西部区的水能资源开发,完成中部区剩余水能资源开发,使全流域的能源总量中水电比重达到25%。

至2030年,西部区经济可开发水能资源力争全部开发,全流域的能源总量中水电比重保持在20%左右。

(二)规划方案

近期建设大型水电站装机容量6.12万兆瓦,年发电量2787亿度;建设中型水电站装机容量约1.79万兆瓦,年发电量830亿度;小水电开发装机容量0.9万兆瓦,年发电量432亿度。规划建设的大型水电站主要包括金沙江的梨园、阿海、金安桥、龙开口、鲁地拉、观音岩、金沙、银江、乌东德、白鹤滩和小南海;雅砻江的两河口、牙根、官地、桐子林;大渡河的双江口、金川、猴子岩、长河坝、黄金坪、硬梁包、大岗山、枕头坝一级、沙坪二级;岷江干流的十里铺;乌江的白马。

远期继续兴建大型水电站装机容量3.1万兆瓦左右,年发电量约1360亿度;建设中型水电站装机容量约1.27万兆瓦,年发电量630亿度;小水电开发装机容量1.1万兆瓦,年发电量528亿度。规划建设的大型水电站主要包括金沙江的岗托、波罗、叶巴滩、拉哇、苏洼龙、旭龙、虎跳峡河段梯级;雅砻江的仁青岭、英达、新龙、共科、龚坝沟、楞古、孟底沟、杨房沟、卡拉;大渡河的下尔呷、巴拉、达维、卜寺沟、巴底、丹巴、老鹰岩。

金沙江虎跳峡河段应进一步加强开发方式研究,对存在问题进行充分论证,协调开发与保护的关系,满足发电、供水、防洪等综合利用要求,做好与滇中引水工程的衔接,明确河段开发方案,如在短期内能形成一致意见,亦可考虑近期开发。

(三)小水电开发规划意见

西部区的山区,交通不便,大电网难以覆盖,但蕴藏有丰富的小水电资源。到2020年,该区人均年用电量将达到420—630度。小水电开发应以解决无电缺电地区的用电为重点,在普及用电的基础上向以电代燃料、初级电气化县发展。在注重生态环境保护的基础上,进行集中连片开发,建立小水电基地,发挥规模效益,推动地方经济快速发展。

中部区大部分农村已在大电网供电范围内,部分小水电已作为大电网的重要补充。到2020年,该区可实现农村基本电气化,人均年用电量达到980—1100度。在注重保护生态环境的基础上继续开发小水电,以补充增长的用电需求。

东部区是国内经济发达的区域,除部分由地方小火电供电外,大部分为大电网覆盖供电。到2020年,人均年用电量约为1530—1740度。由于区内小水电资源有限且大部分已开发,增长用电应从大电网补充供电。

五、跨流域调水

长江流域在满足本流域的用水需求后,尚有部分富裕水量可供外调。长江上游靠近西北干旱地区,中下游与最缺水的黄淮海平原及胶东地区相邻,通过实施跨流域调水工程,缓解相近流域的缺水局面。

(一)规划目标

到2020年,完成南水北调东、中线一期工程建设,东线一期引水规模为500立方米/秒,多年平均调水量87亿立方米,中线一期引水规模350—420立方米/秒,多年平均调水量95亿立方米;开工建设引汉济渭工程,多年平均调水量10亿立方米;推进滇中引水工程、引江济淮工程的前期工作和工程建设。

至2030年,根据经济社会发展需求,适时开始东线、中线后期工程和南水北调西线工程建设;结合中线后期工程建设,考虑从长江干流引水补充汉江,增加引汉济渭工程调水量至15亿立方米;从西南诸河向长江调水工程的研究工作取得新的进展。

(二)规划方案

根据长江流域邻近地区经济社会的用水需求,跨流域调水的受水区主要位于黄河、淮河、海河三大流域。取水点分别位于长江上游、中游、下游。主要调水工程包括南水北调东、中、西线,云南省的滇中引水工程、陕西省的引汉济渭工程、安徽省的引江济淮工程、江苏省临海引江工程。

从全国水资源配置角度考虑,远景可以将西南诸河作为向包括长江在内的我国腹地河流跨流域调水的后备水源。

(三)重点工程规划意见

1.南水北调东线工程

东线工程从长江下游江都三江营抽引长江水,利用京杭大运河及与其平行的河道和湖泊,分别向江苏、山东、安徽、河北、天津四省一市供水。东线工程规划分三期实施。一期工程多年平均抽江水量为87亿立方米,主要向江苏和山东两省供水,已于2002年12月开工。二期工程在一期工程的基础上扩大并向北延伸送水到天津,多年平均抽江水量为106亿立方米。三期工程在一、二期工程基础上扩大主干线相关河道工程规模,并扩建山东半岛输水干线。

2.南水北调中线工程

中线工程系从长江中游北岸最大的支流汉江引水。中线工程规划分为两期建设,一期工程从汉江丹江口水库引水,供水目标以北京、天津、河北、河南的城市生活和工业用水为主,兼顾农业和生态环境用水,多年平均调水量为95亿立方米,已于2003年12月开工。中线后期工程调水约130亿立方米,根据汉江干流综合规划,中线扩大至后期调水规模后,加上本流域经济社会发展的用水量,将超过汉江水资源的承载能力,因此应根据汉江流域经济社会发展状况及水资源利用程度,尽快启动从长江干流引水补充汉江的研究工作。

3.南水北调西线工程

西线工程系从长江上游通天河、支流雅砻江和大渡河上游调水入黄河上游,供水目标主要是解决青海、甘肃、宁夏、内蒙古、陕西、山西等沿黄地区的缺水问题。西线工程规划期内拟调水80亿立方米,占区域可利用水资源量的比例虽不大,但调出的水量占各自调水坝址处多年平均年径流量的比例较大。根据国务院对南水北调总体规划批复意见,进一步研究调水规模和调水后对水源区及其下游的影响及补偿措施。

4.引江济淮工程

引江济淮工程系从长江湖口以下引水,为南水北调东线共同向淮北地区补水的跨流域调水工程,但各自有相对独立的供水范围。引江济巢是引江济淮的近期工程,应进一步做好前期工作,合理确定工程供水范围和规模。

5.引汉济渭工程

引汉济渭工程系从汉江上游取水,输水至渭河供关中平原地区,供水对象为关中地区的西安、宝鸡、咸阳、渭南、杨陵5个重点城市和兴平、武功等13个县级城市以及沿线8个重要工业园区的城市生活和工业用水。

但南水北调中线工程实施后,汉江水资源利用率较高,从维持汉江流域自身水生态环境要求出发,引汉济渭工程宜分步实施。

6.滇中引水工程

金沙江石鼓以上多年平均年径流量433亿立方米,水量丰富,水质好。通过对多种水源研究比较,金沙江虎跳峡及以上河段为滇中引水工程的最佳水源地。滇中引水工程供水范围包括大理、楚雄、红河、昆明、玉溪、丽江。下阶段应研究开发利用当地径流的潜力,并结合虎跳峡河段开发方案,深入论证滇中引水工程取水方案和规模。

(四)跨流域调水的影响及对策

从长江流域及各分区水资源总量分析,在一般年份,规划的跨流域调水工程对长江流域水资源利用及生态环境影响总体不大,但部分调水工程对水源工程所在区域或河段水资源利用及生态环境产生一定影响;在枯水年份,对长江口地区咸潮入侵有一定影响。因此实施过程中必须正确处理好水源区与受水区、资源环境与经济社会发展的关系,落实缓解不利影响的补偿措施。对跨流域调水工程全部实施后的叠加累积影响应尽早开展相关专题研究。

六、航运规划

长江是我国内河航运最发达的水系,干支流通航里程约7.1万公里,占全国内河通航总里程的56%。长江水系正逐步形成以上海、南京、武汉和重庆为中心的区域性港口群,基本形成涵盖整个长江沿江地区,以石化、煤炭、矿石、集装箱和通用件杂货等大宗货物运输为主体的运输系统格局。

(一)规划目标

建成以长江干线为主轴,国家高等级航道为骨架,地区重要航道为基础,其他航道为补充,干支通畅、江海直达、水陆联运、平战结合的高等级航道,为船舶标准化、规范化创造基础条件;与航道发展相适应,形成布局合理、功能完善、专业高效的港口体系,提供畅通、高效、安全、环保的运输服务。

(二)航道规划方案

1.航道建设标准

长江干线:水富至重庆河段402千米达到III级航道标准,结合梯级枢纽建设,可将航道标准提高到I级航道标准;重庆至长江口2436千米为I级航道标准。

岷江:乐山至宜宾162千米达到III级航道标准;江口到乐山为VI级航道标准,有条件时可研究进一步提高航道标准。大渡河的沙湾至乐山为V级航道标准。

嘉陵江:广元至合川633千米达到IV级航道标准,合川到重庆95千米为III级航道标准。

乌江:乌江渡坝下至白马551千米结合梯级建设达到IV级航道标准,白马以下河段可逐步提高至III级航道标准。

湘江:松柏至衡阳72千米为III级航道标准,衡阳至城陵矶439千米可提高至II级航道标准;结合梯级渠化和航道整治,永州至松柏206千米航道的等级可在现状IV—VI级基础上适当提高。

沅江:三板溪至常德667千米为IV航道标准,常德到鲇鱼口192千米为III级航道标准。远景三板溪以上河段经研究论证可在现状VII级航道基础上逐步提高航道标准。

汉江:干流全线渠化后,安康至丹江口374千米为IV级航道标准,丹江口至汉口649千米为III级航道标准。

江汉运河(两沙运河):依托南水北调引江济汉工程建设,规划龙洲垸至高石碑67.5千米为限制性III级航道标准。

赣江:赣州至南昌450千米达到III级航道标准,南昌至湖口156千米可提高至II级航道标准。

信江:流口到褚溪河口244千米和支流乐安河鸣山到乐安村46千米均达到III级航道标准。

合裕线:当涂路桥至裕溪口139.2千米为III级航道标准。

长江三角洲高等级航道网:全面推进长江三角洲高等级航道网建设,重点建设江南运河、杭甬运河、芜申线、长湖申线、通扬线、申张线、苏申外港线、苏申内港线、锡澄运河、锡溧漕河、丹金溧漕河等高等级航道。

2.主要航道建设规划方案

长江干线:下游以提高航道通航水深为目标,南京以上河段航道治理以整治工程为主、疏浚维护措施为辅,分段逐步达到规划标准。南京以下河段通过实施南京至江阴河段、福姜沙水道、白茆沙水道、通州沙水道、长江口深水航道等治理工程,适应长江口12.5米深水航道向上延伸和海船进江运输需要;中游加强三峡水库投入运行后清水下泄对河床下切和河势演变的观测和演变规律研究,充分考虑下切对航道的影响,结合河道治理和河势控制工程,加快荆江河段、城陵矶至湖口河段等主要碍航水道的治理;上游根据三峡水库泥沙淤积情况和库区通航要求,适时实施库尾变动回水区航道治理工程,结合小南海枢纽建设,进一步改善宜宾至重庆河段航道条件,继续实施水富至宜宾河段碍航浅滩治理和维护。

岷江:通过梯级渠化和航道整治工程等措施提高航道标准,结合上游控制性水库的调节,使乐山至宜宾段与长江干线航道实现对接,同时实施江口到乐山段、大渡河沙湾至乐山段航道整治工程。

嘉陵江:建设亭子口水利枢纽及苍溪、利泽、井口3个航电枢纽,并结合嘉陵江河口泥沙淤积治理和草街枢纽以下河段航道整治工程,实现航道规划标准。

乌江:乌江渡以下通过梯级渠化,结合库尾航道整治实现航道规划标准。

湘江:近期改扩建大源渡、株洲等枢纽通航建筑物,实施株洲枢纽下游航道整治工程,建设土谷塘、长沙综合枢纽,对不满足通航要求的跨河建筑物及设施采取必要改造措施,保障航行安全。远景根据经济社会发展需求,结合浯溪口等枢纽开发进一步延伸上游航道。

沅江:修建白市、托口等枢纽及实施航道整治工程,扩建(改建)铜湾、凌津滩等已建(在建)枢纽通航建筑物。远景建设其他枢纽工程并整治剑河—挂治河段航道。

汉江:通过梯级渠化及汉江中下游航道整治,逐步向高等级航道发展。结合引江济汉工程进行江汉运河航道建设。江汉平原航道网主要依靠航道整治提高航道标准。

赣江:在已建万安水利枢纽的基础上,结合井岗山、石虎塘、峡江、永太、龙头山等枢纽建设,辅以必要的航道整治措施,提高通航标准。

信江:利用貊皮岭等枢纽渠化河道,结合下游航道整治措施,提高通航标准。

合裕线:通过实施航道整治及裕溪口、巢湖船闸改建,改造沿线不满足通航要求的跨河建筑物;结合引江济淮工程进行江淮运河航道建设。

长江三角洲高等级航道网:通过疏浚整治航道及改造碍航桥闸,提高航道通航标准。

(三)港口建设规划意见

长江水系以上海、南京、武汉、重庆等大型综合枢纽为中心、其他主要港口为重点,形成长江港口主要格局,并辐射地区重要港口。

下游地区港口群:重点建设安庆、合肥、芜湖、马鞍山、杭州、嘉兴、湖州、无锡(含江阴)、南京、镇江、南通、苏州等12个主要港口。完善以上海为中心、宁波和南京以下长江港口为两翼的集装箱运输体系,以宁波、舟山大型深水码头为依托的铁矿石、原油等大宗散货海进江中转体系,以长江南京以下港口为主的长江中上游地区物资运输的江海转运体系。

中游地区港口群:重点建设一批适应能源、钢铁、化工原料、产成品、建材以及外贸物资等大宗货物中转的港口,加快建设铁水联运港,同时建设一批为本地经济发展服务的中小型港口。

上游地区港口群:重点建设重庆港,扩大运能规模、提高营运效率;逐步将泸州港建成大型现代化水运枢纽;完善水富、宜宾等上游地区综合运输枢纽港功能;提高金沙江、嘉陵江、乌江、岷江、赤水等河流港口的辐射能力。优先建设集装箱、干散货、液体石化产品和滚装运输系统。

第六章　水资源与水生态环境保护体系规划

一、水资源保护规划

(一)水功能区划

水功能区划是依据国民经济和社会发展对水资源需求,结合区域水资源状况,将区划范围内的河流、湖库水域划分为不同的特定功能区。

水功能区划分采用两级区划,水功能一级区划分为保护区、缓冲区、开发利用区、保留区四类;水功能二级区划分在一级开发利用区内进行,分为饮用水源区、工业用水区、农业用水区、渔业用水区、景观娱乐用水区、过渡区、排污控制区7类。长江流域共划分水功能一级区1726个,划分水功能二级区993个。

(二)水资源保护规划目标

到2020年,流域内水功能区主要控制指标达标率达到80%;长江干流水功能区,嘉陵江、岷江、沱江、汉江、湘江等主要支流重要的水功能区达标;一般河流江段水质有明显改善;满足重要河流的生态基流要求,岷江等重要支流不出现断流河段;建制市和县级城镇的集中式饮用水水源地安全保障问题得到有效解决。

至2030年,流域内水功能区主要控制指标达标率达到95%以上,水功能区污染物入河量全部控制在功能区纳污能力范围内,水环境呈良性发展;维持合理的流量,满足生态环境需水;全面解决集中式饮用水水源地安全保障问题。

(三)限制排污总量意见

制定污染物限制排污总量意见是保证水功能区达标的关键。长江流域1726个水功能一级区中点源限制排污总量意见为:2020年COD为251.1万吨,氨氮为27.2万吨;2030年COD为224.4万吨,氨氮为23.8万吨。

(四)河流生态需水

保障长江生态环境需水,生态环境需水的控制要素主要包括生态基流、生态环境需水量、河流生态环境下泄水量。长江流域主要控制节点生态环境需水量见表6-1。

表 6-1 长江流域主要控制节点生态环境需水量

河流	控制节点	生态基流(立方米/秒)	生态环境需水量(亿立方米)			生态环境下泄水量(亿立方米)		
			全年	汛期	非汛期	全年	汛期	非汛期
通天河	直门达	46	28	20	8	42	33	9
金沙江	奔子栏	234	95	54	41	121	73	48
金沙江	石鼓	298	110	64	47	143	97	47
金沙江	屏山	1090	380	209	171	493	310	184
长江干流	朱沱	2110	771	453	318	917	542	375
长江干流	寸滩	2510	930	519	411	1188	671	517
长江干流	宜昌	3090	1149	662	487	1548	774	774
长江干流	汉口	5280	2004	1171	833	2390	1202	1188
长江干流	大通	7430	2803	1632	1171	3154	1750	1404
牛栏江	黄梨树	16	8	5	3	9	5	4
牛栏江	小河	32	15	9	6	15	9	6
雅砻江	湾滩	16	23	16	7	26	18	8
雅砻江	小得石	331	167	112	56	179	117	62
大渡河	福录镇	366	136	78	58	168	97	71
岷江	镇江关	7	4	3	1	6	4	2
岷江	彭山	59	31	21	11	44	29	15
岷江	高场	551	209	122	87	296	205	91
岷江	五通桥	631	186	103	83	266	148	118
沱江	李家湾	35	25	18	6	37	28	10
涪江	射洪	59	34	22	12	44	29	15
涪江	小河坝	72	43	30	13	50	35	16
渠江	罗渡溪	37	61	52	9	75	64	11
嘉陵江	新店子	25	14	9	5	21	14	7
嘉陵江	亭子口	124	43	31	11	50	36	14
嘉陵江	武胜	157	67	41	26	89	54	35
嘉陵江	北碚	257	164	109	55	229	163	66
乌江	思南	171	151	108	42	171	114	57
乌江	武隆	269	151	108	42	171	114	57
赤水河	赤水	59	20	11	10	29	15	14
湘江	衡阳	155	111	79	31	149	107	43
湘江	湘潭	207	183	122	61	231	134	97
资水	冷水江	56	36	25	11	42	29	12
资水	桃江	69	64	43	21	75	43	32
沅江	浦市镇	176	114	77	37	120	81	39
沅江	桃源	238	184	138	46	214	141	73
澧水	石门	36	45	34	11	50	34	16
唐河	唐河	2	3	2	1	4	3	1
唐河	郭滩	3	7	5	2	8	6	2

续表

河　流	控制节点	生态基流(立方米/秒)	生态环境需水量(亿立方米)			生态环境下泄水量(亿立方米)		
			全年	汛期	非汛期	全年	汛期	非汛期
白　河	新店铺	3	7	5	2	8	6	2
堵　河	新　洲	9	7	5	2	8	6	2
堵　河	黄龙滩	22	13	9	4	17	11	5
清　江	恩　施	8	9	6	3	9	6	3
清　江	渔峡口	38	36	26	10	36	26	10
清　江	长　阳	46	29	19	10	47	31	16
汉　江	白　河	76	55	36	19	79	55	24
汉　江	黄家港	174	108	69	39	120	77	43
汉　江	皇　庄	200	137	91	46	155	98	57
修　水	万家埠	15	9	5	4	12	7	5
修　水	虬　津	24	28	20	8	29	21	9
抚　河	李家渡	44	43	30	13	52	36	16
信　江	梅　港	57	42	29	13	53	35	18
饶　河	渡峰坑	6	12	10	2	15	13	2
饶　河	虎　山	10	19	14	5	24	17	7
赣　江	栋　背	148	90	62	28	110	75	35
赣　江	吉　安	198	119	87	32	158	111	47
赣　江	峡　江	208	131	93	38	170	121	49
赣　江	外　洲	281	185	123	62	227	149	77
鄱阳湖水系	湖　口	463	341	228	114	481	318	163
洞庭湖水系	城陵矶	1080	532	355	177	643	369	275

(五)水资源保护主要措施

1.加快经济结构调整,优化产业布局

按满足流域水资源承载力和水环境承载力的要求,加快流域经济结构调整和产业布局优化。

2.加强污染源控制

强化工业污染治理,加强城镇生活污水治理,重视面源污染治理。

3.保障河流、湖泊生态环境需水

加强干支流控制性水利水电工程联合调度和岷江、沱江、汉江、湘江等水系的水资源管理,保障河流生态基流;对滇池、巢湖等重要湖泊进行补水,改善湖泊水体水动力条件,落实鄱阳湖、洞庭湖等湖泊生态环境需水保障措施,保障湖泊生态环境需水。

4.强化节水,促进减污

大力推进节水型社会建设,减缓城镇生活及工业废污水排放总量的增长,促进流域水资源的水量和水质的保护。

5.加大水域综合治理力度

整治完成流域内影响取用水的排污口,实施生态水网修复和清淤疏浚工程。

6.加强饮用水水源地保护

强化污染源控制,推进生态修复和综合整治工程建设,制定水源地保护的监管政策与标准,完善水源地水质监测和信息通报制度,健全水污染事件快速反应机制。

7.加强水资源保护能力建设

完善地表水和地下水水质监测网络,强化重要省界、重要水源地和重要水域自动监测和远程监控,加强应急监测和处理能力建设。

(六)重要水域水资源保护规划意见

控制干流上海、南京、武汉、重庆和攀枝花5大城市污染物入河量,遏制局部水域污染加重的趋势。抓好汉江、湘江、嘉陵江、沱江和岷江5条支流综合治理,保障优良水质。

进一步加大巢湖、滇池、洞庭湖和鄱阳湖4个重点湖泊的富营养化防治力度,保障湖泊水生态安全。

加强三峡水库水资源保护,保障库区可持续发展。

加强丹江口水库水质保护,确保南水北调中线供水安全。

采取综合措施,保护长江口生态环境。

二、水生态环境保护及修复规划

长江流域共记录鱼类400余种,其中淡水鱼类约348种。在国务院批准颁布的《国家重点保护野生动物名录》中,长江流域分布的中华鲟、白鲟、达氏鲟为国家一级保护动物。长江流域分布有特有鱼类166种,其中长江上游特有鱼类117种,长江中下游特有40种,同时出现于上游和中下游的有9种。其他涉水生物中,水生维管束植物1000余种,两栖动物145种。

流域内湿地总面积约17.4万平方公里,约占长江流域面积的10%,列入国际重要湿地名录的有11处,列入国家重要湿地名录的有29处。流域内已建立的国家级、省级以湿地为主要保护对象的自然保护区40处。

流域内分布有国家及省级风景名胜区359处,其中国家重点风景名胜区75处,省级风景名胜区284处。并有13处列入《世界遗产名录》。

流域内共建立省级以上各类型自然保护区310个,其中国家级自然保护区92个,省级自然保护区218个。涉水自然保护区包括珍稀特有鱼类水生生物资源、安徽扬子鳄等湿地资源、三江源等3种类型。

(一)水生态环境保护规划目标

到2020年,部分珍稀濒危物种种群得到恢复和保存,物种受威胁的状况得到缓解;江、湖、湿地等不同类型水域之间的生态联系逐步得以恢复,珍稀特有水生生物生境、重要鱼类三场不受水资源开发利用破坏;水生态系统的完整性得以维护。自然保护区与风景名胜区监督管理体系初步建立。

至2030年,绝大多数的珍稀濒危物种种群得到恢复和增殖,水生生物的多样性和完整性得以维系;水生态系统实现良性循环;自然保护区与风景名胜区的监督管理体系得以完善。

(二)水生态环境保护及修复规划意见

1.物种保护与生物资源养护

对白鱀豚、白鲟、水獭、江豚等亟待拯救的濒危物种,采取特殊保护措施和实施专项救护行动;对中华鲟、大鲵等国家重点保护的水生野生动物,建设基因库、细胞库等,保存种质资源。建立救护快速反应体系。同时定期开展对珍稀特有鱼类和国家级保护动物的人工增殖放流,对受淹没影响的珍稀特有水生植物进行迁地保护和人工繁殖。并对其他鱼类建立禁渔区、禁渔期制度及水产种质资源保护区,实行重要渔业资源重点保护;对增殖放流效果进行跟踪和评价。

2.生境保护与修复

保障已建的水工程下游生态环境需水;尽量保持鄱阳湖、洞庭湖两大通江湖泊与长江的良好连通状况,逐步恢复和修复洪湖、巢湖等其他湖泊水体与长江的联系,开展武汉大东湖等地区生态水网建设,恢复城市湖泊与长江的连通性;保护与改善主要河流及湖泊水体理化条件;加强水生生物栖息地保护与建设。

3.湿地保护与修复

加强流域内列入国际重要湿地名录的11处湿地、列入国家重要湿地名录的29处湿地和40处湿地类自然保护区的保护力度;加快长江源,长江上游沼泽化草甸和高原湖泊湿地,长江中下游河流、湖泊、沼泽、海岸滩涂,长江口等湿地保护区建设;大力开展河流、水库及湖泊湿地修复与重建。

4.自然保护区建设

结合当地实际,统筹规划,逐步建立各类水生生物自然保护区体系。加强保护白鱀豚、中华鲟等濒危水生野生动物以及土著、特有鱼类的栖息地。

5.管理与监测

加强湿地、自然保护区和风景名胜区管理法律法规的建设;建立环保、水利、林业、农业、城建、海洋等多部门联合管理的有效机制;加强对已建湿地、自然保护区、风景名胜区的监督检查。

三、水土保持规划

长江流域水土流失类型以水力侵蚀为主,兼有风力侵蚀、冻融侵蚀、重力侵蚀,以及泥石流、崩岗等混合侵蚀。流域水土流失面积53.08万平方公里,占流域面积的29.5%,其中水力侵蚀52.41万平方公里,风力侵蚀0.67万平方公里。年土壤侵蚀量达19.35亿吨。

水土流失主要分布在长江上中游地区,其中金沙江下游、嘉陵江、沱江、乌江流域及三峡库区,中游地区以汉江上游、沅江中游、澧水和清江上中游、湘江资水中游和赣江上中游、大别山南麓等区域较为突出,水土流失较严重的省(市)有四川、湖北、重庆、贵州、云南、湖南、陕西、江西等。

流域已累计治理水土流失面积近30万平方公里,水土流失面积由20世纪80年代中期的62.22万平方公里减少到53.08万平方公里,下降了15%,长江上游“四大片”水土流失面积和强度均有不同程度的降低。

(一)规划目标

到2020年,治理水土流失面积21.2万平方公里,完成40%左右的水土流失治理任务,年均减少土壤侵蚀量3亿吨,提高水源涵蓄能力40亿立方米,治理区林草覆盖率提高5%左右;水土保持方案申报率达到90%以上,实施率达到80%以上,验收率达到70%以上;初步建成流域水土保持监测网络。

至2030年,治理水土流失面积39.8万平方公里,完成75%左右的水土流失治理任务,水土流失严重地区实现基本治理,年均减少土壤侵蚀量2.75亿吨,提高水源涵蓄能力75亿立方米,治理区林草覆盖率提高10%左右;水土保持方案申报率达到95%以上,实施率达到90%以上,验收率达到80%以上;全面建成流域水土保持监测网络体系。

(二)综合防治规划

坚持"预防为主、保护优先"的方针,对重点预防保护区域,综合采取法律、行政和植被恢复措施,保护现有林草植被。

对重点监督管理区域,加强水土保持监督执法体系建设,开展水土保持设施的施工管理、监理、监测和验收工作,严格生产建设项目水土保持监督检查和督察,开展生产建设项目水土流失治理技术创新示范工程建设。

对重点治理区域,以小流域为单元,以坡耕地治理为重点,以径流调控为主线,结合面源污染控制,采取坡耕地综合整治、沟道治理、营造水土保持林草、配套小型水利水保工程等综合治理措施,促进生态修复。

在全国水土保持监测网络及信息系统建设一、二期工程的基础上,增设监测分站。建设地面定位监测点,开展地面监测。采用遥感普查和抽样调查相结合的方法,掌握流域水土流失动态变化。对水土流失严重的典型区域和生产建设项目人为水土流失开展典型监测。

完善长江流域水土保持科研管理体系和水土保持试验体系,重点从基础应用理论、治理技术、效益评价、动态监测技术、信息系统开发、政策和发展战略等方面开展水土保持科学研究。

在云南、贵州、四川、甘肃、陕西、湖北、重庆、西藏等省(区、市)滑坡泥石流易发区新增预警县10个,使预警系统扩大到13个市(州、区)的48个县(市)。至2020年新增监测预警点44个,实施群策群防重点县38个;至2030年,进一步扩大预警范围,增加监测预警点,建立较完善的滑坡泥石流预警系统。

(三)重点防治工程规划意见

流域水土保持重点防治工程包括长江源头区水土保持预防保护工程,流域坡耕地水土流失综合整治工程、崩岗防治工程、石漠化治理工程,以及丹江口库区及上游、三峡库区、金沙江下游、嘉陵江流域、洞庭湖水系、鄱阳湖水系水土保持重点防治工程等。通过重点防治工程的实施,至2020年,治理水土流失面积约20万平方公里;至2030年,治理水土流失面积约33万平方公里。

四、水利血防规划

血吸虫病在我国流行已有2100多年,主要分布于长江流域。目前流域内仍有云南、四川、湖北、湖南、江西、安徽和江苏7省部分县(市、区)未达到血吸虫病传播阻断标准。

(一)规划目标

到2015年,力争流域内所有血吸虫病流行县(市、区)达到血吸虫病传播控制标准,达到血吸虫病传播控制标准10年以上的县(市、区),力争达到血吸虫病传播阻断标准;至2020年,继续巩固血防成果,血吸虫病疫情不出现回升。

(二)规划意见

按照水利结合灭螺的原则,将水利血防措施与河流综合治理、饮水安全、灌区改造、小流域治理等水利工程相结合,进行全面规划,抓住源头,突出重点,分步实施。

考虑水利行业职工血吸虫病感染严重的实际情况,从改善疫区水利职工生产生活条件、开展防病治病、加强宣传教育和强化水利行业血防能力建设等方面出发,加强水利行业血吸虫病防治。

第七章　流域综合管理体系规划

长江流域目前实行流域管理与行政区域管理相结合的管理体制。流域管理法律法规体系逐步建立,流域规划体系逐步完善,规划同意书制度开始实施。各级人民政府行政首长负责制的防汛抗旱管理制度得以有效运行,滞洪区运用补偿机制已基本确立,防洪影响评价和采砂许可等制度日趋完善。节水型社会建设全面铺开,建设项目水资源论证、取水许可和水资源费征收等水资源管理工作逐步走向制度化和规范化。水功能区监督管理制度初步建立,入河排污口设置审批制度开始实施,流域水生态环境保护管理工作有序推进。水行政执法监督不断强化。政务公开、长江论坛等公众参与平台与模式逐步建立。水利信息化已初具规模,科技创新能力和专业人才队伍为治江事业提供了有力的智力支撑。

但随着经济社会的发展,流域管理诸多方面尚待加强和完善,还需着力提高管理能力。

一、流域综合管理规划目标

到2020年,初步形成流域涉水管理法律法规体系,基本建立最严格的水资源管理制度;初步建立跨地区和部门的协调机制;以统筹规划、科学调度、行政审批、执法监督、指导协调为主要特征的流域水行政管理得到全面加强;初步实现控制性水利水电工程和跨流域调水工程水资源统一调度;水利科技支撑能力、人才队伍素质及水利信息化全面提升。

至2030年,基本形成较完善的流域涉水管理法律法规体系;全面建立高效的跨地区和部门的协调机制,公共参与机制成熟高效;基本建立有效的跨部门协调配合执法机制;基本实现控制性水利水电工程和跨流域调水工程水资源统一调度;基本建成流域水量、水质、水生态环境综合监测系统;基本建成一支适应流域管理现代化的高素质人才队伍。

二、法律法规建设

建立起以《水法》、《防洪法》等法律为核心,行政法规、部门规章和地方涉水法规相配套的较为完善的流域综合管理法律法规体系。近期制订和出台丹江口水库、长江口、洞庭湖区、鄱阳湖区等重点区域以及流域控制性水利水电工程和跨流域调水工程统一调度等重点领域规章;远期在总结长江流域涉水事务管理法律法规实施经验的基础上,推动制订治理开发与保护长江的流域性法规和条例。

三、管理体制与机制

合理划分管理职责,建立协调、高效的流域管理与区域管理相结合的流域综合管理体制。建立事权清晰、分工明确、行为规范流域管理机制,建立跨区域和跨部门协调机制,并逐步建立补偿机制,完善投融资机制、公众参与机制和信息采集与共享机制。

四、执法监督

完善和落实水行政执法责任、执法巡查、评议考核和水政监察员行为规范以及水行政审批事后监督等制度。建立一支职责明确、关系协调、高效廉洁、运作有力的水政监察综合执法队伍。建立流域与区域水行政执法的日常联动机制。

五、水行政事务管理

(一)规划管理

建立以流域综合规划为核心,重要支流综合规划、专业规划和区域规划相配套的规划体系。健全科学的规划后评价体系和项目后评估管理制度。完善水工程规划同意书制度。

(二)防洪抗旱管理

完善各级行政首长负责的防汛抗洪责任制,形成统一指挥、统一调度的防汛指挥网络。积极探索建立洪水风险管理制度。完善抗旱管理制度,明确各级防汛抗旱指挥部的抗旱管理权责,综合运用法律、行政、经济和工程技术等手段和措施解决抗旱问题。

(三)水资源管理

实施用水总量控制管理。以全国分配给长江流域的取用水总量为控制条件,拟定水量分配方案,确定区域取用水总量控制指标。严格取水许可审批管理,严格地下水管理和保护。强化流域水资源统一调度。

实行用水效率控制管理。制定区域、行业和用水产品的用水效率指标体系。严格限制水资源不足地区建设高耗水型工业项目。制定节水强制性标准,大力推动节水型社会建设。

实行取水许可和水资源有偿使用管理。严格执行建设项目水资源论证和取水许可制度,完善水资源有偿使用制度和水资源费定价机制,健全水资源费征收和使用制度。

实行水资源管理责任和考核制度。县级以上地方政府主要负责人对本行政区域水资源管理和保护工作负总责,并严格管理考核制度。

实行水资源监测与取用水监督管理。建立和完善以水系控制节点、省界、重要水工程、重点城市控制断面为主的流域和区域水资源监测体系,建立和完善取水户取退水监控系统。

(四)水资源与水生态环境保护管理

加强水资源保护管理。建立水功能区水质达标评价体系,完善监测预警和监督管理制度。对入河排污量已超出水功能区限制排污总量的地区,限制审批新增取水和入河排污口。在江河、湖泊新建、改建或者扩大排污口,应经有管辖权的水行政主管部门或流域管理机构同意,由环境保护行政主管部门负责对该建设项目的环境影响报告书进行审批。依法划定饮用水水源保护区,强化饮用水水源应急管理。

加强水生态环境保护管理。建立健全水生态环境保护法律法规体系,建立多部门联合管理的有效机制。对已建湿地、自然保护区、风景名胜区、水产种质资源保护区建立监督检查机制,开展生态风险评估。制定并实行水资源开发利用生态补偿机制。

(五)水土保持管理

加强对生产建设项目的水土保持方案编制、技术审查和行政审批管理,完善监督、验收和后评估制度,并研究落实水土保持生态补偿机制。

(六)河道管理

强化河道范围内建设项目防洪影响评价报告编制、技术审查和行政审批管理,严格建设项目按批复要求建设。推行岸线开发利用与河道整治相结合的管理制度,切实落实地方政府行政首长负责的采砂管理责任制。

(七)水利水电工程建设、运行与控制断面管理

严格执行水利水电工程建设管理的项目法人责任制、招投标制和监理制。加强工程运行维护和安全管理,特别是对控制性水利水电工程和跨流域调水工程的统一调度管理。完善控制断面监督管理制度。

(八)应急管理

建立包括水旱灾害、次生灾害、水污染事件、水利工程建设重大质量与安全事故、水事纠纷突发事件、采砂突发事件和血吸虫病突发疫情等应急管理机制,减轻或避免损失。

六、管理能力

完善流域防汛抗旱指挥系统和水资源管理信息系统,近期完成综合监测信息采集站点建设。加强科技支撑能力与人才队伍建设,推进流域管理现代化。

第八章　干流治理开发与保护规划

长江干流宜昌以上为上游,其中源头至青海玉树巴塘河口(直门达)为通天河段,直门达至宜宾称金沙江,宜宾至宜昌习称川江;宜昌以下为中下游,其中徐六泾至50号灯标为河口段。

一、干流治理开发与保护任务

根据长江干流特点,按照经济社会可持续发展要求及流域总体规划安排,确定长江干流治理开发与保护的任务为防洪、供水与灌溉、发电、航运、水资源保护、水生态环境保护、河道治理、岸线利用和洲滩及江砂控制利用等。

二、干流河段分区

(一)上游干流河段水能资源开发分区

长江干流的水能资源主要分布在上游河段。根据长江干流上游的河流特点,资源环境状况,以及开发与保护要求,按照有序开发和可持续利用的原则,将长江干流上游河段划分为水能资源禁止开发区、规划保留区和开发利用区等3类。

禁止开发区指干流的源头河段,以及各类国家级和省级自然保护区的核心区所在河段。该类河段内实行强制性保护,规划期内禁止水能资源开发。长江干流源头至楚玛尔河口河段、楚玛尔河口至东仲河段内三江源国家级自然保护区核心区所涉及的河段、三块石以上500米至南溪镇河段、弥陀镇至松既镇河段划为禁止开发区,共长966.23公里,占上游干流河段总长的21.4%。当国家对保护区核心区范围作调整时,上述禁止开发区自动调整为开发利用区。

规划保留区指河段内具有一定的开发利用潜力,但规划期内开发条件相对较差的河段,或可能存在生态环境制约的河段。对上述河段规划期内需要加强前期工作力度,深入研究对生态环境的影响,如不存在生态环境等制约,自动调整为开发利用区;如存在生态环境等制约,自动调整为禁止开发区。楚玛尔河口至东仲河段内除三江源国家级自然保护区核心区外的其他河段本次规划暂列

为规划保留区;横江出口至三块石以上500米河段、南溪镇至沙沱子河段、沱江河口至弥陀镇河段、松既镇至石门河段划为规划保留区,上述规划保留区共长545.45公里,占上游干流河段总长的12.1%。

开发利用区分为两类:一类指水能资源丰富、开发条件较好、前期工作较充分且开发对生态环境影响不大的河段,水能资源应优先开发;另一类是水能资源丰富,开发对生态环境影响相对较大,河段开发方案存在分歧,尚需深入研究的河段,应加快开发方案的比选,妥善处理好开发利用与生态环境保护的关系,合理确定开发方案。东仲至横江出口、沙沱子至沱江河口、珞璜镇至宜昌等河段划为开发利用区,共长2992.32公里,占上游干流河段总长的66.4%。

长江干流上游河段水能资源开发分区详见表8-1。

表8-1 长江干流水能资源开发分区表

分区	河段范围		长度(公里)	备注
	起始断面	终止断面		
禁止开发区	干流源头	楚玛尔河口	624	核心区范围的河段
	楚玛尔河口	东仲	200	
	三块石以上500米	南溪镇	69.89	
	弥陀镇	松既镇	72.34	
	小计		966.23	
规划保留区	楚玛尔河口	东仲	439	除核心区的其他河段
	横江出口	三块石以上500米	3.10	
	南溪镇	沙沱子	46.55	
	沱江河口	弥陀镇	38.20	
	松既镇	石门	18.60	
	小计		545.45	
开发利用区	东仲	横江出口	2165.49	
	沙沱子	沱江河口	39.10	
	石门	宜昌	787.73	
	小计		2992.32	
总计			4504	

(二)干流岸线利用分区

宜宾以下干流河段岸线利用程度相对较高、开发利用需求较为迫切、岸线利用管理任务较重,根据长江干流河段的特点、岸线资源状况以及开发与保护要求,将该河段岸线划分为岸线保护区、保留区、控制利用区和开发利用区4类。

保护区是指对流域防洪安全、水资源保护、水生态环境保护、珍稀濒危物种保护等至关重要,一般不宜开发利用的岸线区域。宜宾以下干流共划分岸线保护区73个,总长517.56公里。

保留区是指规划期内暂时不宜开发利用或者尚不具备开发利用条件的岸线区域。宜宾以下干流共划分岸线保留区180个,总长2777.2公里。

控制利用区是指现状河势不太稳定,或存在较大洪水风险,或有一定的生态环境保护及特定功能要求,或开发利用活动对防洪、供水、河势稳定和生态环境等方面可能会产生影响的岸线区域。控制利用区经过论证后如不存在制约因素可以调整为开发利用区。宜宾以下干流共划分岸线控制利用区218个,总长3080.94公里。

开发利用区是指河势基本稳定,无特殊生态环境保护要求或特定功能要求,岸线开发利用活动对防洪、供水、河势稳定及水生态环境影响较小的岸线区域。宜宾以下干流共划分岸线开发利用区74个,总长653.89公里。

(三)干流采砂分区

根据长江干流河段特点,在保证河势稳定、防洪安全、通航安全、涉水工程正常运行以及满足水生态环境保护要求的前提下,按照科学开发、可持续利用的原则,进行干流采砂分区。

将宜昌以下干流河段划分为禁采区、可采区和保留区三类。

禁采区是指为满足防洪安全、河势稳定、通航安全、水生态环境保护及涉河工程正常运行等要求,在河道管理范围内禁止采砂的区域。根据河段的具体情况,将自然保护区江段,宜昌至城陵矶河段保留区之外的区域,集中式饮用水水源保护区和珍稀水生动物的栖息繁殖地,航道、港区、锚区、轮渡区等水域,各类涉河工程保护范围及水生态环境保护区等区域划分为禁采区。

可采区是指河道管理范围内采砂对防洪安全、河势稳定、通航安全、水生态环境保护及涉河工程正常运行等基本无不利影响或不利影响较小的区域。根据各河段来水来沙情况,2015年前,中下游干流河段共规划41个可采区。2015年后应根据水沙情势的变化,定期对可采区进行修订。

保留区是指在河道管理范围内采砂影响具有不确定性,需要对采砂的可行性进行进一步论证的区域。根据河段的具体情况,2015年前,宜昌至城陵矶河段将白洋至陈家湾段除禁采水域以外的区域设置为保留区;城陵矶以下干流河段,原则上禁采区、可采区之外的区域均为保留区。2015年后应根据情况变化,定期对保留区进行修订。

三、上游河段规划方案

(一)通天河及以上河段

通天河及以上河段地处青藏高原,具有水源涵养与调节和生物多样性保护等多重生态功能。按照国务院有关文件要求和河段功能定位,深入研究河段开发方案,适时、适度开发本河段的水能资源。根据南水北调工程总体规划,进一步研究通天河取水枢纽位置和西线调水对水源区及下游地区的影响。

(二)金沙江河段

金沙江河段水能资源十分丰富,是我国西电东送的主要基地之一。随着西部大开发战略的实施,干流溪洛渡、向家坝等电站已相继开工建设。

1.金沙江上游河段

根据《金沙江上游水电规划》和《金沙江干流综合规划》相关成果,该河段开发方案为西绒(东就拉)—晒拉—果通—岗托(俄南)—岩比(白丘)—波罗—叶巴滩(降曲河口)—拉哇—巴塘—苏洼龙(王大龙)—昌波—旭龙—奔子栏等13级。下阶段应在协调好开发与保护关系的前提下,进一步研究落实梯级电站建设方案。结合云南省、四川省经济社会发展需要,综合考虑滇中引水、虎跳峡河段开发方式、生态环境保护要求,进一步论证奔子栏梯级的可行性。

2.金沙江中游河段

根据综合分析研究，金沙江中游河段按9级开发，即虎跳峡河段梯级—梨园—阿海—金安桥—龙开口—鲁地拉—观音岩—金沙—银江。水电规划提出的10级开发方案中的两家人梯级对生态环境和景观有所影响，应进一步研究论证。

3.金沙江下游河段

金沙江下游河段规划维持1990年《简要报告》提出的4级开发方案，即乌东德—白鹤滩—溪洛渡—向家坝，适当抬高乌东德正常蓄水位至975米。

（三）宜宾至宜昌河段

三峡和葛洲坝枢纽工程已发挥了巨大的防洪、发电、航运、生态环境保护等综合效益。河段内宜宾至重庆地维大桥江段属长江上游珍稀特有鱼类国家级自然保护区，小南海水库回水末端位于实验区内，在做好保护的前提下，可考虑适时开发。宜宾至石门有部分河段位于其核心区内，位于核心区内的河段应禁止开发水能，其余河段位于缓冲区或实验区内，应深入研究珍稀特有鱼类保护与梯级开发的关系，进一步论证本河段梯级开发的必要性和可行性。

四、中下游宜昌至徐六泾河段规划方案

宜昌至徐六泾干流河段主要特点：一是两岸经济社会发达，人口密集，为长江防洪重点区域；二是干线航运事业发展迅猛，对河势稳定、岸线开发的要求越来越迫切；三是经济社会的快速发展和人口的增加，对水资源的依赖程度越来越高。应采取综合措施，保障防洪安全、促进航运发展、维系河势稳定，实现岸线、洲滩、江砂的科学、合理和可持续利用。

（一）重点河段河道治理

宜枝河段：应稳定河势，巩固已有护岸工程对河势的控制作用，对崩岸险工段和护岸空白段进行守护；视情况适时采取工程措施缓解和遏制宜昌站枯水位下降趋势，保证葛洲坝三江下游引航道能满足万吨级深吃水船队的最小通航水深要求；治理碍航浅滩，改善通航条件。

上荆江河段：应进一步巩固已有护岸工程建设成果，保障两岸重要堤防的安全；对迎流顶冲段实施新护及加固工程，稳定三八滩等汊道分流形势，维护河势稳定；在控制河势的基础上，整治芦家河、枝江、江口、沙市、瓦口子、马家咀及周天等水道的碍航浅滩，改善通航条件。

下荆江河段：应通过弯道护岸段的延护和加固，保持现有河势控制工程的稳定，使其继续发挥控制作用；在此基础上，调顺并稳定石首段主流线，维持监利弯道现有分流形势，控制主流走右汊，巩固天字一号卡口拓宽成果，结合三峡工程运用后江湖关系的调整变化，继续研究熊家洲至城陵矶河段的裁弯问题；对藕池口、窑监等碍航河段进行整治，改善航道条件。

岳阳河段：增加对北尾至道人矶空白段岸线保护，同时加固已建护岸工程的薄弱段；稳定上段城陵矶至杨林山、下段石码头至赤壁段河势；稳定新淤洲洲头鱼咀，控制界牌河段过渡段主流的频繁摆动，维护岸线稳定，改善航道条件。

武汉河段：上端应采取护岸工程措施，稳定铁板洲汊道分流形势。中段拟封堵白沙洲右汊，调整岸线，治理武桥水道。下段近期采取工程措施守护天兴洲头，稳定现有河势；远期根据三峡工程运用后中下游防洪形势的变化，综合研究天兴洲汊道段方案。

鄂黄河段：应维持现有矶头节点的稳定及其对河势的控制作用；守护弯道凹岸，维持岸线稳定；整治戴家洲碍航水道；开展黄石、鄂州等城市江滩的防洪及环境综合治理。

九江河段：拟通过人民洲头守护工程，稳定人民洲汊道的分流形势；加强张家洲洲头及右缘守护，稳定张家洲右汊的主汊地位，减轻左汊内同马大堤的防洪压力；堵塞张家洲右汊内的官洲夹和新洲夹，改善张家洲右汊航道条件；封堵上三号洲左汊，稳定下三号洲左汊的主汊地位；对现有护岸段进行全面加固，及时治理新增崩岸段。

安庆河段：在加固已有护岸工程及守护未护段的基础上，稳定官洲分汊段河势，适时封堵官洲中汊，以形成对下游安庆港较为有利的河势，通过官洲段河势调整工程，使杨家套段主流顶冲部位上提，固守杨家套至小闸节点段，稳定主流，从而改善其下游安庆港附近的淤积态势；通过鹅眉洲头河势调整工程，确保左汊的主汊地位，控制迎流段崩塌及港区段的淤积。

铜陵河段：应采取工程措施稳定成德洲左右汊的分流形势，实施土桥水道航道整治工程；采取综合措施，促使太阳洲、太白洲并岸，减轻无为大堤的防洪压力，减少河道分汊；对南夹江实施裁弯工程。

芜裕河段：应加固伍显殿—大拐岸段，保障无为大堤防洪安全，为下游河势稳定创造条件；下延黄山寺—张家湾段护岸工程，遏制裕溪水道进一步向弯曲方向发展；对曹姑洲与新洲之间的分流水道进口段进行抛石护底，遏制其进一步扩大；封堵曹姑洲与陈家洲之间的汊道，保持陈家洲现有分流格局；加固已有护岸工程，维持总体河势稳定。

马鞍山河段：拟治理新增崩岸段，加固已有护岸工程；在此基础上，通过小黄洲头鱼嘴工程，遏制小黄洲左汊分流比的增加，通过江心洲左缘的守护，并结合牛屯河边滩护滩潜堤工程，减小江心洲左汊主流摆动幅度，研究江心洲与何家洲间汊道封堵的可行性，为本河段及下游南京河段的河势稳定创造有利条件；实施乌江水道航道整治工程。

南京河段：拟封堵新生洲与新济洲之间中汊；通过新生洲右汊进口两岸护岸工程、护底工程及洲头鱼嘴工程，遏制右汊进一步发展；通过新潜洲头鱼嘴工程或洲头右缘疏浚工程，适当改善新潜洲右汊水域条件；通过洲头鱼嘴延长、左汊疏浚及拓卡等工程措施，适当增加八卦洲左汊分流比；对本河段已实施的护岸工程进行全面加固，保持现有河势的稳定。

镇扬河段：应加固三江口节点，强化节点对河势的控制作用；通过对未护段实施守护和原护岸工程进行全面加固，稳定现有河势；通过世业洲左汊进口的护滩及护底工程，遏制世业洲左汊的进一步发展，稳定世业洲左右汊汇流点；加固和畅洲左汊口门潜坝工程，巩固和畅洲口门限流工程的整治效果，为下一步稳定或进一步减小左汊分流比创造条件。

扬中河段：应守护落成洲右汊进口右岸，防止水流对太平洲左缘岸线的冲刷，确保防洪安全；守护落成洲头，控制落成洲右汊分流比的增加，稳定嘶马弯道河势；结合12.5米深水航道整治，稳定鳗鱼沙心滩；加固禄安洲头部及左缘，强化节点对河势的控制作用，稳定江阴水道进流条件；守护太平洲夹江两岸岸线；治理新增崩岸段，全面加固已有护岸段；因势利导，促使已有并岸趋势的洲滩并岸，以进一步稳定河势。

澄通河段：应稳定福北、福中水道滩槽形势，适当增加福南水道分流比，贯通福北或福中水道12.5米航槽；守护民主沙右缘，调整护漕港边滩岸线，使浏海沙水道上段形成向左微弯的河道形态；疏浚天生港水道进口，改善进流条件；整治横港沙，在其南侧形成一段导流岸壁，与南岸九龙港段护岸共同构成新的人工节点，为稳定通州沙汊道段河势创造有利条件；疏浚西水道浅区，调整西水道南岸岸线，结合通州沙潜堤工程，贯通西水道深水航槽，促使通州沙汊道向稳定的双分汊河道转化；结合通州沙的整治，守护通州沙左缘，使龙爪岩附近形成新的人工节点段，维持通州沙东水道河势的长期稳定;实施东水道出口浅区整治工程,保障12.5米航道通畅;整治铁黄沙以及福山水道南岸边滩,疏浚福山水道,保障望虞河引排水设施安全运行;对原有护岸工程进行全面加固,对新崩岸段进行守护,以稳定总体河势,保障堤防安全。

(二)岸线利用

预计至2020年,本河段岸线利用长度将由现状的641.88公里增加至906.38公里,岸线利用率将由现状的15.5%增加至21.9%。随着经济社会的发展,岸线利用将与防洪安全、河势稳定、水资源及水生态环境保护等方面的矛盾日益突出。应加强岸线资源的可持续利用和有效保护,在严格岸线利用分区管理的同时,对已利用岸线中对防洪安全、河势稳定、水资源及水生态环境保护等方面有严重影响的13个建设项目进行调整。

(三)洲滩及江砂控制利用

洲滩利用应确保防洪安全,做到“不碍洪、稳河势、保民生、促发展”,因地制宜、区别对待。宜昌至武汉河段,应严格控制洲滩的开发利用;武汉至大通河段,应限制洲滩的开发利用;大通至江阴河段,应做到有控制地开发利用洲滩;江阴以下河段,可适度开发利用洲滩。

河道采砂应遵循国家有关法律法规,以维护长江河势稳定、保障防洪和通航安全为原则,正确处理保护与利用、规划与监管的关系,坚持总量控制和适度、合理地利用。定期对采砂规划进行修订。

五、长江口规划方案

长江口从徐六泾至50号灯标河段以稳定河势为重点,维护深水航道和保障基础设施安全,提高防洪(潮)安全程度,合理开发利用水土资源和岸线资源,保护水资源与水生态环境。

(一)防洪(潮)及水利排灌

长江口河段近期防洪(潮)标准为江苏省长江口段堤防100年一遇高潮位遇11级风;上海市长江口南岸(含宝山区和浦东新区)、长兴岛及崇明岛城市化地区堤防按200年一遇高潮位遇12级风;横沙岛、崇明岛其他堤防按100年一遇高潮位遇11级风。上海市宝山区、浦东新区、长兴岛及崇明岛城市化地区堤防工程等级为1级,长江口其他堤防工程等级为2级。根据新的防洪(潮)标准对堤防进行加高加固,并对迎流顶冲段实施护岸。

浦东片、嘉宝片及江岛片近期排涝标准为20年一遇最大24小时面暴雨量不受涝,灌溉保证率达到95%,节水灌溉率达到95%以上。通启海片近期排涝标准达到20年一遇3天最大面暴雨4天排出不受涝,灌溉保证率达到95%,农田灌溉渠系水利用系数达0.75以上,节水灌溉率达95%以上,远期根据需要进一步论证提高排、灌标准。对各片区现有近60座水闸、泵站等排灌工程进行改造、加固、除险建设,完善河湖水系格局,使各片区达到规划排涝和灌溉标准。对长江口综合整治开发后产生排涝不利影响,进行排涝补偿工程建设,对上海市通过加高加固部分水闸解决北支上段和南支石洞口以上河段低潮位抬高所引起的排涝问题;对江苏省可采用西引南排工程措施解决通启海片的排涝补偿问题,并拟进一步拓浚杨林塘解决阳澄淀泖区排涝补偿问题;对规划圈围区所影响的水系进行相应调整,包括新通海沙圈围区、崇明北沿滩涂促淤圈围区、长兴岛中央沙圈围区、横沙岛圈围区、浦东南汇边滩圈围区、太仓边滩圈围区排灌水系的调整。

(二)河道治理

按照维持三级分汊、四口入海的总体河势格局的河势控制要求,通过新通海沙圈围、白茆小沙上沙体潜堤、白茆小沙下沙体圈围成岛及常熟边滩圈围等工程措施,加强徐六泾节点的控制作用;通过白茆沙护滩导堤工程,稳定白茆沙,适当增加北水道分流比;通过东风沙导堤、扁担沙潜堤工程及新南门通道护底等工程措施,稳定白茆沙北水道北边界,使白茆沙汇流段主流适当南偏,以利落潮流进入南港;通过扁担沙下段潜堤工程、新浏河沙护滩潜堤、南沙头通道护底、中央沙和青草沙圈围等工程,维持南北港分流口及分流通道的稳定;通过堡镇沙圈围及瑞丰沙潜堤工程,促进北港主槽和南港主槽的稳定;北支近期采用中下段中缩窄方案,并适当疏浚进口段;远期进一步研究北支下口建闸或其他可行方案。

(三)航运

近期航道建设标准为主航道在12.5米×(350—400米)的基础上继续增深,并提高通航保证率,实现5万吨级集装箱船全天候双向通航,兼顾10万吨级散货船满载乘潮通航;白茆沙北航道在通航2000—5000吨级驳船组成的2万—4万吨级船队和部分中小型海轮的基础上,进一步提高通航标准;北港航道满足3万—5万吨级的大船乘潮通过;南槽航道乘潮通航1万—2万吨级海轮;北支航道标准进一步提高,达到通航1000—3000吨级船舶的航道标准;依据《长江干线航道总体规划纲要》,将12.5米深水航道上延至江苏太仓,适时实施南京至河口河段航道治理工程。

近期实施白茆沙水道航道整治、三沙河道航道整治、北港拦门沙航道整治、南槽航道碍航段疏浚和北支航道疏浚等工程。远期根据流域经济社会发展需求,继续对主航道进行增深拓宽,并加快分流航道开发的力度,进一步提高航道标准。同时,应结合江苏沿海地区发展规划,进一步研究江海运河建设的必要性、可行性及建设方案。

(四)水土资源和岸线资源开发利用

长江口共划分一级水功能区14个,二级水功能区18个。应通过治污等综合措施,实现各水功能区的保护目标。建设避咸蓄淡水库,开发利用北支淡水资源。

按照实现湿地资源动态平衡的原则,近期规划滩涂围垦总规模为81.01万亩,促淤123.6万亩。

按照干流岸线利用分区,实施长江口两岸岸线资源开发。

(五)江砂控制利用

随着流域水沙情势的变化,采砂需求增大与来沙量明显减少的矛盾将日益突出。为维护长江口的河势稳定,江砂利用应严格实行采砂总量控制。2015年前长江口河段无规划可采区,除禁采区外均为保留区。2015年后,应根据上游水沙情势的变化和河道演变情况,按照分区管理和总量控制的总体思路,定期对采砂规划进行修订。

(六)水资源与水生态环境保护

加强污水处理和严格控制污染物排放总量。加强长江口水源地的保护;以水生生物为主要保护对象,保护重要的水生生物繁殖栖息地、索饵场、洄游通道,并实施重要水生生物增殖措施,以保护重要的、敏感的物种资源不受破坏。保持合理的湿地面积,维持湿地的生态功能。

第九章 主要支流及湖泊治理开发与保护规划

一、主要支流分类及其治理开发与保护任务

长江流域水系发达,支流众多。集水面积在1000平方公里以上的支流有483条,集水面积超过10000平方公里的支流有49条,雅砻江、岷江、嘉陵江、乌江、湘江、沅江、汉江、赣江等8条一级支流的流域面积超过80000平方公里。

根据支流的自然与经济社会特点,长江支流大体可分为三种类型。

第一类是峡谷地带河流,如雅砻江、大渡河、乌江、清江、沅江等。这类河流的自然资源与水能资源丰富,流域内人口密度较小,耕地分布较少,具有地形地质条件有利和淹没损失少的特点,具备修建高坝大库的优越条件。这些河流应在作好水资源与水生态环境保护的前提下,提高径流调节能力,合理开发水能资源,改善航运条件,并在满足本流域防洪任务和用水需求的基础上,适当兼顾长江中下游地区的防洪和增加枯期流量的要求。

第二类是丘陵平原地区的河流,河流源出高山,大部分流经丘陵平原地带,如岷江、沱江、嘉陵江、汉江、湘江、资水、赣江等。这类河流内人口密度较大,耕地较多,有灌溉、供水、发电、航运等要求。应在加强水资源与水生态环境保护的基础上,在中、上游峡谷河段修建控制性枢纽,调节径流,以满足本流域的灌溉与防洪要求,同时开发水电,改善航运,并发挥控制性枢纽对长江中下游地区的防洪和调节枯期径流的作用。中下游丘陵平原河段治理开发与保护的主要任务是防洪、供水、灌溉、发电、航运、水资源与水生态环境保护。

第三类是中下游地区直接汇入江湖的中小河流,基本特点与第二类相似,治理开发与保护的主要任务是防洪、治涝、供水、灌溉、航运、水资源与水生态环境保护。

二、主要支流和湖泊治理开发与保护规划意见

纳入本次规划的主要支流和湖泊共有48条,其中流域面积80000平方公里以上的主要支流和洞庭湖与鄱阳湖主要规划意见如下。

(一)雅砻江

雅砻江系金沙江左岸最大的一级支流,流域面积12.84万平方公里,年径流量593亿立方米。河流治理开发与保护的主要任务是水力发电、供水与灌溉、防洪、跨流域调水、水土保持和水资源保护。

规划干流中下游按两河口、牙根一级、牙根二级、愣古、孟底沟、杨房沟、卡拉、锦屏一级、锦屏二级、官地、二滩、桐子林等12级开发,总装机容量26179兆瓦。上游通过开展水电等专业规划工作,在满足国务院批准的《长江流域防洪规划》的防洪库容总体要求的前提下,进一步研究确定梯级开发方案。

干流主要梯级水库应承担川渝河段及长江中下游防洪任务,采取分期预留逐步蓄水的方式,在7月初共需设置最大防洪库容50亿立方米,其中上游梯级5亿立方米、两河口20亿立方米、锦屏一级16亿立方米,二滩9亿立方米。二滩水库设置的9亿立方米防洪库容应按照国务院批复的

《长江流域防洪规划》抓紧落实。两河口、锦屏一级全部建成后,可进一步研究雅砻江梯级防洪库容设置。

雅砻江是南水北调西线工程的调水水源区之一,初步规划从干流调水42亿立方米,支流鲜水河调水14.5亿立方米。调水后对水源区的影响及补偿措施应进一步深入研究。

(二)岷江

岷江位于长江左岸、系长江水量最大的一级支流,流域面积13.54万平方公里,年径流量953亿立方米。河流治理开发与保护的主要任务是供水与灌溉、发电、防洪、水生态环境修复、水资源保护、航运、水土保持和水利血防。注重调整干流上游已建引水式电站的运行方式,保证干流镇江关、彭山、高场等主要节点生态基流。通过紫坪铺、都江堰调度下泄生态基流15立方米/秒,解决金马河断流的问题;利用拟建的上游干支流调节能力好的水库群联合调度,实现对中下游的补偿调节。

(三)嘉陵江

嘉陵江系长江上游左岸一级支流,主要支流有西汉水、白龙江、渠河、涪江,流域面积15.98万平方公里,年径流量698.8亿立方米。河流治理开发与保护的主要任务是灌溉与供水、防洪、航运、发电、水土保持和水资源保护。在开展嘉陵江流域水量分配的基础上,重点研究从嘉陵江上游向邻近流域调水的必要性和可能性。

(四)乌江

乌江系长江上游右岸一级支流,流域面积8.79万平方公里,年径流量505亿立方米。河流治理开发与保护的主要任务是发电、供水与灌溉、防洪与治涝、水土保持、水资源保护、航运。

(五)湘江

湘江流域面积9.46万平方公里,湘潭站年径流量665亿立方米。河流治理开发与保护的主要任务是防洪与治涝、供水与灌溉、水资源保护、发电、航运、水土保持和水利血防。资水流域面积2.8万平方公里,年径流量232.6亿立方米。河流治理开发与保护的主要任务是防洪与治涝、供水与灌溉、水资源保护、发电、航运、水土保持和水利血防等。

(六)沅江

沅江流域面积8.85万平方公里,年径流量650亿立方米。河流治理开发与保护的主要任务是防洪与治涝、供水与灌溉、水资源保护、发电、航运、水土保持和水利血防。

(七)洞庭湖区

洞庭湖是长江中游调蓄洪水的重要场所,是湖区1300多万城乡居民生活和生产的重要水源地,湖区总面积1.88万平方公里。湖区治理开发与保护的主要任务是防洪与治涝、供水与灌溉、水资源与水生态环境保护、水利血防、航运。

(八)汉江

汉江地处长江中游左岸,流域面积15.9万平方公里,年径流量582亿立方米。主要支流有堵河、丹江和唐白河。河流治理开发与保护的主要任务是防洪与治涝、供水与灌溉、跨流域调水、水资源与水生态环境保护、水土保持、发电、航运、水利血防等。

为满足汉江流域内用水及南水北调中线和引汉济渭工程后期调水量增加,应研究并采取从长江干流引水补充或其他可行的补水方案。汉江干流采用15级进行水电开发,继续建设黄金峡、旬阳、白河、孤山、新集、雅口、碾盘山等7级。

(九)赣江

赣江流域面积8.09万平方公里,年径流量675.6亿立方米。河流治理开发与保护的主要任务是防洪与治涝、供水与灌溉、发电、航运、水土保持、水资源保护。初步规划干流按老虎头、营脑岗(已建)、禾坑口、石灰山、白鹅(已建)、澄江、跃洲、峡山、茅店、万安(已建)、井冈山、石虎塘、峡江(在建)、永太、龙头山等15级开发。

(十)鄱阳湖区

鄱阳湖区面积2.63万平方公里,湖口站年入江水量1480亿立方米,是“鄱阳湖生态经济区”的主要组成部分。湖区治理开发与保护的主要任务是防洪与治涝、供水与灌溉、航运、水资源保护、水生态环境保护和水利血防。

湖区年内水位变幅大,近年来连续出现较枯水位,严重影响到区内用水安全,鄱阳湖区水资源问题已成为制约区内经济社会发展的重要因素。规划建设鄱阳湖水利枢纽工程,采取调枯不控洪的方式运行,主要目标为恢复和科学调整江湖关系、提高鄱阳湖区的水资源和水环境承载能力。建议抓紧开展前期工作,深入研究工程的作用与影响,特别是可能对湿地、越冬候鸟、鱼类洄游等带来的影响,提出减免负面影响的对策措施,以促进工程实施。

第十章 环境影响评价

规划完善防洪减灾体系,可保障防洪安全,提高治涝标准,保障人民生命财产安全及社会安定。健全水资源综合利用体系,可加快水能资源开发,促进能源结构的调整和优化,减轻化石能源带来的污染和温室气体排放;可有力推动我国水资源南北调配、东西互济配置格局的形成,缓解北方缺水地区的供需矛盾和因缺水而引发的生态环境问题;可促进航运发展,为国民经济和社会发展提供畅通、优质、安全、高效的运输服务;可保障城乡饮水安全,提高灌区经济、环境效益。完善水资源与水生态环境保护体系,可保障水体水质和生态环境用水,满足生活、生产和生态用水的水量和水质要求;可舒缓治理开发对生物生境、生物多样性和完整性的影响;可综合治理水土流失,促进生态建设,改善山丘区人民的生产生活条件;可有效控制钉螺扩散,降低流域内血吸虫病的发病率,改善疫区人群健康状况。完善流域综合管理体系,可推进流域涉水法律法规建设,促进跨部门和跨地区协调机制、公共参与机制的形成,实现水质、水量和水生态环境信息的联合监测和采集,提升科技支撑能力。

但规划的实施也将改变河流水文情势,造成水库泥沙淤积及河床冲淤变化;降低部分水体稀释扩散能力,导致局部水体富营养化和岸边水污染;减少部分耕地、林地;产生河流生境改变和大坝阻隔,水库水温分层,对水生态系统尤其是鱼类生存繁殖带来不利影响;干支流控制性水利水电工程和梯级开发后,对河流自然生态系统产生叠加累积影响;部分规划梯级涉及国家级自然保护区及国家级风景名胜区等敏感区域,在采取有效的避免、补偿和减缓措施后,可预防或减轻不利影响。

第十一章 规划实施意见及效果分析

一、近期工程与非工程措施实施意见

(一)防洪减灾体系

重点建设与长江中下游干堤形成封闭圈的连江支堤,洞庭湖、鄱阳湖区重点圩垸堤防,汉江中下游堤防,洞庭湖四水、鄱阳湖五河重要堤防,上游岷江、沱江、涪江、嘉陵江、渠江、安宁河等"五江一河"重要堤防,其他支流重要城市城区段堤防以及滁河、水阳江青弋江等省际支流堤防。

重点建设钱粮湖、共双茶、大通湖东、洪湖东分块、围堤湖、民主、城西、澧南、西官、建设、杜家台、康山等12处重要蓄滞洪区。近5年内应着重加强城陵矶附近钱粮湖、共双茶、大通湖东和洪湖东分块约100亿立方米的蓄滞洪区及杜家台、康山蓄滞洪区建设。

计划完建或开工建设的主要防洪水库有汉江的丹江口水库大坝加高,嘉陵江的亭子口和草街,金沙江的溪洛渡、向家坝、白鹤滩、乌东德,湘江的涔天河、资水的金塘冲、澧水的宜冲桥、赣江的峡江,饶河的浯溪口等。建设青弋江分洪道、青弋江芜湖河口和水阳江当涂河口控制闸等防洪控制工程。

全面完成大中型和小(1)型病险水库的除险加固,基本完成小(2)型水库和大中型病险水闸除险加固。并在此基础上,完成流域内其他重点病险水库和水闸的除险加固。

完成重点城市以及洞庭湖、鄱阳湖等地区地级城市的防洪工程建设。

对防洪任务重、有重要保护对象的主要支流的重点河段进行集中治理;基本完成有防洪任务的重点中小河流治理,使治理河段基本达到规划的防洪标准。

完成山洪灾害防治区灾害调查任务,全面查清山洪灾害隐患点的基本情况。按轻重缓急,优先安排灾害发生频繁、严重区域的山洪灾害防治。

分区分片实施治涝工程,主要工程项目包括泵站更新改造、新建泵站、骨干渠系配套、新建撇洪渠、退田还湖、调蓄区建设、渠道疏浚等。完成湖北、湖南、江西、安徽4省大型排涝泵站的更新改造。

对中下游干流重点护岸工程进行全面加固,治理新增崩岸段,对重点河段进行综合治理,优先安排荆江河段、长江口以及澄通河段的综合治理。

完善气象、水文站网建设,提高暴雨等灾害性天气监测、预警、预报水平;加强长江防汛指挥系统建设;开展以三峡水库为中心的库群及防洪体系的防洪调度;加强以监测预警为重点的山洪灾害防治非工程措施建设;加强蓄滞洪区管理。

(二)水资源综合利用体系

保障重点城市、重点区域的供水安全,加快重点城市及缺水城市新建、改扩建供水水源工程及配套设施建设,加快城市备用水源建设,制定城市饮用水安全保障的应急预案;建设农村饮用水工程,解决流域内农村饮用高氟水、高砷水、苦咸水以及血吸虫病疫区人民群众安全饮水问题。

重点发展流域内水土资源条件较好、生产潜力大、干旱缺水、灌溉水平不高的滇中高原、四川盆地腹地、黔中高原、南阳盆地、吉泰盆地、衡娄邵丘陵区、洞庭湖和鄱阳湖区、湘南地区和皖江地区等的灌区建设。

重点建设小中甸、车马碧、黔中、小井沟、清平、关口、亭子口、罐子坝、鲤鱼塘、观景口、黄金峡、金佛山、玉滩、下浒山等骨干水源工程，加快向家坝灌区、引漾入洱、都江堰扩灌（毗河供水工程）、武都引水、长征渠引水工程的前期工作，适时开工建设。

继续完成中线、东线一期工程建设，进一步研究东线二期工程、中线后期工程供水目标和规模；适时开展南水北调西线工程前期研究；积极推进牛栏江—滇池补水工程建设进程；适时开工建设引汉济渭工程；推进滇中引水工程、引江济淮工程的前期工作和工程建设。

拟开发兴建的以发电为主的大型水电站包括长江干流的梨园、阿海、金安桥、龙开口、鲁地拉、观音岩、金沙、银江、乌东德、白鹤滩和小南海，雅砻江的两河口、牙根、官地、桐子林，大渡河的双江口、金川、猴子岩、长河坝、黄金坪、硬梁包、大岗山、枕头坝一级、沙坪二级，岷江的十里铺，乌江的白马。其中长江干流小南海梯级、乌江白马梯级要深入开展环境影响评价等论证工作，在条件具备情况下立项建设。

金沙江虎跳峡河段，若经方案比较，在短期内能形成一致意见，虎跳峡枢纽亦可考虑近期开发。

重点整治国家高等级航道和地区重要航道。干流上游和各支流的中上游以梯级渠化并辅以必要的航道治理措施改善航运条件；干流中下游河段和各支流的下游河段重点实施航道整治工程和河势控制工程。

（三）水资源与水生态环境保护体系

对目前污染严重地区抓紧实施水污染防治重点措施。迁建上海、南京、武汉、重庆、攀枝花等城市江段、其他省（区、市）省会城市以及重要调水水源地城市内不合理的排污口；实施云南省南涧县城引水减污、湖北四湖流域引江济汉生态补水、武汉市江湖生态水网修复、重庆市濑溪河大足—荣昌段和湖北省内荆河以及江苏省秦淮新河等清淤疏浚工程；加强岷江、沱江等生态调度；加大城市污水和工业废水处理力度，加强农村面源污染治理。

实施滇池生态补水、程海补水、引江济巢等人工补水工程，对部分湖泊湿地进行生态恢复和修复；保障鄱阳湖、洞庭湖两大通江湖泊与长江的良好连通状况，逐步恢复和修复其他湖泊水体与长江的联系；采取设立水生态自然保护区、建设水生生物迁徙通道、建设鱼类增殖放流站、开展梯级水库生态调度、优化高坝水库取水调度、实施生态修复工程等措施保护水生生物及鱼类资源。

以“长治”工程项目区为基础，以长江上中游水土流失严重区域为重点，在金沙江下游，乌江、清江、赤水河，嘉陵江，岷江下游及沱江，三峡库区，汉江上中游，大别山及幕阜山区，湘江、资水和沅江中游及澧水上中游，鄱阳湖水系上中游等9个重点治理区实施水土流失综合治理工程；重点实施长江源头区保护工程、长江流域坡耕地水土综合整治工程、长江流域崩岗防治工程等。

结合河流综合治理、饮水安全、灌区改造、小流域治理等水利工程实施血防设施建设，解决血吸虫病疫区饮水不安全等问题。

（四）流域综合管理体系

对现有法律法规进行修订完善；制定和出台丹江口水库、长江口、洞庭湖区、鄱阳湖区等重点管理区域以及长江干支流控制性水利水电工程统一调度和跨流域调水工程统一调度等重点管理领域规章和法规。

进一步明晰流域与行政区域及部门与部门间的管理职责；完善流域各项制度和机制；进一步加强规划、防洪抗旱、水资源、水资源保护、水土保持、河道、水利工程、控制性水利水电工程统一调度和控制断面监督、水利应急响应等方面的水行政事务管理工作。

建立和完善干流、主要支流和湖泊包括河道原型、水资源、水环境、水生态、水土保持和采砂等的综合信息采集与监测、监控系统;建设包含信息汇集和存储、信息服务和支撑应用等3个部分的流域数据中心;开展治江重大战略问题研究;加强人才队伍建设。

二、规划实施效果分析

(一)社会效益

规划实施后,将进一步提高长江总体防洪能力,减免涝灾损失,形成河势和岸线稳定、堤防稳固、航道和港域良好的河道;将提高城乡饮水安全保障和抗旱能力,缓解我国北方和其他缺水地区水资源严重短缺状况和水资源供需矛盾,增加水电装机,减少化石燃料发电引起的空气污染,加快西部地区经济社会发展,改善航道,形成流域畅通的水运交通体系;将改善长江流域的水生态环境,水土流失严重地区将得到初步治理,有效保护疫区人民的身体健康和生命安全;将增强流域综合管理能力。

(二)经济效益

长江流域综合规划实施后,在产生巨大的社会效益和生态环境效益的同时,也将产生巨大的直接和间接经济效益。多年平均防洪效益为165亿—388亿元;通过保障城乡供水增创经济效益1000亿元,年增产粮食2400万吨;新增水电装机后,每年可节标煤1.36亿吨,可创造发电效益约1050亿元;改善航运条件后可降低运输成本,水运直接经济效益每年可达2000亿—3000亿元。

第十二章 结语与今后工作建议

一、结语

本次规划修编在总结以往规划成果和近20年来治江经验的基础上,对防洪减灾、水资源综合利用、水资源与水生态环境保护、流域综合管理等4大体系作了较为全面的规划。

(一)完善了河流治理开发与保护分区体系,提出了干支流主要控制断面的控制性指标

在已完成的防洪、水功能区划的基础上,对上游干流河段水能资源开发、岸线利用和采砂等进行了分区。提出了主要控制站防洪控制水位、控制断面水资源开发利用率、用水总量、用水效率(工业增加值用水量和农田灌溉亩均用水量)、控制断面生态基流、控制断面水质管理目标、限制排污总量等8项控制性指标。

(二)完成了防洪减灾、水资源综合利用、水资源与水生态环境保护和流域综合管理体系规划

1.防洪减灾以保障防洪安全为目标

根据长江洪水在未来气候变化和三峡等控制性水利水电工程建成运行背景下出现的新形势与新问题,采取加强两湖地区重点堤防、连江支堤、支流重要堤防和防洪矛盾突出的省际支流堤防的达标建设,加快重点蓄滞洪区建设,结合兴利修建干支流水库,充分发挥三峡工程及干支流控制性水库的防洪作用,加快病险水库除险加固,加强城市防洪工程建设,加大山洪灾害防治力度,加强防洪非工程措施建设,进一步完善综合防洪体系。涝区治理以提高治涝标准为目标。根据"高低分

排、合理蓄涝”的原则,兴建撇洪沟渠1500千米、保留蓄涝面积360平方公里、已建泵站更新改造1330兆瓦和新建部分泵站790兆瓦等措施,使涝区达到规划的排涝标准。中下游河道治理以控制和改善河势、稳定岸线、保障堤防安全、扩大泄流能力和改善航运条件为目标。对已有护岸工程进行全面加固,治理新增崩岸,实施局部河段河势调整工程。到2020年干流中下游加固的岸段总长约794千米,新护岸段总长约362千米。

2.供水以保障城乡饮水安全为目标

在推进节水型社会建设的同时,多渠道开辟水源,加强城市供水水源工程和应急备用水源建设,保护水源地,不断改善水质;加快解决农村安全饮水问题,中上游山地丘陵区以村落为单元建设分散式集中供水设施,中下游平原农村地区建设集中供水设施,优先解决饮用高氟水、高砷水、苦咸水、污染水、血吸虫疫水等地区农村的安全饮水问题。到2020年,长江流域新增供水量255亿立方米,其中通过水源工程改扩建增加供水量95亿立方米,新建水源工程新增供水量160亿立方米。

3.灌溉以保障粮食安全为目标

在加快现有灌区续建配套和节水改造、积极发展节水灌溉,提高灌溉效率的同时,兴建水源工程解决灌溉水源不足问题,发展部分新增灌区。上游地区耕地分散,以分片解决灌溉为主,建设中小型水库,发展自流灌溉和喷、微灌,在地高水低的地区发展集雨灌溉;中上游成片耕地分布地区建设大中型水库,解决灌溉水源问题;中下游平原区以建设提水与引水工程为主解决灌溉问题。建设四川盆地腹地、滇中高原、黔中高原、南阳盆地、衡娄邵丘陵、湘南地区、洞庭湖区、吉泰盆地、鄱阳湖区和皖江地区等重点地区的灌区。近期新增灌溉面积4107万亩,灌溉率达到58%以上。

4.水力发电以加快开发水能资源保障能源安全为目标

在注重生态环境保护和综合利用的基础上合理有序开发水能资源,开发的重点为金沙江、雅砻江、大渡河等水能资源较丰富的河流。到2020年,新增水电总装机8.81万兆瓦,发电量4049亿千瓦时,流域水电总装机将达21.98万兆瓦。

5.跨流域调水以实现我国水资源优化配置为目标

到2020年,完成南水北调东、中线一期工程建设,东线一期引水规模为500立方米/秒,年调水量87亿立方米,中线一期引水规模350—420立方米/秒,年调水量为95亿立方米;开工建设引汉济渭工程,年平均调水量10亿立方米;适时实施滇中引水工程、引江济淮工程等;同时,加强南水北调中线后期引江补汉和南水北调西线工程的研究,深入论证调水对当地用水和生态环境的影响和需采取的对策措施。

6.航运以提供畅通、高效、安全的水上运输服务为目标

结合梯级渠化,加强航道整治,重点建设国家高等级航道(即“一横十线一网”),达到延上游、畅中游、深下游的要求;抓紧港口和船舶标准化建设,构筑起一个以高等级航道为骨架、以主要港口为中心、航道干支通畅、港口布局合理的现代化长江水运体系。到2020年,长江水系水路货物运输量和货物周转量将分别达到41.2亿吨和7.71万亿吨·千米。

7.水资源保护以促进水环境良性循环为目标

遵照国家法律法规,加强饮用水源地保护,加强污染物入河量控制,加大城市污水和工业废水处理力度,保持生态基流,实施河湖生态补水,实现水资源可持续利用。水资源保护的重点地区包括“五大城市”(上海、南京、武汉、重庆、攀枝花)、“五条支流”(岷江、汉江、湘江、嘉陵江、沱江)、“四个重点湖泊”(巢湖、滇池、洞庭湖、鄱阳湖)、“二个重要水库”(三峡、丹江口)和“一口”(长江

口)。到2020年,流域内1726个水功能区主要污染物COD、氨氮的入河量控制为251.06万吨/年、27.19万吨/年。

8.水生态环境保护及修复以维护生物多样性和完整性为目标

严格控制生态环境敏感区域的治理开发活动;在金沙江及重要支流建设必要的增殖放流站,结合其他综合措施,保护物种与生物资源;强化湿地生境保护与修复;加强自然保护区建设,保护水生生物群落结构,实现水生态系统功能正常发挥。

9.水土保持以维护优良生态和改善人民群众生产生活条件为目标

分类实施预防保护、监督管理和综合治理,突出"两大生态脆弱区"(长江源头、西南石漠化地区)、"两大产沙区"(金沙江下游、嘉陵江上游)、"两大库区"(三峡库区、丹江口库区及上游)、"两大湖区"(洞庭湖、鄱阳湖)的水土流失综合防治,加快生态建设的步伐。到2020年,治理水土流失面积21.2万平方公里。

10.水利血防以控制血吸虫病传播为目标

按照疫区优先治水、治水结合灭螺的原则,结合河流综合治理、饮水安全、灌区改造、小流域治理等水利工程建设,实施防螺灭螺工程。2015年前力争流域内所有血吸虫病流行县(市、区)达到血吸虫病传播控制标准,达到血吸虫病传播控制标准10年以上的县(市、区)力争达到血吸虫病传播阻断标准;至2020年,继续巩固水利血防成果,血吸虫病疫情不出现回升。

11.流域综合管理以维护健康长江、实现人水和谐为目标

在现有法律框架下,逐步建立和完善流域涉水法律法规体系;建立流域会商与协调机制、补偿机制和投融资机制,培育水权和排污权交易机制,建立公众参机制;强化监督执法制度建设,推行水利综合执法,探索跨部门协调配合执法;健全规划体系,通过实施规划同意书制度、水资源论证制度、防洪影响评价制度、采砂统一规划和许可制度、排污许可制度、水土保持报告书和环境影响评价制度等,进一步强化水行政事务管理;加强水利信息化等基础设施建设,大力培养水利科技人才,开展水利科技重大问题研究,提高流域综合管理能力。

(三)提出了干流、主要支流及湖泊治理开发与保护规划

在长江上游干流河段水能资源开发、干流岸线利用和干流采砂分区的基础上,提出了长江上游干流河段、宜昌至徐六泾河段及长江口的规划方案,提出了48条支流与湖泊规划意见。支流治理开发与保护以满足本流域经济社会发展要求为主,同时又要在防洪、水资源配置和水资源保护方面服从全流域的整体规划布局,以实现流域整体效益的最大化。

二、今后工作建议

根据形势和要求变化及时修订完善本规划。长江流域的治理开发与保护是一项长期而艰巨的任务,今后仍需根据新形势、新要求,以及本规划实施后出现的新情况、新问题,及时修订补充。

(一)随着经济社会发展,水功能区划应适时调整

水功能区划调整应按照《水功能区管理办法》第六条"需要对水功能区划进行调整时,县级以上人民政府水行政主管部门应组织科学论证,提出水功能区划调整方案,报原批准机关审查批准"的规定执行。

(二)进一步研究金沙江河段开发方案

金沙江中游虎跳峡河段涉及的开发与保护问题十分复杂,需进一步协调开发与保护的关系,专

题编制河段综合规划报告，单独审查和报批。

（三）深入研究论证部分规划项目

对综合规划有不同意见的项目，如干流小南海梯级、鄱阳湖水利枢纽等，应进一步深化研究论证。

（四）抓紧近期工程前期工作和建设

本规划审查通过后，应在本规划的基础上，按照有关规定尽快开展近期工程的前期工作，并加快推进工程建设。

（五）对重要支流和湖泊继续做好综合规划工作，逐步完善流域综合规划体系

对赤水河、洞庭湖、鄱阳湖、雅砻江等重要支流和湖泊，需按照已提出的规划意见继续完成综合规划工作；对其他重要支流和湖泊，需分别轻重缓急开展综合规划及专业规划工作。在综合规划及专业规划中，应按照规划环境影响报告书的要求，全面调查不同江段水生生物资源，进一步深化环境影响评价。

（六）进一步加强重大问题专题研究工作

抓紧开展控制性水利水电工程联合调度、控制性水利水电工程建成后中下游河湖冲淤变化影响及对策等长江治理开发与保护重大问题的专题研究，并适时采取有效的应对措施。

黄河流域综合规划(修编)

(2012—2030年)

前　言

治理黄河,历来是中华民族安民兴邦的大事。新中国成立以来,党和国家十分重视黄河治理开发工作,部署开展了多次综合规划,1954年编制了《黄河综合利用规划技术经济报告》,1955年7月全国人大一届二次会议通过了《关于根治黄河水害和开发黄河水利的综合规划的决议》;1997年完成《黄河治理开发规划纲要》;2002年7月国务院批复了《黄河近期重点治理开发规划》。在历次规划的指导下,黄河治理开发保护与管理工作取得了巨大的成就,有力地促进了流域经济社会的发展,保障了黄淮海平原的安全。但黄河特殊的河情决定了治黄工作的长期性、艰巨性和复杂性,且随着流域经济社会的快速发展、河流水沙情势的变化,以及新时期治水思路的转变,现有流域规划已不适应新形势的要求。2007年6月,国务院办公厅以国办发〔2007〕44号"关于开展流域综合规划修编工作的意见",部署在全国范围内开展新一轮流域综合规划修编工作。根据水利部水规计〔2007〕320号文批复的《黄河流域综合规划修编任务书》,规划修编的主要任务是:根据流域经济社会可持续发展的需要,针对流域存在的主要水问题,研究制定开发、利用、节约、保护水资源和防治水旱灾害的总体部署,研究提出加强流域综合管理的政策措施。

按照国务院的要求和水利部的工作部署,以《中华人民共和国水法》为依据,黄河水利委员会组织有关单位会同流域九省(区),在全面开展现状评价、深入研究论证和充分协调的基础上,于2009年12月完成了《黄河流域综合规划》(以下简称《规划》)。2010年5月水利部组织专家对《规划》进行了审查;2010年9月水利部发文征求国务院有关部门和流域各省(区)人民政府对《规划》的意见;2010年11月国家发展改革委员会委托中国国际工程咨询公司对《规划》进行了评估;2011年9月,环保部与水利部共同召开了《规划》环评篇章专家论证会;2011年12月,水利部主持召开了流域综合规划修编部际联席会议;2012年《规划》通过了国务院有关部门会签。2013年3月国务院以国函〔2013〕34号文批复了该《规划》。

第一章 流域概况

一、自然概况及特点

(一)自然地理

黄河是我国的第二大河,发源于青藏高原巴颜喀拉山北麓海拔4500米的约古宗列盆地,流经青海、四川、甘肃、宁夏、内蒙古、山西、陕西、河南、山东等9省(区),在山东省垦利县注入渤海。干流河道全长5464公里,流域面积79.5万平方公里(包括内流区4.2万平方公里)。

流域西部地区属青藏高原,平均海拔在3000米以上;中部地区绝大部分属黄土高原,海拔在1000—2000米之间;东部属黄淮海平原,河道高悬于两岸地面之上。

流域气候条件差异明显,东南部基本属半湿润气候,中部属半干旱气候,西北部为干旱气候。流域年平均气温6.4℃,由南向北、由东向西递减。全流域多年平均降水量446毫米,总的趋势是由东南向西北递减,东南部地区降水量最多,秦岭、伏牛山及泰山一带年降水量超过800毫米;流域西北部降水量最少,宁蒙河套平原年降水量只有200毫米左右。

河源至内蒙古托克托县的河口镇河段为黄河上游。龙羊峡以上河段是黄河径流的主要来源区和水源涵养区,其中玛多以上属河源段,地势平坦,多为草原、湖泊和沼泽,扎陵湖、鄂陵湖蓄水量分别为47亿立方米和108亿立方米,是我国最大的高原淡水湖;玛多至玛曲河段河谷宽阔,间有几段峡谷;玛曲至龙羊峡区间,黄河流经高山峡谷,水量相对丰沛,水流湍急,水力资源较丰富。龙羊峡至宁夏境内的下河沿,川峡相间,落差集中,水力资源十分丰富,是我国重要的水电基地。下河沿至河口镇,河道展宽,比降平缓,两岸分布着大面积的引黄灌区,沿河宁蒙平原不同程度地存在着洪水和冰凌灾害,本河段流经干旱地区,降水少,蒸发大,加之灌溉引水和河道侧渗损失,致使水量沿程减少。

河口镇至河南郑州桃花峪河段为黄河中游。河段内绝大部分支流地处黄土高原地区,生态环境脆弱,暴雨集中,水土流失十分严重,是黄河洪水和泥沙的主要来源区。河口镇至禹门口河段(也称北干流)是黄河干流上最长的一段连续峡谷,水力资源较丰富,峡谷下段有著名的壶口瀑布,深槽宽仅30—50米,枯水水面落差约18米,气势宏伟壮观。禹门口至潼关河段(也称小北干流),河长约130公里,流经汾渭地堑,河道宽浅散乱,冲淤变化剧烈,有汾河、渭河两大支流相继汇入。潼关至小浪底河段,河长约240公里,是黄河干流的最后一段峡谷;小浪底以下河谷逐渐展宽,是黄河由山区进入平原的过渡河段。

桃花峪以下至入海口为黄河下游。下游现状河床高出背河地面4—6米,比两岸平原高出更多,成为淮河和海河流域的分水岭,是举世闻名的“地上悬河”,除南岸东平湖至济南区间为低山丘陵外,其余全靠堤防挡水,历史上堤防决口频繁,目前悬河、洪水依然严重威胁黄淮海平原地区的安全,是中华民族的心腹之患。下游河道具有上宽下窄的特点,桃花峪至高村河段河长207公里,堤距一般10公里左右,最宽处有24公里,河道冲淤变化剧烈,河势游荡多变,历史上重大改道都发生在本河段,两岸堤防保护面积广大,是下游防洪的重要河段;高村至陶城铺河道长165公里,堤距一般在5公里以上;陶城铺至宁海河道长322公里,堤距一般1—3公里;宁海以下为河口段,河道长

92 公里，随着河口的淤积—延伸—摆动，入海流路摆动范围北起徒骇河口，南至支脉沟口，扇形面积约 6000 平方公里。现状入海流路是 1976 年人工改道清水沟后形成的，位于渤海湾与莱州湾交汇处，是一个弱潮陆相河口。

黄河下游两岸大堤之间滩区面积约 3154 平方公里，有耕地 340 万亩，居住人口 189.5 万人。东坝头至陶城铺河段由于主槽淤积和生产堤的修建，逐步形成槽高、滩低、堤根洼的“二级悬河”，严重威胁防洪安全。

黄河各河段特征值见表 1-1。

表 1-1　黄河干流各河段特征值表

河段	起讫地点	流域面积（平方公里）	河长（公里）	落差（米）	比降（‱）	汇入支流（条）
全河	河源至河口	794712	5463.6	4480	8.2	76
上游	河源至河口镇	428235	3471.6	3496	10.1	43
	1.河源至玛多	20930	269.7	265	9.8	3
	2.玛多至龙羊峡	110490	1417.5	1765	12.5	22
	3.龙羊峡至下河沿	122722	793.9	1220	15.4	8
	4.下河沿至河口镇	174093	990.5	246	2.5	10
中游	河口镇至桃花峪	343751	1206.4	890.4	7.4	30
	1.河口镇至禹门口	111591	725.1	607.3	8.4	21
	2.禹门口至小浪底	196598	368	253.1	6.9	7
	3.小浪底至桃花峪	35562	113.3	30	2.6	2
下游	桃花峪至河口	22726	785.6	93.6	1.2	3
	1.桃花峪至高村	4429	206.5	37.3	1.8	1
	2.高村至陶城铺	6099	165.4	19.8	1.2	1
	3.陶城铺至宁海	11694	321.7	29	0.9	1
	4.宁海至河口	504	92	7.5	0.8	

注：1.汇入支流是指流域面积在 1000 平方公里以上的一级支流；
2.落差以约古宗列盆地上口为起点计算；
3.流域面积包括内流区，其面积计入下河沿至河口镇河段。

（二）水资源

1956—2000 年系列，黄河水资源总量 647 亿立方米，其中多年平均河川天然径流量 534.8 亿立方米，地下水与地表水之间不重复计算量 112.2 亿立方米。黄河干支流主要控制站和区间水资源总量统计结果见表 1-2。黄河地表水资源的主要特点如下：

一是水资源贫乏。黄河流域面积占全国国土面积的 8.3%，而年径流量只占全国的 2%。流域内人均水量 473 立方米，为全国人均的 23%；耕地亩均水量 220 立方米，仅为全国亩均水量的 15%。考虑向流域外供水后，实际人均、亩均占有水资源量更少。

二是径流年内、年际变化大。干流及主要支流汛期 7—10 月径流量占全年的 60% 以上，且支流的汛期径流量主要以洪水形式出现。干流断面最大年径流量一般为最小年径流量的 3.1—3.5 倍，支流一般达 5—12 倍。自有实测资料以来，黄河相继出现了 1922—1932 年、1969—1974 年、1990—2000 年连续枯水段，三个连续枯水段年均河川天然径流量分别相当于多年均值的 74%、

84%和83%。

三是地区分布不均。黄河兰州以上流域面积仅占全河的28%，年径流量占全河的61.7%；龙门至三门峡区间的流域面积占全河的24%，年径流量占全河的19.4%。兰州至河口镇区间产流很少，河道蒸发渗漏强烈，区间面积占全河的20.6%，年径流量仅占全河的0.3%。

表1-2　黄河干支流主要断面水资源量统计（1956—2000年系列）

站名（或河段）	河川天然径流量（亿立方米）	地下水与地表水不重复量（亿立方米）	水资源总量（亿立方米）
唐乃亥	205.15	0.46	205.61
兰　州	329.89	2.02	331.91
河口镇	331.75	24.70	356.45
龙　门	379.12	43.39	422.51
三门峡	482.72	80.01	562.73
花园口	532.78	88.05	620.83
利　津	534.79	103.47	638.26
内流区	0	8.74	8.74
黄河流域（含内流区）	534.79	112.21	647

（三）洪水

黄河洪水按成因可分为暴雨洪水和冰凌洪水两种类型。暴雨洪水主要来自上游和中游，多发生在6—10月，上游洪水主要来自兰州以上，中游的暴雨洪水来自河口镇至龙门区间、龙门至三门峡区间和三门峡至花园口区间（分别简称“河龙区间”、“龙三区间”和“三花区间”，下同）。冰凌洪水主要发生在宁蒙河段、黄河下游，发生的时间分别在3月、2月。

1.暴雨洪水

由于流域面积广阔，形成暴雨的天气条件有所不同，上、中、下游的大暴雨与特大暴雨多不同时发生。

黄河上游多为强连阴雨，由于降雨面积大、历时长、强度小，洪水过程具有历时长、洪峰低、洪量大的特点。黄河上游的大洪水与中游大洪水不遭遇，上游洪水演进至黄河下游后形成下游洪水的基流。

黄河中游地区暴雨频繁、强度大、历时短，形成的洪水具有洪峰高、历时短、陡涨陡落的特点，是黄河下游的主要致灾洪水。中游洪水有三个来源区，一是河龙区间洪水，二是龙三区间洪水，三是三花区间洪水。不同来源区的洪水以不同的组合，形成花园口站的大洪水和特大洪水。三门峡以上的河龙区间和龙三区间的洪水可能遭遇，形成三门峡断面峰高量大、含沙量大的洪水过程（简称“上大洪水”）。以三门峡至花园口区间来水为主形成的大洪水（简称“下大洪水”），涨势猛、洪峰高、含沙量相对较小、预见期短。“上大洪水”和“下大洪水”不遭遇，但龙三间和三花间的较大洪水可能遭遇，形成花园口断面的较大洪水。

黄河流域的中常洪水发生几率较高、水流含沙量大，对水库运用和河道冲淤的影响较大。天然情况下，干流潼关站5年一遇洪水的洪峰流量约为10300立方米/秒，由于水土保持工程、水资源开发利用、水库调蓄等作用的影响，1986年以来减少为8730立方米/秒，量级较天然情况减少了约15%。

2.冰凌洪水

冰凌洪水主要发生在上游的宁蒙河段特别是内蒙古三盛公以下河段和下游的山东河段。在封河和稳封阶段,由于冰塞壅水造成槽蓄水量增加、河道水位急剧升高,可能导致河水漫溢、堤防决口;在开河阶段由于槽蓄水量沿程释放,形成冰凌洪水,同时由于上游段开河时下游段还未达到自然开河条件,冰盖以下的过流能力不足,容易形成冰塞、冰坝,导致河道水位急剧上涨,威胁堤防安全。冰凌洪水具有以下特点:一是凌峰流量虽小,但水位高,甚至超过伏汛期历年最高洪水位。二是河道槽蓄水量逐步释放,凌峰流量沿程递增。宁蒙河段石嘴山凌汛洪峰流量一般接近1000立方米/秒,而头道拐可达2000立方米/秒,最大3500立方米/秒(1968年)。

(四)泥沙及水沙变化

1.泥沙

黄河是世界上输沙量最大、含沙量最高的河流。天然情况下(1919—1960年实测)三门峡站实测多年平均输沙量约16亿吨,其中粗泥沙(d>0.05毫米,以下同)约占总沙量的21%,其淤积量约为黄河下游河道总淤积量的50%。黄河泥沙的主要特点如下:

一是输沙量大,水流含沙量高。三门峡站多年平均含沙量35公斤/立方米,实测最大含沙量911公斤/立方米(1977年),均为大江大河之最。河口镇—三门峡河段两岸支流时常有含沙量1000—1700公斤每立方米的高含沙洪水出现。

二是地区分布不均,水沙异源。泥沙主要来自中游的河口镇—三门峡地区,来沙量占全河的89.1%,来水量仅占全河的28%;河口镇以上来水量占全河的62%,来沙量仅占8.6%。

三是年内分配集中,年际变化大。汛期7—10月份来沙量约占全年来沙量的90%,且主要集中在汛期的几场暴雨洪水。黄河实测最大年沙量(1933年陕县站)为39.1亿吨,实测最小年沙量(2008年三门峡站)为1.3亿吨,年际变化悬殊,最大年输沙量为最小年输沙量的30倍。有实测资料以来,黄河出现了1922—1932年连续枯水枯沙段,多年平均输沙量为10.7亿吨,相当于多年平均值的68%,其中1928年的输沙量仅为4.8亿吨,相当于多年平均值的30%。

2.近期水沙变化

由于降雨因素和人类活动对下垫面的影响,以及工农业生产和城乡生活用水大幅度增加,加上水库工程的调蓄作用,使黄河水沙关系发生了以下明显的变化。

一是来水来沙量明显减少。头道拐、花园口站1990—2007年实测平均年水量分别为148.7亿立方米、244.2亿立方米,比1950—1989年实测平均值分别减少40%、45.3%。由于降雨量减少、降雨强度减弱以及水利水保措施减沙作用,三门峡站1990—2007年实测输沙量为6亿吨,比1919—1960年实测平均值减少了10亿吨,其中降雨因素减沙约占50%—60%,水利水保措施作用约占40%—50%。现状下垫面条件下,正常降雨年份四站沙量约12亿吨。与天然情况相比,近10多年来黄河泥沙颗粒级配没有发生明显的趋势性变化。

二是径流年内分配发生了明显变化。1919—1960年系列,头道拐、花园口站的实测汛期来水比例分别为62.1%和61.5%。1986年以来,由于龙羊峡、刘家峡等大型水库的调蓄作用和工农业用水的影响,使头道拐、花园口站的汛期来水比例分别下降为38.2%和44%。

三是汛期有利于输沙的大流量历时和水量减少。1986年前,潼关站多年平均汛期日均流量大于3000立方米/秒流量级的历时、相应水量分别为29.8天、104亿立方米,1987—2007年分别减少到3.4天、10.6亿立方米,水流的输沙动力大大减弱。

四是水沙关系仍不协调。水沙关系不协调是黄河的基本特性,1986年以前潼关站多年平均来沙系数(含沙量和流量的比值)为0.024kg·s/m^6,汛期为0.02kg·s/m^6。1986年以来,虽然来沙量有所减少,但由于黄河水量尤其是汛期水量大量减少,使有利于输沙的大流量历时减少、单位流量含沙量增加,潼关站多年平均来沙系数高达0.034kg·s/m^6,汛期高达0.042kg·s/m^6,且有利于输沙的大流量历时和水量大幅度减少,水沙关系仍不协调。

(五)流域特点

与全国其他江河比较,黄河流域具有以下显著特点:

1.水少、沙多,水沙关系不协调

黄河多年平均河川天然径流量534.8亿立方米,年径流量仅为长江水量的1/17,占全国的2%,人均水量为全国平均的23%,水资源相对贫乏。黄河多年平均天然输沙量达16亿吨,年来沙量是长江的三倍,多年平均天然含沙量35公斤/立方米。与世界多泥沙河流相比,孟加拉国的恒河年沙量14.5亿吨,与黄河相近,但水量达3710亿立方米,是黄河的7倍,而含沙量较小,只有3.9公斤/立方米;美国的科罗拉多河的含沙量为27.5公斤/立方米,与黄河相近,而年沙量仅有1.35亿吨。由此可见,黄河沙量之多,含沙量之高,在世界大江大河中是绝无仅有的。由于水沙关系严重不协调,导致历史上黄河下游河道淤积严重,洪水泥沙灾害十分严重。

2.水土流失严重,生态环境脆弱

黄河流域水土流失面积为46.5万平方公里,主要集中在黄土高原地区。黄土高原地区总土地面积64.06万平方公里,土质疏松、坡陡沟深、植被稀疏、暴雨集中,水土流失严重,水土流失面积达45.17万平方公里,占流域水土流失总面积的97.1%。侵蚀模数大于8000吨每平方公里每年的极强度水蚀面积8.5万平方公里,占全国同类面积的64%;侵蚀模数大于15000吨每平方公里每年的剧烈水蚀面积3.67万平方公里,占全国同类面积的89%。严重的水土流失不仅造成了黄土高原地区生态环境恶化和人民群众长期生活贫困,制约了经济社会的可持续发展,而且是导致黄河下游河道持续淤积、河床高悬的根源。

黄土高原地区的水土流失,无论侵蚀量还是粗泥沙来量都具有地区分布相对集中的特点。多沙粗沙区面积7.86万平方公里,分布于黄河干流河口镇至龙门区间的黄甫川、窟野河等23条支流及泾河的马莲河和蒲河上游、北洛河的刘家河以上,仅占黄土高原地区水土流失面积的17.4%,但年均输沙量却高达11.82亿吨(1954—1969年系列,下同),占全河同期总沙量的62.8%,其中粒径大于0.05毫米的粗泥沙输沙量高达3.19亿吨,占全河同期粗泥沙量的72.5%。粗泥沙集中来源区面积1.88万平方公里,主要分布于黄河干流河口镇至龙门区间的窟野河、黄甫川、无定河等9条支流,仅占黄土高原地区水土流失面积的4.2%,年均输沙量达4.08亿吨,占全河同期总沙量的21.7%,其中粒径大于0.05毫米的粗泥沙量达1.52亿吨,占全河同期粗沙量的34.5%。

黄河流域具有较丰富的生境类型,沿河形成了各具特色的生物群落。黄河作为连结河源、上中下游及河口等湿地生态单元的“廊道”,是维持河流水生生物和洄游鱼类栖息、繁殖的重要基础。同时由于特殊的地理环境,黄河流域也是我国生态脆弱区分布面积最大、脆弱生态类型最多、生态脆弱性表现最明显的流域之一。

3.土地、矿产资源丰富

黄河流域总土地面积11.9亿亩(含内流区),占全国国土面积的8.3%。流域内共有耕地2.44

亿亩,农村人均耕地3.5亩,约为全国农村人均耕地的1.4倍。流域大部分地区光热资源充足,农业生产发展潜力大,黄淮海平原、汾渭平原、河套灌区是我国的粮食主产区。

流域矿产资源尤其是能源资源十分丰富,煤、稀土、石膏、玻璃用石英岩、铌、铝土矿、钼、耐火粘土等资源具有全国性优势,中游地区的煤炭资源、中下游地区的石油和天然气资源,在全国占有极其重要的地位,已探明煤产地(或井田)685处,保有储量约5500亿吨,占全国煤炭储量的50%左右,预测煤炭资源总储量2万亿吨左右,在保障我国能源安全方面具有十分重要的战略地位。流域水力资源技术可开发装机容量达34741.3兆瓦。

4.历史上洪水灾害突出

水少、沙多、水沙关系不协调的自然特性,造成黄河下游持续淤积抬高,使河道高悬于两岸黄海淮平原之上,现状黄河下游河床高出背河地面4—6米,比两岸平原高出更多,成为淮河和海河流域的分水岭,是举世闻名的"地上悬河"。历史上黄河下游"三年两决口,百年一改道",决溢范围北至天津,南达江淮,纵横25万平方公里,给中华民族带来了沉重的灾难。

在目前地形地物条件下,黄河下游的悬河一旦发生洪水决溢,其洪灾影响范围将涉及冀、鲁、豫、皖、苏五省的24个地(市)所属的110个县(市),总土地面积约12万平方公里,耕地1.12亿亩,人口约9064万人,将造成巨大的经济损失和人民群众大量伤亡,同时大量的铁路、公路及生产生活设施,以及治淮、治海工程、引黄灌排渠系等将遭受毁灭性破坏,泥沙淤积造成河渠淤塞、良田沙化,对经济社会和生态环境造成的灾难影响长期难以恢复。

黄河下游滩区居住着189.5万人,中小洪水频繁漫滩造成滩区群众大量的经济损失,1996年8月花园口站洪峰流量7860立方米/秒,洪水围困了1374个村庄、118.8万人,直接经济损失约40多亿元。

历史上黄河上游河段防洪问题也比较突出,凌汛灾害也十分严重。新中国成立后,刘家峡、龙羊峡水库的建设和上游河段的治理,有效提高了防御洪水的能力。但由于1986年以来进入宁蒙河段的水沙关系恶化,河道淤积抬高、主槽淤积萎缩,行洪输沙能力下降,严重威胁现状河防工程的安全,现状宁蒙河段防凌形势仍很严峻,1990年以来先后发生了6次凌汛堤防决口。2008年3月20日,内蒙古杭锦旗黄河大堤先后发生两处溃堤,造成经济损失达9.35亿元。

5.旱灾严重

历史上黄河流域是旱灾最严重的地区之一。特别是流域西北部的黄土高原地区,由于气候干旱,降雨量仅100—300毫米,蒸发量则高达1000—1400毫米,加上水土流失严重,抗旱能力差,历史上更是十年九旱。

新中国成立以后,党和政府十分重视流域水利工程建设,使流域的抗旱能力得到极大的提高。但黄土高原大部分地区还属"望天收"的状态。近20年来,黄河流域上中游地区多次出现严重旱灾,造成粮食大幅度减产,人民群众饮水十分困难,2000年以来黄河流域几乎连年发生旱灾,如2008年冬季至2009年春季,河南、甘肃、陕西、山西、山东等省(区)黄河流域受干旱影响面积达1.13亿亩。

由于流域属资源性缺水地区,在干旱枯水年水资源供需矛盾十分尖锐,灌区用水受到限制,目前约1000万亩有效灌溉面积的农田不能得到灌溉。

二、经济社会发展概况

(一)经济社会发展现状

黄河流域涉及青海、四川、甘肃、宁夏、内蒙古、陕西、山西、河南和山东9省(区)的66个地(市、州、盟),340个县(市、旗),现状年流域内总人口约11368万人,占全国总人口的8.6%,全流域人口密度为143人/平方公里,高于全国平均值134人/平方公里;其中城镇人口4543万人,城镇化率为40.0%,比全国平均值44.1%略低。流域各地区人口分布不均,70%左右的人口集中在龙门以下地区,而该区域面积仅占全流域的32%左右。

黄河流域及相关地区是我国农业经济开发的重点地区,小麦、棉花、油料、烟叶、畜牧等主要农牧产品在全国占有重要地位,河南、山东、内蒙古等省(区)为全国粮食生产核心区,流域及下游引黄灌区有102个县列入全国粮食主产县,上游青藏高原和内蒙古高原,是我国主要的畜牧业基地,宁蒙河套平原、汾渭盆地、下游引黄灌区是我国的粮食主产区。现状年流域及下游流域外引黄灌区耕地面积为3.04亿亩,占全国的16.6%;农田有效灌溉面积为1.11亿亩,占全国的13.2%;粮食总产量达6685万吨,占全国的13.4%。

新中国成立以来,依托丰富的煤炭、电力、石油和天然气等能源资源及有色金属矿产资源,初步形成了工业门类比较齐全的格局,为流域经济的进一步发展奠定了基础,形成了以包头、太原等城市为中心的全国著名的钢铁生产基地和豫西、晋南等铝生产基地,以山西、内蒙古、宁夏、陕西、河南等省(区)为主的煤炭重化工生产基地,建成了我国著名的中原油田、胜利油田以及长庆和延长油气田,西安、太原、兰州、洛阳等城市机械制造、冶金工业等也有很大发展。近年来,随着国家对煤炭、石油、天然气等能源需求的增加,黄河上中游地区的甘肃陇东、宁夏宁东、内蒙古西部、陕西陕北、山西离柳及晋南等能源基地建设速度加快,带动了区域经济的快速发展,能源、冶金等行业增加值比重上升。现状流域煤炭产量约12亿吨,占全国的47%;火电装机容量约6万兆瓦,占全国8.4%;工业增加值7837亿元,占流域GDP的47.4%,占全国工业增加值的9.1%。

同时流域第三产业发展迅速,特别是交通运输、旅游、服务业等发展速度较快,现状流域第三产业增加值为5933亿元,占流域GDP的35.9%,占全国第三产业增加值的5.9%。

近年来,随着西部大开发、中部崛起等战略的实施,流域经济社会得到快速发展,流域国内生产总值由1980年的916亿元增加至现状年的16527亿元(按2000年不变价计,下同),年均增长率达到11%,特别是2000年以后,年均增长率高达13.1%,高于全国平均水平;人均GDP由1980年的1121元增加到现状年的14538元,增长了10多倍。但由于流域大部分地处我国中西部地区,由于历史、自然条件等原因,经济社会发展相对滞后,现状年黄河流域GDP仅占全国的8%,人均GDP约为全国人均的90%。

(二)经济社会发展布局及发展趋势

根据《全国主体功能区规划》有关国家区域发展战略和黄河流域的资源禀赋,未来黄河流域经济社会发展将形成以下战略格局:在流域西部资源富集地区,推动呼包鄂榆、关中—天水、兰州—西宁、宁夏沿黄经济区的加快发展,建设国家重要能源、战略资源接续地和产业集聚区,重点建设煤炭、电力、石油、天然气等能源重化工基地,大力发展原材料工业,形成以能源和原材料为主导的产业体系,满足国家对能源和原材料的需求,为国家能源安全提供强有力保障;在流域中部和东部地区,重点推进太原城市群、中原经济区、山东半岛蓝色经济区的发展,加快构建沿陇海、沿京广和沿京九经济带,巩固提升能源原材料基地、现代装备制造及高技术产业基地和综合交通运输枢纽地位。

黄河流域未来经济社会发展的重点为:一是发展高效节水农业,形成以黄淮海平原主产区、汾渭平原主产区、河套灌区主产区为主的全国重要的农业生产基地,以上游青藏高原和内蒙古高原为主的畜牧业基地,保障国家粮食安全;二是合理有序开发能源资源和矿产资源,建设山西、鄂尔多斯盆地为重点的能源化工基地,加快西北地区石油、天然气资源的开发,结合西电东送、西气东输等重大工程的建设和上中游水电开发,保障国家能源安全;形成以内蒙古、陕西、甘肃为重点的稀土生产基地,以山西、河南为重点的铝土资源开发基地;三是充分重视流域加工工业的发展,加强资源的深加工,强化流域的综合经济功能,变资源优势为经济优势,带动流域经济社会的又好又快发展;四是对青藏高原东缘地区、秦巴山—六盘山区以及其他集中连片的特殊困难地区,继续实施扶持革命老区发展的政策措施,实施扶贫开发攻坚工程,加大以工代赈和易地扶贫搬迁力度。

随着推进新一轮西部大开发、大力促进中部地区崛起、积极支持东部地区率先发展等国家区域发展战略的实施,黄河流域经济社会仍将以高于全国平均水平的速度发展。根据国家宏观经济发展战略和黄河流域经济社会发展布局,预计2008—2030年黄河流域GDP将以6.9%的年均增长率稳步发展,同时产业结构也逐步优化,第一产业占国民经济的比重由现状的9%逐步下降到2030年的5%左右;第二产业比重由2020年前的55%左右逐步下降到2030年的53%左右,其中煤炭、电力、冶金、化工、建材等行业仍将是黄河流域的主导产业和支柱产业;第三产业比重逐步由现状的36%逐步增加到2030年的42%左右。

(三)经济社会发展对黄河治理开发与保护的要求

水利是经济社会发展的重要基础设施,是生态文明建设、改善和保障民生的重要支撑。从国家和流域经济社会持续快速发展与生态文明建设的需求分析,必须进一步加强黄河治理开发保护与管理,实现水资源的可持续利用,保障流域防洪安全、供水安全、饮水安全、生态安全乃至全国的能源安全和粮食安全,支撑流域及相关地区经济社会又好又快发展。

一是要构建完善的水沙调控体系和防洪减灾体系,科学管理洪水,改善水沙关系,尽量遏制河道淤积抬高,确保黄河下游、宁蒙河段和其他重要城镇防洪河段的防洪防凌安全;进行滩区综合治理,协调黄河下游滩区滞洪沉沙和人民群众生活、生产之间的矛盾,促进人水和谐。

二是要按照建设资源节约型、环境友好型社会的要求,实行最严格的水资源管理,加强水资源和水生态保护,积极推进跨流域调水工程的建设,增强水资源保障能力,构建水资源合理配置和高效利用体系,合理配置水资源,维持黄河健康生命,保障流域及相关地区的供水安全和饮水安全,为保障国家能源安全、粮食安全创造条件。

三是要加强水土保持生态环境建设,不仅考虑黄河治理开发的要求,减少黄河粗泥沙,同时,要考虑当地经济社会发展的要求,把人民群众的切身利益落到实处,通过综合治理措施改土、保水,改善人民群众的生活、生产条件。按照建设生态文明的要求,加强生态环境保护,保障河流生态环境用水,为保障流域生态安全创造条件。

四是要逐步完善流域管理体制机制和政策法规体系,加强科技支撑能力建设,提高流域公共服务和社会管理水平,协调解决好流域经济发展和治理开发保护之间、区域之间和部门之间的各种水事矛盾。

第二章 治理开发保护与管理现状

一、治理开发与保护成就

新中国成立以来,在历次流域综合规划的指导下,黄河治理开发与保护取得了辉煌成就,极大地支持了流域及相关地区的经济社会的快速发展。

(一)下游防洪工程体系基本建成,防洪能力显著提高

经过60余年坚持不懈的治理,在中游干支流上建成了三门峡水利枢纽、陆浑水库、故县水库和小浪底水利枢纽,对下游两岸1371.2公里的临黄大堤先后进行了四次加高培厚,进行了放淤固堤,开展了标准化堤防工程建设,开辟了北金堤、东平湖滞洪区、大功分洪区及齐河、垦利展宽区等分滞洪工程,基本形成了以中游干支流水库、下游河防工程和蓄滞洪区工程为主体的“上拦下排、两岸分滞”的下游防洪工程体系,加强了水文测报、洪水调度、通信、防汛抢险、防洪政策法规等防洪非工程措施和群防体系建设及下游滩区安全建设。依靠这些防洪措施和沿黄广大军民的严密防守,战胜了花园口站1958年22300立方米/秒、1982年15300立方米/秒等12次超过10000立方米/秒的大洪水,彻底扭转了历史上黄河下游频繁决口改道的险恶局面,取得了连续60多年伏秋大汛堤防不决口的辉煌成就,保障了黄淮海平原12万平方公里防洪保护区的安全和稳定发展。经过几十年的不断探索和实践,逐步形成了“拦、排、放、调、挖”处理和利用泥沙的基本思路。通过水土保持减沙、骨干水库拦沙、小北干流放淤、挖河固堤等,减少了进入黄河下游的泥沙。2002年以来,连续进行了以小浪底水库为核心的调水调沙,通过小浪底水库拦沙和调水调沙,下游河道累计冲刷18.15亿吨(截至2010年4月底),逐步恢复了河道主槽排洪输沙功能,河道最小平滩流量由2002年汛前的1800立方米/秒提高到2010年的4000立方米/秒左右。

上游建成了龙羊峡和刘家峡水库,对保障兰州市的防洪安全和减轻宁蒙平原河道的凌汛威胁发挥了重要作用;宁蒙河段、中游禹门口至三门峡大坝河段、沁河下游、渭河下游及其他支流修建了大量的堤防、护岸工程,在保障两岸地区防洪安全方面发挥了重要作用。

(二)水资源开发利用促进了流域及相关地区经济社会发展

流域内已建成蓄水工程19025座,总库容715.98亿立方米,引水工程12852处,提水工程22338处,机电井60.32万眼,集雨工程224.49万处,在黄河下游兴建了向两岸海河、淮河平原地区供水的引黄涵闸96座,提水站31座。黄河流域及相关地区灌溉面积1.2亿亩,其中流域及下游引黄地区农田灌溉面积由1950年的1200万亩发展到现状的1.1亿亩(流域外0.33亿亩),在占耕地1/3的农田灌溉面积上,生产了2/3的粮食和大部分经济作物。作为我国西北、华北的重要水源,黄河以其占全国河川径流2%的有限水资源,为占全国12%的人口、13%的粮食产量、14%的GDP及50多座大中城市、420个县(旗)城镇以及晋陕宁蒙地区能源基地、中原和胜利油田提供了水源保障,解决了农村近3000万人的饮水困难,改善了部分地区的生态环境,引黄济青为青岛市的经济发展创造了条件,引黄济津缓解了天津市严重缺水的局面,在保障流域及相关地区供水安全和饮水安全、改善区域生态环境等方面发挥了重要作用,促进了相关地区的经济社会发展。

黄河干流已建、在建的水利枢纽和水电站工程有龙羊峡、拉西瓦、李家峡、公伯峡、刘家峡、积石

峡、万家寨、三门峡、小浪底等共28座,发电总装机容量19042兆瓦,年平均发电量636.9亿千瓦时,分别占黄河干流可开发水电装机容量和年发电量的62.2%和60.4%,全流域已建、在建水电站总装机容量21471兆瓦,占流域技术可开发量的61%。干流水电工程累计发电约5500亿千瓦时。水利水电工程建设对促进流域经济社会发展和治理黄河都起到了很好的作用,发挥了巨大的综合效益。

(三)黄土高原地区水土流失防治取得了初步成效

截至现状年年底,累计治理水土流失面积22.56万平方公里,其中修建梯田555.47万公顷,营造水土保持林984.36万公顷、经济林207.14万公顷,人工种草367.02万公顷,封禁治理141.99万公顷。建成淤地坝9万多座,以及大量的小型蓄水保土工程。水利水保措施的实施,年平均减少入黄泥沙3.5亿—4.5亿吨,为确保黄河安澜作出了重要贡献;使局部地区的水土流失、土地沙化和草原退化得到了遏制,改善了当地生态环境和人民群众的生活生产条件,促进了农村经济发展和新农村建设,取得了显著的经济、生态和社会效益。

(四)水资源和水生态保护工作逐步得到重视和加强

流域内大中城市污水处理设施建设力度加大,中游地区建成污水处理厂25座,处理能力217万吨/日。流域内大中城市污水处理厂的建设以及水功能区监督管理能力增强,使污水处理率有所提高,水质有所改善;水生态保护力度加大,国家有关部门在流域重点区域建立湿地、水产种质资源等各级保护区40余个,使黄河源区水源涵养功能和生物多样性、河流生态系统功能在一定程度上得到改善。1999年以来黄河实施水量统一调度,保障了黄河干流至今没再发生过不断流,增加了河道基流及入海水量,一定程度上改善了河流生态系统功能和水环境质量,尤其是黄河河口三角洲湿地萎缩趋势得到遏制,鸟类和鱼类的种类及数量增加,生态系统有所修复。

(五)流域综合管理和科技支撑能力有所增强

基本建立了流域管理与区域管理相结合的管理体制,流域水行政管理职能得到了扩充和加强,管理能力进一步提高,涉水法律法规逐步完善,流域管理和公共服务水平得到进一步提升。水沙监测与预测预报体系初步建立,进行了"数字黄河"、"模型黄河"工程建设,进一步提高了科技支撑能力。

二、存在的主要问题

黄河特殊的河情,决定了黄河治理开发与保护的长期性、艰巨性和复杂性,且随着经济社会的持续发展,国家区域发展战略的实施,流域经济社会发展对防洪安全、供水安全等提出了新的更高的保障要求。当前及今后一段时期,黄河治理开发与保护将面临如下主要问题。

(一)黄河防洪防凌形势依然严峻

一是下游洪水泥沙威胁依然存在。黄河下游是世界闻名的"地上悬河",20世纪80年代中期以来,受来水来沙条件、生产堤等因素影响,下游河道的泥沙淤积70%集中在主槽内,造成槽高、滩低、堤根洼的"二级悬河"态势,增加了主流顶冲堤防、产生顺堤行洪甚至发生滚河的可能性,严重威胁黄河下游防洪安全。小浪底水库运用后,使进入下游的稀遇洪水得到有效控制,通过水库拦沙和调水调沙遏制了河道淤积,河道最小平滩流量由1800立方米/秒提高到目前的4000立方米/秒。但在小浪底水库拦沙库容淤满后,若无后续控制性骨干工程,黄河下游河道复将严重淤积抬高,已形成的中水河槽将难以维持,河防工程的防洪能力将随之降低。同时目前下游标准化堤防建设尚未全部完成,河道整治工程尚不完善,"二级悬河"态势十分严峻;东平湖滞洪区安全建设等遗留问题较多;下游滩区滞洪沉沙与群众生活生产、经济社会发展矛盾突出,已成为黄河下游治理的瓶颈。

二是宁蒙河段防凌问题突出。刘家峡水库建成后,通过控制凌汛期进入内蒙古河段的流量过程,使宁蒙河段开河期凌汛灾害有所减少,但流凌封河期的凌汛灾害还时有发生,特别是1986年以来,由于水沙关系恶化导致河道主槽严重淤积,再加上河防工程不完善,宁蒙河段防凌防洪形势十分严峻,已先后发生了6次凌汛堤防决口。

三是中游干流河道治理及主要支流防洪工程仍不完善,病险水库除险加固任务尚未完成,城市防洪设施薄弱,中小河流治理和山洪灾害防治工作亟待加强。

(二)水资源供需矛盾十分尖锐

一是现状水资源利用已超过了黄河水资源的承载能力。1995—2007年黄河河川天然年径流量约424.7亿立方米,年平均消耗量约300亿立方米,消耗率超过70%,超过了黄河水资源的承载能力。现状地下水开采量约140亿立方米,部分地区地下水超采严重,浅层地下水超采量及深层地下水开采量约22亿立方米,太原、西安等地区形成降落漏斗,引起一系列环境地质问题。

二是水资源短缺严重制约着经济社会的持续发展。现状全流域总缺水量约95亿立方米,严重制约着经济社会的持续发展,随着经济社会尤其是能源基地的快速发展,2020年、2030年流域内国民经济总缺水量分别为106.5亿立方米、138.4亿立方米,在没有外流域调水的情况下,水资源供需矛盾将更加尖锐。

三是生产用水严重挤占河道内生态环境用水,严重威胁河流健康。生态环境用水不足使河道淤积萎缩严重、河口生态功能退化、入海河口及临近海域局部范围海水盐度升高;部分支流断流情况严重,生态环境恶化。

四是用水效率偏低。部分灌区渠系老化失修、工程配套较差、灌水技术落后、用水管理粗放,工业用水效率和中水回用率低,与国内外先进水平差距较大。

(三)水土流失防治任务依然艰巨

经过多年的治理,黄土高原局部地区生态环境得到了改善,但水土流失面广量大,防治任务依然艰巨,生态恶化的趋势尚未得到有效遏制。目前,还有一半以上的水土流失面积没有治理,且未治理部分水土流失强度大、自然条件更加恶劣,治理难度更大。尤其是黄河中游多沙粗沙区治理进展缓慢,生态环境改善和减沙效果不明显,对黄河下游防洪和人民生命财产安全构成严重威胁。受投资和自然条件的限制,已初步治理的水土流失区侵蚀模数仍普遍高于轻度侵蚀标准,有待进一步完善、配套和提高。资源开发与生态环境保护的矛盾依然尖锐,开矿、修路等开发建设项目造成的人为水土流失十分突出;陡坡开荒、毁林毁草、破坏天然植被现象时有发生,预防保护与监督的任务十分繁重。覆盖水土流失区的监测网络体系还未形成,监测能力不足,难以开展有效的监测。

(四)水污染防治和水生态环境保护任重道远

黄河流域废污水入河量33.76亿立方米,黄河以其占全国2%的水资源,承纳了全国约6%的废污水和7%的COD排放量,干流及主要支流的功能区水质达标率仅有48.6%,流域水污染形势严峻,随着流域经济社会用水需求不断增长,水环境压力将越来越大;流域水功能区监管薄弱,流域和地方各级相关部门水质监测能力不足,流域水功能区监管机制不健全,存在"违法成本低,守法成本高"的现象。流域经济社会发展同生态保护的矛盾日渐突出,河流生态用水不足、水污染、河流阻隔等因素造成湿地萎缩、水生物生境破坏,水源涵养、生物多样性等生态功能下降。

(五)水沙调控体系不完善

由于目前黄河水沙调控体系尚不完善,龙羊峡、刘家峡水库汛期大量蓄水带来的负面影响难以消除,造成宁蒙河道淤积加重、主槽严重萎缩,对中下游水沙关系也造成不利影响;小浪底水库调水调沙后续动力不足,不能充分发挥水流的输沙功能,影响水库拦沙库容的使用寿命,在小浪底水库拦沙库容淤满后,高含沙小洪水出现的几率将大幅度增加,下游河道主槽仍会严重淤积,水库拦沙期塑造的中水河槽将难以长期维持。

(六)流域综合管理相对薄弱

黄河流域管理与区域管理相结合的管理体制及运行机制还不完善,对控制性骨干水利枢纽的管理还不适应全河水沙调控的要求。流域联合治污机制尚不完善。缺乏规范黄河治理开发保护与管理的专门法律法规,滩区洪水淹没补偿政策、流域生态补偿政策等缺位。流域管理的执法能力、监督监测能力和科技支撑能力还很薄弱。

三、主要认识

在长期治黄的过程中,经过实践—认识—再实践—再认识的不断探索,逐步加深了对黄河特殊性、规律性、重要性以及治黄理念的认识。

一是要充分估计黄河治理开发与保护的长期性、艰巨性和复杂性;

二是黄河治理开发与保护不仅关系到流域及相关地区的防洪安全、供水安全、生态安全,而且关系到国家安全、经济安全、能源安全和粮食安全;

三是黄河治理开发既要支撑经济社会的可持续发展,又要考虑维持黄河健康生命的约束;

四是"增水、减沙,调控水沙"是解决黄河根本问题的有效途径;

五是黄河治理开发与保护要坚持依法治水,加强流域综合管理,提高科技支撑能力;

六是黄河治理开发与保护要遵循自然规律和经济规律。

第三章　总体规划

一、指导思想和规划原则

(一)指导思想

以科学发展观为指导,认真贯彻落实《中共中央 国务院关于加快水利改革发展的决定》精神,坚持人水和谐的理念,把推动民生水利新发展放在首要位置,把严格水资源管理作为加快转变经济发展方式的战略举措,全面规划、统筹兼顾、标本兼治、综合治理。针对黄河水沙特点和存在的主要问题,以增水、减沙、调控水沙为核心,以保障流域及相关地区的防洪安全、供水安全、粮食安全、生态安全为重点,加强水资源合理配置和保护,实行最严格的水资源管理制度,加快建设节水型社会,强化流域综合管理,维持黄河健康生命,支撑流域及相关地区经济社会的可持续发展。

(二)规划原则

一是坚持以人为本,民生优先;

二是坚持统筹兼顾,流域与区域相结合;

三是坚持人水和谐,维持黄河健康生命;

四是坚持水沙兼治,治水治沙并重;

五是坚持工程措施与非工程措施并重;

六是坚持因地制宜,突出重点;

七是坚持改革创新。

二、治理开发与保护的主要任务

根据黄河流域自然资源特点、战略地位、国家和区域经济社会发展要求,今后黄河治理开发与保护的主要任务是:进一步提高防洪能力,确保黄河防洪防凌安全;加强黄土高原水土流失区特别是多沙粗沙区的综合治理,多途径处理和利用泥沙,协调水沙关系,减轻河道淤积;合理开发、优化配置、全面节约、有效保护水资源,实施跨流域向黄河调水,缓解水资源供需矛盾,改善水生态环境,合理开发利用水力、水运资源;完善非工程措施,提高流域综合管理能力;维持黄河健康生命,支持流域及相关地区经济社会可持续发展。

(一)上游河段治理开发保护任务

龙羊峡以上河段是黄河径流的主要来源区,是我国三江源保护区的重要组成部分,以生态环境保护与水源涵养以及当地供水为主,在加强生态保护的基础上合理有序开发水电资源。

龙羊峡至黑山峡河段以水资源合理配置、发电和防洪等综合利用,承担全河水量的多年调节,控制洪水保障重点城镇河段防洪安全,开发水力资源;黑山峡河段可规划赋予协调水沙关系、防凌防洪、全河水资源合理配置、供水和发电等任务,下阶段应在科学论证、综合比选的基础上合理确定开发任务。

下河沿至河口镇河段两岸是我国重要的能源重化工基地和农业主产区,以防凌防洪、供水、灌溉为主,兼顾发电,即进一步完善河防工程体系,加强十大孔兑治理,为能源基地、城镇生活和工业、农业灌溉供水,加强节约用水和水污染治理,促进水资源合理高效利用,在峡谷河段合理开发水力资源。

(二)中游河段治理开发保护任务

河口镇至禹门口河段以防洪减淤为主,兼顾发电、供水和灌溉等综合利用,即加强多沙粗沙区的水土流失综合治理,在支流上建设拦沙工程体系,在干流建设骨干水库拦减黄河泥沙特别是粗泥沙,控制洪水、调控水沙,减轻中下游河道淤积,合理开发水力资源,为两岸能源基地、城镇生活、工业及农业供水。

禹门口至潼关河段应利用滩区放淤处理泥沙,加强河道治理,为城市、工业和灌区供水。

潼关至桃花峪河段以防洪减淤为主,兼顾供水、灌溉和水力发电等综合利用,即利用骨干水库科学管理洪水,联合调控进入黄河下游的水沙,减轻下游河道淤积、长期维持中水河槽行洪输沙功能,为保障黄河下游防洪安全创造条件,为下游两岸城镇生活和工业供水、农业灌溉调节水量,合理开发水力资源。

(三)下游河段治理开发保护任务

黄河下游以防洪、处理泥沙、供水为主,进一步完善河防工程体系,加强滩区综合治理和蓄滞洪区安全建设,保障两岸防洪保护区的防洪防凌安全,向两岸地区供水、灌溉;河口河段,应加强综合治理,为黄河三角洲高效生态经济区发展创造条件。

三、规划目标

现状水平年原则上以2007年为准;近期规划水平年为2020年,远期规划水平年为2030年。对泥沙问题、下游河道治理等战略问题进行较长时期的展望。黄河治理开发与保护的长远目标是,维持黄河健康生命,谋求黄河长治久安,支撑流域及相关地区经济社会可持续发展。

(一)近期目标(2020年)

初步建成黄河下游防洪减淤工程体系,基本完成下游标准化堤防建设,基本控制洪水,确保防御花园口洪峰流量22000立方米/秒堤防不决口;初步控制游荡性河段河势,维持下游4000立方米/秒左右的中水河槽;初步完成东平湖滞洪区工程加固和安全建设,加强下游"二级悬河"治理,搞好滩区安全建设,建立滩区运用补偿政策。搞好黄河河口综合治理。

进一步完善水沙调控体系,优化工程调度运用方式,增强水沙调控能力。基本完成粗泥沙集中来源区拦沙工程建设,有效拦减入黄粗泥沙。宁蒙河段及干流其他重点防洪河段和主要支流重点防洪河段及重要城市防洪基本达到设防标准。完成中小河流重要河段治理、病险水库除险加固和山洪地质灾害易发区预警预报系统建设。

基本建成水资源合理配置和高效利用体系,全面保障城乡居民饮水安全,基本保障城镇、重要工业的供水安全,节水型社会建设初见成效;灌溉水利用系数由现状的0.49提高到0.56,流域节水工程灌溉面积占有效灌溉面积的75%以上,万元工业增加值取水量比现状年降低50%左右;适当增加农田有效灌溉面积,提高国家粮食安全和主要农产品供给的保障能力;构建与流域经济社会发展相适应的抗旱减灾体系;搞好南水北调西线等跨流域调水工程前期工作,初步建成引汉济渭工程,使局部地区缺水有所缓解。

基本建成水资源和水生态保护体系,饮用水水源地水质全面达标,黄河干流等重要水功能区水质达到或优于Ⅲ类,重要支流水质达到或优于Ⅳ类;地下水超采基本遏制,各功能区地下水水质基本达到目标要求;干流重要控制断面生态环境水量基本保证,流域水生态系统恶化趋势基本遏制。开展水土流失综合治理面积16.25万平方公里,多沙粗沙区、十大孔兑等重点区域水土流失得到有效治理,水利水保措施年均减少入黄泥沙达到5亿—5.5亿吨,初步建立水土流失监测和评价体系。

健全流域管理与区域管理相结合的体制及运行机制,进一步完善政策法规体系,基本建成水沙监测与预测预报体系、"数字黄河"工程、"模型黄河"工程,提高流域综合管理能力和公共服务水平。

(二)远期目标(2030年)

基本建成黄河下游防洪减淤体系和水沙调控体系,有效控制和科学管理洪水,保障滩区群众生命财产安全;上中游干流、主要支流河防工程达到设防标准,重要城市防洪全部达到国家规定的防洪标准;基本完成多沙粗沙区拦沙工程建设。节水型社会建设大见成效,万元工业增加值用水量比2020年降低40%以上,灌溉水利用系数提高到0.61,流域工程节水灌溉面积占有效灌溉面积的比例达到90%;完善流域抗旱减灾体系;适时推进南水北调西线工程建设,初步缓解水资源供需矛盾。流域水功能区全部达到水质目标要求,黄河重要水生态保护目标的生态环境用水基本保证。适宜治理的水土流失区得到初步治理,水利水保措施年均减少入黄泥沙达到6亿—6.5亿吨,水土保持预防监督管理体系和监测网络更趋完善。进一步完善流域管理与区域管理相结合的体制及运行机制,基本实现流域综合管理现代化。

四、主要控制性指标

为了规范流域的开发利用活动、控制开发强度,为实施全流域综合管理提供依据,《规划》重点确定了防洪(防凌)标准、设防流量、防凌库容、平滩流量、地表水用水量、地表水耗水量、地下水开采量、万元工业增加值用水量、大中型灌区灌溉水利用系数、水质目标、COD入河量、氨氮入河量、河道内生态环境用水量和断面下泄水量等14项控制指标,作为经济社会发展活动不可逾越的“红线”。

黄河下游堤防按防御花园口22000立方米/秒的洪水标准设防,平滩流量4000立方米/秒左右,防凌库容控制在35亿立方米以上;宁蒙河段设防流量为5620—5900立方米/秒,南水北调西线工程生效前防凌库容不小于40亿立方米;渭河下游设防流量为8530—10300立方米/秒;沁河下游设防流量4000立方米/秒。

至南水北调西线一期工程生效前,黄河流域地表水用水量不得超过401.7亿立方米,地表水消耗量控制在332.8亿立方米以内,地下水开采量控制在123.7亿立方米以内,万元工业增加值用水量降低到53立方米以下,大中型灌区灌溉水利用系数提高到0.56以上;利津断面多年平均下泄水量控制在187亿立方米以上,头道拐断面多年平均生态环境用水量不少于200亿立方米。

按照有关技术规程规范,在核定水功能区水域纳污能力基础上,确定各水平年黄河流域水功能区主要污染物COD、氨氮的限制排污总量意见,作为水资源保护和水污染防治工作的依据。

五、总体布局

黄河“水少、沙多,水沙关系不协调”,生态环境脆弱。通过长期不懈的努力,黄土高原适宜治理的水土流失面积得到有效治理,但仍有大量的泥沙进入黄河。随着经济社会的持续发展和气候变化,进入黄河下游的水量还将进一步减少,“水少、沙多,水沙关系不协调”的局面将长期存在。治理开发黄河必须立足于这个基本的估计,努力增水、减沙,调控水沙。通过建设骨干水利枢纽,利用拦沙库容拦减泥沙,实施小北干流及其他滩区放淤,减少进入下游河道泥沙;通过强化节水和实施跨流域调水,有效增加黄河水资源量,基本保障经济社会发展和生态环境用水需求,实现河流生态系统良性循环;黄河下游河道治理以“宽河固堤”格局为基本方案,形成完善的河防工程体系,保持中水河槽排洪输沙功能,使洪水泥沙安全排泄入海;利用完善的黄河水沙调控体系联合运用,科学管理洪水,优化配置水资源,协调水沙关系,控制河道淤积,维持黄河健康生命,谋求黄河长治久安。

为实现黄河治理开发与保护的总体目标,需构建完善的水沙调控体系、防洪减淤体系、水土流失综合防治体系、水资源合理配置和高效利用体系、水资源和水生态保护以及流域综合管理等六大体系。其中水沙调控体系是防洪减淤体系、水资源合理配置和高效利用体系的核心,也与水土流失综合防治体系、水资源和水生态保护体系、流域综合管理体系密切相关,是黄河治理开发与管理总体布局的关键。

第四章　黄河水沙调控体系规划

建设完善的黄河水沙调控体系,是控制和管理洪水、协调水沙关系、合理配置水资源的关键手段,对维持黄河健康生命、支持流域经济社会可持续发展具有至关重要的作用。

一、构建水沙调控体系的主要任务

一是科学控制、利用和塑造洪水,协调水沙关系,为防洪、防凌安全提供重要保障,即有效控制大洪水,削减洪峰流量,减轻黄河洪水威胁;合理利用中常洪水,联合调水调沙,减轻河道淤积,塑造和维持中水河槽;联合调控塑造人工洪水过程,防止河道主槽萎缩,维持水库长期有效库容和中水河槽;有效调节凌汛期流量,减少河道槽蓄水增量,减轻防凌压力;

二是充分利用骨干水库的拦沙库容拦蓄泥沙,特别是拦蓄对下游河道淤积危害最大的粗泥沙;

三是合理配置和优化调度水资源,确保河道不断流,保障输沙用水和生态用水,保障生活、生产供水安全。

二、水沙调控体系布局

黄河水沙调控体系由工程体系和非工程体系组成。

(一)水沙调控工程体系

以干流的龙羊峡、刘家峡、黑山峡、碛口、古贤、三门峡、小浪底等骨干水利枢纽为主体,以干流的海勃湾、万家寨水库及支流的陆浑、故县、河口村、东庄等控制性水库为补充,共同构成完善的水沙调控工程体系。

龙羊峡、刘家峡、黑山峡和海勃湾水利枢纽构成上游调控子体系。上游调控子体系以水量调节为主,主要任务是对黄河水资源和南水北调西线入黄水量进行合理配置,为保障流域的供水安全创造条件,协调进入宁蒙河段的水沙关系,长期维持宁蒙河段中水河槽,保障宁蒙河段的防凌、防洪安全及上游其他沿河城镇防洪安全,为上游城市工业、能源基地和农业发展供水,提高上游梯级发电效益,并配合中游骨干水库调控水沙。

碛口、古贤、三门峡、小浪底和万家寨、陆浑、故县、河口村、东庄等水利枢纽构成中游调控子体系。中游调控子体系以调控洪水泥沙为主,主要任务是科学管理洪水,拦沙和联合调控水沙,减少黄河下游泥沙淤积,长期维持中水河槽行洪输沙功能,为保障黄河下游防洪(防凌)安全创造条件,调节径流为中游能源基地和中下游城市、工业、农业发展供水,合理利用水力资源。

(二)水沙调控非工程体系

以水沙监测、水沙预报和水库调度决策支持系统等构成黄河水沙调控非工程体系,为黄河水沙联合调度提供技术支撑。

水沙监测体系主要承担水沙调控体系调度运行需要的气象、径流、洪水、泥沙、凌情、河道冲淤变化等信息的监测任务。

水沙预报系统包括洪水、泥沙、径流、冰凌等预报模型,根据水沙监测体系观测数据,对面临时段和未来一段时期的水量、流量、含沙量、洪水等进行预报,为制定水沙调控体系调度运行方案供依据。

水库调度决策支持系统是做好水沙调控体系调度运行的关键，由防洪防凌调度系统、水资源配置和统一调度系统、调水调沙调度系统，可视化的调度决策会商系统及应用服务平台等构成。

三、水沙调控体系联合运用机制

（一）上游调控子体系联合运用机制

根据黄河径流年内、年际变化大的特点，为了确保黄河枯水年不断流、保障沿黄城市和工农业供水安全，龙羊峡、刘家峡水库联合对黄河水量和南水北调西线入黄水量进行多年调节，以丰补枯，增加黄河枯水年特别是连续枯水年的水资源供给能力，提高梯级发电效益。黑山峡水库主要对上游梯级电站下泄水量进行反调节，改善宁蒙河段水沙关系，消除龙羊峡、刘家峡水库汛期大量蓄水运用对宁蒙河段造成的不利影响，并调控凌汛期流量，保障宁蒙河段防凌安全，调节径流，为宁蒙河段工农业和生态灌区适时供水。海勃湾水利枢纽主要配合上游骨干水库防凌运用，在汛期配合上游骨干水库调水调沙运用。

在黑山峡水库建成以前，刘家峡与龙羊峡水库联合调控凌汛期流量，保障宁蒙河段防凌安全，调节径流为宁蒙灌区工农业供水；同时要合理优化汛期水库运用方式，适度减少汛期蓄水量，恢复有利于宁蒙河段输沙的洪水流量过程，改变目前宁蒙河段主槽淤积萎缩的不利局面。

（二）中游调控子体系联合运用机制

中游调控子体系联合运用，一是联合管理黄河洪水，在黄河发生特大洪水时，合理削减洪峰流量，保障黄河下游防洪安全；在黄河发生中常洪水时，联合对中游高含沙洪水过程进行调控，充分发挥水流的挟沙能力，输沙入海，减少河道主槽淤积，并为中下游滩区放淤塑造合适的水沙条件；在黄河较长时期没有发生洪水时，为了防止河道主槽淤积萎缩，联合调节水量塑造人工洪水过程，维持中水河槽的行洪输沙能力。二是水库联合拦粗排细运用，尽量拦蓄对河道泥沙淤积危害最为严重的粗泥沙；三是联合调节径流，发挥供水和发电等综合利用效益，保障黄河下游防凌安全。

在古贤水库建成以前，主要以小浪底水库为主进行干支流骨干工程联合调水调沙运用，中游万家寨、三门峡水库以及支流水库配合运用。

（三）上游子体系和中游子体系联合运用机制

黄河水沙异源的自然特点，决定了上游调控子体系必须与中游调控子体系有机地联合运用，构成完整的水沙调控体系。上游子体系根据黄河水资源配置要求，合理安排汛期下泄水量和过程，为中游子体系联合调水调沙提供水流动力条件；当中游水库需要冲刷排沙、恢复库容时，上游子体系大流量下泄，形成适合于河道输沙的水沙过程；中游子体系对上游子体系下泄的水沙过程、河道冲淤调整出来的泥沙及区间来水来沙过程进行再调节，形成有利于下游河道输沙的水沙过程，减轻水库及下游河道淤积。

（四）支流水库配合干流水库运用机制

支流的故县、陆浑、河口村、东庄等水库，主要是配合干流骨干工程调控水沙。故县、陆浑、河口村水库控制了黄河中游的清水来源区，根据洪水管理要求，有效削减进入黄河下游的洪峰流量；对汛期水量进行调节，根据黄河干流骨干水库水沙调控的调度运用要求，适时泄放大流量过程，实现清水流量与干流高含沙水流的合理对接，充分发挥水流的输沙能力。东庄水库主要配合中游骨干水库拦沙和调控水沙，减轻渭河及黄河下游河道淤积。

四、待建工程建设时机

目前已建成干流的龙羊峡、刘家峡、三门峡和小浪底4座控制性骨干工程和支流的陆浑、故县水利枢纽,构成了黄河水沙调控体系的基础。由于黄河水沙调控体系尚未构建完成,现状工程运用还存在较大的局限性,而且潼关高程居高不下、渭河干流下游淤积严重,同时宁蒙河段水沙关系恶化、主槽淤积萎缩,防凌形势十分严峻。为此,要进一步完善黄河水沙调控体系,通过水库拦沙和联合调控水沙,实现"拦"、"调"、"排"有机结合,协调黄河水沙关系,保障黄河防洪安全和供水安全。

根据黄河治理开发和经济社会发展的需求,为充分延长小浪底水库拦沙运用年限,减轻黄河下游河道淤积、维持中水河槽、保障下游防洪安全,降低潼关高程、减轻渭河下游洪水威胁,迫切需要尽快建设古贤水利枢纽。近期要深化古贤水利枢纽的前期工作,争取在"十二五"期间立项建设,2020年前后建成生效,初步形成黄河中游洪水泥沙调控子体系。

从保障内蒙古河段防凌安全、改善宁蒙河段水沙关系、附近地区经济社会发展供水需求等方面分析,需要建设黑山峡河段工程,完善黄河上游水量调控子体系。黑山峡河段开发的前期工作已经具备一定基础,但仍存在重大分歧。应进一步协调开发与保护的关系,对黑山峡河段开发方案进行科学论证,审慎决策,根据维持黄河健康生命和促进经济社会发展的要求,研究确定其合理的开发时机。

做好上游干流海勃湾水库、沁河河口村水库的工程建设工作,加强渭河东庄水利枢纽前期工作,力争2020年建成生效。加强碛口水利枢纽前期工作,做好重大关键技术问题研究,促进立项建设。

第五章　防洪减淤规划

按照"上拦下排、两岸分滞"调控洪水、"拦、调、排、放、挖"综合处理和利用泥沙的基本思路,"控制、利用、塑造"管理洪水,协调水沙关系,减轻河道淤积,维持中水河槽,保障防洪安全。进一步完善以河防工程为基础,水沙调控体系为核心,多沙粗沙区拦沙工程、放淤工程、分滞洪工程等相结合的防洪减淤工程体系,辅以防汛抗旱指挥系统、防洪调度和洪水风险管理等非工程措施,构建较为完善的防洪减淤体系。

一、泥沙处理和利用

(一)处理和利用黄河泥沙的主要措施及布局

处理和利用黄河泥沙,应坚持"拦、调、排、放、挖"等多种措施综合治理。一是坚持不懈地在上中游地区开展水土保持,特别是在多沙粗沙区建设拦沙工程,拦减进入黄河的泥沙;二是修建必要的干支流骨干工程,利用骨干水库的拦沙库容合理拦减黄河泥沙;进行黄河下游河道治理,有计划安排入海流路,从外流域调水,在黄河下游堤防、河道整治工程约束下,利用骨干水库联合调节水沙过程,使之适应河道的输沙特性,塑造合适的河槽形态,将进入下游河道的泥沙尽可能多地排送入海;三是在小北干流、温孟滩及内蒙古河段的十大孔兑修建放淤工程,减少进入其下游河道的泥沙,利用下游滩区放淤处理泥沙,进一步减少下游河道淤积;四是结合引黄供水处理一部分泥沙,结合淤背、低洼地改造、建筑材料等泥沙利用，以及对泥沙淤积严重和其他措施作用较小的冲积性河道，挖河疏浚，减少河道淤积，维持河槽过流能力。

2020 年、2030 年水平，水利水保工程减少入黄泥沙分别达到 5 亿—5.5 亿吨、6 亿—6.5 亿吨，通过各种措施综合处理和利用泥沙，使下游河槽不淤积，维持 4000 立方米/秒的中水河槽。

（二）多沙粗沙区拦沙工程

以支流为骨架，以小流域为单元，以中型拦沙坝为主，干、支、毛沟合理布局。在每条小流域，按照控制面积 3 平方公里左右，合理布设中型拦沙坝；在中型拦沙坝无法控制的干支沟，合理布设大型拦沙坝。到 2030 年建成较为完善的多沙粗沙区沟道拦沙工程体系，共建设拦沙坝 7065 座。近期安排建设拦沙坝 4238 座，其中粗泥沙集中来源区安排大型拦沙坝 10 座、中型拦沙坝 1827 座，主要分布在黄甫川、孤山川、窟野河、秃尾河、无定河等 10 条支流（片）。多沙粗沙区拦沙工程安排见表 5-1。

表 5-1　黄河中游多沙粗沙区拦沙坝建设安排表

单位：座

支流（片）	近期									远期		
	粗泥沙集中来源区			其他区域			合计					
	大型	中型	小计	大型	中型	小计	大型	中型	小计	大型	中型	小计
浑　河			0		97	97		97	97		65	65
杨家川			0		41	41		41	41		28	28
偏关河			0		60	60		60	60		41	41
黄甫川	1	378	379		0	0	1	378	379		0	0
清水川		50	50		0	0		50	50		51	51
县川河			0		51	51		51	51		34	34
孤山川	2	87	89		0	0	2	87	89		0	0
朱家川			0		26	26		26	26		18	18
岚漪河			0		28	28		28	28		20	20
蔚汾河			0		44	44		44	44		30	30
窟野河	3	411	414		105	105	3	516	519		20	20
秃尾河	2	224	226		32	32	2	226	228		40	40
佳芦河	1	40	41		6	6	1	46	47		32	32
湫水河			0		58	58		58	58		40	40
三川河			0		52	52		52	52		36	36
屈产河			0		41	41		41	41		44	44
无定河	1	500	501		280	280	1	680	681	3	620	623
清涧河		2	2		173	173		175	175		151	151
昕水河			0		52	52		52	52		35	35
延　河		30	30		290	290		270	270		264	264
泾　河			0		604	604		604	604		487	487
北洛河			0		251	251		251	251		253	253
陕西黄河沿岸		95	95		213	213		218	218		296	296

续表

支流(片)	近期									远期		
	粗泥沙集中来源区			其他区域			合计					
	大型	中型	小计	大型	中型	小计	大型	中型	小计	大型	中型	小计
内蒙古黄河沿岸			0		85	85		85	85		57	57
山西黄河沿岸			0		92	92		92	92		162	162
合计	10	1827	1837		2872	2872	10	4228	4238	3	2824	2827

(三)骨干水库拦沙及调水调沙

通过骨干水库拦沙和联合调水调沙,是改善水沙关系、减轻河道淤积、塑造并维持中水河槽的主要措施之一。在新的骨干水库投入运用前,近期利用小浪底水库剩余拦沙库容合理拦减进入黄河下游河道的泥沙,尽量延长其拦沙库容使用年限,以小浪底水库为主体进行现状水库联合调水调沙,提高黄河下游河道的输沙能力。

考虑延长小浪底水库拦沙年限、减缓黄河下游河道淤积和维持中水河槽的要求,需研究建设古贤、东庄等新的骨干水库。古贤水库拦沙库容 118.18 亿立方米,可拦沙 153.6 亿吨,与小浪底水库联合运用,可减少黄河下游河道泥沙淤积约 104 亿吨,维持 4000 立方米/秒左右的中水河槽 50 年左右。东庄水库位于渭河支流泾河上,具有 19.8 亿立方米拦沙库容,对减轻河道淤积、降低潼关高程、减轻渭河下游防洪压力具有重要的作用。

为了解决宁蒙河段淤积,塑造和维持河道中水河槽,需优化上游骨干水库调度运用方式,进一步深入研究论证黑山峡河段开发任务,通过水库拦沙和调水调沙,改善宁蒙河段水沙关系。

(四)河道排沙

为提高河道排沙能力,需要从外流域调水增加进入河道的水量,利用水沙调控体系优化水沙过程,进行河道、河口治理。

近期继续开展以小浪底水库为主的调水调沙运用,进行河道整治,针对性对局部河段挖河疏浚,加强河口治理,提高河道排沙能力。远期利用古贤、小浪底、三门峡等水库联合调水调沙,结合外流域调水、进一步进行河道和河口治理,有计划安排入海流路,进一步提高河道排沙能力。

(五)放淤

近期开展小北干流滩区、温孟滩区、下游滩区和内蒙古河段的十大孔兑放淤,远期适时开展小北干流有坝放淤。

(六)其他

对于挖河固堤、低洼地改造、泥沙资源化及引黄供水引沙等,在确保黄河防洪安全的前提下,规范利用泥沙行为,有序开发、合理利用。

二、下游防洪

(一)下游河道治理方略

统筹考虑滩区及东平湖滞洪区的滞洪削峰作用,未来黄河下游河道治理方略为“稳定主槽、调水调沙,宽河固堤、政策补偿”,下游河道治理仍采用宽河固堤格局作为基本方案,即通过河道整治工程建设,进一步控制河势,改变黄河下游河道游荡多变的特点,稳定中水流路,并采取调水调沙措施,长期维持中水河槽行洪排沙能力,尽量使中常洪水时不漫滩;陶城铺以上河段继续采取宽河固堤方案,按照现有堤防工程布局继续加固堤防,建成标准化堤防;抓紧开展滩区安全建设,落实有关补偿政策和措施,保证滩区群众在中常洪水时安居乐业。未来根据古贤等水沙调控体系骨干工程的建设情况和黄土高原水土保持、滩区放淤等措施的实施效果,以及上游来水来沙条件的变化情况,研究下游河道调整“宽河”格局的可行性。

(二)洪水管理

在“上拦下排、两岸分滞”调控洪水方针的基础上,根据黄河洪水变化及防洪减淤要求,依托黄河水沙调控体系,通过“控制、利用、塑造”管理洪水,协调水沙关系,维持中水河槽,保障防洪安全。

对于大洪水和特大洪水,要提高防洪工程的控制能力,依据水文预报制定科学合理的洪水处理方案,通过干支流水库的联合调度和滞洪区的适时启用,将洪水控制在两岸堤防之间,确保洪水安全排泄入海。

对中常洪水,合理适度承担风险,考虑洪水的资源属性和造床功能,一是通过塑造协调的水沙关系,让洪水冲刷河槽,挟沙入海,恢复河槽的过流能力;二是将黄河洪水资源化,对汛期洪水进行分期管理,科学拦蓄后汛期洪水,为翌年春灌和确保黄河不断流提供宝贵的水资源。

在河道里没有洪水且条件具备时,通过水库群联合调度等措施塑造人工洪水及其过程,扩大行洪输沙能力,达到减少水库泥沙淤积、防止主槽萎缩和携沙入海的多重目的。

为了保障下游的防凌安全,在凌汛期首先利用小浪底水库预留的20亿立方米防凌库容控制下泄流量,不足时再利用三门峡水库15亿立方米防凌库容,联合控制进入下游的流量。

(三)防洪工程

针对当前黄河下游防洪存在的主要问题,除结合黄河水沙调控体系规划建设古贤、河口村水利枢纽等防洪水库外,要统筹协调好防洪保安与湿地、自然保护区的关系,恢复和增强湿地功能,加强湿地保护,继续建设标准化堤防,加快河道整治步伐,搞好东平湖滞洪区建设。

1.堤防工程和河道整治

近期基本完成下游堤防加固和堤防帮宽任务,规划加固堤段长526.5公里,帮宽堤段总长178.3公里;新修、改建防护坝201道,对不满足防洪要求的37座涵闸进行改建、加固;安排防浪林长度为230.5公里、新修堤顶道路111.7公里、防汛道路1240公里;加快河道整治步伐,安排续建控导工程83处,改建加固控导工程坝垛3133道。远期改建加固防护坝534道,控导工程坝垛4618道,进行堤顶道路翻修。

2.蓄滞洪区工程和安全建设

东平湖滞洪区,近期对剩余的55.5公里围坝石护坡进行翻修加固,加高加固二级湖堤26.7公里,硬化围坝及二级护堤堤顶道路;安排河湖两用及山口隔堤石护坡翻修、道路硬化、灌排闸除险加固等;改扩建庞口退水闸、疏浚北排退水闸上下游流路及大清河入湖口,疏通南排流路;更新滞洪区分洪退水闸配套设施。安排大清河堤防帮宽、加固37.5公里,加固、改建控导及险工8处,硬化大清河堤顶,拆除改建灌排险闸等。采用外迁、就地修建村台避洪或临时撤离等方式,安置滞洪区老湖区群众6.2万人,老湖区加高、扩建、新建村台面积296万平方米,修建撤退道路;新湖区27.3万人全部采用临时撤离方式,修建撤退道路和桥梁。

北金堤滞洪区,近期安排改造渠村分洪闸老化设施,对19.94公里的堤防进行护坡加固,拆除、改建、加固涵闸(洞)27座,对张庄闸闸下清淤、加固上下游围堤,安全建设采用临时撤离,修建道路

120公里,桥梁38座。

大功、垦利展宽区、齐河展宽区,针对遗留问题兴建水利、交通等必要的基础设施,按临黄堤标准加高加固临黄堤及分凌(洪)闸前围堤。

3.沁河下游防洪工程

规划近期完成堤防加高帮宽42.7公里,堤防加固126.7公里,堤顶道路翻修硬化157.5公里;对现状不满足防洪要求的13座引水涵闸、涵管和提灌(排)站中的穿堤砖闸进行改建;续建险工17处,改建加固险工坝垛434道。适时修建控导工程,开展河道整治。

三、下游滩区综合治理

(一)滩区综合治理方案

黄河下游滩区面积3154平方公里,总人口189.5万人。目前滩区存在以下突出问题:一是部分河段河道槽高、滩低、堤根洼,“二级悬河”发育,威胁防洪安全;二是滩区安全建设投入少、进度缓慢,安全建设严重滞后,目前仍有901个村(镇)、100.5万人没有避水设施,安全建设任务艰巨。三是滩区洪灾风险大,自救能力差,经济发展和群众生活水平低,已形成了沿黄的贫困带。四是淹没补偿政策缺位,滩区群众修筑生产堤阻碍了滩槽水沙交换,加剧了“二级悬河”的发育,影响了小浪底水库的正常调度,是滩区经济社会发展与治河矛盾突出的主要根源。

通过对滩区综合治理的逐步废除生产堤方案、建低标准防护堤方案和滩区分区方案进行综合比较,综合考虑三个方案河道的淤积速度、工程投资、工程抢险及维护、对下游大堤的潜在危害、生产堤实际产生的危害性,以及黄河下游现状防洪形势等方面因素,规划推荐以逐步废除生产堤方案为主的滩区综合治理方案。为了解决好滩区群众生活生产与黄河防洪保安之间的矛盾,必须加快滩区安全建设,实施滩区洪水淹没补偿政策,逐步废除生产堤。

(二)滩区安全建设及经济发展

滩区安全建设需要安置人口161.3万人,其中采用就近集中移民建镇模式外迁安置人口35万人;按照移民建镇模式就近修筑避水连台集中安置人口84.1万人,为满足超标准洪水时的撤离以及各村台间的交通、生产需求,参照平原微丘区四级公路标准修建应急撤离道路289.3公里,近期完成总长的50%;通过修建临时撤退道路临时撤离安置人口42.2万人,参照平原微丘区三级公路标准,修建临时撤退道路190.9公里,其中近期完成总长的53%。

滩区的经济发展应以农业为主,农、牧结合,同时发展生态旅游,构建黄河滩区生态涵养带。通过发展生态农业、绿色养殖业及生态旅游业,提升优化黄河下游滩区产业结构,构建黄河滩区生态涵养带,从根本上促进滩区农业增效、农民增收、农村发展。

(三)“二级悬河”治理

“二级悬河”需要采取多种措施综合治理。一是通过干流骨干水库拦沙和调水调沙并辅以挖河疏浚等措施,减少河槽淤积,维持4000立方米/秒左右的中水河槽;二是通过滩区放淤(包括淤填堤河、淤堵串沟)减缓滩槽高差;三是逐步废除生产堤,发挥滩区的滞洪沉沙作用。

治理重点为“二级悬河”最为严重的东坝头—陶城铺河段以及陶城铺以下局部河段,规划近期淤填堤河、串沟845.58公里,远期结合水库调水调沙及河道整治,规划通过滩区引洪放淤及机械放淤,淤堵串沟,淤填堤河,开展东坝头—陶城铺河段淤滩235公里。

四、河口治理

(一)河口入海流路规划

规划期内主要利用清水沟流路行河,保持流路相对稳定。清水沟流路使用结束后,优先启用刁口河备用流路;马新河和十八户作为远景可能的备用流路。为有效保护刁口河流路生态环境,近期抓紧实施刁口河生态补水,同时加强清水沟和刁口河流路同时行河方案研究。

(二)治理措施

规划全线加高帮宽北大堤、孤东南围堤 49.7 公里,硬化防洪堤堤顶道路 66.5 公里,并在堤防临河侧建设防浪林。近期改建加固左岸 4 处险工,新建、续建控导工程 7 处;加高加固现有控导工程 3 处。

结合清水沟流路行河状况,考虑尾闾改汊并辅以必要的老河道保护等工程措施。根据河口石油资源、滩涂资源开发需要,结合黄河入海流路布局,合理修建防潮堤。同时,加强对台风、风暴潮的预测、预报,进一步完善防洪防潮非工程措施。

五、上中游干流河段防洪

(一)宁蒙河段

按照"上控、中分、下排"的基本思路,进一步完善防洪(凌)工程体系。近期要加强河防工程建设,优化龙羊峡、刘家峡水库运用方式,兴建海勃湾水利枢纽配合干流水库防凌和调水调沙运用,并加大十大孔兑治理力度,有效减少入黄泥沙。为保障防凌安全,除刘家峡、龙羊峡水库要承担 40 亿立方米防凌库容外,在内蒙古河段设置乌兰布和、河套灌区及乌梁素海、杭锦淖尔、蒲圪卜、昭君坟、小白河等应急分凌区,遇重大凌汛险情时,适时启用应急分凌区,分滞冰凌洪水,降低河道水位。远期进一步完善河防工程,研究建设黑山峡河段工程,从根本上解决河道淤积和防凌问题。

规划近期新建堤防 42.7 公里,加高帮宽堤防 996.8 公里,对石嘴山以下现状堤防两侧的低洼地带进行填塘固基;对现有 1219 座穿堤建筑物进行统一合并、改建和新建,对其他小型建筑物进行封堵,消除堤防隐患。远期安排堤防加固长 644.7 公里。

为使干流堤防保持完整,提高整体防洪效能,规划对黄河洪水影响较大的 64 条入黄山洪沟、排水干沟口进行治理。近期安排入黄沟口新建堤防 115.6 公里,加高培厚堤防 51.3 公里。

规划河道整治工程 224 处(险工 59 处,控导工程 165 处),加固现有工程 20.8 公里。其中,近期完成 50%。

对至今还居住在河滩地上的部分群众,近期将村庄居民全部搬迁到大堤以外背河侧,建立移民新村以免受洪、凌灾害,外迁人口 19113 人。

(二)禹门口至潼关和潼关至三门峡大坝河段

禹门口至潼关河段,剧烈的河势变化经常引起主流坐弯淘刷,由于目前已建工程长度短,河势尚不能得到有效控制,塌岸现象依然十分严重。规划进一步新建、续建治理工程 21 处,加高加固现有工程 23 处,近期完成 80%。

潼关至三门峡大坝河段,近期应进一步研究确定科学合理的三门峡水库运用方案,继续控制三门峡水库运用水位、实施潼关河段清淤、在潼关以上的小北干流河段进行有计划的放淤,实施渭河口流路整治工程;2020 年前后建成古贤水库,通过拦沙和调控水沙,降低和控制潼关高程抬高。远期利用南水北调西线等调水工程增加输沙水量,进一步降低潼关高程。规划对河道特性明显的上段进行河道整治,近期续建及加高加固河道整治工程15处;在中段重点布置防冲工程,下段重点布设防浪工程,对下部受汛期水流顶冲、上部受非汛期蓄水风浪淘刷的地段布设双防工程,规划新建、续建防冲防浪工程34处,其中近期完成80%。

(三)青海贵德至民和河段

针对现状工程长度不足、川地仍坍塌不断等问题,安排护岸工程和电灌站防洪墙等治理措施,新建及加固护岸、防洪墙工程总长度为133.8公里。

(四)甘肃桑园峡至黑山峡河段及上游其他河段

桑园峡至黑山峡河段,针对现状工程标准低、质量差、水流淘刷毁坏严重问题,规划新建及加固护岸工程279.9公里。

黄河上游达日及其他防洪河段,根据近年来出现的防洪问题,适当修建护岸等工程,提高防御洪水的能力。

六、中小河流治理、病险水库除险加固、城市防洪及山洪灾害防治

(一)中小河流治理

中小河流治理以防洪保安为主要目标,突出重点地区、重点河流(河段)和重点措施。对于峡谷型河道,为避免洪水带来灾难性损失,主要在沿岸布置护岸工程;对于平原型河道,按照留足洪水通道的原则,适当布置堤防、护岸工程。对淤积严重的河段和卡口段进行清淤。规划近期治理中小河流523条,新建、加固堤防及护岸工程9343公里,河道治理工程4870公里,穿堤建筑物2755座,其中2015年前基本完成重点中小河流重要河段治理,使治理河段基本达到国家防洪标准。

(二)病险水库除险加固

近年来,随着大中型水库除险加固的力度加大,黄河流域绝大多数大中型水库的病险问题已经解决,但目前流域内仍有大、中型病险水库25座,其中大型3座,中型22座,以及多座小型病险水库。规划2015年前全面完成病险水库除险加固,消除水库安全隐患,恢复防洪库容、增强水资源调控能力。

(三)城市防洪

规划考虑国家确定的重点、重要防洪城市,包括郑州、开封、济南、太原、包头、呼和浩特、西安、兰州、西宁、银川等,以及防洪任务突出的吴忠、石嘴山、乌海、延安、洛阳等城市,防洪标准为:西安为300年一遇,济南、郑州、太原、兰州为200年一遇,其他均为100年一遇。结合城市现状情况及发展规划,根据拟定的防洪标准,对城市防洪工程体系不完整的安排新建防洪工程,加强对现有工程的加固处理,提高防洪能力。

规划近期共新建及加固防洪水库41座,修建堤防、护岸等工程长2968.5公里;开挖、清淤排洪渠道704.8公里。

(四)山洪灾害防治

山洪地质灾害防治与支流治理和水土保持相结合,坚持以防为主,防治结合;以非工程措施为主,非工程措施与工程措施相结合。

建立完善专群结合的气象和水文监测预报预警系统,健全各级防灾、救灾组织,制订切实可行防灾预案;对于山洪地质灾害频繁的地区,加快实施防灾避让和重点治理;广泛深入开展宣传教育,

完善和细化政策法规,规范人类活动。2015 年前全部完成山洪地质灾害易发区预警预报系统建设。

山洪沟治理以护岸建设为主,辅以沟道、排洪渠疏浚。对滑坡有针对性地采取阻排地表水、削坡减载、抗滑挡墙等措施进行治理。

第六章 水土保持规划

以水土资源的可持续利用和生态环境的良性维持为根本,与当地脱贫致富和经济社会可持续发展相结合,采取防治结合、保护优先、突出重点、强化治理的思路,按照分区防治的原则,因地制宜配置各种治理措施。同时,要进一步强化预防监督和监测,以防止产生新的水土流失。

一、综合治理措施

充分利用大自然的自我修复能力,以多沙粗沙区和内蒙古十大孔兑为重点,工程措施和植物措施结合,开展沟道坝系工程和水土保持综合措施建设,强化预防监督。规划每年开展水土流失综合治理面积 1.25 万平方公里(包括初步治理面积和巩固治理面积),规划期共安排综合治理面积 28.75 万平方公里,近期安排 16.25 万平方公里。

黄河中游多沙粗沙区和内蒙古十大孔兑,是流域水土流失治理的重点。多沙粗沙区规划近期实施综合治理面积 3.92 万平方公里,其中梯田 35.17 万公顷,水保林 176.27 万公顷,经果林 39.56 万公顷,人工种草 59.63 万公顷,封禁治理 80.94 万公顷。建设淤地坝 1.53 万座,其中骨干坝 0.42 万座,中小型淤地坝 1.11 万座。建设小型水保工程 21.62 万座。远期建设淤地坝 1.13 万座,其中骨干坝 0.28 万座。内蒙古十大孔兑规划近期综合治理面积 0.23 万平方公里,建设骨干坝 237 座。

(一)淤地坝

根据规划减沙目标要求,结合沟道地形条件,确定淤地坝建设规模。到 2020 年,规划建设淤地坝 3.72 万座,其中骨干坝 0.92 万座,中小型淤地坝 2.8 万座。到 2030 年,规划建设淤地坝 6.22 万座,其中骨干坝 1.53 万座,中小型淤地坝 4.69 万座。

(二)梯田

根据流域水土流失区人口发展预测和粮食需求,近期规划建设基本农田 215.16 万公顷,其中坡改梯 201.2 万公顷。基本农田达到 770.63 万公顷,人均基本农田 0.133 公顷。远期通过将窄幅梯田改造为宽幅梯田等巩固提高措施,改造基本农田 162.24 万公顷。

(三)造林

造林是治理水土流失、增加植被覆盖和改善生态环境的重要措施。规划共营造水土保持林 1157.36 万公顷,其中,规划近期营造水土保持林 653.55 万公顷,经济林 135.1 万公顷。

(四)种草

种草是蓄水保土、改良土壤、促进畜牧业发展、增加植被覆盖、改善生态环境的一项水土保持措施。规划期共发展人工种草 410.77 万公顷,其中,近期人工种草 232.1 万公顷。

(五)封禁治理

封禁治理是对稀疏植被采取封禁管理,利用自然修复能力,辅以人工补植和抚育管护,促进植被恢复,控制水土流失。规划期共实施封禁治理690.99万公顷,其中,近期实施封禁治理389.09万公顷。

(六)小型水保工程

小型水保工程包括沟头防护、谷坊、水窖、涝池等,对于防止水土流失、解决人畜饮水等具有重要作用。规划共建设各类小型水保工程187.05万座(处),其中近期规划各类小型水保工程112.23万座(处)。

二、预防监督

建立完善水土保持法规体系,健全执法机构,增强监督执法能力,落实管护责任,规范各类生产建设活动。规划期末,各类生产建设项目水土保持方案报批率达到100%,实施率达到90%以上,水土保持设施验收率达到80%以上,有效控制人为水土流失,进一步扭转生态环境恶化的趋势。

加强对生态环境良好区域保护力度,重点做好子午岭、六盘山和黄河源区3个国家级水土保持重点预防保护区,以及19个省级重点预防保护区工作。近期流域机构组织相关省、市建设10个国家级重点预防保护示范工程,开展定期检查,总结探索预防保护的有效途径。各省(区)建设80个省级水土保持重点预防保护区示范工程。

加强重点监督区和开发建设项目的监督管理,促进开发建设与生态保护协调发展。流域机构重点做好晋陕蒙接壤煤炭开发区、豫陕晋接壤有色金属开发区和陕甘宁蒙接壤石油天然气开发区3个国家级水土保持重点监督区的监督管理,每年至少开展一次全面监督检查;同时,抓好国家批复的大型开发建设项目水土保持方案实施情况的监督和地方水行政主管部门执法情况的监督,建立开发建设项目水土保持督查制度和方案实施公告制度。有关省(区)抓好15个省级重点监督区的监督管理,加强监督执法,加大宣传力度,推动水土保持"三同时"制度全面落实,遏制人为水土流失。

加强对水土保持治理成果的管护,制止"边治理、边破坏"现象。流域机构重点做好国家投资的黄河中游多沙粗沙区等重点治理区和黄河水土保持重点工程等治理成果管护,建立汛前水土保持工程检查制度,并进行定期检查;督促查处破坏治理成果的违法行为;组织重点生态工程安全事故的调查和上报。地方水行政主管部门做好本辖区重点治理成果管护,制定管护政策,建立管护制度,落实管护责任,设立管护标志,建设管护设施,加强检查,定期报告管护情况,依法查处破坏治理成果的行为。

加强城镇水土保持监督管理,有效控制城镇化进程中产生的严重人为水土流失,加强示范引导,促进城市开发建设与生态保护协调发展。

开展全流域各级水土保持监督部门的监督执法基础设施和能力建设,全面提高水土保持依法行政水平。

三、水土保持监测

建立完善的水土保持监测体系,开展全流域水土流失与水土保持遥感监测、重点支流水沙监测、典型小流域和野外原型观测等,规范水土保持监测数据整编。近期建立起能够满足重点区域、重点支流不同空间尺度监测需要的水土保持监测网络。远期建成覆盖全流域的监测网络体系,实现对全流域水土流失及其防治动态的监测、预报和定期公告。

水土保持监测网络体系由黄河流域水土保持监控中心、黄河水土保持生态环境监测中心(含天水、榆林、西峰3个直属分中心)、流域9省(区)水土保持监测总站、55个水土保持监测分站、109个支流把口站及控制站、90个小流域把口站和320个监测点组成。其中,流域机构直属监测点30个,支流把口站及控制站50个,小流域把口站25个。

第七章 水资源开发利用规划

按照资源节约、环境友好的节水型社会建设的要求,节流开源并举,节流优先,适度开源,强化管理,在实行最严格的水资源管理制度、全面推行节水措施、进一步强化节约用水和水资源合理配置基础上,合理安排城乡饮水安全工程、水源工程、供水工程和跨流域调水工程建设,充分发挥水资源综合利用效益。

一、水资源供需分析与配置方案

(一)需水预测

按照建设节水型农业、节水型工业、节水型城市的目标,采取强化节水模式进行需水预测。2030年流域总需水量由基准年的485.8亿立方米增加到547.3亿立方米,其中农村生产需水量由基准年的366.6亿立方米减少为347.1亿立方米,减少了19.6亿立方米,生活需水量由现状的36.5亿立方米增加到2030年的65.2亿立方米,城镇生产需水量由现状的69.7亿立方米增加到110.4亿立方米。利津断面生态环境年均需水量220亿立方米,其中汛期为170亿立方米。

(二)可供水量

现状下垫面情况下,黄河多年平均水资源总量647亿立方米,其中天然河川径流量多年平均为534.8亿立方米,地下水与地表水之间的不重复量为112.2亿立方米。考虑未来人类活动(主要指水土保持用水)对下垫面的改变和对天然径流量的影响,预测2020年、2030年水平多年平均水资源总量分别为632亿立方米、627亿立方米。

考虑到流域及临近地区国民经济发展和河道内生态环境改善对水资源的需求,在没有跨流域调水的情况下,正常来水年份2020年、2030年黄河地表水可供水量分别为402.5亿立方米、390亿立方米,其中流域内供水量分别为309.7亿立方米、297.5亿立方米,入海水量分别为188.8亿立方米、185.8亿立方米。

基准年地下水开采量113.2亿立方米。考虑逐步退还深层地下水开采量和平原区浅层地下水超采量,宁、蒙地区适当增加地下水开采量,山丘区地下水开采量基本维持现状开采量。2020年、2030年浅层地下水开采量分别达到123.7亿立方米、125.3亿立方米。

(三)水资源供需平衡

2020年水平,在考虑强化节水、严格水资源管理以及调入水量12.6亿立方米的条件下(其中引汉济渭一期10亿立方米、引乾济石0.5亿立方米、引红济石0.9亿立方米,东线工程调入山东黄河流域1.3亿立方米)的情况下,流域内仍然缺水94.3亿立方米,其中河道外缺水63.4亿立方米。应在优先保证人饮用水安全的前提下,进一步节水、调整产业结构,保证重点行业的发展。

2030年水平,若不考虑南水北调西线一期工程生效,黄河流域缺水量将达到138.4亿立方米,其中经济社会缺水量由基准年的66亿立方米增加到104.2亿立方米,河道内缺水34.2亿立方米。由于水资源的不足,即使在正常来水年份,城乡居民饮水、能源基地工业用水挤占农业和生态环境水量,将使粮食安全和生态安全存在一定风险。

在引汉济渭、南水北调西线一期等调水工程生效后,流域内经济社会供水量将达到520.8亿立方米,其中地表水供水量375.1亿立方米,流域内缺水量将减少到26.6亿立方米,黄河水资源供需矛盾大为缓解。见表7-1。

表7-1 黄河流域各水平年方案供需结果

单位:亿立方米

方案	流域内需水量	流域内供水量				流域内缺水量	流域内缺水率(%)	流域内地表耗水量	流域外供水量	合计耗水量	入海水量	河道内缺水
		地表水	地下水	其他	合计							
基准年	485.79	304.82	113.22	1.72	419.75	66.04	13.6	230.94	97.87	328.81	206.68	13.32
2020年	521.13	309.68	123.70	12.43	445.81	75.32	14.5	240.34	92.80	333.14	188.82	31.18
2020年有引汉	521.13	321.57	123.70	12.43	457.70	63.43	12.2	250.05	92.80	342.85	189.12	30.88
2030年	547.33	297.54	125.28	20.36	443.18	104.16	19	239.93	92.42	332.35	185.79	34.21
2030年有西线一期和引汉	547.33	375.12	125.28	20.36	520.76	26.57	4.9	303.71	97.34	401.05	211.37	8.63

(四)水资源配置

在南水北调东、中线工程生效至西线一期工程生效前,以2020年为配置水平年。2020年水平,地表径流量将减少为519.8亿立方米,配置河道外各省(区)水量332.8亿立方米,入海水量为187亿立方米。向河北配置水量6.2亿立方米,但必要时可视黄河来水情况,向冀、津应急供水。见表7-2。

南水北调西线一期工程等调水工程生效后,以2030年为配置水平年。2030年黄河河川径流量将减少到514.8亿立方米,加上引汉济渭、南水北调西线一期等调水工程调入水量97.6亿立方米,黄河的径流总量为612.4亿立方米,配置河道外各省(区)水量401.1亿立方米,入海水量为211.4亿立方米。见表7-3。

表7-2 南水北调东中线生效至西线一期工程生效前水资源配置

单位:亿立方米

二级区 省(区)	流域内需水量	向流域内配置的供水量				缺水量	黄河地表水消耗量		
		地表水供水量	地下水供水量	其他供水量	合计		流域内消耗量	流域外消耗量	合计
龙羊峡以上	2.63	2.60	0.12	0.02	2.74	0	2.30	0	2.30
龙羊峡至兰州	48.19	28.99	5.33	1.12	35.43	12.76	22.28	0.40	22.68
兰州至河口镇	200.26	135.55	26.40	2.46	164.41	35.86	96.95	1.60	98.55
河口镇至龙门	26.20	14.58	7.48	1.04	23.10	3.10	11.67	5.60	17.27
龙门至三门峡	150.93	80.19	47	5.28	132.47	18.47	67.31	0	67.31
三门峡至花园口	37.72	22	13.76	1.47	37.22	0.50	17.66	8.22	25.88
花园口以下	49.31	23.37	20.33	0.97	44.67	4.63	20.34	77.52	97.86

三、基础设施

续表

二级区 省（区）	流域内需水量	向流域内配置的供水量				缺水量	黄河地表水消耗量		
		地表水供水量	地下水供水量	其他供水量	合计		流域内消耗量	流域外消耗量	合计
内流区	5.88	1.14	3.29	0.08	4.51	1.37	0.94	0	0.94
青　海	25.92	15.60	3.26	0.20	19.07	6.85	13.16	0	13.16
四　川	0.31	0.42	0.02	0	0.44	0	0.37	0	0.37
甘　肃	59.96	35.49	5.67	2.30	43.47	16.49	26.37	2	28.37
宁　夏	86.40	64.70	7.68	0.89	73.27	13.13	37.32	0	37.32
内蒙古	107.13	63.95	23.76	1.42	89.13	18	54.68	0	54.68
陕　西	90.30	42	28.86	3.59	74.46	15.84	35.46	0	35.46
山　西	65.85	41.67	21.11	1.65	64.43	1.42	34.62	5.60	40.22
河　南	60.65	36.57	21.77	1.57	59.92	0.73	30.97	20.72	51.69
山　东	24.62	8	11.55	0.80	20.36	4.26	6.50	58.82	65.32
河　北								6.20	6.20
合　计	521.13	308.41	123.70	12.43	444.54	76.71	239.45	93.34	332.79

注：配置水量仅为黄河水量，不包括跨流域调入水量。

表 7-3　南水北调西线一期工程等生效水资源配

单位：亿立方米

二级区 省（区）	流域内需水量	向流域内配置的供水量				缺水量	黄河地表水消耗量			外流域调水消耗量			消耗水量合计
		地表水供水量	地下水供水量	其他供水量	合计		流域内消耗量	流域外消耗量	合计	流域内消耗量	流域外消耗量	合计	
龙羊峡以上	3.39	3.31	0.12	0.03	3.47	0	2.99	0	2.99				2.99
龙羊峡至兰州	50.68	36.72	5.33	1.75	43.80	6.88	18.99	0.40	19.39	10.50		10.50	29.89
兰州至河口镇	205.64	167.16	27.38	3.84	198.37	7.26	98.25	1.60	99.85	31.30	4	35.30	135.15
河口镇至龙门	32.37	21.96	8.62	1.63	32.21	0.16	10.91	5.60	16.51	7.50		7.50	24.01
龙门至三门峡	158.28	97.75	46.77	8.74	153.25	5.02	68.86	0	68.86	13.70		13.70	82.56
三门峡至花园口	40.98	23.43	13.57	2.57	39.58	1.40	19.24	8.22	27.46				27.46
花园口以下	49.79	23.41	20.20	1.67	45.28	4.51	19.04	77.52	96.56	1.26			96.56
内流区	6.19	1.39	3.29	0.12	4.79	1.40	1.17	0	1.17				1.17
青　海	27.67	21.35	3.27	0.40	25.01	2.66	13.16	0	13.16	5		5	18.16
四　川	0.36	0.42	0.02	0	0.44	0	0.37	0	0.37				0.37
甘　肃	62.61	43.14	5.68	3.56	52.38	10.23	26.37	2	28.37	8	4	12	40.37
宁　夏	91.16	80.28	7.68	1.34	89.30	1.86	37.32	0	37.32	15.30		15.30	52.62
内蒙古	108.85	78	25.08	2.24	105.32	3.53	54.68	0	54.68	15.20		15.20	69.88
陕　西	98.09	62.57	29.51	5.68	97.76	0.33	35.46	0	35.46	17.50		17.50	52.96
山　西	69.87	43.65	21.06	3.02	67.74	2.13	34.62	5.60	40.22	2		2	42.22
河　南	63.26	36.15	21.55	2.78	60.49	2.77	30.97	20.72	51.69	0		0	51.69
山　东	25.48	9.56	11.44	1.33	22.33	3.15	6.50	58.82	65.32	1.26		1.26	66.58
河　北								6.20	6.20				6.20

续表

二级区 省(区)	流域内需水量	向流域内配置的供水量				缺水量	黄河地表水消耗量			外流域调水消耗量			消耗水量合计
		地表水供水量	地下水供水量	其他供水量	合计		流域内消耗量	流域外消耗量	合计	流域内消耗量	流域外消耗量	合计	
合　　计	547.33	375.12	125.28	20.36	520.76	26.65	239.45	93.34	332.79	64.26	4	68.26	401.05
河道内用水							182		182	29.37		29.37	211.37
入海水量	211.37												

二、水资源利用的对策措施

(一)节约用水

按照节水型社会建设的总体要求,严格水资源管理,强化农业、工业和城镇生活节约用水,其中农业大中型灌区节水改造是节水的重点。近期节水改造的重点是大中型灌区,主要是渠系配套差、用水浪费、节水潜力大的宁夏、内蒙古地区引(扬)黄灌区和下游河南、山东灌区,及水资源严重缺乏、通过节水改造和配套可以提高灌溉保证率的晋陕汾渭盆地灌区。对青海湟水河谷、甘肃东部等集中连片灌区也适当安排部分节水改造工程。积极推进宁夏节水型社会建设示范区建设。

2020年基本建成节水型农业、工业和城市,2030年节水型社会建设大见成效。与现状比较,2020年和2030年黄河流域节水量分别为56.9亿立方米和76.4亿立方米,其中农业节水量分别为40.4亿立方米和54.2亿立方米,工业节水量分别为15.3亿立方米和20.5亿立方米。

(二)水资源统一调度

近期在黄河干流水量统一调度的基础上,加强主要支流的水量统一调度体系建设,形成全河水量统一调度体系。远期结合水沙调控体系和跨流域调水工程的建设,实现全河水量优化调度。

在条件具备地区结合推进现代高效节水设施农业开展水权转让,以此进一步促进流域节约用水,促进灌区农业向集约化、现代化发展。

(三)调蓄工程

在黄河干流要尽快建设古贤、黑山峡等必要的枢纽工程,增加水量调控能力,优化水资源配置和提高供水保证程度。在支流有条件的地区,续建、新建泾河的东庄、马莲河、沁河河口村、洮河九甸峡等一批支流水库工程,满足当地生活生产用水需求。

统筹考虑防洪减灾、水生态环境修复和保护要求,积极推进建设山西黄河大水网等河湖连通工程,增加区域水资源调蓄和配置功能,提高区域应急保障能力和抗旱能力。

(四)引提水工程

加强现有引提水工程的改造和配套,在具备水资源条件、用水增长较快和饮水困难的地区,适当建设一批引提水工程,包括续建引大济湟工程、引洮入定工程,适时建设古贤水库供水工程、引洮二期工程、引洮济渭工程、榆林黄河大泉引水工程、温县引黄补源工程和武陟引黄灌溉工程。

规划新增的提水工程主要位于甘肃、内蒙古、陕西、山西、河南等省(区),从黄河干流及渭河等主要支流提水,以缓解当地水资源紧缺状况。

(五)跨流域调水

跨流域向黄河调水的主要任务是补充黄河水源之不足,支撑黄河流域及其临近地区的经济社会可持续发展,保障国家能源安全和粮食安全,改善黄河流域及其临近的生态环境。

2020年实现引汉济渭调水一期工程,年调水量10亿立方米,为关中地区供水。2030年引汉济渭工程全部生效,增加调水量5亿立方米;适时建设南水北调西线一期工程,从雅砻江、大渡河干支流调水80亿立方米,为黄河流域及邻近的相关地区增加供水。积极研究其他跨流域调水工程的可行性。

(六)干旱情况下的抗旱减灾对策措施

在严重干旱或者特大干旱年份,加强水资源需求管理,提高水资源利用效率,优化水资源配置,把节水作为抗旱的根本出路,适当压缩用水需求,进一步拓展和挖掘水利工程的供水能力,建设规模合理、标准适度的抗旱应急备用水源工程,加强水利工程体系抗旱应急联合调度,根据气象条件进行人工增雨作业以缓解旱情,保障城乡居民生活、重点工业企业的基本用水需求,基本保障商品粮基地、基本口粮田、主要经济作物生长关键期的最基本用水需求。

三、城乡饮水安全

(一)城市饮水安全

目前城市供水存在资源型缺水和水质型缺水并存,饮用水监管制度、体系和机制不健全,水源地监测站网不完善等问题。

规划近期改扩建、新建水源地工程,增加供水量40.7亿立方米。优先考虑现有水源地的改扩建提高供水能力,规划2020年改扩建水源地工程256处,增加供水量17.7亿立方米;以城市为单元,新建水源地工程243处,可增供水量23亿立方米。

黄河流域水源保护区面积为5286.9平方公里,准保护区面积为15225.3平方公里。在水源地保护区内采取隔离防护、综合整治和生态修复等三个方面,建设城市饮用水水源地保护工程措施。规划重点对汾河水库、三门峡水库、巴家嘴水库和昆都仑水库进行生态修复与保护工程试点建设,共进行7处周边生态修复工程,修复面积共为16.8平方公里。

加强城市水源地保护非工程措施建设,建立饮用水水源区管理制度。

(二)农村饮水安全

目前流域农村饮用水水质不安全人数为2167.5万人,占流域农村饮用水不安全总人口的62.2%;水量、方便程度或保证率不达标人口为1317.3万人,占流域农村饮水不安全总人口的37.8%。

针对农村饮水安全,因地制宜兴建各种类型农村供水工程,山丘区利用地形条件和落差兴建自压供水工程,平原区兴建无塔供水工程。规划建设各类农村饮水安全工程25.1万处,其中兴建集中供水、分散供水工程分别为2.9万处、22.2万处,解决不安全人口分别为3258.8万人、226万人。分散式供水工程中集雨工程21.6万处,解决不安全人口91.1万人。通过采取积极有效措施,到2015年农村饮水不安全人口得到全部解决。

加强农村饮水安全非工程措施建设,实施水源保护工程,保护水源地,提高饮用水安全的保障能力。

四、灌溉规划意见

（一）灌溉发展现状

灌溉是保证黄河流域及下游引黄地区农业高产稳产的重要手段。现状年黄河流域总有效灌溉面积8555.6万亩，其中农田有效灌溉面积7764.8万亩，林草灌溉面积790.7万亩。在农田灌溉面积中，渠灌4590.7万亩，井灌2034.7万亩，井渠结合灌区1139.5万亩，分别占总面积的59.1%、26.2%和14.7%；现状农田实灌面积6572.1万亩，粮食总产3958万吨，人均粮食产量350公斤，农村人口人均农田有效灌溉面积1.03亩，均低于全国平均水平。在林草灌溉面积中，灌溉林果地面积555.8万亩，灌溉草场面积234.9万亩。

黄河流域现状工程节水灌溉面积3773万亩，占有效灌溉面积的48.6%。其中渠道防渗占节水灌溉面积的51%，管道输水占37.2%，喷灌占9.8%，微灌占2%。

目前灌区发展存在的主要问题是：灌区老化失修，大型灌区田间配套工程建设普遍滞后，10万—30万亩灌区及10万亩以下中小型灌区还没有实施续建配套及节水改造项目，水源不足导致部分灌区难以发挥应有作用。

（二）灌区节水改造

近期节水改造的重点是大中型灌区，包括渠系配套差、用水浪费、节水潜力大的灌区，如宁夏、内蒙古地区引（扬）黄灌区及下游河南、山东灌区；水资源严重缺乏，供需矛盾突出，通过节水改造、配套可以提高灌溉保证率的灌区，如晋陕汾渭盆地灌区；对青海湟水河谷、甘肃东部等集中连片灌区也适当安排部分节水改造工程。

规划2020年新增工程节水灌溉面积2521万亩，工程节水面积达到6293万亩，占灌区面积的75.5%。其中渠道防渗节水达到3693万亩，占节水面积的58.7%；低压管道输水达到1961万亩，占31.2%；喷灌节水面积达到477万亩，占7.6%；微灌节水面积达到162万亩，占2.6%。新增非工程节水措施面积2789万亩，达到3932万亩。

2020—2030年规划新增工程节水灌溉面积1466万亩，2030年工程节水面积达到7760万亩，占灌区面积的89.7%。其中渠道防渗节水4725万亩，占节水面积的60.9%；低压管道输水面积2288万亩，占29.5%；喷灌节水面积537万亩，占6.9%；微灌节水面积209万亩，占2.7%。规划新增非工程节水措施面积1573万亩。

与现状年相比，2030年全流域每年可节约灌溉用水量54.3亿立方米。

（三）灌溉发展规模及发展重点

为保障粮食安全，考虑大型灌区续建与节水改造以及新建灌溉工程等，2020年有效灌溉面积达到9341万亩，其中农田灌溉面积8383万亩，林牧灌溉面积达到958万亩；2030年有效灌溉面积达到9880万亩，其中农田灌溉面积8697万亩，林牧灌溉面积达到1183万亩。

规划期灌溉发展的重点地区是水利条件较好、农业增产潜力较大的宁蒙平原地区、陕西关中及山西汾涑河地区、下游引黄平原地区，以及上游的湟水河谷及陇中地区。近期新建、续建青海引大济湟工程、塔拉滩生态治理工程、九甸峡引洮工程、宁夏扶贫扬黄工程（即“1236”工程）、陕甘宁盐环定灌区、陕西东雷二期抽黄灌溉工程、南沟门水库灌溉工程、河南省小浪底南北岸灌区、故县水库灌区等，发展部分灌溉面积；远期结合西线一期工程发展黑山峡生态灌区，解决生态移民的安置问题。

第八章 水资源和水生态保护规划

随着流域经济社会发展，黄河流域水资源和水生态保护形势严峻。加强流域水资源保护、修复河流生态系统功能，是保障流域及相关地区的供水安全、维持黄河健康生命的重要任务。采取保护优先、综合治理、强化监管的基本思路，加强黄河水资源和水生态保护。

一、地表水资源保护

(一)水污染现状

黄河流域176条(个)河湖共划分水功能一级区355个，其中黄河干流划分水功能一级区18个。经核定，流域水功能区COD、氨氮现状纳污能力总量分别为125.25万吨、5.81万吨，其中干流纳污能力占流域总量的70%左右，湟水、汾河、渭河、伊洛河、沁河、大汶河等支流占12%左右。

目前流域污染物入河相对集中，主要纳污河段以约20%的纳污能力承载了90%以上的污染物入河量，城市河段入河污染物量远超出其纳污能力。污染物入河量大于水域纳污能力的超载水功能区共197个，占流域功能区总数的33.2%，是流域入河污染物控制的重点。未超载水功能区共77个，占流域总功能区个数的13%。

(二)规划年水功能区纳污能力及限制排污总量意见

2020年流域水资源配置较现状变化不大，黄河纳污能力未发生根本性变化。2030年在南水北调西线一期工程等水资源配置措施生效后，黄河重点河段环境水量有所增大，水功能区纳污能力较现状年有所增加，2030年黄河流域水功能区COD、氨氮纳污能力分别为155.23万吨、7.27万吨。

依据黄河流域水资源配置方案，预测2020年废污水、COD、氨氮入河量分别为38.8亿立方米、43万吨和7万吨，2030年分别为39.7亿立方米、40万吨和6.4万吨，COD、氨氮入河量较现状年减少50%左右。

按照2020年“饮用水水源区、黄河干流等重要水功能区水质达到或优于III类，重要支流水质达到或优于IV类”、2030年“流域水功能区全部达到水质目标要求”的目标，2020年、2030年流域水功能区COD限制排污总量意见分别为29.5万吨、25.88万吨，氨氮限制排污总量意见分别为2.8万吨、2.18万吨，较现状需削减70%左右，水污染控制任务艰巨，见表8-1。

表8-1 黄河流域水功能区污染物限制排污总量意见

单位:万吨/年

水资源二级区	水平年	COD	氨氮
龙羊峡以上	2020年	0.02	0.002
	2030年	0.02	0.002
龙羊峡至兰州	2020年	3.98	0.540
	2030年	3.40	0.460
兰州至河口镇	2020年	8.55	0.870
	2030年	7.92	0.790

续表

水资源二级区	水平年	COD	氨氮
河口镇至龙门	2020年	1.86	0.170
	2030年	1.46	0.100
龙门至三门峡	2020年	11.06	0.870
	2030年	9.87	0.650
三门峡至花园口	2020年	2.30	0.190
	2030年	1.92	0.100
花园口以下	2020年	1.73	0.160
	2030年	1.29	0.080
合　计	2020年	29.50	2.802
	2030年	25.88	2.182

湟水、汾河、渭河、沁河和伊洛河等支流人口稠密、工农业生产发达,城市河段排污集中,以占流域约12%的纳污能力承纳了流域70%左右入河污染物,水污染尤为严重,污染物削减压力较干流更大。

(三)水环境综合治理意见

以纳污能力优化配置和合理利用为基础,落实水功能保护的工程和非工程措施,实施多部门协作的流域和重点区域水环境综合治理。近期应重点突出饮用水水源地、干流和流域省(区)界河段水功能的保护工作。

要加强流域地表水资源保护,统筹协调水资源保护和水污染防治工作,加强集中式饮用水水源地保护;进一步优化调整产业结构、加大流域废污水治理和控制力度、加强面污染源治理和控制、在流域重点控制单元实行更为严格的污染物排放标准,全面提高流域水污染治理水平;完善水资源保护监督管理体系,建设完善流域水量、水质监测体系,加强流域水资源保护工程建设,保障黄河干支流基本生态环境用水量。

二、地下水资源保护

(一)地下水开发利用现状和存在的问题

黄河流域地下水资源的开发利用在经济社会发展中发挥了重要作用,从1980年至现状年,流域地下水开采量从93.27亿立方米增加到137.18亿立方米,增加了43.91亿立方米,增幅达47.1%。随着地下水开采量的增大,部分地区地下水超采严重,部分地区地下水污染形势严峻,缺乏地下水监测和计量设施,管理办法和管理机制不健全,地下水资源的保护问题也越来越突出。

(二)地下水资源功能区划和保护目标

流域共划分地下水二级功能区693个,其中开发区410个、保护区180个、保留区103个,面积分别为19.2万平方公里、49.2万平方公里、11.1万平方公里。

按照地下水功能区保护要求保护地下水水质,对于具有生活供水功能的区域,水质标准不低于国家标准的III类水的标准值,现状水质优于III类水时,以现状水质作为控制目标,保证地下水年均开采量不大于可开采量,地下水超采基本遏制,保持地下水水位相对稳定。

(三)保护措施

通过优化水资源配置,实施节水、跨流域调水及其他替代水源措施,控制地下水的开采。2020年逐步退还深层地下水开采量和平原区浅层地下水超采量,封填地下水井3336眼,新建替代供水管网1695公里。2020—2030年,封填机电井3601眼,新建替代供水管网1863公里。压采工程主要集中在陕西的关中地区、山西的汾河中下游、河南的沁河下游等地区。

针对集中式供水水源地建设保护工程,建设地下水补源工程,2020年前、2020—2030年分别安排建设人工回灌补源工程19处、35处。到2020年、2030年,分别建设地下水污染治理工程110处、161处。完善地下水监测体系,加强管理制度建设。

三、水生态保护与修复

(一)水生态保护目标

考虑水资源支撑条件,确定了17处重要湿地为生态保护目标,其中河源地区和河口湿地是保护的核心;选取国家级水产种质资源保护区、重要鱼类的“三场一道”栖息地,共7个河段为黄河干流重点保护鱼类及其栖息地,其中源区特有土著鱼类及栖息地是保护重点。

(二)水生态保护意见

从维持河流健康角度,在确保防洪安全下,协调水生态保护与经济社会发展之间的关系,基本保证流域湿地面积不萎缩、水源涵养等生态功能不退化,保持重要河段连通性。

加强重要生态保护区、水源涵养区、干支流源头区、湿地的保护,将敏感水生态保护目标划为限制或禁止开发区域给予严格保护,建立流域水生态保护协同机制和补偿机制。

将重要生态保护目标的用水纳入水资源配置,加强水资源生态调度,保障重要断面关键期生态水量、过程和水质,以及河道外生态用水,使因水资源短缺受损的重要湿地、重要栖息地得到保护与修复。

加强黄河土著鱼类和珍稀濒危鱼类及栖息地保护,保护重点河段鱼类洄游通道,严禁在鱼类产卵场、沿黄洪漫湿地采砂,实施禁渔区和禁渔期制度,禁止不合理捕捞,开展增殖放流,改善黄河水环境质量,优化水库生态调度。

加强水生态监测基础研究、基础设施建设,建立黄河水生态监测体系,建立黄河重点河段水生态保护监测预警机制,建立健全水生态保护监管组织机构及多部门协调机制,建立流域水生态保护管理和制度体系,提高水生态保护监管能力。

第九章 干流梯级工程布局和水力发电规划

一、干流梯级工程布局

(一)龙羊峡以上河段梯级工程布局

吉迈以上河段和沙曲河口至玛曲河段,水力资源较少,且涉及三江源自然保护区,梯级开发可能对当地生态环境带来难以修复的损失,按照河段功能定位和自然保护区要求,该河段应以生态环境保护为重点,对河段开发方案要深入论证、慎重决策。

吉迈至沙曲河口河段,按照资源开发条件分析,该河段可布置塔格尔、官仓、赛纳、门堂、塔吉柯一级、塔吉柯二级等6座梯级,利用水头约318米,总装机容量855兆瓦。由于下日乎寺至门堂河段为青海三江源自然保护区的“年保玉则保护区”,门堂以下河段被列为黄河上游特有鱼类国家级水产种质资源保护区,生态保护的要求高,应根据河段的功能定位,考虑梯级开发对自然保护区、鱼类保护区等影响,进一步研究完善梯级开发方案。

玛曲至羊曲河段,自宁木特至班多162公里的范围,为青海三江源自然保护区的“中铁—军功”保护区,占该河段长度的39.2%,有多种土著鱼类分布,野狐峡、军功附近河段和甘肃玛曲河段是部分土著鱼类的产卵场。考虑到该河段的自然保护要求和淹没影响,初步布置夏日红、玛尔挡、班多、羊曲等4座梯级工程。

龙羊峡以上初步布置10座梯级工程,利用水头约716米,总装机容量4675兆瓦,其中夏日红梯级具有年调节能力。见表9-1。对目前提出的“夏日红+玛尔挡”、“宁木特+玛尔挡”方案,下阶段进一步研究论证;对于有关部门提出的尔多、茨哈峡梯级,可根据国家今后对自然保护区的调整情况,在深入分析论证的基础上,进一步研究开发方案。

表9-1 黄河龙羊峡以上河段干流主要梯级工程主要技术经济指标表

序号	梯级名称	坝址控制流域面积(平方公里)	正常蓄水位(米)	总库容(亿立方米)	调节库容(亿立方米)	平均水头(米)	装机容量(兆瓦)	年发电量(亿千瓦时)	调节性能
1	塔格尔	49268	3940	16.1	4.20	62	145	5.90	年调节
2	官　仓	52494	3845	3.7	0.30	42	90	3.70	日调节
3	赛　纳	53522	3795	7.4	0.20	69	150	6.20	日调节
4	门　堂	59655	3700	8.8	1.20	64	200	8.20	日调节
5	塔吉柯1	61367	3608	7	0.30	63	210	8.60	日调节
6	塔吉柯2	62424	3539	0.4	0.10	18	60	2.60	日调节
7	夏日红 宁木特	96547 90510	3380 3390	41 21.8	34.30 15.90	188 100	1700 870	68.90 34.12	年调节
8	玛尔挡 玛尔挡	98346	3160 3270	0.9 12.6	0.10 0.75	66 174	580 1500	23.70 61.19	日调节
9	班　多	107520	2758	0.1		38	340	14	径流式
10	羊　曲	123264	2715	21.2	5.10	106	1200	50.40	季调节
合　计				106.6	45.80	716	4675	192.20	

注:塔格尔—塔吉柯二等6座为初步布置梯级,需进一步论证。

(二)黑山峡河段开发

黄河乌金峡至黑山峡河段出口长255公里,落差187米,平均比降0.74‰,是上游龙羊峡至青铜峡河段中至今尚未开发的河段。该河段开发长期存在一级开发(大柳树坝址修建控制性骨干水库)和二级开发(小观音坝址修建水库,大柳树坝址修建径流电站)的争论,2005年甘肃省又提出红山峡、五佛、小观音和大柳树低坝四级径流式电站开发方案,也有专家提出不开发方案。

黑山峡河段特殊的地理位置和工程建设条件,决定了其在黄河上游治理开发中具有承上启下的战略地位,河段开发必须遵循“全面规划、统筹兼顾、标本兼治、综合治理”的原则,开发方案服从河段功能定位。以科学发展观为统领,统筹考虑维持黄河健康生命和经济社会发展的各项需求,按照除害和兴利结合,综合利用的原则,黑山峡河段可规划赋予协调水沙关系、防凌防洪、全河水资源合理配置、供水和发电等任务。但由于该河段开发工程建设、移民、生态环境影响等方面问题较为复杂,下阶段应在科学论证、综合比选的基础上合理确定开发任务。

四级开发方案具有水库淹没少、环境影响及移民安置难度小等优点,但该方案以发电为主,不完全符合河段的功能定位要求。一级、二级开发方案长期有效库容分别为57.6亿立方米、36.7亿立方米,一级开发方案可满足近期及远期反调节和调水调沙、防凌防洪以及径流调节对库容的需求,优于二级开发方案,且两方案水库淹没损失和对环境的影响基本相同,两坝址建高坝在技术上都是可行的,可保证工程安全,工程投资也相差不大,但一级开发和二级开发方案淹没耕地、人口数量均较大,并对景泰国家石林地质公园产生一定影响。

鉴于有关方面对该河段开发方案仍存在争议,要按照科学发展观的要求,从维持黄河健康生命的大局出发,统筹兼顾水资源合理配置、协调水沙关系、宁蒙河段防凌防洪、改善附近地区生态环境、提高上游梯级发电效益等客观需要,对于黑山峡河段开发方案及大柳树水利枢纽涉及的水库功能定位、梯级开发方案、水库淹没、移民安置、环境影响、权益分配、调水调沙运用等重大问题,要进一步从长计议,深入研究论证。

(三)龙羊峡至桃花峪河段梯级工程技术指标复核

经本次规划复核,黄河干流龙羊峡至桃花峪河段原则上仍维持《黄河治理开发规划纲要》规划的36座梯级,其中上游龙羊峡至河口镇河段布置了26座梯级,龙羊峡、刘家峡、黑山峡为控制性骨干工程,构成上游水量调控工程体系的主体;河口镇至桃花峪河段布置了10座梯级工程,碛口、古贤、三门峡和小浪底四座骨干水库,构成中游洪水泥沙调控工程体系的主体。随着机组更新改造和前期勘测设计工作的深入,复核后各梯级工程的技术指标见表9-2。

表9-2 黄河龙羊峡以下河段干流梯级工程主要技术经济指标表

序号	工程名称	建设地点	控制面积(万平方公里)	正常蓄水位(米)	总库容(亿立方米)	有效库容(亿立方米)	最大水头(米)	装机容量(兆瓦)	年发电量(亿千瓦时)
1	·龙羊峡	青海.共和	13.1	2600	247	193.50	148.5	1280	59.4
2	·拉西瓦	青海·贵德	13.2	2452	10.1	1.50	220	4200	102.2
3	·尼那	青海·贵德	13.2	2235.5	0.3	0.10	18.1	160	7.6
4	山坪	青海·贵德	13.3	2219.5	1.2	0.10	15.5	160	6.6
5	·李家峡	青海·尖扎	13.7	2180	16.5	0.60	135.6	2000	60.6
6	·直岗拉卡	青海·尖扎	13.7	2050	0.2	/	17.5	192	7.6
7	·康扬	青海·尖扎	13.7	2033	0.2	0.10	22.5	283.5	9.9
8	·公伯峡	青海·循化	14.4	2005	5.5	0.80	106.6	1500	51.4
9	·苏只	青海·循化	14.5	1900	0.3	0.10	20.7	225	8.8
10	·黄丰	青海·循化	14.5	1880.5	0.7	0.10	19.1	225	8.7
11	·积石峡	青海·循化	14.7	1856	2.4	0.40	73	1020	33.6
12	大河家	青海·甘肃	14.7	1783	0.10	/	20.5	120	4.7
13	·炳灵	甘肃·积石山	14.8	1748	0.5	0.10	25.7	240	9.7
14	·刘家峡	甘肃·永靖	18.2	1735	57	35	114	1690	60.5
15	·盐锅峡	甘肃·兰州	18.3	1619	2.2	0.10	39.5	472	22.4

续表

序号	工程名称	建设地点	控制面积(万平方公里)	正常蓄水位(米)	总库容(亿立方米)	有效库容(亿立方米)	最大水头(米)	装机容量(兆瓦)	年发电量(亿千瓦时)
16	•八盘峡	甘肃•兰州	21.5	1578	0.5	0.10	19.6	252	11
17	河口	甘肃•兰州	22	1558	0.1	/	6.8	74	3.9
18	•柴家峡	甘肃•兰州	22.1	1550.5	0.2	/	10	96	4.9
19	•小峡	甘肃•兰州	22.5	1499	0.4	0.1	18.6	230	9.6
20	•大峡	甘肃•兰州	22.8	1480	0.9	0.60	31.4	324.5	15.9
21	•乌金峡	甘肃•靖远	22.9	1436	0.2	0.10	13.4	140	6.8
22	黑山峡	宁夏•中卫	25.2	1380	114.8	57.60	137	2000	74.2
23	•沙坡头	宁夏•中卫	25.4	1240.5	0.3	0.10	11	120.3	6.1
24	•青铜峡	宁夏•青铜峡	27.5	1156	0.4	0.10	23.5	324	13.7
25	•海勃湾	内蒙古•乌海	31.2	1076	4.9	1.50	9.9	90	3.6
26	•三盛公	内蒙古•磴口	31.4	1055	0.8	0.20	8.6		
1—26小计					467.4	292.90		17418.3	603.4
27	•万家寨	山西•内蒙古	39.5	977	8.2	4.50	81.5	1080	27.5
28	•龙口	山西•内蒙古	39.7	898	2	0.70	36.2	420	13
29	•天桥	山西•陕西	40.4	834	0.7	/	20.1	128	6.1
30	碛口	山西•陕西	43.1	785	125.7	27.90	73.4	1800	43.6
31	古贤	山西•陕西	49	633	146.6	55.56	167.1	2100	71.7
32	禹门口(甘泽坡)	山西•陕西	49.7	425	4.1	2.40	38.7	440	13
33	•三门峡	山西•河南	68.8	335	96.4	/	52	410	12
34	•小浪底	河　南	69.4	275	126.5	51	138.9	1800	58.5
35	•西霞院	河　南	69.5	134	1.5	0.45	14.4	140	5.8
36	桃花峪	河　南	71.5	110	17.3	11.90	/	/	/
27—36小计					528.9	154.50		8318	251.2
1—36小计					996.4	447.40		25736.3	854.6

注:•——已建、在建工程。

二、水力发电规划

黄河流域水力资源理论蕴藏量共43312兆瓦。经本次复核,流域可开发水电站装机容量34741.3兆瓦,年发电量1234亿千瓦时。

黄河干流水力资源理论蕴藏量为32827兆瓦,可开发水利枢纽及水电梯级45座,装机容量30411.3兆瓦,年发电量1046亿千瓦时,技术可开发量占全流域的87.6%。目前,干流已建、在建27座水电站,共利用水头1454米,总装机容量19042兆瓦,年发电量总计636.9亿千瓦时,分别占可开发量的62.2%和60.4%,是全国大江大河中开发程度较高的河流之一。

支流水力资源理论蕴藏量为10485兆瓦,技术可开发水电装机容量4330兆瓦,年发电量188亿千瓦时。已建、在建500千瓦以上的水电站共有509座,总装机容量约2429兆瓦,年发电量104

亿千瓦时,容量和电量分别占技术可开发量的56.1%和55.1%。

今后干支流水电开发应服从黄河治理开发的总体部署,统筹考虑水资源合理配置、防洪、防凌、协调水沙关系、供水、生态环境保护等任务以及维护河流健康的要求,全面规划、统筹兼顾、有序开发、综合利用,严格按照国家基本建设管理程序进行核准(审批)和开发建设。

黄河上游近期除继续建设已开工的拉西瓦、黄丰、积石峡等水电站外,开工建设海勃湾水利枢纽电站及班多、羊曲等水电站;根据黄河水沙调控体系建设规划,尽快建成黑山峡河段工程;加快其他规划水电工程的前期工作。到2030年,黄河上游玛曲以下规划的水电梯级基本全部开发,建成和开工建设的水电装机容量达到21438兆瓦,年发电量769亿千瓦时。

黄河中游争取在“十二五”期间开工建设古贤水利枢纽,适时建设碛口和禹门口(甘泽坡)水利枢纽,2030年,中游建成的水电装机容量达到6078兆瓦,年发电量194亿千瓦时,水电开发利用程度达到73.1%。

2030年,黄河干支流水电站装机达到31779兆瓦,开发程度达91.5%。

第十章 岸线利用规划和干流航运规划

一、岸线利用规划

近年来,黄河流域涉河建筑物日益增多,尤其城市河段、矿产资源开发集中或有滩涂开发利用条件的河段,河道岸线被大量占用,甚至挤占行洪河道,严重影响河势稳定和防洪安全,省际界河的围河造地引发两岸严重的水事纠纷。

根据岸线资源的自然和经济社会功能属性,综合考虑河道行洪安全、水功能分区、自然生态分区等,将黄河岸线河段划分为三类114个功能区,其中保护区21个,保留区30个,控制利用区63个。保护区主要是国家和省级各类保护区、重要水源地;保留区主要是规划的重要水利枢纽库区、重要水源地、重要支流入黄口、河口备用流路、水事矛盾突出的河段等,其他一般为控制利用区。

岸线各功能区禁止有违相关法律、法规的开发活动,保护河势稳定,保护堤防、控导、险工等工程,保护岸线湿地生态环境和水质,保护水文测验基本断面的通视性,保持支流入黄口河势稳定和黄河入海流路相对稳定;保护岸线区域内的跨河铁路、公路桥梁,跨河或穿堤电(光)缆、输气(油、水)管道等公共设施的安全。

依法规范岸线利用活动,岸线保护区、岸线保留区仅允许防洪工程、当地农民生产生活活动、生态保护建设和经批准的引排水口、大中型跨河建筑物等项目进驻岸线区域。岸线控制利用区允许开展浮桥、景观和旅游项目,适度利用滩涂、坑塘、水域进行水产养殖,土地集约化种植项目,以及经流域机构河道主管部门审批(核)的其他项目。

对于现状影响黄河防洪安全、供水安全的岸线利用行为,地方政府和建设单位应提出整改意见和措施,上报水行政主管部门审批。

二、干流航运规划

黄河干流沿岸地区矿产资源特别是煤炭资源十分丰富,煤炭开发需要大量外运,开发黄河航运有利于缓解陆上交通运输压力,同时对开发流域旅游景观资源也有直接的促进作用。

黄河通航条件较差,北干流大部分河段险滩多、水流湍急,有国家名胜风景区壶口瀑布;黄河下游和禹门口至潼关河段泥沙冲淤变化大,河道游荡摆动剧烈,易于形成浅滩碍航;水资源贫乏,通航流量和水深难以保证;宁蒙河段和黄河下游在冬季结冰封河;已建的27座梯级工程均没有考虑通航要求。目前仅局部河段有旅游和少量短途季节性客货运输。

本着全面规划、远近结合、分期实施、逐步提高的原则,2020年重点发展兰州市区、宁蒙河段、已建和规划期安排建设的水库库区等区段通航,2030年实现全河适宜河段的分段通航。

根据黄河各河段水资源和河道演变情况,合理确定各河段的航道标准,通过“疏、建、配”合理有效地引导和控制航运基础工程建设,做好航道疏浚工作,建设必要的航标和通讯设施,科学布局建设港口、码头和航道岸线,提高航道的等级、质量和船型吨级,充分利用黄河航运资源,发挥水资源综合利用效益。

第十一章 主要支流规划意见

规划对流域内49条支流提出了规划安排,重点对湟水、洮河、祖厉河、清水河、大黑河、黄甫川、窟野河、无定河、汾河、渭河、伊洛河、沁河、大汶河等13条主要支流分别提出了规划意见,对其他支流分类提出规划要求。

湟水流域以解决西宁市和浅山区的缺水为重点,加大灌区节水改造力度,实施引大济湟调水,扩建和建设小南川、大南川、牙扎、西纳川等水库,发展浅山丘陵区的灌溉,建设引大济湟北干渠工程及调水总干渠,进行引大入秦配套工程建设,研究有关规划调水工程的合理规模。加快西宁市及主要城镇污水处理设施建设,加强工业污染源治理。加强城镇河段防洪工程建设和山洪灾害防治。进一步开展浅山区水土流失治理。

洮河流域要进行灌区的节水改造,合理开发利用当地水资源,适当发展灌溉面积,解决干旱地区农村饮水不安全问题,继续建设九甸峡水利枢纽及引洮供水工程。完善城镇河段防洪工程设施,做好山洪灾害防治工作。加强黄土丘陵区水土流失治理。

祖厉河流域要进一步加大水土流失综合治理力度。加强饮用水源地保护和城乡饮水安全工程建设,继续抓好灌区续建配套和节水改造,实施引洮调水工程。以会宁、靖远、定西等城区河段为重点,加强防洪工程建设,提高城镇河段防洪能力。

清水河在大力开展水土保持综合治理的同时,对已建库坝群进行必要的加高加固,建设李沿子、大沟门等防洪拦沙水库。加强饮用水源地的保护,建设固原地区城乡饮水安全工程及扬黄提水工程,继续实施引黄灌区续建配套和节水改造,积极发展集雨节水灌溉和高效节水补灌工程。完善固原城区河段防洪工程,提高防洪能力。

大黑河要大力开展灌区节水改造,建设红吉水库、红峡水库及其他水源工程。加强饮用水源地保护,强化工业污染源治理。加强干流美岱以下河段防洪工程建设。搞好上中游地区水土流失综合治理。

黄甫川要进一步加大以淤地坝为主的水土流失综合治理力度。大力开展灌区节水改造,建设磨盘塔、五色狼水库及其他水源工程,合理开发地下水资源和建设集雨工程,解决农村饮水不安全问题。建设污水处理厂,加强点污染源治理。完善重点河段防洪工程。

窟野河以水土流失治理为重点,大力开展以淤地坝建设为主的水土保持综合治理,突出节约、高效用水,建设转龙湾、朱盖沟、乌兰不拉、悖牛川等大中型水库,进一步研究黄河干流向窟野河流域供水的合理规模。加强工业污染源治理。对重点河段进行防洪工程建设,保障国家能源基地及重要城镇的防洪安全。

无定河应以拦减泥沙、改善生态环境和提高当地群众生产生活条件为目标,进一步加大水土流失治理力度。在搞好现有灌区节水改造的基础上,适度建设水源工程,建设王圪堵水库和大草湾水源工程,进一步研究黄河干流向无定河流域供水的合理规模。加强污水处理工程建设。以上游库坝群除险加固为重点,建设蒋家窑则和雷河嘴等防洪拦沙水库,进行干流防洪工程建设,保障重要城镇河段的防洪安全。

汾河要进一步加大灌区节水改造力度,提高水资源利用效率,控制地下水开采,建设支流松塔、柏叶口、下静游、西贾等水库,兴建北赵提黄工程、续建禹门口引黄提水工程,研究从拟建的古贤水库引水的规模及经济合理性。加大汾河水库以下干流河段水污染治理力度,加强工业污染源治理,强化水功能区监督管理。进一步完善干流及支流的防洪工程,加强山洪灾害防治,搞好汾河口治理。

渭河流域要加强灌区节水改造和配套,建设渭河鸳鸯水库、泾河兔里坪、马莲河、亭口水库和北洛河南沟门等水库;继续进行引红济石、引洮供水工程建设,开展引汉济渭工程、宁夏固原地区城乡水源工程建设,积极研究论证引洮济渭、葫芦河调水工程的任务和规模,研究从黄河干支流以及嘉陵江支流白龙江引水的可行性。进一步加强防洪工程建设。加强对重点河段水污染的防治与监督,加强城市污水处理厂建设和工业污染源治理。加强以多沙粗沙区为重点的水土流失综合治理。

伊洛河应继续开展已建水库及灌区续建配套工程,建设张坪、佛湾水库及其他水源工程,研究陆浑水库向郑州市供水的合理规模。以洛南、卢氏、洛阳、偃师、巩义等城镇河段防洪为重点,加固现有堤防及护岸工程。加强对伊河栾川、陆浑水库等饮用水源地的保护,加强洛阳、巩义等城市水污染综合治理。进行水土流失综合治理。

沁河流域治理,要进一步加大灌区节水改造力度,提高水资源利用效率,建设调蓄水库及部分小型提水工程。要加强防洪工程建设,做好现有堤防加固和险工续建改建,通过修建河口村水库,提高下游防洪标准。加强晋城市、阳城县、武陟县等城市污水处理设施建设和工业污染源治理。进行水土流失综合治理。

大汶河流域治理,应进一步加强灌区节水改造,建设金水河、宅科、中皋、和庄、南鄙等水库及区域内调(引)水工程。加强主要城镇河段防洪治理,对下游淤积严重的入湖口段河道进行扩挖、疏浚;采取村庄搬迁、加固围村堰等安全建设措施,保障滩区群众生命财产安全。加强水污染防治,对莱芜、泰安等城市河段进行重点治理。进行水土流失综合治理。

总体而言,支流的治理开发,要符合黄河治理开发与管理的总体部署,水资源开发利用要考虑支流本身的生态环境用水要求和所在省(区)的水量配置指标,用水管理要实行用水总量控制,主要控制断面下泄水量和入黄水质目标满足控制性指标要求;多沙粗沙区主要支流要承担拦沙任务,减少入黄粗泥沙;水电开发要尽量减少对生态环境的影响,引水式电站应保持坝下一定的生态基流。

第十二章 流域综合管理规划和科技支撑体系规划

一、流域综合管理规划

(一)管理体制和运行机制

按照流域管理与区域管理相结合的原则,建立健全事权明晰、运作规范、权威高效的黄河流域管理体制,进一步完善水资源统一管理和调度、防汛抗旱管理、流域水资源保护监督管理、河道与水工程管理、流域水土保持管理、水行政执法等职能。

进一步完善流域管理议事协商机制,建立干流及支流重要水利枢纽工程的管理和调度机制,强化水资源统一管理和调度机制,完善省(区)界断面水量、水质责任监督机制,完善河道管理范围内建设项目管理机制,健全突发水事事件预警和应急管理机制。

(二)政策法规建设

结合黄河实际,在法律层面制定《黄河流域水污染防治法》,在行政法规层面制定《黄河流域水资源保护条例》,在部门规章层面要对黄河源区管理、黄河东平湖管理等方面作出规定,构建完善的黄河水法规体系;严格实行水工程建设规划同意书制度,完善黄河水权转让制度,实行黄河下游滩区洪水淹没补偿政策,研究制定流域生态补偿政策。

(三)管理能力建设

加强各级水行政管理机构执法能力建设,加强黄河水政监察队伍和黄河公安队伍的建设,实行水政监察、公安联合执法;落实水行政执法工作经费,加强水政监察队伍、黄河公安派出所基础设施建设,配备执法交通工具、调查取证设备、信息处理等执法设施。在上中游省际边界河段和下游河段,建立卫星遥感信息接收和处理系统,构建重大水事案件网上会商平台,提高执法办案的效率。

建立完善相关的监督检查工作制度和标准体系,配置必要的设施和设备,加强监督队伍自身能力建设,对规划实施、防汛抗旱、水资源管理与调度、水资源保护、水土保持、水利工程建设与管理进行有效的监督。

切实加强水利工程管理队伍能力建设,加强工程观测设施、养护机械设施配备,改善与提高管理技术手段,促进工程管理现代化。

完善信息发布平台,制订完善流域信息发布管理制度,进一步增强政务、水文、汛旱情、水质、水土保持等方面的信息发布能力,根据法律法规和有关规定,向社会和有关机构进行发布,以反映流域治理情况、保障社会公众知情权和参与权。

二、科技支撑体系规划

(一)水沙监测与预测预报体系建设

按照"统一规划、分步实施"的原则,进一步完善黄河水沙监测与预测预报体系,近期全流域新设部分水文站、水位站、独立雨量站、蒸发站、引退水站、地下水监测站、墒情站、实验站和巡测基地等。规划到2020年,站网密度由目前的2280平方公里/站提高到781平方公里/站;到2030年,站网密度提高到649平方公里/站。

进行水文监测基础设施和测报能力，依据《水文基础设施建设及技术装备标准》，对新布设的水文测站进行建设，对现有的测站进行升级改造，提高测报能力。

建设完善的水库、河道及河口滨海区测验体系，新建（改建）重点干流河段、水库、滨海区及重要支流等区域水文泥沙测验断面，配置必要的测验、监测设施。

建成覆盖全流域的水情报汛通信网络，全面实现雨量站和水位站自动报汛，加强应急报汛能力建设，建设覆盖流域和省（区）水文机构的水文计算机广域网络系统。

建设完善水文水资源预测预报系统，加强水文水资源信息资源管理系统建设。

（二）“数字黄河”工程

进一步建设和完善“数字黄河”工程的数据采集、数据传输、数据存储与管理等基础设施，完善防汛减灾、水资源管理与水量调度、水土保持生态环境监测、水资源保护、水生态保护、水利工程建设与管理、电子政务等应用系统，完善应用系统开发运行环境和开发共享应用资源，扩展应用服务平台，完善数据资源共享机制；加强数学模型研发，提高对黄河治理开发与保护的支撑能力。

（三）“模型黄河”工程

建设流域科研与创新试验基地，继续完善“模型黄河”工程，包括黄土高原模型、水库模型、河道模型、河口模型、堤防与防汛抢险模型、节水灌溉与水文水资源技术试验场、基础与综合研究模型等。与实体模型建设规模相匹配，进行测控系统工程和基础实施工程建设。

（四）科学研究

进一步加强基础研究、关键技术和高新技术的开发与应用，加快科技创新，推动科技成果转化，促进国际合作与交流，建立现代治黄科研工作机制，为黄河治理开发保护与管理实践提供坚实的科技支撑。

第十三章　环境影响评价

《规划》全面贯彻了科学发展观和构建和谐社会的总体要求，树立了生态保护的理念，综合考虑了各河段的资源环境特点，科学合理地确定了各河段治理开发与保护任务、规划目标和总体布局，根据对流域环境现状和规划方案的分析，提出了水资源管理控制指标、水环境综合治理措施、水生态保护与修复措施、水土流失综合治理措施及水资源优化配置、岸线功能区管理等方面的环境保护对策措施。

规划实施后，可以进一步改善黄河水沙关系，保障流域及下游黄淮海平原的防洪安全；有利于促进节水型社会建设，缓解水资源供需矛盾，保障流域供水安全及粮食安全、能源安全，支撑流域及相关地区经济社会快速发展；有利于促进干支流水质达到水功能区目标、遏制水污染；有利于沿河湿地生态系统和鱼类生境的改善以及黄河源区水源涵养功能的恢复；有利于进一步遏制黄土高原水土流失，改善区域生态环境。因此，规划实施对流域生态环境的有利影响是主要的，不仅避免了流域经济社会发展对资源环境的盲目开发，而且有利于保护和改善流域生态环境，有利于保障经济社会与生态环境的协调可持续发展，促进人水和谐。规划实施对龙羊峡以上、黑山峡—青铜峡、古贤—三门峡等局部河段的生态环境带来的一定不利影响，可以通过工程或非工程措施给予减缓、减免和补偿；规划不存在环境制约性因素，规划方案环境总体可行。

在规划实施过程中，要严格执行建设项目的环境影响评价审批制度，提出具有可操作性的环境保护措施。建立和完善黄河流域生态与环境监测体系。梯级工程实施时应考虑建立鱼类增殖站，科学合理地确定水库调度运行方式，减轻对水生生物的影响，重视移民安置工作，进一步完善龙羊峡以上河段水电开发方案。

第十四章　近期实施安排及实施效果

一、近期实施安排

（一）水沙调控体系

做好河口村水库和海勃湾水库的建设工作，深入做好古贤、东庄水库等骨干工程项目的前期工作，力争2020年建成生效。同时加强黑山峡河段和碛口水利枢纽工程前期研究工作。

（二）防洪减淤体系

黄河下游要基本完成临黄大堤加固任务，新续建控导工程93.9公里、加高加固坝垛3133道；基本完成河口、沁河下游堤防及险工加高加固以及滞洪区建设；完善防洪非工程措施及工程管理。

基本完成宁蒙河段、禹潼河段、潼三河段等上中游干流河段防洪及河道治理、库岸防护工程建设。

全部完成城市防洪及病险水库除险加固。近期完成中小河流治理523条。

在多沙粗沙区修建拦沙坝4238座，对十大孔兑进行治理；开展小北干流无坝自流放淤；进行下游“二级悬河”治理和滩区放淤；开展下游背河低洼地改造，结合淤背等泥沙利用进行挖河疏浚。

（三）水土流失综合防治体系

规划近期安排综合治理面积16.25万平方公里，进行淤地坝、梯田、林草植被、小型蓄水保土工程建设、预防监督、监测等工程措施和非工程措施建设，其中新建骨干坝9210座，中小型淤地坝2.8万座。开展水土保持预防监督，建设水土保持生态环境监测站网，开展多沙粗沙区重点支流水土保持监测和晋陕蒙接壤区人为水土流失监测等。

（四）水资源合理配置和高效利用体系

进行宁蒙平原、中游汾渭盆地、下游引黄灌区等大中型灌区的续建配套和节水改造，加大工业、城镇生活节水力度。

建设黄河干流古贤水利枢纽及支流洮河九甸峡水库、沁河河口村水库等；新建和续建青海省湟水北干渠一期工程、引洮供水一期工程、河南省小浪底南岸灌区工程、陕甘宁盐环定扬黄续建配套工程、陕西省东雷二期抽黄续建配套工程等；建设引汉济渭等跨流域调水工程；进行流域中水回用和雨水利用工程建设；进行河湖连通工程建设。进一步完善干流水量综合调度体系，加强主要支流水量统一调度体系建设。

（五）水资源和水生态保护体系

规划近期安排流域水资源和水生态保护基础设施建设、水质和水生态监测站网和能力建设，排污口改造、疏浚清淤、废污水生态处理等水资源保护工程，突发性水污染事件应急机制及能力等。逐步退还深层地下水开采量和平原区浅层地下水超采量，建设地下水保护工程、地下水修复工程和地下水监测体系。

(六)综合管理体系

规划近期进一步完善流域与区域相结合的综合管理体制和运行机制,以及政策法规体系;基本建成以水沙监测预报、“数字黄河”工程、“模型黄河”工程为重点的科技支撑体系;加快工程管理能力建设,加强涉水行业管理,流域综合管理和公共服务水平进一步提高。

(七)前期工作及科学研究

重点开展南水北调西线等跨流域调水工程、古贤水利枢纽、黑山峡河段工程、碛口水利枢纽、禹门口(甘泽坡)水利枢纽、东庄水利枢纽等重大工程的前期工作。对于支流水库和引水工程,在规划实施过程中要进一步加强论证工作。继续深入开展引江济渭入黄方案研究,深入研究以小浪底水库为核心的水沙调控体系联合运用方式。围绕黄河防洪(防凌)减灾、水沙调控、水资源统一管理和调度、水资源保护、水土保持等面临的突出问题,进一步加强基础研究和应用技术研究。

二、近期实施效果

近期规划的措施实施后,到2020年,将进一步提高黄河防洪能力,初步缓解水资源供需矛盾,遏制河流水质和水生态恶化趋势,减少水土流失,增强流域综合管理能力,使黄河健康状况得到一定修复,促进黄河流域及其相关地区经济社会的可持续发展。

水沙调控工程及防洪减淤体系建设方面,近期随着堤防加固、河道整治、滩区安全建设措施的实施,以及水沙调控体系工程建设,黄河防洪减淤体系将得到进一步完善,对流域及沿黄地区经济社会的稳定发展发挥重要作用。

水土保持方面,近期水土保持生态建设措施的实施,可以促进人口、资源、环境的协调发展。通过淤地坝建设,特别是多沙粗沙区拦沙工程的建设,可有效减少入黄泥沙;通过人工造林种草和生态自然修复,使流域生态环境得到明显改善;新增梯田提高粮食产量,可使人民群众的生产生活条件得到有效改善,促进区域经济社会发展。

水资源开发利用方面,近期规划措施实施后,将促进节水型社会建设,提高水资源的利用效率。通过加强水资源管理和统一调度以及水权转让,实施引汉济渭工程、污水回用以及雨水利用工程,可增加部分供水量,水资源供需矛盾有所缓解,全面解决人畜饮用水问题,保障城市和能源基地供水,保证生态环境的低限用水。

水资源和水生态保护方面,近期规划措施实施后,黄河流域城市生活污水处理率将达到80%以上,工业点源稳定达标排放,有效改善流域水功能区水质,重点河段入河污染物满足水功能区纳污能力的要求,实现水功能区保护目标要求。

流域综合管理方面,通过规划的实施,流域管理与区域管理相结合的体制和机制进一步完善,政策法规得到进一步健全,水沙监测与预测预报、“数字黄河”、“模型黄河”等科技支撑能力得到进一步提升,流域综合管理能力和公共服务水平得到显著提高。

第十五章　黄河治理开发与保护远景展望

黄河的根本问题是“水少、沙多,水沙关系不协调”、水资源供需矛盾尖锐以及生态环境脆弱,治理开发和保护黄河是长期、艰巨而复杂的任务。本次规划的实施,对于保障黄河流域的防洪安全、供水安全、生态安全,具有极为重要的作用。到2030年,黄河的大洪水基本得到有效控制,入黄泥沙减少6亿—6.5亿吨,水沙调控体系基本形成,下游河道在40—50年内基本不淤积抬高,水资源供需矛盾得到缓解,有效改善水功能区水质,流域生态功能得到改善,水生态系统基本实现良性循环,黄河流域的防洪安全、供水安全、生态安全得到保障。但从长远来看,黄河水资源依然不足,远景缺水仍将有一定程度的增加;随着古贤水库拦沙库容逐渐淤满,即使考虑远景黄土高原水土流失得到有效治理,进入黄河下游的泥沙量仍有8亿吨左右,若不继续采取有效措施控制黄河泥沙,水沙关系仍然不协调,黄河下游河道又将面临淤积抬高的严峻局面,从长远看存在改道的风险。目前黄河下游现状河床高出两岸背河地面4—6米,下游两岸地区人口稠密,城市、铁路、公路、水利等基础设施密布,经济社会的持续发展已不允许下游河道再改道。

针对未来黄河水少、沙多、水沙关系不协调的根本性问题,要谋求黄河长治久安,必须在立足于黄河下游现行河道的长期行河条件下,努力减少进入下游河道的泥沙,改善水沙关系,使河道不显著淤积抬高。要按照"增水、减沙,调控水沙"的基本思路,继续强化节约用水,实施南水北调西线后续工程及其他跨流域调水工程,在基本保障经济社会发展和生态环境用水需求、河流生态系统良性循环的同时,使黄河的输沙用水也能够基本得到保证;要坚持不懈地开展水土流失综合治理,力争使进入黄河的沙量不超过8亿吨,兴建干流碛口水利枢纽拦沙,在有条件放淤的滩区继续实施引洪放淤,进一步减少进入下游河道的泥沙特别是粗泥沙;继续完善水沙调控体系,协调水沙关系,提高河道排沙能力,控制河道淤积,维持中水河槽排洪输沙能力;结合淤筑"相对地下河"开展挖河疏浚,进行河口治理。同时,在黄河下游要继续完善河防工程体系和滩区保安体系,保障防洪安全。

未来随着科学技术的发展,人类调控黄河水沙、处理和利用黄河泥沙的水平将不断提高,在国家资金投入基本保障的前提下,通过长期不懈的努力,可以维持黄河健康生命,实现黄河长治久安,让黄河永久造福中华民族。

淮河流域综合规划(修编)

(2012—2030年)

前　　言

新中国成立后,按照“蓄泄兼筹”的治淮方针,先后编制了四轮流域综合规划。在流域规划指导下,经过60年持续治理,淮河流域初步形成了防洪、除涝、灌溉、航运、供水、发电等水资源综合利用体系,减灾兴利能力得到显著提高,在保障防洪安全和粮食安全、促进能源开发利用、推进工农业生产、提高人民生活水平等方面,充分显示出基础地位和“命脉”作用。

随着流域经济社会的快速发展,流域治理与开发面临许多新情况、新挑战,流域水资源状况、工程条件等发生了较大变化,深入贯彻落实科学发展观、实施国家及区域协调发展战略,对流域水利发展提出了新的更高要求。为了全面落实科学发展观,保障流域防洪安全、供水安全、粮食安全和生态安全,根据《国务院办公厅转发水利部关于开展流域综合规划修编工作意见的通知》(国办发〔2007〕44号)和水利部的总体部署,淮河水利委员会(以下简称淮委)组织流域内湖北、河南、安徽、江苏、山东五省水利厅开展了淮河流域综合规划的修编工作。

2013年3月,国务院以国函〔2013〕35号批复了《淮河流域综合规划(2012—2030年)》(以下简称《规划》),并要求认真组织实施。本次淮河流域综合规划修编,坚持以科学发展观为指导,贯彻《中共中央 国务院关于加快水利改革发展的决定》(中发〔2011〕1号)、中央水利工作会议、《国务院关于实行最严格水资源管理制度的意见》(国发〔2012〕3号)和2010年国务院治淮工作会议精神,全面落实可持续发展治水新思路,根据新时期国家宏观政策、流域经济社会发展状况,针对淮河面临的突出问题和长远发展需要,对淮河流域的治理、开发和保护进行战略性、全局性、前瞻性的规划,科学谋划下一阶段淮河治理开发与保护的总体布局和实施安排,以建立适应流域经济社会可持续发展、维护良好水生态的整体协调的水利体系。

淮河流域综合规划修编工作充分利用《淮河流域防洪规划》、《淮河流域及山东半岛水资源综合规划》等规划成果,采纳了交通部组织编制的《淮河水系航运规划》的相关成果，与《全国中小河流治理和病险水库除险加固、山洪地质灾害防治、易灾地区生态环境综合治理总体规划》、《全国主体功能区规划》、《全国城市饮用水水源地安全保障规划》等规划进行了协调。规划编制过程中，流域五省相关部门和单位密切配合，共同开展了大量工作。

报告中高程为"1985 国家高程基准"。

第一章　形势与问题

一、流域概况

淮河流域地处我国东部，位于东经 111°55′—121°20′，北纬 30°55′—36°20′，西起桐柏山、伏牛山，东临黄海，南以大别山、江淮丘陵、通扬运河及如泰运河南堤与长江流域分界，北以黄河南堤和沂蒙山脉与黄河流域毗邻。淮河流域包括淮河和沂沭泗河两大水系。淮河水系主要支流有沙颍河、洪汝河、涡河、淠河、史灌河等；沂沭泗河水系由沂河、沭河和泗河等组成。

淮河流域包括湖北、河南、安徽、江苏、山东五省 40 个地级市，160 个县(市、区)，面积为 27 万平方公里，耕地约 1.9 亿亩。流域总人口 1.7 亿，约占全国总人口的 13%；其中城镇人口 5657 万，占全国城镇人口的 9%，城镇化率 33.3%。流域平均人口密度为 631 人/平方公里，是全国平均人口密度的 4.5 倍。国内生产总值 1.73 万亿元，人均 1.02 万元(规划基准年 2005 年数据)。

淮河流域多年平均降水量为 875 毫米(1956—2000 年系列，下同)，其中淮河水系为 911 毫米，沂沭泗河水系为 788 毫米。降水量在地区分布上不均匀，总体上是南部大于北部、山区大于平原、沿海大于内陆。淮河流域多年平均径流深约为 221 毫米，其中淮河水系为 238 毫米，沂沭泗河水系为 181 毫米。

淮河流域多年平均水面蒸发量为 1060 毫米，流域多年平均陆面蒸发量为 640 毫米。淮河流域暴雨多集中在 6—9 月，其中 6 月份暴雨主要在淮南山区；7 月份全流域出现暴雨的几率大体相等；8 月份西部伏牛山区、东北部沂蒙山区和东部沿海地区暴雨相对增多；9 月份流域各地暴雨减少。

淮河流域自古以来水旱灾害发生频率高、持续时间长、受灾范围大，灾情惨重。据统计，1194—1948 年的 754 年中，共发生水灾 594 次，旱灾 423 次；另一方面，由于过渡带气候的易变性和不稳定性，流域呈现旱涝急转和旱涝交替明显特征。根据 1960—2007 年资料分析，48 年中流域出现 13 年旱涝急转或旱涝交替现象。

二、流域特点

(一)地处南北气候过渡带，极易发生洪涝旱灾害

淮河流域是我国南北气候、高低纬度和海陆相三种过渡带的重叠区域，气候变化幅度大，灾害性天气发生的频率高；受东亚季风影响，流域的年际降水变化大，年内降水分布也极不均匀；洪、涝、旱及风暴潮灾害频繁发生，且经常出现连旱连涝或旱涝急转。

(二)地势低平，蓄排水条件差

淮河流域平原面积广阔，占流域总面积的 2/3，地形平缓，淮北平原地面高程一般为 15—50 米，淮河下游平原地面高程一般为 2—10 米。淮河干流河道比降平缓，平均比降洪河口以上为

0.5‰，洪河口至中渡为0.03‰，中渡至三江营为0.04‰。淮河两岸支流呈不对称扇形分布，淮南支流源短流急，遇有暴雨，洪水汹涌而下，先行占据淮河河槽；淮北支流面大坡缓，汇流缓慢，易受干流洪水顶托。

淮河原是水系畅通、独流入海的河道，12世纪以后，黄河长期夺淮，改变了流域原有水系形态，淮河失去入海尾闾，被迫改道入江，淮北支流河道、湖沼多遭淤积，沂、沭、泗诸河排水出路受阻，中小河流河道泄流能力减小、排水困难。

由于地势低平，山区面积小，拦蓄洪水的条件差。广大平原地区地面高程大多低于干支流洪水位，受洪水顶托影响严重，加之人水争地矛盾突出，无序开发，侵占河湖，减小了河湖的调蓄能力，更加恶化了蓄排水条件。

（三）防洪保护区面积大，防洪保安任务重

淮河流域防洪保护区面积为15.75万平方公里，人口1.2亿，耕地1.37亿亩，分别占流域总量的58.4%、71.7%和71.9%。防洪保护区国内生产总值1.23万亿元，粮食产量6620万吨，分别占流域总量的71%和70%。防洪保护区面积占全国国土面积的1.6%，人口占全国的9.2%，耕地占全国的7%，粮食产量占全国的12.1%。防洪保护区面积大，人口多，地位十分重要，防洪保安任务很重。

（四）人水地之间及区域之间矛盾突出，协调难度大

淮河流域平均人口密度是全国的4倍多，人均水资源占有量只有全国平均水平的1/4，且水资源分布与流域人口和耕地分布、矿产和能源开发等生产力布局不匹配，经济社会发展与水环境承载能力不协调，与资源环境保护的矛盾突出。淮河流域农业人口占总人口的67%，对土地的依赖程度高。沿淮湖泊洼地原为淮河洪水滞蓄场所，由于人多地少，历史上就不断围垦河湖，减少了洪水滞蓄场所，降低了面上洪涝水滞蓄能力，增加了干流排水压力。同时，干支流排水不畅，影响到上下游、左右岸的利益，造成区域之间水事矛盾突出，地区利益协调难度大，增加了治理的复杂性。

（五）战略地位重要，经济发展潜力大

淮河流域流域内耕地面积约1.9亿亩，沿海尚有大片滩涂可资开垦。区内日照时间长，光热充足，气候温和，农业生产条件优越，粮食总产量约占全国的1/6，是国家重要的粮、棉、油基地；流域内煤炭等矿产资源丰富，煤电煤化工产业发展潜力大，是黄河以南最大的能源基地；流域内铁路、公路纵横交错，是国家重要的交通枢纽区域。流域内工业门类齐全，主要有化工、建材和制造业。由于长期以来水旱灾害频发，严重制约了区域经济社会的发展。淮河流域地处我国中东部，区位条件优越，资源条件和现代工业基础较好，有利于吸引产业转移。随着流域水利条件改善，淮河流域将成为我国极具发展潜力的地区之一。

三、治淮成就

经过60年的治理，淮河流域水利建设取得了巨大成就。流域内建成水库5700多座，总库容约280亿立方米，其中大型水库38座，总库容200亿立方米；建成蓄滞洪区和控制蓄洪的大型湖泊共16处，总库容359亿立方米，蓄滞洪库容263亿立方米；建设各类堤防约5万公里，重要堤防1.1万公里，其中淮北大堤、洪泽湖大堤、里运河大堤、南四湖湖西大堤、新沂河大堤等1级堤防1716公里；淮河干流中游建有行洪区17处；整治了主要干支流河道，扩大了泄洪排涝能力；开挖茨淮新河、怀洪新河等人工河道2100多公里；建成各类水闸6600余座；建成各类电力抽水站5.5万多处，总

装机300多万千瓦；治理水土流失面积3.9万平方公里；兴建了引江、引黄等调水工程，引江水能力达1100立方米/秒；建成大型灌区81处。

淮河流域初步形成了防洪除涝减灾体系。上游拦蓄能力增强，大型水库控制面积2.7万平方公里，防洪库容67.38亿立方米。河道泄洪能力显著提高，淮河干流上游从2000立方米/秒提高到7000立方米/秒，中游王家坝至洪泽湖由5000—7000立方米/秒扩大到接近7000—13000立方米/秒，下游由8000立方米/秒扩大到接近18270立方米/秒（含分淮入沂相机分泄3000立方米/秒）。沂沭泗河水系的入海排洪能力由不足1000立方米/秒扩大到14200立方米/秒。淮河上游防洪标准达到10年一遇，中下游重要防洪保护区和重要城市的防洪标准提高到100年一遇；沂沭泗河中下游重要防洪保护区的防洪标准总体提高到50年一遇；淮北重要跨省支流的防洪标准除洪汝河防洪标准为10年一遇外，其余均提高到20年一遇。改善了部分易涝洼地的排涝条件，重要排水河道的排涝标准达到或接近3年一遇。

淮河流域初步建成了蓄、引、提、调的水资源配置工程体系。蓄水、引水、提水等各类水利工程设计年供水能力达823亿立方米，是新中国成立初期的9倍；工业和城镇生活用水量由1980年的47亿立方米增长到2007年的115亿立方米，占总用水的比重由11.8%提高到23%；初步建成水库塘坝灌区、河湖灌区和机电井灌区三大灌溉体系，设计灌溉面积达1.7亿亩，年均实灌面积由50年代的不足1500万亩，增加到90年代的近1亿亩。

流域水污染防治力度加大，河湖水质明显改善。1995年国务院发布我国第一部流域性水污染防治法规《淮河流域水污染防治暂行条例》，有力推动了流域水污染治理工作深入开展。淮河流域城镇主要污染物COD入河排放量从20世纪90年代初以来总体上呈逐步下降趋势。水资源保护工作进一步加强，完成了全流域水功能区划，确立了以水功能区为核心、以入河排污口监督管理为手段的水资源保护制度，根据淮河流域纳污能力提出了限制排污总量意见，进一步明确了流域水污染防治目标。不断完善水污染联防机制，发挥水利工程的综合效益，有效减轻水污染危害。

持续开展水土保持工作，生态建设初显成效。近60年累计治理水土流失面积3.9万平方公里，在约9万平方公里的丘陵山区，兴建梯田105万公顷，塘坝114多万座，拦沙谷坊25万座，水土保持林草220万公顷，改善了生态环境。

构建了流域综合管理体制框架，流域管理政策法规体系逐步完善，初步建立了水文水资源监测网络和防汛调度指挥系统，管理能力和服务水平有所提高。

60多年的治淮实践，取得了巨大的成绩，也积累了宝贵的经验。党中央、国务院的高度重视是做好治淮工作的根本保证；丰富和完善治淮思路是做好治淮工作的基本前提；坚持科学规划是做好治淮工作的重要基础；不断推进科研创新是做好治淮工作的有力支撑；坚持团结治水是做好治淮工作的强大保障。

四、流域经济社会发展对水利的要求

（一）实现国民经济又好又快发展对水利提出新要求

水资源是我国经济发展的重要战略资源，水利是国民经济的重要基础设施。流域经济社会发展要求进一步加快水利发展步伐，完善水利基础设施，提升水利保障能力，强化水利对区域协调发展的重要支撑作用。

(二)保障和改善民生对水利提出新要求

水利发展与保障和改善民生息息相关,防汛抗洪关系人民安危,饮水安全关系人民健康,保障和改善民生要求把群众需求放在更加突出的位置,加强流域水利发展,努力解决人民最关心、最直接、最现实的利益问题,保障人民群众生命财产安全和用水安全。

(三)增强发展协调性对水利提出新要求

转变经济发展方式,增强经济发展协调性,对水利建设和管理提出更高要求。增强发展协调性,必须要根据流域的水资源状况,强化需水管理,实施最严格的水资源管理制度,统筹和兼顾区域均衡发展,优化水资源配置,为城市群的发展和产业规划的布局提供水资源保障。

(四)基本公共服务均等化对水利提出新要求

水利事业是公共服务的重要内容,推动实现基本公共服务均等化,必然要求充分发挥水利的基础作用,推动城乡水利协调发展。

(五)保障粮食安全对水利提出新要求

淮河流域是我国粮食主产区,对保障我国粮食安全具有重要作用。为保障国家粮食安全,在保有耕地和防洪安全的基础上,需进一步加强农村水利及农田水利基础设施建设,改善粮食生产条件,提高粮食生产用水保障程度。

五、流域水利发展面临的主要问题

(一)流域防洪安全要求不断提高,防洪能力相对不足

淮河上游拦蓄能力不足。淮河流域山丘区面积占流域总面积的1/3,但水库控制面积不足山丘区面积的1/3。淮河水系大型水库控制面积仅为1.78万平方公里,加之淮河干流上游尚无控制工程,拦蓄能力不足,上游防洪标准仅10年一遇。

淮河中游行洪不畅,行蓄洪区问题突出。淮河中游河道泄流不畅,特别是在中小洪水时的行洪能力不足,汛期高水位持续时间长,防汛压力大,同时也影响沿淮两岸排涝。淮河流域行蓄洪区数量多、启用标准低,进洪频繁,社会影响大;行蓄洪区人口多,区内群众安全居住问题尚未得到很好解决,难以及时启用有效发挥作用;行洪区的防洪控制设施不足,阻水障碍较多,行洪效果差;行蓄洪区建设滞后,灾后恢复自救能力较差。区内经济发展水平相对较低,适时有效地行蓄洪水的需要与区内居民公平发展的要求之间矛盾突出。

淮河下游出路不足。洪泽湖防洪标准尚达不到国家防洪标准规定的300年一遇的要求,中低水位时的泄流能力偏小,在遇中小洪水时洪泽湖水位即快速上升,影响中游洪水下泄和排涝;洪泽湖大堤也还存在不少险工隐患;入江水道、分淮入沂虽经多次整治,仍难以安全下泄设计流量。

沂沭泗河水系的防洪体系虽已形成,但仍需进一步巩固和完善,南四湖和新沂河等重要防洪保护区的防洪标准与其重要性也还不相适应。

平原洼地排涝标准低,涝灾损失大。淮河流域平原面积广大,约占流域总面积的2/3,易涝区耕地面积约0.9亿亩。广大平原地区现有排涝设施严重不足,除涝标准较低,几乎每年都有局部涝灾发生。特别是众多沿河、滨湖洼地受外河高水位的顶托,缺乏自排条件,抽排能力有限,面上积水无法及时排出,历来是洪涝灾害频发地区,因洪致涝、“关门淹”的问题十分突出。严重的涝灾已成为制约流域社会经济发展和人民生活水平提高的重要因素。

工程安全隐患多,中小河流防洪除涝标准低。淮河干流一般堤防堤身单薄,险工多,质量差,标

准低;流域内病险水库、水闸多,汛期险情时有发生;中小河流大多未经过系统治理,防洪和排涝标准较低。

(二)经济社会快速发展,水资源供需矛盾仍非常突出

水资源严重短缺。淮河流域水资源总量少,人均水资源量不足500立方米,70%左右的径流集中在汛期6—9月,最大年径流量是最小年径流量的6倍,水资源的时空分布不均和变化剧烈,使水资源短缺的形势更加突出。现状流域多年平均缺水量达51亿立方米,缺水率达8.6%,遇干旱年缺水形势更加严重。旱灾发生的频率和范围有增加的趋势。

水土资源不匹配。山丘区水资源量相对丰富,而用水需求相对较小,平原地区人均和亩均水资源量小,调蓄条件差,但用水需求大。水资源分布与流域人口和耕地分布、矿产和能源资源开发等生产力布局不协调,加剧了水资源供需矛盾。

水资源配置体系尚不完善。流域蓄水、调水、引水等水资源配置骨干工程建设滞后,水资源配置工程体系尚不完善,水资源配置能力不足,缺乏有效的水资源调度手段,难以实施水资源的合理配置。

用水效率和效益不高。农业灌溉方式仍有待改进,节水潜力较大;许多工业企业设备陈旧、工艺落后,取用水量大、重复利用率低;城市用水也存在节水意识不强、节水设施不足和管理落后等现象,节水型社会建设的任务很艰巨。

(三)水污染形势依然严峻,水资源保护还需加大力度

淮河流域经过多年治理,河湖水质总体上呈好转趋势,但水污染形势依然严峻,部分河流的水质尚未达到功能区水质管理目标要求,主要污染物入河量仍超过水功能区纳污能力。特别是淮北主要支流污染还相当严重。水污染使部分水体功能下降甚至丧失,进一步加剧了淮河流域水资源短缺矛盾。

河湖生态用水难以保障。淮河流域河湖径流季节性变化大,水资源开发利用程度高,河道内生态用水常被挤占,出现有水无流或河湖干涸萎缩的现象,流域内中小河流水生生态系统破坏严重。

(四)生态建设重视不够,水土流失威胁不可低估

水土保持投入不足,综合治理进展缓慢,水土流失问题依然严重。流域内不合理资源开发现象较为普遍,坡耕地水土流失远未得到有效控制,坡式经济林不合理经营带来的水土流失问题尚未得到重视;生产建设项目人为水土流失日益加剧;山洪威胁人民生命财产安全等问题还较为突出。

(五)农村水利基础设施薄弱,亟须加大投入加快发展

农村水利发展水平自20世纪80年代以来持续滑坡,与农业和农村经济发展很不适应,与新农村建设的要求相比,差距更大。

饮水安全问题突出。由于水资源时空分布不均、水污染严重、供水设施不足等原因,造成农村人口饮水安全问题突出。

农田灌排设施薄弱。农田灌排工程大多建于20世纪60、70年代,普遍存在工程不配套、建设标准低、工程老化失修严重、抗御水旱灾害能力不强等问题,农业综合生产保障能力不足,制约农业综合生产能力提高,影响国家粮食安全。

农村水环境亟待改善。农村水土流失、面源污染、居民生活污水等未能得到有效治理,水环境恶化的趋势尚未得到有效遏制,影响生产发展、生活宽裕、村容整洁等新农村建设目标的实现。

(六)社会管理与公共服务要求不断提高,流域综合管理有待加强

流域水行政管理体制尚未完全理顺。流域管理方面的立法滞后,地方越权管理现象时有发生,水法规体系建设不能满足流域综合管理的需要。

洪水管理体系有待逐步建立和完善,水量分配和水量调度工作相对滞后,水资源保护的手段和措施不完备。水土保持监督管理机制不顺。流域水利规划体系不健全,规划管理工作亟须加强。基层水管单位管理设施薄弱,保障能力不足。应急处置工作机制尚不健全,应对突发公共事件的能力不强。

支撑流域防洪除涝、水资源管理与保护、水土保持的监测监控站网体系尚不完备,流域水利信息化水平还不高,管理基础设施及能力建设亟须加强。

第二章　总体规划

一、指导思想

坚持以人为本,全面、协调、可持续的科学发展观,紧紧围绕全面建成小康社会和构建社会主义和谐社会的宏伟目标,按照建立资源节约型、环境友好型社会的总体要求,认真贯彻落实《中共中央 国务院关于加快水利改革发展的决定》、中央水利工作会议精神和《国务院关于实行最严格水资源管理制度的意见》,坚持“蓄泄兼筹”的治淮方针,全面规划、统筹兼顾、综合治理,重视水资源的合理开发、优化配置、高效利用、全面节约、有效保护和科学管理,不断完善流域防洪除涝减灾、水资源配置和综合利用、水资源和水生态保护、流域综合管理等四大体系,实行最严格的水资源管理制度,以水资源的可持续利用保障经济社会的可持续发展。

二、规划范围与目标

(一)规划范围和水平年

规划范围为淮河流域,包括淮河水系和沂沭泗河水系。

规划基准年为2005年,近期规划水平年为2020年,远期规划水平年为2030年。

(二)规划目标

1.总体目标

按照《中共中央 国务院关于加快水利改革发展的决定》(中发〔2011〕1号)的要求,建立适应流域经济社会发展的完善的水利体系,保障淮河流域防洪安全、供水安全、粮食安全和生态安全,协调人与自然的关系,实现人水和谐,支撑流域经济社会可持续发展。

2.近期主要目标

建成较为完善的防洪除涝减灾体系,进一步控制山丘区洪水,完善中游蓄泄体系和功能,巩固和扩大下游泄洪能力,淮河干流中游淮北大堤、洪泽湖大堤和沂沭泗河中下游地区主要防洪保护区防洪标准达到国家规定的要求;防御100年一遇洪水时洪泽湖水位有效降低;行蓄洪区能够安全、及时、有效运用;重点平原洼地的除涝能力明显提高;重要支流得到进一步治理;重要城市、海堤防洪标准基本达到国家规定的要求。

基本形成水资源配置和综合利用体系。形成较为完善的流域水资源配置格局,水资源调配能力和节水水平大为提高,城乡供水条件进一步改善,防旱抗旱综合能力明显增强,农村饮水安全问题得到解决,农业生产的水利条件有较大改善,初步建成干支衔接、通江达海、布局合理的航运网络。

构建水资源和水生态保护体系。在实现限制排污总量意见要求的基础上,强化水资源合理调度,进一步提高水功能区水质达标率,集中式饮用水水源地水质全面达标,河湖水功能区主要污染物控制指标 COD 和 NH_3-N 达标率提高到 80%;重要河湖和湿地最小生态水量得到基本保障,水生态系统得到有效保护;农村水环境有较大改善。新增水蚀治理面积 2 万平方公里和风蚀治理面积 0.5 万平方公里,流域内水土流失治理程度 60%以上。25 度以上坡耕地退耕还林,适地适量实施坡改梯工程,山丘区人均基本农田增加 0.1 亩;桐柏大别、伏牛、沂蒙三大山区林草覆盖率提高 5%以上;山丘区正常年份减少土壤侵蚀量 0.6 亿吨以上;人为水土流失得到基本遏制。

基本建立流域综合管理体系。流域管理和区域管理相结合的水资源管理体制与机制协调有效,涉水事务管理能力和水平显著提高。

3.远期主要目标

建成适应流域经济社会可持续发展、维护良好水生态的整体协调的水利体系。建成完善的流域防洪除涝减灾体系,各类防洪保护区的防洪标准达到国家规定的要求,除涝能力进一步加强。建立合理开发、优化配置、全面节约、高效利用、有效保护、综合治理的水资源开发利用和保护体系,全面实现入河排污总量控制目标,基本实现河湖水功能区主要污染物控制指标达标,水土流失得到全面治理,水生态系统和生态功能恢复取得显著成效。流域水利基本实现现代化管理。

三、主要任务

(一)防洪除涝

建设出山店、前坪、张湾、白雀园、袁湾、晏河、下汤、江巷、庄里、双侯等大型水库,兴建中型水库,加固病险水库。整治淮河中游河道,调整淮河干流 17 处行洪区,扩大淮河中游行洪通道;实施蓄滞洪区建设;开展行蓄洪区及淮河滩区的居民迁建。整治淮河入江水道、分淮入沂,加固洪泽湖大堤;建设淮河入海水道二期工程,扩大淮河下游洪水出路;增建三河越闸,降低洪泽湖洪水位。扩大韩庄运河、中运河、新沂河行洪规模,整治沂河、沭河上游河道,完善防洪湖泊和骨干河道防洪工程。实施淮干一般堤防达标建设。进一步治理洪汝河等 27 条重要支流,治理中小河流。实施沿淮、淮北平原、淮南支流、里下河、白宝湖、南四湖、邳苍郯新、沿运、分洪河道沿线和行蓄洪区等低洼易涝地区的综合治理,治理区总面积约 10 万平方公里,耕地约 0.9 亿亩。对 21 座防洪形势较为严峻的城市进行防洪建设;新建、加固海堤长度 447.7 公里。

(二)水资源开发利用

继续实施南水北调东线二、三期,南水北调中线二期及引江济淮等跨流域调水工程建设,实施沿海引江工程。改造和扩建现有水源地,新建水源地,提高供水能力,保障城乡饮水安全。完善沿淮湖泊洼地及沂沭河洪水资源利用工程。加快大中型灌区节水改造,在水土资源较匹配的地区适度发展灌溉面积。

制定特枯水年和连续枯水年等紧急情况下水量分配方案;制定和完善应急供水预案。加强防旱抗旱能力建设。

（三）水资源保护

严格水功能区限制排污总量管理和入河排污口管理，提高城镇污水集中处理水平和再生水利用率，逐步实现地表水功能区水质全面达标，对沙颍河、涡河等污染严重地区实施水污染综合整治工程；强化城镇集中式饮用水水源地保护和管理，实施水源地污染源综合整治、水源地隔离防护等安全保障工程；优化水资源配置，保障河湖生态需水，逐步开展生态用水调度，在洪泽湖、南四湖等重点水域实施生态保护与修复工程，加强水生生物多样性保护及典型水产种质资源保护；按照地下水水质污染和超采分布情况，实施控制面源污染、限制污水灌溉、限采和禁采地下水、人工回灌等地下水保护措施。

（四）水土保持

加强淮河干流上游白马尖—九峰尖、鸡公山—太白顶一线中低山，沙河上游的尧山（石人山）—嵩山一线中低山和沂蒙山区的鲁山、尼山等植被良好区预防保护，对磨子潭、佛子岭、泼河、五岳、薄山、白龟山、田庄、安峰山等大型水库和沙河上游及蒙山生态脆弱地区实施生态修复。实施山丘区坡耕地和坡林地水土综合整治，完成以小流域为单元综合治理水蚀面积 2.33 万平方公里，同时，在水库型水源地上游开展清洁型小流域面源污染辅助控制工程建设；综合治理黄泛风沙区、废黄河故道和滨海沙土区风水复合侵蚀；综合治理山洪沟，防治山洪灾害。

（五）农村水利

围绕社会主义新农村建设和粮食安全的要求，重点解决农村饮水安全，改善农业灌排条件，整治农村水环境，促进农村生态建设。

解决农村 6243 万人的饮水安全；改善农业灌排条件，完成 81 处大型灌区的续建配套与节水改造，完成 79 处大型排灌泵站的更新改造，加强中小型灌区的续建配套与节水改造，完善面上农田配套排水体系；清淤通畅村镇周边的排水沟渠，整治农村水环境。

（六）航运

完成流域内的全国内河高等级航道建设任务，并建成一大批区域性重要航道；形成布局合理、功能完善、专业高效的港口体系。完成流域内的全国内河高等级航道和区域性重要航道建设任务，并根据地方经济发展需要重点建设一批五级以上的一般航道；在引江济淮工程的基础上相应建设通航设施；在淮河入海水道二期工程的基础上完成出海航道建设任务。

（七）流域综合管理

推动流域管理法律法规的制定，进一步完善流域水法规体系。逐步理顺流域管理和区域管理相结合的管理体制和机制。

建立和完善流域水利规划、防洪抗旱、水资源开发利用与保护、水土保持、河湖岸线利用、水利工程等管理制度，强化管理；完善涉水事务的社会管理和公共服务体系，提高应对水利突发公共事件的能力。加强基层水管单位基础设施建设，提高管理水平。

建立由水文水资源监测站网、水利信息网络及信息资源管理体系、重点业务应用系统等组成的流域综合管理平台；强化流域综合管理基础设施、科研创新能力建设，开展流域治理重大问题研究，全面提升为流域水利事业可持续发展提供支撑的水平。

四、流域控制指标

(一)用水总量控制指标

淮河流域用水总量控制指标为国民经济各行业不同保证率供水量,淮河流域用水总量控制指标见表2-1。

表2-1 淮河流域用水总量控制指标表

单位:亿立方米

省别	水平年	50%	75%	95%	多年平均
湖北	2020	1.3	1.5	1.5	1.4
	2030	1.5	1.6	1.4	1.5
河南	2020	146.2	157.9	167.8	150.1
	2030	168.7	173	184.5	166.1
安徽	2020	129.5	144.9	150.1	134.2
	2030	142.6	143.8	161.3	141.7
江苏	2020	226.6	237.1	284.7	231.9
	2030	213.4	238.8	282	237.2
山东	2020	89.5	90	92.5	91.6
	2030	95.5	94.9	98.3	95
合计	2020	593.1	631.4	696.6	609.1
	2030	621.7	652.1	727.5	641.6

(二)用水效率控制指标

用水效率指标为淮河流域主要行业节约用水定额及程度指标,万元工业增加值用水量、灌溉水有效利用系数。淮河流域用水效率控制指标见表2-2。

表2-2 淮河流域用水效率控制指标表

指标名称	2020	2030
万元工业增加值用水量(立方米/万元)	57	35
灌溉水有效利用系数	0.57	0.61

(三)水资源与水生态保护控制指标

水资源与水生态保护控制指标为水功能区水质达标率,主要污染物限制排污总量意见,重要河流控制断面最小生态流量、水质,重要湖泊最低生态水位、水质。

1.水功能区水质达标率

淮河流域地表水资源保护以保护区、保留区、缓冲区和饮用水源区水质达标为重点,逐步提高功能区水质达标率。2020年地表水功能区COD和NH_3-N水质达标率达到80%;2030年基本实现水功能区COD和NH_3-N达标。

2.限制入河排污总量意见

综合考虑流域经济社会发展、水资源条件和水功能区水质要求,依据《中华人民共和国水法》,按照有关技术规程规范,在核定水功能区水域纳污能力基础上,确定到2030年淮河流域水功能区点源污染物COD和NH_3-N的限制排污总量意见,作为水资源保护和水污染防治工作的重要依据。

3.重要河(湖)最小生态流量(水位)和水质控制指标

为保障重要河湖水资源质量和水生态系统安全,按照水功能区水质和河道内最小生态用水要求,参照《全国重要江河湖泊水功能区划》及《淮河流域生态用水调度研究》成果,淮河流域重要河流控制断面最小生态流量、重要湖泊最低生态水位和水质控制指标见表2-3。

表2-3 重要河(湖)最小生态流量(水位)和水质控制指标表

河流名称	断 面	最小生态流量(立方米/秒)	最低生态水位(米)	水质管理目标
淮 河	王家坝	10.90		III
淮 河	蚌 埠	24.80		III
淮 河	小柳巷	28.50		III
颍 河	界 首	5.50		III
涡 河	亳 州	2.30		III
沂 河	临 沂	2.33		III
沭 河	大官庄	1.14		III
洪泽湖			10.81	III
南四湖上级湖			32.34	III
南四湖下级湖			30.84	III

第三章 防洪除涝

一、防洪除涝标准

(一)近期防洪除涝标准

基本建成较完善的流域防洪除涝减灾体系。淮河干流上游防洪标准近20年一遇,中游淮北大堤防洪保护区和沿淮重要工矿城市的防洪标准达100年一遇;洪泽湖防洪标准达300年一遇;沂沭泗河水系骨干河道中下游地区主要防洪保护区的防洪标准达到50年一遇。重要支流防洪标准总体达到20年一遇,涞赵新河等防洪标准达50年一遇。中小河流防洪标准10—20年一遇,除涝标准3—5年一遇。重要城市防洪标准达50—100年一遇;海堤防潮标准达到20—100年一遇。重点平原洼地除涝标准达到5年一遇,里下河腹部地区除涝标准达到10年一遇。

(二)远期防洪除涝标准

建成较完善的现代化防洪除涝减灾体系,防洪减灾能力提高到与经济社会发展相适应的水平。

淮河干流上游防洪标准达20年一遇,中游淮北大堤防洪保护区、沿淮重要城市和洪泽湖的防洪能力进一步加强;沂沭泗河水系南四湖、韩庄运河、中运河、骆马湖、新沂河的防洪标准逐步提高到100年一遇。重要支流防洪标准达到20—50年一遇;平原洼地按照近期治理标准,扩大治理范围,完善面上配套,进一步提高平原洼地的除涝能力。

二、水 库

(一)新建水库

1.大型水库

淮河流域规划修建大型水库共10座,规划总库容62.22亿立方米,防洪库容23.75亿立方米,兴利库容21.81亿立方米。近期拟建出山店、前坪、张湾、江巷、庄里等5座大型水库,规划总库容39.97亿立方米,防洪库容16.97亿立方米,兴利库容10.98亿立方米。远期拟建白雀园、袁湾、晏河、下汤、双侯等5座大型水库。淮河流域新建大型水库基本情况见表3-1。

表3-1 淮河流域新建大型水库基本情况表

规划期	序号	水库名称	所在水系或河流	开发目标	控制流域面积(平方公里)	设计洪水标准(%)	总库容(亿立方米)	防洪库容(亿立方米)	兴利库容(亿立方米)
近期	1	出山店水库	淮河干流	防洪、灌溉、供水、发电	2900	0.1	12.37	6.60	1.45
	2	前坪水库	北汝河	防洪、供水、灌溉、发电	1325	1	6.10	2.38	2.79
	3	张湾水库	竹竿河	防洪、灌溉、供水、发电	1360	0.2	16.71	7.08	4.65
	4	江巷水库	池 河	防洪、灌溉、供水	735	1	3.44	0.70	1.29
	5	庄里水库	十字河	供水、防洪、灌溉、发电	335	1	1.35	0.21	0.80
	小 计				6655		39.97	16.97	10.98
远期	1	白雀园水库	白露河	防洪、灌溉、发电	288	1	2.99	0.55	1.80
	2	袁湾水库	潢 河	防洪、灌溉、发电	475	1	5.43	1.22	3.10
	3	晏河水库	晏家河	防洪、灌溉、发电	217	1	2.80	1.22	0.96
	4	下汤水库	沙河干流	防洪、供水、灌溉、发电	820	1	9.23	3.14	3.77
	5	双侯水库	沂河支流蒙 河	供水、防洪、发电	400	1	1.80	0.65	1.20
	小 计				2200		22.25	6.78	10.83
合 计					8855		62.22	23.75	21.81

2.中型水库

流域干支流的上游,规划新建具有防洪任务的中型水库31座,主要解决中小河流的防洪问题兼顾水资源利用,总库容约8亿立方米,其中近期新建16座,远期新建15座。根据防洪及水资源利用需要,适时对有条件的中型水库进行扩建。规划扩建中型水库共19座,其中河南3座、山东16座。

(二)水库加固

近期拟安排47座中型病险水库除险加固(其中:湖北2座、河南22座、安徽15座,山东8座);远期根据水库安全鉴定情况及时安排病险水库除险加固。

（三）水闸加固

近期对500座大中型病险水闸进行除险加固，其中大型水闸62座（其中流域机构直管水闸1座，河南13座，安徽6座，江苏4座，山东38座），中型水闸438座。远期根据安全鉴定情况及时安排病险水闸除险加固。

三、河道整治

（一）淮河干流上中游河道治理

规划上游淮凤集—洪河口防洪标准为20年一遇，河道设计泄洪能力7000立方米/秒。中游一般堤防防洪标准为20年一遇，正阳关以下淮北大堤保护区和沿淮重要工矿城市防洪标准达100年一遇。河道设计泄洪能力洪河口—史河口7400立方米/秒，史河口—正阳关9400立方米/秒，正阳关—涡河口10000立方米/秒；涡河口以下13000立方米/秒。淮河干流主要控制点设计防洪水位淮凤集36.92米，淮滨32.5米，王家坝29.2米，正阳关26.4米，涡河口23.39米，吴家渡22.48米，浮山18.35米。王家坝设计洪水位远期结合淮河上中游干支流河道治理情况进一步研究。

近期工程：结合淮河干流中游行洪区调整，采取疏浚河道、退建和加固堤防等措施整治淮河干流河道，进一步扩大行洪通道，巩固河道设计泄洪能力。对河南省境内的淮河干流上游堤防，安徽省境内的临王段、西淝河左堤、黄苏段、天河封闭堤、塌荆段等堤防进行达标建设。

远期工程：依据淮河干流中游河相关系和河床演变研究成果，进一步整治河道，完善防洪除涝工程体系。

（二）淮河干流下游河道治理

规划洪泽湖防洪标准达到300年一遇，汛限水位12.31米，设计洪水位洪泽湖蒋坝15.81米。淮河下游入江水道、入海水道、灌溉总渠（含废黄河）、分淮入沂水道总的设计泄洪能力达20000—23000立方米/秒。入海水道二期工程设计流量7000立方米/秒，设计洪水位海口3.37米。入江水道设计泄洪流量12000立方米/秒，设计洪水位三河闸下14.24米、高邮湖9.33米、三江营5.50米。分淮入沂设计泄洪流量3000立方米/秒，设计洪水位新沂河沭阳11.21米。苏北灌溉总渠设计泄洪流量800立方米/秒，设计洪水位高良涧闸下11.26米、六垛南闸上4.12米。另外，废黄河还可分泄洪泽湖洪水200立方米/秒。

近期工程：入海水道二期工程，按照防御100年一遇洪水时洪泽湖水位有效降低的要求，进一步论证入海水道二期工程规模，暂按行洪7000立方米/秒设计；主要工程措施有扩挖深槽，加高加固南北堤防，扩建泄洪建筑物等。入江水道整治工程，按安全行洪12000立方米/秒的要求进行整治；主要工程措施有挖槽切滩和拓浚河道、加固堤防和拦河、穿堤建筑物等。分淮入沂整治工程，按安全行洪3000立方米/秒要求进行整治；主要工程措施有堤防、建筑物除险加固工程等。洪泽湖大堤加固工程，主要工程措施有堤防、建筑物加固，大堤南、北端封闭等；按泄洪200立方米/秒的要求，加固杨庄以下废黄河。

远期工程：规划在近期同步建设完成冯铁营引河和入海水道二期工程的基础上，按蒋坝水位13.81米，三河闸和三河越闸总泄流达12000立方米/秒，增建三河越闸。

（三）沂沭泗河骨干河道治理

规划沂河祊河口以上防洪标准为20年一遇，其中东汶河口—蒙河口—祊河口设计流量为9000—10000立方米/秒；祊河口以下防洪标准为50年一遇，相应设计流量祊河口—刘家道口

16000立方米/秒,刘家道口—江风口12000立方米/秒,江风口—苗圩8000立方米/秒。

沭河汤河口以上防洪标准为20年一遇,其中浔河口—高榆河口—汤河口设计流量为5000—5800立方米/秒;汤河口以下防洪标准为50年一遇,汤河口—沭河裹头8150立方米/秒,人民胜利堰—塔山闸2500立方米/秒,塔山闸—口头3000立方米/秒。

分沂入沭水道设计流量4000立方米/秒,大官庄枢纽闸前沭河与分沂入沭交汇段设计流量8500立方米/秒。

新沭河防洪标准为50年一遇。设计流量新沭河泄洪闸—大兴镇6000—7590立方米/秒,石梁河闸下—太平庄闸6000立方米/秒,太平庄闸下段6400立方米/秒。

邳苍分洪道设计流量:江风口—东泇河4000立方米/秒,东泇河—中运河5500立方米/秒。

南四湖湖西大堤、南四湖湖东堤石佛—泗河及二级坝—新薛河两段防洪标准为100年一遇;泗河—青山、垤斛—城漷河、城漷河—二级坝段及新薛河—郗山段按50年一遇防洪标准设防,其中泗河—青山、垤斛—城漷河及新薛河—郗山段为滞洪区。

根据南四湖治理要求,韩庄运河设计流量韩庄出口—省界为5200—5600立方米/秒,中运河运河镇设计流量7200立方米/秒。

骆马湖防洪标准为100年一遇,新沂河沭阳设计流量8600立方米/秒。

沂沭泗河水系主要控制点设计防洪水位:新沂河河口3.77米;新沭河河口3.51米;沂河苗圩25.2米;中运河苏鲁省界29.2米,运河镇26.33米,二湾24.83米;南四湖上级湖(南阳)36.99米,下级湖(微山)36.49米;骆马湖24.83米。

近期工程:加固沂沭泗河上游堤防,完善南四湖防洪体系,进一步巩固和完善其他防洪湖泊和骨干河道防洪工程体系。

远期工程:按南四湖100年一遇设计水位上级湖(南阳)36.99米,下级湖(微山)36.49米要求,通过疏浚河道或加固堤防扩大韩庄运河、中运河的排洪能力,中运河苏鲁省界行洪规模5600立方米/秒、运河镇行洪规模7200立方米/秒,南四湖堤防不再加高;按骆马湖100年一遇设计水位24.83米要求,通过疏浚河道或加固堤防扩大新沂河行洪能力,沭阳行洪规模8600立方米/秒,骆马湖堤防不再加高。

(四)重要支流治理

1.洪汝河:近期按除涝标准5年一遇,防洪标准20年一遇治理班台以下河道。设计排涝流量班台2200立方米/秒(其中大洪河2000立方米/秒,分洪道200立方米/秒),设计泄洪流量班台4000立方米/秒(其中大洪河3080立方米/秒,分洪道920立方米/秒)。设计除涝水位大洪河班台33.39米、洪河口27.6米;洪河分洪道进口33.39米、分洪道出口27.4米。设计防洪水位大洪河班台35.69米、洪河口29.73米;洪河分洪道班台闸下35.49米、分洪道出口29.1米。治理小洪河和汝河。

2.沙颍河:远期通过修建下汤水库、前坪水库和新建大逍遥滞洪区提高沙颍河防洪标准,按50年一遇防洪标准治理陈湾以下沙颍河干流。设计泄洪流量漯河—周口3000立方米/秒,周口—阜阳3750—4630立方米/秒,阜阳—沫河口4520立方米/秒;设计防洪水位漯河61.5米、周口50.63米、阜阳33.32米、沫河口26.4米。对马湾—陈湾段进行除险加固;治理支流北汝河、贾鲁河、新蔡河、新运河、颍河、清潩河、清流河、澧河。大逍遥滞洪区具体规划方案,结合沙颍河远期治理进一步论证。

3.汾泉河:远期按除涝标准5年一遇,防洪标准20年一遇进行治理。其中,泥河口至泉河口段设计排涝流量846—1181立方米/秒,设计泄洪流量1272—1728立方米/秒。设计除涝水位泥河口35.66米、泉河口29.36米;设计防洪水位泥河口38.2米、泉河口32.78米。治理汾河和泥河。

4.黑茨河:近期按除涝5年一遇、防洪20年一遇标准治理梁堤口至茨河口段河道。设计除涝流量35—727立方米/秒;设计泄洪流量60—1127立方米/秒。设计除涝水位梁堤口50.68米、张胖店36.06米、茨河口29.71米;设计防洪水位梁堤口52.14米、张胖店38米、茨河口31.17米。

5.涡河:远期按除涝5年一遇、防洪20年一遇标准治理涡河白玉沟至魏湾闸、惠济河黄汴河至济渎池段河道。涡河白玉沟口—魏湾闸—涡河口设计除涝流量72—480—1600立方米/秒,设计泄洪流量126—800—2400立方米/秒;设计除涝水位白玉沟口70.74米、魏湾闸50.07米、涡河口19.89米,设计防洪水位白玉沟口71.43米、魏湾闸51.32米、涡河口23.39米。惠济河黄汴河口—济渎池—惠济河口设计除涝流量115—510—550立方米/秒,设计泄洪流量196—830—1000立方米/秒;设计除涝水位黄汴河口70.01米、济渎池47.31米、惠济河口37.84米,设计防洪水位黄汴河口70.59米、济渎池48.49米、惠济河口39.97米。

6.包浍河:近期按除涝标准5年一遇,防洪标准20年一遇治理包河金桥至临涣、浍河东沙沟口至九湾河道。设计排涝流量包河金桥—临涣78—378立方米/秒;浍河东沙沟口—九湾96—1050立方米/秒;设计除涝水位包河金桥49.44米、临涣26.42米;浍河东沙沟口32.81米、省界29.35米、九湾16.59米。

7.奎濉河:远期按除涝标准5年一遇,防洪标准20年一遇治理奎河袁桥—七里沟段河道。设计除涝流量64—896立方米/秒,设计泄洪流量104—1367立方米/秒。设计除涝水位袁桥闸下30.54米、省界28.14米、入濉河口23.04米、七里沟14.7米。

8.新汴河:近期按除涝标准5年一遇,防洪标准20年一遇治理七岭子—付圩沟段河道。设计除涝流量535—900立方米/秒;设计泄洪流量930—1460立方米/秒;设计除涝水位七岭子27.1米、团结闸18.33米、付圩沟14.44米;设计防洪水位七岭子28.38米、团结闸19.84米、付圩沟15.71米。

9.怀洪新河:远期按除涝标准5年一遇治理何巷—双沟段河道。设计排涝流量480—2070立方米/秒,除涝水位何巷17.78米、杨庵子15.11米、双沟14.58米。

10.茨淮新河:近期按除涝标准5年一遇进行治理。

11.溧河洼:按奎濉河、新汴河、怀洪新河的近期排水要求扩大溧河洼排洪能力,设计排涝流量647—2650立方米/秒,设计排洪流量1820—5870立方米/秒。

12.淮南重要支流:近期按照10—20年一遇标准治理灌河无量寺至灌河口、史河金寨县城以下至入淮河口,按照10—20年一遇标准治理淠河横排头以下至淠河口及东淠河霍山城区段,按照20年一遇标准治理池河石角桥至磨山段。

13.沂沭泗河水系重要支流:近期按除涝5年一遇、防洪50年一遇治理洙赵新河;按除涝5年一遇、防洪20年一遇标准治理南四湖入湖支流梁济运河、东鱼河、万福河、泗河、洸府河、白马河、城郭河、界河;按防洪20年一遇标准治理绣针河。远期根据需要治理复新河、大沙河、祊河。

(五)中小河流治理

规划对流域面积在3000平方公里以下防洪除涝问题严重的河流,根据河流沿线保护区的重要程度,分轻重缓急,按照防洪标准10—20年一遇,除涝标准3—5年一遇逐步进行治理。主要治理措施包括河道疏浚、堤防加固、险工处理及重要配套建筑物等。山丘区河道,主要以河道护岸为主,防止河岸坍塌;平原区河道主要以扩挖河道结合堤防加固为主,局部新筑堤防。

四、行蓄洪区

(一)淮河干流行洪区调整

正阳关以上段,拓浚濛河分洪道,疏浚南照集至汪集段河道,南润段、邱家湖分别增建进(退)水闸改为蓄洪区;姜唐湖仍为有闸控制的行洪区。

正阳关至涡河口段,寿西湖新筑隔堤,董峰湖退建和加固行洪区堤防,疏浚张圩至董峰湖出口段河道,建设进洪和退水闸,将寿西湖、董峰湖改为有闸控制的行洪区;上六坊堤、下六坊堤行洪区废弃,铲除行洪堤,恢复为河滩地;石姚段、洛河洼退建行洪区堤防改为防洪保护区;汤渔湖、荆山湖退建和加固行洪区堤防,退建黄苏段堤防,疏浚汤渔湖退水闸至张家沟段河道,分别增建进洪闸和退水闸,汤渔湖、荆山湖改建成有闸控制的行洪区。

涡河口以下段,退建、加固行洪区堤防,疏浚临北段进口—冯铁营引河进口河道,建进、退水闸,将方邱湖、临北段行洪区改为防洪保护区,花园湖改为有闸控制的行洪区;香浮段行洪区改为防洪保护区;开辟冯铁营引河,潘村洼改为防洪保护区,鲍集圩并入洪泽湖周边滞洪区。

(二)蓄滞洪区工程建设

新建加固城西湖蓄洪区堤防27公里,新建城西湖蓄洪控制设施2处,研究城西湖蓄洪区的分区运用;新建、加固支流杨庄、老王坡、蛟停湖、泥河洼和沂沭泗河水系的黄墩湖等蓄滞洪区堤防110公里,新建、加固杨庄、老王坡、蛟停湖、黄墩湖、南四湖湖东等蓄滞洪区蓄洪控制设施10处;加固洪泽湖周边滞洪区堤防159公里,建设蓄洪控制设施8处。调整黄墩湖的滞洪范围,徐洪河以西不再作为滞洪区;研究实施洪泽湖周边滞洪区的分区运用。远期新建大逍遥滞洪区堤防45公里,进退洪控制设施3处。

(三)蓄滞洪区安全建设

淮河流域蓄滞洪区规划共安置人口284.8万,规划新建安全区17处,面积138.3平方公里,安置人口36万;新建安全台2座,面积42.4万平方米,安置人口0.8万;新建避洪楼11.8万平方米,安置人口3.9万;规划外迁安置人口18.8万;新建、改扩建撤退道路1857公里,分洪临时转移人口160万,主要分布在标准较高或淹没水深较浅的洪泽湖周边、南四湖湖东、黄墩湖滞洪圩区和瓦埠湖蓄洪区;规划加固、利用现有安全设施安置人口65.3万(其中安全区52.5万人,安全台8.8万人,避洪楼4万人)。根据蓄滞洪区防汛救灾需求,建设和完善区内通信报警系统及管理设施。

此外,淮河干流滩区的防洪不安全区域内仍居住有大量群众,人民群众的生命财产安全受到严重威胁,要逐步开展淮干滩区居民迁建。

五、除涝

(一)分区治理规划

1.沿淮洼地

沿淮洼地包括淮河上游圩区洼地、谷河洼地、润河洼地、焦岗湖、八里湖、架河洼地、泥黑河洼地、西淝河下游洼地、茨河洼地、北淝河下游洼地、郜家湖、临王段、正南洼、高塘湖、天河洼、黄苏段、七里湖、高邮湖洼地、戴家湖等洼地,治理面积7158平方公里,耕地706万亩。

治理标准:除涝标准一般为5年一遇,部分重要洼地可适当提高标准。防洪标准为10—20年一遇。

规划措施:实施高水高排,疏整沟渠,新建、加固圩区堤防,扩建涵闸;适当建站,增强外排能力;对易涝地区,进行产业结构调整,发展湿地经济和保护湿地;对沿湖周边洼地,实行退垦还湖,增加湖泊调蓄能力。

2.淮北平原洼地

淮北平原洼地包括洪汝河洼地中小洪河、汝河下游、大洪河及分洪道洼地,周口以上颍河、贾鲁河下游及夹档区和新运河、新蔡河洼地,惠济河洼地,沿颍洼地,沿涡洼地,沱浍河洼地,汾泉河洼地,北淝河上段洼地,澥河、沱河、北沱河、唐河、石梁河本干及两岸洼地,新汴河水系中的沱河上段、洪碱河、大沙河、龙岱河等洼地,奎濉河两岸沿线洼地,治理面积34600平方公里,耕地3159万亩。

治理标准:除涝标准一般为5年一遇,其中贾鲁河下游本干除涝标准为3年一遇。防洪标准为10—20年一遇。

规划措施:各支流上游以干沟疏浚为主,扩大排水出路,同时结合水资源利用,适当建控制工程蓄水灌溉;各支流下游多为低洼地,采用高低水分排,低洼地建站抽排,部分洼地或退耕还湖或改种耐水作物;沿河一些地势最为低洼的地区,可作为滞涝区。

3.淮南支流洼地

淮南支流洼地包括史灌河、淠河、濠河和池河下游洼地,治理面积约745平方公里,耕地74万亩。

治理标准:除涝标准为5年一遇,其中抽排标准为5年一遇,自排标准为10年一遇。防洪标准为10—20年一遇。

规划措施:沿河或圩区设置自排涵闸和排涝泵站,对圩区内的排涝干沟进行疏浚,新建、加固现有河道及圩区堤防,对局部堤距狭窄的河段进行退建;按照高水高排、低水低排的原则,在洼地与岗畈过渡地带设置撇洪沟,减少岗区汇水对圩洼地区的影响;对现有较零散的圩区进行统一规划、合并治理;对一些面积较小、阻碍排洪的生产圩堤,实施退垦还湖(河)。

4.里下河洼地

里下河洼地包括腹部圩区和沿运、沿总渠自流灌区与圩区之间的次高地,斗南垦区大丰王港以北、中子午河和大四河以西地区,斗北垦区射阳河两岸及其以南地区,总面积23022平方公里,耕地1670万亩。

治理标准:除涝标准里下河腹部地区为10年一遇,次高地及垦区为5年一遇。防洪标准20年一遇。

规划措施:充分利用江都站、高港站、宝应站等泵站,并沿里下河周边结合江水东引,兴建贲家集二站、富安二站,进一步扩大抽排能力;在中部河湖洼地加强滞涝措施,恢复湖荡滞涝能力;恢复扩大“四港”自排能力,扩大川东港,进一步增加自排入海泄量。

5.白马湖、宝应湖洼地

白马湖、宝应湖洼地面积约1111平方公里,耕地80万亩。

治理标准:除涝标准为5年一遇,防洪标准10—20年一遇。

规划措施:通过实施河湖清障,增加湖泊滞蓄能力,恢复巩固自排口门,结合南水北调工程扩大区域排水出路;疏浚淤塞严重、排水不畅的骨干排水河道和排涝干沟;加固湖堤,消除防洪隐患,增加圩区外排动力,改造病险涵闸泵站,实施圩区封闭工程,加固圩堤。

6.南四湖洼地

南四湖洼地包括南四湖滨湖洼地、湖西平原洼地、复新河洼地、顺堤河及苏北堤河洼地,治理面积6315平方公里,耕地609万亩。

治理标准:除涝标准为5年一遇,防洪标准为10—20年一遇。

规划措施:以干流治理为基础,对淤积严重、排水能力不足的河沟进行清淤治理;对排水不畅的圩区,合理调整局部圩区布局,以利高低水分排;妥善处理洼地外洪内涝的关系,通过扩大河道断面,提高排水和防洪能力。

7.邳苍郯新洼地

邳苍郯新洼地包括邳苍洼地、临沂临沭洼地,治理面积6083平方公里,耕地437万亩。

治理标准:除涝标准为5年一遇,防洪标准为10—20年一遇。

规划措施:着重建立以陶沟河、运女河、西泇河、白马河、吴坦河等27条支流为骨干河道的排水体系,局部低洼地建站抽排,在沂河、沭河、中运河、邳苍分洪道及区间河道堤防两侧新建和改造排涝泵站。

8.沿运洼地

沿运洼地包括沿韩庄运河洼地、中运河以西洼地、黄运夹滩地和六运夹滩地,治理面积1513平方公里,耕地141万亩。

治理标准:除涝标准为5年一遇,防洪标准为10—20年一遇。

规划措施:疏浚河道和开挖排水干沟,加固堤防和进行河道险工处理,辅以修建提排泵站,解决"死洼区"的涝水问题,发挥工程整体效益。重点解决洼地防洪除涝标准低、现有工程损坏、老化严重的问题。

9.分洪河道沿线洼地

分洪河道沿线洼地包括茨淮新河水系洼地、怀洪新河两岸洼地、沂南沂北洼地、渠北洼地和淮沭河以西洼地,治理面积19411平方公里,耕地1563万亩。

治理标准:除涝标准为5年一遇,防洪标准为10—20年一遇。

规划措施:针对分洪河道沿线洼地特点,实施高水高截,减轻下游洼地排水压力,疏浚沿线两岸排水大沟,充分利用自排、抢排,减小抽排水量,缩短抽排时间,提高抽排效益。对地势较高,面积较小,抽排机率不大的洼地,建设流动泵站。

10.行蓄洪区洼地

行蓄洪区洼地包括濛洼、城西湖、城东湖、瓦埠湖、黄墩湖、杨庄等9处蓄滞洪区,邱家湖、姜唐湖、寿西湖等14处行洪区,以及洪泽湖周边滞洪区,治理面积5155平方公里,耕地452万亩。

治理标准:除涝标准一般为5年一遇,其中泥河洼滞洪区为3年一遇,石姚段、洛河洼、方邱湖等城区段除涝标准为10年一遇。防洪标准为10—20年一遇。

规划措施:建设排涝泵站、疏浚主要除涝河道(沟),提高洼地的除涝能力;对行蓄洪区内保护面积小、堤身单薄、有碍滞洪的圩堤尽可能退垦还湖,调整农业种植结构,发展特色农业。

（二）洪涝关系

淮河流域平原广阔，地势平缓低洼，地面高程大部分在干支流涝水相结合洪水位之下，干支流防洪工程的保护区相联，干流和支流洪水、洪水和面上涝水相互影响，经常出现因洪致涝、洪涝并发的局面。

防洪与除涝关系的处理考虑了如下几方面：

1.针对淮河流域平原广阔、地势低平、干支流河道排水能力低、洼地排水困难的特点，综合考虑洪涝关系，洪涝兼治，把除涝工程列入重点进行建设。

2.平原骨干排水河道、重要易涝洼地采用适当的除涝标准，既要考虑改善支流、洼地的排水条件，又不过多地增加干流的防洪压力。里下河地区排水相对独立，除涝标准可稍高。

3.合理确定干支流防洪标准的组合关系。淮河流域干支流不同标准的洪水组合对洪涝关系影响很大，洪涝水地区组成复杂。确定防洪标准时，综合考虑保护对象的重要性和干支流洪水的组合关系等因素，协调干支流的防洪标准，一般干流防洪标准高于支流防洪标准。

4.上游是山区、中下游为平原的河流，利用山丘区水库和山前平原滞洪区拦蓄洪水、蓄洪滞涝，减轻山丘区洪水经常抢占中下游河槽对两岸平原大面积农田排水的影响。

5.对地势有高有低的排涝区，尽量采取高低水分开，高水高排，低水低排的工程措施，解决高低排水之间的矛盾。对湖荡洼地，因地制宜保留、恢复一定的蓄水面积，增加调蓄能力，既减轻河道排水的压力，又有利于灌溉、水产以及湿地保护。

（三）实施安排

近期安排标准低、灾情严重、灾后社会影响较大和问题突出的低洼易涝地区先期治理。治理范围主要为沿淮、淮北平原、淮南支流、里下河、白宝湖、南四湖、邳苍郯新、沿运、分洪河道沿线和行蓄洪区等重点平原洼地，治理面积0.55亿亩。

远期继续安排平原洼地治理，治理面积0.35亿亩。

六、城市防洪

淮河流域有信阳、郑州、开封、淮南、蚌埠、阜阳、扬州、徐州等8座全国重要防洪城市，漯河、周口、亳州、宿州、六安、淮北、寿县、连云港、淮安、宿迁、临沂、日照、济宁、枣庄、菏泽等15座流域重要防洪城市。目前，这些城市普遍存在防洪体系不完整、防洪排涝标准低，险工险段多、建筑物老化失修、排水河道淤积严重、排涝系统不健全等问题，不能满足《防洪标准》的要求，远不能适应城市可持续发展的要求，城市防洪及内涝形势仍相当严峻。

郑州、开封2座城市防洪规划纳入了黄河流域防洪规划体系，本次规划范围为其余21座重点防洪城市。

根据《防洪标准》和已批准的城市防洪规划确定防洪标准，按城市现状排涝情况和经济发展需要，确定排涝河道的除涝标准。

根据各城市的特点和河流水系分布情况，对各城市不同片区通过加高加固城区段河道堤防、新建防浪墙、新建城市圈堤等措施形成防洪屏障；通过疏浚排涝河道、新建排涝泵站等措施提高排涝标准。

全国重要防洪城市主要规划指标见表3-2。

表 3-2 全国重要防洪城市主要规划指标表

序号	城市名称	省别	所在河流	城区面积（平方公里）	非农业人口（万人）	防洪标准(重现期)	排涝标准（重现期）
1	信阳	河南	浉河	89	80	100年	10—20年
2	蚌埠	安徽	淮河	165	115	老圈堤片和西圈堤片100年,其余20年	10—20年
3	淮南	安徽	淮河	102	169	100年	10—20年
4	阜阳	安徽	沙颍河	140	140	50年	10—20年
5	徐州	江苏	废黄河	553	200	100年	20年
6	扬州	江苏	京杭运河	128	127	主城区100年,其他20—50年	主城区20年

流域重要防洪城市主要规划指标见表3-3。

表 3-3 流域重要防洪城市主要规划指标表

序号	城市名称	省别	所在河流	非农业人口（万人）	防洪标准（重现期）	排涝标准（重现期）
1	漯河	河南	沙颍河	66	50年	10—20年
2	周口	河南	沙颍河	100	50年	10—20年
3	亳州	安徽	涡河	48	50年	10—20年
4	宿州	安徽	新汴河	70	主城区50年,其余20年	10—20年
5	六安	安徽	淠河	80	50年	10—20年
6	淮北	安徽	萧濉新河	61	相城区、濉城区50年,烈山、矿山集20年	10—20年
7	寿县	安徽	淮河	25	40年	10年
8	连云港	江苏	新沭河	91	100年	善北片10年,其余20年
9	淮安	江苏	废黄河	120	淮阴区50年,其余100年	近期10—20年,远期20年
10	宿迁	江苏	中运河	60	100年	20年
11	临沂	山东	沂河	200	经开区50年,其余100年	10—20年
12	日照	山东	崮河等	90	主城区100年,岚山区50年	10—20年
13	济宁	山东	洸府河	105	100年	10—20年
14	枣庄	山东	东沙河	121	100年	10—20年
15	菏泽	山东	东鱼河北支	45	50年	10—20年

七、海堤

根据保护区各类防护对象的规模和重要性,确定山东省日照市东港区涛雒镇主海堤设计防潮标准为20年一遇,其他段主海堤及入海河道傅疃河、龙王河、绣针河河口段设计防潮标准均为50年一遇;其他小型入海河道河口段设计防潮标准为20年一遇。江苏境内连云港市连云区、赣榆县城段主海堤设计防潮标准为100年一遇,其他段主海堤及灌河堤河口段设计防潮标准为50年一遇。

山东境内防潮堤建设沿现有堤线布置;江苏境内防潮堤建设结合江苏沿海地区发展规划,对堤线进行适当调整。规划海堤长936.1公里,其中主海堤长789.3公里,入海河道防潮堤长146.8公里。山东境内规划海堤堤线长147.4公里(含入海河道堤线长66.8公里),其中现状无堤段新建堤防72.9公里(含入海河道堤线长37.5公里),加固堤防55.4公里(含入海河道堤线长13.3公里),利用达标堤防19.1公里;江苏境内规划海堤堤线长788.7公里(含灌河堤80公里),其中新匡围区新建堤防201.2公里,加固堤防118.2公里,利用达标堤防469.3公里(含灌河堤80公里)。

远期根据沿海经济发展的需要,进一步完善沿海防潮堤工程和风暴潮预警体系。

第四章 水资源配置与开发利用

一、水资源及其开发利用状况

(一)水资源分区

按照《全国水资源分区》,淮河流域共划分4个水资源二级区、12个三级区。二级区包括:淮河上游区(王家坝以上)、淮河中游区(王家坝至洪泽湖出口)、淮河下游区(洪泽湖出口以下)、沂沭泗河区。三级区包括:王家坝以上北岸、王家坝以上南岸、王蚌区间北岸、王蚌区间南岸、蚌洪区间北岸、蚌洪区间南岸、高天区、里下河区、南四湖区、中运河区、沂沭河区、日赣区。

(二)水资源量

淮河流域1956—2000年多年平均地表水资源量595亿立方米,70%左右集中在汛期(6—9月),75%和95%保证率年份地表水资源量分别只有386亿立方米和215亿立方米,仅为多年平均的65%和36%。

淮河流域多年平均浅层地下水资源量(M≤2g/L)为338亿立方米,其中平原区257亿立方米,山丘区87亿立方米,山区与平原地下水之间重复量6亿立方米。

淮河流域多年平均水资源总量794亿立方米,其中地表水资源量占水资源总量的75%,地下水资源量扣除与地表水资源量的重复水量为199亿立方米,占水资源总量的25%。

淮河流域1956—2000年多年平均地表水资源可利用量为289.5亿立方米,可利用率为48.7%。1980—2000年多年平均地下水资源可开采量为190.4亿立方米。水资源可利用总量为445.4亿立方米。淮河流域水资源可利用量见表4-1。

表4-1 淮河流域水资源可利用量表

分区	地表水资源量(亿立方米)	水资源总量(亿立方米)	地表水可利用量(亿立方米)	地下水可开采量(亿立方米)	可利用总量(亿立方米)	地表水可利用率(%)	水资源总量可利用率(%)
王家坝以上	101.8	121.1	33.5	18.7	51.3	32.9	42.4
蚌埠以上	304.9	387.4	128.3	79.5	200.7	42.1	51.8
中渡以上	367.1	491.8	178.4	107.4	277.2	48.6	56.4
淮河水系	452.1	583.6	217.9	122.7	322.9	48.2	55.3

续表

分　区	地表水资源量(亿立方米)	水资源总量(亿立方米)	地表水可利用量(亿立方米)	地下水可开采量(亿立方米)	可利用总量(亿立方米)	地表水可利用率(%)	水资源总量可利用率(%)
沂沭泗河	142.6	210.8	71.6	67.7	122.5	50.2	58.1
淮河流域	594.7	794.4	289.5	190.4	445.4	48.7	56.1

(三)开发利用状况

1.供水设施与供水能力

新中国成立以来淮河流域修建了大量的水利工程,已建成大中小型水库0.57万座,塘坝56.55万座,引提水工程1.35万处,配套机电井约113.6万眼,跨流域调水工程20处,形成了约606亿立方米的年现状实际供水能力,初步形成了淮水、沂沭泗水、江水、黄水并用的水资源利用工程体系。

2.供水量及供水结构变化

淮河流域现状年总供水量为512亿立方米,其中地表水供水量374.4亿立方米,占73.1%;地下水供水量136.5亿立方米,占26.7%;海水淡化、污水处理回用、雨水集蓄利用等其他水源利用量1.1亿立方米,仅占0.2%。

淮河流域供水水源主要为地表水、地下水、跨流域调水和其他水源。受资源条件、水质条件等因素的影响,历年各种供水水源供水量在总供水量中比重变化较大。供水结构变化的趋势是当地地表水供水比重下降、地下水供水比重增加,跨流域调水比重逐步增加,其他水源供水总量较小但增势较快。

3.用水量及其变化趋势

淮河流域现状年总用水量为512亿立方米,其中农业用水量368.6亿立方米,占总用水量的72%;工业用水量86.5亿立方米,占总用水量的16.9%;生活用水量52.7亿立方米,占总用水量的10.3%;河道外生态和环境用水量4.1亿立方米,占总用水量的0.8%。

近20多年来,淮河流域用水总量总体呈增长趋势,增长速率趋缓。1980—2006年,用水量由431.8亿立方米增加到512亿立方米,净增80.2亿立方米,年均增长率0.66%。用水结构发生较大变化。工业、生活用水量迅速增长,由1980年的11.7%上升到2006年的27.2%,年均用水增长率为3.9%;农业用水基本保持平稳,其用水总量在360亿立方米左右。

4.缺水分析

现状河道内外缺水包括河道外缺水和挤占河道内生态环境用水两部分,主要体现在供水不足缺水、地下水不合理的开采量和挤占河道内生态环境用水量等方面。

根据分析计算,淮河流域现状河道外多年平均缺水量50.9亿立方米,挤占河道内生态环境用水量23.7亿立方米,河道内外总缺水量74.6亿立方米。

5.开发利用程度

淮河流域现状当地地表水开发利用率为44.4%,中等干旱以上年份,地表水资源供水量已经接近当年地表水资源量,已严重挤占河道、湖泊生态、环境用水。淮河流域现状浅层地下水开发利用率为58.4%。

6.存在问题

淮河流域水资源赋存条件和生态环境状况并不优越,人口众多,经济社会发展迅速,水资源分布与经济社会发展布局不相匹配,加之部分地区在追求经济增长过程中,对水资源和环境的保护力度不够,加剧了水资源短缺、水环境和水生态恶化。随着人口增长、经济社会发展和人民生活水平的提高,全社会对水资源的要求越来越高,淮河流域仍面临着比较严峻的水资源问题,主要包括:水资源短缺将是长期面临的形势;水污染加剧了水资源供需矛盾;水资源基础设施建设滞后,开发过度与开发不足并存;用水效率和效益不高,用水结构需进一步调整;水生态系统安全受到威胁。

二、节 水

(一)节水目标与指标

为实现水资源供需基本平衡,国民经济各行业用水需求得到基本保障的目标,到2030年水资源利用效率和效益要明显提高。淮河流域各项节水控制指标见表4-2。

表4-2 淮河流域不同水平年节水指标表

项 目	基准年	2020年	2030年
单位GDP用水量(立方米/万元)	323	148	84
万元工业增加值用水量(立方米/万元)	127	57	35
工业用水重复利用率(%)	62.50	73	88
多年平均农田灌溉定额(立方米/亩)	299	271	258
灌溉水有效利用系数	0.51	0.57	0.61
城镇供水管网综合漏损率(%)	16	12	10

(二)节水措施与节水量

1.农业

农业节水措施主要有:大中型灌区节水改造、推广实施管灌、喷灌、微灌等先进灌溉技术,推广水稻控制灌溉制度,合理调整农作物布局等。规划对大中型灌区、井灌区进行节水改造和田间配套,到2020年基本完成大型灌区节水改造,可节水49亿立方米;2020年到2030年,可节水71.5亿立方米。

2.工业

淘汰落后的高耗水设备,改造用水工艺和输水管网,推广工业节水工艺,提高用水效率;提高工业冷却水重复利用率;新建工业项目要符合国家相关产业政策,推广使用节水工艺;调整工业布局和结构,加快技术进步,加强企业用水管理。通过实施节水措施,2020年节水量为17亿立方米,2030年节水量为23亿立方米。

3.城镇生活

加快城镇供水管网技术改造,降低城镇供水管网漏损率。普及应用节水技术和产品,全面推行节水型用器具,提高水资源利用率。加强节水宣传,实行计划用水和定额管理。通过城镇生活节水工程措施的实施,2020年节水量为2亿立方米,2030年节水量为3亿立方米。

三、水资源供需分析与配置

(一)水资源供需分析

基准年淮河流域多年平均需水总量603.4亿立方米,供水量552.5亿立方米,缺水量50.9亿立方米,缺水率8.4%。当遭遇中等干旱年份时,淮河流域用水需求639.6亿立方米,供水量572.3亿立方米,缺水达到67.3亿立方米,缺水率10.5%;当遭遇特枯干旱年份时,淮河流域用水需求746.8亿立方米,供水量587.2亿立方米,缺水达到159.6亿立方米,缺水率21.4%,供需矛盾突出,生活、生产和生态用水安全均受到严重威胁。

规划到2020年淮河流域多年平均缺水率由基准年的8.4%降低至3.6%,中等干旱年缺水率降低至4.9%,特枯干旱年缺水率降低至6.6%,国民经济各行业缺水状况得到较大改善。

规划到2030年淮河流域多年平均缺水率降至0.8%,中等干旱年及特枯干旱年缺水率降至1.1%—2.7%,基本实现水资源供需平衡,国民经济各行业用水需求得到基本保障。

(二)水资源配置

1.各水源供水配置

到2020年,淮河流域河道外配置总供水量609.1亿立方米中,其中地表水485.4亿立方米(跨流域调水134.6亿立方米,其中引江109.8亿立方米,引黄24.8亿立方米),地下水112亿立方米,其他水源11.8亿立方米。地表、地下和其他水源的配置比例由基准年的78.3%、21.6%和0.04%调整为79.7%、18.4%和1.9%;到2030年,淮河流域河道外配置总供水量641.6亿立方米中,其中地表水517.8亿立方米(跨流域调水159.6亿立方米,其中引江134.8亿立方米,引黄24.8亿立方米),地下水111.9亿立方米,其他水源11.9亿立方米,总供水量比基准年增加89.1亿立方米。地表、地下和其他水源的配置比例由基准年的78.3%、21.6%和0.04%调整为80.7%、17.4%和1.9%。淮河流域各水源多年平均供水量配置见表4-3。

表4-3 淮河流域各水源多年平均供水量配置表

单位:亿立方米

省别	水平年	地表水				地下水	其他水源	合计
		供水量	其中外调水					
			引江	引黄	小计			
湖北	基准年	1.1	0	0	0	0	0	1.1
	2020	1.4	0	0	0	0	0	1.4
	2030	1.5	0	0	0	0	0	1.5
河南	基准年	63	0	13.2	13.2	55.5	0	118.5
	2020	93.1	12.3	13.2	25.5	53.5	3.6	150.1
	2030	103	22	13.2	35.2	59.3	3.9	166.1
安徽	基准年	102.8	0	0	0	23.1	0	125.8
	2020	107.8	7.3	0	7.3	23	3.4	134.2
	2030	114.7	12.8	0	12.8	23.5	3.5	141.7
江苏	基准年	210.8	59.6	0	59.6	8.9	0	219.7
	2020	226.1	88.4	0	88.4	3.1	2.7	231.9

续表

省别	水平年	地表水				地下水	其他水源	合计
		供水量	其中外调水					
			引江	引黄	小计			
	2030	233.9	90.9	0	90.9	1.3	2	237.2
山东	基准年	55.1	0	13.8	13.8	32	0.2	87.2
	2020	57.1	1.8	11.6	13.4	32.4	2.1	91.6
	2030	64.8	9.1	11.6	20.7	27.8	2.5	95
合计	基准年	432.9	59.6	27	86.6	119.4	0.2	552.5
	2020	485.5	109.8	24.8	134.6	112	11.8	609.1
	2030	517.8	134.8	24.8	159.6	111.9	11.9	641.6

2.经济社会与生态环境用水量配置

到2020年,淮河流域多年平均经济社会系统水资源总耗损量达469亿立方米,生态系统总用水量为458.2亿立方米。预计2030年淮河流域多年平均经济社会系统水资源总耗损量达499.6亿立方米,生态系统总用水量为452.8亿立方米。与基准年相比,淮河流域经济社会系统对水资源的总耗损量增加约77.9亿立方米,通过合理调度、增加跨流域调水量等措施,在满足经济社会系统对水资源的合理需求的同时,生态环境用水也基本得到满足。淮河流域经济社会与生态环境系统间水量配置见表4-4。

表4-4 淮河流域经济社会与生态环境系统间水量配置表

单位:亿立方米

分区	水平年	水资源总量	外流域调入水量	本流域调出水量	经济社会总耗损量	生态环境系统用水总量
淮河上游区	基准年	121.1		0.8	32.6	87.7
	2020	121.1		0.8	35.5	84.8
	2030	121.1		0.8	38.2	82
淮河中游区	基准年	370.7	11.5	0.8	174.8	206.6
	2020	370.7	38.2	0.8	202.8	205.2
	2030	370.7	55.1	0.8	222.6	202.4
淮河下游区	基准年	91.8	44.1		72.3	63.6
	2020	91.8	57.5		81.6	67.7
	2030	91.8	56.5		81.9	66.4
沂沭泗河区	基准年	210.8	31		142	99.8
	2020	210.8	38.8		149.2	100.5
	2030	210.8	48		156.9	101.9
淮河水系	基准年	583.6	55.6	1.6	279.7	357.8
	2020	583.6	95.7	1.6	319.9	357.8
	2030	583.6	111.6	1.6	342.7	350.8
合计	基准年	794.4	86.6	1.6	421.7	457.7

续表

分　区	水平年	水资源总量	外流域调入水量	本流域调出水量	经济社会总耗损量	生态环境系统用水总量
	2020	794.4	134.5	1.6	469	458.2
	2030	794.4	159.6	1.6	499.6	452.8
注:生态环境系统用水总量=当地水资源总量+调入水量—调出水量—经济社会总耗损量						

3.用水户间用水量配置

2020 年淮河流域配置生活用水量 88.5 亿立方米、工业用水量 102.8 亿立方米、农业用水量 411.1 亿立方米、河道外生态建设用水量 6.8 亿立方米。到 2030 年淮河流域配置生活用水量 105.6 亿立方米、工业用水量 111.9 亿立方米、农业用水量 416 亿立方米、河道外生态建设用水量 8.1 亿立方米,基本保障居民生活水平提高、经济发展和环境改善的用水要求。淮河流域各行业多年平均水量配置见表 4-5。

表 4-5　淮河流域各行业多年平均水量配置表

单位:亿立方米

分　区	水平年	用水部门水量配置				合计
		生活	工业	农业	生态	
淮河上游区	基准年	3.7	3.5	29.5	0.1	36.8
	2020	6	5.7	29.5	0.3	41.4
	2030	7.1	6.4	31.3	0.4	45.2
淮河中游区	基准年	24.9	38.8	152.1	1.7	217.4
	2020	41.6	49.7	165	3.1	259.5
	2030	50.6	54	172	3.6	280.1
淮河下游区	基准年	8.5	14.9	95	1.7	120.1
	2020	12.3	16	87.3	2.2	117.8
	2030	14.1	16.6	85.4	2.4	118.5
沂沭泗河区	基准年	17.1	23.7	136.9	0.5	178.2
	2020	28.6	31.3	129.3	1.2	190.4
	2030	33.8	34.9	127.4	1.6	197.7
合　计	基准年	54.2	80.8	413.5	4	552.5
	2020	88.5	102.8	411.1	6.8	609.1
	2030	105.6	111.9	416	8.1	641.6

4.省际间出入境水量配置

(1)基准年

湖北省出省境水量为 3.7 亿立方米。

河南省分别承接湖北省与安徽省入省境水量 3.7 亿立方米与 17.3 亿立方米。河南省出省境水量为 161.7 亿立方米。

安徽省承接河南省入省境水量 160.7 亿立方米。出境水量 255.3 亿立方米。

江苏省承接安徽省入省境水量238亿立方米,承接山东省入省境水量43.1亿立方米。江苏省出省境水量为372.1亿立方米,全部入江入海。

山东省承接河南入境水量1亿立方米。出境水量47.2亿立方米,其中入海4.1亿立方米。

(2)规划2020年

湖北省出省境水量为3.5亿立方米。

河南省分别承接湖北省与安徽省入省境水量3.5亿立方米与17.5亿立方米。河南省出省境水量为156.8亿立方米。

安徽省承接河南省入省境水量156亿立方米。出境水量249亿立方米。

江苏省承接安徽省入省境水量231.5亿立方米,承接山东省入省境水量41.1亿立方米。江苏省出省境水量为369亿立方米,全部入江入海。

山东省承接河南入境水量0.8亿立方米。出境水量44.9亿立方米,其中入海3.8亿立方米。

(3)规划2030年

湖北省出省境水量为3.4亿立方米。

河南省分别承接湖北省与安徽省入省境水量3.4亿立方米与19.1亿立方米。河南省出省境水量为156.8亿立方米。

安徽省承接河南省入省境水量156.2亿立方米。安徽省出省境水量248.7亿立方米。

江苏省承接安徽省入省境水量229.6亿立方米,承接山东省入省境水量40.2亿立方米。江苏省出省境水量为365亿立方米,全部入江入海。

山东省承接河南入境水量0.6亿立方米,出境水量43.9亿立方米,其中入海3.7亿立方米。

四、供水保障

(一)城镇供水

1.供水目标与供水量

淮河流域城镇供水的总体目标是到2020年基本实现城镇用水供需平衡,到2030年实现城镇用水供需平衡、城镇用水需求将得到最大限度的满足。到2020年,淮河流域城镇用水基本实现供需平衡,供水总量为165.9亿立方米,较基准年增加62.3亿立方米。到2030年,为适应城镇用水快速增长的需求,淮河流域城镇总供水量增长到195亿立方米,较基准年增加91.4亿立方米。

2.保障措施

为保障淮河流域城镇供水安全,需采取以下措施:加强城市生活生产节水管理,减少污废水排放量;加强城市水污染治理,提高城市的污水处理水平;加强其他水源的利用,提高水资源承载能力;加强备用水源地建设,保障城市应急供水能力。

(二)农村供水

1.供水目标与供水量

淮河流域农村供水的总体目标是农村居民生活用水水平逐步提高,全面解决农村居民饮水供水安全;控制农村生产用水定额,供水量适当增加,到2030年实现农村生产用水多年平均供需基本平衡。

基准年淮河流域农村生活供水量25亿立方米,基本不缺水;到2030年,淮河流域农村生活供水量28.6亿立方米,生活用水仍可以得到满足。

为保障区域粮食安全,通过优化水源配置,淮河流域农业供水量由基准年的413亿立方米,增长到2030年的416亿立方米,农业用水安全基本得到保障。

2.保障措施

为保障淮河流域农村供水安全,需采取以下措施:开展农村饮用水源地规划,提高农村饮水安全;加快农村水源地建设,提高农村生活水平;推广农业节水,缓解农业缺水;建立农业抗旱应急调配体系,提高农田抗旱减灾能力。

(三)供水工程

1.地表水供水工程

淮河流域规划新建大型水库10座,总库容62.22亿立方米,兴利库容21.81亿立方米。淮河上游区拟建出山店、白雀园、张湾、袁湾、晏河等大型水库;淮河中游区拟建前坪、下汤、江巷等大型水库;沂沭泗河区拟建庄里、双侯等水库。

淮河流域规划新建以灌溉、供水为主的中型水库共17座,其中河南4座、安徽2座、江苏2座、山东9座。规划总库容约4亿立方米。

2.地下水供水工程

规划在2020年,完善配套现有地下水机电井工程,并新增部分机电井,较现状多年平均增供水量15亿立方米。到2030年,在沿淮及豫东平原等具有地下水开发潜力地区,增加机电井,在2020年基础上多年平均增加供水量10亿立方米。

3.跨流域调水工程

(1)南水北调东线工程

2030年以前分三期实施,第一期工程抽江规模500立方米/秒,淮河流域多年平均增供水量33亿立方米(其中增供江水25亿立方米);第二期工程抽江规模扩大到600立方米/秒,2020年淮河流域多年平均增供水量35亿立方米(其中增供江水26亿立方米);第三期工程抽江规模扩大到800立方米/秒,2030年淮河流域多年平均增供水量47亿立方米(其中增供江水34亿立方米)。

(2)南水北调中线工程

规划分两期实施,其中一期工程2020年调入淮河流域河南省的口门水量多年平均为12.2亿立方米,二期工程2030年调入水量多年平均为21.4亿立方米。

(3)引江济淮工程

主要解决淮北供水保证率不高、尤其是解决沿淮、淮北干旱年及干旱期水资源紧缺问题。初拟引江规模200—300立方米/秒。

(4)苏北引江工程

现状多年平均引江水量达42亿立方米。规划充分利用现有自流引江供水工程,实施通榆河北延工程,完善或调整东引和沿江自引供水体系。根据沿海经济发展需要,研究开辟沿海引江水道。

4.其他水源开发利用工程

临淮岗洪水控制工程综合利用。根据国务院国函〔2007〕48号关于淮河防御洪水方案的批复精神,在不影响防洪和排涝的前提下,经科学论证和严格审批后,可根据沿淮地区抗旱和防污的要求,适当发挥临淮岗等拦蓄工程的蓄水和减污作用。

洪水资源利用工程。主要为淮河沿淮湖洼、淮沂洪水互补、沂沭河洪水资源利用等,洪水资源化利用,应充分考虑河湖洼地的影响处理工程;研究淮河流域采煤塌陷区综合治理,增加雨洪资源利用。

污水处理回用。结合流域水污染防治和城市污水处理工程，提高中水利用率。

海水淡化利用、海水直接利用、集雨利用等工程。通过实施海水淡化利用、海水直接利用、集雨利用等工程，提高流域水资源承载能力。加快所属区域人工影响天气中心建设，提升人工增雨（雪）作业能力，加大作业力度，科学开发利用空中云水资源。

五、沿海地区水资源开发利用

沿海地区包括江苏连云港、盐城、南通等市和山东日照市。到2020年，该区域多年平均用水需求将增长到114.3亿立方米，供水量增长到112.2亿立方米，缺水量2亿立方米，缺水率1.8%。到2030年，该区域多年平均用水需求进一步增长到118.3亿立方米，供水量增长到117.9亿立方米，基本不缺水。

沿海地区供水保障措施主要有：加强节水管理和水资源保护，调整产业结构，转变用水模式，提高水资源利用效率和效益；鼓励海水利用和污水处理回用；实施南水北调东线工程、通榆河工程，研究开辟沿海引江水道，统一调配当地水和外调水，合理利用引江水量；建设沿海平原调蓄水库，增加调蓄能力和备用水源，改善港区、港城供水条件。

六、特枯年水资源配置

到2020年特枯干旱年份淮河流域用水需求为745.7亿立方米，考虑规划工程的实施，供水量将增长到696.6亿立方米（包括外流域调水225亿立方米），供水缺口缩减为49.2亿立方米，缺水率降低到6.6%，生活、生态及城镇生产基本不缺水，农业生产缺水状况也得到较大改善，经济社会受缺水影响得到控制。

到2030年特枯干旱年份淮河流域用水需求达747.5亿立方米，由于规划工程的兴建，供水量将增长到727.5亿立方米（包括外流域调水255亿立方米），供水缺口缩减为20亿立方米，缺水率降低到2.7%，生活、生态及城市生产用水能够得到满足，农业生产缺水状况得到明显改善，正常的经济社会用水得到基本保障。

第五章　水资源保护

一、地表水资源保护

（一）水功能区及水质状况

依据流域内湖北、河南、安徽、江苏、山东等省政府批准实施的水功能区划，淮河流域水功能区划共划分一级水功能区489个，二级水功能区712个，区划河流长度23068公里，湖（库）面积5731平方公里。淮河流域现状水污染仍较严重，303个重点水功能区达标率为39.9%（按COD和NH_3-N两项指标评价达标率为56%）。

（二）水域纳污能力及限排意见

依据流域各省批准实施的水功能区水质目标和水文水资源条件分析计算，淮河流域水功能区

COD 和 NH_3-N 纳污能力为 46.0 万吨/年和 3.28 万吨/年。在近期保护区和饮用水源区水质全面达标，远期所有水功能区水质达标的前提下，淮河流域水功能区纳污能力和入河污染物限排意见见表 5-1。

表 5-1 淮河流域水功能区主要污染物入河限排总量意见表

水资源分区	纳污能力（万吨/年）		2020 年限排意见（万吨/年）		2030 年限排意见（万吨/年）	
	COD	NH_3-N	COD	NH_3-N	COD	NH_3-N
淮河上游区	4.58	0.39	4.59	0.47	3.61	0.30
淮河中游区	24.30	1.76	23.07	1.66	20.60	1.52
淮河下游区	7.74	0.56	7.33	0.51	6.71	0.45
沂沭泗河区	9.36	0.57	8.44	0.44	7.36	0.39
淮河流域	46	3.28	43.40	3.08	38.20	2.66

（三）规划目标

近期以实现保护区、保留区、缓冲区和饮用水源区水质达标为重点，全面落实限制排污总量意见的要求，强化水资源合理调度，进一步提高水功能区水质达标率，水功能区主要污染物控制指标 COD 和 NH_3-N 达标率提高到 80%，远期基本实现河湖水功能区主要污染物控制指标达标。同时，COD 和 NH_3-N 入河排放总量要达到淮河流域水污染防治规划确定的总量控制要求。

（四）保护对策

实现河湖水质达标的关键是治理污染源。在此基础上，强化水资源保护与管理，实施水资源保护工程。

1.落实排污总量控制要求

流域各省应进一步强化点源治污减排措施，全面落实污染物总量控制要求。各地要优化产业结构，严格限制发展高耗水重污染产业；大力推进清洁生产和污水深度处理回用，加快完善城镇污水处理设施，不断提高污水集中处理水平。

加强面源与线源污染控制。在饮用水水源保护区和水污染严重超标地区禁止建设规模化畜禽养殖场，规范渔业养殖行为；在农业生产中合理控制农药、化肥等使用量；在重点中心乡镇因地制宜地建设污水和垃圾处理设施。在通航水域，应减少船舶生活垃圾和生活污水排入航道，对船舶和港区的垃圾、油废水、污废水进行集中处理及再生水回用。

2.完善水功能区监督管理

依据水功能区管理要求，完善功能区水质和入河排污量的监测体系；积极配合环保部门做好水污染治理监督工作，促进水功能区水质管理目标的实现。根据淮河流域水污染情况，进一步扩大水污染联防范围，完善水污染联防工作机制，优化重要闸坝防污调度，加强水质动态监测和预警预报，提高应对突发性重大水污染的能力。

3.实施水资源保护工程

在积极促进点源和面源污染治理的同时，加强淮河干流、南水北调东线输水干线等重要水域的保护，以沙颍河、涡河、包浍河等污染严重河流、河段为重点，采取入河排污口整治、清污分流、截污导流、底泥清淤、河道曝气等工程措施进行综合整治，进一步改善水质和水生态系统状况，维护河流系统健康。

二、地下水资源保护

（一）水功能区及水质现状

淮河流域地下水功能区划面积为26.7万平方公里（不含洪泽湖），划分地下水功能区共246个，其中湖北、河南、安徽、江苏和山东省分别划分5个、68个、67个、37个和69个。流域地下水化学类型以重碳酸型（HCO_3型）为主，其次HCO_3+Cl型，分别占48.9%和22.1%；流域地下水Ⅰ—Ⅲ、Ⅳ、Ⅴ类水面积分别占评价面积的30.8%、41.6%、27.6%，无污染、轻污染和重污染面积分别占评价面积的56%、37.4%和6.6%，主要污染指标是氨氮及亚硝酸盐氮；流域浅层地下水超采区面积为6155平方公里，年超采量为2.04亿立方米；深层承压水超采区面积已扩展到2.74万平方公里，年超采量超过3.7亿立方米。

（二）规划目标

总体目标是实现地下水开发达到采补平衡，实现地下水水质逐步改善。近期大部分地区达到采补平衡，超采区的地下水开采得到基本控制，遭受污染的地下水水质逐步改善，初步建立地下水监测监督体系和管理体系。远期地下水实现采补平衡，超采区的地下水开采得到有效控制与治理，地下水污染区水质基本改善，未污染区地下水水质得到有效保护，建立起较完善的地下水监测监督体系和管理体系。

（三）保护对策

1.地下水资源保护管理

建立和完善凿井审批、取水许可、废弃井登记、自备井监督管理等规章制度；制定淮河流域地下水保护区、保留区和开发区水质管理目标，规划地下水开采量和压采量控制目标，制定阶段性地下水资源开发利用规划以及保护方案；开展地下水监测站网规划和地下水水质预警规划，建立地下水常规监督监测系统。

2.实施地下水保护工程建设

根据地下水开发利用与保护的目标要求，有针对性进行地下水综合治理与修复。对部分地下水严重超采城市，实施跨流域调水、区域引水等替代水源工程与人工回灌工程；对部分地下水污染严重的城市采取隔离污染源、整治排污口、截污导流等措施进行治理。

三、城镇饮用水水源地保护

（一）水源地安全状况

淮河流域县级以上城镇饮用水水源地240个，其中地下水水源地150个、河道型水源地55个、湖库型水源地35个。各类型水源地年供水总量为25.6亿立方米，其中地下水水源地、河道型水源地和湖库型水源地年供水总量分别占35.6%、40.4%和24%。240个饮用水源地中，水质安全、基本安全和不安全的水源地数分别占31.5%、46.3%和22.2%。

（二）规划目标

近期全面解决建制市和县级城镇的集中式饮用水水源地安全保障问题。集中式饮用水水源地得到全面保护，重要城市应急水源储备能力显著提高，满足和谐社会建设对饮用水水源地的安全要求。

(三)保护对策

1.水源地管理措施

根据城市饮用水水源地综合管理目标,建立和完善城市饮用水源地保护制度;划定饮用水水源保护区,明确饮用水水源地保护范围和保护目标;加强水源地监督监测设施建设,提高水源地保护监督管理能力;针对饮用水源地可能发生的突发性事件,制定应急处置预案,规范和强化水源污染事故应急处置工作。

2.保护工程

已受污染的水源地采取治污和防护相结合,以治污为主的保护措施,对于无法治理的要开辟新的饮用水源;未受污染的水源地采取隔离防护为主的工程措施。

规划提出对65个水源地实施污染源综合治理,包括点源治理、面源治理和内源治理等污染源综合治理工程;对未设隔离防护措施的189个饮用水源地实施物理隔离(护栏、围网等)和生物隔离(如防护林)等隔离防护工程。对于重要的湖库型饮用水水源地,在采取隔离防护及综合整治工程方案的基础上,有针对性地建设生态滚水堰、生态前置库、河岸生态防护、湖库周边生态修复等生态防护工程。

四、水生态系统保护与修复

流域主要河湖水生态系统稳定、脆弱和不稳定的比例分别占9%、73%和18%,淮河流域水生态系统脆弱,河湖生态系统大多遭受到了不同程度的破坏,水生态系统保护十分迫切。

(一)规划目标

近期水生态系统得到有效保护,淮河干流等重要跨省河流最小生态流量基本得到满足,洪泽湖和南四湖等重要湖泊最低生态水位基本得到保障;远期水生态系统和生态功能恢复取得显著成效,主要河湖最小生态需水得到保障。

(二)保护与修复对策

水生态保护及修复的主要任务是改善河湖水资源质量与保障河湖生态用水量。

1.水生态管理

制定淮河流域河湖生态保护规划,确定水生态系统保护目标、明确保护范围和考核控制断面,制定主要控制断面生态用水水量水质监测方案和考核办法。针对淮河流域的水文水资源及经济社会发展状况合理配置生态用水,逐步改善河湖生态与环境用水状况;研究建立水生态补偿机制,明确生态补偿的类型与内容。

充分发挥水利工程在保护生态环境中的作用,选择条件具备的中小河流开展生态用水调度试点工作;修订现有部分水利工程调度运行方案,以兼顾河道内生态用水要求;新建蓄水工程要考虑生态用水需求,在工程设计中设置生态库容及鱼道等,在工程运行中应用生态库容保障生态用水。

2.水生态工程

水生态工程主要是对重要河湖湿地实施生态保护与修复。通过构建生态护岸和防护林带、实施水生植被恢复、底泥生态疏浚等措施,改善河(湖)滨带生物栖息生境,保护洪泽湖、南四湖等重要河湖水生生物多样性和水产种质资源。针对淮河流域水生态系统状况,实施南四湖生态保护、宿鸭湖湿地生态修复、盐城市湿地生态系统恢复、里下河湿地修复与建设、淮河中游湖泊湿地保护与修复、两淮采煤沉陷区水资源保护等重大生态修复工程。

第六章　水土保持与山洪灾害防治

一、水土保持分区和规划目标

(一)水土保持分区

重点防治区:淮河流域国家级水土保持重点防治区包括桐柏山大别山预防保护区和沂蒙山治理区。省级水土保持重点防治区包括河南、安徽、江苏、山东、湖北5省的重点预防保护区、重点监督区和重点治理区。

水土流失类型区:在全国水土流失类型区划分的基础上,结合淮河流域特点划分为:2个一级区、2个二级区、7个三级区和19个亚区。

(二)规划目标

到2020年,流域内水土流失治理程度60%以上,其中新增水蚀治理面积2万平方公里和风蚀治理面积0.5万平方公里。在山洪灾害重点防治区全面建成非工程措施与工程措施相结合的综合防灾减灾体系。

到2030年,水土流失治理程度达到90%以上,流域上游水土保持防护体系基本建成,水土资源得到有效保护和可持续利用,生态环境进入良性发展轨道。

二、分区水土保持措施

(一)桐柏大别山区

该区主要包括河南省南阳、信阳,安徽省六安、安庆和湖北省孝感、随州等6个市的21个县(市、区),总面积3.57万平方公里,其中水土流失面积0.76万平方公里。

该区丘陵区人口密集,特别是水库周边,部分地方口粮不足,毁林开荒严重,农村产业结构调整在部分地区造成了大片次生灌木林被砍伐,疏幼林比例较大,林分质量差。总体上要采取封育保护、自然修复等措施,保护和扩大植被覆盖面积,涵养水源。中低山区,应限制开发建设活动,保护好现有森林植被和水库周边植被保护带,推行节柴灶、沼气等;丘陵地带,改造坡耕地和顺坡经济林地,建设高标准基本农田,适度扩大经济林面积,加大坡面径流调控工程和山塘建设;丘陵向平原过渡地带,加强缓坡耕地的改造,发展农业和农林复合业,加大河道整治力度,防止河岸冲刷和农田的水冲沙压。

(二)伏牛山区

该区主要涉及河南省南阳、郑州、平顶山、驻马店、许昌等5个市的19个县(市、区),总面积2.31万平方公里,其中水土流失面积0.69万平方公里。

该区石灰岩地区缺水严重,植被稀疏,生态环境恶劣,低山丘陵区坡耕地普遍,“四荒”面积大,粗骨土和沙化地大量分布,植被恢复艰难,黄土丘陵区坡面侵蚀严重,鲁山暴雨中心区常发生山洪灾害。要在加大良好植被封育保护的同时,有步骤退耕还林还草,提高植被覆盖度和涵养水源能力;扩大缺水地区径流拦蓄利用和耐旱耐瘠经济林草面积;逐步改造柞蚕坡等坡式经济林;加大暴雨中心区坡面径流拦截和沟道治理力度;建立沙化地径流泥沙植物缓冲带,加大矿区水土保持监督力度。

(三)沂蒙山区

该区主要包括山东省临沂、枣庄、日照、淄博、济宁等5个市的26个县(市、区),总面积3.04万平方公里,其中水土流失面积1.17万平方公里。

该区土地退化严重,"折叠地"、坡耕地和坡式梯田所占比重较大,沙化、裸岩面积多;疏幼林面积大,林草覆盖率总体较低;水资源相对匮缺,农田和经果林灌溉保证率低;草场面积小、退化严重,畜牧业发展对现状植被构成威胁;低标准工程多,每年水毁新增流失面积较大。要在保护良好植被并进一步扩大中低山区和库区上游预防保护和封禁治理面积的同时,重点实施坡耕地、坡式梯田和"四荒地"改造,加大坡面径流调控和沟道拦蓄工程建设力度;加强沙化、粗骨土地区径流泥沙拦截及植被缓冲带建设,逐步改造"石化"、"沙砾化"和"薄壤"等侵蚀劣地,恢复和改善生态环境及农业生产条件,推广侵蚀劣地生产能力恢复与综合利用技术和林果—牧草等立体配置模式。

(四)江淮丘陵区

该区主要包括安徽省合肥、滁州、蚌埠、淮南和江苏省扬州、淮安等6个市的16个县(市、区)。总面积1.38万平方公里,其中水土流失面积0.17万平方公里。

该区"四荒"地较多,植被较差;土地耕作层浅薄,坡耕地多切割沙化,砂石裸露;农田水利基础设施差,水源短缺,土壤涵养水能力低;开矿采石普遍,局部地方环境日益恶化。要保护现有植被,适宜地区适当改造"小老树",建立乔灌草相结合的林草防护体系;低丘缓坡地带,改造坡耕地、"四荒"地,在稳定基本农田、完善田间水利设施配套的基础上,营造水土保持林、经济林,扩大草场面积,发展畜牧业,推广畜牧—沼气生态模式;兴建塘堰坝,增加水源工程。

(五)淮海丘岗区

该区主要包括江苏省徐州、连云港和安徽省淮北、宿州等4个市的10个县(市、区),总面积2.7万平方公里,其中水土流失面积0.09万平方公里。

该区属沂蒙山的残延带,孤丘呈零散分布,坡耕地面积大。徐州、宿州、淮北为石灰岩区,煤炭等矿产开发较多,山体多为裸岩,植被稀疏,山脚下形成"坡积裙",土层较厚;新沂、连云港地区土质砂化、石化严重,耕地有大面积的铁、锰结核滞水层,土地瘠薄低产。要在封育保护现有山体植被的同时,改造坡耕地、"四荒"地,配套水源工程,营造水土保持林、经济林;加强预防监督体系建设,督促开发建设项目加强水土保持"三同时"落实工作。

(六)黄淮平原区

该区主要包括河南省信阳、周口、漯河,安徽省阜阳、亳州,江苏淮安、宿迁、盐城等8个市的65个县(市、区),总面积10.42万平方公里,其中沙土故道岗地滨海中轻度水风复合侵蚀类型区面积1.76万平方公里,水土流失面积0.48万平方公里。

该区总体上水土流失轻微,沿废黄河故道高亢沙土地和滨海平原存在一定数量的水土流失,且季节性变化大,春秋季地表作物覆盖低时,多以风蚀为主;雨季因土壤抗冲刷能力差,则水蚀明显。要在加强水土保持预防监督的同时,重点结合防洪除涝工程和农田水利工程等建设,加强农田林网和河、沟、路、渠边坡的防护。对沙质河道应采取疏浚、护岸等工程措施,河滩沙地可采用引洪淤灌、植树等,固定沙滩。加强排灌沟渠护岸和护坡工程建设;加强风沙化土地林网建设,提高林网的网格密度;平整土地,加强农田水利配套,改良土壤结构,提高土地利用价值。沙丘相间低洼地带,可改造发展淡水养殖。滨海平原主要加强植被建设。

(七)黄泛风沙区

黄泛风沙区主要指山东南四湖以西、河南颍河以北的黄河冲积扇地区,主要涉及河南省郑州、开封、商丘和山东省菏泽、济宁等5个市的28个县(市、区)等,总面积3.7万平方公里,其中水土流失面积0.86万平方公里。

该区局部地带风沙活动仍强烈,水蚀、风蚀、涝洼盐碱交加危害,上游引黄灌溉带来的泥沙对侵蚀环境造成不利影响,并在一定程度上加剧了水土流失。要在加强引黄灌溉泥沙管理和保护治理成果的同时,重点在沙地的前沿营造防风固沙林带,结合渠、沟、路建设,发展农田防护林、护路林,保护农田和河道,推广粮草轮作,在沙化面积较大的地块大力发展速生丰产用材林;加强农田灌排设施和春季农田机械沙障建设,推行轮作、套作、间作和高留茬等耕作措施。

三、水土保持工程

(一)丘陵山地水蚀区

1.生态修复辅助工程

规划近期将桐柏大别山、伏牛山和沂蒙山区10片总面积0.51万平方公里的范围确定为主要生态修复区。生态修复辅助工程主要包括沼气池、谷坊、小型水源工程、围栏等。

2.小流域综合治理工程

规划以小流域为单元综合治理水土流失面积2.33万平方公里,其中近期主要在淮河源头、桐柏大别山大型水库上游及低山丘陵重点流失区、沙颍河上游土地沙化区、板桥和石漫滩水库上游、沂蒙山大型水库上游水土流失和石漠化区和江淮丘陵水土流失生态脆弱区完成小流域综合治理面积1.47万平方公里;远期完成剩余的0.86万平方公里水土流失治理任务。同时结合新农村建设和水源地保护,在山丘区15个水库型水源地上游选取104条小流域开展清洁型小流域面源污染控制工程建设,其中近期主要选择河南省板桥水库、南湾水库,安徽省梅山水库、佛子岭水库,江苏省小塔山水库、龙王山水库,山东省岸堤水库、石泉湖水库等重要水源地上游60条小流域。

小流域综合治理工程主要包括:坡面整治、沟道防护、水土保持植物和清洁型小流域面源污染控制工程等。清洁型小流域面源污染控制主要辅助措施包括人居环境综合整治、植物缓冲带及湿地建设等。

(二)黄泛平原风蚀区

规划综合治理以风蚀为主的侵蚀面积0.8万平方公里,其中近期在河南豫东地区、山东菏泽地区治理0.5万平方公里,远期治理0.3万平方公里。主要工程包括:水土保持植物措施、土地整治工程等。

(三)平原沙土地风水复合侵蚀类型区

规划综合治理平原沙土区4782平方公里,近期在江苏省徐州、淮安、宿迁、盐城等废黄河及滨海一带治理2900平方公里,远期治理1882平方公里。主要工程包括:水土保持植物措施、水土综合整治工程等。

四、山洪灾害防治

山洪灾害防治采取工程措施和非工程措施相结合,突出非工程措施在防灾减灾中的作用,合理安排工程治理措施,建设综合防治体系。

非工程措施主要包括监测体系和预警预报体系建设,群测群防体系建设等。工程措施主要是结合水土保持综合治理,采取排导、拦挡,沟道疏通和沟底防冲等工程措施对山洪沟进行整治。对生活在山洪灾害高风险区、生命财产受到严重威胁的居民,经比较后可采取搬迁、避让措施。

规划近期完成山洪灾害重点防治区内的桐柏大别山区、沂蒙山区和伏牛山区沙颍河上游658条山洪沟治理;远期完成伏牛山区其余的322条山洪沟治理。

第七章　农村水利

一、农村饮水安全

(一)目标与任务

到2009年,淮河流域已安排解决了2083万人的饮水不安全问题,规划到2013年基本解决农村的饮水安全问题。

(二)对策与措施

1.加强农村饮水水源地的管理和建设

防止和逐步消除工农业生产和生活对农村饮用水水源地的水质污染,保证农村饮用水地表水水源地的水质达到《地面水环境质量标准》(GB3838—2002)要求,地下水水源地的水质达到《地下水质量标准》(GB/T14848—93)要求;在生产与生活用水矛盾较为突出的地区,应严格控制工农业生产过度利用地表和地下水资源,保证满足农村居民对饮用水水量的需求;在流域上游山丘区加强植被保护,增加水源涵养量;在流域上游山丘区不具备修建地表水拦蓄工程的地区,修建小型的集雨和引泉工程,将收集的雨水和泉水作为饮用水水源;在流域上游山丘区具备修建地表水拦蓄工程的地区,修建塘、堰、中小型水库等地表水拦截工程,将拦蓄的地表径流作为饮用水水源;在浅层地下水水质不能满足饮用水水质要求且没有合适地表水饮用水源的地区,新建机电深井,开采符合饮用水水质标准的深层地下水或承压水作为饮用水水源;在河南、山东的沿黄饮用水水源缺乏地区,可结合城镇供水新建部分平原水库,引蓄黄河水作为饮用水水源;在南水北调调水沿线地区,根据已有规划,利用长江水解决部分地区农村居民的饮用水水源问题。

2.搞好农村饮水工程的管网和配套工程建设

在加强农村饮水水源地管理和建设的同时,应搞好农村饮水工程的管网和配套工程建设。城镇周边区域依托城镇的现有自来水水厂进行扩建或新建部分自来水厂,并做好管网配套工程建设。对于以水库为水源或浅层地下水丰富的区域,重点发展集中连片供水工程,搞好饮水工程的管网和配套工程建设。丘陵区集中供水人口1万左右的供水工程,采取加压泵站直供或利用高位水池自流供水的方式搞好饮水工程的管网和配套工程建设。

3.强化农村饮用水特殊水质处理

高氟水、高砷水和苦咸水的处理,规模较大的集中供水工程中可采用活性氧化铝吸附法或改型骨炭吸附法进行处理,规模较小的集中供水工程中可采用膜法进行处理。

二、灌溉与排水规划意见

（一）规划任务与目标

围绕《全国粮食生产发展规划（2006—2020年）》提出的“大力改造中低产田，完善农田水利基础设施，逐步增加高产稳产粮田的比重”目标，按照建设高标准农田的要求，旱涝兼治，排灌并举，加大改造中低产田力度，加强农业灌溉，灌溉保证率进一步提高；农业节水水平普遍提高，灌溉水有效利用系数提高到0.61，粮食核心区田间配套工程基本完善，全面提升粮食核心区防御水旱灾害的能力。

（二）分区规划意见

1.豫南豫西山丘区

本区包括河南省南部大别山、桐柏山和西部伏牛山的信阳、南阳、洛阳、平顶山、郑州等市的17个县（市），总面积2.82万平方公里，有效灌溉面积836万亩。规划重点是加强现有灌区工程配套和节水改造，充分发挥现有水库、塘坝等工程的供水能力，巩固、扩大灌溉面积；结合小流域综合治理，增修水库、塘坝，拦蓄径流，发展灌溉；进行土地平整，修筑地埂、梯田，蓄雨水保墒情，提高抗旱能力。

2.安徽淮南山丘区

本区包括安徽省淮河以南的大别山区及淮南丘陵区的淮南、六安、滁州、合肥等市的12个县（市），总面积2.82万平方公里，有效灌溉面积1093万亩。规划重点是继续搞好淠史杭等灌区的工程配套和节水改造，搞好塘坝和中小型水库的维修与配套；在高低水分排的基础上，整治内部渠系，完善面上配套工程。

3.豫东平原区

本区包括河南省的驻马店、周口、漯河、许昌、商丘、信阳等市沿淮两侧，共40个县（市），总面积4.2万平方公里，有效灌溉面积2613万亩。规划重点是加强现有排灌工程的维修更新，配套挖潜，加强水资源的管理与开发利用，推广节水技术，巩固和发展灌溉面积。在排水河道及中小河流治理的基础上，清除非法阻水建构筑物，疏浚排水沟渠、新建改建排水泵站涵闸、完善面上配套工程。

4.沿黄平原区

本区包括河南省的郑州、开封、商丘和山东省的菏泽、济宁等市的沿黄10个县（市），总面积2.39万平方公里，有效灌溉面积1431万亩。规划重点是旱涝并治，加强灌排工程的续建、维修配套，扩大灌溉、排水面积；搞好引黄灌区的续建、配套、维修管理，做好引黄沉沙设施建设；积极发展节水灌溉；清除非法阻水建构筑物，疏浚排水渠系，完善面上配套工程。

5.安徽淮北平原区

本区包括安徽省淮河以北的阜阳、亳州、宿州、淮北、淮南、蚌埠等市的23个县（市），总面积3.87万平方公里，有效灌溉面积1715万亩。规划重点是加强节水工程建设，充分发展节水灌溉面积，北部地区重点发展井灌面积。在用好当地水资源的基础上，发展引江补源。在排水河道及中小河流治理的基础上，清除非法阻水建构筑物，疏浚排水沟渠、增建排水泵站，完善面上配套工程；调整种植结构，沿淮及下游滨河湖圩区还应适当退耕还湖。

6.鲁南沂沭泗区

本区包括山东省的济宁、临沂、枣庄等市的30个县(市),总面积3.76万平方公里,有效灌溉面积1693万亩。规划重点是优先巩固改善现有灌区的水利基础设施,扩大灌溉面积,结合引黄和南水北调东线的供水,改善、扩大南四湖周边灌区,并加快节水改造,大力发展节水灌溉面积。在排水河道及中小河流治理的基础上,清除非法阻水建构筑物,疏浚排水沟渠、新建改建排水泵站涵闸,完善面上配套工程。

7.苏北平原区

本区包括江苏省除里下河水网区以外的徐州、淮安、连云港、盐城等市的23个县(市),总面积4.02万平方公里,有效灌溉面积2720万亩。规划重点是加强现有灌溉工程的更新改造、巩固提高,加强水资源的调配管理,推广节水型灌溉技术,巩固扩大稳产高产田面积。在排水河道及中小河流治理的基础上,清除非法阻水建构筑物,疏浚排水沟渠、新建改建排水泵站涵闸,完善面上配套工程。在滨海盐碱沙薄地区,控制地下水位,以防止土地的盐碱化。

8.里下河水网区

本区包括江苏省扬州、盐城、南通等市的灌溉总渠以南和里运河以东的里下河腹部及沿海垦区的12个县(市),总面积2.14万平方公里,有效灌溉面积1380万亩。规划重点是加强现有排灌工程的维修、更新、配套和挖潜,并继续扩大引江能力。在加强除涝工程建设的基础上,清除非法阻水建构筑物,疏浚圩内排水沟渠,完善面上配套工程。

淮河流域2020规划水平年新增有效灌溉面积495万亩,改善灌溉面积3512万亩,新增节水灌溉面积4900多万亩。2030规划水平年再新增有效灌溉面积183万亩,改善灌溉面积781万亩,新增节水灌溉面积3600多万亩。淮河流域新增有效灌溉面积主要分布在河南省驻马店、平顶山地区和沿黄一带,安徽省的沿淮、淮北地区,山东省的菏泽、济宁及临沂地区,江苏省沿海滩涂有效灌溉面积也有所增加。

(三)灌排工程

1.灌区节水与改造

淮河流域现有设计灌溉面积在30万亩以上的大型灌区共81处,设计灌溉面积5928万亩,有效灌溉面积4636万亩。

近期规划完成淮河流域全部81个大型灌区续建配套与节水改造,改善灌溉面积3296万亩。主要建设内容为:新增衬砌渠道长度14478公里,新增衬砌面积12244万平方米,新建或改建渠首建筑物181346处;在灌区内推广以管道灌溉、喷灌、微灌为主要内容的节水灌溉;加强以灌区配水调度、灌区通信、测水量水等为主要内容的灌区信息化建设。

在进行大型灌区续建配套与节水改造的同时,做好流域内中小型灌区的续建配套与节水改造工作,重点是渠道衬砌、渠系建筑物的改造与配套、在灌区内推广以土地平整、小畦灌溉等措施为内容的节水灌溉。

2.大型排灌泵站更新改造

淮河流域已建成大型排灌泵站99处671座,总装机5688台套90.43万千瓦。近期规划对79处492座大型排灌泵站进行更新改造,改造装机台数4226台,改造装机容量65.89万千瓦,改善排涝面积1167万亩,改善灌溉面积2895万亩。主要工程内容包括:主机组、电气设备、辅助设备等机电设备的更新改造,泵房主体工程、进出水及控制建筑物等水工建筑物的加固、维修、拆除重建,拦污、清污、断流、检修、起重等辅助设施和金属结构的更新改造,泵站运行自动化监控系统和信息管理系统的建设,工程管理设施建设等。

三、农村水环境整治指导意见

(一)整治原则

整治和管理维护相结合。在对镇村内部及周边水体进行沟通、疏浚和底泥处理的基础上,加强污水排放和废弃物管理以及村镇周边水面日常保洁,保证农村水环境持续稳定。

工程措施和生物措施相结合。以植树、种草等生物治理措施为主,结合路面硬化等工程建设,减轻镇村内部及周边水体重新淤积。

(二)整治对策

1.对镇村内部及周边水体进行沟通和疏浚,保持排水水系的通畅,对沟塘疏浚产生的底泥进行适当处理;完善镇村内部排水设施,保证雨季镇村内部不溢不涝。防治镇村内部及周边水土流失,做好绿化、美化,对镇村内部及出行道路路面进行硬化,防止镇村内部及周边水体的重新淤积。

2.做好污染企业排污管理和监督工作,加强集约化养殖废物处置、废水排放管理,做好农村居民生活垃圾处置,保证镇村内部及周边水体有一个良好的水质。

3.提高农村居民保护水环境意识,做好镇村内部及周边水面的保洁维护,维持良好的水环境。

第八章 航运及水力发电

一、航运规划

(一)航运发展目标

近期初步完成流域内的全国内河高等级航道建设任务,并建成一大批区域性重要航道;形成布局合理、功能完善、专业高效的港口体系。

远期全面完成流域内的全国内河高等级航道和区域性重要航道建设任务,并根据地方经济发展需要重点建设一批五级以上的一般航道;在引江济淮工程的基础上相应建设通航设施;在淮河入海水道二期工程的基础上完成入海航道建设任务。

(二)航运发展总体布局

以京杭运河和淮河干流等“两纵两横”全国内河高等级航道和22条区域性重要航道等四级及以上航道为骨干,以一般航道为基础,实现对区域内主要城市、矿产基地、综合交通枢纽和长江等周边航区的有效沟通。

规划徐州港、济宁港和蚌埠港为主要港口,将逐步发展成服务于腹地煤炭资源开发、城市和产业发展的大型综合性港口。规划重要港口共15个,主要服务于腹地矿产资源的开发外运,同时也为城市和产业发展提供依托。

(三)航道规划

1.内河货运量预测

淮河流域内河货运量2020年达到3.5亿吨,2030年达到4.2亿吨。在货运量的构成方面,跨省(区)运量比重将有较大上升。2020年淮河流域内河货物周转量完成760亿吨·公里,2030年淮河流域内河货物周转量完成922亿吨·公里。

2.航道发展规划

淮河水系纳入全国内河高等级航道规划的有“两纵两横”共7条,“两纵”即京杭运河、连申线,“两横”即沙颍河—淮河干流—淮河出海航道—盐河、通扬线,规划里程2609公里,其中三级及以上航道2054公里,四级航道555公里。

规划区域性重要航道共22条,即涡河、沱浍河、西淝河、池河、白马河、薛微航道、新万福河、老万福河、泉河、洙水河、徐宝航线、盐宝线、刘大线、兴东线、芒稻河、盐邵线、泰东线、姜十线、徐宿连航道、滨海港区疏港航道、建口线—黄沙港、通栟线—洋口运河,规划里程2036.8公里,其中三级航道754公里,四级航道1282.8公里。

淮河入海水道在淮安、滨海分别穿过京杭运河和通榆河,规划淮安枢纽—滨海枢纽段结合通航,规划里程84.2公里,航道等级为三级;滨海枢纽以下根据经济社会发展需要进一步研究通航的必要性。

引江济淮起自长江,经巢湖过江淮分水岭,至瓦埠湖调蓄入淮河,全长约270公里,航道等级暂定为三级,下一步通过技术经济比较论证后确定。

(四)港口规划

1.淮河干支流沿线港口

蚌埠港是全国内河主要港口,主要港区位于淮河干流和沱浍河,规划淮滨港、六安港(主要港区位于淮河干流)、淮南港(主要港区位于淮河干流)、漯河港、周口港和阜阳港(主要港区位于沙颍河等)、亳州港和商丘港(主要港区位于涡河、沱浍河等)为重要港口。

2.鲁西南地区港口

京杭运河梁济段复航后,将在东平境内建设新的港口。济宁港是全国内河主要港口,规划枣庄港、菏泽港、泰安港为重要港口。

3.苏北地区港口

徐州港为全国内河主要港口,规划淮安港、宿迁港、连云港(内河)港、盐城(内河)港为重要港口。

二、水力发电规划

(一)开发目标

规划以结合水利工程、农村电气化工程和小水电代燃料工程建设进行水力资源开发为原则,促进新农村建设,为流域经济社会可持续发展创造有利条件。水力资源开发要严格基本建设程序,有序实施。规划新增水电装机168.34兆瓦。

根据本地区具体情况,因地制宜,选择有场址条件和水资源条件的地方建设抽水蓄能电站,以提高本地区的电力供应质量和效益。

(二)开发规划

1.淮河水系

(1)淮河干流

规划结合出山店水库建设水电站1座,根据河南省水利勘测设计研究有限公司和中水淮河规划设计研究有限公司2009年2月编制的《淮河出山店水库工程可行性研究报告》,电站装机容量1.6兆瓦。

(2)淮河支流

规划建设水电站48座,总装机容量157.04兆瓦。其中浉河建设水电站1座,总装机容量2兆瓦;竹竿河建设水电站4座,总装机容量3.14兆瓦;潢河建设水电站1座,总装机容量1.4兆瓦;汝河建设水电站1座,总装机容量1.6兆瓦;石槽河建设水电站2座,总装机容量1.3兆瓦;灌河建设水电站2座,总装机容量11兆瓦;沙河建设水电站4座,总装机容量8.7兆瓦;北汝河建设水电站10座,总装机容量34.3兆瓦;澧河建设水电站2座,总装机容量1.4兆瓦;滍河建设水电站1座,总装机容量2兆瓦。

2.沂沭泗河水系

规划建设水电站9座,总装机容量9.7兆瓦,其中沂河建设水电站7座,总装机容量8.2兆瓦;沭河建设水电站1座,总装机容量0.7兆瓦;祊河建设水电站1座,总装机容量0.8兆瓦。

第九章　流域综合管理

一、规划目标和任务

推动流域管理法律、法规的制定;逐步理顺流域管理与行政区域管理相结合的流域综合管理体制与机制。

健全洪水风险管理机制,建立洪水调度方案体系、洪水管理公共服务体系,建立完善防洪保护区、洪泛区和蓄滞洪区管理体系。

加强流域水资源管理,全面提升水资源管理能力;加强水资源保护,加强饮用水水源地保护,严格入河排污口监督管理,推进地下水保护,开展水生态系统保护管理,深化水污染联防工作。

完善水土保持管理制度,强化水土保持预防保护、监督监测、生态建设等管理。

建立健全应急管理体制,建成覆盖全流域的水利应急预案体系,提高应对突发涉水事件的能力。

完善水文水资源监测等信息采集体系,建立和完善流域水利信息网络及流域网络管理中心,加强流域基础信息资源建设,完善信息资源管理平台,开发流域防汛指挥与水资源管理等重点应用系统;强化流域综合管理基础设施及能力建设,构建流域科研创新中心,开展治淮重大问题研究。

二、流域管理体制与机制

进一步明确流域与区域的事权划分,完善淮河流域管理体制,建立事权明晰、权责明确、监管配套、协调有力的管理体制。

建立健全流域管理中流域管理机构和各省、各部门及其他利益相关方共同参与、民主协商、科学决策、分工负责的流域议事决策和高效执行机制。

研究制定"淮河法"或"江河流域管理法";修订《淮河流域水污染防治暂行条例》;制定"淮河流域河道采砂管理条例"等以及水资源及湿地保护等法规;完善地方性法规、政府规章与规范性文件建设;建立流域管理法制统一保障机制。

编制或修订流域和区域水利规划,加强流域范围内水利规划间的协调,逐步完善流域规划体系;加强规划实施监督管理;加强规划保留区管理;实行规划同意书制度。

三、防洪抗旱减灾管理

(一)防洪管理

研究建立淮河流域洪水调度方案体系;编制淮河流域洪水风险图,并建设洪水风险图应用平台;逐步建立洪水风险管理体系和洪涝灾害社会化保障机制;提出相应区域的土地利用、产业结构转型等政策建议;研究建立防洪减灾社会化投入机制;建立洪水风险图管理制度,明确洪水风险图的发布权限等。

(二)抗旱管理

开展干旱风险区划图编制;编制淮河干流和流域内重要跨省河流的抗旱应急调水预案;研究建立旱情监测和灾害预警信息系统;建立关系流域全局供水安全和省际抗旱重大问题的协调处理机制;建立和完善政府主导与社会化服务相结合的抗旱服务组织体系,加强抗旱群众队伍和专业队伍建设,提高全社会抗旱减灾能力。

(三)行蓄洪区管理

实行行蓄洪区分类管理,控制区内无序建设;完善行蓄洪区工程设施的管理制度;建立完善行蓄洪区工程设施管理机构;开展行蓄洪区管理需求、人口承载力、经济发展模式等研究。

四、水资源管理

(一)取水许可与水资源论证

完善取水许可管理制度;加强取水许可总量控制和定额管理;进一步规范和强化建设项目水资源论证工作;完善水资源论证制度;开展建设项目水资源论证后评估工作,实施水资源论证跟踪调查和后期监督管理;明晰初始水权,研究提出水权制度实施意见,培育水权转让市场,规范水权转让活动。

(二)水量分配与调度管理

完善水量分配相关配套制度建设;开展水量分配技术方法和水量调度关键技术研究;编制淮河干流等跨省供水河流水量分配及调度方案;研究制定南四湖、洪泽湖等跨省湖泊水量分配及调度方案;编制年度水量分配方案和年度取水计划;研究制定淮河干流、主要跨省支流、跨省湖泊年度水量调度管理办法。

(三)节约用水管理

完善用水效率和效益评价与考核指标体系;推进节水型社会试点建设和节水型社会创建工作。

(四)地下水开发利用管理

加强地下水开发利用管理;编制淮河流域地下水超采区治理规划;编制淮河流域地下水管理与监测方案,加强地下水位动态监测。

五、水资源保护管理

(一)水功能区及限制排污总量管理

调整完善水功能区;完善地表水功能区纳污总量管理,依法向环境保护部门提出限制排污总量意见;完善水功能区监测工作制度及信息通报制度;健全和完善地下水保护机制,逐步建立健全地下水水质监测和监督管理体系。

(二)饮用水水源地保护管理

完善饮用水水源保护区划制度;建立饮用水水源地安全保障机制;依法取缔饮用水水源保护区入河排污口;完善饮用水水源地痕量有机物监测制度。

(三)入河排污口管理

依法做好入河排污口设置审批和监督管理;完善入河排污口管理档案;制定淮河流域入河排污口布设规划,推进入河排污口整治工作;完善入河排污口的监测和通报制度。

(四)水生态系统保护管理

建立完善水生态系统保护制度和重要水域生态监测与灾害预警机制;研究建立生态用水保障与补偿机制;进行水生态系统保护与修复关键技术研究,开展水生生物监测、评价及预警预报工作,建立完善淮河流域河湖健康评价体系。

(五)水污染联防

进一步完善水污染联防工作机制,加强水量水质动态监测和防污调度监控,优化水闸防污调度方案,减轻水污染危害。

六、河湖、岸线及工程管理

(一)河道湖泊岸线利用管理

河道湖泊岸线利用管理采取岸线控制线和功能分区相结合的管理方式,岸线的开发利用必须符合岸线控制线和功能分区的相关要求;岸线保护区原则上不准进行开发利用;岸线保留区限制建设项目开发,河势演变剧烈河段不得进行建设项目开发;岸线控制利用区经充分论证不存在制约因素的情况下可进行适度开发;岸线开发利用区容许开发利用率上限原则上不超过岸线开发利用区范围的70%;进一步明确岸线管理事权划分,研究制定河道湖泊岸线利用管理办法,研究建立岸线利用项目影响补偿制度。

(二)河道管理范围内建设项目管理

完善河道管理范围内建设项目等水行政许可工作制度。制定建设项目技术审查标准、洪水影响评价报告编制和专家评审管理办法、监督检测和验收办法等规章,开展建设项目洪水影响基础性研究。加强建设项目监督管理。

(三)水利工程管理

全面推进水利工程管理体制改革,严格推行水管单位的分类管理,探索研究实施管养分离后维修队伍建设的扶持政策与措施;编制水利设施更新改造规划;加强流域水利工程管理规范化建设;明晰农村小型水利工程所有权,推行灵活多样的经营方式和运行机制;探索建立各种形式的农村水合作组织;健全农村水利工程管理组织体系;加强管理制度建设,增加农村水利工程投入和管理设施的投入。

(四)采砂管理

加强采砂管理队伍和基础设施建设;制定采砂行政许可管理办法,建立和落实行政许可责任制和监管制度;编制流域主要河湖采砂管理规划;制定河道采砂管理有关法律法规宣传计划。

七、水土保持管理

(一)水土流失预防

制定桐柏大别山国家级重点预防保护区、省级重点预防保护区的管理办法;建立重要水源区水土保持生态环境保护制度;研究确定淮河流域不同区域水土保持生态功能定位,建立水源涵养、耕地建设保护等功能区管理制度;建立涉及水土保持项目的水土流失影响综合评估制度,流域内跨区域、跨部门的水土保持协商机制,信息共享、发布机制及平台,促进水土资源的可持续利用。

(二)水土保持生态建设管理

加强沂蒙山区和其他各省级水土保持重点治理区管理;制定和完善水土保持生态建设管理办法和制度,加强"四荒"资源开发的监管,推行"四荒"拍卖和小型水利水保工程产权制度改革,探索和建立水土保持生态补偿机制;建立水土保持生态建设项目流域参与式管理、专家论证评审制度。

(三)水土保持监督

加强省级重点监督区的水土保持监督管理,落实水土保持"三同时"制度;建立健全开发建设项目水土保持方案申报和许可制度;规范水土保持监理、监测、评估管理工作;建立和完善水土保持方案实施督察、汛前水土保持工程检查、流域开发建设项目水土保持工作公告和大型开发建设项目水土保持管理数据库等制度;建立城市自然地貌植被保护、开山采石控制、裸岩裸地治理等管理制度;开展流域水土流失定期普查和动态监测,建立流域和区域水土保持定期公告制度。

八、应急管理

(一)应急管理组织体系

建立健全淮河流域水利突发公共事件应急管理组织体系,成立流域综合应急管理指挥协调机构、流域综合应急管理办公室、专项指挥部(区域指挥部)等应急管理机构,形成流域水利突发公共事件的常态管理和应急管理相结合的管理体制。

(二)应急管理机制

逐步建立水旱灾害、水污染事件、重大水土流失事件、水利工程建设重大质量与安全事故、省际水事纠纷、群体上访事件等突发公共事件应急管理基础制度框架;建立健全淮河流域水利突发公共事件预测预警机制、应急响应机制、科学联动机制、应急保障机制、善后处置机制等;完善应急管理信息审查发布,建立新闻发言人制度;建立健全应急处置责任追究机制。

(三)应急预案体系

编制淮河流域水利突发公共事件总体应急预案;编制完善各类突发公共事件专项应急预案;制定部门(单位)应急预案;加强预案动态管理。

(四)应急保障

建立与经济社会发展水平相适应的应急管理投入机制;建设完善应急处置(救援)队伍、专家咨询队伍和应急管理队伍;加强应急物资储备,建立分级负责的物资储备体系;实施重大危险源分级监控,掌握流域水利各类风险隐患情况;整合应急管理信息资源,建设统一高效的应急管理决策指挥平台;加强宣传培训演练,全面提升应急处置综合能力。

九、管理能力建设

建立满足流域开发利用、防汛抗旱、水资源管理与保护以及水害防治等要求的流域综合管理平台和以提升流域水利科学研究能力与基础工作水平为核心的科技与基础工作平台组成的流域管理能力体系。

(一)综合管理平台

综合管理平台以流域内的水文水资源、水土保持等测站和信息分中心(中心)组成的信息采集系统和信息资源管理系统为基础,以安全保障系统和综合管理支撑能力系统为保证,以淮河流域防汛抗旱指挥系统等九大系统为应用重点。

(二)综合管理支撑能力体系建设

建设防汛抗旱和水资源保护、监控、调度体系;建设淮河防总合肥指挥中心、防汛移动指挥站以及流域、省级水土保持、水环境监测中心。加强流域基层水管单位基础设施建设。

(三)科技与基础工作平台建设

构建流域科技创新中心,建设一批流域水利科学研究中心和试验基地。编制淮河流域科技创新发展战略规划;开展河流健康等重大问题和关键技术研究;开展淮河流域综合管理体制、生态补偿机制等研究。

第十章 实施安排与效果

一、实施安排原则

按照远近结合、突出重点的原则,统筹防洪减灾、水资源开发与保护和民生水利的需求安排项目实施。

一是优先安排支持和保障流域经济社会发展和人民生命财产安全的重大项目。如淮河干流行洪区调整工程、淮河下游扩大和巩固工程、大型水库工程等。

二是优先安排与人民群众生活、生产密切相关的民生水利工程。如淮河蓄滞洪区安全建设及居民迁建、重点平原洼地治理工程、农村饮水安全工程、大中型灌区续建配套与节水改造等。

三是优先安排改善重点地区水生态环境的项目。如淮河上游水土保持工程、水资源保护和配置工程等。

二、近期实施意见

近期以《国务院办公厅转发国家发展改革委、水利部〈关于切实做好进一步治理淮河工作指导意见〉的通知》(国办发〔2011〕15 号)确定的进一步治理淮河建设任务和中小河流治理、病险水库(闸)加固、农村饮水安全、灌区配套与节水改造等流域防洪重点薄弱环节和民生水利工程为重点,兼顾水资源开发利用和保护、水土保持等工程建设,加强流域综合管理能力建设。

（一）防洪除涝工程

1.水库工程

适时建设出山店、前坪、张湾、江巷、庄里等5座大型水库;新建、扩建、加固中型水库;对病险水库(闸)进行除险加固。

2.河道整治工程

加快入海水道二期工程建设,完成入江水道整治、分淮入沂整治、洪泽湖大堤加固工程,推进淮河干流上中游一般堤防达标建设。整治沂河东汶河口以上、沭河浔河口以上河段,巩固和完善沂沭泗水系湖泊和骨干河道防洪工程。治理洪汝河、黑茨河、包浍河、新汴河、茨淮新河等淮北主要支流河道,史灌河、淠河、池河等淮南主要支流河道,洙赵新河、梁济运河、东鱼河、万福河、泗河、洸府河、白马河、城郭河、界河等南四湖入湖支流;治理绣针河等省际边界河流;逐步治理流域面积在3000平方公里以下中小河流。

3.蓄滞洪区工程

完成淮河干流行洪区调整工程,实施蓄滞洪区工程建设、蓄滞洪区安全建设、淮干滩区居民迁建等。

4.除涝工程

加快平原洼地除涝工程建设,安排沿淮、淮北平原、淮南支流、里下河、白宝湖、南四湖、邳苍郯新、沿运、分洪河道沿线和行蓄洪区等10片重点平原洼地治理,面积5.98万平方公里,耕地0.55亿亩。

5.城市防洪和海堤工程

加强城市防洪工程建设,安排信阳、淮南、蚌埠、阜阳、扬州、徐州等6座全国重要防洪城市和漯河、周口、亳州、宿州、六安、淮北、寿县、连云港、淮安、宿迁、临沂、日照、济宁、枣庄、菏泽等15座流域重要防洪城市防洪工程建设。

加强海堤工程建设,以主海堤和入海河道防潮堤建设为重点,完善沿海风暴潮防御体系。

（二）水资源配置与开发利用工程

完成南水北调东线、中线一期工程,继续实施南水北调东线二期工程;适时安排引江济淮、苏北引江工程,做好跨流域调水配套工程建设,合理安排地表水、地下水及其他水源开发利用工程。

（三）水资源保护工程

加快饮用水源地保护工程建设,适时安排地表水资源保护、地下水资源保护和水生态系统保护与修复等工程。

（四）水土保持工程

持续开展山丘区水土保持综合治理,适时安排黄泛风沙区和高沙土区综合治理工程,新增治理面积2.77万平方公里。加大山洪灾害防治工程建设力度。

（五）农村水利工程

完成农村居民的饮水安全工程建设。完成大型泵站更新改造工程、大中型灌区续建配套改造工程,加强农田水利基本建设,改善农业排灌条件。搞好农村水环境整治。

（六）航运和水力发电

依据有关行业发展的总体安排,结合防洪灌溉等水利工程的实施,适时建设航运和水力发电工程。

(七)流域综合管理

加快水文水资源、水土保持等监测站网建设和流域防汛抗旱指挥等重点应用系统建设,建成服务全流域的综合管理平台;加快构建流域科技创新体系,建成功能完善的科研与基础工作平台。全面提升流域综合管理与科研创新能力。

三、实施效果

淮河流域综合规划贯彻了以人为本,全面、协调、可持续的科学发展观和构建社会主义和谐社会的国家宏观政策,统筹协调流域兴利与除害、开发与保护、整体与局部、近期与长远的关系,对流域功能区划进行合理安排,明确了防洪、供水、发电、航运、生态建设与环境保护等各项任务,明确了治理、开发、保护和管理的功能定位,规范和加强了政府对流域涉水涉河事务的社会管理。规划实施后,将进一步完善流域防洪除涝减灾体系,有效促进水资源可持续利用,水资源质量及河流健康状况明显提高,流域综合管理得到完善,对促进流域经济社会可持续发展具有十分重要的意义。

结语:本次淮河流域综合规划,在总结了新中国治淮60年经验和以往规划成果的基础上,以科学发展观为指导,全面落实可持续发展治水新思路,坚持“蓄泄兼筹”的治淮方针,以提高流域防洪除涝减灾能力、水资源配置和综合利用能力、生态和环境保护能力、流域综合管理能力为重点,提出了流域水资源开发利用和保护控制指标,对流域的治理、开发和保护进行了全面规划,规划的实施必将全面提升水利服务经济社会发展的能力,为实现经济持续健康发展和社会和谐稳定提供有力支撑。

淮河流域治理开发与保护是一项长期而艰巨的任务,今后仍需根据流域经济社会发展的新形势、新要求,以及规划实施后出现的新情况、新问题,按有关规定及时修订补充流域综合规划,并进一步完善流域水利规划体系。近期要按照流域综合规划确定的目标、任务和实施安排,及时开展各项前期工作,重点做好行蓄洪区调整、入海水道二期等进一步治理淮河工程,南水北调东线二期、引江济淮等水资源配置工程,中小河流治理等防洪重点薄弱环节的前期工作,并安排实施;同时超前谋划,做好远期工程前期论证等工作。另外,由于淮河是一条极其复杂难治的河流,规划中尚有部分流域治理开发与保护中的重点难点,如临淮岗、洪泽湖等大型蓄洪控制工程优化调度、行蓄洪区调整的影响、气候变化及风险可控条件下的洪水资源利用、淮河中游建设河道型水库提高水资源利用等问题需要深入研究。

海河流域综合规划（修编）

（2012—2030年）

前　言

海河流域是我国水资源短缺、水旱灾害严重的地区，水利在流域经济社会发展中具有举足轻重的地位。新中国成立以来，海河流域曾进行过1957年、1966年、1986年三次全面的水利规划，国务院以国函〔1993〕156号批复了1986年编制的《海河流域综合规划》。在规划指导下，海河流域初步建成了防洪减灾和城乡供水体系，有力地支撑和保障了流域经济社会的发展。

随着经济社会快速发展和水资源情势变化，海河流域面临着新的形势和问题：一是经济社会发展对流域生态环境造成巨大压力。二是流域状况深刻变化对治理、开发、保护、管理提出新的挑战。三是政策环境变化对水利管理提出新的要求。为积极应对新形势、妥善处理新问题，迫切需要对流域综合规划进行修编，用于指导流域治理、开发、保护与管理。

国务院办公厅2007年6月转发水利部《关于开展流域综合规划修编工作的意见》（国办发〔2007〕44号），要求全国各流域开展综合规划修编工作。水利部2007年8月批复了《海河流域综合规划修编任务书》（水规计〔2007〕328号）。海河水利委员会2007年初开始规划修编的准备工作，2007年8月全面启动了规划修编工作，成立了海河流域综合规划修编工作领导小组，明确中水北方勘测设计研究有限责任公司为牵头单位，会同天津市中水科技咨询有限责任公司、海河流域水资源保护局、海河流域水土保持监测中心站、天津市龙网科技发展有限公司以及流域内各省（区、市）水利（水务）厅（局）有关部门和规划设计单位共同承担规划的编制工作。

本规划现状水平年为2007年；近期规划水平年为2020年；远期规划水平年为2030年。本次综合规划修编继承与发展了1986年《海河流域综合规划》，注重衔接了2008年《海河流域防洪规划》、2009年《海河流域水资源综合规划》以及区域经济社会发展规划、相关行业规划等，按照《中共中央 国务院关于加快水利改革发展的决定》（中发〔2011〕1号）的要求，以科学发展观为统领，坚持人与自然和谐相处,以维护河流健康和水资源可持续利用为主线,提出了流域水利发展改革目标和控制性指标,明确了建立和完善水资源合理配置和高效利用体系、水资源保护和河湖健康保障体系、防洪抗旱减灾体系、有利于水利科学发展制度体系的治理任务,提出了规划方案和对策措施。

规划修编过程中,海河水利委员会针对流域重大技术问题进行了深入系统的研究,先后组织开展了20多次专题讨论,经过专家咨询、技术协调、行政协调等环节,反复修改完善,于2009年11月编制完成《海河流域综合规划(送审稿)》。

2010年1月13—16日,水利部水利水电规划设计总院在北京对海河流域综合规划成果进行了预审。2010年6月2—3日,水利部在北京召开了海河流域综合规划专家审查会。海河水利委员会按照审查意见进行了修改完善,于2010年10月完成《海河流域综合规划(征求意见稿)》。

2011年1月,水利部将《海河流域综合规划(征求意见稿)》分送国家发展改革委等10个部委和流域内8个省(区、市)人民政府征求意见。2011年5月,中国国际工程咨询公司组织专家对规划成果进行了评估。2012年5月,水利部主持召开流域综合规划修编部际联席会,对规划进行了审议。2012年8月,水利部召开部长办公会,审议通过了规划。会后,海河水利委员会根据审议意见,对规划进行了修改完善。

2013年3月,国务院批复了《海河流域综合规划》(国函〔2013〕36号)。

本规划报告中的高程系统除特殊注明外均为1985国家高程基准。

第一章 流域概况

一、自然地理

海河流域位于东经112°—120°、北纬35°—43°之间,西以山西高原与黄河流域接界,北以蒙古高原与内陆河流域接界,南界黄河,东临渤海。流域地跨北京、天津、河北、山西、河南、山东、内蒙古和辽宁等8个省(区、市),面积32.06万平方公里。流域山地和高原面积18.96万平方公里,占59%;平原面积13.1万平方公里,占41%。流域海岸线长920公里。

海河流域地处温带半湿润、半干旱大陆性季风气候区。年平均气温约在0℃—14.5℃之间,1月份气温最低,7月份气温最高,极端最低气温可达-35℃,极端最高气温在40℃以上。海河流域1956—2000年多年平均年降水量535毫米。1980—2000年多年平均水面蒸发量850—1300毫米。

二、河流水系

海河流域包括滦河、海河和徒骇马颊河三个水系。

滦河上源称闪电河,发源于河北省丰宁县西北大滩镇,流经内蒙古,又折回河北,经承德到潘家口穿过长城至滦县进入冀东平原,由乐亭县南入海。主要支流有小滦河、兴州河、伊逊河、武烈河、老牛河、青龙河等。冀东沿海诸河包括陡河、沙河、洋河、石河等,单独入海。

海河水系包括北三河系、永定河系、大清河系、子牙河系、黑龙港及运东地区(南排河、北排河)、漳卫河系等河系。海河水系历史上是一个扇形水系,集中于天津市海河干流入海。20世纪

60—70年代,先后开挖和疏浚了潮白新河、独流减河、子牙新河、漳卫新河和永定新河,使各河系单独入海。

徒骇河、马颊河位于黄河与卫运河及漳卫新河之间,由西南向东北流入海,为平原防洪排涝河道。此外,区内沿海一带还有若干条独流入海的小河。

三、水文水资源

(一)水文

海河流域1956—2000年平均降水量为535毫米,其中山区523毫米,平原552毫米;最大为1964年的800毫米,最小为1965年的357毫米。

受气候、地形等因素的影响,海河流域降水量时空变化较大。表现为降水量年内分配不均匀、年际变化大、空间分布受地形影响明显等特点。

海河流域1980—2000年平均水面蒸发量为1080毫米,其中山区850—1000毫米,平原和山间盆地1000—1300毫米。表现为水面蒸发量年内分配不均、年际变化较小、呈区域分布等特点。

渤海湾潮汐类型除秦皇岛属正规日潮、唐山南堡附近属正规半日潮、新开河口属不正规日潮外,其余大部分区域属于不正规半日潮。潮差在2.6米以下,南部大于北部。

(二)水资源量

海河流域1956—2000年平均地表水资源量为216亿立方米,折合径流深67.5毫米。其中山区164亿立方米,平原52亿立方米。最大为1956年的491亿立方米,最小为1999年的83.8亿立方米。

海河流域1980—2000年平均浅层地下水资源量为235亿立方米。其中,山丘区地下水资源量为108亿立方米,平原及山间盆地地下水资源量为160亿立方米,山丘区与平原、山间盆地间的重复计算量为33.5亿立方米。

海河流域1956—2000年平均水资源总量为370亿立方米,最大为1964年的734亿立方米,最小为1999年的189亿立方米。在水资源总量中,年际变化较大的地表径流量占37.3%,比较稳定的降水入渗补给量占62.7%。

海河流域是全国各流域中人均水资源量最少的流域。按现状水平年总人口计,海河流域人均水资源量只有270立方米,全国人均水资源量2109立方米,占全国平均的12.8%。

四、暴雨洪水

影响海河流域暴雨的主要天气系统有切变线、西风槽、西北涡、东蒙低涡、西南涡、台风及台风倒槽等,其中由切变线和西风槽形成的暴雨次数最多,而台风、台风倒槽和西南涡所形成的暴雨量级最大。暴雨表现为年内集中、年际变化大、暴雨强度大、空间分布受地形影响明显等特点。

海河流域洪水由暴雨形成,其时空分布特征与暴雨相似,但变化更加剧烈。具体表现为洪峰高、洪量集中、年际变化大、预见期短且突发性强、具有连续发生性、空间分布受地形影响明显等特点。

在1986年《海河流域综合规划》中,主要控制站设计洪水为20世纪70、80年代计算成果。1999—2007年编制的《海河流域防洪规划》,将主要控制站的洪水系列延长至1997年并复核了设计洪水成果,对于洪峰、洪量变化较大的,采用复核后的新成果。本次主要控制站设计洪水沿用

《海河流域防洪规划》的成果。

五、经济社会

海河流域地跨北京、天津、河北、山西、河南、山东、内蒙古和辽宁等8个省(区、市)。现状水平年,全流域共有建制市57个,其中包括26个地级以上建制市,以及31个县级建制市。总人口1.37亿,占全国总人口的10.4%,其中城镇人口6514万,城镇化率47.6%;农村人口7179万,占52.4%。

海河流域现状水平年国内生产总值(GDP)达到3.56万亿元,占全国的12.9%。其中一、二、三产业比例分别为8%、48%、44%。人均GDP达到2.6万元,是全国人均GDP的1.25倍。

第二章 治理沿革与现状

一、历次规划与实施情况

新中国成立后,到上世纪末,海河流域开展了三次全流域范围的水利规划,即1957年的《海河流域规划(草案)》、1966年的《海河流域防洪规划报告》和1986年完成并于1993年由国务院批复的《海河流域综合规划》。近年来,根据新形势的需要,相应开展了一系列的专业专项规划。

1957年11月水利部北京勘测设计院提出了《海河流域规划(草案)》。该规划是海河流域第一个全面的综合性规划,主要包括防洪、除涝、灌溉、城市供水、航运、水能开发和水土保持等内容。至20世纪60年代初,规划安排的大部分工程陆续实施,解决了当时流域存在的防洪排涝和农业灌溉等方面的突出问题,流域的防洪、灌溉、排涝体系开始形成。

1963年8月海河流域发生大洪水,暴露出流域防洪体系还不完善等问题。1966年11月水利电力部海河勘测设计院提出了《海河流域防洪规划报告》。这次规划提出了“上蓄、中疏、下排,适当地滞”的防洪方针。海河南系和北系分别按1963年型洪水和1939年型洪水安排治理,在完善山区水库方案的同时,开挖、扩大中、下游行洪河道,整治蓄滞洪区。至20世纪70年代末,基本形成了流域防洪工程体系。

1980年,海河水利委员会会同流域内各省(区、市)开始编制《海河流域综合规划》,规划工作于1986年基本完成,国务院以国函〔1993〕156号批复。这次规划以“全面规划,统筹兼顾,综合利用,讲究效益”作为指导方针,涵盖了防洪、供水、除涝治碱、水资源保护、水土保持、水利管理等方面的内容。根据这次规划,兴建了桃林口、盘石头等综合利用的大型水利枢纽工程,建成了引青济秦、引黄济冀等大型调水工程,开始建设南水北调东线、中线、万家寨引黄入晋北干线等战略性水资源配置工程,分期、分批对大中型病险水库进行了除险加固,对主要行洪河道进行了治理,初步建立了流域管理与行政区域管理相结合的水资源管理体制。

1998年发生长江、松花江大水后,在系统总结多年治水实践经验教训的基础上,中央提出了新的治水方针和可持续发展治水思路。1998—2009年,海河流域开展了一系列水利规划工作,《海河流域防洪规划》、《南水北调工程总体规划》、《海河流域水资源综合规划》等为本次综合规划修编打下了良好的工作基础。

二、治理成就

通过多年的开发治理,海河流域已建成大、中、小型水库1879座,总库容321亿立方米。其中,大型水库36座,总库容272.5亿立方米;中型水库136座,小型水库1707座,中小型水库总库容48.5亿立方米。全流域建成蓄水塘坝17505座,引水工程6170处,提水工程13081处,大中型引黄调水工程27处,井深小于120米的浅水井122万眼,井深大于120米的深水井14万眼。

全流域修筑主要河道堤防9000公里,开挖疏浚行洪河道50余条,包括潮白新河、永定新河、独流减河、子牙新河、卫河、卫运河、漳卫新河等骨干行洪河道,修建了海河防潮闸、独流减河防潮闸等一批防潮枢纽工程,设置了永定河泛区、东淀、献县泛区、恩县洼等28个蓄滞洪区,蓄滞洪容积198亿立方米。

水利工程的建设,极大地提高了流域的供水、防洪能力,为流域经济社会发展和人民生活水平的提高起到了巨大的支撑和保障作用。海河流域初步构建了流域城乡供水体系、防洪减灾体系,流域水生态环境建设开始起步,流域管理能力逐步提高。

三、面临形势及存在问题

海河流域是我国经济社会较发达地区,东部沿海是环渤海地区,西部为煤炭资源基地,中部平原是重要粮食生产基地。国务院批准的《全国主体功能区规划》,提出了全国国土空间开发与保护的战略布局,对海河流域水利改革发展提出了新的要求,体现为经济社会快速发展对水利保障能力提出新的要求,自然状况深刻变化对水利工作提出新的要求,政策法制环境深刻变化对水利管理提出新的要求。

受自然条件限制和人类活动影响,海河水利仍存在诸多问题有待解决。一是水资源供需矛盾突出。资源性缺水严重,用水需求超过水资源承载能力,城乡供水保证率低。二是水生态环境恶化。水体功能大大降低,河流水生态状况恶化,地下水超采加剧,水土流失依然严重。三是中下游地区防洪形势严峻。防洪标准偏低,河道行洪能力严重衰减,蓄滞洪区启用难度大。四是流域管理相对薄弱。流域和行政区域管理相结合的水资源管理体制需要进一步完善,流域管理机制与制度需要逐步完善和建立,水利社会管理和公共服务能力亟待提高。

第三章　总体规划

一、指导思想和原则

以科学发展观为指导,认真贯彻落实《中共中央 国务院关于加快水利改革发展的决定》和中央水利工作会议精神,正确处理兴利与除害、开源与节流、防洪与抗旱的关系,注重科学治水、依法治水,突出加强薄弱环节建设,大力发展民生水利。全面规划,统筹兼顾,标本兼治,综合治理,建立和完善水资源合理配置和高效利用体系、水资源保护和河湖健康保障体系、防洪抗旱减灾体系、有利于水利科学发展的制度体系。合理配置水资源,保障供水安全;修复水生态环境,改善河库水质;巩固防洪减灾体系,提升防洪减灾能力;推动水利改革,实行最严格水资源管理制度,从根本上把海河治好管好,强化水利作为国家基础设施的地位和作用,为流域经济社会可持续发展提供保障。

规划原则是:坚持以人为本、人与自然和谐;坚持水利发展与经济社会发展相协调;坚持全面规划、突出重点;坚持继承与发展、衔接与协调;坚持加强流域管理。

二、河流功能定位

根据海河流域河流的自然特性和社会属性,将河流功能划分为行洪、排涝、供水、灌溉、生态、水力发电、航运、岸线利用等。按照地形条件及主导功能划分为山区水源保护区、平原行洪排涝区、河口行洪利用区三类区域。

海河流域主要河流在出山口都修建有大型控制性水库,这些水库既是控制山区洪水的重要枢纽,也是流域供水的主要水源地,总体上属于山区水源保护区。山区河流以生态和供水功能为主,兼顾水力发电功能。

海河流域中游河流上大都设置了蓄滞洪区,这些中游的平原河流和蓄滞洪区肩负着防洪保安的重要任务,总体上属于平原行洪排涝区。平原河流在发挥行洪排涝功能的同时,兼有生态、供水、灌溉等功能。

海河流域下游河流为入海泄洪通道,多数为人工开挖河流,随着经济社会的发展,河口地区经济建设与防洪用地的矛盾日趋显现。这些下游入海河流及河口总体上属于河口行洪利用区。入海河流以行洪功能为主,兼顾岸线利用,需协调好区域经济社会发展与防洪保安的关系。

三、规划目标

本规划现状水平年为2007年,近期规划水平年为2020年,远期规划水平年为2030年。

总体目标是:通过建立完善的水资源合理配置和高效利用体系、水资源保护和河湖健康保障体系、防洪抗旱减灾体系、有利于水利科学发展的制度体系,正确处理经济社会发展、水资源开发利用和生态环境保护的关系,着力解决流域突出的水问题,保障饮水安全、供水安全、生态安全、防洪安全,维系河流健康,以水资源的可持续利用支撑流域经济社会的可持续发展。

河道外用水总量控制目标。2020年用水总量控制在495亿立方米,2030年控制在509亿立方米。

供水安全保障目标。到2020年新增供水能力82亿立方米,重点地区供水安全得到保障,城乡供水保障能力得到显著提高;到2030年,新增供水能力132亿立方米,城乡抗御干旱的能力显著提高,供水安全得到有效保障,建成完善的流域城乡供水安全保障体系。

节水目标。到2020年,工业用水重复利用率达到87%,灌溉水有效利用系数达到0.73,万元GDP用水量降至55立方米,万元工业增加值用水量降至23立方米。到2030年,工业用水重复利用率达到90%,灌溉水有效利用系数达到0.75,万元GDP用水量降至30立方米,万元工业增加值用水量降至14立方米。

地表水资源保护目标。到2020年,流域城市供水水源地水质全面达标,水功能区水质达标率达到63%,建成比较完善的流域水资源保护监测体系;到2030年,水功能区水质达标率基本达到100%。

地下水资源保护目标。到2020年,平原地下水超采量控制在40亿立方米以下;2030年,平原地下水总体实现采补平衡。水质不劣于现状水质。

河流生态保护与修复目标。山区重点河流生态水量不低于11亿立方米,平原主要河流生态水量不少于28亿立方米。到2020年,多年平均入海水量不少于60亿立方米;到2030年,多年平均入海水量不少于65亿立方米。

防洪减灾目标。到2020年,流域1、2级堤防全部达标,主要蓄滞洪区能按标准启用,流域中下游地区和重要城市达到国家规定的防洪标准,基本建成现代化防洪减灾体系;到2030年,防洪保护对象全面达到规定的防洪标准,建成完善的现代化防洪减灾体系,与当时的经济社会发展状况相适应。

水土保持目标。到2020年,新增水土流失治理面积5.1万平方公里,治理程度达到60%以上,初步建成比较完善的水土保持预防监督和动态监测体系;到2030年,累计新增水土流失治理面积6.8万平方公里,治理程度达到80%以上,全面建成完善的水土保持预防监督和动态监测体系。

流域管理目标。到2020年,初步建成流域水法规体系、水利规划体系,建成较为完善的水资源管理、防洪减灾、水生态环境保护制度,水利管理体制改革和机制建设进一步深化,流域水行政管理能力得到加强,流域管理水平显著提高。到2030年,建成较为完善的流域水法规体系、水利规划体系,建成完善的水资源管理、防洪减灾、水生态环境保护制度,水利管理体制和机制基本理顺,各项能力建设适应流域经济社会可持续发展需要。

四、控制性指标

根据本流域特点,提出水资源开发利用、节水与ET(水分蒸腾蒸发量)和河流生态水量等3大类共9项控制性指标。

(一)水资源开发利用

选取用水总量、地表水资源开发利用率、地下水开采量作为反映海河流域水资源开发利用的控制性指标。2020年全流域用水总量控制不超过495亿立方米,2030年全流域用水总量控制不超过509亿立方米。海河流域规划地表水多年平均开发利用率控制在60%以内。2020年平原地下水开采量控制不超过207亿立方米,2030年不超过173亿立方米。

(二)节水与ET

选取万元工业增加值用水量、灌溉水有效利用系数以及ET(水分蒸发蒸腾量)作为节水控制性指标。现状水平年全流域万元工业增加值用水量为40立方米,规划到2020年万元工业增加值用水量降低到23立方米以下,2030年降低到14立方米以下。现状全流域灌溉水有效利用系数为0.64,规划到2020年灌溉水有效利用系数达到0.73,2030年达到0.75。

ET反映自然和人类活动影响下的水分散失,由植被截流蒸发量、植被蒸腾量、土壤蒸发量和水面蒸发量组成。海河流域现状年平均ET总量约为1800亿立方米,2020年和2030年ET控制指标分别为1820亿立方米和1830亿立方米。

(三)河流生态水量

选取15条山区河流、24条平原河流、13个湿地进行生态水量规划。规划15条山区河流的最小生态水量不应小于11亿立方米,24条平原河流的最小生态水量不应小于28亿立方米,13个湿地的最小生态水量不应小于9亿立方米。

综合考虑流域经济社会发展、水资源条件和水功能区水质要求,在核定水功能区水域纳污能力基础上,确定到2030年海河流域水功能区点源污染物COD(化学需氧量)、氨氮入河控制量的限制排污总量意见,作为水资源保护和水污染防治工作的依据。海河流域开发利用控制性指标见表3-1。

表 3-1　海河流域开发利用控制性指标

分　类	序号	控制性指标	现状	2020 年	2030 年
水资源开发利用	1	用水总量(亿立方米)	403	≤495	≤509
	2	地表水资源开发利用率(%)	67	≤60	≤60
	3	地下水开采量(亿立方米)	260	≤207	≤173
节水与 ET	4	万元工业增加值用水量(立方米)	40	≤23	≤14
	5	灌溉水有效利用系数	0.64	≥0.73	≥0.75
	6	ET(亿立方米)	1800	≤1820	≤1830
河流生态水量	7	山区 15 条河流生态水量(亿立方米)	14.60	≥11	≥11
	8	平原 24 条河流生态水量(亿立方米) *	41.80	≥28	≥28
	9	平原 13 个湿地生态水量(亿立方米)	8	≥9	≥9

* 现状部分河流实际来水量大于维持一定生态水平的生态水量,按实际来水量计。2020 年、2030 年均按生态水量计。

五、规划布局与任务

(一)完善水资源合理配置和高效利用体系

以强化节水和优先利用长江水为前提,以当地地表水资源可利用量和地下水可开采量为控制,积极开发利用非常规水源,形成地表水和地下水共同支撑、当地水和外调水优化配置的流域水资源配置格局。全面推进节水型流域建设,严格实行用水总量控制和定额管理。全面解决农村饮水安全问题。

(二)构建水资源保护和河湖健康保障体系

按照保护与修复相结合的方针,建立山区以水土保持和水源涵养为主体,平原以河流湿地和地下水修复为核心,滨海以维护河口生态为重点的生态修复格局。保护饮用水水源地,恢复水体生态功能,改善城市河湖水环境,遏制平原风沙源。

地表水资源保护通过限制排污总量实现水功能区水质逐步达标。到 2020 年,地表水源地水质全面达标。实施地下水水源地隔离防护工程,切断点源污染,控制面源污染,确保主要水源地的水质达标。实施地下水压采和回灌补源工程,使地下水的水质、水量得到有效保护。

充分发挥大自然的生态自我修复能力,预防为主,保护优先,人工治理与自然修复有机结合,新农村建设与水土保持生态建设相互促进,通过工程、生物和耕作措施相结合,控制面源污染,改善生态环境。

(三)完善防洪抗旱减灾体系

进一步完善“分区防守、分流入海”的防洪格局,继续贯彻“上蓄、中疏、下排、适当地滞”的防洪方针,构建以河道堤防为基础、大型水库为骨干、蓄滞洪区为依托、工程措施与非工程措施相结合的综合防洪减灾体系。

水库建设方面,继续安排病险水库的除险加固,确保水库防洪安全;结合供水等综合利用,规划新建有控制性作用的防洪水库。

河道治理方面,继续加强中游骨干河道治理,加强骨干尾闾河道整治建设,保证尾闾畅通。重点治理重要堤防。加强主要河口综合治理。

加强蓄滞洪区安全建设与管理,采取相应的建设方案和管理措施。

全流域范围内,基本维持现有排涝体系,对局部城市排涝区进行适当调整。安排对山区中小河流进行治理,建立健全山洪灾害防治体系。

(四)构建有利于水利科学发展的制度体系

完善流域管理与区域管理相结合的水资源管理体制。建立和完善水资源优化配置协商机制、水资源保护与水污染防治协作机制等相关机制。建立和完善用水总量控制制度、地下水管理制度等相关制度。制定引滦水资源保护管理条例和海河流域地下水保护管理条例,进一步完善流域水资源管理的法规体系。

加强依法行政、行业管理和科技支撑等方面的能力建设。建成布局合理、高度共享、快速反应的水利信息化体系。

第四章　水资源利用规划

一、水资源开发利用现状

(一)水资源分区

海河流域划分为滦河及冀东沿海诸河、海河北系、海河南系和徒骇马颊河4个水资源二级区;在二级区基础上划分15个水资源三级区,其中7个山区分区,8个平原分区。水资源分区与省级行政区相结合,形成了35个省套三级区,其中20个山区分区,15个平原分区;与地级行政区相结合,形成81个地市套三级区。

(二)供用水现状及变化情况

海河流域现状年总供水量为403.03亿立方米。当地地表水供水量88.64亿立方米,占总供水量的22.0%;引黄水量43.85亿立方米,占总供水量的10.9%;地下淡水260.19亿立方米,占总供水量的64.6%;微咸水、再生水、集雨工程、海水淡化等非常规水源利用量10.36亿立方米,占2.6%。

海河流域现状年总用水量403.03亿立方米。其中农田灌溉用水量为252.01亿立方米,占总用水量的62.5%;林牧渔用水量为21.45亿立方米,占总用水量的5.3%,农业总用水量273.46亿立方米。农村生活用水量25.14亿立方米,占总用水量的6.2%。城镇生活用水量为37.71亿立方米,占总用水量的9.4%;工业用水量为60.38亿立方米,占总用水量的15%;城市河湖用水量为6.35亿立方米,占总用水量的1.6%。

由于采取了产业结构调整和强化节水措施,海河流域1980—2007年总供用水量总体保持稳定,在400亿立方米左右波动,平均为398亿立方米。供水量方面,受天然来水减小等因素影响,当地地表水供水量总体上呈下降趋势;引黄水量受黄河来水和当地需求的共同影响年际差别较大;地下水供水量占总供水量比重逐年增加;非常规水源利用量明显增加。用水量方面,随着城镇人口增长和生活水平提高，城镇生活和环境用水量有较大幅度增长；随着产业结构调整和节水措施的加强，工业、农业用水量呈下降趋势。

（三）水资源开发利用程度

以1995—2007年实际水资源平均开发状况分析海河流域的水资源开发利用程度。全流域1995—2007年年均地表水资源量148亿立方米，年均当地地表水供水量99亿立方米，地表水开发利用率为67%，其中海河北系达到88%。

平原区1995—2007年平均浅层地下水资源量141亿立方米，平均年开采量172亿立方米，浅层地下水开发利用率为122%，平原浅层地下水总体上处于严重超采状态，其中海河南系达149%。另外，平原地区还开采了深层承压水，平均每年约39亿立方米。

1995—2007年海河流域多年平均水资源总量291亿立方米，当地水资源利用量（不含引黄和深层承压水开采量）316亿立方米，流域水资源开发利用率108%，其中海河北系和南系超过100%。

（四）现状缺水分析

长系列水资源供需分析表明，海河流域现状多年平均经济社会缺水量达96.5亿立方米，缺水率达21%。其中，滦河及冀东沿海缺水率14%，海河北系9%，海河南系28%，徒骇马颊河20%。

海河流域现状实际缺水主要表现在供水不足和超采地下水两个方面。其中城镇生活及工业用水在挤占农业和生态用水之后缺水量约2亿立方米，占2%；农业灌溉按非充分灌溉定额分析，仍缺水约30亿立方米，占31%；地下水多年平均超采量约为65亿立方米，占67%。

二、节水规划

（一）节水现状

现状水平年全流域人均用水量294立方米，相当于全国平均的67%；万元GDP用水量113立方米（2007年不变价，下同），为全国平均的49%。城镇人均生活用水量95升/天，相当于全国平均的80%。城镇生活节水器具普及率达到60%。城镇供水管网漏损率平均为17%，略低于全国平均的20%。万元工业增加值用水量40立方米，相当于全国平均的30%。工业用水重复利用率平均为81%，高出全国平均19个百分点。

现状水平年全流域农田有效灌溉面积1.12亿亩，综合灌溉定额224立方米/亩。达到工程节水标准的节水灌溉面积为5715万亩，与有效灌溉面积相比，节水灌溉率达到50%。全流域灌溉水有效利用系数平均达到0.64，远高于全国平均的0.47。

虽然海河流域用水效率和节水水平目前已处于国内领先地位，但与国际先进水平相比还有差距，要满足经济社会的用水需求还面临着巨大的水资源和水环境压力，仍需进一步挖掘节水潜力。

（二）节水目标

全面推进节水型社会建设，树立全社会节水意识，在全国率先建立制度完备、设施完善、用水高效、生态良好、发展科学的节水型流域。

城镇生活节水方面，到2020年，城市供水管网漏损率平均降至11%，生活节水器具普及率达到90%以上。到2030年，城市供水管网漏损率平均降至9%。

工业节水方面，到2020年，万元工业增加值用水量降低到23立方米以下；工业用水重复利用率达到87%。到2030年，万元工业增加值用水量降低到14立方米以下；工业用水重复利用率达到90%。

农业节水方面，到 2020 年，新增节水灌溉面积 3000 万亩，节水灌溉率达到 79%，灌溉水有效利用系数由 0.64 提高到 0.73 左右，其中大型灌区达到 0.6。到 2030 年，比 2020 年新增节水灌溉面积 900 万亩，节水灌溉率达到 86%，灌溉水有效利用系数提高到 0.75，其中大型灌区达到 0.62。

（三）节水措施

城镇生活节水方面，加快城市供水管网技术改造，降低输配水管网漏损率，全面推行节水型用水器具，提高生活用水节水效率，加大城镇生活污水处理和回用力度，推广中水冲厕和绿地灌溉，加强城市雨洪的利用。

工业节水方面，控制生产布局，促进产业结构调整，采用国际先进的节水技术，强化对现有企业的节水力度，促进各类企业向节水型方向发展，推进清洁生产战略，促进污水、废水处理回用，强化企业内部用水管理和建立完善的计量体系等。

农业节水方面，在农业灌溉总用水量略有减少、耕地面积不变而保证粮食生产安全的前提下，以提高水分生产率、灌溉水有效利用系数和降低灌溉定额为目标，实现农业高效用水，保障农业发展。合理安排农作物种植结构和发展灌溉规模，优化农业产业结构和布局，发展高效节水农业和生态农业，加大大中型灌区的节水改造力度等。

贯彻 ET 节水理念，控制无效 ET 数量，提高水资源利用效率。通过综合措施减少水消耗，实现 2020 年 1820 亿立方米和 2030 年 1830 亿立方米的 ET 控制指标。

建立较完善的节水型社会管理制度框架，不断提高水资源的利用效率和效益，促进经济社会的发展与资源、环境状况相协调。

三、水资源供需分析

（一）经济社会发展预测

根据各省（区、市）有关部门预测，2020 年总人口达到 1.51 亿，城镇化率 59%，2030 年达到 1.58 亿，城镇化率 66%。

根据流域内各省（区、市）发展改革部门预测，到 2020 年，流域 GDP 总量可超过 9 万亿元，2030 年达到 17 万亿元。

2030 年粮食产量目标为 5700 万吨，农田有效灌溉面积 1.12 亿亩，其中蔬菜种植面积 1646 万亩。

（二）需水预测

以采取强化节水措施为前提条件进行需水预测。

预计到 2030 年城镇和农村居民生活需水量将分别达到 48.1 亿立方米和 15.5 亿立方米，第二、第三产业需水量合计为 126 亿立方米。

农业需水量包括农田灌溉、林牧渔两部分。2020 年多年平均灌溉需水量为 280 亿立方米，2030 年多年平均灌溉需水量降为 273 亿立方米。林牧渔需水量预计 2020 年、2030 年分别为 32.4 亿立方米和 36 亿立方米。

预计到 2030 年，城镇环境需水量 12.7 亿立方米，农村生态环境需水量为 3.5 亿立方米，河道外生态总需水量 16.2 亿立方米。

到 2020 年，海河流域河道外多年平均总需水量 495 亿立方米，比现状多年平均需水量 456 亿立方米增加了 8.6%；到 2030 年，海河流域河道外多年平均总需水量 515 亿立方米，比现状多年平均需水量增加了12.9%。海河流域多年平均河道外总需水量见表4-1。

表4-1 海河流域多年平均河道外总需水量

单位:亿立方米

水平年	城镇				农村				合计
	生活	生产	环境	小计	生活	生产	生态	小计	
现状	22.50	75.58	6.35	104.44	17.30	334.69	0	351.99	456.43
2020	37.98	114.82	10.09	162.88	16.08	312.20	3.46	331.74	494.62
2030	48.15	126.21	12.67	187.03	15.46	308.84	3.46	327.76	514.79

(三)供水预测

据1956—2000年水文系列分析,海河流域多年平均地表水资源可利用量110亿立方米。按二级区多年平均地表供水总消耗量不大于地表水可利用量的原则,确定现状地表水可供水量。海河流域地表水多年平均可供水量为124亿立方米。

地下水资源可利用量为浅层地下水的可开采量。深层承压水因补给困难,在规划中不计其可利用量。平原和山间盆地地下水可开采量135.3亿立方米,山间盆地可开采量16.6亿立方米。山丘区地下水可利用量32.5亿立方米。扣除山丘区与地表水重复利用部分,海河流域地下水总可开采量178亿立方米。

海河流域2020年外调水总分配水量130.4亿立方米,其中长江水79.2亿立方米,黄河水51.2亿立方米;2030年外调水总分配水量168.7亿立方米,其中长江水117.5亿立方米,黄河水51.2亿立方米。

海河流域2020年参与河道外供需平衡的非常规水源总可利用量40.6亿立方米,其中再生水28.6亿立方米,微咸水7.8亿立方米,海水折淡4.2亿立方米;2030年非常规水源总可利用量49.7亿立方米,其中再生水36.5亿立方米,微咸水8.6亿立方米,海水折淡4.6亿立方米。

海河流域2030年多年平均总供水量为519亿立方米,其中当地地表水占24%,地下水34%,外调水32%,非常规水源10%。海河流域规划水平年多年平均总供水量见表4-2。

表4-2 海河流域规划水平年多年平均总供水量

单位:亿立方米

水平年	地表水	地下水	外调水	非常规水源	合计
现状	123	178	47	10	358
2020	123	178	130	41	472
2030	123	178	168	50	519

(四)供需分析

2020水平年海河流域多年平均河道外总需水量495亿立方米,总可供水量463亿立方米,缺水量32亿立方米,缺水率6.5%,基本为农业灌溉缺水。主要缺水区域在海河南系平原,多年平均缺水量25亿立方米,占流域总缺水量的78%,其中南系河北省缺水量达22亿立方米。其次是徒骇马颊河平原,多年平均缺水量6亿立方米。其他区域中,海河北系少量缺水,滦冀平原和山区基本不缺水。

2030水平年海河流域多年平均河道外总需水量515亿立方米,总可供水量499亿立方米,缺水量16亿立方米,缺水率3%,基本为农业灌溉缺水。主要缺水区域在海河南系平原,多年平均总缺水量11.5亿立方米,占流域总缺水量的72%,其中南系河北省缺水量占了11.2亿立方米。其他区域基本上达到供需平衡。

四、流域水资源配置

(一)配置总体思路

水资源配置以水资源和水环境承载能力为控制条件,在强化节水、挖潜和水质保护的基础上,对南水北调工程实施条件下的水资源可供水总量进行配置,达到保障城乡供水安全、恢复和维系海河流域良好生态的目标,以水资源的可持续利用支撑海河流域经济社会的可持续发展。地表水以水资源可利用量为控制,地下水逐步压采,远期基本实现采补平衡。充分发挥南水北调工程的经济、社会和环境效益,在合理使用当地水资源的同时优先使用南水北调水源。

(二)总体配置方案

1.2020水平年配置方案

海河流域2020年多年平均总配置水量495亿立方米,其中当地地表水128亿立方米,占26%;地下水207亿立方米,占42%(其中超采量32亿立方米,占6%);外调水119亿立方米,占24%;非常规水源41亿立方米,占8%。海河流域2020年多年平均配置方案见表4-3。

表4-3 海河流域2020年多年平均配置方案(分水源)

单位:亿立方米

省级行政区	当地地表水	地下水			外调水	非常规水源	合 计
		可供水量	超采水量	小 计			
北 京	9.6	20.4	0.2	20.6	10.5	7	47.7
天 津	16.4	4.5	0.1	4.6	11.2	8.3	40.5
河 北	72.6	96.2	22.6	118.8	37.6	15.4	244.4
山 西	13.6	11.8	1.1	12.9	2.7	2.5	31.7
河 南	8	14.9	2.7	17.6	19.2	2.1	46.9
山 东	6.2	25.4	5.3	30.7	37.8	5	79.7
内蒙古	1	1.7	0.1	1.8	0	0.3	3.1
辽 宁	0.3	0.3	0	0.3	0	0	0.6
流域合计	127.7	175.2	32.1	207.3	119	40.6	494.6

2020年生活、生产和河道外生态用水量各为54.06亿、427.01亿、13.55亿立方米,分别占河道外总配置水量的10.9%、86.3%、2.8%,其中,城镇和农村用水各为162.88亿、331.74亿立方米,分别占总配置水量的32.9%、67.1%。

海河流域2020年多年平均当地地表水总配置水量127.7亿立方米。由于外流域调入水量和城镇用水量增加,回归水量随之增加,受可利用量限制的可供水量也将较现状有所增加,因此,配置水量满足地表水利用总量的控制要求。

海河流域2020年地下水配置开采量207亿立方米,仍超采32亿立方米,但超采量比现状水平年减少了49亿立方米,超采量减少一半以上。

河道内蒸发渗漏损失水量57亿立方米,配置后的河道下泄量(入海水量)64亿立方米,合计121亿立方米。生活、生产和生态用水比例为9%、69%、22%,其中生态用水比例比现状提高了2个百分点。

2. 2030水平年配置方案

根据供需分析结果,海河流域2030年多年平均缺水量15.6亿立方米,缺水率为3.9%。主要为海河南系农业缺水,如要实现地下水采补基本平衡的目标,并使平水年生态条件进一步改善,在南水北调总体规划确定的调水量的基础上还需增加外流域调水量。

经长系列分析,多年平均可向海河南系河北平原增加外调水量10.2亿立方米,流域外调水可供水量达到163亿立方米,配置总可供水量达到509亿立方米,缺水率降低到1.1%,基本实现供需平衡。

海河流域2030年多年平均总配置水量509亿立方米,其中当地地表水123亿立方米,占24%;地下水173亿立方米,占34%;外调水163亿立方米,占32%(其中加大调水量10亿立方米,占2%);非常规水源50亿立方米,占10%。海河流域2030年多年平均分水源配置方案见表4-4。

表4-4 海河流域2030年多年平均配置方案(分水源)

单位:亿立方米

省级行政区	当地地表水	地下水	外调水			非常规水源	合 计
			可供水量	加大水量	小 计		
北 京	9.7	20.9	14.3		14.3	7.7	52.6
天 津	16.4	4.5	13.2		13.2	9.7	43.8
河 北	70.7	95.1	52.6	10.2	62.8	19.4	248
山 西	13.7	11.8	4.5		4.5	3.6	33.6
河 南	6.9	15.3	24.3		24.3	2.8	49.3
山 东	4.5	23.2	44.3		44.3	6.2	78.2
内蒙古	1.2	1.8	0		0	0.3	3.3
辽 宁	0.3	0.3	0		0	0	0.6
流域合计	123.4	172.9	153.2	10.2	163.4	49.7	509.4

2030年多年平均生活、生产和河道外生态用水量各为63.61亿立方米、425.29亿立方米、16.13亿立方米,分别占河道外总配置水量的12.6%、84.2%、3.2%,其中,城镇和农村用水量各为187.03亿立方米、318亿立方米,分别占总配置水量的37%、63%。

2030年多年平均河道内蒸发渗漏损失水量61亿立方米,配置后的河道下泄量(入海水量)68亿立方米,合计129亿立方米。生活、生产和生态用水比例分别为10%、67%、23%,其中生态用水比例比现状提高了3个百分点。

3.遭遇1980—2009年枯水段水资源配置分析

受气候周期波动及流域下垫面变化等多方面因素影响,1980年以来流域水资源量有衰减的趋势。为了解未来继续遭遇1980—2009年枯水段水资源形势,确定应对措施,针对1980—2009年枯水年水资源状况进行了水资源供需平衡和水资源配置分析。

分析表明,如果海河流域遭遇1980—2009年枯水段,2020年及2030年在南水北调通水条件下,流域缺水量分别增加到68.9亿立方米和48.5亿立方米。为保障经济社会的用水需求和生态环境良好,需要进一步采取强化措施,主要包括限制高耗水行业的用水,压缩用水需求;采取水价杠杆,加强节约用水;进行应急调水,补充水资源不足;加大非常规水利用。

(三)重点地区水资源配置

1.北京市

北京市2030年河道外“三生”多年平均总需水量为52.6亿立方米。北京市主要采取建设南水北调中线、加大再生水利用、优化水资源配置等措施保障供水安全。同时,尽量减少对地表水和地下水的过度利用。到2030年,北京市多年平均总可供水量可达52.6亿立方米。其中,南水北调中线二期工程完成后长江水可供水量达14.3亿立方米,地表水可供水量9.7亿立方米,地下水配置开采量20.9亿立方米,再生水利用量7.7亿立方米,水资源供需基本平衡。

2.天津滨海新区

天津滨海新区2020年经济社会需水总量为8.43亿立方米,其中生活需水量1.65亿立方米,生产需水量6.27亿立方米,城市环境需水量0.51亿立方米。规划由南水北调中线、南水北调东线、引滦入津、当地地表水、海水、再生水等多种水源联合供水,总配置水量为8.43亿立方米。其中:南水北调及引滦水量5.63亿立方米,地表水0.03亿立方米,海水淡化1.30亿立方米,地下水0.56亿立方米,再生水0.91亿立方米。

3.河北沿海地区

曹妃甸新区以引滦入唐供水系统为主水源,以引桃林口水库入唐供水系统为辅助水源,再通过海水淡化、再生水利用等措施,以满足曹妃甸新区的用水需求。2020年,遇95%枯水年份,通过引滦入唐系统及引桃林口水库入唐供水系统供给曹妃甸地表水1.32亿立方米,海水利用量(海水淡化和直接利用折淡)1.2亿立方米,再生水利用量0.3亿立方米,地下水0.18亿立方米,总供水量3亿立方米,区域水资源供需可达到基本平衡。

沧州渤海新区以引江水和引黄水为主水源,以地下水为辅助水源,再通过海水淡化、再生水利用等措施,以满足沧州渤海新区的用水需求。2020年,通过南水北调工程供给沧州渤海新区6553万立方米,利用河北引黄工程供水7900万立方米,海水利用量1425万立方米,再生水利用量2812万立方米,地下水1694万立方米,总供水量2.04亿立方米,区域水资源供需可达到基本平衡。

4.山西能源基地

山西能源基地采取调蓄利用本地地表水、适当扩大利用地下水、新增引黄水、处理回用矿坑水和再生水等多项措施保障本区域的供水安全。规划于2020年建成浊漳河吴家庄水库,增加长治工业供水量。采取以上措施后,海河流域山西省部分2020年总可供水量达到31.7亿立方米,其中当地地表水13.6亿立方米,地下水12.9亿立方米,万家寨引黄北干线供水量2.7亿立方米,矿坑水、再生水等非常规水源利用量2.5亿立方米,水资源供需基本平衡。

(四)特殊干旱年形势及对策

海河流域是干旱灾害频发的地区,历史上多次出现连年持续干旱的情况。在特大旱灾年和连年干旱时,城乡供水形势仍十分严峻。特殊干旱年供水对策主要包括:进行战略储备水源地的建设和维护,建设中线与黄河、西霞院水库、沿线各大水库的连接工程,建立特殊干旱年应急供水制度等。

北京市遭遇2002年型极端枯水年情况下,在2020水平年,南水北调中线按分配水量比例供水,加上密云水库、官厅水库、地下水、再生水等水源,可基本满足北京市城市用水需求。在2030水平年,北京市应采取以下应急措施:一是启用地下水应急备用水源地,二是加大外调水量,三是实施万家寨引黄入晋向北京应急供水工程,四是适当扩大城市生态和工业再生水利用规模。

天津市遭遇2002年型极端枯水年情况下,南水北调中、东线工程和引滦系统供水具有一定的互补作用,在加大再生水利用、启用备用水源和采取应急引黄措施的情况下,2020年、2030年水平年天津中心城区和滨海新区用水可基本得到满足。

石家庄市遭遇2002年型极端枯水年情况下,利用南水北调中线供水,挖掘岗南水库、黄壁庄水库供水潜力。在增加再生水利用量、启用地下水储备水源的情况下,2020年、2030年水平年石家庄市用水可基本得到满足。

五、水资源配置工程

(一)总体布局

南水北调工程建成后,海河流域水资源配置工程体系的总体布局将在现有工程体系基础上,通过建立布局合理、功能完备的河渠湖库连通格局,提升流域水资源调控水平和供水保障能力,促进河流水生态修复,建成南水北调工程与流域主要河系组成的“二纵六横”水网体系,形成东西互补、南北互济的水资源配置格局。

“二纵”是指南水北调中线、东线两条总干渠;“六横”是指滦河、北三河、永定河、大清河、子牙河、漳卫河等6个天然河系。

(二)跨流域调水

1.南水北调中线配套工程

南水北调中线一期配套工程的建设目标为2020年前达到62.4亿立方米的供水能力,包括引水分干渠工程、调蓄工程以及向自来水厂供水的引水支渠或管道工程等,涉及河南、河北、天津、北京4省(市)。

2.南水北调东线配套工程

东线工程海河流域受水区涉及山东、河北、天津3省(市)。配套工程包括输水渠道、供水管道、调蓄水库及相关泵站工程等。

3.引黄入晋北干线工程

引黄入晋北干线工程是解决山西省大同、朔州等地区水资源短缺和生态恶化问题的大型跨流域调水工程,是引黄入晋的第二期工程。引黄入晋北干线线路全长164公里,年供水量5.6亿立方米。

4.引黄入冀补淀工程

引黄入冀补淀工程主要供水范围是河北省中南部平原,供水对象为农业灌溉和生态。该工程利用河南省境内灌溉工程体系,引黄河水进入卫河(或穿卫河),再进入河北省的东风渠,经老漳河、滏东排河等河道输水至白洋淀。该工程应在南水北调工程通水基础上结合水资源综合规划进一步研究论证引黄规模。

5.河南省引黄补源工程

河南省规划新建引黄补源工程4处,分别为鹤壁市卫东引黄、新乡市引黄、濮阳市引黄、安阳市内黄县引黄补源工程。

(三)当地水开发

1.吴家庄水库

吴家庄水库位于山西省黎城县境内的浊漳河干流上,控制流域面积9410平方公里,总库容3.64亿立方米。水库任务是以向下游沿河村庄补水和向长治市工业供水为主,兼顾生态、灌溉及水力发电等综合利用。水库95%保证率可供水量5100万立方米,其中在灌溉期优先向下游沿河村庄补水1100万立方米,供长治工业水量4000万立方米。

2.双峰寺水库

双峰寺水库位于滦河支流武烈河上,地处承德市上游约12公里处,是一座以防洪、供水为主,兼顾发电等综合利用的大(Ⅱ)型工程。水库控制流域面积2303平方公里。水库总库容1.31亿立方米。水库建成后,承德市区防洪标准由现状20年一遇提高至100年一遇,保证率75%年份为承德市区供水0.56亿立方米。

3.乌拉哈达水库

乌拉哈达水库位于永定河上游支流清水河上,是以防洪为主兼顾供水的综合利用水利枢纽,总库容1.59亿立方米。本规划暂推荐朝天洼坝址方案,建设时可根据情况进一步优化坝址方案。水库可将张家口市的城市防洪标准由50年一遇提高到100年一遇,同时水库多年平均可向张家口市区供水0.35亿立方米。

4.中型水库

规划建设坪上、孤山湖、曹庄、西峰山、西庙、燕子窝、贾家庄等33座中型水库,总库容13.1亿立方米,含南水北调配套水库工程8座,库容2.6亿立方米。

5.引提水工程

随着地下水开发和河川径流量的衰减,流域内河道引提水工程的供水能力比20世纪70—80年代降低较多,一些小型引提水工程损毁弃用。未来河道引提水工程建设重点是现有引提水工程的恢复改造。规划安排天津、河北、山西、河南等省市10项引提水工程。

6.地下水开发工程

海河流域地下水总体上已处于严重超采状态,未来结合南水北调供水和节水工作深入,需逐步实施超采区的地下水限采。由于水资源和用水条件的差异,在一些局部地区仍具有进一步开发的潜力。平原地下淡水开发潜力最大的区域是山东省徒骇马颊河平原的引黄灌区,未来可增加开采量3亿立方米左右。

六、灌溉规划

(一)灌溉现状

现状水平年海河流域共有耕地面积15373万亩,有效灌溉面积11158万亩。全流域实灌面积9626万亩,灌溉用水量252亿立方米。节水灌溉面积5715万亩,灌溉水有效利用系数0.64。

海河流域共有大型灌区48个,设计灌溉面积4902万亩,有效灌溉面积3740万亩,现状水平年实灌面积2767万亩,大型灌区有效灌溉面积占全流域的33.2%,平均亩产417公斤。流域内共有中型灌区306个，设计灌溉面积1748万亩，有效灌溉面积1491万亩，现状水平年实灌面积1052万亩，中型灌区有效灌溉面积占全流域的13.3%，平均亩产约400公斤。

海河流域大型灌区粮食亩产明显高于流域平均水平，但灌溉水有效利用系数仅为0.48，远低于全流域平均的0.64。因此，进行大型灌区续建配套及节水改造对保障粮食安全与实现农业节水具有重要意义。本次规划重点安排了大型灌区的续建配套和节水改造工程。

（二）大型灌区现状及存在问题

海河流域48个大型灌区现状共有总干渠50条，总长度1973公里；干渠471条，总长度7081公里；支渠6926条，总长度19920公里。排水总干渠155条，总长度3683公里，排水干支渠3152条，总长度17043公里。

流域内大型灌区主要分布在各河系中下游地区，地表水源主要分为水库供水和河道供水两类，灌区内普遍开采地下水，井渠合灌，有部分灌区采用引洪淤灌。引黄灌区主要分布在山东省和河南省的沿黄河地区，其中山东省的大型灌区全部为引黄灌区。

大型灌区由于自然的、历史的和人为的原因主要存在四个方面的问题：一是渠系设施配套不完善；二是田间节水程度不高；三是引黄灌区渠道泥沙淤积严重；四是管理体制不顺，机制不健全。

（三）大型灌区续建配套及节水改造措施

大型灌区续建配套与节水改造，以增加各级渠道的衬砌率和提高完好率为主，有条件的灌区适当发展喷、滴灌等高效节水灌溉，同时加强管理，提高用水户节水积极性，提高用水效率。

1.渠系续建配套

到2020年，对总干渠、干渠全部进行衬砌，支渠衬砌率达到50%。渠道衬砌21157公里，同时维修改造灌、排渠系建筑物4.7万座。2020年—2030年，继续安排对支渠及以下渠道进行衬砌，支渠衬砌率达到70%，衬砌长度9046公里，同时维修改造灌、排渠系建筑物1.3万座。

2.高效节水

实施田间节水工程，在有条件的地方发展管灌和微灌等先进技术。到2020年，实现喷灌172万亩、微灌48万亩、管灌842万亩；到2030年，实现喷灌259万亩、微灌85万亩、管灌1030万亩。

3.引黄灌区泥沙处理

引黄灌区比较普遍存在沉沙池淤积严重、沉沙效果差、渠首处受占地限制新建沉沙池困难等问题，各灌区根据自身实际情况采取相应措施解决渠首沉沙问题。有条件的灌区可发展输沙渠道，在适宜地点修建沉沙池，便于泥沙的集中处理与利用。

4.管理对策

深化灌区管理体制改革，进一步明确各级渠系的责任主体，建立起权责明确、管理科学的管理体制。建立灌区建设和养护的投入机制，建立合理的水价定价机制。完善各项灌区管理制度、管理办法和技术标准，推行ET总量控制的理念，提高天然降水及灌溉水的利用效率和效益，实现农业高效用水。加强对灌区量水、配水、调度等管理设施的建设和维护等。

七、农村饮水安全

当前海河流域农村饮水困难的原因包括水量不足和水质低劣两类。截至2009年，海河流域共实现解困人口约2400万人，但仍有约3724万人存在饮水安全问题，占农村总人口的52%，其中水质不达标人口2495万人，水量短缺或取水困难人口1229万人。

规划到2013年解决1802万人的饮水安全问题,2020年全部解决海河流域农村饮水安全问题。主要采取雨水集蓄供水工程、兴建集中供水站、加强水质净化处理等措施。

八、水能与航运

(一)水能规划

海河流域水能资源总量小,可开发电站以小型为主,开发率相对较高,未开发的电站大多条件不好,其中大部分为综合利用工程附属电站,可单独开发的电站一般存在经济指标差或行政区之间利益关系等问题。因此,有综合利用要求的水电站,一般应以满足综合利用要求为主,在不破坏生态的前提下,结合开发水能。涉及行政区之间利益关系的站点,开发时应进行充分论证。

滦河潘家口—大黑汀河段水能资源已开发完毕,其余水能资源相对丰富、开发条件较好的9个河段,具有技术可开发条件的站点共有114座,装机容量1275.1兆瓦,年发电量26.1亿千瓦时。其中:已建52座,装机容量378.4兆瓦,年发电量7.9亿千瓦时;未建62座,装机容量896.7兆瓦,年发电量18.2亿千瓦时。

(二)航运规划

水资源贫乏是造成海河流域河流停航的主要原因之一。从海河流域水源条件来看,近期不具备大面积恢复内河航运的条件。目前,京杭大运河正在进行申请世界文化遗产的准备工作,北运河、南运河作为京杭大运河的重要组成部分,保留其航运功能和历史遗迹是必要的。海河流域内河航运近期以旅游开发为契机,以海河干流为纽带,适当恢复、发展局部观光旅游航线;北运河、子牙河、南运河等其他曾通航河流保留航运功能,有条件时逐步实现复航。

根据运输需求、航道布局及开发进程,规划以下5处内河港口:京杭运河沿线的聊城港、德州港、沧州港、天津第六埠港区,以及海河干流光华桥港区。

目前,海河流域各河道上建有16座船闸,建议目前仍通航的位于海河干流航线及与海河干流相连通河流上的船闸,根据观光旅游的需要予以修缮。没有通航条件的河道上的船闸,对行洪没有影响的,原则上继续保留;已经是病险船闸或对防洪有较大影响的船闸,予以拆除,但应保留船闸位置。

第五章　水资源保护规划

一、地表水资源保护

(一)水功能区划

水功能区划分为一级区划和二级区划。一级区划分为保护区、保留区、开发利用区和缓冲区四类。二级区划对一级水功能区中的开发利用区再次进行划分,分为饮用水源区、工业用水区、农业用水区、渔业用水区、景观娱乐用水区、过渡区和排污控制区七类。

本次规划水功能区划共划分出520个水功能区,包括一级水功能区376个,其中保护区41个、保留区19个、缓冲区58个、开发利用区258个,全长20201公里。上述258个开发利用区进一步细分成402个二级水功能区,包括饮用水源区94个、农业用水区179个、工业用水区39个、渔业用水区 2 个、景观娱乐用水区 39 个、过渡区 18 个、排污控制区 31 个。

按不同的水功能区用水要求,规划不同的水质标准,保护区、保留区、饮用水源区一般规定 II—III 水质,景观、工业用水规定 IV 水质,农业用水规定 V 类水质。流域水功能区规划 II—III 类水质河长占 47%,IV 水质河长占 42%,V 类及一级 B 水质占 11%。

(二)水功能区纳污现状

1.废污水及主要污染物入河量

2007 年组织开展了入河排污口调查,共调查监测了其中的 1177 个入河排污口,其可控制废污水量超过了总量的 95%。调查结果表明,现状水平年海河流域废污水入河量 45. 14 亿吨,COD 入河量 105. 15 万吨,氨氮 11. 44 万吨。

截至现状水平年,海河流域已建成城市污水集中处理厂 121 座,年处理污水能力为 37. 81 亿吨,实际污水处理量为 24. 86 亿吨。

2.水功能区质量状况

现状水平年海河流域水质为 I—III 类的河长为 5497 公里,占评价河长(20201 公里)的 27. 2%;水质劣于 III 类的河长(含干河)达到 14704 公里,占 72. 8%,其中水质劣于 V 类的河长 9579 公里,占评价河长的 47. 4%;全年河干长度 2444 公里,占 12. 1%。

流域北部河流水质优于南部河流,山区河流水质好于平原河流。流域内水质为 Ⅰ—Ⅱ 类的水库有 17 个;水质为 III 类的水库有 4 个;水质为Ⅳ类的有 5 个;水质为Ⅴ类的有 2 个;水质为劣Ⅴ类的水库有 5 个。

3.水功能区水质达标评价

海河流域 520 个水功能区,有 136 个水功能区达标,达标率为 26. 2%。各类型水功能区达标率从高到低排序分别为保留区 47. 4%、保护区 41. 5%、饮用水源区 36. 2%、过渡区 33. 3%、排污控制区 32. 3%、缓冲区 29. 3%、农业用水区 19. 6%、工业用水区和景观娱乐用水区均为 10. 3%。山区水质较好,水功能区达标率为 49%;平原区水质较差,达标率只有 17. 2%。

水功能区污染物主要超标项目为氨氮和化学需氧量,部分水功能区有挥发酚超标现象。

(三)限制排污总量意见

1.水功能区纳污能力

以水功能区水质标准为依据,确定各水功能区纳污能力。现状水平年、2020 年、2030 年水功能区 COD 的纳污能力分别为 29. 27 万吨/年、32. 28 万吨/年和 34. 3 万吨/年,氨氮的纳污能力分别为 1. 39 万吨/年、1. 55 万吨/年和 1. 64 万吨/年。

2.限制排污总量意见

通过对不同水平年污染物入河量预测,确定海河流域 2020 年 COD 入河限制排污总量为 53. 11 万吨,氨氮入河限制排污总量为 5. 03 万吨;2030 年 COD 入河限制排污总量为 30. 71 万吨,氨氮入河限制排污总量为 1. 54 万吨。如果能按照上述污染物入河限制总量意见进行控制,2020 年海河流域 63%的水功能区将达标,2030 年将全部达标。海河流域不同水平年限制排污总量意见见表 5-1。

表 5-1 海河流域不同水平年限制排污总量意见

单位:万吨/年

河系	2020年		2030年	
	COD入河控制量	氨氮入河控制量	COD入河控制量	氨氮入河控制量
滦河	2.42	0.26	2.19	0.11
北三河	7.64	0.39	6.96	0.31
永定河	3.67	0.51	2.68	0.12
大清河	6.51	0.70	2.67	0.14
子牙河	11.83	1.25	4.37	0.22
海河干流	9.50	0.50	3.05	0.14
漳卫河	6.93	0.72	4.35	0.23
黑龙港运东	0.67	0.24	0.59	0.03
徒骇马颊河	3.93	0.47	3.85	0.23
流域合计	53.11	5.03	30.71	1.54

(四)地表水资源保护措施

1.点源污染

一是加大工业企业深度治理力度,包括调整产业结构、推进清洁生产、严格环保准入、实施工业污染物总量控制、加强对重点工业污染源监管等措施;二是加快污水处理设施建设,包括合理确定污水处理厂设计标准及处理工艺、加强污水处理厂配套工程建设、提高城市再生水利用水平、足额征收污水处理费、加强城镇污水处理工程建设与运营监管等。

2.面源污染

控制农业农村面源污染,特别是控制畜禽养殖和化肥施用产生的面源污染是防治工作的重中之重。加强农业农村面污染源治理具体措施包括:加强农村畜禽圈舍、厕所、肥场建设,建立有机肥料加工厂,加工生产商品有机肥料,回归自然;推广测土配方施肥,提高化肥有效利用率,减少化肥施用量;推广生物防治病虫害技术,减少农药使用量。

3.水资源保护监测体系

水资源保护监测站点主要布设在河流上游接近源头且未受人类活动影响的河段,干流及一、二级支流汇入处,流经大中城市和工矿企业集中区的河段,已建或即将兴建大型水利设施河段,大型灌区或引水工程渠首处,大型水库、大型调水工程或具有重要供水、水产养殖、旅游等功能或污染严重的水库、洼淀,跨省界河流河段、水质较差的地市界河段及水环境敏感水域。加强监测能力建设,主要包括实验室仪器设备、实验室基础设施、水质移动监测、水质自动监测、监测机构和队伍的建设等。

二、地下水资源保护

(一)地下水资源现状

现状水平年,海河流域地下水开采量(含微咸水开采量)为263亿立方米,占供水总量的比重达65%。

1.地下水超采严重

全流域平原浅层地下水超采区面积为4.6万平方公里,一般超采区、严重超采区面积分别占54%和46%。超采区主要分布在山前平原。深层承压水开采主要集中在中东部平原,并形成了唐山、天津、廊坊、冀枣衡、邢台巨新、沧州、德州7个较大的地下水漏斗,面积达2.44万平方公里。

全流域平原区现状水平年地下水开采量为208亿立方米,超采量为81.4亿立方米。浅层地下水、深层承压水超采量分别占51%和49%。其中河北省的地下水超采量最大,占全流域的74%。

全流域山间盆地现状水平年浅层地下水开采量为15.2亿立方米,超采量为0.76亿立方米,其中,大同市城郊地下水超采区现状漏斗中心水位下降速率超过3.5米每年,最大埋深近80米,局部含水层被疏干。

由于地下水过度开采等原因,娘子关泉、神头泉等9个大泉现状泉水流量平均比20世纪50年代减少了一半以上,百泉、一亩泉已干涸。

地下水超采引发了部分地区的地面沉降、地面塌陷、地裂缝以及海(咸)水入侵等环境地质问题,对基础设施、交通、通讯、防洪安全(如堤防不均匀沉降等)以及地下水功能等造成了严重影响。

2.地下水水质总体较差

平原及山间盆地浅层地下水环境质量因受自然和人为因素影响,总体状况较差,其中,Ⅱ—Ⅲ类水分布面积为3.69万平方公里,仅占评价总面积的25%;Ⅳ类水分布面积为2.83万平方公里,占19%;Ⅴ类水分布面积为8.43万平方公里,占56%。超Ⅲ类的水质项目主要有氨氮、矿化度、总硬度、硝酸盐氮、亚硝酸盐氮、高锰酸盐指数、铁以及锰等。

随着工业及生活废污水排放量、农药化肥使用量、垃圾废弃物的不断增加,地下水污染日趋加剧,使本来就紧张的水资源更加短缺。评价结果显示,平原及山间盆地地下水污染面积达到9.05万平方公里,占平原及山间盆地面积的60.5%。其中,轻度污染面积为6.05万平方公里,占平原及山间盆地面积的40.4%;重度污染面积为3万平方公里,占平原及山间盆地面积的20.1%。

(二)地下水保护目标

1.2020年目标

全流域地下水开采量控制在207亿立方米,较现状水平年减少15%以上,地下水功能区开采量达标率(开采量不大于开采量目标)超过75%。

全面遏制地下水持续超采的趋势,由地下水超采引发的环境地质灾害得到有效控制。其中,平原区地下水超采量较现状水平年压减60%以上,山间盆地地下水实现采补平衡,重要泉域保持一定的泉水流量,山丘区地下水得到初步涵养。

地下水饮用水水源保护区得到有效保护,区域地下水污染得到初步控制。形成较完善的地下水管理体制、机制和地下水动态监测体系。

2.2030年目标

全流域地下水开采量控制在173亿立方米,较现状水平年减少30%以上,地下水功能区开采量达标率超过90%。

基本消除地下水超采现象,生态环境明显改善。其中,平原区地下水总体上实现采补平衡,山间盆地、重要泉域及山丘区的地下水得到有效涵养。

地下水饮用水水源保护区水质稳步达标,区域地下水污染得到有效控制。建立完善的地下水管理体制、机制及动态监测体系。

（三）地下水功能区划

1.功能区划分

地下水功能区是地下水利用与保护的基础平台。浅层地下水功能区按两级划分，深层承压水主要作为储备和应急水源，不再划分功能区。浅层地下水一级功能区分为开发区、保护区和保留区。在一级功能区的框架内，根据地下水资源的主导功能，划分为集中式供水水源区等8类地下水二级功能区。

海河流域浅层地下水共划分为417个二级功能区。根据主导功能，兼顾其他功能，确定各地下水二级功能区的开采量、水质和埋深三类保护目标。

在全流域山丘区，开发区、保护区和保留区面积分别占14%、66%和20%；在平原及山间盆地，开发区、保护区和保留区面积分别占76%、1%和23%。可见，海河流域浅层地下水功能区呈山丘区以保护区为主、平原及山间盆地以开发区为主的显著特点，这与流域现状地下水开发利用情况及未来地下水资源利用与保护格局是相符的。

2.功能区现状达标分析

根据浅层地下水功能区开发利用现状及功能区保护目标，进行功能区现状达标分析。部分山丘区及矿化度大于2克/升的平原区未进行可开采量评价，在参加评价的402个二级功能区中，开采量达标的个数为226个，达标率为56%。部分山丘区因无实测资料未进行水质评价，在参加评价的388个二级功能区中，水质达标（现状水质优于水质目标）的个数为258个，达标率为66%。

（四）地下水开采量控制方案

1.平原区地下水

2020年全流域平原区地下水规划开采量控制在162亿立方米，较现状水平年减少46.2亿立方米，减幅为22%；2030年控制在129亿立方米，较现状水平年减少79.2亿立方米，减幅为38%。

2.山间盆地浅层地下水

2020年，全流域山间盆地浅层地下水规划开采量控制在14.4亿立方米，较现状水平年减少0.82亿立方米，减幅为5%。2030年控制在13.9亿立方米，较现状水平减少1.28亿立方米，减幅为8%。2020年、2030年全流域山间盆地浅层地下水均实现采补平衡，部分山间盆地浅层地下水实现补大于采。

3.山丘区浅层地下水

2020年，全流域山丘区浅层地下水规划开采量控制在35.2亿立方米，较现状水平年减少1.56亿立方米，减幅为4%。2030年控制在29.9亿立方米，较现状水平年减少6.79亿立方米，减幅为18%。遏制泉水流量持续衰减的趋势，保护泉域的生态环境。

4.地下水功能区开采量达标预测

在参加评价的402个二级功能区中，2020年，开采量达标的个数为315个，达标率为78%，较现状水平年上升22个百分点；2030年，除分散式开发利用区外开采量全部达标，达标率达93%，较2020年上升15个百分点。

（五）地下水资源保护措施

1.地下水水源地保护

全流域共有城市地下水饮用水水源地248个，占城市饮用水水源地总数的83%；供水人口为2314万，年供水量为12.7亿立方米，在城市饮用水水源地中的比重均为60%。

规划的重点是做好地下水饮用水水源地特别是城市地下水饮用水水源地的保护工作,保障饮水安全。主要工程措施包括保护区隔离防护设施、保护区污染治理工程等,确保地下水饮用水水源地水质不再恶化,并逐步达标。对因为自然因素等原因水质难以达标的水源地,宜调整其供水对象和供水任务。

2.地下水保护工程

(1)地下水压采工程

对有替代水源的超采区,结合替代水源的建设情况,对现有的地下水开采井采取限采或限期封存(填)等措施,逐步压缩地下水开采量。地下水压采的基本原则是先压直接受水区、后压间接受水区,先压深层承压水、后压浅层地下水,先压严重超采区、后压一般超采区。2020 年前,全流域规划封存地下水开采井 1.43 万眼,2030 年累计达到 1.54 万眼。

(2)地下水回灌补源工程

南水北调工程通水后,在有条件的地区,结合河系连通工程建设,利用海河流域局部洪水等资源进行回灌地下水。全流域规划修建地下水人工回灌补源工程 32 处(在 2020 年前完成),2020 年、2030 年人工回灌量分别为 4.78 亿立方米、5.98 亿立方米。

(3)泉域保护工程

通过划定保护区、分区制定地下水开采量控制方案和污染治理方案等措施,对山区重要泉域进行保护,遏制地下水水位下降和水质恶化的趋势。对已干涸的平原泉口采取河湖沟通等措施逐步予以恢复。

3.地下水监测能力

以平原和山间盆地为主要监测区,全流域规划建设国家级地下水监测站点 2454 个,其中新建 1374 个,改建 1080 个,在 2020 年前建设完成,全部为自动监测站点。

海河流域地下水监测信息中心包括流域中心、省市中心和地市分中心。流域中心设在海河水利委员会水文局;7 个省市中心,分别设在省级行政区水文水资源勘测局(水文总站、水文水资源勘测管理中心);地市分中心分别设在各地市水文水资源勘测分局。

三、地表水源地保护

(一)水源地概况

海河流域地表饮用水源地有 52 个,包括密云、官厅、潘家口、大黑汀、桃林口、于桥、岳城等大型水库。地表饮用水源地供水人口为 1530 万,综合生活年供水量为 8.58 亿立方米,在全流域城市饮用水源地供水人口和城镇生活供水量所占的比重均为 40%。

海河流域地表饮用水源地水质整体较好,综合评价为 1—3 级的水源地 49 个,占饮用水源地总个数的 94%;水质较差的 4 级和 5 级水源地仅分别为 2 个和 1 个。地表饮用水源地当前面临的主要问题是水库周边开矿排水、村庄生活污水、网箱养鱼等对水库水质的影响,上游河流污染也是重要影响因素。

(二)水源地保护目标

到 2020 年城镇地表饮用水源地全部达到Ⅲ类以上水质标准,全面解决建制市和县级城镇的集中式饮用水水源地安全保障问题。集中式饮用水水源地得到全面保护,重要城市应急水源储备能力显著提高;饮用水水源地入库泥沙和面源污染得到基本控制;进一步提高供水保证率,建制市和县级城镇饮用水安全得到全面保障,满足2020年全面实现小康社会对饮用水安全的要求。

(三)水源地保护区划分

水源地保护区分为保护区和准保护区。按照有关法规规定,水源地保护区内禁止直接排污,准保护区内制定限制排污总量意见。同时以划定的保护区和准保护区为单元,提出水源地保护措施。

对于小型水库,将校核洪水位线以下的区域划为保护区;对于大中型平原区水库,将水库四周围坝范围以内的区域划为保护区;对于大中型山区水库,保护区包括水库库区居民迁移线以下的区域,其中大Ⅰ型水库为所在饮用水功能区对应的范围和其对应的库岸外延1公里所包含的区域。

准保护区的范围是水库周边分水岭至移民线之间的区域,其中大Ⅰ型水库为其保护区外延3—5公里以内(保护区外)的区域。保护区及准保护区陆域边界不应超过相应分水岭。

目前,海河流域地表水源地已划分保护区的共有19个,其余水源地按照上述规定划定保护区和准保护区。

水源地准保护区内有污水直接排入的水源地有20个,按照准保护区内水功能区相应的水质标准,计算现状水平条件下限制排污总量意见。海河流域水源地准保护区限制排污总量意见见表5-2。

表5-2 海河流域水源地准保护区限制排污总量意见表

单位:吨/年

省级行政区	水源地个数	COD		氨氮	
		现状入河量	限制排污总量意见	现状入河量	限制排污总量意见
北　京	3	180	131	13.8	6.5
天　津	1	2884	2884	534.9	534.9
河　北	6	12085	2337	93.1	30.7
山　西	6	462	140	12.8	9.2
河　南	4	0.5	0	0.1	0
合　计	20	15611.5	5492	654.7	581.3

(四)水源地保护措施

1.综合整治措施

通过对已经受到较重污染的水源地采取综合治理措施,水源地保护工程可有效地恢复或提高其使用功能,保障供水安全。水源地综合整治工程主要包括水源地隔离防护、点源治理、面源治理等。

2.重点水库水源地保护

对密云水库、官厅水库、潘家口水库、大黑汀水库、于桥水库、岗南水库、黄壁庄水库、岳城水库、陡河水库、洋河水库、石河水库、西大洋水库、王快水库、桃林口水库、漳泽水库、怀柔水库等16个地表饮用水水源地提出保护措施,安排综合治理工程,包括设置物理隔离网(栏)、生物隔离带、坡面治理、沟道治理、林草保护、农村污染控制等措施。

第六章 河流水生态修复规划

一、河流生态健康评价

针对海河流域特点,从水量、水质、生境三个要素选取河流生态健康的评价指标。采用加权评价方法,计算综合评价指数,依据从好到坏分“健康、基本健康、亚健康、病态和濒于崩溃”五个等级进行综合评价。

规划选择15条山区河流、14条平原河流、13个主要湖泊型湿地开展生态健康评价。评价结果表明,海河流域内“基本健康”的河段长度共1766公里,约占评价河段总长27%,主要分布在山区;“亚健康”的河段长2319公里,约占评价河段总长36%;“病态”及“濒于崩溃”河段分别为1343公里和1065公里,各约占评价河段总长21%和16%,主要分布在平原。由于近几年采取了应急生态补水措施,对平原湿地的评价表明,“亚健康”占65.3%,“病态”占20.7%,“濒于崩溃”占14%。

二、河流水生态修复总体安排

(一)修复范围

规划范围包括海河流域各河系干流、重要支流及河口。共涉及15条山区河流和24条平原河流,代表河段总长6493公里,其中山区河段2589公里,平原河段3904公里。

湿地修复范围包括白洋淀等7个省级以上湿地自然保护区以及现状或规划水源条件较好、有可能修复的青甸洼等6个湿地,共13个湿地,现状面积1647平方公里,确定最小生态修复水面面积836平方公里。

(二)修复目标

总体目标:通过实施南水北调和水资源优化配置,改善河流水质,修复河流水体连通功能、水质净化功能、生境维持功能、景观环境功能,提高生物多样性,实现水清、岸绿,人水和谐,河流健康。

2020年目标:初步改善流域生态现状,濒于崩溃的河流得到有效治理,病态河流长度显著缩短,部分河流达到健康状态,河流生态功能得到初步修复,流域整体达到亚健康水平。初步实现河流水体连通功能,60%河流有水,山区河流生态水量得到保护,平原河流枯水年生态基流量不少于28亿立方米。河流生境基本恢复,生物多样性初步实现,城市河段景观环境得到全面改善,河道风沙区初步得到抑制,13个湿地核心区水面面积由现状的728平方公里增加到836平方公里以上,流域河流生态达到较好水平。

2030年目标:根本改善流域生态状况,病态河流消失,大部分河流处于健康状态,河流生态功能得到较好修复,流域整体实现基本健康。基本实现河流水体连通功能,65%河流有水,平原河流特枯年生态基流量不少于28亿立方米。河流生境得到全面恢复,生物多样性得到全面实现,河流景观环境良好,湿地水面面积在836平方公里基础上进一步提高,河道风沙区基本得到抑制,流域河流生态达到良好水平。

(三)总体布局

按照“以流域为整体,河系为单元,山区重点保护,平原重点修复”的方针,构建流域生态保护与修复体系,重点修复河流生态功能。

山区河流以河道生态基流保护和水源地保护为主线,维持河流水体连通、水质净化和生境维持功能。平原河流和湿地以生态补水、水质改善和生境恢复为主线,修复河流水体连通,净化水质,改善生境,维持河口最小入海水量,实施生态水量调度,改善河道基流,保障湿地生态水量。

三、河流水生态修复功能区划

河流水生态修复功能区划分为五类,即:生境维持区、水质净化区、水体连通区、景观环境区和生态保护区。

生境维持区:将北运河、闪电河等水体连通,水质净化功能相对较好的河段划为生境维持区,其生态修复的首要目标是提高生境维持能力。

水质净化区:将卫河、滏阳河等水量相对充足,水体连通功能较好,而水质问题突出的河流,划分为水质净化区,其生态修复的首要目标是净化水质,恢复水体天然自净能力,修复水质净化功能。

水体连通区:将潮白河等河道干涸、断流,生态水量缺乏但有潜力补充的河段,划为水体连通区,其生态修复的首要目标是增加生态水量,维持地表水循环,恢复水体连通功能。

景观环境区:将永定河、潴龙河等7条河道常年干涸、河床沙化严重、难以实现水体连通功能的河流,划为景观环境区,其生态修复的首要目标是抑制风沙、改善景观环境功能。

生态保护区:将流域内需综合保护的13个湿地划为生态保护区。

四、生态水量配置

(一)生态水量计算方法

以河段为单元,分山区河流、平原河流、湿地及河口分别规划枯水年生态水量。规划的山区河段基本属于自然状态,蒸发渗漏损失已在现状实测水量中反映,生态水量为基流量;平原河流不同河段有不同的物理结构、动态的过流蓄水、植被、地下水位等情况,根据实际情况进行估算。

(二)流域生态水量

1.山区河流

山区河流15个控制断面规划水平年最小生态水量10.98亿立方米,占多年平均天然径流量的15.6%。其中处于滦河上段的白城子断面和大清河上段的城头会、紫荆关断面定为30%,漳河观台断面定为10%,其他河段分别定为15%—20%。

2.平原河流

平原河流24个规划河段最小生态水量28.51亿立方米,最小生态水量所对应的耗损量约为14亿立方米。扣除与河流连通的湿地蒸发渗漏损失3.64亿立方米,并考虑沿海地区直流入海河流现状入海水量1.83亿立方米后,平原规划河流最小入海水量为18.19亿立方米,河流、湿地不重复生态水量35.47亿立方米。

3.湿地

规划的13个湿地最低生态水面面积836平方公里,最小生态水量为水面蒸发渗漏量扣除降水量,经计算为8.77亿立方米。其中水面蒸发量8.66亿立方米,渗漏量3.84亿立方米,降水量3.73亿立方米;另需一次性补水量为8.22亿立方米,由丰水年或外流域调水补给。

4.生态需水总量

全流域河道内生态水量由河流、湿地、河口三部分组成。经计算,河流生态水量为30.34亿立方米,湿地生态水量为8.77亿立方米,河流与湿地重复部分为3.64亿立方米,入海水量为18.19亿立方米,总规划生态水量为35.47亿立方米。海河流域生态需水总量详见表6-1。

表6-1 海河流域生态需水总量表(枯水年)

单位:亿立方米

河系	河流	湿地	河流湿地重复量	入海水量	总需水量(不重复)
滦河及冀东沿海	5.55			5.55	5.55
北三河	5.16	3.17	1.40	3.85	6.93
永定河	2.10			1.10	2.10
大清河	4.05	3.81	1.62	1.84	6.24
子牙河	2.90	0.62	0.62	1.17	2.90
黑龙港运东		0.90			0.90
漳卫河	7.50	0.27		1.60	7.77
徒骇马颊河	3.08			3.08	3.08
合计	30.34	8.77	3.64	18.19	35.47

注:山区河流生态水量与平原河流生态水量重复;河流水量中含直流入海河流的入海水量1.83亿立方米。

(三)生态水源配置

1.山区河流

据分析,山区河流15个控制断面生态水量比现状特枯年实测水量偏小25%,现状枯水年实测水量已满足生态水量要求,应加强管理,维持现状,不再寻求新的水源配置。

2.平原河流

据分析,在平原24条河流中,现状枯水年实测水量41.76亿立方米。蓟运河、北运河、永定新河、南拒马河、海河干流、漳河、卫河、卫运河、漳卫新河、南运河、徒骇河、德惠新河等12条河流现有生态水量能满足要求,不再进行配置;对生态水量不能满足的滦河、陡河、潮白河、永定河、白沟河、唐河、潴龙河、独流减河、滹沱河、滏阳河、子牙河、马颊河等12条河流进行供水配置,需要增加7.67亿立方米生态水量。

滦河大黑汀—河口段:生态水量4.21亿立方米,缺水量由潘家口、大黑汀、桃林口3座水库优化调度解决。陡河水库—河口段:生态水量1.02亿立方米,缺水量由陡河水库及唐山市退水补充解决。

潮白河苏庄—宁车沽:生态水量1.38亿立方米,缺水量主要考虑利用北京市再生水。

永定河卢沟桥—屈家店:主要利用官厅水库下泄水量、大宁水库调蓄的南水北调水量、雨洪水和再生水维持河道生态。

白沟河:生态水源为北拒马河、小清河、琉璃河等河流下泄水量,房山区城镇再生水等。

唐河西大洋水库—白洋淀河段:生态水量0.68亿立方米,由西大洋水库下泄解决,维持河道植被覆盖率。

潴龙河北郭村—白洋淀河段:生态水量0.5亿立方米,利用王快水库下泄水量、长江水等维持河道生态。

独流减河：利用城市涝水和污水，并安排一定的东线长江水，保持常年有水面。

滹沱河黄壁庄水库—献县河段：生态水量1亿立方米，利用黄壁庄水库下泄水量，保证以绿代水的生态水量。

滏阳河：生态水量0.73亿立方米，利用当地汛期汇流、城镇排水、从滏阳新河调水、南水北调中线水等，以满足生态水需求。

子牙河献县枢纽—第六堡河段，生态水量0.96亿立方米，利用当地涝水、城镇退水、向老子牙河调配水量等措施改善生态环境。

马颊河：生态水量0.82亿立方米，南水北调东线实施后，缺水量通过河网工程调剂解决。

3.重要湿地

青甸洼最小生态水量662万立方米，主要补水水源为当地地表水，过境河流州河、泃河水量，蓟县再生水等。

黄庄洼主要补水水源为当地地表径流、周边过境河川径流、宝坻再生水等。

大黄堡洼湿地生态水量1.01亿立方米，主要由北运河上游来水、北京市排污和武清城区污水及平原涝水、北京排污河来水等补给。

七里海湿地可利用潮白新河和永定新河入境水、东郊污水处理厂再生水等，1.08亿立方米生态水量可保证。

白洋淀特枯年1.05亿立方米生态水量，平水年河道基流能满足生态需求，生态补水水源有王快、西大洋、安各庄水库以及外流域调水。

永年洼生态水量1158万立方米，主要水源为滏阳河洪涝水、邯郸市的再生水。

衡水湖生态水量0.51亿立方米。规划为南水北调工程的蓄水工程。近期考虑利用黄壁庄弃水，远期可利用长江水。

大浪淀分东、西两淀，西淀成为沧州市城市用水水源地和南水北调的调节水库。利用引黄水、当地涝水、东线长江水，能保证0.43亿立方米的生态水量。

南大港生态水量0.47亿立方米。主要水源有南排河、新石碑河、廖家洼排干、捷地减河来水，以及南水北调东线水。

团泊洼湿地水源为当地涝水、纪庄子污水处理厂再生水、天津市南北水系沟通工程调水量、南水北调东线水源等。

北大港水库补水水源为天津市应急引黄调水、南水北调东线长江水以及独流减河、天津中心城区河湖弃水等，2.16亿立方米生态水量可保障。

恩县洼生态水量1572万立方米。水源为利民河、六五河来水以及大屯水库南水北调东线水等。

良相坡利用淇河、共产主义渠、思德河、夺丰水库以及淇县污水处理厂再生水，0.11亿立方米生态水量有保障。

五、生态修复措施

（一）生态修复类型

1.强化水库生态调度，保障生态水量

根据水库蓄水量和来水预测情况，编制水库生态调度方案，通过上游水库合理调度，维持下游湿地生态水量，保持河床湿润，改善河流生境。

2.实施生态补水，提高水体连通功能

主要针对河道断流、干涸的水体连通区及生态保护区和以修复水体连通功能作为修复目标的河流，通过增加上游水库生态供水能力、加强沿河水闸调度、实施外流域调水、生态补水、河渠连通等手段恢复河流水力联系，维持河道一定的水体连通功能，形成动态河流；满足规划生态水量要求，保证河流、湿地生态用水，提高并维持河流、湿地水体连通性。

3.修复生境，提高自我维持能力

对于水量、水质相对较好的生境维持区和生态保护区，初步具备了生境修复的条件，修复目标为生境维持的河流。通过开展生态清淤、生态驳岸、橡胶坝、生态绿化等生态工程措施，恢复河流水生植被，改善河流水质，兼顾生态系统结构及功能；开展鱼虾蟹类增殖放流，底播螺贝类，建设人工鱼巢，重建重要河流水生物产卵场，恢复种群规模，改善群落结构；增加水面面积，降低河流干涸、断流情况，修复河道生态环境。

4.实施以绿代水，改善景观环境

对于常年断流、沙化严重且没有补水条件的河流，以景观环境功能作为优先的修复目标，主要采用增加植被覆盖度或固沙抑尘替代措施和方式，对河道进行绿化平整，植草绿化或者封河育草，形成绿色景观带，达到改善生态环境的目的。

（二）生态修复工程

按照生态修复分类措施，本次规划安排 8 项重点生态修复工程，包括白洋淀生态综合整治工程、北运河生境修复工程、永定河绿色生态走廊建设工程、北大港生境修复工程、淇河生境保护工程、徒骇河聊城段生境修复工程、云中河与牧马河生境修复工程和漳卫新河生态综合整治工程。规划实施中可选择所处地位重要、基础条件较好的白洋淀生态综合整治工程、北运河生境修复工程等作为生态修复的试点优先安排，以指导其他河段的生态修复。

第七章　防洪规划

一、防洪体系现状

在历次规划的指导下，经过半个多世纪的建设，“分区防守、分流入海”的防洪格局基本形成，由水库、河道、蓄滞洪区组成的海河流域防洪工程体系框架基本建成。但海河流域仍然存在防洪标准偏低、河道行洪能力严重衰减、蓄滞洪区启用难度大的问题，中下游地区防洪形势依然严峻。据分析，水库等防洪设施按现状防洪能力调度，蓄滞洪区按规划要求启用，流域平原防洪保护区（10. 58 万平方公里）内，还有 32%的区域不能抗御 20 年一遇洪水，其中防洪标准低于 10 年一遇的面积约 2. 49 万平方公里。一旦发生类似“63. 8”型洪水，洪灾损失巨大，甚至使流域经济社会的可持续发展遭受重大挫折，影响国家国民经济的大局。因此，海河流域的防洪形势依然十分严峻，防洪保障能力还严重不足。

二、防洪目标和标准

(一)防洪目标

1.2020年目标

完成病险水库除险加固;1级和2级堤防全部达到国家规范标准;主要蓄滞洪区可按标准启用;流域中下游地区及重点支流河道达到规定的防洪标准;主要河口得到整治,并有维护河口行洪通畅的措施;城市段海堤达到防潮标准;北京、天津、石家庄等主要城市达到规定的防洪标准;主要平原排涝区达到规定的排涝标准;重点中小河流得到整治;最大限度地减少山洪灾害造成的人员伤亡和财产损失。通过强迫行洪可抗御20世纪海河流域曾发生的最大洪水。

2.2030年目标

4级以上堤防全部达到国家规范标准;蓄滞洪区能按标准启用;各河系中下游地区达到规定的防洪标准;支流河道及中小河流得到整治;海堤达到防潮标准;地级以上城市达到规定的防洪标准;平原排涝区达到规定的排涝标准;基本杜绝山洪灾害造成的群死群伤事件,财产损失减少到可控范围内。在发生常遇和较大洪水时,防洪工程体系可以有效地运用,流域的经济活动和社会生活不受影响,保持正常的运作;发生标准洪水时,防洪保护区内重要城市及交通等基础设施和村庄、农田可得到有效保护。当发生超标准洪水时,流域经济社会活动不致发生动荡及造成严重的环境问题。

(二)防洪标准

滦河防洪标准为50年一遇。北三河系的北运河、潮白河防洪标准为50年一遇,蓟运河为20年一遇。永定河下游防洪标准为100年一遇。大清河、子牙河、漳卫河防洪标准均为50年一遇,其中子牙河系滹沱河北大堤防洪标准为100年一遇。黑龙港及运东地区的南排河、北排河防洪标准为20年一遇。徒骇马颊河防洪标准采用1961年型洪水,相当于50年一遇。

唐秦段海堤防潮标准为50—100年一遇,天津段海堤防潮标准为100—200年一遇,沧州段和滨州东营段海堤防潮标准均为50年一遇。

北京市、天津市、石家庄市城市防洪标准为200年一遇,其余地级以上城市防洪标准为50—200年一遇。

三、洪水安排

(一)标准洪水安排

1.滦河及冀东沿海诸河

滦河防洪标准为50年一遇。山区洪水主要由潘家口水库控制,20年一遇及以下洪水控泄6000立方米/秒,20—50年一遇洪水控泄14000立方米/秒,50—500年一遇洪水控泄28000立方米/秒。滦县铁路桥以下滦河干流设计流量为25000立方米/秒,大堤内防洪小埝近期5年一遇,流量8230立方米/秒,远期10年一遇,流量13700立方米/秒。冀东沿海各河单独入海。

2.北三河系

北运河、潮白河防洪标准为50年一遇,蓟运河防洪标准为20年一遇。

北运河通县站设计流量2055立方米/秒,北关枢纽设计流量2666立方米/秒,由运潮减河分泄900立方米/秒,其余1766立方米/秒由北运河下泄,至土门楼为1980立方米/秒,其中由青龙湾减河承泄1680立方米/秒,由木厂闸下北运河下泄300立方米/秒。必要时启用大黄堡洼分洪。

潮白河山区洪水由密云水库基本控制,苏庄站50年一遇洪水组合流量为3000立方米/秒,纳入运潮减河900立方米/秒流量后为3660立方米/秒,至黄庄洼分洪闸为3520立方米/秒,河道下泄2160立方米/秒,其余1360立方米/秒分洪入黄庄洼。潮白新河设计流量为3000立方米/秒,经宁车沽防潮闸汇入永定新河。

泃河洪水由上游海子水库控泄1340立方米/秒。州河洪水由于桥水库控制,20年一遇洪水水库可闭门7天与下游涝水错峰,错峰后限泄150立方米/秒。还乡河洪水由邱庄水库控泄230立方米/秒。泃、州两河于九王庄汇流后始称蓟运河,于阎庄纳入还乡河分洪道,蓟运河下段设计流量1300立方米/秒,洪水经防潮闸于北塘汇入永定新河入海。

3.永定河系

永定河下游防洪标准为100年一遇。官厅水库遇100年一遇及以下洪水,控泄600立方米/秒,官厅水库下泄洪水与官厅山峡100年一遇洪水组合后三家店流量为6230立方米/秒。至卢沟桥枢纽,由卢沟桥拦河闸控泄2500立方米/秒,其余洪水经小清河分洪闸入大宁水库和滞洪水库。

卢沟桥至梁各庄段河道设计流量2500立方米/秒。下泄的洪水经永定河泛区调蓄,至屈家店枢纽最大流量1800立方米/秒,其中永定新河下泄1400立方米/秒于北塘入海,北运河下泄400立方米/秒经海河干流入海。永定新河设计泄量1400—4640立方米/秒。

4.海河干流

海河干流设计行洪流量800立方米/秒。当大清河与永定河洪水遭遇时,可分别由北运河和西河各分洪400立方米/秒入海河;当大清河与永定河洪水不遭遇时,西河可相机承泄1000立方米/秒入海河,由海河干流承泄800立方米/秒,并通过耳闸由新开河、金钟河相机分泄200立方米/秒入永定新河。

5.大清河系

大清河防洪标准为50年一遇。

北支主要河道近期防洪标准为20年一遇,结合兰沟洼分洪达到50年一遇。白沟河设计流量3200立方米/秒,南拒马河北河店以下设计流量3500立方米/秒。北支洪水经新盖房分洪道入东淀,新盖房分洪道设计流量5000立方米/秒,需要时向兰沟洼分洪。

南支潴龙河防洪标准为50年一遇,北郭村设计流量5700立方米/秒,陈村以下2300立方米/秒,陈村分洪道3400立方米/秒。唐河东石桥以上设计流量1190立方米/秒,东石桥以下设计流量3500立方米/秒。南支各河洪水汇入白洋淀,经白洋淀滞蓄后由赵王新渠进入东淀。

白洋淀设计滞洪水位9米(大沽高程10.5米),相应枣林庄枢纽最大出流2700立方米/秒,千里堤按100年一遇洪水设防。赵王新渠设计流量2700立方米/秒,枣林庄至王村分洪闸段按3500立方米/秒校核。

南、北支洪水汇入东淀后,由独流减河和海河干流分泄入海。大清河系尾闾总泄量4000立方米/秒,其中独流减河承泄3600立方米/秒,海河干流承泄400立方米/秒。当东淀第6埠水位超过6.44米且继续上涨时,向文安洼或贾口洼分洪。

6.子牙河系

子牙河防洪标准为50年一遇,其中滹沱河北大堤防洪标准为100年一遇。

滹沱河遇50年一遇洪水时,黄壁庄水库控泄3300立方米/秒,经献县泛区进入子牙新河。滏阳河上游洪水经东武仕、朱庄、临城等水库调蓄,汇入中游洼地,经艾辛庄枢纽,由滏阳新河下泄,设计流量为2800立方米/秒。滹沱河和滏阳新河在献县汇合后,50年一遇组合流量为5500立方米/秒,由子牙新河承泄入海。

7.黑龙港及运东地区

南排河、北排河近期治理标准为10年一遇。南排河乔官屯以下设计流量540立方米/秒,北排河下段设计流量500立方米/秒。南、北排河远期排涝标准为20年一遇。南排河乔官屯以下设计流量740立方米/秒,北排河干流仍承泄500立方米/秒。南、北排河总入海能力为1240立方米/秒。

8.漳卫河系

漳卫河防洪标准为50年一遇。

漳河洪水由岳城水库控制下泄。漳河岳城水库至东王村段河道设计流量3000立方米/秒,东王村以下河道设计流量1500立方米/秒。当岳城水库泄量大于1500立方米/秒时,利用大名泛区滞洪。

卫河洪水经上游盘石头、小南海、彰武等水库控制及中游坡洼滞洪后下泄,淇门至老观嘴行洪流量2000立方米/秒,其中卫河400立方米/秒,共产主义渠及共西行洪区盐土庄以上行洪3100立方米/秒,盐土庄以下行洪1600立方米/秒,老观嘴至安阳河口设计行洪流量2000立方米/秒,安阳河口至徐万仓设计行洪流量2500立方米/秒。

漳、卫两河50年一遇洪水至徐万仓汇合后,设计流量为4000立方米/秒,由卫运河承泄,至四女寺枢纽,由漳卫新河承泄3650立方米/秒,南运河承泄150立方米/秒。必要时向恩县洼分洪。

9.徒骇马颊河系

徒骇马颊河防洪标准采用1961年型洪水,相当于50年一遇。

遇设计标准洪水时,徒骇河干流坝上闸流量为1400立方米/秒;马颊河干流汇合口流量1040立方米/秒。

(二)超标准洪水对策

遇超标准洪水时,充分利用河道的泄洪能力,强迫行洪,分流入海;确保重点城市和人民群众生命财产安全。必要时为保护重点及全局,牺牲局部,破堤分洪。要尽可能避开重要工矿企业,尽量减小淹没面积。

1.滦河及冀东沿海诸河

滦河遇50年一遇以上超标准洪水,滦县站流量超过25000立方米/秒、防洪大堤出现险情时,首先在袁庄至何官营一带扒口,而后在徐家房子一带扒口,把洪水控制在长河以北,若水势继续上涨,可在汀流河附近扒口,向长河与小清河之间分洪。

2.北三河系

当北运河遇100年一遇超标准洪水时,至北关枢纽3230立方米/秒,由北关分洪闸分洪1200立方米/秒入运潮减河,北关拦河闸下泄2030立方米/秒,土门楼以上北运河及青龙湾减河强迫行洪。必要时破青龙湾减河大堤入大黄堡洼滞洪区及保留区,破大黄堡洼围堤,洪水经永定新河与潮白新河之间夹道,于宁车沽闸附近破潮白新河右堤或永定新河左堤经永定新河入海。

当潮白河遇100年一遇超标准洪水时,苏庄流量为3560立方米/秒,下游河道尽量利用堤防设计超高行洪,并利用分洪闸或破堤向黄庄洼分洪,洪水再大时,漫过黄庄洼围堤,经潮白新河、蓟运河夹道于北塘入海。

当沟河遇50年一遇超标准洪水时,引沟入潮下泄830—1080立方米/秒,由桑梓分洪道向青甸洼分洪。当还乡河遇50年一遇超标准洪水,至李家选洪峰流量1230立方米/秒,至九丈窝由还乡河分洪道下泄670立方米/秒,其余560立方米/秒分洪入盛庄洼。当蓟运河干流遇50年一遇超标准洪水,在充分利用干流河道行洪的前提下,由各支流的洼淀滞洪,限制两岸排涝。当水位继续上涨时,于江洼口附近向黄庄洼分洪。

3.永定河系

永定河发生200年一遇洪水时,卢沟桥拦河闸控泄3000立方米/秒,其余洪水经小清河分洪闸控制进入大宁水库和滞洪水库,大宁水库泄洪闸需敞泄。永定河下泄洪水经泛区调蓄后,由永定新河强迫行洪1800立方米/秒,北运河仍分泄400立方米/秒经海河干流入海。必要时利用三角淀、七里海或淀北滞洪。

4.大清河系

当北支发生超标准洪水,可破南拒马河右堤向白洋淀周边的大、小王淀分洪,或破白沟河左堤向清北地区的白沟河与牤牛河夹道分滞洪水。

为确保北京市的防洪安全,大清河系承担分泄永定河超标准洪水的任务。200年一遇洪水,大宁水库敞泄,洪水经小清河分洪区滞蓄,利用白沟河左堤及其上延段堤防将洪水控制在白沟河以西。

当南支发生超标准洪水,白洋淀及其周边滞洪区已充分利用,必要时在小关扒口向文安洼分洪。

当东淀、贾口洼、文安洼已充分利用,且水位继续上涨威胁天津市区安全时,扒开南运河两堤,运用津浦铁路25孔桥泄洪入团泊洼,在小王庄附近破马厂减河两堤,洪水经沙井子行洪道入海。

5.子牙河系

若再现“63.8”洪水,滏阳新河和子牙新河采取强迫行洪措施,由滏阳新河下泄5700立方米/秒,到献县泛区,与滹沱河洪水汇集后,组合流量为8800立方米/秒。超过“63.8”洪水时,利用宁晋泊东围堤口门分洪。

滹沱河发生超过50年一遇洪水时,在南大堤分洪口门向滹滏区间分洪。当超标准洪水超过京广铁路桥安全泄量时,需炸开铁路引道路基泄洪,洪水过铁路桥后,南岸仍先退守石津总干渠或沧石公路。

遇超过“63.8”的洪水,滹滏区间水位达最高滞洪水位时,扒滏阳新河堤向黑龙港分洪,由子牙新河、南排河夹道入海。

6.漳卫河系

漳河发生100年一遇洪水时,岳城水库最大泄量7740立方米/秒,过京广铁路桥后向右岸分洪,河道行洪5100立方米/秒,东王村口门分洪2130立方米/秒入大名滞洪区。卫河发生100年一遇洪水时,共产主义渠淇门最大洪峰流量3670立方米/秒,各坡洼充分滞洪,老观嘴流量超2000立方米/秒时,向小滩坡分洪。卫运河及漳卫新河强迫行洪,若发生险情则启用恩县洼滞蓄。

四、水库及河道治理

(一)水库工程

1.岳城水库除险加固

岳城水库提高防洪标准推荐第二溢洪道方案,即在主坝右坝肩建第二溢洪道,堰顶高程143米

(大沽高程),溢洪堰进口闸净宽100米,最大泄量11360立方米/秒。

2.新建水库规划

规划期内安排建设双峰寺、乌拉哈达水库。双峰寺水库位于滦河支流武烈河上,以防洪、供水为主,兼顾发电,总库容1.31亿立方米,防洪库容0.7亿立方米。乌拉哈达水库位于永定河上游支流清水河上,以防洪为主,兼顾供水,总库容1.59亿立方米,防洪库容0.56亿立方米。

保留青山、竹山、张坊、土门、李思庄、陈家庄、石匣里水库坝址,未来根据情况变化再进行研究,择机建设。

(二)骨干河道治理

1.滦河干流

滦河干流整治工程主要包括:滦河防洪大堤治理、袁庄以下防洪大堤恢复工程和防洪小埝治理。

2.北三河系

北运河采用清淤复堤方案整治河道。扩建榆林庄闸、土门楼闸、木厂闸,整治沿河穿堤建筑物和险工险段。

青龙湾减河采用清淤复堤方案整治河道。北京排污河治理措施主要是加高堤防。运潮减河治理措施主要是加高堤防。

潮白河采取加堤与挖河结合方案进行扩大治理,河道内远离大堤的村庄需外迁。规划对潮白新河河道进行扩挖、疏浚,并加高堤防。

蓟运河九王庄—新安镇段采取复堤方案;新安镇—小河口段采用展堤、扩挖深槽方案整治;小河口—江洼口段按遥堤行洪方案整治,两岸堤防均需加高培厚。江洼口—蓟运河防潮闸,沿原堤线复堤,对于堤距过窄的河段适当扩宽。

3.永定河系

三家店至卢沟桥段左、右堤均已达标。该河段内京门铁路桥需加高或重建,广宁路漫水桥和京原漫水桥需改建为高架桥。为确保北京市区的防洪安全,右堤下段原刘庄口门底高程由原50年一遇洪水位提高到100年一遇洪水位。

永定河卢沟桥至梁各庄段河道的治理目标是实现"三固一束",即固定险工、固定河槽、固定滩地、束窄河道。堤防级别为1级,左堤高于右堤0.5米。规划推荐采用全护堤方案,目前左堤已基本达标。

永定新河全部是以深槽行洪为主的复式河槽。采用建闸清淤方案,对全河道进行清淤扩挖,恢复河道原设计水位,加高加固两岸堤防,河口防潮闸于2010年基本建成。

4.海河干流

天津市海河干流设计行洪流量为800立方米/秒。目前堤防不达标,应按规划进行治理。

5.大清河系

独流减河左堤到2008年已基本达标。规划对右堤进行加高加固,并采取河口清淤、东千米桥改建、扩挖深槽等措施。

新盖房分洪道规划采取加高堤防、穿堤建筑物加固、新盖房分洪闸及溢流堰改建加固等治理措施。

赵王新渠主要治理措施包括河道左右堤加高加固、河道扩挖、险工治理及穿堤建筑物加固等。

6.子牙河系

子牙新河需加高加固堤防,整治险工并对深槽按 300 立方米/秒流量进行清淤,主槽按 600 立方米/秒流量恢复南小堤。

滹沱河北大堤防洪标准为 100 年一遇,堤防级别为 1 级,南大堤防洪标准为 50 年一遇,堤防级别为 2 级。需加高加固堤防,整治主槽。

滏阳新河治理推荐采用滩地不除埝方案,需加高加固堤防,对主槽进行扩挖清淤,治理险工险段等。

7.南排河与北排河

采用南、北排河联合运用方案。南排河治理采取高水高排方案,即在河道淤积现状基础上,通过加高堤防来扩大南排河的过水能力。北排河河道采取清淤措施恢复原设计断面。

8.漳卫河系

漳河干流规划治理京广铁路桥以下 103.4 公里河道。漳河干流左堤已基本达标,本次规划主要安排对右堤进行加高培厚;规划自大名县小七里店附近至小引河入漳河汇流口以上 350 米处填筑新右堤,缩窄河道堤距至 2 公里左右。

规划对思德河口至淇河口段共渠主槽清淤,并修建右堤。淇河口至老观嘴段共产主义渠,按 20 年一遇排涝流量 250 立方米/秒清淤挖槽。

将现有刘庄闸拆除改建为桥。在共产主义渠盐土庄建节制闸一座,并在闸左岸修建共西东隔堤。对共渠刘庄至盐土庄节制闸以下的屯子桥段右堤进行加高加固,对盐土庄节制闸以下左堤进行展堤。在淇共汇合口下游小河口村附近建小河口节制闸。

卫河干流按排涝流量清淤疏浚主槽,按行洪流量加高加固堤防,同时对沿线险工险段、穿堤建筑物进行治理。

卫运河规划按承泄漳河、卫河下泄流量之和 4000 立方米/秒治理,主槽断面按设计排涝流量 1150 立方米/秒恢复。该段治理工程包括主槽清淤、部分堤段加高培厚、险工险段治理、穿堤建筑物加固、祝官屯枢纽和四女寺北进洪闸除险加固等工程。

漳卫新河是漳卫河系主要尾闾,承泄 3650 立方米/秒洪水入海。至 2008 年,漳卫新河已按原规划 3500 立方米/秒规模进行了治理。

9.徒骇马颊河

徒骇河、马颊河治理措施为河道清淤、挖槽、堤防加高加固,改造沿线穿堤建筑物。

(三)重要支流治理

1.滦河支流武烈河及冀东沿海诸河

武烈河治理措施为河道整治和堤防加固,上游兴建双峰寺水库。陡河治理措施为护砌、河道清淤和堤防加固。洋河治理对两岸堤防加高培厚。汤河整治范围主要是秦皇岛市区段,对城区内无堤防段进行筑堤防护。

2.蓟运河支流

蓟运河包括泃河、州河、还乡河三大支流。其中州河已结合引滦工程进行了整治,以水资源保护为主。

泃河采取疏挖展宽主槽、局部裁弯、填筑堤防等措施进行治理。引泃入潮进口河段需疏挖,出口河段堤防需加高,在罗庄子倒虹吸下游引泃入潮右岸修建鲍邱河入引泃入潮旁开闸。

还乡河采取局部河段筑新堤、加高加固堤防等治理措施。还乡河分洪道采取清淤复堤措施治理。

3.永定河系支流

洋河采用加固堤防治理措施。桑干河治理措施为加固堤防。御河、口泉河、十里河等三条河流大同市区段,采用清淤复堤方案进行治理。

清水河结合城市防洪,在张家口上游拟建乌拉哈达水库,通过水库削减洪峰,张家口市区防洪标准达到100年一遇。

4.大清河系支流

南支潴龙河治理工程措施为左右堤全线复堤、险工及穿堤建筑物除险加固,以及整治陈村分洪道和新建陈村分洪枢纽等。

唐河治理措施为:西大洋水库至京广铁路桥段按治导线整治,对过水能力不足的河段,适当挖深河槽;铁路桥以下加高加固堤防,并对建筑物除险加固;增设清水河入唐河口改道工程。

南拒马河北河店以下段需加高加固堤防,整治险工险段等;北河店以上按治导线对坍岸严重段进行护砌。

北拒马河按5年一遇治理,千河套段采取堵闭中支,利用南、北支行洪的治理方案。涿州市段防洪标准为50年一遇。对市区西北部北拒马河铁路桥以上段及南支下段右堤加高加固,并利用洼淀滞洪。

白沟河20年一遇治理,主要措施是复堤。

5.子牙河系支流

洺河治理标准10年一遇,规划建设中库群(包括车谷水库等8座水库)和三个缓洪区(东洺阳、龙泉、大讲武)。泜河主要治理措施为主槽扩挖,堤防加高加固。永年洼以上支流牤牛河、渚河、输元河按10年一遇标准治理,其余按5年一遇标准治理。

滹沱河下茹越至济胜桥段河道主要措施包括新建堤防、护岸工程及其他建筑物,对原有堤防及险工进行加固,疏浚河槽等。

6.漳卫河系支流

共产主义渠思德河口以上段,按50年一遇防洪标准治理。焦作市大沙河,按50年一遇防洪标准治理。

淇河右堤阎村以下规划为良相坡自然退洪口,左堤淇共汇合口以上400米为共西刘庄进洪口,均不筑堤,其余堤防均需培厚,同时对险工进行加固。

规划对安阳河安阳市区10公里段河道按5年一遇除涝、50年一遇防洪标准治理,市区下游52公里河道按5年一遇除涝、20年一遇防洪标准治理。

汤河京广铁路桥以下至入卫河口段按5年一遇除涝、20年一遇防洪标准治理。

7.徒骇马颊河系支流

规划对德惠新河河槽进行疏浚,对堤防进行加固。

五、蓄滞洪区建设

(一)蓄滞洪区设置与调整

海河流域共设置28个蓄滞洪区,总面积10693平方公里,总容积198亿立方米。其中:北三河系4处,分别为大黄堡洼、黄庄洼、青甸洼和盛庄洼;永定河系2处,分别为永定河泛区、三角淀;大清河系7处,分别为兰沟洼、白洋淀、东淀、文安洼、贾口洼、团泊洼、小清河分洪区;子牙河系4处,分别为大陆泽、宁晋泊、献县泛区和永年洼;漳卫河系11处,有良相坡、柳围坡、长虹渠、共渠西、白寺坡、小滩坡、任固坡、广润坡、人名泛区、恩县洼、崔家桥。

蓄滞洪区分为重要蓄滞洪区、一般蓄滞洪区和蓄滞洪保留区三类。在这些蓄滞洪区中,标准内洪水启用的蓄滞洪区24个,面积9677平方公里,保留区面积1016平方公里。

随着经济社会发展,蓄滞洪区运用的损失越来越大,本次规划,根据流域经济社会发展和新的防洪形势,对蓄滞洪区进行了部分调整。将一些较大的蓄滞洪区建设分区隔堤,分区运用,尽可能减少分洪区面积和损失。使用机率较小的调整为蓄滞洪保留区,根据未来运用风险,适度安排经济建设。

分区隔堤建设后,文安洼Ⅱ区、大黄堡洼Ⅲ区、恩县洼Ⅲ区均为超标准洪水使用区域,划为保留区。团泊洼内划定行洪通道。调整后,仍为28处蓄滞洪区,蓄滞洪区面积10693平方公里,其中标准内洪水启用的蓄滞洪区仍为24个,面积8832平方公里,保留区面积1861平方公里。调整后,蓄滞洪区分类名录见表7-1。

表7-1 海河流域蓄滞洪区分类名录表

项　目	重要蓄滞洪区	一般蓄滞洪区	蓄滞洪保留区
数量(处)	10	14	4(7片)
名录	永定河泛区、小清河分洪区、白洋淀、东淀、大陆泽、宁晋泊、献县泛区、恩县洼Ⅰ区和Ⅱ区、文安洼Ⅰ区、贾口洼	兰沟洼、大名泛区、白寺坡、青甸洼、大黄堡洼Ⅰ区和Ⅱ区、黄庄洼、盛庄洼、永年洼、柳围坡、广润坡、良相坡、长虹渠、共渠西、崔家桥	小滩坡、任固坡、团泊洼、三角淀、文安洼Ⅱ区、大黄堡洼Ⅲ区、恩县洼Ⅲ区
面积(平方公里)	6830	2002	1861

下一步,随着海河流域防洪体系的不断完善,根据蓄滞洪区实际运用情况,对流域蓄滞洪区规模及布局适时研究调整。

(二)蓄滞洪区建设目标

按照防洪总体要求和防洪减灾体系的需要,利用20年左右的时间,建设较完善的防洪工程和较齐全的安全设施,建立较为完善的蓄滞洪区管理制度,基本形成适应蓄滞洪区特点的可持续发展的经济社会体制,提高区内居民的生活水平和改善生态环境质量。

近期主要安排事关首都防洪安全的永定河泛区及白洋淀、东淀、大陆泽、宁晋泊、献县泛区等重要蓄滞洪区建设,适当安排运用标准20年一遇以下、洪水风险较高的一般蓄滞洪区的关键工程,安全设施建设以撤退道路为主;对高风险区的居民,其安全基本得到保障,初步建立较为完善的蓄滞洪区管理制度,使得蓄滞洪区内的经济、社会活动朝着良性方向发展。

蓄滞洪保留区为超标准洪水运用的区域,其对保障北京、天津等重要目标及防洪体系安全具有重要作用,但启用机率较低,除安排必要的撤退路等安全建设设施外,暂不安排就地避险等安全建设设施。

六、河口及海堤

海河流域海岸线从河北省秦皇岛市张庄至山东省东营市黄河口,全长920公里。滦河河口位于渤海湾沙质岸段;永定新河口、海河口、独流减河口、子牙新河口等河口位于渤海湾泥质海岸的淤积岸段;漳卫新河河口位于渤海湾稳定岸段;马颊河、徒骇河河口位于渤海湾南部的侵蚀岸段。

滦河河口50年一遇设计行洪流量为25000立方米/秒,10年一遇洪水滦河干流行洪流量为13700立方米/秒。为保护两岸村庄,规划按10年一遇洪水标准新建左、右导流堤。

永定新河河口治理采用建闸清淤方案,设计行洪流量为4640立方米/秒。

海河口治理推荐方案为导堤结合清淤方案,即沿左右治导线布置导堤。堤内主槽按设计泄流800立方米/秒清淤,以维持河口泄洪通道。

独流减河河口治理推荐清淤方案,即每年汛前对防潮闸以下按设计泄流3600立方米/秒清淤,以维持泄流通畅。本规划按照河口区行洪流量4500立方米/秒重新论证调整了治导线。左右治导线间距1600米。

子牙新河河口治理推荐清淤方案,设计流量5500立方米/秒,校核流量8800立方米/秒,闸上闸下河道一次性清淤至设计断面。河口治导线按沙井子行洪道设计1550立方米/秒和子牙新河校核8800立方米/秒同时发生考虑,即按10350立方米/秒确定。左、右治导线最小间距7000米。

漳卫新河河口推荐清淤方案。设计流量3650立方米/秒;恢复1250立方米/秒排涝规模,近期按900立方米/秒治理。对治导线以内滩地进行清障,治导线外侧筑堤。

马颊河与德惠新河共用一个入海口。马颊河设计流量1040立方米/秒,德惠新河设计流量472立方米/秒。推荐河口治理方案为疏浚尾闾河槽,加高堤防等。

徒骇河河口坝上闸至汇合口设计流量为1400立方米/秒,汇合口至暴风站为1405—1640立方米/秒。推荐河口治理方案为疏浚尾闾河槽,加高堤防等。

海河流域海岸线涉及河北省的秦皇岛、唐山和沧州市,天津市的滨海新区,山东省的滨州市和东营市。目前已建海堤671.54公里(河口堤82.92公里,临海堤588.62公里)。按保护对象不同,划分为唐秦段、天津段、沧州段和滨州东营段等4段海堤。防潮标准50—200年一遇。规划对无堤段新建海堤不达标段进行维修加固。

七、城市防洪

海河流域城市防洪标准为50—200年一遇,排涝标准为5—20年一遇。要做好局部暴雨情况下的防洪预案,加强城市排涝系统建设与管理。

北京市区防洪标准为200年一遇。威胁北京市区防洪安全的主要是永定河洪水,其次是北运河及其流经市区的通惠河、凉水河、清河、坝河等支流洪涝水。重点对永定河进行治理,并对城市排涝河道按标准进行整治。

天津市区已初步形成城市防洪圈,防洪标准为200年一遇。城市防洪圈以外的中新生态城、汉沽城区按50年一遇防洪标准设防。治涝标准为市区20年一遇与郊区10年一遇流量组合。防潮标准为100—200年一遇。天津市区的防洪标准已基本达到200年一遇,但永定新河、独流减河以及周边蓄滞洪区还需要按规划标准治理。

石家庄市城区防洪标准近期为100年一遇,远期为200年一遇。目前防洪标准约50年一遇。根据石家庄市洪水的特点,采用外阻滹沱河、太平河、洨河等洪水入市,内排涝水出市的对策。

其他城市防洪大体上可分为三种类型。一是邯郸、保定、邢台、聊城等城市,修筑防洪堤,将洪水疏导至市区以外;二是张家口、承德、阳泉、大同、长治、唐山、秦皇岛、沧州、新乡、焦作、鹤壁、濮阳、滨州等城市,整治河道修建堤防,提高河道安全泄量;三是衡水、廊坊、德州、安阳等城市,主要依靠河系防洪工程体系来防御外来洪水。

八、治涝规划

海河流域分为7个平原排涝区,分别是北三河、永定河、大清河、子牙河、黑龙港运东地区、漳卫河和徒骇马颊河平原排涝区,现已形成较完整的除涝工程体系。随着工程运用年限的延长,存在由于河道淤积致使排水能力减低、排水泵站年久失修和排水标准低等问题。现状水平年,平原地区的除涝工程标准一般已达3年一遇,徒骇马颊河和黑龙港地区部分排涝河道的标准已达5年一遇,永定河平原龙河和天堂河排涝标准达到了20年一遇。

本次规划基本维持原排涝系统,重点安排建筑物维修加固和骨干河道清淤,使各级河道排涝畅通。考虑海河干流平原近年来城市化进程加快、涝水规模加大的特点,增加海河干流平原排涝区,对其排涝分区和排涝系统进行重点安排。

九、小水库、中小河流与山洪防治

海河流域小水库、中小河流由于防洪标准低、病险多、灾害面大、损失严重等问题依然突出,已成为当前流域防洪安全的薄弱环节。本规划对流域面积大于200平方公里的中小河流和小Ⅰ型水库进行治理,并对山洪灾害提出防治措施。

规划对具有防洪任务的小Ⅰ型水库共计95座进行治理,使水库安全运行并充分发挥效益,提高对洪水的调控能力。

规划对流域面积大于200平方公里的436条中小河流进行治理,使重点中小河流和重点河段的防洪能力得到增强,防洪标准有较大提高。近期重点安排太行山、燕山山前平原区暴雨集中地区、历史上洪水多发地区的中小河流147条进行治理。

海河流域山洪灾害防治区面积16.24万平方公里,占全流域面积的50.7%,其中重点防治区面积7.93万平方公里。重点防治区中一级重点防治区面积2.52万平方公里,占防治区总面积的15.5%,二级重点防治区面积5.41万平方公里,占防治区总面积的33.3%;一般防治区面积8.31万平方公里,占防治区总面积的51.2%。结合本流域自身特点,山洪灾害防治措施立足于以防为主,防治结合,以非工程措施为主,非工程措施与工程措施相结合。

第八章　水土保持规划

一、水土流失现状

海河流域是我国水土流失严重区域之一,根据全国第二次水土流失遥感调查成果,海河流域20世纪末水土流失面积10.55万平方公里,其中山区水土流失面积10.39万平方公里,平原区水土流失面积0.16万平方公里,年土壤侵蚀量3.16亿吨。

经过21世纪初期的综合治理,截至2007年,海河流域尚有水土流失面积8.49万平方公里,其中山区8.37万平方公里,平原区0.12万平方公里。

二、防治目标和原则

到2020年,新增水土流失治理面积5.1万平方公里,治理程度达到60%以上,林草覆盖度达到宜林宜草面积的70%,水源涵养能力明显提高,生产建设项目水土保持方案申报率、验收率达100%,水土保持监测深入开展,初步建成比较完善的水土保持预防监督和动态监测体系。

到2030年,累计新增水土流失治理面积6.8万平方公里,治理程度达到80%以上,林草覆盖度维持在宜林宜草面积的70%以上,水源涵养能力进一步提高,水土保持预防监督和监测工作全面开展,有效制止各种人为造成的水土流失现象,全面建成完善的水土保持预防监督和动态监测体系。

水土流失防治坚持预防为主、保护优先、先重点后一般、先易后难、治理与经济社会发展相结合的原则。

三、综合治理

本次规划将海河流域分为以下8个区进行综合治理。

(一)滦河山区

滦河山区(及冀东沿海诸河山区),总面积4.81万平方公里。本区主要坚持预防为主、保护优先的方针,建立管护机制。通过实施封山禁牧、生态修复等措施,避免人为破坏现有植被和生态。规划期内共计安排治理水土流失面积11527平方公里。

(二)北三河山区

北三河山区总面积2.14万平方公里。本区水土保持工作的重点是密云水库上游水源地的保护。规划期内共计安排治理水土流失面积7006平方公里。

(三)永定河山区

永定河山区总面积4.52万平方公里。黄土丘陵区和石质山区的水土流失是本区的主要特点。应在上游黄土丘陵区大搞基本农田建设,建设大面积高标准农田,减少水土流失。同时,进行人工造林和人工种草,提高林草覆盖度,在水库周边采取封禁措施,建设水源地"三道防线",保证水库安全。规划期内共计安排治理水土流失面积16626平方公里。

(四)大清河山区

大清河山区总面积1.86万平方公里。本区治理重点应以人工造林为主,结合封禁治理,进一步提高林草覆盖度,适当发展林果产业。规划期内共计安排治理水土流失面积6474平方公里。

(五)子牙河山区

子牙河山区总面积3.09万平方公里。本区治理重点应以人工造林和封禁治理为主,主要提高林草覆盖率,适当发展林果产业。在岗南、黄壁庄等大中型水库周边,建设以水土保持生态修复为主的"三道防线",保护水库安全。规划期内共计安排治理水土流失面积11461平方公里。

(六)漳卫河山区

漳卫河山区总面积2.53万平方公里。本区水土流失比较严重,首要任务是恢复植被,提高林草覆盖度。在不同地区有所侧重:西北部浊漳河流域的黄土丘陵区以农为主,建设一批基本农田,同时积极造林种草;东南部土石山区植被较好,以林为主,巩固现有基本农田。规划期内共计安排治理水土流失面积13683平方公里。

(七)海河平原南部区

海河平原南部区主要包括鲁北和豫北平原,总面积4.02万平方公里,侵蚀形式以风蚀为主。平原风沙区采取农业、工程、生物等综合防治措施,加强林网建设,平整土地,改良土壤结构,提高土地利用价值,建立名优特瓜果生产基地。控制土地进一步沙化,建设防护林带和开发沉沙高地,利用水面发展经济作物进行固沙。规划期内共计安排风沙区治理面积1239平方公里。

(八)海河平原北部区

海河平原北部区主要包括河北省、北京市和天津市的所有平原部分,总面积9.08万平方公里,侵蚀形式以风蚀为主。本区主要采取水土保持耕作措施加以保护。在城市地区,加强城市水土保持建设。

四、预防保护

海河流域水土流失严重,根据“预防为主、保护优先”的方针,在进行水土流失综合治理时,应充分发挥大自然生态自我修复能力,做好预防保护工作。合理划分国家、省、县三级重点预防保护区。严格控制土地开垦。依法保护好现有森林、草原等植被,有计划地进行封山育林育草、轮封轮牧,防风固沙,保护植被。

利用一切可以利用的宣传媒体和宣传手段,加强水土保持法律法规宣传教育,增强全社会水土保持意识。做好生产建设项目负责人的水土保持宣传工作,督促其按照要求编制水土保持方案,并按方案实施水土保持措施,防止产生新的人为水土流失。通过沟通和协商,建立生态补偿机制。

五、水土保持监测

以建成完善的水土保持动态监测体系为目标,建设覆盖全流域的水土保持监测站网和信息网络,实现对流域水土流失及其综合防治的动态监测、预报和定期公告。

海河流域已初步形成了流域级监测中心站、省级监测总站和地市级监测分站三级监测机构网络。其中,流域级监测中心站1个,省级监测总站7个,各省所属监测分站27个。

规划到2020年,全流域共建设不同类型地面监测站65个,其中改造利用原有水保监测站点29个,新建水保监测站点10个,依托水文站建设26个。在非依托水文站建设的39个水保监测站点中,径流场23个、风蚀监测点3个、观测场4个、控制站9个。2030年前,原则上不再增设新的监测站点,只对原有站点进行维护和设备更新。

六、重点工程项目

继续实施京津风沙源治理工程、《21世纪初期(2001—2005年)首都水资源可持续利用规划》水土保持项目和太行山国家水土保持重点建设工程,在巩固和发挥好既有工程的效益和示范作用的基础上,逐步实施太行山革命老区水土保持重点建设工程、海河流域坡耕地综合整治工程、鲁西北平原风沙区治理工程、京津地区生态清洁型小流域治理示范项目、南水北调中线沿线水土流失综合治理工程等五项重点水土保持建设工程。

第九章　岸线利用管理规划

一、规划范围

规划范围为水利部授权流域机构管理河道范围内的重要河道岸线和部分省(区、市)管重点段河道。规划重点是岸线开发利用与保护问题突出、矛盾较尖锐,利用需求率高,管理任务重,对保障流域防洪、供水、水生态安全和维护河流健康具有重要作用的河道。规划范围内河段的岸线长为1689公里。

二、岸线利用管理目标

通过加强岸线功能区管理,形成开发利用与治理保护紧密结合、协调发展的机制,实现岸线的依法、科学、有序利用和控制保护,实现岸线资源优化配置、集约开发和可持续利用,全面发挥岸线的综合功能,促进经济社会与资源、环境的协调发展。

三、岸线功能区划分

(一)总体架构

河道岸线是指河流两侧水陆边界线以外一定范围内的带状区域。为加强管理,本规划在河道管理范围内划分了岸线区和河道区,岸线区和河道区采用临水控制线和外缘控制线加以划分。

岸线功能区是根据岸线资源的自然和经济社会功能属性以及管理需要,将岸线区划分为不同类型的区段。岸线功能区界线与岸线控制线垂向或斜向相交。岸线功能区分为岸线保护区、岸线保留区、岸线控制利用区和岸线开发利用区四类。

(二)岸线功能区的划分原则

坚持近远期结合、开发与保护并重的原则,坚持上下游、左右岸协调统一的原则,坚持与相关功能分区协调一致的原则,坚持因地制宜、兼顾现实的原则。

(三)岸线功能区划分成果

根据规划范围内河段情况,共划分了83个功能区,岸线总长度1689公里。其中,保护区19个,岸线长度265公里,占岸线总长度的15.7%;保留区13个,岸线长度325公里,占岸线总长度的19.2%;控制利用区51个,岸线长度1099公里,占岸线总长度的65.1%;没有开发利用区。

四、岸线利用管理

(一)岸线控制线管理

临水控制线是岸线区域位于临水侧的控制线,主要是为满足稳定河势、保障河道行洪安全和维护河流健康生命的基本要求,对岸线利用项目进入河道的距离和方式加以限定。

外缘控制线是岸线资源保护和管理的外缘边界线,进入外缘控制线的建设项目均须服从岸线利用管理规划。

(二)岸线功能区管理

岸线保护区内,除建设必要的防洪护岸、河势控导、结合堤防改造加固进行的道路、重要的跨穿河工程以及不影响防洪的生态保护建设工程外,禁止其他任何的岸线利用行为。保护区内允许当地农民在岸线区域内进行正常的农业生产和生活,但禁止种植高杆作物,禁止建设生产堤和围滩造地。

岸线保留区管理须重视岸线开发利用条件,对现状不具备开发利用条件的,在防洪治理及河势控制等工程建成后,方可考虑开发利用。

岸线控制利用区的管理,特别需要强调的是控制和指导,以实现岸线的可持续开发利用。

第十章 流域管理规划

一、流域管理现状和问题

新中国成立以来,海河流域管理主要围绕着水利规划及前期工作管理、水利工程建设管理、水利工程运行维护管理以及防汛抗旱展开,有效地促进了水利事业的健康发展。海河流域初步建立了流域管理与行政区域管理相结合的水资源管理体制。水资源管理不断加强,供水保障能力得到提高。水资源保护制度初步建立,水生态环境得到改善。防洪减灾能力明显提升,洪水管理开始起步。水管体制改革成果显著,水利工程管理水平得到提高。水利信息化建设初显成效,流域管理迈上新的台阶。

虽然海河流域管理取得显著成就,但是随着经济社会的快速发展和人民群众生活水平的不断提高,水资源和水环境问题越来越突出,水资源供需矛盾越来越尖锐。主要存在以下几方面的问题:水资源管理需要进一步加强,水资源保护监督作用有待加强,防汛抗旱管理能力有待进一步提高,水利工程管理亟待进一步深化,社会管理和公共服务能力有待提高,水利信息化发展不平衡、技术水平有待提高。

二、流域管理体制

进一步完善流域管理与行政区域管理相结合的水资源管理体制,强化以流域为单元的水资源管理。进一步深化水资源管理体制改革。明晰流域和行政区域在水资源保护方面的事权。进一步明晰流域管理机构和地方行政管理部门在防汛抗旱方面的事权。加强河流、湖泊管理,明确划分河道和湖泊的管理事权,逐步强化流域管理机构在跨省(区)河流、河段及重要支流管理中的作用。进一步加强水利工程管理,深化流域水利工程管理体制改革,完善管养分离的水利工程管理体制。强化海河流域水土保持管理职能,进一步明确流域管理机构与各省(区、市)水行政主管部门的管理职责,分级管理。

三、流域管理机制

为了应对海河流域管理面临的问题,结合流域实际和管理需求,需完善水资源优化配置协商机制、完善水资源保护与水污染防治协作机制、完善防洪减灾协调机制、建立健全水土保持生态建设协调与监督机制、建立农田水利建设与管理新机制、完善科技合作机制、建立水信息共享机制、完善水与发展宣传和公众参与机制、建立特大干旱和连续干旱情况下的应急管理机制、建立水利突发事件的应急处理机制、完善水价形成和征收管理机制等十一项机制的建设。

四、流域管理法规建设

近年来,我国先后制定和出台了一系列水法律法规,形成了以水法、防洪法、水污染防治法、水土保持法等组成的较为完备的水法规体系,为实施流域管理奠定了法律基础。为了适应海河流域水资源管理的形势和要求,结合海河流域水资源管理的实际,应积极推进引滦水资源保护管理条例和海河流域地下水管理条例的制定,进一步完善海河流域水资源管理的法规体系框架。

五、流域管理制度

根据海河流域自身特点和水资源管理的要求,在实践中不断补充、完善和创新海河流域管理的制度体系,实行最严格的水资源管理制度,为依法治水、依法行政、依法管理提供制度保障。需建立和完善规划实施监督及规划同意书制度、建立用水总量控制制度、建立用水效率控制制度、建立水功能区限制纳污制度、建立水资源管理责任和考核制度、建立耗水管理制度、建立河流生态管理制度、加强水功能区入河排污口管理制度、建立水库闸坝生态调度制度、完善地下水管理制度、完善水量水质监测和通报制度、逐步建立与水有关的生态补偿制度、完善洪水风险管理制度、完善蓄滞洪区管理制度、建立洪水资源利用管理制度、完善水土保持预防监督制度、建立水土保持动态监测制度、完善水利工程建设与管理制度等18项制度。

六、社会管理和公共服务能力

“宏观调控、市场监管、社会管理、公共服务”是政府的四大职能。水利部门作为专业性的行业管理部门,基本职能主要体现在社会管理和公共服务两方面。流域管理机构和流域内地方水行政主管部门,要着重加强依法行政能力、管理创新能力、规划计划能力、决策执行能力、行业管理能力、应急管理能力、科技支撑能力等7个方面的能力建设,以提高水利部门社会管理和公共服务水平。

七、水利信息化建设

在充分利用、整合、挖掘现有资源的基础上,建设布局合理、高度共享、快速反应的流域水利信息化体系,提高各级水利部门的管理能力、决策能力、应急处理能力和公共服务能力。建成水利信息综合采集体系,满足水利事务管理需要;建成水利信息传输网络系统,实现信息资源互联互通;建成流域水利数据中心,实现水利数字资源的共享;完善重点水利业务系统,实现不同业务功能协同应用;建立完善的水利信息化保障环境,实现水利信息化稳定发展。

第十一章　环境影响评价结论与建议

一、评价结论

(一)本规划与相关规划是协调的

海河流域综合规划以科学发展观为统领,坚持人与自然和谐相处,以维护河流健康和水资源可持续利用为主线,提出完善和构建流域城乡供水体系、水生态环境保护与修复体系、防洪减灾体系和流域管理体系的规划措施。

规划以尽可能小的生态环境损失,达到促进流域社会经济的可持续发展、保护和改善流域生态环境的目的,有利于促进流域自然功能和社会功能均衡发挥,保障流域防洪安全、供水安全和生态安全。

本规划的指导思想、原则和措施与国家和区域经济社会发展规划、相关行业规划等是协调或相衔接的。

(二)规划实施将使流域水生态环境总体上向着良好的方向转变

海河流域综合规划通过完善水资源配置和节水体系,保障城乡供水安全,减轻水资源开发利用对水生态的压力。通过建立水生态与环境保护体系,改善水体水质和河流水生态,将使流域水生态环境得到重大改善。通过完善防洪减灾体系,将显著减轻洪涝灾害对经济社会和生态环境的破坏。通过建立与完善流域综合管理体系,提高流域综合管理水平,为供水、生态、防洪安全等规划目标的实现提供了有力保障。

通过规划实施,河流水生态得到修复,河流水质得到改善、水土流失得到治理,地下水位总体上不再下降,流域水生态环境总体上将向着良好方向转变。

(三)规划实施对环境的少量不利影响可以采取有效措施加以减缓

在产生重大的社会、经济和环境效益的同时,规划的实施也将产生少量对环境的不利影响,如用水消耗量增加可能会使部分河流水量减少、引水可能造成泥沙淤积、工程建设施工影响等。在规划实施过程中,将根据国家有关规定,采取有效措施能够减缓或消除不利影响。

评价结论认为,海河流域综合规划不存在影响其实施的重大环境制约性因素,从环境角度分析,规划方案总体可行。

二、建　议

(一)进一步提高生态环境保护的意识

在规划实施中要进一步提高对水生态环境保护的认识,积极落实节约用水、地下水压采、河流湿地水生态修复、水环境改善等措施,进一步加大非常规水利用,进行产业结构调整,限制高耗水行业发展。促进流域水生态的修复和水环境的改善。

(二)严格执行国家有关建设项目环境影响评价制度

规划的工程建设项目,在可行性研究阶段必须严格按照有关法规的规定,进行各单项建设项目的环境影响评价,提出环境保护措施,将项目实施产生的不利影响减到最小。各专项规划、专业规划和支流综合规划应依法开展环境影响评价工作。

(三)建立跟踪评价制度

规划实施过程中进行系统的环境监测与跟踪评价,针对环境质量变化情况及跟踪评价结果,适时提出对规划方案进行优化调整的建议,改进相应的对策措施。

(四)注重研究外部因素变化对规划实施的影响

实施中应注意研究因国家政策调整、社会因素、工程进度、外调水与当地水水价关系等外部因素对规划实施目标和效果的影响,及时调整规划进度。

第十二章　规划实施安排

一、近期实施安排

本次综合规划安排的各类项目,包括水资源配置工程、水生态环境保护与修复工程、防洪减灾工程、水土保持生态建设工程及流域管理等5大类共69项。2020年以前安排以下工程项目:

(一)水资源配置工程

安排南水北调东线和中线配套工程、引黄入晋北干线工程、引黄入冀补淀工程、吴家庄水库和33座中型水库等重点供水工程;安排农村饮水安全工程项目;对现有引提水工程实施恢复改造;完善河渠湖库连通工程。

安排大型灌区续建配套及节水改造工程,以及部分中小型灌区的续建配套及节水改造工程;加大非常规水利用。

(二)水生态环境保护与修复工程

安排水源地综合整治工程;实施地表水水质监测站网、地下水水质监测站网项目;安排地下水压采和地下水回灌补源工程。

安排白洋淀生态综合整治、北运河生境修复、永定河绿色生态走廊建设、北大港生境修复、淇河生境保护等重点生态修复工程;安排部分河流、重要湿地的生态水源配置工程。

(三)防洪减灾工程

安排岳城水库除险加固,新建双峰寺、乌拉哈达等重要防洪水库;安排永定新河、独流减河、蓟运河、卫运河、卫河、滦河干流等骨干行洪河道治理工程,并安排部分重要支流治理工程;安排白洋淀、永定河泛区、东淀等重要蓄滞洪区建设;安排部分海堤建设、小水库、中小河流及山洪防治项目。

(四)水土保持生态建设工程

安排太行山革命老区水土保持重点建设工程、海河流域坡耕地综合整治工程、鲁西北平原风沙区治理工程、京津地区生态清洁型小流域治理示范项目、南水北调中线沿线水土流失综合治理工程等水土保持重点治理项目。

(五)流域管理

安排流域管理基础项目;完善雨情、水情、工情、灾情等监测站网;建设完善海河流域防汛抗旱系统工程、水资源管理系统、水资源保护监测管理系统、地下水监测系统、水土保持监测系统工程、遥感监测ET信息系统、水利工程管理系统、水利电子政务系统工程、水利数据中心、知识管理系统,加强安全保障体系建设等。

二、远期实施安排

2020—2030年,安排其余的供水工程项目,配合南水北调东线三期工程和南水北调中线二期工程,继续建设南水北调配套工程项目;继续安排节水项目;继续实施水资源保护工程;继续安排生态修复和水土保持项目;继续安排防洪工程及非工程措施项目;继续安排流域管理项目,建成节约、高效的现代化流域。

三、实施效果

海河流域综合规划的实施,保障了流域供水安全、防洪安全、生态安全,将有力地支撑海河流域经济社会的可持续发展。规划的实施效果主要体现在以下几方面:一是城乡供水得到保障,建成较完善的城乡供水保障体系,实现水资源优化配置;二是水生态环境得到改善,地表水、地下水功能区全面达标,河流水生态状况明显改善;三是防洪减灾能力明显提高,建成较完善的现代化防洪减灾体系,适应经济社会发展;四是流域管理能力满足经济社会发展要求,建成体制顺畅、机制完备、制度健全的现代化流域管理体系。

四、保障措施

规划项目必须以政府行为为主体,各级政府要采取切实可行的保障措施,积极推进规划的实施。建立必要的法制保障体系,使海河流域水资源的开发、利用、节约、保护和水害防治步入规范化和法制化的轨道。建立可靠的投资保障体系,拓宽投资渠道,确保规划项目资金得以落实。建立面向未来的科技保障体系,加快水利科技人才队伍建设,提高自主创新能力。加强规划实施的管理,各类基本建设项目都要符合流域综合规划,要按照国家基本建设程序开展相关工作。

结　　语

一、本次规划的主要成果

海河流域综合规划修编在认真总结历次规划和治理经验、分析流域现状和存在问题的基础上,根据流域未来经济社会发展的总体趋势,提出了指导海河流域今后20年水资源开发、利用、节约、保护和防治水害的总体布局。具体包括以下五个方面:

一是提出了海河流域水利规划的总体布局和目标。

二是制定了南水北调工程通水后的海河流域水资源配置方案。

三是制定了海河流域水资源保护和水生态修复措施方案。

四是制定了进一步完善海河流域防洪减灾体系的规划方案。

五是提出了加强海河流域水利管理的措施和建议。

二、影响规划成果的不确定因素

当前,海河流域自然和社会环境正在发生着剧烈变化,主要体现在气候和下垫面变化、经济和社会发展方式变化、各类水源水价关系变化等三个方面,成为影响流域综合规划成果的不确定因素。

一是气候和下垫面的变化可能造成海河流域未来水资源量呈现不确定性。

二是经济和社会发展模式的改变可能对海河流域水利总体规划格局产生一定影响。

三是各类水源的水价关系可能对海河流域水资源配置格局产生一定影响。

三、需要继续开展的工作

为了落实海河流域综合规划,并使规划不断适应流域自然社会环境的变化,建议在本规划完成后,继续开展以下两个方面工作。

一是继续完善海河流域水利规划体系,促进规划项目的实施。

二是开展相关科研和基础性工作,支持规划的滚动修订。

辽河流域综合规划(修编)

(2012—2030年)

前　言

辽河流域位于我国东北地区的西南部,是我国重要的工业基地和商品粮基地,行政区划涉及内蒙古、吉林、辽宁、河北4个省(区)。20世纪50年代和80年代先后两次编制辽河流域综合规划,其中,《辽河流域规划要点》由水利部沈阳勘测设计院于1958年完成,《修订辽河流域规划》由水利部松辽水利委员会于1991年完成,1994年经国务院批准。在两次流域规划的指导下,辽河流域进行了大规模的开发治理,形成了较为完善的防洪工程体系和水资源综合利用体系,为流域经济社会发展提供了支撑和保障。

但流域目前仍然存在水资源短缺、水污染、水土流失、地下水超采等突出问题,而经济社会的快速发展,对流域水资源保障能力、防洪安全保障能力和生态环境保护提出了更高要求,迫切需要按照可持续发展治水思路重新认识和深入研究制约经济社会发展的一系列水问题。因此,对辽河流域规划进行修编是十分必要的。

2007年1月,国务院召开了流域综合规划修编工作会议,并以国办发〔2007〕44号文转发了水利部关于开展流域综合规划修编工作意见的通知,此后,水利部批复了《辽河流域综合规划任务书》。松辽水利委员会及时组织流域内4省(区)开展了辽河流域综合规划修编工作。

2007年3月,松辽水利委员会组织召开了第一次规划协调会议,审议通过了规划协调会议制度、规划协调会议组成方案。2007年10月召开了第二次规划协调会议,审议通过了规划工作原则与标准。在规划编制过程中,对重大技术问题进行了专家咨询,正式征求了有关各方对规划成果的意见,并进行了修改完善。2009年5月召开了第三次规划协调会议,审议通过了《辽河流域综合规划》,形成了会议纪要。2009年8月和2010年2月,水利部在北京先后召开了规划预审会议和专家审查会议,松辽水利委员会根据预审意见和专家审查意见对规划进行了进一步修改完善。

本次规划是按照《中华人民共和国水法》规定,根据经济社会发展需要和水资

源开发利用现状编制流域开发、利用、节约、保护水资源和防治水害的总体部署,作为流域治理开发与保护和流域综合管理的重要依据。

规划现状年为2007年,规划近期水平年为2020年,规划远期水平年为2030年。本次规划以水资源节约、水资源及水生态环境保护和流域管理为重点,开展了大量基础及专题研究工作,对全流域的水利发展进行了全面、系统的部署和安排,以水资源的可持续利用支撑经济社会的可持续发展,为全面建设小康社会和振兴东北老工业基地奠定了基础。

第一章　流域概况及水利发展面临的形势

一、自然地理

辽河发源于河北省境内七老图山脉的光头山,流经河北省、内蒙古自治区、吉林省、辽宁省,全长1345公里。辽河流域位于东经116°54′—125°32′、北纬40°30′—45°17′之间的东北地区西南部,东邻第二松花江、鸭绿江流域,西邻内蒙古高原,南邻滦河、大凌河流域及渤海,北邻松花江流域,流域总面积22.11万平方公里,其中平原区面积9.45万平方公里,山丘区面积12.66万平方公里。辽河主要河流基本情况见表1-1。

表1-1　主要河流基本情况表

<table>
<tr><th colspan="2" rowspan="2">河流名称</th><th rowspan="2">河长(公里)</th><th colspan="2">面积(万平方公里)</th><th rowspan="2">主要支流</th></tr>
<tr><th>流域面积</th><th>其中:平原区面积</th></tr>
<tr><td colspan="2">西辽河</td><td>829</td><td>13.52</td><td>5.26</td><td>英金河、西拉木伦河、教来河、新开河、乌力吉木仁河</td></tr>
<tr><td colspan="2">东辽河</td><td>360</td><td>1.04</td><td>0.60</td><td>卡伦河、小辽河</td></tr>
<tr><td colspan="2">辽河干流</td><td>516</td><td>4.82</td><td>2.74</td><td>招苏台河、清河、柴河、泛河、秀水河、养息牧河、柳河、绕阳河</td></tr>
<tr><td rowspan="3">浑太河</td><td>浑　河</td><td>415</td><td>1.15</td><td rowspan="3">0.85</td><td>苏子河、社河、蒲河</td></tr>
<tr><td>太子河</td><td>413</td><td>1.39</td><td>细河、北沙河、海城河</td></tr>
<tr><td>大辽河</td><td>94</td><td>0.19</td><td>劳动河、新开河</td></tr>
</table>

流域的东部主要包括东辽河、辽河干流左侧支流、浑太河等上游地区,属哈达岭、龙岗山脉和千山山脉,该区河流发育,山势较缓,森林茂盛,水资源相对丰富。

流域的中部主要包括辽河干流和浑太河等辽河中下游平原区,该区地势低平,土壤肥沃,水资源开发利用程度较高,在河口沿岸有大片的沼泽地分布。

流域的西部主要包括西辽河流域,该区沙化明显,分布有流动或半流动沙丘,有著名的科尔沁沙地。西部地区总体来说水资源匮乏,水土流失及土壤沙化现象严重,生态环境较差。

二、气象水文

辽河流域地处温带大陆性季风气候区,冬季严寒,夏季温热。年平均气温4℃—8℃。多年平均降水量在 300—1000 毫米之间,由东向西递减;降水年内分配不均,6—9 月占全年的 70%—85%。多年平均蒸发量在 500—1200 毫米之间,由西南向东北递减。

流域多年平均地表水资源量 137.21 亿立方米,多年平均地下水资源量 139.57 亿立方米,多年平均水资源总量 221.92 亿立方米。人均占有水资源量 656 立方米,耕地亩均占有水资源量 267 立方米,属水资源贫乏地区。水资源总量见表 1-2。

表 1-2 水资源总量表

单位:亿立方米

分　区	地表水资源量	地下水资源量	不重复量	水资源总量
西辽河	29.59	53.75	40.57	70.16
东辽河	8.25	6.89	4.57	12.82
辽河干流	40.43	44.17	29.50	69.93
浑太河	58.94	34.76	10.07	69.01
辽河流域	137.21	139.57	84.71	221.92

辽河流域的洪水由暴雨产生,80%—90%出现在 7、8 月份。流域有代表性的大洪水有 1951 年、1953 年、1960 年、1962 年、1995 年、1998 年和 2005 年大洪水。西辽河洪水主要来源于老哈河;东辽河、浑河和太子河洪水主要来自上游山区;辽河干流洪水主要来自东辽河及左侧清河、柴河、泛河。历史上干支流同时发生大洪水的年份很少。

辽河属多泥沙河流,辽中站多年平均输沙量 694 万吨,最大年输沙量 1490 万吨(1969 年)。辽河泥沙主要来自西辽河和柳河。

三、经济社会概况及发展趋势

辽河流域行政区划涉及内蒙古、吉林、辽宁和河北 4 省(区)的 20 个市(盟)。现状年全流域总人口 3383 万人,国内生产总值 9172 亿元。流域工业基础雄厚,能源、重工业产品在全国占有重要的地位,石油、化工、煤炭、电力、钢材等工业地位突出,工业增加值 3168 亿元。流域中下游地区交通运输比较发达,铁路和公路密度位于全国前列,以铁路为主轴线,干线铁路几乎连接了所有的大中城市和工矿点。航空运输也很发达,可通往全国主要城市。辽河的内河航运不发达,仅在大辽河通航小型货轮。全流域耕地面积 8327 万亩,有效灌溉面积 3319 万亩,主要作物是水稻、玉米、小麦和大豆等,粮食总产量 2747 万吨,灌溉林地面积 138 万亩,灌溉草场面积 204 万亩。

(一)区域产业结构特征

东部地区多为山区,自然资源丰富,是中部城市群重要的水源涵养区。该区应封山育林,重点发展林果类、菌类、中药材等种植业,禁止发展高耗水、高污染工业。

中部地区人口众多,城市密集,工业发达,耕地资源丰富。该区农业方面应稳定粮食生产,发展农区畜牧业,在城市周边集中发展以果蔬和农畜产品加工为主的现代农业。工业以城市为依托,重点推进装备制造业、汽车工业、钢铁工业、石油、化工等产业发展,加强产业链接,增强配套能力,加快发展第三产业。

西部地区是农牧交错地带,耕地多,草场资源丰富,水资源相对匮乏。该区应发挥牧区与农区的资源互补优势,调整农业结构,减少水田种植面积,大力发展草场灌溉和现代高效节水农业,提高水资源的利用效率与效益。

(二)主要产业发展趋势

工业:一是建设先进装备制造业基地,二是加快发展高技术产业,三是优化发展能源工业,四是提升基础原材料产业,五是加快发展特色轻工业。

农业:大力发展现代农业,加强农业生产基地建设,重点建设辽河平原玉米生产优势区,推进精品畜牧业发展及基地建设。提升农业发展基础,加强以中低产田改造和节水灌溉为重点的农业综合生产能力建设。

服务业:优先发展现代物流业,加快发展金融业,支持发展文化创意产业,鼓励发展商务服务业,积极发展旅游产业。

(三)主要指标预测

规划期内,全流域人口还将持续增长,城镇化率将进一步提高,经济社会将会进入持续稳定、高效发展的阶段。预测到2030年,全流域总人口达到3722万人,城镇化率达到70%,GDP达到37337亿元。

四、流域水利发展状况

经过几十年的治理开发,流域建成大中型水库88座,其中大型水库19座,5万亩以上的大中型灌区83处,堤防4790公里,治理水土流失面积4.81万平方公里。今后水利工作的重点是水资源的节约和保护以及流域管理。

五、流域水利发展面临的形势

(一)水资源承载能力不足,供需矛盾加剧

流域人均水资源量656立方米,不足全国人均水资源量的1/3,耕地亩均水资源量267立方米,不足全国亩均水资源量的1/6,属于资源型缺水地区。全流域水资源开发利用程度已达77%,其中浑太河已达89%。流域内12座地级以上城市均存在着不同程度的缺水。

(二)水污染防治任务重,生态环境脆弱

辽河流域水资源开发利用程度高,废污水排放量大,是国家“三河三湖”重点治理区。目前,城市废污水处理率较低,水污染问题突出。从现状年水质监测结果看,全年期按全因子评价,劣Ⅴ类水体占58.2%,水功能区个数达标占28.7%,河长达标仅占25.4%。经济社会用水挤占了生态、环境用水,部分河流出现断流,河流下泄水量减少,湖泊、湿地及河口萎缩。部分城市地下水超采严重,已形成大面积地下水漏斗,漏斗面积达755.44平方公里。

(三)局部地区用水效率偏低,节水工作亟待加强

现有灌区渠道多数没有衬砌,输水损失严重,水田灌溉水利用系数为0.53,水浇地灌溉水利用系数为0.6,农田综合灌溉毛定额为443立方米/亩,与先进地区相比仍有一定差距。流域现状用水量最大的行业为农业,占总用水量的71%。

流域现状万元工业增加值用水量为91立方米,远高于发达国家;城镇供水管网综合漏失率高达16%,个别城镇甚至超过30%。

（四）防洪工程达标率低，防洪形势依然严峻

流域内部分堤防建设标准偏低，未达到规划防洪标准。如西辽河、东辽河干流二龙山水库以下堤防现状防洪能力仅为20—30年一遇，铁岭市辽河干流段现状防洪能力为30年一遇。部分建筑物阻洪严重，如辽河口盘山闸与南侧分洪滩地过流能力不足，对该地区防洪构成严重威胁。辽河柳河口以下河段泥沙淤积严重，降低了河道行洪能力。山洪灾害防治、中小河流治理工作滞后。

（五）水管理改革滞后

在管理体制方面，流域管理与行政区域管理相结合的水资源管理体制需要进一步完善，有关工作机制需要进一步确立和健全。在洪水管理方面，由控制洪水向洪水管理转变的新思路在实际工作中落实得还不够，洪水风险管理制度、防洪减灾应急管理制度等建设还不完善；在节水型社会建设方面，高效的节水管理体制尚未形成，政府调控、市场调节和公众参与的节水运行机制尚未健全；水资源保护方面还缺乏统筹规划、依法管理以及协调配合，不能有效地贯彻《水法》、《水污染防治法》，流域排污总量控制制度尚未真正建立；水土保持有效管理、投资和水土流失监测管理体系和机制仍未形成；河道管理相对薄弱，河道管理范围内无序开发、违规建设、挤占河道现象普遍；水利信息化建设步伐需要进一步加快，有关资源需要系统整合。

第二章　总体规划

一、规划指导思想

以科学发展观为统领，认真贯彻落实《中共中央 国务院关于加快水利改革发展的决定》（中发〔2011〕1号）精神，遵循人水和谐的理念，按照全面建设资源节约型、环境友好型社会的要求，把严格水资源管理作为加快转变经济发展方式的战略举措，以解决水资源短缺、水环境恶化问题为重点，全面规划、统筹兼顾、标本兼治、综合治理，协调好流域兴利与除害、开发与保护、整体与局部、近期与长远的关系，实现水资源的合理开发、优化配置、全面节约、有效保护和综合利用，保障流域防洪安全、供水安全和生态安全，为全面建设小康社会、振兴东北老工业基地奠定基础。

二、规划原则

坚持民生优先，着力解决群众最关心最直接最现实的水利问题。

坚持人水和谐，顺应自然规律和社会发展规律。

坚持开发利用与节约保护并重，把水资源节约和保护放在突出位置，坚持节水优先、治污为本，严格限制高耗水、高污染项目建设，通过实行总量控制和定额管理，全面推进节水型社会建设，提高用水效率，减少污染物排放，改善水环境。

坚持全面规划、统筹兼顾，统筹协调整体和局部、近期和长远、干流和支流、左岸和右岸、上游和下游的关系，统筹协调生活、生产和生态用水，兼顾流域经济、社会和生态环境等各方面的效益。

坚持因地制宜、突出重点，制定具有针对性和切实可行的规划方案。

坚持市场经济体制完善过程中政府职能转变，根据市场经济体制完善过程中政府职能转变的需要，正确把握规划定位，推进政府管理体制的改革和创新。

三、规划范围及水平年

本次规划范围为辽河流域,总面积22.11万平方公里,行政区划涉及内蒙古自治区、吉林省、辽宁省及河北省。

本次规划现状年为2007年,近期水平年为2020年,远期水平年为2030年。

四、规划目标

(一)近期目标

到2020年,基本建成防洪减灾体系,重点城市和防洪保护区防洪能力明显提高,流域主要防洪保护区及重点防洪城市主城区达到规划防洪标准,力争用5年时间,使防洪减灾体系薄弱环节的突出问题得到基本解决,防御洪涝和山洪地质灾害的能力显著增强,防灾减灾长效机制更加完善。

基本建成水资源合理配置和高效利用体系,城乡供水保证率显著提高,城乡居民用水得到全面保障,万元国内生产总值和万元工业增加值用水量明显降低,用水总量控制在181.64亿立方米以内,农田灌溉水利用系数提高到0.61,工业用水重复利用率提高到84%。基本完成大型灌区、重点中型灌区续建配套和节水改造任务。

基本建成水资源保护和河湖健康保障体系,主要河流水功能区水质明显改善,水功能区水质达标率提高到75%,省界缓冲区及饮用水源区水质全部达标,地下水超采基本遏制。流域主要河湖、湿地生态水量得到初步保证,水生态环境恶化趋势在重点水域得到基本遏制。建立水土流失综合防治体系,重点区域水土流失得到有效治理,完成治理面积3.57万平方公里。

(二)远期目标

到2030年,形成比较完整的防洪减灾体系,各重点防洪保护区达到国家规定的防洪标准,其他一般防洪保护区具有一定的防洪能力,一般城市防洪体系基本形成。

建成水资源合理配置和高效利用体系,城乡供水保证率进一步提高,万元国内生产总值和万元工业增加值用水量进一步降低,用水总量控制在186.67亿立方米以内;节水型社会建设取得明显成效,水资源利用效率显著提高,农田灌溉水利用系数提高到0.64,工业用水重复利用率提高到91%。

建成水资源保护和河湖健康保障体系,水功能区全部实现水质目标,地下水超采量全部压减,流域河湖、湿地水生态系统对水资源的需求整体得到保障,水生态环境恶化趋势基本遏制,部分地区水生态环境有一定程度的改善。完成水土流失治理面积2.36万平方公里,治理面积累计达5.93万平方公里,耕地和黑土资源得到有效保护。

五、主要控制指标

本次规划确定水资源可利用量、用水总量、控制节点最小生态环境需水量、用水效率指标及重要断面水质控制要求和限制排污总量意见等为主要控制指标。

辽河流域水资源可利用总量为115.03亿立方米,地表水资源可利用量为63.28亿立方米,平原区地下水可开采量为89.74亿立方米。

2020年用水总量控制在181.64亿立方米以内;农田综合灌溉水利用系数不低于0.61,农田综合灌溉毛定额不高于395立方米/亩,万元工业增加值用水量为37立方米;水功能区水质达标率为

75%;水功能区点源污染物 COD、氨氮入河限制排污总量意见分别为 16.58 万吨、0.94 万吨。2030 年用水总量控制在 186.67 亿立方米以内;农田综合灌溉水利用系数不低于 0.64,农田综合灌溉毛定额不高于 373 立方米/亩,万元工业增加值用水量为 23 立方米;水功能区水质全面达标;水功能区点源污染物 COD(化学需氧量)、氨氮入河限制排污总量意见分别为 12.89 万吨、0.71 万吨。

主要控制节点最小生态环境需水量的控制指标见表 2-1。

表 2-1 主要控制节点最小生态环境需水量指标表

单位:亿立方米

控制节点	所在河流	最小生态环境需水量		
		冰冻期	非汛期	汛期
太平	东辽河	0.001	0.52	0.79
辽中	辽河干流	0.30	2.78	4.17
邢家窝堡	浑河	0.32	1.77	2.66
唐马寨	太子河	0.75	2.09	3.14

六、总体规划布局

本次规划以解决流域水资源短缺、水生态环境恶化为重点。

在防洪方面,辽河已基本建成以骨干水库、拦河分洪枢纽与下游河道堤防相结合的防洪体系。遵循"蓄泄兼筹,防用结合,综合治理"的防洪方针,上游通过合理调度骨干水库及拦河分洪枢纽,拦蓄、分蓄洪水,削减洪峰,防洪用洪;中下游通过堤防加固、河道整治、阻水桥闸改扩建、河道险工治理,保证泄洪顺畅,形成完善的防洪工程体系,确保城市和重要河段防洪安全。

在水资源节约与配置方面,突出水资源的节约和保护,严格限制发展高耗水、高污染工业,通过实行总量控制和定额管理,提高用水效率,大力发展现代高效节水农业,全面推进节水型社会建设。有条件的地方加快河湖湿地连通工程建设,恢复湖泊湿地水源补给条件。本流域水资源不能满足经济社会发展需求,规划了大伙房水库输水、吉林省中部城市引松供水、绰尔河引水等跨流域调水工程。

在水资源及水生态环境保护方面,以规划水平年水功能区的纳污能力为约束,确定水污染物总量控制方案及其治理配套措施,分阶段完成水污染物总量控制指标,逐步实现水功能区和水源地水质目标;加强地下水水质监测和集中式水源地水质保护工程建设,对地下水超采区结合替代水源建设,采取限采或封存措施,保护地下水;以黑土资源与耕地保护、水源地保护、减少泥沙下泄、控制沙漠化蔓延趋势、改善流域生产和生态环境为目的,建立水土流失综合防治体系,因地制宜、突出重点地进行分期防治;重点实施黑土地保护工程、丘陵台地坡耕地及侵蚀沟治理工程、中低山生态修复工程、风沙治理工程。

七、主要引调水工程及水库工程

(一)主要引调水工程

流域规划吉林省中部城市引松供水工程、绰尔河引水工程 2 项主要跨流域引调水工程,引调水量9.82亿立方米,详见表2-2。

表2-2 主要规划引调水工程表

省(区)	工程名称	调出区	引调水规模(亿立方米)	备 注
吉 林	吉林省中部城市引松供水工程	二 松	3.82	可研
内蒙古	绰尔河引水工程	绰尔河	6	规划

1.吉林省中部城市引松供水工程

工程是从第二松花江调水至吉林省中部地区,向长春市、四平市、辽源市等11个市(县、区)的生活和工业供水,改善农业用水和生态环境。工程设计引水流量38立方米每秒,多年平均引水量8.97亿立方米(其中向辽河流域引水3.82亿立方米)。输水干线线路全长283.46公里,其中:总干线长110.48公里,引水流量38立方米每秒;四平干线输水线路全长96.42公里,引水流量10.8立方米每秒;辽源干线输水线路全长63.02公里,引水流量5.4立方米每秒;长春干线输水线路全长13.54公里,引水流量11立方米每秒。

2.绰尔河引水工程

工程是在嫩江右岸支流绰尔河上兴建文得根水利枢纽,从文得根水利枢纽引水到通辽市,为引水沿线能源基地及通辽市城市生活和工业发展提供水源,同时改善该区域生态环境。经初步比较论证,绰尔河引水工程多年平均引水量6亿立方米。初定工程调水线路为:从文得根水库自流引水至察尔森水库,自察尔森水库经过洮儿河至乌兰浩特下游5公里处,修建取水口和渠道工程,经翰嘎利水库、他拉干水库、莫力庙水库至通辽市,引水线路全长667.75公里。

(二)水库工程

规划建设大中型水库工程16座,详见表2-3。

表2-3 规划建设大中型水库工程表

序号	项目名称	所在河流	建设地点	集水面积(平方公里)	规模	备 注
1	三座店	阴 河	赤峰市松山区	2978	大型	基本建成
2	毛都花	黑木伦河	阿鲁科尔沁旗	6125	大型	
3	东台子	西拉木伦河	林西县	5217	大型	
4	大头山	锡伯河	喀喇沁旗	409	中型	
5	七泡子	乌力吉木仁河	扎鲁特旗	18361	大型	
6	德日斯包冷	查干木伦河	巴林右旗	8427	大型	基本建成
7	嘎海山	养息牧河	库伦县	508	中型	
8	琥珀沟	乌兰白其河	巴林左旗	370	中型	
9	前 进	前进河	扎鲁特旗	1160	中型	
10	毛 都	鲁北河	扎鲁特旗	1077	中型	
11	颜 家	扣河子河	库伦旗、阜新县	2036	大型	
12	韩家杖子	绕阳河	阜新县建设镇	668	大型	
13	诚 信	寇 河	西丰县	143	中型	在建
14	关山Ⅱ	浑河支流	抚顺市	180	中型	

续表

序号	项目名称	所在河流	建设地点	集水面积(平方公里)	规模	备　注
15	盘龙寺	杉松河	本溪县	31	中型	
16	小城子	大梨树河	辽源市	216	中型	

第三章　防洪减灾

一、防洪现状及存在问题

(一)防洪现状

辽河流域已建具有防洪任务的大型水库17座,总库容132.59亿立方米;大型拦河分洪枢纽4座,合计分洪能力1815立方米/秒;修建河道堤防总长4790公里,其中重点河段堤防长2422公里,一般河段堤防长1830公里,重点城市堤防长538公里,初步形成了以骨干水库、拦河分洪枢纽与下游河道堤防相结合的防洪体系。

(二)存在主要问题

流域现状堤防防洪能力偏低,部分堤防未达到规划防洪标准;盘山闸、谟家堡闸泄洪能力不足,威胁所在河段防洪安全;有些河道淤积严重,存在行洪障碍;险工险段多,危及堤防安全;防洪非工程措施不完善。

二、防洪总体规划

(一)防洪标准

1.重点河段

辽河干流石佛寺水库至盘山闸防洪标准为100年一遇;辽河干流石佛寺以上和盘山闸以下、西辽河干流、东辽河二龙山水库以下、浑河谟家堡闸以下、太子河辽阳铁路桥以下、大辽河、绕阳河沈山铁路桥以下防洪标准均为50年一遇。

2.一般河段

西拉木伦河少冷河口以下、教来河道力歹以下、新开河台河口以下、柳河闹得海水库以下防洪标准为20年一遇;其他一般河段防洪标准均为20年一遇。

3.重点城市

沈阳市防洪标准为300年一遇;抚顺市、本溪市、辽阳市和盘锦市防洪标准为200年一遇;鞍山市、营口市、铁岭市、四平市、辽源市、通辽市和赤峰市防洪标准为100年一遇。

(二)防洪总体布局

辽河流域已基本建成以骨干水库、拦河分洪枢纽与下游河道堤防相结合的防洪体系。遵循“蓄泄兼筹,防用结合,综合治理”的防洪方针,上游通过合理调度骨干水库及拦河分洪枢纽,拦蓄、分蓄洪水,削减洪峰,防洪用洪;中下游通过堤防加固、河道整治、阻水桥闸改扩建、河道险工治理,保证泄洪顺畅,形成完善的防洪工程体系,确保城市和重要河段防洪安全。

三、工程规划

(一)堤防

以保障流域防洪安全为目标,加强防洪薄弱环节建设,加快重点河段和一般河段堤防的达标建设,规划堤防总长4835公里,其中重点河段堤防长2401公里,一般河段堤防长1830公里,重点城市堤防长604公里。重点河段堤防规划情况详见表3-1。

表3-1 重点河段堤防规划情况表

河段	起止点		现状防洪能力(年)	规划防洪标准(年)	规划长度(公里)	整修加固长度(公里)
西辽河	西安村至福德店		20	50	564.12	564.12
东辽河	二龙山至福德店		20—30	50	439.90	439.90
辽河干流	福德店至辽河口		20—100	50、100	620.82	620.82
	其中	石佛寺—盘山闸	<100	100	446.12	446.12
		石佛寺以上	20—30	50	119.10	119.10
		盘山闸以下	20—30	50	55.60	55.60
浑河	大埃金至三岔河		<50	50	237.40	237.40
太子河	辽阳铁路桥至三岔河		<50	50	198.30	198.30
大辽河	三岔河至大辽河口		<50	50	112	112
绕阳河	沈山铁路桥至绕阳河口		50	50	228	0
合计					2400.54	2172.54

(二)水库

规划新建有防洪任务的大中型水库9座,详见表3-2;规划2011—2015年,完成新增6座大中型水库和50座小(1)型水库的除险加固,基本完成75座小(2)型水库和大中型水闸的除险加固。

表3-2 规划新建大中型水库特征参数表

序号	项目名称	所在流域	所在河流	工程任务	控制流域面积(平方公里)	总库容(亿立方米)	防洪库容(亿立方米)
1	关山Ⅱ水库	浑河	东洲河	防洪、供水	180	0.53	0.30
2	诚信水库	辽干	寇河	供水、防洪	143	0.33	0.03
3	韩家杖子水库	绕阳河	绕阳河	灌溉、防洪	668	1.70	0.25
4	颜家水库	辽干	扣河子河	防洪	2036	4.06	2.04
5	嘎海山水库	辽干	养息牧河	防洪、灌溉	508	0.74	0.22
6	德日斯包冷水库	西辽河	查干木伦河	防洪、灌溉	8427	0.99	0.73
7	七泡子水库	西辽河	乌力吉木仁河	防洪、生态用水	18361	3.35	2.80
8	三座店水库	西辽河	阴河	防洪、供水	2978	3.05	1.05

续表

序号	项目名称	所在流域	所在河流	工程任务	控制流域面积(平方公里)	总库容(亿立方米)	防洪库容(亿立方米)
9	前进水库	西辽河	前进河	供水、防洪	1160	0.79	0.22
注:颜家水库和嘎海山水库的防洪库容为拦淤泥沙库容。							

(三)拦河分洪枢纽及拦河闸

规划新建乌力吉木仁分洪枢纽,加固苏家堡分洪枢纽,扩建盘山闸和改建谟家堡闸。

(四)蓄滞洪区

规划加固和改、扩建西辽河流域白音胡硕、莫合、太吉伯和二牧场4处蓄滞洪区。

(五)河道整治

本次规划治理险工318处,长度约270公里;对辽河河道淤积严重的重点河段——辽河干流柳河口以下河段和大辽河河口段进行清淤疏浚;改扩建西辽河上的通辽市西大桥、白沙铁路桥、东辽河红旗公路桥、浑河沈大公路桥等4座修建较早、阻水特别严重的桥梁及其他阻水建筑物;各防洪河段河道内现有居民、房屋、套堤、阻水树林等,应由当地政府组织实施,分期分批清除河道障碍。

四、重点城市防洪

(一)城市防洪

沈阳市防洪任务由堤防与大伙房水库共同承担,防洪标准为300年一遇。当发生超标准洪水时,为了保证右岸主城区的安全,在左堤保护区人员安全撤离的前提下,左堤不进行防洪抢险,使其自然漫流,以减轻洪水对右堤的威胁。

抚顺市、盘锦市、本溪市和辽阳市防洪任务均由水库和堤防共同承担,防洪标准为200年一遇。铁岭市、鞍山市、营口市、四平市和通辽市防洪任务主要由堤防承担,辽源市、赤峰市防洪任务由水库和堤防共同承担,防洪标准均为100年一遇。防洪主要措施为加固培厚现有堤防,新建部分堤防。流域重点城市的防洪规划情况见表3-3。

表3-3 重点城市防洪规划情况表

重点城市	现状防洪能力(年)	主城区规划防洪标准(年)	规划堤防长度(公里)	整修加固堤防长度(公里)
沈阳市	50—300	300	80	0
抚顺市	20—200	200	79.39	12.09
盘锦市	100、200	200	42.50	0
本溪市	20—200	200	45.98	24.09
辽阳市	50—200	200	23.20	10.60
铁岭市	30、50	100	49.40	49.40
鞍山市	20—100	100	52.50	29.50
营口市	20—100	100	20.20	17.70

续表

重点城市	现状防洪能力(年)	主城区规划防洪标准(年)	规划堤防长度(公里)	整修加固堤防长度(公里)
四平市	50	100	36.60	36.60
辽源市	50	100	35.20	35.20
通辽市	50	100	78	54
赤峰市	20—50	100	61.54	58.71
合　计			604.51	348.99

(二)城市排涝标准

城市排涝标准根据城市规模、重要性、汇水地区类型、地形特点和气候条件确定,一般为5—20年,具体应进一步根据有关规范论证确定。

五、中小河流治理

辽河流域需治理的流域面积在3000平方公里以上的中小河流共有15条;3000平方公里以下的中小河流229条。流域需治理的流域面积在3000平方公里以上的中小河流根据国务院批复的辽河流域防洪规划和相关规划,按照先急后缓的原则,在2011—2015年,集中治理保护区内人口较多,防洪标准低,问题比较突出、洪涝灾害比较严重,且近年来发生过较大洪水的重要河流的重点河段。

列入《全国重点地区中小河流近期治理建设规划》的3000平方公里以下中小河流(200—3000平方公里)有29条,已建堤防及护岸548公里,规划加固堤防及护岸420公里,新建堤防及护岸94公里,保护人口112万人,保护农田129万亩。列入2013—2015年治理规划的3000平方公里以下中小河流有77条,规划总治理长度705公里。未列入《全国重点地区中小河流近期治理建设规划》及2013—2015年治理规划的中小河流,可根据国家总体安排,分期分批地进行治理。

六、岸线利用管理规划

流域岸线管理重点河段为老哈河界河段(东小河入河口—白斯朗营子河入河口)、辽河口盘锦市河段。现状岸线利用长度为14.7公里,利用率为5.4%。岸线利用情况见表3-4。

表3-4　岸线利用现状情况表

河　段	自然岸线长度(公里)	取排水设施		桥梁管线		其　他		合　计	
		个数	长度(公里)	个数	长度(公里)	个数	长度(公里)	个数	长度(公里)
老哈河界河段	210.9	3	1.2	3	1.7	0	0	6	2.9
辽河口盘锦段	61.3	8	0.6	8	5.2	3	6	19	11.8
合　计	272.2	11	1.8	11	6.9	3	6	25	14.7

岸线控制线包括临水控制线和外缘控制线。重点河道岸线控制线划定成果见表3-5。

表 3-5 重点河道岸线控制线成果汇总表

河段	岸别	省级行政区	河道长度(公里)	临水线长度(公里)	外缘线长度(公里)
老哈河界河段	左岸	内蒙古	106.4	105.5	104.7
	右岸	辽宁	106.4	105.4	103.7
	小计		106.4	210.9	208.4
辽河口盘锦段	左岸	辽宁	36.5	30	27.7
	右岸	辽宁	36.6	31.4	29.2
	小计		36.6	61.4	56.9
总计	合计		143	272.3	265.3
	其中:左岸合计		142.9	135.5	132.4
	其中:右岸合计		143	136.8	132.9
	其中:内蒙古合计		106.4	105.5	104.7
	其中:辽宁合计		143	166.8	160.6

岸线功能区分为岸线保护区、岸线保留区、岸线控制利用区和岸线开发利用区。老哈河界河段河势不太稳定,河道清障治理工程及大部分规划防洪及河道整治工程均未实施,故暂不开发利用,全河段岸线功能区类型都划分为岸线保留区。辽河口盘锦市河段,左岸盘山闸以上河段,因预留过洪通道,划为保留区,城区段以下为感潮河段,河势不太稳定,划为保留区,其他河段河势相对稳定,划为控制利用区。

七、河口整治

河口地区海堤主要分布在营口沿海产业基地和盘锦船舶工业园段。根据对人口、城镇、农田防洪保护对象的重要性,将海堤防潮标准设为20—100年一遇,规划海堤长125.8公里。

八、山洪灾害防治

辽河流域共有受山洪灾害威胁的小流域628个,面积8.28万平方公里,占辽河流域总面积的37.45%。其中重点防治区有小流域417个,面积为4.71万平方公里,占防治区总面积的56.88%;一般防治区有小流域211个,面积为3.57万平方公里,占防治区总面积的43.12%。

山洪灾害防治包括工程措施和非工程措施。重点防治区要建立非工程措施与工程措施相结合的综合防灾减灾体系;一般防治区建立以非工程措施为主的防灾减灾体系。全流域规划治理山洪沟569条,其中重点防治区内山洪沟362条;泥石流沟51条,其中重点防治区内泥石流沟36条;滑坡18处;病险水库加固223座(不含列入病险库规划的大中型水库)。山洪灾害防治非工程措施包括监测系统和群测群防体系、通信系统、预警预报系统建设等。

九、除涝

辽河流域涝区总面积3476万亩,易涝面积1615万亩,治理面积1534万亩,达到设计治涝标准的有1055万亩,还有560万亩需要治理,其中大中型涝区规划需治理面积为538万亩。根据大中型涝区特点,分西辽河、东辽河、辽河干流及浑太河四片分期进行治理,详见表3-6。结合辽河流域经济社会条件,确定涝区治涝标准为干沟5年一遇,支沟5年一遇,有条件的地区可适当提高治涝标准。

表 3-6　涝区治理规划情况表

分　区	需治理面积（万亩）	2020 年规划治理面积（万亩）	2030 年规划治理面积（万亩）
西辽河	111.23	51.85	59.38
东辽河	111.49	42.40	69.09
辽河干流	293.46	156.64	136.82
浑太河	21.36	10.22	11.14
合　计	537.54	261.11	276.43

第四章　水资源节约、配置及开发利用

一、水资源节约及需求

（一）现状用水水平分析

生活：现状城镇管网漏失率平均 16%，低于全国 19% 的平均值；城镇居民人均生活用水量 115 升/日，低于全国人均 131 升/日的平均值；农村人均生活用水量 58 升/日，低于全国人均 75 升/日的平均值；现状节水器具普及率为 82%。

工业：全流域工业的综合漏失率平均为 12%；工业用水重复利用率平均为 74%，高于全国 62% 的平均值；万元工业增加值用水量平均为 91 立方米，低于全国 148 立方米的平均值。

农业：全流域现状水田灌溉水利用系数平均为 0.53，最高的东辽河流域为 0.59，最低的西辽河流域为 0.51；水浇地灌溉水利用系数平均为 0.6，最高的西辽河流域为 0.61，最低的浑太河流域为 0.53。综合亩均用水量 443 立方米，水田为 778 立方米，水浇地为 238 立方米，菜田为 380 立方米。粮食作物的平均水分生产率 1 千克/立方米；现状年实际节水灌溉面积 866 万亩，占农田有效灌溉面积 2977 万亩的 29.1%。

在现状用水水平基础上，基本保持现有节水投入力度，并考虑近些年用水定额和用水量的变化趋势，规划水平年需水预测成果见表 4-1。

表 4-1　规划水平年需水预测成果表

单位：亿立方米

水平年	西辽河	东辽河	辽河干流	浑太河	辽河流域
2020 年	59.57	12.21	49.74	80.17	201.69
2030 年	62.55	12.55	51.52	82.72	209.34

（二）规划水平年用水定额

规划水平年用水定额是指采取节水措施后规划水平年各业可以达到的用水指标。详见表 4-2。

生活用水定额:城镇居民生活用水净定额由现状的115升/人·日提高到2030年133升/人·日,城市自来水管网漏失率降低到13%左右。

工业用水定额:工业用水重复利用率由现状的74%提高到2030年的91%;高用水工业净定额由139立方米/万元降到52立方米/万元;一般工业由46立方米/万元降到14立方米/万元。万元工业增加值用水量由现状的91立方米降到2030年的23立方米。

农业灌溉定额:水田的净定额由现状的414立方米/亩降到2030年的402立方米/亩;水浇地的净定额由144立方米/亩降到143立方米/亩;水田灌溉水利用系数由0.53提高到0.62;水浇地灌溉水利用系数由0.6提高到0.67。农田综合毛定额由现状的443立方米/亩降到2030年的373立方米/亩。

表4-2 规划水平年各业用水净定额

水平年	城镇生活		工业		水田			水浇地	
	净定额(升/人·日)	管网漏失率(%)	一般工业净定额(立方米/万元)	高用水工业净定额(立方米/万元)	管网漏失率(%)	净定额(立方米/亩)	灌溉水利用系数	净定额(立方米/亩)	灌溉水利用系数
基准年	114.5	15.9	45.6	139	11.9	414	0.53	144	0.60
2020年	123.5	14.5	22.3	77.4	10.6	408	0.59	144	0.64
2030年	133.4	13.3	14.1	52.3	9.2	402	0.62	143	0.67

(三)强化节水后的需水量预测

在严格控制水资源开发利用程度并对缺水地区实行严格的需水管理的基础上,进行强化节水。强化节水后需水预测成果见表4-3。

表4-3 强化节水后需水预测成果表

单位:亿立方米

省(区)	水平年	需水量						
		生活		生产		生态		总水量
		城镇	农村	城镇	农村	城镇	农村	
内蒙古	基准年	0.83	0.96	4.99	45.69	0.17	0	52.64
	2020年	1.94	0.99	5.29	44.73	0.32	0	53.27
	2030年	2.26	1.06	6.39	45.02	0.37	0	55.10
吉林	基准年	0.80	0.50	2.12	11.48	0.10	0	15
	2020年	1.45	0.44	2.33	10.96	0.20	0	15.38
	2030年	1.84	0.41	2.48	10.85	0.26	0	15.84
辽宁	基准年	6.61	2.12	26.52	76.51	0.62	0.96	113.34
	2020年	9.55	1.79	35.03	66.72	1.04	0.96	115.09
	2030年	10.48	1.76	37.55	64.82	1.19	0.96	116.76

续表

省(区)	水平年	需水量						
		生活		生产		生态		总水量
		城镇	农村	城镇	农村	城镇	农村	
河 北	基准年	0	0.04	0.04	1.02	0	0	1.10
	2020年	0.01	0.08	0.10	1.23	0	0	1.42
	2030年	0.02	0.07	0.12	1.30	0	0	1.51
辽河流域	基准年	8.24	3.62	33.67	134.70	0.89	0.96	182.08
	2020年	12.95	3.30	42.75	123.64	1.56	0.96	185.16
	2030年	14.60	3.30	46.54	121.99	1.82	0.96	189.21

二、水资源配置

(一)水资源开发利用现状

全流域现状水资源开发利用程度为77.08%,其中地表水开发利用程度为54.03%,地下水开发程度为91.36%。辽河流域现状年水资源开发利用程度见表4-4。

表4-4 现状年水资源开发利用程度表

单位:亿立方米

分 区	地表水			平原区浅层地下水			水资源总量		
	供水量	水资源量	开发程度(%)	供水量	可开采量	开发程度(%)	总供水量	水资源总量	开发程度(%)
西辽河	14.25	27.06	52.66	30.35	31.12	97.53	48.26	63.79	75.65
东辽河	4.55	6.83	66.62	2.53	4.30	58.84	7.60	11.28	67.38
辽河干流	16.63	33.85	49.13	23.36	31.10	75.11	40.14	60.89	65.92
浑太河	34.48	61.65	55.93	25.75	23.22	110.90	63.52	70.99	89.48
辽河流域	69.91	129.39	54.03	81.99	89.74	91.36	159.52	206.95	77.08

注:供水量为1995年、2000年、2007年三年的均值,水资源量为1995—2007年平均值;
水资源开发利用程度=总供水量/水资源总量;
地下水开发利用程度=供水量/可开采量;
地表水开发利用程度=供水量/水资源量。

(二)供水预测

地表水:在以往规划成果的基础上,本次规划新建大中型水库16座,2030年地表水可供水量69.9亿立方米。

地下水:辽河流域现状年地下水超采6.78亿立方米,至2030年地下水超采量将全部退还,2030年地下水可供水量78.9亿立方米。

其他水源:其他水源包括污水处理回用、海水淡化、海水直接利用等,2030年其他水源可供水量7.56亿立方米。

跨流域调水:辽河流域现状调水工程 2 处;规划跨流域调水工程 4 处,2030 年全流域调入水量为 30.31 亿立方米。

(三)水资源供需分析

河道内最小生态环境需水量:是指能够保证水体的基本功能、维持水体生态情况不持续恶化所需要的最小水量。主要控制节点河道内最小生态环境需水量成果见表 4-5。

表 4-5 主要控制节点河道内最小生态环境需水量成果表

单位:亿立方米

河流水系	河流名称	节点名称	年均径流量	最小生态环境需水量		
				冰冻期	非汛期	汛期
西辽河	西辽河	郑家屯	16.70	0.05	0.76	1.14
东辽河	东辽河	太 平	7.88	0.001	0.52	0.79
辽河干流	辽河干流	辽 中	52.92	0.30	2.78	4.17
浑太河	浑 河	邢家窝堡	25.61	0.32	1.77	2.66
	太子河	唐马寨	28.92	0.75	2.09	3.14

基准年供需分析:全流域多年平均供水量 157.36 亿立方米,退还地下水超采 6.78 亿立方米后的供水量为 150.58 亿立方米,缺水量为 31.49 亿立方米。基准年多年平均供需分析成果见表 4-6。

表 4-6 基准年多年平均供需分析成果表

单位:亿立方米

分 区	需水量	供水量	缺水量	缺水率(%)
西辽河	54.59	44.61	9.98	18.28
东辽河	11.01	9.33	1.68	15.26
辽河干流	49.28	42.70	6.58	13.35
浑太河	67.19	53.94	13.25	19.72
辽河流域	182.07	150.58	31.49	17.30

规划水平年供需平衡分析:到 2030 年,在多年平均情况下,辽河流域总需水量 189.21 亿立方米,预计可供水量将达到 186.67 亿立方米,缺水量为 2.53 亿立方米,基本实现了河道外水资源的供需平衡。不同水平年供需分析成果见表 4-7。

表4-7　不同水平年供需分析成果表

单位:亿立方米

分　区	需水量		供水量		缺水量		缺水率(%)	
	2020年	2030年	2020年	2030年	2020年	2030年	2020年	2030年
西辽河	55.35	57.20	53.02	55.92	2.33	1.28	4.21	2.24
东辽河	11.16	11.28	11.05	11.24	0.11	0.04	0.99	0.35
辽河干流	45.61	46.52	45.03	45.91	0.58	0.61	1.27	1.30
浑太河	73.06	74.21	72.53	73.60	0.53	0.61	0.73	0.86
辽河流域	185.18	189.21	181.63	186.67	3.55	2.53	1.92	1.34

(四)水资源配置

配置原则:先节水后开源;先流域内后流域外,先区域内后区域外;以供定需为主;总量控制与定额管理相结合;生产与生态环境用水需求统筹兼顾。

主要用水行业水量配置:2020年、2030年主要用水行业水量配置成果见表4-8。

表4-8　主要用水行业水量配置成果表

单位:亿立方米

分区/省(区)	水平年	工业	农业	生活	河道外生态	合　计
西辽河	2020年	5.02	38.27	3.81	5.92	53.02
	2030年	6.82	45.17	3.54	0.39	55.92
东辽河	2020年	0.81	8.82	1.32	0.10	11.05
	2030年	1.05	8.73	1.33	0.14	11.24
辽河干流	2020年	6.53	32.69	4.43	1.38	45.03
	2030年	7.80	32.77	4.13	1.20	45.91
浑太河	2020年	23.90	34.70	13.19	0.75	72.53
	2030年	30.78	33.10	8.88	0.84	73.60
辽河流域	2020年	36.25	114.48	22.76	8.15	181.64
	2030年	46.46	119.78	17.87	2.56	186.67
内蒙古	2020年	4.63	36.68	3.59	6.15	51.05
	2030年	6.39	43.85	3.32	0.37	53.93
吉　林	2020年	1.95	10.75	2.27	0.20	15.17
	2030年	2.48	10.72	2.25	0.26	15.71
辽　宁	2020年	29.56	65.83	16.82	1.79	114
	2030年	37.47	63.91	12.21	1.93	115.52
河　北	2020年	0.10	1.23	0.09	0	1.42
	2030年	0.12	1.30	0.09	0	1.51

供水水源配置:不同水源配置成果见表 4-9。

表 4-9 不同水源配置成果表

单位:亿立方米

分区	省(区)	水平年	本区地表水	调入水量	其他水源	本区地下水		合计
						小计	其中山丘区地下水供水	
西辽河	内蒙古	2020 年	16.93	4	0.02	28.19	2.96	49.14
		2030 年	15.69	6	0.02	30.20	2.96	51.91
	吉林	2020 年	0.68	0	0	1.16	0	1.84
		2030 年	0.72	0	0	1.16	0	1.88
	辽宁	2020 年	0.30	0	0	0.32	0.32	0.62
		2030 年	0.30	0	0	0.32	0.32	0.62
	河北	2020 年	1.09	0	0	0.33	0.33	1.42
		2030 年	1.18	0	0	0.33	0.33	1.51
	小计	2020 年	19	4	0.02	30	3.61	53.02
		2030 年	17.89	6	0.02	32.01	3.61	55.92
东辽河	内蒙古	2020 年	0.15	0	0	0.04	0	0.19
		2030 年	0.15	0	0	0.04	0	0.19
	吉林	2020 年	4.73	1.49	0	4.53	0.43	10.75
		2030 年	4.38	1.99	0.04	4.53	0.44	10.94
	辽宁	2020 年	0.03	0	0	0.07	0.07	0.11
		2030 年	0.04	0	0	0.07	0.07	0.11
	小计	2020 年	4.91	1.49	0	4.65	0.50	11.05
		2030 年	4.57	1.99	0.04	4.65	0.51	11.24
辽河干流	内蒙古	2020 年	0.21	0	0	1.51	0	1.71
		2030 年	0.24	0	0	1.59	0	1.83
	吉林	2020 年	0.49	1.54	0.03	0.52	0	2.58
		2030 年	0.51	1.83	0	0.55	0	2.89
	辽宁	2020 年	16.85	2.96	0.08	20.84	0.08	40.74
		2030 年	15.82	3.21	0.90	21.25	0.08	41.19
	小计	2020 年	17.55	4.50	0.11	22.87	0.08	45.03
		2030 年	16.57	5.04	0.91	23.39	0.08	45.91
浑太河	辽宁	2020 年	34.15	16.14	3.04	19.20	2.36	72.53
		2030 年	30.15	18.01	6.59	18.85	2.35	73.60

续表

分区	省(区)	水平年	本区地表水	调入水量	其他水源	本区地下水		合计
						小计	其中山丘区地下水供水	
辽河流域	内蒙古	2020 年	17.28	4	0.02	29.74	2.96	51.04
		2030 年	16.08	6	0.02	31.83	2.96	53.93
	吉林	2020 年	5.90	3.03	0.03	6.21	0.43	15.17
		2030 年	5.61	3.82	0.04	6.24	0.44	15.71
	辽宁	2020 年	52.08	18.37	3.12	40.43	2.83	114
		2030 年	47.05	20.49	7.49	40.49	2.82	115.52
	河北	2020 年	1.09	0	0	0.33	0.33	1.42
		2030 年	1.18	0	0	0.33	0.33	1.51
	合计	2020 年	76.34	25.40	3.18	76.72	6.55	181.64
		2030 年	69.90	30.31	7.56	78.90	6.55	186.67

主要河流下泄量:辽河流域多年平均河道下泄量情况见表 4-10。

表 4-10 辽河流域多年平均河道下泄量情况

河流	规划水平年	河道下泄量(亿立方米)	备注
东辽河	2020 年	4.02	
	2030 年	4.29	
辽河干流	2020 年	19.53	双台子河入海
	2030 年	18.91	
浑太河	2020 年	36.99	大辽河入海
	2030 年	37.25	
注:辽河干流下泄水量不包括东辽河下泄水量。			

三、城乡生活及工业供水水源

(一)城镇供水现状及存在的主要问题

现状年全流域城镇实际总用水量为 43.83 亿立方米。统计详见表 4-11。

表 4-11 现状年城镇用水量统计表

单位:亿立方米

分区	生活	生产	生态	合计
西辽河	0.89	5.46	0.18	6.53
东辽河	0.39	0.91	0.06	1.36
辽河干流	1.36	6.20	0.10	7.66
浑太河	5.60	21.11	1.57	28.28
辽河流域	8.24	33.68	1.91	43.83

流域内主要城市有赤峰、通辽、辽源、四平、沈阳、抚顺、鞍山、本溪、辽阳、营口、铁岭、盘锦，主要城市实际总用水量为24.62亿立方米，详见表4-12。

表4-12　现状年主要城市用水量统计表

单位：亿立方米

省（区）	主要城市	生活	生产	生态	合计
内蒙古	赤峰市	0.22	0.90	0.04	1.16
	通辽市	0.16	0.88	0.05	1.09
	小　计	0.38	1.78	0.09	2.25
吉　林	辽源市	0.15	0.32	0.02	0.49
	四平市	0.16	0.64	0.04	0.84
	小　计	0.31	0.96	0.06	1.33
辽　宁	沈阳市	2.16	4.23	0.70	7.09
	抚顺市	0.53	2.88	0.02	3.43
	鞍山市	0.63	2.55	0.02	3.20
	本溪市	0.49	1.79	0.01	2.29
	辽阳市	0.33	1.26	0.01	1.60
	营口市	0.36	0.42	0.01	0.79
	铁岭市	0.18	1.09	0.02	1.29
	盘锦市	0.23	1.11	0.01	1.35
	小　计	4.91	15.33	0.80	21.04
合　计		5.60	18.07	0.95	24.62

城镇供水存在的主要问题有：一是有工程供水能力不足；二是地下水超采严重；三是水污染日益加剧，水质恶化；四是城市管网漏失率高；五是水源利用率低。

（二）农村生活供水现状及存在的主要问题

流域内现有农村人口1725万人，生活用水量为3.62亿立方米；现有饮水困难人口732万人。详见表4-13。

表4-13　现状农村饮水困难人口统计表

单位：万人

省（区）	农村总人口	饮水困难人口	其中	
			饮水水质不达标人口	水量、方便程度、保证率不达标人口
内蒙古	430	270	181	89
吉　林	202	130	64	66
辽　宁	1058	320	128	192
河　北	35	12	4	8
合　计	1725	732	377	355

农村供水面临的主要问题：一是部分地区饮用水水质超标；二是部分地区居民取水困难。

(三)城镇供水

2030年流域内城镇供水量62.83亿立方米,详见表4-14。

表4-14　城镇供水量预测成果表

单位:亿立方米

分　区	水平年	地表水	地下水	跨流域调水	其他水源	合　计
西辽河	现状年	0.25	6.29	0	0	6.54
	2020年	1.36	4.30	2.35	0.02	8.03
	2030年	1.86	4.73	2.93	0.02	9.54
东辽河	现状年	0.38	0.98	0	0	1.36
	2020年	0.25	0.16	1.47	0	1.88
	2030年	0.40	0	1.74	0.04	2.18
辽河干流	现状年	1.17	6.49	0	0	7.66
	2020年	0.90	4.95	4.05	0.11	10.01
	2030年	0.67	5.07	4.41	0.91	11.06
浑太河	现状年	10.08	17.84	0.35	0	28.27
	2020年	9.95	8.43	15.93	3.04	37.35
	2030年	9.15	6.52	17.79	6.59	40.05
辽河流域	现状年	11.88	31.60	0.35	0	43.83
	2020年	12.46	17.84	23.80	3.17	57.27
	2030年	12.08	16.32	26.87	7.56	62.83

(四)农村生活供水

2030年流域内农村人口为1123万人,生活需水量总计为3.3亿立方米。农村生活供水一般以地下水为主。到2013年解决规划内农村饮水安全问题,"十二五"期间基本解决新增农村饮水不安全人口的饮水问题。

(五)主要城市供水水源

2030年流域内主要城市总需水量为43.18亿立方米,主要城市供水水源及应急储备水源详见表4-15。

表4-15　主要城市供水水源及应急储备水源表

主要城市	供水水源		应急储备水源
	现状主要供水水源	规划地表水水源	
赤峰市	浅层地下水	元宝山煤矿输干水、三座店水库、二道河子水库	浅层地下水
通辽市	浅层地下水	绰尔河引水工程	浅层地下水(三义堂水源)
辽源市	浅层地下水、杨木水库	吉林省中部城市引松供水工程、小城子水库	浅层地下水
四平市	浅层地下水、二龙山水库、山门水库、下三台水库	吉林省中部城市引松供水工程	浅层地下水

续表

主要城市	供水水源		应急储备水源
	现状主要供水水源	规划地表水水源	
沈阳市	浅层地下水、大伙房水库	石佛寺水库引水工程、大伙房水库输水工程	浅层地下水(李官堡水源等)
抚顺市	浅层地下水、大伙房水库	大伙房水库输水工程、关山Ⅱ水库	关山Ⅰ水库
鞍山市	浅层地下水、汤河水库	大伙房水库输水工程、引细入汤	浅层地下水(鞍山首山水源)
本溪市	浅层地下水、观音阁水库	观音阁水库输水工程	太子河河道水(老官砬子水源)
辽阳市	浅层地下水、汤河水库	大伙房水库输水工程	浅层地下水(辽阳首山水源)
营口市	浅层地下水、三道岭水库、周家水库、石门水库、玉石水库	大伙房水库输水工程	石门水库
铁岭市	浅层地下水、柴河水库、清河水库		浅层地下水(东水源)
盘锦市	深层地下水、浅层地下水	大伙房水库输水工程	深层地下水(辽河油田地下水)

(六)其他水源利用

辽河流域2030年其他水源利用量7.56亿立方米,是市政排水经污水处理厂净化处理后的再回用量,主要用于工业和城镇生态。

四、农业生产供水

(一)现状及存在问题

辽河流域现状年耕地面积8327万亩,实际灌溉面积3074万亩,其中水田981万亩,水浇地1456万亩,菜田311万亩,林果地124万亩,草场202万亩。流域内水田主要分布在辽河干流和浑太河流域,水浇地、林果地和草场主要分布在西辽河流域。详见表4-16。

表4-16 现状年农业发展情况表

分区	耕地面积(万亩)	实际灌溉面积(万亩)							鱼塘(万亩)	牲畜(万头)	
		农田灌溉面积				林果地	草场	合计		大牲畜	小牲畜
		水田	水浇地	菜田	小计						
西辽河	3394.04	82.58	1209.20	105.54	1397.32	88.52	193.49	1679.33	1.55	366.10	1408.04
东辽河	843.18	106.56	50.25	15.65	172.46	0.45	0	172.91	2.32	71.65	240.11
辽河干流	2911.81	327	169.68	118.77	615.45	26.55	8.42	650.42	67.29	217.78	729.82
浑太河	1177.52	464.89	27.36	70.90	563.15	8.28	0	571.43	30.92	55.83	395.10
辽河流域	8326.55	981.03	1456.49	310.86	2748.38	123.80	201.91	3074.09	102.08	711.36	2773.07

现状年农业用水量为118.22亿立方米,其中水田用水量64.84亿立方米,水浇地用水量35.35亿立方米。

流域内大部分灌区分布在河流两岸的冲积平原和河谷平原上。5万亩以上的大中型灌区83处,其中引水灌区26处,提水灌区4处,水库灌区8处,井渠结合灌区45处。大中型灌区设计灌溉面积1581万亩,实际灌溉面积为1239万亩,其中水田451万亩,水浇地648万亩,菜田140万亩。流域大型灌区情况见表4-17。

表4-17 大型灌区现状情况表

单位:万亩

分区	省(区)	名称	类型	建成时间	设计灌溉面积	实际灌溉面积			
						水田	水浇地	菜田	合计
西辽河	内蒙古	幸福河灌区	引水灌区	1978	30	7.30	17.37	3.53	28.20
		英金河灌区	井渠结合	1958	42.14	2.85	32.25	5.30	40.40
		甸子灌区	井渠结合	1966	31.50	0	23.25	6.80	30.05
		都西庙灌区	井渠结合	1960	34.50	3.01	25.29	4.20	32.50
		山湾子灌区	井渠结合	1966	32.60	0	23.30	4.62	27.92
西辽河	内蒙古	舍力虎灌区	井渠结合	1969	32.18	5.44	21.66	3.30	30.40
		莫力庙灌区	井渠结合	1956	61.60	4.73	33.41	5.77	43.91
		西辽河灌区	引水灌区	1959	38.08	0	28.04	3.96	32
		小计			302.60	23.33	204.57	37.48	265.38
东辽河	吉林	梨树灌区	引水灌区	1945	54	8	0	0	8
辽河干流	辽宁	开原灌区	水库灌区	1962	54	30.30	7.30	0	37.60
		盘山灌区	引水灌区	1962	58.67	55.65	0	0	55.65
		大洼灌区	提水灌区	1933	102	85	0	0	85
		小计			214.67	170.95	7.30	0	178.25
浑太河	辽宁	浑沙灌区	引水灌区	1958	60	34.60	0.03	0	34.63
		浑蒲灌区	引水灌区	1958	46.80	40.86	0	0	40.86
		营口灌区	提水灌区	1944	67.40	56.40	0	0	56.40
		灯塔灌区	引水灌区	1976	39	24.80	1.50	4.50	30.80
		小计			213.20	156.66	1.53	4.50	162.69
辽河流域	内蒙古				302.60	23.33	204.57	37.48	265.38
	吉林				54	8	0	0	8
	辽宁				427.87	327.61	8.83	4.50	340.94
	合计				784.47	358.94	213.40	41.98	614.32

现状农业发展存在的主要问题:农业用水浪费现象仍较严重,用水效率偏低;部分灌区工程老化失修,配套不完善;水源不足,灌溉保证率低,部分灌区难以发挥作用。

(二)发展规模

流域内水田、水浇地、菜田灌溉设计保证率均采用75%,林果地、草场灌溉设计保证率均采用50%。

农业发展首先在用水不增加的原则下进行种植结构调整,减少水田种植面积,发展现代高效节水农业。其次,以提高灌溉水利用率为重点,搞好现有灌区的改建、配套和节水改造。

西辽河流域减少水田种植比例，大力发展现代高效节水农业，加大灌溉草场的发展规模。东辽河和浑太河流域维持现有水田种植面积，小幅增加水浇地、菜田和林果地的种植面积。辽河干流减少水田种植面积，适当增加菜田面积。预测全流域有效灌溉面积 3620 万亩，比基准年增加 301 万亩。各水平年农业发展规模情况见表 4-18。2030 年农业需水量达到 121.99 亿立方米（多年平均来水年），较基准年减少 12.71 亿立方米。

表 4-18　各水平年农业发展规模情况表

分区	水平年	耕地面积（万亩）	有效灌溉面积（万亩）							鱼塘（万亩）	牲畜（万头）	
			水田	水浇地	菜田	农田合计	林果地	草场	合计		大牲畜	小牲畜
西辽河	基准年	3394.04	89.99	1264.34	110.56	1464.89	96.57	193.56	1755.02	1.74	366.10	1408.04
	2020	3312.72	93.64	1270.69	111.34	1475.67	106.14	267.01	1848.82	9.21	423.65	1448.65
	2030	3308.11	95.14	1270.69	112.06	1477.89	138.50	360.68	1977.07	10.16	543.02	1570.28
东辽河	基准	843.18	106.56	57.99	12.44	176.99	0.45	0.21	177.65	2.32	71.65	240.11
	2020	840.59	106.56	59.72	18.27	184.55	1.59	0	186.14	2.79	79.89	245.04
	2030	840.53	106.56	61.58	20.99	189.13	2.29	0	191.42	4	88.14	284.20
辽河干流	基准年	2911.81	371.58	209.18	149.42	730.18	30.55	10.32	771.05	67.31	217.78	729.82
	2020	2799.41	327	212.68	184.89	724.57	27.33	10.32	762.22	67.60	241.36	791.20
	2030	2793.15	327.00	218.68	207.37	753.05	27.87	12.78	793.70	68.62	258.89	855.09
浑太河	基准年	1177.52	464.89	39.44	100.54	604.87	10.27	0	615.14	30.92	55.83	395.10
	2020	1127.04	464.89	43.54	121.74	630.17	14.80	0	644.97	30.92	72.86	401.41
	2030	1124.29	464.89	47.54	130.74	643.17	14.80	0	657.97	30.92	76.01	427.40
辽河流域	基准年	8326.55	1033.02	1570.95	372.96	2976.93	137.84	204.09	3318.86	102.29	711.36	2773.07
	2020	8079.76	992.09	1586.63	436.24	3014.96	149.86	277.33	3442.15	110.52	817.76	2886.30
	2030	8066.08	993.59	1598.49	471.16	3063.24	183.46	373.46	3620.16	113.70	966.06	3136.97

（三）大中型灌区节水改造

大中型灌区续建配套和节水改造的主要内容包括加固、改造现有灌区渠系建筑物，完善灌排体系，对渗漏严重的渠道进行衬砌。规划到 2030 年完成所有大中型灌区的续建配套和节水改造，有效灌溉面积达到 1514 万亩，较现状增加 275 万亩，其中大型灌区灌溉面积为 792 万亩。大型灌区规划情况见表 4-19。

西辽河主要为旱田灌区，2030 年大型灌区共 10 处，有效灌溉面积为 348 万亩；中型灌区 53 处，有效灌溉面积为 612 万亩。规划到 2030 年西辽河流域大中型灌区续建，改造干、支渠长度 7861 公里，其中防渗长度 4776 公里；改扩建、维修骨干渠系建筑物 6508 座。

东辽河 2030 年大型灌区共 2 处，有效灌溉面积为 85 万亩；中型灌区 1 处，有效灌溉面积为 18 万亩。规划到 2030 年东辽河流域大中型灌区续建、改造干、支渠长度 1760 公里，其中渠道防渗长度 940 公里；改扩建、维修骨干渠系建筑物 2105 座。

辽河干流及浑太河流域主要为水田灌区，2030 年大型灌区 7 处，有效灌溉面积为 359 万亩；中型灌区 12 处，有效灌溉面积 92 万亩。规划到 2030 年辽干和浑太河流域大中型灌区续建、改造干、支渠长度 1695 公里，其中渠道防渗长度 1364 公里；改扩建骨干渠系建筑物 5075 座。

表 4-19 大型灌区规划情况表

分区	省区	灌区名称	灌溉水源	水平年	有效灌溉面积(万亩)				规划渠系工程改造		规划维修或改建的建筑物数量(座)	备注
					水田	水浇地	菜田	合计	干支渠长度(公里)	其中防渗长度(公里)		
西辽河	内蒙古	幸福河灌区	海日苏枢纽	2020年	7.30	17.37	3.53	28.20	248.3	185	438	另有1.80万亩灌溉草场
				2030年	7.30	17.37	3.53	28.20	0	0	0	
		锡伯河灌区	锡伯河,大头山水库	2020年	0	20.60	4.50	25.10	92	80	177	由从锡伯河引水的沿岸小型灌区通过改扩建合并而成
				2030年	0	25.60	4.50	30.10	0	0	0	
		英金河灌区	英金河,辅以地下水	2020年	2.85	34.79	4.50	42.14	556	304	373	
				2030年	2.85	34.79	4.50	42.14	0	0	0	
		甸子灌区	打虎石水库,辅以地下水	2020年	0	24.70	6.80	31.50	237	155	300	
				2030年	0	24.70	6.80	31.50	0	0	0	
		都西庙灌区	都西庙水库,辅以地下水	2020年	3.01	27.29	4.20	34.50	249.7	102	135	
				2030年	3.01	27.29	4.20	34.50	0	0	0	
		山湾子灌区	山湾子水库,辅以地下水	2020年	0	27.98	4.62	32.60	157.5	90	501	
				2030年	0	27.98	4.62	32.60	0	0	0	
		舍力虎灌区	舍力虎水库,辅以地下水	2020年	5.44	23.44	3.30	32.18	193.5	97	236	
				2030年	5.44	23.44	3.30	32.18	0	0	0	
		莫力庙灌区	莫力庙水库,辅以地下水	2020年	4.73	36.10	5.77	46.60	206.2	123	252	
				2030年	4.73	36.10	5.77	46.60	0	0	0	
		西辽河灌区	苏家堡枢纽	2020年	0	34.12	3.96	38.08	141	82	302	
				2030年	0	34.12	3.96	38.08	0	0	0	
		东辽河灌区	西辽河干流,东辽河干流	2020年	0	28.10	3.90	32	232.3	117	128	其中6.68万亩灌溉面积位于东辽河流域,由原灌区扩建而成
				2030年	0	28.10	3.90	32	0	0	0	
	小计			2020年	23.33	274.49	45.08	342.90	2313.5	1335	2842	
				2030年	23.33	279.49	45.08	347.90	0	0	0	

续表

分区	省区	灌区名称	灌溉水源	水平年	有效灌溉面积（万亩）				规划渠系工程改造		规划维修或改建的建筑物数量（座）	备注
					水田	水浇地	菜田	合计	干支渠长度（公里）	其中防渗长度（公里）		
东辽河	吉林	梨树灌区	二龙山水库	2020年	30.10	10	0	40.10	378.4	111	565	
				2030年	30.10	23.90	0	54	513	513	391	
		东辽河灌区	二龙山水库	2020年	21.05	10.09	0	31.14	269.8	73.5	432	由原有的南崴子、秦家屯及双山三个中型灌区改扩建而成
				2030年	21.05	10.09	0	31.14	194.7	116	458	
	小计			2020年	51.15	20.09	0	71.24	648.2	184.5	997	
				2030年	51.15	33.99	0	85.14	707.7	629	849	
辽河干流	辽宁	开原灌区	南城子水库等	2020年	30.30	7.30	0	37.60	213.2	138.2	741	
				2030年	30.30	7.30	0	37.60	0	0	0	
		盘山灌区	绕阳河等	2020年	55.70	0	0	55.70	80.5	56.5	118	
				2030年	55.70	0	0	55.70	0	0	0	
		大洼灌区	大辽河、辽河	2020年	85	0	0	85	268	162	2002	
				2030年	85	0	0	85	0	0	0	
	小计			2020年	171	7.30	0	178.30	561.7	356.7	2861	
				2030年	171	7.30	0	178.30	0	0	0	
浑太河	辽宁	浑沙灌区	大伙房水库	2020年	38.15	0.05	0	38.20	179.7	145.5	293	
				2030年	38.15	0.05	0	38.20	0	0	0	
		浑蒲灌区	大伙房水库	2020年	42.90	0	0	42.90	280.6	262.6	184	
				2030年	42.90	0	0	42.90	0	0	0	
		营口灌区	大辽河	2020年	67.40	0	0	67.40	101.9	101.9	1187	
				2030年	67.40	0	0	67.40	0	0	0	
		灯塔灌区	参窝水库	2020年	25.98	1.63	4.89	32.50	334	323.3	357	
				2030年	25.98	1.63	4.89	32.50	0	0	0	
	小计			2020年	174.43	1.68	4.89	181	896.2	833.3	2021	
				2030年	174.43	1.68	4.89	181	0	0	0	

续表

分区	省区	灌区名称	灌溉水源	水平年	有效灌溉面积(万亩)				规划渠系工程改造		规划维修或改建的建筑物数量(座)	备注
					水田	水浇地	菜田	合计	干支渠长度(公里)	其中防渗长度(公里)		
辽河流域	内蒙古小计			2020年	23.33	274.49	45.08	342.90	2313.5	1335	2842	
				2030年	23.33	279.49	45.08	347.90	0	0	0	
	吉林小计			2020年	51.15	20.09	0	71.24	648.2	184.5	997	
				2030年	51.15	33.99	0	85.14	707.7	629	849	
	辽宁小计			2020年	345.43	8.98	4.89	359.30	1457.9	1190	4882	
				2030年	345.43	8.98	4.89	359.30	0	0	0	
	合计			2020年	419.91	303.56	49.97	773.44	4419.6	2709.5	8721	
				2030年	419.91	322.46	49.97	792.34	707.7	629.0	849	

(四)现代高效节水灌溉工程

现代高效节水灌溉发展的重点地区在辽河流域的西、北部。现代高效节水灌溉措施主要有低压管灌、喷灌、滴灌、渗灌等,灌溉水源主要以地下水为主,在发展高效节水灌溉、增加粮食产量的同时,要分析项目实施的地下水资源条件,控制新增灌溉面积,严格禁止开采深层承压水,浅层地下水控制在可开采量范围之内。

辽河流域近期按照东北4省(区)节水增粮行动计划,规划发展现代高效节水灌溉农业的面积约为1200万亩。

五、航 运

(一)航运现状

辽河水系现有定级航道557公里。辽河沿岸港口共有生产性泊位22个,总长2118米,年通过能力432万吨,最大靠泊能力4000吨级。现状年营口老港区完成货物吞吐量930万吨,盘锦河口港区完成货物吞吐量204万吨。

目前存在的主要问题为通航流量不足,航道状况不佳,需要疏通整治与清淤。

(二)港口吞吐量预测

经预测,营口港老港区和盘锦港河口港区货物吞吐量2020年分别为1500万吨和230万吨,2030年分别为2000万吨和260万吨。

(三)航运规划

辽河流域是我国水资源匮乏地区之一,航运需水不作为水资源配置目标和任务,航运期“借水行舟”。

六、水能资源开发

(一)水能资源及其开发

辽河流域水能资源贫乏,理论蕴藏量为1327.43兆瓦,技术可开发水电站207座,总装机容量451.45兆瓦,年发电量为12.65亿千瓦时。

西辽河水能资源多数电站坝址位于山区或平原峡谷当中,库区人烟稀少,开发条件良好;辽河干流右侧支流秀水河、养息牧河、柳河及绕阳河等,河道坡度较缓,可开发水能资源有限;东辽河及辽河干流左侧支流招苏台河、清河、柴河及泛河等水能资源相对丰富;浑太河上游也具有优越的开发条件。

流域内已建和在建的水电站共64座,总装机容量为244.76兆瓦,年发电量6.34亿千瓦时,装机容量在10兆瓦以上的水电站仅3座,即参窝、观音阁以及大伙房水电站,装机容量分别为37.84兆瓦、20.75兆瓦、32兆瓦,年发电量分别为0.83亿千瓦时、0.71亿千瓦时、0.52亿千瓦时。规划10兆瓦及以上水电站见表4-20。

表4-20　规划10兆瓦及以上水电站表

河流名称	电站名称	装机容量(兆瓦)	年发电量(亿千瓦时)
西辽河	大石门	10	0.24
	黑水桥	10.80	0.24
	永　明	10	0.26
	音只嘎梁	10	0.24
浑太河	占　贝	18.90	0.68
	红河一级	20	0.33
	岗　东	10.50	0.20
	北头子	15	0.38
	姚家山	21.80	0.56
	胜　利	12	0.30

(二)小水电代燃料生态保护工程及水电农村电气化工程

小水电代燃料生态保护工程及水电农村电气化工程规划小水电站90座,总装机容量213.16兆瓦,年发电量5.72亿千瓦时。详见表4-21。

表4-21　小水电代燃料生态保护及水电农村电气化工程规划情况表

省(区)	电站数量(座)	装机容量(兆瓦)	年发电量(亿千瓦时)
内蒙古	42	73.17	2.26
吉　林	—	—	—
辽　宁	47	139.79	3.45
河　北	1	0.20	0.01
合　计	90	213.16	5.72

(三)水能资源开发利用要求

水能资源开发应按以下要求有序安排工程建设:一是在保护中开发,在开发中保护;二是电调服从水调,确保防洪、供水安全;三是尽可能减少占地,减少移民;四是统筹水资源的节约、保护和防治水害的总体布局,综合利用;五是严格履行有关行政许可程序。

第五章　水资源及水生态环境保护

一、地表水资源保护

(一)水功能区水质现状达标评价

辽河流域应参与评价的水功能区205个,河长8676公里。实际参与评价水功能区174个,占应参与评价总数的84.9%,评价河长7441公里,占应参与评价总河长的85.8%。

现状达标评价分丰、平、枯水期和全年期4个时段;评价因子分全因子和两因子(COD、氨氮);评价标准采用《地表水环境质量标准》(GB3838—2002);评价方法采用单因子评价法。

全因子评价结果:全年期水质达标水功能区50个,达标河长占25.4%。两因子评价结果:全年期水质达标水功能区77个,达标河长占39.1%。在全因子评价中,超标率比较高的因子是COD、氨氮、高锰酸盐指数、BOD_5、挥发酚等。水功能区水质达标状况见表5-1。

(二)水功能区纳污能力

辽河流域各规划水平年COD和氨氮纳污能力见表5-2。

(三)限制排污总量意见

辽河流域各规划水平年COD和氨氮限制排污总量见表5-3。

表5-1 水功能区水质达标状况表

时段	分区	功能区河长(公里)	全因子达标状况		两因子达标状况	
			达标河长(公里)	达标率(%)	达标河长(公里)	达标率(%)
丰水期	西辽河	2837	1168	41.2	1636	57.7
	东辽河	568	195	34.3	275	48.4
	辽河干流	2091	498	23.8	732	35
	浑太河	1931	839	43.4	1151	59.6
平水期	西辽河	2842	542	19.1	944	33.2
	东辽河	568	0	0	37	6.5
	辽河干流	1530	368	24.1	653	42.7
	浑太河	1505	528	35.1	656	43.6
枯水期	西辽河	1985	521	26.2	1025	51.6
	东辽河	568	0	0	37	6.5
	辽河干流	1037	14	1.4	188	18.1
	浑太河	773	164	21.2	176	22.8
全年期	西辽河	3118	884	28.4	1304	41.8
	东辽河	568	0	0	37	6.5
	辽河干流	1886	436	23.1	712	37.8
	浑太河	1869	571	30.6	853	45.6

表5-2 COD和氨氮纳污能力表

单位:吨

分区/省(区)	基准年		2020年		2030年	
	COD	氨氮	COD	氨氮	COD	氨氮
西辽河	13479	622	13665	616	13665	616
东辽河	5577	292	5825	292	5825	292
辽河干流	34107	2099	50416	2953	50416	2953
浑太河	162476	7421	162476	7442	162476	7442
合　计	215639	10434	232382	11303	232382	11303
内蒙古	12301	554	12791	564	12791	564
吉　林	8529	443	8192	415	8192	415
辽　宁	194809	9437	211399	10324	211399	10324

表 5-3 COD和氨氮限制排污总量意见表

单位:吨

水资源二级区/省(区)	水资源三级区/地级行政区	2020年		2030年	
		COD	氨氮	COD	氨氮
西辽河	乌力吉木仁河	1355	79	729	35
	西拉木伦河及老哈河	7244	486	2047	127
	西辽河下游干流区间(苏家堡以下)	6428	451	2563	137
	小　计	15027	1016	5339	299
东辽河	东辽河	3459	294	3422	291
辽河干流	柳河口以上	10389	637	10255	635
	柳河口以下	13447	1147	12873	879
	小　计	23836	1784	23128	1514
浑太河	浑　河	57527	2917	42764	2412
	太子河及大辽河干流	65946	3343	54272	2601
	小　计	123473	6260	97036	5013
辽河流域		165795	9354	128925	7117
内蒙古	赤峰市	8412	550	2738	157
	通辽市	5724	412	1710	88
	小　计	14136	962	4448	245
吉　林	辽源市	975	51	975	51
	四平市	5155	381	4811	362
	小　计	6130	432	5786	413
辽　宁	鞍山市	36523	1814	24985	1524
	本溪市	8955	334	9436	334
	朝阳市	96	8	96	8
	丹东市	1	0	1	0
	抚顺市	9395	383	6677	313
	阜新市	371	21	410	23
	锦州市	1563	118	1299	88
	辽阳市	7575	370	6796	343
	盘锦市	7023	287	8725	392
	沈阳市	58198	3624	44079	2850
	铁岭市	4920	323	4967	326
	营口市	10909	678	11220	258
	小　计	145529	7960	118691	6459

(四)地表水水源地保护

水源地保护规划范围是列入水利部《全国重要饮用水水源地名录(第一、二批)》中的地表水水源地及《辽河流域水污染防治规划(2006—2010年)》附录一《重点监控饮用水水源地清单》中供水人口在20万以上的地表水水源地,辽河流域共计10个,其中内蒙古自治区三座店水库正在建设中,本次规划共9个,分别是吉林省二龙山水库、下三台水库、杨木水库,辽宁省大伙房水库、观音阁水库、汤河水库、柴河水库、桓仁水库、闹得海水库。

1.水源地保护现状

水源地水质现状采用《全国城市饮用水水源地安全保障规划》成果，其评价结果分5级，1—3级为合格，4—5级为不合格。流域内9个重要地表水水源地中，6个水质合格，占总数66.7%。重要地表水水源地水质评价结果见表5-4。

表5-4 重要地表水水源地水质评价结果表

省（区）	水库名称	水质综合评价级别	评价结果
吉 林	杨木水库	4级	不合格
	二龙山水库	4级	不合格
	下三台水库	4级	不合格
辽 宁	柴河水库	3级	合格
	桓仁水库	2级	合格
	大伙房水库	3级	合格
	观音阁水库	2级	合格
	汤河水库	3级	合格
	闹得海水库	2级	合格

规划水源地中除吉林省二龙山水库因涉及辽宁省未划定保护区，其他水源地均已划定保护区并得到了政府批准。目前，流域内多部门根据各自工作需要对水源地进行管理与保护，存在部门监测数据协调性差、部分水源地监测频率低、监测项目少的问题，不能实时反映水源地水质状况。

2.水源地保护要求

一是尚未划定保护区的水源地要依法划定保护区，确定保护区范围及保护目标，尽快上报政府批复。二是按照《辽河流域水域纳污能力核定及限制入河排污总量意见》实施总量控制，保证饮用水源地水质达标。三是建立重要水源地监控体系，合理布设监测站点，及时掌握水源地水质变化情况。四是各省根据水源地现状制订相应的保护方案，尤其对已经受到污染的水源地应全面实施保护和治理。五是加强水源地保护法规建设，依法实施水源地监督管理。六是制订水源地应急预案。

（五）地表水资源保护工程措施

1.建设污水处理设施，严格控制污水达标排放

严格控制污水达标排放，污水排放既要满足污水排放标准又要满足水功能区入河污染物总量控制要求。2020年，所有沿河及沿海城镇、工业园区和直排企业要完成具有足够处理能力和处理深度的污水处理厂建设，生活污水按实际情况增加除氮设施，各类废污水应全部经处理后达标排放。

2.构建人工湿地，净化水质改善水环境

充分利用湿地自然净化功能，在大型灌区与其相应的天然河流之间、主要支流河口及中小城镇排污口建设人工湿地，净化水质，减少污染物入河量。

3.实施供水调节水源地保护工程，确保供水水质达标

实施吉林省中部城市引松供水调节水源地下三台水库、金满水库，大伙房水库及输水干线保护

工程,确保供水区水质满足使用功能要求及输水干线水质不受污染。

4.建设河岸保护工程,拦截污水减轻污染

针对流域水环境较脆弱河段,实施河岸保护工程建设,在河岸两侧栽植灌木、水生植物等护岸植物,拦截污水,控制非点源污染,同时阻止泥沙进入河道,防治水土流失。

5.实施河道清淤疏浚工程,治理内源污染

加强内源污染治理,在辽源市、四平市、沈阳市、铁岭市等城市下游河段实施河道底泥清淤疏浚工程,提高河流水体自净能力,减轻河道污染。

二、地下水资源保护

(一)地下水功能区划

根据区域地下水生态环境属性、经济社会属性和规划对地下水开发利用的需求以及生态与环境保护的目标要求,按全国统一安排,将浅层地下水功能区按两级划分。一级功能区划分为开发区、保护区、保留区三类。在一级功能区的框架内,根据地下水的主导功能,划分为八类地下水二级功能区,其中,开发区划分为集中式供水水源区和分散式开发利用区;保护区划分为生态脆弱区、地质灾害易发区和地下水水源涵养区;保留区划分为不宜开采区、储备区和应急水源区。

根据辽河流域实际情况,没有划分地质灾害易发区、储备区、应急水源区三类二级功能区,地下水二级功能区共划分198个。其中集中式供水水源区54个,分散式开发利用区59个,生态脆弱区18个,地下水水源涵养区62个,不宜开采区5个。

流域198个功能区中,现状水量达标的个数190个;现状水质Ⅰ—Ⅲ类个数102个,Ⅳ类个数24个,Ⅴ类个数72个。集中式供水水源区以供给生活饮用或工业生产用水为主,含有生活用水的集中式供水水源区其水质优于Ⅲ类即满足达标要求,仅供工业生产用水的集中式供水水源区其水质优于Ⅳ类时即满足达标要求。

深层承压水以水资源二级区套地级行政区为基本规划单元开展工作,不再单独划分功能区。

(二)地下水功能区保护目标

地下水保护遵循着人水和谐、可持续利用;保护为主、合理开发;统筹协调、优质优用;因地制宜、现实可行的原则。浅层地下水保护目标是针对松花江流域划分的六种地下水二级功能区,制定满足不同功能区要求的水质、水量和水位保护目标。深层承压水保护目标是作为战略储备资源和应急水源,原则上不开采,严格保护。

(三)地下水保护规划方案

在流域地下水功能区划分基础上,对每一个功能区进行了现状开采量、可开采量、超采量、水质状况、地质灾害等方面的评价。结合功能区保护目标及流域水资源综合规划配置方案,对每个功能区未来的地下水开采增减量、水质、水位都做了合理的规划,以保护为主、合理开发,最终目标是实现地下水功能区达标和地下水资源的可持续利用。

浅层地下水超采区规划方案:基准年,辽河流域严重超采区的现状开采量为10.4亿立方米,超采量为4.35亿立方米;一般超采区的现状开采量为7.17亿立方米,超采量为1.65亿立方米。2020年,严重超采区开采量为5.73亿立方米;一般超采区开采量为6.36亿立方米。2030年,严重超采区开采量为5.56亿立方米;一般超采区开采量为5.36亿立方米。辽河流域浅层地下水超采量6亿立方米,到2030年全部退还。

深层承压水规划方案:到2020年及以后,除作为农村生活饮用水源外,辽河流域深层承压水原则上不开采;布设地下水监测井加强监控和管理,并将深层承压水作为应对突发事件的资源储备。

(四)地下水保护措施

为了合理开发和有效保护地下水资源,促进地下水资源的可持续利用,支撑经济社会的可持续发展,落实规划水平年地下水保护规划方案,需要采取必要的工程措施与非工程措施。其中工程措施包括地下水监测、地下水保护和地下水修复工程等;非工程措施主要包括加强地下水管理设施及能力建设等。

1.工程措施

地下水监测工程:到2020年,全流域新建和改造监测井515眼;2030年新建和改造监测井累计达到713眼。

地下水压采工程:通过地表水替代水源工程的建设,2020年流域超采区地下水压采量为5.48亿立方米,封填井69眼;2030年流域超采区地下水压采量为6.65亿立方米,封填井184眼。

地下水水源地保护工程:重点针对集中式供水水源地,使集中式供水水源地水质达到规划目标。流域地下水水源地面积为7069平方公里,到2020年时保护区和围栏(网)建设完毕,其中建设保护区面积326平方公里,围栏(网)长度660公里。

地下水修复工程:治理重点是日供水量小于0.5万立方米的饮用水水源地保护区范围内的垃圾、畜禽集中养殖、农药及化肥使用、废污水等污染。到2020年修建地下水污染治理工程64处,到2030年累计修建地下水污染治理工程108处。

2.非工程措施

非工程措施主要包括完善法规体系、优化管理体制、健全管理制度、重视经济杠杆、强化执法监督等方面。同时加强对地下水开发、利用、保护、管理等各环节的监督力度,使各项管理措施落到实处。

三、水生态保护

(一)水生态状况及主要问题

辽河流域人类活动频繁,水资源开发利用程度高,水体受到污染,水域生态系统脆弱。流域东、中和西部自然环境特征、土地利用方式以及产业结构显著不同,流域水生态问题及产生原因也存在着地域性差异。

1.西辽河

除河源区生态环境较好外,流域整体生态环境恶劣,属于生态脆弱区。西辽河整体上生态需水严重不足,泥沙淤积,河道断流现象突出,现状年劣于Ⅲ类水质的河长占评价总河长的72.8%,其中劣Ⅴ类水质的河长占评价河长的50.8%。西辽河受气候变化及沼泽湿地不合理开发利用影响,生态需水不能得到保证,沼泽湿地遭到破坏。

2.东辽河

生态用水无法保证,枯水期基本断流,河流生态系统严重退化。废污水排入河道导致河流水质恶化,现状年东辽河劣于Ⅲ类水质的河长占评价河长的64.8%,主要超标项目为氨氮、化学需氧量、高锰酸盐指数。由于人类过度占用,原本不多的天然湿地破坏殆尽,萎缩率高达97%。河滨湿地的破坏,对东辽河河流生态系统的完整性构成威胁。

3.辽河干流

辽河干流是一条多沙河流，该区水土流失现象严重，水利工程造成河流的纵向连通受阻，影响了鱼类季节性洄游；大量废污水排入河道导致河流水质恶化，现状年度辽河干流劣于Ⅲ类水质的河长占评价河长的 89.6%，河流及河口水生态系统退化较为严重。

4.浑太河

地表水资源开发率为 55.93%，改变了河流原有的水文情势，河流纵向连通性差，阻隔了上下游水生生物活动区域；浑太河城区段水质多为 V 类和劣 V 类，生境严重退化。由于人类过度开发利用，造成下游地区沼泽湿地发生大面积退化和一定程度的破碎化，使生境完整性和生物多样性受到不同程度影响。

（二）水生态主要保护区域及对象

辽河流域分布有重要保护意义的湿地类型自然保护区、国家级水产种质资源保护区、水源保护区以及水利风景名胜区，这些敏感区域的保护对象与水资源保障密切相关，是水生态保护与修复的重点对象，具体见表 5-5。

表 5-5　水生态主要保护区域及对象

序号	保护区名称	行政区域	面积（公顷）	主要保护对象	级别
1	双台子河口自然保护区	盘锦市境内	128000	丹顶鹤、黑嘴鸥等珍稀水禽、湿地生态系统	国家级
2	阿鲁科尔沁国家级自然保护区	赤峰市阿鲁科尔沁旗	136794	沙地草原、湿地生态系统及珍稀鸟类	国家级
3	卧龙湖自然保护区	康平县城西 1 公里处	11200	内陆湿地生态系统	省级
4	鞍山大麦科自然保护区	鞍山市台安县西南部新华镇	7190	内陆湿地生态系统与野生动植物资源	省级
5	大伙房水库水源保护区	抚顺市	530000	中部城市饮用水资源、水源涵养林	省级
6	荷叶花湿地水禽自然保护区	扎鲁特旗东南部	60130	内陆湿地、珍禽	省级
7	小河沿湿地鸟类自然保护区	位于敖汉旗西北部	1800	内陆湿地、珍禽	省级
8	双台子河口海蜇中华绒螯蟹国家级水产种质资源保护区	盘锦市桥村以南河段	7724	海蜇、中华绒螯蟹，栖息的其他物种有鲈鱼、毛虾、脊尾白虾、刀鲚、凤鲚、梭鱼、鲻鱼、兰蛤等	国家级

（三）水生态保护与修复措施

1.西辽河

加强源头区涵养林保护与建设，对水生生物资源确有明显不利影响的拦河筑坝工程，应建立资源生态补偿机制，保护当地的鱼类资源以及河流生态系统。调整作物种植结构，发展现代高效节水农业；科学实施重点水库生态调度，保障下游河道生态基流；因地制宜建设西辽河、教来河、西拉木伦河和老哈河河滨植被缓冲带,减轻面源污染;禁止天然湿地范围内的农业生产和土地开发活动。

2.东辽河

退还挤占河道内生态环境水量,科学调度二龙山水库,保证太平站非汛期 0.52 亿立方米和汛期 0.79 亿立方米最小生态环境需水量;实施更严格的水污染防治措施,治理点源、面源和内源污染,改善河湖水质。加强水土保持生态建设,增加林草覆盖率,减少入河泥沙量。

3.辽河干流

重点建设柳河、绕阳河和辽河干流植被缓冲带,强化水污染控制,禁止在双台子河口国家级自然保护区、双台子河口海蜇中华绒螯蟹国家级水产种质资源保护区设置入河排污口;实施生态流量监控措施,保证辽中站冰冻期 0.3 亿立方米、非汛期 2.78 亿立方米和汛期 4.17 亿立方米的最小生态环境需水量。强化对陆源水污染控制管理,减少辽河口污染负荷,禁止滨海湿地开发,保护和修复河口湿地生态系统。

通过水资源合理配置,修建必要的河湖水系连通工程,向双台子河口提供 2.53 亿立方米/年的芦苇湿地生态用水,其中实施辽西北供水工程和大凌河引水工程、补充双台子河芦苇湿地生态用水量 1.27 亿立方米/年;通过中水利用及辽干生态补水等措施,保证卧龙湖 0.55 亿立方米/年生态需水量,以满足卧龙湖 88 米的适宜生态水位,维持卧龙湖生态系统良性发展。

4.浑太河

河源区河流生态系统以保护为主,目前浑太河河源区及上游水生态系统受水能资源开发威胁较大,对水生生物资源确有明显不利影响的拦河筑坝工程,应建立资源生态补偿措施机制,采取过鱼设施、增殖放流等补救措施,保护当地的珍稀濒危、土著鱼类资源以及河流生态系统,开展水生态系统跟踪监测工作。

通过大伙房、观音阁、参窝和汤河水库生态调度,保障浑河邢家窝堡站冰冻期 0.32 亿立方米、非汛期 1.77 亿立方米、汛期 2.66 亿立方米最小生态环境水量,保障太子河唐马寨站冰冻期 0.75 亿立方米、非汛期 2.09 亿立方米、汛期 3.14 亿立方米最小生态环境水量。通过水库生态调度,保障大辽河口 2030 年多年平均下泄水量 37.25 亿立方米,为大辽河口提供 0.5 亿立方米/年芦苇、池塘生态水量。

(四)重要水库生态调度原则

1.保障水库下游河流最小生态环境需水量

依据河流生态用水需求,结合节水体系与水资源跨区调配工程建设,保障东辽河太平、辽河干流辽中、绕阳河东白城子、浑河邢家窝堡、太子河唐马寨等关键控制断面的最小生态环境需水,以维持河流自净能力,防止河流断流和河道萎缩,维持河流水生生物繁衍生存。

2.遵循“三生”用水协调原则

生态需水应与经济社会发展需水相协调,在生态系统需水阈值区间内,结合区域经济社会发展的实际情况,兼顾生态需水和经济社会需水,合理确定生态用水比例。

3.遵循水量、水质统一调度原则

完善水库调度,适时加大水库下泄量,防止水体富营养化。对水质状况较差的水库,应根据水库来水情况,调整水库下泄流量,以免污染水量聚集。枯水期应加强流域水库联合调度,通过水流稀释和降解作用改善严重污染河段水质。

四、水土保持

(一)水土流失及水土保持概况

据2000年第二次全国土壤侵蚀遥感调查,辽河流域有水土流失面积10.5万平方公里,其中,西辽河、东辽河、辽河干流、浑太河分别为8.45万、0.15万、1.47万、0.43万平方公里。按侵蚀强度划分,轻度、中度、强烈、极强烈及以上强度侵蚀面积分别为5.59万、3.54万、0.99万、0.38万平方公里。按侵蚀营力划分,水力、风力侵蚀面积均为5.25万平方公里。按侵蚀地类划分,水土流失主要发生在坡耕地和疏草地,耕地和草地流失面积分别为3.35万和4.82万平方公里。

自1978年以来,在辽河流域开展了三北防护林体系建设工程、柳河上游国家水土保持重点治理工程、京津风沙源治理工程、东北黑土区水土流失综合防治试点工程及全国生态修复试点工程等,截至2007年,累计治理水土流失面积4.81万平方公里,其中2001—2007年期间治理1.18万平方公里(仍有未治理水土流失面积9.32万平方公里),已治理区域的生态环境明显改善。

(二)水土流失防治目标

近期(2008—2020年):建立水土流失综合防治体系,全面控制人为水土流失。完成水土流失治理面积3.57万平方公里,植被覆盖率从31%提高到40%。

远期(2021—2030年):完成治理面积2.36万平方公里,治理面积累计达5.93万平方公里,植被覆盖率达到47%。耕地和黑土资源得到有效保护,入河、入库泥沙明显减少,流域生态环境明显改善。

(三)水土保持分区及防治策略

将辽河流域划分为8个水土保持区。

1.辽河源头中低山水蚀区

该区为老哈河、西拉木伦河、查干木伦河等河流的源头地区,总面积4.73万平方公里。土地利用以草地和林地为主,地貌以中低山为主。水土流失以水蚀为主,流失率达60%,主要发生在稀疏草地上,草地流失面积占总流失面积的62%。

该区水土流失防治以涵养水源、控制泥沙下泄为重点,以现有林草保护、稀疏林地和稀疏草地治理、水源涵养林建设为主。该区重点治理区域为赤峰市辖区西部、喀喇沁旗中西部、翁牛特旗西部、克什克腾旗东部、林西县。同时对克什克腾旗东部、平泉县、宁城县西部和扎鲁特旗北部区域进行重点保护。

规划治理水土流失面积1.25万平方公里,其中:近期治理0.75万平方公里,远期治理0.5万平方公里。

2.大兴安岭南麓丘陵水蚀区

该区位于西拉木伦河北岸,总面积1.37万平方公里。地貌以丘陵为主,低山镶嵌其间。土地利用以草地和耕地为主。水土流失以水蚀为主,流失率达68%,主要发生在稀疏草地和坡耕地上,草地和耕地流失面积分别占流失总面积的60%和27%。

该区水土流失防治以草地保护、坡面和侵蚀沟道治理为重点。该区重点治理区域为扎鲁特旗中部、巴林左旗南部和巴林右旗中部。

规划治理水土流失面积0.51万平方公里,均在近期内实施。

3.老哈河中上游丘陵水蚀区

该区为老哈河中上游、教来河上游地区，总面积 1.72 万平方公里。地貌以丘陵、台地为主，沟壑纵横，地形破碎。土地利用以耕地、草地为主。水土流失以水蚀为主，流失率 43%，主要发生在稀疏草地和坡耕地上，草地和耕地流失面积分别占总流失面积的 46%和 38%。

该区水土流失防治以控制泥沙下泄、保护坡耕地为重点。该区重点治理区域为赤峰市区东部、翁牛特旗中部和建平县。

规划治理水土流失面积 0.4 万平方公里，均在近期内实施。

4.科尔沁风蚀区

该区位于大兴安岭南麓和燕山山地东延相交的三角地带，西辽河贯穿其境内，总面积 6.15 万平方公里。该区中部冲积平原是该区的主体，坨甸相间是该区地貌的主要特色。该区土地利用以草地、耕地和未利用地为主。区内水土流失以风蚀为主，流失率为 70%，主要发生在疏草地、耕地和未利用地，流失面积分别占总流失面积的 45%、31%和 19%。

该区水土流失防治以控制沙漠化蔓延、减少地表扬沙起尘为重点，以流动半流动沙丘、沙化草场和农田治理为主。该区重点治理区域为翁牛特旗东部、敖汉旗北部、奈曼旗和库伦旗北部。

规划治理水土流失面积 2.91 万平方公里，其中：近期治理 1.13 万平方公里，远期治理 1.78 万平方公里。

5.浑善达克风蚀区

该区位于内蒙古高原东部边缘，总面积 0.29 万平方公里。地貌属风积地貌。土地利用以草地为主，景观表现为“疏林沙地”或“疏林草原”。水土流失以风蚀为主，流失率为 65%，主要发生在稀疏草地，草地流失面积占总流失面积的 82%。

该区水土流失防治以控制沙漠化蔓延、减少地表扬沙起尘为重点，以封禁保护和治理沙化、退化草地为主。

规划治理水土流失面积 0.1 万平方公里，均在近期内实施。

6.辽干平原水蚀区

该区沿辽河干流南北分布，为辽河泥沙塑造的大平原，总面积 3.45 万平方公里。土地利用以耕地为主，占总面积的 74%；城乡、工矿、居民用地占 12%，比例相对较高。水土流失以水蚀为主，兼有风蚀，流失率仅为 9%，水土流失主要来自农田耕作、生产建设项目所造成的人为水土流失及河岸的水流冲刷、滑坡和崩岸。

该区水土流失防治以控制人为水土流失为中心，以完善农田防护林网和加强生产建设项目管理为重点。沈阳市辖区、灯塔市西部、海城市西部、辽阳县西部和大石桥市西北部等区域为该区的重点监督区。

7.辽干西部丘陵水蚀区

该区位于辽河干流的西部，总面积 1.52 万平方公里。地貌主要为黄土覆盖的低山丘陵和黄土台地。土地利用以耕地为主。该区水土流失严重，以水力侵蚀为主，流失率为 40%，阜新、彰武县北部及康平县西北部兼有风蚀。水土流失主要发生在坡耕地上，耕地流失面积占流失总面积的 66%。

该区水土流失对下游基础设施和辽干中下游商品粮基地构成严重威胁，水土流失防治以保护坡耕地、减少泥沙下泄为重点。此外对阜新、康平、彰武县北部沙化地区大力营造、完善农田防护林、防风固沙林。柳河流域为该区的重点治理区域,阜新市辖区及阜新县东部是该区的重点监督区域。

规划治理水土流失面积0.5万平方公里,均在近期内实施。

8.辽干东部低山丘陵水蚀区

该区位于辽河流域的东部,总面积2.89万平方公里。地貌以低山、丘陵为主,土地利用以林地、耕地为主,林草植被覆盖率较高。水土流失以水蚀为主,流失率为21%。由于降雨强度大,山高坡陡,常有山洪及泥石流等自然灾害发生。

该区是大伙房、观音阁等水库上游水源涵养区,水土流失防治以水源涵养、生物多样性保护为重点,以林草植被保护、生产建设项目管理、蚕场治理和水土流失面源污染防治为主。同时,加强溪沟、小河道整治工作,防止泥石流等自然灾害的发生。东辽河上游为该区的重点治理区域。抚顺市辖区、抚顺县、本溪市辖区、本溪县、辽阳市弓长岭区、灯塔市东部、鞍山市区东部、海城市东部和辽阳县东部为该区的重点监督区域。清源县、抚顺县和新宾县为饮用水源重点保护区。

规划治理水土流失面积0.27万平方公里,其中:近期治理0.18万平方公里,远期治理0.09万平方公里。

(四)水土保持预防监督

到2020年,对生态良好区域和已治理区域实施全面管护。严格执行水土保持法律、法规的有关规定,强化生产建设项目水土保持管理,对违法造成水土流失的典型案件,依法及时查处,使人为水土流失得到有效控制。

具体措施包括:建立水土保持预防保护示范区;建立水土保持长效宣传机制,普及水土保持科学知识;完善管护机制和管理制度体系;建立健全对水源保护区、河流和水库上游等生态良好区域的生态保护补偿机制;采取配套的对策和措施,注重将预防保护与区域治理和区域经济社会发展相结合;建立健全流域监督管理体系,开展监督管理规范化建设,加强生产建设项目管理。

(五)水土保持监测预报

近期,按照《全国水土保持监测网络和信息系统建设二期工程初步设计报告》,在辽河流域建设1个监测中心站、3个监测总站、7个监测分站和29个监测点。远期,在二期工程建设的基础上,适当调整和增加监测站点,进一步完善辽河流域监测网络。

监测内容包括:(1)获取流域基础空间信息。(2)完善水土流失监测手段。(3)建设水土保持空间数据库。(4)开发水土保持应用系统和信息共享平台。

(六)科技示范与推广

科技示范与推广项目重点包括:坡耕地、侵蚀沟综合治理技术,生态修复过程中人为辅助措施,面源污染防治技术,生产建设项目水土流失治理技术,遥感、地理信息系统、全球定位系统、同位素示踪、径流泥沙含量与流量在线实时自动测量等新技术在水土保持监测中的应用。

下一步需要重点围绕以下内容开展研究:多种侵蚀营力作用下土壤侵蚀发生、发展过程与动力学机理,黑土区侵蚀沟发生、发展机理,坡耕地侵蚀发生过程与机理,黑土区水土保持监测指标体系与监测技术,黑土资源退化对粮食生产的影响,水土流失综合防治协调协商机制、投入机制、生态补偿机制等。

(七)水土流失治理与水土资源可持续利用的关系

一是保护耕地和黑土资源。水土保持措施生效后,将形成立体的水土保持综合防治体系,水蚀区年均减少土壤侵蚀量0.7亿吨,使耕地面积不再减少,土壤养分免于流失。按照监测数据分析,在辽河流域的黑土区,土壤侵蚀强度将由目前的轻、中度降至微度。

二是蓄滞径流,增加水资源可利用量。在水蚀区,水土保持综合治理措施可强化降水入渗,年均可蓄滞径流约7.54亿立方米,其中,将13.05%转换为地下水。被蓄滞的径流绝大部分将补给土壤水分,并在非汛期释放,增加非汛期河川基流,增加水资源可利用量。

第六章　流域管理

长期以来,辽河流域水资源开发利用方式相对粗放,经济社会发展所付出的水资源、水环境代价较大,迫切需要在完善水利基础设施建设的同时,进一步加强流域管理,实行最严格的水资源管理制度,强化水资源配置与调控手段,全面推进节水型社会建设,加快从传统水利向现代水利转变,保障流域水资源的可持续利用。

一、管理体制与机制

通过合理划分事权,进一步理顺流域管理与行政区域管理的关系,不断完善流域管理与行政区域管理相结合的水资源管理体制,逐步建立各方参与、民主协商、科学决策、分工负责的流域议事决策和高效执行机制。为促进流域管理与行政区域管理的密切结合,重点建立流域民主协商决策、有力地执行和监督、信息共享等工作机制。

二、防洪抗旱管理

辽河流域目前已初步建成了以堤防为基础,以大伙房、石佛寺等控制性水利枢纽为骨干的较为健全的防洪工程体系,形成了较为完善的各级行政首长负总责,统一指挥、统一调度的防汛抗旱组织管理体系。未来在继续完善和维护防洪工程体系的同时,需进一步建立健全以洪水风险管理为核心的防洪管理制度体系,完善防御洪水方案和洪水调度方案,完善抗旱各项工作机制,加强防汛抗旱应急管理体系建设,有效提高对水旱灾害的防控和灾后救助能力。

在已有工作的基础上,防洪管理重点开展建立洪水风险管理制度、完善洪水影响评价制度、完善防御洪水方案和洪水调度方案、加大河道清障力度、推进防洪管理现代化等工作。

抗旱管理应依据国家《抗旱条例》,进一步建立健全抗旱组织指挥体系,编制抗旱规划和抗旱预案,制定旱灾评价指标体系,加强抗旱应急水源、抗旱应急设施、旱情监测网络建设,最大限度地减少灾害损失。

三、水资源管理

辽河流域水资源匮乏,经济社会发展给水资源带来的压力越来越大,必须全面实行最严格的水资源管理制度,大力推进节水型社会建设,切实提高水资源利用效率和效益,使经济社会发展与水资源承载力和水环境承载力更趋协调。

(一)形成严格的用水监管体系

建立用水总量控制制度,在全国2015年、2020年和2030年用水总量控制指标确定的基础上,确立流域水资源开发利用控制红线,严格实行用水总量控制。建立用水效率控制制度,确立用水效率控制红线,坚决遏制用水浪费,把节水工作贯穿于经济社会发展和群众生产生活全过程。建立流域水权制度,以流域水资源综合规划为基础,进一步明晰各省(区)初始水权。大力推进水资源管理系统建设,力争在"十二五"期间建成该系统,实现对取用水户、主要江河重要控制断面、地下水超采区、饮用水水源地、入河排污口和水功能区的动态监测和有效监控;加快推进水资源调度系统建设。建立科学合理的水价形成机制,推进水价改革。建立水资源管理责任和考核制度。

(二)全面推进节水型社会建设

加快节水型社会建设试点步伐,促进经济结构调整。按照国家节水型社会建设有关要求,抓紧开展鞍山、本溪、辽阳、四平、辽源等城市省部级节水型社会建设试点工作。

完善水资源高效利用的工程技术体系。健全节水技术标准体系;推进农业节水工程建设;促进石油、化工、造纸、冶金等高耗水工业企业进行节水技术改造,推广节水工艺;鼓励开发非传统水源。

建立科学合理的水价形成机制。

四、水功能区管理

辽河流域应切实加强水功能区管理,建立健全污染物总量控制和入河排污口监督管理制度,加强水质监测和评价,完善水利、环保等多部门密切配合的流域联合防污工作机制,使水污染得到有效遏制,河流生态系统逐步实现良性演化。

(一)水功能区监督管理

1.建立水功能区限制纳污制度

确立流域水功能区限制纳污红线,在此基础上研究确定各污染源的合理负荷分摊,科学分配排污限额,提出污染物总量控制的动态指标体系和分阶段入河湖污染物总量控制计划,依法向有关部门提出限制排污的意见。

2.进一步完善水功能区管理

适时调整水功能区,科学确定水功能区水质目标;依法完善水功能区管理制度体系,进一步细化和规范对水功能区的监督管理工作;加强对省界水体的监督管理;建立水功能区巡查制度。

3.加强入河排污口监督管理

按照《水法》、《水污染防治法》和《入河排污口监督管理办法》的规定,以建立入河排污口同意制度为切入点,全面加强入河排污口的监督管理工作。

(二)加强水质监测工作

完善以省界水体、重要控制断面、取水许可退水水质等的常规监测以及突发性水污染事故的应急监测相结合的流域水质监测体系。适时拓展监测领域,加强对水生态的监测,努力保证重点河段的生态基流,维持河流、湿地基本生态需水要求。加强对地下水的保护及监控管理。

(三)建立水污染联合防控机制

充分发挥松辽水系保护领导小组的作用,进一步完善流域与区域结合、水利与环保联合的水资源保护和水污染防控机制,特别是重大问题的协商与决策机制。

(四)建立重大水污染应急管理机制

建立流域层次重大水污染应急管理机制,建立跨省联合动态监测制度,制定分级应急预案及应急响应程序,建立重大水污染事件专家咨询机制。

五、水土保持监督管理

辽河流域水土流失严重，必须加大水土流失预防和监督管理力度，完善监测网络建设，严格控制人为水土流失，发挥生态自我修复能力，涵养水源，减少泥沙下泄，控制沙漠化蔓延，保护宝贵的黑土资源和耕地。

加强水土流失预防工作。完善预防保护制度，形成比较完善的管理制度体系和宣传工作体系。

强化对建设项目的监督管理。加强对各行业建设项目的监管力度，实行水土保持方案准入制度，不断提高水土保持方案编报率；认真落实“三同时”制度，控制人为水土流失的发生。

完善水土保持工程组织管理体系。完善流域机构与 4 省（区）相关部门的联席会议制度，协调好黑土区综合防治等项目的前期工作，加强水土流失治理工程建设管理，落实好建后管护责任。

完善水土保持监测网络建设，实现对流域水土流失的动态监测。

六、河道及水工程管理

（一）河道管理

进一步规范河道管理范围内建设项目管理和行政许可行为，避免未批先建和越权审批；加大监督、检查和执法力度，对未按要求建设的项目依法予以查处，坚决纠正违法违规行为。

（二）水利工程建设管理

建立水利投入稳定增长机制，发挥政府在水利建设中的主导作用，将水利作为公共财政投入的重点领域；引导金融机构增加水利信贷资金，加强对水利建设的支持；向社会开放水利工程投融资和建设管理领域，广泛吸引民间资本投资建设水利工程。加强水利工程建设管理，继续完善和全面推行“三项”制度，逐步形成政企分开、政事分开、政资分开、事企分开的建设管理体制。

（三）水利工程运行管理

全面推进水利工程管理体制改革，区分水利工程性质，明晰水利工程产权，明确管理主体，分类推进改革，健全良性运行机制。

七、岸线利用管理

岸线利用管理主要包括按照规划方案进行岸线控制线的管理以及岸线功能区的管理，并对不符合岸线利用管理规划的岸线利用项目及其布局进行调整。按照岸线利用管理规划岸线控制线的划定范围，加强岸线临水控制线和外缘控制线管理；根据岸线利用管理规划的功能区划分成果，加强岸线保留区、岸线控制利用区的管理。

八、水利信息化建设

水利信息化是流域综合管理实现数字化、现代化的有效手段，建设任务主要包括水利公用信息平台、重点应用信息系统和保障环境建设。在 2030 年，将在辽河流域全面完成“金水工程”建设。在基础设施建设方面，实现松辽委与 4 省（区）的数据、图像等信息的实时共享，各类水利业务应用信息系统完成资源整合，安全保障体系得到全面加强，基本实现水利现代化建设目标。

第七章　环境影响评价

一、环境保护目标

从流域可持续发展的角度,拟定了辽河流域环境保护目标,详见表7-1。

表7-1　环境保护目标

环境主题	环境保护目标
水资源	保护辽河流域地表水资源量,促进水资源可持续利用 保护地下水资源量,维持地下水采补平衡
水环境	满足规划河段水域功能要求 满足鱼类生存及繁衍的基本条件
生态环境	保护辽河流域河道生态基流和水环境容量 保护辽河流域重要水生态敏感河段、改善和修复辽河流域水生生态环境 维护辽河流域水生生物多样性 改善和遏制辽河流域内生态环境恶化趋势 保护辽河流域内自然保护区、水产种质资源保护区等敏感目标 保护辽河流域植被和水土资源,减少水土流失
土地资源	合理开发利用与保护土地资源 防止土地退化
经济社会	合理开发和利用水资源,促进辽河流域经济社会可持续发展 提高辽河流域防洪减灾能力 改善城市、生活与农业供水条件 建设节水型社会 保障人群健康

二、环境现状分析

(一)环境现状调查与评价

1.水环境

辽河流域现状年水质评价如下:西辽河全年评价干支流河长1700公里,其中Ⅱ类水河长占18.4%,Ⅲ类水河长占8.8%,Ⅳ—劣Ⅴ类水河长占72.8%。东辽河全年评价干支流河长321公里,其中Ⅲ类水河长占35.2%,Ⅳ—劣Ⅴ类水河长占64.8%。辽河干流全年评价干支流河长575公里,其中Ⅱ类水河长占10.4%,Ⅳ类—劣Ⅴ类水河长占89.6%。浑太河全年评价干支流河长822公里,其中Ⅱ类水河长占20.8%,Ⅲ类水河长占3.3%,Ⅳ—劣Ⅴ类水河长占75.9%。主要超标项目为氨氮、高锰酸盐指数和化学需氧量。

2.生态环境

辽河流域自然植被具有地带性、过渡性和混杂性,流域东部山区为森林植被区,以天然次生林为主;中部平原区为东部森林向西部草原植被的过渡带,原生的草原植被已被农田生态系统和以杨树为主的各类防护林所取代;西部为半干旱草原区,受自然及人为因素影响草地退化严重。流域内现有珍稀濒危植物约13种,有国家级保护动物约64种,主要分布在自然保护区及风景名胜区。

辽河流域水生生物种类较少,有鱼类70余种。有国家二级保护鱼类松江鲈鱼和细磷鲑,分布在双台子河口海蜇中华绒螯蟹国家级水产种质资源保护区;珍稀濒危鱼类雷氏七鳃鳗分布在浑河及其支流上游。主要经济鱼类包括青鱼、草鱼、鲢鱼、鳙鱼、鲤鱼、鲫鱼、鲂、团头鲂、鲶鱼等。

3.环境敏感点分布状况

据统计,辽河流域内有国家级自然保护区9个,省级自然保护区18个,水产种质资源保护区1个。其中,双台子河口国家级自然保护区为国际重要湿地;双台子河口海蜇中华绒螯蟹国家级水产种质资源保护区主要保护对象为海蜇、中华绒螯蟹和松江鲈鱼。

4.土地利用

流域内平原区面积9.45万平方公里,山丘区面积12.66万平方公里。辽河流域现状年耕地面积8327万亩,实际灌溉面积3074万亩,其中水田981万亩、水浇地1456万亩。流域内水田主要分布在辽河干流和浑太河流域,水浇地、林果地和草场主要分布在西辽河流域。

(二)流域存在的主要环境问题

1.地表水和地下水水体污染

流域整体水污染状况较为严重,现状年地表水劣Ⅴ类水河长占总河长的58.2%。流域劣于Ⅲ类地下水面积达58.55%,其中轻污染区占27.33%,重污染区占31.22%。

2.河道断流、湿地萎缩问题突出

流域内有16条河流发生过断流,包括辽河干流、西辽河、东辽河等干流或一级支流,断流河段多出现在水土资源不平衡的农牧交错带。湿地萎缩主要发生在西辽河科尔沁沼泽湿地,50年间湿地面积减少了约20%。

3.荒漠化严重

流域水土流失、土地沙化、土壤次生盐碱化等土地退化问题已造成优良土地资源面积减小、质量下降,区域景观系统受损,生态系统服务功能减弱,对辽河流域的经济发展、生态安全以及社会稳定构成威胁。

4.地下水超采

地下水超采主要发生在四平、沈阳、辽阳、通辽等集中取水量大的城市及部分滨海地区,地下水大量开采已形成了城市区地下水漏斗,引起地面沉降,造成地下水污染、草场退化等生态环境问题。

三、规划环境影响分析与评价

(一)规划协调性分析

辽河流域综合规划是对流域开发、利用、节约、保护水资源和防治水害的总体部署。规划严格执行我国《水法》、《环境保护法》、《水污染防治法》、《防洪法》、《水土保持法》、《渔业法》、《野生动物保护法》等法律法规关于流域综合规划编制、水资源开发利用、防洪减灾、水土保持、水污染防治、环境保护等相关规定;符合《全国生态环境保护纲要》、振兴东北老工业基地战略等国家政策的相关要求;符合内蒙古、吉林、辽宁、河北4省(区)相关法规政策的要求。

本次规划修编以全国主体功能区规划为指导,依据各类主体功能区的功能定位、发展方向和发展重点进行流域水资源合理配置和规划,规划实施将指导流域各省(区)水利工程建设,有利于国家及各省(区)经济社会发展和节能减排目标的实现,也有利于流域生态环境建设和水资源保护,符合全国及流域内各省(区)"十二五"国民经济发展目标,并与流域水污染防治规划、全国生态功能区划、国家粮食安全中长期规划纲要、土地利用总体规划等行业发展规划相协调。

(二)规划总体布局的环境制约因素分析

根据规划总体布局,规划主要水工程有吉林省中部城市引松供水工程、绰尔河引水工程以及16座大中型水库建设等。根据规划总体布局与环境敏感点叠加分析可知,除辽河干流下游防洪堤防和盘山闸工程建设以及盘山灌区改扩建工程可能会对双台子河口海蜇中华绒螯蟹国家级水产种质资源保护区和双台子河口自然保护区造成一定扰动影响外,其余工程均不在这些环境敏感区内,工程建设不会对这些环境敏感因素造成影响。在制定具体规划方案时考虑了主要敏感点的分布,通过水资源配置保证了双台子河口湿地和卧龙湖湿地的生态需水。辽河流域综合规划总体布局和重大工程建设不存在大的环境制约因素。

(三)规划环境合理性分析

通过水资源合理配置,辽河流域水资源短缺局势得到缓解,地下水退还现状超采量6.78亿立方米,地下水不超采;退还东辽河、辽河干流等地区社会经济发展挤占的生态环境用水,保障河道生态基流;对不同行业、不同水源、不同省(区)合理配置水资源,避免水事矛盾和纠纷。从环境角度看,其配置规划总体布局是合理的。

规划拟定积极调整产业结构和农业种植结构,依靠技术进步、工程节水等各项措施发展节水农业。根据水功能区水质现状和目标,制定了水域污染物限制排放方案和饮用水源地保护方案;提出河流主要控制断面、重要湿地及河口生态需水量,提出了各水资源区水生态保护与修复的对策建议,为流域水资源和水生态保护奠定基础。

总之,辽河流域综合规划编制正确处理了保护与开发、整体与局部、流域与区域、水利与涉水行业、流域管理与区域管理的关系,对总体规划及各专项规划进行了平衡协调,将水资源与水生态保护纳入了规划重要目标。从流域生态整体性和环境保护角度分析,规划方案是合理的。

(四)环境影响预测分析与评价

1.水资源节约与配置对环境影响预测分析

辽河流域规划实施后将退还东辽河、辽河干流等地区挤占生态环境用水,西辽河河道生态环境用水维持现状并有所改善,到2030年辽河干流、浑太河二级区出口断面的河道内多年平均水量都有所增加,河道内生态环境用水基本得到满足,有效缓解局部地区水资源匮乏、河道断流、湿地萎缩和地下水超采等生态问题。详见表7-2。

表7-2　规划水平年辽河流域各二级区出口断面多年平均水量变化

单位:亿立方米

节点名称	基准年	2020年	2030年	2020年变化	2030年变化
东辽河	3.67	4.02	4.29	0.35	0.62
辽河干流	18.64	19.53	18.91	0.89	0.27
浑太河	34.55	36.99	37.25	2.44	2.70
注:辽河干流下泄水量不包括东辽河下泄水量。					

2.水库工程对环境影响预测分析与评价

本次规划新建关山Ⅱ、韩家杖子等16座大中型水库。通过叠加分析,规划修建的水库距离自然保护区与风景名胜区较远,不存在环境制约因素。水库建设不会导致流域景观生态体系的结构和功能发生明显变化,但将对河流纵向连通性造成不利影响,导致水生生物栖息地破碎化。此外,本次规划的90座农村小水电工程分布范围广、数量大,具体的影响范围和程度需要下阶段根据工程具体选址情况具体分析评价。

3.调水工程对环境影响预测分析与评价

吉林省中部城市引松供水工程的实施将极大缓解四平及辽源市的缺水现状,缓解四平市地下水超采现状,退还挤占的农业灌溉用水,增加河道水量,对受水区生态环境具有改善作用。

绰尔河引水工程实施将有力保证西辽河流域工农业用水需求,流域内水资源供需矛盾将得以缓解,西辽河受水区河道、湿地生态环境也将得到改善。通过水资源置换,地下水超采得到一定缓解。

4.灌区规划和防洪治涝规划对环境影响分析与评价

灌区规划实施后,规划水平年,农田灌溉退水量较现状有一定程度降低,在一定程度上减缓灌区退水对纳污河流水质的负面影响,并改善西辽河地区草原退化状况。防洪规划实施后,流域内将形成比较完整的防洪减灾体系,防洪能力得到大大提高,保护流域内人民生命财产安全,促进社会环境发展。

5.规划实施后主要生态环境问题的变化趋势

2030年,通过调水工程以及水资源节约等规划的实施,流域内水量将增加,东辽河出口断面多年平均水量增加0.62亿立方米,辽河干流增加0.89亿立方米,浑太河增加2.7亿立方米,除西辽河河道生态环境用水维持现状外,流域内河道断流现状将得到一定程度缓解,流域内最小生态环境水量将得以保障,湿地萎缩趋势将得到减缓,地下水超采基本得到缓解。规划水土保持、灌区治理、水资源保护规划实施后,流域水土流失面积明显减少,流域荒漠化现状将得到明显改善,地表水与地下水污染的趋势能够得到有效遏制。

6.规划方案实施对西辽河、辽河口生态环境影响分析

西辽河流域地处生态脆弱区。绰尔河引水工程修建后,调水将增加西辽河流域内水资源量,对西辽河流域内地下水超采、土地荒漠化产生有利影响,改善西辽河流域脆弱的生态环境。此外,本次规划拟在西辽河支流上游地区建设8座大中型水库,这些水库建成后将对所在河流水环境、生态环境产生一定影响。建议规划新建水库在下一阶段需详细论证最小下泄生态流量,以保证河流的基本生态功能,并严格论证小水电数量和选址。

辽河口地区是生物多样性丰富地区,拥有双台河口国家级自然保护区与海蜇中华绒螯蟹国家级水产种质资源保护区。通过河口治理,改善辽河口淤积现状,增强河口排洪纳潮能力,改善供水条件及河口的水文泥沙情势,为稳定河口形态创造了有利条件。规划的辽河口堤防、盘山闸及灌区改扩建工程将对双台河口自然保护区产生临时性扰动影响。从总体看,辽河流域规划改善了流域内重要生态区辽河口生态环境现状,促进其良性演化。

(五)规划生态环境保护目标的可达性分析

规划实施后,通过工程建设,节水规划、水资源保护规划及水资源管理规划的实施,流域内生态环境水量得以退还,东辽河太平断面最小生态环境水量非汛期0.52亿立方米和汛期0.79亿立方米,辽河干流辽中断面最小生态环境水量非汛期2.78亿立方米和汛期4.17亿立方米,浑河邢家窝堡断面最小生态环境水量非汛期1.77亿立方米和汛期2.66亿立方米,太子河唐马寨断面最小生

态环境水量非汛期2.09亿立方米和汛期3.14亿立方米得以保障。流域内河道水量增加,加上水资源保护措施的实施,流域内水环境容量将有一定程度的提高。

规划避让双台子河口海蜇中华绒螯蟹国家级水产种质资源保护区、辽河干流重要鱼类洄游通道、浑太河源区及上游支流冷水鱼密集区等重要水生态敏感河段。通过水资源合理配置,向双台子河口提供2.53亿立方米/年的芦苇湿地生态用水,保证卧龙湖最小生态水位88.2米,最小生态环境水量0.55亿立方米/年,促进流域内重要湿地的保护与修复,维护辽河流域水生生物多样性。流域生态系统基本实现良性演化,其各项生态环境保护目标可达。

四、环境保护对策措施

(一)环境保护对策措施

1.水环境

做好水库施工期环境保护及蓄水前的库底清理工作,加大库周水土流失治理力度,防止面源污染。科学制定调水工程调度方案,满足下游生态流量和工农业用水要求;应在调水沿线采取生态修复及排污总量控制措施,防止水土流失及污染物排放对调水水体使用功能产生影响。合理规划灌区内进水、排水路线,科学施用化肥,改进施肥方法,并对灌溉回归水采用人工湿地等方法进行生态处理。

2.生态环境

调水工程应尽量避免造成植被破坏、水土流失,采取各项水土保持、生态恢复措施,做好迹地复耕和植被绿化。

加强鱼类栖息地保护。在浑太河中上游设立基本水生生物保护区;保证水库坝下生态流量,尤其是在4—6月鱼类繁殖期,分析增殖放流的可行性;双台子河堤防工程及盘山闸改扩建工程施工期尽量避免在6—7月中华绒螯蟹幼蟹上溯期,而在9—10月成蟹入海繁殖期施工。强化施工管理和废污水处理。

3.土地利用

建立完善灌排体系,改良耕作方式,多施有机肥;建立沙化土地监测体系,及时掌握全流域沙化土地的现状、变化动态及治理成效的信息;控制草原牲畜载畜量,合理开发和利用土地资源。

(二)建议

1.辽河流域产业结构调整建议。辽河流域东部地区应封山育林,合理利用森林资源,禁止过度采伐林木、开荒种地;辽河流域中部地区应稳定粮食生产,发展现代高效节水农业,重点推进装备制造、汽车、钢铁、石化等城市工业产业发展,合理控制矿山开采规模。辽河流域西部地区应调整农业结构,减少水田种植面积,大力发展草场灌溉和现代高效节水农业。流域内禁止发展高耗水、高污染工业。

2.根据规划实施实际进度,在流域综合规划实施中期和后期,有计划地开展规划环境影响跟踪评价。积极开展引调水工程、航运规划、水能资源开发规划、流域所属支流规划和各省(区)水电开发规划等专项规划的环境影响评价工作。

五、评价结论

辽河流域综合规划符合国家相关法律、法规及政策,与国民经济社会发展规划相协调,与流域行业发展规划相协调。从流域生态整体性和环境保护角度分析,总体规划及各专项规划方案合理可行,规划实施有利于缓解流域水污染恶化趋势和水资源供需矛盾,对环境保护总体有利。

规划方案中跨流域调水工程、水库工程、防洪工程、灌区续建配套与节水改造工程等布局合理,对流域生态环境影响较小,不存在大的环境制约因素,有利于保护和改善目前辽河流域脆弱的生态环境,促进流域生态环境向良性方向发展。

规划实施将对流域内河道断流、水质污染、水资源时空分布不均、土壤盐渍化等突出的环境问题产生改善作用,可保障流域城乡饮用水安全、经济用水安全和生态用水安全,促进流域水利可持续发展与和谐社会的构建。

规划实施将对局部区域的水环境与生态环境产生一定的不利影响。在实施规划具体工程方案时,应编制环境影响评价报告,进一步论证其工程选址与设计的合理性和可行性。

综上所述,通过对规划的环境影响分析,该规划从环境角度总体评价合理可行。

第八章 规划实施意见及效果

一、规划实施意见

按照统筹兼顾、远近结合、突出重点、因地制宜、有序开发、注重效益的原则,提出近期规划实施意见如下:

建设乌力吉木仁分洪枢纽,对苏家堡闸、盘山闸、谟家堡闸等大型拦河枢纽进行改扩建;新建七泡子等水库;开展河道清淤、清障,完成重点河段及沈阳等12座城市防洪工程的达标建设;完成一般河段、重点中小河流及山洪灾害重点防治区的治理。完成大中型涝区治理面积261万亩。

重视民生水利,完成病险水库除险加固、农村饮水解困、大中型灌区节水改造及续建配套工程建设。完成现代高效节水农业灌溉面积800万亩。

完成大伙房水库输水工程,条件具备时适时开工建设吉林省中部城市引松供水工程、绰尔河引水工程和辽西北供水工程。

完成流域重要饮用水源地保护区划分,实施水源地保护工程。加强流域监测能力建设,实施流域水功能区及入河排污口监测。完成流域内工业较发达地区特别是傍河城市排污口综合治理,建设面源污染控制工程,加快河岸保护工程及河流湿地建设,改善水环境。

实施重要调水工程及水库的生态调度,保证河流重要控制断面生态流量,完成英金河、西拉木伦河、柳河、绕阳河等近500公里的植被缓冲带建设。

全面开展水土保持非工程措施建设,加强监督管理,控制人为水土流失。对近期规划治理的48个县(市)进行集中连片治理。

完成流域内地市级及以上城市水利公共信息平台(包括水利信息基础设施、水利数据中心)、应用系统及保障环境建设;大中型水库信息采集、通信设施、信息网络建设。加强城市排涝系统建设与管理。

二、实施效果评价

规划以科学发展观为统领,按照全面建设资源节约型、环境友好型社会的要求,在系统分析流域现状水资源开发利用、水生态环境、防洪减灾的基础上,针对流域存在的主要问题及经济社会可持续发展的需要,提出了水资源开发利用的上限控制目标、用水效率指标及限制排污总量意见目标,研究制定了流域水资源节约与配置、水环境及水生态保护、防洪减灾及流域综合管理方案。规划的实施,将使流域面临的防洪形势严峻、水资源供需矛盾突出、水生态环境恶化、流域管理不够完善等问题得到初步解决,水利对流域经济社会可持续发展的支撑与保障能力将全面提升。

(一)防洪减灾能力显著提高

规划实施后,辽河将建成较为完善的防洪体系。堤防及河道整治工程基本完成,病险水库除险加固全面完成,规划有防洪任务的水库基本建成,蓄滞洪区全部建成并投入使用,中小河流治理初见成效,山洪灾害防治措施进一步完善;水文基础设施条件全面改善,洪水预警预报系统、防汛指挥系统全部建成,洪水预报调度更加可靠;超标准洪水应急措施进一步完善。

(二)水资源可持续利用能力有效提升

规划实施后,流域水资源短缺及时空分布不均的状况将有所缓解,水资源可持续利用能力显著增强。规划确定的水资源配置方案既保障了经济社会发展对水资源的需要,同时也满足了生态环境保护对水资源的要求。规划流域各地区对本地水资源的消耗量将控制在水资源可利用量的范围内,部分有条件的地区还适当留有了余地,其中过度开发利用地区的超用水量将逐步得到退减,超采的地下水得到退减,开发利用接近可利用量的地区其水资源消耗量将不再增加。通过对水资源的涵养和保护,使干旱年份和突发事件情况下的水源条件有所改善,抗御特殊干旱和应对气候变化的能力显著提高。

(三)国民经济合理用水需求得到基本满足

规划通过水资源合理配置,流域和区域未来供水保障程度得到显著提高。通过蓄、引、提等水源工程及跨流域调水工程建设,逐步形成较为完善的水资源安全供给体系,实现供水格局与国民经济发展战略布局的优化匹配,商品粮基地、畜牧业基地、健康和良性的生态系统、城市供水安全的用水需求基本得到保障;水资源配置格局及供水保障体系能够基本满足流域发展战略的需要;农村饮水困难人口在2013年之前全部解困,可为提高农民生活质量和健康水平创造有利条件。正常年份能够达到水资源供需平衡,中等干旱年基本达到供需平衡,连续干旱年、特殊干旱年及突发水污染事故有应对措施,抗旱能力得到显著提高。

规划在用水不增加的原则下进行种植结构调整,减少水田种植面积,适当增加水浇地、菜田、林果地和草场的面积。通过强化节水,提高灌溉水利用率,发展现代高效节水农业,流域内有效灌溉面积由现状的3319万亩提高到3620万亩,增加301万亩,高效节水灌溉面积增加974万亩,为稳定粮食生产、保障国家粮食安全起到了重要作用。

(四)水资源利用效率和效益明显提高

规划实施后,水资源利用效率和效益得到显著提高,流域水田灌溉水利用系数由0.53提高到0.62,水浇地灌溉水利用系数由0.6提高到0.67,亩均灌溉用水量降低到373立方米以内;工业综合重复利用率提高到91%,万元工业增加值用水量降低到23立方米左右,高用水工业净定额降低到52立方米/万元,一般工业净定额降低到14立方米万元,管网漏失率降低到9%,节水器具普及率提高到85%,城镇居民生活用水净定额提高到133升/人·日,农村居民用水毛定额提高到81升/人·日。

规划实施后,流域单方水产出GDP由现状的39元提高到196元,提高了5倍;单方水工业增加值产出由现状的110元提高到427元;单方灌溉水粮食产出由现状的2.3千克提高到2.6千克。

(五)水生态与水环境状况得到显著改善

规划实施后,将有6.78亿立方米超采地下水量得到退还,地下水超采状况得到有效控制。河流和地下水系统的自然和生态功能将得到恢复,安全供水的储备能力将显著提高。规划还通过水资源合理配置措施,增加和改善河道内生态环境用水状况及用水过程,水生态环境将得到明显改善。

规划的实施,可有效地控制废污水及污染物的入河总量,进一步提高饮用水水源地的水资源质量,逐步实现水功能区水质目标,提升河湖的水功能及水资源使用价值,在一定程度上缓解水污染所构成的水危机,为流域经济社会发展以及国家粮食安全提供水资源保证条件。全面实施最严格的水资源管理制度,落实水功能区纳污红线,促进辽河流域水污染防治规划的有效实施。届时,辽河流域江河湖库水污染的状况将得到根本的扭转,城乡饮水安全状况得到显著改善,极大推进流域内生态省(区)建设,实现河湖水生态环境的良性循环。

规划通过建立水土流失综合防治体系,全面控制人为水土流失,到2030年,完成治理面积5.93万平方公里,植被覆盖率达到47%,重点区域的水土流失得到有效治理,水土流失恶化的趋势得到遏制,耕地和黑土资源得到有效保护,入河、入库泥沙明显减少,流域生态环境明显改善。

(六)流域管理得到切实加强

规划实施后,流域涉水事务管理将得到全面规范和加强。通过规划的实施,结合我国行政管理体制改革,流域管理与行政区域管理的关系将进一步理顺,事权划分更加清晰合理,流域管理与行政区域管理相结合的水资源管理体制得到有效落实。洪水风险管理制度、洪水影响评价制度将进一步建立健全,防汛抗旱应急管理体系建设更趋完善,对水旱灾害的防控和灾后救助能力得到切实提高。通过加强用水监管,严格控制用水总量的非理性增长,全面推进节水型社会建设,使经济社会发展与水资源承载力和水环境承载力更趋协调。水功能区管理全面加强,污染物总量控制和入河排污口监管制度进一步确立,水利、环保等多部门密切配合的流域联合防污工作机制更加完善,流域水污染得到有效遏制,河流水质逐步改善。水土流失预防和监督管理力度加大,人为水土流失得到严格控制。建立起适应社会主义市场经济要求的水工程建设与管理体制和良性运行机制,河道管理更加规范和严格。水利信息化进程快速推进,基本实现水利现代化建设目标。

(七)综合评价

辽河流域作为我国重要的工业基地和商品粮基地,在我国经济发展中占有重要的战略地位。规划实施后,将进一步健全与流域经济社会发展相适应的防洪减灾体系、水资源综合利用体系、水环境及水生态保护体系、流域综合管理体系,社会效益、生态环境效益和经济效益显著,可以保障流域内社会稳定和防洪安全、饮水安全、粮食生产安全,推动流域经济社会又好又快发展,促进人与自然和谐共处,维系优良生态,保持流域水资源的可持续利用,为经济社会的可持续发展提供有力支撑。

松花江流域综合规划(修编)

(2012—2030年)

前　言

松花江流域是我国重要的工业基地和商品粮基地,行政区涉及内蒙古、吉林、黑龙江、辽宁4个省(区)。20世纪50年代和80年代先后两次编制松花江流域规划,其中,《松花江流域规划初步报告》由松花江流域规划委员会完成,《松花江流域规划》由水利部松辽水利委员会于1991年完成,1994年经国务院批准。在两次流域规划的指导下,进行了大规模的开发治理,基本形成了较为完善的防洪工程体系和水资源综合利用体系,为流域经济社会发展提供了支撑和保障。

但流域目前仍然存在水资源短缺、水污染、水土流失、地下水超采等突出问题,而经济社会的快速发展,对流域水资源保障能力、防洪安全保障能力和生态环境保护提出了更高要求,迫切需要按照可持续发展治水思路重新认识和深入研究制约经济社会发展的一系列水问题。因此,对松花江流域规划进行修编是十分必要的。

2007年1月,国务院召开了流域综合规划修编工作会议,并以国办发〔2007〕44号文转发了水利部关于开展流域综合规划修编工作意见的通知,此后,水利部批复了《松花江流域综合规划任务书》。松辽水利委员会及时组织开展了松花江流域综合规划修编工作,建立了由内蒙古、吉林、黑龙江、辽宁4省(区)人民政府及发展和改革委员会、水利厅,交通部黑龙江和松辽水系航运规划办公室、东北电网有限公司等有关各方参加的规划协调会议制度,协调解决规划中涉及省区间及相关行业间的重大问题。同时聘请国内知名专家组成了专家咨询组,以保证规划成果的科学性和合理性。

2007年3月,松辽水利委员会组织召开了第一次规划协调会议,审议通过了规划协调会议制度、规划协调会议组成方案。2007年10月召开了第二次规划协调会议,审议通过了规划工作原则与标准。在规划编制过程中,对重大技术问题进行了专家咨询,规划成果正式征求了流域内4省(区)水利厅等有关各方的意见,并进行了修改完善。2010年3月召开了第4次规划协调会议,审议通过了《松花江流域综合规划》,形成了会议纪要。2010年6月和12月,水利部在北京分别召开了规划预审会议和规划审查会议。2011 年 5 月，水利部发函征求了国务院有关部门和流域内 4 省（区）人民政府对规划报告的意见，松辽水利委员会根据有关部门反馈意见和 2011 年中央一号文件精神，对规划进一步修改完善。2012 年 5 月，水利部召开了规划部际联席会，对规划进行了审议。

本次规划是按照《中华人民共和国水法》规定，根据经济社会发展需要和水资源开发利用现状编制流域开发、利用、节约、保护水资源和防治水害的总体部署，作为流域治理开发与保护和流域综合管理的重要依据。规划现状年为 2007 年，规划近期水平年为 2020 年，规划远期水平年为 2030 年。本次规划把流域水资源合理配置、水资源及水生态保护和水利管理作为重点，开展了大量基础及专题研究工作，对全流域的水利发展进行了全面、系统的部署和安排，以水资源的可持续利用支撑经济社会的可持续发展，为全面建设小康社会和振兴东北老工业基地奠定了基础。

第一章　流域及水利发展概况

一、自然地理

松花江流域地处我国东北地区的北部，位于东经 119°52′—132°31′、北纬 41°42′—51°38′之间，东西宽 920 公里，南北长 1070 公里。流域西部以大兴安岭为界，东北部以小兴安岭为界，东部与东南部以完达山脉、老爷岭、张广才岭、长白山等为界，西南部的丘陵地带是松花江和辽河两流域的分水岭。行政区涉及内蒙古、吉林、黑龙江和辽宁 4 省（区），流域面积为 56.12 万平方公里，其中内蒙古自治区 15.86 万平方公里、吉林省 13.17 万平方公里、黑龙江省 27.04 万平方公里、辽宁省 0.05 万平方公里。

松花江是我国七大江河之一，有南北两源。北源嫩江发源于内蒙古自治区大兴安岭伊勒呼里山，南源第二松花江发源于吉林省长白山天池，两江在三岔河汇合后始称松花江，东流到黑龙江省同江市注入黑龙江。

松花江流域水系发育，支流众多，流域面积大于 1000 平方公里的河流有 86 条，大于 10000 平方公里的河流有 16 条。河流上游区分别受大兴安岭和长白山山地的控制和影响，水系发育呈树枝状，各支流河道长度较短；在中下游的丘陵和平原区内，河流较顺直，且长度较长。松花江主要河流基本情况见表 1-1。

表 1-1　流域主要河流基本情况表

河流水系	河长（公里）	流域面积（万平方公里）	主要支流
嫩　江	1370	29.85	甘河、诺敏河、雅鲁河、绰尔河、洮儿河、霍林河、讷谟尔河、乌裕尔河
第二松花江	958	7.34	辉发河、饮马河
松花江干流	939	18.93	拉林河、呼兰河、蚂蚁河、汤旺河、牡丹江、倭肯河
合　计		56.12	

二、气象水文

松花江流域地处温带大陆性季风气候区,春季干燥多风、夏秋降雨集中、冬季严寒漫长。多年平均气温在-3℃—5℃,全年日照时数2200—3000小时,无霜期100—150天。流域多年平均降水量在400—750毫米之间。降水的时空分布极不均匀。降水量年内分布不均,6—9月降水量占全年的70%—80%,降水年际变化也较大,最大年降水量约为最小年降水量的3倍。

松花江流域1956—2000年多年平均水资源总量960.88亿立方米,其中地表水资源量为817.7亿立方米,地下水资源量为323.88亿立方米,地表与地下水资源不重复量143.18亿立方米。人均水资源量1795立方米,耕地亩均水资源量461立方米,在东北地区属水资源相对丰富地区。

松花江流域的洪水主要由暴雨产生。整个流域由局部地区一次暴雨产生大洪水的年份很少,大部分是地区性的洪水汇合而成。80%以上的洪水发生在7—9月。

松花江是一条少沙河流,嫩江大赉站多年平均输沙量124万吨,年输沙模数为5.6吨/平方公里;第二松花江扶余站多年平均输沙量255万吨,年输沙模数为32.9吨/平方公里;松花江干流佳木斯多年平均输沙量1011万吨,年输沙模数为19.1吨/平方公里。

松花江流域的河流从10月中旬至11月下旬开始封冻,在翌年3月中旬至4月中旬解冻,封冻期为130—180天,冰厚一般为0.5—1米,最厚达1.5米。流域内洪涝、干旱灾害严重。春季风大雨少、蒸发量大,常发生春旱;夏秋季雨量集中,常发生洪涝灾害。低平原易涝,高平原易旱。水灾发生次数、造成的损失大于旱灾,但受灾面积小于旱灾。

三、经济社会概况及发展趋势

松花江流域涉及内蒙古、吉林、黑龙江、辽宁4省(区)的24个市(地、盟),84个县(市、旗)。重要城市有哈尔滨、长春、乌兰浩特、吉林、松原、白城、齐齐哈尔、牡丹江、佳木斯、大庆、双鸭山、伊春、七台河、鹤岗、绥化、加格达奇等16座。2007年总人口5353万人,其中城镇人口2489万人,国内生产总值9713亿元。全流域耕地面积20832万亩,占全国耕地面积的11.4%,农田有效灌溉面积4290万亩,主要粮食作物有水稻、玉米、小麦和大豆等,粮食总产量5323万吨,灌溉林果地面积32.74万亩,灌溉草场面积23.26万亩,大小牲畜5608万头。据预测,2030年人口达到6093万人,城镇化率达到70%,国内生产总值54446亿元,农田灌溉面积达到7130万亩,林牧渔灌溉面积达到879万亩。

四、流域水利发展状况

流域已建大型水库35座,总库容420.2亿立方米;干支流堤防长度8422公里,重点防洪城市堤防长度875公里;现状年流域总供水量301.75亿立方米,水资源开发利用程度32.9%;有效灌溉面积4346万亩。全流域初步建成了较为完善的防洪工程体系和水资源调控体系,为流域经济社会的发展提供了支撑和保障。

流域已建大型水利枢纽在流域防洪、灌溉、发电等方面发挥了巨大作用,不仅提高了流域抗御水旱灾害的能力,而且为国民经济发展提供了重要的水源和廉价的能源。

五、水利发展面临的形势

(一)流域防洪减灾体系亟需进一步完善

流域防洪工程基础设施仍然薄弱,十支流主要防洪保护区防洪能力偏低,部分河段未达到规划防洪标准,防洪骨干工程胖头泡、月亮泡蓄滞洪区安全建设尚未完成,嫩江通让铁路桥、二松龙潭公路桥以及河道内77处围堤严重阻水,防洪非工程措施尚不完善。

(二)流域水资源供需矛盾日益突出

松花江流域人均水资源量为全国平均值的85%,亩均水资源量仅为全国平均值的30%。流域水资源分布东多西少、北多南少、边缘多腹地少,与生产力布局不协调。现状多年平均情况,在不考虑水质性缺水情况下,缺水接近50亿立方米,主要表现在农业灌溉供水不足。流域内供水保障程度低,缺乏调蓄工程,现状蓄水工程供水能力仅占地表水供水能力的21%。同时,人们的节水意识不强,用水效率偏低,用水浪费严重。

(三)流域水环境恶化尚未根本扭转

流域水功能区达标率较低,水环境恶化及河湖纵横向连通受阻,导致河湖水生态功能退化,湖泊、湿地萎缩;部分大中城市地下水严重超采,形成大面积地下水漏斗,流域黑土资源丰富,但流失严重。

(四)流域农村水利基础设施相对薄弱

流域农村饮水安全问题还没有得到根本解决,尚有1215万饮水困难人口,存在饮用水水质超标、水源保证率低、用水方便程度低等问题;许多地区农田灌溉和排涝设施不完善,用水保证率普遍不高。

(五)流域综合管理能力亟待提高

目前流域尚未形成以流域为基础的权威、统一、高效的水资源管理体系,依法治水、管水的能力和水平需要进一步提升。

第二章　总体规划

一、规划原则及目标

(一)指导思想

以科学发展观为统领,认真贯彻落实《中共中央 国务院关于加快水利改革发展的决定》和中央水利工作会议精神,遵循人水和谐的理念,按照全面建设资源节约型、环境友好型社会的要求,统筹协调城乡之间、区域之间的关系,统筹协调人与自然和谐发展,以合理配置水资源、有效保护生态环境为重点,全面规划、统筹兼顾、标本兼治、综合治理,协调好流域兴利与除害、开发与保护、整体与局部、近期与长远的关系。实行最严格的水资源管理制度,促进水资源的合理配置、全面节约、有效保护和综合利用,以水资源的可持续利用支撑经济社会的可持续发展,为全面建设小康社会、振兴东北老工业基地和保障国家重要粮食生产基地建设奠定基础。

(二)规划原则

坚持以人为本,民生优先,着力解决群众最关心最直接最现实的水利问题。

坚持人水和谐,顺应自然规律和社会发展规律,促进经济、资源、环境的协调发展。

坚持水资源开发利用与节约保护并重,处理好水资源开发与保护的关系。

坚持全面规划、统筹兼顾、综合利用,注重兴利除害结合、防灾减灾并重、治标治本兼顾,统筹协调流域整体与局部、近期和长远、干流和支流、左岸和右岸、上游和下游以及生产、生活和生态用水的关系,兼顾流域经济、社会和生态环境等各方面的效益。

坚持因地制宜、突出重点,针对流域水资源开发利用保护现状及存在的问题,制定具有针对性和切实可行的规划方案。

(三)规划范围及水平年

本次规划的范围为松花江流域,面积56.12万平方公里,行政区涉及内蒙古、吉林、黑龙江和辽宁4省(区)。现状年为2007年,近期水平年为2020年,远期水平年为2030年。

(四)规划目标

1.近期目标

基本建成防洪减灾体系,重点城市和防洪保护区防洪能力明显提高;基本建成水资源合理配置和高效利用体系,城乡供水保证率显著提高,城乡居民用水得到全面保障,万元国内生产总值和万元国内工业增加值用水量明显降低;基本建成水资源保护和河湖健康保障体系,主要江河湖泊水功能区水质明显改善,水功能区水质达标率达到80%,城镇供水水源地水质全面达标,地下水超采基本遏制,水生生物资源衰退和水生态系统恶化趋势得到基本遏制并有所改善,重点区域水土流失得到有效治理;基本建成有利于水利科学发展的制度体系,最严格的水资源管理制度基本建立,有利于水资源节约和合理配置的水价形成机制基本建立,水利工程良性运行机制基本形成。

2.远期目标

形成比较完整的流域防洪减灾体系。干流、主要支流及一般城市均达到规划防洪标准,完善流域抗旱减灾体系,建立抗旱减灾长效机制;建成完善的水资源合理配置和高效利用体系,城乡供水保证率进一步提高,万元国内生产总值和万元国内工业增加值用水量进一步降低;建成水资源保护和河湖健康保障体系,水功能区水质全面达标,浅层地下水超采区超采量全部退还,流域江河、湖泊、湿地生态系统得到有效保护,受损的水生物资源、湿地及水生态系统得到基本修复,保证水生态系统基本实现良性循环和健康发展,黑土资源得到有效保护;进一步完善流域管理与区域管理相结合、流域综合管理与行业管理相结合以及涉水行政事务城乡统一管理体制运行机制,完善流域综合管理法制体系,流域综合管理能力和公共服务水平得到显著提高,基本实现流域综合管理的现代化。

二、主要控制指标

为促进流域水资源的可持续利用,协调治理开发与保护的关系,有重点地研究确定了6项控制性指标。

(一)水资源可利用指标

流域水资源可利用总量为427亿立方米,地表水资源可利用量为339亿立方米,平原区地下水可开采量为153亿立方米。

(二)用水总量

到2020年,流域用水总量控制在405亿立方米以内;到2030年,流域用水总量控制在430亿立方米以内。

(三)最小生态环境需水量指标

主要控制节点大赉、扶余、哈尔滨站年最小生态环境流量分别不低于35立方米/秒、100立方米/秒、250立方米/秒。

(四)用水效率指标

流域2020年,农田综合灌溉水利用系数不低于0.59,农田综合灌溉毛定额每亩不高于448立方米,万元工业增加值用水量降低至65立方米;流域2030年,农田综合灌溉水利用系数不低于0.61,农田综合灌溉毛定额每亩不高于413立方米,万元工业增加值用水量降低至36立方米。

(五)水功能区水质控制要求

流域2020年水功能区水质达标率为80%,2030年水功能区水质全面达标。

(六)污染物限制排污总量意见

COD、氨氮入河限制排污总量意见分别控制在24万吨、2万吨以内。

三、总体规划方案

规划以合理配置水资源、提高洪水防御能力、有效保护水资源及水生态为重点,建立防洪安全、供水安全、生态安全的综合水利保障体系。加快防洪工程建设,提高重点城市和重点地区的防洪能力;推进中部城市引松供水、呼玛河引水及文得根、毕拉河口水利枢纽等工程建设,构建“东水中引、北水南调”的水资源配置格局,松嫩平原结合以稻治碱,三江平原通过“两改一提高”(地下水源改为地表水源、旱田改为水田、提高耕地灌溉率),发展水田灌溉面积;切实加强河湖水资源和重要湿地保护,加快推进黑土区水土流失综合治理,为东北老工业基地振兴、国家粮食主产区建设提供水利支撑。

(一)防洪减灾

松花江基本形成了以堤防为基础,尼尔基、丰满、白山等干流控制性水利枢纽工程为重点的防洪工程体系。按照“蓄泄兼筹,综合治理,突出重点”的防洪方针,通过尼尔基、丰满、白山等水库的合理调度,胖头泡、月亮泡蓄滞洪区安全建设,堤防加固,河道整治及防洪非工程措施等,形成较为完善的防洪减灾体系。

(二)水资源开发利用

在加强节约用水的基础上,建设必要的引水、蓄水、调水和河湖连通工程,形成较为合理的水资源配置格局;严格限制发展高耗水、高污染工业,提高用水效率;在缺水地区大力发展现代高效节水农业,加快大中型灌区续建配套与节水改造,松嫩平原结合以稻治碱,适度发展水田灌溉面积,三江平原通过“两改一提高”,大力发展水田灌溉面积;有条件的地方加快河湖水系连通工程建设,进一步提高水资源调控水平和供水保障能力,恢复湖泊湿地水源补给条件;推进水电和航电枢纽工程建设。

(三)水资源及水生态保护

流域水生态保护与修复规划重点是保障河湖生态水量和重要湿地生态用水和水生生物资源保护。水资源保护要按照“在保护中开发”的原则,以水资源配置方案和规划水平年水功能区纳污能力为约束,提出入河污染物限制排污总量意见及其治理配套措施,分阶段完成入河污染物限制排放总量控制指标,逐步实现地表水功能区水质目标和水源地水质目标。地下水资源以保护为主、利用为辅,重点针对集中式供水水源地,建设地下水水质保护工程;对有替代水源的超采区,结合替代水源建设,采取现有地下水开采井限采或限期封存等措施,逐步压缩地下水开采量,实现地下水功能区达标和地下水资源的可持续利用。加强水生生物资源保护,重点开展生境修复和水生生物增殖放流,加强水产种质资源保护区和水生生物自然保护区建设,促进水生生物的可持续利用。

(四)水土流失综合防治

以保护耕地和黑土资源、控制面源污染、改善流域生态环境为目标,建立水土流失综合防治体系,对坡耕地和侵蚀沟进行综合治理,因地制宜地进行自然与人工修复,突出重点进行分期防治。

四、主要水工程

规划主要水工程共计84处,其中大型水库18座,中型水库55座,引调水工程11处。

(一)水库工程

流域规划大中型水库总库容151.47亿立方米,兴利库容92.59亿立方米。规划大型水库指标见表2-1。规划两座大(Ⅰ)型水库分述如下:

1.文得根水库

水库位于嫩江支流绰尔河中游,工程任务是防洪、灌溉、供水、发电。坝址以上流域面积1.24万平方公里,多年平均径流量19亿立方米。水库总库容16.42亿立方米,兴利库容10.9亿立方米。工程建成后,可将下游的防洪标准由20年一遇提高到50年一遇;可灌溉水田80.34万亩、旱田6.5万亩;是绰尔河引水的水源工程;电站装机容量为72兆瓦,多年平均发电量1.51亿千瓦时。

2.毕拉河口水库

水库位于诺敏河与一级支流毕拉河交汇口下游200米处,是诺敏河上承担发电、防洪、灌溉任务的骨干工程。坝址以上流域面积1.67万平方公里,多年平均径流量34.4亿立方米。水库总库容32.03亿立方米,兴利库容18.28亿立方米。水库装机容量200兆瓦,多年平均发电量4.33亿千瓦时,可承担东北电网的调峰任务;可将下游防洪保护对象的防洪标准由20年一遇洪水标准提高到30年一遇;为38.01万亩水田、4.82万亩旱田提供灌溉水源。

表2-1 松花江流域规划大型水库工程表

单位:亿立方米

序号	省(区)	项目名称	所在河流	工程任务	总库容	兴利库容	工程投资(亿元)	前期工作深度
1	内蒙古	毕拉河口水库	诺敏河	发电、防洪、灌溉	32.03	18.28	23.86	项建
2		哈尼嘎水库	嫩江支流阿伦河	防洪、灌溉、发电	3.08	1.32	1.43	规划
3		文得根水库	绰尔河	防洪、灌溉、发电、供水	16.42	10.90	22.63	项建
4		萨马街水库	雅鲁河	灌溉、防洪、发电	4.58	2.48	1.42	规划
5		阿木牛水库	雅鲁河	灌溉、防洪、发电	2.40	1.16	1.20	规划

续表

序号	省(区)	项目名称	所在河流	工程任务	总库容	兴利库容	工程投资(亿元)	前期工作深度
6	吉林	大泊子水库	辉发河支流一统河	供水、灌溉、发电	1.10	0.58	5.20	项建
7		马鞍山水库	辉发河支流三统河	供水、灌溉	1.60	0.85	6.36	初设
8		断头山水库	第二松花江支流饮马河	供水、灌溉、发电	10.10	4.32	20.15	初设
9	黑龙江	关门咀子水库	梧桐河	供水、灌溉、防洪、发电	9.80	5.41	6.21	可研
10		四方山水库	嘟噜河	防洪、灌溉、发电	1.63	1.32	2.24	规划
11		阁山水库	呼兰河支流努敏河	灌溉、防洪、供水	5.14	4.10	10.45	可研
12		林海水库	牡丹江支流海浪河	供水、发电、灌溉、防洪	3.77	2.74	18.59	初设
13		北关水库	呼兰河支流依吉密河	防洪、供水	4.51	2.80	3.80	规划
14		大桃山水库	拉林河支流牤牛河	供水、灌溉、防洪、发电	5.40	2.60	14.18	规划
15		峡口水库	讷谟尔河支流南北河	供水、发电、灌溉	7.54	6.59	5.98	规划
16		北安水库	乌裕尔河	防洪、供水、灌溉、发电	5.80	3.33	3.89	规划
17		花园水库	雅鲁河支流济沁河	灌溉、防洪、供水	3.66	3.30	6.97	项建
18		南关水库	呼兰河	灌溉	3.41	2	8	规划

(二)引调水工程

规划引调水工程11处,多年平均年引调水量为137.76亿立方米。规划引调水工程指标见表2-2。

表2-2 松花江流域规划引调水工程特性表

序号	省(区)	项目名称	规模		线路长度(公里)	工程投资(亿元)	工作深度
			引提水流量(立方米/秒)	调水量(亿立方米/年)			
1	内蒙古	绰尔河引水工程	20.20	6	608.55	117.68	项建
2	吉林	中部城市引松供水工程	38	8.97	283.46	96.55	初设
3		引嫩入白工程	65	6.19	53.62	19.49	在建
4		引松入扶	4.96	0.80	26.50	3.60	项建
5		引松济卡工程	32	2.90	113.80	4.50	规划
6		浑江引水工程	6	1.20		3.50	规划

续表

序号	省(区)	项目名称	规模		线路长度(公里)	工程投资(亿元)	工作深度
			引提水流量(立方米/秒)	调水量(亿立方米/年)			
7	黑龙江	引嫩扩建骨干工程	245	28.89	252.16	53.49	在建
8		呼玛河引水工程	58	18	120	195	规划
9		挠力河灌区引水工程	322.48	22.81	265	64.24	规划
10		松花江灌区引水工程	400	30	92	22.24	规划
11		乌裕尔河灌区引水工程	80	12	176.50	61.55	规划

规划主要引调水工程分述如下:

1.呼玛河引水工程

工程是从呼玛河调水至嫩江流域。经初步研究,呼玛河引水有两个方案:一是上游塔林西的自流引水方案,二是下游三间房水库提水方案。2030年以前,可从呼玛河上游规划的梯级枢纽塔林西通过153公里的隧洞自流引水到嫩江上游支流南翁河,可向嫩江调水约18亿立方米。2030年以后,可在呼玛河下游三间房水库调水,规划通过4—5级提水180米,可调水量17亿立方米。

2.引嫩扩建骨干工程

工程位于黑龙江省西部的嫩江左岸,主要任务是为大庆市生活、工业、农业供水,工程建设主要内容包括北部引嫩扩建工程、中部引嫩扩建工程、八一河扩建工程等。北引总干渠长度203.3公里,设计引水流量145立方米/秒,灌溉面积362.45万亩;中引总干渠长度48.86公里,设计引水流量100立方米/秒,灌溉面积31.16万亩。

3.挠力河灌区引水工程

工程是利用悦来航电枢纽自流引水至挠力河灌区,水田灌溉460万亩,规划干渠总长265公里,引提水流量322.48立方米/秒,年引水量22.81亿立方米(其中向挠力河流域调水14.05亿立方米)。

4.吉林省中部城市引松供水工程

工程是从第二松花江丰满水库库区引水至长春市、四平市、辽源市等中部城市群供水。输水干线线路全长283.46公里,设计引水流量38立方米/秒,多年平均引水量8.97亿立方米(其中向辽河流域调水3.82亿立方米)。

第三章 防洪减灾

一、防 洪

(一)防洪工程现状及存在的问题

截至2007年,全流域已建成具有防洪任务的大型水库24座,干流堤防3059公里,21条主要支流堤防4488公里,10座重点城市堤防875公里,基本形成了以堤防为基础,白山、丰满和尼尔基等控制性枢纽为骨干的防洪工程体系。干流堤防现状见表3-1。

表3-1 干流堤防现状情况统计表

河　段	堤防长度（公里）	堤防达标长度（公里）	防洪能力（重现期年）	安全泄量（立方米/秒）
嫩江干流段	1050.97	368.80	15—50	5600—14200
二松丰满以下干流段	618.35	369.67	50	5500—6000
松花江干流段	1389.35	329.06	20—50	11600—20930
合　计	3058.67	1067.53		

流域防洪体系中的月亮泡、胖头泡蓄滞洪区还没有建成，干流堤防达标率仅34.9%，城市堤防的达标率也只有38.2%，部分地区防洪能力仍然偏低；险工险段多，河道存在阻水桥梁、围堤等行洪障碍；防洪非工程措施还不完善。

(二)防洪总体规划

松花江干流防洪工程体系由堤防、尼尔基、丰满、白山等控制性水库工程和胖头泡、月亮泡等流域性蓄滞洪区构成。

1.嫩江

嫩江干流防洪任务由尼尔基水库加堤防承担，同时考虑文得根、毕拉河口水库对嫩江干流洪水的错峰作用。尼尔基水库承担齐齐哈尔以上20—50年一遇防洪任务，并可将齐齐哈尔以下防洪标准由35年一遇提高到50年一遇，同时还需由毕拉河口、文得根水库承担部分错峰任务。齐齐哈尔城市堤防按50年一遇洪水标准建设，尼尔基水库承担齐齐哈尔市50—100年一遇的防洪任务。

2.第二松花江

第二松花江干流防洪任务由白山、丰满水库和堤防共同承担。在白山、丰满水库调节后，第二松花江干流达到50年一遇防洪标准，吉林、松原两市城区均可达到100年一遇防洪标准。

3.松花江干流

松花江干流防洪任务由堤防、丰满、白山、尼尔基水库和胖头泡、月亮泡蓄滞洪区承担。哈尔滨市、佳木斯市是松花江干流重要的防洪保护区，洪水经白山、丰满、尼尔基水库、月亮泡、胖头泡蓄滞洪区的调蓄作用后，通过阻水桥梁扩孔改建、北岔河道清淤疏浚、滩岛整治，哈尔滨市的堤防承担100年一遇防洪任务；佳木斯市防洪任务主要由堤防承担，防洪标准100年一遇。三岔河至拉林河口段堤防防洪标准为50年一遇；拉林河口至哈尔滨段左岸堤防防洪标准为50年一遇，右岸堤防防洪标准为20年一遇；哈尔滨至佳木斯段木兰县城、通河县城防洪标准为50年一遇；东风民主堤、清河镇堤防防洪标准为30年一遇，其余河段防洪标准为20年一遇；佳木斯市至同江市段堤防防洪标准50年一遇。

(三)工程规划

1.堤防

加强干流、支流和重点城市堤防的达标建设，规划干流堤防长3125公里，重点城市地方长980公里，主要支流堤防长6266公里。干流堤防高程基本满足规划防洪标准的要求，防洪工程建设的主要内容是整修加固堤防1991公里，新建堤防66公里，并完善相应河段护坡、护岸、防浪林带等建设内容。21条主要支流规划新建堤防1778公里，整修加固堤防4488公里。

2.水库

规划有防洪任务的大型水库13座,总库容98.22亿立方米,防洪库容17.48亿立方米。

3.蓄滞洪区

规划设置胖头泡、月亮泡两个蓄滞洪区,主要任务是分蓄哈尔滨市100—200年一遇标准洪水。两蓄滞洪区总容积83.19亿立方米,安全建设内容为围堤加高加固、口门建设、安全区、安全台建设及居民安全撤退道路建设等。

4.河道整治

本次规划治理1998洪水后未完全消除的险工长度约122公里,规划改扩建阻水的通让铁路桥和龙潭公路桥,拟对67处围堤实行“双退”(退人退耕,围堤全部清除),5处予以保留围堤实施“单退”(退人不退耕),规划对部分重点城市及主要支流入口河段进行清淤疏浚。

(四)重点城市防洪

流域10座重点防洪城市的防洪体系和总体布局已基本形成,哈尔滨市、长春市主城区的防洪标准定为200年一遇,其他8座城市主城区的防洪标准均定为100年一遇。但随着东北老工业基地的振兴、城市化进程的加快,城市规模在不断扩大,部分城市的防洪标准和防洪工程规模可根据批准的城市总体规划再行调整。

1.城市防洪

(1)哈尔滨市

哈尔滨市位于松花江干流中游,防洪任务由堤防,白山、丰满、尼尔基水库,胖头泡、月亮泡蓄滞洪区共同承担。通过加高加固堤防,结合北岔河疏浚,河道滩岛整治等措施,哈尔滨市主城区防洪能力可达到100年一遇,安全泄量17900立方米/秒。胖头泡、月亮泡蓄滞洪区建成后,哈尔滨主城区防洪标准可提高到200年一遇。

哈尔滨市堤防由江南、江北、太阳岛围堤等堤防组成,现状堤防总长99.27公里。江南主城区堤防25.75公里,防洪能力为50—100年一遇。规划江南主城区及马家沟回水堤堤防标准为100年一遇,江北新区堤防标准为50年一遇。规划堤防总长111.69公里,防洪工程建设的主要内容是对堤防未达标段进行整修加固,并对顾乡、前进和外贸局部堤线进行调整。

发生超标准洪水时,采取保南弃北的策略,具体措施:一是抢修南岸主城区子堤,子堤高度至少超过最高洪水位1米,顶宽1.5米;二是发挥已启用月亮泡、胖头泡蓄滞洪区分洪潜力,必要时破蓄滞洪区围堤,加大蓄滞洪区分洪量;三是人员安全转移。

(2)长春市

长春市位于伊通河两岸,长春市防洪任务由堤防和新立城水库共同承担,主城区规划防洪标准为200年一遇。

城区现有堤防长56.54公里,其中黑嘴子桥北至四化桥堤防长为31公里,防洪能力达到200年一遇,已达标;其他25.54公里堤防防洪能力不足10年一遇。规划堤防总长81.04公里,防洪标准50—200年一遇。新建堤防24.5公里,整修加固堤防25.54公里。

发生超标准洪水时,一是抢修子堤;二是组织人员就近向高处转移,一部分撤退到东环城路以东地带,另一部分通过自由桥、黑嘴子桥等撤离到伊通河西岸高地。

(3)其他城市

齐齐哈尔、大庆地区、乌兰浩特、吉林、松原、牡丹江、佳木斯和伊春等8座地级城市的防洪标准均为100年一遇。防洪工程体系除佳木斯市以堤防为主外,其他城市均为水库和堤防,同时采取河道整治、城市排水等措施。

流域重要城市的防洪情况见表3-2。

表3-2 重要城市现状防洪情况表

单位:公里

城 市	现状堤防长度	现达标堤防长度	规划堤防长度	整修加固堤防长度	新建堤防长度
哈尔滨	99.27	6.76	111.69	92.51	12.42
长 春	56.54	31	81.04	25.54	24.50
齐齐哈尔	98.67	47	134.87	51.67	36.20
吉 林	75.12	75.12	85.27	0	10.15
佳木斯	123.39	21.67	123.39	101.72	0
牡丹江	37.85	37.85	37.85	0	0
松 原	66.91	25.90	76.01	41.01	9.10
乌兰浩特	42.85	42.85	42.85	0	0
大 庆	242.21	46	242.21	196.21	0
伊 春	32.48	0	45.41	32.48	12.93
合 计	875.29	334.15	980.59	541.14	105.30

2.城市排涝

城市排涝标准根据城市规模、重要性、汇水地区类型、地形特点和气候条件确定,一般为10—20年一遇。

(五)中小河流

松花江流域需治理的流域面积在3000平方公里以上的中小河流共有20条;流域内3000平方公里以下的中小河流共有427条。中小河流的防御洪水能力普遍较低,大多数低于10年一遇,部分河段防洪能力甚至低于5年一遇或不设防。规划中小河流的治理标准为10—20年一遇。列入重点地区近期治理建设规划的200—3000平方公里中小河流有98条。未列入近期治理规划的中小河流,根据国家总体安排,分期分批地进行治理。

(六)山洪灾害防治

松花江流域共有受山洪灾害威胁的小流域2122个,面积26.28万平方公里。本次规划治理的小流域1912个,面积为25.03万平方公里。其中,以溪河洪水为主要灾害的小流域1586个,面积19.96万平方公里;以泥石流为主要灾害的小流域299个,面积4.75万平方公里;以滑坡为主要灾害的小流域27个,面积0.32万平方公里。

山洪灾害的防治以工程性措施为主,非工程措施与工程措施相结合。工程措施包括山洪沟、泥石流沟及滑坡治理措施、病险水库除险加固、水土保持等。非工程措施包括监测系统和群测群防体系、通信系统、预警预报系统建设等。

二、除 涝

(一)涝区分布及致涝成因

1.涝区分布

松花江流域易涝地主要分布在嫩江、第二松花江中下游广阔的低平原区及松花江干流下游的平原低洼区。易涝面积4607.3万亩,其中15万亩以上易涝面积2843.43万亩。

嫩江易涝地主要分布在嫩江平原,乌裕尔河、双阳河下游及安达闭流区,易涝面积1764.5万亩。第二松花江易涝地主要分布在第二松花江中下游的低山、丘陵和低平原上及饮马河、伊通河等较大支流的两岸低洼地和河谷盆地上,易涝面积733.06万亩。松花江干流易涝地主要分布在呼兰河、拉林河、蚂蚁河等河流的中下游地带,易涝面积2109.74万亩;其中以呼兰河洪涝灾害最为频繁,是本区重点治涝地区。

2.致涝成因

嫩江平原地形平坦,多为闭流地形的浅平洼地,部分易涝地处在无尾河及沼泽地区,无排水出路,易造成严重内涝。

第二松花江及松花江干流地面高低起伏,形成数量众多的洼地和小闭流区,这些低洼地和闭流区缺乏排水出路,形成大量积水,外排受河水顶托,加之土壤粘重,透水性差,造成作物淹没成灾。

松花江下游三江平原地区地势低洼、坡度平缓,沼泽性河流多,涝水宣泄不畅,且土壤耕层易形成坚硬的犁底层,透水不良,使土壤长期处于过湿状态,造成内涝。

(二)治涝现状及存在的问题

松花江流域现已初步形成治涝工程体系。据统计,涝区治理面积3086.1万亩,其中970.7万亩达到设计治涝标准。需治理面积3636.6万亩(其中15万亩以上涝区需治理面积2117.35万亩)。现状治理情况见表3-3。

表3-3 涝区现状治理情况表

单位:万亩

分 区	易涝面积	已治理面积			需治理面积
		合 计	3—5年(含3年)	5年以上(含5年)	
嫩 江	1764.50	1308.67	858.15	450.52	1313.98
第二松花江	733.06	640.55	510.20	130.35	602.71
松花江干流	2109.74	1136.88	747.05	389.83	1719.91
合 计	4607.30	3086.10	2115.40	970.70	3636.60

存在的主要问题:工程不配套,抗灾能力低;管理不善,工程老化失修;投资力度小,治理程度低。

(三)治理方案

结合松花江流域经济社会条件,确定涝区治涝标准一般为5年一遇,有条件的地区可适当提高标准。主要治理措施为:对现有涝区进行整修加固、挖潜配套,完善排水系统,保证各级沟道通畅,同时配套涝区内田间工程,对下游部分低洼地区通过发展水田,以稻治涝减少涝灾。15 万亩以上涝区规划治理情况见表 3-4。

表 3-4　15 万亩以上涝区治理规划情况表

单位:万亩

分　区	易涝面积	已治理面积			需治理面积	2020 年规划治理面积	2030 年规划治理面积
		合计	3—5 年(含 3 年)	5 年以上(含 5 年)			
嫩　江	974. 31	638. 03	257. 79	380. 24	594. 07	244. 64	349. 43
第二松花江	356. 38	320. 50	232. 48	88. 02	268. 36	98. 15	170. 21
松花江干流	1512. 74	623. 64	365. 82	257. 82	1254. 92	513. 33	741. 59
合　计	2843. 43	1582. 17	856. 09	726. 08	2117. 35	856. 12	1261. 23

第四章　水资源开发利用

一、水资源节约

(一)现状用水水平分析

流域现状人均用水量为 600 立方米,高于全国平均值(448 立方米),万元国内生产总值用水量 331 立方米,也高于全国平均值(289 立方米)。

农业:流域现状亩均用水量水田 733 立方米,旱田 212 立方米,菜田 319 立方米,综合亩均用水量 507 立方米。流域水田灌溉水有效利用系数为 0. 54;旱田灌溉水有效利用系数为 0. 54。农田灌溉水有效利用系数略高于全国平均水平,但灌溉用水效率仍有待进一步提高。

工业:流域万元工业增加值用水量 154 立方米,高于全国平均值(148 立方米/万元)。工业用水重复利用率 62%,与全国平均值持平。

生活:现状节水器具普及率为 68%,城镇居民生活用水水平为 107. 7 升/人・日,低于全国平均值(131 升/人・日)。城镇综合漏失率 19. 7%,略高于全国平均值(19%)。农村生活用水水平为 59 升/人・日,低于全国平均值(75 升/人・日)。

(二)节水潜力分析

流域目前用水浪费现象还比较严重,尤其是农业灌溉用水效率较低,与国内外先进水平相比差距较大,即使与近邻辽河流域相比亦存在一定差距。流域农业节水潜力最大,现状年农田灌溉用水有效利用系数为 0. 54,远低于发达国家 0. 7—0. 8 的水平;粮食作物的平均水分生产率仅 1 千克/立方米左右,是发达国家的一半。工业节水潜力较大,现状年万元工业增加值用水量为 154 立方米,为发达国家的 5—10 倍;工业用水重复利用率 62%,低于发达国家 85%的水平。现状年城镇综合漏失率达 19. 7%,与国内节水水平较高的大连市的 10%相比仍有一定差距。

在不考虑技术升级和结构调整因素的条件下,仅采用节水工程措施,节水潜力就达 60 亿立方米,其中农业灌溉节水潜力 35. 8 亿立方米,工业节水潜力 23. 4 亿立方米。节水潜力见表 4-1。

表 4-1　流域节水潜力表

单位:亿立方米

分　区	农业	工业	城镇生活	合　计
嫩　江	10.1	11.6	0.2	21.9
第二松花江	6.7	7.3	0.2	14.2
松花江干流	19	4.5	0.2	23.7
合　计	35.8	23.4	0.6	59.8

(三)规划水平年用水定额

规划水平年用水定额是指采取节水措施后规划水平年各业可以达到的用水指标。规划水平年各业用水净定额见表4-2。

表 4-2　规划水平年各业用水净定额

水平年	城镇生活		工业			水田		水浇地	
	净定额(升/人·日)	综合漏失率(%)	一般工业净定额(立方米/万元)	高用水工业净定额(立方米/万元)	综合漏失率(%)	净定额(立方米/亩)	灌溉水有效利用系数	净定额(立方米/亩)	灌溉水有效利用系数
基准年	107.7	19.7	57.5	150.1	17.5	398.8	0.54	115.4	0.54
2020年	124.5	16.9	27.1	57.1	15.1	387	0.59	114.2	0.58
2030年	132.9	14.9	15.2	33.5	12.3	371.7	0.61	111.6	0.60

1.农业灌溉定额

流域基准年水浇地净定额为115立方米/亩,2030水平年降为112立方米/亩。水田的净定额从基准年的399立方米/亩降低到2030年的372立方米/亩。

流域基准年灌溉水有效利用系数为0.54,预计至2030年水田提高到0.61,旱田提高到0.6。

2.工业用水定额

流域2030年万元工业增加值用水量为36立方米,低于全国平均值的38立方米。工业用水重复利用率由基准年的62%提高到2030年的84%,高用水工业净定额由150立方米/万元降到34立方米/万元,一般工业由58立方米/万元降到15立方米/万元。

3.生活用水定额

随着流域城乡居民生活水平的提高,城乡居民生活定额预计呈增长态势,2030年城镇居民生活用水净定额为133升/人·日,比基准年增长25升/人·日;农村居民生活用水毛定额为83升/人·日,比基准年增长24升/人·日。

二、水资源配置

(一)水资源开发利用现状

供水量:现状年松花江流域供水量301.75亿立方米,其中地表水供水量192.66亿立方米,占63.85%;地下水供水量109.09亿立方米,占36.15%。由于许多地区盲目地开采地下水,致使地下水超采 19.77 亿立方米,超采量占地下水供水量的 18.12%。

用水量:现状年松花江流域用水量为 301.75 亿立方米,其中生活用水、生产用水、生态用水分别为 18.1 亿立方米、281.49 亿立方米、2.16 亿立方米,各占总用水量的 6%、93.28%、0.72%。现状年流域内总用水消耗量为 151.61 亿立方米,耗水率 50.24%,用水大户农业用水和工业用水耗水率分别为 58.12%和 26.38%。

全流域现状水资源总量开发利用程度为 32.89%,其中地表水开发利用程度为 25.02%,平原区浅层地下水开发利用程度为 64.29%。现状水资源开发利用程度见表 4-3。

表 4-3 现状水资源开发利用程度表

单位:亿立方米

分区	地表水			平原区浅层地下水			水资源总量		
	供水量	水资源量	开发程度(%)	供水量	可开采量	开发程度(%)	总供水量	水资源总量	开发程度(%)
嫩江	61.41	289.89	21.18	38.70	74.33	52.07	102.04	364.58	27.99
第二松花江	48.47	163.10	29.72	12.05	11.71	102.90	63.78	181.10	35.22
松花江干流	78.43	299.63	26.18	47.46	66.71	71.14	129.01	350.83	36.77
合计	188.31	752.62	25.02	98.21	152.75	64.29	294.83	896.51	32.89

注:供水量为 1995 年、2000 年、2007 年三年的均值,水资源量为 1995—2007 年平均值;
地下水开发利用程度=供水量/可开采量;地表水开发利用程度=供水量/水资源量。

(二)需水量预测

预测 2030 年人口达到 6093 万人,国内生产总值 54446 亿元,城镇化率将由现状年的 46%提高到 70%。

按照经济社会发展指标以及采取强化节水的用水定额和效率指标测算,松花江流域到 2030 年河道外需水量为 439.31 亿立方米(多年平均来水年,下同),比基准年需水量增加 117.86 亿立方米。河道外各行业需水量汇总见表 4-4。

表 4-4 河道外各行业需水量汇总表

单位:亿立方米

省(区)	水平年	毛需水量						
		生活		生产		生态		总水量
		城镇	农村	城镇	农村	城镇	农村	
内蒙古	基准年	0.37	0.20	1.45	15.84	0.11	1.86	19.83
	2020 年	0.95	0.36	1.86	32.15	0.13	1.86	37.31
	2030 年	1.09	0.36	2.29	34.28	0.16	1.86	40.04
吉林	基准年	4.01	2.59	21.42	68.26	0.86	3.01	100.15
	2020 年	7.96	2.06	27.48	99.96	1.08	3.01	141.55
	2030 年	9.09	1.98	30.44	107.86	1.30	3.01	153.68

续表

省(区)	水平年	毛需水量						
		生活		生产		生态		总水量
		城镇	农村	城镇	农村	城镇	农村	
黑龙江	基准年	7.80	3.36	51.23	132.65	1.09	4.97	201.10
	2020 年	12.33	3.51	57.74	156.27	1.34	4.97	236.16
	2030 年	14.01	3.25	61.77	159.61	1.62	4.97	245.23
辽宁	基准年	0	0.01	0.01	0.35	0	0	0.37
	2020 年	0	0.01	0.02	0.32	0	0	0.35
	2030 年	0.01	0.01	0.02	0.32	0	0	0.36
合计	基准年	12.18	6.16	74.11	217.10	2.06	9.84	321.45
	2020 年	21.24	5.94	87.10	288.70	2.55	9.84	415.37
	2030 年	24.20	5.60	94.52	302.07	3.08	9.84	439.31

(三)水资源供需分析

基准年河道内生态环境用水满足要求,在不考虑水质性缺水情况下,多年平均缺水 48.69 亿立方米,其中河道外缺水 28.92 亿立方米,地下水超采 19.77 亿立方米。河道外基准年多年平均供需分析成果见表 4-5。

表 4-5 河道外基准年多年平均供需分析成果表

单位:亿立方米

分区	需水量			可供水量				缺水量			缺水率(%)
	城镇	农村	小计	地表水	地下水	中水回用	小计	城镇	农村	小计	
嫩江	32.93	86.01	118.94	70.96	28.57	0	99.53	1.68	17.73	19.41	16.32
第二松花江	22.67	44.66	67.33	50.70	12.87	0	63.57	2.03	1.73	3.76	5.58
松花江干流	32.75	102.43	135.18	87.03	42.38	0.02	129.43	2.09	3.66	5.75	4.25
合计	88.35	233.10	321.45	208.69	83.82	0.02	292.53	5.80	23.12	28.92	9

2030 年,多年平均情况下总供水量达 430.23 亿立方米,缺水量降为 9.08 亿立方米,缺水率为 2.07%,基本实现了河道外水资源的供需平衡。河道外供需平衡成果见表 4-6。

表 4-6 河道外供需平衡成果表

单位:亿立方米

分区	需水量		可供水量		缺水量		缺水率(%)	
	2020 年	2030 年	2020 年	2030 年	2020 年	2030 年	2020 年	2030 年
嫩江	181.66	193.58	174.77	188.17	6.89	5.41	3.79	2.79
第二松花江	81.27	86.83	79.69	84.70	1.58	2.13	1.94	2.45
松花江干流	152.44	158.90	150.32	157.36	2.12	1.54	1.39	0.97

续表

分　区	需水量		可供水量		缺水量		缺水率（%）	
	2020 年	2030 年	2020 年	2030 年	2020 年	2030 年	2020 年	2030 年
合　计	415.37	439.31	404.78	430.23	10.59	9.08	2.55	2.07

（四）水资源配置方案

经济社会用水与生态环境用水配置：2030 年流域经济社会用水与生态环境用水配置成果见表 4-7。

表 4-7　2030 年经济社会用水与生态环境用水配置成果

单位：亿立方米

分　区	水资源总量	水资源可利用总量	河道外供水量	调入	调出	河道外配置水量消耗量	生态系统留用水量
嫩　江	367.75	159.47	188.17	18.13	6	133.69	246.19
第二松花江	181.54	81.45	84.70	1.35	4.12	57.22	121.55
松花江干流	411.59	185.60	157.36	0	14.05	91.56	305.98
合　计	960.88	426.52	430.23	19.48	24.17	282.47	673.72

注：生态系统留用水量＝水资源总量+调入－调出－河道外配置水量消耗量。

不同行业水量配置：2030 年松花江流域河道外配置水量为 430.23 亿立方米，其中生活用水为 29.77 亿立方米、工业用水为 94.23 亿立方米、农业用水为 297.68 亿立方米、河道外生态环境用水为 8.55 亿立方米，分别占配置水量的 6.92%、21.9%、69.19%、1.99%。

供水水源配置：2030 年地表水配置量由基准年的 208.69 亿立方米增加到 312.51 亿立方米，地下水配置量由基准年的 83.82 亿立方米增加到 109.94 亿立方米，中水回用量由基准年的 0.02 亿立方米增加到 7.78 亿立方米。流域不同水平年多年平均水量配置成果见表 4-8。

跨流域水量配置：2030 年规划跨流域调水工程 8 处。跨流域水资源配置成果见表 4-9。

表 4-8　不同水平年多年平均水量配置成果表

单位：亿立方米

分　区	省（区）	水平年	不同行业				不同水源					其中调出
			工业	农业	生活	生态	地表水	其中调入	中水回用	地下水	合计	
嫩　江	内蒙古	2020 年	1.86	31.34	1.30	0.85	29.10	0.13	0.02	6.23	35.35	4
		2030 年	2.28	34.00	1.46	0.88	32.31	0.13	0.02	6.29	38.62	6
	吉　林	2020 年	2.26	37.83	1.28	2.46	27.26	11.77	0.01	16.56	43.83	0
		2030 年	2.40	43.15	1.48	2.40	32.62	11.77	0.03	16.78	49.43	0
	黑龙江	2020 年	27.79	60.25	5	2.55	70.52	0	2.69	22.38	95.59	0
		2030 年	29.04	62.79	5.42	2.87	73.18	0	2.87	24.07	100.12	0
	小　计	2020 年	31.91	129.42	7.58	5.86	126.88	11.90	2.72	45.17	174.77	4
		2030 年	33.72	139.94	8.36	6.15	138.11	11.90	2.92	47.14	188.17	6

续表

分区	省(区)	水平年	不同行业				不同水源					其中调出
			工业	农业	生活	生态	地表水	其中调入	中水回用	地下水	合计	
第二松花江	吉林	2020年	23.78	46.80	7.61	1.16	64.24	0.15	1.73	13.38	79.35	15.10
		2030年	26.45	48.26	8.36	1.28	69.16	1.35	1.69	13.50	84.35	19.59
	辽宁	2020年	0.02	0.31	0.01	0	0.31	0	0	0.03	0.34	0
		2030年	0.02	0.32	0.01	0	0.32	0	0	0.03	0.35	0
	小计	2020年	23.80	47.11	7.62	1.16	64.55	0.15	1.73	13.41	79.69	15.10
		2030年	26.47	48.58	8.37	1.28	69.48	1.35	1.69	13.53	84.70	19.59
松花江干流	吉林	2020年	1.29	12.61	1.10	0.08	9.96	0	0	5.12	15.08	0
		2030年	1.42	14.04	1.21	0.11	12	3.7	0	4.78	16.78	0
	黑龙江	2020年	29.77	93.80	10.83	0.84	88.95	0	2.31	43.98	135.24	8.02
		2030年	32.62	95.12	11.83	1.01	92.92	0	3.17	44.49	140.58	14.05
	小计	2020年	31.06	106.41	11.93	0.92	98.91	0	2.31	49.10	150.32	8.02
		2030年	34.04	109.16	13.04	1.12	104.90	3.7	3.17	49.27	157.30	14.05
松花江流域	内蒙古	2020年	1.86	31.34	1.30	0.85	29.10	0.13	0.02	6.23	35.35	4
		2030年	2.28	34	1.46	0.88	32.31	0.13	0.02	6.29	38.62	6
	吉林	2020年	27.33	97.24	9.99	3.7	101.46	11.92	1.74	35.06	138.26	3.33
		2030年	30.27	105.45	11.05	3.79	113.78	16.82	1.72	35.06	150.56	4.12
	黑龙江	2020年	57.56	154.05	15.83	3.39	159.47	0	5	66.36	230.83	8.02
		2030年	61.66	157.91	17.25	3.88	166.10	0	6.04	68.56	240.70	14.05
	辽宁	2020年	0.02	0.31	0.01	0	0.31	0	0	0.03	0.34	0
		2030年	0.02	0.32	0.01	0	0.32	0	0	0.03	0.35	0
	合计	2020年	86.77	282.94	27.13	7.94	290.34	0.28	6.76	107.68	404.78	15.35
		2030年	94.23	297.68	29.77	8.55	312.51	1.48	7.78	109.94	430.23	24.17

表4-9 跨流域水资源配置成果表

单位:亿立方米

分区	现状年		2030年		
	调入	调出	调入	调出	备注
嫩江	0	0	18.13	6	呼玛河引水18亿立方米(调入);引哈入锡至嫩江0.13亿立方米(调入);绰尔河引水6亿立方米(调出)
第二松花江	0	0.30	1.35	4.12	浑江引水1.2亿立方米(调入);红旗河引水0.15亿立方米(调入);海兰河引水0.3亿立方米;中部引水至东辽河1.99亿立方米(调出);中部引水至辽干1.83亿立方米(调出);
松花江干流	0	2.85	0	14.05	挠力河灌区引水工程14.05亿立方米(调出)
合计	0	3.15	19.48	24.17	

注:二级区之间调入、调出水量不计算在跨流域调入、调出水量中。

三、城乡生活及工业供水

(一)供水现状及存在的主要问题

1.城镇供水现状及存在的主要问题

现状年全流域供水总量为88.46亿立方米,城镇现状经济社会指标及用水量见表4-10。

表4-10 城镇现状经济社会指标及用水量统计表

分区	经济社会发展指标		供水量(亿立方米)			
	人口(万人)	国内生产总值(亿元)	生活	生产	生态	合计
嫩江	694	2848	3.33	28.97	0.72	33.02
第二松花江	658	2582	3.29	18.72	1.26	23.27
松花江干流	1137	3048	5.56	26.43	0.18	32.17
合计	2489	8478	12.18	74.12	2.16	88.46

城镇供水主要问题:一是供水能力不足,二是地下水超采,三是城镇管网漏失率较高,四是水资源利用效率不高。

2.农村生活供水现状及存在的主要问题

流域内现有农村人口2864万人,居民生活供水量为5.92亿立方米。农村供水目前面临的主要问题有两个方面:一是部分平原区地下水水质超标,二是山丘区及高平原区供水设施不健全,供水保证程度低。农村饮水困难人口现状情况见表4-11。

表4-11 农村饮水困难人口现状情况

单位:万人

省(区)	人口	饮水困难人口	其中	
			饮水水质不安全人口	水量、方便程度、保证率不达标人口
内蒙古	146	86	56	30
吉林	1598	651	319	332
黑龙江	1115	478	201	277
辽宁	5	—	—	—
合计	2864	1215	576	639

(二)城镇供水

预测到2030年,流域城镇供水量增加到121.4亿立方米,城镇经济社会发展指标及供水量预测见表4-12。

表 4-12　城镇经济社会发展指标及供水量预测成果表

分　区	水平年	城镇人口(万人)	供水量(亿立方米)				
			地表水	地下水	中水	调水	合计
嫩　江	现状年	694	23.18	9.84	0	0	33.02
	2020年	1021	29.50	6.04	2.73	0	38.27
	2030年	1140	31.49	6.72	2.92	0	41.13
第二松花江	现状年	658	14.26	9.01	0	0	23.27
	2020年	1145	23.22	5.94	1.73	0	30.89
	2030年	1240	26.84	5.96	1.69	0	34.49
松花江干流	现状年	1137	14.38	17.79	0	0	32.17
	2020年	1717	22.42	16.58	2.30	0	41.30
	2030年	1865	25.24	15.82	3.16	1.55	45.78
合　计	现状年	2489	51.82	36.64	0	0	88.46
	2020年	3883	75.15	28.55	6.77	0	110.47
	2030年	4245	83.57	28.50	7.77	1.55	121.40

(三)农村生活供水

预测到2030年农村生活供水量为5.6亿立方米,其中饮水解困供水量为1.07亿立方米。到2013年解决规划内农村饮水安全问题,"十二五"期间基本解决新增农村饮水不安全人口的饮水问题。积极推进集中供水工程建设,发展城乡一体化供水。

(四)主要城市供水水源

预测到2030年主要城市需水量80.14亿立方米,规划新增水源以地表水为主。主要城市的供水水源及应急储备水源详见表4-13。

表 4-13　主要城市供水水源及应急储备水源表

主要城市	供水水源		应急储备水源
	现状主要供水水源	规划地表水水源	
乌兰浩特市	浅层地下水	察尔森水库	浅层地下水
长春市	石头口门水库、新立城水库、引松入长工程、浅层地下水	中部城市引松供水工程	浅层地下水等
吉林市	第二松花江	第二松花江	丰满水库
松原市	第二松花江	哈达山水库	浅层地下水
白城市	浅层地下水	引嫩入白供水工程	浅层地下水
哈尔滨市	松花江、磨盘山水库、浅层地下水	西泉眼水库、大桃山水库	浅层地下水等
齐齐哈尔市	嫩江	嫩江	浅层地下水
鹤岗市	小鹤立河水库、细鳞河水库、五号水库	关门咀子水库	浅层地下水(鹤立河渗渠)
双鸭山市	定国山水库	寒葱沟水库、大叶沟水库、松花江引水工程	深层地下水
大庆市	北引、中引、地下水	北引、中引扩建	浅层地下水等
伊春市	石林水库、碧源湖水库	龙泉湖水库等	浅层地下水
佳木斯市	松花江	格节河水库	四丰山水库

续表

主要城市	供水水源		应急储备水源
	现状主要供水水源	规划地表水水源	
七台河市	桃山水库	汪清水库等	浅层地下水
牡丹江市	牡丹江	林海水库	镜泊湖水库
绥化市	深层地下水	红兴水库、阁山水库	浅层地下水
加格达奇	浅层地下水	加北水库	浅层地下水

四、灌　溉

（一）灌溉现状

现状年松花江流域耕地面积 20832.42 万亩，有效灌溉面积 4346.27 万亩，现状流域耕地灌溉率仅 21%，远低于全国的平均水平。全流域有效灌溉面积中，井灌面积为 2364.25 万亩，渠灌面积 1785.34 万亩，井渠结合灌溉面积 196.68 万亩。农业灌溉现状情况见表 4-14。

表 4-14　农业灌溉现状情况表

单位：万亩

分　区	耕地面积	有效灌溉面积			
		渠灌	井灌	井渠结合	合计
嫩　江	10081.08	520.89	1183.14	33.24	1737.27
第二松花江	3190.13	464.18	256.59	96.70	817.47
松花江干流	7561.21	800.27	924.52	66.74	1791.53
合　计	20832.42	1785.34	2364.25	196.68	4346.27

松花江流域现状年灌溉用水量为 187.38 亿立方米，其中水田用水量 163.89 亿立方米，旱田用水量 16.79 亿立方米。全流域有大中型灌区 113 处，设计灌溉面积为 2353.29 万亩，有效灌溉面积为 1010.45 万亩，其中水田灌溉面积 924.87 万亩，旱田灌溉面积 82.77 万亩，其他作物灌溉面积 2.81 万亩。现状灌区分布情况见表 4-15。

表 4-15　现状灌区分布情况表

单位：万亩

分　区	大型灌区（≥30 万亩）			中型灌区（5—30 万亩）			小型灌区（<5 万亩）			合　计		
	数量（处）	设计灌溉面积	有效灌溉面积	数量（处）	设计灌溉面积	有效灌溉面积	数量（处）	设计灌溉面积	有效灌溉面积	数量（处）	设计灌溉面积	有效灌溉面积
嫩　江	12	465.29	250.05	21	177.88	96.39	1646	1997.90	1390.83	1679	2641.07	1737.27
第二松花江	7	269.54	187	9	64.01	45.30	425	824.64	585.17	441	1158.19	817.47
松花江干流	26	1050.15	301.40	38	326.43	130.31	1134	1436.89	1359.82	1198	2813.47	1791.53
合　计	45	1784.98	738.45	68	568.31	272	3205	4259.44	3335.82	3318	6612.73	4346.27

灌溉存在的主要问题：水资源利用效率低，部分灌区的灌溉水有效利用系数仅能达 0.3—0.4，

节水灌溉建设步伐缓慢;部分灌区工程老化失修、配套不完善,全流域大中型灌区有效灌溉面积不足设计灌溉面积的 43%;调蓄工程不足,灌溉保证率低;灌区管理体制不健全,管理水平落后。

(二)灌溉发展规模

1.灌溉发展的基本思路

松花江流域水土资源匹配较好,是我国主要的粮食主产区,承担国家增产 1000 亿斤东北地区的绝大部分,在国家粮食安全体系中起着举足轻重的作用。灌溉发展的基本思路如下:(1)农业发展应在林草、湿地面积不再减少的前提下,有计划地扩大发展农田灌溉面积,三江平原地区结合"两改一提高",大力发展水田灌溉面积;(2)在水资源相对不足的流域中西部地区大力发展现代高效节水农业;(3)适度开发盐碱地,在松嫩平原实施"以稻治碱",规划安排 500 万亩发展水田灌溉。

2.灌溉发展预测

农业灌溉发展应在现有灌区续建配套与节水改造的基础上,根据流域水资源承载能力以及国家粮食安全的需要,规划 2030 年全流域有效灌溉面积由现状的 4346. 27 万亩提高到 7800. 6 万亩,其中水田灌溉面积 3686. 71 万亩,主要分布在水资源相对丰富的东部三江平原地区以及中西部松嫩平原"以稻治碱"的盐碱地改造地区;旱田灌溉面积 2763 万亩,重点分布在水资源相对短缺但土地资源丰富的中西部地区;菜田、林果地、草场等其他灌溉面积 1350. 89 万亩。

水田、旱田、菜田灌溉设计保证率均采用 75%,林果地、草场灌溉设计保证率均采用 50%。预测到 2030 年全流域农业灌溉需水量为 282. 97 亿立方米,灌溉发展及供水量情况见表 4-16。

表 4-16 灌溉发展及供水量情况表

分区	水平年	有效灌溉面积(万亩)				供水量(亿立方米)		
		水田	旱田	其他	合计	地表水	地下水	合计
嫩江	基准年	499. 29	1109. 91	128. 07	1737. 27	30. 54	29. 30	59. 84
	2020 年	1024. 34	1817. 78	636. 79	3478. 91	85. 92	34. 85	120. 77
	2030 年	1146. 24	1949. 97	839. 78	3935. 99	95. 05	35. 48	130. 52
第二松花江	基准年	476. 79	252. 06	88. 62	817. 47	32. 95	6. 88	39. 83
	2020 年	641. 90	282. 38	99. 61	1023. 89	39. 23	5. 39	44. 62
	2030 年	714. 29	327. 76	111. 17	1153. 22	40. 79	4. 79	45. 58
松花江干流	基准年	1393. 92	268. 33	129. 28	1791. 53	56. 58	35. 49	92. 07
	2020 年	1674. 96	380. 83	289. 56	2345. 35	59. 94	40. 92	100. 86
	2030 年	1826. 18	485. 27	399. 94	2711. 39	61. 64	41. 01	102. 64
合计	基准年	2370	1630. 30	345. 97	4346. 27	120. 07	71. 67	191. 74
	2020 年	3341. 20	2480. 99	1025. 96	6848. 15	185. 09	81. 16	266. 25
	2030 年	3686. 71	2763	1350. 89	7800. 60	197. 47	81. 27	278. 74

在灌溉水量不超过水资源配置量的前提下,根据现代高效节水农业发展情况,各区灌溉发展规模在预测成果的基础上可适当调整,以满足国家粮食安全的需要。

(三)大中型灌区规划

规划首先对现有灌区进行续建配套和节水改造,健全和完善农田供水保障体系,加强水资源管理,加快灌区水管体制改革;提高灌排骨干工程标准,完善渠系及田间灌排工程,恢复和提高蓄、引、提能力；解决干、支渠在输配水过程中的跑、冒、滴、漏问题，提高灌溉水的利用效率；加快对灌区渠首及渠系建筑物进行补强加固和维修改造，提高工程安全性能。

规划 2030 年全流域大中型灌区共 170 处，灌溉面积为 5219.99 万亩，其中水田灌溉面积 3387.44 万亩，旱田灌溉面积 1492.46 万亩，其他作物灌溉面积 340.09 万亩。大型灌区 74 处，灌溉面积为 4399.15 万亩。大型灌区规划情况见表 4-17。

嫩江 2030 年大型灌区 28 处，灌溉面积 1767.54 万亩，其中新建灌区 12 处，续建配套与节水改造灌区 16 处。规划中型灌区 38 处，灌溉面积为 326.49 万亩。

第二松花江 2030 年大型灌区 7 处，灌溉面积 497.76 万亩，全部为续建配套与节水改造灌区。规划中型灌区 16 处，灌溉面积为 136.33 万亩。

松花江干流 2030 年大型灌区 39 处，灌溉面积为 2133.85 万亩，其中新建 12 处，续建配套与节水改造灌区 27 处。规划中型灌区 42 处，灌溉面积为 358.02 万亩。

表 4-17　大型灌区规划情况表

单位：立方米/秒

分区	省（区）	灌区名称	类型	取水水源	设计灌溉面积（万亩）				设计流量	备注
					水田	旱田	其他	合计		
嫩江	内蒙古	尼尔基水库灌区	引水	诺敏河、尼尔基水库	38.43	1.98	0	40.41	33.5	
		晓奇子水库灌区	引水	诺敏河、晓奇子水库	17.10	13.30	0	30.40	1.8—15.4	新建
		毕拉河口水库灌区	引水	诺敏河、毕拉河口水库	15	16.50	0	31.50	2—14.9	新建
		绰勒水库灌区	引水	绰尔河、绰勒水库	28	3.3	0	31.30	12.7—15.9	
		文得根水库灌区	引水	绰尔河、文得根水库	36.04	0	0	36.04	20.3—99.7	新建
		察尔森水库灌区	引水	洮尔河、察尔森水库	20.05	4.11	41	65.16	5.6—17.6	
		霍林河灌区	引水	霍林河、白云花水库	6.30	24.03	0	30.33	3—7	
		归流河灌区	引水	归流河	15.72	14.78	0	30.50	2—8	
	吉林	哈吐气灌区	提水	嫩江干流	15	16.86	0	31.86	23.2	新建
		五家子灌区	提水	洮尔河、引嫩入白工程	28	5	0	33	35.4	新建
		大安灌区	提水	霍林河	54.84	0	34.37	89.21	63.8	新建
		白沙滩灌区	提水	嫩江干流	31.02	0	0	31.02	37.5	
		四方坨子灌区	提水	嫩江干流	13.50	16.50	0	30	21.3	
		洮儿河灌区	引水	洮儿河	35.30	21.55	0	56.85	49.1	
	黑龙江	卫星灌区	井渠结合	讷谟尔河	43.06	13.79	0.60	57.45	46.5	
		大查哈阳灌区	井渠结合	诺敏河	48.50	65.50	10	124	62	
		音河灌区	井渠结合	音河、音河水库	12.60	18.26	1.14	32	19.3	
		北引灌区	井渠结合	嫩江	92.99	208.70	75.49	377.18	145	
		中引灌区（含江东灌区）	井渠结合	嫩江	25.16	16.80	32.82	74.78	57	
		花园水库灌区	引水	雅鲁河、花园水库	34.20	98.80	30	163	67.4	新建
		引讷灌区	引水	讷谟尔河、山口水库	0	110	36	146	55	新建
		泰来县抗旱灌溉引水灌区	引水	嫩江干流、泰来引水工程	8	28.60	0	36.60	20	
		江西灌区	井渠结合	嫩江干流、阿伦河	20.49	12.46	0	32.95	28.7	新建
		依安跃进灌区	井渠结合	乌裕尔河、跃进水库	5.50	24.50	0	30	14.7	
		北兴提水灌区	提水	讷谟尔河	0	30	2	32	13.5	新建
		南引北灌区	引提水	南引工程	0.50	33.50	0	34	15.4	新建
		红岸温水灌区	井渠结合	嫩江干流	10	20	0	30	23.2	
		塔子城灌区	井渠结合	嫩江干流	30	0	0	30	43.8	新建

续表

分区	省(区)	灌区名称	类型	取水水源	设计灌溉面积(万亩)				设计流量	备注
					水田	旱田	其他	合计		
第二松花江	吉林	海龙灌区	引水	辉发河、海龙水库	31.47	0	0	31.47	38	
		辉发河灌区	引水	辉发河	32.39	0	0	32.39	39.2	
		松城灌区	提水	第二松花江	4.46	45.05	0	49.51	19.8	
		松沐灌区	提水	第二松花江	32.38	0	0	32.38	39.1	
		永舒灌区	引水	牤牛河	36.14	0	0	36.14	43.7	
		饮马河灌区	引水	饮马河、石头口门水库	30.87	0	0	30.87	37.3	
		松原灌区	引水	第二松花江、哈达山工程	185	55.50	44.50	285	170	
松花江干流	黑龙江	肇东涝洲灌区	提水	松花江干流	30.96	14.18	0	45.14	36.4	
		西泉眼水库灌区	引水	阿什河、西泉眼水库	35.50	0	0	35.50	34.1	
		呼兰河灌区	引水	呼兰河	87.73	0	0	87.73	82.1	
		永安灌区	引水	呼兰河	15.87	32.72	0	48.59	37.1	
		引松补拉灌区	提水	拉林河	0	57	0	57	25.2	新建
		阁山水库灌区	提水	呼兰河、阁山水库	0	50.37	0	50.37	22.3	新建
		长阁灌区	引水	呼兰河、阁山水库	13.58	14.50	2.36	30.44	32.9	
		通肯河灌区	井渠结合	呼兰河	11.40	27.10	0	38.5	24.7	
		亚布力灌区	引水	蚂蚁河、亚布力水库	31	0	0	31	35	
		大顶子山灌区	提水	松花江干流	39.33	2.10	0	41.43	44.6	
		香么山灌区	引水	木兰达河、香么山水库	22.30	8.50	0	30.80	22.9	
		响水灌区	引水	牡丹江	28.79	4.20	0	32.99	37.4	
		河夹信子灌区	井渠结合	呼兰河	50.76	52.17	0	102.93	66.2	
		向阳山灌区	引水	倭肯河	19.35	16.73	0	36.08	23.7	
		倭肯河灌区	井渠结合	倭肯河	16.39	15.91	0	32.30	25.3	
		引汤灌区	引水	汤旺河	79.19	0	0	79.19	85.4	
		新河宫灌区	提水	松花江干流	45.06	0	0	45.06	44.2	
		团结灌区	井渠结合	梧桐河	19.25	14.20	0	33.45	12	
		梧桐河灌区	引水	梧桐河	27.46	3.48	0	30.94	27	
		悦来灌区	提水	松花江干流	21.87	8.12	0.90	30.89	27.4	
		莲花河灌区	提水	松花江干流	30.78	0	0	30.78	29.6	新建
		松江灌区	井渠结合	松花江干流	35.45	10.03	1.56	47.04	36.5	
		江川灌区	井渠结合	松花江干流	31	0	0	31	29.5	
		锦江灌区	提水	松花江干流	26.95	7.04	0	33.99	21.9	新建
		普阳灌区	提水	松花江干流	26.91	4.70	0	31.61	29.4	新建
		富锦灌区*	井渠结合	松花江干流	95.55	0	0	95.55	87.8	新建
		德龙灌区*	井渠结合	松花江干流、黑龙江干流	30.05	0	0	30.05	24.8	新建
		绥滨灌区*	井渠结合	松花江干流、黑龙江干流	35.26	0	0	35.26	38.3	新建
		二九〇灌区*	井渠结合	松花江干流、黑龙江干流	32.93	0	0	32.93	30.3	新建
		江萝灌区*	井渠结合	松花江干流、黑龙江干流	110.54	0	0	110.54	105.2	新建
		幸福灌区*	井渠结合	松花江干流	34.75	0	0	34.75	30	
		挠力河灌区*	井渠结合	松花江干流	459.61	0	0	459.61	322.5	新建
松花江流域		嫩江			685.30	818.82	263.42	1767.54		
		第二松花江			352.71	100.55	44.50	497.76		
		松花江干流			1769.08	359.55	5.22	2133.85		
		合计			2807.09	1278.92	313.14	4399.15		

注:表中带*的为跨流域灌区

(四)现代高效节水农业

流域中西部平原地区降雨量较少、干旱较严重而土地资源较丰富,是发展现代高效节水农业的重点地区,主要包括松原市、白城市、兴安盟、哈尔滨市、齐齐哈尔市、大庆市、绥化市等。近期按照东北4省(区)节水增粮行动计划,大力发展高效节水灌溉,增加粮食产量。发展现代高效节水农业灌溉的主要方式有管灌、喷灌、滴灌和渗灌4种,灌溉水源以地下水为主,项目实施时应分析地下水资源条件,严格禁止开采深层承压水,浅层地下水控制在可开采量范围之内。

松花江流域2030年规划旱田有效灌溉面积为2763万亩,经初步分析,适宜发展现代高效节水灌溉农业的面积约为1600万亩,节水量为10亿—18亿立方米。节约出的水量用来改善生态环境,或满足经济社会进一步发展的用水需求。如果节约的水量继续用于发展高效节水灌溉,还可发展1000万—2500万亩。

五、航　运

(一)航运现状

航道总里程3491.83公里,通航里程3385.28公里,维护里程1970.7公里。现有港口21座、泊位144个,港口年通过能力1400万吨,现状年内河水路客运量、货运量分别为307万人次、1200万吨,现状年流域共有运输船舶2139艘、载重26.5万吨、客位2.7万。

(二)航道规划

1.规划布局

预测到2030年货运量为3960万吨、客运量为670万人次。规划松花江流域航道总计3727.82公里。

国家高等级航道:干流大安至同江976公里航道为国家高等级航道。

重要航道:嫩江齐齐哈尔至大安353公里为Ⅳ级航道,第二松花江临江门至三岔河口348公里为Ⅳ级航道,呼兰河铁路桥至河口11公里为Ⅲ级航道,重要航道合计712公里。

一般航道:其他河流航道和湖泊、库区航道合计2039.82公里。

2.航道规划

(1)嫩江

七站—齐齐哈尔河段,尼尔基水库回水至嫩江县,但该枢纽未建通航设施,嫩江县至石灰窑河段,规划在817公里、749公里处设固固河、库莫屯两个枢纽,在401公里处已建成齐齐哈尔市橡胶坝,并同时建成一座Ⅴ级船闸,4座水库渠化航道里程253公里,其余238公里航道通过整治达到标准。

齐齐哈尔—三岔河河段,规划近期采用整治措施,使其基本满足600吨级船舶通航需要,远期可考虑采用渠化方案,初步规划建设杜尔门沁、江桥、他拉哈、大安4座航运枢纽,并通过松花江干流规划的最上游枢纽回水至大安枢纽,使齐齐哈尔—三岔河401公里河段连续渠化,航道达到Ⅳ级标准。

(2)第二松花江

规划丰满大坝以上的丰满、红石、白山水库3座水库库区航道为Ⅴ级航道,以旅游客运为主,兼有货物运输;规划丰满至临江门22公里,为Ⅵ级航道,临江门至三岔河口348公里,为Ⅳ级航道;适时配套建设哈达山枢纽过船设施,本次规划提出了小锦州、九站、白旗、五棵树、董家坨子、赵家屯、李林通、孔家围子等梯级通航枢纽的设想,以上通航枢纽需在专题规划中进一步论证。

(3)松花江干流

局部河段梯级渠化与航道整治工程相结合,规划涝洲、大顶子山(已建)、洪太、通河、依兰、民主、康家围子及悦来8个梯级枢纽,渠化航道里程约597公里。

(三)港口规划

预测2030年港口吞吐量5520万吨,港口按主要港口和区域性重要港口两个层次进行规划。主要港口有哈尔滨港、佳木斯港共2个;区域性重要港口有同江港、肇源港、松原港、齐齐哈尔港、大安港、吉林港、牡丹江共7个。

六、水能资源开发

(一)水能资源及其开发概况

流域水能资源理论蕴藏量为7905兆瓦,技术可开发水电站648座,总装机容量8375兆瓦,年发电量为192.14亿千瓦时。已开发水电站166座,总装机容量4642兆瓦,年发电量为91.97亿千瓦时。技术可开发的大、中型水电站31座,装机容量为6044兆瓦,年发电量128.03亿千瓦时。其中已建大中型水电站10座,装机容量4166兆瓦,年发电量74.6亿千瓦时。

流域规划装机容量50兆瓦以上水电站见表4-18。

表4-18 流域规划装机容量50兆瓦以上水电站统计表

名　称	所在河流	装机容量(兆瓦)	年发电量(亿千瓦时)
固固河	嫩　江	175	4.72
库漠屯	嫩　江	123	2.74
柳家屯	甘河	168	3.31
毕拉河口	诺敏河	200	4.33
神指峡	毕拉河	100	2.25
别勒汉	绰尔河	72	1.77
文得根	绰尔河	64	1.40
石　龙	松江河	70	1.26
大兴川	二道江干流	60	1.51
哈达山	第二松花江干流	60	1.98
涝　洲	松花江干流	50	2.02
洪　太	松花江干流	70	2.96
通　河	松花江干流	60	2.45
依　兰	松花江干流	120	5.11
民　主	松花江干流	130	5.10
康家围子	松花江干流	50	2.59
悦　来	松花江干流	70	3.28
龙虎山	牡丹江	66	1.35

续表

名　称	所在河流	装机容量(兆瓦)	年发电量(亿千瓦时)
曙　光	牡丹江	57	1.16
长江屯	牡丹江	53	1.10
林　海	海浪河	60	1.05
合　计		1878	53.44

(二)小水电代燃料生态保护工程及水电农村电气化工程

规划小水电站121座,总装机容量1340兆瓦,设计年发电能力34.38亿千瓦时,主要指标见表4-19。

表4-19　小水电代燃料生态保护及农村电气化工程小水电站主要指标表

省(区)	电站(座)	装机容量(兆瓦)	年发电量(亿千瓦时)
内蒙古	37	168	4.80
吉　林	10	306	8.76
黑龙江	74	866	20.82
合　计	121	1340	34.38

(三)水能资源开发利用要求

在水能资源开发利用中,要综合考虑水能资源开发对生态环境、水资源开发利用、防洪等方面的影响,严格加强前期工作管理,有序安排工程建设。

第五章　水资源及水生态环境保护

一、地表水资源保护

(一)水功能区水质现状达标评价

松花江流域共有一、二级水功能区319个,区划河长19713公里。参与评价的水功能区279个,占总个数的87.5%,评价河长18544公里,占总河长的94.1%。达标评价分丰水期、平水期、枯水期三个时段,按照《地表水资源质量评价技术规程》(SL395—2007)进行评价。

松花江流域水功能区水质现状达标评价结果为:丰水期达标个数占21.1%,达标河长占17.7%;平水期达标个数占41.9%,达标河长占37.7%;枯水期达标个数占38.3%,达标河长占38.1%。从评价时段来看,丰水期水质达标率相对较低;从水功能区类型来看,保护区和保留区水质达标率相对偏低;从超标因子上看,主要超标因子是COD、氨氮、高锰酸盐指数、BOD_5、总氮等。松花江流域水功能区水质达标情况见表5-1。

表 5-1 松花江流域水功能区水质达标评价表

水功能区类型及水资源分区		按个数评价						按长度(公里)评价					
		丰水期		平水期		枯水期		丰水期		平水期		枯水期	
		参评个数	达标率(%)	参评个数	达标率(%)	参评个数	达标率(%)	参评河长	达标率(%)	参评河长	达标率(%)	参评河长	达标率(%)
水功能区类型	保护区	76	13.2	72	37.5	75	33.3	5803	9.2	5495	37.1	5675	40.6
	保留区	39	12.8	37	43.2	41	31.7	3703	14	3345	42	3779	27.4
	缓冲区	29	27.6	29	34.5	29	34.5	1454	19.3	1454	12.1	1454	25.2
	工业用水区	7	28.6	6	50	8	50	141	19.1	139	64.3	410	87.4
	过渡区	26	42.3	25	60	24	50	653	46.7	637	54.5	621	51.5
	景观娱乐用水区	5	20	5	20	5	20	73	4.1	73	25.2	73	25.2
	农业用水区	72	22.2	66	40.9	68	36.8	5855	24.1	5408	39.2	5401	39.4
	饮用水源区	23	26.1	23	52.2	22	68.2	685	28.8	685	55.3	680	62.8
	渔业用水区	2	0	2	0	2	0	177	0	177	0	177	0
水资源分区	第二松花江	70	30	70	41.4	70	40	3436	26	3436	41.2	3436	40.4
	嫩　江	114	14.9	110	50.9	114	41.2	9078	14.4	8624	47	9186	42.8
	松花江干流	95	22.1	85	30.6	90	33.3	6030	17.9	5354	20.6	5648	29
松花江流域合计		279	21.1	265	41.9	274	38.3	18544	17.7	17413	37.7	18270	38.1

(二)核定水域纳污能力

保护区和保留区原则上维持现状水质,其纳污能力采用水资源综合规划中确定的污染物入河量,对于需要改善水质的保护区和保留区,其纳污能力按开发利用区纳污能力计算方法核定;对于水质不超标、用水矛盾不突出的缓冲区,采用其现状污染物入河量为纳污能力,现状水质超标或存在用水水质矛盾的缓冲区,其纳污能力按开发利用区纳污能力计算方法核定;开发利用区除饮用水源区外,根据水功能区的水文条件、水质目标和率定的模型参数,采用水量水质模型计算求得。松花江流域基准年和规划年 COD 和氨氮纳污能力见表 5-2。

表 5-2 松花江流域基准年和规划年 COD 和氨氮纳污能力

单位:吨

分　区		基准年纳污能力		规划年纳污能力	
		COD	氨氮	COD	氨氮
松花江流域	嫩　江	119861	9366	132610	10328
	第二松花江	130533	9550	101108	7185
	松花江干流	460165	33155	486525	34678
	合　　计	710559	52071	720243	52191

(三)确定污染物限制排污总量意见

保护区、保留区、缓冲区以及开发利用区中的饮用水源区以现状污染物入河量和纳污能力中较小者作为 COD 和氨氮的限制排污总量意见;开发利用区中的其他类型二级水功能区,限制排污总量意见不大于纳污能力，但对部分过渡区及农业用水区，虽有纳污能力，但为减缓排污控制区对下游污染，满足国家对松花江休养生息的战略要求，确定其限制排污总量意见为入河污染物量和纳污能力中较小者。松花江流域规划水平年污染物限制排污总量意见见表5-3。

表5-3 松花江流域各规划年污染物限制排污总量意见成果表

单位：吨

分区		2020年		2030年	
		COD	氨氮	COD	氨氮
松花江流域	嫩江	46865	4499	48153	4785
	第二松花江	79717	5955	78851	5905
	松花江干流	112642	8784	110587	8479
	合计	239224	19238	237591	19169

（四）重要饮用水水源地保护

松花江流域重要饮用水水源地规划范围为《全国重要饮用水水源地名录（第一、二批）》中松花江流域内的地表水水源地及《松花江流域水污染防治规划（2006—2010年）》附录1《重点监控饮用水水源地清单》中供水人口在20万人以上地表水水源地，共计19个。

1.重要饮用水水源地概况

除丰满水库、磨盘山水库和尼尔基水库之外，其余16个水源地均划定了保护区并经过省级人民政府批复；有9个水源地现状水质综合评价不安全；第二松花江水源地、引松入长水源地、松原市二松水源地和牡丹江市西水源等4个水源地准保护区内存在点污染源。各重要饮用水水源地基本情况见表5-4。

表5-4 松花江流域重要饮用水水源地基本情况表

序号	水源地名称	服务人口（万人）	水源地类型	水质安全评价指数	评价结果	水资源二级区
1	丰满水库	338	湖库型	2	安全	第二松花江
2	海龙水库	25	湖库型	3	安全	
3	新立城水库	26.6	湖库型	4	不安全	
4	石头口门水库	105	湖库型	4	不安全	
5	第二松花江水源地	130	河道型	2	安全	
6	引松入长水源地	128.9	河道型	2	安全	
7	松原市二松水源地	23	河道型	3	安全	
8	尼尔基水库	—	湖库型	3	安全	嫩江
9	齐齐哈尔浏园水源地	12	河道型	3	安全	
10	大龙虎泡水库	25	湖库型	4	不安全	
11	大庆水库	24.2	湖库型	3	安全	
12	红旗水库	12.7	湖库型	4	不安全	

续表

序　号	水源地名称	服务人口(万人)	水源地类型	水质安全评价指数	评价结果	水资源二级区
13	朱顺屯水源地	230	河道型	4	不安全	松花江干流
14	四方台水源地	17.9	河道型	4	不安全	
15	磨盘山水库	—	湖库型	2	安全	
16	牡丹江市西水源	38.9	河道型	4	不安全	
17	七台河市桃山水库	30	湖库型	4	不安全	
18	鹤岗市五号水库	20.5	湖库型	4	不安全	
19	鹤岗市细鳞河水库	22.4	湖库型	3	安全	
注:水质安全评价采用《全国城市饮用水水源地安全保障规划》成果。						

2.水源地保护要求

一是尚未划定保护区的水源地要依法划定保护区,尽快上报政府批复;二是按照《松花江流域水域纳污能力核定及限制入河排污总量意见》实施污染物总量控制,严格执行入河排污口设置同意制度,保证水源地水质达标;三是建立水源地水质监控体系,及时掌握水源地水质变化情况;四是制定水源地保护方案,对已经受到污染的水源地实施全面保护和治理;五是加强水源地保护法规建设,依法实施水源地监督管理;六是建立水源地保护应急体系,建立应急网络,制定突发事件应急预案。

3.重要水源地保护措施

对于水质评价为安全的重要水源地,要采取护岸防护、临水坡耕地治理、农田径流污染控制和退耕还林等措施,控制保护区面源污染;对于水质评价为不安全的重要水源地,除采取措施治理周边农业面源污染外,还要加大水源地上游污染治理力度,采取水源地一、二级保护区企业拆迁、移民拆迁、垃圾清运等措施,最大限度控制污染物的入库量,同时通过入湖库人工湿地建设,库区清淤等内源污染治理工程,有效降低湖库总氮、总磷浓度,减轻水库富营养化程度。

(五)地表水资源保护措施

1.非工程措施

一要加大废污水治理监管力度,把水功能区入河污染物限制排污总量意见作为水污染防治和污染减排的重要依据,加强企业排污和城镇污水处理厂运营的监管力度,严把取水许可和入河排污口设置同意审批关。

二要加强面源污染控制,大力推广生态农业,减少化肥、农药施用量;减少网箱或投饵养鱼面积,整治湖边楼堂馆所,取缔河道内耕地;推广农牧结合、种养结合生产模式,减少小规模无污染防治设施的畜禽养殖场。

三要加强监测能力建设,加强省界缓冲区、重点水功能区、水源地、入河排污口的监测设施和监测站网建设,提高应对突发性水污染事件的快速反应能力和自动测报能力。

四要加强水资源保护基础工作,为流域水资源保护管理提供技术支撑。

2.工程措施

嫩江区重点进行截污导流工程建设,包括河流湿地建设、河岸保护工程建设等;加大污水回用率,在大庆、齐齐哈尔、扎兰屯、嫩江县、莫力达瓦旗等城镇,结合城市水景观建设,将达标污水回用于城市景观用水,减少污染物入河总量;建设农田退水口人工湿地,减少农田退水对水功能区水质影响。

第二松花江区重点对吉林市、长春市、松原市等城市入河排污口进行整治,开展清淤疏浚,建设中水回用工程减少废水排放量;加强伊通河、饮马河、辉发河等主要支流上游农业径流治理,控制面源污染。

松花江干流区重点对沿江城市排污口进行整治,减少废水污染物排放量,对哈尔滨、鹤岗、佳木斯、牡丹江、七台河、双鸭山、绥化等城市具有排污和纳污功能的河湖实施清淤疏浚,实施大型灌区退水整治工程,结合区域截、蓄、导、用工程,减少污染物入河量,确保2030年实现水功能区全部达标。

3.重大水资源配置工程的保护措施

调水水源及受水水源库区周边及上游地区,要加强生态保护和水污染治理,控制农药化肥施用量,禁止重污染项目的建设与审批,入库支流水质要达到Ⅲ类标准;调水水源工程建设项目中要包含水资源保护专项,对库区征地范围要实施工程或生物隔离网保护措施,严禁开垦耕地或放牧;对入库支流口要实施人工湿地生物修复措施。

对输水河道要加强两岸生态保护,禁止新建排污口、农田退水口,对已有排污口要加强管理,制定排污口整治规划;对输水干线中途的储水水库、湖泡,要按调水水源及受水水源地保护要求加以保护;对人工渠道要对征地范围实施工程或生物隔离网保护措施,加强护岸管理及植被修复,严禁污水排入,在与其他河流或排水渠交叉处修建立体交叉工程,确保输水干线水质免受污染。

二、地下水资源保护

(一)地下水功能区划

1.地下水功能区划分

根据区域地下水自然资源属性、生态与环境属性、经济社会属性和水资源配置对地下水开发利用的需求,以及生态与环境保护的要求,将浅层地下水功能区按两级划分。地下水一级功能区划分为开发区、保护区、保留区三类;在地下水一级功能区的框架内,根据地下水的主导功能,划分为8种地下水二级功能区。其中,开发区划分为集中式供水水源区和分散式开发利用区;保护区划分为生态脆弱区、地质灾害易发区和地下水水源涵养区;保留区划分为不宜开采区、储备区和应急水源区。地下水二级功能区主要协调地区之间、用水部门之间和不同地下水功能之间的关系。

根据松花江流域实际情况,没有划分地质灾害易发区、储备区两类二级功能区,地下水二级功能区共划分298个。其中集中式供水水源区45个,分散式开发利用区132个,生态脆弱区16个,地下水水源涵养区85个,不宜开采区19个,应急水源区1个。

深层承压水以水资源二级区套地级行政区为基本规划单元开展工作,不再单独划分功能区。

2.地下水功能区现状达标情况

松花江流域298个功能区中,现状水量达标的个数294个,达标率为98.7%;现状水质Ⅰ—Ⅲ类的个数232个,Ⅳ类个数13个,Ⅴ类个数53个。集中式供水水源区以供给生活饮用或工业生产用水为主,含有生活用水的集中式供水水源区其水质优于Ⅲ类时即满足达标要求,仅供工业生产用水的集中式供水水源区其水质优于Ⅳ类时即满足达标要求。

(二)地下水功能区保护目标

地下水保护遵循人水和谐、可持续利用;保护为主、合理开发;统筹协调、优质优用;因地制宜、现实可行的原则。浅层地下水针对松花江流域划分的8种地下水二级功能区,制定满足不同功能区要求的水质、水量和水位保护目标。深层承压水作为战略储备资源和应急水源,原则上不开采,严格保护。

(三)地下水保护规划方案

在流域地下水功能区划分基础上,对每一个功能区进行了现状开采量、可开采量、超采量、水质状况等方面的评价。结合功能区保护目标及流域水资源综合规划配置方案,对每个功能区未来的地下水开采增减量、水质、水位都做了合理的规划,保护与利用并重,最终目标是实现地下水功能区达标和地下水资源的可持续利用。

1.浅层地下水超采区规划方案

基准年,松花江流域严重超采区现状开采量为2.26亿立方米,超采量为1.41亿立方米;一般超采区现状开采量为1.75亿立方米,超采量为1.06亿立方米。

2020年,松花江流域严重超采区规划开采量为0.98亿立方米,一般超采区规划开采量为0.44亿立方米。浅层地下水超采区超采量基本退还,规划开采量较可开采量小0.12亿立方米。

2030年,松花江流域严重超采区规划开采量为0.85亿立方米,较2020年规划开采量减少0.13亿立方米;一般超采区规划开采量为0.35亿立方米,较2020年规划开采量减少0.09亿立方米。浅层地下水规划开采量较可开采量小0.34亿立方米,地下水超采区超采量全部退还,超采区逐步恢复并达到采补平衡。

2.深层承压水保护方案

到2020年,松花江流域深层承压水原则上不开采,将现状8.63亿立方米开采量全部压减,将深层承压水作为应对突发事件的资源储备。

(四)地下水保护工程措施

为了合理开发和有效保护地下水资源,促进地下水资源的可持续利用,支撑经济社会的可持续发展,落实规划水平年地下水开发利用与保护规划方案,需要采取必要的工程措施,包括地下水监测、地下水保护和地下水修复工程等。

1.地下水监测工程

到2020年,全流域新建和改造监测井1859眼;2030年新建和改造监测井累计达到2044眼。

2.地下水保护工程

通过地表水替代水源工程的建设,松花江流域超采区地下水压采量2020年为2.59亿立方米,2030年为2.81亿立方米。针对集中式供水水源地进行水质保护工程,到2020年松花江流域保护区和围栏(网)建设完毕,其中建设保护区面积458平方公里,围栏(网)长度484公里。

3.地下水修复工程

松花江流域日供水量小于0.5万立方米的饮用水水源地保护区内,2020年修建地下水污染治理工程129处,2030年累计修建地下水污染治理工程216处。

三、水生态保护

（一）水生态状况及主要问题

近三十年来，松花江流域生态环境发生了较大的变化，水生态退化尤为明显。流域的自然环境特征、土地利用方式、产业布局及产业结构的不同，水生态问题存在着地域差异。

1.嫩江

嫩江流域地表水资源开发利用程度21%。现状年优于Ⅲ类水质河长占评价总河长63.5%，劣于Ⅲ类水质河长占36.5%，嫩江水质总体较好，但城市河段水质较差。目前，嫩江存在的主要水生态问题是嫩江廊道遭到破坏，河湖水系连通受阻，生境破碎化，河湖水生态系统受损。湿地大面积减少、功能退化对流域和区域生态安全构成了威胁，同时也导致区域生物多样性下降。

2.第二松花江

第二松花江地表水资源开发利用程度30%。上游河段水质较好，中下游河段水质较差，现状年第二松花江流域Ⅰ类—Ⅲ类水河长占总评价河长53.6%，劣于Ⅲ类水质河长占46.4%，其中劣Ⅴ类水质河长占32.5%。第二松花江河源区目前受到水能资源开发的威胁，上游河段由于梯级水电站建设造成了河流纵向连通性受阻，限制了冷水性鱼类的生存空间；中下游河段横向连通性受阻，个别河段污染严重，产卵场功能退化，河流水生态系统受损。

3.松花江干流

松花江干流地表水资源开发利用程度为26%。现状年松花江干流优于Ⅲ类水质河长占评价总河长的38.2%；劣于Ⅲ类水质的河长占61.8%，农业区水质较差，城市河段水质恶劣。自20世纪80年代以来，随着经济社会的快速发展，河流水质恶化，造成河湖水生态系统日益退化，水生生物资源量显著减少。湿地减少导致了生物栖息地损失。

（二）水生态保护目标与主要对象

1.水生态保护与修复目标

近期（2020年）目标：基本建成水资源保护和河湖健康保障体系。流域内主要江河、湖泊、湿地生态得到基本保护，水生生物资源衰退趋势有所减缓，水生态恶化趋势得到基本遏制并有所改善；主要河湖基本生态水量得到初步保证，将生态保护与修复纳入水量调度的重要目标，因不合理水资源开发造成的河流不连续现象有所改善。

远期（2030年）目标：基本建成水资源保护和河湖健康保障体系。流域江河、湖泊、湿地生态系统得到全面保护；流域水生态系统对水资源的需求得到保障，受损的水生生物资源和水生态系统得到基本修复；对水生态作用显著的重点水利工程实施生态调度，保证整个流域内水生态系统基本实现良性循环与健康发展。

2.重点保护对象

松花江流域拥有一些重要保护意义的生态敏感河流与河段，包括国家级水产种质资源保护区。此外，还有多处湿地类型自然保护区和风景名胜区，是水生态保护与修复的重点对象，具体见表5-5和表5-6。

表 5-5 松花江流域生态敏感水域及重点保护对象

序 号	水生态敏感河流及河段	重点保护对象
	嫩江水系	
1	嫩江上游河流	细鳞鲑、哲罗鲑等冷水性鱼类
2	嫩江卧都河茴鱼哲罗鲑国家级水产种质资源保护区	主要保护对象为黑龙江茴鱼、哲罗鱼
3	齐齐哈尔市上游约100公里的莽格吐江段	草鱼、鲢鱼、鳙鱼越冬场
4	齐齐哈尔市至肇源县三岔河400公里江段	70多种鱼类大型越冬场;草鱼、鲢鱼、鳙鱼重要产卵场
5	嫩江镇赉段国家级水产种质资源保护区	乌苏里拟鲿、草鱼、鲢鱼、鳙黄颡、六须鲶
6	月亮湖国家级水产种质资源保护区	鲫鱼、草鱼、鲢鱼、鳙鱼、黄颡、六须鲶等
7	大安段乌苏里拟鲿国家级水产种质资源保护区	乌苏里拟鲿
8	三岔河口(嫩江与第二松花江、松花江干流交汇处)	鱼类重要洄游通道
	第二松花江水系	
9	松花江头道江特有鱼类国家级水产种质资源保护区	哲罗鲑、东北蝲蛄、细鳞鲑、花羔红点鲑、雷氏七鳃鳗
10	松花江宁江段国家级水产种质资源保护区	乌苏拟鲿、怀头鲇、花鱼骨等
11	鳌龙河与第二松花江交汇处口	鱼类产卵场
12	饮马河与第二松花江交汇处口	鱼类产卵场
	松花江干流水系	
13	三江口(松花江与黑龙江汇合口)	重要洄游通道
14	扶余县的河咀子(鸭子圈)至江东楞30公里江段	草鱼、鲢鱼、鳙鱼重点产卵场
15	松花江牤牛河国家级水产种质资源保护区	黑斑狗鱼、鲫等
16	老山头至老巴彦港30公里江段	草鱼、鲢鱼、鳙鱼重点产卵场
17	宾县摆渡至佳木斯南城子220公里江段	草鱼、鲢鱼、鳙鱼重点产卵场
18	佳木斯市七家瓦房子至桦川县永发(杨家围子)35公里江段	草鱼、鲢鱼、鳙鱼重点产卵场
19	松花江肇东段国家级水产种质资源保护区	鲢、鲤、鳙、草鱼、黄颡、六须鲶等
20	黑龙江同江段国家级水产种质资源保护区	主要保护对象为黑斑狗鱼、鲫等
21	富锦市松花江乌苏里拟鲿、细鳞斜颌鲴国家级水产种质资源保护区	主要保护对象为乌苏里拟鲿、细鳞斜颌鲴及其产卵场
22	松花江木兰段国家级水产种质资源保护区	主要保护对象是黄颡鱼、鳡,其他保护对象包括细鳞鱼、雅罗鱼等
23	牡丹江海浪河特有鱼类国家级水产种质资源保护区	黑龙江茴鱼、细鳞鲑、江鳕和瓦氏雅罗鱼等鱼类
24	小石河冷水鱼国家级水产种质资源保护区	细鳞鲑、花羔红点鲑
25	敦化市牡丹江上游黑斑狗鱼国家级水产种质资源保护区	黑斑狗鱼、江鳕、瓦氏雅罗鱼,栖息的其他物种有东北雅罗鱼、翘嘴红鲌、细鳞斜颌鲴、蒙古红鲌、银鲴等
26	黑龙江省铁路桥梁、跨江公路桥梁,从桥梁中心线起,上下游各500米干流水域	草鱼、鲢鱼、鳙鱼等栖息地
27	松花江下游女儿姑小河下口(红江口)左岸起三江口范围内的主、支流水域	鱼类栖息地、洄游通道

表 5-6 松花江流域重要湿地及重点保护对象

序号	保护地	行政区域	面积（公顷）	重要保护对象
		嫩江流域		
1	南瓮河国家级自然保护区	大兴安岭松岭区	229523	寒温带珍稀濒危野生动植物
2	扎龙国家级自然保护区	齐齐哈尔市	210000	温带湿地生态系统及丹顶鹤等水禽
3	讷谟尔河省级自然保护区	依安县	61385	内陆湿地及生物多样性
4	山口省级自然保护区	五大连池市	945	内陆湿地及生物多样性
5	乌裕尔河国家级自然保护区	富裕县	64530	内陆湿地及生物多样性
6	龙凤湿地省级自然保护区	大庆市	55050	芦苇湿地及生物多样性
7	向海国家级自然保护区	白城市	105467	荒漠、草原、湿地生态系统
8	科尔沁国家级自然保护区	科右中旗	126987	草原、湿地生态系统及生物多样性
9	莫莫格国家级自然保护区	白城市	144000	湿地及鹤、鹳类等珍稀水禽
10	图牧吉国家级自然保护区	扎赉特旗	94870	大鸨、丹顶鹤等珍稀鸟类及其栖息环境
11	大布苏国家级自然保护区	乾安县	11000	地质遗迹、湿地生态系统
12	查干湖国家级自然保护区	松原市	50684	湿地生态系统及珍稀濒危鸟类
		第二松花江流域		
13	龙湾国家级自然保护区	通化市	15061	湿地生态系统、生物物种多样性
14	波罗湖国家级自然保护区	长春市	24915	珍稀濒危鸟类和湿地生态系统
15	松花江三湖国家级自然保护区	吉林市	1144710	森林、水域生态系统
16	松花湖国家重点风景名胜区	吉林市	50000	水旷、山幽、林秀、雪佳
		松花江干流流域		
17	嘟噜河湿地省级自然保护区	萝北县	19967	湿地生物多样性
18	集贤安邦河省级自然保护区	集贤县	10295	内陆湿地与水域生态系统
19	绥滨两江省级湿地自然保护区	鹤岗市	55490	内陆湿地与水域生态系统
20	佳木斯沿江湿地省级自然保护区	佳木斯市	15723	内陆湿地生态系统及其栖息的珍稀水禽
21	乌伊岭国家级自然保护区	伊春市	43824	森林湿地生态系统及生物多样性
22	友好湿地省级自然保护区	伊春市	60687	森林湿地生态系统及生物多样性
23	雁鸣湖国家级自然保护区	敦化市	53940	牡丹江上游湿地生态系统和珍稀水禽及其繁殖、迁徙地
24	黑龙江莲花湖省级自然保护区	海林市	190000	森林及生物多样性
25	桦川松花江湿地省级保护区	佳木斯	26199	内陆湿地与水域生态系统
26	安兴湿地省级自然保护区	依兰县	11000	湿地和水域生态系统
27	镜泊湖省级自然保护区	宁安市	126000	自然景观、原始森林、火山口森林和水产资源
28	肇东沿江湿地省级自然保护区	肇东市	33300	湿地和水域生态系统
29	呼兰河湿地省级自然保护区	哈尔滨市	19262	内陆湿地生态系统及珍稀水禽
30	望奎西洼荒省级自然保护区	绥化市	8292	湿地和水域生态系统
31	红星湿地国家级自然保护区	伊春市	111995	森林湿地生态系统
32	新青白头鹤国家级自然保护区	伊春市	62567	白头鹤及其繁殖地
33	扶余洪泛湿地省级自然保护区	扶余县	61010	洪泛湿地生态系统、珍稀水禽

(三)水生态保护与修复对策措施

1.嫩江流域

(1)河源区保护:加强嫩江河源区、上游水源涵养林和天然湿地的保护与建设,控制土壤侵蚀,维护嫩江河源区生态安全,保证向下游提供源源不断的清洁水资源;规范河源区及上游水电开发,以防破坏河流的纵向连通性,影响哲罗鱼、细鳞鱼等冷水鱼类的生存空间。

(2)保证重要控制断面最小生态环境流量:科学合理地进行嫩江流域水资源优化配置,通过尼尔基水库调度,保证嫩江干流大赉站最小生态环境流量35立方米/秒。

(3)河流廊道修复与管理:加强嫩江及其一级支流廊道生态修复与管理,在河岸两侧应维系和建设林、灌、草植被系统,提高植被覆盖率。建立严格的河道管理制度,规范河道内采砂等行为,以丰富嫩江的生物多样性。

(4)生态敏感河段保护及水生生物资源养护:加强嫩江水生生物资源养护,河流上游以保护细鳞鱼、哲罗鲑等冷水性鱼类及原始生境为重点,中下游以保护鲢、鳙等重要经济鱼类及其产卵场为重点,综合运用生境保护与修复、鱼类增殖放流等手段,恢复嫩江水生生物资源。

(5)重要湿地保护与修复:加强自然保护区建设。禁止在自然保护区开矿、围(开)垦、采石、挖沙、取弃土等生产活动,以免破坏天然湿地生态系统。扎龙湿地多年平均生态环境需水量为2.88亿立方米,生态敏感期4月、5月最小生态环境需水量为4044万立方米、5828万立方米,9月、10月分别为3841万立方米、1023万立方米,强化乌裕尔河流域节水措施,加强东升水库调度运行,向扎龙湿地下泄生态水量,通过北部引嫩、中部引嫩改扩建工程,向扎龙自然保护区补水2.22亿立方米/年。莫莫格湿地多年平均生态环境需水量为2.65亿立方米,生态敏感期4月、5月最小生态环境需水量为1300万立方米、4208万立方米,9月、10月分别为2901万立方米、1676万立方米,通过引水工程向莫莫格湿地供水,以解决湿地生态环境需水不足问题。霍林河流域科尔沁湿地多年平均生态环境需水量为0.72亿立方米,生态敏感期4月、5月最小生态环境需水量为647万立方米、969万立方米,9月为2870万立方米。向海湿地多年平均生态环境需水量为1.9亿立方米,生态敏感期4月、5月最小生态环境需水量为2644万立方米、3963万立方米,9月为2870万立方米,通过水资源优化配置,采取有效的监控措施,解决科尔沁湿地和向海湿地生态环境需水量不足问题。

2.第二松花江

(1)河源区保护:规范第二松花江河源区及上游水电建设,避免进一步破坏河流的纵向连通性,涉及国家级水产种质资源保护区,并对水生生物资源生存和水域生态环境保护带来较严重不利影响的水电站,应当进行专题论证,并提出鱼类增殖放流和过鱼设施等有效减缓措施。

(2)保证重要控制断面最小生态环境流量:优化水资源配置,优先保证河道内生态用水,通过丰满水电站调度,保证161立方米/秒最小下泄流量,保证扶余断面最小生态环境流量100立方米/秒。

(3)河流廊道修复:加强沿岸农田水土保持生态建设、河流廊道生态修复及土地管理,控制农业径流污染,修复第二松花江的生态功能。

(4)重要生境修复及水生生物养护:对第二松花江干流及其支流沿岸如长春、吉林、松原、农安、德惠等城镇采取综合措施治理水污染,恢复饮马河口等鱼类产卵生态功能。加大重要经济鱼类的增殖放流力度,恢复种群规模和群落结构,促进渔业可持续发展。

(5)自然保护区及风景名胜区保护与修复:加强水土保持生态建设,适度退耕还林,进一步提高森林覆盖率,防治水土流失,严格控制面源污染,保护三湖国家级自然保护区。规范吉林市松花湖国家级名胜区近湖区旅游业,治理旅游业及相关产业带来的污染。

3.松花江干流

(1)控制面源污染:在采取点源污染治理措施的同时,更应该重视面源污染的控制,积极发展绿色农业,深化保护性耕作,推广测土配方施肥技术,有效治理畜禽养殖污水,推进农业面源污染综合治理。

(2)保证重要控制断面最小生态环境流量:通过嫩江尼尔基水库和第二松花江丰满水电站联合调度,保证哈尔滨断面最小生态环境流量250立方米/秒。

(3)河流廊道修复:加强干支流河流廊道的生态修复,建设林灌草相结合的河岸缓冲带,有效控制农业径流污染,改善松花江干流水质,维护和修复河流生态功能。

(4)加强敏感生态河段保护及水生生物养护:在水生态敏感江段及常年禁渔区禁止设置入河排污口和从事采砂活动。航电枢纽工程、大中型水库、小水电以及引水工程,涉及国家级水产种质资源保护区,并对水生生物资源生存和水域生态环境保护带来较严重的不利影响,应当进行专题论证,提出鱼类增殖和过鱼设施等有效的保护措施。加强松花江干流水生生物资源养护、保护鲢、鳙、草鱼等重要经济鱼类及其产卵场,综合运用生境修复和鱼类增殖放流等措施,恢复松花江干流水生生物资源。

(5)重要湿地保护和修复:在松花江干流及其支流拥有多个湿地类国家级和省级自然保护区,协调好涉水工程建设与湿地保护的关系,保护天然湿地,维护生境多样性。松花江下游的湿地保护区面临着围垦以及农业与湿地争水矛盾,对于经常受涝灾的耕地应加大退耕还湿力度。

四、水土保持

(一)水土流失及水土保持概况

据2000年第二次全国土壤侵蚀遥感调查,松花江流域水土流失面积15.76万平方公里。按侵蚀营力划分,水力侵蚀11.02万平方公里,风力侵蚀2.47万平方公里,冻融侵蚀2.27万平方公里。按侵蚀强度划分,轻度、中度、强烈及以上强度侵蚀面积分别为10.99万、4.12万、0.65万平方公里。按侵蚀发生的地类划分,水土流失主要发生在坡耕地、疏林地和稀疏草地,耕地、林地和草地水土流失面积分别为8.31万、4.08万、2.75万平方公里。

截至2007年末,流域内累计完成治理面积1.47万平方公里,已治理区域的生态环境得到明显改善。但因水土保持投入不足、治理速度缓慢、非工程措施建设滞后以及人为水土流失现象严重等原因,水土保持任务仍然艰巨。

(二)水土流失防治目标

近期,初步建立水土流失综合防治体系,使松花江流域水土流失恶化的趋势得到控制。完成治理面积5.63万平方公里,林草覆盖率提高到48%,坡耕地得到初步治理,侵蚀沟发展趋势得到基本遏制。

远期,建立完善的水土流失综合防治体系,累计治理面积达到9.32万平方公里,水土流失治理程度累计达68%,林草覆盖率提高到51%,使松花江流域水土流失问题得到基本解决。

(三)水土保持分区及防治策略

将松花江流域划分为8个水土保持区。

1.小兴安岭漫川漫岗水蚀区

本区位于小兴安岭向松嫩平原延伸地区,总面积9.56万平方公里,土地垦殖率高,耕地面积约占总面积的68%,是松花江流域粮食主产区之一。地貌以漫川漫岗为主。水土流失以水蚀为主,流失面积2.83万平方公里,主要发生在坡耕地。

水土保持策略:以保护黑土地资源,加强商品粮基地建设为中心,开展以小流域为单元的综合治理,以坡耕地和侵蚀沟治理为重点,科学配置工程措施、林草措施和水土保持耕作措施,维护和提高土地生产能力。规划完成治理面积2.18万平方公里,水土流失治理程度累计达90%。

2.大兴安岭丘陵水蚀区

本区位于嫩江右岸,大兴安岭山地向松嫩平原过渡地带,总面积4.44万平方公里,地貌以丘陵、台地为主,土地利用以耕地为主,耕地面积约占总面积的57%。水土流失以水蚀为主,流失面积1.88万平方公里,主要发生在坡耕地和荒山荒坡。

水土保持策略:林草措施、工程措施和农业耕作措施相结合,以坡耕地和沟道综合治理为主,建立水土流失综合防护体系。规划完成治理面积1.24万平方公里,水土流失治理程度累计达81%。

3.长白山东部丘陵水蚀区

本区地处长白山脉北端,张广才岭和老爷岭之间,总面积2.86万平方公里。地貌以丘陵为主,地形复杂。水土流失以水蚀为主,流失面积1.01万平方公里,主要发生在陡坡耕地、疏林地和荒山荒坡上。

水土保持策略:以治理坡耕地为突破口,从上到下布设分水岭及坡面防护体系、坡耕地防护体系、侵蚀沟道防护体系和小型水利工程防护体系;林区以预防为主,搞好迹地更新和生态修复;沟壑要从上到下采取综合措施进行治理。规划完成治理面积0.8万平方公里,水土流失治理程度累计达86%。

4.长白山西部丘陵水蚀区

本区地处长白山向松嫩平原过渡区,吉林哈达岭和龙岗山之间的辉发河谷,第二松花江上游地区,总面积3.71万平方公里,地貌以丘陵为主,低山镶嵌其间。水土流失以水蚀为主,水土流失面积0.66万平方公里,主要发生在坡耕地、荒山荒地和疏林地。

水土保持策略:以保护水源地为中心,建立完整的坡面、沟道拦蓄工程体系,减少面源污染和下游江河水库泥沙淤积,恢复生态环境。重点以坡耕地治理为重点,建设基本农田,提高粮食产量;在荒山荒地合理布置坡面拦蓄工程,辅以林草措施,建立山地果园;对现有的疏林地进行有计划的改造和保护,实施生态修复工程;综合治理侵蚀沟道,防止沟道下切和扩张。规划完成治理面积0.51万平方公里,水土流失治理程度累计达90%。

5.大兴安岭中低山冻融、水蚀区

本区地处松花江流域西北部,大兴安岭中北端,总面积12.76万平方公里,地貌类型以中低山为主。该区水土流失面积4.97万平方公里,其中冻融侵蚀2.27万平方公里,主要分布在鄂伦春自治旗、阿尔山市、牙克石市的北部;其余地区以水蚀为主。

水土保持策略:北部林区保护现有天然林和人工林,加强疏幼林地抚育、迹地造林和监督管护;南部牧区,保护现有林草,搞好水土流失地区的综合治理工作。规划完成治理面积1.48万平方公里，水土流失治理程度累计达35%。

6.小兴安岭—长白山中低山水蚀区

本区地处松花江流域东部，松花江干流两侧，长白山、张广才岭、小兴安岭分别位于该区南北两侧，总面积11.98万平方公里，地貌类型以中低山为主。水土流失以水蚀为主，流失面积1.83万平方公里。

水土保持策略：以预防保护为主，加大林草管护力度；继续加强疏幼林地抚育、巩固退耕还林工程成果；加强对已受到破坏的低效林和迹地的森林生态系统恢复与重建；对坡耕地和侵蚀沟因地制宜地进行开发性治理；加大生产建设项目监管力度。规划完成治理面积1.13万平方公里，水土流失治理程度累计达72%。

7.松嫩平原风蚀区

本区地处松嫩平原腹地，总面积9.23万平方公里，地貌以平原为主，固定和半固定沙丘镶嵌其间。本区属于风、水蚀交错，以风蚀为主，水土流失面积2.45万平方公里。

水土保持策略：以防治风沙危害为重点。东部地区以建立抗旱防蚀耕作制度、完善农田防护林建设和改造沙化、盐碱化土地为主。西部地区结合“三北”防护林建设，采取植物固沙和沙障固沙措施，建立草、田、林网体系；提倡和推广水土保持耕作技术；结合围封、舍饲、禁牧、轮牧和退耕还草等措施改良更新退化草原；禁止导致生态功能继续退化的人为破坏活动。规划完成治理面积1.85万平方公里，水土流失治理程度累计达85%。

8.三江平原水蚀区

本区地处松花江流域东部，是松花江、黑龙江和乌苏里江冲积、洪积平原，区域总面积1.56万平方公里，土地利用以耕地为主。水土流失以水蚀为主，水土流失面积0.13万平方公里。

水土保持策略：通过实施水土保持耕作措施，推动秸秆还田，增施有机肥料，改良土壤，增强土壤的抗蚀能力；营造网、带、片相结合的农田防护林；提高生产建设项目准入条件，限制泥炭开发，保护现有湿地。规划完成治理面积0.13万平方公里，流失面积全部得到治理。

（四）水土保持预防监督

制定预防保护管理办法、完善政策法规体系，对生态良好区域和已治理区域实施全面管护，落实预防保护责任；建立健全对水源保护区、河流和水库上游等生态良好区域的生态保护补偿机制；采取配套的对策和措施，注重将预防保护和区域经济社会发展相结合；严禁毁林开荒、滥伐林木、陡坡栽参、过度放牧等活动。

监督管理方面，以落实“三同时”制度，控制人为水土流失为目标，完善生产建设项目水土保持督察和验收制度，加强生产建设项目水土保持监管工作，依法征收水土保持设施（水土流失）补偿费、水土流失防治费，建立生产建设项目水土保持公告制度和预防监督数据库，开展生产建设项目水土保持示范工程建设，加强流域水土保持监督执法能力建设，水土保持方案实施率、设施验收率和违反《水土保持法》典型案件查处率达100%，同时健全水土保持监督执法网络系统，开展监督管理规范化建设，提高监督执法快速反应能力。

（五）重点治理工程

1.黑土地治理与保护工程

以小流域为单元，在丘陵水蚀区、漫川漫岗水蚀区，继续开展以“东北黑土区水土流失综合防治工程”和“国家农业综合开发水土流失治理重点工程”为主的黑土地治理和保护工程，遏制水土流失恶化的趋势,保护珍贵的黑土资源,保障国家商品粮基地的生产能力。

2.坡耕地水土保持综合整治工程

坡耕地是松花江流域水土流失的主要策源地。结合正在编制的《全国坡耕地水土流失综合整治工程规划》,在流域内的丘陵水蚀区、漫川漫岗水蚀区开展坡耕地水土保持综合整治工程,对坡耕地集中连片的区域进行重点治理。主要解决因水土流失导致的耕地面积减少、土层逐年变薄、地力减退、粮食产量下降等问题。

3.侵蚀沟防治工程

侵蚀沟是泥沙进入江河水库的主要通道。松花江流域的侵蚀沟广泛分布在流域内的丘陵水蚀区、中低山水蚀区和漫川漫岗水蚀区,大多数处于发育阶段,其数量呈逐年增加趋势。侵蚀沟的发生、发展,不仅给人们生产、生活带来不便,更为重要的是切割地表,蚕食耕地,冲走沃土,严重威胁我国粮食安全。侵蚀沟防治已成为松花江流域亟待解决的问题。

(六)水土保持监测预报

按照《水土保持生态环境监测网络管理办法》和全国水土保持监测网络总体布局,首先建设1个监测中心站、3个监测总站、12个监测分站和46个监测点,其后,将根据实际需要建设监测站点,进一步规划布设监测站点,逐步建成完整、高效、实用的流域监测网络体系,并落实监测网络运行经费。

监测内容包括:(1)获取流域基础空间信息。(2)完善水土流失监测手段。(3)建设水土保持空间数据库。(4)开发水土保持应用系统和信息共享平台。

(七)科技示范与推广

科技示范推广项目重点包括:漫川漫岗区(丘陵区)坡耕地、侵蚀沟综合治理技术,生态修复过程中人为辅助措施,面源污染防治技术,新能源开发利用技术,生产建设项目水土流失治理技术。此外,对水土保持预防监督机制,水土流失综合防治协调协商机制、投入机制、生态补偿机制在研究、完善的基础上进行推广。

第六章　流域综合管理

改革开放以来,松花江流域涉水事务管理取得了长足的进展,但随着经济社会的快速发展和振兴东北老工业基地及保障国家粮食安全等战略的实施,未来流域水资源开发强度将继续增大,迫切需要进一步加强流域管理,实行最严格的水资源管理制度,有效规范人类经济社会活动,全面推进节水型社会建设,保障流域水资源的可持续利用。

一、管理体制与机制

通过合理划分事权,进一步理顺流域管理与行政区域管理的关系,不断完善流域管理与行政区域管理相结合的水资源管理体制,逐步建立各方参与、民主协商、科学决策、分工负责的流域议事决策和高效执行机制。通过运用法律、经济、行政等综合手段,整合各项监测职能,及时向社会提供流域管理基础信息。

为促进流域管理与行政区域管理的密切结合,重点建立流域民主协商决策机制,建立有力的执行和监督机制,建立信息共享机制。

二、防洪抗旱管理

松花江防汛抗旱总指挥部已成立,形成了较为完善的各级行政首长负总责,统一指挥、统一调度的防汛抗旱组织管理体系。未来在继续完善防洪工程体系的同时,需进一步建立健全以洪水风险管理为核心的防洪管理制度体系,完善防御洪水方案和洪水调度方案。完善抗旱各项工作机制,加强防汛抗旱应急管理体系建设,有效提高对水旱灾害的防控和灾后救助能力。

防洪管理方面重点开展以下工作:(1)建立洪水风险管理制度;(2)完善洪水影响评价制度;(3)建立蓄滞洪区管理制度;(4)完善防御洪水方案和洪水调度方案;(5)推进防洪管理现代化。

抗旱方面,依据《中华人民共和国抗旱条例》进一步建立健全抗旱组织指挥体系,编制抗旱规划和抗旱预案,制定旱灾评价指标体系,加强抗旱应急水源、抗旱应急设施、旱情监测网络建设,并适当利用人工影响天气作业等措施,最大限度地减少灾害威胁。

三、水资源管理

松花江流域水土资源匹配情况相对较好,水资源相对丰沛,仍有进一步开发的潜力。但在用水量合理增长的同时,必须全面实行最严格的水资源管理制度,大力推进节水型社会建设,切实提高水资源利用效率和效益,保障人与自然的和谐发展。

建立用水总量控制制度,在全国2015年、2020年和2030年用水总量控制指标确定的基础上,确立流域水资源开发利用控制红线,严格实行用水总量控制。

建立用水效率控制制度,确立用水效率控制红线,坚决遏制用水浪费,把节水工作贯穿于经济社会发展和群众生产生活全过程。

建立流域水权制度,以流域水资源综合规划为基础,进一步明晰各省(区)初始水权。

大力推进水资源管理系统建设,实现对取用水户、主要江河重要控制断面、地下水超采区、饮用水水源地、入河排污口和水功能区的动态监测和有效监控。

建立科学合理的水价形成机制,充分发挥市场机制和价格杠杆在水资源配置、水需求调节和水污染防治等方面的作用,推进水价改革。

建立水资源管理责任和考核制度,对各地区水资源开发利用、节约保护主要指标的落实情况进行考核,考核结果交由干部主管部门,作为地方政府相关领导干部综合考核评价的重要依据。

四、水资源保护

松花江流域水污染严重,水环境恶化尚未根本性好转。应切实加强水功能区和入河排污口监督管理,建立入河污染物总量控制制度,加强水质监测和评价,建立重大水污染应急管理机制,有效遏制水污染趋势,促进水质的逐步恢复,实现河流生态系统良性演化。

重点开展以下工作:(1)强化水功能区监督管理;(2)加强水质监测工作;(3)建立水污染应急管理机制。

五、水土保持监督管理

松花江流域特别是流域内黑土区水土流失较为严重,必须加大水土流失预防和监督管理力度,完善监测网络建设,严格控制人为水土流失,发挥生态自我修复能力,涵养水源,减少泥沙下泄,保护宝贵的黑土资源和耕地。重点开展以下工作:(1)加强水土流失预防工作;(2)强化对生产建设项目的监督管理;(3)完善水土保持工作组织管理体系;(4)完善水土保持监测网络建设。

六、河道及水工程管理

(一)河道管理

进一步规范河道管理范围内建设项目管理和行政许可行为,避免未批先建和越权审批;加大监督、检查和执法力度,对未按要求建设的项目依法予以查处,坚决纠正违法违规行为。进一步理顺河道采砂管理体制,编制采砂规划,指导砂石资源有序开发,严厉打击非法采砂活动,加强河床淤积、河堤沉降等监测工作,确保河势稳定和堤防安全。

(二)水利工程建设管理

建立水利投入稳定增长机制,将水利作为公共财政投入的重点领域,加大公共财政对水利的投入;加强水利工程建设管理,继续完善和全面推行"三项"制度,逐步形成政企分开、政事分开、政资分开、事企分开的建设管理体制。

(三)水利工程运行管理

全面推进水利工程管理体制改革,区分水利工程性质,明晰水利工程产权,明确管理主体,分类推进改革,健全良性运行机制。

七、岸线利用管理

岸线利用管理主要包括按照规划方案进行岸线控制线的管理以及岸线功能区的管理,并对不符合岸线利用管理规划的岸线利用项目及其布局进行调整。按照岸线利用管理规划岸线控制线的划定范围,加强岸线临水控制线和外缘控制线管理;根据岸线利用管理规划的功能区划分成果,加强岸线保护区、岸线保留区、岸线控制利用区、岸线开发利用区的管理。

八、水利信息化建设

水利信息化是流域综合管理实现数字化、现代化的有效手段,建设任务主要包括基础设施、重点应用信息系统和保障环境建设。2030年,将在松花江流域全面完成"金水工程"建设。在基础设施建设方面,实现松辽委与4省(区)的数据、图像等信息的实时共享,各类水利业务应用信息系统完成资源整合,安全保障体系得到全面加强,基本实现水利现代化建设目标。

第七章　环境影响评价

一、评价目的及环境保护目标

(一)评价目的

从流域可持续发展的战略角度,对规划提出的流域近期、远期规划方案进行环境影响预估和评价,参与规划方案比选,研究保护和改善环境对策,修正规划目标,完善规划方案,使推荐的规划方案既能满足经济社会发展要求,又能满足环境目标要求。

(二)环境保护目标

表 7-1 环境保护目标

环境主题	环境保护目标
水资源	控制流域地表水资源开发量,促进水资源可持续利用 控制地下水资源开发量,维持地下水采补平衡
水环境	满足规划河段水域功能要求 满足鱼类生存及繁衍的基本条件
生态环境	保护流域生物多样性 保护流域重要生态功能区 保护河道生态基流和水环境容量 保护流域生态系统完整性 保护植被和水土资源,减少水土流失 保护河流湿地不再继续萎缩 保护流域内国家种质资源保护区;保护流域内重要河段内水生生物资源;保护流域内冷水性鱼类;保护濒危、易危鱼类及鱼类“三场”
土地资源	合理开发利用与保护土地资源 防止土地退化
经济社会	合理开发和利用水资源,促进流域经济社会可持续发展 提高流域防洪减灾能力 改善城市、生活与农业供水条件 节水型社会建设 保障人群健康 保护流域内风景名胜区

二、环境现状分析

(一)环境现状调查与评价

1.水环境

本次评价采用 2007 年度监测数据中的 24 项基本项目和 5 项集中式生活饮用水地表水源地补充项目,水质评价结果如下:

松花江流域总评价河长 10908.6 公里。其中 I 类水占 0.7%,II 类水占 12.2%,III 类水占 38.5%,IV 类水占 26.9%,V 类水占 5.8%,劣 V 类水占 15.9%。主要超标项目为化学需氧量、高锰酸盐指数和五日生化需氧量。

2.生态环境

流域内共有国家级珍稀保护植物 30 余种,国家级珍稀保护动物 100 余种,其中国家级珍稀保护鸟类约 80 余种,国家级珍稀保护兽类约 19 种。流域具有独特的大森林、大草原、大湿地的植被景观,其特点和优势是野生植物资源种群大、生物量高,为野生动物资源提供了多样的栖息地。总体来看,流域内生态环境较好。

松花江流域鱼类种类与 80 年代比较,种类组成差异较小。但鱼类资源大幅下降、分布范围萎缩、出现小型化和低龄化现象;人为干扰导致部分河流水生生态环境恶化,水生生物生境被破坏。

3.土地利用

松花江流域内耕地集中分布在松嫩平原和三江平原,而且大部分耕地地势平坦、集中连片,适于机械化作业和规模经营。流域土质肥沃、自然肥力较高,是世界上三大黑土带之一,分布着宜耕作的黑土、黑钙土、草甸土等优质土壤。

(二)流域存在的主要环境问题

1.湿地萎缩

流域内湿地主要分布在嫩江流域及三江平原,湿地类型主要为沼泽湿地。近 50 年间嫩江湿地面积减少了 38.58%,第二松花江减少了 58.88%,松花江干流减少了 59.4%,流域内湿地围垦是湿地萎缩的主要原因。

2.水质污染问题依然存在

根据2007年松花江流域水质监测结果,劣于Ⅲ类水质的河长占评价河长的48.6%。

3.水土流失严重,土地沙化、盐碱化问题突出

流域共有水土流失面积15.76万平方公里,占流域总面积的28%。由于人类长期大规模的农牧活动,以土地次生盐渍化、土地沙化为主的土地退化问题日益突出。

4.地下水超采

松花江流域地下水超采主要发生在黑龙江省的大庆、哈尔滨等集中取水量大的城市,地下水大量开采已形成了城市区地下漏斗,现状年漏斗面积达3000平方公里。

5.水生生态系统退化,鱼类资源减少

河湖受纳大量的城镇废污水及农业灌溉退水,导致流域部分河段水环境恶化,局部河段丧失了生态服务功能;一些基础设施建设没有考虑对生态环境的影响,导致部分河湖连通性受阻,破坏了河湖生态系统的水循环和物质交换,鱼类生存空间缩小;围垦河滨、湖滨滩地,导致河流廊道破坏、生境受损;生产用水挤占了部分河流生态用水,河道萎缩,水生态系统退化。

三、规划环境影响分析与评价

(一)规划协调性分析

松花江流域综合规划是对流域开发、利用、节约、保护水资源和防治水害的总体部署。规划严格按照我国《水法》、《环境保护法》、《森林法》等法律法规要求进行编制;符合内蒙古、吉林、黑龙江、辽宁4省(区)相关法规政策的要求。

本次松花江流域综合规划修编符合全国主体功能区划对松花江区拟定的战略目标和空间产业布局;符合全国及流域内各省(区)“十二五”国民经济发展目标;本规划以《东北地区振兴规划》为依据,为振兴东北地区老工业基地提供了水资源保障;符合《全国生态功能区划》、《全国生态环境建设规划》的精神和要求;符合《国家粮食安全中长期规划纲要(2008—2020年)》及各省(区)农业发展规划目标和产业布局要求;符合《全国土地利用总体规划纲要(2006—2020年)》及地方土地利用总体规划的相关要求。

(二)规划总体布局的环境制约因素分析

将规划布局的多项工程与环境敏感点分布图进行叠加分析可知,吉林省中部城市引松工程涉及松花江“三湖保护区”和松花湖风景名胜区;航运规划涉及5处鱼类产卵场和3个种质资源保护区,对松花江鱼类繁殖产生一定影响,需要进一步优化、及时开展专项规划的环境影响评价;分布在支流源头的小水电代燃料生态保护工程和水电农村电气化工程可能对冷水性鱼类造成影响,应开展流域小水电工程专项规划环境影响评价。

(三)规划环境合理性分析

松花江流域综合规划编制正确处理了保护与开发、整体与局部、流域与区域、水利与涉水行业、流域管理与区域管理的关系,对总体规划及各专项规划进行了平衡协调,将水资源保护与水生态保护纳入了规划目标。规划按照统筹兼顾、远近结合、突出重点、因地制宜、有序开发、注重效益的原则,合理确定近远期规划目标、任务、重点和实施方案,分步实施、协调推进,为流域经济社会可持续发展提供了强有力的支撑,从流域生态整体性和环境保护角度分析,各规划方案基本合理。

（四）环境影响预测分析与评价

1.水资源节约与配置对环境的影响预测分析与评价

规划实施后主要河流的重要节点的流量变化见表7-2。

表7-2 规划水平年二级区出口断面多年平均下泄量变化

单位：立方米/秒

节点名称	基准年	2020年	2030年	2020年变化	2030年变化
大赉	592.31	530.29	493.75	-62.02	-98.55
扶余	406.61	343.80	304	-62.82	-102.61
同江	1979.64	1785.59	1703.32	-194.14	-276.32

按照水资源配置方案实施后，水文水资源的时空变化对河流的纳污能力将产生一定的有利影响；水资源配置后，可保障松花江流域内主要河流生态需水，缓解河道断流以及与河道相联系的湿地与湖泊的退化等生态环境问题。

2020年地下水超采量全部退还，实现浅层地下水不超采，深层地下水不开采的目标，从一定程度可以减轻地下水污染、草原退化、土地沙化等与地下水关系密切的生态影响。

2.水库工程对环境影响预测分析与评价

水库工程建设将阻隔河流纵向连通性，使水生生物栖息地破碎化、改变河流生物种群结构和数量；坝下河道水文情势变化对坝下水生生物的生长、繁殖产生不利影响。在具体水库工程环评报告中，应详细调查涉及的环境敏感区及保护物种等，并评价其影响的范围、性质和程度，提出可行的不利影响减缓措施。

小水电代燃料生态保护工程和水电农村电气化工程基本分布在河流上游，对冷水鱼分布密集区及鱼类洄游通道会造成一定影响。对小水电开发方式需慎重决策，尽量减少引水式开发方式的小水电，维护河流的连通性，保障生态流量，减少河道断流。

3.调水工程对环境影响预测分析与评价

呼玛河引水工程能够增加松花江流域水资源量，改善松花江流域调入区水环境和生态环境。引水工程实施后呼玛河流域水资源开发利用程度仅为17%，完全可以接受。

吉林省中部城市引松供水工程实施后，调出区水资源量减少，水资源开发利用率增大，但仍在可接受的范围内。总体上看，引松供水工程调水后丰满水库下泄流量能够保证下游生产、生态环境用水要求，工程的建设对区域生态环境的影响是可以承受的。

绰尔河引水工程实施后可减少调入区地下水开采量1.69亿立方米，使地下水超采现象得到明显缓解，西辽河、辽河干流等受水区河道、湿地生态环境也将得到改善。工程多年平均调水量约占调出区地表水资源总量的20%左右，在可接受的范围内。

4.灌区开发工程对环境影响预测与评价

根据规划，在松嫩平原进行盐碱荒地开发水田，通过洗盐压碱方式，改良松嫩平原内盐碱荒地。这些水田作为人工湿地，可以发挥一定的生态功能，同时水田退水可作为湿地补水水源，解决湿地萎缩与缺水问题。灌溉退水污染负荷增加幅度低于农业用水增加幅度。通过调整种植结构和节水增加农作物种植面积和灌溉面积，在保障流域对粮食的需求同时将环境影响降到最低。

5.防洪治涝工程对环境影响预测与评价

堤防修建减少了洪水脉冲作用,切断了沿河湿地与河流的水力联系,对湿地产生不利影响。堤防保护区范围内仅有极少量零星湿地,这些河段堤防修建时可以采取一定的工程措施,使洪水能够进入湿地,从而减轻对这些湿地的影响。因此,堤防工程建设对沿河湿地的影响属可减免,在可接受范围。

6.航电规划对环境影响预测与评价

由于规划的8个梯级枢纽将松花江干流分割成若干区段,影响河流的连通性,对洄游性鱼类和产漂浮性卵鱼类造成影响。建议在航运专项规划环境影响评价中对项目建设的可行性做进一步研究,优化梯级枢纽的位置和数量,增加鱼类资源的保护措施。

7.规划方案优化实施建议

建议优化梯级枢纽的数量和位置,减少对鱼类产卵场和水产种质资源的影响。建议优化小水电的开发方式,尽量减少引水式开发。

8.生态环境保护目标可达性分析

规划实施后,流域蓄水工程强大的调节能力将为水资源配置方案的实现提供工程保障,河道内最小生态环境需水量也将得到保障;目前流域内湿地萎缩现状将得到缓解,流域内重要湿地将得到进一步保护与修复;流域水质总体得到改善,水生生态环境得到保护;水土流失治理程度累计达68%,林草覆盖率可提高到51%,水土流失问题得到基本解决,生态环境好转,流域内生物多样性及生态完整性得以维护。

四、环境保护对策措施

(一)水环境保护对策措施

对库周应加大水土流失治理力度,防止面源污染;科学制定尼尔基、丰满、哈达山等水利水电骨干工程的调度方案,满足下游水环境用水要求;应科学划定饮用水源地保护区、制定相关法律法规;控制灌区化肥农药使用量,实行测土施肥,减少农业面源污染;在具备条件地区,对灌溉回归水采用天然湿地和人工湿地等方法进行生态处理。

(二)生态环境保护对策措施

加强水库调度运行,保证湿地生态需水;要考虑洪水资源化利用,适当为沿河湿地补水;建立有效的生态补偿机制,截流、挤占、污染生态用水必须给予必要的补偿。在工程前期工作和建设过程中,应尽量减少工程永久占地和临时占地的不利影响,采取各项水土保持、生态恢复措施保护修复生态环境。

优先保证坝下河流最小生态环境流量,提出保证生态流量、保护渔业资源的工程措施和管理措施。对在有洄游性鱼类的河流上规划的水库工程,需开展设置过鱼设施研究,设计实施有效的过鱼设施和重要及敏感河段生态需水研究,根据鱼类繁殖期、越冬期的生态需水要求完善水库调度。

(三)环境敏感点保护对策措施

吉林省中部城市供水工程的取水口及施工区位于吉林省“三湖保护区”和松花湖风景名胜区内,工程建设对“三湖保护区”的影响较小,但对松花湖风景名胜区可能产生影响。对取水口施工区用地严格限制,施工结束后,恢复原地表植被,对取水口永久建筑物采取景观设计方案,使取水口永久建筑物与周围景观相协调,减小对松花湖风景名胜区的影响。

(四)土地利用保护对策措施

灌区建设过程中需建立完善的排灌体系,防止灌区土壤发生次生盐渍化;合理进行水土资源开发利用规划,在水资源分配方案中要保证生态用水量,避免下游的土地荒漠化和土地沙化。对工程占用和水库淹没的土地资源,应根据土地适应性合理开发土地资源,实现“占一补一”。

五、评价结论和建议

(一)评价结论

本规划符合国家相关法律、法规及政策,与国民经济社会发展计划相协调,与流域行业发展规划相协调。从流域生态整体性和环境保护角度分析,总体规划及各专项规划方案合理可行,规划实施有利于松花江流域水质及生态环境改善,缓解水资源供需矛盾,对环境保护总体有利。

规划方案中跨流域调水工程、水库引水工程、防洪工程、灌区续建配套与节水改造工程等水资源配置工程布局合理,对流域生态环境影响较小,不存在大的环境制约因素,并有利于促进流域生态环境向良性方向发展,有利于保护和改善流域生态环境。

本规划的实施没有导致松花江流域现存的主要环境问题恶化,也没有因为该规划的实施产生新的环境问题,相反对湿地萎缩、水土流失、土地沙化和盐碱化、地下水超采、水生生态系统退化等突出的环境问题具有一定的改善作用,促进流域可持续发展。

规划实施也将对相关区域水环境与生态环境产生一定不利影响,但采取相应的措施后,不利影响可以得到减免。在实施规划的专项工程时,应进一步论证其工程选址与设计的合理性,编写环境影响报告书。所有涉及《全国主体功能区划》中拟定的禁止开发区的开发建设规划和项目,应统筹考虑开发与保护的关系,深入论证,慎重开发。

(二)建议

根据规划实施实际进度,在流域综合规划实施中期和后期,有计划地开展规划环境影响跟踪评价。

按照规划方案优化实施建议,积极开展引调水工程、航运规划、水能资源开发规划、流域所属支流规划和各省(区)水电开发规划等专项规划的环境影响评价。

第八章　规划实施意见及效果

规划针对流域治理开发与保护中的主要矛盾和突出问题,按照轻重缓急、突出重点的原则,提出了近期工程与非工程措施实施意见,并对实施效果进行了分析。规划实施将促进流域经济、社会、环境全面协调可持续发展。

一、规划实施意见

(一)防洪减灾

新建毕拉河口、阁山、文得根、阿木牛、北安、关门咀子、林海、北关、花园水库共9座大型水库工程,重建丰满水库。

整修加固干流堤防1991公里,新建堤防66公里,完成干流河段河道整治、清淤疏浚、阻水桥梁扩孔等工程建设。开展洮儿河、辉发河、汤旺河等21条支流堤防建设。

完成哈尔滨、长春、吉林、松原、大庆、齐齐哈尔、牡丹江、伊春、佳木斯、乌兰浩特10座城市防洪工程建设,使其防洪标准达到规划确定的防洪标准。

完成月亮泡、胖头泡两个蓄滞洪区安全建设。

进行防汛调度和指挥系统、灾害预警系统、水文基础设施及城市排涝建设。

完成涝区治理面积1470万亩。

"十二五"期间基本完成重点中小河流重要河段治理,全面完成水库除险加固和山洪灾害易发区预警预报系统建设。

(二)水资源综合利用

新建大泊子、马鞍山、断头山3座大型水库,完成绰尔河引水、吉林省中部城市引松供水、引嫩入白等河湖水系连通工程,完成城市供水及农村饮水解困工程建设。

大力发展现代高效节水农业,对现有灌区进行续建配套与节水改造,健全和完善农田供水保障体系,新增松原、北引、中引、大安、引讷、富锦等大型灌区21处,实现全流域大中型灌区的有效灌溉面积达4394万亩。

(三)水资源及水生态保护

完成流域重要饮用水源地保护区划分,实施水源地保护工程。结合引调水及水源工程,开展科尔沁湿地、莫莫格湿地、扎龙湿地、波罗湖等湖泊和湿地的生物与工程保护措施建设;进行大庆、哈尔滨、佳木斯、白城等地的地表水置换地下水工程。加强流域监测能力建设,实施流域水功能区及入河排污口监测。完成流域内工业较发达的地区特别是傍河城市排污口综合治理,建设面源污染控制工程,加快河岸保护工程建设,改善水环境。

完成水土流失治理面积5.63万平方公里,开展水土保持非工程措施建设,进行水土保持监测预报和科技推广。

二、实施效果评价

规划的实施,将使松花江流域防洪形势严峻、水资源供需矛盾突出、水生态环境恶化、流域管理不够完善等问题得到基本解决,全面提升水利对流域经济社会可持续发展的支撑与保障能力。

(一)防洪减灾能力显著提高

规划实施后,松花江将建成较为完善的防洪体系。堤防及河道整治工程基本完成,病险水库除险加固全面完成,有防洪任务的水库基本建成,蓄滞洪区全部建成并投入使用,中小河流治理初见成效,山洪灾害防治措施进一步完善;水文基础设施条件全面改善,洪水预警预报系统、防汛指挥系统全部建成,洪水预报调度更加可靠;超标准洪水应急措施进一步完善。

届时松花江流域防洪保护区达到规划防洪标准,防洪能力大大提高,防御中小河流、山洪灾害能力进一步增强。发生规划标准洪水时,通过工程和非工程防洪措施的联合运用,可以保障防洪保护区防洪安全,经济社会活动正常进行;发生超标准洪水时,有预定的方案和切实的措施,可最大限度地减少人民群众生命财产损失,使经济社会活动不至于发生大的混乱。

(二)国民经济合理用水需求得到基本满足

规划实施后,通过蓄、引、提等水源工程以及跨流域调水工程建设和洪水资源利用,流域逐步形成较为完善的水资源安全供给体系,水利工程供水量较现状年增加128.49亿立方米。通过水资源合理配置,保障国家粮食主产区、畜牧业基地、健康和良性的生态系统、城市供水安全等用水需求,1215万农村饮水困难人口在2015年之前全部解困。流域国民经济用水在正常年份能够达到供需平衡,中等干旱年基本实现供需平衡,特殊干旱年及突发水污染事故时做到有应对措施,通过采取非常应对措施,抗旱能力得到显著提高,能够把干旱造成的损失降低到最低程度。

实施以稻治碱工程,可增加耕地500万亩左右。农田有效灌溉面积由现状的4290万亩提高到7130万亩,增加2840万亩。初步估算,可为国家增产粮食约300亿斤,且增产的粮食绝大多数为优质粮,为保障国家粮食安全做出了突出贡献。

(三)水资源利用效率和效益显著提高

到2030年,流域水田和旱田的灌溉水有效利用系数由基准年的0.54分别提高到0.61和0.6;万元工业增加值用水量由基准年的154立方米降低到36.4立方米;城市供水综合漏失率由基准年的19.7%降低到14.9%以内。

规划实施后,流域单方水产出国内生产总值由现状的30元提高到123元,提高4.1倍;单方水工业增加值产出由现状的65元提高到275元;单方灌溉水粮食产出由现状的1公斤提高到1.4公斤。

规划的实施,促进了节水型社会建设,显著提高了水资源利用效率和效益。

(四)水资源及水生态得到保护

规划的实施,可进一步提高饮用水水源地的水资源质量,逐步实现水功能区水质目标,提升河湖的水功能及水资源使用价值,在一定程度上缓解水污染所构成的水危机,为流域经济社会发展以及国家粮食安全提供水资源保证条件。落实水功能区纳污红线,促进松花江流域水污染防治规划的有效实施。届时,松花江流域江河湖库水污染的状况将得到根本的扭转,城乡饮水安全状况得到显著改善。

规划实施后,留给自然生态环境系统的水量为673.72亿立方米,退还了目前超采的19.77亿立方米的地下水,保证了河流生态所需的下泄水量,恢复了河流和地下水系统的自然和生态功能,退减了挤占的湖泊湿地生态环境用水,促进了河湖水生态的良性循环。

规划实施后,完成水土流失治理面积9.32万平方公里,累计治理面积达10.79万平方公里。届时,植被覆盖率提高到51%,重点区域的水土流失得到有效治理,水土流失恶化的趋势得到遏制,耕地和黑土资源得到有效保护,入河、入库泥沙将明显减少,估算每年减少土壤侵蚀量1.34亿吨,流域生态环境得到改善。

(五)综合管理能力显著提高

规划实施后,流域涉水事务管理将得到全面规范和加强。通过规划的实施,结合我国行政管理体制改革,流域管理与行政区域管理的关系将进一步理顺,事权划分更加清晰合理,流域管理与行政区域管理相结合的水资源管理体制得到有效落实。洪水风险管理制度、洪水影响评价制度将进一步建立健全,防汛抗旱应急管理体系建设更趋完善,对水旱灾害的防控和灾后救助能力得到切实提高。通过加强用水监管,严格控制用水总量的非理性增长,全面推进节水型社会建设,实行最严格的水资源管理制度,使经济社会发展与水资源承载力和水环境承载力更趋协调。水功能区管理全面加强,污染物总量控制和入河排污口监管制度进一步确立,水利、环保等多部门密切配合的流域联合防污工作机制更加完善,流域水污染得到有效遏制,河流水质逐步改善。水土流失预防和监督管理力度加大,人为水土流失得到严格控制。建立起适应社会主义市场经济要求的水工程建设与管理体制和良性运行机制,河道管理更加规范和严格。水利信息化进程快速推进,基本实现水利现代化建设目标。

(六)实施效果综合评价

规划的实施,将进一步健全与流域经济社会发展相适应的防洪减灾体系、水资源开发利用体系、水资源及水生态保护体系、流域综合管理体系,社会效益、生态环境效益和经济效益显著,保障流域内社会稳定和防洪安全、饮水安全、粮食生产安全,推动流域经济社会又好又快发展,促进人与自然和谐共处,维系优良生态,保持水资源的可持续利用,为经济社会的可持续发展提供有力支撑。

珠江流域综合规划(修编)

(2012—2030年)

前　　言

珠江流域由西江、北江、东江及珠江三角洲诸河组成,涉及云南、贵州、广西、广东、湖南、江西6个省(区)和香港、澳门特别行政区以及越南东北部。我国境内流域面积44.21万平方公里,占全国国土面积的4.6%。流域上游地处我国西南地区,经济总量不高,下游珠江三角洲地区是我国深化改革的先行区,经济发达。

流域水旱灾害频繁,防洪与水资源保障程度不高,水土流失及石漠化问题突出,局地水环境恶化与水生态功能退化现象严重,流域治理、开发与保护任务仍相当繁重。20世纪80年代,珠江水利委员会编制了《珠江流域综合利用规划报告》(简称"原珠流规",国务院以国函〔1993〕70号文批复),对指导珠江流域的治理、开发与保护发挥了巨大的作用,但"原珠流规"编制完成距今已20多年,流域的水情、工情及经济社会状况均发生了很大变化。根据流域面临的新情况、新问题和新要求,依据《中华人民共和国水法》和国务院部署开展新一轮流域综合规划修编工作要求,在水利部统一部署与指导下,水利部珠江水利委员会会同珠江流域6个省(区)有关部门,在深入开展现状评价、总体规划、专业规划、专题研究的基础上,科学制订了珠江流域治理开发与保护的总体部署,提出了《珠江流域综合规划(2012—2030年)》。

规划以《珠江流域防洪规划》、《珠江流域及红河水资源综合规划》、《保障澳门珠海供水安全专项规划》、《珠江河口综合治理规划》等国务院已批复有关规划为基础,以科学发展观为指导,贯彻落实《中共中央 国务院关于加快水利改革发展的决定》精神,按可持续发展治水思路,围绕"维护河流健康、建设绿色珠江"的总体目标,规划分析了流域经济社会发展需求和水资源开发利用现状与面临的形势,拟定了流域治理、开发与保护目标及最严格水资源管理"三条红线"控制指标,完善了流域防洪减灾、水资源供给与保障、水资源保护与生态修复、流域综合管理四大规划体系,对流域开发、利用、节约、保护水资源和水旱灾害防治做了全面部署,国务院于2013年批复了《珠江流域综合规划(2012—2030年)》(国函〔2013〕37

号)。

《珠江流域综合规划(2012—2030年)》是流域内今后一个较长时期内水资源开发、利用、节约、保护和水旱灾害防治的重要依据,对指导珠江流域治理开发与保护,促进区域经济社会可持续发展,保障流域及相关地区防洪安全、供水安全、粮食安全和生态安全具有重要意义。

第一章　流域形势

一、流域概况

珠江流域由西江、北江、东江及珠江三角洲诸河组成,涉及我国云南、贵州、广西、广东、湖南、江西6省(区)和香港、澳门特别行政区以及越南东北部,总面积45.37万平方公里,其中我国境内面积44.21万平方公里。

珠江流域的主流为西江,发源于云南省曲靖市乌蒙山余脉的马雄山东麓,北江发源于江西省信丰县石碣大茅山,东江发源于江西省寻乌县的桠髻钵山。西江、北江在广东省三水思贤滘,东江在广东省东莞市石龙镇分别汇入珠江三角洲,经虎门、蕉门、洪奇门、横门、磨刀门、鸡啼门、虎跳门和崖门八大口门入注南海。

珠江流域西部为云贵高原,中东部为低山丘陵盆地,东南部为三角洲冲积平原,地势西北高、东南低。流域内多为山地、丘陵,面积占94.4%,平原仅占5.6%。

珠江流域属于湿热多雨的热带、亚热带气候区,多年平均气温14℃—22℃,多年平均降水量1200—2000毫米,降水时空分布不均,4—9月降水量约占全年降水量的70%—85%,空间分布上总趋势是由东向西递减。流域暴雨强度大、场次多、历时长,洪水由暴雨形成,出现的时间与暴雨一致,多发生在4—10月。

珠江流域水量丰沛,多年平均水资源总量3385亿立方米,占全国水资源总量的12%,仅次于长江。河流自然落差较大,水力资源较为丰富,理论蕴藏量3969万千瓦,年发电量3477亿千瓦时。

2008年,珠江流域人口11723万人,耕地12136万亩,地区生产总值38954亿元,占全国国内生产总值的13%,在我国经济社会发展中占有十分重要的地位。

二、流域治理开发与保护现状

(一)防洪

珠江流域内已建堤防一般能够防御10年一遇洪水,部分重点堤防可防御20—50年一遇洪水。目前珠江流域防洪保护区已建保护县级以上城市及保护耕地面积在万亩以上的江海堤防7325公里,其中达标堤防长度4179公里;现状防洪能力大于等于20年一遇的堤段长5676公里,占已建堤防的77.5%;已(在)建防洪控制性水库的总防洪库容126.5亿立方米。

东江、北江已建和在建水库与现有堤防相结合,基本上形成了以堤防工程为基础,堤库结合的防洪工程体系。东江已建成新丰江、枫树坝、白盆珠水库,通过三大水库与堤防工程联合调度,可使东江下游重点防洪保护区防洪标准达到100年一遇;北江中上游湾头、乐昌峡水库已建,与堤防联合运用,可使北江中上游的乐昌市防洪标准达到50年一遇,韶关市达到100年一遇。北江中下游的北江大堤堤防标准已达100年一遇,与飞来峡水利枢纽等联合运用,可防御北江300年一遇洪水。西江已建的堤防工程及百色、龙滩等防洪水库在近年防御洪水过程中发挥了重大作用,但大藤峡、洋溪水利枢纽等尚未建设,防洪工程体系尚不完善,干、支流洪水调控能力不足,西北江三角洲等重要防洪保护区及广州、南宁、梧州、柳州等国家重点防洪城市洪水威胁仍较严重。

(二)治涝

珠江流域易涝区主要分布在上游南盘江平坝区、郁江及浔江沿岸、西江梧州至三榕峡沿岸、珠江下游三角洲4个区域,南宁、柳州、韶关、河源等城区的内涝问题也较严重,贵州和广西的部分岩溶洼地涝灾频繁。目前全流域易涝面积915万亩,排涝标准多为5—10年一遇。

(三)河口治理开发

自20世纪80年代初选择磨刀门作为珠江河口整治试验工程以来,已确立了珠江河口整治规划的总体布局,制定了河口整治开发须遵守的规划治导线,目前磨刀门、蕉门、横门等一主一支的泄洪通道格局基本形成。磨刀门、横门、洪奇门等口门的治理工程已陆续实施,磨刀门疏浚整治第一期工程已完成,疏浚河段长8.41公里;采用疏、导工程对横门进行了综合整治,疏浚河段4.5公里,修筑导流工程三处;洪奇门水道鸭仔沙进口河段的河障已清理、并对河道进行了疏浚,扩大了行洪断面,加大了泄洪能力。

(四)供水、灌溉

珠江流域已建成各类蓄水工程9.65万座(含蓄水塘坝,不含纯发电工程),蓄水工程兴利库容256亿立方米,为多年平均年径流量的7.6%。引水工程16万处,提水工程4.5万处,跨流域调水工程4处,地下水开采井14万眼,污水处理再利用工程24处,集雨工程75.7万处,海水直接利用工程9处。

2008年流域实际供水量为608亿立方米,供水水源以地表水为主,占总供水量的96.4%,其中蓄、引、提、调水工程供水量及人工运载供水量分别为198亿、135亿、246亿、1亿、6亿立方米。

2008年流域河道外用水总量608亿立方米,其中农业用水量338亿立方米,占56%;工业用水量167亿立方米,占27%;生活用水量99亿立方米,占16%;生态用水量4亿立方米,占1%。

珠江流域现有耕地面积12136万亩,农田有效灌溉面积4284万亩,人均农田有效灌溉面积0.37亩。万亩以上灌区464处,其中曲靖、五化、达开灌区超过50万亩,设计灌溉面积193万亩,现状有效灌溉面积141万亩;30万—50万亩灌区13个,为云南蒙开个、丘北灌区,贵州盘江、兴中、长惠、六盘水灌区,广西武思江、龟石、六陈、青狮潭、峻山、右江灌区,广东流溪河灌区,设计灌溉面积459万亩,现状有效灌溉面积352万亩;5万—30万亩灌区110个,设计灌溉面积1053万亩;1万—5万亩灌区338个,设计灌溉面积640万亩。流域万亩以上灌区主要分布两广,其中广东省228个,设计灌溉面积869万亩;广西区50个,设计灌溉面积735万亩。

(五)水资源保护

据2008年珠江片地表水资源质量年报,流域全年评价河长13886公里,其中优于Ⅲ类(含Ⅲ类,下同)水质标准的河长占评价河长的67.6%,劣于Ⅲ类水质的河长占32.4%;又据《2008年中国环境状况公报》,33个地表水国控监测断面中,优于Ⅲ类水质标准的比例为84.9%,劣于Ⅲ类水质标准的比例为15.1%。流域污染较严重的区域主要包括珠江三角洲和南、北盘江,全年期劣于Ⅲ类水质的河长分别占相应水资源二级区评价河长的50.7%和63.2%,其余污染河段比较分散,污染范围较小。流域内大部分水库水质良好,在评价的46座水库中,优于Ⅲ类水质的比例为60.9%,

劣于Ⅲ类水质的比例为39.1%,主要污染物为总氮、总磷。高原湖泊除抚仙湖水质较好外,阳宗海、星云湖、杞麓湖、异龙湖等4个湖泊的水质均为Ⅴ—劣Ⅴ类。

云南、广西、贵州、广东等省(区)城市污水处理率分别为38.7%、26.7%、21.1%和60%以上;流域内污水处理再利用工程24处,但利用率不到1%。

(六)水土保持

据2000年全国第二次土壤侵蚀遥感调查成果,珠江流域水土流失面积达6.27万平方公里,占流域土地总面积的14.2%,水土流失面积的80%主要分布在上中游南、北盘江地区。全流域石漠化面积达5.21万平方公里,崩岗5.32万个。与20世纪80年代相比,由于上游南北盘江石灰岩地区水土保持综合治理工程等重点治理项目的实施,流域多年平均土壤侵蚀量由2.2亿吨下降到2006年的1.26亿吨,多年平均输沙量由1990年8872万吨下降到2005年7700万吨,但由于大量的生产建设项目上马,水土流失面积有所增加,仅广东、广西新增工程水土流失面积就达1008平方公里,随着流域开发建设项目水土保持监督检查力度的加强,近年生产建设项目导致的水土流失逐渐好转。

(七)水力发电

珠江流域已、正开发水电站总装机容量2826万千瓦,年发电量1145亿千瓦时,占技术可开发电量的72.4%,占理论蕴藏量的32.9%。西、北、东江干流已(在)建水电站39座,总装机容量1345万千瓦,年发电量564亿千瓦时,分别占全流域的47.6%、49.3%,占干流技术可开发电量的80.8%,占干流理论蕴藏量的59.2%;支流水电站7738座,总装机容量1482万千瓦,年发电量581亿千瓦时,分别占全流域的52.4%、50.7%,占支流技术可开发电量的65.8%,占支流理论蕴藏量的23%。

(八)航运

珠江水系内河航道初步形成了以西江航运干线(南宁—广州)为主要通道,上连西南水运出海南线(右江)、中线(红水河、南北盘江)、北线(柳黔江)通道,下接珠江三角洲航道网,并与左江、桂江、贺江、北江、东江等航道和出海口门航道相连的以Ⅲ级航道为基础的内河航道网。内河航道通航里程已达15552公里,其中Ⅲ—Ⅶ级航道里程占40.5%。

珠江水系内河港口现拥有生产性泊位2281个,年综合通过能力22156万吨、355万标准集装箱、3164万人次。沿海港口位于珠江河口,现状货物吞吐量达12.34亿吨。

(九)流域管理

随着《水法》、《防洪法》、《水土保持法》、《水污染防治法》和《取水许可和水资源费征收管理条例》等涉水法律法规的颁布实施,珠江流域在防洪抗旱、水资源综合利用、水生态环境保护、工程建设与运行管理等方面的水行政管理工作逐步制度化和规范化,流域与区域管理相结合的管理体制逐步得到落实。在水资源保护和管理方面,建立了取水许可、水资源论证、水资源费征收、入河排污口设置审批等管理制度;实施了珠江流域枯水期水量统一调度;建立了黔、桂跨省(区)河流水资源保护与水污染防治协作机制;启动了《珠江水量调度条例》的立法工作;流域重点水功能区划获国务院批复;水资源监测站网初步形成。在防汛抗旱管理方面,成立了珠江防汛抗旱总指挥部;建立了防洪影响评价和采砂许可等制度。在水土保持管理方面,水土流失治理、预防监督、监测工作初见成效;生产建设项目水土保持方案的编报、审批及落实、检查等工作不断加强。在涉水工程建设管理方面,建立了水工程建设规划同意书制度和河道管理范围内建设方案审查、建设项目位置和界限审查等制度。

三、流域面临的形势与挑战

尽管经过多年来大规模水利建设,珠江流域防洪抗旱减灾、水资源综合利用、水生态环境保护能力不断提高,但随着近年来国家主体功能区规划及云南、贵州、广西、珠江三角洲地区等一系列区域发展战略相继实施,流域发展呈现新的格局,对流域治理、开发、保护和管理提出了新的更高要求。

(一)防洪保安日显重要

受自然地理和气候变化等因素影响,珠江流域洪涝灾害频发,近10年发生了6次较大洪水,防洪减灾形势依然严峻。目前,流域已初步形成以堤库结合为主的防洪工程体系,但调控西江和柳江洪水的大藤峡、洋溪水利枢纽尚未开工建设,流域防洪工程体系尚不完善,西江中下游、西北江三角洲地区和柳州市仍主要依靠堤防防御洪水,洪灾损失风险极大。同时,由于水情工情变化、台风等极端天气事件影响、城镇化进程加快,以及防洪非工程措施的薄弱,也给流域防洪、城市内涝、西南地区山洪灾害等带来了较大威胁。

珠江流域经济快速增长,2008年流域地区生产总值已达25422亿元,相当于1980年的31倍。按现状防洪能力和2008年经济水平,如重现1915年洪水,造成流域下游珠江三角洲地区的损失将达1712亿元。随着经济社会发展、人口增加、财富积累,流域防洪压力越来越大。20世纪90年代以来,全球气候变化导致流域洪水频繁发生,台风增多、海平面上升使得流域中下游地区防洪和河口地区防台风暴潮的压力明显加大。近期极端天气引起流域上游山洪、泥石流灾害频发,给当地人民生命财产带来极大威胁。在全球气候变化、区域经济快速发展的大背景下,流域防洪保安日显重要。

(二)供水安全面临挑战

珠江流域局部地区缺水严重,不同地区不同程度地存在“资源性”、“工程性”、“水质性”缺水问题。滇东南地区、桂西南及黔东南地区、桂中盆地等地区干旱缺水严重;滇东南、黔中、桂中等大部分地区均由于供水工程不足,已建工程部分老化失修,存在工程性缺水问题;珠江三角洲、南北盘江等地区由于部分供水水源受到污染,出现了水质性缺水。再加上流域水资源时空分布不均、径流调节能力不足、季节性的咸潮影响、极端天气引发的区域干旱频发等,流域供水安全已成为区域经济社会可持续发展的主要制约因素。

随着云南、贵州、广西、珠江三角洲地区等一系列区域发展战略相继实施,流域势必迎来新一轮的经济发展期,对供水水量、水质均将提出更高的保障要求。如按现状用水水平,2030年流域城镇生活、生产需水量将增加215亿立方米,即便强化节水需水量仍将增加56亿立方米。一方面是经济社会高速增长对供水需求量的增加,另一方面是流域区域性、季节性的干旱缺水问题严重,水资源的供求矛盾将进一步加大,流域供水安全将面临全面挑战。

(三)水资源保护与生态环境修复任重道远

随着工业化和城镇化进程加快,珠江流域废污水排放总量逐年增加,河湖水质呈逐渐下降趋势,珠江三角洲的废污水排放总量占流域总量的63.2%。上游南、北盘江以及云南星云湖等局部地区水污染严重。水库富营养化趋势明显,下游的珠江三角洲水污染十分严重,珠江河口赤潮频发,河口生态环境遭到破坏。珠江流域水土流失面积6.27万平方公里,占流域总面积的14.2%,尤其是上游喀斯特地区出现土壤冲蚀殆尽、岩石裸露的石漠化现象;中下游地区崩岗发育,侵蚀模数巨大、发展速度快,具有突发性、长期性等特点,破坏土地资源,造成大量泥沙淤积河道、农田,导致严重的水旱灾害和生态环境恶化。

流域上、下游经济发展存在高度不平衡性,今后一段时期,下游地区一些产业向中上游地区转移已成必然,随着工业化、城镇化进程的加快,水污染及水土流失的风险增大,将加大流域水土资源和水环境保护的压力,实现"维护河流健康,建设绿色珠江"的总体目标的任务将十分艰巨,水资源保护与生态修复任重而道远。

(四)流域管理体制、模式、协调机制亟待进一步完善

为满足珠江流域可持续发展的需要,推动流域水利建设向"维护河流健康,建设绿色珠江"目标迈进,完善流域管理与行政区域管理相结合的管理体制,探索建立具有珠江特色的流域综合管理模式和执行机制是流域水管理需要解决的重要问题;执法监督能力还需进一步加强;流域水行政事务管理还需进一步规范化和制度化;信息现代化水平和科技支撑能力尚待提高。

第二章　总体规划

一、规划的指导思想与原则

(一)规划指导思想

以邓小平理论、"三个代表"重要思想和科学发展观为指导,认真贯彻落实《中共中央 国务院关于加快水利改革发展的决定》和党的十八大会议精神,按照"维护河流健康、建设绿色珠江"的总体目标,以完善流域防洪减灾、水资源供给与保障、水资源保护与生态修复和流域综合管理四大体系为目标,协调好流域兴利与除害、开发与保护、整体与局部、近期与长远等关系,充分发挥珠江的多种功能和综合利用效益,为促进生态文明建设和实现经济社会又好又快发展提供基础支撑。

(二)规划原则

一是坚持民生优先、人水和谐,着力解决群众最关心最直接最现实的水利问题,保障流域的防洪安全、供水安全、粮食安全与生态安全。

二是坚持统筹兼顾、综合治理,协调上下游、左右岸和不同行业之间关系,促进流域与区域、城市与农村水利协调发展。

三是坚持开发与保护并重,实行最严格水资源管理制度,正确处理好流域经济社会发展与资源环境的关系。

四是坚持因地制宜、突出重点,合理确定近远期规划目标、任务和实施方案。

二、流域治理开发与保护任务

(一)西江流域

1.西江上游

规划重点解决云贵高原地区干旱缺水,南盘江上游沾曲、陆良、宜良平坝区的防洪、排涝,南、北盘江和高原湖泊水资源保护与水生态修复,南、北盘江水土流失和石漠化治理,水力资源合理开发

等问题。

规划河流治理、开发与保护任务:西江干流宜良以上河段以防洪、灌溉为主,结合发电;宜良至黄泥河口以发电为主,结合供水;黄泥河口以下以发电为主,结合水资源配置和航运等综合利用;支流北盘江以供水和发电为主,兼顾航运。

2.西江中游

规划重点解决流域控制性工程,柳江中下游及红水河、柳江、黔江汇合区防洪,城乡供水安全和农业灌溉用水,红水河水生态保护与修复,水能资源合理开发,柳江、黔江航运发展等问题。

规划河流治理、开发与保护任务:红水河、黔江河段以防洪、发电、水资源配置为主,结合航运和灌溉;支流柳江以防洪、航运和发电为主,结合供水,兼顾灌溉等。

3.西江下游

规划重点解决浔江、郁江中下游、西江、桂江中上游防洪、排涝,城乡供水和农业灌溉用水,桂江流域漓江水资源保护与水生态修复,低山丘陵红壤区水土流失治理,西江航运干线建设等问题。

规划河流治理、开发与保护任务:浔江、西江以防洪治涝、航运为主,兼顾灌溉、供水、发电等;郁江以防洪、航运为主,结合供水,兼顾发电、灌溉和城市水景观;桂江中上游以防洪、供水、旅游为主,下游侧重于水力资源开发,兼顾航运;贺江以发电、防洪为主,兼顾灌溉、航运等。

(二)北江流域

规划重点解决北江中上游防洪、城乡供水和农业灌溉用水、流域水资源保护与生态修复、水能资源合理开发、航运等问题。

规划河流治理、开发与保护任务:北江干流以防洪、水资源配置、航运为主,结合发电,兼顾灌溉、供水、城市水景观等。

(三)东江流域

规划重点解决东江防洪、排涝,骨干水库调度,城乡供水和农业灌溉用水,东江源水资源保护与生态修复,水能资源合理开发,航运等问题。

规划河流治理、开发与保护任务:以防洪、供水和水资源配置为主,结合发电、航运,兼顾灌溉等。

(四)珠江三角洲

规划重点解决珠江三角洲防洪(潮)、排涝,城乡供水,水资源和水生态保护与修复,珠江河口治理,珠江三角洲高等级航道网建设等问题。

规划河流治理、开发与保护任务:以防洪(潮)、供水、航运为主,结合灌溉等。

三、规划目标

规划以2008年为基准年,近期水平年为2020年,远期水平年为2030年。

到2020年,完成主要江海堤防达标建设,积极推进西江大藤峡、柳江洋溪等控制性防洪枢纽工程建设,基本建成流域防洪减灾体系,使珠江流域重点城市和防洪保护区基本达到防洪标准;加快城市排涝达标建设,开展中小河流治理,山洪灾害防御能力显著提高;多年平均用水总量控制在634亿立方米以内,万元GDP用水量降低到110立方米以下,灌溉水利用系数提高至0.53,基本建成流域水资源供给与保障体系,使城乡供水和农业灌溉用水能力明显增强;主要江河湖库水功能区水质达标率提高到80%以上,城镇供水水源地水质全面达标,使流域内城乡和港澳地区居民生活用水全面保障;水土流失治理程度达到40%,基本建成水资源保护和生态环境修复体系,使局部河湖水生态环境恶化趋势有效遏制;水资源和水能资源开发程度稳步提高;航运体系不断完善;逐步完善流域管理与区域管理相结合的管理体制和机制,基本建立最严格的水资源管理制度,涉水事务全面加强。

到2030年,进一步完善防洪非工程措施与重点城市、重点保护区超标准洪水防御方案,形成较为完善的防洪减灾体系;多年平均用水总量控制在640亿立方米以内,万元GDP用水量降低到60立方米以下,灌溉水利用系数提高至0.58;主要江河湖库水功能区水质全面达标,水生态环境明显改善;节水型社会基本建成,水资源和水能资源开发利用程度进一步提高;河流生态系统良性发展;进一步完善流域管理与区域管理相结合的体制机制、流域综合管理法制体系和最严格的水资源管理制度。

四、主要控制指标

(一)水资源开发利用控制指标

按照实施最严格的水资源管理制度的要求,规划水资源开发利用控制指标,见表1-1。

表1-1　珠江流域水资源利用控制指标表

指标		水平年	云南	贵州	广西	广东	湖南	江西	珠江流域
用水量	多年平均用水总量(亿立方米)	2020	50.50	38.10	243	295	4.30	2.85	634
		2030	53.60	41.50	248	290	4.42	2.97	640
用水效率	万元工业增加值用水量(立方米/万元)	2020	53	200	145	48	111	146	60
		2030	32	119	75	27	72	95	34
	灌溉水有效利用系数	2020	0.65	0.60	0.49	0.60	0.65	0.65	0.53
		2030	0.70	0.71	0.52	0.65	0.65	0.65	0.58

(二)水资源及水生态保护控制指标

规划2030年主要控制断面水资源与水生态保护的控制指标,见表1-2。

表1-2　珠江流域主要控制断面生态流量及水质要求表

河流	断面	非汛期生态流量(立方米/秒)	水质管理目标
南盘江	江边街	37	III
红水河	迁江	494	III
黔江	武宣	1070	III
西江	梧州	1800(压咸2100)	III
柳江	涌尾	34	II
柳江	柳州	217	III
郁江	贵港	400	III
桂江	马江	55	III
贺江	南丰	61	III
北江	石角	250	III

续表

河　流	断　面	非汛期生态流量(立方米/秒)	水质管理目标
东　江	博　罗	212	II
西北江三角洲	思贤滘	2200(压咸 2500)	III

五、规划总体布局

(一)防洪减灾

遵循“堤库结合、以泄为主、泄蓄兼施”的防洪方针,逐步完善以堤防为基础、干支流防洪水库为主要调控手段的7大堤库结合防洪工程体系。西北江中下游防洪工程体系由西江龙滩、大藤峡水库和北江飞来峡水库、中下游堤防及湛江蓄滞洪区构成;东江中下游防洪工程体系由枫树坝、新丰江、白盘珠水库及惠州大堤、东莞大堤等重点堤防构成;郁江中下游防洪工程体系由百色、老口水利枢纽和沿江城镇堤防构成;柳江中下游防洪工程体系由干流洋溪水库、支流贝江落久水库及沿岸堤防构成;南盘江中上游防洪工程体系由沿江堤防构成;桂江中上游防洪工程体系由青狮潭、斧子口、川江、小溶江及黄塘水库及沿江堤防构成;北江中上游防洪工程体系由乐昌峡、湾头水库及沿江堤防构成。

南盘江平坝区、郁江及浔江沿岸、西江梧州至三榕峡沿岸、珠江三角洲4个易涝区和广州、南宁、梧州、柳州等重点城市的排涝治理重点为完善现有排涝工程设施续建配套、更新改造和达标建设为主。

(二)水资源供给与保障体系

上游地区以大中型水源工程建设为重点,结合云贵山区地势特点,建设一批五小水利工程;实施滇中、黔中等跨流域引调水工程,解决云、贵地区干旱缺水问题。中下游地区构建以西江龙滩及大藤峡、北江飞来峡等水库为骨干的水资源调配体系,建设一批城乡供水工程和农田灌溉水源工程。在强化节水的基础上,加快水源工程建设,加强江河湖库水系连通,提高流域城乡供水保障能力,解决局部地区工程性缺水问题,提高应急抗旱能力。实施引郁入钦、西水南调等工程,保障北部湾及粤西缺水地区的用水需求。保障港澳供水安全。

(三)水资源保护与生态修复体系

南、北盘江上游河段、云南高原湖泊以及珠江三角洲地区城市河段的水污染主要强化综合治理和污水达标排放;河流源头区及高原湖泊主要加强水源涵养。加强流域水生态环境保护及修复,严格控制生态环境敏感区域的治理开发活动。加强水资源统一调度,保障河流重要生境生态流量。地下水超采区实施限采,严格控制开采规模。加强珠江中上游地区石漠化综合治理以及流域重要水源地、生态屏障区的水土保持与水土流失预防保护。

(四)水力发电与航运

优化调整部分河段的梯级布局,合理开发流域水力资源。构建西江航运干线、珠江三角洲高等级航道网、右江、北盘江—红水河、柳江—黔江等组成的“一横一网三线”的国家高等级航道,形成干支相通、通江达海的珠江水系航道体系。完善以22个内河港口、6个沿海港口构成的布局合理、层次分明、功能明确的港口体系。

第三章　防洪减灾规划

一、防洪规划

（一）防洪保护区

流域9个重点防洪(潮)保护区包括珠江下游三角洲、珠江三角洲滨海、西江、浔江、郁江中下游、柳江下游及红柳黔三江汇合地带、南盘江中上游、桂江中上游和北江中上游地区。保护区总面积约1.5万平方公里,占流域防洪保护区总面积的78.5%以上,区内人口3629万人、耕地1174万亩、地区生产总值30533亿元,分别占流域防洪区人口、耕地、地区生产总值的84.1%、86.2%、96.7%。

（二）防洪标准

规划至2020年,广州市具备防御西、北江1915年型洪水的能力,中心城区防洪(潮)堤标准为200年一遇;南宁城区达到200年一遇、梧州及柳州城区达到100年一遇的防洪标准;一般地级城市达到50—100年一遇的防洪标准;县级城镇达到20—50年一遇的防洪标准;万亩以上农田达到10—20年一遇的防洪标准;珠江三角洲重点堤防保护区达到100—200年一遇、其他重要堤防保护区达到50—100年一遇的防洪标准;珠江河口重点海堤达到50—100年一遇、重要海堤达到20—50年一遇、一般海堤达到10年一遇的防潮标准。

规划至2030年,进一步加强防洪减灾工程体系建设,完善非工程体系,提高防洪工程体系的调度管理水平及应对超标准洪水的能力。

（三）防洪工程体系

遵循“堤库结合、以泄为主、泄蓄兼施”的防洪方针,逐步完善以堤防为基础、干支流防洪水库为主要调控手段的7大防洪工程体系。

西、北江中下游防洪工程体系由西、北江中下游与三角洲堤防工程及北江飞来峡水利枢纽、西江龙滩水电站和大藤峡水利枢纽,还有潖江蓄滞洪区、芦苞涌和西南涌分洪水道等主要工程设施组成,保护对象是浔江、西江及西北江三角洲等防洪保护区。

东江中下游防洪工程体系由中下游堤防和新丰江水库、枫树坝水库和白盆珠水库组成,受益范围包括东江中下游沿江市县及东江三角洲地区。

郁江中下游防洪工程体系由郁江中下游堤防和右江的百色水利枢纽、郁江的老口水利枢纽组成,受益范围包括右江沿岸及郁江中下游防洪保护区。

柳江中下游防洪工程体系由柳江中下游堤防及干流的洋溪水库、贝江的落久水库组成,保留古宜河的木洞水库防洪功能,受益范围包括柳州市及沿江各县。

南盘江中上游防洪工程体系主要由堤防工程组成,受益范围包括南盘江中上游防洪保护区。

桂江中上游防洪工程体系由桂江中上游堤防及甘棠江的青狮潭水库、漓江的斧子口、川江和小溶江水库、桃花江的黄塘水库组成,受益范围包括桂江中上游防洪保护区。

北江中上游防洪工程体系由北江中上游堤防及浈江的湾头水库、武水的乐昌峡水库组成,受益范围包括北江中上游防洪保护区。

(四)防洪工程规划

1.堤防工程

规划北江大堤、广州市城区防洪(潮)堤、深圳河防洪(潮)堤等1级堤防3宗,总长244公里;规划景丰联围、清城联围、佛山大堤等2级堤防19宗,总长1199公里;规划南顺联安围、增博大围等3级堤防63宗,规划堤防总长1774公里;规划保护县级城市及万亩以上农田的4—5级堤防103宗,规划堤防总长2462公里。规划中珠联围、深圳西海堤等1级海堤2宗,堤防总长47公里;规划白蕉联围、番顺联围等2级海堤8宗,堤防总长486公里;规划3、4级海堤45宗,堤防总长861公里。流域江、海堤防规划总长度7173公里,规划达标加固堤防长3042公里,新建柳东新区堤防40公里。

2.防洪水库工程

规划防洪水库有西江龙滩、大藤峡;郁江百色和老口;柳江洋溪、落久和木洞;桂江青狮潭、斧子口、川江、小溶江和黄塘;东江枫树坝、新丰江和白盆珠;北江飞来峡、湾头、乐昌峡。其中龙滩、百色、老口、青狮潭、斧子口、川江、小溶江、枫树坝、新丰江、白盆珠、飞来峡、湾头、乐昌峡等已(在)建,需新建的防洪水库有大藤峡、洋溪、落久、木洞、黄塘等,龙滩水库需续建。

(1)西、北江中下游防洪水库

大藤峡水利枢纽:西北江中下游防洪工程体系的关键工程,坝址位于西江干流黔江大藤峡出口弩滩上,下距广西桂平市黔江彩虹桥6.6公里,控制流域面积19.86万平方公里,占西江梧州站集水面积的60%。大藤峡水利枢纽工程的任务是以防洪、航运、发电和水资源配置为主,结合灌溉等综合利用,其中防洪库容15亿立方米。

龙滩水库:龙滩水电站位于西江上游红水河,控制流域面积10.58万平方公里占西江梧州站集水面积的32.4%。工程以发电为主,兼有防洪、航运及水资源配置等综合利用任务。水库近期设置防洪库容50亿立方米,远期防洪库容为70亿立方米。

飞来峡水库:调控北江洪水的关键性工程,控制流域面积3.41万平方公里,占北江下游防洪控制断面石角水文站以上流域面积的88.9%,兼有航运、发电等综合利用效益,设置防洪库容13.07亿立方米。

大藤峡水库与龙滩水库联合运用,可将梧州站100年一遇洪峰流量削减为50年一遇,兼顾削减100年一遇以上洪水的洪峰;结合北江飞来峡水库调度运用,使广州市有效防御1915年型洪水,将西北江三角洲重点城市和重点堤防保护对象的防洪标准提高到100—200年一遇;将浔江、西江沿岸县城的防洪标准由20年一遇提高至30—50年一遇,兼顾提高西北江三角洲一般防洪保护区的防洪标准。

(2)东江中下游防洪水库

新丰江水库位于东江支流新丰江上,控制流域面积5734平方公里,防洪库容30.98亿立方米,规划以防洪、水资源配置、发电为主,兼有灌溉、航运和旅游等综合任务;枫树坝水库位于东江干流,控制流域面积5150平方公里,防洪库容6.49亿立方米,规划以防洪、水资源配置、供水为主,结合发电,兼有旅游等综合利用任务;白盆珠水库位于东江支流西枝江,控制流域面积856平方公里,防洪库容2.62亿立方米,规划以防洪、水资源配置、供水为主,兼有灌溉、发电功能。

东江三库与下游及三角洲堤防联合运用,可将惠州市和东莞市的防洪标准提高到100年一遇,将其他主要保护对象的防洪标准提高到50—100年一遇。

(3)郁江中下游防洪水库

百色水库:位于郁江上游的右江,控制流域面积1.96万平方公里,占郁江南宁以上流域面积的27%,开发任务以防洪为主,结合发电、航运,兼有灌溉、供水、水资源配置等综合利用任务,防洪库容16.4亿立方米。

百色水库与下游堤防联合运用,可将南宁市和贵港市的防洪标准由50年一遇提高到近100年一遇,同时使右江沿岸的百色、田阳、田东、平果、隆安等市、县城区的防洪标准达到50年一遇。

老口水库:老口水库地处左江、右江汇合口下游,控制流域面积7.24万平方公里,占郁江南宁以上集水面积的99.5%,开发任务以航运、防洪为主,结合发电,兼顾改善南宁市水环境等,防洪库容3.6亿立方米。

老口水库建成后,与百色水库联合调度运用,可将南宁市和贵港市防洪标准由50年一遇提高到200年一遇。

(4)柳江中下游防洪水库

洋溪水库:位于柳江上游都柳江,控制流域面积13165平方公里,占下游防洪控制断面柳州站以上流域面积的29%,开发任务以防洪为主,结合发电、航运等综合利用,防洪库容7.8亿立方米。

落久水库:位于柳江支流贝江,控制流域面积1746平方公里,开发任务以防洪为主,兼顾灌溉、供水、发电和航运等综合利用,防洪库容2.5亿立方米。

洋溪水库与落久水库联合调度,可将柳州市的防洪标准由50年一遇提高到100年一遇,将融安、融水、柳城等城市的防洪标准由20年一遇提高到50年一遇。鉴于柳州市现状人口已达103万人,为进一步提高柳州市的防洪标准留有余地,规划保留古宜河木洞水库的防洪功能。

(5)桂江中上游防洪水库

青狮潭水库:位于桂江支流甘棠江上,控制流域面积474平方公里,原以灌溉为主,结合防洪、发电、漓江补水等综合利用。为充分发挥青狮潭水库的综合效益,规划调整青狮潭水库的综合利用顺序为:供水、灌溉、防洪、漓江补水、发电,防洪库容0.51亿立方米。

斧子口水库:位于漓江上游,控制流域面积314平方公里,开发任务以城市防洪和漓江生态环境补水为主,结合发电等综合利用,防洪库容0.89亿立方米。

川江水库:位于漓江支流川江,控制流域面积127平方公里,开发任务以防洪为主,同时具有漓江补水及发电、灌溉等综合利用效益,防洪库容0.42亿立方米。

小溶江水库:位于漓江支流小溶江,控制流域面积264平方公里,以城市防洪和漓江生态补水为主,结合发电等综合利用,防洪库容0.64亿立方米。

黄塘水库:位于漓江支流桃花江,控制流域面积70.4平方公里,为单一的防洪水库,防洪库容0.21亿立方米。

青狮潭、斧子口、川江、小溶江及黄塘5库联合运行,可将桂林市的防洪标准由20年一遇提高到100年一遇,同时改善漓江枯水期水量不足的状况。

(6)北江中上游防洪水库

湾头水库:位于北江上游浈江,控制流域面积6799平方公里,占浈江流域面积的90.1%、北江韶关断面以上流域面积的46.4%,开发任务以防洪为主,结合发电、改善航运、灌溉及水环境等综合利用,防洪库容0.77亿立方米,单库运用,可将韶关市的防洪标准由20年一遇提高到50年一遇。

乐昌峡水库:位于北江支流武水,控制流域面积4988平方公里,占武水流域面积的70.3%,北江韶关断面以上流域面积的34%,开发任务以防洪为主,兼有发电等综合利用,防洪库容2.11亿立方米,承担韶关市和乐昌市的防洪任务,单库运用可将乐昌市的防洪标准由10年一遇提高到50年一遇;与浈江湾头水库联合运用,可将韶关市的防洪标准由20年一遇提高到100年一遇。

二、治涝规划

根据地势特点和涝灾分布情况,规划南盘江、郁江浔江、西江及珠江三角洲为流域重点治涝区。南盘江、郁江、浔江易涝区农田规划排涝标准自排采用10年一遇年最大24小时设计暴雨1天排至作物耐淹水深,抽排标准采用5年一遇年最大24小时设计暴雨3天排至作物耐淹水深;西江农田易涝区采用10年一遇年最大24小时设计暴雨3天排至作物耐淹水深;珠江三角洲农田易涝区采用10年一遇年最大24小时设计暴雨,菜地1天、稻田2天排至作物耐淹水深。流域内城市的排涝标准采用20年一遇或10年一遇年最大24小时设计暴雨1天排完且城区不致灾,一般城镇采用10年一遇年最大24小时设计暴雨1天排完且城区不致灾。

(一)南盘江易涝区

规划对现有排涝工程进行续建配套和更新改造,改建、扩建或新建排涝闸172座,泵站820座,装机容量3.15万千瓦(其中新增排涝装机1.21万千瓦),新增治理面积26万亩,其中耕地25万亩。

(二)郁江、浔江易涝区

现状主要依靠涵闸排水,规划改建、扩建或新建排涝闸96座,排涝泵站52座,装机容量6.9万千瓦,新增治理面积15万亩,其中耕地11万亩。

(三)西江易涝区

规划进一步完善现有排水工程布局,提高排涝标准,规划改建、扩建或新建排涝闸92座,排涝泵站107座,装机容量4.1万千瓦(其中新增2.35万千瓦),新增治理面积5.7万亩,其中耕地2.9万亩。

(四)珠江三角洲的易涝区

该区绝大部分已得到初步治理,规划期内基本上不再考虑扩大治理面积,规划改建、扩建或新建排涝闸1706座,排涝泵站2771座,装机容量95.86万千瓦(其中新增57.37万千瓦),使治理区达到规划确定的排涝标准。

(五)其他易涝区

规划南宁、柳州、韶关和河源4市规划新增治理面积19.47万亩,其中耕地4.48万亩。规划贵州和广西岩溶洼地易涝区新增治理易涝面积30万亩,其中耕地19.5万亩。

三、重点城市防洪治涝规划

(一)广州市

广州市同受北江、西江洪水及南海风暴潮的威胁。西、北江中下游防洪工程体系是广州市防御北、西两江洪水的主要工程措施。规划由飞来峡水利枢纽、潖江蓄滞洪区、北江大堤及芦苞涌和西南涌构成的北江中下游防洪工程体系,使广州市能抵御北江300年一遇洪水的侵袭;建设西江大藤峡水利枢纽,与已建的龙滩、飞来峡水库等一起构成完善的西、北江中下游堤库结合的防洪工程体系,使广州市具备防御西、北江1915年型洪水的能力。广州水道两岸的海堤规划按200年一遇的防洪潮标准进行加固,形成完整的城区堤防体系。

(二)南宁市

南宁市(含邕宁区)现状江南和江北城区已基本达到50年一遇的防洪标准,规划通过百色和老口水库联合运用,将南宁城区防洪标准提高到200年一遇。

(三)梧州市

规划梧州市河东、河西堤防标准为50年一遇,城郊堤防标准为20年一遇,通过龙滩和大藤峡水库联合调度,使梧州城区的防洪标准达到100年一遇,城郊的防洪标准提高到20—50年一遇。

(四)柳州市

规划柳州市城区堤防为50年一遇,城郊堤防为20年一遇,通过洋溪和落久水库联合调度,将柳州市城区的防洪标准提高到100年一遇。

规划广州市中心城区及其他规划重点发展区、镇区和工业区规划排涝标准为20年一遇年最大24小时设计暴雨1天排完且城区不致灾,农田区按10年一遇年最大24小时设计暴雨1—3天排干。规划南宁、梧州、柳州市排涝标准为自排50年一遇年最大24小时设计暴雨1天排完且城区不致灾,抽排达到雨洪遭遇20年一遇年最大24小时设计暴雨1天排完且城区不致灾。

四、河湖治理规划

(一)河道整治

河道整治以稳定河岸、增强河道泄洪能力为目的,主要整治措施包括开卡退堤、清淤清障、除险护岸等。规划整治河道长度214.2公里。

西江水系规划整治的河段有南盘江干流松林段、沾曲段、陆良段、宜良段及其他市县城区河段,整治河道长共101.2公里,南盘江干流河段的整治洪水标准为30—50年一遇,其他河段整治标准为10—20年一遇洪水。

东江水系规划对淡澳分洪河道按行洪600立方米/秒的标准进行整治,整治河段长13.4公里。

珠江三角洲网河区河道整治以清障为主,规划对170多处河障分期进行整治。按50年一遇行洪标准对李家沙水道、西江干流水道等共99.6公里河道进行整治。

(二)湖泊整治

重点对云南省内的杞麓湖、异龙湖进行整治。杞麓湖环湖区的防洪标准采用20年一遇,规划建设泄洪隧洞8.47公里,治理出口河道7.79公里,加高加固防洪湖堤30.1公里,湖底清淤960万立方米。

异龙湖环湖区防洪标准采用20年一遇,规划加高加固湖堤9.05公里,新建湖堤8.93公里,疏浚河道4.3公里,新建泄洪溢流堰一处。

规划兴建阳宗海湖堤3.25公里,兴建星云湖湖堤41.65公里,清挖淤泥295万立方米,使其防洪标准达到20年一遇。

(三)河口整治

珠江河口整治按照河口治导线确定的总体布局进行,整治目标是安全宣泄50年一遇洪水。

河口治导线是河口整治、项目建设的外缘控制线,是河口管理的技术依据。根据出海河道演变和河口水沙运动演变规律,考虑防洪、纳潮、排灌、航运、生态环境改善的要求,依据不同类型河口的特点,因势利导确定河口分流比及河口延伸方向,规划制定磨刀门、横门、蕉门等口门按一主一支泄洪通道格局,伶仃洋、黄茅海河口湾按喇叭型河口形态制定治导线方案,以维护河口泄洪、纳潮、输沙能力。

近年来,受河口延伸、滩涂围垦、口门淤积、上游洪水归槽等影响,部分口门的泄洪能力减弱。规划对磨刀门、横门、洪奇门、蕉门等口门采取清、退、拦、导、疏等措施,合理调整主干、支汊分流比,优化水流汇流角度,以稳定河口,维持或增加河口泄洪能力,河口区整治河道长51.18公里。

(四)中小河流治理规划

规划对476条集水面积在200—3000平方公里、人口相对密集、农田众多的易发洪涝灾害河流及91条集水面积在200平方公里以下但治理需求极为迫切的河流进行治理,规划治理河流共计567条。

规划治理项目区保护人口2821万人、农田1548万亩、排涝受益面积518万亩。县级城镇的堤防防洪标准采用20年一遇,万亩以上农田及乡镇的堤防防洪标准采用10年一遇,万亩以下农田及村庄的堤防标准采用5—10年一遇。治理主要采用筑堤、清淤疏浚、护岸等工程措施,规划新建加固堤防、护岸10791公里,清淤、疏浚及护滩3135公里。

五、山洪灾害防治规划

规划纳入山洪灾害防治的小流域共2345条(已扣除纳入中小河流治理的91条河流),涉及40个地级市,195个县(市、区),防治区总面积36.02万平方公里,其中重点防治区18万平方公里(重点防治区中的一级防治区7.68万平方公里,二级防治区10.32万平方公里),一般防治区18.02万平方公里。

规划对威胁县城、大型工矿企业及国(省)道、铁路等交通干线的山洪沟治理工程采用20—50年一遇洪水标准,泥石流沟防治采用20—30年一遇洪水标准;威胁乡镇、村庄和一般农田的山洪沟治理工程采用10—20年一遇洪水标准,泥石流沟防治采用10—20年一遇洪水标准;对其他一般性泥石流沟,防治标准采用5年一遇。

山洪灾害防治遵循“以防为主,防治结合,以非工程措施为主,非工程措施与工程措施相结合”的原则。非工程措施主要包括建设监测、通信及预警系统,制定防灾预案与救灾措施,完善相应的法律法规,开展广泛的宣传与教育活动,使受影响人群具备防御山洪灾害的常识等。工程措施主要采取水土保持、河道整治、搬迁避让等措施对山洪沟、泥石流沟、滑坡等进行治理。

第四章 水资源供给与保障规划

一、水资源配置方案

(一)需水预测

在预测经济社会主要发展指标、分析用水变化趋势与需水定额的基础上,考虑水资源可利用量、水质、河道内生态环境用水等约束因素,按照建设节水型社会及实行最严格水资源管理制度的要求,采用强化节水方案的用水定额,对生活、生产和生态用水量进行预测。预测2020年、2030年

50%保证率条件下的珠江流域河道外总需水量分别为637亿立方米、643亿立方米;90%保证率条件下的需水分别为689亿立方米、692亿立方米。以河道内航运需水和生态需水最大外包,计算西江梧州、北江石角、东江博罗及西北江三角洲思贤滘断面的非汛期河道内生态需水量控制量分别为1800立方米/秒、250立方米/秒、212立方米/秒和2200立方米/秒,确定思贤滘压咸流量为2500立方米/秒,相应梧州、石角等主要控制站点的下泄流量分别为2100亿立方米/秒、250立方米/秒。

(二)可供水量预测

为满足用水需求,规划在现有当地工程挖潜配套和合理调配的基础上,建设大藤峡水利枢纽、牛栏江调水、漓江补水、滇中引水、黔中调水等骨干水源工程,以及一系列中小型供水工程,加强江河湖库水系连通,增加流域供水能力,使流域多年平均可供水量2020年达到634亿立方米,2030年达到640亿立方米,比基准年增加36亿立方米,实现供需基本平衡。

(三)水资源配置

结合流域特点,合理配置水资源。上游结合云贵山区特点,以中小型水利工程为主,并在与红河、长江流域接壤地区实施跨流域引调水工程,解决缺水问题;中下游以大中型水库为重点,构建以西江龙滩及大藤峡、北江飞来峡等水库为骨干的水资源调配体系,实施流域水资源统一调度,同时实施引郁入钦、西水南调等工程,保障港澳地区、北部湾及粤西地区的用水需求。经合理配置后,到2030年多年平均可供水量为640亿立方米,42.3%配置给城镇用水,57.7%配置给农村用水。流域配置多年平均调出水量13.95亿立方米,调入水量16.9亿立方米,同时东深供水工程向香港供水11亿立方米,珠海供水系统向澳门供水1.46亿立方米。

二、供水规划

(一)城市供水安全规划

珠江流域现有55个建制市(不含港、澳),城市供水安全面临着用水总量的刚性增长和水资源不足及污染严重的多重压力。预测2030年流域55个建制市总人口由2898万人增加到4727万人,需水总量将达到161亿立方米,较现状净增76.7亿立方米。为保障城市用水安全,规划以供水保证率达到95%—97%为目标,采取实施水源地保护工程、加大水污染治理、新(改扩)建水源工程、加强应急能力建设等措施,因地制宜提高城市供水保障程度。其中,水资源不足且供水不安全的云南曲靖、贵州兴义、广西北流、广东罗定等12个城市(区),主要通过建设跨流域调水工程或者蓄水供水工程解决供水问题;水质污染严重的广西贺州、广东广州等12个城市(区),主要通过新建水源工程,建设备用水源,进行流域水资源调配等措施解决供水问题;处在河流下游、水量水质容易受上游来水影响的广西南宁、柳州等7个城市,主要通过新建蓄水工程、增加建设备用水源解决供水问题;供水水源单一的广西桂林、广东佛山市禅城区与南海区,主要通过建设水库型水源及开拓西江水源解决供水问题;以地下水为主,供水水量不足的广西河池市,通过建设龙江水源地供水工程,配套第五水厂、凌霄地下水等备用水源解决供水问题;供水工程规模不足的广东增城、从化等17个城市(区),通过改扩建或新建水源工程,配套备用水源工程,解决供水问题。供水基本安全的广西梧州和百色市,主要配套建设城市备用水源。

(二)农村饮水安全规划

珠江流域现有饮水不安全人口2749万人,规划采取积极推进集中供水工程建设,有条件的地方延伸集中供水管网,发展城乡一体化供水;加强农村饮水安全工程运行管理,加强水源保护和水质监测,确保工程长期发挥效益等措施,建立起农村饮水安全保障体系,确保农村饮水不安全人口的饮水问题,使其供水水质基本上达到国家饮用水卫生标准,供水保证率达90%以上,严重缺水地区不低于90%,其他地区不低于95%。2030年,将在饮水安全的基础上进一步提高农村用水保证率及用水定额,保障农村经济社会的稳步发展。

(三)重点地区抗旱规划

2009年8月—2010年5月,云南、贵州、广西等省(区)发生了近100年以来最严重的一次大旱,给旱区人民生活特别是城乡居民饮水带来很大困难。规划加快推进西南等工程性缺水地区重点水源工程建设,尽快建设一批中小型水库、引提水和连通工程,支持农民兴建小微型水利设施,显著提高雨洪资源利用和供水保障能力。新建水源工程760座,其中大型水库8座,中型水库132座,小型水库399座,引提水工程187项,连通工程34项,可新增年供水能力约71.21亿立方米,改善供水条件的人数约2296万人,发展及改善灌溉面积约872万亩,正常来水年份能满足城乡生活生产用水需要,县城、乡镇和人口较集中并具一定规模的乡村供水保证率基本达到95%,同时提高农业灌溉用水保证率。

三、灌溉规划

珠江流域现有耕地面积12136万亩,农田有效灌溉面积4284万亩,人均农田有效灌溉面积0.37亩。流域内现有万亩以上灌区464个,其中超过50万亩的大型灌区3个,为云南的曲靖灌区和广西的五化、达开灌区,设计灌溉面积193万亩,现状有效灌溉面积133万亩;30万—50万亩灌区有13个,5万—30万亩灌区110个,1万—5万亩小型灌区338个。灌区耕地比较集中连片,水源、光照充足,是本流域主要粮食生产基地。

为确保流域粮食安全,规划大兴流域农田水利等薄弱环节建设。按照灌溉设计保证率为75%—90%要求,以16个30万亩以上大型灌区续建配套与节水改造,以及新建乐滩水库引水灌区、大藤峡灌区、左江流域治旱工程、下六甲灌区和莽山灌区5个30万亩以上灌区为重点,逐步完成中小型灌区续建配套与节水改造,发展一批中小灌区,增加农田有效灌溉面积,新增灌溉面积304万亩;实施大中型灌溉排水泵站更新改造,完善灌区的灌排体系;加强旱情监测及应对措施,提高流域粮食安全保障能力和农业用水效率。

第五章 水资源保护与生态修复规划

一、水资源保护规划

(一)地表水资源保护规划

1.地表水功能区划

以《全国水资源综合规划(2010—2030年)》和《全国重要江河湖泊水功能区划(2011—2030年)》珠江流域成果为基础,结合经济社会发展需求和实际情况变化,对流域内集水面积大于1000平方公里的河流以及重要支流进行复核与调整。本次规划复核调整后的珠江流域地表水功能区划水功能一级区438个,长度21317公里。其中缓冲区49个,长度2020.1公里;保护区78个,长度

2384.4公里;保留区121个,长度8751.1公里;开发利用区190个(水功能二级区393个),长度8161.4公里;珠江流域水功能一级区和二级区总计641个。

2.入河排污总量控制意见

以水功能区为单元,确定珠江流域水功能区点源污染物COD、氨氮入河限制排污总量的建议值,作为水资源保护和水污染防治工作的依据。全流域水功能区规划2020年污染物入河限制排污总量COD为103.37万吨/年,氨氮为5.5万吨/年;2030年污染物入河限制排污总量COD为88.08万吨/年,氨氮为4.93万吨/年。

3.地表水资源保护措施

实施最严格的水资源管理制度,落实用水总量控制、用水效率控制、水功能区限制纳污红线。严格取水许可审批管理,对取用水总量已达到或超过控制指标的地区,暂停审批建设项目新增取水;对取用水总量接近控制指标的地区,限制审批新增取水。将取用水审批与入河排污口审批结合起来,以限排促减污。对排污量已超出水功能区限制排污总量意见的地区,限制审批新增取水和入河排污口。各省(区)应在规划提出的污染物入河限制排污总量意见的基础上细化各水平年污染物入河限制排污总量控制意见,提出陆源污染治理削减要求和入河排污口布设的优化方案,将其纳入当地的水污染防治、污水处理和环境保护规划中。

加强水污染治理,改善水生态环境。增加污染治理投资,推进截污管网工程及污水处理设施建设,提高污水处理率;加强生态修复和生态环境建设,对高原湖泊及重点城市河涌实施河道清淤和综合整治,减少底泥污染,恢复河流湖泊生态环境;结合新农村建设,加强畜禽养殖污染治理,实施厕改沼工程,降低农药和化肥的使用量等。加强面源污染治理力度,着力改善城乡水生态环境。

加快监督管理能力建设,提高流域管理效能。加强流域机构和各省(区)水资源保护执法队伍建设,加大执法力度,提高执法水平。建立流域水污染事件预警和应急处理体系及由流域机构、各省(区)有关部门参加的流域重大水污染事件协调处理机制。健全水功能区监测站网,在饮用水源地、重要控制性河段、边界河段(含省界、出入国境、主要入海河口)、重要城市河段、主要入河排污口和干支流汇合口等水域建立完善水质监测站点;逐步完善水质监控系统和水质水生态监测指标体系,提高水资源保护监督管理水平。

4.城市饮用水源地保护对策

工程措施:开展城市饮用水源地保护工程,对流域内重点水源地保护区设置隔栏或隔网,在水源地周围种植防护林;开展污染源综合整治工程,加强流域饮用水源保护区内点源和面源污染控制,关闭入河排污口,搬迁污染企业,收集居民生活污水,重点控制农田径流污染;内源污染治理主要包括污染底泥治理、水产养殖治理、流动污染线源治理等;对流域内38个湖库型水源地实施生态修复与保护工程措施;在流域内部分饮用水源水库库区实施水源地泥沙和面源污染控制工程。

综合管理措施:科学编制城市饮用水水源地安全建设方案,制定饮用水水源地保护和管理对策,完善饮用水水源地的安全保障机制,统筹协调好生产、生活和生态用水关系。

(二)地下水资源保护规划

1.地下水功能区划

地下水功能区按两级划分,一级功能区划分为开发区、保护区、保留区3类,二级功能区划分为8类。全流域共划分地下水一级水功能区314个,涉及面积44.07万平方公里,其中开发区109个,保护区132个,保留区73个。开发区划分28个集中式供水水源区和81个分散式供水水源区,保护区划分为10个生态脆弱区、16个地质灾害易发区和106个地下水水源涵养区,保留区包括10个不宜开采区、43个储备区和20个应急水源区。开发区和保护区的水质保护目标为II—III类,保留区的水质保护目标为不低于现状水质。

2.地下水资源保护措施

严格控制地下水的开采。合理制定地下水规划开采量,2020年浅层地下水规划开采量18.57亿立方米,2030年规划开采量16.28亿立方米,主要分布在集中式供水水源区和分散式供水水源区。

强化地下水水质保护。严格控制地下水重要补给区内污染物的排放和排污项目的建设,补给区的地表污染源应治理达标后排放,防止污染物进入地下水含水层,保障地下水水质安全。集中式供水水源区的水质保护主要通过隔离防护工程来实现,全流域集中式供水水源区水质保护工程2020年规划保护区面积533平方公里,围栏长度61公里;2030年保护区面积547平方公里,围栏长度90公里。

加大地下水超采区治理力度。云南省的4个严重超采区停止地下水开采,一般超采区逐渐减少地下水开采量,实现采补平衡。对由于开采井布设不合理而造成的超采区,需逐步优化地下水开采井的布设,规划水平年维持现状开采量。

加强地下水资源管理。认真贯彻实施《取水许可管理办法》,严格地下水资源的取水许可审批和水资源论证制度。运用价格杠杆和行政措施,严格控制地下水开采量,逐步削减超采区开采量。加强地下水功能区管理,确保地下水水质保护目标的实现。建立完善流域地下水监测网络,实现对地下水功能区水位、水量及水质监控。

二、水生态保护与修复规划

(一)水生态敏感保护区域

根据对流域水生态环境的敏感程度辨识,将流域内31处重要湿地及湿地自然保护区、以水生生物为保护对象而设立的各类自然保护区、种质资源保护区、重要渔业水域及生态通道列为流域水生态敏感保护区域。

(二)流域生态需水保障

为满足河道下游生态用水要求,规划提出南盘江、红水河等17个控制节点的生态流量控制指标,其中,西江梧州为1800立方米/秒,北江石角为250立方米/秒,东江博罗为212立方米/秒,西、北江三角洲思贤滘为2200立方米/秒。湖泊生态需水量,采用湖泊最低控制水位对应的蓄水量,流域范围内的抚仙湖、星云湖、阳宗海、杞麓湖和异龙湖生态需水量分别为190亿、1.67亿、4.94亿、0.71亿和0.5亿立方米。敏感生态需水是指维持河湖生态敏感区正常生态功能的需水量及过程,考虑流域水资源条件和水资源配置实现的可能,规划提出红水河迁江断面、西江梧州断面、桂江桂林断面主要断面敏感期生态需水量为1542立方米/秒、5946立方米/秒、60立方米/秒的流量过程。

西、北江现状生态需水保障程度较低,规划采取工程和非工程措施以提高生态需水保障程度。加快西江大藤峡水利枢纽工程建设,结合天生桥、龙滩水库调节,使梧州站枯水期生态流量保证率提高到95%,大潮转小潮期的压咸流量保证率提高到97%。北江上游建设乐昌峡水利枢纽,下游建设清远梯级,使石角站生态流量的保证率提高到95%。建设滇中引水工程,实施杞麓湖、异龙湖引水,自金沙江向杞麓湖生态补水5100万立方米,向异龙湖生态补水2500万立方米,保障湖泊生态需水。

落实非工程措施，生态用水纳入珠江水资源统一配置指标，保障流域枯水期最小生态需水流量；加强流域水资源统一调度和管理，制定珠江水量调度条例，建立珠江骨干水库联合调度的长效机制；建立河流生态流量预警管理制度，实行河流生态用水危机管理，保障流域生态需水；加强水功能区管理，有效实施入河污染物总量控制。

（三）流域生境保护与修复措施

针对流域水生态敏感保护对象，通过划定各类自然保护区、种质资源保护区、水功能保护区、岸线利用保护区、采砂禁采区以及通过自然保护区的建设和管理等严格控制开发活动，保护流域重要敏感生境和生物多样性。

加强流域内13处重要湿地的保护力度和湿地自然保护区的建设与管理；大力开展河流、湖库岸边湿地和珠江口湿地保护与修复，恢复滨河、滨湖带及珠江口湿地生态系统；加大高原湖泊湿地周边废污水治理，改善高原湖泊水质；优化区域水资源配置，加强农业节水，保障生态需水。

维持河湖连通性，加强流域内高原湖泊与南盘江水系的连通性，逐步改善星云湖、杞麓湖的水质；保持漓江上游青狮潭水库对会仙湿地的季节性补水，逐步恢复湿地生态功能；积极推进南宁内河水系与郁江连通，改善南宁市水环境；开展珠江三角洲内河涌与外江的生态水网建设，改善城市河涌与珠江的连通性。

实施鱼类生境保护与修复措施，保障河湖连通性，建设过鱼设施，保护重点河段鱼类洄游通道；开展已建水利水电工程对鱼类洄游的阻隔影响及恢复措施研究，为恢复鱼类洄游通道提供技术支持；在鱼类洄游的时间段和重要洄游通道，规定禁渔期。对因人为活动遭到破坏或退化河段的鱼类“三场”通过采取人工模拟产卵场、增殖放流、优化泄水建筑物运用及生态调度等相关措施削减影响。

在重要水源涵养区建立生态功能保护区，加强水源涵养区的保护与管理，严格保护具有重要水源涵养功能的自然植被，限制或禁止各种不利于保护生态系统水源涵养功能的经济社会活动和生产方式。加强生态恢复与生态建设，治理土壤侵蚀，恢复与保护水源涵养区森林、草原、湿地等生态系统，提高生态系统的水源涵养功能。

（四）重点区域水生态保护与修复意见

1.云南高原湖泊水生态保护与修复意见

通过水土流失治理、水资源利用方式的转变及合理规划湖泊进出水量、严格禁止湖泊围垦、清理占湖围垦及退塘退田还湖等综合措施防止湖泊水面进一步萎缩。加大湖泊周边城镇污水治理力度，有效实施沿湖农业面源污染防治，加强内源污染控制，制定高原湖泊蓝藻爆发应急处理预案。建立水生态监测网络，加强富营养化治理，加大水生生物自然保护区、水产种质资源保护区建设和增殖放流力度。

2.南、北盘江水生态保护与修复意见

建设珠江上游生态屏障，保护珠江源。加快产业结构和生产布局调整，严格实行排污总量控制，有效治理水体污染。加快农村新能源建设，减少对植物燃料的过分依赖和对生态的破坏。开展特有鱼类的增殖放流，恢复种群规模，对重要鱼类产卵场制定并实施保护和重建计划。

3.红水河水生态保护与修复意见

严格实行污染物总量控制，采取综合措施降低库区水体富营养化水平。建立各梯级电站的联合调度机制,保证下游鱼类繁衍所需要的生态需水量及过程;结合过鱼设施建设,保障鱼类溯游过坝;划定珍稀鱼类自然保护区和水产种质资源保护区,开展人工增殖放流,严格实施禁渔制度。

4.桂江流域漓江水生态保护与修复意见

加强漓江水资源统一调度和管理,将生态用水纳入流域水资源配置。实施漓江“六江四库四湖一湿地”总体布局方案,建设会仙湿地生态保护区,落实枯水期对漓江进行生态补水方案和会仙湿地补水措施。严格实行污染物总量控制,对漓江干流及主要支流河道进行疏浚和清障。实施漓江形态与生态景观的多样性保护与恢复等措施。

5.东江源水生态保护与修复意见

建立湿地公园和源区水源涵养生态功能区,控制源区水利水电工程建设,保护源区生态的多样性。治理采矿遗留污染问题,采取人工湿地等工程措施提高水体自净能力,改善源区水环境。开展源区河流生态景观建设,提高源区河流景观空间异质性。

6.珠江三角洲水生态保护与修复意见

转变经济发展方式,减少废水排放,提高点源和面源水污染治理力度。加强河涌水环境治理与生态修复,改善城市景观,实现人水和谐。保持水网相互联通,加快三角洲河道滨岸带生态修复,增强水生态系统自我修复能力。从严控制围垦发展速度与开发方式,有效保护和修复河口、滩涂湿地。

三、水土保持规划

珠江流域水土流失面积62730平方公里,占流域土地总面积的14.2%,水土流失大多发生在难风化、土层薄的石灰岩地区以及砂页岩、花岗岩等山地丘陵区,并存在石漠化面积5.21万平方公里,有崩岗5.32万个,坡耕地433.76万公顷。上游的南、北盘江是我国水土流失最严重的地区之一。

规划综合治理水土流失面积4.5万平方公里,坡耕地综合整治面积100万公顷,崩岗治理4万个,岩溶地区全面开展石漠化综合治理工程,使流域的水土流失治理程度达到70%。上中游高原山地区海拔较高,岩溶地貌发育,坡耕地分布广泛,水土流失综合治理以开展小流域综合治理、坡耕地综合整治、石漠化综合治理为主,着力改善群众生产、生活条件,加强封禁治理,减少植被人为破坏,提高林草覆盖率。中下游低山丘陵区海拔较低,水土流失面积所占比例较小,崩岗危害严重,应以崩岗治理为主,结合小流域综合治理和坡耕地综合整治,改善生产条件,加强坡面、沟道水系工程建设,加强林地补植、抚育、更新,改善生态环境。珠江三角洲平原区结合城市生态、景观需求,做好迹地修复和水土流失的综合治理。

坚持“预防为主、保护优先”的方针,规划以融江及桂江中上游、东江中上游、北江上游作为流域水土流失预防保护重点,加强植树造林、森林保护、野生动植物保护及水土保持生物保护措施,最大限度地减少人为破坏,落实管护责任,利用生态的自我修复能力促进生态修复,使区内的植被覆盖率达到65%以上,平均土壤侵蚀强度控制在微度水平,小于500吨/(平方公里·年)。

加强流域内的水土保持监督管理工作,建立健全水土保持监督管理机构和监督管理网络,严格依法行政,认真落实水土保持“三同时”制度,将流域内由国家审批的线性工程(铁路、公路等)、水利水电和航电枢纽工程等生产建设项目作为流域机构的重点监督项目。

近期重点开展南北盘江石灰岩地区水土保持综合治理、坡耕地综合整治、崩岗治理、石漠化综合治理、东江中上游重点预防保护、西江中下游低山丘陵红壤区重点治理、革命老区水土保持重点建设工程、易灾地区水土流失综合治理等工程。

第六章　水力发电与航运规划

一、水力发电规划

珠江流域水力资源较为丰富,理论蕴藏量3969万千瓦,占全国总量约5%。目前已、正开发水电站总装机2826万千瓦,年发电量1145亿千瓦时,分别占理论蕴藏量和技术可开发量的33%和72%。为进一步合理利用流域水力资源,进一步实施西电东送,稳定华南能源大局,为贫困地区的脱贫致富创造条件,规划按照水资源综合开发利用、开发与保护并重、人与自然和谐、合理有序开发等原则,充分考虑淹没、地质、环境等因素,优化河流(河段)梯级布局,提出了南盘江、红水河与黔江、浔江与西江、北盘江、柳江、郁江、桂江、贺江、北江、东江、三角洲水系等主要河流,以及清水江、黄泥河、可渡河、曹度河、六硐河、左江、北流河、武水等主要跨省界河的梯级开发方案。

南盘江干流采用古宁坝、天生关(桥)、柴石滩、红石岩、田坝等共23级开发方案,总装机容量372万千瓦,年发电量186亿千瓦时。

红水河、黔江河段以多年调节水库龙滩(现状为年调节)为龙头,岩滩、大化、百龙滩、乐滩、桥巩和大藤峡共7级开发方案,总装机容量1153万千瓦,年发电量429亿千瓦时。

浔江、西江河段采用长洲和龙湾共2级开发方案,总装机容量78.9万千瓦,年发电量37.5亿千瓦时。其中龙湾梯级因涉及西江梧州段国家级水产种质资源保护区、西江广东舫国家级水产种质资源保护区、肇庆西江珍稀鱼类自然保护区以及云浮市饮用水源保护区,规划方案还需进一步深化论证。

北盘江干流采用寨田、达开、万家口子、响水、光照等共15级开发方案,总装机容量354万千瓦,年发电量114亿千瓦时。

柳江干流采用白梓桥、柳叠、坝街、寨比等共17级开发方案,总装机容量96.5万千瓦,年发电量39.6亿千瓦时。

郁江干流采用那拉、瓦村、百色、老口、邕宁、西津等共24级开发方案,总装机容量为171万千瓦,年发电量68亿千瓦时。

桂江干流采用斧子口、双潭、巴江口等共8级开发方案,总装机容量36.1万千瓦,年发电量16.7亿千瓦时。

贺江干流采用龟石、龙井、合面狮、信都等共19级开发方案,总装机容量24.6万千瓦,年发电量9.2亿千瓦时。

北江干流采用湾头、孟洲坝、濛里、白石窑、飞来峡、清远和横岗等共15级开发方案,总装机容量45.8万千瓦,年发电量17.2亿千瓦时。

东江干流采用枫树坝、龙潭、稔坑、罗营口等共21级开发方案,总装机容量59.8万千瓦,年发电量22.9亿千瓦时。

珠江三角洲的流溪河干流采用流溪河等14级开发方案,总装机容量7.35万千瓦,年发电量

2.25亿千瓦时;潭江干流采用锦江等8级开发方案,总装机容量2.84万千瓦,年发电量1.06亿千瓦时;增江干流采用天堂山等14级开发方案,总装机容量5.84万千瓦,发电量2.32亿千瓦时。

重要省际界河及边境河流的清水江干流采用猴爬岩等7级开发方案,总装机容量10.15万千瓦,年发电量4.59亿千瓦时;黄泥河干流采用鲁布革等9级开发方案,总装机容量100.95万千瓦,年发电量41.3亿千瓦时;可渡河干流采用泥猪河等10级开发方案,总装机容量27.1万千瓦,年发电量9.34亿千瓦时;曹渡河干流采用董托等12级开发方案,总装机容量17.9万千瓦,年发电量5.85亿千瓦时;六硐河干流采用甲茶等4级开发方案,总装机容量23.65万千瓦,年发电量8.04亿千瓦时;左江干流采用山秀等5级开发方案,总装机容量20.1万千瓦,年发电量9亿千瓦时;北流河干流采用金鸡等19级开发方案,总装机容量8.18万千瓦,年发电量3.17亿千瓦时;武水干流采用乐昌峡等20级开发方案,总装机容量22.74万千瓦,年发电量8.28亿千瓦时。

二、航运规划

珠江水系内河航道现有通航河流905条,通航里程15552公里。规划以“一横一网三线”国家高等级航道为核心,以区域重要航道为基础,以一般航道为补充,远景视需要适时研究开掘平陆、赣粤、湘桂运河的可能性,形成与区域经济社会和综合运输发展相协调,干支相通、通江达海的珠江水系航道体系;以佛山港等22个内河港口、广州港等6个沿海港口构成布局合理、层次分明、功能明确的港口体系。

(一)国家高等级航道

以西江航运干线(南宁至广州),珠江三角洲高等级航道网,右江(剥隘至南宁)河段、北盘江—红水河(百层至石龙三江口)河段和柳江—黔江(柳州至桂平江口)河段等22条航道组成“一横一网三线”国家高等级航道,共3174公里。其中一级和1000吨级海轮及以上等级航道1381公里,包括西江航运干线(南宁到思贤滘)、西江下游出海航道、洪奇沥水道(板沙尾—北围头)、广州出海航道、莲沙容水道、小榄水道—横门出海航道、崖门水道—崖门出海航道、虎跳门水道;二级航道423公里,包括西江航运干线(思贤滘到广州)、红水河、柳江—黔江;三级航道692公里,白坭水道、陈村水道、洪奇沥水道(北围头到洪奇门)、潭江、劳龙虎水道、东江北干流、顺德水道、右江;四级航道678公里,包括北盘江—红水河(百层到来宾)。

(二)区域重要航道

以南盘江、北江、东江等干流航道和与国家高等级航道相连接或其延伸的左江、北盘江的上游段,柳江上游的都柳江、融江,西江航运干线主要支流桂江、贺江、绣江(北流河)、濛江,以及珠江三角洲地区的泥湾门鸡啼门水道、下横沥、枕箱水道、龙穴南水道、横门西水道、东莞水道、鸡鸦水道、倒运海水道、甘竹溪、顺德支流和北街水道等21条航道组成的区域重要航道,通航里程2629公里,其中一级航道45公里,三级航道724公里,四级航道1056公里,五级航道715公里,六级航道89公里。

(三)一般航道

除国家高等级航道和区域重要航道以外的其他通航航道,包括南盘江天生桥水电站以上航道、沙坪河、飞双江、布柳江、盘阳河、水口河、平而河、明江、连江、武水、白沙河以及珠江三角洲的鸡鸦水道、江门水道、石板沙水道、西南涌、雅瑶水道、流溪河、赤粉水道、桂洲水道和石岐水道等,共24条1259公里航道,其中三级航道43公里,四级航道236公里,五级航道750公里,六级航道230

公里。

(四)港口规划

港口规划按照区位条件、自身特点及发展方向,构建佛山港、肇庆港、梧州港、贵港港和南宁港5个主要内河港口和广州港、深圳港、珠海港、崖门港、中山港、江门港6个主要沿海港口,来宾港、柳州港、富宁港、百色港、崇左港、云浮港、广州内河港、江门内河港、中山内河港、虎门港、惠州港、韶关港、清远港、黔西南港、黔南港、黔东南港和河池港等地区重要港口以及一批一般港口作为补充。

(五)运河规划

规划提出修建平陆运河、赣粤运河和湘桂运河的设想。平陆运河是沟通西江航运干线与钦州港的人工运河,北起郁江西津水库库区的平塘江口,南入北部湾,总里程约140公里,规划航道等级为一级、通航3000吨级船舶。赣粤运河和湘桂运河是沟通长江水系与珠江水系的内河航运,规划等级均为三级、通航1000吨级船舶,采用梯级渠化。

第七章 流域综合管理规划

一、体制与机制

根据《水法》、《防洪法》的规定,逐步建立协调、高效的流域管理与区域管理相结合的流域综合管理体制。通过完善流域法规体系,进一步明晰流域与行政区域及部门与部门间的管理职责;建立事权清晰、分工明确、行为规范、运转协调的流域管理工作机制和跨部门、跨地区的协商合作机制;建立和完善省际水事纠纷协调处理机制、突发公共涉水事件应急管理机制、有效的国际合作与协商机制及信息采集与共享机制。

(一)完善流域法规体系

推进《珠江水量调度条例》、《珠江法》的立法工作,逐步建立起以《水法》、《防洪法》等法律为核心,行政法规、部门规章和地方涉水法规相配套的较为完善的流域综合管理法律法规体系。

(二)建立有力的执法监督体系

建立健全各级水政监察执法网络,完善各项水政监察工作制度,提高执法保障能力及水政监察人员的素质,逐步建立完善执法监督保障体系。加大《水法》等水法规的宣传教育及执法力度,强化流域与行政区域联合执法,促进水行政执法工作规范化、制度化,提高执法效能。

(三)建立有效的跨部门、跨地区的协商合作机制

成立流域管理机构牵头,由流域内各省(区)水利、发改、国土、环保、住建、交通、农业、林业、能源、海洋等部门参加的协商合作机制。充分利用"泛珠三角"区域水利协作平台,妥善处理公共管理和公共安全等重大问题,创新流域管理机制和管理模式。

(四)建立和完善信息采集与共享机制

建立健全经济社会资料、水利水电工程建设与运行资料、部门和行业资料适时采集制度;建立部门与部门之间、流域与地区之间信息交流与共享机制,进一步完善监测预警系统。增加水利信息公开性和透明度,为公众参加管理和监督提供必要条件。

（五）完善流域省际水事纠纷协调处理机制

建立预防和调处省际水事矛盾的长效机制，不断完善属地为主、条块结合、政府负责、部门配合、齐抓共管的水事纠纷调处机制，落实责任制。加大法制宣传教育及矛盾纠纷的处理力度，防止发生大规模群体性事件。

（六）建立和完善突发公共涉水事件应急管理机制

制定和完善珠江流域内突发公共事件专项应急预案，建立预警和监测预测机制、快速反应和决策机制以及善后处理和评估机制等，积极应对突发公共涉水事件。

（七）建立有效的国际合作与协商机制

加强中越对话与交流，建立国际河流开发利用与保护方面的合作与协商机制，共同就左江水情测报、水资源监测以及流域治理、开发、保护等方面展开合作。

二、水行政事务管理

珠江流域水行政事务管理主要包括流域规划管理，防汛抗旱管理、水资源管理、水资源保护管理、水土保持管理、河湖管理、岸线利用管理和工程建设与管理。

（一）流域规划管理

流域规划是各项水事活动的依据。规划实行分级编制与审批，不同级别的规划必须由相应级别的机构承担，由相应主管部门审批。其中，珠江流域综合规划由国务院批准，流域内跨省（区）河流、湖泊的综合规划报国务院水行政主管部门审核后，报国务院或其授权部门批准。其他河流综合规划由县级以上人民政府水行政主管部门会同同级有关部门和有关地方人民政府编制，报本级人民政府或者其授权的部门批准，并报上一级水行政主管部门备案。区域规划需服从流域规划，专业规划需服从综合规划。流域综合规划 15—20 年左右进行修订调整，支流综合规划、专业规划和区域规划 10—15 年左右进行修订调整。建立规划符合性审核制度，对区域发展规划、产业布局规划、其他涉水行业的专业或专项规划，审核其与流域规划的符合性。

（二）防汛抗旱管理

珠江防汛抗旱总指挥部（简称珠江防总），在珠江流域行使防汛抗旱工作的组织、指导、协调、调度和监督职责，各省（区）防汛抗旱指挥部具体负责实施有关防洪管理事项。流域管理机构会同有关省（区），抓紧研制重点保护区及重点防洪城市洪水防御方案、干支流洪水调度方案和调度管理办法，规范防洪调度管理，重视中小河流的洪水调度。汛期流域内水工程设施的运用，必须服从防汛抗旱总指挥部的调度指挥和监督。加强防洪区风险管理，编制洪水风险图，制定潖江蓄滞洪区管理制度，逐步建立洪水保险制度和洪水风险管理体系。加强防洪抗旱管理设施的建设，加快建设流域洪水预警预报系统及防洪抗旱调度指挥系统，建立流域下游及三角洲地区水闸群监测与自动化运行调度系统，建设与完善旱情监测网络，严格管理防洪工程及设施，确保工程安全运用。防汛抗旱工作实行各级人民政府行政首长负责制，统一指挥，分级分部门负责，开展防汛抗旱活动，加强汛前检查，制定各类防汛抗旱预案，不断改进防汛抢险装备，建立防汛抢险专业队伍，开展防洪抢险的宣传教育和培训，做好防汛物资准备，做好救灾及灾后恢复工作，实施流域枯水期水量统一调度。

（三）水资源管理

实行最严格水资源管理制度，抓紧制定珠江流域主要江河水量分配方案，确立水资源管理“三条红线”控制指标，建立用水总量控制制度、用水效率控制制度、水功能区限制纳污控制制度、水资源管理责任和考核制度。完善流域水资源动态监测站网,逐步实现取水口在线监测,对水量水质实现动态监测。完善水资源调度方案、应急调度预案,推进流域水资源统一调度。探索建立水权制度。

(四)水资源保护管理

落实《水功能区管理办法》和《饮用水水源保护区污染防治管理规定》,建立健全水功能区管理制度,加强水功能区和入河排污口监督管理,以及饮用水水源地管理。提出水域限制排污总量意见,制定水功能区及入河排污口分级管理实施方案,按职能分工加强入河排污口审批、监测和执法检查。加强水功能区水生态与水环境监测能力建设,建立水功能区水质达标评价体系,定期发布水质信息,拓宽公众参与途径。编制流域突发性水污染事件的应急处置预案,加强应急监测,提高突发性水污染事件应急处置能力。

(五)水土保持管理

健全监督管理机构和技术服务机构,明确水土保持管理权限。加强水土保持管理能力建设,完善水土保持监测网络,全面开展水土保持动态监测;加强预防监督能力建设,完善水保监督机构的基础设施。加强重点治理,强化项目管理,坚持以小流域为单元进行综合治理;严格水土保持方案报批制度及水土保持"三同时"制度;实施水土流失重点防治区分类管理。

(六)河湖管理

完善河湖管理的有关法规;进一步明确管理权限和管理职责。组织开展河道(湖)、河口整治以及岸线利用等规划,制定涉河项目审查标准与技术参数、占用河道有偿使用管理、防洪补救措施建设管理办法等,规范河道(河口)管理范围内建设项目水行政许可行为。进一步规范河道采砂管理,编制主要河道采砂管理规划,落实采砂分区管理目标,加强审批与监督管理。

(七)岸线利用管理

按照岸线控制线与功能区相结合的模式规范岸线管理。严格按照岸线利用管理规划确立的岸线功能区及岸线控制线管理利用岸线资源的建设项目。岸线控制线及功能区的调整,需经原审批部门审查同意。河口管理范围中涉及海域或海岸线的,同时按照《海域使用管理法》及配套法规有关规定进行管理。

(八)工程建设与管理

按照规划体系规范建设行为,严格建设项目前期技术审查和行政审批;严格执行工程建设管理制度,加强水利水电工程建设资质管理和市场监管,加强工程建设安全生产管理和监督;建立项目后评价机制,建设项目竣工投产1—2年后,须进行项目后评价;进一步深化水管体制改革和水利投融资体质改革;建立健全资源、经济、生态三大补偿机制。

三、管理能力建设

(一)水行政执法能力建设

不断提升水行政执法人员的执法能力和水平,加强执法监督、宣传及内部制度建设,不断推动执法信息化建设,改善执法环境,树立良好形象。

(二)信息化建设

加强水利信息采集与通信设施、水利信息骨干网及珠江水利数据中心与流域综合信息服务平台建设,不断完善流域信息化基础设施建设。结合流域管理和工程建设任务,围绕防汛抗旱减灾、水资源管理与水量调度、水资源保护、水土保持、水利工程建设与管理、水行政管理及绿色珠江综合决策支持管理等核心工作，建设一批业务应用系统，提升管理手段和效率。完善水利信息化保障环境建设，保证水利信息基础设施与业务应用建设的顺利进行。

（三）水文水资源监测能力建设

完善流域水文水资源监测站网，流域机构水文水质直管站，跨国界、省（区）界站网及水文巡测基地建设，强化水文监测站网及基础设施建设。加强水环境监测能力、饮用水安全及应急监测能力建设。逐步开展珠江水文基础数据库、水文水资源数据中心及水文水资源预测预报预警系统建设，提高水文水资源信息管理与服务能力。

（四）科技能力建设

加强科学研究支持系统建设，开展与流域综合管理相关的科技、制度研究；建立健全科技创新体系，建设高水平的科学研究与技术开发推广体系。

第八章　环境影响评价

一、规划方案分析

流域内与规划相关的环境敏感区主要包括重要水系源头、涉水自然保护区、国家级水产种质资源保护区、重要水生生境（鱼类洄游通道、产卵场、重要湿地）、饮用水源保护区、水土流失重点防治区、涉水风景名胜区（国家地质公园）。规划拟定的流域防洪减灾、水资源供给与保障、水力发电与航运规划，在发挥其社会服务功能的同时，对流域生态环境将不可避免地造成一定影响。其中水力发电规划方案对生态环境影响较为显著，存在一定环境制约因素，结合规划方案所在区域、河段的功能定位及环境制约因素，规划提出了干流及主要支流梯级开发需遵循的生态保护原则和要求；规划供水工程及供水量分配受水质、生态环境敏感区、水土流失与石漠化、水资源承载力、水资源配置能力等环境因素制约，通过对制约因素的分析，结合环境保护目标，提出了应对策略总体要求。

规划建立和完善流域防洪减灾、水资源供给和保障、水资源保护与生态环境修复和流域综合管理四大体系，统筹协调水资源开发、利用、保护与防治水害的关系，规划目标及规划方案与国民经济和社会发展规划、《全国生态环境保护纲要》、《全国主体功能区规划》、流域内河航道与港口布局规划、流域各省（区）重点城市总体规划、土地利用总体规划、生态环境功能区划、环境保护规划等总体协调一致。

规划突出了节约优先、生态优先、保护优先，统筹协调流域开发、治理与保护的关系，规划方案的实施，将有利于保障流域防洪安全、供水安全和水生态安全。规划突出河湖生态需水量保障，全面实施河湖生态需水保障措施，有利于水生态环境保护和修复、珠江三角洲地区生态环境的改善和供水安全保障。规划方案从环境角度分析总体合理，但部分开发方案涉及环境敏感区，存在环境制约因素，需进一步优化开发布局、规模和开发时序。

二、环境影响分析与评价

规划方案的实施将有助于提高流域整体资源环境承载能力、防洪减灾能力和供水保障能力，改善水环境和水生态环境,保障流域经济、社会发展的可持续发展。

规划开发方案的实施将改变河道内水位、流速、流量、水温等要素的时空分布,对河流水文情势产生一定影响,其中水力发电规划的实施对河流水文情势产生影响较大。规划提出的珠江水量调度方案增加了枯水期河道的流量,有效地压制了咸潮,从而保障了澳门及珠江三角洲地区的供水安全。河口整治使珠江河口口门水道的泄洪比例得到适当调整,加强了磨刀门的泄洪能力,口门间汇流角度得到调整,流态顺畅,有利于泄洪纳潮和口门稳定。

规划实施后,梯级开发将使库区水体增大,稀释能力增强,但库区水流流速减缓,降解能力下降,引发库区库湾、支流汇入口等局部水域水质下降和富营养化,这种不利影响可通过减少入库污染物量予以减免。规划通过水资源合理配置和水资源保护规划,确定用水总量控制、用水效率控制和水功能区限制纳污红线,提高河湖生态需水量保障程度,有利于河湖水环境的改善,同时通过提出严格水功能区管理、加强水污染治理、加快监督管理能力建设、加强城市饮用水源地保护等措施,确保水功能区达到水质目标要求。规划严格控制地下水开采,地下水开采量呈逐年递减趋势,同时通过加强地下水水质保护、超采区治理及修复、完善地下水监测网络、强化地下水管理等措施,确保地下水环境的改善和实现地下水水质保护目标。

规划实施后,梯级开发建设将阻隔洄游性鱼类的通道,对洄游性鱼类产生一定影响;梯级水库径流调节使水文特征发生变化,影响鱼类生境和鱼类的生长繁殖;航运规划的实施,港口建设、航道疏浚、炸礁将局部改变河道形态及附近水域的流场和流速,占用部分湿地滩涂,工程施工将扰动河底物质,影响水生生物的栖息环境。河口整治改变河口水文情势,会对珠江三角洲湿地水生态环境带来一定的影响。

规划方案的实施可减轻洪涝灾害、改善农业生态环境、调整农村能源结构、治理水土流失,从而减轻森林资源压力、减缓生态破坏。规划梯级水库淹没、占地及移民生产与生活安置将占用自然植被,破坏陆生生态环境,减少野生动物生存空间,对陆生生态环境产生一定不利影响。

规划方案生态风险主要有生态系统破坏风险、物种灭绝风险以及生物入侵风险。梯级开发阻隔了鱼类洄游通道,改变了河流水文特征,影响了鱼类生境和鱼类生长繁殖,可能引发某些物种的消减,规划按照拟定的生态敏感区优化调整规划布局、规模和开发时序,落实生态需水保障措施和生境保护及修复措施,将有利于水生态环境的改善和修复,不会破坏河流水生生态系统的平衡和稳定。

规划实施后,将提高流域整体资源环境承载能力、防洪减灾能力、供水保障能力,区域水生态环境恶化、局部生态环境脆弱和局部水污染严重等问题得到治理,流域生态环境、水环境和社会环境总体向好的趋势发展,但梯级开发建设对河流鱼类生境产生不利影响,影响鱼类生长和繁殖,生物多样性降低成为珠江流域面临的主要生态环境问题。因此梯级开发建设方案应尽量避让珍稀生物重要栖息地,控制开发规模,同时采取下泄生态流量、建设过鱼设施、鱼类增殖站等措施缓解不利影响。

三、环境保护对策措施

根据规划方案环境影响预测结果与环境合理性分析结论,规划总体规划目标、方案与实施的环境功能是合理的,但部分开发方案涉及环境敏感区,需进一步优化开发布局、规模和开发时序。环评提出了部分规划方案调整建议,规划中均已采纳并对方案进行了调整,主要调整建议有:调整六硐河甲茶梯级坝址位置,使之位于平塘国家地质公园燕子洞景区外,并进一步协调曹渡河梯级开发与平塘国家地质公园的关系;桂江中游的漓江河段,是国家级风景名胜区,建议不进行梯级水电开发和渠化航道,其通航问题通过上游水库调节水量予以解决;龙湾梯级上、下游分布有西江梧州段国家级水产种质资源保护区、西江广东舫国家级水产种质资源保护区、肇庆西江珍稀鱼类自然保护区以及云浮市饮用水源保护区,其规划方案还需进一步深化论证。

为减缓规划实施带来的环境影响,应全面贯彻落实《全国主体功能区规划》的要求,所有涉及《全国主体功能区规划》中拟定的禁止开发区的规划建设项目,应统筹考虑开发与保护的关系,深入论证,慎重开发。规划提出水环境保护、生态环境保护、社会环境保护和风险防范措施及应急预案等各类环境保护对策措施,可有效地预防和减缓规划实施带来的不利影响。

四、评价结论与建议

规划以建设资源节约型、环境友好型社会,促进人与自然和谐相处,维护河流健康,保障水资源可持续利用为主线,重点从资源开发转变为资源节约、综合利用与环境保护,并将可持续发展、人与自然和谐、河流健康的理念贯穿于规划的全过程,有利于实现流域水资源优化配置、全面节约、有效保护和综合利用,减轻洪、涝、旱等灾害损失,促进社会和谐及流域经济社会发展。

规划方案进一步完善了珠江流域防洪工程和供水保障体系,可有效改善流域地表水水质和生态环境,保护河流生态健康,维护河口生态安全,有利于保障流域社会安定与环境良好。规划过程综合考虑了国家、地方相关规划,与各相关规划目标基本协调一致;并采纳了环评提出的建议,对规划方案进行了优化调整,以保护重要环境敏感区。规划方案实施带来的不利环境影响,通过采取相应的环保对策措施可以得到规避和减缓。

规划实施阶段,应对水力发电、航运等专项规划和主要支流规划开展规划环评;建立环境影响后评价和跟踪评价制度;严格执行建设项目环境影响评价审批制度,减缓和消除工程造成的不利影响。

第九章　实施意见与效果

一、近期实施意见

(一)防洪减灾工程

继续完成1、2级江、海堤防的达标加固,逐步安排其他3、4级江、海堤防的达标建设;大力推进西江大藤峡水利枢纽,柳江洋溪、落久水利枢纽,郁江老口枢纽,桂江小榕江、川江、斧子口和黄塘水库建设;完成主要干流河道、高原湖泊以及珠江河口重要口门的整治和湛江蓄滞洪区的工程建设;实施4个涝区和主要岩溶洼地治涝工程的续建配套和更新改造;开展对灾害突出、治理要求紧迫的567条中小河流以及山洪灾害重点防治区进行治理。

(二)水资源供给与保障工程

加快完成或部分完成西水南调、引郁入钦、牛栏江调水、漓江补水、滇中引水、黔中调水等水资源配置工程的建设;积极推进西南旱区重点水源工程建设,新建水源工程760座;优先安排重点缺水城市(群)的供水工程,改扩建、新建水源地工程299处;加快村镇集中、分散供水工程的建设,全面解决流域内2749万农村饮水不安全人口的饮水安全问题;优先安排16个30万亩以上大型灌区的续建配套及节水改造,逐步安排其他83宗5万—30万亩中型灌区的续建配套及节水改造;新建6个大型灌区。

(三)水资源保护与生态修复工程

削减368个地表水水功能区入河污染物,确保水功能区水质达标;实施城市饮用水水源地安全保护措施,关闭保护区内380个入河排污口;健全水功能区监测网站。治理地下水重要补给区地表污染源,在集中供水水源区建设61公里隔离防护围栏,停止4个严重超采区地下水开采,完成11处地下水污染治理工程,建立流域地下水监测网络。实施6个重点区域水生态保护与修复工程,以及云南高原湖泊、南宁、桂林、珠江三角洲河湖连通工程。综合治理水土流失面积2.5万平方公里。

(四)水力发电与航运工程

基本完成可开发规划梯级水电站的建设;全面完成珠江水系"一横一网三线"高等级航道网建设,建设通航里程3250公里;完成1683公里区域重要航道建设,以及421公里一般航道建设;加快推进百色水利枢纽过船设施、龙滩水电站通航设施建设。

(五)管理能力建设

基本建成覆盖珠江重要干支流的流域骨干通信网;完善珠江水利数据中心,构建流域水利信息资源交换与共享的综合信息服务平台;建设和完善珠江防汛抗旱、水资源管理与水量调度、绿色珠江综合决策支持管理等一批业务应用系统,推进流域水利信息化保障体系建设。充实和优化水文水资源监测站网,新建水文站200处、水位站66处、雨量站526处、水质站633处、水生态监测站84处;完善水文基础设施,新建30个水文巡测基地。

二、效果评价

规划实施后,珠江流域将取得显著的社会、经济、环境效益,珠江流域将得到进一步治理,水资源、水生态得到有效的保护和修复,水土流失基本得到治理,洪涝灾害及山洪灾害基本得到控制,经济社会发展对水资源的合理需求基本得到满足,主要干支流水能资源基本得到开发,水运交通有较大的发展,流域综合管理能力得到大幅度提高,将为国民经济和社会发展提供有力保障。

规划防洪工程实施后,重点防洪(潮)保护区将达到规划防洪标准,直接受益人口3629万人、耕地1174万亩、地区生产总值30533亿元,分别占流域受洪潮威胁人口、耕地及地区生产总值的84.1%、86.2%、96.7%。若重现1915年型特大洪水,可保障广州市及珠江三角洲重点保护对象的安全,减轻三角洲其他地区的灾情,直接防洪效益达1712亿元。

中小河流治理和山洪灾害防治规划实施后,可有效保护区内人口和农田;治涝工程实施后,重点易涝地区的排涝标准达标,大大改善涝区的排水条件。

规划水源工程实施后,生活用水保证率将达到97%以上,工业生产用水保证率达95%,西、北、东江生态用水保证率达90%,农业用水保证率达75%—90%。可全面解决流域内2749万农村人口的饮水不安全问题,显著提高城乡饮水安全的保障程度和灌溉需水要求。

规划水电工程实施后,有利于进一步实施西电东送,减少北煤南运,稳定华南能源大局,实现资源的优化利用和可持续发展,同时带动西部地区社会与经济发展,为贫困地区的脱贫致富创造条件。

航运规划实施后,航道里程和航道等级得到不同程度的提高,流域通航和港口的吞吐能力大大提高,带动沿江工业发展,优化区域生产力布局,支撑流域经济社会的协调发展。

规划水资源与水生态保护工程实施后,可减少点源和非点源排入河湖的污染物,使江河湖库的水质达到水功能区确定的水质目标;可提高河道内与河道外的环境需水保障程度,改善水环境与水生态状况;改善居民的生存环境与流域的生态环境,有利于提高人民群众的健康水平和实现水土资源的可持续利用。

三、保障措施

加强领导,加大投入,积极推进规划实施。做好流域重大建设项目的前期工作,积极推进建设项目的立项审批。规划实施过程中,认真分解落实规划提出的各项任务措施,各级水行政主管部门要做好协调和监督管理工作,使各类工程建设符合流域综合规划的要求。在做好各项工作,努力争取国家资金投入的同时,流域内各省(区)应积极筹措资金,制定相应的政策,采取多种措施,拓宽投资渠道,确保规划项目顺利实施。

按照有关法律法规的规定,对规划提出的各项建设任务,应明确事权,落实责任。流域内各省(区)人民政府要加强领导、密切配合,采取切实可行的措施,把流域综合规划确定的各项水利公益性建设目标、任务纳入国民经济和社会发展规划之中,列入政府的重要议事日程,积极组织有关部门、单位,动员社会力量,有计划地进行各项实施,以满足社会经济可持续发展的要求。

强化依法管水,严格执行各项政策法规及管理制度。建立健全流域综合管理的政策法规保障体系,将流域治理、开发、保护与管理纳入规范化和法制化的轨道。强化各级政府领导下的水行政管理主体负责制,区域管理与流域管理相结合,形成统一领导、分级实施的流域管理工作机制。全面落实水工程建设规划同意书制度、涉水工程建设方案审批制度、水资源论证制度、取水许可制度、用水总量控制与定额管理相结合的水资源管理制度、以水功能区管理为基础的水资源保护制度、以风险管理为核心的洪水管理制度、以枯水期水量统一调度为重点的水资源调度制度以及采砂管理制度等。加强水政监察队伍能力建设,完善执法责任制,逐步健全监督管理机制。

依靠科技创新,提高规划管理技术水平。坚持科学发展观,加强科技创新,积极推广水利新技术,增强防御洪涝灾害的能力,提高水资源利用效率和效益。加强基础理论研究和基础设施建设,采用先进的水情监测、预报、调度、通讯技术和设备,确保水情监测数据的准确、快速传输,提高水情预报的精度,为流域防洪减灾和水资源利用决策提供准确的信息。建立流域水资源管理综合信息系统,实现流域水资源管理的科学化、自动化和信息化。

加强宣传和教育,提高公众监督能力。加强政策法规和已批规划的宣传力度,采取多种措施,以各种形式开展面向社会的宣传教育活动,提高公众对水利在国民经济发展中战略地位的认识。定期发布流域和区域水资源公报,通告流域的水质、水量等有关情况,公开有关管理程序、决策,增加公开性和透明度,为公众参加管理和监督提供必要条件。

四、今后工作意见

1.大力推进西江大藤峡水利枢纽、郁江老口水利枢纽及柳江洋溪、落久水利枢纽等重点工程建设,适时开展其他水资源配置工程的前期工作。

2.抓紧实施珠江河口整治工程,尽快开展珠江三角洲综合规划,研究关键节点的调控措施和综合功能,提出总体布局及治理措施。

3.开展珠江流域抚仙湖、阳宗海、星云湖、杞麓湖、异龙湖等5个较大高原湖泊治理保护规划,加快水生态修复。

4.开展桂江、六硐河、清水江、龙江、武水、寻乌水等跨省重要河流及重要一级支流综合规划,完善流域水利规划体系。

5.开展极端天气现象对流域洪枯水的影响、严格水资源管理控制指标、大型水库建设对下游影响、水生态保护的补偿机制等重大水利问题研究,提高决策和管理的科学性。

6.开展珠江流域重点区域统一高程系统测量、流域重要河道地形测量,加快完善水文水资源监测、观测站网,开展水文同步测验,研究建立珠江流域数字模型,提升流域管理能力。

7.加强涉水事务管理法制建设,加快《珠江水量调度条例》的立法进程,完善流域综合管理政策法规体系。

太湖流域综合规划(修编)

(2012—2030年)

前　　言

太湖流域经济发达、人口密集、城市集中,独特的平原河网特征决定了流域防洪、水资源、水环境等问题的复杂性、艰巨性和长期性。20世纪80年代编制的《太湖流域综合治理总体规划方案》已实施完成,流域初步形成了防洪与水资源调控工程体系,对保障流域防洪安全、供水安全与改善水生态环境起到了重要作用。随着流域经济社会快速发展,流域水情、工情、社情发生了巨大变化。

2007年,依据《中华人民共和国水法》,国务院部署开展太湖流域综合规划修编工作。水利部组织太湖流域管理局会同流域内各省(市)水行政主管部门,在已有规划的基础上,组织有关单位开展了大量研究工作,完成了26项专业、专项及专题研究报告。本次规划根据2011年中央1号文件《中共中央 国务院关于加快水利改革发展的决定》、中央水利工作会议精神、《国务院关于实行最严格水资源管理制度的意见》以及《太湖流域管理条例》等要求,统筹防洪除涝、供水、水资源保护、交通、农业、电力和旅游等多方面需求,全面规划了流域防洪减灾、水资源调控、水生态环境保护、流域综合管理四大体系,确定了流域综合治理格局,提出了规划主要控制指标,安排了流域综合治理工程措施与非工程措施,并依据《中华人民共和国环境影响评价法》,编制了环境影响评价章节,完成了《太湖流域综合规划(2012—2030)》(以下简称《规划》)。

《规划》对流域重大水利问题进行了深入、系统的研究,广泛听取了专家意见,反复征求国务院有关部委、流域内各省(市)人民政府及有关部门意见。《规划》经国务院批复后,用以指导流域今后20年的综合治理与管理,是今后一段时间太湖流域开发、利用、节约、保护水资源和防治水害的重要依据。

第一章　水利形势

一、流域概况

太湖流域地处长江三角洲南翼,呈周边高、中间低的碟状地形,行政区划分属江苏省、浙江省、上海市和安徽省,总面积36895平方公里,占全国面积的0.4%。2011年,流域人口5879万人,占全国总人口的4.4%,国内生产总值(GDP)达48379亿元,占全国GDP的10.3%,耕地面积13510平方公里。太湖流域西部山丘区面积7338平方公里,约占流域面积的20%;中部平原区面积29557平方公里,约占流域面积的80%。

太湖流域河网如织,湖泊棋布,水面面积达5551平方公里,水面率为15%。流域河道总长约12万公里,河道密度达每平方公里3.3公里,以太湖为中心,分上游水系和下游水系。上游水系包括苕溪水系、南河水系及洮滆水系等;下游水系包括东部黄浦江水系、北部沿长江水系和东南部沿长江口、杭州湾水系。京杭运河穿越流域腹地及下游诸水系,起水量调节和承转作用。流域湖泊面积3159平方公里,其中太湖湖区水面积2338平方公里。

流域分为湖西区、浙西区、太湖区、武澄锡虞区、阳澄淀泖区、杭嘉湖区、浦西区和浦东区8个水利分区。其中湖西区、浙西区和太湖区为流域上游区,其他为下游区。

二、水资源开发利用与典型灾害

(一)流域水资源与开发利用

太湖流域多年平均水资源总量为176亿立方米,多年平均本地地表水可利用量为64.1亿立方米,平原区浅层地下水可开采总量为24.3亿立方米。流域本地水资源有限,流域供需水总体平衡主要依靠调引长江水和上下游重复利用。现状流域沿长江口门引水量98.2亿立方米,排长江水量38.6亿立方米。

流域供水水源主要以地表水源为主,除取用本地河网水量外,也直接取用自长江和钱塘江。现状流域实际总供水量(按照水资源综合规划统一口径,2000年后新增直流火电装机的直流冷却水以耗水计,下同)为310.3亿立方米,其中本地河网供水221.7亿立方米,长江水源供水85亿立方米,钱塘江水源供水3.6亿立方米。工业用水为流域第一用水大户,总用水量为170.7亿立方米;其次为农业用水,总用水量为99.9亿立方米;生活用水量为38.3亿立方米。

(二)典型灾害

特殊的气候及地形地貌特征使得太湖流域洪涝灾害频繁,灾害损失严重。梅雨和台风暴雨是造成流域洪涝灾害的主要原因。新中国成立以来,相继发生1954年、1991年大洪水和1999年特大洪水。1954年太湖水位达4.65米,流域近25%平原受灾。1991年太湖水位达4.79米,流域受灾农田941万亩,受灾人口1182万人,当年直接经济损失达113.9亿元,约占当年GDP的6.7%。1999年太湖水位达4.97米,流域受淹农田1031万亩,受灾人口达746万人,当年直接经济损失达141.3亿元,约占当年GDP的1.58%。

太湖流域的旱灾不及水灾频繁和严重,但遇少雨年份也会出现干旱,山丘高地易因旱成灾。新中国成立以来,相继发生 1967 年、1968 年、1971 年和 1978 年重大旱灾。其中 1967 年全流域成灾面积 47.9 万亩,粮食减产 3600 万公斤;1978 年受旱面积 99.51 万亩,成灾面积 22.91 万亩。

太湖流域河湖水体污染严重,主要湖泊水体富营养化。太湖自上世纪 90 年代以来几乎每年都发生不同程度的蓝藻。2007 年 5 月,太湖梅梁湖湾、贡湖湾蓝藻大规模暴发,引发了无锡市区供水危机,造成了较大的社会影响。

三、流域治理与管理状况

太湖流域治理经历了规划从无到有,从侧重工程建设到更加注重综合管理,从传统水利向现代水利、可持续发展水利的转变。流域治理规划体系不断完善,先后完成了太湖流域综合治理总体规划方案、太湖流域防洪规划、太湖流域水资源综合规划、太湖流域水环境综合治理总体方案等重要规划,并先后经国务院批复。

1991 年太湖流域大水后,依据《太湖流域综合治理总体规划方案》,实施完成太湖流域综合治理十一项骨干工程,结合流域内的其他水利工程,初步形成北向长江引排、东出黄浦江供排、南排杭州湾并且利用太湖调蓄的防洪与水资源调控工程体系。流域综合治理骨干工程的建设提高了流域整体防洪与水资源配置能力,也为流域水环境改善创造了基础条件,取得了巨大的经济、社会和环境效益。

在不断完善流域水利工程体系的同时,流域各级水行政主管部门积极践行可持续发展治水思路,努力推进管理体制机制改革创新,加强水法规体系建设,加大水行政执法力度,逐步提高了流域调度管理水平,水利信息化建设成效初显,流域综合管理水平逐步提高。

四、流域水利形势

进入 21 世纪,太湖流域治理与管理工作面临新的形势。在国家宏观战略规划和节能减排、低碳经济等一系列政策推动下,太湖流域将发展成为中国经济的主要增长极和现代化的先导区。流域经济持续稳定增长,城市人口持续聚集,居民生活水平不断提高,需要更清洁的水源和更充足的水量,需要更高标准、更加有效的防洪安全保障,需要更健康稳定的水生态环境。

与流域经济社会快速发展对水利的要求相比,流域水利存在着明显的不协调、不适应:一是水污染严重,饮用水水源地安全问题依然突出,湖泊富营养化造成蓝藻大规模暴发的威胁依然存在,水生态环境恶化趋势尚未得到根本遏制;二是防洪减灾能力偏低,尚未达到防御不同降雨典型 50 年一遇洪水标准,随着城镇化进程加快,人口和财富不断聚集,流域面临的防洪风险进一步加大;三是水资源承载能力不足,遇枯水年和特枯水年缺水量达 30.6 亿—42.3 亿立方米,水资源调控体系亟待完善;四是流域水利现代化水平不高,综合管理较为薄弱,应急能力有待提高。因此,迫切需要加强流域治理与管理,对水资源开发、利用、节约、保护、管理和防治水害进行总体部署,以支撑经济社会可持续发展。

第二章　总体规划

一、指导思想

以科学发展观为统领,认真贯彻落实党的十八大和2011年中央1号文件精神,按照建设生态文明、资源节约型和环境友好型社会的要求,根据流域防洪减灾能力、水资源和水环境承载能力,以促进人与自然和谐相处、维护河湖健康、保障水资源可持续利用为主线,以保障流域防洪安全、供水安全和水生态安全为核心,统筹流域、区域、城市三个层次的综合治理,全面提高防洪标准,加强防洪安全管理;把严格水资源管理作为加快转变经济发展方式的战略举措,实行最严格的水资源管理制度,实现流域水资源的优化配置、全面节约、有效保护和综合利用;创新流域综合管理体制和机制,加强河湖岸线、水域管理和保护,统筹协调水利与涉水行业关系,强化流域综合管理,适应流域率先全面建成小康社会和实现现代化的要求,率先实现流域水利现代化,促进流域社会和谐及经济社会可持续发展。

二、基本原则

1.以人为本、人水和谐。突出保障流域人民饮用水安全和生命财产安全,着力解决流域饮用水安全保障程度低、防洪减灾能力低、水资源及水环境承载能力低等问题,加快建设资源节约型和环境友好型流域。

2.统筹规划、综合治理。统筹考虑洪涝灾害防治、水资源开发利用、水生态环境保护,以流域水资源可持续利用支撑经济社会可持续发展。正确处理流域、区域和城市,上游与下游,水利与涉水行业的关系,坚持工程措施与非工程措施相结合,发挥水利工程体系的综合作用。

3.因地制宜、突出重点。针对不同地区水资源状况、水旱灾害特性、经济社会条件,突出重点,着力解决各区域存在的突出水问题。

4.依法行政、综合管理。完善水法规体系,建立水资源开发利用、用水效率、水功能区限制纳污"三条红线";完善流域管理与行政区域管理相结合的水资源管理体制,推进流域水利体制、机制和管理创新,强化水利社会管理和公共服务职能,加强流域综合管理,促进水利良性发展。

5.远近结合、分期实施。统一规划、分级实施,区分轻重缓急,考虑远近结合,分期实施,注重近期落实。

三、规划目标

(一)规划水平年

规划近期水平年为2020年,远期水平年为2030年。

(二)总体目标

根据流域经济社会持续发展的要求,着力构建"引得进、蓄得住、排得出、可调控"的流域综合治理工程体系,健全"洪涝兼治、蓄泄兼筹"的流域防洪减灾体系、"全面节约、优化配置、统一管理"的水资源调控体系、"污染严格控制、水体有序流动、生态良性循环"的水生态环境保护体系和"权威、高效、先进、公平”的流域综合管理体系，形成与流域经济社会发展相适应、与涉水行业发展相协调的流域综合治理和管理格局，率先实现流域水利现代化。

（三）近期目标

基本建成较完善的防洪减灾体系，流域达到防御不同降雨典型50年一遇的设计洪水标准，重点工程按照防御100年一遇设计洪水标准建设。区域达到20—50年一遇防洪标准。城市防洪达到国家规定的防洪标准。

基本建成较完善的水资源调控体系，建立较为完善的总量控制与定额管理相结合的水资源管理制度。流域万元GDP用水量比基准年下降60%，工业用水重复利用率达到85%，城乡生活供水保证率达到95%—97%。

初步建立水生态环境保护体系，流域80%河网水功能区水质达标；饮用水水源地及其骨干输水河道水质达到或优于Ⅲ类；太湖湖体水质基本达到Ⅳ类，部分水域达到Ⅲ类，富营养程度逐步降低；基本实现河网水体有序流动，生物多样性逐步恢复；流域水土流失治理度达到80%。

基本形成流域综合管理体系，建成基本健全的流域水法规和管理制度，最严格的水资源管理制度基本建立，水资源开发利用、用水效率和水功能区限制纳污“三条红线”得到落实，水利与涉水行业协调发展。

（四）远期目标

全面建成完善的流域防洪减灾体系与水资源调控工程体系，流域达到防御不同降雨典型100年一遇的设计洪水标准；基本实现流域特枯水年（P=95%）的水资源供需平衡，流域供水安全得到全面保障；基本建成水生态环境保护体系，流域污染物入河量全面达到《重要江河湖泊限制排污总量意见》要求，流域水功能区水质全面达标，太湖富营养化问题基本解决；全面建成“权威、高效、先进、公平”的流域综合管理体系。

四、规划任务

（一）防洪减灾体系

按照流域防御100年一遇设计洪水标准的目标，在治太骨干工程的基础上，完善合理利用太湖调蓄、北排长江、东出黄浦江、南排杭州湾的洪水安排，实施流域综合治理重点工程，增加太湖洪水出路；建设流域防洪与调度管理系统，完善预报预警、洪水风险管理等非工程措施，明确超标准洪水防御对策。按照流域、区域和城市三个层次相协调的要求，因地制宜，实施城市及区域防洪工程，提高防洪排涝标准，加强城市及区域防洪排涝工程与非工程措施建设。

（二）水资源调控体系

强化节约用水，落实用水总量、用水效率控制指标及相应措施。以保障流域重要水源地供水安全为重点，完善北引长江、太湖调蓄、统筹调配的流域水资源配置格局，加强流域综合治理重点工程建设，提高引江入湖能力及水资源调配能力。以县为单位，优化和调整城乡水源地布局，逐步建立以城市为中心、覆盖乡镇的城乡一体化供水体系，完善城乡第二水源及应急备用水源，加强水源地保护与管理。流域深层承压地下水作为饮用水源战略备用资源全面实现禁采，加大污水处理再利用和海水直接利用量。制订特殊干旱期水资源调配及突发性水污染事件应急对策，保障供水安全。

（三）水生态环境保护体系

坚持治污为本，进一步提高污水处理率，制订和执行严于国家排放标准的省（市）排放标准，大力减少污染物入河量。严格水功能区限制纳污“红线”,提出全流域水功能区限制排污总量意见。坚持总量控制与断面管理相结合,加强太湖、望虞河、太浦河、新孟河及省际边界地区等重点水域水资源保护,实行重点水域限制排污总量与主要河道断面水质浓度双控制。实施流域综合治理重点工程,增强引江济太及水资源调配能力,促进流域河湖水体有序流动,有效改善水环境。实施生态护岸、湿地建设、水生生物资源养护等生态修复,逐步恢复河湖生态功能。针对山丘区、平原区水土流失特点,加强山丘区小流域综合治理、规范平原区建设活动及河道整治等综合防治措施。

(四)流域综合管理体系

坚持分级管理、分类指导,创新流域综合管理体制与机制,实行最严格的水资源管理制度,完善流域政策法规和制度,加强流域水利工程调度管理,提高流域水利工程现代化调度水平,逐步形成符合流域经济社会发展要求,与涉水行业互相协调和促进,适应流域治理、开发和保护要求的流域综合管理体系。

五、综合治理格局

在现有水利工程体系的基础上,进一步完善“利用太湖调蓄、北向长江引排、东出黄浦江供排、南排杭州湾”的流域综合治理格局,构建防洪减灾、水资源配置、水环境改善三位一体的流域综合治理工程布局,实现“引得进、蓄得住、排得出、可调控”。

(一)太湖调蓄

进一步发挥太湖的调蓄作用,提高太湖的洪水蓄滞能力和水资源调配能力,实施环湖大堤后续工程,巩固、提高环湖大堤安全度和防洪标准,遇1999年实况洪水能保障环湖大堤安全。结合区域产业结构调整,进一步加大太湖及其上游湖西区、浙西区的水资源保护力度,严格控制污染物排放总量及主要入湖河道断面水质浓度;实施东西苕溪等入湖河道综合整治及太湖污染底泥生态疏浚等治理措施,保证清水入湖,减少太湖内源污染。实施太嘉河及杭嘉湖区出入湖河道综合治理,沟通太湖与杭嘉湖区腹部地区,改善区域水环境。合理控制环湖出入湖河道规模,严格控制沿湖引排泵站建设。加强调度管理,适度承担防洪风险,合理利用太湖雨洪资源。

(二)北向长江引排

进一步加强太湖与长江连通,提高望虞河、新孟河、新沟河等流域骨干河道引排水能力,扩大流域洪水北排长江和引江济太调水能力。实施望虞河后续工程,拓宽望虞河并实行望虞河西岸有效控制,拓浚延伸走马塘,提高望虞河引水能力;延伸拓浚新孟河,增辟上游引江入湖通道,提高流域引江入湖能力;同时,加强流域骨干引排水河道沿线地区的水资源保护,严格控制入河污染物总量和骨干河道主要支流断面水质浓度,保证望虞河、新孟河等引江入湖水质。延伸拓浚新沟河,扩大洪涝水北排长江,减少武澄锡虞区入太湖污染,改善太湖水环境。

(三)东出黄浦江供排

进一步提高流域洪水东出黄浦江排水能力和向下游地区的供水能力。实施太浦河后续工程,实行两岸口门有效控制,提高太浦河排泄太湖洪水,以及向下游地区供水能力,兼顾区域防洪除涝和用水需求,完善杭嘉湖北排地区防洪安全措施。同时,加强杭嘉湖区、阳澄淀泖区等地区水资源保护,严格控制主要支流河道断面水质浓度,保证太浦河向下游供水水质,形成太浦河“清水走廊”。实施东太湖综合整治和吴淞江工程,恢复东太湖及吴淞江通道,新增太湖洪水出路,提高流域洪水东出黄浦江能力,并兼顾下游地区改善排水条件。

（四）南排杭州湾

进一步加强太湖与杭州湾连通，提高区域洪涝水南排杭州湾能力，增强太湖向杭嘉湖地区供水能力，改善水环境。实施扩大杭嘉湖南排工程，进一步提高杭嘉湖南排能力，新辟出杭州湾口门，延伸拓浚平湖塘、长山河等骨干河道，增建南排杭州湾泵站，提高涝水南排杭州湾能力；结合太嘉河、杭嘉湖区环湖河道综合整治工程，促进太湖和杭嘉湖区河网水体流动，改善太湖和杭嘉湖区水资源配置条件和河网水环境。

六、水利分区规划要点

（一）太湖区

结合环湖地区出入湖河道综合整治和污染底泥生态清淤，加强太湖水源地建设和保护，加大太湖湖区水生态修复和保护力度，加强湖泊水域、岸线管理，保持太湖水域面积和调蓄能力。

（二）浙西区

统筹安排产业布局和结构，合理开发利用本地水资源，并结合东西苕溪综合整治工程，进一步加强水污染防治和水资源保护，确保清水入太湖；实施河道综合整治和蓄水工程建设，加强水库、河道水域管理，适当提高防洪减灾能力；加强水土保持，涵养水源。

（三）湖西区

进一步加大产业布局和结构调整力度，加强水污染防治和水资源保护，大力减少入河湖污染负荷，严格控制入太湖河道水质浓度；合理开发利用长江和本地水资源，提高向太湖供水能力；提高区域北排长江能力，适当提高区域防洪除涝标准；加大主要入湖河道和湖泊的水生态修复和保护力度，加强河湖和水库水域管理。

（四）武澄锡虞区

进一步加大产业布局和结构调整力度，加强水污染防治和水资源保护；严格控制入太湖和望虞河河道水质浓度，大力减少入太湖和望虞河污染负荷；合理开发利用长江、本地和太湖水资源，加快水源地布局调整；进一步提高通长江河道的引排能力，加大主要入太湖河道的水生态修复和保护力度。

（五）阳澄淀泖区

进一步提高通长江河道的引排能力；优化产业布局和结构，重点加强京杭运河、太浦河沿线及淀山湖周边地区水污染防治和水资源保护，减少京杭运河、太浦河沿线及淀山湖周边地区入太浦河和省际边界重点地区污染负荷；加大主要河道的水生态修复和保护力度。

（六）杭嘉湖区

加快产业布局和结构调整，加强水污染防治和水资源保护，减少入太湖、太浦河、黄浦江等重点河湖污染负荷；优化调整水源地布局，保障区域尤其是嘉兴市饮水水源地供水安全，全面实现深层承压地下水禁采；实施扩大杭嘉湖南排工程等，进一步提高向杭州湾的排水能力；加大区域主要河道的水生态修复和保护力度。

（七）浦东区、浦西区

合理开发利用太湖和长江水资源，保障上海市主要饮用水水源地供水安全；加强以城镇生活污染为重点的污染治理；加强主要河道水资源保护和水生态修复。

七、流域河湖水体有序流动安排

通过水利工程的合理调控,提高流域引排能力,防止污染转移;适度承担洪水风险,合理利用雨洪资源;促进河湖水体有序流动,增加河湖水体自净能力和水环境承载能力,进一步发挥水利工程防洪、供水与改善水环境的综合作用。

(一)洪水期水体有序流动

统筹流域、区域防洪除涝,进一步发挥太湖等河湖调蓄作用,提高北、东、南三向排水能力。流域洪水和区域涝水通过望虞河、新孟河等工程,以及区域通长江河道,向北排入长江;通过太浦河、吴淞江等工程,经黄浦江东排和北排入长江;通过平湖塘等杭嘉湖南排工程,向南排入杭州湾。

湖西区、武澄锡虞区和阳澄淀泖区沿长江地区以北排长江为主;湖西区和武澄锡虞区之间通过新闸等武澄锡西控制线口门建筑物调度,控制湖西区高片洪水进入武澄锡低片;武澄锡虞区利用白屈港控制线实现区内高低分片控制;杭嘉湖区通过沿杭州湾口门、太浦河南岸和环湖口门等控制工程,进一步优化安排杭州湾、太浦河和太湖、黄浦江的南、北、东三向排水。

(二)平水及枯水期水体有序流动

当太湖水位低于防洪控制水位时,利用望虞河及新孟河等工程增加引江入湖水量,增加流域水资源供给;合理控制环太湖口门,进一步发挥太湖调蓄作用,提高统筹调配太湖水资源能力;通过太浦河及阳澄淀泖区、杭嘉湖区环湖溇港,增加向下游及周边地区供水,促进太湖及平原河网水体流动。

湖西区形成"长江→湖西区→太湖"的水体有序流动,加强新孟河两岸口门有效调控。同时,通过武澄锡西控制线联合调控,减少武澄锡虞区运河以南地区倒流入湖西区水量,保护入太湖水质。

武澄锡虞区利用区域通长江河道形成"长江→武澄锡虞区→长江"和必要时"太湖→武澄锡虞区→长江"的水体有序流动,控制向太湖和望虞河排水,保护太湖和望虞河引水入湖水质,减少入太湖污染负荷。

阳澄淀泖区进一步发挥阳澄湖、淀山湖等湖泊调蓄能力,形成"长江→阳澄片→长江"、"长江→阳澄片→淀泖片→拦路港"等水体流动,利用环湖口门、望虞河东岸口门等辅助从太湖、望虞河东岸引水。同时,要减小区域引排水对省界地区的不利影响,通过区域通长江、环太湖、太浦河北岸口门等联合调控,保护太湖和太浦河供水水质。

杭嘉湖区进一步优化太湖、东苕溪、太浦河、钱塘江引水安排,通过环太湖、东苕溪导流东岸及太浦河沿线口门联合调度,形成"太湖、苕溪→杭嘉湖区→杭州湾"的水体流动,合理引用太湖水量,适时实施南排,促进河湖水体流动。同时,结合太浦闸及太浦河南岸口门调度,减小区域引排水对太浦河向下游供水水质和省界地区水质的影响。

浦西区、浦东区根据区内河湖及水利工程布局等特点和条件,实施引清调水。青松片可由淀浦河西引东排和南引黄浦江;嘉宝片可由沿长江口门和浏河沿线口门引水,向东排入黄浦江;浦东片可由黄浦江上中游口门和长江口浦东新区各口门引水,分别向南排入杭州湾、向东排入东海和向北排入黄浦江。

八、规划主要控制指标

(一)水资源开发利用控制指标

根据水资源管理要求,结合流域实际,选取的主要控制指标包括:流域省级行政区多年平均用水总量指标，流域万元 GDP 用水量、非火（核）电万元工业增加值用水量、水田亩均灌溉用水量等用水效率指标，多年平均沿长江口门引水量、望虞河引水入湖率、引江济太期间望虞河东岸引水量和流量、新孟河引水入湖率及枯水年太湖出入湖水量比等流域重要河湖水资源配置指标。详见表 2-1 至表 2-3。

表 2-1　太湖流域用水总量控制指标表

指标名称	省（市）	2020 年	2030 年
用水总量（亿立方米）	江苏省	157.1	160.5
	浙江省	58.4	59.1
	上海市	124	128.9
	安徽省	0.5	0.5
	全流域	340	349

表 2-2　太湖流域用水效率控制指标表

单位：立方米

指标名称	规划水平年	指标值			
		江苏省	浙江省	上海市	全流域
流域万元 GDP 用水量	2020	66	69	48	59
	2030	40	42	27	35
非火（核）电万元工业增加值用水量	2020	28	35	19	25
	2030	19	25	12	17
水田亩均灌溉用水量	2020	602	585	591	596
	2030	577	557	584	572
备注：农业用水量相应降水频率为 75%。					

表 2-3　太湖流域重要河湖水资源配置控制指标表

指标名称		指标值
沿长江口门引水量（多年平均）	总引水量	105.6 亿立方米
	新孟河引江水量	33 亿立方米
	望虞河引江水量	34 亿立方米
望虞河引水入湖率		≥65%
引江济太期间望虞河东岸引水	望虞河东岸引水流量	≤50 立方米/秒
	望虞河东岸引水量/望虞河引江量	≤30%
新孟河引水入湖（分水河入太湖断面）率		≥50%
枯水年的出太湖水量/入太湖水量		≤80%
备注：枯水年的出太湖水量不含自来水厂及自备水源直接取水量。		

（二）水资源保护控制指标

严格实行污染物排放总量控制与浓度控制相结合的污染控制制度，选取水功能区化学需氧量、氨氮、总磷为污染物限排指标；明确环太湖主要入湖河流断面水质浓度、省际边界重点地区河流断面水质浓度,详见表2-4至表2-6。

表2-4 环太湖主要入湖河流水质要求表

单位:毫克/升

对应湖区	环太湖河道	水平年	控制名称及控制值			
			高锰酸盐指数	氨氮	总磷	总氮
贡湖	望虞河(望亭立交)	2020	≤4.5	≤1	≤0.12	≤2.2
贡湖	大溪港等	2020	≤4.5	≤1	≤0.13	≤2.4
梅梁湖、竺山湖	武进港、直湖港、漕桥河、殷村港、太滆运河等	2020	≤5	≤1	≤0.13	≤2.4
西部沿岸区及南太湖北部	东氿、城东港、大浦港、烧香港、长兴港、合溪新港等	2020	≤5	≤1	≤0.12	≤2.4
南太湖南部	西苕溪、小梅港、长兜港、大钱港等	2020	≤4.5	≤1	≤0.12	≤2.2

表2-5 淀山湖主要入湖河流水质要求表

单位:毫克/升

水功能区名称	监测站点	水质目标	水平年	高锰酸盐指数	氨氮	总磷	总氮
千灯浦苏沪边界缓冲区	千灯浦闸	Ⅲ	2020	≤6	≤1	≤0.10	≤2
大、小朱厍苏沪边界缓冲区	珠砂港大桥						
急水港苏沪边界缓冲区	周庄大桥						
元荡苏沪边界缓冲区	白石矶大桥	Ⅱ—Ⅲ	2020	≤6	≤1	≤0.05	≤1.5

表2-6 省际边界主要水功能区水质要求表

单位:毫克/升

水功能区名称	监测站点	水质目标	水平年	高锰酸盐指数	氨氮
吴淞江苏沪边界缓冲区	吴淞江桥	Ⅲ	2020	≤6	≤1.5
			2030	≤6	≤1
太浦河苏浙沪调水保护区	汾湖大桥	Ⅱ—Ⅲ	2020	≤4	≤0.5
			2030	≤4	≤0.5
麻溪(后市河)苏浙边界缓冲区	麻溪港	Ⅲ	2020	≤6	≤1
京杭古运河浙苏缓冲区	北虹大桥				
江南运河(含澜溪塘、白马塘)浙苏缓冲区	乌镇双溪桥				
红旗塘浙沪缓冲区 俞汇港浙沪边界缓冲区	横港大桥		2030	≤6	≤1
上海塘浙沪缓冲区 胥浦塘浙沪边界缓冲区	青阳汇				
六里塘沪浙边界缓冲区	六里塘大桥				
备注:表2-4至表2-6相关成果可根据《总体方案》修编及规划实施情况适当调整。					

(三)水面率控制指标

太湖流域属平原河网地区,水面调蓄对流域防洪、供水和改善水环境具有重要意义。选取水面率作为控制指标,严格控制流域及各分区水面率不低于现状水面率。

第三章 防洪减灾

太湖流域防洪分为流域、城市和区域三个层次。流域防洪主要防御长时间、影响范围广的流域性洪水,保障流域整体防洪安全,流域防洪体系是城市和区域防洪的基础。城市防洪主要保护城市的防洪安全,根据城市的重要性和防洪要求,在流域和区域防洪体系的基础上,采取进一步提高城市防洪标准的自保措施,逐步形成与城市规模、功能、地位相适应的防洪除涝体系。区域防洪主要防御地区性局部暴雨,在流域性防洪工程基础上补充必要的工程措施,主要包括区域性骨干排水河道疏浚和圩区堤防建设等。

一、流域防洪

(一)流域防洪工程布局

按照流域防御100年一遇洪水、遇1999年洪水能保证重点保护对象防洪安全的要求,以保证流域整体防洪安全为主,坚持"蓄泄兼筹、洪涝兼治",以《太湖流域综合治理总体规划方案》确定的骨干工程为基础,以太湖洪水安全蓄泄为重点,进一步发挥太湖的调蓄作用,妥善安排洪水出路,完善流域北排长江、东出黄浦江、南排杭州湾的防洪工程布局,形成流域、城市和区域三个层次相协调的防洪格局,健全工程与非工程措施相结合的防洪减灾体系。

(二)洪水安排

太湖流域设计暴雨以1954年、1991年、1999年最大90日降雨过程作为典型,采用时空同倍比或分时段同频率缩放推求设计暴雨,确定了"54实况"("54同倍比")、"91上游"、"91北部"、"99南部"4种雨型的50年一遇和100年一遇设计暴雨。流域50年一遇设计洪水最大90日洪量为224.3亿—234.1亿立方米,其中最大30日洪量为147.6亿—149亿立方米。流域100年一遇设计洪水最大90日洪量为247.2亿—260.2亿立方米,其中最大30日洪量为163.1亿—170亿立方米。设计暴雨及设计洪量详见表3-1至表3-2。

表3-1 太湖流域50年一遇及100年一遇设计暴雨面雨量

单位:毫米

标准 年型	50年一遇			100年一遇		
	30日	60日	90日	30日	60日	90日
54年型	351.6	627.9	890.5	369.1	687.5	975.1
91上游	514.8	727.7	908.1	560.6	786.3	975.1
91北部	514.8	727.7	908.1	575.5	800.2	975.1
99南部	514.8	727.7	908.1	560.6	786.3	975.1

表 3-2　太湖流域 50 年一遇及 100 年一遇设计洪量表

单位:亿立方米

年型＼标准	50 年一遇			100 年一遇		
	30 日	60 日	90 日	30 日	60 日	90 日
54 年型	80.99	159.49	225.22	95.22	182.59	260.16
91 上游	147.66	196.55	224.29	163.27	216.95	247.18
91 北部	149.01	196.62	224.45	169.98	221.58	247.95
99 南部	147.63	196.31	234.07	163.10	216.70	256.84

太湖流域洪水安排以太湖洪水安全蓄泄为重点,规划 100 年一遇太湖防洪设计水位为 4.8 米,明确太湖洪水出湖水量,以及流域北、东、南三向排水任务。

遇 100 年一遇 91 年型洪水,造峰时段(39 日)流域总洪量为 179.8 亿—184.9 亿立方米,北排长江 58.1 亿—63.1 亿立方米,东出黄浦江 47.2 亿—47.7 亿立方米,南排杭州湾 17.7 亿—16.7 亿立方米,太湖调蓄 28.5 亿—28.2 亿立方米。遇 100 年一遇 99 年型洪水,造峰时段(30 日)流域总洪量为 159.1 亿立方米,北排长江 33.2 亿立方米,东出黄浦江 33.8 亿立方米,南排杭州湾 15.1 亿立方米,太湖调蓄 39.8 亿立方米。详见表 3-3。

表 3-3　遇 100 年一遇设计洪水流域外排及河湖调蓄水量统计表

单位:亿立方米

雨型		91 上游		91 北部		99 南部	
方案		现状工况	规划方案	现状工况	规划方案	现状工况	规划方案
总洪量/统计时段(天)		179.8/39		184.9/39		159.1/30	
流域外排	北排长江	48.5	58.1	53.2	63.1	29.1	33.2
	东出黄浦江	47	47.2	48.2	47.7	34.1	33.8
	南排杭州湾	16.1	17.7	15.4	16.7	11.4	15.1
	浦西、浦东自排	10.6	15.9	10.9	16.6	9.7	14
河湖调蓄	太湖调蓄	39.3	28.5	38.5	28.2	47	39.8
	区域河湖调蓄	17.3	11.3	17.8	11.6	27.1	22.4
其他	其他	1	1.1	0.9	1	0.7	0.8

各规划工程洪水安排详见表 3-4。

表 3-4　遇 100 年一遇设计洪水流域骨干河道排水量表

单位:亿立方米

雨　型			91 上游	91 北部	99 南部
望虞河	望虞河出湖	现状工况	9.4	8.5	3.6
		规划方案	13.7	12.9	6.4
	西岸入望虞河	现状工况	2.4	3	2.4
		规划方案	3.4	4	2.7
	东岸出望虞河	现状工况	1.6	1.3	0.2
		规划方案	-0.5	-1	-0.3

续表

雨　　型			91 上游	91 北部	99 南部
太浦河	太浦河出湖	现状工况	14.9	14.8	3.3
		规划方案	14.8	14.9	5.7
	芦墟以西南岸入太浦河	现状工况	0.7	-0.8	5.3
		规划方案	4.1	3.5	4.4
	北岸入太浦河	现状工况	1.0	2.3	1.0
		规划方案	0.1	0.2	0.4
吴淞江	吴淞江出湖	现状工况	0	0	0
		规划方案	6.6	5.8	3.1
	吴淞江苏沪边界出口	现状工况	0.8	0.9	0.4
		规划方案	8.9	9.1	5.6
新孟河入长江		现状工况	2.4	2.5	1.1
		规划方案	7.5	7.9	3.3
新沟河入长江		现状工况	1.3	1.6	0.9
		规划方案	2.9	3.3	1.6
杭嘉湖区入杭州湾		现状工况	16.1	15.4	11.4
		规划方案	17.7	16.7	15.1

二、主要城市防洪

(一)上海市

黄浦江干流及主要支流按国家批准的1000年一遇高潮位设防。沿长江口南岸、杭州湾北岸堤防城市化地区按200年一遇高潮位加12级风设防,非城市化地区按100年一遇高潮位加11级风设防。城市分片除涝标准为20年一遇24小时雨量一日排出,设计雨型采用1963年台风雨型。

防洪工程布局:按城市防洪除涝规划标准安排工程措施。实施吴淞江工程(上海段)、大泖港及金汇港河道治理等工程,以及黄浦江防汛墙和外围海堤工程,完善分片除涝格局,实施区域防洪除涝工程。下阶段应继续抓紧开展黄浦江河口建闸的前期研究工作,科学决策。

(二)杭州市

城区钱塘江北岸海堤按100年一遇高潮位加12级风设防,其中钱塘江大桥至三堡船闸城区段按500年一遇高潮位设防。上泗片单独设防,防洪标准50年一遇;西湖水系防洪标准为50年一遇。根据沿溪两岸防洪保护区的重要性,山溪性河流防洪标准为10—20年一遇。建成区及规划城区除涝标准为20年一遇24小时雨量一日排出。

防洪工程布局:分为外部防御江河洪水和城区内部防洪除涝。外部防御江河洪水包括加固西险大塘堤防,加高加固钱塘江堤防,扩建圣塘闸;城区内部防洪除涝包括对京杭运河上塘河水系实施“围圩、疏河、外排”综合治理措施,提高城区自保、河道输水及外排钱塘江能力。

(三)苏州市

城市中心区防洪标准为200年一遇;新区、工业园区、吴中区、相城区、浒关区等均为100年一遇。除涝标准为20年一遇24小时雨量一日排出。

防洪工程布局:主要根据苏州市的地形、水系、现有防洪设施及综合利用要求分区治理,城市中心区建大包围,其他区采用局部地区小包围、圩区、垫高地面等方式进行分区治理。

(四)无锡市

城市中心区防洪标准为200年一遇,太湖新城防洪标准为100年一遇,其他城区防洪标准为50—100年一遇,山洪防治标准为10—20年一遇。除涝标准为20年一遇24小时雨量一日排出。

防洪工程布局:通过设立包围圈防御外部洪水,内部以京杭运河为界实行运东、运西两片分治。运东片实施大包围建设,运西片加高加固圩区堤防,太湖新城填高地面,西南部山丘区修建截洪沟,疏浚河道。

(五)常州市

城市中心区防洪标准为200年一遇,其他城区为100年一遇。除涝标准为20年一遇24小时雨量一日排出。

防洪工程布局:暂采用大包围格局。以中心城区建立大包围控制片为主,包围片外依靠水闸自排和泵站抽排。其中,中心城区大包围方案的规划范围及布局尚需深化论证协调。

(六)嘉兴市

城市规划区防洪标准达到100年一遇。除涝标准为20年一遇24小时雨量一日排出。

防洪工程布局:采取大、小两级包围方式共同形成城市防洪除涝体系。外围筑堤、建闸构成大包围圈,利用泵站抽排,控制内河最高水位;利用已建和续建的小包围圈抵御一般高水位。

(七)湖州市

城区与东部新区防洪标准达到100年一遇,南浔区达到50年一遇。除涝标准为20年一遇24小时雨量一日排出。

防洪工程布局:城区内部22个区采用分区设防、分区排涝。各区根据自身地形地势条件分别采用地面填高或包围的方式,外围设置防洪堤,内部整治河道,沿河口建闸设站,完善城市防洪工程体系。

(八)城市防洪协调意见

城市防洪需合理安排与城市规模、功能、地位相适应的防洪措施,合理控制城市防洪工程启用条件,适度发挥城市内河调蓄作用,通过河道整治、建设人工湖等工程措施,提高城市建设区域蓄水能力。对于上下游关系紧密的部分城市防洪,需加强防洪影响研究与论证,有影响的需采取必要的补救措施。县级及县级以上的城市防洪规划修编需严格按照相关程序审批,并征得流域管理机构的同意。

三、区域防洪除涝

(一)湖西区

近期防洪标准:区域防洪标准总体达到20年一遇,并向防御50年一遇洪水过渡;南渡以西山丘区和通胜地区防洪标准为10年一遇。除涝标准为10—20年一遇。

远期防洪标准:区域防洪标准总体达到50年一遇,南渡以西和通胜地区为20年一遇。

区域治理继续坚持洪涝分开、分片控制、高水高排、山圩分治的原则,工程建设内容主要包括:撇洪沟、河道整治、洼荡滞洪等山洪灾害防治措施,拓浚入洮湖河道和洮湖、滆湖间沟通河道,增加排江河道和泵站规模,整治入太湖河道,疏浚滨江自排区河道。同时,建设县级城市防洪工程,加高加固现有圩堤,建设南渡以西蓄滞洪区。

(二)武澄锡虞区

近期防洪标准:区域防洪标准为20年一遇,并向50年一遇过渡。除涝标准为20年一遇。

远期防洪标准:区域防洪标准达到50年一遇。

区域治理继续坚持“高低分开、洪涝分治”的原则,工程建设内容主要包括:完善外围防洪屏障和高低分片控制线;增建、扩建入江泵站;延伸拓浚走马塘;进一步整治内部河网,加强低洼地区治理,合理安排圩区抽排。

(三)阳澄淀泖区

近期防洪标准:区域防洪标准逐步向50年一遇过渡。除涝标准为20年一遇。

远期防洪标准:区域防洪标准达到50年一遇。

区域治理继续坚持“洪涝分开、分区治理”的原则,工程建设内容主要包括:进一步疏浚杨林塘、白茆塘、七浦塘等通江河道;结合航道规划整治苏申外港线,治理牵牛河,打通明镜荡;完善圩区建设等。

(四)杭嘉湖区

区域防洪标准为50年一遇。城镇除涝标准为20年一遇24小时雨量一日排出;农村圩区10年一遇24小时雨量二日排出。

区域进一步优化南排杭州湾、北排太浦河和太湖、东排黄浦江的排水格局,工程建设内容主要包括:进一步拓浚南排杭州湾主要排水河道,增建南排杭州湾泵站,沟通区域河网排水通道,加强圩区治理等。

(五)浙西区

区域防洪标准为:西险大塘及东苕溪导流东大堤防洪标准为100年一遇;长兴平原防洪标准为50年一遇;平原圩区、土斗区为20年一遇;其他农业耕作区为10—20年一遇。城镇除涝标准为20年一遇24小时雨量一日排出;农村圩区排涝标准为10年一遇24小时雨量二日排出。

区域治理继续坚持“上蓄、中滞、下泄”的治理原则,工程建设内容主要包括:新建水库,加强山洪灾害防治;完善分、滞洪区建设;河道拓浚和堤防加固等综合整治,圩区治理等。

(六)区域防洪协调意见

各区域要按照流域、城市、区域三个层次相协调的要求,合理确定区域防洪工程建设方案,加大洪涝水排江出海能力,减轻太湖、流域骨干排水河道和相邻区域的防洪压力。望虞河、太浦河等流域骨干排水河道两岸地区防洪要统筹兼顾流域骨干河道排水能力,适当控制流域骨干河道两岸支河规模及圩区排涝动力。

四、防洪风险分析与对策

(一)防洪风险分析

全球气候变化、极端天气发生几率增加、海平面逐年上升及海水入侵、地面不均匀沉降、城市化进程加快等流域内外条件变化,将使得流域防洪风险进一步加大,初步分析洪水年太湖日均最高洪水位将上升约5—10厘米,流域内大部分地区代表站的最高洪水位有不同程度抬高,流域及区域的防洪风险明显增加。

(二)应对措施

为有效应对流域未来防洪风险,要坚持预防为主,加强海平面上升、地面沉降等监测、预测,采取必要的工程措施,适时增建沿江闸泵工程、加高加固江堤海塘等,加强水利工程科学调度,进一步提高流域蓄泄能力,保障流域、区域及城市防洪(潮)安全。

五、超标准洪水防御对策

太湖流域防御超标准洪水的重点保护目标是:重点保护环湖大堤安全及上海、杭州、苏州、无锡、常州、嘉兴、湖州等大中城市和重要基础设施的防洪安全,尽可能减少洪涝灾害损失。各城市也应制定相应的超标准洪水防御对策。

当太湖流域遭遇超标准洪水,太湖水位超过4.8米时,执行超标准洪水防御对策。规划初拟太湖流域超标准洪水防御主要对策是:加强洪水预警预报,加大洪水外排,太湖及河网适度超蓄,适当限制圩区排涝,围湖垦殖区破圩蓄洪。

第四章 水资源配置

一、节约用水与需水预测

(一)节约用水

节水是合理遏制流域用水增长、缓解水资源供需矛盾和水质型缺水的有效途径。至2030年,通过产业结构调整、节水措施实施等,流域用水指标基本达到发达国家现状用水水平,万元GDP用水量由基准年161立方米降至35立方米;万元工业增加值用水量由基准年160立方米降至43立方米;水田亩均灌溉水量由基准年(P=75%)656立方米降至572立方米;灌溉水有效利用系数由基准年0.66提高至0.75;城镇供水管网漏损率由基准年15%降至10%。详见表4-1。

表4-1 太湖流域主要节水指标表(P=75%)

行政分区	万元GDP用水量(立方米)			万元工业增加值需水量(立方米)			非火(核)电万元工业增加值需水量(立方米)		
	基准年	2020年	2030年	基准年	2020年	2030年	基准年	2020年	2030年
江苏省	190	66	40	156	68	45	55	28	19
浙江省	191	69	42	94	48	34	72	35	25
上海市	123	48	27	191	77	45	38	19	12
安徽省	2542	881	466	338	117	75	338	117	75
太湖流域	161	59	35	160	68	43	51	25	17
行政分区	水田亩均灌溉水量(立方米)			人均生活用水量(升/天)			城镇供水管网漏损率(%)		
	基准年	2020年	2030年	基准年	2020年	2030年	基准年	2020年	2030年
江苏省	668	602	577	140	160	170	18	13	10
浙江省	672	585	557	145	161	168	17	12	9

续表

行政分区	水田亩均灌溉水量(立方米)			人均生活用水量(升/天)			城镇供水管网漏损率(%)		
	基准年	2020年	2030年	基准年	2020年	2030年	基准年	2020年	2030年
上海市	598	591	584	150	169	181	12	9	9
安徽省	612	568	552	88	115	134	23	18	15
太湖流域	656	596	572	145	164	174	15	12	10

(二)需水预测

河道外需水预测:规划水平年流域人口增加,城镇化发展,产业结构进一步调整,耕地和农田有效灌溉面积略有减少,流域农业需水量逐年下降,非农业需水量增长,河道外总需水量呈缓慢增长趋势。2030年中等干旱年(P=75%,1976年型),多年平均流域总需水量363.7亿立方米,较基准年净增29.7亿立方米;遇枯水年(P=90%,1971年型)流域总需水量385.1亿立方米,相应较基准年净增24.8亿立方米。详见表4-2。

表4-2 太湖流域多年平均河道外用水配置成果表

单位:亿立方米

省(区)	水平年	需水量					供水量				
		生活	工业	农业	生态	总需水量	生活	工业	农业	生态	总供水量
江苏	基准年	12.20	74.10	63.40	0.60	150.30	12.20	74.10	63.20	0.60	150.10
	2020年	17.40	83	55.90	0.90	157.20	17.40	83	55.80	0.90	157.10
	2030年	20	85.90	53.70	1.10	160.70	20	85.90	53.50	1.10	160.50
浙江	基准年	7.80	15.40	30.30	0.20	53.70	7.80	15.40	30.20	0.20	53.60
	2020年	10	20.40	27.70	0.30	58.40	10	20.40	27.70	0.30	58.40
	2030年	11.10	21.20	26.50	0.30	59.10	11.10	21.20	26.50	0.30	59.10
上海	基准年	17.10	79.50	14.50	0.60	111.70	17.10	79.50	14.50	0.60	111.70
	2020年	22.30	88.50	12.20	1	124	22.30	88.50	12.20	1	124
	2030年	25.40	91.40	10.90	1.20	128.90	25.40	91.40	10.90	1.20	128.90
安徽	基准年	0.02	0.01	0.34	0.0001	0.37	0.02	0.01	0.34	0.0001	0.37
	2020年	0.03	0.01	0.30	0.0001	0.35	0.03	0.01	0.30	0.0001	0.35
	2030年	0.03	0.01	0.29	0.00014	0.34	0.03	0.01	0.29	0.00014	0.34
太湖流域	基准年	37.20	169	108.60	1.40	316.20	37.20	169	108.30	1.40	315.90
	2020年	49.80	192	96.10	2.20	340.10	49.80	192	95.90	2.20	339.90
	2030年	56.50	198.50	91.50	2.60	349.10	56.50	198.50	91.40	2.60	349

河道内需水预测:流域河道内需水是指保持流域河湖一定水位、流量,维持河湖正常功能所需的水量。规划采用太湖允许最低旬平均水位、平原河网区代表站允许最低旬平均水位和黄浦江松浦大桥断面允许最小月净泄流量作为流域河道内需水主要衡量指标。规划提出太湖最低旬平均水位规划目标为2.80米,黄浦江松浦大桥断面允许最小月净泄流量规划目标为160立方米/秒(如果

今后上海市供水水源调整,该指标则作相应调整),以及平原河网各水资源分区代表站的允许最低旬平均水位规划目标。详见表4-3。

表4-3 太湖流域平原区代表站允许最低旬平均水位表

单位:米

水利分区	站名	允许最低旬平均水位	实测系列P=50%对应水位	水利分区		站名	允许最低旬平均水位	实测系列P=50%对应水位
湖西区	坊前	2.87	2.87	阳澄淀泖区	阳澄片	湘城	2.60	2.59
浙西区	杭长桥	2.65	2.68		淀泖片	陈墓	2.55	2.47
武澄锡虞区	常州(二)	2.83	2.83	杭嘉湖区	运西片	南浔	2.55	2.54
	无锡	2.80	2.80		运西片	新市	2.55	2.57
	青阳	2.80	2.75		运东片	嘉兴(杭)	2.55	2.51

二、供需分析与配置

(一)水资源供需分析

基准年水资源供需分析表明:遇中等干旱年,流域水资源供需基本平衡;遇枯水年和特枯水年(P=95%,1967年型),太湖及平原区主要代表站(或断面)的水位偏低、流量偏小,太湖最低旬平均水位分别为2.54米和2.49米,处于流域下游主要依靠太湖供水的杭嘉湖区嘉兴站最低旬平均水位分别为2.40米和2.36米,黄浦江松浦大桥断面最小月净泄流量分别为27立方米/秒和-27立方米/秒,流域缺水量分别达30.6亿立方米和42.3亿立方米。

规划水平年,规划工程实施后,流域平原河湖水位、流量等有较大程度提高,流域现状平原区枯水年高温干旱期季节性缺水问题可基本解决;但山丘区仍因供水能力不足难以满足枯水年部分农田灌溉用水需求,相关地区应根据经济社会发展的需要,采取相应措施逐步解决。详见表4-4。

表4-4 太湖流域基准年水资源供需分析成果表

单位:亿立方米

太湖流域		20%	50%	75%	90%	95%	多年平均
需水量	平原区	289.4	305.3	322.1	346.9	356.5	305.6
	山丘区	9.4	10.5	11.9	13.4	15.1	10.6
	合计	298.8	315.8	334	360.3	371.6	316.2
可供水量	平原区	289.4	305.3	322.1	317.8	316.9	305.6
	山丘区	9.4	10.5	11.1	11.9	12.4	10.3
	合计	298.8	315.8	333.2	329.7	329.3	315.9
缺水量	平原区	0	0	0	29.1	39.6	0
	山丘区	0	0	0.8	1.5	2.7	0.3
	合计	0	0	0.8	30.6	42.3	0.3
备注:按照《水资源规划》统一口径,2000年后新增直流火电装机的直流冷却水以耗水计。							

（二）水资源配置格局

1.流域水资源配置

流域水资源配置以保障流域整体供水安全、特别是饮用水水源地供水安全为目标，坚持量质并重，统筹“三生”用水，协调上下游用水。根据流域水资源和水环境承载能力，合理调整流域供水水源地布局，优先保证生活饮用水水源地供水安全。通过实施望虞河后续工程、新孟河延伸拓浚工程、太浦河后续工程等流域综合治理重点工程，逐步完善流域水资源调控工程体系，进一步扩大流域引江入湖能力，利用太湖调蓄能力，协调流域性供水河湖与区域水资源配置的关系，提高向下游及周边地区供水能力，改善太湖及河网水质，实现太湖和主要供水河道水资源统一调配，全面改善流域水资源条件。

2.区域水资源配置

流域上游山丘区通过加固改造和新建蓄水工程，提高供水保障能力；上游平原区结合新辟流域性引江骨干河道增加供水，着力加强水污染防治，强化水资源保护，保证入湖水质；流域下游区进一步优化多水源供水格局，结合流域及区域防洪和水资源规划工程建设，理顺河网水系，通过工程科学调度，满足区域用水要求，并兼顾改善区域河网水质。

3.城市水资源配置

城镇生活供水采用三片供水格局：沿长江、钱塘江地区，以长江、钱塘江为供水水源地；太湖上游地区，以山区水库和苕溪水系等为供水水源地；太湖下游和环湖地区，以太湖、太浦河、黄浦江上游为主要供水水源地。

（三）水资源配置方案

河道内用水配置：通过水资源合理调配，2030 年流域多年平均河道内留用水量占总水资源量的比例将从现状的 50.6%提高至 54.3%。

河道外用水配置：规划水平年，在满足生活用水前提下，生产用水比例逐年略有下降，生态用水比例逐年略有增加。2030 年流域多年平均河道外供水量 349 亿立方米，其中长江直接供水量 122.9 亿立方米，钱塘江直接供水量 4.5 亿立方米，本地河网供水量 221.6 亿立方米。本地河网中以太湖和太浦河—黄浦江上游一线为水源地的供水量为 41.9 亿立方米。

（四）重要河湖水资源配置方案

太湖：2030 年，遇枯水年和特枯水年，环湖口门入湖水量为 126.3 亿—132.2 亿立方米，出湖水量为 99.9 亿—101.8 亿立方米。江苏省、浙江省直接取用太湖水量分别为 14.3 亿立方米、6.5 亿立方米。详见表 4-5。

望虞河与新孟河：2030 年，遇枯水年和特枯水年，望虞河、新孟河引江入湖量为 64.5 亿—71.1 亿立方米。详见表 4-6。

太浦河：2030 年，遇枯水年和特枯水年，供水期太浦河供水量约 29 亿—30 亿立方米。详见表 4-7。

表 4-5　环太湖出入湖水量情况表

单位:亿立方米

水平年	典型年	湖西区			浙西区		武澄锡虞区		阳澄淀泖区	杭嘉湖区		望虞河		太浦河	环湖口门合计		从太湖直接取水	
		入湖		出湖	入湖	出湖	入湖	出湖	出湖	入湖	出湖	入湖	出湖	出湖	入湖	出湖	江苏	浙江
		小计	其中新孟河															
基准年	多年平均	47.6	—	0	23.9	9	0	6.1	13.7	0.6	11	15	4.7	36.9	87.1	81.6	13.1	—
	75%(1976年型)	41.5	—	0	14.1	10.9	0	6	6.7	0	9.2	21.9	0	35.9	77.5	68.8	13.1	—
2020年	多年平均	66.5	18.1	0.1	23.6	10.2	0.2	6.2	17.1	0.9	20.4	22.3	8.7	38.9	113.5	101.6	14.3	5.5
	75%(1976年型)	66.8	20.7	0	13.1	11.8	0	6	16.2	0.1	22.1	28.6	1.1	36.1	108.6	93.3	14.3	5.5
	90%(1971年型)	62.2	21	0	19.4	15.1	0	6.1	15.8	1.3	23	41.9	5	35.2	124.8	100.3	14.3	5.5
2030年	多年平均	67.9	19	0	22.6	8.7	0.1	6.1	20	1.4	23.6	24.9	6.1	39	116.8	103.5	14.3	6.5
	75%(1976年型)	67	20.9	0	13.2	9.6	0	6	17	0.3	23.6	30.7	0.8	37.2	111.2	94.2	14.3	6.5
	90%(1971年型)	62.6	21.4	0	18.8	12.5	0	6.1	17.9	1.8	24.7	43.1	3.3	35.5	126.3	99.9	14.3	6.5
	95%(1967年型)	65	22.6	0	16.1	13	0	6	14.9	2.7	23	48.3	6.2	38.8	132.2	101.8	14.3	6.5

表 4-6　望虞河、新孟河进出水量情况表

单位:亿立方米

水平年	典型年	望虞河			新孟河	
		常熟枢纽引江	东岸从望虞河引水	望亭立交入太湖	引江	分水河入太湖
基准年	多年平均	22.3	10.2	15	—	—
	75%(1976 年型)	32.7	10.9	21.9	—	—
2020 年	多年平均	31	12.4	22.3	30.7	18.1
	75%(1976 年型)	40.4	16.7	28.6	38.3	20.7
	90%(1971 年型)	52.4	16.2	41.9	39.4	21
2030 年	多年平均	34	13.3	24.9	33	19
	75%(1976 年型)	41.8	16.3	30.7	39.1	20.9
	90%(1971 年型)	53.5	16.4	43.1	39.8	21.4
	95%(1967 年型)	58.7	15	48.3	44.1	22.6

表 4-7　太浦河进出水量情况表

单位:亿立方米

水平年	典型年	太湖入太浦河		太浦河出口净泄量
		合计	其中供水期	
基准年	多年平均	36.9	29.4	50.9
	75%(1976 年型)	35.9	35.8	44
2020 年	多年平均	38.9	29	54.7
	75%(1976 年型)	36.1	34.9	50.3
	90%(1971 年型)	35.2	29.7	49
2030 年	多年平均	39	30.7	44.3
	75%(1976 年型)	37.2	36.1	38.4
	90%(1971 年型)	35.5	30.2	36.7
	95%(1967 年型)	38.8	29.3	36.8

三、水源地规划

(一)饮用水水源地规划

规划进一步扩大长江、钱塘江直接向流域供水规模,提高太湖、太浦河—黄浦江一线的供水规模,提高水库供水保障能力,逐步形成以长江、钱塘江、太湖、太浦河—黄浦江及山丘区水库为主、多源互补的流域饮用水水源地总体布局。

至 2020 年,长江、钱塘江水源地供水规模分别达 1927 万吨/天、210 万吨/天;太湖、太浦河—黄浦江水源地供水规模分别达 833 万吨/天、540 万吨/天;山丘区水库水源地供水规模达 147 万吨/天。规划不同类型集中式饮用水水源地数量及供水规模详见表 4-8。

表4-8　太湖流域规划不同类型集中式饮用水水源地数量及供水规模表

名称		供水规模(万吨/天)			个数(个)	
		设计	现状	2020年设计	现状	2020年
河道	长江	570	570	1927	11	15
	太浦河—黄浦江	648	638	540	2	4
	钱塘江	140	123	210	3	4
	苕溪	69	54.3	156	4	5
	其他	291.5	270.9	139	17	7
	合计	1718.5	1656.2	2972	37	35
湖泊	太湖	420.1	315.1	833	4	5
	其他	64.5	62.5	67.5	4	2
	合计	484.6	377.6	900.5	8	7
水库		53.5	37.7	147	6	9
总计		2256.6	2071.5	4019.5	51	51

(二)城乡供水安全体系

规划实施城乡一体化供水,逐步完善以城市为中心、覆盖乡镇的自来水原水供水系统,完善城乡第二水源、应急备用水源体系建设。在流域现状51个集中式饮用水水源地的基础上,调整现状水质不合格的13个水源地,在沿长江、太湖及山区河流、水库新增15个集中式饮用水水源地。

1.江苏省

镇江、常州城区在扩大现有长江水源供水规模的基础上,以天目湖、洮湖、滆湖等为应急备用水源地。无锡城区新辟长江作为第二供水水源,形成长江与太湖并举的双水源供水格局,以太湖梅梁湖和地下水作为应急备用水源地。苏州城区增加太湖水源地供水规模,以阳澄湖为应急备用水源地。金坛、江阴、太仓、常熟、张家港等沿江城镇扩大长江水源地的供水规模,以当地河湖和深层承压地下水作为战略备用水源。昆山市近期主要以阳澄湖(傀儡湖)及庙泾河作为供水水源地,远期以长江作为第二水源。吴江市在维持太湖庙港水源地的基础上,新辟太浦河吴江水源地,并以东太湖作为应急备用水源地。宜兴和溧阳等湖西山区城镇仍以山区水库作为主要供水水源地。

2.浙江省

杭州城区进一步扩大钱塘江水源地供水能力,建设闲林水库水源地,以三白潭、北湖作为应急备用水源;远期可视条件许可,新建新安江水库水源地。嘉兴城区新辟太湖胡溇水源地,远期可视条件许可,新建新安江水库水源地;保留石臼湖、贯泾港等平原河湖作为应急备用水源地。湖州城区以苕溪和上游水库塘坝作为供水水源,新辟老虎潭水库水源地,并以太湖和山区水库为应急备用水源地。余杭、临安、长兴、德清、安吉等浙西山区城镇以苕溪和里畈、胜天、路西等山区水库作为主要供水水源地,建设包漾河、洛社漾等应急备用水源地;桐乡、海宁、海盐、平湖、嘉善等平原河网城镇主要通过新辟太湖胡溇和太浦河水源地,实现城乡一体化供水,置换现状本地河湖及深层承压地下水取水量,并建设东湖、长白荡等应急备用水源地,保障供水安全。

3.上海市

新辟长江口青草沙水源地、扩建陈行水库长江引水三期工程等,形成"两江并举,多源互补"的水源地格局。鉴于黄浦江上游水源地水质的不稳定性,规划以太浦河一线(含东太湖)作为上海市西南地区的预留水源地。

各城市规划关停的当地河湖地表水源可作为应急备用水源(或第二水源),并以深层承压地下水作为应急及战略备用水源。

四、供水安全保障措施

强化节约用水,提高流域用水效率与效益。推广先进节水技术,加强农田水利基础设施建设;通过技术改造、革新,提高工业用水重复利用率;进一步推广节水器具,提高生活节水水平。

加快流域规划工程建设,改善流域水资源条件。利用望虞河、新孟河等水利工程调水,促进水源地河湖水体流动,改善水源地水质。利用太浦河和吴淞江向下游地区供水,加强两岸地区水资源保护,改善向下游地区供水条件,保障水源地供水安全。

加强水源地保护,保障水源地水质。划定水源地保护区,加强水源地保护区域排污口整治,建设水源地水质净化工程,促进水源地水质稳定达标。

加快深层承压地下水源的建设与保护,提高特殊情况下的供水保障程度。加大中水回用设施建设力度,提高中水回用率。

五、供水风险分析与对策

当流域遭遇特大干旱、连续干旱等极端天气条件,以及长江水文情势外边界条件变化、水污染事故等因素,将对流域供水产生风险。

遇特殊干旱年干旱期,统筹生产、生活、生态用水,优先保证城乡居民生活基本用水需求,根据具体情况对不同用水户实行不同用水限制措施;同时进一步加强引江河道的科学调度,充分利用沿江闸泵全力引水,增加引长江水量和入太湖水量,加强环太湖口门和主要引供水河道两岸口门统一调度和运行监督,最大程度地满足流域基本用水要求;有条件的地区及时启用备用水源地,必要时还可采用人工影响天气作业科学开发利用空中云水资源。

遇突发性水污染事件,按照流域重要供水水源地保护应急预案和相关处置程序,制定并落实妥善、有效的处置方案,最大限度地保障水源地安全;加强太湖蓝藻等监测和预警机制及相应系统建设,制定预防和应急处置方案;制定污染期饮水区域间调配方案,及时启用备用水源,满足居民的饮用水要求;加强水质恶化期水资源调配,按照突发水污染事件应急处置预案,实施流域统一调度。

第五章 水资源保护与水生态修复

一、水功能区划

(一)地表水功能区划

流域水功能区划主要涉及河流 193 条、湖泊 10 个、水库 7 座,其中河道长 4382.3 公里、湖泊面积 2777.3 平方公里、水库库容 10.57 亿立方米,共划分水功能区 380 个。其中保护区 14 个,保留区 6 个,缓冲区 76 个,流域划分开发利用区二级区划 284 个。

太湖流域水功能区水质保护要求总体较高。流域380个水功能区中,水质目标为Ⅲ类或优于Ⅲ类的水功能区占总数的73%。

(二)浅层地下水功能区划

太湖流域浅层地下水功能区按两级区划划分。其中,一级功能区划分保护区和保留区,不划分开发区;二级功能区在一级功能区划框架内,进一步划分为地下水源涵养区、储备区、生态脆弱区及不宜开采区四类二级功能区,共计22个。

流域浅层地下水水源涵养区8个,主要位于宁镇丘陵岗地区、宜溧低山丘陵区及浙西北山地丘陵区;储备区12个,主要位于苏锡常、杭嘉湖及上海市平原地区;生态脆弱区1个,主要位于杭州西溪湿地及其周边地区;不宜开采区1个,主要位上海市南汇、奉贤东南部沿海地区。

二、污染物总量控制

流域污染物排放强度和总量大,河网水体呈交叉污染、重复污染,水污染治理、水资源保护任务十分艰巨。

现状流域水质评价总河长2508.6公里中,全年期仅有14.3%的评价河长水质达到或优于Ⅲ类,85.7%的评价河长水质为Ⅳ类—劣于Ⅴ类。全湖总体水质评价为劣Ⅴ类,超标项目主要为总氮、总磷,全湖总体为中度富营养化。

现状排入流域的废污水年排放总量为45.84亿立方米,化学需氧量排放总量为110.33万吨/年,氨氮排放总量为11.41万吨/年,总磷排放总量为1.31万吨/年。

根据计算,流域水功能区化学需氧量、氨氮、总磷纳污能力分别为54.71万吨/年、3.75万吨/年、0.36万吨/年。按流域水功能区保护要求,流域水功能区化学需氧量、氨氮、总磷限制排污总量分别为52.9万吨/年、3.69万吨/年、0.35万吨/年。当流域污染物入河量不超过限制排污总量要求时,流域地表水功能区水质可基本达标。

三、水资源保护

(一)总体对策

坚持治污为本,加强水功能区管理,严格水功能区限制纳污“红线”,实施入河湖限制排污总量控制,强化入河排污总量的监控,严格重要水域断面的水质控制浓度目标考核。通过加强污染源治理,控制外源污染;开展河湖水系综合治理,减少内源污染;完善流域综合治理工程,提高水环境容量;利用水利工程,促进流域水体有序流动,加快水体置换速度,提高水资源、水环境承载能力;加强饮用水源保护监督管理,强化流域上游地区水资源保护,以及太湖、望虞河、太浦河等重要供水水源地和引供水河道的保护;强化流域管理和水资源统一管理,完善水资源保护法规、体制,为水资源保护提供保障。

(二)区域水资源保护

湖西区、浙西区是太湖主要来水水源区,水资源保护的重点是源水的保护,以面源污染治理和入湖河道水质达标治理为重点,建设水源涵养林营造工程等,保障入太湖水量水质。

武澄锡虞区、阳澄淀泖区、杭嘉湖区、浦东区和浦西区是流域重要引排水通道和供水地区,以点源污染治理为重点,削减排污总量,在解决区域自身污染问题和加强水生态系统修复的同时,通过合理调度,促进水体流动,提高水资源和水环境承载能力。

(三)重要水域水资源保护

重要水域主要包括太湖、望虞河、太浦河、新孟河、黄浦江上游和省际边界重点地区,以水功能区为基础,明确主要控制断面水质目标,合理划定“红线”区和“黄线”区。太湖周边300—500米内,集中式饮用水水源地取水口周围1.5公里内,望虞河和太浦河两岸200米内均划为“红线”,“红线”区以外1公里范围内划为“黄线”区,两区域分别禁止和限制陆域污染排放,实施综合治理,促进重要水域水质整体改善。

1.太湖

实施入湖河流断面水质浓度控制,详见表2-4。太湖岸线内及其外延5公里区域,太浦河、望虞河等骨干河道及其沿岸两侧各1公里区域,其他太湖入湖河道上溯10公里河段及其沿岸两侧各1公里区域范围内,严格控制陆域污染和航运污染;开展环湖河道综合整治、太湖底泥生态清淤及东太湖综合整治,在环太湖一定范围内,实施生态保护带建设;建立属地负责的蓝藻打捞工作机制;建立健全水污染突发事件应急预案。

2.望虞河

西岸主要支流入望虞河水质要满足其主要断面水质浓度控制要求,详见表5-1。推行“河长负责制”,明确河道管理责任。实施望虞河西岸控制工程,减少西岸污水进入望虞河,同时实施西岸支流清淤、生态修复等工程,为建成流域“引清通道”创造条件。

3.太浦河

太浦河两岸主要支流水质浓度控制详见表5-2。加快太浦河后续工程建设,加强太浦河两岸集镇排污、面源污染控制,加强航运污染控制,禁止围网养殖,实施太浦河沿岸及汾湖等湖荡水生态修复,保障下游地区供水安全。

表5-1 望虞河西岸主要支流入望虞河水质浓度控制表

单位:毫克/升

河流名称	控制节点名称	高锰酸盐指数			氨氮		
		现状	2020年	2030年	现状	2020年	2030年
张家港	大义桥	6.24	≤6	≤6	2.35	≤1	≤1
锡北运河	新师桥	9.14	≤6	≤6	4.14	≤1	≤1
九里河	鸟嘴渎	6.03	≤6	≤6	1.81	≤1	≤1
伯渎港	大坊桥	4.25	≤6	≤6	0.67	≤1	≤1
备注:现状数据为望虞河引江济太期间水质监测数据。							

表5-2 太浦河两岸主要支流水质浓度控制表

单位:毫克/升

分　段	主要支流	高锰酸盐指数		氨氮	
		2020年	2030年	2020年	2030年
太浦闸—平望大桥(不含运河)	亭子港、雪落漾、横路港等	≤4	≤4	≤0.5	≤0.5

续表

分段	主要支流	高锰酸盐指数		氨氮	
		2020年	2030年	2020年	2030年
运河段	京杭新运河	≤6	≤6	≤1	≤1
	京杭运河	≤6	≤6	≤1	≤1
	直大港、东槽港等	≤6	≤6	≤1	≤1
京杭运河以东段	雪河、陶庄枢纽、李红套闸、丁栅枢纽等	≤5	≤5	≤0.7	≤0.7

4.新孟河

延伸拓浚新孟河作为流域引水骨干河道,研究提出限制排污总量意见和重要监控断面水质控制浓度;强化运河以南滆湖、洮湖地区污染治理,沿线实施水生态修复、河网综合整治等措施,通过优化水资源调度,保证入太湖水质。

5.黄浦江

严格控制来水水质,浓度控制详见表5-3。控制航运污染,加强入河排污口管理,严格控制沿程污染源;采取减施农药化肥、清洁养殖等减量化技术,减少农业面源污染。

表5-3 黄浦江上游干流及主要支流水质浓度控制表

单位:毫克/升

河道		控制断面	时间段	高锰酸盐指数		氨氮	
				浓度	类别	浓度	类别
干流	黄浦江	松浦大桥	现状	6.37	Ⅳ类	1.35	Ⅳ类
			近远期保护目标	≤6	Ⅲ类	≤1	Ⅲ类
支流	斜塘	夏字圩	现状	5.80	Ⅲ类	1.28	Ⅳ类
			近远期保护目标	≤6	Ⅲ类	≤1	Ⅲ类
	圆泄泾	三角渡	现状	6.64	Ⅳ类	1.12	Ⅳ类
			近远期保护目标	≤6	Ⅲ类	≤1	Ⅲ类
	大泖港	泖港大桥	现状	76	Ⅳ类	1.86	Ⅴ类
			近远期保护目标	≤6	Ⅲ类	≤1	Ⅲ类

6.省际边界

实施省界水功能区主要断面水质浓度控制,详见表2-5和表2-6。加大污染源治理,实施水源地保护及骨干河道治理工程、河网圩区整治工程、省际边界湖泊综合整治工程、水生态修复工程、节水减排工程等,加强入河排污口监督管理,建设水质考核与监控体系,建立水资源保护协商机制,探索生态补偿机制。

(四)水资源保护监控体系

构建由国家和省(市)两级监测站网组成的太湖流域统一的水资源保护监测体系,建立国家级水环境信息共享平台。

四、水生态修复

(一)流域水生态修复

流域水生态修复以保护太湖等流域重要水源地生态安全为重点,坚持水生态保护和修复并重,同时加强水生生物资源养护,修复生物多样性,实现水生态系统良性循环。

西部山丘区加强对源头水的保护,保护上游水库及入库河道水质,实施退耕还林,禁止坡地开垦,有计划地封山育林,加大天然林保护的力度,强化水土保持,涵养水资源。

平原河网地区通过河湖水系整治和强化圩区建设管理,加强水系沟通、促进水体流动;强化流域与区域水资源调度,维持区域河湖生态水位;保护水域面积,保障水资源调蓄能力及水质净化能力;实施湿地生态修复与保护、生态防护林建设、水产清洁养殖与围网整治等综合治理措施。

(二)重要水域水生态修复

太湖水生态修复通过调引优质长江水进入太湖,加快湖水流动,提高水体置换速度,维持湖体适宜水位和流态。实施太湖底泥生态清淤和退渔还湖,建立太湖生态保护带,实施湖滨带湿地工程与生态恢复工程,改善水质,提高生物多样性,优化生态系统结构。

在望虞河沿线适宜的水域建设前置库等净化工程,利用仿生水草净化及生态修复等技术进行生态治理,减少入湖氮磷污染物。在入湖口设置泥溜区沉降悬浮物,在适宜区域设置生物净化区。

在太浦河水源保护区内的河道两岸种植乔、灌、草绿化防护带,建设生态护岸,保护和涵养水源,减少面源污染和人类生产活动的干扰。在太浦河沿线湖泊实施水生态修复试点工程,种植湿生植物、挺水植物、浮叶经济水生植物和沉水植物等,促进良好生态系统的形成。

在省际边界重点地区逐步开展入湖河道整治,修复河岸,疏浚清淤,减少河道内源污染,入湖口设置缓冲前置库,改善入湖水质;实施主要滨湖带及湖区生态系统修复工程,建立滨湖生态湿地,实施环湖岸线整治,建设生态设施,种植湖泊水生植物,修复湖泊湿地生态;实施湿地保护与生态恢复工程,建设一批湿地公园,探索湿地保护合理利用模式,实施水禽栖息地生态功能恢复、湿地污染生物防治等湿地功能的修复工程。

第六章 水土保持

一、水土保持分区

太湖流域山丘区现状水土流失面积为1957.6平方公里,占流域总土地面积的5.3%;平原河网地区大面积范围上无明显水土流失,但部分河道局部存在中度—极强度的坡面水土流失,面积为401.7平方公里。

(一)水土流失重点防治分区

太湖流域水土流失重点防治区分为重点预防保护区、重点监督区和重点治理区。

1.重点预防保护区

主要包括大中型水库库区及集水区,太湖周边水源涵养林区;江苏省无锡、苏州市的风景名胜区、森林公园及自然保护区,沿长江南岸的国家和省级特殊保护林带及生态公益林的林地;浙江省天目山千里岗山林区,包括德清、余杭区的西部,吴兴区的西南部,安吉县的南部和东部,临安市的中部和东北部;上海市黄浦江水源地、淀山湖周边风景区、森林公园等。

2.重点监督区

主要包括流域骨干河道、湖泊;江苏省溧阳、金坛开采砂石矿地区,宜兴开采砂石矿和陶土矿区;浙江省长兴县、湖州市区、德清县、杭州市区;上海市主要为公路、房地产开发、供水供电基础设施等开发建设项目较为密集的地区。

3.重点治理区

主要包括江苏省句容、金坛、溧阳等丘陵岗地水土流失较为严重地区,以及宜兴山区涧沟侵蚀地区。

(二)水土流失类型区划分和治理

1.山丘区

宁镇丘陵岗地区完善冲田排灌体系,实施岗旁田梯田化、沟渠路林网化、荒坡果林化,治理重点是荒坡地修复;宜溧低山丘陵区主要进行涧沟治理、坡耕地改造、退耕还林、矿山复垦复绿;浙西北山地丘陵区加强监督管理,保护现状植被和生态系统,实施生态修复、退耕还林,建设坡面径流调控工程,治理重点是落叶经济林、稀疏林;太湖丘陵区通过封禁、水源地保护、城郊生态保护、生态景观建设等多种形式对水生态环境进行修复;皖南山地丘陵区开展生态修复、退耕还林还草、修建梯田、营造水保林等工作。

2.平原区

治理重点是河湖岸线防护、城市开发区和开发建设项目区的水土流失防治。

二、综合防治规划

根据太湖流域水土流失的特点和分布,按照"预防为主,全面规划,综合防治,因地制宜,加强管理,注重效益"的水土保持方针,采取预防保护、生态修复、综合治理、监测预报、科技示范推广、监督管理等措施进行综合防治。西部山丘区重点以小流域为单元,以水土保持生态建设示范区为先导,治理流域水土流失。平原区加强河网区河岸植被绿地保护,规范管理城市开发区和主要交通干线等建设活动。

太湖流域近期水土流失治理任务详见表6-1。

表6-1 太湖流域近期水土流失治理任务表

单位:平方公里

行政区	山丘区							平原区
	生态修复	坡面径流调控	水保林	经济林	种草	裸露面恢复植被	合计	生态河道(公里)
江苏	288.1	512.7	140.8	66.3	176.3	14.5	1198.7	6268
浙江	466.3	20.8	59.4	22.4	38.8	2.9	610.6	13385
安徽	26.3	16.3	17.9	4	17	1.9	83.4	15
上海	/	/	/	/	/	/	/	187
流域总计	780.7	549.8	218.1	92.7	232.1	19.3	1892.7	19855

三、基础设施

第七章 流域综合治理重点工程

按照进一步完善发挥太湖调蓄、北向长江引排、东出黄浦江供排、南排杭州湾的流域综合治理格局,规划构建江河湖连通骨干水系,安排流域综合治理重点工程主要包括:环湖大堤后续工程、望虞河后续工程、新孟河延伸拓浚工程、太浦河后续工程、新沟河延伸拓浚工程、东太湖综合整治工程、吴淞江工程、扩大杭嘉湖南排工程、太嘉河工程、东西苕溪综合整治工程等。针对防洪、供水、水生态问题较为突出的重要湖泊及河道,统筹协调省际关系、流域与区域关系,强化流域综合管理,规划安排其他重点工程,包括淀山湖综合治理工程、滆湖综合治理工程,大洑港及上游河道整治工程,白茆塘、七浦塘、杨林塘拓浚整治工程,太湖流域防洪与水资源调度系统和流域水资源监控与保护预警系统建设等。

(一)环湖大堤后续工程

按防御流域100年一遇洪水标准设计。东段堤防级别为1—2级,西段堤防级别为2—3级,重点堤段可适当提高设计等级。工程主要建设内容包括:堤身土方填筑及堤后填塘固基、护砌工程、防汛公路、口门建筑物及桥梁等工程;环湖溇港整治工程;上游滨湖地区堤防建设、圩区整治等工程。

(二)望虞河后续工程

按防御流域100年一遇洪水标准和满足流域枯水年水资源供需平衡要求设计。引江济太期间,西岸地区遇5年一遇标准以下降雨时,原入望虞河的水量通过走马塘排入长江。工程主要建设内容包括:望虞河拓宽、西岸控制、走马塘拓浚延伸。

(三)新孟河延伸拓浚工程

按防御流域100年一遇洪水标准和流域枯水年水资源供需平衡要求设计。工程主要建设内容包括:干河拓浚延伸和主要控制枢纽、沿线交叉建筑物、两岸口门控制建筑物工程等。

(四)太浦河后续工程

按防御流域100年一遇洪水标准和满足流域枯水年水资源供需平衡要求设计。工程主要建设内容包括:局部河段疏浚、太浦闸除险加固、新建两岸控制建筑物和与京杭运河交叉建筑物、杭嘉湖北排泵站等。

(五)新沟河延伸拓浚工程

按防御流域100年一遇洪水标准设计,平枯水年武澄锡虞区太湖口门建筑物合计年外排水量不超过6亿立方米。直武地区遇5年一遇标准以下降雨时,原排入太湖的涝水北排入长江。工程主要建设内容包括:干河拓浚延伸和主要控制枢纽、沿线交叉建筑物、东支两岸口门控制建筑物工程等。

(六)东太湖综合整治工程

按防御流域100年一遇洪水标准和满足流域枯水年水资源供需平衡要求设计。堤防级别暂定为1级。工程主要建设内容包括:行洪供水通道工程、退垦还湖工程、生态清淤工程、水生态修复工程等。

(七)吴淞江工程

按防御流域100年一遇洪水标准和满足流域枯水年水资源供需平衡要求设计。工程主要建设内容包括:干河拓浚、主要控制枢纽、沿线交叉建筑物等。

(八)扩大杭嘉湖南排工程

按防御流域100年一遇洪水标准和满足流域枯水年水资源供需平衡要求设计。工程主要建设内容包括:延伸拓浚平湖塘、长山河、盐官下河,增设排涝泵站等工程,整治洛塘河、长水塘等南排工程配套河道。

(九)太嘉河工程

按防御杭嘉湖区50年一遇洪水标准和满足流域枯水年水资源供需平衡要求设计。工程主要建设内容包括:新开、拓浚河道,整治汤溇港至頔塘,拓浚整治幻溇港至京杭运河。

(十)东西苕溪综合整治工程

东苕溪西险大塘按防御100年一遇洪水标准设计,导流东大堤防洪标准与环湖大堤一致;西苕溪干流按防御20年一遇洪水标准设计,其中保护长兴平原侧按防御50年一遇洪水标准设计。工程主要建设内容包括:水库建设工程、河道整治及堤防工程、滞洪区工程、节制闸建设工程。

(十一)黄浦江河口建闸

黄浦江河口建闸有利于上海城市防洪(潮)、应对未来海平面上升及流域防洪等,但也涉及黄浦江整体开发、航运、河口河势演变等诸多复杂因素。下阶段应继续抓紧开展黄浦江河口建闸的前期研究工作,科学决策。

另外,针对防洪、供水、水生态问题较为突出的重要湖泊及河道,统筹协调省际关系、流域与区域关系,强化流域综合管理,规划安排其他重点工程,包括淀山湖综合治理工程、滆湖综合治理工程,大浉港及上游河道整治工程,白茆塘、七浦塘、杨林塘拓浚整治工程,太湖流域防洪与水资源调度系统和流域水资源监控与保护预警系统建设等。

第八章 涉水行业发展

航运、公路、铁路、电力等涉水行业在流域经济社会发展中发挥了重要作用,在流域全面建设小康社会和现代化中承担着十分繁重而艰巨的任务。为支持流域经济社会可持续发展,进一步促进涉水行业与水利协调发展、共同发展,规划提出涉水行业发展协调意见。

一、航运协调发展

水利工程建设应与航道规划相协调,涉及航道的应事先征求交通部门的意见。水利工程项目涉及港口岸线范围的,应征求港口行政管理部门意见。

水利工程建设经论证需新设控制建筑物,涉及航道等级提高的,可综合考虑现状航道等级、货运规模、规划实施年限等因素,合理确定通航建筑物,满足通航要求。

内河航道规划、航道等级提高,特别是涉及省际边界湖泊、河道的,应与流域水利规划相协调,并事先征求水利部门意见。内河航道规划应尽可能减少对防洪除涝、水资源配置、水资源保护产生的影响,航道线路应按规定避开水源地、供水河道等敏感区域。

内河航道建设应充分论证航道与流域水利工程的交汇控制方式、规模等,并依法办理相关行政许可手续。修建与通航有关的设施或者治理河道,要符合国家规定的通航标准和技术要求。

合理安排内河航道实施顺序,尽可能避免对上下游之间防洪除涝、水资源配置、水资源保护产生不利影响。

在防汛泄洪、抗旱引水等情况下,通航建筑物的运用服从防汛抗旱指挥机构的统一调度。

加强航运管理,积极推进船型标准化,提高船舶安全和环保性能,在流域重要引供水河道航行的船舶要实现污染物船内封闭、收集上岸。建立健全有关船舶防污规则和航道保洁长效管理机制,建立船舶污染物接收处理和运营管理机制,确保已建的船舶垃圾和污(油)水回收站正常运转,减少航运对水环境的影响。建立健全船舶污染事故应急预案,加快建设船舶污染防治应急体系,提高危险品船舶事故应急处置能力。运输剧毒物质、危险化学品的船舶不得进入太湖。进入其他重要水源地的船舶应遵守相关水源地保护条例规定,并加强对有关船舶的动态监控。加强航道护岸、堤防建设和维护,确保防洪安全,防止水土流失。

二、铁路、公路协调发展

路网规划要与流域水利规划相协调,路网规划中涉及河道、湖泊的,应征求水利部门意见。铁路、公路在穿越流域骨干引排水河道时,所建桥梁有条件的应一跨过河,不具备一跨过河条件的应尽可能减少河道中设置桥墩的数量;铁路、公路尽可能不穿越太湖等流域重点湖泊湖区。

涉及河道、湖泊的路网建设项目,立项前应征求水利部门意见,并办理行政许可相关手续。路网建设应避免占用水面,经充分论证确需占用水面的,应严格遵循“占补平衡”的原则,对占用的水面及调蓄能力进行补偿。

路网建设要按照规划保留区管理的相关规定,为规划水利工程留有余地,在河道(湖泊)内设置桥墩时,承台顶高程应低于河道规划底高程以下0.5—1.0米,禁止在河道现状和规划的堤身位置设置桥墩。路堤结合段公路建设必须满足水利工程相关标准和要求。

路网施工期间,应避免或减少对流域防洪、供水及水环境等方面的影响。

加强对有毒有害化学危险品运输车辆的管理,建立应对危险品泄漏应急机制,确保重要饮用水水源地、引供水河道供水安全。

三、农业协调发展

优化农业种植结构和布局,全面实施测土配方施肥,大力推广有机栽培农业,减少农药、化肥的使用。切实加强节水灌溉技术的推广,减少农业用水量及排放量。

严格控制畜禽养殖规模,加强畜禽养殖粪便的综合利用和无害化处理,基本实现畜禽养殖粪污零排放。

严禁在流域行洪通道设置围网等设施。根据水功能区划、水质目标及渔业养殖情况,大量减少围网养殖面积,逐步取消太湖围网养殖;禁止围湖和侵占水面,严禁超区域、超面积养殖。改进养殖模式,调整养殖结构,发展生态养殖,科学投饵,合理用药。水产养殖用水排放要符合《淡水池塘养殖水排放要求》(SC/T9101—2007)的要求,禁止淡水池塘水产养殖及育苗废水直接排入太湖、流域骨干引供水河道及其支流,减少对水环境的污染。

四、电力协调发展

电站取排水应与流域水资源配置格局相协调，新增火电取水口宜布设在长江和杭州湾，电厂排水口不宜设置在流域主要引排河道及重要湖泊周边 1.5 公里范围内。新增抽水蓄能电站不宜以太湖等流域平原湖泊为下水库。核电站应加强清洁生产，做好废污水处理，不宜向流域内退水。

在太湖流域内取水的电站，项目立项前应向水利部门办理行政许可相关手续。水电站（含抽水蓄能电站）设计和运行必须保证基本的下泄流量，保障下游的生产、生活和生态环境需水。

电站运行应服从流域、区域防洪调度，以及旱情和突发事件紧急情况下的水资源调度。

推进火电行业节水技术改造，限期改造流域内现有电站不合理的取退水方式。已建电站要加强水资源管理，严格计量监督，努力提高节水水平。实行清洁生产，全面实现电厂经常性废污水零排放，妥善处理、处置各种废污水。

五、旅游协调发展

旅游发展规划应与水利规划相协调，利用水利工程发展旅游业应满足保障防洪安全、供水安全、水生态安全的要求。

旅游设施的建设不得占用流域水面、减少河湖调蓄能力，经充分论证确需占用水面的，应向水利部门办理行政许可相关手续，并严格遵循“占补平衡”的原则，对占用的水域面积及过水、调蓄能力进行补偿。

应对旅游设施产生的污水进行集中处理，不得将污水直接排入河道、湖泊，对游客加强环境保护的宣传教育。

水库列入风景名胜区范围的，不得影响该水库原设计功能的发挥，不得侵占水库管理范围和保护范围，风景区运用要服从水库的防洪调度和日常运行管理，不得恶化水库的水质。

第九章　流域综合管理

一、流域综合管理体制与机制

（一）管理体制与机制

太湖流域实行流域管理与行政区域管理相结合的管理体制，建立健全太湖流域管理协调机制，完善流域综合治理与管理协商机制；划分流域管理与行政区域管理事权；建立跨地区、跨部门协商与协作工作机制；建立健全水资源管理、水资源保护、水环境治理等地方政府行政首长负责制及跨界断面水量水质达标监督机制。

（二）水利良性发展机制

深化水利投融资体制改革，分类合理确定水利工程的投资分摊比例，加快建立政府水利投资稳定增长机制，拓宽投资渠道，吸引民间资本投资建设水利工程，建立综合性的流域投资机制；深化水利工程建设体制改革，加快形成政企分开、政事分开、政资分开、事企分开的建设与管理体制，完善流域管理机构工程建设安全监督机构，健全政府质量监督制度，完善移民补偿和利益分享机制，落实水利工程建设移民后期扶持政策;深化水利工程管理体制改革,建立市场化、专业化和社会化的水利工程维修养护体系;建立与水有关的生态补偿机制,积极开展与水有关的生态补偿机制研究,探索建立流域水生态补偿标准,开展流域生态补偿试点,建立流域水生态保护共建共享机制。

二、依法行政

(一)流域水法规建设

进一步完善流域综合性法规、水资源管理与保护、防汛抗旱、规划与建设、水文、水土保持、执法监督管理等七类水法规体系。近期重点突出水资源的配置、节约和保护,尽快制定流域水量分配、太湖水量调度管理、流域饮用水源地保护、排污口管理、水功能区管理、应对突发性水污染事件应急处理等相关法规;加强流域防洪管理,抓紧制定流域防汛调度和圩区管理办法等;抓紧制定流域规划保留区制度、水工程建设规划同意书制度、省际边界水利工程建设监督、水域岸线开发利用与管理、取土(采砂)管理、省际水事纠纷调处等相关配套制度,积极推进流域水文、水土保持、占用水域岸线补偿、防洪工程资产管理及补偿等相关法规的制定。流域层面开展制定的主要水法规详见表9-1。

表 9-1 太湖流域主要水法规表

序号	名 称	法规位阶	制定时间
一	综合性		
1	太湖流域管理条例	行政法规	已颁布实施
二	水资源管理与保护		
1	太湖流域水量分配实施办法	规范性文件	2020 年前
2	太湖流域及东南诸河取水许可管理实施办法	规范性文件	2015 年前
3	太湖流域入河排污口管理办法	规范性文件	2015 年前
4	太湖流域水功能区管理办法	规范性文件	2015 年前
5	太湖流域应对突发性水污染事件应急处理办法	规范性文件	2020 年前
6	太湖水资源调度管理办法	规范性文件	2020 年前
7	太湖流域省界缓冲区管理保护办法	规范性文件	2020 年前
三	防汛抗旱		
1	太湖流域洪水调度管理办法	规范性文件	2015 年前
2	太湖流域圩区管理办法	规范性文件	2020 年前
3	太湖流域建设项目占用水域和水利设施补偿办法	规范性文件	2020 年前
四	规划与建设		
1	太湖流域规划保留区制度实施办法	部规章	2020 年前
2	太湖流域水工程建设规划同意书制度管理办法实施细则	规范性文件	2015 年
3	太湖流域省际边界水利工程建设监督办法	规范性文件	2020 年前
五	水文管理		
1	太湖流域水文管理实施办法	规范性文件	2015 年前
六	水土保持		
1	太湖流域水土流失监督管理办法	规范性文件	2020 年前
七	执法监督管理		

续表

序号	名 称	法规位阶	制定时间
1	太湖流域水行政执法监督管理办法	规范性文件	2020年前
2	太湖流域联合执法办法	规范性文件	2020年前

(二)加强水行政执法

加大水行政执法力度,提高执法效能。建立健全归口管理、分工明确、措施到位、密切配合的水事纠纷预防调处机制,完善水事纠纷预防调处的各项措施。明确执法职责、执法程序和执法标准,完善执法工作制度,规范和监督执法活动。进一步加强水政监察队伍专职化建设和执法保障水平建设,强化执法人员培训,重点加强基层执法队伍独立办案能力建设。加强法制宣传,促进各项水法规实施到位。

三、节水型社会建设

(一)建立健全总量控制与定额管理相结合的水资源管理制度

1.明确水资源开发利用控制"红线"

强化需水管理,研究制定各省(市)用水总量、省际断面和重要河湖控制断面的流量和水量控制指标,流域内各省(市)将控制指标分解到省级以下行政区,建立覆盖流域和省、市、县三级行政区域的用水总量控制指标体系;加强水量分配与调度,编制重要河湖水量分配方案和调度方案、年度水量分配方案和年度取水计划;加强重要河湖控制断面、口门及省际断面的水量水质监测,建立用水总量控制监管考核体系;严格取水许可审批,加强取退水监管,全面实施规划及重大建设项目布局水资源论证;积极推进水价改革;建立和完善水权制度,规范水资源开发利用活动。

2.明确用水效率控制"红线"

制定并适时调整用水定额标准,强化定额考核管理;建立健全节水责任制和绩效考核制度、用水评估与考核制度、用水计量与统计制度、用水审计制度等;推进节水型社会建设试点和节水型社会创建;强化节水"三同时"管理,建立健全用水(节水)产品市场准入制度,积极推广节水技术和节水器具;促进雨水、再生水等非常规水源利用。

3.明确水功能区限制纳污"红线"

建立水功能区水质达标评价体系,强化水功能区监督管理,科学核定水域纳污能力,依法提出限制排污的意见,建立排污总量控制制度;严格入河排污口的监督管理,划定禁止和限制设置入河排污口区域;明确各行政区、各排污企业的水污染物排放许可管理;加强省界断面的水量水质考核与监测;加强饮用水水源地保护与监督管理,完善水源地水质监测和信息通报制度;建立流域河湖健康评价指标体系。

(二)建立与流域水资源和水环境承载能力相协调的经济结构

按照"以供定需"的原则,通过用水总量控制、水资源论证、取水许可审批、用水节水计划考核等措施,引导流域经济结构和产业结构调整,工业节水重点推进高耗水行业节水技术改造,鼓励发展用水效率高的高新技术产业;农业节水以提高灌溉水利用效率为核心,合理调整农业生产布局和种植结构,加快灌溉渠系改造;城市节水要加强用水计划管理,实行定期考核,逐步建立与流域水资源和水环境承载能力相协调的经济结构体系。

(三)建立与水资源合理配置相适应的节水防污工程和技术体系

建设生产、生活节水工程,制定和实行更为严格的污水排放标准,加快建设城镇污水处理厂和污水管网建设,加强面源污染治理,建设中水回用和海水利用工程。

(四)建立自觉节水防污的社会行为规范

开展多种形式的节水宣传;鼓励公众广泛参与用水、排污和水价形成等社会监督,涉水公共事务广泛征求公众意见和建议;建设与节水型社会相适应的社会文化;建立自觉节水的社会行为规范体系。

四、水利信息化

至2030年全面建成流域水利现代化信息支撑体系,全面实现信息采集自动化、信息传输网络化、信息处理标准化、调度决策科学化、政务管理公开化,水利管理效率和能力得到全面提高,实现太湖流域水利管理智能化。

(一)信息采集

建成流域综合信息采集系统、水利工程监控管理系统、水利信息网络系统,实现流域内水雨情、水量水质、水生态、地下水、水土保持等各种信息的及时采集,支撑重点工程的监控与实时调度和水资源监控管理,实现各种水利信息的网络高速传输和安全管理。

(二)资源共享

建成流域水利数据中心、流域水利信息共享交换平台和标准体系,实现各类信息汇集、存储、共享和交换,并制定便于互联共享的资源共享服务标准体系,加强地方之间、部门之间信息共享,加强突发事件信息共享。

(三)业务应用

加强业务应用系统的整合、开发与信息资源的利用,建立基于GIS的流域水利信息支撑平台,实现业务应用系统和水利数据中心之间的数据同步和传递,面向业务应用系统和用户提供主题信息服务、信息综合查询和业务功能服务接口,建立服务于流域防洪减灾、水资源配置、水环境改善的决策支持系统和服务于行政办公、社会公众的流域水利电子政务系统,提高流域水利业务管理水平和行政管理能力,面向社会公众提供水利信息服务。

(四)安全保障

建立健全流域水利信息化安全保障体系,从网络级、系统级、数据库级和应用级等方面全面加强安全保障措施建设,确保水利信息资源的安全。

五、流域防洪安全管理

加快编制流域洪水风险图并推广应用;积极探索实践洪水资源化,科学调控洪水资源;加强洪水风险区管理,完善涉水建设项目的洪水影响评价与审批制度,规范土地利用开发行为;探索有效的流域防洪补偿机制,提出防洪工程建设运行管理费用分摊方案;建立健全建设项目占用水域和水利设施等补偿制度;研究洪水保险制度;加强对中短期天气、水雨情和台风暴潮的预报预警;加强应急处理能力建设,进一步发挥流域防汛抗旱指挥机构作用,完善部门协调联动机制和社会动员机制建设,加强专业化与社会化相结合的防汛抗旱应急抢险救援队伍建设,强化信息发布和舆论引导机制建设,不断完善各类预案和调度方案。

六、河湖水域、岸线及圩区管理

(一)河湖水域及岸线利用管理

太湖、望虞河、太浦河岸线功能区划为岸线保护区、岸线保留区和岸线控制利用区三类,以岸线保护区为主。至2020年,"一湖两河"的岸线利用率严格控制在15%以内。

对河湖防洪安全、供水安全和水生态安全有较大影响的围垦、围网养殖、船餐馆及码头等已有岸线开发利用项目,按照"一湖两河"划定的岸线功能区及管理要求予以调整。

"一湖两河"水域及岸线范围内禁止建设污染水体和危害水利工程安全的各类岸线开发利用项目,有限度地实施旅游、休闲和码头建设项目;禁止将污水排入河湖水体,严格限制经营性或商业开发项目占用水域;与岸线和水域管理要求不符的已有开发利用项目或设施,不得在现有规模上进行改建、扩建;严重影响防洪、供水及水利设施安全的,应采取整改或补救措施;无法整改或补救的,应进行清退或搬迁;围垦区退渔(田)还湖规划批准前,围垦区内不得新建、扩建或改建与防洪、供水、水环境治理和保护无关的开发利用项目,不得对圩堤进行加高加固或对圩内地面进行填高。

岸线保护区内允许在不影响防洪安全、供水安全和水生态安全的前提下,建设结合堤防改造加固的道路建设项目,景观、绿化及其他与岸线环境整治有关的项目,以及关系民生的供水、交通、电力、通讯等公共基础设施和社会公益性项目;岸线保留区内允许建设已列入保留区相关规划的项目和符合保留区相关规划的公共基础设施和社会公益性项目;岸线控制利用区内允许建设符合管理要求的项目,以及适量的旅游或码头设施建设项目。

加强"一湖两河"岸线利用审批管理,明确相关审批职责和程序要求,协调流域与区域、水利与其他行业主管部门之间的关系;建立保护优先、协调发展的岸线保护与利用格局;积极开展河湖岸线利用管理规划编制工作;加强涉河建设项目管理的各类技术标准研究。

其他河湖岸线利用管理需建立在保护优先、协调发展的格局之上。尤其是对保障流域防洪、供水安全有重要作用的流域泄洪或供水河道,应以保护为主,控制开发利用,加强对桥梁、码头等阻水建筑物的控制和管理,有效规范岸线开发利用行为。同时积极开展河湖岸线利用管理规划编制工作,加强涉河建设项目管理的各类技术标准研究。

(二)河湖水系整治

总体原则:服从流域相关水利规划,在江河湖连通骨干水系的框架下,进一步完善区域河网湖泊整治,促进流域骨干河湖防洪、供水、水环境改善等功能的发挥。妥善处理上下游及省际间关系,避免或尽可能减轻相邻区域间的不利影响。以保障区域防洪、供水、水生态安全为重点,统筹兼顾水环境改善、航运、景观、旅游等综合利用需求。

加强河湖水系整治规划管理;划分河道等级,加强分级管理,明确各级河道和湖泊的日常管理责任部门,定期开展清淤、巡查工作等;加强跨省及省际边界水系管理,跨省及省际边界水系整治由流域管理机构按照水工程建设规划同意书管理要求实施管理,避免或尽可能减少其对流域、相邻区域的防洪和水资源配置的影响,预防省际边界矛盾发生;严格控制水面率,禁止围湖和侵占水面,有计划地实施退渔(田)还湖,实现现有河湖水面率、特别是圩外水面率不降低,有条件的地区应因地制宜,适当提高水面率。下阶段按行政区进一步细化水面率控制指标,并制定相应的水域管理监督办法。

(三)圩区管理

总体原则:圩区建设应根据村镇发展和新农村建设规划要求,与流域、区域防洪除涝格局和标准相协调,妥善协调上下游及省际间关系,合理确定圩区格局与标准,统筹安排圩外排水河道规模,保持合理的圩内水面率。

加强圩区建设规划管理,由流域管理机构提出流域圩区建设规划指导意见,各地应根据指导意见抓紧编制(修编)圩区建设规划,并制定符合地区实际的圩区管理意见;实行圩区分类管理,合理确定不同类型圩区的建设标准及运行管理方案,明确责任部门,保证圩区建设和正常运行;加强省际边界圩区管理,合理确定省际边界地区圩区建设标准,上游地区圩区建设应合理控制外排河道及泵站规模,下游地区圩区建设不得减小圩外河道规模,妥善安排上游地区排水出路;加强圩区调度管理,适当发挥圩区的调蓄作用,在流域发生特大洪水期间,适当减少圩区涝水外排,维持圩内一定的高水位,在平枯水期可通过圩区闸、泵科学调度,加强圩内外水体交换,有效改善圩区水环境。

七、水利工程调度

坚持统一调度与分级管理相结合,进一步加强调度管理制度建设,完善调度方案,不断提高调度现代化水平。

对流域防汛抗旱影响较大的水工程的防汛抗旱调度指令,由太湖流域防汛抗旱指挥机构下达。太浦河太浦闸、泵站,新孟河江边枢纽、运河立交枢纽,望虞河望亭、常熟水利枢纽水资源调度指令,由太湖流域管理机构下达;国务院水行政主管部门规定的对流域水资源配置影响较大的水工程,由太湖流域管理机构商当地省、直辖市人民政府水行政主管部门下达调度指令。其他水利工程由两省一市有关县级以上地方人民政府防汛抗旱指挥机构或水行政主管部门按照调度管理权限分级调度。

遇超标准洪水、特殊干旱灾害,由太湖流域防汛抗旱指挥机构组织两省一市人民政府防汛抗旱指挥机构提出处理意见,报由国家防汛抗旱指挥机构批准后执行。遇突发水污染事件、水质恶化等严重影响流域供水安全的情况及流域省(市)有其他特殊需求时,由有关省(市)人民政府防汛抗旱指挥机构提出申请,太湖流域防汛抗旱指挥机构商两省一市人民政府防汛抗旱指挥机构提出应急处理方案,报国家防汛抗旱指挥机构批准后执行。

第十章 规划实施意见及效果评价

一、规划实施意见

统筹流域防洪、水资源配置及水环境改善等综合利用要求,结合流域水环境综合治理,优先安排望虞河后续工程、新孟河延伸拓浚工程、太浦河后续工程、新沟河延伸拓浚工程、太嘉河工程、东太湖综合整治工程、扩大杭嘉湖南排工程、东西苕溪综合整治工程、环湖大堤后续工程及吴淞江工程等流域综合治理重点工程,以及太湖流域防洪与水资源调度系统、流域水资源监控与保护预警系统等非工程措施建设;根据轻重缓急,相应抓紧主要城市防洪及区域重点水资源配置、节水、供水、水资源保护、水生态修复及水土保持等工程建设。

二、环境影响评价

规划实施将提高流域防洪减灾、水资源优化配置能力,缓解流域用水需求、保障供水安全,改善水生态环境,减轻水土流失,有利于航运业的发展,有利于岸线资源的合理开发利用,为经济社会可持续发展奠定更加坚实的基础。

水利工程属非污染开发建设项目,但对局部区域的水环境、生态环境等会产生一定程度的不利影响,工程施工过程中对工程区附近的环境产生短暂的不利影响。

规划工程建设遵循环境保护管理程序,编制切实可行的移民安置规划,加强对基本农田的保护,及时开展规划环境影响评价的跟踪评价,通过采取相应的环境保护对策措施,避免或减轻环境影响。

三、实施效果评价

(一)综合利用效果评价

1.防洪减灾作用

近期建设任务完成后,流域防洪标准可达到不同降雨典型的50年一遇,主要城市防洪标准达到国家规定的要求,区域防洪标准由10—20年一遇提高到20—50年一遇。

远期建设任务完成后,流域防洪标准可提高到不同降雨典型的100年一遇,如重遇1999年特大洪水,通过采取超标准行洪措施,能重点保护流域内主要堤防和上海、杭州、苏州、无锡、常州、嘉兴、湖州等大中城市中心城区,以及重要基础设施的防洪安全,最大限度减少洪涝灾害损失。

2.水资源配置作用

规划实施后,流域引长江水量和入太湖水量增加,河道内、外合理用水需求基本得到满足。太湖最低旬平均水位可抬高20—30厘米,特枯水年太湖最低旬平均水位可维持在2.8米左右。通过供水水源地布局的调整,提高优质水源地的集中供水能力,保障流域整体供水安全。规划沿长江、钱塘江水源地供水规模增加1427万吨/天,年供水量增加33.7亿立方米;沿太湖—太浦河水源地供水规模增加412.9万吨/天,年供水量增加10.3亿立方米。

3.水生态环境改善作用

规划将改善流域水环境,预计至2030年流域水功能区化学需氧量、氨氮达标率及流域供水原水水质合格率均将达到100%,流域重要水体水质均有不同程度改善,河网水质逐步好转。

规划实施后,可有效增加河道内用水,合理提高河湖水位,促进河网水体有序流动,有效改善湖泊水体流态,多年平均太湖换水周期缩短至140天。水体流动可增强水体自净能力,有助于抑制蓝藻暴发,为改善流域水生态环境提供良好的水利条件,促进河湖生态系统恢复和良性循环。

4.对航运等其他涉水行业发展的作用

规划新辟和拓浚河道,可增加通航里程,提高航道等级,增加航运效益;同时,通过流域综合治理重点工程建设和合理调度,可改善通航条件,增加通航时间,减轻洪枯水期停航或限航的影响。

规划实施后,可有效改善流域河湖水体水质,提高渔业养殖产品的品质。河湖水质改善也有利于形成良好的水景观,改善人居、旅游环境。

(二)经济效益和社会效益

规划实施后预计将产生的综合经济效益为189.63亿元,其中多年平均防洪、供水、水环境改善效益分别为 90.31 亿元、92.62 亿元和 6.7 亿元。

规划实施后,可显著提高流域、城市和区域的防洪标准,降低洪涝灾害损失风险;有效增加流域水资源量,提高供水安全保障程度,保障粮食作物和经济作物产量,满足流域航运、电力、渔业及旅游等行业需要;使太湖流域水环境质量从根本上得以改善,居民生存的基本条件得到强有力保障,对促进社会稳定和构建和谐社会具有重要作用。

第十一章 保障措施

(一)加强领导,落实职责分工

各级人民政府要高度重视流域治理、开发、保护和管理工作,切实加强规划的组织实施,将规划确定的目标和任务纳入国民经济和社会发展规划,并作为政府重要考核内容;有关行业部门要按照职责分工,切实履行职责,具体落实规划目标和任务;加大宣传,调动群众参与流域治理的积极性。

(二)健全法制,强化依法管水

积极推进法规建设,制定国家和地方性水法规,明确流域管理和行政区域管理事权;建立健全规划实施责任制度,明确各级政府实施和落实规划的责任;加强对规划实施和规划执行结果的检查评估。

(三)加大投入,拓宽融资渠道

坚持中央、地方、社会共同负担的原则,完善多元化、多渠道、多层次的投资体系。公益性为主的防洪减灾、水资源配置、水环境保护、节约用水等基础设施建设,发挥中央和地方两个积极性,建立长期稳定的水利建设多渠道投入机制。经营性为主的开发利用项目,利用市场机制和手段,吸引社会投入。

(四)科学管水,加强能力建设

加强科技研发与创新体系建设,进行关键技术科技攻关,加快水资源可持续利用技术标准体系建设;加强科技成果、适用技术的转化和推广应用;加强科技创新中心、科学数据和文献资料共享平台等科技基础平台建设,推进技术信息资源共享;加强国内外的交流与合作。

四、资源环境

节能减排“十二五”规划

为确保实现“十二五”节能减排约束性目标，缓解资源环境约束，应对全球气候变化，促进经济发展方式转变，建设资源节约型、环境友好型社会，增强可持续发展能力，根据《中华人民共和国国民经济和社会发展第十二个五年规划纲要》，制定本规划。

一、现状与形势

（一）“十一五”节能减排取得显著成效

“十一五”时期，国家把能源消耗强度降低和主要污染物排放总量减少确定为国民经济和社会发展的约束性指标，把节能减排作为调整经济结构、加快转变经济发展方式的重要抓手和突破口。各地区、各部门认真贯彻落实党中央、国务院的决策部署，采取有效措施，切实加大工作力度，基本实现了“十一五”规划纲要确定的节能减排约束性目标，节能减排工作取得了显著成效。

——为保持经济平稳较快发展提供了有力支撑。“十一五”期间，我国以能源消费年均 6.6%的增速支撑了国民经济年均 11.2%的增长，能源消费弹性系数由“十五”时期的 1.04 下降到 0.59，节约能源 6.3 亿吨标准煤。

——扭转了我国工业化、城镇化快速发展阶段能源消耗强度和主要污染物排放量上升的趋势。“十一五”期间，我国单位国内生产总值能耗由“十五”后三年上升 9.8%转为下降 19.1%；二氧化硫和化学需氧量排放总量分别由“十五”后三年上升 32.3%、3.5%转为下降 14.29%、12.45%。

——促进了产业结构优化升级。2010 年与 2005 年相比，电力行业 300 兆瓦以上火电机组占火电装机容量比重由 50%上升到 73%，钢铁行业 1000 立方米以上大型高炉产能比重由 48%上升到 61%，建材行业新型干法水泥熟料产量比重由 39%上升到 81%。

——推动了技术进步。2010 年与 2005 年相比，钢铁行业干熄焦技术普及率由不足 30%提高到 80%以上，水泥行业低温余热回收发电技术普及率由开始起步提高到55%,烧碱行业离子膜法烧碱技术普及率由29%提高到84%。

——节能减排能力明显增强。“十一五”时期,通过实施节能减排重点工程,形成节能能力3.4亿吨标准煤;新增城镇污水日处理能力6500万吨,城市污水处理率达到77%;燃煤电厂投产运行脱硫机组容量达5.78亿千瓦,占全部火电机组容量的82.6%。

——能效水平大幅度提高。2010年与2005年相比,火电供电煤耗由370克标准煤/千瓦时降到333克标准煤/千瓦时,下降10%;吨钢综合能耗由688千克标准煤降到605千克标准煤,下降12.1%;水泥综合能耗下降28.6%;乙烯综合能耗下降11.3%;合成氨综合能耗下降14.3%。

——环境质量有所改善。2010年与2005年相比,环保重点城市二氧化硫年均浓度下降26.3%,地表水国控断面劣五类水质比例由27.4%下降到20.8%,七大水系国控断面好于三类水质比例由41%上升到59.9%。

——为应对全球气候变化作出了重要贡献。“十一五”期间,我国通过节能降耗减少二氧化碳排放14.6亿吨,得到国际社会的广泛赞誉,展示了我负责任大国的良好形象。

“十一五”时期,我国节能法规标准体系、政策支持体系、技术支撑体系、监督管理体系初步形成,重点污染源在线监控与环保执法监察相结合的减排监督管理体系初步建立,全社会节能环保意识进一步增强。

(二)存在的主要问题

一是一些地方对节能减排的紧迫性和艰巨性认识不足,片面追求经济增长,对调结构、转方式重视不够,不能正确处理经济发展与节能减排的关系,节能减排工作还存在思想认识不深入、政策措施不落实、监督检查不力、激励约束不强等问题。

二是产业结构调整进展缓慢。“十一五”期间,第三产业增加值占国内生产总值的比重低于预期目标,重工业占工业总产值比重由68.1%上升到70.9%,高耗能、高排放产业增长过快,结构节能目标没有实现。

三是能源利用效率总体偏低。我国国内生产总值约占世界的8.6%,但能源消耗占世界的19.3%,单位国内生产总值能耗仍是世界平均水平的2倍以上。2010年全国钢铁、建材、化工等行业单位产品能耗比国际先进水平高出10%—20%。

四是政策机制不完善。有利于节能减排的价格、财税、金融等经济政策还不完善,基于市场的激励和约束机制不健全,创新驱动不足,企业缺乏节能减排内生动力。

五是基础工作薄弱。节能减排标准不完善,能源消费和污染物排放计量、统计体系建设滞后,监测、监察能力亟待加强,节能减排管理能力还不能适应工作需要。

(三)面临的形势

“十二五”时期如未能采取更加有效的应对措施,我国面临的资源环境约束将日益强化。从国内看,随着工业化、城镇化进程加快和消费结构升级,我国能源需求呈刚性增长,受国内资源保障能力和环境容量制约,我国经济社会发展面临的资源环境瓶颈约束更加突出,节能减排工作难度不断加大。从国际看,围绕能源安全和气候变化的博弈更加激烈。一方面,贸易保护主义抬头,部分发达国家凭借技术优势开征碳税并计划实施碳关税,绿色贸易壁垒日益突出。另一方面,全球范围内绿色经济、低碳技术正在兴起,不少发达国家大幅增加投入,支持节能环保、新能源和低碳技术等领域创新发展,抢占未来发展制高点的竞争日趋激烈。

虽然我国节能减排面临巨大挑战,但也面临难得的历史机遇。科学发展观深入人心,全民节能环保意识不断提高，各方面对节能减排的重视程度明显增强，产业结构调整力度不断加大，科技创新能力不断提升，节能减排激励约束机制不断完善，这些都为"十二五"推进节能减排创造了有利条件。要充分认识节能减排的极端重要性和紧迫性，增强忧患意识和危机意识，抓住机遇，大力推进节能减排，促进经济社会发展与资源环境相协调，切实增强可持续发展能力。

二、指导思想、基本原则和主要目标

（一）指导思想

以邓小平理论和"三个代表"重要思想为指导，深入贯彻落实科学发展观，坚持大幅降低能源消耗强度、显著减少主要污染物排放总量、合理控制能源消费总量相结合，形成加快转变经济发展方式的倒逼机制；坚持强化责任、健全法制、完善政策、加强监管相结合，建立健全有效的激励和约束机制；坚持优化产业结构、推动技术进步、强化工程措施、加强管理引导相结合，大幅度提高能源利用效率，显著减少污染物排放；加快构建政府为主导、企业为主体、市场有效驱动、全社会共同参与的推进节能减排工作格局，确保实现"十二五"节能减排约束性目标，加快建设资源节约型、环境友好型社会。

（二）基本原则

强化约束，推动转型。通过逐级分解目标任务，加强评价考核，强化节能减排目标的约束性作用，加快转变经济发展方式，调整优化产业结构，增强可持续发展能力。

控制增量，优化存量。进一步完善和落实相关产业政策，提高产业准入门槛，严格能评、环评审查，抑制高耗能、高排放行业过快增长，合理控制能源消费总量和污染物排放增量。加快淘汰落后产能，实施节能减排重点工程，改造提升传统产业。

完善机制，创新驱动。健全节能环保法律、法规和标准，完善有利于节能减排的价格、财税、金融等经济政策，充分发挥市场配置资源的基础性作用，形成有效的激励和约束机制，增强用能、排污单位和公民自觉节能减排的内生动力。加快节能减排技术创新、管理创新和制度创新，建立长效机制，实现节能减排效益最大化。

分类指导，突出重点。根据各地区、各有关行业特点，实施有针对性的政策措施。突出抓好工业、建筑、交通、公共机构等重点领域和重点用能单位节能，大幅提高能源利用效率。加强环境基础设施建设，推动重点行业、重点流域、农业源和机动车污染防治，有效减少主要污染物排放总量。

（三）总体目标

到2015年，全国万元国内生产总值能耗下降到0.869吨标准煤（按2005年价格计算），比2010年的1.034吨标准煤下降16%（比2005年的1.276吨标准煤下降32%）。"十二五"期间，实现节约能源6.7亿吨标准煤。

2015年，全国化学需氧量和二氧化硫排放总量分别控制在2347.6万吨、2086.4万吨，比2010年的2551.7万吨、2267.8万吨各减少8%，分别新增削减能力601万吨、654万吨；全国氨氮和氮氧化物排放总量分别控制在238万吨、2046.2万吨，比2010年的264.4万吨、2273.6万吨各减少10%，分别新增削减能力69万吨、794万吨。

(四)具体目标

到2015年,单位工业增加值(规模以上)能耗比2010年下降21%左右,建筑、交通运输、公共机构等重点领域能耗增幅得到有效控制,主要产品(工作量)单位能耗指标达到先进节能标准的比例大幅提高,部分行业和大中型企业节能指标达到世界先进水平(见表2-1)。风机、水泵、空压机、变压器等新增主要耗能设备能效指标达到国内或国际先进水平,空调、电冰箱、洗衣机等国产家用电器和一些类型的电动机能效指标达到国际领先水平。工业重点行业、农业主要污染物排放总量大幅降低(见表2-2)。

表2-1 “十二五”时期主要节能指标

指标	单位	2010年	2015年	变化幅度/变化率
工业				
单位工业增加值(规模以上)能耗	%			[-21%左右]
火电供电煤耗	克标准煤/千瓦时	333	325	-8
火电厂厂用电率	%	6.33	6.20	-0.13
电网综合线损率	%	6.53	6.30	-0.23
吨钢综合能耗	千克标准煤	605	580	-25
铝锭综合交流电耗	千瓦时/吨	14013	13300	-713
铜冶炼综合能耗	千克标准煤/吨	350	300	-50
原油加工综合能耗	千克标准煤/吨	99	86	-13
乙烯综合能耗	千克标准煤/吨	886	857	-29
合成氨综合能耗	千克标准煤/吨	1402	1350	-52
烧碱(离子膜)综合能耗	千克标准煤/吨	351	330	-21
水泥熟料综合能耗	千克标准煤/吨	115	112	-3
平板玻璃综合能耗	千克标准煤/重量箱	17	15	-2
纸及纸板综合能耗	千克标准煤/吨	680	530	-150
纸浆综合能耗	千克标准煤/吨	450	370	-80
日用陶瓷综合能耗	千克标准煤/吨	1190	1110	-80
建筑				
北方采暖地区既有居住建筑改造面积	亿平方米	1.80	5.80	4
城镇新建绿色建筑标准执行率	%	1	15	14
交通运输				
铁路单位运输工作量综合能耗	吨标准煤/百万换算吨公里	5.01	4.76	[-5%]
营运车辆单位运输周转量能耗	千克标准煤/百吨公里	7.90	7.50	[-5%]
营运船舶单位运输周转量能耗	千克标准煤/千吨公里	6.99	6.29	[-10%]
民航业单位运输周转量能耗	千克标准煤/吨公里	0.45	0.428	[-5%]
公共机构				
公共机构单位建筑面积能耗	千克标准煤/平方米	23.90	21	[-12%]
公共机构人均能耗	千克标准煤/人	447.40	380	[15%]
终端用能设备能效				
燃煤工业锅炉(运行)	%	65	70—75	5—10

续表

指　标	单　位	2010 年	2015 年	变化幅度/变化率
三相异步电动机(设计)	%	90	92—94	2—4
容积式空气压缩机输入比功率	千瓦/(立方米·分$^{-1}$)	10.70	8.50—9.30	-1.40—-2.20
电力变压器损耗	千瓦	空载:43 负载:170	空载:30—33 负载:151—153	-10—-13 -17—-19
汽车(乘用车)平均油耗	升/百公里	8	6.9	-1.1
房间空调器(能效比)	—	3.30	3.50—4.50	0.20—1.20
电冰箱(能效指数)	%	49	40—46	-3—-9
家用燃气热水器(热效率)	%	87—90	93—97	3—10
注:[ ]内为变化率。				

表 2-2　"十二五"时期主要减排指标

指　标	单　位	2010 年	2015 年	变化幅度/变化率
工业				
工业化学需氧量排放量	万吨	355	319	[-10%]
工业二氧化硫排放量	万吨	2073	1866	[-10%]
工业氨氮排放量	万吨	28.50	24.20	[-15%]
工业氮氧化物排放量	万吨	1637	1391	[-15%]
火电行业二氧化硫排放量	万吨	956	800	[-16%]
火电行业氮氧化物排放量	万吨	1055	750	[-29%]
钢铁行业二氧化硫排放量	万吨	248	180	[-27%]
水泥行业氮氧化物排放量	万吨	170	150	[-12%]
造纸行业化学需氧量排放量	万吨	72	64.80	[-10%]
造纸行业氨氮排放量	万吨	2.14	1.93	[-10%]
纺织印染行业化学需氧量排放量	万吨	29.90	26.90	[-10%]
纺织印染行业氨氮排放量	万吨	1.99	1.75	[-12%]
农业				
农业化学需氧量排放量	万吨	1204	1108	[-8%]
农业氨氮排放量	万吨	82.90	74.60	[-10%]
城市				
城市污水处理率	%	77	85	8
注:[ ]内为变化率。				

三、主要任务

(一)调整优化产业结构

——抑制高耗能、高排放行业过快增长。合理控制固定资产投资增速和火电、钢铁、水泥、造纸、印染等重点行业发展规模,提高新建项目节能、环保、土地、安全等准入门槛,严格固定资产投资项目节能评估审查、环境影响评价和建设项目用地预审,完善新开工项目管理部门联动机制和项目审批问责制。对违规在建的高耗能、高排放项目,有关部门要责令停止建设,金融机构一律不得发放贷款。对违规建成的项目,要责令停止生产,金融机构一律不得发放流动资金贷款,有关部门要停止供电供水。严格控制高耗能、高排放和资源性产品出口。把能源消费总量、污染物排放总量作为能评和环评审批的重要依据,对电力、钢铁、造纸、印染行业实行主要污染物排放总量控制,对新建、扩建项目实施排污量等量或减量置换。优化电力、钢铁、水泥、玻璃、陶瓷、造纸等重点行业区域空间布局。中西部地区承接产业转移必须坚持高标准,严禁高污染产业和落后生产能力转入。

——淘汰落后产能。严格落实《产业结构调整指导目录(2011 年本)》和《部分工业行业淘汰落后生产工艺装备和产品指导目录(2010 年本)》,重点淘汰小火电 2000 万千瓦、炼铁产能 4800 万吨、炼钢产能 4800 万吨、水泥产能 3.7 亿吨、焦炭产能 4200 万吨、造纸产能 1500 万吨等(见表 3-1)。制定年度淘汰计划,并逐级分解落实。对稀土行业实施更严格的节能环保准入标准,加快淘汰落后生产工艺和生产线,推进形成合理开发、有序生产、高效利用、技术先进、集约发展的稀土行业持续健康发展格局。完善落后产能退出机制,对未完成淘汰任务的地区和企业,依法落实惩罚措施。鼓励各地区制定更严格的能耗和排放标准,加大淘汰落后产能力度。

表 3-1 "十二五"时期淘汰落后产能一览表

行 业	主要内容	单位	产能
电力	大电网覆盖范围内,单机容量在 10 万千瓦及以下的常规燃煤火电机组,单机容量在 5 万千瓦及以下的常规小火电机组,以发电为主的燃油锅炉及发电机组(5 万千瓦及以下);大电网覆盖范围内,设计寿命期满的单机容量在 20 万千瓦及以下的常规燃煤火电机组	万千瓦	2000
炼铁	400 立方米及以下炼铁高炉等	万吨	4800
炼钢	30 吨及以下转炉、电炉等	万吨	4800
铁合金	6300 千伏安以下铁合金矿热电炉,3000 千伏安以下铁合金半封闭直流电炉、铁合金精炼电炉等	万吨	740
电石	单台炉容量小于 12500 千伏安电石炉及开放式电石炉	万吨	380
铜(含再生铜)冶炼	鼓风炉、电炉、反射炉炼铜工艺及设备等	万吨	80
电解铝	100 千安及以下预焙槽等	万吨	90
铅(含再生铅)冶炼	采用烧结锅、烧结盘、简易高炉等落后方式炼铅工艺及设备,未配套建设制酸及尾气吸收系统的烧结机炼铅工艺等	万吨	130
锌(含再生锌)冶炼	采用马弗炉、马槽炉、横罐、小竖罐等进行焙烧、简易冷凝设施进行收尘等落后方式炼锌或生产氧化锌工艺装备等	万吨	65
焦炭	土法炼焦(含改良焦炉),单炉产能 7.5 万吨/年以下的半焦(兰炭)生产装置,炭化室高度小于 4.3 米焦炉(3.8 米及以上捣固焦炉除外)	万吨	4200
水泥(含熟料及磨机)	立窑,干法中空窑,直径 3 米以下水泥粉磨设备等	万吨	37000
平板玻璃	平拉工艺平板玻璃生产线(含格法)	万重量箱	9000
造纸	无碱回收的碱法(硫酸盐法)制浆生产线,单条产能小于 3.4 万吨的非木浆生产线,单条产能小于 1 万吨的废纸浆生产线,年生产能力 5.1 万吨以下的化学木浆生产线等	万吨	1500

续表

行　　业	主要内容	单位	产能
化纤	2万吨/年及以下粘胶常规短纤维生产线，湿法氨纶工艺生产线，二甲基酰胺溶剂法氨纶及腈纶工艺生产线，硝酸法腈纶常规纤维生产线等	万吨	59
印染	未经改造的74型染整生产线，使用年限超过15年的国产和使用年限超过20年的进口前处理设备、拉幅和定形设备、圆网和平网印花机、连续染色机，使用年限超过15年的浴比大于1∶10的棉及化纤间歇式染色设备等	亿米	55.80
制革	年加工生皮能力5万标张牛皮、年加工蓝湿皮能力3万标张牛皮以下的制革生产线	万标张	1100
酒精	3万吨/年以下酒精生产线（废糖蜜制酒精除外）	万吨	100
味精	3万吨/年以下味精生产线	万吨	18.20
柠檬酸	2万吨/年及以下柠檬酸生产线	万吨	4.75
铅蓄电池（含极板及组装）	开口式普通铅蓄电池生产线，含镉高于0.002%的铅蓄电池生产线，20万千伏安时/年规模以下的铅蓄电池生产线	万千伏安时	746
白炽灯	60瓦以上普通照明用白炽灯	亿只	6

——促进传统产业优化升级。运用高新技术和先进适用技术改造提升传统产业，促进信息化和工业化深度融合。加大企业技术改造力度，重点支持对产业升级带动作用大的重点项目和重污染企业搬迁改造。调整加工贸易禁止类商品目录，提高加工贸易准入门槛。提升产品节能环保性能，打造绿色低碳品牌。合理引导企业兼并重组，提高产业集中度，培育具有自主创新能力和核心竞争力的企业。

——调整能源消费结构。促进天然气产量快速增长，推进煤层气、页岩气等非常规油气资源开发利用，加强油气战略进口通道、国内主干管网、城市配网和储备库建设。结合产业布局调整，有序引导高耗能企业向能源产地适度集中，减少长距离输煤输电。在做好生态保护和移民安置的前提下积极发展水电，在确保安全的基础上有序发展核电。加快风能、太阳能、地热能、生物质能、煤层气等清洁能源商业化利用，加快分布式能源发展，提高电网对非化石能源和清洁能源发电的接纳能力。到2015年，非化石能源消费总量占一次能源消费比重达到11.4%。

——推动服务业和战略性新兴产业发展。加快发展生产性服务业和生活性服务业，推进规模化、品牌化、网络化经营。到2015年，服务业增加值占国内生产总值比重比2010年提高4个百分点。推动节能环保、新一代信息技术、生物、高端装备制造、新能源、新材料、新能源汽车等战略性新兴产业发展。到2015年，战略性新兴产业增加值占国内生产总值比重达到8%左右。

（二）推动能效水平提高

——加强工业节能。坚持走新型工业化道路，通过明确目标任务、加强行业指导、推动技术进步、强化监督管理，推进工业重点行业节能。

电力。鼓励建设高效燃气—蒸汽联合循环电站，加强示范整体煤气化联合循环技术（IGCC）和以煤气化为龙头的多联产技术。发展热电联产，加快智能电网建设。加快现役机组和电网技术改造，降低厂用电率和输配电线损。

煤炭。推广年产400万吨选煤系统成套技术与装备，到2015年原煤入洗率达到60%以上，鼓励高硫、高灰动力煤入洗，灰分大于25%的商品煤就近销售。积极发展动力配煤，合理选择具有区位和市场优势的矿区、港口等煤炭集散地建设煤炭储配基地。发展煤炭地下气化、脱硫、水煤浆、型煤等洁净煤技术。实施煤矿节能技术改造。加强煤矸石综合利用。

钢铁。优化高炉炼铁炉料结构,降低铁钢比。推广连铸坯热送热装和直接轧制技术。推动干熄焦、高炉煤气、转炉煤气和焦炉煤气等二次能源高效回收利用,鼓励烧结机余热发电,到2015年重点大中型企业余热余压利用率达到50%以上。支持大中型钢铁企业建设能源管理中心。

有色金属。重点推广新型阴极结构铝电解槽、低温高效铝电解等先进节能生产工艺技术。推进氧气底吹熔炼技术、闪速技术等广泛应用。加快短流程连续炼铅冶金技术、连续铸轧短流程有色金属深加工工艺、液态铅渣直接还原炼铅工艺与装备产业化技术开发和推广应用。加强有色金属资源回收利用。提高能源管理信息化水平。

石油石化。原油开采行业要全面实施抽油机驱动电机节能改造,推广不加热集油技术和油田采出水余热回收利用技术,提高油田伴生气回收水平。鼓励符合条件的新建炼油项目发展炼化一体化。原油加工行业重点推广高效换热器并优化换热流程、优化中段回流取热比例、降低汽化率、塔顶循环回流换热等节能技术。

化工。合成氨行业重点推广先进煤气化技术、节能高效脱硫脱碳、低位能余热吸收制冷等技术,实施综合节能改造。烧碱行业提高离子膜法烧碱比例,加快零极距、氧阴极等先进节能技术的开发应用。纯碱行业重点推广蒸汽多级利用、变换气制碱、新型盐析结晶器及高效节能循环泵等节能技术。电石行业加快采用密闭式电石炉,全面推行电石炉炉气综合利用,积极推进新型电石生产技术研发和应用。

建材。推广大型新型干法水泥生产线。普及纯低温余热发电技术,到2015年水泥纯低温余热发电比例提高到70%以上。推进水泥粉磨、熟料生产等节能改造。推进玻璃生产线余热发电,到2015年余热发电比例提高到30%以上。加快开发推广高效阻燃保温材料、低辐射节能玻璃等新型节能产品。推进墙体材料革新,城市城区限制使用粘土制品,县城禁止使用实心粘土砖。加快新型墙体材料发展,到2015年新型墙体材料比重达到65%以上。

——强化建筑节能。开展绿色建筑行动,从规划、法规、技术、标准、设计等方面全面推进建筑节能,提高建筑能效水平。

强化新建建筑节能。严把设计关口,加强施工图审查,城镇建筑设计阶段100%达到节能标准要求。加强施工阶段监管和稽查,施工阶段节能标准执行率达到95%以上。严格建筑节能专项验收,对达不到节能标准要求的不得通过竣工验收。鼓励有条件的地区适当提高建筑节能标准。加强新区绿色规划,重点推动各级机关、学校和医院建筑,以及影剧院、博物馆、科技馆、体育馆等执行绿色建筑标准;在商业房地产、工业厂房中推广绿色建筑。

加大既有建筑节能改造力度。以围护结构、供热计量、管网热平衡改造为重点,大力推进北方采暖地区既有居住建筑供热计量及节能改造,加快实施“节能暖房”工程。开展大型公共建筑采暖、空调、通风、照明等节能改造,推行用电分项计量。以建筑门窗、外遮阳、自然通风等为重点,在夏热冬冷地区和夏热冬暖地区开展居住建筑节能改造试点。在具备条件的情况下,鼓励在旧城区综合改造、城市市容整治、既有建筑抗震加固中,采用加层、扩容等方式开展节能改造。

——推进交通运输节能。加快构建便捷、安全、高效的综合交通运输体系,不断优化运输结构,推进科技和管理创新,进一步提升运输工具能源效率。

铁路运输。大力发展电气化铁路,进一步提高铁路运输能力。加强运输组织管理。加快淘汰老旧机车机型，推广铁路机车节油、节电技术，对铁路运输设备实施节能改造。积极推进货运重载化。推进客运站节能优化设计，加强大型客运站能耗综合管理。

公路运输。全面实施营运车辆燃料消耗量限值标准。建立物流公共信息平台，优化货运组织。推行高速公路不停车收费，继续开展公路甩挂运输试点。实施城乡道路客运一体化试点。推广节能驾驶和绿色维修。

水路运输。建设以国家高等级航道网为主体的内河航道网，推进航电枢纽建设，优化港口布局。推进船舶大型化、专业化，淘汰老旧船舶，加快实施内河船型标准化。发展大宗散货专业化运输和多式联运等现代运输组织方式。推进港口码头节能设计和改造。加快港口物流信息平台建设。

航空运输。优化航线网络和运力配备，改善机队结构，加强联盟合作，提高运输效率。优化空域结构，提高空域资源配置使用效率。开发应用航空器飞行及地面运行节油相关实用技术，推进航空生物燃油研发与应用。加强机场建设和运营中的节能管理，推进高耗能设施、设备的节油节电改造。

城市交通。合理规划城市布局，优化配置交通资源，建立以公共交通为重点的城市交通发展模式。优先发展公共交通，有序推进轨道交通建设，加快发展快速公交。探索城市调控机动车保有总量。开展低碳交通运输体系建设城市试点。推行节能驾驶，倡导绿色出行。积极推广节能与新能源汽车，加快加气站、充电站等配套设施规划和建设。抓好城市步行、自行车交通系统建设。发展智能交通，建立公众出行信息服务系统，加大交通疏堵力度。

——推进农业和农村节能。完善农业机械节能标准体系。依法加强大型农机年检、年审，加快老旧农业机械和渔船淘汰更新。鼓励农民购买高效节能农业机械。推广节能新产品、新技术，加快农业机电设备节能改造，加强用能设备定期维修保养。推进节能型农宅建设，结合农村危房改造加大建筑节能示范力度。推动省柴节煤灶更新换代。开展农村水电增效扩容改造。推进农业节水增效，推广高效节水灌溉技术。因地制宜、多能互补发展小水电、风能、太阳能和秸秆综合利用。科学规划农村沼气建设布局，完善服务机制，加强沼气设施的运行管理和维护。

——强化商用和民用节能。开展零售业等流通领域节能减排行动。商业、旅游业、餐饮等行业建立并完善能源管理制度，开展能源审计，加快用能设施节能改造。宾馆、商厦、写字楼、机场、车站严格执行公共建筑空调温度控制标准，优化空调运行管理。鼓励消费者购买节能环保型汽车和节能型住宅，推广高效节能家用电器、办公设备和高效照明产品。减少待机能耗，减少使用一次性用品，严格执行限制商品过度包装和超薄塑料购物袋生产、销售和使用的相关规定。

——实施公共机构节能。新建公共建筑严格实施建筑节能标准。实施供热计量改造，国家机关率先实行按热量收费。推进公共机构办公区节能改造，推广应用可再生能源。全面推进公务用车制度改革，严格油耗定额管理，推广节能和新能源汽车。在各级机关和教科文卫体等系统开展节约型公共机构示范单位建设，创建2000家节约型公共机构。健全公共机构能源管理、统计监测考核和培训体系，建立完善公共机构能源审计、能效公示、能源计量和能耗定额管理制度，加强能耗监测平台和节能监管体系建设。

（三）强化主要污染物减排

——加强城镇生活污水处理设施建设。加强城镇环境基础设施建设，以城镇污水处理设施及配套管网建设、现有设施升级改造、污泥处理处置设施建设为重点，提升脱氮除磷能力。到2015

年，城市污水处理率和污泥无害化处置率分别达到85%和70%，县城污水处理率达到70%，基本实现每个县和重点建制镇建成污水集中处理设施，全国城镇污水处理厂再生水利用率达到15%以上。

——加强重点行业污染物减排。

加强重点行业污染预防。以钢铁、水泥、氮肥、造纸、印染行业为重点，大力推行清洁生产，加快重大、共性技术的示范和推广，完善清洁生产评价指标体系，开展工业产品生态设计、农业和服务业清洁生产试点。以汞、铬、铅等重金属污染防治为重点，在重点行业实施技术改造。示范和推广一批无毒无害或低毒低害原料（产品），对高耗能、高排放企业及排放有毒有害废物的重点企业开展强制性清洁生产审核。

加大工业废水治理力度。以制浆造纸、印染、食品加工、农副产品加工等行业为重点，继续加大水污染深度治理和工艺技术改造。制浆造纸企业加快建设碱回收装置；纺织印染行业推行废水集中处理和实施综合治理，大中型造纸企业、有脱墨的废纸造纸企业和采用碱减量工艺的化纤布印染企业实施废水三级深度处理；发酵行业推广高浓度废液综合利用技术、废醪液制备生物有机肥及液态肥技术；制糖行业推广闭合循环用水技术；氮肥行业推广稀氨水浓缩回收利用技术、尿素工艺冷凝液深度水解技术，加大生化处理设施建设力度；农药行业推广清污分流和高浓度废水预处理技术。

推进电力行业脱硫脱硝。新建燃煤机组全面实施脱硫脱硝，实现达标排放。尚未安装脱硫设施的现役燃煤机组要配套建设烟气脱硫设施，不能稳定达标排放的燃煤机组要实施脱硫改造。加快燃煤机组低氮燃烧技术改造和烟气脱硝设施建设，对单机容量30万千瓦及以上的燃煤机组、东部地区和其他省会城市单机容量20万千瓦及以上的燃煤机组，均要实行脱硝改造，综合脱硝效率达到75%以上。

加强非电行业脱硫脱硝。实施钢铁烧结机烟气脱硫，到2015年，所有烧结机和位于城市建成区的球团生产设备烟气脱硫效率达到95%以上。有色金属行业冶炼烟气中二氧化硫含量大于3.5%的冶炼设施，要安装硫回收装置。石油炼制行业新建催化裂化装置要配套建设烟气脱硫设施，现有硫磺回收装置硫回收率达到99%。建材行业建筑陶瓷规模大于70万平方米/年且燃料含硫率大于0.5%的窑炉，应安装脱硫设施或改用清洁能源，浮法玻璃生产线要实施烟气脱硫或改用天然气。焦化行业炼焦炉荒煤气硫化氢脱除效率达到95%。水泥行业实施新型干法窑降氮脱硝，新建、改扩建水泥生产线综合脱硝效率不低于60%。燃煤锅炉蒸汽量大于35吨/小时且二氧化硫超标排放的，要实施烟气脱硫改造，改造后脱硫效率应达到70%以上。

——开展农业源污染防治。

加强农村污染治理。推进农村生态示范建设标准化、规范化、制度化。因地制宜建设农村生活污水处理设施，分散居住地区采用低能耗小型分散式污水处理方式，人口密集、污水排放相对集中地区采用集中处理方式。实施农村清洁工程，开展农村环境综合整治，推行农业清洁生产，鼓励生活垃圾分类收集和就地减量无害化处理。选择经济、适用、安全的处理处置技术，提高垃圾无害化处理水平，城镇周边和环境敏感区的农村逐步推广城乡一体化垃圾处理模式。推广测土配方施肥，发展有机肥采集利用技术，减少不合理的化肥施用。

推进畜禽清洁养殖。结合土地消纳能力，推进畜禽养殖适度规模化，合理优化养殖布局，鼓励采取种养结合养殖方式。以规模化养殖场和养殖小区为重点，因地制宜推行干清粪收集方法，养殖场区实施雨污分流，发展废物循环利用，鼓励粪污、沼渣等废弃物发酵生产有机肥料。在散养密集区推行粪污集中处理。

推行水产健康养殖。规范水产养殖行为，优化水产养殖区域布局，国家重点流域以及各地确定的重点保护水体要合理减少网箱、围网养殖规模。加快养殖池塘改造和循环水设施配套建设，推广水质调控技术与环保设备。鼓励发展人工生态环境、多品种立体、开放式流水或微流水、全封闭循环水工厂化、水产品与农作物共生互利等水产生态养殖方式。

——控制机动车污染物排放。提高机动车污染物排放准入门槛。加强机动车排放对环境影响的评估审查。加快淘汰老旧车辆，基本淘汰2005年以前注册的用于运营的“黄标车”。推进报废农用车换购载货汽车工作。全面推行机动车环保标志管理，严格实施机动车一致性检查制度，不符合国家机动车排放标准的车辆禁止生产、销售和注册登记。实施第四阶段机动车排放标准，在有条件的重点城市和地区逐步推动实施第五阶段排放标准。“十二五”末实现低速车与载货汽车实施同一排放标准。全面提升车用燃油品质。研究制定国家第四、第五阶段车用燃油标准，推动落实标准实施条件，强化车用燃油监管。全面供应符合国家第四阶段标准的车用燃油，部分重点城市供应国家第五阶段标准车用燃油。大型炼化项目应以国家第五阶段车用燃油标准作为设计目标，加快成品油生产技术改造。

——推进大气中细颗粒污染物（$PM_{2.5}$）治理。促进煤炭清洁利用，建设低硫、低灰配煤场，提高煤炭洗选比例，重点区域淘汰低效燃煤锅炉。推广使用天然气、煤制气、生物质成型燃料等清洁能源。加大工业烟粉尘污染防治力度，对火电、钢铁、水泥等高排放行业以及燃煤工业锅炉实施高效除尘改造。大力削减石油石化、化工等行业挥发性有机物的排放。推动柴油车尿素加注基础设施建设。实施大气联防联控重点区域城区内重污染企业搬迁改造。加强建设施工、植被破坏等因素造成的扬尘污染防治。

四、节能减排重点工程

（一）节能改造工程

——锅炉（窑炉）改造和热电联产。实施燃煤锅炉和锅炉房系统节能改造，提高锅炉热效率和运行管理水平；在部分地区开展锅炉专用煤集中加工，提高锅炉燃煤质量；推动老旧供热管网、换热站改造。推广四通道喷煤燃烧、并流蓄热石灰窑煅烧等高效窑炉节能技术。到2015年工业锅炉、窑炉平均运行效率分别比2010年提高5个和2个百分点。东北、华北、西北地区大城市居民采暖除有条件采用可再生能源外基本实行集中供热，中小城市因地制宜发展背压式热电或集中供热改造，提高热电联产在集中供热中的比重。“十二五”时期形成7500万吨标准煤的节能能力。

——电机系统节能。采用高效节能电动机、风机、水泵、变压器等更新淘汰落后耗电设备。对电机系统实施变频调速、永磁调速、无功补偿等节能改造，优化系统运行和控制，提高系统整体运行效率。开展大型水利排灌设备、电机总容量10万千瓦以上电机系统示范改造。2015年电机系统运行效率比2010年提高2—3个百分点，“十二五”时期形成800亿千瓦时的节电能力。

——能量系统优化。加强电力、钢铁、有色金属、合成氨、炼油、乙烯等行业企业能量梯级利用和能源系统整体优化改造，开展发电机组通流改造、冷却塔循环水系统优化、冷凝水回收利用等，优化蒸汽、热水等载能介质的管网配置，实施输配电设备节能改造，深入挖掘系统节能潜力，大幅度提升系统能源效率。“十二五”时期形成4600万吨标准煤的节能能力。

——余热余压利用。能源行业实施煤矿低浓度瓦斯、油田伴生气回收利用;钢铁行业推广干熄焦、干式炉顶压差发电、高炉和转炉煤气回收发电、烧结机余热发电;有色金属行业推广冶金炉窑余热回收;建材行业推行新型干法水泥纯低温余热发电、玻璃熔窑余热发电;化工行业推行炭黑余热利用、硫酸生产低品位热能利用;积极利用工业低品位余热作为城市供热热源。到2015年新增余热余压发电能力2000万千瓦,“十二五”时期形成5700万吨标准煤的节能能力。

——节约和替代石油。推广燃煤机组无油和微油点火、内燃机系统节能、玻璃窑炉全氧燃烧和富氧燃烧、炼油含氢尾气膜法回收等技术。开展交通运输节油技术改造,鼓励以洁净煤、石油焦、天然气替代燃料油。在有条件的城市公交客车、出租车、城际客货运输车辆等推广使用天然气和煤层气。因地制宜推广醇醚燃料、生物柴油等车用替代燃料。实施乘用车制造企业平均油耗管理制度。“十二五”时期节约和替代石油800万吨,相当于1120万吨标准煤。

——建筑节能。到2015年,累计完成北方采暖地区既有居住建筑供热计量和节能改造4亿平方米以上,夏热冬冷地区既有居住建筑节能改造5000万平方米,公共建筑节能改造6000万平方米,公共机构办公建筑节能改造6000万平方米。“十二五”时期形成600万吨标准煤的节能能力。

——交通运输节能。铁路运输实施内燃机车、电力机车和空调发电车节油节电、动态无功补偿以及谐波负序治理等技术改造;公路运输实施电子不停车收费技术改造;水运推广港口轮胎式集装箱门式起重机油改电、靠港船舶使用岸电、港区运输车辆和装卸机械节能改造、油码头油气回收等;民航实施机场和地面服务设备节能改造,推广地面电源系统代替辅助动力装置等措施;加快信息技术在城市交通中的应用。深入开展“车船路港”千家企业低碳交通运输专项行动。“十二五”时期形成100万吨标准煤的节能能力。

——绿色照明。实施“中国逐步淘汰白炽灯路线图”,分阶段淘汰普通照明用白炽灯等低效照明产品。推动白炽灯生产企业转型改造,支持荧光灯生产企业实施低汞、固汞技术改造。积极发展半导体照明节能产业,加快半导体照明关键设备、核心材料和共性关键技术研发,支持技术成熟的半导体通用照明产品在宾馆、商厦、道路、隧道、机场等领域的应用。推动标准检测平台建设。加快城市道路照明系统改造,控制过度装饰和亮化。“十二五”时期形成2100万吨标准煤的节能能力。

(二)节能产品惠民工程

加大高效节能产品推广力度。民用领域重点推广高效照明产品、节能家用电器、节能与新能源汽车等,商用领域重点推广单元式空调器等,工业领域重点推广高效电动机等,产品能效水平提高10%以上,市场占有率提高到50%以上。完善节能产品惠民工程实施机制,扩大实施范围,健全组织管理体系,强化监督检查。“十二五”时期形成1000亿千瓦时的节电能力。

(三)合同能源管理推广工程

扎实推进《国务院办公厅转发发展改革委等部门关于加快推行合同能源管理促进节能服务产业发展意见的通知》(国办发〔2010〕25号)的贯彻落实,引导节能服务公司加强技术研发、服务创新、人才培养和品牌建设,提高融资能力,不断探索和完善商业模式。鼓励大型重点用能单位利用自身技术优势和管理经验,组建专业化节能服务公司。支持重点用能单位采用合同能源管理方式实施节能改造。公共机构实施节能改造要优先采用合同能源管理方式。加强对合同能源管理项目的融资扶持,鼓励银行等金融机构为合同能源管理项目提供灵活多样的金融服务。积极培育第三方认证、评估机构。到2015年,建立比较完善的节能服务体系,节能服务公司发展到2000多家,其中龙头骨干企业达到20家;节能服务产业总产值达到3000亿元,从业人员达到50万人。“十二五”时期形成6000万吨标准煤的节能能力。

（四）节能技术产业化示范工程

示范推广低品位余能利用、高效环保煤粉工业锅炉、稀土永磁电机、新能源汽车、半导体照明、太阳能光伏发电、零排放和产业链接等一批重大、关键节能技术。建立节能技术评价认定体系，形成节能技术分类遴选、示范和推广的动态管理机制。对节能效果好、应用前景广阔的关键产品或核心部件组织规模化生产，提高研发、制造、系统集成和产业化能力。“十二五”时期产业化推广30项以上重大节能技术，培育一批拥有自主知识产权和自主品牌、具有核心竞争力、世界领先的节能产品制造企业，形成1500万吨标准煤的节能能力。

（五）城镇生活污水处理设施建设工程

加大城镇污水处理设施和配套管网建设力度。“十二五”时期新建配套管网16万公里，新增污水日处理能力4200万吨，升级改造污水日处理能力2600万吨，新增再生水利用能力2700万吨/日。加快城镇生活垃圾处理处置设施建设，强化垃圾渗滤液处置。“十二五”时期分别新增化学需氧量和氨氮削减能力280万吨、30万吨。

（六）重点流域水污染防治工程

加强“三河三湖”、松花江、三峡库区及上游、丹江口库区及上游、黄河中上游等重点流域和城镇饮用水水源地的综合治理，加大长江中下游和珠江流域水污染防治力度，加强湖泊生态环境保护，推进渤海等重点海域综合治理。实施一批水污染综合治理项目。推动受污染场地、土壤及其周边地下水污染治理，重点推进湘江流域重金属污染治理。大力推进重点行业污水处理设施建设，“十二五”时期造纸、纺织、食品加工、农副产品加工、化工、石化等行业分别新增污水日处理能力300万吨、60万吨、60万吨、600万吨、200万吨、300万吨。

（七）脱硫脱硝工程

完成5056万千瓦现役燃煤机组脱硫设施配套建设，对已安装脱硫设施但不能稳定达标的4267万千瓦燃煤机组实施脱硫改造；完成4亿千瓦现役燃煤机组脱硝设施建设，对7000万千瓦燃煤机组实施低氮燃烧技术改造。到2015年燃煤机组脱硫效率达到95%，脱硝效率达到75%以上。钢铁烧结机、有色金属窑炉、建材新型干法水泥窑、石化催化裂化装置、焦化炼焦炉配套实施低氮燃烧改造或安装脱硫脱硝设施，高速公路沿线逐步建设柴油车脱硝尿素加注站。“十二五”时期新增二氧化硫和氮氧化物削减能力277万吨、358万吨。

（八）规模化畜禽养殖污染防治工程

以规模化养殖场和养殖小区为重点，鼓励废弃物统一收集，集中治理。建设雨污分离污水收集系统和厌氧发酵处理设施，配套建设分布式粪污贮存及处理设施。加强规模化养殖场沼气预处理设施、发酵装置、沼气和沼肥利用设施建设，实现畜禽养殖场废弃物的资源化利用。到2015年，50%以上规模化养殖场和养殖小区配套建设废弃物处理设施，分别新增化学需氧量和氨氮削减能力140万吨、10万吨。

（九）循环经济示范推广工程

开展资源综合利用、废旧商品回收体系示范、“城市矿产”示范基地、再制造产业化、餐厨废弃物资源化、产业园区循环化改造、资源循环利用技术示范推广等循环经济重点工程建设，实现减量化、再利用、资源化。在农业、工业、建筑、商贸服务等重点领域，以及重点行业、重点流域、中西部产业承接园区实施清洁生产示范工程，加大清洁生产技术改造实施力度。加快共性、关键清洁生产技术示范和推广,培育一批清洁生产企业和工业园区。

(十)节能减排能力建设工程

推进节能监测平台建设,建立能源消耗数据库和数据交换系统,强化数据收集、数据分类汇总、预测预警和信息交流能力。开展重点用能单位能源消耗在线监测体系建设试点和城市能源计量示范建设。建设县级污染源监控中心,加强污染源监督性监测,完善区域污染源在线监控网络,建立减排监测数据库并实现数据共享。加强氨氮、氮氧化物统计监测,提高农业源污染监测和机动车污染监控能力。推进节能减排监管机构标准化和执法能力建设,加强省、市、县节能减排监测取证设备、能耗和污染物排放测试分析仪器配备。

初步测算,“十二五”时期实施节能减排重点工程需投资约23660亿元,可形成节能能力3亿吨标准煤,新增化学需氧量、二氧化硫、氨氮、氮氧化物削减能力分别为420万吨、277万吨、40万吨、358万吨(见表4-1)。

表4-1 “十二五”节能减排规划投资需求

工程名称	投资需求(亿元)	节能减排能力(万吨)
节能重点工程	9820	30000(标准煤)
减排重点工程	8160	420(化学需氧量)、277(二氧化硫)、40(氨氮)、358(氮氧化物)
循环经济重点工程	5680	支撑实现上述节能减排能力
总　计	23660	

五、保障措施

(一)坚持绿色低碳发展

深入贯彻节约资源和保护环境基本国策,坚持绿色发展和低碳发展。坚持把节能减排作为落实科学发展观、加快转变经济发展方式的重要着力点,加快构建资源节约、环境友好的生产方式和消费模式,增强可持续发展能力。在制定实施国家有关发展战略、专项规划、产业政策以及财政、税收、金融、价格和土地等政策过程中,要体现节能减排要求,发展目标要与节能减排约束性指标衔接,政策措施要有利于推进节能减排。

(二)强化目标责任评价考核

综合考虑经济发展水平、产业结构、节能潜力、环境容量及国家产业布局等因素,合理确定各地区、各行业节能减排目标。进一步完善节能减排统计、监测、考核体系,健全节能减排预警机制,建立健全行业节能减排工作评价制度。各地区要将国家下达的节能减排目标分解落实到下一级政府、有关部门和重点单位。国务院每年组织开展省级人民政府节能减排目标责任评价考核,考核结果作为领导班子和领导干部综合考核评价的重要内容,纳入政府绩效管理,实行问责制,并按照有关规定对作出突出成绩的地区、单位和个人给予表彰奖励。地方各级人民政府要切实抓好本地区节能减排目标责任评价考核。

(三)加强用能节能管理

明确总量控制目标和分解落实机制,实行目标责任管理。建立能源消费总量预测预警机制,对能源消费总量增长过快的地区及时预警调控。在工业、建筑、交通运输、公共机构以及城乡建设和消费领域全面加强用能管理，切实改变敞开供应能源、无约束使用能源的现象。依法加强年耗能万吨标准煤以上用能单位节能管理，开展万家企业节能低碳行动，落实目标责任，实行能源审计，开展能效水平对标活动，建立能源管理师制度，提高企业能源管理水平。在大气联防联控重点区域开展煤炭消费总量控制试点，从严控制京津唐、长三角、珠三角地区新建燃煤火电机组。

（四）健全节能环保法律、法规和标准

完善节能环保法律、法规和标准体系。推动加快制修订大气污染防治法、排污许可证管理条例、畜禽养殖污染防治条例、重点用能单位节能管理办法、节能产品认证管理办法等。加快节能环保标准体系建设，扩大标准覆盖面，提高准入门槛。组织制修订粗钢、铁合金、焦炭、多晶硅、纯碱等50余项高耗能产品强制性能耗限额标准，高压三相异步电动机、平板电视机等40余项终端用能产品强制性能效标准，制定钢铁、水泥等行业能源管理体系标准等。健全节能和环保产品及装备标准。完善环境质量标准。加快重点行业污染物排放标准的制修订工作，根据氨氮、氮氧化物控制目标要求制定实施排放标准，加强标准实施的后评估工作。

（五）完善节能减排投入机制

加大中央预算内投资和中央节能减排专项资金对节能减排重点工程和能力建设的支持力度，继续安排国有资本经营预算支出支持企业实施节能减排项目。完善“以奖代补”、“以奖促治”以及采用财政补贴方式推广高效节能产品和合同能源管理等支持机制，强化财政资金的引导作用。支持军队重点用能设施设备节能改造。地方各级人民政府要进一步加大对节能减排的投入，创新投入机制，发挥多层次资本市场融资功能，多渠道引导企业、社会资金积极投入节能减排。完善财政补贴方式和资金管理办法，强化财政资金的安全性和有效性，提高财政资金使用效率。

（六）完善促进节能减排的经济政策

深化资源性产品价格改革，理顺煤、电、油、气、水、矿产等资源类产品价格关系，建立充分反映市场供求、资源稀缺程度以及环境损害成本的价格形成机制。完善差别电价、峰谷电价、惩罚性电价，尽快出台鼓励余热余压发电和煤层气发电的上网政策，全面推行居民用电阶梯价格。严格落实脱硫电价，研究完善燃煤电厂烟气脱硝电价政策。完善矿业权有偿取得制度。加快供热体制改革，全面实施热计量收费制度。完善污水处理费政策。改革垃圾处理收费方式，提高收缴率，降低征收成本。完善节能产品政府采购制度。扩大环境标志产品政府采购范围，完善促进节能环保服务的政府采购政策。落实国家支持节能减排的税收优惠政策，改革资源税，加快推进环境保护税立法工作，调整进出口税收政策，合理调整消费税范围和税率结构。推进金融产品和服务方式创新，积极改进和完善节能环保领域的金融服务，建立企业节能环保水平与企业信用等级评定、贷款联动机制，探索建立绿色银行评级制度。推行重点区域涉重金属企业环境污染责任保险。

（七）推广节能减排市场化机制

加大能效标识和节能环保产品认证实施力度，扩大能效标识和节能产品认证实施范围。建立高耗能产品（工序）和主要终端用能产品能效“领跑者”制度，明确实施时限。推进节能发电调度。强化电力需求侧管理，开展城市综合试点。加快建立电能管理服务平台，充分运用电力负荷管理系统，完善鼓励电网企业积极参与电力需求侧管理的考核与奖惩机制。加强政策落实和引导，鼓励采用合同能源管理实施节能改造，推动城镇污水、垃圾处理以及企业污染治理等环保设施社会化、专业化运营。深化排污权有偿使用和交易制度改革，建立完善排污权有偿使用和交易政策体系，研究制定排污权交易初始价格和交易价格政策。开展碳排放交易试点。推进资源型经济转型改革试验。健全污染者付费制度,完善矿产资源补偿制度,加快建立生态补偿机制。

(八)推动节能减排技术创新和推广应用

深入实施节能减排科技专项行动,通过国家科技重大专项和国家科技计划(专项)等对节能减排相关科研工作给予支持。完善节能环保技术创新体系,加强基础性、前沿性和共性技术研发,在节能环保关键技术领域取得突破。加强政府指导,推动建立以企业为主体、市场为导向、多种形式的产学研战略联盟,鼓励企业加大研发投入。重点支持成熟的节能减排关键、共性技术与装备产业化示范和应用,加快产业化基地建设。发布节能环保技术推广目录,加快推广先进、成熟的新技术、新工艺、新设备和新材料。加强节能环保领域国际交流合作,加快国外先进适用节能减排技术的引进吸收和推广应用。

(九)强化节能减排监督检查和能力建设

加强节能减排执法监督,依法从严惩处各类违反节能减排法律法规的行为,实行执法责任制。强化重点用能单位、重点污染源和治理设施运行监管,推动污染源自动监控数据联网共享。完善工业能源消费统计,建立建筑、交通运输、公共机构能源消费统计制度、地区单位生产总值能耗指标季度统计制度,强化统计核算与监测。健全节能管理、监察、服务“三位一体”节能管理体系,形成覆盖全国的省、市、县三级节能监察体系。突出抓好重点用能单位能源利用状况报告、能源计量管理、能耗限额标准执行情况等监督检查。

(十)开展节能减排全民行动

深入开展节能减排全民行动,抓好家庭社区、青少年、企业、学校、军营、农村、政府机构、科技、科普和媒体等十个专项行动。把节能减排纳入社会主义核心价值观宣传教育以及基础教育、文化教育、职业教育体系,增强危机意识。充分发挥广播影视、文化教育等部门以及新闻媒体和相关社会团体的作用,组织好节能宣传周、世界环境日等主题宣传活动。加强日常宣传和舆论监督,宣传先进、曝光落后、普及知识,崇尚勤俭节约、反对奢侈浪费,推动节能、节水、节地、节材、节粮,倡导与我国国情相适应的文明、节约、绿色、低碳生产方式和消费模式,积极营造良好的节能减排社会氛围。

六、规划实施

节约资源和保护环境是我国的基本国策,推进节能减排工作,加快建设资源节约型、环境友好型社会是我国经济社会发展的重大战略任务。各级人民政府和有关部门要切实履行职责,扎实工作,进一步强化目标责任评价考核,加强监督检查,保障规划目标和任务的完成。地方各级人民政府要对本地区节能减排工作负总责,切实加强组织领导和统筹协调,做好本地区节能减排规划与本规划主要目标、重点任务的协调,特别要加强约束性指标的衔接,抓好各项目标任务的分解落实,强化政策统筹协调,做好相关规划实施的跟踪分析。发展改革委、环境保护部要会同有关部门加强对本规划执行的支持和指导,认真做好规划实施的监督评估,重视研究新情况,解决新问题,总结新经验,重大问题及时向国务院报告。

循环经济发展战略及近期行动计划

前　　言

发展循环经济是我国的一项重大战略决策，是落实党的十八大推进生态文明建设战略部署的重大举措，是加快转变经济发展方式，建设资源节约型、环境友好型社会，实现可持续发展的必然选择。

近年来，各地区、各部门大力推动循环经济发展，循环经济理念进一步确立，产业体系逐步完善，发展水平不断提高，经济、社会和环境效益进一步显现。当前，我国已进入全面建成小康社会的决定性阶段，随着工业化、城镇化和农业现代化持续推进，我国能源资源需求将呈刚性增长，废弃物产生量将不断增加，经济增长与资源环境之间的矛盾更加突出，发展循环经济的要求更为迫切。

为指导和推动循环经济加快发展，实现“十二五”规划纲要提出的资源产出率提高15%的目标，国家编制了《循环经济发展战略及近期行动计划》，对发展循环经济作出战略规划，对今后一个时期的工作进行具体部署。各地区、各部门要从战略和全局的高度，充分认识加快发展循环经济的重要意义，落实工作责任，完善工作机制，加强协调配合，进一步加大工作力度，采取切实有效的措施，确保完成各项目标任务，全面提高生态文明水平。

第一章　现状与形势

第一节　“十一五”循环经济发展取得的主要成效

循环经济理念逐步树立。国家把发展循环经济作为一项重大任务纳入国民经济和社会发展规划，要求按照减量化、再利用、资源化，减量化优先的原则，推进生产、流通、消费各环节循环经济发展。一些地方将发展循环经济作为实现转型发展的基本路径。

循环经济试点取得明显成效。经国务院批准，在重点行业、重点领域、产业园区和省市开展了两批国家循环经济试点，各地区结合实际开展了本地循环经济试点。通过试点，总结凝练出 60 个发展循环经济的模式案例，涌现出一大批循环经济先进典型，探索了符合我国国情的循环经济发展道路。

法规标准体系初步建立。《循环经济促进法》于 2009 年 1 月 1 日起施行，标志着我国循环经济进入法制化管理轨道。公布实施了《废弃电器电子产品回收处理管理条例》、《再生资源回收管理办法》等法规规章，发布了 200 多项循环经济相关国家标准。一些地区制定了地方循环经济促进条例。

政策机制逐渐完善。深化资源性产品价格改革，实行了差别电价、惩罚性电价、阶梯水价和燃煤发电脱硫加价政策。实施成品油价格和税费改革，提高了成品油消费税单位税额，逐步理顺成品油价格。中央财政设立了专项资金支持实施循环经济重点项目和开展示范试点。开展资源税改革试点，制定了鼓励生产和购买使用节能节水专用设备、小排量汽车、资源综合利用产品和劳务等的税收优惠政策。完善了环保收费政策。出台了支持循环经济发展的投融资政策。

技术支撑不断增强。将循环经济技术列入国家中长期科技发展规划，支持了一批关键共性技术研发。实施了一批循环经济技术产业化示范项目，推广应用了一大批先进适用的循环经济技术。汽车零部件再制造技术已达到国际领先水平，废旧家电和报废汽车回收拆解、废电池资源化利用、共伴生矿和尾矿资源回收利用等一大批技术和装备取得突破。

产业体系日趋完善。产业废物综合利用已形成较大规模，产业循环链接不断深化，再生资源回收体系逐步完善，垃圾分类回收制度逐步建立，“城市矿产”资源利用水平得到提升，再制造产业化稳步推进，餐厨废弃物资源化利用开始起步。

“十一五”以来，通过发展循环经济，我国单位国内生产总值能耗、物耗、水耗大幅度降低，资源循环利用产业规模不断扩大，资源产出率有所提高，初步扭转了工业化、城镇化加快发展阶段资源消耗强度大幅上升的势头，促进了结构优化升级和发展方式转变，为保持经济平稳较快发展提供了有力支撑，为改变“大量生产、大量消费、大量废弃”的传统增长方式和消费模式探索出了可行路径。

表 1-1 “十一五”时期循环经济发展情况

指标名称	单 位	2005 年	2010 年	2010 年比 2005 年提高（%）
能源产出率	万元/吨标准煤	1	1.24	24
水资源产出率	元/立方米	41.90	66.70	59
矿产资源总回收率	%	30	35	[5]
共伴生矿综合利用率	%	35	40	[5]
工业固体废物综合利用量	亿吨	7.70	16.18	110.1
工业固体废物综合利用率	%	55.80	69	[13.2]
主要再生资源回收利用总量	亿吨	0.84	1.49	77.4
主要再生有色金属产量占有色金属总产量比重	%	19.30	26.70	[7.4]
农业灌溉用水有效利用系数	—	0.45	0.50	11.1
工业用水重复利用率	%	75.10	85.70	[10.6]

续表

指标名称	单 位	2005 年	2010 年	2010 年比 2005 年提高(%)
秸秆综合利用率	%		70.60	

注:1.能源产出率、水资源产出率按 2010 年可比价计算。
2.主要再生资源包括废金属、废纸、废塑料、报废汽车、废轮胎、废弃电器电子产品、废玻璃、废铅酸电池等(下同)。
3.主要再生有色金属包括再生铜、再生铝、再生铅三种(下同)。
4.[ ]内为提高的百分点(下同)。

同时必须清醒地看到,我国循环经济发展规模还有待扩大、发展水平有待提高,主要表现在:循环经济理念尚未在全社会得到普及,一些地方和企业对发展循环经济的认识还不到位;循环经济促进法配套法规规章尚不健全,生产者责任延伸等制度尚未全面建立;部分资源性产品价格形成机制尚未理顺,有利于循环经济发展的产业、投资、财税、金融等政策有待完善;循环经济技术创新体系和先进适用技术推广机制不健全,技术创新能力亟须加强;统计基础工作比较薄弱,评价制度不健全,循环经济能力建设、服务体系、宣传教育等有待加强。这些矛盾和问题已严重制约循环经济的发展,必须尽快加以研究解决。

第二节 循环经济发展面临的形势

资源约束强化。我国主要资源人均占有量远低于世界平均水平,加上增长方式仍较粗放,国内资源供给难以保障经济社会发展需要,能源、重要矿产、水、土地等资源短缺矛盾将进一步加剧,重要资源对外依存度将进一步攀升,可持续发展面临能源资源瓶颈约束的严峻挑战。

环境污染严重。我国环境状况总体恶化的趋势尚未得到根本遏制,重点流域水污染严重,一些地区大气污染问题突出,"垃圾围城"现象较为普遍,农业面源污染、重金属和土壤污染问题严重,重大环境事件时有发生,给人民群众身体健康带来危害。

应对气候变化压力加大。我国是最易受气候变化影响的国家之一,气候变化导致农业生产不稳定性增加,局部地区干旱高温危害严重,生物多样性减少,生态系统脆弱性增加。近年来,我国温室气体排放快速增长,人均排放量不断攀升,减排压力不断加大。

绿色发展成为国际潮流。近年来,为应对国际金融危机和全球气候变化的挑战,发达国家纷纷加快发展绿色产业,将其作为推进经济增长和转型的重要途径,一些国家利用技术优势,在国际贸易中制造绿色壁垒。在新一轮经济科技的竞争中,走绿色低碳循环的发展道路是必然的选择。

无论是从国内能源资源供给和生态环境承载能力看,还是从全球发展趋势和温室气体排放空间看,我国都无法继续靠粗放型的增长方式推进现代化进程。当前我国已进入全面建成小康社会的关键时期,也是发展循环经济的重要机遇期,必须积极创造有利条件,着力解决突出矛盾和问题,加快推进循环经济发展,从源头减少能源资源消耗和废弃物排放,实现资源高效利用和循环利用,改变"先污染、后治理"的传统模式,推动产业升级提升和发展方式转变,促进经济社会持续健康发展。

第二章　指导思想、基本原则和主要目标

第一节　指导思想

以邓小平理论、“三个代表”重要思想、科学发展观为指导，落实节约资源和保护环境的基本国策，围绕提高资源产出率，遵循“减量化、再利用、资源化，减量化优先”的原则，坚持统筹规划、重点突破、全面推进相结合，因地制宜、示范引领、推广普及相结合，制度创新、技术创新、管理创新相结合，政府推动、企业实施、公众参与相结合，健全激励约束机制，积极构建循环型产业体系，推动资源再生利用产业化，推行绿色消费，形成覆盖全社会的资源循环利用体系，加快转变经济发展方式，推进资源节约型、环境友好型社会建设，提高生态文明水平。

第二节　基本原则

强化理念，减量优先。推动全社会树立减量化、再利用、资源化的循环经济理念，坚持减量化优先，从源头上减少生产、流通、消费各环节能源资源消耗和废弃物产生，大力推进再利用和资源化，促进资源永续利用。

完善机制，创新驱动。健全法规标准，完善经济政策，充分发挥市场配置资源的基础性作用，形成有效的激励和约束机制，增强发展循环经济的内生动力。加强制度创新、技术创新、管理创新，提升循环经济发展水平。

改造存量，优化增量。对现有各类产业园区、重点企业进行循环化改造，提高资源产出率。产业园区、企业和项目要从规划、设计、施工、运行、管理等各环节贯彻循环经济的要求。按照自然资源开发利用和产品生产制造产业即动脉产业的特点，统筹对废弃物资源化利用相关产业即静脉产业进行合理布局，推动动脉产业与静脉产业协同发展。

示范引领，全面推进。在农业、工业、服务业各产业，城市、园区、企业各层面，生产、流通、消费各环节培育一批循环经济示范典型，全面推广循环经济典型模式，推动循环经济形成较大规模。

因地制宜，突出特色。根据主体功能定位、区域经济特点、资源禀赋和环境承载力等状况，科学确定各地区循环经济发展重点，合理规划布局，发挥区域优势，突出地方特色，切实发挥循环经济促进经济转型升级的作用。

高效利用，安全循环。提高资源利用效率，推动资源由低值利用向高值利用转变，提高再生利用产品附加值，避免资源低水平利用和“只循环不经济”。强化监管，防止资源循环利用过程中产生二次污染，确保再生产品质量安全，实现经济效益与环境效益、社会效益相统一。

第三节　主要目标

循环经济发展的中长期目标是：循环型生产方式广泛推行，绿色消费模式普及推广，覆盖全社会的资源循环利用体系初步建立，资源产出率大幅提高，可持续发展能力显著增强。到“十二五”末的目标(近期目标)是：主要资源产出率比“十一五”末提高 15%，资源循环利用产业总产值达到 1.8 万亿元。

表 2-1 “十二五”时期循环经济发展主要指标

指标名称	单位	2010 年	2015 年	2015 年比 2010 年提高(%)
主要资源产出率提高	%			15
能源产出率	万元/吨标准煤	1.24	1.47	18.5
水资源产出率	元/立方米	66.70	95.20	43
建设用地土地产出率提高	%			43
资源循环利用产业总产值	万亿元	1	1.80	80
矿产资源总回收率	%	35	40	[5]
共伴生矿综合利用率	%	40	45	[5]
工业固体废物综合利用量	亿吨	16.18	31.26	93.2
工业固体废物综合利用率	%	69	72	[3]
主要再生资源回收利用总量	亿吨	1.49	2.14	43.6
主要再生资源回收率	%	65	70	[5]
主要再生有色金属产量占有色金属总产量比重	%	26.70	30	[3.3]
农业灌溉水有效利用系数	—	0.50	0.53	6
工业用水重复利用率	%	85.70	>90	[>4.3]
城镇污水处理设施再生水利用率	%	<10	>15	[>5]
城市生活垃圾资源化利用比例	%		30	
秸秆综合利用率	%	70.60	80	[9.4]
综合利用发电装机容量	万千瓦	2600	7600	192.3

注:1.主要资源产出率的资源核算品种包括:3 种能源资源(煤炭、石油、天然气),9 种矿产资源(铁矿、铜矿、铝土矿、铅矿、锌矿、镍矿、石灰石、磷矿、硫铁矿),木材和工业用粮。
2.主要资源产出率、能源产出率、水资源产出率、资源循环利用产业总产值按 2010 年可比价计算。
3.综合利用发电指煤矸石、煤泥、油母页岩等低热值燃料发电。

第三章 构建循环型工业体系

在工业领域全面推行循环型生产方式,实施清洁生产,促进源头减量;推进企业间、行业间、产业间共生耦合,形成循环链接的产业体系;鼓励产业集聚发展,实施园区循环化改造,实现能源梯级利用、水资源循环利用、废物交换利用、土地节约集约利用,促进企业循环式生产、园区循环式发展、产业循环式组合,构建循环型工业体系。到 2015 年,单位工业增加值能耗、用水量分别比 2010 年降低 21%、30%,工业固体废物综合利用率达到 72%,50%以上的国家级园区和 30%以上的省级园区实施了循环化改造。

第一节 煤炭工业

推动煤矿绿色开采。根据资源赋存条件选择先进高效的开采技术,推广矸石充填、以矸换煤等即采即填技术工艺,鼓励采用保水开采、煤与瓦斯共采等开采方式,提高煤炭资源回采率。

推进煤系共伴生资源综合开发利用。加强煤系高岭土(岩)、油母页岩、硅藻土、石墨、膨润土、耐火土等共伴生矿综合利用,提高产品附加值。鼓励煤层气发电或将煤层气作为矿区、城市的生产生活用气。推动矿井水用于矿区补充水源和周边地区生产、生活和生态用水。

实施系统节能降耗。鼓励煤矿和选煤厂开展系统节能,淘汰老旧设备和选煤工艺,加强工序能耗管理,加大风机、水泵及选煤厂技术改造,加强洗煤废水循环利用,减少电耗、水耗和介质消耗。加大煤泥脱水技术的攻关力度,提高煤泥利用率。

推进矿区生态环境保护。鼓励利用矿区矸石对采空区进行填充,对沉陷区进行立体生态整治,利用矸石、灰渣等进行土地复垦,发展生态农业和旅游业等适宜产业。鼓励复垦土地的再利用。

构建煤基循环经济产业链。推进煤矸石、洗中煤、煤泥发电以及煤矸石制砖和生产水泥,构建煤—电—建材产业链。推进煤制烯烃、煤制乙二醇、煤制合成氨等已纳入国家相关规划的示范项目建设,构建煤—焦—化等煤基多联产产业链。

到 2015 年,原煤入洗率达到 60%以上,煤矸石综合利用率达到 75%,煤层气(瓦斯)抽采利用率达到 60%,煤层气发电装机容量超过 285 万千瓦,低热值煤炭资源综合利用发电装机容量达到 7600 万千瓦,矿井水综合利用率达到 75%,土地复垦率达到 60%。

图 3-1 煤炭工业发展循环经济基本模式图

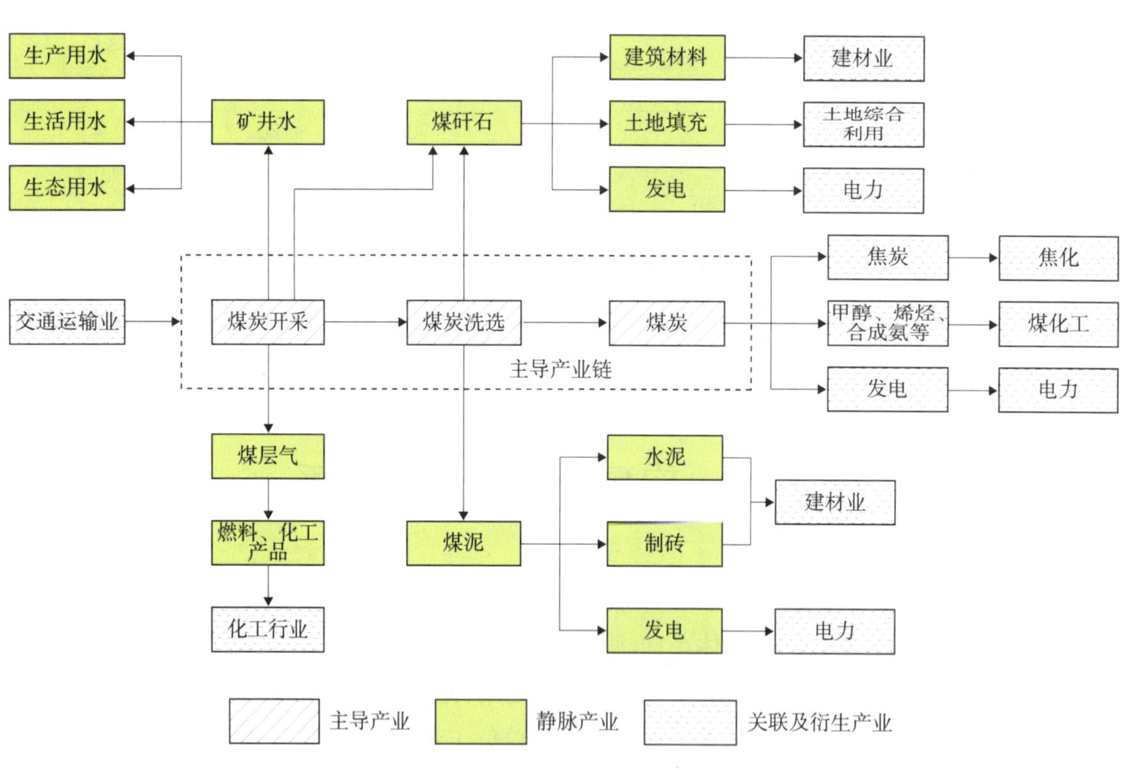

第二节 电力工业

加强节能降耗。调整优化电源结构,淘汰落后小火电机组,提高火电机组技术装备水平。加大锅炉、风机、水泵等设备节能改造,推广等离子无油点火等节能技术,降低厂用电率。鼓励发展热电联产和热电冷三联供,严格实行“以热定电”。加快智能电网建设和电网节能技术改造,提高电网传输效率,有效降低线损。在有条件的地方鼓励将中水、海水等非常规水源作为冷却水。

推进粉煤灰、脱硫石膏综合利用。鼓励利用粉煤灰生产建材产品,推广粉煤灰在市政建设、筑路等工程中的应用,有序推进在高铝粉煤灰中提取氧化铝,支持粉煤灰经超细化加工作为造纸、橡胶等的填充材料。鼓励利用脱硫石膏生产纸面石膏板、高档装饰建材及改良盐碱土壤等。

支持可再生能源发电和资源综合利用电厂建设。加强准入监管,优先支持风能、太阳能、生物质能等可再生能源发电以及符合条件的煤层气、煤矸石、余热余压、垃圾等综合利用电厂并网发电。强化电力调度交易监管,推行节能发电调度,提高可再生能源和综合利用电厂发电量比例,促进区域间电力交易,减少"窝电"。推广分布式能源。

构建发电与相关产业的循环经济链。构建发电—粉煤灰—建材、筑路、建筑工程,发电—高铝粉煤灰—氧化铝,发电—脱硫石膏—建材及装饰材料,发电—余热—海水淡化—浓海水制盐—盐化工,煤矸石、垃圾、污泥—发电—灰渣—建材等产业链。

到 2015 年,火电平均供电煤耗降到 325 克标准煤/千瓦时,粉煤灰综合利用率达到 70%,脱硫石膏综合利用率达到 80%,生物质发电装机容量达到 1300 万千瓦。

图 3-2　电力工业发展循环经济基本模式图

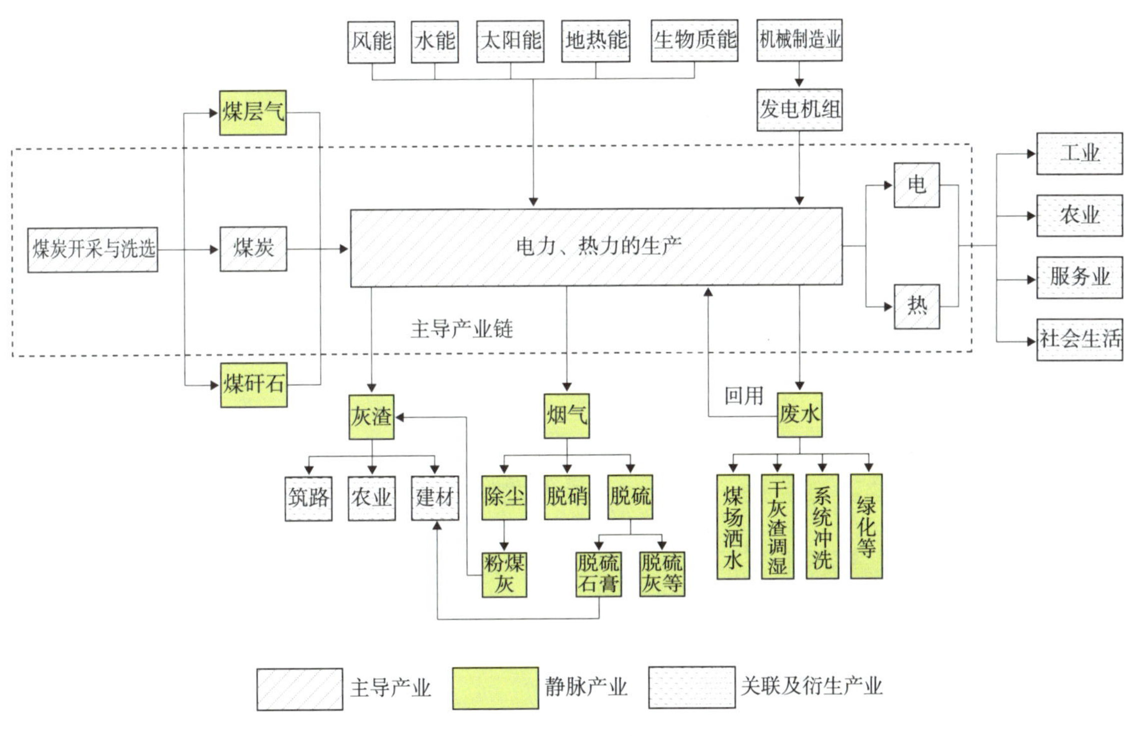

第三节　钢铁工业

推进铁矿石资源综合开发利用。加强低品位矿产及难分选矿产综合利用。推动高磷铁矿、高硫铁矿中磷、硫等伴生元素的提取利用。推进铁尾矿伴生金属的高效提取利用、富铁老尾矿低成本再选和低铁富硅尾矿高值整体利用。鼓励利用尾矿砂生产建材、进行井下充填和开展生态环境治理等。

强化节能降耗。加快淘汰落后高炉、转炉等。推广连铸坯热送热装和直接轧制技术。优化烧结、球团生产工艺,提高精料水平。优化高炉炉料结构。推广干熄焦、干法除尘、烧结余热回收、干式压差发电(TRT)、高效喷煤、蓄热式燃烧、全燃煤气发电等技术。推动建立企业能源管理中心。

推动余热余压、固体废物和废水资源化利用。大力推广焦炉、高炉、转炉副产煤气回收利用和各工序余热余压发电,鼓励燃气蒸汽联合循环发电。鼓励转炉渣、含铁尘泥、氧化铁皮回炉烧结,利用高炉渣、转炉渣生产水泥等建材产品。推动利用焦油、焦炉煤气、粗苯等焦化副产品生产化工产品。鼓励建立企业内部水循环系统,对废水进行分质串级循环利用。

鼓励钢铁生产系统与社会生活系统循环链接。在有条件的地区,鼓励钢铁企业利用余热资源为城市供暖供热,利用再生水、矿井水、海水淡化水等非常规水补充新水。大力推动钢铁企业消纳铬渣、废塑料等废弃物。建立废钢回收体系,支持钢铁企业建设废钢加工配送基地。

构建钢铁行业循环经济产业链。构建焦化、冶炼—副产煤气、余热余压—发电,冶炼—废渣—建材,冶炼—含铁尘泥—烧结,炼焦—焦油、煤气—化工产品,冶炼—钢铁产品—废钢铁—电炉炼钢等产业链。

到2015年,吨钢综合能耗降到580千克标准煤,吨钢耗新水量降到4立方米,废钢回收利用量达到1.3亿吨,冶炼废渣综合利用率达到97%,重点钢铁企业焦炉干熄焦普及率达到95%以上。

图 3-3 钢铁工业发展循环经济基本模式图

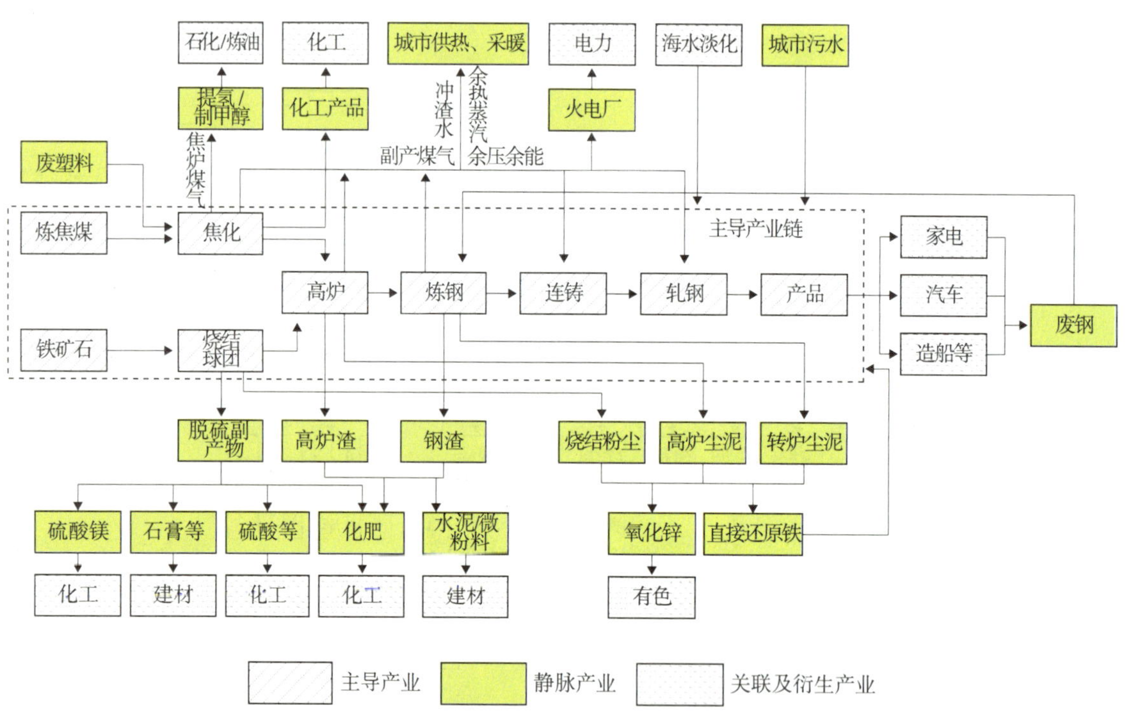

第四节 有色金属工业

推进共伴生矿和尾矿综合开发利用。加强对低品位矿、共伴生矿、难选冶矿、尾矿等的综合利用。大力推进铜、钴、镍尾矿多元素与铅、锌、银多元素伴生矿的综合利用,推进低品位铝土矿浮选脱硅工艺技术优化,加快铝土矿高效选矿药剂开发,推进黄金尾矿硫化物深度分选及有价组分提取。加快开发和推广铜、镍、铅、锌、铝等矿产加压浸出、生物冶金等技术、工艺及设备。加强稀贵金属矿产资源和复杂难处理贵金属共生矿综合开发利用。

强化节能降耗。淘汰落后冶炼、加工等产能,大力推广先进适用技术和装备,优化生产工艺流程,强化节能管理。重点推广新型阴极结构铝电解槽、低温高效铝电解等先进节能工艺技术。推进氧气底吹熔炼技术、闪速技术等广泛应用。加快短流程连续炼铅、液态铅渣直接还原炼铅等技术开发和推广应用。鼓励热送热装、直接铸造。

推动冶炼废渣、废气、废液和余热资源化利用。推进从冶炼废渣中提取有价组分，从赤泥中提取回收铁、贵金属、碱等，从铜冶炼渣、阳极泥中提取稀贵金属，从铅锌冶炼废渣中提取镉、锗、铁等，从黄金矿渣和氰化尾渣中提取铜、银、铅等。推动冶炼废液的综合利用，从氧化铝母液回收镓、钪等，从电解液回收镍等。推动从冶炼废气中回收铅、锌、铜、锑、铋和硫、磷等。加强余热利用和冶炼废水循环利用。

推进废有色金属再生利用。淘汰再生金属落后产能，抑制低水平重复建设。推进再生铜、再生铝等再生金属高值利用，提高在有色金属产量中的比重。支持从废铅酸蓄电池提取废酸和铅等，从废镀锌钢板提取锌，从废感光材料提取银，从废催化剂提取铂族元素和稀土材料等，从废弃电子产品提取贵金属。支持利用境外可用作原料的废有色金属资源。

构建有色金属行业循环经济产业链。构建采选—尾矿—有价组分—冶炼—有色金属，冶炼—废渣—有色金属，冶炼—炉渣—建材，冶炼—尾气—磷、硫—化工产品，冶炼—余热—发电，冶炼—有色金属—再生金属—冶炼等产业链。

到 2015 年，铜冶炼综合能耗降到 300 千克标准煤/吨，铝锭综合交流电耗降到 13300 千瓦时/吨，赤泥综合利用率达到 20%，工业用水循环利用率达到 87%，主要再生有色金属产量达到 1200 万吨。

图 3-4 有色金属工业发展循环经济基本模式图

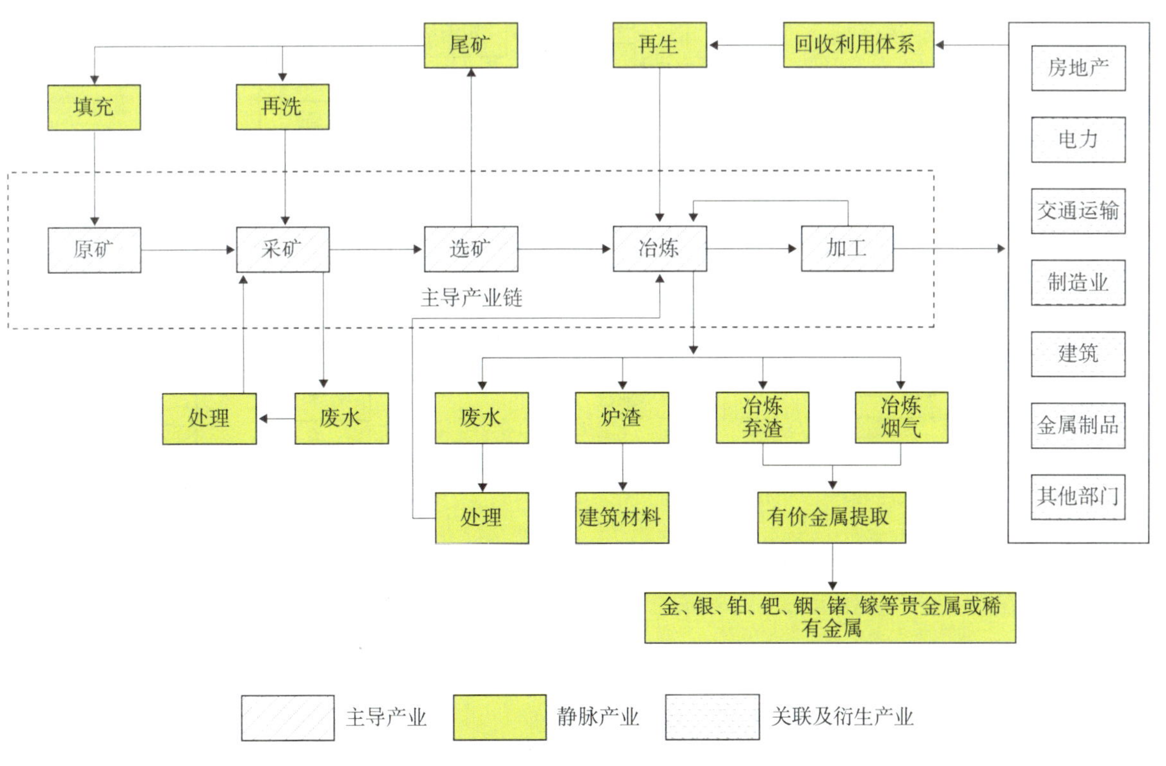

第五节 石油石化工业

加强油气资源综合开发利用。推广高效油气分离、原油稳定和伴生气处理、高效真空加热等技术,加强对非常规油气资源的开采回收,鼓励有条件的地区运用二氧化碳驱油技术,提高油气采收率。加强油田伴生气、酸性气体等回收利用,推动油砂、油页岩利用产业化发展,加强高含硫化氢天然气中硫磺的综合利用。大力推动天然气分布式能源和大型液化天然气(LNG)接收站的冷能利用,提高天然气利用效率。

加强节能降耗。原油开采环节全面实施抽油机、驱动电机节能改造,推广不加热集油技术和油田采出水余热回收利用技术。加快淘汰落后工艺设备。鼓励采用先进的节能环保技术和装备,重点推广优化换热流程、提高冷凝液回收率、优化中段回流取热比例、降低汽化率、增加塔顶循环回流换热等节能技术。

推动废渣、废气、废水资源化利用。鼓励从石油炼制废催化剂中提取钴、铑、钯等稀贵金属。加强炼制各环节余热余压的回收利用。鼓励采用自动点火系统,加强火炬气回收,探索利用火炬气发电。提高硫磺回收率。推动稠油产出污水等采油废水深度处理回用,以及石化废水分类处理利用。

构建石油石化行业循环经济产业链。构建油气开采—油砂、油页岩—炼油,炼化—废催化剂—稀贵金属,炼化—废气—硫磺—化工产品,炼化—废气—供热、发电,炼化—余热余压—发电等产业链。

到2015年,原油加工综合能耗降到86千克标准煤/吨,乙烯综合能耗降到857千克标准煤/吨,石油石化行业单位工业增加值用水量比2010年减少30%。

图3-5 石油石化工业发展循环经济基本模式图

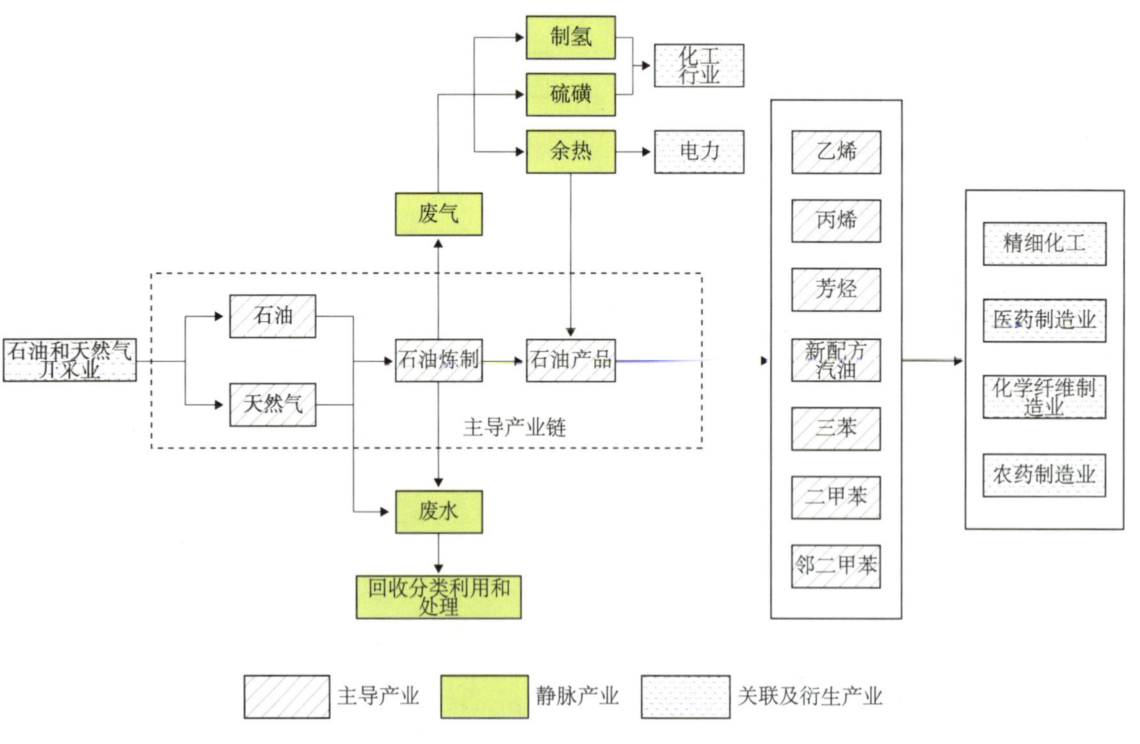

第六节 化学工业

推动磷、硫、钾等矿产资源综合开发利用。加强对中低品位磷矿、硫铁矿、硼铁矿、钾矿等资源的开发利用。推进磷矿中氟、碘,硫铁矿和硼铁矿中铁,盐湖中锂、钾、钠、硼、镁等伴生资源的综合利用。

推进节能降耗。合成氨行业实施“上大压小”淘汰落后产能，重点推广先进煤气化、节能高效脱硫脱碳、低位能余热吸收制冷等技术。烧碱行业要逐步淘汰隔膜法烧碱工艺，提高离子膜法烧碱工艺比重。纯碱行业重点推动蒸汽多级利用、变换气制碱技术，积极推广应用新型盐析结晶器和循环泵等。电石行业要加快采用大型密闭式电石炉，重点推广电石炉炉气利用、空心电极等节能技术。煤化工行业鼓励再生水、矿井水利用及余热回收发电。

推动“三废”资源化利用。纯碱行业重点推动氨碱废渣用于锅炉烟气湿法脱硫和蒸氨废液综合利用。氯碱化工行业重点推动利用电石渣生产水泥或用于脱硫，加强电石渣上清液回收利用以及电石炉尾气中一氧化碳、氢气综合利用。磷化工行业重点推动磷石膏制建材、分解制酸并联产水泥，黄磷炉尾气回收生产碳一化学品及热能回收利用。硫化工行业重点推动利用硫酸生产废渣炼钢和生产水泥，加强余热回收利用。煤化工行业重点推进废渣用于生产水泥等建材产品，推广煤制烯烃水循环利用、碎粉加压气化含酚废水治理、中水回用、高浓盐水处理、低温余热利用、高温气体热利用等技术。

构建化学工业循环经济产业链。构建磷矿—磷肥—磷石膏—建材，磷石膏—制酸—废渣—水泥，磷矿—磷肥—尾气—磷酸，电石—聚氯乙烯—电石渣—水泥，合成氨—造气炉渣—建材，焦化—废渣—水泥等产业链。

到 2015 年，合成氨综合能耗低于 1350 千克标准煤/吨，烧碱（离子膜）综合能耗降到 330 千克标准煤/吨，电石综合能耗降到 1050 千克标准煤/吨，行业平均中水回用率达到 90%，固体废物综合利用率达到 75%。

图 3-6　化学工业发展循环经济基本模式图

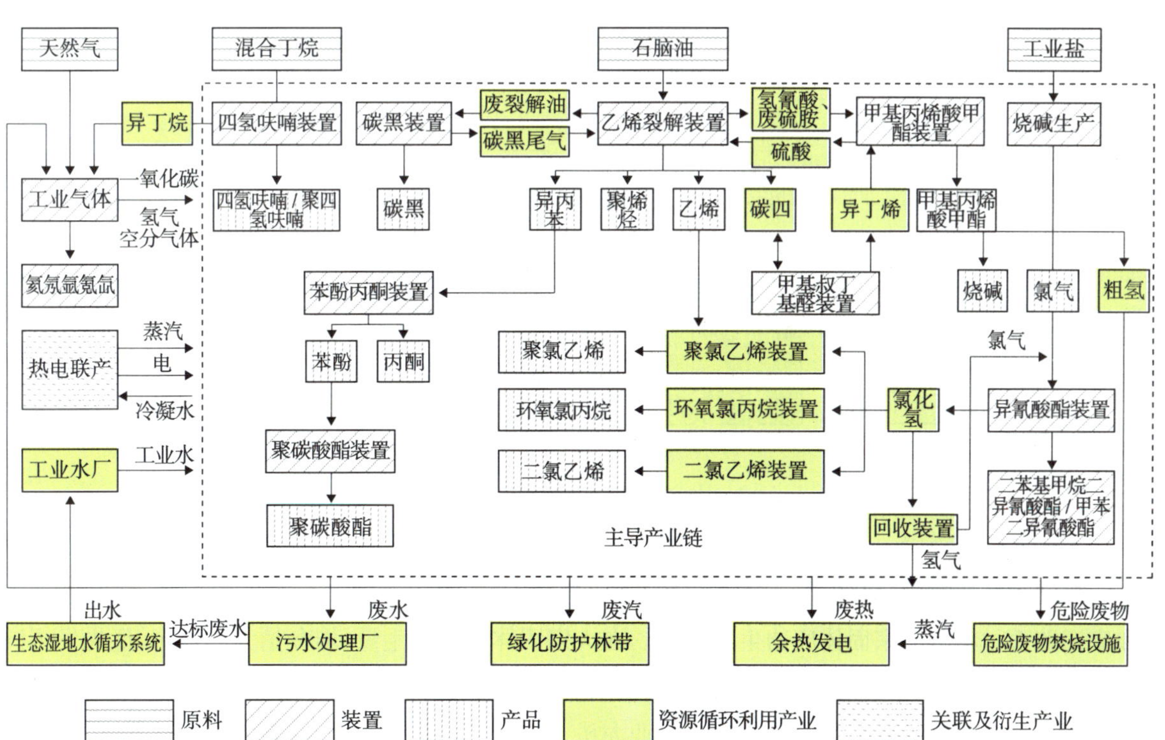

第七节 建材工业

加强节能降耗。重点推进窑炉等热工设备节能改造。继续推广大型新型干法水泥生产线，推进水泥粉磨、熟料生产等节能改造。推广纯低温余热发电等窑炉余热梯级利用技术，推进玻璃生产线低温余热发电。加强粉尘回收利用。进一步扩大禁止生产和使用实心粘土砖范围。

图 3-7 建材工业发展循环经济基本模式图

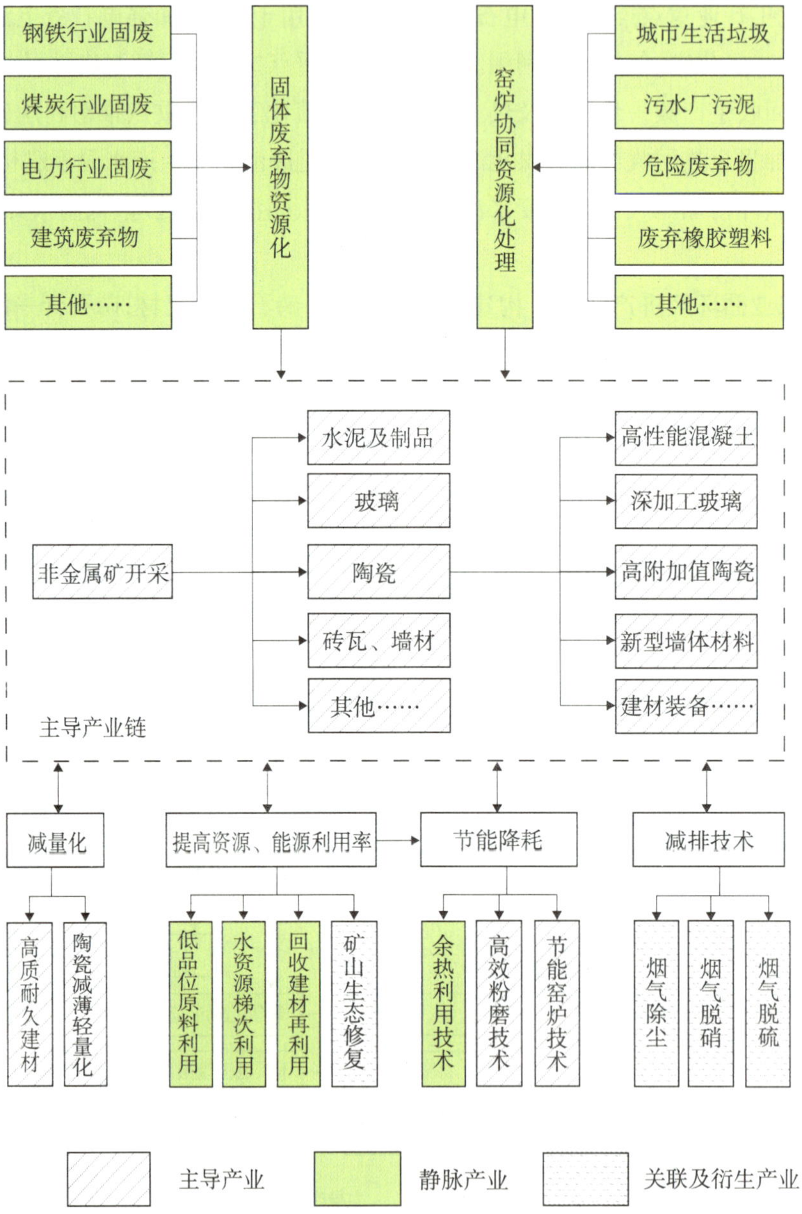

钢铁行业固废
煤炭行业固废
电力行业固废
建筑废弃物
其他……
固体废弃物资源化
窑炉协同资源化处理
城市生活垃圾
污水厂污泥
危险废弃物
废弃橡胶塑料
其他……
非金属矿开采
水泥及制品
玻璃
陶瓷
砖瓦、墙材
其他……
高性能混凝土
深加工玻璃
高附加值陶瓷
新型墙体材料
建材装备……
主导产业链
减量化
提高资源、能源利用率
节能降耗
减排技术
高质耐久建材
陶瓷减薄轻量化
低品位原料利用
水资源梯次利用
回收建材再利用
矿山生态修复
余热利用技术
高效粉磨技术
节能窑炉技术
烟气除尘
烟气脱硝
烟气脱硫
主导产业
静脉产业
关联及衍生产业

推动利废建材规模化发展。推进利用矿渣、煤矸石、粉煤灰、尾矿、工业副产石膏、建筑废弃物和废旧路面材料等大宗固体废物生产建材。在大宗固体废物产生量、堆存量大的地区，优先发展高档次、高掺量的利废新型建材产品。推动废玻璃、废玻纤、废陶瓷、废复合材料、废碎石及石粉等回收利用并生产建材产品。培育利废建材行业龙头企业。

发展绿色建材产品。鼓励发展绿色建材产品。重点加快发展节能玻璃、太阳能玻璃、复合多功能墙体材料、木塑复合材料等新材料。提高高标号水泥及高性能混凝土的应用比例,推进水泥及混凝土用量的减量化。

推进水泥窑协同资源化处理废弃物。鼓励水泥窑协同资源化处理城市生活垃圾、污水厂污泥、危险废物、废塑料等废弃物,替代部分原料、燃料,推进水泥行业与相关行业、社会系统的循环链接。

构建建材行业循环经济产业链。构建工业生产—废渣—建材,建筑废弃物、路面材料—建材,水泥、玻璃生产—余热—发电,水泥—粉尘—水泥,玻璃—废玻璃—玻璃,陶瓷—废陶瓷—陶瓷,石材—废碎石、石粉—人造石、砖,复合材料—废复合材料—复合材料等产业链。

到 2015 年,水泥熟料综合能耗降到 112 千克标准煤/吨,平板玻璃综合能耗降到 15 千克标准煤/重量箱,日用陶瓷综合能耗降到 1110 千克标准煤/吨,水泥生产线纯低温余热发电比例提高到 70%以上,玻璃生产线余热发电比例提高到 30%以上,新型墙体材料比重达到 65%以上,水泥窑协同资源化处理废弃物生产线比例达 10%。

第八节　造纸工业

推进节能降耗。淘汰小制浆、小造纸等落后产能。推广低固形物连蒸、低能耗蒸煮、新型高速纸机、纸板机等先进节能工艺设备。鼓励使用高得率木片磨浆系统。推广无元素氯漂白、氧脱木素等工艺。鼓励生产低白度纸和本色纸等清洁产品。

图 3-8　造纸工业发展循环经济基本模式图

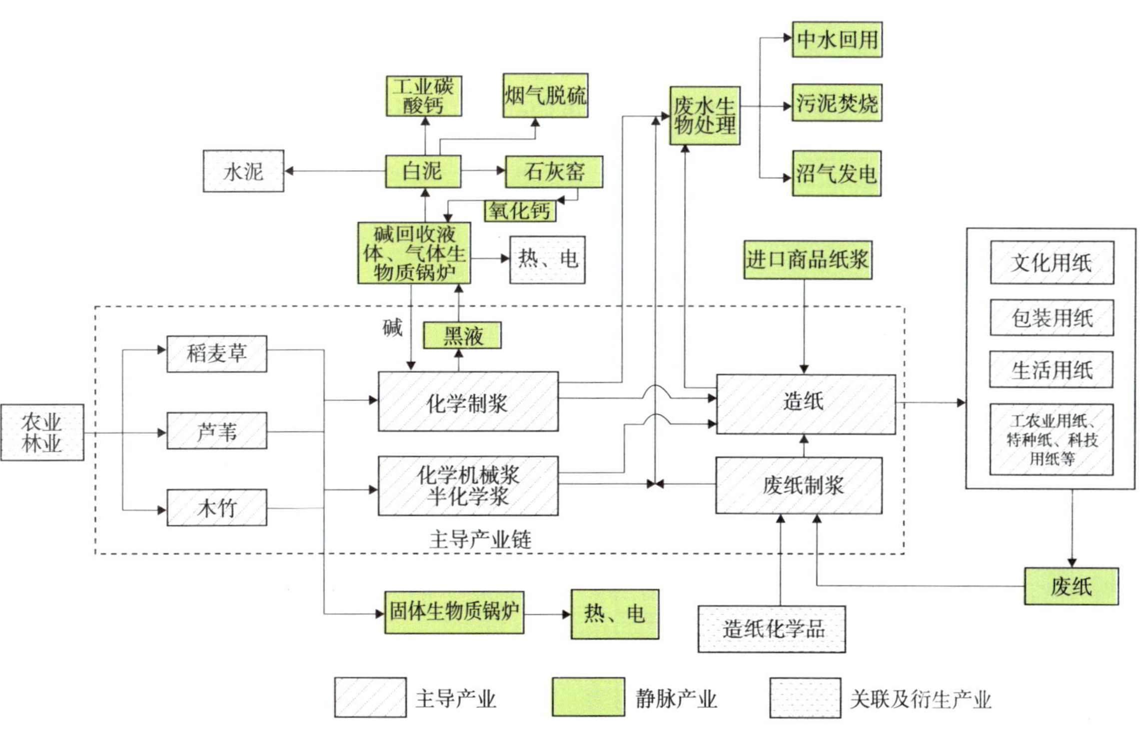

加强废物资源化利用。鼓励从制浆黑液中回收碱,利用黑液中的有机物发电,推动副产白泥用于生产水泥或氧化钙。推进造纸废水资源化利用,鼓励应用厌氧生化技术生产沼气,加强废水循环利用。鼓励利用树皮、锯木屑等备料工序剩余物、造纸废水处理污泥作为锅炉燃料。

推进造纸行业与上下游产业一体化发展。推进林浆纸一体化发展,鼓励利用林业速生材、间伐材、小径材、林竹“三剩物”及农作物秸秆等制浆。提高废纸回收利用率,积极推动新闻纸全部使用再生纸。

构建造纸行业循环经济产业链。构建制浆—黑液—白泥—水泥,制浆—黑液—白泥—氧化钙—碱—制浆,制浆—黑液—白泥—精制碳酸钙填料—造纸,纸浆—黑液等有机质—燃烧余热—热电—制浆、造纸,制浆、造纸—废液—沼气—热能、发电—制浆、造纸,制浆、造纸—固体废物—燃料—热电—制浆、造纸,废纸—制浆—造纸等产业链。

到2015年,纸及纸板综合能耗降到530千克标准煤/吨,纸浆综合能耗降到370千克标准煤/吨,纸浆、纸及纸板生产平均取水量降到70立方米/吨,废纸利用率达到72%。

第九节 食品工业

加强节能降耗。加快淘汰落后产能,加快推广节能、节水、节粮工艺技术和装备。优化生产工艺,实现生产过程中水和热的循环梯级利用。大幅度减少食品过度包装。

推进食品加工副产物和废弃物资源化利用。粮食加工行业重点推进利用稻壳、米糠、麦胚、麸皮等副产物生产稻壳碳、米糠油、米糠蛋白、玉米油、麦胚油、膳食纤维等。肉类、水产品加工行业重点推进利用皮毛、内脏、血液等副产物生产医药、生化产品等。发酵、酿酒行业重点推进利用酒糟、废液等进行无害化处理,将其作为生产饲料、有机肥料、生物质能等原料利用。制糖行业重点推进利用蔗渣发电、造纸、生产建材产品,利用废糖蜜制酒精等。饮料行业重点对果渣、茶渣等进行无害化处理,将其作为生产饲料或肥料的原料利用。加强废水循环利用。加强过期食品、召回食品的无风险资源化利用。

图3-9 食品工业发展循环经济基本模式图

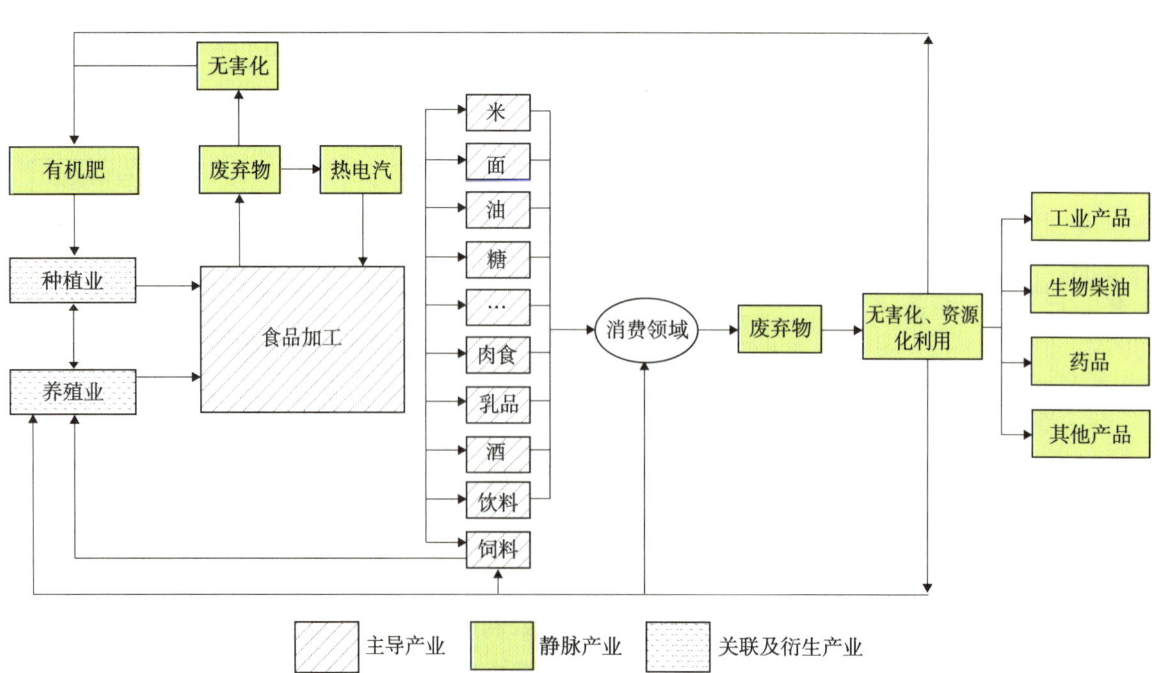

推动食品行业与上下游产业一体化发展。鼓励食品行业向上下游产业延伸,建立从原料生产

到终端消费的全产业链,促进各环节有效衔接。推广以种植、养殖、加工一体化为特征的工农业复合型循环经济发展模式。

构建食品行业循环经济产业链。构建稻谷加工—稻壳—稻壳碳、生物质能,稻谷加工—米糠—米糠油、米糠蛋白,小麦加工—麦胚、麸皮—麦胚油、膳食纤维,肉类加工—皮毛、内脏、血液—医药、生化产品等,发酵/酿酒—酒糟、残渣—无害化处理—有机肥、饲料,发酵/酿酒—废液—沼气,甘蔗制糖—蔗渣—造纸、建材,蔗渣—发电—灰渣—无害化处理—有机肥,制糖—废糖蜜—酒精,水果蔬菜加工—果渣—饲料,茶叶加工—茶渣—无害化处理—肥料等产业链。

到 2015 年,食品行业单位工业增加值能耗、用水量分别比 2010 年降低 16%、30%,食品工业副产品综合利用率提高到 80%以上。

第十节 纺织工业

推进节能降耗。加快淘汰落后产能,加大工艺设备节能节水改造力度。推广应用高效节能电机和空调自动控制技术,优化能源系统。推广使用可生物降解浆料和清洁型气相导热油,从源头减少有毒有害物质的使用。印染行业全面推广高效短流程前处理工艺,以及冷轧堆染色、气流染色、数码喷印等印染加工技术。加快开发替代石油的生物质纺织纤维材料,鼓励利用废聚酯瓶、废旧丙纶等生产高附加值再生纤维,减少原生资源消耗。

加强废弃物资源化利用。鼓励进行废水循环利用和废水、废气热能回收利用。推动从印染废水中回收染化料、助剂,从印染废碱液中回收碱。鼓励利用化纤生产废气制酸。加强对生产废料、边角料的再利用。

图 3-10 纺织工业发展循环经济基本模式图

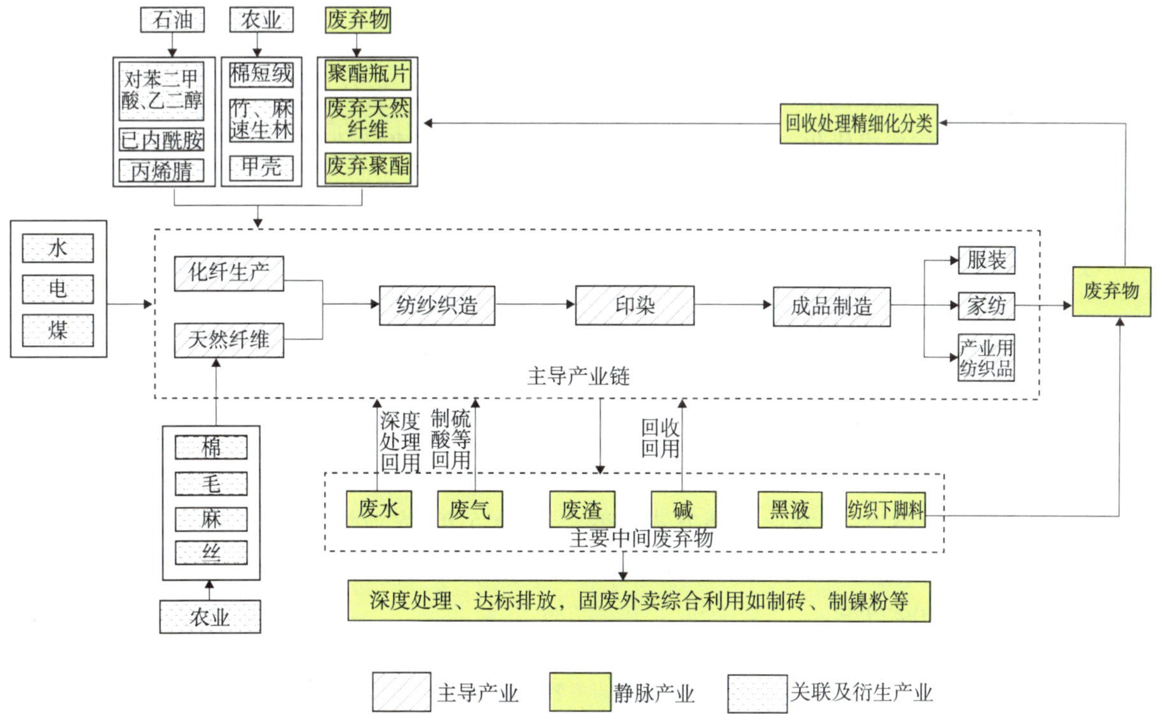

推动废旧纺织品再生利用规范化发展。以废旧职业装再生利用为突破口,完善社会化废旧纺

织品回收再利用体系。选择经济合理的废旧纺织品再生利用技术路线,推动废旧纺织品分类与安全环保加工处理,鼓励利用废旧纺织品生产建筑保温材料等产品。

构建纺织行业循环经济产业链。构建印染—废液—碱,化纤生产—废气—制酸,纺织—废水、废气—热能—纺织,纺织—边角料—纺织,纺织品—废旧纺织品—再利用产成品—纺织品,纺织品—废旧纺织品—保温材料,废弃聚酯—化纤—纺织品等产业链。

到2015年,纺织行业单位工业增加值能耗、取水量比2010年分别下降20%、30%,纺织纤维再利用总量达到800万吨。

第十一节　产业园区

按照“布局优化、企业集群、产业成链、物质循环、集约发展”的要求,推进新建、搬迁企业和项目园区化、集聚化发展,推动各类产业园区实施循环化改造,构建循环经济产业链,实现企业、产业间的循环链接,提高产业关联度和循环化程度,促进园区绿色低碳循环发展。到2015年,50%以上的国家级园区和30%以上的省级园区实施循环化改造。

构建园区循环经济产业链。根据物质流和产业关联性,对园区进行功能分区,合理布局企业、产业、基础设施及生活区。推进园区改造提升传统产业,培育发展战略性新兴产业,促进产业结构优化升级。重化工业要实现园区化发展,按照“横向耦合、纵向延伸、循环链接”的原则构建产业链,形成园区企业之间原料(产品)互供、资源共享的一体化。专业性产业园区要纵向延伸产业链。综合性产业园区要“补链”招商,促进产业横向耦合。工农业复合型产业园区要推进农副产品深加工利用,延长产业链,提高附加值。提高新建和搬迁改造园区的产业关联度和循环化程度。

推进园区资源高效循环利用。实施清洁生产,促进源头减量。推动园区内企业废物交换利用、废水循环利用、能源梯级利用、土地节约集约利用。推进园区生活污水再生利用,建设雨水收集利用设施,鼓励有条件的地区发展海水淡化产业。大力发展清洁能源和可再生能源。鼓励专业化服务公司为园区废物管理提供“嵌入式”服务。

推行园区基础设施绿色化。对园区内供水、供电、供热、道路、通信等公共基础设施实施绿色化改造,促进共建共享、集成优化。加快园区污染物集中治理设施建设及升级改造,鼓励园区创新环境服务模式,积极推进污水、垃圾处理设施建设和运行专业化、社会化。

第四章　构建循环型农业体系

在农业领域加快推动资源利用节约化、生产过程清洁化、产业链接循环化、废物处理资源化,形成农林牧渔多业共生的循环型农业生产方式,加快农业机械化,推进农业现代化,改善农村生态环境,提高农业综合效益,促进农业发展方式转变。到2015年,农业灌溉用水有效利用系数达到0.53,秸秆综合利用率提高到80%,设施渔业养殖废水处理与综合利用率达80%以上,林业“三剩物”综合利用率达80%以上。

第一节　种植业

发展节约型种植业。加快淘汰老旧农业机械,推广使用节能型农业机械,推进抽水泵站节能改造，推广普及节能型太阳能蔬菜大棚。推广普及管道输水、膜下滴灌、水肥一体化等高效节水灌溉技术，支持旱作农业示范基地建设，加大旱作节水农业技术推广力度。大力推广测土配方施肥技术，科学使用化肥，鼓励农民增施有机肥，减少不合理化肥施用量。淘汰落后施药机械，推广使用高效、低毒、低残留农药。开展有机农产品基地建设。推进粮食生产全过程机械化，加快粮食烘干、仓储设施建设，减少粮食田间损失和仓储损耗。

推动农作物秸秆综合利用。因地制宜推广农作物秸秆饲料化、肥料化、基料化、原料化、燃料化等利用方式，重点推进秸秆过腹还田、腐熟还田和机械化还田，鼓励利用富含营养成分的花生、豆类等秸秆加工制作饲料，推广应用秸秆栽培食用菌，发展新型秸秆代木、功能型秸秆木塑复合型材，推广秸秆制沼集中供气、固化成型燃料等。

推动农田残膜、灌溉器材回收利用。建立政府推动、农户参与、企业实施的农田残膜、灌溉器材回收机制，形成使用、回收、再利用各个环节相互配套的回收利用体系。支持建设农田残膜、灌溉器材回收、初加工网点及深加工利用项目。

第二节　林　业

加强林竹加工业节能降耗。大力发展木材精深加工，严格控制木材粗加工项目。加快淘汰高耗能落后工艺、技术和设备，推动木材、竹材加工设备节能改造。

推动林竹废弃物资源化利用。鼓励利用采伐、造材、加工等林业“三剩物”和次小薪柴生产板材、培养食用菌等，鼓励对食用菌培养基进行再利用。推动利用竹业“三剩物”生产竹碳、活性碳、精制醋粉等产品以及进行延伸加工利用。

构建林业循环经济产业链。构建林业—“三剩物”、次小薪柴—板材，林业加工—木屑—食用菌—培养基—饲料、肥料，竹业—“三剩物”—竹碳、活性碳，竹业—“三剩物”—醋液—醋粉—药品、保健品，竹业—竹屑—型材，林竹—制浆—造纸等产业链。

第三节　畜牧业

推进畜禽养殖清洁生产。推进适度规模养殖，鼓励养殖与种植相结合，建设标准化畜禽养殖场，推广畜禽清洁养殖、雨污分流、干湿分离和设施化处理技术。支持深加工集成养殖模式，发展饲料生产、畜禽养殖、畜禽产品加工及深加工一体化养殖业。发展畜禽圈舍、沼气池、厕所、日光温室“四位一体”生态农业。

加强畜禽粪污资源化利用。鼓励利用畜禽粪便发展农村户用和集中供气沼气工程，鼓励利用畜禽粪便、秸秆、有机生活垃圾等多种原料发展超大型沼气工程。推广堆肥处理、工厂化生产有机肥、好氧发酵农田直接施用技术，促进养殖粪污资源化利用和无害化处理。

推动畜禽加工副产物和废弃物利用。鼓励利用畜禽血液、脏器、骨组织、皮毛绒、蛋壳等生产医药、保健品、生活用品等，提高畜禽加工附加值。支持开展屠宰废水循环利用。

构建农牧业循环经济产业链。构建畜禽粪便—沼气—发电，畜禽粪便—沼气—沼渣、沼液—无害化处理—肥料、农药—农林作物，畜禽加工—副产物—生化制品等产业链。

第四节　渔　业

推行设施渔业清洁生产。开展渔航更新改造，发展设施渔业及浅海立体生态养殖。推广使用优质良种和安全高效配合饲料,集成标准化饲养、疫病防控、安全用药等关键技术,发展循环水节水养殖。科学确定养殖容量,合理控制养殖密度,实现养殖水域空间资源合理利用。鼓励利用稻田、盐碱地、采矿塌陷区发展水产养殖。

延伸渔业循环产业链。促进水产养殖业与种植业有效对接,实现鱼、粮、果、菜协同发展。鼓励利用鱼类、虾蟹、贝藻以及水产加工副产物,生产氨基酸、调味品、保健品等产品。推进老旧渔船及网具材料的综合利用。

第五节　工农业复合

推进种植业、养殖业、农产品加工业、生物质能产业、农林废弃物循环利用产业、高效有机肥产业、休闲农业等产业循环链接,形成无废高效的跨企业、跨农户循环经济联合体,构建粮、菜、畜、林、加工、物流、旅游一体化和一、二、三产业联动发展的现代工农复合型循环经济产业体系。大力推广农业循环经济典型模式,重点培育推广畜(禽)—沼—果(菜、林、果)复合型模式、农林牧渔复合型模式、上农下渔模式、工农业复合型模式等,提升农业综合效益。

图 4-1　工农复合型循环经济基本模式图

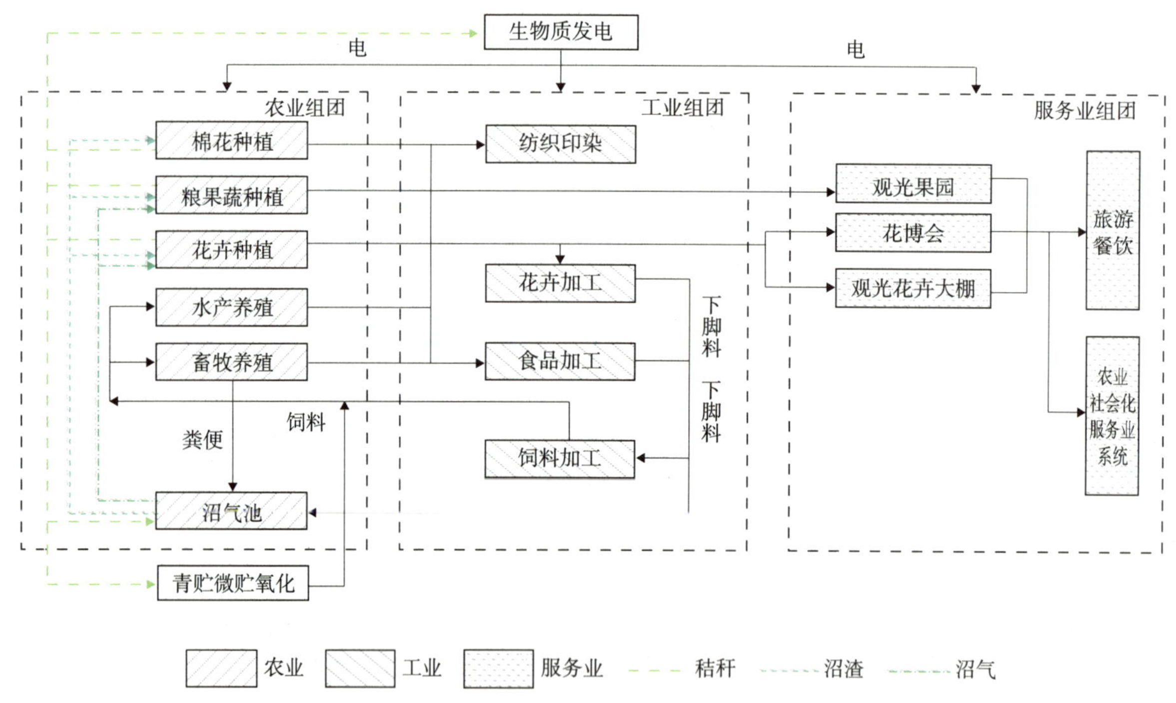

第五章　构建循环型服务业体系

加快构建循环型服务业体系,推进服务主体绿色化、服务过程清洁化,促进服务业与其他产业融合发展,充分发挥服务业在引导人们树立绿色循环低碳理念,转变消费模式方面的积极作用。

第一节 旅游业

推进旅游业开发、管理、消费各环节绿色化,积极构建循环型旅游服务体系。

推进旅游景区建设和管理绿色化。加强旅游资源保护性开发,严格执行旅游项目环境影响评价制度,合理确定景区游客容量。设施建设要采用节能环保产品,积极利用可再生能源,配套建设污水再生利用、雨水收集、垃圾无害化处理系统。支持旅游景区使用节能环保交通工具,开发绿色旅游产品,科学设置垃圾分类回收装置,推进废弃物分类回收和资源化利用。

引导低碳旅游和绿色消费。大力倡导低碳旅游出行方式,在旅游景区加强生态科普宣传教育,传播绿色低碳理念,减少使用一次性用品,引导游客分类投放废弃物,自觉保护景区环境。

第二节 通信服务业

推进绿色基站建设。鼓励采用分布式基站网络结构。通过载波智能功效、智能调整等手段降低设备能耗。推广以自然冷热源和蓄电池温控为基础的空调升温启动技术,合理采用风光互补、分布式冷却系统以及电池组在线维护管理,实施传统基站节能改造。合理设计供电方案,推广应用绿色电源。

推进绿色数据中心建设。加快老旧设备退网,鼓励建设云计算、仓储式及集装箱式数据机房,推动广泛应用先进节能技术,加大节能改造力度,提高数据中心和机房的能源利用效率。

鼓励回收废旧通信产品。推动通信运营商回收基站中的废旧铅酸电池。依托通信运营商服务网点,探索采用押金制等方式建立废旧手机、电池、充电器等通信产品的回收体系,提高回收率。推进手机充电器、电池标准化工作。

到 2015 年,通信基站能耗比 2010 年降低 25%,通信基站废旧铅酸蓄电池回收率达 90%以上。

第三节 零售批发业

积极推行清洁生产。开展清洁生产审计、ISO14000 环境管理体系认证。推动现有商用建筑进行保温、隔热改造并对采暖、制冷、通风、照明、冷藏等系统进行节能改造,采用自动控制扶梯等节能设备和技术。鼓励发展连锁经营、统一配送、电子商务等现代流通方式,运用物联网技术强化资源整合和供应链全程优化。

推进废弃物回收利用。鼓励零售批发企业对废弃包装物、废弃食品、垃圾等进行分类回收。鼓励批发零售企业采用以旧换新等方式回收废旧商品。严格执行“限塑令”,禁止销售、使用超薄塑料购物袋,落实塑料购物袋有偿使用政策。

推动绿色消费。充分发挥零售批发业连接生产和消费环节的桥梁作用,支持零售批发业采购节能环保产品,鼓励商贸流通企业开设绿色产品销售专区、专柜等,向消费者推介绿色产品,扩大绿色产品消费,带动绿色产品生产。积极培育租赁业、旧货业发展,促进产品再利用。

到 2015 年,营业面积在 1 万平方米以上的大型超市、百货店、专业店等零售业万元营业额能耗显著下降。

第四节 餐饮住宿业

推进餐饮住宿业绿色化。推动餐饮住宿业对照明、空调、锅炉系统进行节能改造,使用节能节水产品和无磷高效洗涤剂,分类排放生活垃圾,分类存放餐厨废弃物。鼓励大型住宿餐饮企业建设具有集中加工、采购、贮存和配送功能的厨房。

倡导绿色服务。倡导减少使用一次性木筷、快餐盒以及客房一次性牙刷、剃须刀等用品。鼓励企业开设绿色客房并给予消费者相应优惠。鼓励餐饮企业实行分餐制,按照营养均衡的要求,适量配餐,提供科学合理的菜单及不同规格的盛具。

到 2015 年,餐饮住宿业单位增加值能耗明显降低,一次性用品使用率大幅降低。

第五节　物流业

提高物流运行效率。大力发展多式联运,促进多种运输方式合理分工运行,削减总行驶量。强化产地物流功能,实行“减量化”运输。支持建立以城市为中心的公共配送体系,优化城市配送网络,鼓励统一配送和共同配送。鼓励使用节能环保和新能源车辆。推广可多次利用的周转包装,支持托盘共用系统建设,实现包装物的梯级利用,加强对废弃包装物的回收和再生处理。

加快绿色仓储建设。合理规划和优化仓库布局,采用现代化储存保养技术,降低各类仓储损耗。完善仓储设施节能环保标准。规范有毒化学品、放射性物品、易燃易爆物品的仓储保管。支持仓储设施利用太阳能和其他清洁能源。支持建设绿色生态型物流园区。

到 2015 年,初步建立起低碳、循环、高效的绿色物流体系,物流设施能源利用效率明显提高,车辆空驶率稳步降低。

第六章　推进社会层面循环经济发展

加快完善再生资源和垃圾分类回收体系,推动再生资源利用产业化,发展再制造,推进餐厨废弃物资源化利用,实施绿色建筑行动和绿色交通行动,推行绿色消费,实施大循环战略,加快建设循环型社会。

第一节　完善再生资源回收体系

完善再生资源回收网络。加快建设城市社区和乡村回收站点、分拣中心、集散市场三位一体的回收网络。鼓励各类投资主体积极参与建设、改造回收站点,建设符合环保要求的专业分拣中心,逐步建设一批分拣技术先进、环保处理设施完备、劳动保护措施健全的废旧商品回收分拣集聚区。

健全生活垃圾分类回收体系。完善生活垃圾分类回收、密闭运输、集中处理体系,在社区及家庭推行垃圾分类排放。鼓励居民分开盛放和投放厨余垃圾,建立高水分有机生活垃圾收运系统,实现厨余垃圾单独收集、循环利用。

加强重点再生资源回收。落实有关优惠政策,做好废金属、废塑料、废玻璃、废纸等传统再生资源的回收,提高回收率。创新回收方式,强化监督管理,推进废电器电子产品、报废汽车、废旧轮胎、包装物、废旧纺织品的回收,推动废铅酸电池、废镉镍电池、废弃含汞荧光灯、废温度计、废弃农药包装物等有害废物的回收。

到 2015 年,构建起先进完整的再生资源回收体系,垃圾分类工作取得明显进展,主要品种再生资源回收率达到 70%。

第二节　推动再生资源利用产业化发展

推动废旧机电产品、电线电缆、通信设备、汽车、家电、手机、铅酸电池、塑料、橡胶、玻璃等再生资源利用的规模化、产业化发展。到2015年,主要再生资源利用总量达到2.66亿吨,产值达到1.2万亿元,就业人员1800万人。

推进再生资源规模化利用。鼓励再生资源加工利用企业集聚发展,进行园区化管理。加快培育再生资源龙头企业,鼓励通过兼并、重组、联营等方式,加快行业整合力度,提高产业集中度。

推进再生资源高值化利用。加快淘汰落后生产工艺和技术设备,推动再生资源分选、拆解、破碎、加工利用技术和装备升级。支持再生资源利用企业延长产业链,加快形成覆盖分拣、拆解、加工、资源化利用和无害化处理等环节的完整产业链,着力加强深度加工利用,提高产品附加值。提高废弃电器电子产品、报废机动车、报废船舶等的拆解及利用水平。做好执法部门罚没产品的回收利用工作。

推进再生资源清洁安全利用。严格执行环保、安全、卫生、质量标准,推动再生资源利用企业建设完善的环保设施,规范再生资源拆解、利用行为,避免二次污染,确保生产环节清洁安全和再生利用产品质量安全。

第三节　发展再制造

建立旧件逆向回收体系。支持建立以汽车4S店、特约维修站点为主渠道,回收拆解企业为补充的汽车零部件回收体系。规范建立专业化再制造旧件回收企业和区域性再制造旧件回收物流集散中心。积极利用现有再生资源回收网络,回收计算机服务器、硒鼓、墨盒等易回收产品。开展消费者交回旧件并以置换价购买再制造产品(以旧换再)的工作,扩大再制造旧件回收规模。

抓好重点产品再制造。重点推进机动车零部件、机床、工程机械、矿山机械、农用机械、冶金轧辊、复印机、计算机服务器以及墨盒、硒鼓等的再制造,探索航空发动机、汽轮机再制造,继续推进废旧轮胎翻新。

推动再制造产业化发展。支持建设再制造产业示范基地,促进产业集聚发展。支持再制造企业加快技术升级改造。建立再制造产品质量保障体系和销售体系,促进再制造产品生产与售后服务一体化。鼓励专业化再制造服务公司为企业提供整体解决方案和专项服务。建立再制造旧件回收、产品营销、溯源等信息化管理系统。

到2015年,实现年再制造发动机80万台,变速箱、起动机、发电机等800万件,工程机械、矿山机械、农用机械等20万台套,再制造产业年产值达500亿元左右。

第四节　实施绿色建筑行动

推进既有建筑供热计量和节能改造。北方采暖地区以围护结构、供热计量、管网热平衡为重点,夏热冬冷地区以建筑门窗、外遮阳、自然通风为重点,加快实施节能改造。大力推进大型公共建筑和办公建筑采暖、空调、通风、照明等节能改造。

新建建筑严格执行节能标准。严把设计关口,加强施工图审查,城镇建筑设计阶段100%达到节能标准要求。加强施工监管和稽查,确保工程质量和安全,施工阶段节能标准执行率达到95%以上。严格执行节能专项验收,达不到节能标准的不予通过竣工验收,强制进行整改。鼓励有条件的地区提高建筑节能标准。

发展绿色建筑。加强新区绿色规划,积极推进绿色建筑设计和施工。重点推动党政机关、学校、医院以及影剧院、博物馆、科技馆、体育馆等建筑执行绿色建筑标准。在商业房地产、工业厂房中推广绿色建筑,鼓励商品住宅装修一次到位,倡导简约适度装修。推动雨水收集和利用。

推进建筑废物资源化利用。推进建筑废物集中处理、分级利用,生产高性能再生混凝土、混凝土砌块等建材产品。因地制宜建设建筑废物资源化利用和处理基地。

“十二五”期间,北方采暖地区完成既有居住建筑供热计量和节能改造4亿平方米以上,夏热冬冷地区既有居住建筑节能改造5000万平方米以上,公共建筑和公共办公区建筑节能改造1.2亿平方米,新建绿色建筑8亿平方米。到2015年,城镇新建建筑15%以上达到绿色建筑标准要求。

第五节 构建绿色综合交通运输体系

基础设施建设环节体现循环经济要求。按照绿色循环低碳的要求,构建综合交通运输体系。统筹衔接各种运输方式,加快实现“零距离换乘”和“无缝化衔接”。合理布局铁路、公路、水路和机场基础设施,科学确定建设规模,系统提升土地、能源、水等资源的利用效率。新建机场、车站、码头严格执行建筑节能标准,充分利用自然光、太阳能等可再生能源,积极使用节能环保产品。鼓励再生利用道路沥青以及利用粉煤灰筑路、建桥等。

运营服务环节大力提高能源资源利用效率。引导采用绿色环保型交通工具,加快淘汰老旧机车、船舶。加快现有机场、车站、港口节能节水改造。提高电气化铁路比重,扩大新材料、新技术的应用,降低非牵引能耗。大力推广甩挂运输、不停车收费系统(ETC),推进船舶靠岸使用岸电技术改造,优化港口装卸工艺,减少二次搬运。优化航线网络结构,鼓励机场提供地面供电替代飞机自发电。

倡导绿色出行。完善城市交通系统,加强城市步行和自行车交通系统建设,加快发展轨道交通,推进不同公共交通体系之间以及市内公交系统与铁路、高速公路、机场等之间无缝衔接。引导居民外出多乘公共交通,少开私家车。在有条件的地区探索实行拼车出行,推广电话叫车、网络叫车,降低出租车空驶率。

到2015年,铁路、公路、水路、民航、邮政、城市轨道交通行业基础设施建设和运营服务环节的资源能源利用效率全面提高,污染排放得到有效控制。

第六节 推进餐厨废弃物资源化利用

建立餐厨废弃物资源化利用体系。推动建立规范的餐饮企业、单位食堂餐厨废弃物定点收集、密闭运输、集中处理体系,逐步建立家庭厨余垃圾收运体系。支持餐厨废弃物资源化利用设施建设,鼓励利用餐厨废弃物生产沼气、生物柴油、工业油脂、有机肥等。加快餐厨废弃物资源化利用技术研发,不断优化技术工艺路线,加大推广应用力度。

强化餐厨废弃物管理。推动对城市餐厨废弃物收集、运输、处理实行许可或备案制。加大对餐厨废弃物资源化利用和无害化处理的监管,严厉打击用“地沟油”等餐厨废弃物生产食用油等违法行为。

到2015年,50%的设区城市初步实现餐厨废弃物分类收运和资源化利用,餐厨废弃物资源化利用能力达到3万吨/日。

第七节 推行绿色消费

树立绿色消费理念。推动全社会树立和践行文明、节约、绿色、低碳、循环的消费理念,引导节约消费、适度消费,反对铺张浪费。发扬勤俭节约的优良传统,摒弃讲排场、摆阔气、奢侈浪费的陋习,提高全社会节能、节水、节材、节粮意识。

倡导绿色生活方式。鼓励消费者购买和使用节能环保产品、节能省地住宅,减少使用一次性用品。鼓励自备购物袋,禁止使用超薄塑料购物袋。强化法规标准建设,限制企业对商品进行过度包装,引导消费者抵制过度包装商品。倡导绿色、环保、简约、实用的装修理念,抵制奢华、过度装修住宅。鼓励外出就餐适度点餐、餐后打包,婚丧嫁娶等红白喜事用餐从简操办。倡导生态旅游,杜绝随意丢弃垃圾,自觉进行垃圾分类。鼓励网上购物、视频会议、无纸化办公,珍爱野生动植物。

政府机构带头节约。政府机关要在节能、节水、节纸、节粮等方面率先垂范,切实建设节约型政府。强化政府绿色采购制度,严格执行强制或优先采购节能环保产品制度,提高政府采购中再生产品和再制造产品的比重。政府机关食堂完善用餐收费制度,健全公务接待用餐管理制度,避免政府机关食堂、公务接待用餐浪费。

第八节 实施大循环战略

在推动企业内部、园区内部、产业内部实行清洁生产和资源循环利用的基础上,遵循生态循环规律,实施大循环战略,推动产业之间、生产与生活系统之间、国内外之间的循环式布局、循环式组合、循环式流通,加快构建循环型社会,全面推进循环发展,实现资源利用可循环、环境容量可承载、经济发展可持续。

推进产业循环式组合。加强物质流分析和管理,科学规划,统筹产业带、产业园区和基地的空间布局,消除各种限制性障碍,打破地区封锁和部门利益,搭建循环经济技术、市场、产品等公共服务平台,鼓励企业间、产业间建立物质流、资金流、产品链紧密结合的循环经济联合体,促进工业、农业、服务业等产业间循环链接、共生耦合,实现资源跨企业、跨行业、跨产业、跨区域循环利用。中西部地区在承接产业转移时,要按照产业循环式组合的要求,推进产业集聚发展,合理布局建设项目,避免走先污染、后治理的老路。东部地区要通过推进产业循环式组合,促进产业结构优化升级。

促进生产与生活系统的循环链接。构建布局合理、资源节约、环保安全、循环共享的生产生活共生体系。推动生产系统的余能、余热等在社会生活系统中的循环利用,推动煤层气、沼气、高炉煤气和焦炉煤气等资源在城市居民供热、供气以及出租车等方面的应用,鼓励在有条件的地区发展煤层气公共汽车。推动中水在社会生活系统中的应用,提高城市生活污水在工业生产系统中的应用水平。完善再生水用于农业浇灌的标准,开展示范应用。推动矿井水用作生活、生态用水。推动沿海缺水地区利用海水淡化水作为企业生产和生活用水。推进钢铁、电力、水泥行业等生产过程协同资源化处理废弃物,将生活废弃物作为生产过程的原料、燃料。

推进资源循环利用国内外大循环。充分利用国内外两个市场、两种资源,不断增强经济社会发展的能源资源保障能力。加快转变对外经济发展方式,推进加工贸易转型升级,提升我国产业在全球产业分工中的价值。在实施"走出去"战略和对外援助时,把循环经济理念融入到规划、建设、施工、运行、管理等各环节,加强绿色循环低碳工程建设,树立我国负责任、注重可持续发展的大国形象。扩大再生资源进口种类和规模。严格再生资源进口监管,对沿海地区以进口再生资源加工利用为主的企业和项目实行圈区化管理，推进进口再生资源的清洁、安全和高效利用。

第七章　实施循环经济“十百千”示范行动

通过实施循环经济“十百千”示范行动，实现技术突破和管理创新，推动循环经济形成较大规模。

第一节　实施循环经济十大示范工程

资源综合利用示范工程。推动共伴生矿及尾矿、工业固体废物、道路和建筑废物综合利用以及非常规水源利用。建设60个矿产资源综合利用示范基地。建设8个煤系共伴生高岭土、铝矾土综合利用工程和30个煤层气、煤矸石、矿井水综合利用工程。建设30个黑色和有色金属共伴生矿及尾矿有价组分提取和综合利用工程。建设2—3个赤泥综合利用示范基地，3—5个高铝粉煤灰综合利用基地，实施一批冶炼废渣、化工废渣、脱硫石膏和磷石膏等工业副产石膏综合利用工程。建设6个建筑和道路废物资源化利用示范工程。建设20个海水淡化示范项目，20个雨水收集利用和再生水利用示范工程。

产业园区循环化改造示范工程。选择100家基础条件好、改造潜力大的国家级和省级开发区开展循环化改造示范。支持改造30个化工、纺织、制革等单一产业园区，推动延伸产业链；支持改造60个综合性园区和重化工集中的园区，推动产业间横向耦合、纵向延伸、循环链接；支持改造10个工农业复合型产业园区，推动农林产品及副产物深加工利用。通过示范，凝练和推广一批适合我国国情的园区循环化改造范式，提高园区主要资源产出率、土地产出率、资源循环利用率，基本实现“零排放”。

再生资源回收体系示范工程。建设80个左右网点布局合理、管理规范、回收方式多元化、重点品种回收率高的再生资源回收体系示范城市，规范建设100个废旧商品回收分拣集聚区，培育100个组织化规模化程度高、技术先进的龙头企业，推动一批商贸流通企业参与回收体系，促进再生资源交易和流通，提高再生资源回收率。

“城市矿产”基地建设示范工程。建设50个技术先进、环保达标、管理规范、利用规模化、辐射作用强的国家“城市矿产”示范基地，推动废钢铁、废有色金属、废塑料、废橡胶等再生资源集中拆解处理、集中治理污染、合理延伸产业链，促进“城市矿产”资源高值化利用和集聚化发展，切实解决再生资源利用中存在的经营分散、技术落后、利用水平低和二次污染等问题。

再制造产业化示范试点工程。建设5—10个国家级再制造产业示范基地，推动再制造业集聚发展。选择30家左右具有一定基础的汽车零部件再制造企业开展示范，重点支持建立发动机、变速箱等旧件回收、再制造加工、检测和质量控制体系。选择一批企业开展机床、工程机械、农业机械、矿山机械、办公用品等再制造试点。培育20家左右再制造专业化服务机构。

餐厨废弃物资源化利用和无害处理示范试点工程。选择100个城市开展餐厨废弃物资源化利用和无害化处理示范试点，支持回收利用体系和能力建设。通过示范试点，建立符合我国国情的覆盖餐厨废弃物产生、收集、运输、处理全过程的管理制度，健全标准和规范，完善工艺技术路线，实现餐厨废弃物安全、高效利用和无害化处理。

生产过程协同资源化处理废弃物示范工程。发挥建材、钢铁、电力等行业消纳废弃物的功能，培育60家左右协同资源化处理废弃物示范企业，消纳铬渣、污泥、生活垃圾、危险废物等。通过示范，推动建立相关技术标准和规范，探索建立企业与政府在协同资源化处理废弃物方面的合作机制。

农业循环经济示范工程。在13个粮食主产区、棉秆等单一品种秸秆集中度高的地区以及交通干道、机场、高速公路沿线等重点地区，实施秸秆综合利用试点示范工程。支持建设一批农产品加工副产物资源化利用、稻田综合种养植（殖）、畜禽粪便能源化利用、工厂化循环水养殖节水示范工程。结合富营养化江河湖泊综合治理，支持建设水上经济植物规模化种植示范工程。实施以农村生活、生产废弃物处理利用和村级环境服务设施建设为重点的农村清洁工程。

循环型服务业示范工程。选择100家左右管理水平较高的餐饮住宿企业开展绿色化改造示范工程。培育1000家零售业节能环保示范企业。选择一批物流企业开展绿色物流示范试点。选择一批旅游景区实施旅游业循环经济示范工程。通过实施示范工程，推动服务行业实行清洁生产，推行绿色服务模式，引导消费者建立绿色消费方式。

资源循环利用技术产业化示范推广工程。选择基础较好、技术力量较强的科研单位或大型企业，支持建设一批循环经济重点工程实验室、技术中心、工程研究中心和质量检测中心。加强源头减量、循环利用、再制造、零排放、产业链接等循环经济关键共性技术研发。构建产学研对接平台和科研成果产业化机制，建设一批资源循环利用技术产业化示范基地和示范项目，加大先进适用技术的推广应用力度。

第二节　创建百个循环经济示范城市（县）

选择100个左右城市（县），创建国家循环经济示范城市（县）。示范城市（县）要全面推行循环型生产方式和绿色消费模式，率先构建起覆盖全社会的资源循环利用体系，资源产出率提高幅度超出全国平均水平，通过发展循环经济探索实现转型发展的道路。

第三节　培育千家循环经济示范企业（园区）

选择1000家骨干企业或园区，树立循环经济典型。示范企业（园区）的资源产出率、土地产出率、单位产值能耗、物耗、水耗、产业废弃物综合利用率、工业用水重复利用率等指标达到国内领先水平和国际先进水平。

实施循环经济“十百千”示范行动，以企业自主投资为主，国家和地方政府通过现有政策和资金渠道给予必要的资金支持。中央补助资金重点支持相关公益性基础设施、公共服务平台、重点项目、能力建设及关键共性技术产业化示范和推广应用。鼓励金融机构和社会主体将资金投向循环经济重大工程。鼓励企业通过自有资本、银行贷款、上市融资、发行债券等方式实施循环经济重大工程。

第八章　保障措施

第一节　完善经济政策

产业政策。落实《产业结构调整指导目录》、《外商投资产业指导目录》、《限制用地项目目录》和《禁止用地项目目录》。进一步提高高耗能、高耗水、高耗地、高排放行业准入门槛,严格节能、环保、土地、安全方面的约束。发布国家鼓励、限制和淘汰的技术、工艺、设备、材料和产品名录,再制造产品目录和限制生产、销售的一次性产品名录及管理办法。鼓励煤矸石、余热余压、垃圾和沼气等发电上网。研究制定在脱硫石膏产生量大的地区限制开采天然石膏的政策。保障符合国家产业政策和投资管理规定的循环经济项目用地。

投资政策。各级政府要将循环经济项目列为重点投资领域。加强固定资产投资项目资源循环利用管理,项目申请报告和可行性研究报告应包含循环经济相关内容。发挥政府投资的引导作用,吸引社会各类资金投向循环经济。

价格和收费政策。深化资源性产品价格改革,进一步发挥市场机制在资源性产品价格形成中的作用。推行城市居民生活用水阶梯式价格和非居民用水超定额累进加价制度。试行居民用电阶梯电价制度,完善电力峰谷分时电价政策,加大差别电价、惩罚性电价实施力度,完善鼓励煤矸石、余热余压、垃圾和沼气等发电的价格政策,试行脱硝价格政策。对污泥处理处置费用,研究实行纳入污水处理收费和财政补贴共同承担的政策。研究减征实现废水“零排放”企业和园区污水处理费的政策,严格执行对实现废水“零排放”的企业免征排污费的政策。研究鼓励生产过程协同资源化处理废弃物的价格政策。研究建立建筑垃圾排放收费制度,改革生活垃圾处理收费方式,提高征收率。研究建立餐厨废弃物处理收费制度。

财政政策。中央和省级人民政府依法设立循环经济发展专项资金,支持循环经济重大工程、重点项目及能力建设。创新循环经济发展专项资金支持方式,扩大财政资金的杠杆效应。落实并完善废弃电器电子产品处理基金征收补贴政策。研究鼓励再制造产品推广应用和强制回收产品、包装物的专项政策。加大新型墙体材料专项基金对发展新型墙体材料的支持力度。研究制定激励流通企业采购节能环保产品的政策。对已报废老旧农机并取得回收拆解证明的农民,优先给予农机购置补贴。对属排污费资金支持范围的循环经济类项目给予优先支持。国有资本经营预算要支持企业发展循环经济项目。建立对国家认定再生产品的推广机制。加大政府采购支持力度,优先采购节能节水环保产品和再生利用产品。

税收政策。继续落实和完善资源综合利用税收优惠政策。研究制定并完善促进再生资源回收体系建设的税收政策。研究完善减少使用一次性消费品的税收政策。对国内不能生产、国家鼓励引进的循环经济技术装备,在规定范围内减免进口关税。研究完善鼓励资源性产品进口的关税政策。积极推进环境税费改革。

金融政策。鼓励银行业金融机构对循环经济重点项目和循环经济“十百千”示范工程给予包括信用贷款在内的多元化信贷支持,创新信贷产品,拓宽抵押担保范围,完善担保方式。支持循环经济示范试点企业发行企业(公司)债券、项目收益债券、可转换债券和短期融资券、中期票据等直接融资工具。探索循环经济示范试点园区内的中小企业发行集合债券、集合票据。支持符合条件的资源循环利用企业申请境内外上市和再融资。鼓励设立循环经济创业投资基金，研究设立循环经济产业投资基金。各地要根据国家有关政策制定支持循环经济发展的配套投融资政策和实施方案。

第二节　健全法规和标准

加快法规建设。完善循环经济促进法相关配套法规规章，研究制定限制商品过度包装条例、循环经济发展专项资金管理办法、汽车零部件再制造管理办法、再制造旧件和再制造产品进出口管理目录及管理办法、强制回收的产品和包装物名录及管理办法、餐厨废弃物管理及资源化利用条例、农业机械报废回收办法等法规规章。加快修订报废汽车回收管理办法、商品零售场所塑料袋有偿使用管理办法。

建立健全标准和计量体系。加快制定可降解产品、再生利用产品、餐厨废弃物资源化产品、利废建材等产品标准和农业机械禁用及报废标准，完善节能、节水、资源综合利用产品标准。健全过度包装商品标准。制定生产过程协同资源化处理废弃物，再生资源回收、拆解、利用和再制造质量控制等相关规范。深化循环经济标准化试点工作。建立完善循环经济计量检测体系。

第三节　加强管理监督

实行生产者责任延伸制度。完善相关法律法规，建立生产者责任延伸制度，推动生产者落实废弃产品回收、处理等责任。落实废弃电器电子产品处理基金管理办法。研究建立强制回收产品和包装物、汽车、轮胎、手机、充电器生产者责任制。

加强循环经济管理。继续开展资源综合利用企业（产品）和资源综合利用电厂认定。开展循环经济项目、企业、园区认定试点。强化再生资源回收企业备案管理。对报废汽车、废弃电器电子产品拆解企业依法实行严格的资质管理。对资源消耗量和废物排放量大的重点企业实施动态跟踪管理。继续巩固“限塑”成果，适时研究扩大“限塑”范围。深入推进禁止生产和使用实心黏土砖工作。建立低效用地评价机制，规范推进农村建设用地和工矿废弃土地复垦利用。研究制定管理措施，在有条件使用再生水的地区限制将城市自来水作为城市道路清扫、城市绿化和景观用水。鼓励建设静脉产业园，对生活垃圾、餐厨废弃物、建筑废弃物、“城市矿产”等资源化利用和无害化处理实行园区化管理。

探索市场化管理机制。研究建立强制回收产品和包装物、重点再生利用产品、汽车零部件等再制造产品的标识管理制度。研究建立循环经济认证认可体系。鼓励专业化服务公司采用市场化模式对企业和园区进行循环化改造。研究试行手机、充电器、饮料瓶等废旧产品押金回收制度。

加强监督检查。组织开展循环经济促进法、清洁生产促进法、节约能源法等法律法规的执法监督行动。加强对地方政府、各类产业园区、企业落实循环经济政策措施情况的监督检查。组织开展国家循环经济相关名录执行情况的监督检查。加大对生产、销售过度包装商品行为的查处力度。严厉查处资源综合利用、再生资源拆解处理造成二次污染的企业。加强对再制造产品标识使用的监督检查，强化产品质量监管。

第四节　强化技术和服务支撑

加快共性关键技术开发。制定循环经济科技发展规划，在国家、地方科技计划（专项）中，加大对循环经济共性关键技术研发的支持力度。支持建立各类循环经济技术支撑机构。推动组建重点领域循环经济产业联盟,加强产学研用结合,共同研究解决循环经济关键和共性技术问题。引进、消化、吸收和再创新循环经济关键技术和装备。

加强技术装备产业化示范。实施循环经济技术产业化示范工程,重点支持共伴生矿和尾矿综合开发和回收利用、废物资源化利用、可回收利用材料、有毒有害原材料替代、再制造、再生资源高值利用、延长产业链和相关产业链接、“零排放”等关键技术和装备产业化示范。

加快先进适用技术推广应用。加强循环经济技术推广体系建设。建立循环经济技术遴选、评定及推广机制。发布国家鼓励的循环经济技术、工艺、设备名录。探索通过政府买断的方式对先进适用技术进行推广应用。实施循环经济“走出去”战略,加快具有竞争力的循环经济关键技术装备的出口。

健全循环经济服务体系。培育和扶持一批为发展循环经济提供规划、设计、建设、改造、运营的专业化服务公司。鼓励发展循环经济信息服务业。鼓励科研院所、行业协会等为企业提供循环经济技术、管理等咨询服务。鼓励构建全国性、区域性、行业性的废弃物逆向物流交易平台、交易中心或交易市场。鼓励建立循环经济产品、技术、装备等的展示、展览、交易平台。

第五节　建立循环经济统计评价制度

完善循环经济统计制度。健全循环经济统计指标体系,完善统计核算方法,建立统计核算制度和数据发布制度。建立健全循环经济统计调查制度,做好数据采集和分析工作。开展区域层面资源产出率统计试点。发布国家层面资源产出率指标。

建立循环经济评价体系。制定循环经济评价指标体系,把资源产出率作为评价循环经济发展成效的综合性指标。研究制定循环经济示范城市(县)、园区、企业评价指标体系。研究建立区域循环经济发展成效评价机制,对发展循环经济成绩显著的单位和个人依法给予表彰和奖励。

加强统计能力建设。加强循环经济统计基础工作,各级统计部门要有人员负责循环经济统计,保障必要的工作经费。推动企业健全计量器具,完善统计台账,提高统计的准确性和及时性。

第六节　强化宣传教育和人才培养

加大宣传力度。组织开展形式多样的宣传培训活动,通过广播电视、报刊杂志、互联网、手机等多种途径普及循环经济知识,宣传典型案例,推广示范经验。新闻单位要加大循环经济公益宣传力度,在重要版面、重要频道、重要时段增加报道频次。鼓励开展各种形式的循环文化创意活动。在全国建设一批技术先进、管理规范、特征显著、教育示范作用强的循环经济教育示范基地。开展“反食品浪费行动”,推动餐饮企业、机关和企事业单位食堂、公务宴请、家庭等各方面节约粮食。

强化教育和人才培养。把循环经济理念和知识纳入基础教育、职业教育、高等教育相关课程,研究在高等学校、职业学校设置循环经济类专业。制定循环经济培训纲要,编制循环经济培训教材,实施循环经济培训计划。鼓励教材重复使用,降低循环利用成本。利用各级党校、行政学院和高等学校的培训力量,加强对各级领导干部、政府及企业管理人员的循环经济培训。

第七节　积极开展交流合作

积极开展国际交流与合作。加强与有关国际组织、政府在循环经济领域的交流与合作,研究和借鉴国际先进经验，鼓励从海外引进循环经济技术和管理等方面的高层次人才。将循环经济作为中国对外援助培训的重要内容，利用各种国际交流平台，宣传循环经济理念和模式。建设中日韩循环经济示范基地。

积极开展两岸三地交流与合作。加强与香港、澳门、台湾在循环经济领域的交流，开展人才、技术、项目的深度合作，不断拓展合作内容，创新合作方式，共同推动绿色发展。

第八节　加强组织领导

国务院建立健全发展循环经济组织协调机制，研究有关重大问题，部署重大任务，把握实施进度和效果，进行定期监督检查。各级人民政府和有关部门要切实履行职责，扎实开展工作，确保完成各项目标任务。

地方各级人民政府对本地区发展循环经济工作负总责，切实加强组织领导和统筹协调，建立相应的工作机制，抓紧编制实施本地区循环经济发展规划和年度推进计划，出台配套政策，明确任务分工，做到层层有责任，逐级抓落实。

国务院有关部门要按照职责分工做好相关工作，出台配套政策措施，加强协调配合，形成工作合力。充分发挥发展循环经济部际联席会议的作用，发展改革委要会同有关部门加强对计划实施的指导、支持以及监督和评估，制定实施全国循环经济年度推进计划，针对计划实施中出现的新情况新问题，适时提出解决办法，重大问题及时向国务院报告。

重点区域大气污染防治“十二五”规划

前　言

当前我国大气环境形势十分严峻，在传统煤烟型污染尚未得到控制的情况下，以臭氧、细颗粒物（$PM_{2.5}$）和酸雨为特征的区域性复合型大气污染日益突出，区域内空气重污染现象大范围同时出现的频次日益增多，严重制约社会经济的可持续发展，威胁人民群众身体健康。区域性复合型的大气环境问题给现行环境管理模式带来了巨大的挑战，仅从行政区划的角度考虑单个城市大气污染防治的管理模式已经难以有效解决当前愈加严重的大气污染问题，亟待探索建立一套全新的区域大气污染防治管理体系。北京奥运会、上海世博会、广州亚运会空气质量保障工作以及国际上区域空气质量管理的成功经验证明，实施统一规划、统一监测、统一监管、统一评估、统一协调的区域大气污染联防联控工作机制，是改善区域空气质量的有效途径。

“十二五”时期，我国工业化和城市化仍将快速发展，资源能源消耗持续增长，大气环境将面临前所未有的压力。为实现 2020 年全面建成小康社会对大气环境质量的要求，应紧紧抓住“十二五”经济社会发展的转型期和解决重大环境问题的战略机遇期，在重点区域率先推进大气污染联防联控工作。从系统整体角度出发，制定并实施区域大气污染防治对策，以改善大气环境质量为目的，严格环境准入，推进能源清洁利用，加快淘汰落后产能，实施多污染物协同控制，大幅削减污染物排放量，形成环境优化经济发展的“倒逼传导机制”，促进经济发展方式转变，推动区域经济与环境的协调发展。

根据《中华人民共和国大气污染防治法》与《中华人民共和国国民经济和社会发展第十二个五年规划纲要》，制定《重点区域大气污染防治“十二五”规划》。规划范围为京津冀、长江三角洲（以下简称“长三角”）、珠江三角洲（以下简称“珠三角”）地区，以及辽宁中部、山东、武汉及其周边、长株潭、成渝、海峡西岸、山西中北部、陕西关中、甘宁、新疆乌鲁木齐城市群（具体范围详见附表），共涉及 19 个省（区、市），面积约 132.56 万平方公里，占国土面积的 13.81%。

一、大气污染防治形势与挑战

（一）大气污染防治工作取得积极进展

1.主要污染物减排成效显著

国民经济和社会发展“十一五”规划纲要将二氧化硫排放总量减少10%作为约束性指标。为实现减排目标，国家采取了脱硫优惠电价、“上大压小”、限期淘汰、“区域限批”等一系列政策措施，加大环境保护投入，实施工程减排、结构减排、管理减排，取得显著成效。到2010年，全国共建成运行脱硫机组装机容量达5.78亿千瓦，火电机组脱硫比例由2005年的14%提高到2010年的86%；累计关停小火电装机容量7683万千瓦，淘汰落后炼铁产能1.2亿吨、炼钢产能0.72亿吨、水泥产能3.7亿吨。在“十一五”期间国民经济年均增速高达11.2%、煤炭消费总量增长超过10亿吨的情况下，二氧化硫排放总量较2005年下降了14.29%，超额完成减排目标。

2.城市大气环境综合整治不断深化

“十一五”期间，全国进一步深化城市大气环境综合整治。实行“退二进三”政策，搬迁改造了一大批重污染企业，优化城市产业布局；积极推动城市清洁能源改造，发展热电联产和集中供热，淘汰了一批燃煤小锅炉；京津冀、长三角、珠三角启动了加油站油气回收治理工作，北京、上海、广州、深圳等城市分别完成了1462、500、514、256座加油站油气回收改造工程。全国实施了机动车污染物排放国Ⅲ标准，部分城市实施了国Ⅳ标准，机动车污染物平均排放强度下降了40%以上。综合整治工作取得了积极成效，2010年，全国地级及以上城市二氧化硫和可吸入颗粒物（PM_{10}）的年均浓度分别为35微克/立方米和81微克/立方米，比2005年分别下降了24%和14.8%，二氧化氮浓度基本稳定。

3.积极探索区域大气污染联防联控机制

为保障北京奥运会、上海世博会和广州亚运会的空气质量，华北六省（区、市）、长三角三省（市）和珠三角地区打破行政界限，成立领导小组，签署环境保护合作协议，编制实施空气质量保障方案，实施省际联合、部门联动，齐抓共管、密切配合，全面开展二氧化硫、氮氧化物、颗粒物和挥发性有机物综合控制，统一环境执法监管，统一发布环境信息，形成强大的治污合力，取得积极成效。活动期间，主办城市环境空气质量优良，兑现了绿色奥运、绿色世博和绿色亚运的庄严承诺。同时，为我国进一步开展区域大气污染联防联控工作积累了有益经验。

（二）大气环境形势依然严峻

1.大气污染物排放负荷巨大

我国主要大气污染物排放量巨大，2010年二氧化硫、氮氧化物排放总量分别为2267.8万吨、2273.6万吨，位居世界第一，烟粉尘排放量为1446.1万吨，均远超出环境承载能力。京津冀、长三角、珠三角地区，以及辽宁中部、山东、武汉及其周边、长株潭、成渝、海峡西岸、山西中北部、陕西关中、甘宁、新疆乌鲁木齐城市群等13个重点区域，是我国经济活动水平和污染排放高度集中的区域，大气环境问题更加突出。重点区域占全国14%的国土面积，集中了全国近48%的人口，产生了71%的经济总量，消费了52%的煤炭，排放了48%的二氧化硫、51%的氮氧化物、42%的烟粉尘和约50%的挥发性有机物，单位面积污染物排放强度是全国平均水平的2.9—3.6倍，严重的大气污染已经成为制约区域社会经济发展的瓶颈。

表 1-1　2010 年重点区域主要污染物排放量

单位：万吨

区　域	省　份	二氧化硫	氮氧化物	工业烟粉尘	重点行业挥发性有机物
京津冀	北　京	10.40	19.80	3.96	11.60
	天　津	23.80	34	7.99	15.60
	河　北	143.78	171.29	95.89	15.40
长三角	上　海	25.50	44.30	8.90	23.90
	江　苏	108.55	147.19	96.18	51.30
	浙　江	68.40	85.30	43.33	52.70
珠三角	广　东	50.70	88.90	37.70	38.10
辽宁中部	辽　宁	62.31	54.71	50.44	24.20
山　东	山　东	181.10	174	58.10	79.60
武汉及其周边	湖　北	39.27	36.97	24.17	20.7
长株潭	湖　南	12.04	14.13	17.05	3.80
成　渝	重　庆	56.10	27.21	22.43	15.60
	四　川	73.20	52.01	38.36	8.90
海峡西岸	福　建	40.91	43.37	27.88	26.50
山西中北部	山　西	53.94	46.37	32.43	2.60
陕西关中	陕　西	61.34	49.80	21.56	10.20
甘　宁	甘　肃	25.69	18.21	7.40	8.60
	宁　夏	6.68	9.30	3.04	3.95
新疆乌鲁木齐	新　疆	18.30	19.87	7.22	4

2.大气环境污染十分严重

2010 年，重点区域城市二氧化硫、可吸入颗粒物年均浓度分别为 40 微克/立方米、86 微克/立方米，为欧美发达国家的 2 至 4 倍；二氧化氮年均浓度为 33 微克/立方米，卫星数据显示，北京到上海之间的工业密集区为我国对流层二氧化氮污染最严重的区域。按照我国新修订的环境空气质量标准评价，重点区域 82%的城市不达标。严重的大气污染，威胁人民群众身体健康，增加呼吸系统、心脑血管疾病的死亡率及患病风险，腐蚀建筑材料，破坏生态环境，导致粮食减产、森林衰亡，造成巨大的经济损失。

表 1-2　2010 年重点区域主要空气污染物年均浓度

单位:微克/立方米

区　域	二氧化硫	二氧化氮	可吸入颗粒物
京津冀	45	33	82
长三角	33	38	89
珠三角	26	40	58
辽宁中部	46	33	84
山　东	52	38	96
武汉及其周边	28	28	91
长株潭	51	40	86
成　渝	43	35	76
海峡西岸	29	26	71
山西中北部	44	19	75
陕西关中	37	35	106
甘　宁	46	32	111
新疆乌鲁木齐	43	36	96

3.复合型大气污染日益突出

随着重化工业的快速发展、能源消费和机动车保有量的快速增长,排放的大量二氧化硫、氮氧化物与挥发性有机物导致细颗粒物、臭氧、酸雨等二次污染呈加剧态势。2010 年 7 个城市细颗粒物监测试点的年均值为 40 微克/立方米至 90 微克/立方米,超过新修订环境空气质量标准限值要求的 14%—157%;臭氧监测试点表明,部分城市臭氧超过国家二级标准的天数达到 20%,有些地区多次出现臭氧最大小时浓度超过欧洲警报水平(240ppb)的重污染现象。复合型大气污染导致能见度大幅度下降,京津冀、长三角、珠三角等区域每年出现灰霾污染的天数达 100 天以上,个别城市甚至超过 200 天。

专栏　细颗粒物主要来源

研究表明,细颗粒物成因复杂,约 50%来自燃煤、机动车、扬尘、生物质燃烧等直接排放的一次细颗粒物;约 50%是空气中二氧化硫、氮氧化物、挥发性有机物、氨等气态污染物,经过复杂化学反应形成的二次细颗粒物。细颗粒物来源十分广泛,既有火电、钢铁、水泥、燃煤锅炉等工业源的排放,又有机动车、船舶、飞机、工程机械、农机等移动源的排放,还有餐饮油烟、装修装潢等量大面广的面源排放。因此控制细颗粒物污染,必须实施多污染物协同控制政策,强化多污染源综合管理,开展区域联防联控。

4.城市间污染相互影响显著

随着城市规模的不断扩张,区域内城市连片发展,受大气环流及大气化学的双重作用,城市间大气污染相互影响明显,相邻城市间污染传输影响极为突出。在京津冀、长三角和珠三角等区域,部分城市二氧化硫浓度受外来源的贡献率达30%至40%,氮氧化物为12%至20%,可吸入颗粒物为16%至26%;区域内城市大气污染变化过程呈现明显的同步性,重污染天气一般在一天内先后出现。

5.大气污染防治面临严峻挑战

未来5年,是我国全面建成小康社会的关键时期,工业化、城镇化将继续快速发展。据预测,到2015年重点区域GDP将增长50%以上,煤炭消费总量将增长30%以上,汽车(含低速汽车)保有量将增长50%。按照目前的污染控制力度,将新增二氧化硫、氮氧化物、工业烟粉尘、挥发性有机物排放量分别为160万吨、250万吨、100万吨和220万吨,占2010年排放量的15%、22%、17%和20%。随着二氧化硫减排工作的持续深入,工程减排的空间日益缩减;对细颗粒物贡献较大的挥发性有机物控制尚处于起步阶段,现有污染控制力度难以满足人民群众对改善环境空气质量的迫切要求。为切实改善大气环境质量,必须采取更加严格的污染控制措施,在消化巨大新增量的基础上,大幅削减污染物排放总量,污染防治任务十分艰巨。

(三)大气污染防治工作存在的主要问题

1.大气环境管理模式滞后

现行环境管理方式难以适应区域大气污染防治要求。区域性大气环境问题需要统筹考虑、统一规划,建立地方之间的联动机制。按照我国现行的管理体系和法规,地方政府对当地环境质量负责,采取的措施以改善当地环境质量为目标,各个城市“各自为战”难以解决区域性大气环境问题。

2.污染控制对象相对单一

长期以来,我国未建立围绕空气质量改善的多污染物综合控制体系。从污染控制因子来看,污染控制重点主要为二氧化硫和工业烟粉尘,对细颗粒物和臭氧影响较大的氮氧化物和挥发性有机物控制薄弱。从污染控制范围来看,工作重点主要集中在工业大点源,对扬尘等面源污染和低速汽车等移动源污染控制重视不够。

3.环境监测、统计基础薄弱

环境空气质量监测指标不全,大多数城市没有开展臭氧、细颗粒物的监测,数据质量控制薄弱,无法全面反映当前大气污染状况。挥发性有机物、扬尘等未纳入环境统计管理体系,底数不清,难以满足环境管理的需要。

4.法规标准体系不完善

现行的大气污染防治法律法规在区域大气污染防治、移动源污染控制等方面缺乏有效的措施要求,缺少挥发性有机物排放标准体系,城市扬尘综合管理制度不健全,车用燃油标准远滞后于机动车排放标准。

二、指导思想、原则和目标

(一)指导思想

以邓小平理论和"三个代表"重要思想为指导,深入贯彻落实科学发展观,以保护人民群众身体健康为根本出发点,着力促进经济发展方式转变,提高生态文明水平,增强区域大气污染防治能力,统筹区域环境资源,实施多污染物协同减排,努力解决细颗粒物、臭氧、酸雨等突出大气环境问题,切实改善区域大气环境质量,提高公众对大气环境质量满意率。

(二)基本原则

经济发展与环境保护相协调。采取污染物总量控制和煤炭消费总量控制等措施,用严格的环保手段倒逼传导机制,促进经济发展方式的转变,实现环境保护优化经济发展。通过调整产业结构和能源结构,加快淘汰落后生产能力和工艺,提高企业清洁生产水平,降低污染物排放强度,促进经济社会与资源环境的协调发展。

联防联控与属地管理相结合。建立健全区域大气污染联防联控管理机制,实现区域"统一规划、统一监测、统一监管、统一评估、统一协调";根据区域内不同城市社会经济发展水平与环境污染状况,划分重点控制区与一般控制区,实施差异性管理,按照属地管理的原则,明确区域内污染减排的责任与主体。

总量减排与质量改善相统一。建立以空气质量改善为核心的控制、评估、考核体系。根据总量减排与质量改善之间的响应关系,构建基于质量改善的区域总量控制体系,实施二氧化硫、氮氧化物、颗粒物、挥发性有机物等多污染物的协同控制和均衡控制,有效解决当前突出的大气污染问题。

先行先试与全面推进相配合。从重点区域、重点行业和重点污染物抓起,以点带面,集中整治,着力解决危害群众身体健康、威胁地区环境安全、影响经济社会可持续发展的突出大气环境问题,为全国大气污染防治工作积累重要经验。

(三)规划目标

到2015年,重点区域二氧化硫、氮氧化物、工业烟粉尘排放量分别下降12%、13%、10%,挥发性有机物污染防治工作全面展开;环境空气质量有所改善,可吸入颗粒物、二氧化硫、二氧化氮、细颗粒物年均浓度分别下降10%、10%、7%、5%,臭氧污染得到初步控制,酸雨污染有所减轻;建立区域大气污染联防联控机制,区域大气环境管理能力明显提高。

京津冀、长三角、珠三角区域将细颗粒物纳入考核指标,细颗粒物年均浓度下降6%;其他城市群将其作为预期性指标。

规划基准年为2010年。具体规划指标如下表所示。

表 1-3 “十二五”重点区域大气污染防治各省市规划指标

类别	序号	指标	北京	天津	河北	上海	江苏	浙江	珠三角	辽宁中部	山东	武汉及其周边	长株潭	成渝（重庆）	成渝（四川）	海峡西岸	山西中北部	陕西关中	甘宁（甘肃）	甘宁（宁夏）	新疆乌鲁木齐
环境质量指标	1	二氧化硫年均浓度下降比例(%)	10	8	11	11	12	11	12	11	14	7	9	6	9	6	10	7	14	10	9
	2	二氧化氮年均浓度下降比例(%)	7	9	7	9	10	10	9	9	10	4	5	4	5	5	7	5	8	7	9
	3	可吸入颗粒物年均浓度下降比例(%)	15	12	12	10	14	10	8	12	14	10	10	12	10	8	12	14	14	10	12
	4	细颗粒物年均浓度下降比例(%)	15	6	6	6	7	5	5	6	7	5	5	6	5	4	4	4	4	5	4
排放控制指标	5	工业烟粉尘减排比例(%)	5	8	15	5	15	10	8	10	15	12	12	10	10	8	10	12	15	10	15
	6	重点行业现役源挥发性有机物排放削减比例(%)	15	18	15	18	18	18	18	15	15	10	10	15	10	10	10	10	10	10	10

三、统筹区域环境资源,优化产业结构与布局

(一)明确区域控制重点,实施分区分类管理

1.明确区域污染控制类型

京津冀、长三角、珠三角区域与山东城市群为复合型污染严重区,应重点针对细颗粒物和臭氧等大气环境问题进行控制,长三角、珠三角还要加强酸雨的控制,京津冀、江苏省和山东城市群还应加强可吸入颗粒物的控制。

辽宁中部、武汉及其周边、长株潭、成渝、海峡西岸城市群为复合型污染显现区,应重点控制可吸入颗粒物、二氧化硫、二氧化氮,同时注重细颗粒物、臭氧等复合污染的控制,此外,武汉及其周边、长株潭、成渝还应加强酸雨的控制,辽宁中部城市群应加强采暖季燃煤污染控制。

山西中北部、陕西关中、甘宁、新疆乌鲁木齐城市群,以传统煤烟型污染控制为主,重点控制可吸入颗粒物、二氧化硫污染,加强采暖季燃煤污染控制。

2.划分重点控制区

依据地理特征、社会经济发展水平、大气污染程度、城市空间分布以及大气污染物在区域内的输送规律,将规划区域划分为重点控制区和一般控制区,实施差异化的控制要求,制定有针对性的污染防治策略。对重点控制区,实施更严格的环境准入条件,执行重点行业污染物特别排放限值,采取更有力的污染治理措施。重点控制区共47个城市,除重庆为主城区外,其他城市为整个辖区。

京津冀地区重点控制区为北京、天津、石家庄、唐山、保定、廊坊6个城市;长三角地区重点控制区为上海、南京、无锡、常州、苏州、南通、扬州、镇江、泰州、杭州、宁波、嘉兴、湖州、绍兴14个城市;珠三角地区重点控制区为辖区内所有9个城市。

辽宁中部城市群重点控制区为沈阳市;山东城市群重点控制区为济南市、青岛市、淄博市、潍坊市、日照市;武汉及其周边城市群重点控制区为武汉市;长株潭城市群重点控制区为长沙市;成渝城市群重点控制区为重庆市主城区、成都市;海峡西岸城市群重点控制区为福州市、三明市;山西中北部城市群重点控制区为太原市;陕西关中城市群重点控制区为西安市、咸阳市;甘宁城市群重点控制区为兰州市、银川市;新疆乌鲁木齐城市群重点控制区为乌鲁木齐市。

(二)严格环境准入,强化源头管理

依据国家产业政策的准入要求,提高"两高一资"行业的环境准入门槛,严格控制新建高耗能、高污染项目,遏制盲目重复建设,严把新建项目准入关。

1.严格控制高耗能、高污染项目建设

重点控制区禁止新、改、扩建除"上大压小"和热电联产以外的燃煤电厂,严格限制钢铁、水泥、石化、化工、有色等行业中的高污染项目。城市建成区、地级及以上城市市辖区禁止新建除热电联产以外的煤电、钢铁、建材、焦化、有色、石化、化工等行业中的高污染项目。城市建成区、工业园区禁止新建20蒸吨/小时以下的燃煤、重油、渣油锅炉及直接燃用生物质锅炉,其他地区禁止新建10蒸吨/小时以下的燃煤、重油、渣油锅炉及直接燃用生物质锅炉。严格控制高污染行业产能,北京、上海、珠三角严格控制石化产能,辽宁、河北、上海、天津、江苏、山东等实施钢铁产能总量控制,上海、江苏、浙江、山东、重庆、四川等严格控制水泥产能扩张,实施等量或减量置换落后产能。

2.严格控制污染物新增排放量

把污染物排放总量作为环评审批的前置条件,以总量定项目。新建排放二氧化硫、氮氧化物、工业烟粉尘、挥发性有机物的项目,实行污染物排放减量替代,实现增产减污;对于重点控制区和大气环境质量超标城市,新建项目实行区域内现役源2倍削减量替代;一般控制区实行1.5倍削减量替代。对未通过环评审查的投资项目,有关部门不得审批、核准、批准开工建设,不得发放生产许可证、安全生产许可证、排污许可证,金融机构不得提供任何形式的新增授信支持,有关单位不得供水、供电。

3.实施特别排放限值

新建项目必须配套建设先进的污染治理设施,火电、钢铁烧结机等项目应同步安装高效除尘、脱硫、脱硝设施,新建水泥生产线必须采取低氮燃烧工艺,安装袋式除尘器及烟气脱硝装置,新建燃煤锅炉必须安装高效除尘、脱硫设施,采用低氮燃烧或脱硝技术,满足排放标准要求。重点控制区内新建火电、钢铁、石化、水泥、有色、化工等重污染项目与工业锅炉必须满足大气污染物排放标准中特别排放限值要求,火电项目实施时间与规划发布时间同步,其他行业实施时间与排放标准发布时间同步。

4.提高挥发性有机物排放类项目建设要求

把挥发性有机物污染控制作为建设项目环境影响评价的重要内容,采取严格的污染控制措施。限制石化行业新建1000万吨/年以下常减压、150万吨/年以下催化裂化、100万吨/年以下连续重整(含芳烃抽提)、150万吨/年以下加氢裂化生产装置等限制类项目。新建石化项目须将原油加工损失率控制在4‰以内,并配备相应的有机废气治理设施。新、改、扩建项目排放挥发性有机物的车间有机废气的收集率应大于90%,安装废气回收/净化装置。新建储油库、加油站和新配置的油罐车,必须同步配备油气回收装置。新建机动车制造涂装项目,水性涂料等低挥发性有机物含量涂料占总涂料使用量比例不低于80%,小型乘用车单位涂装面积的挥发性有机物排放量不高于35克/平方米;电子、家具等行业新建涂装项目,水性涂料等低挥发性有机物含量涂料占总涂料使用量比例不低于50%,建筑内外墙涂饰应全部使用水性涂料。新建包装印刷项目须使用具有环境标志的油墨。

(三)加大落后产能淘汰,优化工业布局

1.加大落后产能淘汰力度

严格按照国家发布的工业行业淘汰落后生产工艺装备和产品指导目录及《产业结构调整指导目录(2011年本)》,加快落后产能淘汰步伐。完善淘汰落后产能公告制度,对未按期完成淘汰任务的地区,严格控制国家环保投资项目,暂停对该地区火电、钢铁、有色、石化、水泥、化工等重点行业建设项目办理核准、审批和备案手续;对未按期淘汰的企业,依法吊销排污许可证、生产许可证等。

淘汰火电、钢铁、建材等重污染行业落后产能。淘汰大电网覆盖范围内单机容量10万千瓦以下的常规燃煤火电机组和设计寿命期满的单机容量20万千瓦以下的常规燃煤火电机组;淘汰单机容量5万千瓦及以下的常规小火电机组和以发电为主的燃油锅炉及发电机组(5万千瓦及以下)。淘汰钢铁行业土烧结、90平方米以下烧结机、化铁炼钢、400立方米及以下炼铁高炉(铸造铁企业除外,但需提供有关证明材料)、30吨及以下炼钢转炉(不含铁合金转炉)与电炉(不含机械铸造电炉),以及铸造冲天炉、单段煤气发生炉等污染严重的生产工艺和设备。淘汰全部水泥立窑、干法中空窑(生产高铝水泥、硫铝酸盐水泥等特种水泥除外)以及湿法窑水泥熟料生产线;淘汰砖瓦24

门以下轮窑以及立窑、无顶轮窑、马蹄窑等土窑，淘汰100万平方米/年以下的建筑陶瓷砖、20万件/年以下低档卫生陶瓷生产线，淘汰所有平拉工艺平板玻璃生产线(含格法)。淘汰土法炼焦(每炉产能7.5万吨/年以下的)、炭化室高度小于4.3米的焦炉(3.8米及以上捣固焦炉除外)。

淘汰挥发性有机物排放类行业落后产能。淘汰200万吨/年及以下常减压装置，淘汰废旧橡胶和塑料土法炼油工艺。取缔汽车维修等修理行业的露天喷涂作业，淘汰无溶剂回收设施的干洗设备。禁止生产、销售、使用有害物质含量、挥发性有机物含量超过200克/升的室内装修装饰用涂料和超过700克/升的溶剂型木器家具涂料。淘汰300吨/年以下的传统油墨生产装置，取缔含苯类溶剂型油墨生产，淘汰所有无挥发性有机物收集、回收/净化设施的涂料、胶黏剂和油墨等生产装置。淘汰其他挥发性有机物污染严重、开展挥发性有机物削减和控制无经济可行性的工艺和产品。

2.优化工业布局

统筹考虑区域环境承载能力、大气环流特征、资源禀赋，结合主体功能区划要求，加快产业布局调整。加强区域规划环境影响评价，依据区域资源环境承载能力，合理确定重点产业发展的布局、结构与规模。环境保护部要加强对京津冀、长三角、成渝等重点区域规划环境影响评价的指导，各省级环保部门要大力推动辖区内城市群规划的环境影响评价工作。

对环境敏感地区及市区内已建重污染企业要结合产业布局调整实施搬迁改造，明确重点污染企业搬迁改造时间表，加快城市钢铁厂环保搬迁进程，积极推进上海高桥石化基地等安全环保搬迁。继续推动工业项目向园区集中，利用集中供热推进小企业节能减排。提升现有各级各类工业园区的环境管理水平，提高企业准入的环境门槛。建立产业转移环境监管机制，加强产业转入地在承接产业转移过程中的环境监管，防止落后产能向经济欠发达地区转移。

四、加强能源清洁利用，控制区域煤炭消费总量

(一)优化能源结构，控制煤炭使用

1.大力发展清洁能源

优化能源结构，加快发展天然气与可再生能源，实现清洁能源供应和消费多元化。结合“十二五”天然气管网重点项目、天然气区域管网项目、液化天然气接收站重点项目、储气库重点项目、天然气分布式能源项目等，加强重点区域天然气基础设施建设。按照“优先发展城市燃气，积极调整工业燃料结构，适度发展天然气发电”的原则，优化配置使用天然气，积极发展天然气分布式能源。

大力开发利用风能，有序推进东北、华北和西北地区陆上风电基地建设，积极推进中东部地区分散式接入风电，着力推进上海、江苏、浙江、河北、山东、广东、福建沿海地区海上风电发展。加快推广太阳能光热利用，积极推进太阳能发电产业发展。推动生物质成型燃料、液体燃料、发电、气化等多种形式的生物质能梯级综合利用。加快辽中半岛城市群、成渝地区、山西中北部城市群、陕西关中城市群煤层气、页岩气等新能源的资源调查、勘探规划和开发利用，改善能源结构。利用财税扶持与示范补贴政策，在辽宁中部、陕西关中、甘宁等城市群推广使用地热能。在做好生态保护和移民安置的前提下，积极发展水电。

2.实施煤炭消费总量控制

综合考虑各地社会经济发展水平、能源消费特征、大气污染现状等因素，根据国家能源消费总

量控制目标,研究制定煤炭消费总量中长期控制目标,严格控制区域煤炭消费总量。各地应制定煤炭消费总量实施方案,把总量控制目标分解落实到各地政府,实行目标责任管理,加大考核和监督力度。建立煤炭消费总量预测预警机制,对煤炭消费总量增长较快的地区及时预警调控。探索在京津冀、长三角、珠三角区域与山东城市群积极开展煤炭消费总量控制试点。

3.扩大高污染燃料禁燃区

加强“高污染燃料禁燃区”划定工作,逐步扩大禁燃区范围。重点控制区高污染燃料禁燃区面积要达到城市建成区面积的80%以上,一般控制区达到城市建成区面积的60%以上。2013年底前重点控制区完成高污染燃料禁燃区划定工作;2014年底前一般控制区完成划定工作。已划定的高污染燃料禁燃区应根据城市建成区的发展不断调整划定范围。禁燃区内禁止燃烧原(散)煤、洗选煤、蜂窝煤、焦炭、木炭、煤矸石、煤泥、煤焦油、重油、渣油等燃料,禁止燃烧各种可燃废物和直接燃用生物质燃料,以及污染物含量超过国家规定限值的柴油、煤油、人工煤气等高污染燃料;已建成的使用高污染燃料的各类设施限期拆除或改造成使用管道天然气、液化石油气、管道煤气、电或其他清洁能源,对于超出规定期限继续燃用高污染燃料的设施,责令拆除或者没收。

(二)改进用煤方式,推进煤炭清洁化利用

1.加大热电联供,淘汰分散燃煤小锅炉

积极推行“一区一热源”,建设和完善热网工程,积极发展“热—电—冷”三联供。对纯凝汽燃煤发电机组加大技术改造力度,最大限度地抽汽供应热网;按照统一规划、以热定电和适度规模的原则,发展热电联产和集中供热。新建工业园区要以热电联产企业为供热热源,不具备条件的,须根据园区规划面积配备完善的集中供热系统;现有各类工业园区与工业集中区应实施热电联产或集中供热改造,将工业企业纳入集中供热范围。城市建成区要结合大型发电或热电企业,实行集中供热。核准审批新建热电联产项目要求关停的燃煤锅炉必须按期淘汰。

逐步淘汰小型燃煤锅炉。热网覆盖范围内的分散燃煤锅炉全部拆除,城市建成区、地级及以上城市市辖区逐步淘汰10蒸吨/小时以下燃煤锅炉。到2015年,工业园区基本实现集中供热。逐步淘汰农村地区居民散烧供暖煤炉,鼓励使用清洁能源,有条件的地区应实行集中供热。

推进供热计量改革。加快推进北方采暖地区既有居住建筑供热计量和节能改造,加强对新建建筑供热计量工程的监管,全面实行供热计量收费,促进用户行为节能,推进供热节能减排。

2.改善煤炭质量,推进煤炭洁净高效利用

限制高硫份高灰份煤炭的开采与使用,提高煤炭洗选比例,推进配煤中心建设,研究推广煤炭清洁、高效利用技术,实施煤炭的清洁化利用,降低大气污染物排放。重点控制区内没有配套高效脱硫、除尘设施的燃煤锅炉和工业窑炉,禁止燃用含硫量超过0.6%、灰份超过15%的煤炭;居民生活燃煤和其他小型燃煤设施优先使用低硫低灰份并添加固硫剂的型煤。

五、深化大气污染治理,实施多污染物协同控制

(一)深化二氧化硫污染治理,全面开展氮氧化物控制

1.全面推进二氧化硫减排

深化火电行业二氧化硫治理。燃煤机组全部安装脱硫设施;对不能稳定达标的脱硫设施进行

升级改造；烟气脱硫设施要按照规定取消烟气旁路，强化对脱硫设施的监督管理，确保燃煤电厂综合脱硫效率达到90%以上。

加强钢铁、石化等非电行业的烟气二氧化硫治理。所有烧结机和位于城市建成区的球团生产设备配套建设脱硫设施，综合脱硫效率达到70%以上。石油炼制行业催化裂化装置要配套建设烟气脱硫设施，硫磺回收率要达到99%以上。加快有色金属冶炼行业生产工艺设备更新改造，提高冶炼烟气中硫的回收利用率，对二氧化硫含量大于3.5%的烟气采取制酸或其他方式回收处理，低浓度烟气和排放超标的制酸尾气进行脱硫处理。实施炼焦炉煤气脱硫，硫化氢脱除效率达到95%以上。加强大中型燃煤锅炉烟气治理，规模在20蒸吨/小时及以上的全部实施脱硫，脱硫效率达到70%以上。积极推进陶瓷、玻璃、砖瓦等建材行业二氧化硫控制。

2.全面开展氮氧化物污染防治

大力推进火电行业氮氧化物控制。加快燃煤机组低氮燃烧技术改造及脱硝设施建设，单机容量20万千瓦及以上、投运年限20年内的现役燃煤机组全部配套脱硝设施，脱硝效率达到85%以上，综合脱硝效率达到70%以上；加强对已建脱硝设施的监督管理，确保脱硝设施高效稳定运行。

加强水泥行业氮氧化物治理。对新型干法水泥窑实施低氮燃烧技术改造，配套建设脱硝设施。新、改、扩建水泥生产线综合脱硝效率不低于60%。

积极开展燃煤工业锅炉、烧结机等烟气脱硝示范。在京津冀、长三角、珠三角地区选择烧结机单台面积180平方米以上的2至3家钢铁企业，开展烟气脱硝示范工程建设。推进燃煤工业锅炉低氮燃烧改造和脱硝示范。

（二）强化工业烟粉尘治理，大力削减颗粒物排放

1.深化火电行业烟尘治理

燃煤机组必须配套高效除尘设施。一般控制区按照30毫克/立方米标准，重点控制区按照20毫克/立方米标准，对烟尘排放浓度不能稳定达标的燃煤机组进行高效除尘改造。

2.强化水泥行业粉尘治理

水泥窑及窑磨一体机除尘设施应全部改造为袋式除尘器。水泥企业破碎机、磨机、包装机、烘干机、烘干磨、煤磨机、冷却机、水泥仓及其他通风设备需采用高效除尘器，确保颗粒物排放稳定达标。加强水泥厂和粉磨站颗粒物排放综合治理，采取有效措施控制水泥行业颗粒物无组织排放，大力推广散装水泥生产，限制和减少袋装水泥生产，所有原材料、产品必须密闭贮存、输送，车船装、卸料采取有效措施防止起尘。

3.深化钢铁行业颗粒物治理

现役烧结（球团）设备机头烟尘不能稳定达标排放的进行高效除尘技术改造，重点控制区应达到特别排放限值的要求。炼焦工序应配备地面站高效除尘系统，积极推广使用干熄焦技术；炼铁出铁口、撇渣器、铁水沟等位置设置密闭收尘罩，并配置袋式除尘器。

4.全面推进燃煤工业锅炉烟尘治理

燃煤工业锅炉烟尘不能稳定达标排放的，应进行高效除尘改造，重点控制区应达到特别排放限值的要求。沸腾炉和煤粉炉必须安装袋式除尘装置。积极采用天然气等清洁能源替代燃煤；使用生物质成型燃料应符合相关技术规范，使用专用燃烧设备；对无清洁能源替代条件的，推广使用型煤。

5.积极推进工业炉窑颗粒物治理

积极推广工业炉窑使用清洁能源,陶瓷、玻璃等工业炉窑可采用天然气、煤制气等替代燃煤,推广应用粘土砖生产内燃技术。加强工业炉窑除尘工作,安装高效除尘设备,确保达标排放。

(三)开展重点行业治理,完善挥发性有机物污染防治体系

1.开展挥发性有机物摸底调查

针对石化、有机化工、合成材料、化学药品原药制造、塑料产品制造、装备制造涂装、通信设备计算机及其他电子设备制造、包装印刷等重点行业,开展挥发性有机物排放调查工作,制定分行业挥发性有机物排放系数,编制重点行业排放清单,摸清挥发性有机物行业和地区分布特征,筛选重点排放源,建立挥发性有机物重点监管企业名录。在复合型大气污染严重地区,开展大气环境挥发性有机物调查性监测,掌握大气环境中挥发性有机物浓度水平、季节变化、区域分布特征。

2.完善重点行业挥发性有机物排放控制要求和政策体系

尽快制定相关行业挥发性有机物排放标准、清洁生产评价指标体系和环境工程技术规范;加快制定完善环境空气和固定污染源挥发性有机物测定方法标准、监测技术规范以及监测仪器标准;加强挥发性有机物面源污染控制,研究制定涂料、油墨、胶黏剂、建筑板材、家具、干洗等含有机溶剂产品的环境标志产品认证标准;建立含有机溶剂产品销售使用准入制度,实施挥发性有机化合物含量限值管理。建立有机溶剂使用申报制度。在挥发性有机物污染典型企业集中度较高的工业园区,开展挥发性有机物污染综合防治试点工作,探索挥发性有机物的监测、治理技术和监督管理机制。

3.全面开展加油站、储油库和油罐车油气回收治理

加大加油站、储油库和油罐车油气回收治理改造力度,2013 年底前重点控制区全面完成油气回收治理工作,2014 年底前一般控制区完成油气回收治理工作。建设油气回收在线监控系统平台试点,实现对重点储油库和加油站油气回收远程集中监测、管理和控制。

4.大力削减石化行业挥发性有机物排放

石化企业应全面推行 LDAR(泄漏检测与修复)技术,加强石化生产、输送和储存过程挥发性有机物泄漏的监测和监管,对泄漏率超过标准的要进行设备改造;严格控制储存、运输环节的呼吸损耗,原料、中间产品、成品储存设施应全部采用高效密封的浮顶罐,或安装顶空联通置换油气回收装置。将原油加工损失率控制在 6‰以内。炼油与石油化工生产工艺单元排放的有机工艺尾气,应回收利用,不能(或不能完全)回收利用的,应采用锅炉、工艺加热炉、焚烧炉、火炬予以焚烧,或采用吸收、吸附、冷凝等非焚烧方式予以处理;废水收集系统液面与环境空气之间应采取隔离措施,曝气池、气浮池等应加盖密闭,并收集废气净化处理。加强回收装置与有机废气治理设施的监管,确保挥发性有机物排放稳定达标,重点控制区执行特别排放限值。石化企业有组织废气排放逐步安装在线连续监测系统,厂界安装挥发性有机物环境监测设施。

5.积极推进有机化工等行业挥发性有机物控制

提升有机化工(含有机化学原料、合成材料、日用化工、涂料、油墨、胶黏剂、染料、化学溶剂、试剂生产等)、医药化工、塑料制品企业装备水平,严格控制跑冒滴漏。原料、中间产品与成品应密闭储存,对于实际蒸汽压大于 2. 8 千帕、容积大于 100 立方米的有机液体储罐,采用高效密封方式的浮顶罐或安装密闭排气系统进行净化处理。排放挥发性有机物的生产工序要在密闭空间或设备中实施,产生的含挥发性有机物废气需进行净化处理,净化效率应不低于 90%。逐步开展排放有毒、恶臭等挥发性有机物的有机化工企业在线连续监测系统的建设,并与环境保护主管

部门联网。

6.加强表面涂装工艺挥发性有机物排放控制

积极推进汽车制造与维修、船舶制造、集装箱、电子产品、家用电器、家具制造、装备制造、电线电缆等行业表面涂装工艺挥发性有机物的污染控制。全面提高水性、高固份、粉末、紫外光固化涂料等低挥发性有机物含量涂料的使用比例，汽车制造企业达到50%以上，家具制造企业达到30%以上，电子产品、电器产品制造企业达到50%以上。推广汽车行业先进涂装工艺技术的使用，优化喷漆工艺与设备，小型乘用车单位涂装面积的挥发性有机物排放量控制在40克/平方米以下。使用溶剂型涂料的表面涂装工序必须密闭作业，配备有机废气收集系统，安装高效回收净化设施，有机废气净化率达到90%以上。

7.推进溶剂使用工艺挥发性有机物治理

包装印刷业必须使用符合环保要求的油墨，烘干车间需安装活性碳等吸附设备回收有机溶剂，对车间有机废气进行净化处理，净化效率达到90%以上。在纺织印染、皮革加工、制鞋、人造板生产、日化等行业，积极推动使用低毒、低挥发性溶剂，食品加工行业必须使用低挥发性溶剂，制鞋行业胶粘剂应符合国家强制性标准《鞋和箱包用胶粘剂》的要求；同时开展挥发性有机物收集与净化处理。

（四）加强有毒废气污染控制，切实履行国际公约

1.加强有毒废气污染控制

编制发布国家有毒空气污染物优先控制名录，推进排放有毒废气企业的环境监管，对重点排放企业实施强制性清洁生产审核；把有毒空气污染物排放控制作为环境影响评价审批的重要内容，明确控制措施和应急对策。开展重点地区铅、汞、镉、苯并（a）芘、二噁英等有毒空气污染物调查性监测。完善有毒空气污染物的排放标准与防治技术规范。

2.积极推进大气汞污染控制工作

深入开展燃煤电厂大气汞排放控制试点工作，积极推进汞排放协同控制；实施有色金属行业烟气除汞技术示范工程；开发水泥生产和废物焚烧等行业大气汞排放控制技术；编制燃煤、有色金属、水泥、废物焚烧、钢铁、石油天然气工业、汞矿开采等重点行业大气汞排放清单，研究制定控制对策。

3.积极开展消耗臭氧层物质淘汰工作

完善消耗臭氧层物质生产、使用和进出口的审批、监管制度。按照《蒙特利尔破坏臭氧层物质管制议定书》的要求，完成含氢氯氟烃、医用气雾剂全氯氟烃、甲基溴等约束性指标的淘汰任务，严格控制含氢氯氟烃、甲烷氯化物生产装置能力的过快增长，加强相关行业替代品和替代技术的开发和应用，强化国家、地方及行业履约能力建设。

（五）强化机动车污染防治，有效控制移动源排放

1.促进交通可持续发展

大力发展城市公交系统和城际间轨道交通系统，城市交通发展实施公交优先战略，改善居民步行、自行车出行条件，鼓励选择绿色出行方式；加大和优化城区路网结构建设力度，通过错峰上下班、调整停车费等手段，提高机动车通行效率；推广城市智能交通管理和节能驾驶技术；鼓励选用节能环保车型，推广使用天然气汽车和新能源汽车，并逐步完善相关基础配套设施；积极推广电动公交车和出租车。开展城市机动车保有量（重点是出行量）调控政策研究，探索调控特大型或大型城市机动车保有总量。

2.推动油品配套升级

加快车用燃油低硫化步伐,颁布实施第四、第五阶段车用燃油国家标准。2013 年底前,全面供应国Ⅳ车用汽油(硫含量不大于 50ppm),2014 年底前全面供应国Ⅳ车用柴油,京津冀、长三角、珠三角区域优先实施;2013 年 7 月 1 日前,将普通柴油硫含量降低至 350ppm 以下;逐步将远洋船舶用燃料硫含量降低至 2000ppm 以下。

加强油品质量的监督检查,严厉打击非法生产、销售不符合国家和地方标准要求车用油品的行为,建立健全炼化企业油品质量控制制度,全面保障油品质量。高速公路及城市市区加油站销售的车用燃油必须达到《车用汽油标准》、《车用柴油标准》。推进配套尿素加注站建设,2015 年底前全面建成尿素加注网络,确保柴油车选择性催化还原系统(SCR)装置正常运转。

3.加快新车排放标准实施进程

实施国家第Ⅳ阶段机动车排放标准,适时颁布实施国家第Ⅴ阶段机动车排放标准,鼓励有条件地区提前实施下一阶段机动车排放标准。2015 年起低速汽车(三轮汽车、低速货车)执行与轻型载货车同等的节能与排放标准。完善机动车环保型式核准和强制认证制度,不断扩大环保监督检查覆盖范围,确保企业批量生产的车辆达到排放标准要求。未达到国家机动车排放标准的车辆不得生产、销售。严格外地转入车辆环境监管。

4.加强车辆环保管理

全面推进机动车环保标志核发工作,到 2015 年,汽车环保标志发放率达到 85%以上。开展环保标志电子化、智能化管理。全面推进机动车环保检验委托工作,加快环保检验在线监控设备安装进程,加强检测设备的质量管理,提高环保检测机构监测数据的质量控制水平,强化检测技术监管与数据审核,推进环保检验机构规范化运营。加快推行简易工况尾气检测法。完善机动车环保检验与维修(I/M)制度。

5.加速黄标车淘汰

严格执行老旧机动车强制报废制度,强化营运车辆强制报废的有效管理和监控。通过制定完善地方性法规规章,推行黄标车限行措施,加速黄标车淘汰进程。2013 年底前实现重点控制区地级及以上城市主城区黄标车禁行,2015 年底前实现其他地级及以上城市主城区黄标车禁行。大力推进城市公交车、出租车、客运车、运输车(含低速车)集中治理或更新淘汰,杜绝车辆"冒黑烟"现象。力争到 2015 年,淘汰 2005 年底前注册运营的黄标车,京津冀、长三角、珠三角基本淘汰辖区内黄标车。

6.开展非道路移动源污染防治

开展非道路移动源排放调查,掌握工程机械、火车机车、船舶、农业机械、工业机械和飞机等非道路移动源的污染状况,建立移动源大气污染控制管理台账。推进非道路移动机械和船舶的排放控制。2013 年,实施国家第Ⅲ阶段非道路移动机械排放标准和国家第Ⅰ阶段船用发动机排放标准。积极开展施工机械环保治理,推进安装大气污染物后处理装置。加快天津、上海、南京、宁波、广州、青岛等地区的"绿色港口"建设。在重点港口建设码头岸电设施示范工程,加快港口内拖车、装卸设备等"油改气"或"油改电"进程,降低污染物排放。

(六)加强扬尘控制,深化面源污染管理

1.加强城市扬尘污染综合管理

各地应将扬尘控制作为城市环境综合整治的重要内容,建立由住房城乡建设、环保、市政、园林、城管等部门组成的协调机构，开展城市扬尘综合整治，加强监督管理。积极创建扬尘污染控制区，控制施工扬尘和渣土遗撒，开展裸露地面治理，提高绿化覆盖率，加强道路清扫保洁，不断扩大扬尘污染控制区面积。到2015年，重点控制区内城市建成区降尘强度在2010年基础上下降15%以上，一般控制区内城市建成区降尘强度下降10%以上。

2.强化施工扬尘监管

加强施工扬尘环境监理和执法检查。在项目开工前，建设单位与施工单位应向建设、环保等部门分别提交扬尘污染防治方案与具体实施方案，并将扬尘污染防治纳入工程监理范围，扬尘污染防治费用纳入工程预算。将施工企业扬尘污染控制情况纳入建筑企业信用管理系统，定期公布，作为招投标的重要依据。加强现场执法检查，强化土方作业时段监督管理，增加检查频次，加大处罚力度。

推进建筑工地绿色施工。建设工程施工现场必须全封闭设置围挡墙，严禁敞开式作业；施工现场道路、作业区、生活区必须进行地面硬化；积极推广使用散装水泥，市区施工工地全部使用预拌混凝土和预拌砂浆，杜绝现场搅拌混凝土和砂浆；对因堆放、装卸、运输、搅拌等易产生扬尘的污染源，应采取遮盖、洒水、封闭等控制措施；施工现场的垃圾、渣土、沙石等要及时清运，建筑施工场地出口设置冲洗平台。建设城市扬尘视频监控平台，在城市市区内，主要施工工地出口、起重机、料堆等易起尘的位置安装视频监控设施，新增建筑工地在开工建设前要安装视频监控设施，实现施工工地重点环节和部位的精细化管理。

3.控制道路扬尘污染

积极推行城市道路机械化清扫，提高机械化清扫率，到2015年一般控制区城市建成区主要车行道机扫率达到70%以上，重点控制区达到90%以上。增加城市道路冲洗保洁频次，切实降低道路积尘负荷。减少道路开挖面积，缩短裸露时间，开挖道路应分段封闭施工，及时修复破损道路路面。加强道路两侧绿化，减少裸露地面。加强渣土运输车辆监督管理，所有城市渣土运输车辆实施密闭运输，实施资质管理与备案制度，安装GPS定位系统，对重点地区、重点路段的渣土运输车辆实施全面监控。

4.推进堆场扬尘综合治理

强化煤堆、料堆的监督管理。大型煤堆、料堆场应建立密闭料仓与传送装置，露天堆放的应加以覆盖或建设自动喷淋装置。电厂、港口的大型煤堆、料堆应安装视频监控设施，并与城市扬尘视频监控平台联网。对长期堆放的废弃物，应采取覆绿、铺装、硬化、定期喷洒抑尘剂或稳定剂等措施。积极推进粉煤灰、炉渣、矿渣的综合利用，减少堆放量。

5.加强城市绿化建设

结合城市发展和工业布局，加强城市绿化建设，努力提高城市绿化水平，增强环境自净能力。打造绿色生态保护屏障，构建防风固沙体系。实施生态修复，加强对各类废弃矿区的治理，恢复生态植被和景观，抑制扬尘产生。

6.加强秸秆焚烧环境监管

禁止农作物秸秆、城市清扫废物、园林废物、建筑废弃物等生物质的违规露天焚烧。全面推广秸秆还田、秸秆制肥、秸秆饲料化、秸秆能源化利用等综合利用措施，制定实施秸秆综合利用实施方案，建立秸秆综合利用示范工程，促进秸秆资源化利用，加强秸秆焚烧监管。进一步加强重点区域秸秆焚烧和火点监测信息发布工作，建立和完善市、县(区)、镇、村四级秸秆焚烧责任体系，完善目标责任追究制度。

7.推进餐饮业油烟污染治理

严格新建饮食服务经营场所的环保审批;推广使用管道煤气、天然气、电等清洁能源;饮食服务经营场所要安装高效油烟净化设施,并强化运行监管;强化无油烟净化设施露天烧烤的环境监管。

六、创新区域管理机制,提升联防联控管理能力

(一)建立区域大气污染联防联控机制

1.建立统一协调的区域联防联控工作机制

在全国环境保护部联席会议制度下,定期召开区域大气污染联防联控联席会议,统筹协调区域内大气污染防治工作。京津冀、长三角、成渝、甘宁等跨省区域,成立由环境保护部牵头、相关部门与区域内各省级政府参加的大气污染联防联控工作领导小组;其他城市群成立由主管省级领导为组长的领导小组。区域内各地区轮值召开年度联席工作会议,通报上年区域大气污染联防联控工作进展,交流和总结工作经验,研究制定下一阶段工作目标、工作重点与主要任务。

2.建立区域大气环境联合执法监管机制

加强区域环境执法监管,确定并公布区域重点企业名单,开展区域大气环境联合执法检查,集中整治违法排污企业。经过限期治理仍达不到排放要求的重污染企业予以关停。切实发挥国家各区域环境督查派出机构的职能,加强对区域和重点城市大气污染防治工作的监督检查和考核,定期开展重点行业、企业大气污染专项检查,组织查处重大大气环境污染案件,协调处理跨省区域重大污染纠纷,打击行政区边界大气污染违法行为。强化区域内工业项目搬迁的环境监管,搬迁项目要严格执行国家和区域对新建项目的环境保护要求。

3.建立重大项目环境影响评价会商机制

对区域大气环境有重大影响的火电、石化、钢铁、水泥、有色、化工等项目,要以区域规划环境影响评价、区域重点产业环境影响评价为依据,综合评价其对区域大气环境质量的影响,评价结果向社会公开,并征求项目影响范围内公众和相关城市环保部门意见,作为环评审批的重要依据。

4.建立环境信息共享机制

围绕区域大气环境管理要求,依托已有网站设施,促进区域环境信息共享,集成区域内各地环境空气质量监测、重点源大气污染排放、重点建设项目、机动车环保标志等信息,建立区域环境信息共享机制,促进区域内各地市之间的环境信息交流。

5.建立区域大气污染预警应急机制

加强极端不利气象条件下大气污染预警体系建设,加强区域大气环境质量预报,实现风险信息研判和预警。建立区域重污染天气应急预案,构建区域、省、市联动一体的应急响应体系,将保障任务层层分解。当出现极端不利气象条件时,所在区域及时启动应急预案,实行重点大气污染物排放源限产、建筑工地停止土方作业、机动车限行等紧急控制措施。

(二)创新环境管理政策措施

1.完善财税补贴激励政策

加大落后产能淘汰的财政支持力度,加快火电、钢铁、水泥等落后产能及小锅炉、挥发性有机物

排放类行业落后工艺的淘汰步伐，对符合奖励条件的项目，积极给予支持。加大大气污染防治技术示范工程资金支持力度。实施老旧汽车报废更新补贴政策，采取经济激励政策加速黄标车淘汰。对生产符合下一阶段标准车用燃油的企业，在消费税政策上予以优惠。认真落实鼓励秸秆等综合利用的税收优惠政策。推行政府绿色采购，完善强制采购和优先采购制度，逐步提高节能环保产品比重。

2.深入推进价格与金融贸易政策

全面落实脱硫电价政策，继续执行差别电价和惩罚性电价政策，分步推进火电厂烟气脱硝加价政策。对高耗能、高污染产业，金融机构实施更为严格的贷款发放标准。将企业环境违法信息纳入人民银行企业征信系统和银监会信息披露系统，与企业信用等级评定、贷款及证券融资联动。将大气污染排放强度大的重污染产品列入国家“高污染、高环境风险”产品名录，调整进出口税收政策，限制高耗能、高排放产品出口。开展高环境风险企业环境污染强制责任保险试点。

3.完善挥发性有机物等排污收费政策

建立完善挥发性有机物排放当量核算方法，研究征收挥发性有机物排污费。研究制定扬尘排污收费政策。

4.全面推行排污许可证制度

全面推行大气排污许可证制度，排放二氧化硫、氮氧化物、工业烟粉尘、挥发性有机物的重点企业，应在 2014 年底前向环保部门申领排污许可证。排污许可证应明确允许排放污染物的名称、种类、数量、排放方式、治理措施及监测要求，作为总量控制、排污收费、环境执法的重要依据。未取得排污许可证的企业，不得排放污染物。继续推动排污权交易试点，针对电力、钢铁、石化、建材、有色等重点行业，探索建立区域主要大气污染物排放指标有偿使用和交易制度。

5.实施重点行业环保核查制度

对火电、钢铁、有色、水泥、石化、化工等污染物排放量大的行业实施环保核查制度。对核查中发现的环保违法企业，实施限期改正、挂牌督办、限期治理、停产整治或关停。对未提交核查申请、未通过核查以及弄虚作假的企业，暂停审批其新、改、扩建项目环境影响评价文件，不予提供各类环保专项资金支持，不予出具任何方面的环保合格、达标或守法证明文件。环境保护部门向社会公告企业通过环保核查的情况，作为企业信贷、产品生产、进出口审批的重要依据。

6.推行污染治理设施建设运行特许经营

完善火电厂脱硫设施特许经营制度，探索在脱硝、除尘、挥发性有机物治理等方面开展治理设施社会化运营，提高治污设施的建设质量与运行效果。实行环保设施运营资质许可制度，推进环保设施的专业化、社会化运营服务。完善大气污染治理及机动车检测的市场准入机制，规范市场行为，打破地方保护，为企业创造公平竞争的市场环境。

7.实施环境信息公开制度

各地要实时发布城市环境空气质量信息，定期开展空气质量评估，并向社会公开。对新建项目要公示环境影响评价情况并广泛征求公众意见，重点企业要公开污染物排放状况、治理设施运行情况等环境信息，定期发布大气污染物排放监测结果，接受社会监督。建立重污染行业企业、涉及有毒废气排放企业环境信息强制披露制度。广泛动员全社会参与大气环境保护，通过采取有奖举报等措施，鼓励公众监督车辆“冒黑烟”、渣土运输车辆遗撒、秸秆露天焚烧等环保违法行为。

8.推进城市环境空气质量达标管理

根据《中华人民共和国大气污染防治法》第十七条规定,环境空气质量未达标城市人民政府应制定限期达标规划,按照国务院或者环境保护部划定的期限,分别在5年、10年、15年、20年内限期达标。直辖市的限期达标规划,报国务院批准;其他国家环境保护重点城市的限期达标规划经城市所在地省级人民政府审查同意后,经国务院授权由环境保护部批准;其他城市的限期达标规划由省级人民政府批准,并报环境保护部备案。所有城市的限期达标规划要向社会公开。国家和省级环保部门对限期达标规划执行情况进行检查和考核,并将考核结果向社会公布。

(三)全面加强联防联控的能力建设

1.建立统一的区域空气质量监测体系

强化区域环境空气质量监测体系建设,各省(区、市)按照“十二五”国家空气监测网设置方案的要求逐步开展城市空气质量监测点位的能力建设,同时在位于城市建成区以外地区或区域输送通道上均匀布设一定数量的区域站。所有城市监测点位新增细颗粒物、臭氧、一氧化碳等监测因子和数字环境摄影记录系统,开展全指标监测;区域站还应增加能见度、气象五参数等监测能力。京津冀、长三角和珠三角在2012年底前完成区域环境空气质量监测体系建设,其他城市群在2015年底前完成区域环境空气质量监测体系建设。加强大气环境超级站建设。开展移动源对路边环境影响的监测。

全面加强监测数据质量控制,强化监测技术监管与数据审核。区域内所有监测点位与中国环境监测总站进行直联,实现环境空气质量数据实时传输。省级环境监测管理部门负责对城市空气质量监测点质控工作进行督查,环境保护部组织开展不定期检查、飞行检查及交叉质控。重点区域中所有631个市区监测点位和61个区域站均作为本规划空气质量目标监督、考核、评估的重要依据。

表6-1 “十二五”重点区域城市点位数量及空气质量目标考核依据

区 域	省 份	城 市	“十二五”城市点位数量	2010年城市点位数量	2010年城市二氧化硫年均浓度(微克/立方米)	2010年城市二氧化氮年均浓度(微克/立方米)	2010年城市可吸入颗粒物年均浓度(微克/立方米)
京津冀	北 京	北 京	12	12	32	57	121
	天 津	天 津	15	13	54	45	96
	河 北	石家庄	8	7	54	41	98
		唐 山	6	6	57	29	85
		秦皇岛	5	5	41	25	64
		邯 郸	4	4	44	29	90
		保 定	6	6	41	31	84
		承 德	5	5	46	39	53
		沧 州	3	3	33	24	78
		衡 水	3	4	40	26	79
		邢 台	4	4	44	24	82
		张家口	5	5	51	23	60
		廊 坊	4	3	43	30	78

续表

区域	省份	城市	“十二五”城市点位数量	2010年城市点位数量	2010年城市二氧化硫年均浓度（微克/立方米）	2010年城市二氧化氮年均浓度（微克/立方米）	2010年城市可吸入颗粒物年均浓度（微克/立方米）
长三角	上海	上海	10	10	29	50	79
	江苏	南京	9	6	36	46	114
		无锡	8	7	47	46	88
		徐州	7	6	44	26	88
		常州	6	4	34	28	97
		苏州	8	8	33	54	90
		南通	5	5	33	29	97
		连云港	4	4	38	25	90
		淮安	5	3	31	33	95
		盐城	4	3	39	23	122
		扬州	4	4	33	23	96
		镇江	4	4	24	36	97
		泰州	4	3	39	32	87
		宿迁	4	3	31	22	99
	浙江	杭州	11	10	34	56	98
		宁波	8	5	31	53	96
		温州	4	4	28	58	85
		嘉兴	3	3	42	45	93
		湖州	3	3	18	46	86
		绍兴	3	2	55	42	95
		金华	3	3	36	48	67
		衢州	3	3	20	28	65
		舟山	3	2	15	24	61
		台州	3	3	29	38	80
		丽水	3	3	22	28	71
珠三角	广东	广州	11	11	33	53	69
		深圳	11	8	11	45	57
		珠海	4	4	15	33	49
		佛山	8	8	37	51	64
		江门	4	4	27	24	57
		肇庆	4	4	36	41	58
		惠州	5	5	18	25	51
		东莞	5	5	30	47	63
		中山	4	4	27	40	51

续表

区域	省份	城市	“十二五”城市点位数量	2010年城市点位数量	2010年城市二氧化硫年均浓度(微克/立方米)	2010年城市二氧化氮年均浓度(微克/立方米)	2010年城市可吸入颗粒物年均浓度(微克/立方米)
辽宁中部	辽宁	沈阳	11	11	58	35	101
		鞍山	7	7	46	39	105
		抚顺	6	5	38	36	94
		本溪	6	6	57	34	69
		营口	4	4	30	26	73
		辽阳	4	4	53	35	66
		铁岭	4	3	41	23	78
山东	山东	济南	8	8	45	27	117
		青岛	9	8	52	48	99
		淄博	6	6	89	33	110
		枣庄	5	5	57	33	99
		东营	4	4	56	40	89
		烟台	6	6	41	39	81
		潍坊	5	5	58	42	99
		济宁	3	3	64	44	116
		泰安	3	3	49	42	97
		威海	3	3	24	33	67
		日照	3	3	39	44	89
		莱芜	3	3	54	32	107
		临沂	4	4	56	40	97
		德州	3	3	47	36	89
		聊城	3	3	53	30	93
		滨州	3	3	55	49	97
		菏泽	3	3	50	27	93
武汉及其周边	湖北	武汉	10	10	41	57	108
		黄石	5	5	38	23	91
		鄂州	3	2	33	22	83
		孝感	2	1	21	28	101
		黄冈	2	1	9	14	71
		咸宁	4	2	27	23	94
长株潭	湖南	长沙	10	9	40	46	83
		株洲	7	6	58	33	81
		湘潭	7	5	55	40	95

续表

区　域	省　份	城　市	“十二五”城市点位数量	2010年城市点位数量	2010年城市二氧化硫年均浓度（微克/立方米）	2010年城市二氧化氮年均浓度（微克/立方米）	2010年城市可吸入颗粒物年均浓度（微克/立方米）
成　渝	重　庆	重　庆	17	20	48	39	102
	四　川	成　都	8	8	31	51	104
		自　贡	4	4	63	40	81
		绵　阳	4	4	35	29	82
		宜　宾	6	6	55	35	78
		泸　州	4	4	51	49	86
		德　阳	4	4	46	36	65
		南　充	6	6	42	30	61
		遂　宁	4	4	29	25	71
		内　江	4	4	51	37	52
		乐　山	4	4	27	28	79
		眉　山	4	4	41	44	83
		广　安	5	5	46	29	59
		达　州	5	5	27	23	69
		资　阳	5	5	46	33	62
海峡西岸	福　建	福　州	6	4	9	32	73
		厦　门	4	4	21	46	65
		泉　州	4	4	19	21	68
		莆　田	5	4	28	13	64
		三　明	4	4	54	14	91
		漳　州	3	3	23	44	72
		南　平	4	3	55	29	72
		龙　岩	4	4	38	16	83
		宁　德	3	3	18	18	53
山西中北部	山　西	太　原	9	9	68	20	89
		大　同	6	6	36	28	75
		朔　州	5	5	36	11	75
		忻　州	3	3	35	17	61
陕西关中	陕　西	西　安	13	11	43	45	126
		咸　阳	4	3	32	24	94
		铜　川	4	3	48	38	99
		宝　鸡	8	6	24	27	98
		渭　南	4	4	39	41	112
甘　宁	甘　肃	兰　州	5	5	57	48	155
		白　银	2	2	46	29	99
	宁　夏	银　川	5	5	39	26	94

续表

区 域	省 份	城 市	"十二五"城市点位数量	2010年城市点位数量	2010年城市二氧化硫年均浓度(微克/立方米)	2010年城市二氧化氮年均浓度(微克/立方米)	2010年城市可吸入颗粒物年均浓度(微克/立方米)
新疆乌鲁木齐	新 疆	乌鲁木齐	7	6	89	67	133
		昌 吉	3	2	25	29	82
		五家渠	1	1	14	13	73
注:城市监测点位中的对照点不参与城市空气质量评价							

2.加强重点污染源监控能力建设

全面加强国控、省控重点污染源二氧化硫、氮氧化物、颗粒物在线监测能力建设,2014年底前重点污染源全部建成在线监控装置,并与环保部门联网,积极推进挥发性有机物在线监测工作。加强各地监测站对挥发性有机物、汞监督性监测能力建设。进一步加强市级大气污染源监控能力建设,依托已有网络设施,完善国家、省、市三级自动监控体系,提升大气污染源数据的收集处理、分析评估与应用能力。全面推进重点污染源自动监测系统数据有效性审核,将自动监控设施的稳定运行情况及其监测数据的有效性水平,纳入企业环保信用等级。

3.推进机动车排污监控能力建设

加快机动车污染监控机构标准化建设进程,推进省级和市级机动车排污监控机构建设,省级与重点控制区2013年底前建成,一般控制区2014年底前建成。提高机动车污染监控能力,促进新车、在用车环保信息共享,提高机动车污染监控水平。

4.强化污染排放统计与环境质量管理能力建设

逐步将挥发性有机物与移动源排放纳入环境统计体系。制定分行业挥发性有机物排放系数,建立挥发性有机物排放统计方法,开展摸底调查。组织开展非道路移动源排放状况调查,摸清非道路移动源排放系数及活动水平。研究开展颗粒物无组织排放调查。细颗粒物污染严重城市要进行源解析工作。针对危害群众健康和影响空气质量改善的区域性特征污染物,定期开展空气质量调查性监测。建设基于环境质量的区域大气环境管理平台,编制多尺度、高分辨率大气排放清单,提高跨界污染来源识别、成因分析、控制方案定量化评估的综合能力。

七、重点工程项目与投资效益评估

(一)重点工程项目

重点工程项目分为二氧化硫治理、氮氧化物治理、工业烟粉尘治理、工业挥发性有机物治理、油气回收、黄标车淘汰、扬尘综合整治、能力建设八类。其中能力建设重点包括区域空气质量监测能力建设、企业污染排放监控能力建设、机动车排污监控能力建设、污染排放与环境质量调查等项目。重点项目投资需求约3500亿元,其中二氧化硫治理项目投资需求约730亿元,氮氧化物治理项目投资需求约530亿元,工业烟粉尘治理项目投资需求约470亿元,工业挥发性有机物治理项目投资需求约400亿元,油气回收项目投资需求约215亿元,黄标车淘汰项目投资需求约940亿元,扬尘综合整治项目投资需求约100亿元,能力建设项目投资需求约115亿元。

（二）效益分析

重点工程项目的实施将新增二氧化硫减排能力约228万吨/年、氮氧化物减排能力约359万吨/年、颗粒物减排能力约148万吨/年、挥发性有机物减排能力约152.5万吨/年，环境空气质量有所改善，光化学烟雾、灰霾、酸雨污染有所减轻，共计减少社会经济损失约20000亿元。

八、保障措施

（一）加强组织领导

地方人民政府是重点区域大气污染防治规划实施的责任主体，要切实加强组织领导，按照规划要求，制定本地区大气污染防治实施方案，并将规划目标和各项任务分解落实到城市和企业，制定年度工作计划，动态更新重点工程项目，明确年度工作任务和部门职责分工，确保任务到位、项目到位、资金到位、责任到位。各有关部门应加强协调配合，按照职责分工开展相应工作，制定相关配套措施，保证规划任务的落实。

（二）严格考核评估

环境保护部会同国务院有关部门制定考核办法，每年对重点区域大气污染防治规划实施情况进行评估考核；在规划期末，组织开展规划终期评估。规划年度考核与终期评估结果向国务院报告，作为地方各级人民政府领导班子和领导干部综合考核评价的重要依据，实行问责制，并向社会公开。对规划完成情况好、大气环境质量改善明显的省（区、市），环境保护部会同财政、发展改革等部门加大对该地区污染治理和环保能力建设的支持力度，并予以表彰；对考核结果未通过的省（区、市）进行通报；对项目进展缓慢、大气环境污染严重的城市，实施阶段性建设项目环评限批，取消国家授予该地区的环境保护方面的荣誉称号。

（三）加大资金投入

建立政府、企业、社会多元化投资机制，拓宽融资渠道。污染治理资金以企业自筹为主，政府投入资金优先支持列入规划的污染治理项目。中央财政加大大气污染防治资金投入，重点用于工业污染治理、交通污染治理、面源污染治理，以及区域大气污染防治能力建设，采取“以奖代补”、“以奖促防”、“以奖促治”等方式，加快地方各级政府与企业大气污染防治的进程。地方人民政府根据规划确定的大气污染控制任务，将治污经费列入财政预算，加大资金投入力度。

（四）完善法规标准

加快环境保护法、大气污染防治法等法律法规的修订工作，研究制定机动车污染防治条例。加快制（修）订石油炼制与石油化工、化学原料及化学品制造、装备制造涂装、电子工业、包装印刷以及钢铁、水泥、燃煤工业锅炉等重点行业大气污染物排放标准。加快重点行业污染防治技术政策与挥发性有机物、有毒废气、饮食业油烟净化工程技术规范的制定。环境空气质量超标的地区，应实施污染物特别排放限值或制定严于国家标准的地方大气污染物排放标准。

（五）强化科技支撑

在国家、地方相关科技计划（专项）中，加大对区域大气污染防治科技研发的支持力度。加快推进大气污染综合防治重大科技专项，开展光化学烟雾、灰霾的污染机理与控制对策研究，开展区域大气复合污染控制对策体系和氨的大气环境影响研究。加快工业挥发性有机物污染防治技术、

附表　规划范围

区　域	省　份	城市	面积（万平方公里）
京津冀	北京市、天津市、河北省	北京市、天津市、石家庄市、唐山市、秦皇岛市、邯郸市、邢台市、保定市、张家口市、承德市、沧州市、廊坊市、衡水市，共13个地级及以上城市	21.90
长三角	上海市、江苏省、浙江省	上海市、南京市、无锡市、徐州市、常州市、苏州市、南通市、连云港市、淮安市、盐城市、扬州市、镇江市、泰州市、宿迁市、杭州市、宁波市、温州市、嘉兴市、湖州市、绍兴市、金华市、衢州市、舟山市、台州市、丽水市，共25个地级及以上城市	21.07
珠三角	广东省	广州市、深圳市、珠海市、佛山市、江门市、肇庆市、惠州市、东莞市、中山市，共9个地级及以上城市	5.47
辽宁中部城市群	辽宁省	沈阳市、鞍山市、抚顺市、本溪市、营口市、辽阳市、铁岭市，共7个地级及以上城市	6.50
山东城市群	山东省	济南市、青岛市、淄博市、枣庄市、东营市、烟台市、潍坊市、济宁市、泰安市、威海市、日照市、莱芜市、临沂市、德州市、聊城市、滨州市、菏泽市，共17个地级及以上城市	15.67
武汉及其周边城市群	湖北省	武汉市、黄石市、鄂州市、孝感市、黄冈市、咸宁市、仙桃市、潜江市、天门市，共6个地级及以上城市、3个县级城市	5.94
长株潭城市群	湖南省	长沙市、株洲市、湘潭市，共3个地级城市	2.80
成渝城市群	四川省、重庆市	重庆市、成都市、自贡市、泸州市、德阳市、绵阳市、遂宁市、内江市、乐山市、南充市、眉山市、宜宾市、广安市、达州市、资阳市，共15个地级及以上城市	22.14
海峡西岸城市群	福建省	福州市、厦门市、莆田市、三明市、泉州市、漳州市、南平市、龙岩市、宁德市、平潭综合实验区，共9个地级及以上城市、1个正厅级实验区	12.40
山西中北部城市群	山西省	太原市、大同市、朔州市、忻州市，共4个地级城市	5.69
陕西关中城市群	陕西省	西安市、铜川市、宝鸡市、咸阳市、渭南市、杨凌国家农业高新技术产业示范区，共5个地级及以上城市、1个副省级开发区	5.50
甘宁城市群	甘肃省、宁夏回族自治区	兰州市、白银市、银川市，共3个地级城市	4.33
新疆乌鲁木齐城市群	新疆维吾尔自治区	乌鲁木齐市、昌吉市、阜康市、五家渠市，共1个地级城市、3个县级城市	3.15

燃煤工业锅炉高效脱硫脱硝除尘技术、水泥行业脱硝技术、燃煤电厂除汞技术等的研发与示范，积极推广先进实用技术。开展重点行业多污染物协同控制技术研究。

（六）加强宣传教育

开展广泛的环境宣传教育活动，充分利用世界环境日、地球日等重大环境纪念日宣传平台，普及大气环境保护知识，全面提升全民环境意识，不断增强公众参与环境保护的能力；加强人员培训，提高各级领导干部对大气污染防治工作重要性的认识，提升环保人员业务能力水平；充分发挥新闻媒体在大气环境保护中的作用，积极宣传区域大气污染联防联控的重要性、紧迫性及采取的政策措施和取得的成效，宣传先进典型，加强舆论监督，为改善大气环境质量营造良好的氛围。

近期土壤环境保护和综合治理工作安排

近年来,各地区、各部门积极开展土壤污染状况调查,实施综合整治,土壤环境保护取得积极进展。但我国土壤环境状况总体仍不容乐观,必须引起高度重视。为切实保护土壤环境,防治和减少土壤污染,现就近期土壤环境保护和综合治理工作作出以下安排:

一、工作目标

到2015年,全面摸清我国土壤环境状况,建立严格的耕地和集中式饮用水水源地土壤环境保护制度,初步遏制土壤污染上升势头,确保全国耕地土壤环境质量调查点位达标率不低于80%;建立土壤环境质量定期调查和例行监测制度,基本建成土壤环境质量监测网,对全国60%的耕地和服务人口50万以上的集中式饮用水水源地土壤环境开展例行监测;全面提升土壤环境综合监管能力,初步控制被污染土地开发利用的环境风险,有序推进典型地区土壤污染治理与修复试点示范,逐步建立土壤环境保护政策、法规和标准体系。力争到2020年,建成国家土壤环境保护体系,使全国土壤环境质量得到明显改善。

二、主要任务

(一)严格控制新增土壤污染

加大环境执法和污染治理力度,确保企业达标排放;严格环境准入,防止新建项目对土壤造成新的污染。定期对排放重金属、有机污染物的工矿企业以及污水、垃圾、危险废物等处理设施周边土壤进行监测,造成污染的要限期予以治理。规范处理污水处理厂污泥,完善垃圾处理设施防渗措施,加强对非正规垃圾处理场所的综合整治。科学施用化肥,禁止使用重金属等有毒有害物质超标的肥料,严格控制稀土农用。严格执行国家有关高毒、高残留农药使用的管理规定,建立农药包装容器等废弃物回收制度。鼓励废弃农膜回收和综合利用。禁止在农业生产中使用含重金属、难降解有机污染物的污水,以及未经检验和安全处理的污水处理厂污泥、清淤底泥、尾矿等。

（二）确定土壤环境保护优先区域

将耕地和集中式饮用水水源地作为土壤环境保护的优先区域。在2014年年底前,各省级人民政府要明确本行政区域内优先区域的范围和面积,并在土壤环境质量评估和污染源排查的基础上划分土壤环境质量等级,建立相关数据库。禁止在优先区域内新建有色金属、皮革制品、石油煤炭、化工医药、铅蓄电池制造等项目。

（三）强化被污染土壤的环境风险控制

开展耕地土壤环境监测和农产品质量检测,对已被污染的耕地实施分类管理,采取农艺调控、种植业结构调整、土壤污染治理与修复等措施,确保耕地安全利用;污染严重且难以修复的,地方人民政府应依法将其划定为农产品禁止生产区域。已被污染地块改变用途或变更使用权人的,应按照有关规定开展土壤环境风险评估,并对土壤环境进行治理修复,未开展风险评估或土壤环境质量不能满足建设用地要求的,有关部门不得核发土地使用证和施工许可证。经评估认定对人体健康有严重影响的污染地块,要采取措施防止污染扩散,治理达标前不得用于住宅开发。以新增工业用地为重点,建立土壤环境强制调查评估与备案制度。

（四）开展土壤污染治理与修复

以大中城市周边、重污染工矿企业、集中污染治理设施周边、重金属污染防治重点区域、集中式饮用水水源地周边、废弃物堆存场地等为重点,开展土壤污染治理与修复试点示范。在长江三角洲、珠江三角洲、西南、中南、辽中南等地区,选择被污染地块集中分布的典型区域,实施土壤污染综合治理;有关地方要在2013年底前完成综合治理方案的编制工作并开始实施。

（五）提升土壤环境监管能力

加强土壤环境监管队伍与执法能力建设。建立土壤环境质量定期监测制度和信息发布制度,设置耕地和集中式饮用水水源地土壤环境质量监测国控点位,提高土壤环境监测能力。加强全国土壤环境背景点建设。加快制定省级、地市级土壤环境污染事件应急预案,健全土壤环境应急能力和预警体系。

（六）加快土壤环境保护工程建设

实施土壤环境基础调查、耕地土壤环境保护、历史遗留工矿污染整治、土壤污染治理与修复和土壤环境监管能力建设等重点工程,具体项目由环境保护部会同有关部门确定并组织实施。

三、保障措施

（一）加强组织领导

建立由环境保护部牵头,国务院相关部门参加的部际协调机制,指导、协调和督促检查土壤环境保护和综合治理工作。有关部门要各负其责,协同配合,共同推进土壤环境保护和综合治理工作。地方各级人民政府对本行政区域内的土壤环境保护和综合治理工作负总责,要尽快编制各自的土壤环境保护和综合治理工作方案,明确目标、任务和具体措施。

（二）健全投入机制

各级人民政府要逐步加大土壤环境保护和综合治理投入力度，保障土壤环境保护工作经费。按照“谁污染、谁治理”的原则，督促企业落实土壤污染治理资金；按照“谁投资、谁受益”的原则，充分利用市场机制，引导和鼓励社会资金投入土壤环境保护和综合治理。中央财政对土壤环境保护工程中符合条件的重点项目予以适当支持。

（三）完善法规政策

研究起草土壤环境保护专门法规，制定农用地和集中式饮用水水源地土壤环境保护、新增建设用地土壤环境调查、被污染地块环境监管等管理办法。建立优先区域保护成效的评估和考核机制，制定并实施“以奖促保”政策。完善有利于土壤环境保护和综合治理产业发展的税收、信贷、补贴等经济政策。研究制定土壤污染损害责任保险、鼓励有机肥生产和使用、废旧农膜回收加工利用等政策措施。

（四）强化科技支撑

完善土壤环境保护标准体系，制（修）订土壤环境质量、污染土壤风险评估、被污染土壤治理与修复、主要土壤污染物分析测试、土壤样品、肥料中重金属等有毒有害物质限量等标准；制订土壤环境质量评估和等级划分、被污染地块环境风险评估、土壤污染治理与修复等技术规范；研究制定土壤环境保护成效评估和考核技术规程。加强土壤环境保护和综合治理基础和应用研究，适时启动实施重大科技专项。研发推广适合我国国情的土壤环境保护和综合治理技术和装备。

（五）引导公众参与

完善土壤环境信息发布制度，通过热线电话、社会调查等多种方式了解公众意见和建议，鼓励和引导公众参与和支持土壤环境保护。制定实施土壤环境保护宣传教育行动计划，结合世界环境日、地球日等活动，广泛宣传土壤环境保护相关科学知识和法规政策。将土壤环境保护相关内容纳入各级领导干部培训工作。可能对土壤造成污染的企业要加强对所用土地土壤环境质量的评估，主动公开相关信息，接受社会监督。

（六）严格目标考核

建立土壤环境保护和综合治理目标责任制，制定相应的考核办法，环境保护部要与各省级人民政府签订目标责任书，明确任务和时间要求等，定期进行考核，考核结果向国务院报告。地方人民政府要与重点企业签订责任书，落实企业的主体责任。要强化对考核结果的运用，对成绩突出的地方人民政府和企业给予表彰，对未完成治理任务的要进行问责。

重金属污染综合防治“十二五”规划

前　言

重金属污染具有长期性、累积性、潜伏性和不可逆性等特点，危害大、治理成本高。我国在长期的矿产开采、加工以及工业化进程中累积形成的重金属污染近年来逐渐显现，污染事件呈多发态势，对生态环境和群众健康构成了严重威胁。党中央、国务院对此高度重视，作出了一系列重要部署。2009 年 11 月，国务院办公厅转发了环境保护部等部门《关于加强重金属污染防治工作的指导意见》，明确了重金属污染防治的目标任务、工作重点以及相关政策措施。各地区和各有关部门按照国务院的部署，加大落后产能淘汰力度，完善产业结构调整政策措施，严格环境管理，强化执法监督，不断加大政策和资金支持力度，重金属污染防治工作稳步推进。为切实抓好重金属污染防治，保护群众身体健康，促进社会和谐稳定，依据有关法律法规和国务院办公厅通知要求，环境保护部会同发展改革委、工业和信息化部、财政部、国土资源部、农业部、卫生部等部门编制了《重金属污染综合防治“十二五”规划》。

本规划的基本思路是控新治旧、削减存量，着力点是调结构、保安全、防风险，立足于源头预防、过程阻断、清洁生产、末端治理的全过程综合防控理念，遵循统筹规划、突出重点，控新治旧、综合防治，政府引导、企业主体的原则，突出重点防控的污染物、区域、行业和企业，明确了重金属污染防治目标、任务和政策措施，通过转变发展方式、优化产业结构、推进技术进步、加强重金属污染源监管，逐步建立起比较完善的重金属污染防治体系、事故应急体系和环境与健康风险评估体系，有效防控重金属污染。

一、重金属污染防治现状

(一)部分地区环境中重金属超标

据监测,近5年,全国一些地表水监测断面存在重金属个别时段超标现象;个别城镇集中式饮用水水源地也存在铬、汞、铅等超标现象。有色金属冶炼、铅蓄电池、再生铅、燃煤电厂、水泥、钢铁冶炼等行业的部分企业周边大气重金属浓度较高。全国一些地区土壤存在不同程度的重金属污染,主要污染物是汞、铅、砷,其次为铬、镉、铜、锌、锰、铊等。

(二)重金属污染危害影响较为突出

重金属元素具有较强的迁移、富集和隐藏性,可经空气、水、食物链等途径进入人体,生物毒性显著,易引发慢性中毒,具有致癌、致畸及致突变作用,对免疫系统有一定影响,威胁人体健康和食品安全。由于重金属污染持续时间长、治理技术落后、监督管理薄弱,重金属的不可降解性使部分地区水体底泥、场地和土壤中污染物不断累积,潜在事故风险较高。据不完全统计,2005—2009年,全国发生重金属污染事件39起,特别是2009年以来连续发生的陕西凤翔县、湖南武冈市和浏阳市等20多起重特大重金属污染事件,对群众健康造成了严重威胁。

(三)重金属污染防治存在的主要问题

1.工业布局不合理,缺乏统一规划

我国重金属相关企业总体上布局较为分散,缺乏统一规划,部分项目分布在江河两岸、居民生活区,以及资源环境承载能力薄弱区和饮用水水源保护区等环境敏感区,对环境安全与群众健康构成严重威胁。

2.产业结构不合理,发展方式无序

我国粗放型发展方式尚未根本改变,相关产业结构调整力度有待加强,落后产能淘汰力度不足,环境准入制度执行不严,大量重金属相关企业无序发展,结构性污染突出。

3.生产工艺技术落后,治理水平不高

电镀、冶炼、化工、制革、电池制造等重金属相关行业部分企业生产设施简陋、工艺落后,一些企业无组织排放现象严重,废水、废气治理设施达标率低,污染事故时有发生。

4.法规制度建设滞后,标准体系不完善

我国还没有重金属污染防治的专门法规,现行环境质量标准中重金属污染控制内容较少,重金属累积效应考虑不足,污染源排放标准与人体健康标准尚未充分衔接,重点行业、重点区域的重金属污染防治技术要求有待补充完善,重金属污染物排放地方标准体系尚未建立。

5.基础工作薄弱,技术支撑能力不足

我国尚未系统开展工业企业重金属污染排放监测和土壤重金属环境质量监测,重金属污染的面积、种类和水平不清,对重点区域及污染隐患的危害程度掌握不够,相关基础调查、风险评估、科学研究、技术研发、产业扶持和制度政策等滞后于污染防控的需求。

6.环境监管能力不足,监督管理不到位

环保部门监管能力有限,特别是县级环保机构普遍存在监管人员不足、技术力量不强和监测能力不够等问题。重金属污染物排放自动在线监控装置缺乏,环境应急装备水平偏低,污染预警应急体系尚未建立。部分地方执法不严、监管不到位，也是造成重金属污染严重的重要原因之一。

二、指导思想、基本原则、工作重点和目标

（一）指导思想

以邓小平理论和“三个代表”重要思想为指导，深入贯彻落实科学发展观，坚持以人为本，突出重点防控的地区、行业和企业，加大产业结构调整和投入力度，健全法规标准体系，强化环境执法监管，提高健康危害监测和诊疗能力，依靠科技进步，加强舆论引导，完善政策措施，严格落实责任，扎实做好重金属污染综合防治工作，切实维护人民群众利益和社会和谐稳定。

（二）基本原则

统筹规划，突出重点。近期和远期相结合，统筹污染防治与产业发展，统筹现有污染源整治与解决历史遗留污染问题，突出重金属污染防控的重点地区、行业和企业，分区、分类、分期推进污染防治。

控新治旧，综合防治。坚持源头预防，严格准入，优化产业结构，降低产污强度，严格控制新增污染物排放。加强现有污染源监管，加大落后产能淘汰力度，实施综合整治，努力消化污染存量、多还旧账、保安全、防风险。

政府引导，企业主体。充分发挥政府引导作用，为重金属污染防治提供政策和制度保障，做到目标、任务与投入、政策的匹配。严格落实企业的主体责任，强化责任追究，做到稳定达标排放。鼓励社会参与，加强环境信息公开和舆论引导监督。

（三）工作重点

重点污染物。重点防控的重金属污染物是铅（Pb）、汞（Hg）、镉（Cd）、铬（Cr）和类金属砷（As）等，兼顾镍（Ni）、铜（Cu）、锌（Zn）、银（Ag）、钒（V）、锰（Mn）、钴（Co）、铊（Tl）、锑（Sb）等其他重金属污染物。

重点省份。重金属污染防治任务较重的省份。

重点区域。依据重金属产业集中程度和区域环境质量状况划定的重金属污染防控重点区域。

重点行业。依据重金属污染物的产生量和排放量确定重金属污染防控的重点行业是：重有色金属矿（含伴生矿）采选业（铜矿采选、铅锌矿采选、镍钴矿采选、锡矿采选、锑矿采选和汞矿采选业等）、重有色金属冶炼业（铜冶炼、铅锌冶炼、镍钴冶炼、锡冶炼、锑冶炼和汞冶炼等）、铅蓄电池制造业、皮革及其制品业（皮革鞣制加工等）、化学原料及化学制品制造业（基础化学原料制造和涂料、油墨、颜料及类似产品制造等）。

重点企业。重金属污染防控重点企业是指具有潜在环境危害风险的重金属排放企业。

（四）目标

到 2015 年，集中解决一批危害群众健康和生态环境的突出问题，建立起比较完善的重金属污染防治体系、事故应急体系和环境与健康风险评估体系。重金属相关产业结构进一步优化，污染源综合防治水平大幅度提升，突发性重金属污染事件高发态势得到基本遏制。城镇集中式地表水饮用水水源重点污染物指标基本达标，重点企业实现稳定达标排放，重点区域重点重金属污染物排放量比 2007 年减少 15%，环境质量有所好转，湘江等流域、区域治理取得明显进展；非重点区域重点

重金属污染物排放量不超过2007年水平,重金属污染得到有效控制。

三、主要任务

(一)切实转变发展方式,加大重点行业防控力度

1.加大落后产能淘汰力度,减少重金属污染物产生

严格依法淘汰落后产能。坚持调结构、促减排,严格执行国家有关产业政策、相关行业调整振兴规划,分区域制定和实施重点行业的落后产能淘汰措施。工业和信息化主管部门要进一步扩大重金属相关落后产能和工艺设备的淘汰范围,将其纳入工业领域淘汰落后生产工艺装备和产品目录,淘汰的工艺、设备要分解落实到具体企业,并确保按期完成。

有关部门要加强对淘汰落后产能工作的监督考核,定期向社会公告限期淘汰的企业名单和各地执行情况。对未能按期完成淘汰落后产能的地区,暂停其新增重点重金属污染物排放的建设项目环评审批;对未经环保部门审批以及治理无望、实施停产治理后仍不能达标排放的企业,地方政府应依法予以关停。改善土地利用计划调控,依照《禁止用地项目目录》,禁止为高氯化汞触媒项目、有钙焙烧铬化合物生产装置、开口式普通铅酸蓄电池项目等办理用地相关手续。禁止将落后产能向农村和不发达地区转移。支持优势企业兼并、重组,淘汰落后产能。

2.提高行业准入门槛,严格限制排放重金属相关项目

严格准入条件,优化产业布局。坚持新增产能与淘汰产能“等量置换”或“减量置换”的原则,鼓励各省(区、市)在其非重点区域内探索重金属排放量置换、交易试点,实施“以大带小”、“以新带老”,实现重点重金属污染物新增排放量零增长。制定和完善重点区域行业准入条件,进一步提高节能、环保、安全、土地使用和职业安全卫生方面的准入标准,严格环评、土地和安全生产许可审批,实施重金属相关产业准入公告制度。按照《外商投资产业指导目录》,严格限制排放重金属污染物的外资项目。新建、改建相关项目必须符合环保、节能、资源管理等方面的法律、法规,符合国家产业政策和规划要求,符合土地利用总体规划、土地供应政策和产业用地标准,并依法办理相关手续,禁止向重金属相关行业落后产能和产能严重过剩行业项目提供土地。将环境与健康风险评价作为重金属建设项目环境影响评价的重要内容。建设排放重金属污染物的项目时,要科学确定环境安全防护距离,保障周边群众健康。

禁止在重点区域新建、改建、扩建增加重金属污染物排放的项目,禁止在重要生态功能区和因重金属污染导致环境质量不能稳定达标区域新建相关项目。制定并实施重点区域行业重金属污染物特别排放限值。对现有重金属排放企业,严格按照产污强度和安全防护距离要求,实施准入、淘汰和退出制度。

(二)采用综合手段,严格污染源监管

1.加大执法力度,确保污染源稳定达标排放

各地环保部门应将重金属相关企业作为重点污染源进行管理。各省级环保部门应适时公布重点企业名单,2012年底前,全面建立企业环境管理档案,实施重点监管,通过环保验收正式投入生产的建设项目应及时纳入数据库,已经淘汰、关停的企业应定期注销;企业生产、日常环境管理、清洁生产、治理设施运行情况、在线自动监测装置安装及联网情况、监测数据、污染事故、

环境应急预案、环境执法及解决历史遗留污染问题等情况要纳入数据库，实施综合分析、动态管理。

将整治重金属违法排污企业作为全国整治违法排污企业保障群众健康环保专项行动的重点，依法关闭并拆除饮用水水源保护区内的所有重金属排放企业，从严查处一批未经环评审批许可开工建设、未执行“三同时”和环保验收、采用淘汰生产工艺、重金属污染物超标排放等环境隐患问题突出的企业，依法停止相关项目建设，造成污染的，要依法加大惩处力度，采取更加严格的措施予以整治，直至依法关停取缔。

全面实施重金属排放企业环境监督员制度，加强对企业的污染防治、监督和检查。建立重金属排放企业监督性监测和检查制度。各地每两个月对重金属排放企业车间（或车间处理设施排放口）、企业排污口水质及厂界无组织排放情况开展一次监督性监测，重点检查物料的管理、重金属污染物处置和应急处置设施情况等。

2.规范日常环境管理，严格落实企业责任

要着力提高重金属相关企业员工污染隐患和环境风险防范意识，制定并完善企业重金属污染环境应急预案，定期开展培训和演练。规范企业物料堆放场、废渣场、排污口的管理，减少无组织排放，保证污染治理设施正常稳定运行。相关企业应建立重金属污染物产生、排放台账，并纳入厂务公开内容，公布重金属污染物排放和环境管理情况。企业产量和生产原辅料发生变化时应及时向当地环保部门报告，实施动态管理；建立特征污染物日监测制度，每月向当地环保部门报告；建立企业环境信息披露制度，每年向社会发布企业年度环境报告，公布含重金属污染物排放和环境管理等情况，接受社会监督。环保部门要及时向有关部门通报执法监管等有关信息。

3.鼓励公众和媒体参与监督

强化新闻媒体和社会公众对重金属污染防治的知情权、参与权、监督权。加大环保举报热线“12369”宣传力度，及时受理群众举报，并迅速核实、处理。有关部门每三年对排放重金属污染物的上市公司进行一次后评估，将重金属相关环境信息作为上市公司信息披露的重要内容。重金属污染事件的查处情况应按规定及时向社会公布。要加大新闻宣传力度，组织编写、发放重金属污染防治科普宣传品，广泛开展重金属健康危害预防、控制的宣传工作。

（三）积极推行清洁生产，实施污染源综合防治

1.推动产业技术进步

坚持控新治旧，强化从源头防控重金属污染，大力推广安全高效、能耗物耗低、环保达标、资源综合利用效果好的先进生产工艺。

专栏1　重点行业防控要求

重点行业	产业防控要求	生产工艺要求
重有色金属矿采选业	新建铅锌矿山规模不得低于单体矿3万吨/年，服务年限15年以上，中型矿山单体矿规模大于30万吨/年。浮选法选矿工艺处理矿量1000吨/日以上。露采区按照环保和水土保持要求完成矿区环境恢复。尾矿库采取防止渗漏措施。废渣、废水再利用，弃渣固化、无害化处理。	鼓励紧缺资源及难采矿床深度开采。提高采矿成套机械设备的自动化水平。提高采矿回采率、选矿回收率。凿岩、铲运、放矿、出矿和运输（机车、汽车和皮带）等采用湿式作业；溜井出矿、露天穿孔、破碎和皮带运输等采用密闭抽尘和净化措施。

续表

重点行业	产业防控要求	生产工艺要求
重有色金属冶炼业	严格控制新增产能。新建冶炼企业不得在饮用水水源保护区等需要特殊保护的地区、大中城市及其近郊、居民集中区，以及对环境质量要求高的企业环境安全防护距离内建设。新建项目需配套完善的资源综合利用、余热回收、污染治理等设施；火法冶金工艺进行冶炼应在密闭条件下进行，并设置尾气净化系统、报警系统和应急处理装置；湿法冶金工艺冶炼应建设尾气除湿净化装置。	铅锌冶炼推广铅锌联合冶炼模式；炼铜推广闪速熔炼、顶吹熔炼、诺兰达熔炼，以及白银炉熔炼、合成炉熔炼、底吹熔炼等工艺；锡粗炼采用氧气顶吹炉或大型反射炉等工艺，锡火法精炼采用自动控温电热机械结晶机和真空炉工艺等工艺，锡湿法精炼采用电解等工艺；锑冶炼推广真空蒸馏技术处理锑汞矿、湿法工艺处理锑金砷矿和锑铅矿；汞冶炼推广密闭式焙烧炉、湿法炼汞、湿式多段除尘、多段冷凝回收、终端载硫活性炭吸附等。
化学原料及化学制品制造业	制定电石法聚氯乙烯行业生产准入条件和低汞触媒产品标准；新建电石法聚氯乙烯企业应使用低汞触媒清洁生产技术；鼓励新建低汞触媒生产企业在电石法聚氯乙烯企业集中地区建设，开展危险废物区域内循环利用。新建、改扩建烧碱生产装置禁止采用普通金属阳极、石墨阳极和水银法电解槽。鼓励单线产能在3万吨/年以上、以二氧化钛含量不小于90%的富钛料为原料氯化法钛白粉装置建设。	电石法聚氯乙烯行业加快废低汞触媒中氯化汞和活性炭回收项目建设，加大低汞触媒应用推广力度，加快低汞触媒替代高汞触媒步伐，加大分子筛固汞触媒和无汞触媒等新型环保触媒研发力度；加强生产过程控制与治理，减少汞流失和排放。油墨生产推广有机颜料替代无机颜料。颜料、防霉剂、防腐剂等助剂生产不得人为添加铅、汞、铬、镉等重金属物质。
铅蓄电池制造业	研究制定铅蓄电池行业准入条件、废旧铅蓄电池行业准入条件、废旧铅蓄电池回收管理办法和电池行业重金属污染综合防治方案。新建铅蓄电池项目规模应大于50万千伏安时；现有企业技改规模应大于20万千伏安时。再生铅企业从事废铅酸电池收集和处置，应依法取得危险废物经营许可证，严禁将蓄电池破碎产生的废酸液未经处理直接排放。逐步减少和淘汰开口式普通铅蓄电池。	推广密封型免维护铅蓄电池，鼓励胶体铅蓄电池和无汞扣式碱性锌锰电池的生产，推动动力锂离子电池和氢镍电池替代镉镍电池、无汞普通锌锰电池替代含汞锌锰电池，加快卷绕式、双极性等新型结构铅蓄电池的研发与生产。按照“谁生产、谁回收，谁污染、谁治理”的原则，实现铅蓄电池从生产到回收再生的封闭循环；鼓励铅冶炼企业和铅蓄电池骨干企业向废铅蓄电池回收处理与再生利用产业链延伸。到2015年，实现废旧铅蓄电池回收和综合利用率90%以上。
皮革及其制品业	制定皮革鞣制加工行业准入条件，提高准入门槛，新建皮革鞣制加工企业产量不得低于20万牛皮标张；严格执行三价铬鞣制废液单独处理的规定。	采用高吸收铬鞣剂和皮革铬鞣废液的循环利用技术，有效利用铬资源，减少含铬污泥的产生量；推进环保型非铬鞣剂、铬污泥再利用技术的研发。

2.大力推进清洁生产

依法实施强制性清洁生产审核，完善重金属相关行业清洁生产技术标准，开展清洁生产培训，组织清洁生产审核评估验收。各省级环保部门要会同有关部门依法公布应当进行强制性清洁生产审核的重金属防控企业名单，对不依法实施清洁生产审核或者虽经审核但不如实报告审核结果的企业，应责令限期改正，对拒不改正的要依法予以处罚。重点企业每两年进行一次强制性清洁生产审核并将审核结果依法向有关部门报告。

抓紧编制重金属相关行业清洁生产实施方案，优先支持先进清洁生产技术示范。鼓励含钒铬渣清洁利用集成技术、液相氧化反应工艺、利用稀土氧化物和硫源（包括气态或固态硫源）高温反应制备相应的稀土硫化物颜料、蓄电池二氧化铅循环利用与氧化铅还原技术等清洁生产技术示范。建立由政府主导、以企业为主体、产学研相结合的清洁生产技术创新与成果转化体系。

建立推进清洁生产的激励机制，对通过实施清洁生产达到国内先进水平的重点企业，地方政府应给予适当奖励。重金属相关企业要结合清洁生产有关标准要求，实施清洁生产方案，改造生产工艺，减少重金属污染产生量和排放量。制定重金属污染企业清洁生产推广计划，设立引导奖励资金,明确鼓励措施和工作要求。

研究建立重金属相关行业单位产值(产品产量)污染物产生和排放强度的综合评价体系和相关管理制度,定期对企业重金属污染物产生和排放强度进行评估,对综合评价排序在前 20% 的企业作为示范企业予以奖励,排名位于中间的企业要重点加强日常管理和监管,排名位于后 20% 的企业要进行整改。

3.加大污染源治理力度

加强重金属污染治理设施建设,抓好工艺技术、技术装备、运行管理等关键环节,鼓励企业在达标排放的基础上进行深度处理,建设重金属风险单元围堰和事故应急池,加强回用,减少排放,减少环境风险。

专栏 2　污染源治理措施

污染源	主要污染物	污染治理措施
有色金属采选、冶炼企业	含多种重金属的废水、废气、废渣	废水治理推广高浓度泥浆法处理、电絮凝工艺、膜技术或者离子交换回用。废气治理采用捕集、液体吸收、固体吸附等二级以上过程联合净化。从源头上减少低品位矿渣、烟尘、污泥等产生量。砷渣鼓励采用"置换—氧化—还原"全湿法制取三氧化二砷产品。同类整合,园区化、区域式集中治污。
化学原料及化学制品制造业	含汞、铬、砷的废水、废气、废渣	同类整合,园区化、区域式集中治污。
皮革及其制品业	含铬废水	同类整合,园区化、区域式集中治污。
废旧铅酸蓄电池回收加工业	含铅、汞的废水	推广干法技术及预脱硫—电解沉积全湿法铅回收技术,同类整合,园区化、区域式集中治污。
电镀等表面处理(精饰)业	含铬、镉废水	同类整合,园区化、区域式集中治污。
电子废物	含铅、镉、汞的废水、废渣	落实不能完全拆解、利用或者处置的电子废物,以及其他固体废物或者液态废物的妥善利用或者处置方案,严格执行电子废物污染环境防治管理办法。
燃煤电厂	含汞废气	提高原煤入洗率和低硫低灰份原煤的比例;提高常规污染物控制设备的协同除汞效果;加强活性炭喷射等除汞技术的研发和示范应用;研究建立汞污染防治技术政策体系。
重金属固体废物堆场	含多种重金属的废水、废渣	重金属一般固体废物按照资源化、无害化的要求,综合利用,安全贮存。重金属选、冶企业应实施尾矿、冶炼渣综合利用方案。危险废物送交具有资质的单位进行无害化处理处置。
污水处理厂	污泥	无害化处置。
生活垃圾填埋场	渗滤液	禁止含有重金属的工业废物进入生活垃圾处理场。

4.实施区域综合整治

以重点区域为核心,推进污染产业密集、历史遗留污染问题突出、风险隐患较大的重金属污染区域综合整治。制定重点区域污染综合防治规划,突出区域特征,强化产业结构调整、清洁生产、污染物末端治理等防治措施,明确各重点区域的防治任务,按照一区一策、分区指导的原则,提出防治对策和相关配套政策。在重点区域实施重金属污染物排放总量控制制度,加大综合防治力度,实现区域重点重金属污染物排放量明显下降。鼓励其他区域积极推进重金属总量控制。

（四）做好修复试点，逐步解决历史遗留污染问题

1.开展调查评估，建立污染场地清单

围绕重点区域、重点企业和重要历史遗留污染问题，结合第二次全国土地调查、全国土壤现状调查等，自 2011 年开始，开展全国重金属污染场地环境调查与评估，实施加密监测，力争到“十二五”末基本完成基础调查工作，建立国家重金属污染场地数据库和信息管理系统，并实现动态管理。

开展污染场地风险评估，制定评估指标、评估方法和程序，确定污染等级，进行安全性划分。根据风险评估和修复实施可能，确定污染分级标准，划定分级管理名单，确定修复计划、任务、目标和技术路线，实施全过程风险管理。按照污染等级和危害程度，确定“优先修复名单”，制定并实施中长期修复计划。

2.强化种植结构调整，综合防控土壤重金属污染

加强污染场地环境管理，重金属污染场地土地利用方式或土地使用权人变更时应进行重金属污染调查，并建立相关档案。对污染企业搬迁后的厂址和其他可能受到污染的土地进行开发利用时，环保部门要督促有关责任单位或个人开展污染土壤风险评估，明确修复和治理的责任主体和技术要求，降低土地再利用特别是变更为居住用地对人体健康的影响。区域性或集中式工业用地拟改变其用途的，环保部门要督促有关单位对污染场地进行风险评估，并将评估结果作为规划环评的重要依据。对于污染较重、短期内难以实施有效治理的场地，应加强监管，封闭污染区域，阻断污染迁移扩散途径，防止发生污染事故。

建立农产品产地土壤分级管理利用制度，对未污染土壤，要采取措施进行保护；对污染程度较低、仍可作为耕地的，地方政府应指导、监督农民种植非食用作物，并采取物理、化学、生物措施进行修复；对重污染土壤，应调整种植结构，开展农产品禁止生产区划分，避免造成农产品污染。

依法合理调整土地用途，对污染严重、不宜作为农用地的土地，地方政府应做好停耕停种工作，国土资源管理部门应根据土地变更的有关规定及《土地利用现状分类》，依据污染土地认定结果，按法定程序进行地类变更。地类变更中涉及耕地和基本农田的，要按照耕地保有量和基本农田保护面积不减少的原则，依法调整土地利用总体规划，补充耕地和补划基本农田，合理确定污染土地的规划用途。污染区域内的规划建设用地，依据土地管理法律法规和有关规定办理建设用地审批手续。

3.开展修复技术示范，启动历史遗留污染问题治理试点

开展重污染土壤修复技术示范，在重金属污染防治的重点区域进行污染评估，因地制宜地采用生物、工程、物理化学等措施，对典型污水灌区、大中城市周边、重点工矿企业周边、饮用水水源地周边、工矿企业周边土壤开展重金属污染治理、重点河段底泥污染治理、地下水等环境修复技术示范，优先考虑种植树、草等生物治理措施，合理调整种植结构，探索开展土地置换流转、区域封存等多种综合治理方式。建成一批针对性强、技术涉及面广、经济适用的工程技术示范项目，为进一步引导和实施修复计划奠定基础。

实施历史遗留污染问题治理试点工程，在部分重点省份的重点区域逐步开展重金属历史遗留污染问题治理试点，实施综合性治理措施，分阶段、分区域、按类别解决因责任主体灭失、环保设施落后、管理能力不足等造成的重金属历史遗留污染问题。加快实施铬渣、尾矿库等治理方案，确保历史堆存铬渣得到无害化处理，无主尾矿库环境隐患问题得到解决。

(五)强化监管能力建设,提升监管水平

1.加强重金属监察执法能力建设

加强现场监察执法能力,环保部门要配备必要的现场执法、重金属污染应急监测仪器和取证设备,加强快速反应能力建设;加强基层环保部门对重有色金属采选矿区的监控能力,配备应急执法车辆和取样快速检测设备。推进监察手段的现代化,逐步实现自动化、网络化和智能化。

提高环境执法队伍业务素质,重点加强重金属污染企业生产工艺及污染治理知识、政策法规、标准等方面的培训,使环境监察人员具备相应的现场监督执法能力;加强对执法人员工作过程的监督,对执法不严的相关工作人员予以严肃处理。

2.完善重金属监测体系

加强重金属污染环境监测能力,对重点区域所在的县(市、旗、区),配置采样与前处理设备、重金属专项实验室设备,以及空气、地表水环境质量自动监测仪器。有关地方政府要建立定期监测和公告制度,加密监测水质、空气质量和土壤环境质量。对重点区域内的重点企业及其周边水、气、土壤、农产品(水产品)、水生生物、食品要开展重金属长期跟踪监测,建立环境污染监测网络、农产品产地安全监测网络。

推行污染源自动监控,完善污染源自动监控系统建设,提高监控技术手段。在重点区域开展重金属污染物自动监控试点,重金属废水排放企业要安装相应的重金属污染物在线监控装置,重金属废气排放企业优先安装汞、铅、镉尘(烟)等在线监控系统,在线监测装置要与环保部门联网。

3.健全重金属污染事故预警应急体系

要加强重点区域、流域的环境预警体系建设,重点是加强集中式饮用水水源地、边境河流重金属污染预警体系建设。县级环境监测机构要重点配置现场采样、现场调查及定性与半定量等应急仪器设备,加强重金属污染监测机构应急能力建设。有关地方政府要建立突发性重金属污染事故应急响应机制,健全重金属环境风险源风险防控系统和企业环境应急预案体系,建设精干实用的环境应急处置队伍,储备必要的药剂和活性炭等应急物资,建立环境应急物资储备网络,加强应急演练,建立统一、高效的环境应急信息平台,做好风险防范工作。要依法妥善处理群发性重金属污染健康危害事件,建立快速反应机制,优先保证食品和饮用水安全,控制事态发展。

4.健全重金属污染健康危害监测与诊疗系统

加强重点区域重金属污染生物检测、健康体检和诊疗救治机构和能力建设,规范开展重金属污染事件高风险人群体检。重点区域所在的县(市、旗、区)和重点省(区)的市(地)要确定定点医疗机构,根据当地重金属污染特征,配备必要的重金属检测设备,加强人员培训,保障工作经费。完善重金属污染高风险人群健康监测网络和人体重金属污染报告制度,定期对重点区域内食品、饮用水进行重金属监测,对幼儿和中小学生等高风险人群进行生物监测,发现人体重金属超标应及时报告。

健全重金属污染健康危害评价、体检及诊疗和处置等工作规范。开展环境污染健康影响调查和风险评估,对可能发生的环境污染健康危害进行预警。建立环境污染健康危害事件高风险人群定期体检制度,对确诊患者给予积极诊疗。重点地区和企业要加强职工安全防护,提高职业病防治水平。依托中国疾病预防控制中心信息网络,对硬件设备、软件系统进行升级改造和完善,充分整合相关数据资源和信息系统资源,建立重金属污染健康影响数据库和信息报送系统。

（六）加强产品安全管理，提升民生保障水平

1.加强应急民生保障

突出抓好饮用水源保护。加强尚未受到重金属污染的饮用水水源地保护，清除保护区内的污染源，加强风险防范措施和风险监管；对水源保护区外四上游污染源导致水源重金属超标的，要切实加强监管，实施深度治理。对重金属本底超标的饮用水水源地或短期内难以治理达标的，应实施应急供水，加强备用水源建设，确保饮用水安全。

对因重金属污染导致生产生活基本条件丧失，且短期内难以根本改善的，地方政府应妥善做好安置、补偿、医疗保险和社会保障等工作，并实施必要的移民安置、避险安置，正确引导舆论，切实维护群众利益，确保社会稳定。

2.提升农产品安全保障水平

开展农田（耕地）土壤、大中城市周边土壤、矿区土壤重金属污染调查，加强重点区域农产品重金属污染状况评估。对主要农产品产地进行小比例尺加密调查，对重点区域实施定点监测，建立农产品产地安全档案。建立农产品产地重金属污染风险评价与预警体系，摸清各类产地安全质量状况，进行产地适宜性评估，完成农产品产地安全质量分类划分，实施农产品产地安全分级管理。严格控制污灌区面积，严格污水灌溉管理，确保灌溉用水符合农田灌溉水质标准。加强执法监管，禁止在受污染耕地上种植食用作物。加强粮食蔬菜、肉禽蛋奶、水产品和饲料等重金属监测评估，加强生产、流通、消费市场监管，确保食品安全。

3.减少含重金属相关产品消费

减少含铅油漆、涂料、焊料的生产和使用，强化对农药、化肥、除草剂等农用化学品的环境管理，严禁使用砷类农药，严格控制在食品及饲料中使用含重金属添加剂。采取综合性调控措施，逐步抑制含重金属相关产品的市场需求。

加强电器电子产品生产的全过程管理，贯彻落实《废弃电器电子产品回收处理管理条例》，认真实施《电子信息产品污染控制管理办法》，加强电器电子产品中使用重金属的控制和管理。推进电器电子产品中重金属替代与减量技术研发、试点和推广应用。明确生产厂商在电器电子产品使用、维修和回收过程中的防控责任，鼓励其建立回收网络。在荧光灯生产企业推广固汞替代液汞技术。

完善政府绿色采购制度，剔除目录中不符合环保要求的重金属相关企业及产品名单，运用市场机制对生产和消费行为进行引导，提高全社会的环境意识，推动企业技术进步；鼓励企业研发重金属替代技术，生产环境友好型产品。

四、重点项目

重点项目共分为污染源综合治理、落后产能淘汰、民生应急保障、技术示范、清洁生产、基础能力建设、解决历史遗留污染问题试点等七类。为提高重点项目实施效果，环境保护部会同有关部门建立重点项目库，实行动态管理，由各相关部门按职能分工指导各地区分别在年度计划中予以落实。

（一）污染源综合治理项目

主要是减少重金属排放、防止污染事故发生、实现稳定达标排放的项目，包括治污设施升级改造、污染源环境风险防控设施建设、工业园区重金属“三废”集中处理处置、工业企业污染治理项目等。

（二）落后产能淘汰项目

逐步淘汰不符合产业政策或虽符合产业政策但治理后不能稳定达标的企业。包括列入产业结构调整指导目录、产业振兴调整规划、区域产业政策中处于淘汰类别的生产工艺和生产能力；符合产业政策但经过限期治理难以稳定达标的项目。

（三）民生应急保障项目

主要是饮用水水源保护、应急饮水工程建设等民生应急保障项目。包括对饮用水源形成严重威胁的尾矿库加固项目、饮用水水源地土壤修复项目、应急饮水工程建设项目等。

（四）技术示范项目

以工程示范带动技术研发和攻关，对采选冶炼清洁生产技术、含重金属污泥综合处理处置、废铅蓄电池资源化利用、植物—微生物—物化联合修复技术、污染源治理技术、污染修复等技术开展示范试点。

（五）清洁生产项目

主要是以通过加大清洁生产技术改造力度，减少生产工艺过程中重金属副产物或污染物产生，从源头降低环境风险的项目。

（六）基础能力建设项目

按照重金属污染特征和监测的实际需要，在各地原有能力和仪器装备水平的基础上，逐级配置重金属实验室监测仪器、在线监测仪器、应急监测仪器、重金属采样和前期处理设备，以及监察执法设备，并对人员培训和管理给予经费支持。重点支持重点区域所在县（市、旗、区）级和重点省份中的非重点区域所在市（地）级环境监测站、监察机构、疾控机构和定点医疗机构进行必要的重金属检验仪器配置，进行重点区域环境基础等调查评估，开展关键技术研发，开展重金属污染生物检测、健康体检和医疗救治等工作，安排相应的能力建设项目。

（七）解决历史遗留污染问题试点项目

主要是为解决严重危害群众健康和生态环境且责任主体灭失的突出重金属历史遗留污染问题而开展的区域性治理试点工程。包括污染隐患严重的尾矿库、废弃物堆存场地、废渣、受重金属污染农田、矿区生态环境修复等工程项目。

五、政策保障

（一）完善法规标准

1.健全法规体系

研究起草加强重金属污染防治的法规，做好环境保护法、大气污染防治法和固体废物污染环境防治法等法律法规的修订工作，增加或细化重金属污染防治内容。完善土壤污染防治、有毒有害气体和化学品环境管理，以及污染损害纠纷调处等方面的法律法规。健全重金属污染损害鉴定评估和污染责任保险管理机制,探索建立环境公益诉讼制度。制定淘汰落后产能、人体健康危害诊疗及监测、农产品产地安全分级管理等相关法规、办法。

2.完善标准体系

制定农用污泥污染物控制标准、底泥环境质量标准和重金属污染人体健康影响判定标准,完善环境空气质量标准、水环境质量标准、农产品重金属限量标准和土壤环境质量标准中重金属指标及其评价技术规范,完善标准分析方法。制定有色金属采选和冶炼、化学原料及化学品制造等重点行业的污染物排放标准,制(修)订燃煤电厂、油墨工业、铬盐工业、汞触媒工业等重金属污染物排放标准。完善重金属污染物排放地方标准。健全重金属污染物监测规范和标准样品体系。加强与世界贸易组织技术贸易壁垒协定有关要求的衔接。

3.健全技术规范

加强重金属污染防治工程技术规范研究。2012 年底前,陆续出台重点行业污染防治技术政策、工程技术规范等技术管理文件。制定铅锌冶炼、电镀、锰冶炼、铬盐场地修复等重金属相关行业污染防治技术指导文件。制定土壤污染防治技术政策和工程技术规范;加强大气重金属污染控制技术研究,完善大气污染治理工程技术规范;建立重金属在线连续监测仪器技术及监测方法规范体系,完善重金属环境与健康风险评估办法和技术规范、环境风险源评估办法和分级技术规范。鼓励各地依据当地重金属污染特征,制定地方性技术标准和技术规范。

(二)健全管理制度

1.建立目标考核制度

落实地方政府环境质量负责制,健全重金属污染防治目标责任制。强化基层政府和重金属相关企业责任意识,建立健全与之相配套的制度措施,确保责任落到实处。建立重金属污染责任终身追究制,对造成环境危害的有关单位和个人要依法追究责任,并进行环境损害赔偿,构成犯罪的,依法移送司法机关。

2.严格执行环境影响评价制度

编制重点区域重金属产业发展规划、重点行业专项规划,应开展规划环境影响评价,并将规划和规划环评作为受理审批区域内重金属行业相关建设项目环境影响评价文件的前提。涉及重金属污染物的建设项目环境影响评价由省级及以上环保部门负责审批。

3.实施环境影响后评价制度

制定重金属污染环境影响后评价技术导则,建立重金属污染环境影响后评价指标体系,探索重金属污染对于生态环境的累积影响和人体健康风险评价的方法。将人体健康评估作为后评价的重要内容,开展后评价试点工作。

(三)强化环境经济政策

1.完善落后产能淘汰机制

进一步完善重金属污染严重企业及落后产能退出机制。鼓励各地结合实际,提高重金属行业淘汰标准、扩大淘汰产品和工艺范围。制定重金属产能退出的财政奖励、转型后土地使用权及出让、贷款贴息、生产配额等经济激励政策,鼓励重金属污染企业主动退出。

2.发挥信贷税收综合调控作用

环保部门要继续完善“高污染、高环境风险”产品(工艺)名录,作为相关部门制定财税、金融等政策的参考和依据。各相关部门在符合世界贸易组织规则前提下,研究制定对相关产品实行禁止加工贸易、加征出口关税等政策措施。落实资源综合利用、技术开发等税收优惠政策，鼓励重金属资源回收利用，推进含重金属危险废物安全处置和综合利用。研究建立危险废物处理保证金制度。

3.推行环境污染责任保险制度

推进环境污染损害鉴定评估工作，建立重金属污染损害评估的技术支撑体系、资金保障体系和相关政策体系。引进市场机制，推进保险经纪中介服务，逐步完善污染赔偿机制。重点区域内的重点企业应购买环境污染责任保险，重金属企业发生污染事故后，其保险赔偿金应优先用于对受害者的救治和赔偿。加大对重金属污染受害者的法律援助力度。

4.提高重金属排污费缴纳标准

充分考虑污染治理成本和环境损失成本等因素，分行业、分种类逐步提高重金属污染物排污费缴纳标准，促使企业升级改造，减少污染物排放。加大超标排放的处罚力度。

（四）加大科技支撑力度

1.加大科技研发力度

国家重大科技专项、国家科技计划、地方科技计划要重点支持重金属污染防治相关课题研究，加强重金属污染与人体健康损害机理、重金属在环境中迁移转化规律、重金属污染风险评估技术等重大基础课题研究。重点推进重金属污染环境基础调查与评估方法研究、污染源解析技术研究、重金属污染环境功能区划技术研究、重金属污染防治基准标准体系研究，开展重金属污染治理、重金属污染物在线监测、污染应急处置、清洁生产与防治、地下水和场地污染修复等课题研究，启动重金属排放企业环境安全评价方法及环境安全防护距离研究，研究解决重金属污染物排放标准、质量标准、人体健康标准的衔接问题。

2.大力开发推广先进适用技术

鼓励大专院校、科研院所和企业加强针对性强、技术含量高的应用性技术的研发，力争在2015年前开发和示范一批重金属污染治理技术，发挥示范项目的辐射和推广作用。加强国际合作，积极引进、消化、吸收国外先进适用治理技术、管理经验。

3.积极培育环保产业

完善重金属污染治理先进实用技术目录，修订《当前国家鼓励发展环保产业设备（产品）目录》，推广成熟实用的重金属污染治理、在线监测、清洁生产、土壤和场地污染修复技术，加快国产技术和设备的研发和推广使用。扶持环保服务咨询中介机构，鼓励重金属排放企业委托专业化公司承担污染治理或设施运行，加快培养和引进重金属环保产业发展急需的人才。

（五）完善投融资政策

1.加大资金扶持力度

重金属排放企业要加大污染防治投入力度。对于重点项目，中央财政区别类型视情况予适当支持，通过"以奖促治"等方式，带动地方、企业和社会投入。有条件的地方要安排资金，支持企业淘汰落后产能，中央财政根据淘汰规模给予适当奖励，并采用基于环境绩效的重点区域整治效果和中央支持资金挂钩的资金扶持机制。重点省份以及重点区域所在的县（市、区）政府要对重金属污染治理工作予以支持。现有各类相关渠道资金要加大对重金属污染防治项目的支持力度。对于历史遗留污染问题，在分清责任、强化论证的情况下，以地方政府为主落实治理资金，中央预算内投资视情况予以适当支持。对技术示范项目、区域综合整治和历史遗留污染问题治理试点等项目，要强化技术把关，建立项目技术复核机制。清洁生产专项资金对符合政策规定的重点行业和企业清洁生产技术示范及推广给予支持和引导。加大对中西部地区重金属污染防治工作的支持力度。对于项目边界清晰、形成较大比例固定资产投资的项目,严格履行基本建设项目管理程序。

2.完善投融资模式

本着“谁污染,谁治理”、“谁开发,谁保护”和“谁投资,谁受益”的原则,逐步建立政府引导、充分发挥市场机制作用的重金属污染防治投融资机制。落实企业治污责任,激励鼓励社会资金参与重金属污染项目治理、科技研发和环保产业发展,实现重金属污染治理投资主体多元化。完善信贷支持政策。拓宽国际融资渠道,争取国际援助或长期低息贷款等多种资金投入重金属专项治理。健全矿山环境治理和生态恢复责任机制。

3.建立可持续发展准备金制度

建立重金属资源开发补偿机制,对重有色金属矿采选、冶炼等资源型企业,研究建立资源型企业可持续发展准备金制度,由资源型企业按一定比例提取建立可持续发展准备金,专门用于发展接续替代产业,解决企业历史遗留污染问题、企业关闭后的善后工作等。借鉴国际经验,探索建立解决重金属历史遗留污染问题的资金机制。

六、组织实施

(一)加强组织领导,严格落实责任

发挥全国重金属污染防治部际联席会议制度作用,指导、协调和督促检查规划实施工作。定期召开部际联席会议,通报规划实施进展情况,及时研究解决存在的问题。把规划目标和任务分解落实到各地区和各部门,实行目标责任制。制定规划实施考核办法,强化问责制。各省、自治区、直辖市人民政府是规划实施的责任主体,政府主要领导人是第一责任人,要切实加强组织领导,确保按期完成规划任务。国务院各有关部门要按照职能分工,认真履行职责,加强协调配合,抓紧制定相关配套政策措施和落实意见,督促和指导地方相关部门开展工作。

(二)分解任务计划,狠抓规划落实

各地区、各有关部门要将重金属污染防治工作纳入重要议事日程,纳入当地经济社会发展规划,对规划确定的目标指标、重点任务、工程项目等,分解落实到各个重点区域和重点企业,制定年度计划,加大资金、政策支持力度,保障机构、经费和人员,逐项落实工作任务,确保各项工作顺利开展。2011 年 6 月底前,各省、自治区、直辖市人民政府要编制完成本省(区、市)重金属污染综合防治规划并报环境保护部备案。环境保护部将会同有关部门对重点省份以及重点区域的规划实施情况进行核查。

(三)开展评估考核,实施跟踪管理

自 2011 年起,环境保护部将会同有关部门对规划实施情况进行年度考核,2013 年对规划实施情况进行中期评估,2016 年对规划执行情况进行全面考核。对未能完成规划任务、未达到规划目标的地区,追究有关单位和人员的责任,考核情况上报国务院。

核安全与放射性污染防治“十二五”规划及2020年远景目标

前　　言

核安全事关核能与核技术利用事业发展，事关环境安全，事关公众利益。党中央、国务院历来高度重视核安全与放射性污染防治工作，有关部门和企事业单位认真贯彻落实国家确定的方针政策，我国核能与核技术利用事业多年来保持了良好的安全业绩。日本福岛核事故发生后，国务院立即做出重要部署，明确要求抓紧编制核安全规划。

本规划结合全国核设施综合安全检查和日常持续开展的安全评价结果，深入分析当前核安全工作中存在的薄弱环节，以确保核安全、环境安全、公众健康为目标，坚持“安全第一、质量第一”的根本方针，遵循“预防为主、纵深防御；新老并重、防治结合；依靠科技、持续改进；坚持法治、严格监管；公开透明、协调发展”的基本原则，统筹规划了9项重点任务、5项重点工程、8项保障措施，力争至“十二五”末，我国核能与核技术利用安全水平进一步提高，辐射环境安全风险明显降低；到2020年，核电安全保持国际先进水平，核安全与放射性污染防治水平全面提升，辐射环境质量保持良好，为保障我国核能与核技术利用事业安全、健康、可持续发展提供坚实有力的支撑。

一、现状与形势

半个多世纪以来，我国核能与核技术利用事业稳步发展。目前，我国已经形成较为完整的核工业体系，核能在优化能源结构、保障能源安全、促进污染减排和应对气候变化等方面发挥了重要作用；核技术在工业、农业、国防、医疗和科研等领域得到广泛应用，有力地推动了经济社会发展。

核安全是核能与核技术利用事业发展的生命线。我国核能与核技术利用始终坚持“安全第一、质量第一”的根本方针，贯彻纵深防御等安全理念，采取有效措施,保障了核安全。2011 年 3 月日本福岛核事故后,进一步保障核安全与防治放射性污染任务更加艰巨和紧迫,相关工作面临新的形势和挑战。

(一)核安全与放射性污染防治取得积极进展

1.核安全保障体系渐趋完善。在深入总结国内外经验和教训的基础上,参考国际原子能机构和核能先进国家有关安全标准,我国已基本建立了覆盖各类核设施和核活动的核安全法规标准体系。2003 年以来,先后颁布并实施了《中华人民共和国放射性污染防治法》、《放射性同位素与射线装置安全和防护条例》、《民用核安全设备监督管理条例》、《放射性物品运输安全管理条例》和《放射性废物安全管理条例》,制定了一系列部门规章、导则和标准等文件,为保障核安全奠定了良好基础。初步形成了以营运单位、集团公司、行业主管部门和核安全监管部门为主的核安全管理体系,以及由国家、省、营运单位构成的核电厂核事故应急三级管理体系。核安全文化建设不断深入,专业人才队伍配置渐趋齐全,质量保证体系不断完善。核安全监管部门审评和监督能力逐步提高,运行核电厂及周边环境辐射监测网络基本建立。在汶川地震等重特大灾害应急抢险中,我国政府决策果断、行动高效,有效化解了次生自然灾害带来的核安全风险,核安全保障体系发挥了重大作用。

2.核安全水平不断提高。我国核电厂采用国际通行标准,按照纵深防御的理念进行设计、建造和运行,具有较高的安全水平。截至 2011 年 12 月,我国大陆地区运行的 15 台核电机组安全业绩良好,未发生国际核事件分级表 2 级及以上事件和事故,气态和液态流出物排放远低于国家标准限值。在建的 26 台核电机组质量保证体系运转有效,工程建造技术水平与国际保持同步。大型先进压水堆和高温气冷堆核电站科技重大专项工作有序推进。2011 年实施的核设施综合安全检查结果表明,我国运行和在建核电机组基本满足我国现行核安全法规和国际原子能机构最新标准的要求,安全和质量是有保障的。

研究堆安全整改活动持续开展,现有研究堆处于安全运行或安全停闭状态。核燃料生产、加工、贮存和后处理设施保持安全运行,未发生过影响环境或公众健康的核临界事故和运输安全事故。核材料管制体系有效。放射源实施全过程管控,辐照装置防卡源专项整治工作取得成效,安全管理水平逐步提高,放射源辐射事故年发生率由 20 世纪 90 年代的每万枚 6.2 起下降至“十一五”期间的每万枚 2.5 起。核安全设备的设计、制造、安装和无损检验活动全面纳入核安全监管,设备质量和可靠性不断提高。

3.放射性污染防治稳步推进。近年来,国家不断加大放射性污染防治力度,早期核设施退役和历史遗留放射性废物治理稳步推进。多个微堆及放化实验室的退役已经完成。一批中、低放废物处理设施已建成。两座中、低放废物处置场已投入运行,一座中、低放废物处置场开始建设。完成一批铀矿地质勘探、矿冶设施的退役及环境整治项目,尾矿库垮坝事故风险降低,污染得到控制,环境质量得到改善。废旧放射源得到及时回收,一批老旧辐照装置完成退役。国家废放射源集中贮存库及各省(区、市)放射性废物暂存库基本建成。全国辐射环境质量良好,辐射水平保持在天然本底涨落范围;从业人员平均辐照剂量远低于国家限值。

(二)核安全与放射性污染防治面临挑战

1.安全形势不容乐观。我国核电多种堆型、多种技术、多类标准并存的局面给安全管理带来一定难度,运行和在建核电厂预防和缓解严重事故的能力仍需进一步提高。部分研究堆和核燃料循环设施抵御外部事件能力较弱。早期核设施退役进程尚待进一步加快,历史遗留放射性废物需要妥善处置。铀矿冶开发过程中环境问题依然存在。放射源和射线装置量大面广，安全管理任务重。

2.科技研发需要加强。核安全科学技术研发缺乏总体规划。现有资源分散、人才匮乏、研发能力不足。法规标准的制(修)订缺少科技支撑，基础科学和应用技术研究与国际先进水平总体差距仍然较大，制约了我国核安全水平的进一步提高。

3.应急体系需要完善。核事故应急管理体系需要进一步完善，核电集团公司在核事故应急工作中的职责需要进一步细化。核电集团公司内部及各核电集团公司之间缺乏有效的应急支援机制，应急资源储备和调配能力不足。地方政府应急指挥、响应、监测和技术支持能力仍需提升。核事故应急预案可实施性仍需提高。

4.监管能力需要提升。核安全监管能力与核能发展的规模和速度不相适应。核安全监管缺乏独立的分析评价、校核计算和实验验证手段，现场监督执法装备不足。全国辐射环境监测体系尚不完善，监测能力需大力提升。核安全公众宣传和教育力量薄弱，核安全国际合作、信息公开工作有待加强，公众参与机制需要完善。核安全监管人才缺乏，能力建设投入不足。

日本福岛核事故的经验教训十分深刻，要进一步提高对核安全的极端重要性和基本规律的认识，提升核安全文化素养和水平；进一步提高核安全标准要求和设施固有安全水平；进一步完善事故应急响应机制，提升应急响应能力；进一步增强营运单位自身的管理、技术能力及资源支撑能力；进一步提升核安全监管部门的独立性、权威性、有效性；进一步加强核安全技术研发，依靠科技创新推动核安全水平持续提高和进步；进一步加强核安全经验和能力的共享；进一步强化公共宣传和信息公开。

二、指导思想、原则和目标

(一)指导思想

以邓小平理论和"三个代表"重要思想为指导，深入贯彻落实科学发展观，坚持"安全第一、质量第一"的根本方针，以法规标准为准绳，以科技进步为先导，以基础能力为支撑，进一步明确责任、优化机制、严格管理、持续改进、消除隐患，不断提高我国核安全与放射性污染防治水平，确保核安全、环境安全和公众健康，推动核能与核技术利用事业安全、健康、可持续发展。

(二)基本原则

预防为主，纵深防御。采取所有合理可行的技术和管理手段，确保核设施各种防御措施的有效性和多道屏障的完整性，防止发生核事故，并在一旦发生事故时减轻其后果。

新老并重，防治结合。多还旧账，积极推进早期核设施退役，开展历史遗留放射性污染治理，恢复和改善环境。不欠新账，按照新标准建设各类核设施，从源头防止或减少放射性废物产生，及时处理处置新产生的放射性废物。

依靠科技，持续改进。发挥科技在核安全工作中的支撑和引领作用，注重经验积累和反馈，及时查找和消除安全隐患，不断改进和提升安全水平。

坚持法治，严格监管。完善核安全法规标准体系，与国际先进水平保持一致。贯彻"独立、公开、法治、理性、有效"的监管理念，严格依法开展审评、许可、监督和执法，严厉查处违法违规行为。

公开透明，协调发展。完善公众参与机制，保障公众对核安全相关信息的知情权。加强宣传教育,增强公众对核安全的了解和信心。坚持核安全监管与核能、核技术利用事业同步发展,推动核能与核技术利用事业和社会、环境的协调发展。

(三)规划目标

总体目标:进一步提高核设施与核技术利用装置安全水平,明显降低辐射环境安全风险,基本形成事故防御、污染治理、科技创新、应急响应和安全监管能力,保障核安全、环境安全和公众健康,辐射环境质量保持良好。

具体目标:

在核设施安全水平提高方面,运行核电机组安全性能指标保持在良好状态,避免发生2级事件,确保不发生3级及以上事件和事故;新建核电机组具备较完善的严重事故预防和缓解措施,每堆年发生严重堆芯损坏事件的概率低于十万分之一,每堆年发生大量放射性物质释放事件的概率低于百万分之一;消除研究堆、核燃料循环设施重大安全隐患,确保运行安全。

在核技术利用装置安全水平提高方面,放射性同位素和射线装置100%落实许可证管理;放射源辐射事故年发生率低于每万枚2.0起;有效控制重特大辐射事故的发生。

在辐射环境安全风险降低方面,基本消除历史遗留中、低放废物的安全风险;基本完成铀矿冶环境综合治理。

在事故防御方面,完成运行和在建核电厂、研究堆、核燃料循环设施的安全改造,提高核设施抵御外部事件、预防和缓解严重事故的能力。

在污染治理方面,建设与核工业发展水平相适应的、先进高效的放射性污染治理和废物处理体系,基本建成与核工业发展配套的中、低放废物处置场。

在科技创新方面,完善核安全与放射性污染防治科技创新平台,培养一批领军人才,突破一批关键技术。

在应急响应方面,强化各级政府和有关单位的应急指挥、应急响应、应急监测、应急技术支持能力建设,形成统一调度的核事故应急工程抢险力量,充实应急物资及装备配置。

在安全监管方面,基本建成国家核与辐射安全监管技术研发基地,构建监管技术支撑平台,初步具备相对独立、较为完整的安全分析评价、校核计算和实验验证能力;建成全国辐射环境监测网络,国家、省级辐射环境监测能力100%达到能力建设标准。

2020年远景目标:运行和在建核设施安全水平持续提高,"十三五"及以后新建核电机组力争实现从设计上实际消除大量放射性物质释放的可能性。全面开展放射性污染治理,早期核设施退役取得明显成效,基本消除历史遗留放射性废物的安全风险,完成高放废物处理处置顶层设计并建成地下实验室。全面建成国家核与辐射安全监管技术研发基地和全国辐射环境监测体系。形成功能齐全、反应灵敏、运转高效的核与辐射事故应急响应体系。到2020年,核电安全保持国际先进水平,核安全与放射性污染防治水平全面提升,辐射环境质量保持良好。

三、重点任务

坚持以提高核能与核技术利用安全水平、加快放射性污染防治为核心,以加强科技研发、提升应急响应和核安全监管能力为依托,全面加强我国核安全与放射性污染防治工作。

（一）强化纵深防御，确保核电厂运行安全

运行和在建核电厂营运单位根据核设施综合安全检查的评价结论和改进要求，从技术、管理和工程等方面采取切实有效措施，提升预防和缓解事故及严重事故后果的能力。

对运行核电厂，开展应对事故及严重事故的安全分析、技术评估和工程改造，并制定完善相应的管理规定和应对预案，开展定期安全审查，加强设备维修维护，深化安全文化培育。

专栏1　提升运行核电厂安全水平

近期：

1.逐项排查并完成有关门窗、通风口、电缆贯穿和工艺管道贯穿等的防水封堵。

2.综合考虑全厂断电工况下满足反应堆堆芯冷却、乏燃料水池冷却、防止反应堆冷却剂泵发生轴封小破口失水事故和保持必要的事故后监测能力的要求，采取设置移动电源、移动泵和增设相匹配的接口等措施。

3.确保核电厂地震监测记录系统的有效性，提高核电厂抗震响应能力。

2013年底前：

4.结合各核电厂可能遭遇水淹情况的评估结果，落实各核电厂防水淹措施；完成秦山核电厂防洪改造工程。

5.完成沿海核电厂地震、海啸影响的复核、评估及必要的改造。

6.制定并实施严重事故管理导则。

7.对在严重事故下用于缓解事故的设备和系统的可用性以及可能发生的氢气爆炸进行评估，并根据评估结果实施相应改进。

8.开展抗外部事件安全裕量分析评估。

9.研究制订核电基地多机组同时进入应急状态后的响应方案。

2015年底前：

10.开展外部事件概率安全分析。

对在建核电厂，依据我国现行核安全法规和国际原子能机构最新标准，完成设计安全水平再评估，修订建造许可证条件。在建核电厂营运单位在首次装料前落实全部许可证条件要求。全过程、

专栏2　提升在建核电厂安全水平

首次装料前：

1.结合各核电厂可能遭遇水淹情况的评估，逐项排查并完成管沟、廊道、门窗和贯穿等的防水封堵。

2.综合考虑全厂断电工况下满足反应堆堆芯冷却、乏燃料水池冷却、防止反应堆冷却剂泵发生轴封小破口失水事故和保持必要的事故后监测能力的要求，采取设置移动电源、移动泵和增设相匹配的接口等措施。

3.增强乏燃料水池的补水和监测能力。

4.制定并实施严重事故管理导则。考虑各类事故工况和多堆厂址共因失效工况，分析评估严重事故下重要设备、监测仪表的可用性和可达性。

5.完善严重事故下安全壳或其他厂房内消氢系统的分析评估，并实施必要的改进。

6.分析评价双机组布置的核电机组缓解严重事故后果的能力和可靠性。

7.进一步加强对环境监测布点的合理性和代表性的分析评估，完善严重事故下应急监测方案，确保在各种事故工况下有可用的应急监测手段。

8.完善应急控制中心功能及可居留性的分析评估，并实施必要的改进。

9.开展抗外部事件安全裕量分析评估。

10.加强与气象、海洋部门之间的实时联系，以及与地震部门间的信息交流，进一步完善防灾预案和相关管理程序，提高外部灾害发生时的预警和应对能力。

11.研究核电基地多机组同时进入应急状态后电厂的应急响应方案，并评估应急指挥能力及应急抢险人员和物资的配备、协调方案。

2015年底前：

12.从设计、验证和故障分析等方面分析评估安全级数字化控制系统的可靠性，查找薄弱环节并实施相应的改进。

13.进一步开展二级概率安全分析、外部事件概率安全分析工作。

14.进一步改进放射性废物处理系统；开展严重事故下废物处理系统的有效性研究。

全方位控制核电工程建造质量和安全，落实独立第三方监理，执行核电建造队伍准入制度，提高核电工程建造专业化水平，继续完善核电工程建造质量保证体系，加强调试监管，严格执行事件报告制度和不符合项管理制度。

坚持在确保安全的前提下发展核电，并把握好发展节奏。对于新申请建造许可证的核电项目，按照我国和国际原子能机构最新的核安全法规标准进行选址和设计，采用技术更加成熟和先进的堆型，提高固有安全性。在符合最先进安全指标的核电技术得到充分验证之前，合理控制核电建设规模和速度。通过科学选址和采取更加高效、可靠的工程措施，确保气态和液态流出物在核电机组正常运行和事故情况下对环境和公众均不会造成不可接受的影响。积极发展具有我国自主知识产权的安全性能高的先进核电技术。力争“十三五”及以后新建核电机组从设计上实际消除大量放射性物质释放的可能性。

（二）加强整改，消除研究堆和核燃料循环设施安全隐患

根据核设施综合安全检查结论和改进要求，对存在安全隐患的研究堆和核燃料循环设施实施安全改进，对于无法满足安全标准的，予以限制运行或逐步关停。

完成研究堆分类名录，明确管理要求，实施分类管理。完善研究堆许可证管理模式和定期安全审查方法。确定研究堆在停闭状态下的安全保障和管理方法。对大型研究堆实施严重事故管理。开展研究堆概率安全分析和老化评估。完成快中子增殖堆等新堆型技术法规和技术审评原则及其下层技术文件的编制。完成部分研究堆内乏燃料组件向集中贮存设施的转移。

专栏3　提升研究堆安全水平

2012年底前：

1.根据调整后的地震区划图，完成对所涉及研究堆的抗震校核及必要的改造工作，并重新优化其运行管理程序。

2.为大、中型研究堆增设事故后堆芯监测装置。

3.评价研究堆构筑物抵御极端外部事件的能力，根据评估结果完成相应的加固工作。

2013年底前：

4.为研究堆增设可靠电源、移动电源、移动泵、消防车辆和应急水源。

对核燃料循环设施的安全重要构筑物、系统和设备进行分级管理。加强核燃料循环设施工艺和安全研究，不断提高固有安全水平。建立核燃料循环设施运行经验反馈体系，强化核临界安全风险管理。规范和完善早期核设施的安全管理，尽快解决历史遗留问题。根据核电发展的方向、规模与速度，配套开展核燃料循环发展顶层设计，加强“三废”处理等配套设施的建设和运行管理，强化流出物监测和环境监测。

专栏4　提升核燃料循环设施安全水平

2012年底前：

1.按照现行标准对核燃料循环设施老旧厂房进行抗震校核，并根据校核结果进行加固或限期退役。

2.根据核燃料循环设施厂址特点，建立外部应急支援接口，完善应急预案，提高抵御极端自然灾害的能力。

2015年底前：

3.开展核燃料循环设施的应急和“三废”等配套建设，确保其与主工艺建设同步。

4.制定贫化六氟化铀的处理规划，加强贫化六氟化铀贮存的安全管理，必要时进行稳定化处理。

调查在役放射性物品运输容器的安全状况,完成运输容器安全评价。建设一、二类放射性物品运输的在线实时监控系统。强化放射性物品运输容器制造和运输活动的安全监督。

加强实物保护系统建设,对各核设施实物保护系统实施改进和升级。

(三)严格安全管理,规范核技术利用

2012 年底前完成全国核技术利用单位综合安全检查。针对发现的安全隐患,采取有效整改措施。对存在较大安全隐患的高风险核技术利用装置实施强制退役,彻底消除安全隐患。

健全核技术利用辐射安全管理信息系统,完善放射源的全过程动态管理。建立高危险移动放射源跟踪监控体系。对辐照加工、科研、医疗等领域Ⅰ类放射源和Ⅰ类射线装置实施在线监控。全面开展对废旧金属回收熔炼的辐射监测,加强进出境口岸放射性物品安全管理。强化核技术利用单位的辐射环境和个人剂量监测。加强从业人员辐射安全培训。

城市放射性废物库配备放射性物质鉴别、分类、处理等配套设施,完成 3—5 个区域性移动式废旧放射源整备设施的研制和建设。加大闲置、废弃放射源的收贮力度,确保新产生的废旧放射源依法及时送贮,推动已到寿期的Ⅲ类及以上进口放射源返回原出口方。推动废旧放射源的再利用和放射性同位素的循环使用技术研究,倡导并支持废旧放射源回收再利用。

制定和完善核技术利用行业的准入制度,提高核技术利用装置安全水平。鼓励除科研用途外设计活度小于 1.11×10^{16} 贝克(30 万居里)的静态辐照装置关停退役或转型升级。

(四)加强铀矿冶治理,保障环境安全

"十二五"中期,完成铀矿冶企业尾矿(渣)坝的风险评估,建立尾矿(渣)坝监测与预警系统,采取必要措施降低垮坝风险,关停不符合安全要求的铀矿冶设施。"十二五"末,完成地浸采场地下水去污恢复技术研究。建设事故废水收集池,避免超标废水直接向环境排放。建立铀矿冶退役治理工程长期监护机制。

对历史遗留铀矿地质勘探设施进行调查与评价,在 2020 年前完成位于社会和环境敏感地区的铀矿地质勘探设施环境整治工程。继续开展退役矿山的环境治理,在 2020 年前全部完成 2010 年前关停的铀矿冶设施的退役治理和环境恢复工作。

贯彻清洁生产和循环经济的理念,加大废水处理技术的科研力度,逐步提高水的重复利用率,降低废水产生量并实施达标排放。"十二五"中期,保证水冶工艺废水的重复利用率达到 75% 以上。

进一步完善铀矿冶辐射防护体系,降低采冶过程中的职业照射水平,保护工作人员健康。到"十二五"末,铀矿冶行业的职业照射水平管理目标值控制在 15 毫希沃特/年以内。

进一步开展主要伴生放射性矿的辐射水平调查工作,完善伴生放射性矿监管名录和办法,明确管理要求,制定废物处置的相关环境政策,开展污染防治工作。

(五)加快早期设施退役和废物治理,降低安全风险

加强对已停运核设施的监管和维护,及时实施已关停或已决定关停核设施的退役,推进早期核活动遗留的放射性污染治理工作。

确保放射性废物的安全贮存,加快放射性废物处理、处置。对全国放射性废物处理处置能力进行统一布局,加强国家放射性废物处置场和区域放射性废物处置场的规划和建设。推动地方政府及核能相关企业加快放射性废物贮存、处理、处置能力建设。以高风险放射性废物治理为重点,加快放射性废液固化处理进程。

在核设施设计中采用先进的废物处理工艺。鼓励营运单位在核设施运行中采用先进的技术和管理手段减少废物产生量。推动核电厂妥善处置现存废物。建立放射性废物治理管理信息系统。推动高放废物地质处置预选区研究。

专栏5 早期核设施退役及放射性废物治理

“十二五”末:
1.全面推进重点单位的核设施退役活动。
2.完善中、低放废物处理、处置手段。
3.完成全国放射性污染现状调查与评价,开展放射性污染治理。
4.开展核设施退役和放射性废物治理关键技术研究。
至2020年:
5.已停运的核设施全部安全关闭,早期核设施退役和污染治理取得明显成效。
6.形成全国中低放固体废物近地表处置场的统一布局。
7.建成高放废物处置地下实验室。

(六)强化质量保证,提高设备可靠性

完善核安全设备相关法规要求和管理体系,进一步明确营运单位、工程总承包单位和核安全设备许可证持证单位的安全责任。

强化核安全设备设计、制造、安装和无损检验单位资质管理,提高准入门槛,建立健全持证单位质量评价体系。

加强核安全设备设计验证和鉴定试验的评价和监督,制定核安全设备验证和鉴定的管理制度。加强核安全设备制造过程的管理和监督,完善驻厂监督制度。完善进口核安全设备的注册登记和安检制度,加强对进口核安全设备的监管。强化核安全设备焊工、焊接操作工和无损检验人员等特种工艺人员考核评价活动的监督和人员资格管理。

对在役设备进行有效的老化与寿命管理,确保设备在整个服役期内满足安全要求。建立独立于营运单位和检验单位的无损检验能力验证体系。

(七)推动科技进步,促进安全持续升级

鼓励企业开展核安全技术创新,加强新技术和新工艺开发和使用,不断提高设施安全水平。支持核安全技术科研单位基础能力建设,充分整合、利用现有科研资源和重大专项渠道,在此基础上建立一批核安全相关技术研发平台。

有针对性地开展核安全技术研发,集中力量突破制约发展的核安全关键技术,提升我国核安全整体水平。积极推进大型压水堆、高温气冷堆和乏燃料后处理重大专项安全技术科学研究和成果应用。重点开展反应堆安全、严重事故的预防与缓解、核电厂厂址安全、核电厂防止和缓解飞行物撞击措施、核安全设备质量可靠性、核燃料循环设施安全、核技术利用安全、放射性物品运输和实物保护、核应急与反恐、辐射环境影响评价及辐射照射控制、放射性废物治理和核设施退役安全等领域的技术研究,加强核与辐射安全管理技术和法规标准研究。

(八)完善应急体系,有效应对突发事件

根据常备不懈、积极兼容、平战结合原则,完善应急管理体系,建立综合协调、功能齐全、反应灵敏、运转高效的应急准备和响应体系。加强严重事故应急准备和响应的研究,2012年底前,完成各级各类核事故应急计划(预案)的修订及评估工作,完善应急状态终止后恢复行动的内容,加强演练，突出实战，提高各级各类应急计划（预案）的可实施性。

充实核事故监测、预警、信息、后果评价、决策和指挥能力。加强核应急救援体系建设，建立统一指挥、统一调度的核事故应急响应专业队伍，进一步提高核事故应急响应能力，2012年底前，完成国家核与辐射事故应急物资及装备配置需求研究，2013年底前完成相关配备。“十二五”末建成核电机组事故工况下堆芯损伤状况的实时评价专家系统。

合理规范核电厂核事故应急计划区范围。强化地方政府的应急指挥、应急响应、应急监测、应急技术支持能力建设，制定并实施应急能力建设标准，配备必要应急物资及装备，提高地方政府应急水平。明确核电集团公司的应急职责，完善集团公司内部的应急支援制度。建立和完善集团公司应急支援制度。2012年底前完成企业集团公司层面核应急资源储备和调配能力建设。

针对长时间失去电源以及同一厂址多机组发生事故的工况，重新评估各类核设施场内应急能力，完善应急计划，调整和充实核设施营运单位就地应急响应能力，研究建立核设施“断然处置”的程序，加强场内外应急计划的协调。

（九）夯实基础能力，提升监管水平

加强核与辐射安全监管基础能力。建设国家核与辐射安全监管技术研发基地，配备必要的研究手段和技术装备，形成相对独立、较为完整的核与辐射安全分析评价、校核计算和实验验证能力。加强相关基础建设，基本具备开展国际合作、公众宣传和人员培训的能力。强化核与辐射安全现场监督执法能力，配齐必要的检查和执法技术装备。

加强全国辐射监测能力，完善全国辐射环境质量监测、污染源监督性监测及辐射环境应急监测体系，具备全面掌握全国辐射环境质量水平并开展评价的能力，具备应对核事故的辐射环境应急监测能力。

四、重点工程

为实现规划目标，推动核能与核技术利用的技术升级和进步，进一步消除安全隐患，提高核安全水平，计划实施安全改进、污染治理、科技创新、应急保障和监管能力建设等重点工程。为提高重点工程实施效果，环境保护部会同有关部门建立重点项目库，实行动态管理，由各相关部门按职能分工指导各地区分别在年度计划中予以落实。“十二五”期间重点项目投资需求约798亿元。各级政府按照事权划分，重点对公益性科研教育设施的核安全改进、应急保障和核安全监管能力建设、环境放射性污染治理、核安全科技研发等方面给予支持。

（一）核安全改进工程

通过技术升级、工程改造、运行经验反馈体系建设等项目的实施，开展安全评价，排除安全隐患，持续提高核电厂、研究堆等核设施的固有安全水平和预防与缓解严重事故的能力，提高核技术利用、铀矿冶安全管理水平，保障核与辐射安全。

专栏6 核能与核技术利用安全改进工程

1.运行核电厂安全改造项目，主要内容包括持续改进核电厂抵御外部自然灾害、缓解严重事故的能力，进一步提高安全水平。

2.在建核电厂安全改造项目，主要内容包括核设施防水淹、抗震、消氢等措施及全厂断电工况下的应急措施的安全改进，事故后堆芯状态监测系统优化、升级。乏燃料水池供水能力改造，应急指挥中心等构筑物安全技术改造，严重事故应对技术改造。

3.研究堆和核燃料循环设施安全改进项目，主要内容包括为大、中型研究堆增设事故后堆芯监测装置。

4.研究堆和核燃料循环设施实物保护系统改造建设项目，主要内容包括改造研究堆和核燃料循环设施的厂区围栏、出入口控制系统、防入侵探测系统、保安通信及监控管理系统等实物保护系统。

5.辐射防护改造工程项目，主要内容包括根据辐射防护最优化原则，实施铀矿冶设施、早期研究堆和核燃料循环设施辐射防护最优化改造工程，开展核技术利用装置辐射防护升级改造。

6.核技术利用安全改造项目，主要内容包括针对核技术利用装置存在的安全隐患，实施安全改造。加强金属熔炼企业辐射监测能力建设。

7.经验反馈体系建设项目，主要内容包括开展核设施、核技术利用装置的建造、运行经验反馈体系建设。

（二）放射性污染治理工程

大力推进核设施退役及放射性污染和废物治理，加快铀矿地质勘探与矿冶设施、伴生矿退役治理，积极建设区域放射性废物处置场，实施辐照装置退役及废放射源回收，开展铀矿冶、伴生矿尾矿（渣）坝监测预警系统示范等项目，解决影响环境安全、公众健康的突出问题。

专栏7 放射性污染治理工程

1.核设施退役及放射性污染和废物治理项目，主要内容包括历史遗留的核设施退役及放射性污染和废物治理，及其他核设施退役及放射性废物治理等。

2.区域废物处置场建设项目，主要内容包括建设2—3个区域中低放固体废物处置场。

3.铀矿地质勘探与矿冶设施、伴生矿退役及污染治理项目，主要内容包括开展铀矿地质勘探与矿冶设施、伴生矿退役、放射性废物治理及放射性污染环境整治等。

4.铀矿冶、伴生矿尾矿（渣）坝监测预警系统示范项目。

5.辐照装置退役及废放射源回收项目，主要内容包括开展辐照装置退役及污染治理，收贮闲置、废旧放射源等。

（三）科技研发创新工程

围绕核能与核技术利用安全、核安全设备质量可靠性、铀矿和伴生矿放射性污染治理、放射性废物处理处置等领域基础科学研究落后、技术保障薄弱的突出问题，全面加强核安全技术研发条件建设，改造或建设一批核安全技术研发中心，提高研发能力。组织开展核安全基础科学研究和关键技术攻关，完成一批重大项目，不断提高核安全科技创新水平。

专栏8 核安全科技研发创新工程

1.核安全技术研发能力建设项目，主要内容包括建设核电厂安全设计与分析技术研发中心、核电厂超设计基准事故研发中心、核电厂安全级设备鉴定检验中心、核电厂运行安全与维护技术研发中心、核电厂设备安全与可靠性研发中心、先进燃料元件和核级设备材料研发中心、核设施退役及放射性废物治理工程研发中心。

2.核安全技术研究项目，主要内容包括开展一批为管理决策服务的基础科学和工程技术研究。开展10个方面119项关键技术研究，包括12项反应堆安全技术研究，7项核电厂厂址安全技术研究，10项核安全设备质量可靠性技术研究，10项核燃料循环设施安全技术研究，7项核技术利用安全技术研究，8项放射性物品运输和实物保护技术研究，24项核应急与反恐技术研究，10项辐射环境影响评价及辐射照射控制技术研究，19项放射性废物治理和核设施退役安全技术研究，12项核与辐射安全管理技术和法规标准基础技术研究，制（修）订约150项核安全法律法规文件，完成约250项核电相关标准制（修）订。

(四)事故应急保障工程

通过环境应急监测能力建设等项目的实施,加强核设施风险分析和预测预警能力建设,为应对核与辐射事故提供决策依据和技术支持,同时保证在任何情况下的核与辐射事故应急均有充足、可用的应急物资储备,并能及时、有效供应。

专栏9 核与辐射事故应急保障工程

1.核与辐射环境应急监测能力建设项目,主要内容包括开展国家级、省级、地市级以及覆盖我国管辖海域及周边海域的核与辐射事故应急监测能力建设;建立航空应急监测能力。

2.核与辐射事故应急及事故后果评价能力建设项目,建设核与辐射事故应急技术支持平台,建设完善涵盖核电厂、研究堆、核燃料循环设施、放射源、铀矿冶等应急目标的应急数据体系、提高核与辐射事故预测、后果评价和决策支持能力。加强核设施现场数据监测,提高应急决策、指挥调度能力。建立或完善6个区域性和31个省级核与辐射安全监控和应急指挥中心。提高反应堆事故工况及堆芯损伤状况的实时评价能力。

3.完成重点核基地的应急能力建设项目,主要内容包括建设秦山、大亚湾、田湾等重点区域核应急基地。

4.核应急物资储备和抢险能力建设项目,主要内容包括开展国家、区域、省级的应急物资储备和抢险能力建设;开展核电基地、核设施营运单位的应急物资储备和抢险能力建设。

5.进出境口岸应对核与辐射事故应急放射性检测能力建设项目,主要内容包括增加口岸放射性检测设备,实验室放射性检测仪器及个人防护用品等。

6.事故应急医学保障项目,主要内容包括开展应急救治能力建设,形成覆盖全国的核应急救治网络。

7.世界气象组织和国际原子能机构北京区域环境紧急响应应急能力建设项目,主要内容包括建设一体化的多尺度精细化核应急业务数值模式系统,开展放射性污染物扩散预报以及核事故长期影响评估。

(五)监管能力建设工程

以国家核与辐射安全监管技术研发基地建设为重点,构建核与辐射安全监管技术支撑平台,全面加强核与辐射安全审评、监督、监测、教育、国际合作等能力,不断提升我国核与辐射安全监管水平。

专栏10 核安全监管能力建设工程

1.国家核与辐射安全监管技术研发基地建设工程。主要内容包括核电厂安全验证能力建设;核安全设备安全性能验证能力建设;核电厂运行安全仿真分析能力建设;放射性废物安全管理及核设施退役安全验证能力建设;辐射环境监测技术能力建设;辐射防护研究能力建设;核与辐射安全监控和应急响应能力建设;核与辐射安全中心综合楼建设;中国核与辐射安全国际联合研究平台建设。

2.全国辐射环境监测体系能力建设工程。主要内容包括国家、省和地市级三级辐射环境监测体系能力建设;全国辐射环境质量监测国控网点建设;国家重点监管的核与辐射设施监督性监测能力建设;形成全国辐射环境监测信息汇总及发布体系。

3.核与辐射安全监督站能力建设工程。主要内容包括6个地区核与辐射安全监督站基本能力建设,配套必要的业务用房、执法仪器及装备。

4.省和地市级能力建设工程。

五、保障措施

(一)健全法规标准,夯实安全基础

抓紧研究制订原子能法和核安全法,加快制修订核安全行政法规、部门规章和标准,力争到“十二五”末建成比较完整的核与辐射安全法规标准体系。完善核安全监管部门对相关工业标准的认可制度,强化相关工业标准与核安全法规导则的衔接。加强核安全管理和政策研究,适时发布核安全政策。

(二)优化管理机制,提升管控效率

进一步增强核安全监管部门的独立性、权威性、有效性。明确和强化核行业主管部门、核电行业主管部门的核安全管理责任,加大核行业主管部门对包括科研院校在内的全行业管理力度。完善应急机制,把应急管理与日常监管紧密结合,充分发挥各涉核部门的职能作用和核企业集团公司的专业技术优势,细化涉核企事业单位的主体责任。加强政策引导,形成由国家投入为牵引、企业投入为主体的核安全技术创新机制。加大研究费用的投入力度,纳入国家科技发展管理体系。

行业主管部门将核安全要求作为制定相关产业和行业发展决策的重要依据,确保发展与安全的协调统一。完善核安全监管部门与行业主管部门在制定行业发展战略、规划,项目前期审批和安全监管中的协调机制。建立行业主管部门、核安全监管部门与气象、海洋、地震等部门的自然灾害预警和应急联动机制。

优化核安全国际合作体系,实现国际国内工作的协调统一,进一步加强和深化核安全领域与国际组织的交流与合作。

(三)完善政策制度,弥补薄弱环节

完善核安全许可证制度,进一步明确核电集团公司、业主公司、专业化公司的核安全责任。完善核燃料循环、核设施退役和放射性废物处理处置的管理制度和政策,制定核设施退役费用和放射性废物处理处置费用的提取和管理办法。建立健全相关准入和执业资格制度,建立民用核设施"三废"处置经费筹措和使用制度,制定民用核设施退役管理办法。研究并制定废旧放射源和核技术利用废物处理处置相关管理办法。研究建立核事故赔偿和核保险相关制度,推动核电集团研究建立核赔偿基金,核设施营运单位购买第三方核责任险。研究建立核技术利用单位责任保险制度。研究建立高危放射源退役保证金制度。落实规划环评制度,依法开展规划环评工作。建立政府、行业组织和企业等各个层面间的经验交流和反馈制度。建立并完善良好核安全实践的激励制度。

(四)培育安全文化,提高责任意识

建立核安全文化评价体系,开展核安全文化评价活动;强化核能与核技术利用相关企事业单位的安全主体责任;大力培育核安全文化,提高全员责任意识,使各部门和单位的决策层、管理层、执行层都能将确保核安全作为自觉的行动。所有核活动相关单位要建立并有效实施质量保证体系,按照核安全重要性对物项、服务或工艺进行分级管理,使所有影响质量和安全的活动得到有效控制。

(五)加快人才培养,促进均衡流动

制定满足核能与核技术利用需要的人力资源保障规划,加大人才培养力度。搭建由政府、高校、社会培训机构及用人单位共同参与的人才教育和培训体系,加强培训基础条件建设,实现人才培养集约化、规模化。在核安全相关专业领域开展工程教育专业认证工作,加强高校核安全相关专业建设,进一步密切高校与行业、企业的联系,加快急需专业人才培养。完善注册核安全工程师制度,加强核安全关键岗位人员继续教育和培训工作。完善核安全监督和审评人员资格管理制度和培训体系。完善人才激励和考核评价体系,提高核安全从业人员的薪酬待遇,吸引优秀人才进入核安全监管部门和核行业安全关键岗位,促进人才均衡流动,保证核安全监督、评价和科研的智力资源。

(六)加强国际合作,借鉴先进经验

密切跟踪国际核安全发展趋势,汲取国外先进的核安全管理和监督经验,促进我国核安全管理水平不断提高。加强合作研究、信息共享、经验反馈、培训交流、同行评估、应急响应与援助等领域的国际合作;加强核安全技术引进与合作开发;积极参与统一的国际核安全标准的研究与制定,参照执行国际原子能机构制定的《核安全行动计划》。积极开展双边、多边和区域核安全交流与合作。积极履行《核安全公约》和《乏燃料管理安全和放射性废物管理安全联合公约》等相关国际公约。

(七)深化公众参与,增强社会信心

构建公开透明的信息交流平台,增加行业透明度。制定核设施信息公开制度,明确政府部门和营运单位信息发布的范围、责任和程序。提高公众在核设施选址、建造、运行和退役等过程中的参与程度。在基础教育中增加核与辐射安全科普知识。建立长效的核安全教育宣传机制,满足公众对核安全相关信息的需求,增强公众对核能与核技术利用安全的了解和信心。完善核安全突发事件公共关系应对体系,及时权威发布相关信息,释疑解惑,消除不实信息的误导,维护社会稳定。

(八)加大经费投入,落实资金保障

充分发挥政府导向作用,建立有效的经费保障机制,加大对核安全与放射性污染防治的财政投入,推动规划项目落实。落实好相关税收优惠政策,建立多元化投入机制,积极拓展融资渠道。完善核安全管理的资金管控模式,对涉及核应急、核保险与核赔偿、民用核设施放射性污染防治、公益性核安全基础设施建设等需要政府和企业共同承担的费用,明确规定资金来源、出资方式、审批流程、资金用途,严格审查资金流向,确保资金筹集和使用到位。

六、规划实施与评估

加强协调联动。国务院各有关部门要加强沟通协调,按照职责分工,明确责任主体,完善行业主管部门、核安全监管部门之间的合作协调机制,共同推进规划实施。

落实工作责任。各部门、各级地方政府和相关企事业单位要按照职责分工和规划确定的目标要求,将工作任务纳入到年度工作计划中,制定具体实施方案,把任务逐级分解,做到量化目标、分步实施、严格管理、加强考核。

严格督促检查。国务院有关部门要定期对规划实施情况组织督查,及时研究解决规划实施中出现的问题,总结推广好的经验做法;对规划实施效果进行跟踪评价,重大情况及时向国务院报告。

全国防沙治沙规划

（2011—2020年）

前　言

防沙治沙是一项重要的生态工程，也是一项重要的民生工程，事关国家生态安全，事关中华民族生存与发展，事关全面建成小康社会进程。党中央、国务院始终高度重视防沙治沙工作，特别是进入新世纪以来，国家采取了一系列行之有效的措施，有力推进防沙治沙工作。颁布实施了《中华人民共和国防沙治沙法》，颁发了《国务院关于进一步加强防沙治沙工作的决定》，启动了一批沙区生态建设重点工程，推行了一系列保护沙区植被、促进生态修复的政策措施，实行了省级政府防沙治沙目标责任考核制度。经过长期不懈的预防和治理，我国防沙治沙取得了显著成效，沙区生态状况有所改善。据2011年公布的第四次全国荒漠化和沙化监测结果，"十一五"期间，全国沙化土地年均减少1717平方公里，实现了沙化土地面积持续净减少。防沙治沙为改善生态状况、保障沙区经济社会发展、促进农民增收发挥了重要的推动作用。

但是，我国土地沙化问题仍然十分突出，防沙治沙形势依然非常严峻。监测结果显示，全国仍有173.11万平方公里沙化土地，占国土面积的18.03%，还有31.1万平方公里土地具有明显沙化趋势，局部地区沙化土地仍在扩展。我国沙化土地主要分布于"老、少、边、贫"地区，沙化导致生态恶化，严重影响人们的生产、生活甚至危及生存，严重制约经济社会可持续发展，是全面建成小康社会，建设生态文明的重要障碍。

为进一步推进全国防沙治沙工作，根据防沙治沙法相关规定和国务院有关文件要求，在认真总结"十一五"全国防沙治沙建设成效，科学判断当前我国防沙治沙形势的基础上，制定本规划。

第一章　"十一五"防沙治沙工作主要进展

"十一五"时期，在党中央、国务院的正确领导下，各有关部门大力支持、密切配合，地方各级人民政府高度重视、周密组织，沙区各族干部群众和广大治沙工作者、参与者顽强拼搏、共同努力，采取了一系列行之有效的措施，取得了显著的生态效益、经济效益和社会效益，积累了丰富经验。据统计，全国共完成沙化土地治理面积1400万公顷，全面完成了经国务院批准的《全国防沙治沙规划（2005—2010年）》确定的任务。

一、主要措施

（一）完善扶持政策

国家出台了包括集体林权制度改革、森林生态效益补偿、林业贷款贴息、造林补贴、草原生态保护补助奖励等一系列支持沙区生态建设和产业发展的政策措施，各地结合实际，在投资、税收、金融等方面完善了防沙治沙优惠政策，极大地调动了企业、个人等各种社会主体参与防沙治沙的积极性，促进了资金、技术、劳动力等生产要素向沙区聚集，初步形成了全社会参与、多元化投资防沙治沙的新格局。

（二）推进重点工程建设

“十一五”期间，我国继续实施京津风沙源治理、三北防护林体系建设、退耕还林、退牧还草、草原保护、水土流失综合治理等一系列生态建设重点工程，相继启动了新疆塔里木盆地防沙治沙、石羊河流域防沙治沙及生态恢复、西藏生态安全屏障保护与建设等区域性防沙治沙工程项目，对沙化重点地区和薄弱环节进行集中治理，规模推进。通过不断强化工程管理，推广先进实用技术，实施强有力的保护措施，提高了治沙工程质量，巩固了工程建设成果，推动了沙区生态状况的持续好转。启动了全国防沙治沙综合示范区建设，在不同沙化类型区建立了38个防沙治沙综合示范区。

（三）提高支撑保障能力

一是不断完善法律法规。继甘肃、陕西和内蒙古制定了防沙治沙法配套法规之后，“十一五”期间，新疆、四川、辽宁、黑龙江和宁夏相继制定了防沙治沙法配套法规，防沙治沙法律体系进一步完善。二是完善实施技术标准。制定颁发了《防沙治沙技术规范》、《沙化土地监测技术规程》、《京津风沙源治理工程技术标准》等一批防沙治沙技术标准，目前正在组织制定沙化土地封禁保护区建设、防风固沙林工程设计有关标准。三是进一步提升科技支撑能力。国家林业局专门成立了荒漠化研究所，强化防沙治沙科研技术力量。“沙漠化发生规律及其综合防治模式研究”、“中国北方沙漠化过程及其防治”等一批防沙治沙科研成果荣获国家科技进步奖励，一批防沙治沙科研成果和适用技术得到推广应用。四是强化荒漠化沙化监测和沙尘暴应急处置。完成了第四次全国荒漠化和沙化监测，拓展了监测内容，建立了重大沙尘暴灾害应急体系，形成了以遥感监测和地面监测为主、信息员测报为辅的沙尘暴灾害监测体系。

（四）强化部门协作机制

成立了各级防沙治沙组织协调和领导机构，加强对防沙治沙工作的组织、领导和协调工作。各有关部门充分发挥各自职能，形成了各负其责、密切配合、协同作战、齐抓共管的工作机制。发展改革、财政、金融等部门在项目上给予支持，在资金上给予倾斜，在政策上给予优惠。国土资源、环境保护、水利、农业、气象等部门按照各自的职能，积极做好沙区国土整治、环境保护、沙化草原治理、水资源合理分配和利用、沙尘暴天气的预测预报等工作。林业部门作为防沙治沙工作的组织、协调和指导部门，积极做好规划编制、工作指导、组织协调和监督检查等工作，并做好相关服务。

(五)落实目标责任制

按照防沙治沙法的要求,国务院委托国家林业局与防治任务较重的北方12个省级政府和新疆生产建设兵团签订了“十一五”防沙治沙目标责任书。2009年,国家林业局会同有关部门制订的《省级政府防沙治沙目标责任考核办法》(以下简称《考核办法》)经国务院批准后实施。按照《考核办法》的要求,国家林业局会同有关部门对相关省级政府和新疆生产建设兵团开展了中期督促检查和期末综合考核。防沙治沙目标责任制的建立和实施,提高了地方各级政府和有关部门防沙治沙的责任意识,有力促进了地方各级政府防沙治沙问责制度的建立和完善。

(六)鼓励发展沙区特色产业

为切实推动沙区特色产业发展,国家林业局制定了《关于进一步加快发展沙产业的意见》,确定了加快发展沙产业的指导思想、原则和目标,提出了沙产业发展的总体布局和重点领域,明确了促进和扶持沙产业发展的政策措施和保障措施。各地结合实际,制定了一系列发展沙区特色产业的措施,积极引导各种实体科学利用沙区的优势资源,发展特色优势产业,扶持龙头企业开展资源培育、生产加工、运输贮藏及旅游开发,开辟沙区新的经济增长点。

二、主要成效

(一)取得了显著的生态效益,有力推进了沙区生态改善

监测结果显示,2005—2009年,全国沙化土地年均净减少1717平方公里,中度、重度和极重度沙化土地面积共减少3.59万平方公里,沙化程度减轻,沙化土地植被平均盖度由17.03%提高到17.63%,固定沙地增加,半固定、流动沙地减少。局部地区的水土流失得到有效控制,土壤侵蚀模数大幅度下降,年入黄河泥沙减少3亿多吨。以京津风沙源治理工程为例,据专家评估,工程启动十年来,工程区土壤侵蚀模数(水蚀)平均值下降了68.9%,土壤侵蚀面积减少了39.1%,土壤风蚀总量降低了29%,释尘总量减少了16.2%。通过防沙治沙,实现了沙化土地面积持续净减少,改善了人居环境和农牧业生产条件,提高了抵御自然灾害的能力,有力保障了北方粮食主产区的粮食生产,有力促进了区域经济和社会可持续发展。

(二)取得了显著的经济效益,有力促进了沙区民生改善

防沙治沙促进了沙区生产方式转变和产业结构调整,初步形成了以木材、灌草饲料、中药材、经济林果、加工业、沙漠旅游等为重点的沙区特色产业,带动了加工、贮藏、包装、运输等相关产业的发展,一批龙头企业和知名品牌初步形成,增加了沙区农民就业机会,拓展了农民增收渠道,年产值超过两千亿元,加快了农民脱贫致富步伐。青海省柴达木盆地大力发展沙地枸杞种植,面积达1.5万公顷,年产枸杞干果达700万公斤,1200多农户、1万余人次从中受益,人均年增收2000元,占人均纯收入的50%。内蒙古、新疆、宁夏以及甘肃河西走廊等地在沙区建设的蔬菜水果基地、肉苁蓉等药材基地、沙棘基地、柠条基地以及养殖基地等均取得了生态与经济双赢的效果。沙区特色产业的发展,成为农牧民增收致富的新途径,为改善民生发挥了积极的促进作用。

(三)取得了显著的社会效益,有力推动了生态文明建设

我国防沙治沙在建设思路、政策机制、组织管理、技术措施、治理模式等方面进行了有益的探索,为生态建设树立了榜样,提供了经验,发挥了示范和带动作用。涌现出的治沙英雄等先进模范人物,成为展示生态文明建设的典型教材;形成的坚韧不拔、锲而不舍的治沙精神,被誉为“胡杨精神”,成为激励人们与沙害抗争的强大动力,强化了沙区干部群众的生态意识,坚定了人们尊重自

然规律、建设生态文明的信心，全民关注防沙治沙、支持防沙治沙、参与防沙治沙的社会氛围初步形成。

（四）取得了良好的国际影响，有力彰显了我国负责任大国的国际形象

作为联合国防治荒漠化公约缔约国，我国积极履行公约义务，认真编制实施《中国防治荒漠化国家行动方案》，积极推动公约履约审查机制的建立，推动制定公约十年战略，参与全球荒漠化评估指标体系制定和履约影响评价指标示范，努力推动公约进程。我国防沙治沙的成功实践，在国际上产生了积极影响，树立了负责任大国形象。防治荒漠化已成为双边、多边合作的重要内容和优先领域，为提高我国国际地位作出了重要贡献。

三、基本经验

经过长期防沙治沙的实践探索，积累了经验，初步走出了一条适合中国国情和沙区实际的防治路子。一是坚持政府主导，实行国家扶持与发动群众相结合。防沙治沙作为一项社会公益事业，必须以国家投入为主导，各级政府不断加大防沙治沙投入力度，同时不断完善政策，积极扶持与充分调动社会各界力量参与防沙治沙，紧紧依靠并组织发动群众艰苦奋斗，改善沙区生态状况。二是坚持生态优先，实行生态改善与民生改善相结合。始终把改善沙区生态状况作为防沙治沙的首要任务，强化生态保护和建设，在确保不破坏生态的前提下，合理开发利用沙区资源，发展沙区特色产业，增加群众收入。三是坚持遵循自然规律，实行保护与治理相结合。按自然规律办事，注重发挥生态系统的自然修复功能，强化保护。因地制宜实行生物措施与工程措施有机结合，综合治理。四是坚持工程带动，实行重点突破和面上推进相结合。统筹规划，重点突破，在生态脆弱地区和薄弱环节启动实施重点工程，以重点工程带动面上治理。五是坚持科学防治，实行现代技术与传统经验相结合。始终把推进科技创新放在首位，加强基础研究，充分发挥现代高新技术对防沙治沙的推动作用，同时注重总结推广基层的有效经验和做法。

第二章　防沙治沙面临的形势

经过长期努力，我国防沙治沙工作取得了明显成效，但沙化土地面积大、分布广、危害重的状况依然没有改变。我国防沙治沙工作的总体形势是，土地沙化整体扩展趋势得到初步遏制，治理区生态状况明显好转，但生态系统很不稳定，极易逆转，亟待治理沙地数量多、沙化程度严重，防沙治沙任务仍然十分艰巨。

一、基本情况

（一）沙区自然地理和社会经济情况

我国的沙化土地面积大、分布广、类型多样，在沙化土地重点分布的西北、华北和东北地区，形成了一条西起塔里木盆地，东至松嫩平原西部的万里风沙带。沙化土地分布区涵盖了我国干旱地区、半干旱地区、半湿润地区和湿润地区，自然条件差异较大，经济社会发展水平不均。气候特征是干旱少雨，降水变率大，冷热温差变化剧烈，年平均气温变化在0—10℃，风沙天气多，风沙日一般在20—100天左右。土壤类型多样，土壤类型以风沙土为主，还有黑钙土、栗钙土、棕钙土、灰钙

土、盐土、沼泽土、草甸土等。植被类型由于沙区跨越的自然地带多，地形复杂，沙区植被从乔灌木植被到草本植被，从低湿地植被、沙地植被到丘陵山地植被和高寒植被，从天然植被到各种人工植被均有分布，类型复杂多样，地带性植被具有从东向西依次出现森林、森林草原、草甸草原、草原、荒漠的变化规律。

我国沙区大多属边疆及少数民族聚居区，遍布着8000公里的国境线，全国5个少数民族自治区均有沙化土地分布，其中新疆、内蒙古、西藏的沙化土地面积居全国前三位，三个自治区沙化土地面积占到全国的80%。沙化土地分布区内总人口4.4亿人，多为农业人口。沙区自然条件较差，经济发展相对滞后，科教文卫事业相对落后，群众生活比较贫困。据统计，沙区有146个县被纳入国家扶贫开发工作重点县，占国家扶贫开发工作重点县总数的25%，特别是沙区农村第二、三产业比重较低，区域经济对生态建设的支撑保障能力十分有限。

（二）沙区水资源状况

我国沙化土地主要分布在西北、华北和东北地区，其沙化土地面积占全国沙化土地总面积的94%，这一地区生态环境脆弱，水资源相对较少。据统计，三北地区年平均水资源总量为4190亿立方米，仅占全国总量的14.9%；年平均地表水资源量3608亿立方米，地下水资源量2062亿立方米，分别占全国的14.1%、25.5%；人均水资源量638立方米，仅为全国平均水平的1/3，每平方公里国土面积上的水资源量为9万立方米，约为全国平均水平的1/4，降水量不到全国多年平均降水量的1/3，塔克拉玛干沙漠南缘和北缘年降水量50—70毫米，西缘和东缘年降水量20—50毫米，盆地中心不到20毫米；柴达木盆地沙漠年降水量50毫米以下；罗布泊洼地以南库姆塔格沙漠，年降水量仅10毫米；吐鲁番盆地的托克逊地区多年平均降水量只有4毫米。

总体而言，我国沙化土地分布区除黄淮海平原及南方沙地水资源条件相对较好外，其余地区水资源条件都相对较差。特别是西北沙区不仅水资源短缺，而且存在着人均用水量高、农业用水比重较大、地下水资源过度利用、河流上中下游用水不均等问题，造成地下水位下降、下游河湖干涸断流，直接影响了沙区植被的生长，导致沙生植被枯萎、死亡，土地沙化。

（三）土地沙化现状及危害

目前，全国沙化土地面积为173.11万平方公里，占国土总面积的18.03%，其中，流动沙丘（地）40.61万平方公里，占全国沙化土地面积的23.46%；半固定沙丘（地）17.72万平方公里，占10.24%；固定沙丘（地）27.79万平方公里，占16.05%；露沙地9.98万平方公里，占5.77%；沙化耕地4.46万平方公里，占2.58%；风蚀残丘8898平方公里，占0.51%；风蚀劣地5.57万平方公里，占3.22%；戈壁66.08万平方公里，占38.17%；非生物工程治沙地① 66平方公里（详见表2-1）。另外，全国尚有明显沙化趋势的土地31.1万平方公里，川西北高原、塔里木河下游等区域沙化土地仍处于扩展状态。

土地沙化导致生态恶化，给国民经济和社会发展造成了严重影响，危害十分严重。一是土地沙化吞噬着人类生存和发展空间，严重影响城乡环境质量，对国土生态安全构成威胁。二是土地沙化导致土地生产力衰退和自然灾害加剧，严重影响农业、林业、畜牧业及相关产业的发展，对国家粮食安全构成威胁。三是土地沙化影响国防、交通、水利及工矿企业等正常生产和设施设备的安全运行，对国防安全构成威胁。四是土地沙化加剧了沙区贫困，扩大了地区间的差距，影响民生改善，对

① 非生物工程治沙地指单独以非生物手段固定或半固定的沙丘和沙地。

经济社会可持续发展构成影响。五是土地沙化恶化生物栖息地生态环境、破坏种群和群落结构、降低物种生存能力，对生物多样性构成威胁。

二、防沙治沙工作面临的形势

（一）存在的困难和问题

一是生态基础脆弱，防沙治沙任务十分艰巨。我国现有沙化土地面积占国土面积的18.03%，沙化土地分布的县占全国总县数的31.6%，易发生沙化的干旱、半干旱区域占国土面积的一半以上，是生态极其脆弱的区域，局部地区沙化土地仍在扩展。已经初步治理的区域生态系统脆弱，成果巩固压力很大，尚未治理的沙地，自然条件更差，治理难度更大，防沙治沙任务更艰巨。

二是认识不到位，人为破坏沙区生态还相当严重。一些地方在工作中只注重经济发展而忽视生态保护与建设，没有把防沙治沙放在应有的位置，滥樵采、滥放牧、滥开垦等破坏沙区植被资源的现象尚未彻底杜绝，许多沙区开发建设项目在立项和实施过程中没有同步实施防沙治沙措施，对沙区生态造成了新的破坏。

三是投入不足，防沙治沙质量和速度有待提升。受沙区立地条件差、土壤贫瘠等自然条件影响，防沙治沙成本越来越高。尽管国家对防沙治沙的投资有所增加，但与实际需求的差距依然很大，投资标准低，总量不足的问题依然非常突出，在很大程度上影响了防沙治沙的速度和质量。

四是政策相对滞后，多元投资机制尚未真正形成。近些年来，国家实施了一系列支农惠农政策，对于推进防沙治沙起到较好的作用。但是，在防沙治沙的投入、税收减免、金融扶持、补助补偿以及权益保护等方面尚没有专门的优惠政策，特别是荒漠生态补偿机制、防沙治沙的稳定投入机制和征（占）用沙地补偿机制亟待建立，社会各方面参与防沙治沙的积极性还没有得到有效调动和保护。

（二）面临的发展机遇和有利条件

今后一个时期是我国全面建成小康社会的关键时期，是深化改革开放、加快转变经济发展方式的攻坚时期，推进防沙治沙工作，面临着许多发展机遇和有利条件。一是党中央、国务院对防沙治沙工作高度重视，党的十七大明确提出加强荒漠化治理，建设生态文明，推进荒漠化治理已经纳入国民经济和社会发展第十二个五年规划纲要，并且将北方防沙带建设作为构建生态安全屏障的重要组成部分。二是地方各级政府对防沙治沙工作重要性的认识不断提高，搞好防沙治沙工作已经成为各级领导的自觉行动，改善沙区生态状况、推进沙区经济发展已经成为社会公众的新期待。三是随着我国国民经济持续多年平稳较快发展，综合国力和财政实力不断增强，国家不断加大对防沙治沙的投入力度。各项支农惠农政策不断落实，农民收入稳步增长，社会各界参与公益事业日趋踊跃，可以动员更多的社会资金投入防沙治沙。四是长期的防沙治沙实践，积累了比较丰富的经验，奠定了较为坚实的工作基础，防沙治沙的法律、政策不断完善，科学研究和技术推广工作不断深化，监测与预警体系建设不断加强，目标责任考核等管理体制和相关的运行机制日臻健全。五是专家预计我国西北地区在未来几十年内有趋于暖湿状态的趋势，有利于植被生长和恢复，应充分利用这个有利时机增加植被，恢复生态。

近年来，国际社会日益关注土地荒漠化问题，加强荒漠化防治的呼声日益强烈，为推进国内防沙治沙工作创造了良好的外部环境。一是国际社会对荒漠化形成了新认识。普遍认为防治荒漠化是应对气候变化、维护生物多样性、减轻贫困、保障粮食安全，促进绿色发展的基石，是可持续发展的重要内容,强烈呼吁要加强合作,多方挖掘投资渠道,支持荒漠化防治。二是全球荒漠化防治确定了新目标。联合国防治荒漠化公约通过“十年战略”,确立了改善受荒漠化影响地区生态、促进受影响人民生计、惠益全球环境的总体目标,有利于世界范围内荒漠化防治事业的整体发展。三是全球履约评估建立了新机制。荒漠化公约先后通过了履约量化考核指标体系和影响效果指标体系,并启动28项工作业绩考核指标评估全球履约,采用两套指标综合评估全球履约进展和成效。全球荒漠化防治量化考评机制的建立,势必推动各国完善评估体系,建立信息收集系统。四是荒漠化防治国际合作带来新机遇。随着我国荒漠化评估和治理技术的不断成熟,其他发展中国家与我国在荒漠化防治领域开展南南合作的需求不断增大,荒漠化防治外援项目逐年增加,通过开展国际合作,在输出我国防治技术和产品的同时,积极引进资金和先进管理经验,实现以外促内,扩大我国的国际影响力。

第三章 总体思路和目标任务

一、指导思想

以邓小平理论、“三个代表”重要思想、科学发展观为指导,按照科学防治、综合防治、依法防治的方针,遵循自然规律,以构建北方绿色生态屏障为重点,以改善生态、改善民生为目标,坚持依靠人民群众,依靠科技进步,依靠深化改革,坚持预防为主,积极治理,合理利用,建立和巩固以林草植被为主体的沙区生态安全体系,力争经过十年的不懈奋斗,使我国重点沙区得到有效治理,生态状况进一步改善。

二、基本原则

——预防为主,综合治理。防沙治沙是一项综合性系统工程。坚持保护优先,自然修复为主,在生态脆弱区和敏感区,要充分发挥生态系统的自我恢复能力,尽可能减少对自然的人为扰动。因地制宜,因害设防,分类施策,宜林则林,宜草则草,宜荒则荒。要统筹规划,突出重点,大力推进国家重点防沙治沙工程和区域性防治项目,治理沙化土地。相关行业、部门各负其责,密切配合,综合治理。

——科学防治,依法防治。尊重自然规律,鼓励科技创新,推广先进适用技术和治理模式,提高治理成效。深入贯彻实施防沙治沙法等法律法规,完善防沙治沙法规体系,加大执法力度,保护沙区生态,巩固建设成果。

——政策引导,多元投入。各级人民政府不断加大对防沙治沙的资金投入,并纳入同级财政预算和固定资产投资计划。制定优惠政策,鼓励和支持单位及个人防沙治沙,保障治理者的合法权益。发挥市场机制的作用,多渠道筹集资金。

——注重民生,造福百姓。坚持以人为本,将防沙治沙与沙区经济社会发展和农民增收致富紧密结合,在保护改善生态的前提下,大力发展沙区特色产业,提高沙区群众的经济收入,实现生态效益与经济效益“双赢”。

——广泛发动,全民参与。大力宣传我国防沙治沙工作的重要性、艰巨性、长期性和取得的成效，提高全社会对防沙治沙重要性的认识，增强责任感和紧迫感。依靠群众、发动群众，动员和组织群众投身防沙治沙。

三、规划范围

本规划范围包括除上海、台湾及香港和澳门特别行政区外的30个省（区、市）的905个县（旗、市、区）（详见附表1）。

四、目标任务

规划期限为2011—2020年。分两个阶段，其中：2011—2015年为第一阶段，2016—2020年为第二阶段。

《规划》的目标任务是：划定沙化土地封禁保护区，加大防沙治沙重点工程建设力度，全面保护和增加林草植被，积极预防土地沙化，综合治理沙化土地，完成沙化土地治理任务2000万公顷，其中第一阶段1000万公顷，第二阶段1000万公顷，到2020年，全国一半以上可治理的沙化土地得到治理，沙区生态状况进一步改善。

第四章　总体布局和建设重点

一、总体布局

根据《全国主体功能区规划》和国民经济和社会发展第十二个五年规划纲要关于构建“两屏三带”为主体的生态安全战略格局的要求，结合我国沙化土地空间分布特征，综合考虑危害程度、建设能力等因素，防沙治沙在总体布局上根据我国沙区地形地貌、水文气候和沙化土地现状、分布、存在的问题等自然条件以及防沙治沙的生态、经济、社会功能，考虑治理方向的相似性及地域上相对集中连片等因素，将我国沙化土地划分为5大类型区、15个类型亚区（详见附表3），因地制宜确定主攻方向，实行综合防治。

（一）干旱沙漠边缘及绿洲类型区

区域概况：该区主体位于贺兰山以西、祁连山和阿尔金山、昆仑山以北，行政范围包括新疆大部、内蒙古西部及甘肃河西走廊等地区的122个县（市、区、旗）。区域沙化土地面积108.4万平方公里，其中可治理沙化土地面积17.16万平方公里。分布有塔克拉玛干、古尔班通古特、库姆塔格、巴丹吉林、腾格里、乌兰布和、库布齐七大沙漠。本区干旱少雨，风大沙多，植被稀少，年降水量多在200毫米以下，沙漠浩瀚、戈壁广布，生态环境极为脆弱，天然植被破坏后难以恢复，人工造林必须在灌溉条件下才有可能成活。该区水资源贫乏，水系多为内陆水系，依水分布的小面积绿洲是当地人民赖以生存、发展的主要区域。

主要生态问题：沙化土地在局部地区仍然呈扩展趋势，流沙对绿洲的威胁依然存在，且在局部区域有加重态势；过牧、樵采、乱垦、乱挖等破坏沙区植被的不合理经济活动屡禁不止，尤其是土地开垦现象较为严重，天然荒漠植被遭受严重破坏；绿洲防护林和农田林网趋于老化，生态防护功能日益衰退；水资源利用不合理，地下水位下降，生态用水得不到保障，导致部分区域天然植被枯竭、衰退死亡。

主要措施:拯救现有天然荒漠植被,保护绿洲,遏制沙化扩展。对目前不具备治理条件和具有特殊生态保护价值且相对集中连片的沙化土地,通过划定封禁保护区,实行严格的封禁保护,逐步形成稳定的天然荒漠生态系统,严格禁止滥开垦、滥放牧、滥樵采、滥用水资源等行为,保护荒漠植被;在沙漠前沿建设草灌乔、带片网合理配置的防风阻沙林草带,阻止流沙吞噬绿洲;在绿洲外围重点地段营造以防风、固沙、减灾为主要目的的综合防护林带,加大对沙化土地的治理力度;在绿洲内部对老化的防护林、农田林网逐步进行改造,同时建立窄带护田林网,增加林草植被,开展林粮间作、林药间作,发展名优特经济林果;在铁路、公路沿线结合地形、气候条件,建设乔、灌混交的护路林带;在河谷地带结合水土流失治理等技术措施,进行生态治理。建立科学的水资源管理制度,推广节水灌溉措施,合理安排河流上下游用水,保证生态用水;充分利用土地资源和光热资源,发展特色经济林果产业,增加群众收入。通过以上综合措施,遏制沙化土地扩展,抑制流沙侵袭,实现绿洲可持续发展。要充分考虑水资源承载力,因地制宜、适地适树,科学配置乔、灌、草的比例,确保区域或流域生态用水安全。本区分三个亚区:

1.塔克拉玛干沙漠周边及绿洲治理区。位于新疆南疆塔里木盆地,行政范围包括新疆巴州、和田、喀什、阿克苏、哈密等地(市、州)的50个县(市)。沙化土地面积62.87万平方公里,其中可治理沙化土地面积5.42万平方公里。盆地气候温暖干旱,降水稀少,年均降水量不足100毫米,是我国最干旱的地区之一。区域内无植被的裸露流动沙丘和沙山较多,海拔1000—1500米,绿洲仅沿沙漠边缘和河流两岸分布。沙化土地仍呈扩展趋势。防沙治沙主要措施是:通过严格禁止过度放牧樵采、毁林毁草开荒、滥采地下水资源等行为,实施封禁保护、封沙育林育草、引洪灌溉、合理分配农业和生态用水等措施,拯救和保护荒漠植被;通过封沙育林育草、人工种草、农田林网更新改造以及具备条件的地区开展植树造林等措施,增加林草植被,遏制沙化土地扩展态势。发展葡萄、石榴、枣等经济林果,增加农民收入。

2.古尔班通古特沙漠及周边保护治理区。位于新疆准噶尔盆地,行政范围包括乌鲁木齐、阿勒泰、昌吉、塔城等地(市、州)的41个县(市、区)。沙化土地面积11.8万平方公里,其中可治理沙化土地面积5.78万平方公里。该区海拔300—500米,年均降水量100—200毫米,冬季有积雪,沙漠内部植物生长良好,是当地的优良牧场。防沙治沙的主要措施是:对尚不具备治理条件及保护生态需要不宜开发利用的连片沙化土地实施严格封禁保护,封育天然荒漠植被,提高区域植被盖度;建立准噶尔盆地南缘大型综合防护林体系,改善天山北坡经济带的生态状况,遏制沙化土地扩展;依托国家和地方防沙治沙工程建设,运用高效节水灌溉等现代科学技术,大力发展特色中草药种植和中药材精深加工业;合理开展人工饲料基地建设,发展饲料加工业,促进畜牧业及畜产品加工业的发展。

3.河西走廊及阿拉善高原沙漠周边及绿洲区。位于甘肃河西走廊与内蒙古巴丹吉林、腾格里、乌兰布和三大沙漠结合部,包括疏勒河流域、黑河流域、石羊河流域三大流域和内蒙古阿拉善高原的中西部地区的31个县(市、区、旗)。沙化土地面积33.73万平方公里,其中可治理沙化土地面积5.96万平方公里。该区气候干旱,风大沙多,年均降水量30—300毫米,是我国重要的沙尘源区。防沙治沙的主要措施是:在绿洲周边和河流两岸一定范围内划定封禁保护区,保护天然荒漠植被;在绿洲外围建设大型综合防护体系;在绿洲内部建设带片网相结合的生态经济型防护体系;在风口和流沙活动频繁地带设置机械沙障,固定流沙;合理调配水资源,积极发展农业节水技术,减少农业用水比例，保证沙区生态用水；加快发展特色林果业，优化资源配置，调整产业结构，为绿洲高效农业发展提供支持和保障。实施“转移发展战略”，有计划地实施生态移民，实施舍饲圈养、轮牧休牧等，防止对植被造成新的破坏。

（二）半干旱沙化土地类型区

区域概况：该区位于贺兰山以东、长城沿线以北，以及东北平原西部地区，区内分布有浑善达克、呼伦贝尔、科尔沁和毛乌素四大沙地。行政范围包括北京、天津、河北、山西、内蒙古、辽宁、吉林、黑龙江、陕西、甘肃和宁夏等省（区、市）的193个县（市、区、旗）。区域沙化土地面积25.95万平方公里，其中可治理沙化土地面积24.34万平方公里。本区东南部降雨量为400毫米左右，西北部仅200毫米左右，冬春干旱多风，是造成华北及东北地区沙尘天气的沙尘源区之一。区域内地表和地下水资源较为丰富，天然与人工植被均可在自然降水条件下生长和恢复。

主要生态问题：过牧、过垦、过樵严重，植被衰败，草场退化、沙化现象比较普遍；沙区林草植被脆弱，自我调节能力较弱，因过度开发地下岩矿资源和水资源，导致地下水位下降、地表塌陷，植被枯死，局部地区沙化加剧；一些防护林和农田林网开始老化，生态防护功能日益衰退。

主要措施：通过实施人工造林种草、封沙育林育草、飞播造林种草、保护性耕作、退牧还草和水土流失综合治理等措施，对沙化及潜在沙化土地进行保护和修复性治理，全面提高沙区林草覆盖率，减少地表扬沙起尘。现有灌溉面积上大力推广节水灌溉技术。通过划定封禁保护区对适宜的沙化土地进行封禁保护；通过推行草畜平衡制度和禁牧舍饲、休牧轮牧制度，保护和恢复草原植被；大力发展沙产业，增加沙区群众收入。本区分四个亚区：

1.京津及周边沙化土地治理区。包括京津上风向的内蒙古浑善达克沙地和乌盟后山、河北坝上、山西雁北以及京津地区，涉及北京、天津、河北、山西、内蒙古等省（区、市）的95个县（市、区、旗）。沙化土地面积12.38万平方公里，其中可治理沙化土地面积11.53万平方公里。本区气候具有明显的半干旱特征，降水量由东南向西北逐渐减少，年均降水量250—400毫米。多大风和沙尘暴天气，是影响京津及我国华北地区沙尘天气的主要沙源地之一。通过实施工程治理，区域内植被覆盖明显增加，沙化程度明显减轻，生态状况明显改善。防沙治沙的主要措施是：继续加大人工造林种草、飞播造林种草、封沙育林育草和保护性耕作力度，采取工程措施固定流沙，增加植被覆盖，提高抵御风沙的能力；加强水土流失综合治理和水利配套设施建设，适度开展生态移民；加强现有植被管护，严格实行禁牧、禁垦、禁樵制度，沙区开发建设项目要同步实施防沙治沙措施。通过加大沙区植被保护和建设力度，改善生态状况，进一步遏制风沙对京津地区的侵害，保护首都及周边地区的生态安全。合理开发利用水资源，发展高效节水农业，通过加快发展以林下经济为重点的沙区特色产业，发展沙区经济。

2.科尔沁沙地及周边治理区。位于大兴安岭南麓和冀北山地之间的三角地带，包括科尔沁沙地和松嫩平原地区的沙地，是我国沙区人口密度最大，以农为主、农牧结合的半农半牧区。行政范围涉及内蒙古、辽宁、吉林、黑龙江等省（区）的58个县（市、区、旗）。沙化土地面积4.11万平方公里，其中可治理沙化土地面积4.09万平方公里。区域年均降水量300—400毫米。水热条件较好，固定沙地、半固定沙地、流动沙地和甸子地交错分布。防沙治沙的主要措施是：严格制止滥开垦、滥放牧、滥樵采和滥用水资源等破坏行为，保护沙区植被；通过加强封沙育林育草、飞播造林种草和人工造林种草，提高植被盖度，建设乔、灌、草相结合的防风固沙体系，减轻风沙危害；通过围栏禁牧、降低草场载畜量等措施，恢复和改良退化草场；大力发展沙产业，增加群众收入。

3.毛乌素沙地及周边治理区。位于内蒙古鄂尔多斯高原东南部,行政范围包括陕西、宁夏、内蒙古、甘肃等省(区)的 34 个县(市、区、旗)。沙化土地面积 8.18 万平方公里,其中可治理沙化土地面积 7.44 万平方公里。本区地处温带干草原向荒漠的过渡地带,流沙和固定半固定沙丘相互交错呈现。海拔 1000—1500 米左右,年均降水量 300—500 毫米,地表水和地下水资源较为丰富。本区是我国能源重点开发区,由于大量开采地下资源,加上一些地区没有及时进行矿区植被恢复,造成局部地区植被退化。防沙治沙的主要措施是:通过围栏封育、封沙育林育草、人工造林种草等方式促进植被恢复;实行封沙禁牧、舍饲圈养,转变畜牧业生产经营方式;禁止滥垦、滥樵,恢复林草植被。沙区油气煤等开发建设项目要严格实行环境影响评价制度,防沙治沙措施要与开发建设同步实施。实行生态建设与产业开发相结合,大力发展灌木林基地,开发生物质能源、饲料加工等林沙产业。有水源条件的草原牧区,稳步发展节水灌溉饲草料地。

4.呼伦贝尔沙地治理区。位于内蒙古呼伦贝尔市中部,行政范围涉及内蒙古呼伦贝尔市的 6 个旗(市、区)。沙化土地面积 1.28 万平方公里,其中可治理沙化土地面积 1.28 万平方公里。本区域海拔 600—800 米,冬季寒冷,无霜期短。年均降水量 250—400 毫米,水分条件相对较好。以固定、半固定沙丘为主,大部分分布在冲积湖积平原上,沙丘间普遍分布有广阔的低平地,曾是水草丰美的天然牧场。防沙治沙的主要措施是:通过实施围封禁牧、季节性休牧、划区轮牧、退牧还草等措施,控制草场载畜量,加大保护力度,禁止滥垦、滥挖,加快草原恢复。采取封、飞、造相结合的措施,恢复和增加林草植被,提高林草覆盖度,遏制沙带前移,保障农牧业生产发展。

(三)高原高寒沙化土地类型区

区域概况:该区位于青藏高原高寒地带,行政范围包括西藏、青海、四川、甘肃等省(区)的 120 个县(市、区)。区域沙化土地面积 34.94 万平方公里,其中可治理沙化土地面积 6.93 万平方公里。本区域多数地区海拔在 3000 米以上,沙化土地主要分布于柴达木、共和盆地和江河源头、川西北地区、澜沧江、金沙江、怒江及雅鲁藏布江中游河谷等地区。本区高寒、干旱、风大、光照强,年降水量除柴达木盆地不足 100 毫米外,其余地区多在 200 毫米以上。区域内地广人稀,人口多集中于河谷地带和盆地局部区域。由于高寒与干旱的共同作用,生态环境极为脆弱,植被一旦被破坏极难恢复。

主要生态问题:受超载过牧、乱采滥挖高原野生植物、无序开采矿产资源等因素影响,加之自然条件恶劣,鼠虫害和雪灾发生严重,致使高原植被盖度降低,草原退化。受高原高寒干旱气候及人为因素的共同影响,湖泊湿地萎缩、土地沙化趋势明显。

主要措施:严格保护现有植被,修复高原生态系统,保护生物多样性,维护江河源头安全。针对本区域人口少,治理难度大的特点,对相对集中连片的沙化土地通过划定沙化土地封禁保护区,实行严格的封禁保护。转变畜牧业生产经营方式,严格控制草场载畜量,促进天然放牧向舍饲、半舍饲转变。通过生态移民、控制采伐、全面封育以及在适宜地区开展植树种草等方式,保护天然林和天然草原,增加林草植被,遏制土地沙化,提高江河源头的水源涵养能力。积极发展高原特有的中药材品种,开发中药材加工业,因地制宜种植经济林。本区分三个亚区:

1.柴达木沙漠周边及绿洲治理区。本区是我国最大的高寒沙漠,行政范围包括青海省西北部的 8 个县(市)。沙化土地面积 9.49 万平方公里,其中可治理沙化土地面积 1.38 万平方公里。区域海拔 2500—3000 米,年均降水量 50—300 毫米,夏凉冬寒,降水稀少,日照丰富,风大且多。风蚀地、沙丘、戈壁、盐湖和盐土平原交错分布,植被稀少,东部为荒漠草原,西部为干旱荒漠。长期低温和短暂的生长季节使该区域的植被一旦遭到破坏，恢复十分困难，而且会加速冻土融化，引起土地沙化和水土流失。防沙治沙的主要措施是：加强天然植被的保护，严格控制开垦、采矿和放牧。在绿洲、城镇、工矿、道路沿线及居民点周边区域，加大封沙育林育草和人工造林种草力度，建设防护林体系，改善生产、生活环境。

2.共和盆地及江河源区沙化土地治理区。本区是长江、黄河等河流的发源地，涉及青海西部的可可西里、共和盆地、三江源地区和四川西北部分地区。行政范围包括青海、四川、甘肃等省的39个县。沙化土地面积3.83万平方公里，其中可治理沙化土地面积2.26万平方公里。除共和盆地外，海拔在2000—4000米左右，降水量50—900毫米，气候高寒干旱、半湿润，河源区湖泊众多，植被主要有高寒草原、高寒灌丛、高山草甸等。防沙治沙的主要措施是：开展封禁保护、封山育林、退牧还草和围栏封育，恢复植被；在条件适宜的地段营造乔灌结合的防风固沙林带；严格控制载畜量，严禁开荒和滥伐，遏制沙化扩展，提高水源涵养能力。

3.西藏河谷及周边区域沙化土地治理区。地处青藏高原中心腹地以南，包括西藏雅鲁藏布江上中游及其支流拉萨河、年楚河等河谷地区以及藏南高原湖盆、藏东三江河谷区等地区，行政范围包括西藏自治区的73个县（市、区），沙化土地面积21.62万平方公里，其中可治理沙化土地面积3.29万平方公里。区域海拔2000—4000米左右，降水量100—900毫米，具有高原季风气候特点，东段湿润，西段干旱，大部分地区植被稀少。防沙治沙的主要措施是：采取封禁保护、封沙育林育草、植树种草等综合措施，治理沙化土地，建设河谷地区防风固沙林带，营造农田牧场防护林，减少风沙对河流、农田、交通干线和水渠造成的危害，防止有明显沙化趋势的土地出现沙化。

（四）黄淮海平原半湿润、湿润沙化土地类型区

区域概况：该区主要包括太行山以东、燕山以南、淮河以北的黄淮海平原地区，行政范围涉及北京、天津、河北、山东、河南、安徽、江苏等省（市）的220个县（市、区）。区域沙化土地面积2.95万平方公里，全部为可治理沙化土地。沙化土地主要由河流改道或河流泛滥形成，其中以黄河故道及黄泛区的沙化土地分布面积最大。该区自然条件较好，光照和水热资源丰富，年降水量450—800毫米，地下水丰富。天然植被仅分布于残丘、沙荒、河滩、洼地、湖区等，这个区域开垦历史悠久，人口密度大，劳动力资源丰富，是我国粮棉重要产区之一。

主要生态问题：局部地区风沙活动仍强烈，冬春季节风沙危害仍很严重；部分防护林带、林网老化，防护功能衰退；林带经济效益较低，林下经济不够发达。

主要措施：以国道、省道和县、乡级公路为框架，以城镇村为结合点，建设生态防护林带，保障黄淮海流域生态安全。在土壤瘠薄、沙化严重的区域，营造集中连片的防风固沙林，在地势平坦、土层深厚、土壤肥沃、雨量充沛、气候温和的地方，营造防护用材兼用林或经济林，结合渠道和公路建设，加强农田防护林、护路林建设，保护牧场、农田和河道，在沙化面积较大的地方大力发展速生丰产林，发展林下多种经营，实现生态经济效益双赢。加快发展保护性耕作。以浊漳河向东经鲁中南山地、丘陵南缘一线为界，将本区划分为两个亚区：

1.黄淮平原沙化土地治理区。本区地处黄淮海平原的南部，由黄河、淮河冲积而成。行政范围涉及河南豫东豫北、山东鲁西南、安徽淮北和江苏徐淮地区的144个县（市、区）。沙化土地面积2.06万平方公里，均为可治理沙化土地。地势坦荡平坦，由于黄河多次改道、决口，形成许多洼地、盐碱地、沙丘和沙堤。年降雨量600—900毫米，属半湿润季风气候。防沙治沙的主要措施是在沙地前沿大力营造防风固沙林带，加强农田防护林、护路林建设，保护农田和河道。在沙化面积较大

的地块适度发展速生丰产用材林,条件适宜地区发展林下养殖,促进生态与经济协调发展。

2.华北平原沙化土地治理区。本区地处黄淮海平原的北部,地势平坦,由冲积扇、冲积平原与滨海平原组成。行政范围包括河北、北京、天津、山东等省(市)的76个县(市、区)。沙化土地面积0.89万平方公里,均为可治理沙化土地。区内有黄河、滦河、北运河、海河及支流永定河等众多河流,冬春季寒冷干燥多风,夏季高温多雨,年降雨量500—600毫米。防沙治沙的主要措施是:在保护好现有植被的基础上,营造高标准农田、河流防护林以及针阔叶混交防护型用材林;结合区域产业结构调整和产业发展方向,发展经济林果业和林下经济,实现治沙与致富双赢。

(五)南方湿润沙化土地类型区

区域概况:该区包括秦岭、淮河以南的华东、华中、华南及西南广大地区。行政范围包括浙江、福建、江西、湖南、湖北、广东、广西、海南、贵州、云南、四川、重庆等省(区、市)的250个县(市、区)。区域沙化土地面积0.88万平方公里,均为可治理沙化土地。该区自然条件好,年平均气温高,降水充沛,水资源比较丰富,植物生长期长。除赣江下游有少量集中连片的流动沙丘外,其余地区的沙地分布零星,面积较小,且多呈带状、斑块状分布。

主要生态问题:河湖、滨海沙化土地需要继续加大治理力度,部分区域风沙危害依然存在。以往的防沙治沙只注重植被建设,缺乏与经济发展的有机结合。

主要措施:本区以建设河湖、滨海防风固沙林、护岸林和水土保持林为重点,适宜地区开展退耕还林,保障南方沿江沿海沿湖地区生态安全;采用沙地开发带动沙地治理的模式,大力营造农田防护林,建设速生丰产林和经济林基地,实现高效、快速治理。本区分三个亚区:

1.沿海沙化土地治理区。位于南方湿润类型区的南部,跨热带和亚热带两大气候带,地貌主要为基岩海岸或沙质海岸为主的山地丘陵。本区行政范围包括浙江、福建、广东、广西和海南等省(区)的63个县(市、区)。沙化土地面积0.4万平方公里,均为可治理沙化土地。防沙治沙的主要措施是沿海岸营造滨海防风固沙林、护岸林和水土保持林,保护和恢复沿海防护林带。

2.长江中下游、珠江流域沿河沿湖沙化土地治理区。本区包括湖南的洞庭湖滨、江西的鄱阳湖滨和湖北广布大小湖泊的江汉平原以及汉水流域、江西赣江流域及其支流的大小河谷及珠江流域等。行政范围涉及湖南、湖北、江西和重庆等省(市)的85个县(市、区),沙化土地面积0.32万平方公里,均为可治理沙化土地。区域内滨湖和江汉平原地势平坦,其他地区低山丘陵、岗地交错分布。区域气候温暖湿润,雨量充沛,对农林生产十分有利,但人口密度较大,水土流失严重,河湖沿岸泥沙大量堆积。防沙治沙的主要措施是完善平原滨湖区以农田林网为主的防护林体系,加强丘陵岗地水土保持林建设,发展速生丰产林,兼顾发展高效经济林和林下经济。

3.西南峡谷沙化土地治理区。本区主要包括金沙江上游干热河谷,嘉陵江、岷江、雅砻江、乌江流域的大部分地区,沅江上游的一部分和澜沧江、怒江流域在云南四川境内的大部分,由云贵高原、四川盆地和滇西北高山峡谷组成。行政范围涉及四川、云南、贵州等省的102个县(市、区)。沙化土地面积0.16万平方公里,均为可治理沙化土地。本区域海拔、气温、降水差异较大,但大部分地区适宜农林牧发展。区内嘉陵江、岷江、金沙江、怒江、澜沧江流域的广大地区水土流失严重,沙化土地对区域经济发展构成威胁。防沙治沙的主要措施是加快造林育林,制止毁林、毁草和开垦土地,提高植被固土固沙能力。在盆地内适宜地区发展林下经济,提高沙化土地利用率。

二、建设重点

坚持预防、治理、利用有机结合,实行林业、农业、水利等多种防治措施多管齐下,强化植被保护，加强综合治理，开发沙区特色产业，推进防沙治沙综合示范区建设，在生态区位重要的边疆地区、沙尘暴路径区、国家粮食主产区以及重点江河流域等区域，着力构建沙区生态安全屏障。将对国计民生影响较大、沙化土地依然扩展以及治理相对容易的沙化土地作为重点，优先治理，力争在短期内取得突破。

——强化林草植被保护，预防土地沙化。在沙区内严格禁止滥开垦、禁止滥放牧、禁止滥樵采、禁止滥开发，禁止滥用水资源，加强森林草原防火和有害生物防治，保护沙区现有林草植被。对于规划期内暂不具备治理条件以及因保护生态的需要不宜开发利用的连片沙化土地，划定为沙化土地封禁保护区，实行封禁保护。通过实施严格的保护措施，保护和恢复沙区林草植被，预防土地沙化。

——加强沙化土地综合治理，减少沙化危害。对可治理沙化土地，特别是土地沙化扩展区域、沙尘源和沙尘暴主要路径区域、直接危害重要国防交通水利设施以及影响经济发展和人民群众生产生活的区域，因地制宜科学布局防沙治沙重点工程，实行乔、灌、草结合，生物措施与非生物措施结合，实施人工造林、飞播造林、封沙育林和非生物措施固定流沙等林业措施，围栏封育、人工种草、禁牧休牧和保护性耕作等农业措施，水土流失综合治理、节水灌溉和合理调配生态用水等水利措施，恢复和增加林草植被，综合治理沙化土地。

——合理利用沙区资源，发展沙区特色产业。对已经治理的沙化土地、南方湿润沙地及黄淮海平原沙地，在确保不造成生态破坏、沙化扩展的前提下，充分利用沙区优势资源，开展保护性开发利用，建设沙区灌木林、药材和牧草等基地，发展沙区特色种植业、养殖业和加工业，有条件的地方可以发展沙区旅游，实行集约经营，培育新的经济增长点。

——推进综合示范区建设，发挥辐射带动作用。探索总结防沙治沙的新机制、新政策、新技术、新模式，在沙化重点地区推进防沙治沙综合示范区建设，通过探索、总结、推广政策机制、技术模式、综合防治模式和沙产业发展模式，达到出政策、出经验、出模式、出效益的目的，为加快全国防沙治沙进程提供示范。

第五章　主要建设内容

一、沙化土地封禁保护

按照防沙治沙法关于"在规划期内不具备治理条件的以及因保护生态的需要不宜开发利用的连片沙化土地，应当规划为沙化土地封禁保护区，实行封禁保护。沙化土地封禁保护区的范围，由全国防沙治沙规划以及省、自治区、直辖市防沙治沙规划确定"的规定，本规划期内，对于暂不具备治理条件、生态区位特别重要、对当地及其周边乃至全国生态和重要基础设施造成严重影响的地区，划定为沙化土地封禁保护区（以下简称封禁保护区），实行封禁保护。

（一）封禁保护区范围

根据我国的国情和沙化土地现状，需要实施封禁保护的沙化土地主要分布于干旱沙漠边缘及绿洲类型区、半干旱沙化土地类型区和高原高寒沙化土地类型区三大区域，范围西起塔里木盆地西端，东到呼伦贝尔高原中部，南至西藏"一江两河"中部，北迄中蒙边境至新疆布尔津—哈巴河一线。地理坐标为东经75°54′—121°11′，北纬28°33′—48°23′。涉及内蒙古、西藏、陕西、甘肃、宁夏、青海和新疆等7省（区）。

规划期内划定封禁保护区主要布局在内蒙古中西部、甘肃河西走廊西北部、新疆塔里木盆地、准噶尔盆地和东疆地区、青海柴达木盆地和共和盆地、陕西西北部、宁夏西北部、藏西等干旱及部分半干旱地区。实施自然保护区建设的区域以及草原生态保护补助奖励机制政策的草原不纳入封禁保护区范围，保持封禁保护区域的独立性和完整性。

在干旱沙漠边缘及绿洲类型区内，对沙漠与绿洲过渡带、严重风蚀沙（砾）化地区等沙尘源区以及沙尘路径区实施严格的封禁保护；在半干旱沙化土地类型区内，对四大沙地中暂不具备治理条件且人为对生态干扰较大的地区实施严格的封禁保护；在高原高寒沙化土地类型区内，对柴达木盆地中部、西北部天然荒漠地区以及西藏西部荒漠地区实施严格的封禁保护。在封禁保护区域内，禁止一切破坏植被的活动，保护好现有的荒漠植被和荒漠自然生态（如地表结皮），遏制沙漠向绿洲扩展，促进重度沙（砾）化地区植被自然恢复，改善生态状况，减轻风沙危害。

（二）主要建设内容

沙化土地封禁保护区建设，主要通过采用“封”和“禁”的措施，禁止乱樵采、乱开垦、乱放牧，严格管控封禁保护区域内开发建设活动，促进荒漠植被自然修复，遏制沙化扩展。建设内容主要包括封禁设施建设、监管能力建设和农牧民安置等三个方面。

1.封禁设施建设。主要包括：（1）重点地段围栏设施建设。在人畜活动频繁的重点地段，如公路两旁、居民点附近等设置必要的网围栏，防止人畜进入。（2）重点地段沙障建设。对一些重点和必要地段的流动沙地，扎设沙障，固定流沙。（3）管护站点建设。建设简易的管护用房、必要的生活设施等，满足管护人员的基本生活需要。（4）巡护设施设备建设。建设瞭望塔、修筑必要的巡护道路、配备瞭望设备和交通、通讯设备等。（5）固定界碑（桩）和警示宣传标牌建设。

2.监管能力建设。主要包括：（1）管护队伍建设。设立封禁保护区管护组织，安排专职管护人员。（2）生态效益监测。制订封禁保护区生态效益评价与监测技术规范；在不同区域设立生态效益监测站，配备必要的仪器和设备，安排专门的监测技术人员。（3）宣传培训。组织开展宣传教育和不同层次、不同门类的职业技能培训等，强化当地干部群众的生态意识，提高管护人员的技术素质及封禁保护区周边群众的生产技能。

3.妥善安置农牧民生产生活。对封禁保护区内的农牧民，采取多渠道、多途径进行安置。坚持统一规划、集中安置、稳定持久的原则，通过就近易地安置使其从事生态农业和现代畜牧业生产经营；通过转产安置将一部分农牧民就地转为封禁保护区管护人员等，妥善解决生产和生活问题。

封禁保护是防沙治沙的一项重要措施，我国需要划为封禁保护区的沙化土地面积较大，内容涉及封禁设施建设、封禁保护区管理、居民转产、后续扶持、监测评估等问题，政策性强，操作比较复杂，目前尚没有成熟的经验和模式可以借鉴。可以选择一批地方政府有积极性、具有一定工作基础的典型区域先行开展试点，探索建设模式，完善配套政策，待取得经验后，逐步推开。

二、沙化土地综合治理

（一）主要内容

在切实加强现有林草植被保护和管理的基础上，本着因地制宜、因害设防、宜乔则乔、宜灌则灌、宜草则草的原则，通过生物措施与工程措施相结合的方式，加强沙化土地综合治理，加快沙区生态改善。建设内容主要为造林营林，沙化草原治理，水土流失综合治理和水源、节水灌溉工程建设，非生物治沙，沙区生态移民、小城镇建设及沙区农村新能源建设等五项内容。具体为：

1.造林营林。造林营林仍是本期规划的重点治理措施，主要是对可治理的沙化土地进行集中治理，同时，对已经治理的沙化土地加强保护，巩固建设成果。坚持因地制宜，分别采取人工造林、封沙育林、飞播造林等方式恢复植被。坚持适地适树，按照不同降雨量选择造林树种，大力发展乡土树种，实行乔灌混交、针阔搭配，建立荒漠绿洲防护林、防风固沙林、农田草牧场防护林以及水土保持林，形成多树种、多林种、多功能的综合防护林体系。加大现有林草植被管护、中幼林抚育等经营措施力度，巩固建设成果。

2.沙化草原治理。坚持重点突破和面上治理相结合，以北方干旱半干旱草原、青藏高原草原等地区为重点，转变畜牧业发展方式，优化畜牧业生产经营模式，推行以草定畜、草畜平衡制度和草原生态保护补助奖励机制，加强草场改良和人工种草，实行围封禁牧、划区轮牧、季节性休牧、舍饲圈养等，保护和恢复草原植被。

3.水土流失综合治理和水源、节水灌溉工程建设。对水土流失、土地沙化严重的农区和农牧交错区，以小流域为单元，采取基本农田、生态修复、淤地坝、崩岗、水土保持林、经济林、小型水利水保工程等为重点的水土流失综合治理措施，搞好水源和节水灌溉工程建设，减少水土流失，改善农业生产条件，为沙区恢复植被、封育保护创造有利条件。

4.流动、半流动沙地固定。对重要设施、农田、村庄、道路、河流、水库等需重点保护的流沙易侵地段，采取非生物固沙与生物固沙两种必备措施进行沙化土地治理。非生物固沙措施包括物理固沙和化学固沙。物理固沙类型主要有平铺式沙障和直立式沙障两大类型，依据采用的材料不同，主要有草方格沙障、黏土沙障、卵石阻沙墙沙障、生态垫沙障、土工编织袋沙障、尼龙网沙障等，阻止流沙移动，并通过种植灌木或播撒草种，增加植被覆盖，固定沙丘。化学固沙类型主要用乳化沥青、水玻璃等固沙剂喷洒沙丘表面，使沙漠表面产生结皮，达到固沙目的。

5.沙区生态移民、小城镇建设及沙区农村新能源建设。对沙化严重的三江源、陕甘宁蒙部分极端生态脆弱区的农牧民逐步实行异地搬迁，统筹规划建设一批小城镇，发展风能、太阳能、沼气、节柴节煤灶等解决农村能源，减轻沙区生态压力，巩固治理成果，促进沙区生态经济协调持续发展。

（二）重点工程

本着重点突破、全面推进的原则，以各类生态建设重点工程为支撑，加快沙化土地治理，重点抓好以下工程。

1.三北防护林体系建设五期工程。该工程跨第一、二、三、四类型区。工程范围包括北京、天津、河北、山西、内蒙古、辽宁、吉林、黑龙江、陕西、甘肃、宁夏、青海、新疆等13省（区、市）的725个县和新疆生产建设兵团。根据不同区域功能定位，规划建设“四大防护林体系”，即东北华北平原农区构建高效农业防护林体系，风沙区构建乔灌草相结合的防风固沙防护林体系，黄土高原丘陵沟壑区构建生态经济型防护林体系，西北荒漠区构建以沙生灌木为主的荒漠绿洲防护林体系。

2.京津风沙源治理二期工程。该工程位于第二类型区，即半干旱沙地类型区。工程范围包括北京、天津、河北、山西、内蒙古和陕西6个省（区、市）的138个县。在巩固一期工程建设成果的基础上，继续加强植被保护和建设，提高林草植被规模和质量，加强工程固沙、设施化农牧业生产、小流域综合治理和易地扶贫力度，建立健全乔灌草相结合的防风固沙体系，促进京津及周边地区经济社会可持续发展。

3.退耕还林工程。新增退耕还林任务,主要安排在重点生态脆弱区和重要生态区位,通过人工造林、封山育林和飞播造林等方式恢复森林植被。

4.退牧还草工程。该工程主要位于第一、二、三类型区。工程范围包括内蒙古、辽宁、吉林、黑龙江、四川、云南、西藏、陕西、甘肃、宁夏、新疆、青海等省(区)和新疆生产建设兵团的牧区半牧区县(市、旗、团场)、退化草原面积较大的县(市、旗、团场)。工程的主要任务是通过建设草原围栏推行禁牧、季节性休牧和划区轮牧,实施退化草原补播,促进草原生态系统自然恢复;配套建设人工饲草地和舍饲棚圈,推广舍饲半舍饲,缓解超载过牧对草原生态保护的压力。

5.水土流失综合治理工程。该工程覆盖所有类型区。针对生态脆弱地区的水土流失严重地区,建设基本农田、生态修复、水土保持林、经济林、淤地坝、崩岗和小型水利水保工程等水土流失综合治理措施。

6.黄河故道沙化土地综合治理项目。该工程位于第四类型区,建设范围涉及河北、山东、河南、江苏、安徽5省的部分市、县、区,主要通过对黄河故道沙化土地进行治理,增强区域抵抗风沙能力,维护粮食生产安全。

7.川西藏区生态保护与建设工程。该工程位于第三类型区,沙化土地治理范围主要包括甘孜州、阿坝州。现有沙化土地面积85.36万公顷。通过加大草畜平衡监管力度,采取沙障固沙、生物固沙、退牧还草和围栏封育等措施尽快恢复已经沙化的土地。

8.西藏生态安全屏障保护与建设工程。该工程位于第三类型区。以拉萨南北两山造林绿化和拉萨河、年楚河中下游及雅鲁藏布江中游宽谷的防沙治沙为重点,在有效管护现有森林植被的基础上,通过封山(沙)育林育草、人工直播、植苗造林等方式,扩大林草植被,加快沙化土地治理速度,遏制沙化扩展趋势,改变区域生态环境。

9.石羊河流域防沙治沙及生态恢复工程。该工程位于第一类型区。主要建设内容为祁连山生态保护与建设工程、民勤盆地生态建设与保护工程、配套工程和生态监测体系建设。

10.塔里木盆地周边防沙治沙工程。该工程位于第一类型区。行政范围包括塔里木盆地周边5个地州的42个县(市)以及兵团的45个农牧团场。主要目标:针对绿洲外围防护基干林、沙生灌丛地进行补缺、完善、封育、治理,针对绿洲内部农田防护林、四荒地进行补缺、完善和治理,针对水蚀沙地区域水土流失严重、土地沙化突出的农区、农牧交错区,采取以人工造林为重点的治理措施。

11.准噶尔盆地南缘防沙治沙工程。该工程位于第一类型区。工程行政范围包括准噶尔盆地南缘5个地(州、市)的14个县(市)和兵团的60个团(场)。工程主要措施:对绿洲内部防护林网的补缺和完善,四荒地的治理;对绿洲外围营造宽约0.5—1千米的大型防护林带,形成一道防风阻沙、降低风速第一道人工生态屏障;在与绿洲外围防护工程接壤处以北,植被盖度在10%—25%的沙化土地上进行封沙育林,形成绿洲外围天然防风阻沙地带、沙漠与绿洲之间的缓冲区的第二道天然屏障。

按照中央关于支持新疆经济社会发展的有关要求,适时启动新疆防沙治沙工程。

三、发展特色沙产业

我国沙化土地面积大,分布广、类型多,沙产业发展的物质基础丰富多样。合理开发利用沙区资源,发展特色沙产业,既是推动沙区经济发展,增加沙区农牧民收入的需要,又是逆向拉动沙区生态建设的重要途径。

特色沙产业是利用沙区的自然资源条件和气候特点，在不破坏沙区生态且水资源条件允许的条件下，利用现代高新技术，发展适合沙区特定环境生长且具有较高开发利用价值的种植、养殖、精深加工、可再生能源和沙地景观旅游等为主的产业。

（一）重点领域

根据自然、社会、经济特点和沙产业发展现状，结合转变经济发展方式，努力发展节水、低碳、环保型特色产业，合理确定沙产业发展的五个重点领域。

1.种植业。主要包括木本油料、有机生态农作物、中草药、干鲜果经济林、蔬菜、香料、花卉、食用菌、藻类等。

2.养殖业。主要包括人工养殖畜类、禽类和特种皮毛用、药用、肉用动物类等。

3.加工业。主要包括特色食品、干鲜果品、保健食品、草药等精深加工；纸浆、人造板类环保型加工，颗粒营养配方饲料加工等。

4.能源开发产业。主要包括以高生物量灌木为主的生物质能源和风、光能源的开发及存储、输出、转换等相关产业。

5.沙区景观旅游业。主要包括利用沙漠和沙地中的沙丘、响沙、丹霞、雅丹等地质地貌以及草原、森林自然景观，建设沙地公园和发展景观旅游以及探险、野外拓展等产业。

（二）发展区域

根据我国沙化土地的自然分区，确定不同类型区沙产业发展的主攻方向，准确把握区域市场发展趋势，建设原料、品种、加工与销售基地，形成优势互补、特色鲜明的沙产业发展区域。

在干旱沙漠边缘及绿洲类型区，以沙漠边缘和绿洲为依托，大力发展高效节水灌溉林业，培育具有本地特色的经济林、干鲜果品、花卉苗木、饲用植物、药用植物等基地，发展相关产业，有条件的地方建设沙漠公园，发展沙漠森林景观旅游。

在半干旱沙化土地类型区，运用高效节水灌溉技术等现代科学技术，适度开发有机种植业、养殖业。建设人工饲料林和饲草基地，发展饲料加工业，促进畜牧业及畜产品加工业的发展。建设特色中草药种植基地，发展草药有效成分萃取浓缩等加工业。建设工业原料林基地，发展木材加工利用产业。建设生物质能源基地，发展生物质能源及相关产业。建设沙漠公园，发展沙漠森林景观旅游。

在青藏高原高寒荒漠类型区，积极发展高原特有中药材的培育和加工利用，推广饲用灌木新品种，建设人工饲草饲料基地，开展饲草饲料精深加工利用，发展高原畜牧业。

在黄淮海平原及南方湿润沙地类型区，坚持保护治理和开发利用并重，合理利用沙地资源，实行林草、林果、林药、林经间作，开展复合经营，大力发展木材、木本粮油、果品、饲料、药材、种苗、花卉等生产和加工，不断延伸加工产业链，提高经济效益。

四、加强能力建设

（一）加强科技攻关和技术推广

健全和完善防沙治沙科技创新体系，多渠道、多层次增加科技投入。重点在沙地植被恢复重建模式、流沙固定技术、抗旱固沙植物品种选择、沙地综合治理模式、节水治沙模式以及沙地高效开发利用等领域组织科技攻关。健全和完善防沙治沙科技推广及技术标准体系，加强防沙治沙科技成果与适用技术推广。加强科技培训，普及防沙治沙科学知识，培养广大群众的科学观念，营造有利于防沙治沙科技创新的社会环境。

(二)加强监测预警

完善国家级沙化土地监测体系,建立省级、县(市)级土地沙化与沙尘暴监测、预警系统。充分利用国家现有荒漠生态系统定位研究站网资源,形成监测网络,对沙化土地实施定期动态监测,对防沙治沙工程进行跟踪监测,及时、准确掌握沙区生态状况、沙化土地动态变化趋势以及重点工程建设进展情况和成效,提升监测工作的科学性、适用性和时效性。制订沙化土地生态效益评价与监测技术规范,完善监测工作程序和质量管理体系,建立部门之间信息交流共享机制,使沙化土地监测结果更加科学,重点工程效益监测更加准确,为防沙治沙科学决策提供依据。

第六章 保障措施

一、加强组织协调,认真落实防沙治沙目标责任制

充分发挥中国防治荒漠化协调小组的职能,统筹研究全国防沙治沙工作中的重大问题。国务院林业行政主管部门负责组织、协调、指导全国防沙治沙工作。发展改革、财政、国土资源、环境保护、水利、农业等行政主管部门和气象主管机构,按照职能分工,各负其责,密切配合,共同推进防沙治沙工作。沙区地方各级政府对本行政区域的防沙治沙工作负总责,要根据上一级政府的防沙治沙规划,编制本行政区域的防沙治沙规划,并将防沙治沙规划纳入当地国民经济和社会发展规划,全面推行防沙治沙目标责任考核奖惩制度,将防沙治沙任务层层分解,逐级落实,严格考核,严明奖惩。沙区县级以上地方政府每年要向同级人民代表大会及其常务委员会报告防沙治沙工作情况,自觉接受监督。地方各级政府要加强防沙治沙管理机构和队伍建设,确保防沙治沙工作顺利实施。

二、完善政策措施,不断加大防沙治沙投入力度

防沙治沙是一项社会公益事业,各级政府是投资的主体。要构建政府主导、社会参与、政策扶持、市场拉动的政策支持体系。一是继续坚持"谁治理、谁管护、谁受益"的政策,进一步深化沙区集体林权制度改革,将责、权、利紧密结合,切实保障治理者的合法权益。二是完善金融扶持和税收优惠等政策,对于有利于改善沙区生态环境的种植业项目及其龙头企业加工项目贷款,中央财政予以贴息,进一步完善相关优惠政策,积极鼓励和引导企业、个人等社会力量参与防沙治沙。三是建立稳定的政府投入机制。各级政府要随着财力的增强,加大对防沙治沙的资金投入,并纳入同级财政预算和固定资产投资计划。在安排中央财政建设投资时,要继续将防沙治沙作为一项重点。完善防沙治沙财政补助政策,加大中央和地方财政对防沙治沙的扶持力度,对沙化土地封禁保护区建设和流沙固定要安排补助资金。中央和地方在沙区安排扶贫开发、农业综合开发、水利水保工程建设和草原建设等项目,要按规定搞好防沙治沙。

三、依靠科技进步,大力提高防沙治沙科技水平

不断加大对防沙治沙科研推广、教育培训和学科专业建设的投入力度,努力增强科技创新能力

和成果转化能力。支持科技创新，加强防沙治沙基础研究和学科专业建设，针对工程建设中存在的关键性技术难题组织科研攻关。建立健全防沙治沙科学研究和技术推广体系，有计划、有步骤地建立一批防沙治沙科技示范区、示范点，系统总结推广一批防沙治沙适用技术和治理模式，引进、培育适宜沙区不同类型区生长的抗逆性的植物良种，特别要加快防沙治沙科研成果的应用，提高防沙治沙科技含量。切实加强对全国土地沙化情况的监测、统计和分析，利用信息化手段提高监测水平，为科学决策提供依据，完善沙尘暴监测预警机制，建立部门间信息交流共享机制，最大限度地降低灾害损失。充分发挥乡镇林业站等的职能作用，切实加强对基层技术人员和农牧民群众的技术培训，使广大群众掌握防沙治沙的基础知识和基本技能，提高管理者和建设者素质。

四、强化依法治沙，切实保护沙区资源和治理成果

加快完善防沙治沙法配套法规，形成以防沙治沙法为核心的防沙治沙法律法规体系。加强普法宣传，提高广大干部群众的法律意识。完善和落实加强沙区植被保护的相关制度，切实保护沙区植被和治理成果。落实草原承包经营制度，推行草畜平衡及禁牧休牧、划区轮牧制度，防止因过度放牧对草原造成新的破坏。积极落实最严格的水资源管理制度，合理调配上、中、下游用水和生产、生活、生态用水比例，推行节水灌溉方式和节水技术，保障沙区生态用水，加强沙区相关规划和项目建设布局水资源论证工作。落实沙化土地单位治理责任制，对铁路、公路、河流和水渠两侧以及城镇、村庄、厂矿和水库周围的沙化土地，县级以上地方政府要切实落实单位治理责任制，限期由责任单位完成治理。加大执法力度，依法严厉打击滥垦滥牧、滥采滥挖、非法征占用沙化土地等破坏沙区植被和野生动植物资源的违法行为。加强执法队伍建设，健全监督机制，切实做到严格执法、公正执法、文明执法。

五、提高管理水平，着力推进防沙治沙重点工程

防沙治沙重点工程要严格执行项目建设程序和相关技术规程规范，全面推行项目招标投标制、建设监理制、竣工验收制等制度，依法规范工程建设管理各项活动，确保工程建设质量。加强防沙治沙重点工程资金管理，严格执行国家基本建设程序，按规划立项，按设计施工，按标准验收。工程建设资金严格执行专款专用、专户储存、专人负责制度，确保资金安全运行，避免侵占和挪用。不断加大投入力度，加快工程建设进度，保证防沙治沙工程顺利推进。进一步加强防沙治沙重点工程质量管理，强化对工程建设进度、质量的监督检查，定期开展检查、考核和评估，建立和完善质量管理和技术监督体系，保证工程建设质量和效益。

六、广泛宣传发动，努力营造良好的社会氛围

调动一切积极因素，动员全社会力量共同参与防沙治沙工作。要加强宣传工作，大力宣传防沙治沙的重要地位和作用，切实加强国土沙化的警示教育，增强全民生态保护的责任意识，弘扬“胡杨”精神，发挥榜样的激励、带动作用，进一步营造全社会关注防沙治沙、支持防沙治沙、参与防沙治沙的浓厚氛围。要充分发挥沙区群众的主体作用，积极探索新形势下开展群众性防沙治沙的新机制、新办法，引导沙区群众积极投身防沙治沙。要充分发挥企业及各种协会（学会）等社会力量在防沙治沙中的作用，鼓励企业等社会力量运用产业化方式开展防沙治沙。要充分发挥人民解放

军、武警部队、民兵以及工会、共青团、妇联对推进防沙治沙的重要作用,动员各方面力量支持和关心防沙治沙。要充分利用履行防治荒漠化公约平台,加强防沙治沙国际合作与交流。对在防沙治沙事业中取得显著成绩的单位和个人,给予表彰和奖励。

七、强化监管评估,确保规划顺利实施

建立防沙治沙工程监测评估体系,制定评估指标体系和技术规范,科学分析和评价工程实施的质量和效果,考核工程目标任务完成情况。建立健全责任明确、科学合理的规划实施监督管理体系,进一步落实各级政府的防沙治沙责任,明确各有关部门的职责,加强省级政府防沙治沙目标责任考核工作,强化对防沙治沙规划实施情况的监管,推进规划科学实施。

附表 1-1 全国沙化土地范围表

省 份	数 量	县(市、区、旗)名称
合 计	905	
北 京	11	朝阳区、丰台区、房山区、通州区、顺义区、昌平区、大兴区、怀柔区、平谷区、密云县、延庆县
天 津	6	东丽区、西青区、北辰区、武清区、宝坻区、蓟县
河 北	75	石家庄市(正定县、行唐县、灵寿县、深泽县、无极县、赵县、辛集市、藁城市、晋州市、新乐市)、唐山市(路南区、丰南区、丰润区、滦县、滦南县、乐亭县、迁安市)、秦皇岛市(昌黎县、卢龙县)、邯郸市(临漳县、大名县、永年县、邱县、鸡泽县、馆陶县)、邢台市(邢台县、隆尧县、南和县、巨鹿县、新河县、广宗县、威县、南宫市、沙河市)、保定市(清苑县、定兴县、高阳县、望都县、蠡县、博野县、雄县、涿州市、定州市、安国市、高碑店市)、张家口市(宣化县、张北县、康保县、沽源县、尚义县、阳原县、怀安县、万全县、怀来县)、承德市(平泉县、丰宁满族自治县、围场满族蒙古族自治县)、沧州市(东光县、南皮县、献县、孟村回族自治县、河间市)、廊坊市(安次区、固安县、永清县、香河县、霸州市、三河市)、衡水市(枣强县、武邑县、饶阳县、安平县、景县、冀州市、深州市)
山 西	18	大同市(南郊区、新荣区、阳高县、天镇县、浑源县、左云县、大同县)、朔州市(朔城区、平鲁区、山阴县、应县、右玉县、怀仁县)、忻州市(神池县、五寨县、河曲县、保德县、偏关县)
内蒙古	88	呼和浩特市(新城区、回民区、玉泉区、赛罕区、土默特左旗、托克托县、和林格尔县、清水河县、武川县)、包头市(昆都仑区、东河区、青山区、石拐区、九原区、土默特右旗、固阳县、达尔罕茂明安联合旗)、乌海市(乌达区、海南区、海勃湾区)、赤峰市(红山区、元宝山区、松山区、阿鲁科尔沁旗、巴林左旗、巴林右旗、林西县、克什克腾旗、翁牛特旗、喀喇沁旗、宁城县、敖汉旗)、鄂尔多斯市(东胜区、达拉特旗、准格尔旗、鄂托克前旗、鄂托克旗、杭锦旗、乌审旗、伊金霍洛旗)、呼伦贝尔市(海拉尔区、满洲里市、鄂温克族自治旗、新巴尔虎右旗、新巴尔虎左旗、陈巴尔虎旗)、兴安盟(科尔沁右翼中旗、突泉县)、通辽市(霍林郭勒市、科尔沁左翼中旗、科尔沁左翼后旗、开鲁县、库伦旗、奈曼旗、扎鲁特旗、科尔沁区)、锡林郭勒盟(锡林浩特市、二连浩特市、阿巴嘎旗、苏尼特左旗、苏尼特右旗、东乌珠穆沁旗、西乌珠穆沁旗、太仆寺旗、镶黄旗、正镶白旗、正蓝旗、多伦县)、乌兰察布市(丰镇市、卓资县、化德县、商都县、兴和县、凉城县、察哈尔右翼前旗、察哈尔右翼中旗、察哈尔右翼后旗、四子王旗)、巴彦淖尔市(临河区、五原县、磴口县、乌拉特前旗、乌拉特中旗、乌拉特后旗、杭锦后旗)、阿拉善盟(阿拉善左旗、阿拉善右旗、额济纳旗)
辽 宁	19	沈阳市(辽中县、康平县、法库县、新民市、铁西区)、大连市(瓦房店市)、鞍山市(台安县)、锦州市(黑山县、义县)、阜新市(阜新蒙古族自治县、彰武县)、盘锦市(盘山县)、铁岭市(昌图县)、朝阳市(建平县、北票市)、葫芦岛市(连山区、龙港区、绥中县、兴城市)
吉 林	14	长春市(农安县)、四平市(梨树县、公主岭市、双辽市)、松原市(宁江区、前郭尔罗斯蒙古族自治县、长岭县、乾安县、扶余县)、白城市(洮北区、镇赉县、通榆县、洮南市、大安市)

附表1-2　全国沙化土地范围表

省份	数量	县（市、区、旗）名称
黑龙江	15	齐齐哈尔市（铁锋区、昂昂溪区、富拉尔基区、梅里斯达斡尔族区、建华区、龙江县、泰来县、甘南县、富裕县、讷河市）、大庆市（让胡路区、红岗区、大同区、肇源县、杜尔伯特蒙古族自治县）
江苏	22	徐州市（云龙区、丰县、沛县、铜山区、睢宁县、新沂市、邳州市）、连云港市（灌云县、灌南县）、淮安市（清河区、淮安区、淮阴区、涟水县）、盐城市（响水县、滨海县、阜宁县、射阳县、东台市、大丰市）、宿迁市（宿城区、宿豫区、泗阳县）
浙江	1	舟山市（普陀区）
安徽	8	阜阳市（界首市、太和县）、宿州市（埇桥区、砀山县、萧县、灵璧县）、亳州市（谯城区）、淮北市（濉溪县）
福建	17	福州市（仓山区、平潭县、福清市、长乐市）、莆田市（秀屿区）、泉州市（泉港区、惠安县、石狮市、晋江市、南安市）、漳州市（云霄县、漳浦县、诏安县、东山县、龙海市）、宁德市（霞浦县、福鼎市）
江西	30	南昌市（南昌县、新建县）、九江市（庐山区、永修县、星子县、都昌县、湖口县、彭泽县）、鹰潭市（月湖区、余江县、贵溪市）、赣州市（赣县、宁都县、于都县、兴国县）、宜春市（丰城市、樟树市）、抚州市（临川区、南城县、崇仁县、乐安县）、上饶市（信州区、上饶县、广丰县、铅山县、横峰县、弋阳县、余干县、鄱阳县、万年县）
山东	72	济南市（天桥区、平阴县、济阳县、商河县、章丘市）、青岛市（胶南市）、淄博市（高青县）、东营市（东营区、河口区、垦利县、利津县、广饶县）、烟台市（芝罘区、牟平区、莱山区、龙口市、莱州市、蓬莱市、招远市、海阳市）、潍坊市（寒亭区、寿光市、昌邑市）、泰安市（泰山区、岱岳区、宁阳县、东平县、新泰市、肥城市）、日照市（东港区、岚山区、莒县）、莱芜市（莱城区、钢城区）、临沂市（兰山区、罗庄区、河东区、沂南县、沂水县、费县、莒南县、蒙阴县、临沭县）、德州市（临邑县、齐河县、平原县、夏津县、武城县、禹城市）、聊城市（东昌府区、阳谷县、莘县、茌平县、东阿县、冠县、高唐县、临清市）、滨州市（滨城区、惠民县、阳信县、沾化县、博兴县、邹平县）、菏泽市（牡丹区、曹县、单县、成武县、巨野县、郓城县、鄄城县、定陶县、东明县）
河南	48	郑州市（管城回族区、金水区、惠济区、中牟县、新郑市）、开封市（金明区、龙亭区、顺河回族区、鼓楼区、禹王台区、杞县、通许县、尉氏县、开封县、兰考县）、安阳市（滑县、内黄县）、鹤壁市（浚县、淇县）、新乡市（新乡县、原阳县、延津县、封丘县、长垣县、卫辉市、辉县市）、焦作市（武陟县、温县、孟州市）、濮阳市（华龙区、清丰县、南乐县、范县、台前县、濮阳县）、许昌市（鄢陵县）、商丘市（梁园区、睢阳区、民权县、睢县、宁陵县、虞城县、夏邑县）、周口市（川汇区、扶沟县、西华县、淮阳县、太康县）
湖北	33	武汉市（蔡甸区、江夏区、黄陂区、新洲区）、黄石市（阳新县）、宜昌市（当阳市、枝江市）、襄阳市（谷城县、老河口市、枣阳市、宜城市）、鄂州市（梁子湖区、华容区、鄂城区）、荆门市（京山县、钟祥市）、孝感市（孝昌县、云梦县、应城市、安陆市、汉川市）、荆州市（公安县、监利县、江陵县、石首市、洪湖市、松滋市）、黄冈市（浠水县、麻城市）、随州市（曾都区）、省直辖县（仙桃市、潜江市、天门市）

附表1-3　全国沙化土地范围表

省份	数量	县（市、区、旗）名称
湖南	20	长沙市（岳麓区、望城区）、岳阳市（岳阳楼区、云溪区、君山区、岳阳县、华容县、湘阴县、汨罗市、临湘市）、常德市（武陵区、鼎城区、安乡县、汉寿县、澧县、津市市）、益阳市（资阳区、赫山区、南县、沅江市）
广东	24	汕头市（龙湖区、濠江区、南澳县、潮阳区、澄海区、潮南区）、江门市（台山市）、湛江市（坡头区、麻章区、遂溪县、徐闻县、雷州市、吴川市）、茂名市（茂港区、电白县）、惠州市（惠东县）、汕尾市（城区、海丰县、陆丰市）、阳江市（江城区、阳西县、阳东县）、潮州市（饶平县）、揭阳市（惠来县）

续表

省 份	数 量	县（市、区、旗）名称
广 西	9	北海市（海城区、银海区、铁山港区、合浦县）、防城港市（港口区、防城区、东兴市）、钦州市（钦南区、钦北区）
海 南	12	琼海市、儋州市、文昌市、万宁市、东方市、海口市、三亚市、澄迈县、临高县、昌江黎族自治县、乐东黎族自治县、陵水黎族自治县
重 庆	2	开县、云阳县
四 川	84	自贡市（富顺县）、攀枝花市（西区、仁和区、米易县、盐边县）、泸州市（江阳区、纳溪区、龙马潭区、泸县、合江县）、德阳市（罗江县、广汉市、绵竹市）、广元市（元坝区、朝天区、旺苍县）、遂宁市（船山区、安居区、蓬溪县）、内江市（东兴区、资中县）、乐山市（市中区、沙湾区、五通桥区、犍为县）、南充市（高坪区、嘉陵区、蓬安县、阆中市）、眉山市（东坡区、彭山县、青神县）、宜宾市（宜宾县、南溪区、屏山县）、广安市（武胜县）、雅安市（汉源县、石棉县）、巴中市（通江县、平昌县）、资阳市（雁江区、简阳市）、阿坝藏族羌族自治州（汶川县、理县、茂县、松潘县、九寨沟县、金川县、小金县、黑水县、马尔康县、壤塘县、阿坝县、若尔盖县、红原县）、甘孜藏族自治州（康定县、泸定县、丹巴县、九龙县、雅江县、道孚县、炉霍县、甘孜县、新龙县、德格县、白玉县、石渠县、色达县、理塘县、巴塘县、乡城县、稻城县、得荣县）、凉山彝族自治州（西昌市、德昌县、会理县、会东县、宁南县、普格县、布拖县、金阳县、冕宁县、美姑县、雷波县）
贵 州	15	铜仁市（碧江区、江口县、玉屏侗族自治县、石阡县、思南县、德江县、沿河土家族自治县）、毕节市（金沙县、威宁彝族回族苗族自治县）、黔东南苗族侗族自治州（黄平县、施秉县、三穗县、镇远县、天柱县、榕江县）
云 南	31	昆明市（东川区、寻甸回族彝族自治县）、曲靖市（陆良县、会泽县）、玉溪市（华宁县、峨山彝族自治县、新平彝族傣族自治县、元江哈尼族彝族傣族自治县）、保山市（隆阳区、腾冲县、龙陵县、昌宁县）、昭通市（鲁甸县、巧家县、盐津县、永善县）、楚雄彝族自治州（元谋县、武定县）、大理白族自治州（大理市、宾川县、南涧彝族自治县、巍山彝族回族自治县）、德宏傣族景颇族自治州（瑞丽市、芒市、梁河县、盈江县、陇川县）、丽江市（玉龙纳西族自治县、永胜县）、临沧市（临翔区、云县）

四、资源环境

附表 1-4　全国沙化土地范围表

省 份	数 量	县（市、区、旗）名称
西 藏	73	拉萨市（城关区、林周县、当雄县、尼木县、曲水县、堆龙德庆县、达孜县、墨竹工卡县）、昌都地区（昌都县、江达县、贡觉县、类乌齐县、丁青县、察雅县、八宿县、左贡县、芒康县、洛隆县、边坝县）、山南地区（乃东县、扎囊县、贡嘎县、桑日县、琼结县、曲松县、措美县、洛扎县、加查县、隆子县、错那县、浪卡子县）、日喀则地区（日喀则市、南木林县、江孜县、定日县、萨迦县、拉孜县、昂仁县、谢通门县、白朗县、仁布县、康马县、定结县、仲巴县、亚东县、吉隆县、聂拉木县、萨嘎县、岗巴县）、那曲地区（那曲县、嘉黎县、比如县、聂荣县、安多县、申扎县、索县、班戈县、巴青县、尼玛县）、阿里地区（普兰县、札达县、噶尔县、日土县、革吉县、改则县、措勤县）、林芝地区（林芝县、工布江达县、米林县、墨脱县、波密县、察隅县、朗县）
陕 西	9	渭南市（大荔县）、延安市（吴起县）、榆林市（榆阳区、神木县、府谷县、横山县、靖边县、定边县、佳县）
甘 肃	24	金昌市（金川区、永昌县）、白银市（平川区、靖远县、景泰县）、酒泉市（玉门市、肃州区、敦煌市、金塔县、肃北蒙古族自治县、阿克塞哈萨克族自治县、瓜州县）、张掖市（甘州区、肃南裕固族自治县、民乐县、临泽县、高台县、山丹县）、武威市（凉州区、民勤县、古浪县）、庆阳市（环县）、甘南藏族自治州（玛曲县）、嘉峪关市
青 海	18	海北藏族自治州（海晏县、刚察县）、黄南藏族自治州（泽库县）、海南藏族自治州（共和县、贵德县、贵南县）、果洛藏族自治州（玛沁县、玛多县）、玉树藏族自治州（治多县、曲麻莱县）、海西蒙古族藏族自治州（格尔木市、德令哈市、乌兰县、都兰县、天峻县、大柴旦、冷湖、茫崖）
宁 夏	16	银川市（兴庆区、金凤区、西夏区、永宁县、贺兰县、灵武市）、石嘴山市（惠农区、大武口区、平罗县）、吴忠市（利通区、红寺堡区、盐池县、同心县、青铜峡市）、中卫市（沙坡头区、中宁县）

续表

省份	数量	县(市、区、旗)名称
新疆	91	乌鲁木齐市(天山区、沙依巴克区、新市区、水磨沟区、头屯河区、达坂城区、米东区、乌鲁木齐县)、克拉玛依市(独山子区、克拉玛依区、白碱滩区、乌尔禾区)、吐鲁番地区(吐鲁番市、鄯善县、托克逊县)、哈密地区(哈密市、巴里坤哈萨克自治县、伊吾县)、昌吉回族自治州(昌吉市、阜康市、呼图壁县、玛纳斯县、奇台县、吉木萨尔县、木垒哈萨克自治县)、博尔塔拉蒙古自治州(博乐市、精河县、温泉县)、巴音郭楞蒙古自治州(库尔勒市、轮台县、尉犁县、若羌县、且末县、焉耆回族自治县、和静县、和硕县、博湖县)、阿克苏地区(阿克苏市、温宿县、库车县、沙雅县、新和县、拜城县、乌什县、阿瓦提县、柯坪县)、克孜勒苏柯尔克孜自治州(阿图什市、阿克陶县、阿合奇县、乌恰县)、喀什地区(喀什市、疏附县、疏勒县、英吉沙县、泽普县、莎车县、叶城县、麦盖提县、岳普湖县、伽师县、巴楚县、塔什库尔干塔吉克自治县)、和田地区(和田市、和田县、墨玉县、皮山县、洛普县、策勒县、于田县、民丰县)、伊犁哈萨克自治州(奎屯市、察布查尔锡伯自治县、霍城县)、塔城地区(乌苏市、额敏县、沙湾县、托里县、裕民县、和布克赛尔蒙古自治县)、阿勒泰地区(阿勒泰市、布尔津县、富蕴县、福海县、哈巴河县、青河县、吉木乃县)、自治区直属县级行政单位(石河子市、阿拉尔市、图木舒克市、五家渠市、北屯市)

附表2　全国沙化土地现状表

单位：公顷

单位	总面积	流动沙丘	半固定沙丘	固定沙丘	露沙地	沙化耕地	非生物工程	风蚀残丘	风蚀劣地	戈壁
总计	173107661	40613424	17715684	27792486	9976152	4459445	6561	889841	5572585	66081487
北京	52448			52448						
天津	15352			7311		8041				
河北	2125289		14254	996269		1114766				
山西	617779		32337	488727	3806	92910				
内蒙古	41468277	8479881	5851058	12241471	5874858	196100		4335	1743659	7076916
辽宁	549548	1123	9892	380878	1064	156590				
吉林	708013		14811	345184		348018				
黑龙江	495658		7781	414176		73701				
江苏	584407			80604		503803				
浙江	56			56						
安徽	120499			50537		69962				
福建	41467	1146	507	14792		25022				
江西	72481	640	2763	27566		41512				
山东	767555	757	9019	243460		514318				
河南	628571	631	8972	126159		492809				
湖北	189949	1231	1299	69986	145	117026	263			
湖南	58776	184	865	54152		3576				

续表

单 位	总面积	流动沙丘	半固定沙丘	固定沙丘	露沙地	沙化耕地	非生物工程	风蚀残丘	风蚀劣地	戈 壁
广 东	100253	3369	1071	42905		52854	55			
广 西	194887	742	324	44031		149789				
海 南	59884			48679		11206				
重 庆	2516	128	2	207		2179				
四 川	913797	10631	37556	194548	616435	54200	427			
贵 州	6243	974	288	1441		3540				
云 南	44239	3364	1120	14513	1137	24095	11			
西 藏	21618582	390263	1012441	391262	1447772	20723	719			18355402
陕 西	1413215	28296	128720	1221552		34647				
甘 肃	11922429	1894769	1206749	1751813	38148	61780	1716	16310	158085	6793060
青 海	12503525	1201104	1156184	1180675	1992787		944	732257	3120993	3118581
宁 夏	1162261	107777	114364	740268		100955		850		98047
新 疆	74669705	28486414	8103307	6566816		185323	2426	136089	549848	30639481

附表 3-1 全国沙化土地治理分区表

<table>
<tr><th>类型区</th><th>类型亚区</th><th>县(市、区、旗)</th></tr>
<tr><td>5</td><td>15</td><td>905</td></tr>
<tr><td rowspan="3">一、干旱沙漠边缘及绿洲类型区</td><td>塔克拉玛干沙漠周边及绿洲治理区(50)</td><td>吐鲁番市、鄯善县、托克逊县、哈密市、巴里坤哈萨克自治县、伊吾县、库尔勒市、轮台县、尉犁县、若羌县、且末县、焉耆回族自治县、和静县、和硕县、博湖县、阿克苏市、温宿县、库车县、沙雅县、新和县、拜城县、乌什县、阿瓦提县、柯坪县、阿图什市、阿克陶县、阿合奇县、乌恰县、喀什市、疏附县、疏勒县、图木舒克市、英吉沙县、泽普县、莎车县、叶城县、麦盖提县、岳普湖县、伽师县、巴楚县、塔什库尔干塔吉克自治县、和田市、和田县、墨玉县、皮山县、洛普县、策勒县、于田县、民丰县、阿拉尔市</td></tr>
<tr><td>古尔班通古特沙漠及周边保护治理区(41)</td><td>天山区、沙依巴克区、新市区、水磨沟区、头屯河区、达坂城区、米东区、乌鲁木齐县、独山子区、克拉玛依区、白碱滩区、乌尔禾区、昌吉市、阜康市、呼图壁县、玛纳斯县、奇台县、吉木萨尔县、木垒哈萨克自治县、博乐市、精河县、温泉县、奎屯市、察布查尔锡伯自治县、霍城县、乌苏市、额敏县、沙湾县、托里县、裕民县、和布克赛尔蒙古自治县、阿勒泰市、布尔津县、富蕴县、福海县、哈巴河县、青河县、吉木乃县、石河子市、五家渠市、北屯市</td></tr>
<tr><td>河西走廊及阿拉善高原沙漠周边及绿洲区(31)</td><td>金川区、永昌县、平川区、靖远县、景泰县、玉门市、肃州区、敦煌市、金塔县、肃北蒙古族自治县、阿克塞哈萨克族自治县、瓜州县、甘州区、肃南裕固族自治县、民乐县、临泽县、高台县、山丹县、凉州区、民勤县、古浪县、嘉峪关市
阿拉善左旗、阿拉善右旗、额济纳旗、乌达区、海南区、海勃湾区、乌拉特后旗、磴口县、杭锦后旗</td></tr>
</table>

续表

类型区	类型亚区	县(市、区、旗)
二、半干旱沙化土地类型区	京津及周边沙化土地治理区(95)	昌平区、大兴区、怀柔区、平谷区、密云县、延庆县、房山区 蓟县、武清区、宝坻区 宣化县、张北县、康保县、沽源县、尚义县、阳原县、怀安县、万全县、怀来县、平泉县、丰宁满族自治县、围场满族蒙古族自治县 南郊区、新荣区、阳高县、天镇县、浑源县、左云县、大同县、朔城区、平鲁区、山阴县、应县、右玉县、怀仁县、神池县、五寨县、河曲县、保德县、偏关县 新城区、回民区、玉泉区、赛罕区、土默特左旗、托克托县、和林格尔县、清水河县、武川县、昆都仑区、东河区、青山区、石拐区、九原区、土默特右旗、固阳县、达尔罕茂明安联合旗、红山区、元宝山区、松山区、阿鲁科尔沁旗、巴林左旗、巴林右旗、林西县、克什克腾旗、翁牛特旗、喀喇沁旗、宁城县、敖汉旗、锡林浩特市、二连浩特市、阿巴嘎旗、苏尼特左旗、苏尼特右旗、东乌珠穆沁旗、西乌珠穆沁旗、太仆寺旗、镶黄旗、正镶白旗、正蓝旗、多伦县、丰镇市、卓资县、化德县、商都县、兴和县、凉城县、察哈尔右翼前旗、察哈尔右翼中旗、察哈尔右翼后旗、四子王旗、临河区、五原县、乌拉特前旗、乌拉特中旗

附表 3-2　全国沙化土地治理分区表

类型区	类型亚区	县(市、区、旗)
二、半干旱沙化土地类型区	科尔沁沙地及周边治理区(58)	科尔沁右翼中旗、突泉县、霍林郭勒市、科尔沁左翼中旗、科尔沁左翼后旗、开鲁县、库伦旗、奈曼旗、扎鲁特旗、科尔沁区 辽中县、康平县、法库县、新民市、铁西区、瓦房店市、台安县、黑山县、义县、阜新蒙古族自治县、彰武县、盘山县、昌图县、建平县、北票市、连山区、龙港区、绥中县、兴城市 农安县、梨树县、公主岭市、双辽市、宁江区、前郭尔罗斯蒙古族自治县、长岭县、乾安县、扶余县、洮北区、镇赉县、通榆县、洮南市、大安市 铁锋区、昂昂溪区、富拉尔基区、梅里斯达斡尔族区、建华区、龙江县、泰来县、甘南县、富裕县、讷河市、让胡路区、红岗区、大同区、肇源县、杜尔伯特蒙古族自治县
	毛乌素沙地及周边治理区(34)	兴庆区、金凤区、西夏区、永宁县、贺兰县、灵武市、平罗县、惠农区、大武口区、利通区、红寺堡区、盐池县、同心县、青铜峡市、沙坡头区、中宁县 环县 榆阳区、神木县、府谷县、横山县、靖边县、定边县、佳县、大荔县、吴起县 东胜区、达拉特旗、准格尔旗、鄂托克前旗、鄂托克旗、杭锦旗、乌审旗、伊金霍洛旗
	呼伦贝尔沙地治理区(6)	海拉尔区、满洲里市、鄂温克族自治旗、新巴尔虎右旗、新巴尔虎左旗、陈巴尔虎旗
三、高原高寒沙化土地类型区	柴达木沙漠周边及绿洲治理区(8)	格尔木市、德令哈市、乌兰县、都兰县、大柴旦、冷湖、茫崖、天峻县
	共和盆地及江河源区沙化土地治理区(39)	泽库县、共和县、贵德县、贵南县、玛沁县、玛多县、治多县、曲麻莱县、海晏县、刚察县 九寨沟县、金川县、小金县、黑水县、马尔康县、壤塘县、阿坝县、若尔盖县、松潘县、红原县、康定县、泸定县、丹巴县、九龙县、雅江县、道孚县、炉霍县、甘孜县、新龙县、德格县、白玉县、石渠县、色达县、理塘县、巴塘县、乡城县、稻城县、得荣县 玛曲县
	西藏河谷及周边区域沙化土地治理区(73)	城关区、林周县、当雄县、尼木县、曲水县、堆龙德庆县、达孜县、墨竹工卡县、昌都县、江达县、贡觉县、类乌齐县、丁青县、察雅县、八宿县、左贡县、芒康县、洛隆县、边坝县、乃东县、扎囊县、贡嘎县、桑日县、琼结县、曲松县、措美县、洛扎县、加查县、隆子县、错那县、浪卡子县、日喀则市、南木林县、江孜县、定日县、萨迦县、拉孜县、昂仁县、谢通门县、白朗县、仁布县、康马县、定结县、仲巴县、亚东县、吉隆县、聂拉木县、萨嘎县、岗巴县、那曲县、嘉黎县、比如县、聂荣县、安多县、申扎县、索县、班戈县、巴青县、尼玛县、普兰县、札达县、噶尔县、日土县、革吉县、改则县、措勤县、林芝县、工布江达县、米林县、墨脱县、波密县、察隅县、朗县

附表 3-3 全国沙化土地治理分区表

类型区	类型亚区	县(市、区、旗)
四、黄淮海平原半湿润、湿润沙化土地类型区	黄淮平原沙化土地治理区(144)	管城回族区、金水区、惠济区、中牟县、新郑市、金明区、龙亭区、顺河回族区、鼓楼区、禹王台区、杞县、通许县、尉氏县、开封县、兰考县、滑县、内黄县、浚县、淇县、新乡县、原阳县、延津县、封丘县、长垣县、卫辉市、辉县市、武陟县、温县、孟州市、华龙区、清丰县、南乐县、范县、台前县、濮阳县、鄢陵县、梁园区、睢阳区、民权县、睢县、宁陵县、虞城县、夏邑县、川汇区、扶沟县、西华县、淮阳县、太康县 天桥区、平阴县、济阳县、商河县、章丘市、胶南市、高青县、东营区、河口区、垦利县、利津县、广饶县、芝罘区、牟平区、莱山区、龙口市、莱州市、蓬莱市、招远市、海阳市、寒亭区、寿光市、昌邑市、泰山区、岱岳区、宁阳县、东平县、新泰市、肥城市、东港区、岚山区、莒县、莱城区、钢城区、兰山区、罗庄区、河东区、沂南县、沂水县、费县、莒南县、蒙阴县、临沭县、东昌府区、阳谷县、莘县、茌平县、东阿县、冠县、高唐县、临清市、滨城区、惠民县、阳信县、沾化县、博兴县、邹平县、牡丹区、曹县、单县、成武县、巨野县、郓城县、鄄城县、定陶县、东明县 界首市、太和县、埇桥区、砀山县、萧县、灵璧县、谯城区、濉溪县 云龙区、丰县、沛县、铜山区、睢宁县、新沂市、邳州市、灌云县、灌南县、清河区、淮安区、淮阴区、涟水县、响水县、滨海县、阜宁县、射阳县、东台市、大丰市、宿城区、宿豫区、泗阳县
	华北平原沙化土地治理区(76)	通州区、顺义区、朝阳区、丰台区 东丽区、西青区、北辰区、正定县、行唐县、灵寿县、深泽县、无极县、赵县、辛集市、藁城市、晋州市、新乐市、路南区、丰南区、丰润区、滦县、滦南县、乐亭县、迁安市、昌黎县、卢龙县、临漳县、大名县、永年县、邱县、鸡泽县、馆陶县、邢台县、隆尧县、南和县、巨鹿县、新河县、广宗县、威县、南宫市、沙河市、清苑县、定兴县、高阳县、望都县、蠡县、博野县、雄县、涿州市、定州市、安国市、高碑店市、东光县、南皮县、献县、孟村回族自治县、河间市、安次区、固安县、永清县、香河县、霸州市、三河市、枣强县、武邑县、饶阳县、安平县、景县、冀州市、深州市 临邑县、齐河县、平原县、夏津县、武城县、禹城市

附表 3-4 全国沙化土地治理分区表

类型区	类型亚区	县(市、区、旗)
五、南方湿润沙化土地类型区	沿海沙化土地治理区(63)	普陀区 龙湖区、濠江区、南澳县、潮阳区、澄海区、潮南区、台山市、坡头区、麻章区、遂溪县、徐闻县、雷州市、吴川市、茂港区、电白县、惠东县、汕尾市城区、海丰县、陆丰市、江城区、阳西县、阳东县、饶平县、惠来县 仓山区、平潭县、福清市、长乐市、秀屿区、泉港区、惠安县、石狮市、晋江市、南安市、云霄县、漳浦县、诏安县、东山县、龙海市、霞浦县、福鼎市、琼海市、儋州市、文昌市、万宁市、东方市、海口市、三亚市、澄迈县、临高县、昌江黎族自治县、乐东黎族自治县、陵水黎族自治县 海城区、银海区、铁山港区、合浦县、港口区、防城区、东兴市、钦南区、钦北区
	长江中下游、珠江流域沿河沿湖沙化土地治理区(85)	南昌县、新建县、庐山区、永修县、星子县、都昌县、湖口县、彭泽县、月湖区、余江县、贵溪市、赣县、宁都县、于都县、兴国县、丰城市、樟树市、临川区、南城县、崇仁县、乐安县、信州区、上饶县、广丰县、铅山县、横峰县、弋阳县、余干县、鄱阳县、万年县 蔡甸区、江夏区、黄陂区、新洲区、阳新县、当阳市、枝江市、谷城县、老河口市、枣阳市、宜城市、梁子湖区、华容区、鄂城区、京山县、钟祥市、孝昌县、云梦县、应城市、安陆市、汉川市、公安县、监利县、江陵县、石首市、洪湖市、松滋市、浠水县、麻城市、曾都区、仙桃市、潜江市、天门市 岳麓区、望城区、岳阳楼区、云溪区、君山区、岳阳县、华容县、湘阴县、汨罗市、临湘市、武陵区、鼎城区、安乡县、汉寿县、澧县、津市市、资阳区、赫山区、南县、沅江市 开县、云阳县

续表

类型区	类型亚区	县（市、区、旗）
五、南方湿润沙化土地类型区	西南峡谷沙化土地治理区(102)	东川区、寻甸回族彝族自治县、陆良县、会泽县、华宁县、峨山彝族自治县、新平彝族傣族自治县、元江哈尼族彝族傣族自治县、隆阳区、腾冲县、龙陵县、昌宁县、鲁甸县、巧家县、盐津县、永善县、元谋县、武定县、大理市、宾川县、南涧彝族自治县、巍山彝族回族自治县、瑞丽市、芒市、梁河县、盈江县、陇川县、玉龙纳西族自治县、永胜县、临翔区、云县 富顺县、西区、仁和区、米易县、盐边县、江阳区、纳溪区、龙马潭区、泸县、合江县、罗江县、广汉市、绵竹市、元坝区、朝天区、旺苍县、船山区、安居区、蓬溪县、东兴区、资中县、市中区、沙湾区、五通桥区、犍为县、高坪区、嘉陵区、蓬安县、阆中市、东坡区、彭山县、青神县、宜宾县、南溪区、屏山县、武胜县、汉源县、石棉县、通江县、平昌县、雁江区、简阳市、汶川县、理县、茂县、西昌市、德昌县、会理县、会东县、宁南县、普格县、布拖县、金阳县、冕宁县、美姑县、雷波县 碧江区、江口县、玉屏侗族自治县、石阡县、思南县、德江县、沿河土家族自治县、金沙县、威宁彝族回族苗族自治县、黄平县、施秉县、三穗县、镇远县、天柱县、榕江县

附表4　全国防沙治沙规划治理任务表

单位：万公顷

省（区、市）	治理任务		
	2011—2020年	2011—2015年	2016—2020年
合　计	2000	1000	1000
北　京	5.24	2.62	2.62
天　津	1.54	0.77	0.77
河　北	174	87	87
山　西	61.78	30.89	30.89
内　蒙	812	402.88	409.12
辽　宁	54.95	27	27.95
吉　林	26.38	16.10	10.28
黑龙江	15.66	7	8.66
江　苏	30	15	15
浙　江	0.0056	0.0056	0
安　徽	5.12	2.45	2.67
福　建	0.60	0.60	0
江　西	7.25	3.63	3.62
山　东	30	15	15

续表

省（区、市）	治理任务		
	2011—2020年	2011—2015年	2016—2020年
河　南	16.70	8.35	8.35
湖　北	18.99	9.50	9.49
湖　南	5.88	2.94	2.94
广　东	10.03	5.02	5.01
广　西	0.74	0.74	0
海　南	1	1	0
重　庆	0.25	0.25	0
四　川	88	44	44
贵　州	0.62	0.62	0
云　南	4.42	2.21	2.21
西　藏	27.20	13.60	13
陕　西	70	35	35
甘　肃	91.64	45.82	45.82
青　海	80	40	40
宁　夏	60	30	30
新　疆	300	150	150

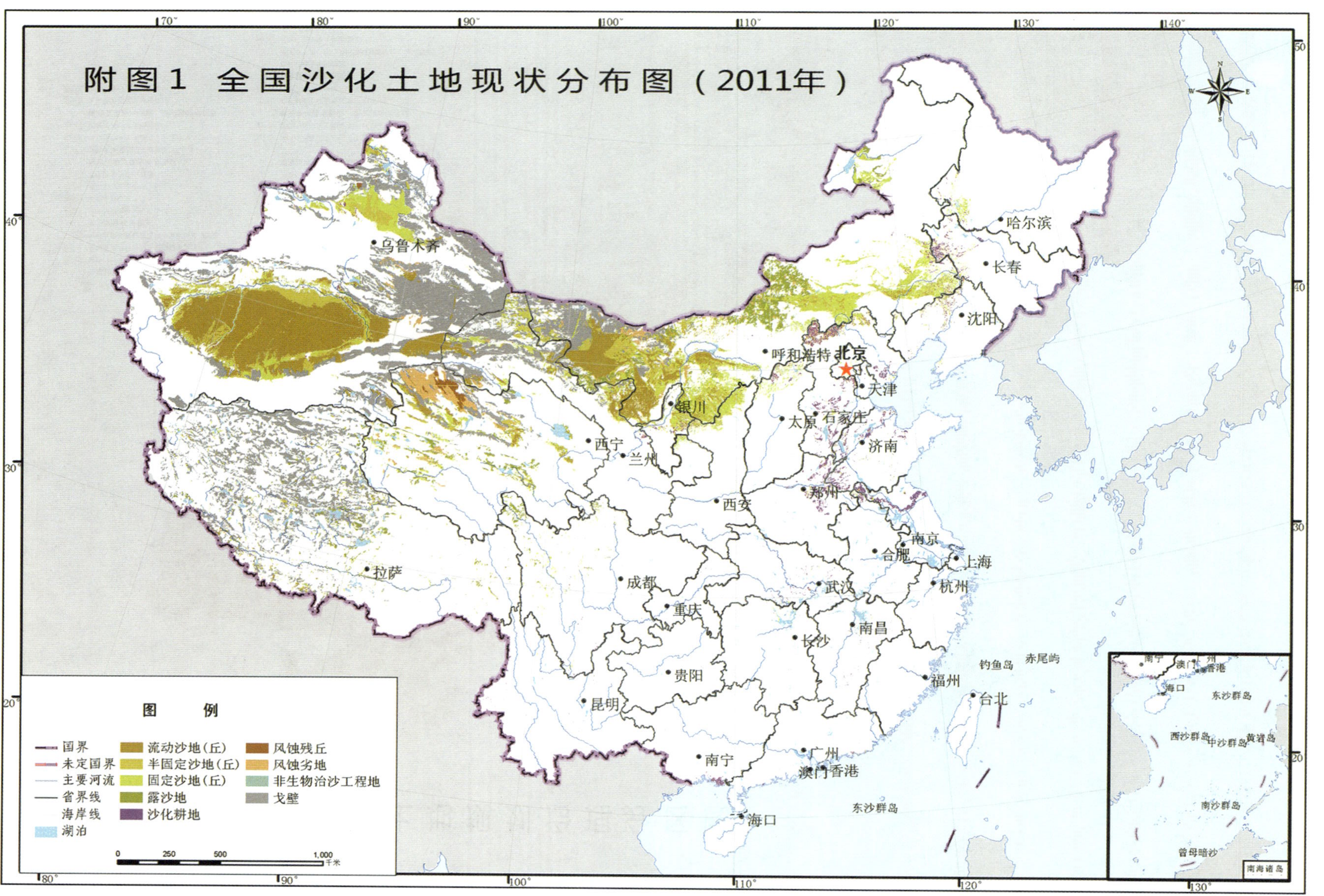
附图1 全国沙化土地现状分布图（2011年）
图例
国界
未定国界
主要河流
省界线
海岸线
湖泊
流动沙地（丘）
半固定沙地（丘）
固定沙地（丘）
露沙地
沙化耕地
风蚀残丘
风蚀劣地
非生物治沙工程地
戈壁
0 250 500 1,000 千米
北京
天津
哈尔滨
长春
沈阳
呼和浩特
石家庄
太原
济南
郑州
西安
银川
兰州
西宁
乌鲁木齐
拉萨
成都
重庆
贵阳
昆明
南宁
海口
广州
澳门
香港
长沙
武汉
南昌
合肥
南京
上海
杭州
福州
台北
钓鱼岛
赤尾屿
东沙群岛
西沙群岛
中沙群岛
南沙群岛
黄岩岛
曾母暗沙
南海诸岛

附图2 全国沙化土地规划治理分区图

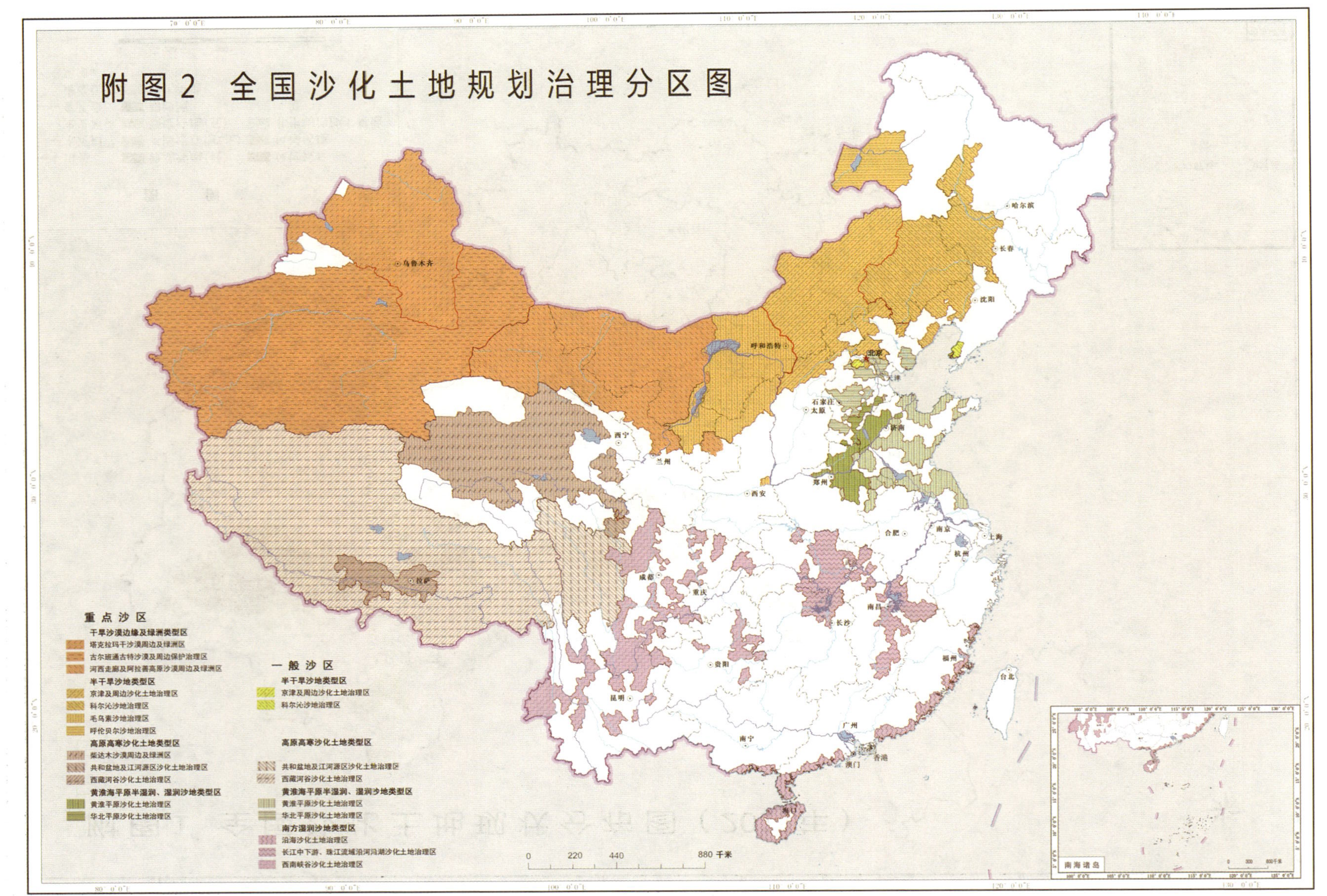

全国湿地保护工程“十二五”实施规划

前　言

湿地是指天然的或人工的、永久的或暂时的沼泽地、泥炭地、水域地带，带有静止或流动、淡水或半咸水及咸水水体，包括低潮时水深不超过6米的海域。沼泽、泥炭地、湿草甸、湖泊、河流、滞蓄洪区、河口三角洲、滩涂、水库、池塘、水稻田以及低潮时水深浅于6米的海域地带等均属于湿地范畴。

湿地与森林、海洋并称为全球三大生态系统。湿地具有涵养水源、净化水质、蓄洪防旱、调节气候和维护生物多样性等重要生态功能。健康的湿地生态系统是国家生态安全的重要组成部分，是经济社会可持续发展的重要基础。保护湿地，对于维护生态平衡，改善生态状况，促进人与自然和谐，实现经济社会可持续发展，具有十分重要的意义。

2003年9月，国务院批准《全国湿地保护工程规划（2002—2030年）》作为我国湿地保护长期规划，明确了我国湿地保护的近期、中远期目标。“十一五”期间，根据《全国湿地保护工程实施规划（2005—2010年）》，各地区、各部门实施了一大批湿地保护工程，全国湿地保护体系建设进一步完善，一批国际和国家重要湿地得到了抢救性的保护，湿地保护管理能力明显增强，湿地工程区的民生得到进一步改善，湿地保护和合理利用的成功经验和做法得到推广，履行《湿地公约》国际义务的能力明显增强，我国的湿地保护事业取得了重大进展。

为落实《国民经济和社会发展第十二个五年规划纲要》和《全国湿地保护工程规划（2002—2030年）》阶段目标，针对我国自然湿地数量减少、质量下降的趋势仍在继续，湿地生态系统仍面临着严重威胁的总体形势，“十二五”期间继续加大湿地保护力度，实施湿地保护与恢复工程，增强湿地保护管理能力建设仍显得十分紧迫。

“十二五”湿地保护工程将在评估、总结“十一五”湿地保护工程实施情况的基础上，根据湿地保护长期规划的总体部署，以保护湿地资源、建设生态文明、促进经济社会可持续发展为总体目标，重点针对国际及国家重要湿地、自然保护区、湿地公园以及鸟类迁飞网络、对气候变化有重大影响的泥炭湿地以及跨流域、跨地区湿地实施保护和恢复工程,形成国家层次示范效果。同时,加大对科研、宣传、管理、培训能力建设,加大对湿地周边社区的扶持力度,开展湿地资源合理利用示范,促进湿地保护事业的健康发展。由林业局、科学技术部、国土资源部、环境保护部、住房和城乡建设部、水利部、农业部和海洋局等部门组成的规划编制小组,对各部门提交的湿地保护、恢复、合理利用以及保护管理能力等方面的优先项目进行了汇总、修改和完善,在充分征求意见的基础上,形成了《全国湿地保护工程“十二五”实施规划》。

鉴于各部门已经编制和实施了许多与湿地保护相关的规划,本规划与之进行了充分衔接,确保在时空上不矛盾,在建设任务上不重叠。本实施规划所涉及的建设项目只对项目名称、地点、主要建设内容、规模和投资的初步匡算等进行摘要。

一、实施保护工程的必要性

(一)“十一五”湿地保护工程总结

1.工程完成情况

《全国湿地保护工程实施规划(2005—2010年)》规划总投资90.04亿元,其中中央投资42.36亿元,地方配套47.68亿元。“十一五”期间实际完成项目总投资30.3亿元,其中中央投资14亿元,地方配套投资16.3亿元。通过项目实施,全国已经完成和正在建设的湿地自然保护区管理局76处,保护管理站点401处,湿地监测站点245处,野生动物救护站点44处,恢复湿地79162公顷,湿地污染防治面积2093公顷。湿地保护恢复工程已经取得了初步成效。

2.工程主要成效

(1)重要湿地得到了抢救性保护

国家重点项目的实施有效改善了项目区生态脆弱和退化湿地的生态状况,逐步形成了我国湖泊、沼泽、滨海等多种湿地类型的保护和恢复的示范模式,对重要湿地生态保护和恢复起到了很好的示范作用。在国家示范工程的带动下,各地开展了形式多样的湿地保护与修复项目,探索了主要依靠社会力量和地方财力开展湿地保护和恢复的新模式。全国水污染防治、水资源调配与管理、海洋功能区划、生物措施防治面源污染等规划均将湿地保护作为重要内容,不仅直接保护了重要湿地的生态功能,也为通过工程措施和生物措施治理湿地起到了较好的示范作用。

(2)全国湿地保护体系建设进一步完善

通过各地和各部门的共同努力,在国际重要湿地、国家重要湿地区域相继建立了一系列的自然保护区、湿地公园、自然保护小区,初步形成了较完善的湿地保护体系,对我国湿地资源的抢救性保护起到了至关重要的作用。到目前为止,我国已建立各级湿地自然保护区550多处;国家湿地公园试点145处、地方湿地公园102处;指定国际重要湿地41处。

(3)政策制度及法规建设得到有效加强

“十一五”工程的实施有效推进了湿地保护立法工作,国家湿地保护条例正在积极制定之中,地方湿地立法进程明显加快,目前已有13个省(区)先后出台了省级湿地保护条例,已颁发湿地资源调查、湿地保护和恢复、湿地公园建设等方面的标准和规范性文件8部,为促进规范化管理打下了坚实的基础。“十一五”期间财政部首次设立了湿地保护的中央财政专项资金,开展湿地保护补助项目，探索建立湿地生态效益补偿的长效机制。

（4）湿地保护管理能力明显增强

为切实加强全国湿地保护，推进工程顺利实施，2005年，经中编办批准建立了国家林业局湿地保护管理中心（中华人民共和国国际湿地公约履约办公室）。14个省（区、市）建立了省级湿地保护管理专门机构。各级湿地自然保护区和湿地公园管理机构普遍加强，保护管理手段得到强化，能力得到提高。2008年财政部设立了全国湿地资源普查的部门预算项目，2009年启动开展了第二次全国湿地资源调查，预计2013年完成全国调查任务。成立了由国家林业局牵头、国务院16个部门共同参加的“中国履行《湿地公约》国家委员会”。新成立了一批湿地研究机构，强化了工程项目的技术支撑。

（5）湿地工程区的民生进一步改善

湿地工程建设过程中，坚持合理布局，突出重点，通过保护与恢复湿地资源，实现湿地生态系统的良性循环；同时，在保护湿地水体资源、植物资源、动物资源、景观资源的前提下，积极发展养殖业，合理开发生态旅游业，增加了社区群众的就业机会，扩大了致富门路，实现了保护与利用的双赢。通过项目实施，产生了一批湿地保护好、增收致富好、生态观念好的湿地文明村、湿地文明户。

3.工程主要做法和措施

（1）工程主要做法

一是加强组织领导。地方政府和有关部门对湿地保护项目高度重视，加强组织领导，确保了项目成效。二是认真做好项目前期工作。国家林业局成立了国家湿地项目评审专家组，对各地上报的项目认真筛选，确保项目的可行性和科学性。三是加强项目管理和指导。严格执行国家关于项目建设和管理的相关办法和规定，规范工程建设行为。针对湿地恢复的技术瓶颈，与国际组织合作出版了《湿地恢复手册》。四是强化项目动态监管。制订了《全国湿地保护工程实施规划中期评估办法》，采取多种措施保证工程按计划实施。

（2）工程主要措施

在工程建设中，各有关部门对项目建设单位加强科技支撑，采取了一系列切实有效的措施。

——自然湿地保护。主要采取建立湿地类型自然保护区、国家湿地公园、重要湿地保护小区等措施，强化保护设施设备、增强保护管理能力，扩大自然湿地保护面积，提高自然湿地保护率。

——退化湿地恢复。主要采取生态补水、湿地植被恢复、栖息地恢复、湿地污染防控、有害生物防治等措施，逐步修复退化湿地的功能，改善湿地生态，维护湿地生态系统健康。

——湿地可持续利用。主要采取生态种植、生态养殖、退田（耕）还湿、退养还滩、退（禁）牧还湿等措施，减轻湿地的开发利用程度，确保湿地资源的可持续利用。

——湿地调查监测。制定相关的标准和技术规程，开展全国湿地资源调查和国际重要湿地监测，掌握湿地资源动态变化和国际重要湿地生态状况，为湿地保护管理和《湿地公约》履约服务。

4.存在主要问题

（1）项目组织协调的管理难度大

湿地保护管理工作涉及面广、复杂程度高，项目组织协调难度大。由于水系连通的特性决定了做好湿地保护必须综合考虑上下游和左右岸的全方位工作，只考虑局部工作无法解决湿地面临的问题和威胁。湿地保护管理条块分割、针对单要素的管理政策格局已经固化，同一空间管理机构众多，管理目标不兼容甚至冲突，增加了项目实施以及管理工作的难度。

(2)项目前期论证相对薄弱

由于湿地保护与恢复工程建设项目内容复杂、专业性强,许多项目在编制可行性研究报告时,受投资标准、投资规模限制,为了能够立项,过分注重项目的可批性,而忽视了项目的技术、经济可行性与合理性,导致可研批复以后项目出现变更,个别项目甚至因技术、经济不可行而无法实施,影响工程建设效果。

(3)科技支撑力量不足

各地普遍存在科研力量不足、经费缺乏、设施设备落后等问题,导致保护和恢复的技术瓶颈无法得到解决。对正在实施的湿地项目更是存在科技支撑薄弱、保护和恢复技术含量较低的问题,难以达到工程的示范目的。

(二)"十二五"湿地保护工程的必要性

一是湿地面临威胁、加强保护的需要。我国自然湿地仅占国土面积的3.77%,远远低于6%的世界平均水平。"十一五"期间,虽然我国湿地保护工作取得了较大进步,但与湿地保护的总体要求还有很大差距,湿地保护面临的形势依然严峻。2009年我国启动了第二次全国湿地资源调查工作。截至目前,全国已完成了北京等13个省(市)的外业调查与数据汇总工作。通过对两次湿地资源调查结果按可比口径比较,13省(区、市)湿地面积减少了33.75万公顷,减少率为1.57%。其中,自然湿地减少率为1.30%。自然湿地中沼泽湿地减少率最为显著,为8.07%。我国自然湿地数量减少、质量下降的趋势仍在继续,湿地生态系统仍面临着严重威胁,继续加强湿地保护十分必要。

二是应对气候变化、拓展发展空间的需要。应对气候变化是全球面临的重大问题和共同责任,湿地生态系统在应对全球气候变化中的地位与作用已在全球形成了广泛共识。2011年11月南非德班气候大会作出决议:从2013年开始继续实施《京都议定书》第二承诺期的有关内容,并重点关注面积不小于1公顷的有机土壤湿地,缔约国要对"湿地排水和还湿"引起的温室气体源的排放和汇的清除方面的原因进行说明。占全球陆地总面积6%的湿地储存了约7700亿吨碳,占陆地生态系统碳储量的35%。在当前工业减排仍将持续面临较高难度的情况下,必须充分发挥湿地的间接减排功能,加强我国湿地保护,提升固碳能力,对于我国应对气候变化、拓展发展空间具有重要意义。

三是贯彻落实国家重大战略部署、履行湿地公约、增强国家软实力的需要。党的十七届五中全会和《中华人民共和国国民经济和社会发展第十二个五年规划纲要》均提出要保护好湿地,为做好当前和今后一个时期的湿地保护管理工作指明了方向。"十二五"是实现全国湿地保护中期目标的关键时期,必须针对目前存在的薄弱环节,全面加强湿地保护管理能力建设,优先加大对湿地资源调查监测体系、湿地保护宣传教育培训体系和湿地保护科技支撑体系建设,加强法制建设,完善政策保障体系,认真履行湿地公约国际义务,落实《全国湿地保护工程规划(2002—2030年)》中期目标,努力改善全国湿地生态状况,增强我国软实力。

二、指导思想与目标任务

（一）指导思想

高举中国特色社会主义伟大旗帜，以邓小平理论和"三个代表"重要思想为指导，深入贯彻落实科学发展观，认真落实全国湿地保护工程规划的总体部署，以保护湿地资源、建设生态文明、促进经济社会可持续发展为目标，以重要生态区域湿地生态系统恢复和修复为突破口，以强化湿地保护体系建设为根本，加大湿地生态系统的整体保护，全面提升我国湿地保护管理水平。

（二）规划原则

一是落实目标，分步实施。根据最新的湿地资源调查数据以及湿地保护的发展形势，以"十一五"已经实施的湿地保护工程为基础，对《全国湿地保护工程规划（2002—2030 年）》阶段目标进行全面落实，有步骤地分步实施。

二是合理布局，协调发展。以国际及国家重要湿地区域为单元，根据我国湿地保护存在的主要问题和面临的新形势，合理布局，同时，衔接国家、各部门已经批准实施的其他相关规划，协调发展。

三是因地制宜，保护优先。在充分考虑建设条件的基础上，科学合理布设建设项目，因地制宜，保护优先，加强湿地区生态系统以及保护网络系统的整体保护，突出保护和治理的整体效果，最大限度地发挥湿地的生态功能。

四是统筹规划，综合治理。在建设内容上，要改变前期实施的湿地工程项目中措施单一、注重基础设施等硬件建设的情况，采取综合治理措施，通过建立保护体系、加强水资源管理、控制污染、防治有害生物等一系列措施进行生态综合治理。

五是强化管理，试点带动。加强湿地保护管理和协调，尤其要加强湿地保护管理能力建设和法规、政策研究，同时，选择合适的湿地区开展湿地合理利用、社区共管、替代生计等试点示范。

（三）规划目标

全面落实《国务院办公厅关于加强湿地保护管理的通知》精神，落实《全国湿地保护工程规划（2002—2030 年）》中期阶段目标，根据我国湿地资源以及保护管理面临的主要问题，在前期工作基础上，继续加强湿地保护、湿地恢复与综合治理、湿地可持续利用示范和能力建设等内容，使我国的湿地保护迈上一个新台阶，全面遏制我国湿地生态与环境下降的趋势，使重要湿地的生态状况得到初步恢复，湿地保护管理能力得到全面提升，为维护国家生态安全和保障经济社会可持续发展奠定基础。

——"十二五"期间，初步建立起以湿地自然保护区、国家湿地公园为主体的湿地保护管理体系，基本形成自然湿地保护网络。

——开展围垦湿地退还、湿地补水、污染防控、外来入侵物种生物防治、栖息地恢复等湿地综合治理工程，恢复、修复湿地 11.65 万公顷，初步扭转自然湿地面积萎缩和重要湿地区生态功能退化的趋势。

——实施一批农牧渔综合利用示范区项目、红树林合理利用示范项目及湿地合理利用社区扶持项目，使我国湿地资源逐步走上合理利用轨道。

——重点加强国家和省级层面的湿地保护能力建设，加强湿地调查监测、宣传教育与科技支撑体系建设,使我国湿地保护管理能力得到全面提升。

(四)重点区域

根据《全国湿地保护工程规划(2002—2030年)》建设布局和“十二五”期间主要建设内容,有针对性明确不同区域湿地保护与建设重点。

1.东北湿地区

重点在三江平原、松嫩平原等农业开发区域,通过湿地保护与恢复及生态农业等方面的示范,提供东北平原地区湿地生态系统保护、恢复和合理利用模式。在大兴安岭、小兴安岭、长白山地和呼伦贝尔草原,加强森林沼泽、灌丛沼泽和草本沼泽的保护,建立和完善区域湿地自然保护区网络,加强该地区国际重要湿地的保护。在农田与湿地交错区实施农区湿地污染物源头控制、农区湿地生态恢复工程、农区湿地可持续利用工程。

2.黄河中下游湿地区

重点加强黄河干流水资源的管理及中游地区的湿地保护,利用南水北调工程尝试性开展湿地恢复示范,加强该区域湿地水资源保护和合理利用,尤其是京津生态圈湿地水资源和华北平原湖泊湿地的保护,缓解该地区农业及城市饮用水资源日益紧张的状况。同时,实施农区湿地污染物源头控制、湿地可持续利用工程示范工程。

3.长江中下游湿地区

重点通过退田还湖、还泽、还滩、还林草及水土保持等措施,改善湿地生态状况,充分保证该区域湿地调蓄洪水和保护生物多样性等生态功能的发挥。在长江中下游湖泊群建立湿地保护和合理利用模式,在水质污染严重的湖泊开展污染防治和水环境的治理。加强自然保护区建设,尤其是具有国际重要意义的水鸟栖息地建设,实施迁徙鸟类网络保护工程,使该区域丰富的湿地生物多样性得到有效保护。同时,实施农区湿地污染物源头控制、湿地可持续利用工程示范工程。

4.滨海湿地区

重点是对河口湿地和鸟类迁徙重要驿站进行保护,逐步恢复我国的红树林湿地资源。评估油气田开采、盐田和农业开发对辽河三角洲、黄河三角洲、长江三角洲和珠江三角洲等湿地的潜在影响和威胁,加强该区域珍稀野生动物及其栖息地的保护。建立具有良性循环和生态经济增值的湿地开发利用示范区,对退化海岸湿地生态系统,进行综合整治、恢复与重建。

5.东南和南部湿地区

重点加强区域内水源地保护和流域综合治理,在河流源头区域和重要湿地区加强自然保护区建设。实施湿地植被保护和恢复工程、农区和工业区湿地污染物源头控制。

6.云贵高原湿地区

重点加强典型高原湿地的保护与恢复,以及流域综合管理,注重国际河流流域湿地保护,开展高原湿地生物多样性保护、水资源的保护和合理利用,加大高原湿地生态监测体系建设力度,在人为活动干扰较大的湿地进行生态恢复、湿地资源可持续利用示范,对高原富营养化湖泊进行综合治理。

7.西北干旱半干旱湿地区

重点加强湿地自然保护区建设和水资源的管理与协调,采取保护和恢复措施缓解西部干旱荒漠地区由于人为和自然因素导致的湿地环境恶化、湿地面积萎缩甚至消失的趋势。重点恢复塔里木河、黑河下游和银川黄河周边湿地,在荒漠湿地区建立湿地保护与荒漠化治理相结合的示范工程，通过生态措施和工程措施，遏制湿地周边区域土地退化特别是沙漠化趋势，改善湿地生态与环境，保证湿地生态功能的正常发挥。

8.青藏高原湿地区

重点通过加强保护区建设及植被恢复等措施，保护世界上独一无二的青藏高原湿地，尤其是江河源头地区的重要湿地，发挥该地区湿地的重要储水功能，使高原特有的珍稀野生动植物得以栖息繁衍。重点在三江源头、青海湖和若尔盖沼泽地区进行湿地保护和生态示范建设。

（五）主要任务

全国湿地保护工程涉及湿地保护体系、湿地恢复与综合治理、湿地可持续利用和能力建设四个方面。

1.湿地保护体系建设

“十二五”期间，全国应形成较完善的以湿地自然保护区、国家湿地公园为主体的湿地保护体系。对目前湿地生态保持较好、人为干扰相对较少的湿地，主要以保护为主，避免生态系统进一步恶化。

——自然保护区是保护湿地生态系统和湿地生物多样性最有效的手段。湿地自然保护区包括湿地生态系统类型和湿地珍稀动植物物种为保护对象的自然保护区。“十二五”期间规划对“十一五”期间规划未建项目、投入不足项目进行续建，并将“十一五”期间新建湿地自然保护区一并纳入规划建设，共有自然保护区建设项目 428 个。其中，国家级自然保护区 114 个，国际与国家重要湿地区域范围内的地方级湿地自然保护区 111 个，其他省级湿地自然保护区 203 个。位于非国际与国家重要湿地区域范围的市县级湿地自然保护区以及湿地保护小区暂不考虑纳入本次规划范围。

——湿地公园是我国湿地生态系统和生物多样性保护的重要举措之一，也是湿地保护和合理利用的结合体。国家湿地公园有着严格的保护管理措施，在湿地公园的保育区实施与自然保护区同样的保护管理方式。“十二五”期间，规划对已建 145 处国家湿地公园中用于湿地资源和生态保护的公益性部分实施湿地保护工程建设，选择 5 处自然湿地规模较大的国家城市湿地公园的湿地保护与恢复项目进行建设试点，规划建设项目计 150 个。

——为了抢救性保护我国湿地区域内的野生稻等野生植物资源，在“十一五”基础上新建 14 个野生稻等野生植物保护小区。

2.重要生态功能区湿地恢复与综合治理

“十二五”期间，分沼泽湿地、近海与海岸湿地（滨海湿地）、湖泊湿地、河流湿地四种类型，选择各类型中一些具有典型意义、生态退化严重的国家重要湿地或者二级流域湿地区域，采取综合管理措施，包括加强生态补水、围垦湿地的退还，污染排放管理、适度限制湿地范围内的生产生活活动，开展湿地生态系统恢复、关键物种栖息地重建、对特别敏感和具有特殊价值的重要地区进行外来入侵有害生物防控等建设内容。规划恢复与综合治理各类湿地 11.65 万公顷，其中，湿地生态系统恢复 9.28 万公顷，关键物种栖息地重建 2.03 万公顷，外来入侵有害生物防治 0.34 万公顷，共涉及项目 110 个。

——沼泽湿地恢复与综合治理。针对我国的沼泽湿地面临的围垦、生态缺水、环境污染、生物资源过度利用等威胁，规划开展重要沼泽湿地的恢复与综合治理示范。选取我国沼泽湿地资源最为丰富的东北三江平原、大兴安岭森林沼泽湿地、松嫩平原沼泽湿地、若尔盖高原沼泽湿地等 4 个区域开展沼泽湿地恢复与综合治理工程 23300 公顷。主要采取生态补水、退耕还湿、植被恢复、栖息地改善、面源污染防控、污染治理等综合措施，扩大沼泽湿地规模，恢复湿地生态系统功能。其中，湿地生态系统恢复16300公顷，关键物种栖息地重建7000公顷。

——近海与海岸湿地恢复与综合治理。近海与海岸湿地既是重要的候鸟迁徙通道和生物多样性富集的地区，又是经济活动最强、受人类干扰和威胁最大的区域。规划期内，选取我国最为典型的黄河三角洲、辽河三角洲、长江河口、闽江口湿地以及福建、广东、广西、海南的红树林集中分布区共5个区域开展近海与海岸湿地恢复和综合治理工程28130公顷。其中，湿地生态系统恢复20630公顷，关键物种栖息地重建6300公顷，外来入侵物种防治1200公顷。

——湖泊湿地恢复与综合治理。针对我国湖泊湿地的水污染、富营养化、泥沙淤积、外来物种入侵、生物资源过度利用等问题，规划选取鄱阳湖区、洞庭湖区、太湖、洪湖、巢湖、达赉湖、滇池、草海、三峡库区9个区域开展湖泊湿地恢复的示范工程23570公顷。其中，湿地生态系统恢复与综合治理15870公顷，关键物种栖息地重建5500公顷，外来入侵物种防治2200公顷。

——河流湿地恢复与综合治理。针对河流湿地面临的污染加剧、水资源不合理利用、水土流失、泥沙淤积、滩涂围垦等威胁，规划选取生态脆弱、与社会经济发展密切相关的黄河河套平原湿地、黑河流域湿地、塔里木河流域湿地、阿尔泰山两河源区湿地、伊犁及周边区湿地、丹江口库区及汉水上游湿地、黄河中游地区湿地、京津及周边水源区等8个湿地区域开展河流湿地恢复与综合治理工程41500公顷。其中，湿地生态系统恢复40000公顷，关键物种栖息地重建1500公顷。

3.湿地可持续利用示范

湿地资源的可持续利用是湿地保护的根本目的，通过规划一系列湿地资源可持续利用的示范项目，以建立不同类型湿地开发和资源合理利用成功模式，为我国湿地资源保护和可持续利用奠定基础。规划“十二五”期间，在全国范围内建设农牧渔一体化综合利用示范区22项，总面积3.6万公顷；在红树林湿地资源较多的广西和海南开展红树林合理利用示范基地项目3项；在新疆、云南等经济欠发达地区，开展20处湿地合理利用社区扶持项目。

4.湿地保护管理能力建设

“十二五”期间要加大对湿地资源调查监测、科技研究和宣传教育等有关机构的能力建设，完善我国湿地资源调查监测和宣教培训体系。

——湿地调查监测。主要内容包括继续开展全国湿地资源调查，开展国家与省级湿地监测中心建设工程，建立国际、国家重要湿地、国家级和省级湿地自然保护区监测点为构架的湿地调查监测体系，建立全国统一的湿地监测网络，开展湿地的长期监测，同时加强滨海、城市、主要农区的湿地监测和评价。统一管理，实行数据共享。

——宣传教育。依托湿地自然保护区和国家湿地公园，建设区域性湿地宣教中心，建立专业的湿地保护宣教队伍，改善和丰富宣教内容和手段等。

——科技支撑。加大现有科研机构的设备，改善科研条件和提高能力水平，建立湿地野外研究基地，强化开放的科研交流平台的建设，开展湿地重点科学研究。

三、重点项目

（一）湿地保护工程

1.湿地自然保护区建设

建立自然保护区是抢救性保护湿地最有效的措施。按照国务院“采取积极措施在适宜地区抓紧建立一批各种级别的湿地自然保护区，特别是对那些生态地位重要或受到严重破坏的自然湿地，更要果断地划定保护区域，实施严格有效的保护”的要求，“十二五”期间需要对已建的428个湿地自然保护区进行保护工程建设，其中，国家级自然保护区114个，国际与国家重要湿地区域范围内的地方级湿地自然保护区111个，其他省级湿地自然保护区203个。其中，“十一五”已经实施的续建项目94项，新建项目334项。

湿地自然保护区建设内容主要包括以下几个方面：

（1）保护管理工程

——保护管理站点：基层保护管理站（点）的办公、生活场所及设施设备等；

——野外保护设施：保护标示碑（桩、牌）、保护围栏、观察监测平台、野生动植物救护设施设备等；

——巡护设施设备：巡护道、巡护车辆和船只、公安设备、通讯设备等；

——防火设施设备：瞭望塔、防火道、防火车辆及器材等；

——管理计划编制。

（2）宣教工程

包括自然保护区宣教中心和野外宣教站（点）基础设施、标本陈列设施设备、电教设施、宣传牌、宣传栏、宣传材料制作等。

（3）科研监测工程

包括本底资源调查设备、监测样点设置及监测设施设备、简易实验室及其仪器设备、科研档案管理设施设备。国际重要湿地要强化对外（国内、国际）交流能力建设。

（4）基础设施工程

包括自然保护区管理机构办公场所及办公设备、配套生活设施、局部道路建设等。

（5）湿地恢复与治理工程

将自然保护区需要实施的小规模湿地恢复与治理工程一并纳入保护区建设内容，主要采取植被恢复、栖息地修复、水资源调配、退耕（养、牧）还湿等综合治理工程进行湿地恢复与治理。

2.国家湿地公园建设

“十二五”期间，将已经批建的145个国家湿地公园内的湿地保护恢复项目纳入到国家湿地保护工程范围，同时，选择5个自然湿地规模较大的国家城市湿地公园纳入保护工程试点。根据《全国湿地公园发展规划（2011—2030年）》，“十二五”期间将新建国家湿地公园221处，其公益性项目建设参照已批建的国家湿地公园统一纳入国家湿地保护工程范围。湿地公园的保护工程措施主要布局于生态保育区、恢复重建区和科普宣教区，主要建设内容包括：

（1）保护管理工程

——保护管理站点：湿地公园基层保护管理站（点）的办公、生活场所及设施设备等；

——保护设施:保护围栏(网)、保育区界碑(桩)、野生动植物救护设施设备等;

——巡护设施设备:巡护道路、巡护车辆和船只等。

(2)湿地恢复工程

包括退耕(牧、渔)还湿、湿地植被恢复、水鸟栖息地恢复、水资源调配等综合治理工程。

(3)科研监测工程

科研监测野外站点建设;科研监测设施设备,包括水文水质监测仪器设备、生物调查监测设备、科研档案管理设施设备和科研监测数据分析设备。

(4)科普宣教工程

包括国家湿地公园内的宣教中心基础设施、标本陈列设施设备、解说设备、电教设施、宣传牌、宣传栏、宣传材料制作等。

3.野生稻等野生植物保护小区建设

为了抢救性保护我国湿地的野生稻等野生植物资源,"十二五"期间继续在"十一五"野生稻保护小区建设的基础上,建立14处野生稻等野生植物保护小区,保护小块重要生境湿地。主要建设内容包括:征地,清除杂物,建立隔离带,道路建设,建设标本室、科普宣传教育室,设永久性界碑、永久性标牌、铁丝网围栏、宣传牌,购置相关仪器设备等。

(二)湿地恢复与综合治理工程

1.沼泽湿地恢复与综合治理

目前,我国的沼泽湿地主要面临着围垦、缺水、环境污染、生物资源过度利用等威胁,针对这些问题,沼泽湿地的恢复与综合治理主要采取生态补水、退耕还湿、植被恢复、栖息地改善、污染综合治理等湿地生态系统恢复和鸟类栖息地恢复措施。规划期内,选取我国沼泽湿地资源最为丰富的东北三江平原、大兴安岭森林沼泽湿地、松嫩平原沼泽湿地、若尔盖高原沼泽湿地开展沼泽湿地恢复与综合治理工作。

三江平原沼泽湿地恢复工程建设内容主要包括退耕还湿、恢复植被、水位控制、改善鸟类栖息地等措施,其中,营造丹顶鹤、东方白鹳、大天鹅等珍稀水鸟栖息地3000公顷,恢复与综合治理沼泽湿地面积3000公顷。

大兴安岭森林沼泽湿地恢复工程的建设内容主要包括在大兴安岭地区的国家重要湿地开展湿地植被恢复、栖息地重建与改造、河道疏通、建设缓坡水塘及护堤等措施,以恢复湿地的生态功能。规划期内,在大兴安岭地区恢复森林沼泽湿地生态系统4800公顷,营造、优化白头鹤、中华秋沙鸭等珍稀水鸟栖息地1500公顷。

松嫩平原沼泽湿地恢复工程的建设内容包括湿地水资源可持续利用、植物多样性恢复、生态移民、退耕还湿(沼)、栖息地恢复与改造、河道疏通等措施。规划期内恢复沼泽湿地生态系统3000公顷,营造与优化丹顶鹤、东方白鹳、白鹤栖息地2500公顷。

若尔盖高原沼泽湿地恢复工程建设内容主要包括填埋自然沟蚀、湿地植被恢复、填堵排水沟、恢复河曲和天然湖泊水位、湿地固体有害物清理、人工促进草地恢复等措施。规划期内恢复若尔盖高原沼泽湿地5500公顷。

2.近海与海岸湿地恢复与综合治理

我国近海与海岸湿地主要分布于沿海的11个省(市、区)和港澳台地区。近海与海岸湿地位于全球候鸟迁徙的东亚—澳大利西亚迁徙路线上,是重要的候鸟迁徙通道,也是重要的鱼类洄游廊道，同时还是我国经济活动最强、受人类干扰和威胁最大的区域。规划期内选取我国最为典型的长江、黄河、辽河、闽江等主要河口湿地区，作为近海与海岸湿地的恢复区，这些区域同时也是我国的国际重要湿地区以及红树林的集中分布区。

黄河三角洲湿地恢复工程建设内容主要包括引水河道综合疏浚和整治、提水泵站建设、闸站、引水渠修建、堤坝修筑和维护等生态补水工程建设，入海河口污染综合治理、芦苇沼泽湿地恢复、退养还湿、栖息地改善等。规划期内，在黄河三角洲恢复湿地生态系统 4500 公顷，营造和优化鸟类栖息地 3500 公顷，防治外来入侵物种 200 公顷。

辽河三角洲湿地恢复工程建设内容主要针对油田开展清除被污染的土壤、清除建筑物、填充物，平整地面，井口封存，在恢复的井场上进行湿地植被恢复以及外来入侵物种监测等。规划期内，在辽河三角洲恢复湿地生态系统 4000 公顷。

长江口湿地恢复工程主要实施互花米草生态控制工程，包括新建围堤、涵闸，互花米草清除等。在规划期内，恢复湿地生态系统 2000 公顷，营造和优化鸟类栖息地 500 公顷，防治互花米草 600 公顷。

闽江口湿地恢复工程建设内容主要包括控制互花米草等有害生物的生长和蔓延，优化黑嘴鸥、凤头燕鸥栖息地。规划期内，在闽江口恢复湿地生态系统 300 公顷，防治外来入侵物种 400 公顷。

热带、亚热带沿海红树林湿地恢复工程建设内容主要包括苗木基地建设、人工促进自然恢复、人工营造红树林等。规划恢复红树林湿地 10130 公顷，恢复滨海水鸟栖息地 2000 公顷。

3.湖泊湿地恢复与综合治理

我国的湖泊湿地面临的主要威胁有水污染、富营养化、泥沙淤积、外来物种入侵、生物资源过度利用等。由于我国湖泊湿地众多，规划选取一些具有典型性、代表性的湖泊湿地开展湖泊湿地恢复的示范工程建设。

鄱阳湖湿地恢复工程建设内容主要包括退田还湖、湿地植被恢复、水鸟越冬栖息地改造等。规划期内，在鄱阳湖及周边重要湿地区域恢复湿地生态系统 2520 公顷，恢复和营造栖息地 2000 公顷。

洞庭湖湿地恢复工程建设内容主要包括退田还湖、生态移民、水鸟越冬栖息地改造、麋鹿栖息地营造、外来入侵物种控制等。规划期内，在该区域恢复湿地生态系统 2400 公顷，恢复和营造鸟类和麋鹿栖息地 3500 公顷，防治外来入侵物种 100 公顷。

太湖湿地恢复工程建设内容主要包括退养还湿、沟渠利用、生态驳岸建设，湖滨水生植被恢复（包括封滩育草、人工辅助自然恢复、沿岸带芦苇等植物恢复）。规划期内，在太湖恢复湿地生态系统 2750 公顷。

洪湖湿地恢复工程建设内容主要包括通过生物控制净化水质，控制船舶对湖区的污染以及控制湖区养殖数量和面积，控制以水花生为主要代表的外来物种。规划期内，在洪湖开展污染防控与治理 1400 公顷，防治外来入侵物种 500 公顷。

巢湖湿地恢复工程建设内容主要包括湿地修复、退耕还湖等。规划期内，在巢湖恢复湿地生态系统 1000 公顷。

达赉湖湿地恢复工程建设内容主要包括河道疏浚、合理调配水资源、生物多样性保护与恢复。规划期内，恢复湿地生态系统 1000 公顷。

滇池湿地恢复工程建设内容主要包括湖滨湿地和河口湿地恢复,面山生态恢复、大薸和凤眼莲防治,以及保护设施建设。规划期内,在该区域恢复湿地生态系统1300公顷,防治外来入侵物种1500公顷。

草海湿地恢复工程主要建设内容包括有害生物防治、汇水区退耕还林、面源污染防治等。规划期内,在该区域恢复湿地生态系统1000公顷、防治外来入侵物种100公顷。

三峡库区湿地恢复工程建设内容主要包括对消落带进行污染治理,开展湿地植被恢复、水生植物、野生动物栖息地恢复。规划期内,在该区域恢复湿地生态系统2500公顷。

4.河流湿地恢复与综合治理

我国河流湿地面临着污染加剧、水资源不合理利用、水土流失、泥沙淤积、围垦、水电过度开发等威胁。针对这些问题,本规划选取生态脆弱、与社会经济发展密切相关的河流湿地区作为开展河流湿地恢复与综合治理的示范区域。

黄河河套平原湿地恢复工程建设内容主要包括清淤、水质净化、退耕还湿、消除污染源、栖息地恢复与改善、合理利用水资源等。规划期内,在该区域的内蒙古乌梁素海、包头黄河湿地,宁夏银川、中宁、永宁黄河湿地,甘肃兰州城区黄河湿地,恢复湿地生态系统6300公顷。

黑河流域湿地恢复工程建设内容主要包括围栏建设、水鸟栖息地改善、退耕还泽、河道疏浚及围堰蓄水等。规划期内,在青海祁连、甘肃张掖的黑河干、支流沿岸恢复湿地生态系统3300公顷。

塔里木河及周边湿地恢复工程,包括上游巴音布鲁克湿地恢复工程、博斯腾湖湿地恢复工程、塔里木河及孔雀河下游沼泽地恢复工程等。建设内容主要包括生态补水、湿地保护、围栏建设、富营养化治理、盐碱地治理、面源污染防控等。规划期内,在该流域恢复湿地生态系统6100公顷。

阿尔泰山两河源区湿地恢复工程,该区域包括可可塔勒湿地、乌伦古河湿地(含大、小青河)、乌勒昆乌拉斯图河湿地、布尔津托洪台湿地等,是一个多类型湿地生态系统,也是西部迁徙候鸟的停歇地和繁殖地。由于水资源的不合理利用,水土流失较为严重,农业开发对湿地的影响较大,急需开展湿地保护与恢复。恢复工程包括湿地植被恢复、生态补水、河道治理工程、水源地植被建设、湿地保护基础设施建设等措施。规划期内,在该流域恢复湿地生态系统4700公顷。

伊犁及周边地区(赛里木湖)湿地恢复工程,目前该区域湿地面积逐年缩减,湿地功能遭到破坏。恢复工程需要进行湿地植被封育、人工恢复,通过河道治理、建设水位调节坝、控制闸等措施恢复湿地面积,加大湿地保护的基础设施建设和湿地保护的能力建设。同时要在位于生态脆弱区的赛里木湖等重要湿地开展退牧还草、实施生态移民、加大湿地生态恢复措施。从整体环境上保护湿地生态与环境。规划期内拟通过以上措施,恢复和治理湿地生态系统7600公顷。

丹江口库区及汉水上游湿地恢复工程建设内容主要包括退田(养)还湖(沼、滩)、退化栖息地改造、种植湿地植物、库区生态缓冲带建设、河流清淤、水源林建设、生态种植示范等。规划期内,在该区域恢复湿地生态系统3400公顷。

黄河中游地区湿地恢复工程建设内容主要包括封滩育草(林)、生物围栏、植树造林、水生植物种植、退耕还滩等。规划期内,在河南三门峡、洛阳、济源、焦作、郑州、孟州、陕西渭河等地恢复湿地生态系统6100公顷,恢复和营造鸟类栖息地1500公顷。

根据京津地区的水源补给范围,从流域层次上划分的京津及周边水源地区湿地包括北京市、天津市,河北省除秦皇岛、邢台市大部、唐山市大部、沧州大部及衡水市南部地区以外的所有地区。京津及周边地区水源区湿地恢复工程建设内容主要包括湿地植被恢复、综合环境整治、生态补水、河道综合疏浚和整治。规划期内，在北京的门头沟、通州、顺义、怀柔、延庆，河北的坝上、衡水湖等地恢复湿地生态系统2500公顷。

以上涉及到生态补水的项目，由水利部根据职责做好项目的实施工作。

（三）可持续利用示范工程

1.建立农牧渔一体化综合利用示范区

在重要湿地周边和浅滩区农牧渔业利用强度大，不适宜建立湿地自然保护区的区域，发展立体高效生态农业，建立农牧渔一体化综合利用示范区。加强农区湿地综合管理，合理开发湿地资源，采取生态清淤、植被恢复、增殖放流、人工鱼礁、饲草料种植、配方施肥等措施，实施清洁生产，建立健康种植、养殖模式，实现农区湿地可持续性利用。“十二五”期间，全国范围内建设22个农牧渔一体化综合利用示范区项目，总面积3.6万公顷。

2.红树林合理利用示范基地

红树林素有海中森林之称，不仅具有巨大的生态价值，同时也是地球上生产力最高的生态系统之一，是海岸带独有的生态旅游景观资源。为了更好地保护红树林湿地资源，必须坚持养护为主、适度开发、坚持发展的保护方针，探索红树林湿地资源保护与持续利用途径，这样才能使红树林湿地的保护与利用更具生命力和可持续性。

广西北海市东海岸、福建漳江口和海南东寨港的红树林湿地资源丰富、景观优美，靠近市区，且已经初步具备开展生态旅游的基础。规划在北海市、漳江口与海南东寨港建立红树林合理利用示范基地和全国红树林生态利用示范区，开展以红树林生态旅游、立体养殖为主的合理利用示范工程，可以由此带动地方经济的发展，并为其他地区红树林合理利用提供示范作用。建设内容包括基础设施建设、观鸟设施建设、科教设施建设、旅游设施建设等。

规划在广西合浦建立我国和全球“红树林地埋式水体自动更新管网生态养殖”示范工程与人才培训基地，培育红树林海洋生态产业，培养自觉保护与发展红树林的社会意识。建设内容包括20公顷生态养殖示范基地，养殖3个以上高附加值的品种。

3.湿地合理利用社区扶持

在一些地处偏远，经济欠发达地区，社区及周边社会经济对湿地资源依赖较重，规划在新疆、青海、宁夏、云南、江西等地开展20处湿地合理利用社区扶持项目。主要内容包括湿地利用的技术培训、湿地合理利用项目的推广、生态旅游资源的开发利用等。

（四）能力建设

1.湿地调查监测体系

——完成全国第二次湿地资源调查和重要湿地专项调查。2008年已经启动了全国第二次湿地资源调查，到2010年，已经进行了北京、天津、黑龙江、吉林、江苏、广东、辽宁、内蒙古、陕西、甘肃、湖南、宁夏、重庆、西藏、福建15省（区、市）的湿地调查。“十二五”期间，将在头两年完成其余省（区、市）湿地调查工作，并在2013年完成第二次全国湿地资源调查的数据汇总、分析和成果发布工作，构建全国湿地调查信息管理系统，重新确定国家重要湿地名录以及区划定界工作。同时，将全国湿地资源调查纳入到湿地保护管理的常态化定期调查监测轨道，适时启动下一次的全国性调查和国家重要湿地、湿地水鸟、泥炭地等专项调查。

——加强国家层次湿地资源监测能力的建设。主要依托国家林业局调查规划设计院，建立湿地监测中心,构建全国湿地资源监测体系,配备必要的监测、通讯与信息处理设备,建立湿地资源监测信息管理系统,确保资源数据准确、及时、全面。

——加强省级湿地监测能力建设。推进省级湿地监测中心建设,作为湿地调查监测工作的主要支撑机构。省级湿地监测中心可以依托现有省级林业调查规划部门的技术力量、人员进行组建。充实、配备必要的调查、监测、通讯与信息处理设备,建立湿地资源监测信息管理系统。

——重要湿地监测能力建设。在海南东寨港、黑龙江三江、江西鄱阳湖、青海青海湖、黑龙江扎龙、吉林向海、湖南东洞庭湖、上海崇明东滩、大连斑海豹、江苏大丰麋鹿、内蒙古达赉湖、广东湛江红树林、黑龙江洪河、广东惠东港口、内蒙古鄂尔多斯、广西山口红树林、湖南洞庭湖、西洞庭湖、黑龙江兴凯湖、江苏盐城、辽宁双台河口、云南大山包、碧塔海、纳帕海、拉市海、青海鄂陵湖、扎陵湖、西藏麦地卡、玛旁雍错、四川若尔盖、上海长江口中华鲟湿地、广东海丰、湖北洪湖、福建漳江口红树林、广西北仑河口、浙江杭州西溪湿地、黑龙江七星河、黑龙江南翁河、黑龙江珍宝岛、甘肃尕海则岔40处国际重要湿地,加强湿地监测能力,购置仪器设备,加强人员培训。

——湿地专项监测网络建设。一是开展湿地鸟类的专项监测,重点开展“东亚—澳洲涉禽迁徙网络”、“东北亚鹤类保护网络”、“国际人与生物圈”等国际迁徙保护网络湿地的监测,对这些湿地进行统一的监测布点。二是开展湿地公园专项监测,重点对国家湿地公园进行生态与环境监测和评估。三是加强对湿地水生生物专项监测,规划在全国统一布点,建设200个以湿地鱼类等水生生物监测为主的野外观测站,初步形成覆盖全国湿地水生生物监测网络。四是开展近海与海岸湿地专项监测,以近海与海岸湿地自然保护区为主布设监测网点。

2.宣传教育培训体系

——湿地宣教中心建设。依托湿地自然保护区和国家湿地公园的自然和宣教资源,统筹全国湿地宣教中心发展,合理布局湿地宣教中心,建设和完善湿地宣教中心基础设施。在“十二五”期间,计划在青藏高原的青海湖、黄土高原的宁夏银川黄河湿地、北京翠湖、上海崇明岛、江西鄱阳湖、黑龙江三江平原、重庆长江三峡、江苏太湖、山东黄河三角洲、浙江西溪湿地10个地点,新建或加强已建湿地宣教培训中心或湿地博物馆,将其发展为区域性湿地培训基地。通过基础设施建设,购置仪器设备,加强人员培训等措施,加强这些地点的宣教培训能力,并为全国其他地区湿地宣传教育提供服务。加强湿地自然保护区、国家湿地公园的宣教设施设备建设,逐步建成面向公众开放的国家生态文明教育基地。

——建立专业的湿地保护宣教队伍。以高校和科研院所为依托,推进湿地管理人才教育培训基地,开展湿地宣教人员在职培训工作,计划每年培训1000人次,主要培训内容为湿地保护与管理、野生动植物保护、法律法规、信息系统、社区发展等;加强国内各部门间湿地宣教人员的培训交流工作,特别是要加强湿地保护宣教工作先进单位对相对薄弱单位的帮扶作用。定期举办全国性湿地宣教培训交流工作会议,湿地保护国际研讨会,组织相关考察活动;有计划地推荐留学生、进修生出国深造,培养湿地保护与管理的高级专业人才。

——改善和丰富宣教内容和手段。组织制作一系列科学性、普及性、针对性较强的湿地保护专题节目,内容覆盖湿地功能、价值、动植物、类型、威胁、保护行动等方面;充分利用现有的湿地网络资源,建立基于互联网的湿地保护宣教网络体系,充实和完善“湿地中国”等湿地网站内容;组织专家和专业技术人员编写用于科学普及、基础教育和专业人员培训的书籍和教材,广泛普及湿地保护科学知识,重要湿地区编制湿地保护乡土教材。

3.科技支撑体系

——加强湿地研究能力建设。加强现有中国林科院湿地研究所、高原湿地研究中心、东北湿地研究中心、干旱区湿地研究中心、湿地保护与修复技术中心、海洋环境监测中心等机构的能力建设，加强各省级湿地办、野生动植物保护站和湿地自然保护区的能力建设，购置仪器设施设备，加强人员培训，提高各级开展湿地科学研究的综合能力。主要建设内容包括科研楼、实验室科研仪器、野外调查设备、标本制作与保存设备、湿地生物种质基因库等。

——建立湿地野外研究基地。分不同区域和湿地类型选择6个典型湿地建立野外研究基地，进行基础设施和科研仪器的配备建设，争取达到国际水平，使湿地野外研究基地能够完成大型的科研课题。

——开展湿地重点科学研究。在“十二五”期间，开展湿地生态系统保护与恢复科技攻关，主要开展湿地与气候变化、湿地与生物多样性、湿地与水资源安全、大型水利工程与湿地关系等基础理论研究，总结湖泊、河流、滨海、沼泽各类湿地保护与恢复模式，国际重要湿地、国家湿地公园、湿地自然保护区等保护体系功能分区及各区管理等问题。

——强化开放的科研交流平台的建设。加大平台设备建设及培养引进科研人员，促进野外研究基地与高校等科研机构的合作交流。

（五）湿地生态效益补偿

进一步加强湿地保护和管理工作，应尽早研究建立湿地生态效益补偿基金。2010年建立的湿地保护补助资金，属于加强湿地保护能力的补助资金。“十二五”期间应加大中央财政湿地保护补助力度，重点在国际和国家重要湿地开展生态补偿，并逐步将湿地类型自然保护区、国家湿地公园纳入补偿范围，在加强政府投入的同时，应把保护性补偿和限制发展机会补偿作为重点，动员社会各界力量参与湿地保护，加大湿地保护的深度和广度，探索建立湿地生态效益补偿的长效机制。

四、投资估算和效益分析

（一）投资估算

1.估算原则

（1）本着公益性事业以政府投入为主、经营性项目与市场结合的原则，统筹安排湿地保护与恢复资金渠道。规划投资由中央政府、地方政府以及建设单位自筹三个渠道共同承担。可持续利用和能力建设中涉及到建设单位自筹部分不纳入规划总投资。用于自然保护区和各级地方政府湿地保护、科研、宣教等方面的事业费也不纳入规划总投资。

（2）按照事权划分的原则，国家层面上需要开展的调查、监测、科研、信息、宣教、培训、国际合作和履约等活动和设施设备由中央投入，地方湿地保护管理能力建设主要以地方投入为主。

（3）国家级自然保护区、国际及国家重要湿地内的地方级湿地自然保护区、非国际及国家重要湿地内的省级自然保护区、国家湿地公园、野生稻等野生植物保护小区等保护工程建设，以及重点湿地恢复与综合治理建设，由中央投入和地方投入相结合。

——国家级自然保护区的中央投入和地方投入比例，西部地区（含享受西部政策地区）为8∶2，中部地区为6∶4；东部地区为4∶6。

——为避免重复投资,林业系统国家级湿地自然保护区湿地保护工程项目,不纳入本规划投资估算范畴,所需建设资金转入国家自然保护区建设工程中安排。

——国际及国家重要湿地内的地方级湿地自然保护区、国家湿地公园、野生稻等野生植物保护小区的保护工程建设,以及重点湿地恢复与综合治理建设,中央投入和地方投入比例为4∶6。

——非国际重要湿地、非国家重要湿地的省级自然保护区从现有项目库中筛选约30%的项目进行示范性湿地保护工程建设,投资测算的中央投入和地方投入比例为4∶6。筛选原则第一要突出重点,选择一些对国家和区域有重要影响的湿地自然保护区进行示范;第二是要考虑各种湿地类型,选择具有典型和示范意义的湿地开展项目示范;第三是要从布局上统筹考虑,对湿地保护区划的“八大”分区都要涉及;第四是为保证项目建设和运行的规范化管理和监测评估,要在组织机构健全和人员配备齐全的湿地自然保护区进行示范。

(4)湿地合理利用项目主要以地方投入为主,中央给予20%的经费补助。

(5)对国家已经单独批准的与湿地保护有关的区域规划或专项规划,本规划只列出其项目规模,不再进行投资安排。西藏的麦地卡湿地、班公错湿地、马泉河流域湿地、玛旁雍错、然乌湖、洞错、扎日南木错、昂拉错—马尔下错、桑桑湿地自然保护区9个湿地保护工程项目已经纳入《青藏高原生态屏障建设规划》投资预算,本规划中不再做投资预算。考虑到生态补水工程和水资源管理的特殊性与复杂性,本规划中的水资源配置、调度及生态补水等以水利措施为主的水生态系统保护与修复工程相关内容纳入《全国水利发展“十二五”规划》及《全国水资源保护规划》中一并体现,不列入投资估算范畴。

(6)《规划》建设项目资金估算是实际安排资金的参考,在湿地保护工程实施过程中,按基本建设程序对项目实行单报单批。

2.估算依据和指标

规划的投资估算主要依据国家发展改革委《投资项目可行性研究指南》(2002)、国家林业局《自然保护区工程项目建设标准(试行)》(2002)等有关标准和规定,并参考了国家已实施的其他生态建设工程的技术经济指标。部分继续采用的“十一五”工程估算指标,考虑平均物价上涨指数进行适当调整。

3.投资估算

基于以上投资原则和标准,经估算:

(1)总投资

工程总投资129.87亿元,需要中央投资55.85亿元,占43%,其中,中央预算内投资40.55亿元,财政投资15.30亿元。地方投资74.02亿元,占57%。中央预算内投资主要用于湿地保护工程、恢复工程、可持续利用示范工程基建补助以及能力建设中的基础设施建设及大型仪器设备购置。财政投入主要用于能力建设中的湿地资源调查、监测、人员培训、项目运行,仪器设备维护,以及开展国际合作和履行《湿地公约》等方面,以及湿地保护补助试点。

(2)分项目投资

按项目分为:湿地保护工程86.11亿元,其中,中央预算内投资27.44亿元,地方投资58.67亿元;重点湿地恢复工程13.90亿元,其中,中央预算内投资5.56亿元,地方投资8.34亿元;可持续利用示范工程5.40亿元,其中,中央预算内投资1.08亿元,地方投资4.32亿元;能力建设14.46亿元,其中,中央预算内投资6.47亿元,中央财政投资5.30亿元,地方投资2.69亿元;湿地保护补助试点 10 亿元，全部为中央财政资金。

需要说明的是，“十一五”期间中央预算内投资累计安排湿地保护工程资金 14 亿元，年均近 3 亿元。按照目前规划测算，“十二五”期间中央投入 40.55 亿元，前两年已经完成了中央投入 6 亿元，后三年还需要投入 34.55 亿元，年均需安排中央预算内投资 11.52 亿元，随国家财力不断增强，将积极落实。若中央预算内投资规模没有大幅增长，不能完全满足规划投资需求，规划部分建设内容将适当展期实施。

（二）工程效益分析

湿地保护工程的实施，将使我国湿地保护工作进入正规化、有序化发展的新阶段。同时又为湿地的可持续利用提供了示范，形成与当地社区协调发展、持久保护湿地生态系统的模式，使我国大部分国家重要湿地的生态效益、经济效益和社会效益得到较好的发挥，初步实现湿地生态系统的良性循环。

1.生态效益分析

规划的实施，将使我国的湿地保护和管理能力得到较大提高，使我国自然湿地下降的趋势基本得到遏制，使湿地生态系统基本能发挥调节气候、保持水土、蓄洪防旱、防风固沙和美化环境等多种功能。受到严格保护的自然湿地面积明显增加，重要湿地生态系统、湿地生物多样性尤其是国家重点保护的珍稀濒危野生动植物将得到有效保护。恢复红树林面积至建国初水平，发挥红树林生态系统抵御海水侵蚀和作为物种栖息地的功能；使长江、黄河和辽河等三角洲湿地环境得到改善，形成水域、滩涂、草地、森林等多种生态系统；稳定三江源、若尔盖等高寒湿地的生态功能，增强湿地水源涵养能力；提高三江平原和松嫩平原调蓄能力；博斯腾湖、滇池等重要湖泊的农业污染有所降低，水质有所提高；罗布泊、塔里木下游和居延海等干涸湿地局部得到恢复，逐步发挥其湿地功能。

2.社会效益分析

规划的实施，将极大地提高全社会对湿地重要性的认识，加深湿地与水、湿地与野生动植物、湿地与森林和海洋等其他生态系统、湿地与人类自身生存关系的了解和认知。并以此为契机，达成保护湿地就是保护生存与发展空间的基本共识，进而转化为保护湿地的自觉行动。规划实施后，将形成一套适应我国特点的湿地保护和合理利用的建设和管理经验，形成较完善的湿地监测网络和管理决策系统，为湿地科学管理、合理利用提供理论和技术支持。通过湿地保护和合理利用、自然保护区的建设等，提供新的就业机会和具有广泛发展前景的相关产业，促进湿地的可持续发展。将为社会提供更好的保健游憩场所，改善当地居民的生存环境，为周边地区，特别是老、少、边、穷地区社会经济发展提供良好的生态与环境支持。规划的实施，将提高我国湿地保护在国际上的地位，扩大我国湿地保护的国际影响，促进国际交流与合作，同时提高我国履行《湿地公约》、《生物多样性公约》等国际公约的能力。

3.经济效益分析

湿地内分布的野生动植物资源具有极其重要的经济价值。本规划的实施，不仅保护了野生动植物及其生境，使湿地野生动植物种群得到恢复和发展，为我国提供充足的资源储备，而且随着保护管理机构的完善，保护管理队伍得到壮大，管理能力得到提高，执法力度得到加强，偷猎和非法野生动植物贸易的犯罪活动将日趋减少，有利于促进野生动植物保护事业的健康发展。

通过规划的实施，制止湿地的盲目和过度利用，引导项目区湿地利用走上合理开发、协调发展的轨道，实现资源开发与环境保护一体化。在保护湿地独特环境的前提下，合理利用湿地的水资源、生物资源和药用资源等,发展养殖、生态旅游等特色产业,将对当地群众的脱贫致富,提高居民的生活水平,以及地方经济的发展起到促进作用。

规划的实施不仅有着较大的直接经济效益,潜在的间接效益更是不可估量的。首先,我国是水资源严重短缺的国家,保护湿地就是保护了水,就是保护了生命之源,正常发挥湿地生态系统的调蓄功能,将大大减少洪涝灾害造成的损失。其次,是由生态效益和社会效益转化而来的间接经济效益,主要体现在湿地的蓄洪防旱、调节气候、控制土壤侵蚀、促淤造陆、降解环境污染等带来的间接经济效益。再次,遗传资源本身具有极其巨大的潜在经济价值,保护生物多样性也就保护了未来的发展基础,通过湿地野生动植物资源的就地保护和人工培育,它们的价值将日益得到挖掘和开发。

五、保障措施

(一)法规和政策保障

加强湿地立法,尽快出台全国湿地保护条例,为湿地保护提供法律支撑,探索建立湿地生态效益补偿机制。各相关部门要严格执法,加大监管力度,禁止征占用国际重要湿地、国家重要湿地。

对已经颁布湿地保护条例的省份,要加强执法力度,使其充分发挥效力。还未出台湿地保护条例的省、自治区和直辖市,要加强相关的法制建设。各湿地类型自然保护区和湿地公园,要创造条件制定适应自身特点的管理条例或办法。

湿地保护项目享受国家和地方有关生态建设的优惠政策。各级人民政府要加快制定和完善湿地生态补偿政策、湿地生态补水政策、湿地保护恢复技术政策、财政支持政策、信息共享政策和鼓励社会参与的政策。各级政府还应结合本地条件,出台具体扶持政策。

实施湿地保护工程要做好与土地利用总体规划和城乡规划的协调衔接。实施退耕还湿、退田还湖等措施应确保耕地保有量不减少。要依照有关法律,妥善处理因实施湿地保护工程建设而引发的各类土地利益关系的调整。

(二)组织保障

合理安排各年度建设任务,以保证建设任务的按期完成。加强工程实施的组织领导,建立部门间协调合作机制。对于实施过程中的重大问题,各有关部门要加强沟通,及时研究、解决,要做到各司其职,各负其责。

加强湿地保护管理和科研队伍建设,强化管理运行机制方面的保障措施,切实解决运行管理和维护经费。可以依托现有职能部门,与相关科研院所、高校结合,成立湿地管理和科研机构,制定湿地管理法规,开展相关科研研究,对相关人员进行培训。

(三)工程管理制度

完善工程管理相关制度,严格资金使用审批,保证工程顺利实施。要积极推行项目法人责任制,重点项目采取招投标制,并实施合同管理。工程建设过程中,要严格按照国务院办公厅关于加强基础设施建设工程质量管理的通知要求,积极探索项目监理制,通过试点示范逐步开展,要严格按照国家技术标准和质量要求施工,确保工程质量。

在工程建设过程中,项目主管部门应进行全过程监管。项目实施一半时开展中期评估;项目完工后,要组织有关部门进行竣工验收,对验收不合格的,将视情况扣减下年度投资直至中止合同执行，取消建设项目。同时，要建立并逐步完善动员、引导、支持公众参与湿地保护的有效机制，包括重要事项向公众公示制度、群众举报投诉制度、信访制度、听证制度、新闻舆论监督制度和社区参与制度等。建立相关利益方共同参与的湿地保护伙伴关系，调动社会各方力量，以多种方式参与湿地保护工作。

（四）资金保障

地方各级人民政府要将湿地保护纳入本地区国民经济和社会发展规划，各地各部门在制定和实施有关规划时，要采取综合措施，统筹安排，保证湿地的生态功能及其资源的可持续利用。为确保规划实施，各地应落实中央预算内投资的配套资金。要定期对资金的拨付、到位、配套和使用情况进行检查，发现问题，及时纠正，严肃处理。项目单位要自觉接受审计部门的审计。项目验收时，要附有审计部门的审计报告。

全面推动湿地保护和合理利用的社会化进程，争取社会各方面的投资、捐赠和国际资金的融入。在不影响湿地功能的情况下，积极开展湿地生态保护与可持续利用的工作。坚持“谁治理，谁受益”的原则，调动全社会重视和参与湿地保护的积极性。同时，制定鼓励节约利用湿地自然资源和在部门发展中优先注意保护湿地生物多样性的政策，在投资、信贷、项目立项、技术帮助等方面解决相关政策问题。

（五）科技和人才保障

加强全国湿地保护工程管理系统和本底数据库建设，加强信息化基础设施建设，规划实施期间需要及时掌握国内外最新的学术动态，针对不同湿地及其面临的不同威胁，找准存在的主要问题，明确保护和合理利用的主攻方向和治理的模式及措施。积极总结、筛选和推广适用的湿地保护、开发、利用的科技成果和经验。要全面强化科技保障工作，做到对工程建设全面实施科学规划、科学设计、科学实施，切实将科技保障贯穿于工程规划和实施的全过程。及时针对工程实施过程中需要解决的关键技术问题进行攻关，并将成果在全国应用和推广。

同时，要建立国际交流机制，及时引进国外在湿地保护、恢复和合理利用等领域的先进技术。提高规划实施相关政府部门决策人员素质，培养和充实优秀的基层管理人才。通过各种方式对工程实施单位的人员进行管理和技术培训，邀请高校、科研院所和企业的研究和技术人员参与项目实施工作，及时解决规划实施过程中的各种技术问题。

（六）加强国际合作与宣传教育

重点做好国际重要湿地范围内的工程实施工作，保护和恢复国际重要湿地的生态状况。加强与国际《湿地公约》的沟通联系，邀请国际专家对规划中的国际重要湿地保护和恢复进行技术指导，及时向国际社会宣传工程实施成效。通过引进国外先进的湿地保护理念、技术和经验，提高工程项目的实施水平和效果。

通过形式多样的手段，提高不同公众尤其是决策者和湿地周边群众的湿地保护意识，增强支持、参与湿地保护的自觉性，在全社会营造一种重视湿地、爱护湿地和保护湿地的良好社会氛围。

我国气象卫星及其应用发展规划

（2011—2020年）

序　言

1988年我国第一颗气象卫星风云一号A星升空，从此揭开了我国气象卫星事业的序幕。为了保证气象卫星可持续发展，1999年国务院批准建立了气象卫星专项资金，为气象卫星及应用的发展提供了制度保证和资金保障。同年，《“九五”后两年至2010年我国气象卫星及其应用发展计划》开始实施，气象卫星及应用事业从此走上了一条健康、持续、稳定的发展道路。

经过40年的发展，我国风云气象卫星及应用事业取得了令人瞩目的成就，共成功发射6颗静止气象卫星和6颗极轨气象卫星，目前仍有7颗在轨稳定运行，气象卫星实现系列化发展、业务化运行，率先实现了从试验应用型向业务服务型的转变；气象卫星应用领域不断拓展，由气象逐步拓展到减灾、农业、林业、土地、水利、海洋、生态、环保、交通、航空航天、国防建设、科研等领域；气象卫星在台风、洪涝、干旱等自然灾害的监测中发挥了不可或缺的作用；进入新世纪，全国因台风、洪涝灾害死亡或失踪人数平均比20世纪90年代减少了70%左右，直接经济损失平均减少约40%左右，气象卫星功不可没；据初步估算，气象卫星投入产出效益比超过1∶40，是我国民用遥感卫星中应用范围最广、效益发挥最好的卫星。气象卫星研制及应用水平不断提高，部分达到国际先进水平，风云二号C星及地面应用系统荣获2007年度国家科技进步一等奖；气象卫星作为我国最早的遥感卫星，其成功研制与发射，填补了我国在卫星平台、星载遥感仪器制造等方面的大批技术空白，推动了我国微波遥感、红外面阵焦平面探测、光学辐射定标等技术的快速发展，极大地推动我国航天技术及相关技术的发展；气象卫星的发展也极大提高我国气象事业的国际地位与影响力，我国已成为国际上同时拥有静止和极轨业务气象卫星的三个国家或区域组织之一。

我国气象卫星及应用事业的发展始终得到党和国家领导人的高度重视。胡锦涛总书记、温家宝总理多次批示，要求“进一步提高对气象和环境的监测能力，提升气象服务水平，为国家的安全和发展做出新贡献”，“要依靠先进科学技术手段，提

高气象预报预测能力，搞好各项气象服务，为经济社会发展和人民群众安全福祉做出更大的贡献”，“抓紧风云三号 A 星业务运行和应用，做好气象保障和防灾减灾服务”。《国务院关于加快气象事业发展的若干意见》（国发〔2006〕3 号）提出“要大力加强气候观测系统、气象卫星系统和天气雷达、雷电监测网、农村和重点林区及海域气象站网等基础设施建设，将其纳入经济社会发展规划”，“特别是要保证气象卫星研制、开发和运行的经费”。2006 年 1 月 4 日，温家宝总理在国务院常务会审议《国务院关于加快气象事业发展的若干意见》时明确指出，“必须保证气象卫星研制的资金，气象卫星必须要有备份以确保稳定运行”。

本规划根据《国务院关于加快气象事业发展的若干意见》和《中华人民共和国国民经济和社会发展第十二个五年规划纲要》等的相关要求制定，明确了 2011—2020 年我国气象卫星及应用的发展目标和任务，是指导未来十年气象卫星及应用发展的纲领性文件。

一、基本情况

（一）需求分析

1.气象防灾减灾的需求

我国是世界上自然灾害最为严重的国家之一，灾害种类多，分布地域广，发生频率高，造成损失重。2009 年发表的中国《减灾行动白皮书》明确指出，中国减灾的主要任务之一是“建设卫星遥感灾害监测系统，构建自然灾害立体监测体系”。气象卫星是自然灾害监测的主要手段，在防灾减灾中作用显著，不仅可以对台风、暴雨、洪涝、干旱、冰雪、沙尘暴、大雾等气象灾害进行有效监测，而且能为农林灾害、海洋灾害、地质灾害、生态与环境灾害监测和评估提供高精度定量探测资料；国家防灾减灾体系的建设要求气象卫星具有更高的时空分辨率、光谱分辨率和机动观测能力。

2.应对气候变化的需求

气候和气候变化导致人类生存条件的变化，已不仅是科学问题，更是世界各国政府共同关注的政治问题、经济问题和外交问题。对气候变化事实和规律的科学认识以及气候变化的影响评估迫切需要气象卫星进一步提高对气候系统多圈层及其相互作用的长期连续观测能力，提高对二氧化碳（CO_2）、甲烷（CH_4）温室气体及臭氧（O_3）、气溶胶等的监测能力，为全面加强应对气候变化能力建设提供客观科学依据。

3.提高气象预报预测准确率的需求

数值预报是气象预报预测的基础，卫星资料同化对提高数值预报准确率和延长预报时效具有至关重要的作用。提高数值天气预报水平迫切需要气象卫星提供高分辨率和高精度的温、湿、风等全球大气垂直探测资料，气候系统模式也需要气象卫星提供海洋、冰雪、植被、大气成分等观测资料；做好突发灾害性天气预报不仅需要气象卫星提供全球范围气象观测，更需要提供高时空分辨率的中小尺度三维气象要素观测资料，为提高灾害性天气预报准确率提供支撑。

4.经济社会可持续发展的需求

人类发展面临着气候变化、水资源短缺、环境恶化、灾害频发、生物多样性锐减等一系列共同问题，需要气象卫星对整个地球环境进行综合探测，从而使人们能够准确地了解资源、环境的动态变化，为经济社会可持续发展提供服务。

我国正处在全面建设更高水平小康社会的重要历史时期，气象服务在经济社会中的地位越来越重要。农业、交通、航空、航天、水利、环境、林业等行业对各类专业气象观测提出了新的需求，需要气象卫星提供针对性更强的观测。

5.提升我国国际影响力的需求

世界气象组织（WMO）、地球观测组织（GEO）、联合国教科文组织（UNESCO）等多个国际组织和国家共同发起实施了“全球综合地球观测系统（GEOSS）”、“全球气候观测系统（GCOS）”、“WMO综合地球观测系统（WIGOS）”等计划，气象卫星是其中的最重要组成部分。我国作为负责任大国，承担着相应的国际义务和责任。2005 年 1 月 6 日，温家宝总理在出席印度洋海啸高峰领导人会议时，特别提到中国愿意与受灾国家分享中国风云二号 C 星的有关资料和产品，为区域各国气候预测、气象灾害评估、生态与环境监测提供信息和技术支持。加快气象卫星的发展：一方面有助于提高我国气象卫星的全球观测能力，为全球观测系统的发展做出应有贡献；另一方面也将显著提升我国参与全球竞争的能力，增强我国在相关国际活动中的话语权。

（二）现状和趋势

1.现状

（1）国外现状

在国际上，自 1960 年第一颗气象卫星成功发射以来，美国、欧盟、俄罗斯、日本、印度等国家和区域组织先后发射了 100 多颗气象卫星。美国气象卫星的发展采用先试验后业务的发展模式。静止气象卫星实行东西双星业务运行，15 分钟可对地球进行一次全圆盘图观测；极轨气象卫星采用光学、微波等综合观测手段，实行上午星和下午星组网业务观测。

欧盟也同时发展静止气象卫星和极轨气象卫星。其第二代静止气象卫星于 2002 年 8 月成功发射，15 分钟可对地球进行一次全圆盘图观测，初步实现了静止轨道地球系统综合观测的目标；2007 年发射的 METOP 极轨业务气象卫星，功能先进，综合观测能力强。欧美气象卫星综合应用水平较高，卫星资料在数值预报模式资料同化中占有的比例已达 90%以上。从总体上看，欧美气象卫星已经进入了成熟的业务阶段，应用领域广泛、应用效益显著。

（2）国内现状

我国气象卫星经过 40 年的发展，目前风云二号静止气象卫星形成了“双星观测、在轨备份”的业务格局，星载扫描辐射计由三个通道增加到五个通道，性能明显改进；极轨气象卫星实现了技术升级换代和上、下午星组网观测，遥感仪器数量由 1 个增加到 11 个，空间分辨率从千米级提高到百米量级，通过紫外、可见、红外和微波的全波谱探测，实现了对全球天气、气候、环境和灾害的综合遥感。

我国气象卫星地面应用系统配套能力得到极大发展。我国已形成了以数据处理和服务中心，北京、广州、乌鲁木齐、佳木斯和瑞典基律纳 5 个接收站为主体，包括 31 个省级卫星遥感应用中心和 2500 多个卫星资料接收利用站的三级卫星遥感应用体系，除接收利用风云系列气象卫星资料外，还可接收利用美国、日本、欧洲等国家或区域的多颗卫星资料；卫星资料应用水平不断提高，由定性应用逐步走向定量应用，卫星资料已同化应用于数值天气预报模式中，对预报精度与时效具有明显的改进作用。

风云气象卫星的国际影响力越来越大。风云系列气象卫星已被纳入全球对地观测业务卫星序列，与欧美等国的气象卫星一起，形成了对地球大气、海洋和地表环境的全天候、立体、连续观测的卫星观测网。我国风云气象卫星还为国内外用户提供卫星数据共享服务，据不完全统计，目前接收和应用风云系列气象卫星资料的国家和地区达70多个。

我国气象卫星及应用虽然取得了很大的成绩，但与国外先进水平相比较，仍然存在很大的差距：遥感仪器辐射定标精度和光谱分辨率较低，较大程度地影响了定量应用水平；卫星研制能力尤其是高探测精度的遥感仪器研制能力有待加强；卫星资料在数值预报模式中的同化率比较低，亟待提高。

2.发展趋势

随着我国现代化建设的稳步推进，防灾减灾、应对气候变化以及经济社会的发展对天气气候资料的需求也越来越迫切，发展气象卫星综合探测能力，提高定量应用水平，已成为气象卫星发展的必然趋势。

气象卫星向综合观测发展。气象卫星具有高技术、高投入、高风险、高应用效益和较长研发周期的特性，“一星多用”是集中有限资金和技术力量，实现集约化发展的有效途径，也有利于突破长寿命、高可靠性等关键技术。

遥感探测技术向“四高两全一多”发展。自然灾害、气候变化、环境保护、资源开发等对卫星观测提出了高时效、高辐射精度、三维、定量、全球、全天时、全天候的要求。遥感仪器时、空分辨率和探测性能向“高空间分辨率、高时间分辨率、高光谱分辨率、高辐射精度以及全球、全天候、多波段观测”发展，已成为卫星观测的发展趋势。

探测方式向主被动相结合发展。在被动遥感仪器继续使用的同时，测雨雷达、激光雷达、散射计等主动遥感设备也逐步开始试验试用。融合处理微波、红外、可见光多频段多通道资料，以及主动与被动遥感数据，可更好地获取全球降水、土壤湿度、风场、大气气溶胶垂直廓线等定量信息。

遥感应用向定量化方向发展。随着卫星资料定标定位水平的提高，遥感应用的定量化水平不断提高，气象卫星遥感资料在数值预报预测中将得到充分应用。气象卫星资料应用领域不断拓宽，在对地观测领域中的作用越来越明显。

二、规划原则和目标

（一）规划原则

面向需求，持续发展。面向防灾减灾、应对气候变化、经济社会可持续发展和国家安全的总体需求，确保气象卫星的系列化发展、业务化运行，稳步进行更新换代，不断提升仪器性能，建立长期、连续、稳定的气象卫星观测体系。

天地统筹，同步发展。按照遥感仪器研发先于卫星系统发展、应用研究先于地面应用系统建设、卫星研制与地面系统同步建设的发展理念，统筹卫星研制与地面应用系统的发展。坚持静止、极轨两个系列同步发展，互为补充。

军民结合，协调发展。完善军民气象卫星发展和资源共享的协调机制，提高应用效率。按照统筹集约的发展理念，兼顾军民应用需求，实现对地观测卫星的综合化、集约化发展；完善气象卫星发展军民协调机制和应用体系。

资源共享，综合应用。坚持数据共享的开放政策，面向广大用户提供数据和信息服务，实现卫星数据的充分共享。拓展应用领域，不断提高气象卫星的社会经济效益。做好气象卫星与相关卫星及应用系统的综合利用，推进我国空间基础设施的全面发展。

自主创新，开放合作。进一步加大研发工作力度，提高整个系统的先进性和可靠性。立足国内，大力加强原始创新、集成创新。加强国际合作，引进制约气象卫星及应用发展的关键技术，加速气象卫星及应用的发展。

（二）发展目标

2011—2020 年我国气象卫星及应用的发展目标分两个阶段实现。

1.到 2015 年的发展目标

建立稳定运行的静止卫星观测系统，确保风云二号静止气象卫星“双星观测、在轨备份”的业务格局；发射风云三号极轨业务卫星，形成上午星、下午星组网观测；发展 GPS 掩星探测仪和红外高光谱大气探测仪，提高大气垂直探测能力；遥感仪器定量探测精度接近同期国际先进水平。

加强地面应用系统能力建设，建立与完善由国内接收站和极地接收站组成的地面接收站网，卫星全球观测资料获取时间缩短至 2 小时以内；卫星资料应用实现从定性应用向定量应用的转变，卫星资料在数值预报模式中实现业务化应用，资料同化中占有的比例明显提高。

2.到 2020 年的发展目标

发射风云四号静止光学业务卫星，完成静止气象光学卫星的技术升级换代，实现红外高光谱大气垂直探测，成像通道最高空间分辨率达百米量级；建立风云四号静止气象卫星“双星运行、在轨备份”的业务格局，区域观测能力进一步提高。建立稳定运行的风云三号极轨卫星业务系统，形成上午星、下午星和降水测量雷达星三星组网观测能力；发展降水测量雷达和风场散射计，提高天气预报准确率，提升红外高光谱大气探测仪、紫外可见光高光谱探测器、近红外高光谱温室气体监测仪等遥感仪器的性能，提高对气候变化的监测能力。

建设与完善地面应用系统技术设施，建成覆盖国家、省、市、县级的遥感应用业务体系；卫星应用进入稳步发展阶段，卫星观测资料在数值预报模式资料同化中占有的比例达 90% 以上，在气象灾害、气候变化、水利、林业、农业、生态、海洋等方面的监测能力明显加强；我国气象卫星及应用接近同期世界先进水平。

三、发展任务

我国气象卫星及应用的发展目标需依托工程建设来实现。在 2020 年前重点完成下列工程建设与业务发展任务，搞好业务运行与服务。

（一）气象卫星

1.风云二号 03 批卫星

按照“双星观测、在轨备份”业务模式的要求，继续发展风云二号 03 批卫星，确保与风云四号新一代静止气象业务卫星的衔接。风云二号 03 批卫星设计寿命 4 年，计划发射 3 颗卫星。

2.风云三号卫星

在风云三号 2 颗试验卫星的基础上，发展风云三号业务卫星和降水测量雷达卫星，逐步改进星载遥感仪器的性能，发展全球温室气体监测能力和降水测量能力。风云三号业务卫星按照上午星、下午星和降水测量雷达星三星组网运行。

风云三号上午卫星。以地球表面成像观测和大气物理参量定量遥感为主，探测数据主要用于天气预报、生态、环境、灾害监测业务及研究。对地观测仪器主要包括中分辨率光谱成像仪、微波温度计、微波湿度计、红外高光谱大气探测仪、风场散射计、GNOS掩星探测仪、地球辐射收支仪和空间环境探测器等。卫星设计寿命4年，计划发射3颗。

风云三号下午卫星。以大气物理参量定量探测和气候变化监测为主，探测数据主要用于天气预报、大气化学和气候变化监测业务及研究等方面。探测仪器主要包括中分辨率光谱成像仪、微波成像仪、微波温度计、微波湿度计、红外高光谱大气探测仪、近红外高光谱温室气体监测仪、紫外可见高光谱仪探测仪、GNOS大气探测器和空间环境监测器等。卫星设计寿命4年，计划发射2颗。

降水测量雷达卫星。以全球降水分布及强度监测为主，探测数据主要用于强降水等灾害性天气监测，以及全球水气分布监测。装载测雨雷达、可见光红外扫描辐射计和宽频段微波辐射计等仪器。降水测量卫星设计寿命4年，计划发射1颗。

发展新型遥感仪器，稳步提高极轨卫星系统功能与性能。

（1）发展近红外高光谱大气温室气体监测仪及反演技术，重点突破空间外差干涉仪优化设计、超高分辨率光谱定标及信息校准和数据反演等技术，探测全球二氧化碳、甲烷等温室气体分布及总量。

（2）发展紫外可见光高光谱臭氧、氮氧化物和二氧化硫监测仪及反演技术，重点突破低噪声探测器焦面技术、高分辨率光谱仪杂散光抑制技术和数据反演等技术，探测对流层中上部和平流层大气痕量气体的廓线、总量。

（3）发展红外高光谱大气探测仪及反演技术，稳步提高对大气高光谱分辨率、空间分辨率的垂直探测精度，逐步满足数值天气预报模式对卫星反演大气参数精度（温度1℃和湿度10%）和垂直分辨率（1千米）要求。

（4）发展GNOS掩星探测仪及反演技术，重点突破高灵敏度的全球定位系统接收机研制、掩星信号提取算法和GNOS大气温、湿廓线反演等关键技术，获取对流层与平流层的大气温度、气压、密度廓线，以及对流层的湿度廓线和电离层电子浓度的垂直分布。

（5）发展测雨雷达数据预处理及反演技术，建立主动微波后向散射系数定标模型，突破雷达后向散射系数计算、地表和云雨回波信号分离、三维散射剖面处理等关键技术，开展不同下垫面、不同云雨大气的频率和极化方式的敏感性试验，为选择雷达频点和极化方式提供科学依据。

（6）发展风散射计及反演技术，重点突破多频段风场测量及反演等关键技术，实现全球海洋表面10米高度的高精度风速风向测量。

3.风云四号卫星

风云四号是我国第二代静止气象卫星，风云四号光学星配置多通道扫描辐射计、干涉式大气垂直探测仪、闪电成像仪和太阳X射线成像仪；按照东、西轨道位置布局，采用双星业务运行模式。风云四号卫星设计寿命7年，计划发射2颗。

发展新型遥感仪器，稳步改进静止轨道卫星系统功能和性能。

（1）发展静止轨道微波探测及产品反演技术，开展大气遥感微波探测通道选取、天线系统和扫描方式仿真设计，研究静止气象卫星微波辐射计探测资料的温度和湿度层结反演科学算法、云和降水参数反演算法，研究利用被动微波进行大气探测的可行性。

（2）发展极紫外和太阳X射线成像仪及产品反演技术，重点突破高稳定、精确指向望远镜系统及技术，以及探测X射线和极紫外谱段的电荷耦合元件（CCD）面阵器件研制技术，实现对太阳日冕物质抛射（CME）、冕洞、耀斑的有效观测。

4.高精度全光谱实验室定标技术

加强遥感定标关键技术研究，建设和完善实验室定标基础设施，为高精度定量探测及应用奠定基础。建立和完善全波段、全光路、全孔径的实验室辐射绝对定标系统；开展辐射响应率定标、空间响应率定标、时间响应定标、光谱精度和响应率定标、偏振响应率定标关键技术和计算模型研究；逐步建立高精度辐射基准和辐射标准传递系统。

（二）气象卫星地面系统建设

按照星地系统协调，资源统筹的原则与集约化发展理念，加强共性产品应用技术及公用基础设施整合措施。搞好地面应用系统总体设计，在现有站网接收布局的基础上，积极发展并提高地面应用系统能力，面向国民经济发展，拓展气象卫星遥感应用领域，提升气象卫星遥感应用水平。

1.地面应用系统

风云二号地面应用系统。按照“管理三颗、运行二颗”的要求，改扩建风云二号卫星地面应用系统技术设施和基础设施，提高产品快速处理与分发服务能力；建立异地备份测控主站，实现应急备份，确保卫星安全运行与稳定观测；研发卫星遥感综合应用平台，扩大卫星资料应用领域。

风云三号地面应用系统。按照上午星、下午星和降水测量星的轨道布局、组网运行的要求，建设与完善风云三号地面应用系统业务能力，增加技术设施备份能力，增强数据加工处理与数据服务能力；增建降水测量雷达卫星地面站及配套数据处理与应用技术设施。形成卫星资料接收、传输、数据处理与数据服务的统一运行管理，并兼容接收与利用美国、欧洲的同类卫星资料。

风云四号地面应用系统。按照“管理四颗、运行三颗”的要求，建设风云四号地面应用系统，通过天地协调，形成卫星在轨业务运行控制、数据处理、分发服务及应用等能力；通过获取高质量多通道地表、云的图像以及区域高频次观测和闪电成像观测，为中短期天气分析、强对流灾害性天气监测提供观测数据；实现多光谱、高精度的定量探测，获取大气温度、湿度四维结构及特性参数，实现静止气象卫星对地球环境参数的全天候探测；探测空间环境参数，监测太阳活动，为空间天气监测预警及在轨卫星安全管理提供信息服务。

2.辐射校正场

建立与完善遥感卫星地面辐射校正场与真实性检验系统，为气象、海洋、环境、国土资源等系列卫星资料的定标、验证工作提供公共基础条件，实现我国民用卫星综合配套能力的集约化发展。

完善光学辐射校正场。增建3个不同反射率、不同辐射亮度、不同场区面积的新定标场，新建8个典型地表类型的遥感产品真实性检验场，逐步形成卫星遥感产品真值检验监测网，实现场地辐射校正和遥感产品真实性检验业务化。

建立微波辐射校正场。建立多星共用机制、综合利用已建成的陆地卫星微波辐射校正场，开展气象卫星微波辐射校正场的建设工作，提高微波遥感数据的辐射观测精度与共享服务能力。

3.航空定标校飞系统

建立气象卫星遥感仪器航空定标校飞系统，检验评价新型遥感仪器可靠性和技术性能指标，为提高遥感仪器定量探测能力提供支撑平台；建立典型探测目标波谱数据库，完善遥感应用模型，为新型遥感仪器的研制提供依据，为提升遥感应用水平奠定基础。

（三）气象卫星资料综合应用能力建设

1.卫星数据共享及支撑系统

扩充现有卫星数据存档和检索服务系统，建成国家级气象卫星数据共享和应用平台；建立实时气象卫星数据库及20年以上时间序列的气象卫星基础遥感数据集，为用户提供数据和信息产品服务。

2.卫星资料数值预报同化系统

建设卫星数据偏差订正和质量控制系统，实现红外和微波卫星资料的质量控制；建设数值天气预报模式同化系统，实现卫星资料在6小时同化窗内的有效拼接和同化应用；建设海洋模式卫星资料同化和陆面模式卫星资料同化系统，实现卫星遥感地表参数、植被参数和海表参数在气候模式中的应用，提高天气预报和短期气候预测准确性。

3.灾害性天气卫星监测与预警支撑系统

建设短时临近预报业务卫星支持系统，实现台风、暴雨和强对流云团的卫星监测、追踪和预警，分析台风强度；建设沙尘和大雾卫星监测系统，实现沙尘、大雾特征参数的定量提取和路径追踪预警；建设人工影响天气作业条件卫星监测评估系统，实现人工影响天气作业条件的评估。

4.气候与气候变化卫星监测系统

建设卫星气候监测与分析平台，对极端气候事件、全球气候要素变化进行监测、诊断分析，实现对气温异常、降水异常、干旱、洪涝等极端气候事件和季风与厄尔尼诺/南方涛动（ENSO）事件的监测与分析；建设气候资源卫星评估系统，对我国重点地区辐射资源、空中水资源的精细化评估，为气候资源的开发利用提供有力支持。

5.气象灾害监测

建设卫星陆地、海洋环境监测分析系统，提取土地覆盖变化、植被长势、海洋污染等信息，为气候诊断分析和生态环境变化评估提供依据；建设卫星大气成分监测系统，实现对大气气溶胶、温室气体分布等的监测和评估；建设卫星气象灾害监测和评估系统，实现对水灾、火灾、冰灾、雪灾的遥感监测与评估，为防灾减灾提供服务。

6.农业气象遥感

建设气象卫星遥感主要农作物、特色农作物长势分析和估产系统，实现我国及全球主要作物产量遥感估算的业务化；完善农业干旱卫星监测系统，提高土壤墒情和干旱的监测准确度；实现对生态与环境变化的监测评估，为农业生产和生态建设提供有力支持。

（四）国际合作

积极开展国际合作，探索气象卫星快速发展的新思路。本着平等、互利的原则，探讨与美国、欧洲、加拿大等国家或地区开展卫星总体设计、有效载荷合作研制、数据处理及应用方法联合研究，推动及加快我国气象卫星的发展。

四、经费测算

根据目前卫星工程研制和建设的实际成本，考虑未来技术状态改变、可靠性要求增加及新增技术研发等因素，根据2009年底物价水平，按照实事求是、厉行节约的原则，初步匡算规划投资

217.42亿元,全部为中央投资。

五、政策措施

(一)完善国家财政投入机制

进一步完善国家财政稳定、连续投入机制,确保气象卫星业务的持续、健康发展。国家发改委和财政部按照商定的比例,根据核定的气象卫星工程投资概算和工程建设实际进展,逐步加大对气象卫星工程建设的投入。切实加强管理,提高资金使用效益。

(二)建立天地统筹同步发展的政策

坚持天地统筹,卫星、运载火箭、发射场、测控和地面应用五大系统同步发展的管理体制和相关的政策措施。按照统一的建设进度,确保资金投入、配套设施建设。协调解决系统间存在的问题,确保各系统接口匹配,进度协调,质量可靠,确保卫星在轨稳定运行和充分发挥应用效益。

(三)着力解决遥感仪器发展的瓶颈问题

遥感仪器的预先研发基础薄弱,严重影响我国空间对地观测高质量稳定发展,需要进一步加大对遥感仪器研发的政策支持力度,促进其健康快速发展。在国家民用航天相关规划中明确需要预研的遥感仪器种类,并通过民用航天科研经费、气象卫星专项资金、公益性行业专项等项目给予支持。

(四)加强人才队伍建设

培养和造就一支德才兼备、专业配套、结构合理、素质优良的科研、业务和管理人才队伍。重点加强科技领军人才、复合型人才及后备人才队伍建设。建立有效的激励和评价机制,通过培养、引进和使用的方式,鼓励优秀人才脱颖而出。加强人才的培训,特别是卫星资料应用人才的培养,不断提高人才业务和管理素质。

(五)加强部门间统筹协调

加强与环保、海洋、林业、国土资源等部门协调,统筹兼顾各行业对气象卫星的需求,加强卫星的综合观测能力。进一步加强卫星资料广播分发能力建设,实现卫星数据和产品共享。进一步加强公共卫星应用产品研发,为各部门提供更加适用、有效的产品,充分发挥卫星在国民经济各领域的的利用效益。

五、科技教育

"十二五"国家自主创新能力建设规划

为贯彻落实《中华人民共和国国民经济和社会发展第十二个五年规划纲要》、《国家中长期科学和技术发展规划纲要(2006—2020年)》和《中共中央 国务院关于深化科技体制改革加快国家创新体系建设的意见》(中发〔2012〕6号),引导创新主体行为,指导全社会加强自主创新能力建设,加快推进创新型国家建设,制定本规划。本规划主要涉及创新基础设施、创新主体、创新人才队伍和制度文化环境等方面。

一、建设基础与面临形势

(一)建设基础

"十一五"期间,我国坚持把增强自主创新能力作为科学技术发展的战略基点和提高综合国力的关键,大力推进科技进步和创新,强化了对经济社会发展和国家安全保障的支撑。

1.激励自主创新的法律和政策效果初步显现。修订了科学技术进步法和专利法,公布实施反垄断法、企业所得税法等法律法规,为自主创新提供了有力的法律制度保障。《国家中长期科技发展规划纲要》配套政策及其实施细则逐步落实,财政科技投入和全社会研发投入年均增长超过20%,全社会研究开发投入占国内生产总值的比例由1.39%提高到1.76%。国家中长期人才规划纲要和教育规划纲要颁布实施,高层次、高技能人才队伍不断壮大,从事研发活动人员数量跃居世界首位。国家知识产权战略纲要颁布实施,发明专利授权量大幅增长,上升到世界第三位。

2.自主创新基础条件不断完善。实施《国家自主创新基础能力建设"十一五"规划》和《2004—2010年国家科技基础条件平台建设纲要》,建设了一批达到或接近国际先进水平的重大科技基础设施,构建了科技资源开放共享的全国大型科学仪器设备协作共用网,国家重点实验室和野外观测台站(网)分别达到327家和105个,国家工程中心、国家工程实验室、国家认定企业技术中心分别达到391家、

91家、729家，各类国家检测中心、产品检测实验室等加快发展，科技进步和创新的物质技术基础进一步夯实。

3.创新主体发展能力明显提升。技术创新工程有效推进，以企业为主体的技术创新体系建设取得积极进展，企业研发经费、研发人员和发明专利授权量年均分别增长25%、15%和30%，涌现出一大批具有国际竞争力的创新型企业。知识创新工程、“211工程”和“985工程”加快实施，公益类科研机构改革进一步深化，高等院校和科研院所的原始创新能力显著增强。国家技术转移示范机构、国家大学科技园、生产力促进中心和科技孵化器等科技中介服务机构不断壮大，分别达到134家、86家、2200多家和1000多家，创新创业服务能力明显提升。

4.创新驱动经济社会发展的作用不断增强。超级计算机、移动通信、高速列车、大型飞机和核能等领域取得一批标志性创新成果并实现产业化，形成了若干新的经济增长点。新一代可循环钢铁流程工艺、清洁煤电成套装备、特高压输变电、新能源汽车和半导体照明等一批核心关键技术取得突破，为提升产业竞争力和促进节能减排降耗作出了积极贡献。超级稻、矮败小麦、禽流感疫苗、肿瘤靶向治疗、抗肝炎新药以及生产安全、食品安全和污染控制等领域的重大技术研发与推广应用，为农业增产和民生改善提供了技术保障。

（二）面临形势

“十二五”是我国建设创新型国家的关键时期，全面建成小康社会、加快转变经济发展方式对自主创新能力建设提出了更高、更紧迫的要求。

1.加强创新能力建设是提升国家竞争力的迫切要求。国际金融危机影响深远，主要国家纷纷调整创新战略，不断优化创新政策环境，加大创新基础设施建设投入，世界进入依靠创新繁荣实体经济的深度调整期。创新全球化加速了人才、技术等创新要素的国际流动，为各国提升创新能力带来了重大机遇和严峻挑战。要在全球经济大调整、大变革中掌握主动权，必须加快提升创新能力，抢占科技发展制高点，构筑国际竞争新优势。

2.加强创新能力建设是实现重大科技突破的重要举措。当前，能源资源、信息通信、人口健康、现代农业和先进材料等关系现代化建设进程的重要领域正孕育革命性突破，将催生一批战略性新兴产业，引发以绿色、健康和智能为特征的新产业革命，推动产业结构重大调整。要避免与新科技革命和产业革命带来的重大历史机遇失之交臂，必须实现创新能力质的飞跃。

3.加强创新能力建设是加快转变经济发展方式的重要支撑。当前经济、产业的竞争已前移到科技进步和创新能力的竞争，特别是随着我国工业化迅速推进，劳动力、原材料和环境保护等成本持续上升，经济社会发展面临的资源能源和生态环境约束压力进一步加大，迫切需要依靠创新实现转型发展。我国经济总量已跃居世界第二位，主要产业面临由大转强的艰巨任务，迫切需要以提高经济增长质量和效益为中心，强化创新驱动，加快实现产业结构优化升级和经济发展方式转变。

4.加强创新能力建设是破解社会发展难题的客观需要。解决好人民群众普遍关心的基本公共服务问题，构建和谐社会，迫切需要加快教育、医疗卫生、文化和公共安全等重要社会服务领域创新能力建设，构筑惠及全民的低成本、高质量、广覆盖的社会服务保障体系，缩小城乡、区域间基本公共服务保障水平的差距，满足国民基本公共服务需求。

当前，我国自主创新能力建设仍存在一些突出问题，主要表现在：创新能力建设缺乏系统前瞻布局，与世界先进水平相比还有较大差距；创新资源配置重复分散、使用效率不高、共享不足；企业创新动力和活力不足，技术创新的主体作用没有得到充分发挥；投入不足与结构不合理并存，持续投入机制尚未形成;知识产权保护等创新环境有待完善。面对新形势和新要求,必须把科技创新作为提高社会生产力和综合国力的战略支撑,摆在国家发展全局的核心位置,以战略眼光和全球视野,抓住机遇,应对挑战,充分利用现有基础,着力加强薄弱环节,以更大力度推进我国自主创新能力建设。

二、指导思想、建设目标和总体部署

(一)指导思想

以邓小平理论、"三个代表"重要思想、科学发展观为指导,着眼国家全局性和长远性发展需求,实施创新驱动发展战略,以体制机制改革为保障,统筹创新能力建设布局,加强自主创新的物质技术基础和人才队伍建设,促进创新资源合理配置,增强创新主体动力和全社会创新活力,更加注重协同创新,全面提升原始创新、集成创新和引进消化吸收再创新的能力和水平,加快创新型国家建设,为经济社会发展提供有力保障。

(二)建设目标

到"十二五"末,我国自主创新能力建设的目标是:

——创新基础条件建设布局更加合理。投入运行和在建的重大科技基础设施总量接近50个,形成一批世界一流的科学中心。重点建设和完善100家国家工程中心,新建若干家国家工程(重点)实验室,认定一批国家级企业技术中心,产业技术创新、重大技术装备研制和重点工程设计的支撑条件更加完善。

——重点领域创新能力明显提升。农业、制造业、战略性新兴产业、能源和综合交通运输等产业创新能力大幅提升,教育、医疗卫生、文化和公共安全等社会领域创新能力建设取得重要进展。

——创新主体实力明显增强。企业技术创新主体地位进一步强化,大中型工业企业研发投入占主营业务收入比例达到1.5%,一批创新型企业进入世界500强。建成若干一流科研机构,创新能力和研究成果进入世界同类科研机构前列;建设一批高水平研究型大学,一批优势学科达到世界一流水平,关键核心技术的有效供给能力明显提升。

——区域创新能力布局不断优化。初步形成东中西部分工协作、功能互补、多层次合作的区域创新体系。区域性创新服务平台建设得到加强。

——创新环境更加完善。创新人才队伍结构更加合理,涌现一批高端创新人才、工程技术人才和创新服务人才,每万名就业人员的研发人力投入达到43人年。知识产权保护得到切实加强。每万人发明专利拥有量提高到3.3件,专利质量和专利技术实施率明显提高。

(三)总体部署

"十二五"时期,我国自主创新能力建设的总体部署是:加强政府统筹规划指导,更加发挥市场在资源配置中的基础性作用,引导社会创新主体积极参与,重点推进科学研究实验设施和各类创新基地建设,加强科技资源整合共享和高效利用,健全国家标准、计量、检测和认证技术体系,支撑科技跨越发展;加快推进重点产业关键核心技术研发和工程化能力建设,提升重点社会领域创新能力和公共服务水平,构建各具特色、协调发展的区域创新体系,支撑经济社会创新发展;加强创新主体能力、人才队伍和制度等创新环境建设,深化国际交流与合作,强化知识产权创造、运用、保护和管理能力,激发全社会创新活力,提高创新效率和效益。

三、加强科技创新基础条件建设

(一)科学研究实验设施

1.规划建设国家重大科技基础设施。瞄准科技前沿和国家重大战略需求,坚持有所为、有所不为,以能源科学、生命科学、地球系统与环境科学、粒子物理和核物理科学、空间和天文科学、材料科学、工程技术科学等7个领域为重点,统筹国家重大科技基础设施建设布局。“十二五”时期,综合考虑科学目标、技术基础、科研需求和工程队伍等因素,优先安排海底科学观测网、转化医学研究设施、中国南极天文台等16项重大科技基础设施建设。

2.加强国家重点实验室建设。按照明确定位、完善布局、规范管理、共建共享的原则,进一步加强国家(重点)实验室建设。围绕重大科技任务、重大科学工程、重大科学方向探索开展国家实验室建设。加强高等学校和科研院所国家重点实验室建设,打造国际一流水平的基础研究骨干基地。在明确定位标准、系统规划设计的基础上建设企业国家重点实验室,引领和带动行业技术进步。积极推进港澳地区国家重点实验室伙伴实验室建设。围绕部门、地方优势和特色,培育国家重点实验室。

3.提高科研装备水平。加强科学规划和系统设计,改善科研装备条件,进一步提高现有科研仪器设备的使用效率。继续推进重大科研装备自主研制,探索科研装备自主开发有效模式。强化重大科学仪器设备开发和应用,增强科研条件资源的自主装备能力。

4.稳步推进国家野外科学观测研究站(网)建设。加强农业、气象、生态、环保、交通、水利等领域野外科学观测研究站(网)建设。加快推进野外科学观测研究站(网)的信息化,改善观测环境和科研条件,形成一批联网运行和资源共享的综合性、专业性野外科学观测研究基地。

(二)科技资源与信息平台

1.加强自然科技资源库建设。继续开展自然科技资源的搜集、保藏和安全保护,整合和完善科学植物园、动植物种质资源库、微生物菌(毒)种和人类遗传资源库、临床样本和疾病信息资源库、实验材料和标准物质资源库、岩矿化石和生物标本资源库。

2.推动重点领域科技资源平台建设。在信息、生物、新材料、航空航天、能源、海洋、节能减排等重点领域以及新兴、前沿和交叉学科领域,推动多学科交叉集成、面向社会开放服务的科技资源平台建设。

3.加快科学数据平台建设。实施科研信息化应用推进工程,强化国家重要科研信息化基础设施的综合应用和服务能力。加强中国科技资源共享网建设,构建科技资源从数据获取、存储、处理、挖掘到开放共享的完整信息服务链。建设集中与分散相结合的国家科学数据中心群,形成国家科学数据分级分类共享服务体系。抢救濒临丢失的重要科学数据。继续加强专利、工艺、标准、科技报告等科技文献资源的整合和开放。

(三)标准计量检测认证平台

1.加强标准和认证认可体系建设。完善国家和行业技术标准资源服务平台,加强标准化与科技创新、产业升级协同发展,加快关键技术标准研制,提高参与制定国际标准的能力。推进科技基础条件平台标准化工作，加强科技资源标准化整理工作，提高数字化表达水平。完善信息安全产品国家认证制度，突破食品安全、碳排放、新能源、节能环保、交通运输工具、再制造、农业和生物、医药、现代服务业等领域认证认可关键技术，提升标准和认证认可技术支撑能力。

2.加强检验检测平台建设。整合资源，构建以国家级机构为龙头、区域性机构为基础、企业及社会检测资源为补充的检验检测体系。重点支持战略性新兴产业、现代服务业、现代农业等产业和领域检验检测能力建设，研制关键检测技术、方法和装备。在产业集聚地和主要进出口口岸规划建设一批综合性检验检测平台，增强适应产业创新和国际化发展的检验检测能力。

3.积极推进计量测试平台建设。掌握基本物理常数、量子基准关键技术及精确测量先进方法、国际关键比对技术与方法，前瞻布局建设和完善计量基标准和重大精密测量基础设施，构建产业发展急需的计量测试平台；在新材料、新能源、智能电网、生物与食品安全、先进制造、应对气候变化、环境保护、城市矿产、医药安全和国防建设等领域形成满足需求的有效测量和溯源能力，健全高端分析仪器量值溯源体系，构建满足国内需求并与国际接轨的国家计量基标准和量值传递体系。

四、增强重点产业持续创新能力

（一）农业创新能力

1.加强农业技术创新平台建设。围绕我国粮食安全、种业发展、主要农产品供给、农产品质量安全、生物安全、农林生态保护等，加强农业重点实验室、农业应用研究示范基地、科学观测实验站、品种改良中心、种质库（圃）等创新基地和平台建设。依托公益性行业科研专项等国家科技计划，围绕动植物良种、生态林业、生态农业、海洋农业、农机装备、新型肥药、农产品精深加工、高效栽培、绿色种植、健康养殖、节本降耗、节水灌溉、植物病虫害统防统治、动物疫病防控、农业防灾减灾、农业农村信息化、水文水资源监测、水土流失防控、河口海岸滩涂开发治理和保护等方面重大技术需求，建设和完善一批关键共性技术创新平台。开展农业面源污染监测、防治科技攻关，提升农业可持续发展的能力。结合实施转基因生物新品种培育科技重大专项、粮食丰产科技工程和种业科技创新工程等，建设产学研结合、育繁推一体化的现代种业创新体系，增强良种良法开发和推广应用能力。

2.推进农业创新资源集聚。推进现代农业产业技术体系建设，完善以产业需求为导向、以农产品为单元、以产业链为主线、以综合试验站为基点的新型农业科技资源组合模式。积极培育以企业为主导的农业产业技术创新战略联盟，推进国家农业高新技术产业示范区和国家农业科技园区建设，构建适应高产、优质、高效、生态、安全农业发展要求的技术体系。

3.加快农业技术推广体系建设。健全乡镇或区域性农业技术推广、动植物疫病防控、农产品质量监管等公共服务机构，构建以国家农技推广机构为主导，农业科研单位、有关学校、农民专业合作社、涉农企业、群众性科技组织、农民技术人员广泛参与的多元化农技推广体系，促进农业科技信息传播和成果推广应用。加快重大关键农业技术推广应用和农机农艺融合。大力实施科技特派员农村科技创业行动，鼓励创办领办科技型企业和技术合作组织，继续完善农业科技专家大院、星火科技 12396 等科技服务模式。继续实施星火计划、科技富民强县专项行动计划、科普惠农兴村计划，全面提升现代农业专业化、社会化技术服务和推广应用能力。

(二)制造业创新能力

1.加强制造业共性技术创新平台建设。以制造业结构调整和优化升级必需的基础工艺、基础材料、基础元器件、关键零部件和软件系统为重点,集聚、整合产业链各环节的创新资源,创新组织模式,搭建一批关键共性技术研发和工程化平台,为提升制造业新技术和新产品开发能力提供有力支撑。

2.提高重大成套技术装备开发能力。围绕重大成套技术装备设计验证以及节能减排、资源综合利用和循环经济等关键技术开发,完善和提升产业技术创新、检测检验和系统验证服务等平台,培育发展专业化的工业设计、研发机构。完善相应的研发和推广应用体系,提升重大成套技术装备的系统设计能力和集成创新能力、配套产业的新技术和新产品开发能力。

3.推动工业化和信息化深度融合。加强生产过程智能化和生产装备数字化应用示范,提升集散控制、数字控制等自动化和信息化技术集成创新能力。推进国家新型工业化产业示范基地建设。实施制造业信息化科技工程。根据行业技术发展要求,培育和发展网络制造等现代制造模式,促进“生产型制造”向“服务型制造”转变。

专栏1　制造业创新能力建设重点

1　装备制造
机械基础零部件、基础工艺、高端仪器仪表、先进实用农机装备、煤机装备、海洋技术装备等设计、实验及检测,制造信息化、快速制造和再制造。

2　船舶
散货船、油船、集装箱船等传统船型升级换代,船用中低速柴油机、船用电站,高技术船舶、绿色船舶设计制造,数字化船型设计数据库。

3　汽车
高效内燃机、高效传动与驱动、材料与结构轻量化、整车优化、普通混合动力、汽车节能技术等研发试验平台。

4　钢铁
新一代钢铁可循环流程工艺技术,高性能、高质量及升级换代关键钢材品种。

5　有色金属
高效、低耗、低污染新型冶炼、共伴生矿高效利用、矿山尾矿综合利用、有色金属短流程低能耗加工等技术与装备。

6　石化
大型特大型石化技术装备。

7　建材
无机非金属材料、非金属矿精深加工及节能减排、资源综合利用。

8　轻工
新型电池、农用新型塑料、酶制剂、食品加工、节能环保电光源、绿色智能家电。

9　纺织
高新技术纤维和新一代功能性、差别化纤维,高效节能纺纱、织造和印染以及产业用纺织品。

(三)战略性新兴产业创新能力

1.加强战略性新兴产业创新平台和标准化建设。前瞻部署一批前沿技术研发平台,完善一批产业关键核心技术创新平台,重点建设一批工程化验证平台,为培育战略性新兴产业提供有力支撑。强化战略性新兴产业知识产权与技术标准前瞻布局,支持以企业为核心的专利战略联盟和技术标准联盟建设,掌握一批主导产业发展的知识产权和有国际影响力的技术标准,抢占战略性新兴产业技术发展制高点。

2.推进战略性新兴产业创新成果应用示范。实施战略性新兴产业创新成果应用示范工程。依托产业创新资源聚集区，布局建设一批重大成果应用示范基地，支持商业模式创新，探索政府采购支持新方式，发展产业链完善、创新能力强、特色鲜明的创新集群，提升战略性新兴产业关键技术的工程化和产业化能力。

专栏2　战略性新兴产业创新能力建设重点

1　节能环保
高效节能、低耗零排、环境安全、资源循环利用。
2　新一代信息技术
新一代无线通信、卫星移动通信、下一代广播电视网、下一代互联网、云计算、物联网、新型显示技术、半导体照明，信息技术服务。
3　生物
新药创制、高性能诊疗设备，合成生物与先进生物制造，医药、重要农作物及畜禽、微生物菌（毒）种等基因资源信息库。
4　高端装备制造
航空产品、卫星载荷研制，智能控制系统、高档数控机床、轨道交通装备、深海运载和探测技术装备、深部矿产资源探测装备。
5　新能源
新一代核电装备、大型风电机组系统集成及零部件设计试验平台，新型太阳能发电、智能电网、下一代生物燃料、大规模储能。
6　新材料
新型功能材料、先进结构材料、高性能复合材料、分离膜材料、有机硅材料、纳米材料、共性基础材料。
7　新能源汽车
插电式混合动力汽车、纯电动汽车、燃料电池汽车、车用动力电池、驱动电机、动力总成、管理控制系统。

（四）现代服务业创新能力

1.加强服务业公共技术创新平台和标准体系建设。在金融服务、现代物流、商贸服务、高技术服务等领域，加强公共技术创新平台建设，开发和推广应用新技术，发展服务新产品，推进服务业结构优化升级。围绕发展信息系统集成服务、互联网增值服务、信息安全服务和数字内容服务等，建立和完善新兴服务业标准体系，加快形成先进服务业标准创制能力，提升专业化服务水平。

2.加快服务业创新基地建设。依托有比较优势区域，建设主体功能突出、创新基础较好的区域性服务业创新中心和产业化基地，利用信息化技术手段，大力发展新兴业态，促进服务业规模化、品牌化和网络化发展。引导推动国家高技术服务业发展试点省（市）和国家高技术服务产业基地加强技术创新平台建设，延伸和完善产业链，促进高技术服务业集群发展。推动有条件城市加快发展各类高技术服务组织和机构，支撑服务业创新发展。

（五）能源产业和综合交通运输创新能力

1.推进能源产业和综合交通运输绿色发展。加快形成和提升新型煤化工、油气勘探、农村水电开发等重大节能减排技术创新能力，研究推广动力煤配制新技术，加强电力需求侧管理技术、电网资源优化技术等开发与推广能力，提高资源综合开发利用水平。实施低碳技术创新及产业化示范工程，加强碳捕集、利用和封存等技术研发和应用能力。加快建设智能化数字交通管理、综合交通运输和绿色交通等领域中带动性强的关键技术研发平台；建设全国交通数据中心，构建综合交通信息服务平台。

2.提高能源生产运行和交通运输安全的技术保障能力。在能源产业领域，重点围绕煤矿、电站、油气田生产安全和电网、油气管网运行安全等，完善一批研发和工程化设施，提升安全防控技术支撑能力;在综合交通运输领域,构建覆盖设计、建设、运行、管理等环节的安全技术创新体系,重点加强铁路、公路、水运和航空等重大基础设施耐久性评价与安全保障技术创新平台建设,提高安全事故主动防控能力。

3.强化能源和交通重大工程建设的技术支撑。集聚整合行业优势创新资源,加强关键技术、装备和工艺创新能力建设,加速创新成果转化,保障国家煤炭基地、大型水(核)电站、智能电网、近海海域和深水油气田勘探开发、高速铁路、高速公路、大型公路桥梁、航道整治、沿海深水港口、干线机场、综合交通枢纽等重大工程顺利建设。

专栏3 能源产业和综合交通运输创新能力建设重点

1 电力

特高压输电、高效清洁燃煤电站、核电站安全。

2 煤炭

褐煤综合利用、煤制芳烃、煤制天然气、煤制乙二醇、煤炭液化、煤制烯烃。

3 石油天然气

三次采油、海洋深水工程、石油地球物理、高含硫气藏开采、测井技术、非常规天然气开发。

4 铁路

高速铁路勘察设计、轨道交通通信信号、重载机车车辆,高速铁路基础设施耐久性评价、高速铁路产品质量检测检验。

5 公路

公路养护技术装备、新型道路材料、公路长大桥建设、桥梁结构安全、公路隧道建设、陆地交通灾害防治、交通安全应急。

6 水运

港口水工建筑、疏浚技术装备。

7 民航

新一代空管系统、技术及装备,适航审定、航空运输信息系统、低空飞行监视、指挥和信息系统。

8 综合交通枢纽

客运一体化服务系统、货运联程集疏运系统、运营管理信息共享系统、防灾救灾和应急疏散系统。

五、提高重点社会领域创新能力

(一)教育领域

1.加强教育信息化应用体系建设。推动“宽带网络校校通”、“优质资源班班通”、“网络学习空间人人通”建设,构建和完善网络教学体系。全面推进教育信息化应用,鼓励有条件的学校推进数字化学习中心、数字化校园、数字化图书馆和虚拟实验室建设,促进课堂互动教学、网络互动学习,提升教育教学技术水平。加快发展开放灵活的教育资源公共服务平台,促进优质教育资源普及共享。加大教育信息化培训力度,推广教师信息化教育技术能力标准,加强教师、技术人员和管理人员专业化培训,提高教师应用信息技术的水平。

2.提高教育信息化的技术支撑能力。开发适应多终端共享要求的内容资源、学习工具和资源生成系统,提高教育信息化技术装备水平。加强数字化教学设施、特殊教育技术手段等技术创新。建设教育信息技术集成推广、教育技术装备与系统、教育支撑软件开发等创新平台,提升教学标准评测认证和教育资源质量审定评测能力。

3.加强教育管理信息化建设。制定国家教育管理信息标准与编码规范,制定学校信息化管理业务标准与规范等教育信息化标准。搭建安全高效的国家教育管理公共服务平台,建设教育管理信息系统,完善教育基础信息数据库,提高教育管理效率和服务能力。建立健全数字化校园网络信息安全监管机制。

(二)医疗卫生领域

1.加强医疗卫生公共服务技术能力建设。推进医疗卫生信息化,完善国家、省和地市三级卫生信息平台。推进公共卫生、医疗服务、医疗保障、基本药物和综合管理等业务应用系统建设。加快临床信息资源库与数据库建设,促进相互关联与整合。建立城乡居民电子健康档案和电子病历资源库,提高临床路径实用性和电子化水平。推进医疗卫生服务先进适用技术、装备和系统的研发、产业化,并加快推广应用。

2.推进医疗卫生技术基础能力建设。加强基础性卫生信息标准研发,统一卫生领域术语信息标准和代码标准,研究制订公共卫生和医院信息化功能规范及业务流程规范。研究制订适应业务需求的数据标准、交换标准和技术标准及临床决策智能知识库。推进中医药标准建设和中药质量认证。建立和完善重大公共卫生、传染病和高等级生物安全实验室监测预警体系。

3.强化疾病防治技术能力建设。加强心脑血管病、肿瘤、糖尿病、慢性呼吸系统疾病等慢性病、地方病和职业病早期预警、预防干预与诊断治疗共性关键技术研发能力建设,加强病因、致病机理等相关基础研究,健全“预防—诊断—治疗”技术体系。围绕常见病、多发病、传染病和地方病,加快新型诊疗技术、装备、诊断试剂、疫苗和药物的开发与工程化能力建设,建立和完善相关标准,提高“发生—甄别—处置”系统诊疗能力。加强中医药研究体系建设,提高中医药防病治病能力。建立精神疾病与心理健康等临床诊疗标准,完善基础与临床医学研究体系。加强妇幼保健技术能力建设,预防和减少出生缺陷。加强中国人群特有的营养健康、慢性疾病以及生殖健康、老年健康等的预测、预防和干预研究,健全综合防治体系。

(三)文化领域

1.推进文化科技创新能力建设。着眼现代文化产业体系建设需要,在出版、印刷、传媒、影视、演艺、网络游戏、网络音乐、动漫等领域推动建设技术创新平台和产学研战略联盟,支持数字文化创意、数字出版、数字影视制作、数字投送等创新技术应用,形成一批文化资源数据库,增强文化科技创新基础能力。实施文化科技创新工程,突破一批核心、关键、共性技术,推进相关技术标准研制,充分利用信息技术等先进技术支撑文化装备、材料、工艺、软件、系统的研制和发展,提高科技对传统文化业态的升级改造和对新兴文化业态的培育能力。依托国家高新技术园区、国家可持续发展实验区、国家级文化产业(试验)示范园区、国家文化产业示范基地、国家动漫游戏产业振兴基地等建立国家级文化和科技融合示范基地,促进文化与科技创新资源和要素互动衔接,加快培育和发展文化创意、数字出版、数字印刷、数字媒体、动漫游戏等新兴文化产业。跟踪新媒体发展趋势,充分发挥基于互联网和移动通信技术的新媒体在催生文化新业态、优化文化产业结构、完善文化产业链等方面的重要作用。

2.创新公共文化服务手段和服务内容。充分利用信息技术,大力开发新型文化产品,增强公共文化产品供给能力,满足人民群众多样化文化需求,使城乡居民平等享受公共文化服务。加快现代科技在图书馆、文化馆(站)等公共文化场馆中的普及和应用,充分发挥信息技术和直播卫星技术在农家书屋、全民阅读、文化信息资源共享、数字图书馆推广、公共电子阅览室、国家公共文化服务体系示范区(项目)创建等重点文化惠民工程建设中的作用,完善公共文化服务网络,构建技术先进、传输快捷、覆盖广泛的现代传播体系。加强国际传播能力建设,构建网络化国际文化交流服务平台,创新中国文化“走出去”方法和手段,提升中国文化的表现力和传播力。

(四)公共安全领域

1.增强突发事件监测预警技术能力。健全地质地震灾害、气象灾害、水旱灾害、生态环境灾害、海洋灾害、生物灾害和森林草原火灾等自然灾害监测体系和预警预报信息发布平台,完善食品安全、突发急性传染病、群体性不明原因疾病、动物疫情和职业危害等公共卫生事件信息平台和监测预警网络,建立社会安全基础数据库,形成统一指挥、功能齐全、反应灵敏、运转高效的监测预警体系。完善国家重大工程和公共基础设施监测监控平台,建立和完善水利水电工程、区域及跨区域电网、油气管线、高速铁路、机场、道桥、隧道、港口、发电厂、核设施、城市大型复杂建筑和国家基础信息网络等监测监控及信息安全保障技术体系。

2.提高应急管理技术水平。进一步加强国家应急平台建设,完善公共安全网络和信息技术标准与应用规范,强化跨部门、跨区域协同处置突发事件的技术支撑能力。加快应急管理基础数据库建设,推进重要技术资料、历史资料收集管理和共享,为妥善应对各类突发公共事件提供可靠基础数据。在重大事故灾难与应急救援、职业危害预防控制、自然灾害防治、公共卫生保障、社会安全防范等领域,加强安全保障关键共性技术开发与转化,加大公共安全关键技术和装备的攻关力度,增强防范和处置突发事件的能力。

专栏4 公共安全保障能力建设重点

1 自然灾害
水旱灾害等重大自然灾害防御和应对,应急物资调度、应急广播。
2 事故灾难
煤矿重大事故预防与应急技术,环境污染事故应急处置技术。
3 公共卫生
食品安全快速检测溯源,食品安全信息监测,食品安全科研基础数据共享,食品药品安全风险评估。
4 信息安全
信息安全测试评估、存储、监控、实时防护。
5 生物安全
转基因生物安全,药品安全及监控,高等级生物安全实验室。

六、强化区域创新发展能力

(一)加快建设各具特色的区域创新体系

结合区域经济社会发展的特色和优势,加快区域创新能力布局建设,构建运行高效的区域创新网络,鼓励创新资源密集的区域率先实现创新驱动发展,支持具有特色创新资源的区域加快提高创新能力。东部地区要发挥开放和科教资源密集优势,集聚国际创新资源,重点提升长江三角洲、珠江三角洲、京津冀等区域的自主创新能力,支撑产业高端化、国际化发展。中部地区要发挥承东启西区位和产业技术基础齐全的优势,强化与东西部地区的人才、技术和设备等创新要素对接,加强产业配套创新能力建设。西部地区要发挥特色资源和产业优势，加快产业技术研发与产业化能力建设，形成若干有较强创新能力的特色优势资源综合利用加工基地、新能源基地和先进装备制造基地。东北地区等老工业基地要发挥产业和科技基础较强的优势，强化现代产业科技支撑体系，推动高端装备制造业发展和传统制造业转型升级，加快新型工业化进程。以交通、水利、农业、气象、质检、环保等为重点，推进跨区域公共技术创新和服务平台建设，探索建立有效的跨区运行机制和模式，着力解决水污染控制、大气污染防治、污染土壤修复、农业面源污染防治、公共安全等综合性问题。

（二）推进重点创新集聚区建设与发展

加强北京中关村、武汉东湖、上海张江等国家自主创新示范区建设，推进体制机制创新和政策先行先试，加快创新支撑条件建设，探索创新驱动发展的新思路、新模式。推动国家高新技术产业开发区和国家经济技术开发区以提升自主创新能力为核心的"二次创业"，加快建立服务于知识技术密集型产业发展的共性技术创新平台和公共服务平台，优化创新创业环境，增强园区自主创新和持续发展能力。推进国家创新型试点城市建设，带动形成一批各具特色、充满活力的省级创新型城市，构建特色鲜明、优势互补的创新型城市群，培育若干有国际影响力的区域经济增长极。

七、推进创新主体能力建设

（一）加强企业技术创新基础能力建设

1.深入实施国家技术创新工程。鼓励产业技术创新战略联盟按产业发展需求构建创新链，推进创新型企业建设，加大对企业创新基础能力建设支持力度，促进创新资源向企业集聚。鼓励符合条件的企业承担或参与企业国家重点实验室、工程实验室、工程中心以及中试和技术转移平台建设，鼓励企业承担国家和地方科技计划项目。深化转制院所改革，增强行业关键共性技术开发服务能力和技术辐射能力。

2.加强企业研发机构建设。采取有效政策措施，引导企业加大产业发展前沿技术研发力度。实施企业技术创新百强工程，重点建设一批国家认定企业技术中心，大力发展省市、行业认定企业技术中心，完善重大新产品研发与技术升级支撑体系。鼓励有条件的企业在海外建立研发中心，提升企业新产品、新工艺和新技术开发能力。

专栏5　企业技术创新基础能力建设重点

1　国家技术创新工程

以提升企业自主创新能力和产业核心竞争力为主旨，促进政产学研用紧密结合，进一步创新管理，着力建立企业主导产业技术研发创新的体制机制，引导和支持创新要素向企业集聚。构建一批支撑经济结构战略性调整的产业技术创新战略联盟，建设完善一批面向企业的技术创新服务平台，培育形成一批具有较强国际竞争力的创新型企业，推动一批重大科技成果产业化应用，培育一批高端化、集约化、专业化的创新型园区。

2　企业技术创新百强工程

选择高技术产业、国民经济支柱产业和我国具有比较优势的重点产业的行业排头兵企业，培育百家在产业自主创新中具有领军作用的大企业集团和创新优势企业，培育一批组织健全、实力雄厚的企业研究开发机构。

3.推进中小企业创新服务体系建设。在中小企业集聚区布局建设一批技术创新服务平台，增强产品创新、工艺创新和服务创新支撑能力。实施中小企业信息化推进工程，完善第三方信息化应用服务平台，搭建行业应用平台，加快中小企业信息化建设步伐。

（二）提升高等院校和科研院所创新能力

深入实施“211工程”、“985工程”和“高等学校创新能力提升计划”，重点完善基础研究、应用基础研究平台，整合高等院校优势创新资源，建设一批高水平研究型大学，加强跨学科交叉研究机构、跨校研究中心建设，增强高等院校创新人才培养能力、基础研究和前沿技术创新能力。持续稳定支持基础研究类和社会公益类科研机构，实施中科院“创新2020”，在重点领域形成国际一流的优势学科和研究基地，大幅提升科研院所原始创新能力和重大技术系统集成能力。依托具有较强研究开发和技术辐射能力的科研院所，利用现有基础条件和综合优势，合理布局一批国家重大公益性科技基础设施。大力推动协同创新，建立与产业、区域经济紧密结合的技术研发和成果转化机制，提升高校和科研院所服务国家重大需求、支撑产业结构调整和促进区域协调发展的能力。

专栏6　高等院校和科研院所创新能力建设重点

1　高等学校创新能力提升计划

瞄准科学前沿和国家发展重大需求，加强重点学科建设，有效整合创新资源，构建协同创新的新模式与新机制，认定并支持一批“2011计划协同创新中心”，集聚和培养一批拔尖创新人才，取得一批重大标志性成果，提高高等学校创新能力。

2　中科院“创新2020”

建设基础前沿科学中心、战略高技术研发中心和重大公益性科技综合研究中心以及国家宏观决策科技支持系统，组织实施战略性先导科技专项，优化布局建设区域创新集群和开放共享的创新基础设施，着力解决关系国家全局和长远发展的基础性、战略性、前瞻性重大科技问题。

（三）增强科技中介机构创新服务能力

1.积极推进各类科技中介服务机构发展。引导科技中介服务机构向服务专业化、功能社会化、组织网络化、运行规范化方向发展。加强骨干中介机构技术服务能力建设，提升技术服务设备水平，培养高水平人才和从业人员。推动中介机构应用现代科学技术，创新服务方式与手段，推动业务向技术集成、产品设计、工艺配套以及管理咨询等领域拓展。发挥行业协会、学会和产业组织作用，加强对科技咨询、技术评估、信息服务和创业投资服务等中介服务机构的指导，增强中介机构专业化服务能力。

2.提高科技中介机构服务创新的水平。以提高创业服务能力为重点，大力推进大学科技园、留学人员创业园、科技企业孵化器发展，为科技型初创企业提供优质、高效、全方位服务。以加速创新成果转移扩散为目标，增强国家技术转移中心、生产力促进中心和技术交易中心等组织专业化服务能力。大力发展创业投资服务机构，吸引社会资金支持创新活动。加强科技信息机构的信息采集与综合加工能力建设，提升政策咨询与评估机构的决策咨询与技术支撑能力，面向社会提供科技信息和决策咨询服务以及第三方技术评估服务。

（四）进一步深化企业主导的产学研合作

加强协同创新，积极探索推进产学研相结合的有效模式。鼓励行业骨干企业与高等院校、科研院所、上下游企业、行业协会等共建研发组织，建设产业关键共性技术创新平台。支持企业牵头组织高等院校和科研院所共同承担国家科技计划项目，探索企业选题、共同研发的新模式。建立企业主导的产业技术创新战略联盟，强化其组织技术创新合作、创新平台建设、技术转移扩散、人才联合培养等功能。

八、加强创新人才队伍建设

（一）科技创新领军人才

实施创新人才推进计划和青年人才开发计划，设立科学家工作室，依托高等院校、科研院所和大型骨干企业，加快建设一批创新人才培养示范基地和国家青年英才培养基地，培养造就一批世界水平的科学家、中青年科技创新领军人才、科技创新创业人才和青年拔尖人才等。统筹实施“千人计划”等引才引智计划，在前沿技术和新兴产业领域建设一批海外高层次人才创新创业基地，为引进的世界科技发展前沿战略科学家、学术带头人和优秀创新团队提供研发条件保障。推荐优秀科学家参与国际科技组织和重大国际科技合作计划并担任重要职务，增强我国科技创新领军人才运用国内外科技资源的能力。

（二）产业创新紧缺人才

以国家科技计划和重大工程为平台，以产业技术创新战略联盟和产学研合作项目为纽带，建设一批工程创新实训基地，实施专业技术人才知识更新工程，加快培养经济社会发展重点领域紧缺专门人才。实施国家高技能人才振兴计划，依托大型骨干企业、职业院校和职业培训机构，加快国家级高技能人才培养和实训基地建设。深入实施“卓越工程师教育培养计划”，推行校企合作、工学结合和顶岗实习等高技能人才培养模式，造就一大批工程技术领军人才和具有创新意识的高技能人才。加快工程教育和工程师资格国际互认进程，培养专业化、国际化、复合型工程技术人才队伍。加强基层农业技术推广人才队伍建设。鼓励支持生产一线人员立足本职岗位开展技术创新，提升科学素质和劳动技能。

（三）创新创业服务人才

加强服务于创新创业的各类人才培养。以服务科研开发为目标，培养一批具有较高专业技能的科研支撑人员。着眼产业技术发展需求，培养一批了解产业科技前沿和市场需求的信息分析专门人才。围绕提高创业服务水平，培养一批人事代理、人才测评、心理咨询、人才选拔、就业指导等方面专业人才。依托国家知识产权人才培训基地，加快国家（地方）知识产权人才库和专业人才信息网络建设，重点培养社会急需的企业知识产权管理和中介服务人才。实施科普人才队伍建设工程，加强科普人才培养与在职培训，壮大科普人才队伍。

（四）完善创新人才使用激励机制

改进科技成果管理制度，鼓励探索知识、技术、管理、技能等要素参与分配的机制，探索有利于创新人才发挥作用的多种分配方式，支持企业创新人才以股权、期权等多种形式参与收益分配。鼓励非职务创新。逐步完善政府奖励、用人单位奖励和社会奖励互为补充的多层次创新奖励体系，按照国家有关规定规范和鼓励社会力量设立创新奖项，表彰在创新活动中作出突出贡献的公民或者组织。布局建设一批人才特区，探索创新人才培养、使用、流动、评价制度，为创新创业人才开发提供示范。建立创业基地，通过创业辅导、资助启动资金、税收减免等多种方式，支持创新创业人才开发。

九、完善创新能力建设环境

(一)整合共享创新资源

积极推进体制机制改革,促进创新资源有效共享、高效利用,加强科技资源和科技产出调查,统筹创新资源配置,深化跨部门、跨区域和跨行业开放合作,完善公共科技资源共建共享机制。完善财政资金支持的科技基础设施运行管理和绩效评估机制,推进高等院校和科研院所构建多种模式的创新资源开放共享机制,鼓励和引导创新资源向社会开放。加强国家、行业、地方的重点实验室、工程中心、工程实验室和公共技术服务平台的统筹衔接,完善部省会商、院地合作、部门共建等协同机制,促进中央与地方创新资源优化配置及有效整合。

(二)加强知识产权创造、运用、保护和管理

加快构建以国家知识产权数据中心为核心、区域(行业)知识产权信息服务中心为支撑、知识产权中介服务机构与维权援助机构为基础的知识产权信息服务体系,提升知识产权信息公共服务能力。强化国家科技重大专项、国家科技计划的知识产权前瞻布局,加强重大科技项目知识产权全过程管理。落实完善国家资助开发的科研成果授权和利益分享机制。建立重大经济活动知识产权审议机制,构建知识产权分析预警体系,提高知识产权创造和布局针对性。深入开展企事业单位知识产权试点示范工作,实施中小企业知识产权战略推进工程和知识产权优势企业培育工程,增强企事业单位的知识产权运用能力。加强知识产权专业服务机构、知识产权维权援助机构的技术支撑能力和知识产权价值评估能力建设,促进知识产权转移转化。大力推进使用正版软件。完善知识产权保护措施,依法惩治侵犯知识产权的违法犯罪行为,为科技创新营造良好环境。

(三)推进科学普及能力建设

构建开放程度高、延伸范围广的信息化、网络化全国科普设施体系,合理规划科技馆、自然科学博物馆等科普设施建设。推进科研机构、高等院校向社会开放,开展科普活动。引导社会加大科普投入,繁荣科普创作。推进科技计划成果科普化,推动科普网站、虚拟博物馆和虚拟科技馆建设,利用手机、互联网和移动电视等新媒体技术和手段,创新科普传播方式方法,提升科学资源的普及效率和水平。完善全国科普信息资源共享和交流平台,完善国家科普统计制度,集成国内外科普信息资源,健全科普资源配送体系。

(四)大力培育创新文化

营造“尊重知识、尊重人才、鼓励探索、宽容失败”的创新文化氛围,开展创新方法培训,强化科学精神、创造性思维和创新能力教育培训。拓宽创新文化传播渠道,支持产业组织、社会公益组织和有关国际组织联合搭建创新交流平台,打造若干具有国际影响的创新论坛,加强自主创新成果展示;引导和支持电视台、电台、网络、手机、报刊等传播创新理念,宣传创新案例,报道创新动态,普及创新知识。

(五)提升国际合作水平

根据我国发展需要,制定科技发展国际化战略,积极开展全方位、多层次、高水平的科技国际合作。加大引进国际科技创新资源的力度。加强我国科研机构、高等院校、企业与国外科研机构的合作交流,合理规划、有序推进联合实验室、联合研究中心建设。在具备条件的地方和行业,建立与发

展需求密切结合的国际技术转移中心，形成不同层次、不同形式的国际科技合作平台。积极参与气候变化、重大疾病、公共安全等全球性重大科技合作，大力推进政府间合作和科研项目合作，不断探索合作新模式。加强内地与港澳台地区科技交流，建立更加紧密的科技合作关系。

十、规划实施

（一）加强组织领导

各相关部门要高度重视，充分发挥积极性和主动性，抓紧制定具体措施，分解任务，明确责任，创新机制，确保规划提出的各项任务落到实处。各地区要结合本地区特点和发展需求，制订相应专项规划，切实推进本地区自主创新能力建设。建立部门之间、中央与地方之间的工作会商制度和协调机制，加强相关规划的有机衔接，形成共同推进规划落实的良好局面。

（二）完善支持政策措施

深入贯彻落实科学技术进步法等相关法律法规，进一步完善促进国家自主创新能力建设的法律法规和政策，加强产业政策、财税政策、金融政策等与创新能力建设的衔接协调。根据世界贸易组织的有关规定，进一步研究并完善支持企业创新和科研成果产业化的财税金融政策，全面落实企业研发费用加计扣除、企业研究开发仪器设备加速折旧、进口国内不能生产的研发设施税收减免等税收激励政策，加快建立和完善知识产权质押贷款、风险投资等投融资政策。鼓励采用和推广具有自主知识产权的技术标准。建立健全技术产权交易市场。

（三）保障资金投入

进一步完善和落实促进全社会研发经费逐步增长的相关政策措施，探索建立多元化、多渠道、多层次的科技投入体系。发挥政府在科技投入中的引导作用，鼓励和吸引全社会加大对自主创新能力建设的投入力度。推进金融机构、社会团体、企业、个人以及国外投资者参与高水平的研发设施建设。

（四）强化监督评估

强化规划实施的监测、评估和督促检查，采取有效措施解决规划实施中遇到的问题，根据实际情况及时调整和完善规划的具体任务部署。建立综合评价和第三方评价制度，完善考核指标体系和监督机制，鼓励社会各界积极参与规划实施的监督。

国家重大科技基础设施建设中长期规划

(2012—2030年)

重大科技基础设施是为探索未知世界、发现自然规律、实现技术变革提供极限研究手段的大型复杂科学研究系统，是突破科学前沿、解决经济社会发展和国家安全重大科技问题的物质技术基础。当前，我国正处于建设创新型国家的关键时期，按照全国科技创新大会部署和深化科技体制改革要求，前瞻谋划和系统部署重大科技基础设施建设，进一步提高发展水平，对于增强我国原始创新能力、实现重点领域跨越、保障科技长远发展、实现从科技大国迈向科技强国的目标具有重要意义。为贯彻《国家中长期科学和技术发展规划纲要(2006—2020年)》和《中华人民共和国国民经济和社会发展第十二个五年规划纲要》，明确未来20年我国重大科技基础设施发展方向和“十二五”时期建设重点，制定本规划。

一、规划基础和背景

新中国成立特别是改革开放以来，国家不断加大投入，我国重大科技基础设施规模持续增长，覆盖领域不断拓展，技术水平明显提升，综合效益日益显现。“十一五”时期，启动建设重大科技基础设施12项，验收设施10项，目前在建和运行设施总量达到32项。设施的建设和运行为科学前沿探索和国家重大科技任务开展提供了重要支撑，推动我国粒子物理、核物理、生命科学等领域部分前沿方向的科研水平进入国际先进行列。依托设施解决了一批关乎国计民生和国家安全的重大科技问题，在载人航天、资源勘探、防灾减灾和生物多样性保护等方面发挥着不可替代的作用。设施建设带动了大型超导、精密制造和测控、超高真空等一批高新技术发展，促进了相关产业技术水平提高；凝聚和培养了一批国内外顶尖科学家和研究团队，以及高水平工程技术和管理人才。此外，设施还在深化科技国际合作交流、提升全民科学素质、增强民族自信心等方面发挥了独特作用。在快速发展的同时，我国重大科技基础设施也存在一些问题：总体规模偏小、数量偏少，学科布局系统性、前瞻性不够，技术水平有待进一步提升，开放共享和高效利用水平仍需提高，管理体制机制亟待健全，工程技术和管理队伍建设需要加强等。

当今世界，科技发展正孕育着一系列革命性突破，发达国家和新兴工业化国家纷纷加大重大科技基础设施建设投入，扩大建设规模和覆盖领域，抢占未来科技发展制高点，我国重大科技基础设施建设面临机遇和挑战并存的新形势。

（一）科学前沿的革命性突破越来越依赖于重大科技基础设施的支撑能力

现代科学研究在微观、宏观、复杂性等方面不断深入，学科分化与交叉融合加快，科学研究目标日益综合。科学领域越来越多的研究活动需要大型研究设施的支撑，要求不断提高科技基础设施的单体规模和技术性能，强化相互协作，形成大型综合性设施群。进一步加强我国重大科技基础设施建设，有利于在新一轮科技革命中抢占先机、有所作为。

（二）技术创新和产业发展越来越需要重大科技基础设施提供强大动力

当前，科学研究与技术研发相互依托、协同突破的趋势日益明显，技术创新和产业振兴的步伐不断加快。重大科技基础设施的建设和运行，越来越注重科学探索和技术变革的融合，可以衍生大量新技术、新工艺和新装备，加快高新技术的孕育、转化和应用。我国在若干重要领域超前部署一批重大科技基础设施，有利于更好地促进产业技术进步、破解经济社会发展中的瓶颈性科学难题，对加快培育战略性新兴产业、实现经济发展方式转变、支撑经济社会发展具有重要意义。

（三）国际科技竞争合作越来越需要重大科技基础设施的牵引和依托

近年来，在事关国家核心利益的科技领域，主要国家在重大基础设施建设方面的竞争日趋激烈。同时，随着气候变化、生态保护、人口健康等全球性问题不断增多，在事关人类共同利益和长远发展的科技领域，由于建造设施资金投入、技术难度等超出单个国家的能力，联合共建与合作研究越来越成为发展重大科技基础设施的重要方式。加快提升我国重大科技基础设施的水平，适时在重要优势领域发起合作建设计划，有利于在国际科技竞争合作中赢得主动，不断提高我国科技国际影响力。

党的十八大明确提出实施创新驱动发展战略，强调科技创新是提高社会生产力和综合国力的战略支撑，必须摆在国家发展全局的核心位置。这对国家重大科技基础设施建设和运行赋予了新的使命和责任。面对新形势新任务，我国必须加快重大科技基础设施建设，进一步突出设施建设在我国总体发展战略中的基础性、前瞻性和战略性作用，加强与相关规划、计划的衔接，强化支撑服务功能；优化设施布局，提升技术水平，加强人才培养，形成较为完善的重大科技基础设施体系，促进自主创新能力提升，有力支撑创新型国家建设。

二、指导思想、建设原则和建设目标

（一）指导思想

以邓小平理论、“三个代表”重要思想、科学发展观为指导，落实全国科技创新大会部署和深化科技体制改革、加快国家创新体系建设的要求，以提升原始创新能力和支撑重大科技突破为目标，以健全协同创新和开放共享机制为保障，布局新建与整合提升相结合、自主发展与国际合作相结合、设施建设与人才培养相结合，加大投入力度，加快建设完善重大科技基础设施体系，全面提升设施建设水平和运行效率，为我国科技长远发展和创新型国家建设提供有力支撑。

(二)建设原则

一是着眼长远、服务大局。突出重大科技基础设施建设的战略性,既要瞄准探索未知世界和发现自然规律的科技发展前沿方向,又要结合国情,聚焦影响未来经济社会发展和国家安全的重大科技难题,衔接好科技重大专项等相关规划和计划,强化设施建设对国家重大战略的支撑作用。

二是科学谋划、系统布局。把握科学技术发展的总体趋势,有机衔接现有科技资源,统筹考虑学科领域布局,加强国际合作,全面系统谋划重大科技基础设施建设与发展,形成“探索一批、预研一批、建设一批、运行一批”的发展格局。

三是重点突破、实现跨越。分清轻重缓急,优先选择具有相对优势、科技发展急需或科技突破先兆已经显现的科学前沿和学科交叉领域,选准主攻方向,集中优势资源,加快重大科技基础设施建设,实现重点领域跨越发展。

四是创新机制、持续发展。将重大科技基础设施建设作为深化科技体制改革的重要抓手,针对重大科技基础设施的基础性、公益性特征,建立完善高效的投入机制、开放共享的运行机制、产学研用协同创新机制、科学协调的管理制度,提高设施建设和运行的科技效益,形成持续健康发展的良好局面。

(三)建设目标

到2030年,基本建成布局完整、技术先进、运行高效、支撑有力的重大科技基础设施体系。传统大科学领域设施得到完善和提升,新兴领域设施建设布局较为完整,能够全面支撑前沿科技领域开展原创性研究;设施技术水平持续提高,一大批设施的技术指标居国际领先地位;设施共建、共管、共享的体制机制更加完善,运行和使用效率整体进入世界前列;设施科技效益和经济社会效益显著,取得一批有世界影响力的科研成果,催生一批具有变革性、能带动产业升级的高新技术;基本形成若干布局合理的世界级重大科技基础设施集群,设施整体国际影响力和地位显著提高。

“十二五”期末要实现以下目标:重大科技基础设施总体技术水平基本进入国际先进行列,物质科学、核聚变、天文等领域的部分设施达到国际领先水平。支撑科技发展的能力明显增强,凝聚一批世界优秀科研人才,部分前沿方向能开展国际顶尖水平的研究工作,事关经济社会发展的重大科技领域初步具备取得实质性突破的能力。投入运行和在建的重大科技基础设施总量接近50个,薄弱领域设施建设明显加强,优势方向进一步巩固和发展,初步建成若干在国际上有一定影响的重大科技基础设施集群,重大科技基础设施体系初具轮廓。以开放共享为核心的运行机制基本建立,符合设施自身特点与发展规律的管理制度初步形成,设施运行和使用效率整体达到国际先进水平。

三、总体部署

未来20年,瞄准科技前沿研究和国家重大战略需求,根据重大科技基础设施发展的国际趋势和国内基础,以能源、生命、地球系统与环境、材料、粒子物理和核物理、空间和天文、工程技术等7个科学领域为重点,从预研、新建、推进和提升四个层面逐步完善重大科技基础设施体系。在可能发生革命性突破的方向,前瞻开展一批发展前景较好的探索预研工作,夯实设施建设的技术基础;在2016—2030年期间适时启动建设一批科研意义重大、条件基本成熟的设施,强化未来科技持续发展的能力;在我国具有一定基础和优势的领域,在“十二五”期间建设一批科研急需、条件成熟的设施，强化科技持续发展的支撑能力；对已经启动但尚未完成建设任务的在建设施，加大工程管理和技术攻关力度，力争早日建成投入使用；对已经投入运行但仍有较大发展潜力的设施，进一步完善提升技术指标和综合性能，最大程度发挥其科学效益。

（一）能源科学领域

以解决人类社会可持续利用能源的科学问题为目标，面向我国中长期核能源开发与安全运行、化石能源高效洁净利用与转化、可再生能源规模化利用等方向，以核能和高效化石能源研究设施建设为重点，注重新能源、新材料、网络技术相结合，逐步完善相关领域重大科技基础设施布局，为能源科学的新突破和节能减排技术变革提供支撑。

核能源方面。完善提升全超导托卡马克核聚变实验装置的性能，积极参与国际热核聚变实验堆计划，保持我国在磁约束核聚变研究领域的先进地位；建设长寿命高放核废料嬗变安全处置实验装置，攻克核裂变能安全洁净发展的技术瓶颈；适时启动高效安全聚变堆研究设施建设，加快聚变能走向实际应用进程。

化石能源方面。建设高效低碳燃气轮机试验装置，支撑相关领域重大基础理论研究，解决煤炭清洁利用和高效转换关键科技问题；探索预研二氧化碳捕获、利用和封存研究设施建设，为应对全球气候变化提供技术支撑。

可再生能源方面。针对风能、太阳能、生物质能、地热能、海洋能等能量密度低、随机波动等问题，探索预研能量捕获、储能、转换、并网研究设施建设，促进可再生能源规模化高效利用。

（二）生命科学领域

以探索生命奥秘和解决人类健康、农业可持续发展的重大科技问题为目标，面向综合解析复杂生命系统运动规律、生物学和医学基础研究向临床应用转化、种质资源保护开发与现代化育种等方向，重点建设以大型装置为核心、多种仪器设备集成的综合研究设施，完善规模数据资源为主的公益性服务设施，支撑生命科学向复杂宏观和微观两极发展并实现有机统一，突破生命健康、普惠医疗和生物育种中的重大科技瓶颈。

现代医学方面。建设转化医学研究设施，从分子、细胞、组织、个体等方面系统认识人类疾病发生、发展与转归的规律，促进生物医学基础研究成果快速转化为临床诊疗技术。

农业科学方面。建成国家农业生物安全科学中心，支撑农业危险性外来入侵生物、农业毁灭性高致害变异性生物和农业转基因生物安全的创新性理论、方法与防控新技术研究；建设模式动物研究设施，支撑表型及基因型关系、遗传信息高通量获取与工程转化、细胞和动物模型开发与应用等研究；适时启动农作物种质表型和基因、动物疫病、农业微生物研究设施建设，支撑我国农业生物技术和产业的持续发展及生物多样性保护。

生命科学前沿方面。建成蛋白质科学研究设施，支撑高通量、高精度、规模化的蛋白质制取与纯化、结构分析、功能研究；探索预研系统生物学研究设施及合成生物学研究设施建设，满足从复杂系统角度认识生物体的结构、行为和控制机理的需要，综合解析生物系统运动规律，破解改造和设计生命的科学问题。

生命科学研究基础支撑方面。适时启动大型成像和精密高效分析研究设施建设，满足生物学实时、原位研究和多维检测、分析、合成技术开发的需求；探索预研生物信息中心建设，为生命科学研究提供科学数据、种质资源、实验样本和材料等基础支撑。

（三）地球系统与环境科学领域

以实现人类与自然和谐发展为目标，面向地球结构演化与变化过程、地壳物质组成和精细结构、地球系统各圈层间复杂作用及其耦合过程、太阳及其活动控制下各圈层的响应与耦合、人类活动影响环境的过程和机理等方向，重点建设海底观测、数值模拟和基准研究设施，逐步形成观测、探测和模拟相互补充的地球系统与环境科学研究体系。

现场探测与观测方面。建成海洋科学综合考察船，满足综合海洋环境观测、探测以及保真取样和现场分析需求；建成航空遥感系统，提高我国遥感信息技术与装备研发实验能力，为自然灾害和突发事件提供快速、实时、精确的遥感数据；建设海底科学观测网，为国家海洋安全、资源与能源开发、环境监测和灾害预警预报等研究提供支撑；适时启动地球系统科学航天航空遥感等技术监测、深海探测与调查、固体地球深部探测与动态监测、陆海地球环境观测等研究设施建设，实现多时空尺度全面长期连续监测与数据积累，逐步形成对地球系统的立体、动态监测分析能力。

基准系统建设方面。建设精密重力测量研究设施，获取高分辨率、高精度地球质量变化基础数据，支撑固体地球演化、海洋与气候变化动力学、水资源分布和地质灾害规律等研究，满足国家安全、资源勘探和防灾减灾的战略需求。适时启动包括地基基准、环境基准、深空基准等方面的基准系统建设。

数值和实验模拟方面。建设地球系统数值模拟装置，支撑气候变化、地球系统及各层圈过程模拟研究，认识地球环境过程基本规律，提高预测环境变化和重大灾害的能力。适时启动环境污染机理与变化研究模拟实验装置建设，支撑空气污染、流域水污染预测模型开发和气候变化模式研究，提高空气质量、流域水污染等预报预警能力。

（四）材料科学领域

适应材料科学研究从经验摸索阶段到人工设计调控阶段转变的趋势，面向量子物质演生现象、纳米尺度量子结构、极端条件下材料物性与物质演变、重要工程材料服役性能等方向，以材料表征与调控、工程材料实验等为研究重点，布局和完善相关领域重大科技基础设施，推动材料科学技术向功能化、复合化、智能化、微型化及与环境相协调方向发展。

材料表征与调控方面。完善提升已有同步辐射光源，建成软 X 射线自由电子激光试验装置，建设高能同步辐射光源验证装置；探索预研硬 X 射线自由电子激光装置建设，适时启动高性能低能量同步辐射光源建设，满足以纳米空间分辨率、皮秒至飞秒时间分辨率、极高能量动量分辨率对材料多层次结构分析研究的需求，逐步形成布局合理的国家光源体系。建成散裂中子源和强磁场实验装置，建设极低温、超快、超高压极端条件研究设施，形成与大型同步辐射光源结合的格局，满足研究和发现新物态、新现象、新规律和创造新材料的需求。

工程材料实验方面。建成重大工程材料服役安全研究评价设施，支撑不同尺度及跨尺度的结构性能研究；探索预研超快光谱界面反应检测装置、极端和工业特殊服役环境模拟装置建设，支撑材料服役行为和规律研究；结合高能同步辐射光源，适时启动综合工程环境在线装置建设，支撑真实环境下工程材料实时、原位研究。

（五）粒子物理和核物理科学领域

以揭示物质最小单元及其相互作用规律为目标，面向超越标准模型新粒子和新物理探索、暗物质和暗能量探测、中低能核物理与核天体物理研究等方向，建设相关大型研究设施，提高微观世界探索能力和自然界基本规律认知水平。

粒子物理方面。建设高能宇宙线研究设施，探索高能空间粒子起源和相关新物理前沿；适时启动用于中微子和其他高能粒子物理研究的非加速器实验设施建设，探索预研新型加速器实验设施建设。

核物理方面。建设高性能重离子束研究装置，使我国核物理基础研究在原子核层次上的整体水平进入国际先进行列；探索预研强流放射性束实验设施建设。

（六）空间和天文科学领域

以揭示宇宙奥秘和解释物质运动规律为目标，面向宇宙天体起源及演化、太阳活动及对地球的影响、空间环境与物质作用等方向，按宇宙、星系、太阳系等不同空间尺度布局设施建设，提升我国天文观测研究能力、空间天气和灾害应对能力以及空间科学实验基础能力。

宇宙和天体物理方面。建成大口径射电望远镜，为宇宙大尺度结构及物理规律研究提供支撑；建设中国南极天文台，支撑暗物质、暗能量、宇宙起源、天体起源等前沿研究；探索预研先进多波段天文观测设施建设，逐步形成比较完善的天文观测及数据应用系统。

太阳及日地空间观测方面。建成空间环境地基监测网，揭示近地空间环境的时间和空间变化规律，并逐步形成覆盖更多重要区域的空间环境监测、预警能力；适时启动大型太阳观测研究设施建设，支撑太阳、行星际、磁层、电离层和中高层大气变化过程和规律研究，深化太阳变化及其对地球和人类影响的认识。

空间环境物质研究方面。建设空间环境与物质作用模拟装置，支撑近地空间环境与材料、元器件、结构、系统及生物体作用规律研究；探索预研空间微重力科学实验设施、南极气球站和引力波研究设施的建设，揭示空间微重力环境物质运动规律，提升我国深空探测、空间基础物理、空间利用等方面的研究能力。

（七）工程技术科学领域

瞄准未来信息技术发展的基础和前沿、岩土地质体的动力特性及地质灾害过程等工程技术中的重大科技问题，以产生变革性技术为主要目标，以信息技术、岩土工程和空气动力学为研究重点，探索和逐步推进相关设施建设，为保障国家重点任务的实施、引领未来产业发展提供基础支撑。

信息技术方面。建设未来网络研究设施，解决未来网络和信息系统发展的科学技术问题，为未来网络技术发展提供试验验证支撑；适时启动新一代授时系统建设，支撑超精密时间频率技术开发，逐步形成高精度卫星授时系统和高精度地基授时系统共同发展的格局。

岩土工程方面。适时启动超重力模拟研究设施建设，揭示复杂岩土地质体的动力特性；探索预研大型地震模拟研究设施建设，开展地震动输入和工程地震灾害模拟研究；探索预研深部岩土工程研究设施建设，揭示深部岩体的力学特征。

空气动力学方面。建成多功能结冰风洞，支撑不同冰型和冰积累过程对飞行器空气动力特性的影响等研究；建设大型低速风洞，支撑气动噪声、流动分离与涡旋运动、流动控制、流固耦合、电磁空气动力学等研究；适时启动大型跨声速风洞、低温高雷诺数风洞、先进航空发动机研究设施建设，为我国航空航天、高速铁路建设等提供必要的研究试验手段。

四、“十二五”时期建设重点

“十二五”时期，在我国科技发展急需、具有相对优势和科技突破先兆显现的领域中，综合考虑科学目标、技术基础、科研需求和人才队伍等因素,优先安排16项重大科技基础设施建设。

(一)海底科学观测网

海洋科学研究正经历着由海面短暂考察到内部长期观测的革命性变化,这将从根本上改变人类对海洋的认识。围绕实现全天候、综合性、长期连续实时观测海洋内部过程及其相互关系的科学目标,建设海底长期科学观测网,主要包括:基于光电缆的陆架和深海观测系统,基于无线传输的海底观测网拓展系统,基于固定平台的海底观测网综合节点系统,岸基站、支撑系统和管理中心等。该设施建成后,将为国家海洋安全、深海能源与资源开发、环境监测、海洋灾害预警预报等研究提供支撑。

(二)高能同步辐射光源验证装置

高能同步辐射光源是前沿基础科学、工程物理和工程材料等研究不可或缺的手段,是世界同步辐射光源领域竞争的制高点。以具备建设全球最高亮度高能同步辐射光源的能力为目标,建设相关验证装置,主要包括:高能量加速器、光束线、实验站等方面的工程性预研和关键部件的工程样机试制,高精度特种磁铁系统、高精度束流位置测控系统、高性能插入件、纳米级硬X射线聚焦系统、超高分辨X射线单色器、纳米定位与扫描装置的试制。该设施建成后,将为我国建设高能同步辐射光源奠定坚实的基础。

(三)加速器驱动嬗变研究装置

长寿命核废料的安全处理处置是影响核电持续发展的瓶颈。加速器驱动次临界反应系统利用散裂中子嬗变核废料,大幅降低核废料放射性寿命,具有安全性高和嬗变能力强等特点,是安全处理核废料的最佳手段之一。为深入研究核废料嬗变过程中的科学问题,突破系列核心关键技术,建设核废料嬗变原理实验研究装置,主要包括:强流质子直线加速器、高功率中子散裂靶、液态金属冷却次临界反应堆三大子系统。该设施建成后,将满足我国长寿命高放核反应堆废料安全、妥善处理处置的研究需求,为我国核能可持续发展提供技术支撑。

(四)综合极端条件实验装置

极端物理条件是拓展物质科学研究空间,发现和研究新物态、新现象、新规律必不可少的手段。针对当前凝聚态物理、化学、材料前沿研究所需的极端条件向综合化、集成化和规模化发展的趋势,围绕为量子物质、功能材料和物态变化动力学过程等研究提供科学手段的目标,建设综合性的物质科学研究极端条件用户装置,主要包括:达到亚毫开温度的极低温系统,高于300吉帕的超高压系统,亚飞秒时间分辨的超快激光系统,以及极低温、超高压、强磁场和超快光场互相结合的集成系统。该设施建成后,将为物质科学研究提供有力支撑。

(五)强流重离子加速器

高流强放射性核束、高功率重离子束团和宽能区重离子束流是探索原子核存在极限和研究原子奇特性质必不可少的手段。围绕短寿命核质量精确测量、放射性束物理、高能量密度物理以及重离子束应用等研究需要,建设强流重离子加速器装置,主要包括:强流离子源、超导直线加速器、大接受度放射性束流线、冷却储存环同步加速器和物理实验终端等。该设施建成后,将为研究原子核存在极限、核结构新现象和新规律、宇宙中重元素起源等重大科学问题提供重要支撑。

(六)高效低碳燃气轮机试验装置

围绕化石燃料高效转化和洁净利用中的气体动力学、燃烧科学和传热传质问题,为实现高压比、高透平温度、高效和近零排放等目标,建设高效低碳燃气轮机试验装置,主要包括:压气机、燃烧

五、科技教育

室和高温透平的全温、全压、全流量、全尺寸的大型试验装置研究系统，以及精细和高精度测试系统。该设施建成后，将为我国燃气轮机部件和系统特性研究提供研发手段，为化石能源持续和低碳发展提供基础支撑。

（七）高海拔宇宙线观测站

宇宙线起源一直是物理学最大的谜团之一。我国在高海拔宇宙线观测研究方面具有长期积累和深厚基础，台址条件具有特殊地理优势，适合建设由多个性能先进的探测系统组成的多参数宇宙线复合观测站。围绕推动国际甚高能伽马天文研究迈入大统计量新时代的科学目标，建设大型高海拔空气簇射宇宙线观测站，主要包括：100万平方米探测阵列，9万平方米伽马射线巡天望远镜，24台广角契伦科夫望远镜，0.5万平方米芯探测器阵列。该设施建成后，将集高灵敏度、大视场、全时段扫描搜索伽马射线源、伽马射线强度空间分布和精确能谱测量等多功能为一体，成为具有国际竞争力的宇宙线研究中心。

（八）未来网络试验设施

三网融合、云计算和物联网发展对现有互联网的可扩展性、安全性、移动性、能耗和服务质量都提出了巨大挑战，基于TCP/IP协议的互联网依靠增加带宽和渐进式改进已经无法满足未来发展的需求。为突破未来网络基础理论和支撑新一代互联网实验，建设未来网络试验设施，主要包括：原创性网络设备系统，资源监控管理系统，涵盖云计算服务、物联网应用、空间信息网络仿真、网络信息安全、高性能集成电路验证以及量子通信网络等开放式网络试验系统。该设施建成后，网络覆盖规模超过10个城市，支撑不少于128个异构网络并行实验，将为空间网络、光网络和量子网络研究提供必要的实验验证条件。

（九）空间环境地面模拟装置

磁暴、高能粒子辐照等极端空间环境可能对航天活动造成极大影响。为保障人类太空探索活动的顺利开展，必须突破地面单因素模拟的局限，全面了解空间环境综合因素对物质的作用。以揭示空间环境条件下物质结构演化规律和各种环境耦合效应的物理本质为目标，建设空间环境与物质作用地面模拟研究装置，主要包括：空间环境模拟源、大型真空与热沉、综合测试分析系统等。该设施建成后，将为我国空间科学发展和深空探测模拟研究提供有力支撑。

（十）转化医学研究设施

转化医学研究是现代医学发展的重要方向，对推动医学基础研究成果快速向临床应用转化和提高诊治水平具有关键作用。围绕人类重大疾病发生、发展与转归中的重大科学问题，建设转化医学研究设施，主要包括：符合国际标准并具有我国人种和疾病特色的临床资源库，医学信息技术系统，疾病生物标志物检测、功能分析和临床验证技术系统，个性化医学技术系统，细胞、组织和再生医学技术系统，临床技术研发系统等。该设施建成后，将推进临床医学和系统生物学结合，促进我国转化医学研究水平大幅提升。

（十一）中国南极天文台

南极内陆冰穹A是我国科考队首先从地面到达和利用的地区。该处大气湍流边界层极薄，大气中水汽含量极低，是地球上条件最优异的天文观测台址和天文研究长远发展的珍稀资源。在南极内陆冰穹A，充分利用中国南极昆仑站的现有基础建设中国南极天文台，主要包括：太赫兹望远镜，光学和红外望远镜，远程运控系统，支撑服务系统等。该设施建成后，将开辟地球上独一无二的太赫兹波段天文观测窗口，为研究宇宙和天体起源、暗物质、暗能量、地外生命等科学问题提供有力支撑。

(十二)精密重力测量研究设施

精密重力测量是获取全球和局部区域地球质量变化基础数据不可或缺的手段,在大面积矿产资源勘查、环境变化研究和重力辅助导航中有广泛应用需求。建设精密重力测量研究设施,主要包括:精密重力测量基准台与检测系统,卫星、航空和水下重力探测环境模拟与物理仿真试验系统,全球高精度重力场数据处理系统等。该设施建成后,将为解决固体地球演化、海洋与气候变化、水资源分布和地质灾害研究中的科学问题提供重要支撑。

(十三)大型低速风洞

大型运输机、客机及地面交通工具研制对低速风洞的规模、技术性能不断提出新要求。着眼飞机地面效应试验、大飞机涡扇发动机动力影响模拟和反推力影响试验、飞机和车辆气动声学试验的科技需求,建设回流式、多试验段、多功能大型低速风洞,具备支撑飞行器起飞、着陆特性研究,发动机、机身、机翼一体化研究,气动力及气动声学和降噪研究的能力。该设施建成后,流场品质和综合性能将达到国际先进水平。

(十四)上海光源线站工程

上海同步辐射装置(上海光源)是第三代中能同步辐射光源,具有最多可提供 60 多条光束线和近百个实验站的能力,完全建成后将为我国多学科前沿研究取得突破提供有力支撑。在已建成的 7 条光束线站基础上,围绕满足我国材料科学、能源科学、环境科学以及生命科学等领域迅速发展的研究需求,建设上海光源线站工程,主要包括:新建若干光束线站,扩建用户实验支撑条件,进一步提升光源性能。该设施建成后,将大幅提升光源和束线的能力,使上海光源继续保持国际先进水平,为相关科学研究提供更全面、先进、便捷的支撑。

(十五)模式动物表型与遗传研究设施

模式动物表型性状的精确测定和度量是解析生命规律,开发疾病调控方式的关键之一。以解决表型和基因型测定及关联遗传机制分析中的科学问题为目标,建设重要模式动物的表型与遗传分析研究设施,主要包括:表型及基因型连续、快速、综合、自动化与智能化获取分析系统,表型和基因型全面自动检测分析系统,信息集成、处理及遗传性状分析系统等。该设施建成后,可系统、准确地描述生命的表型、基因型及其在环境变化中的响应,并以此正确描述生命的调节状态和方式,为人类疾病、动物生命过程调节等研究提供支撑。

(十六)地球系统数值模拟器

地球系统模拟是衡量地球科学研究综合水平的重要标志,是开展气候变化、防灾减灾和环境治理等科学研究不可缺少的手段。以认识地球环境复杂系统、模拟地球系统圈层变化和长期气候变化、精细描述和预测地球物理化学及生物过程等为目标,建设地球系统数值模拟器,主要包括:超级计算及存储专用系统,超级模拟支撑与管理软件系统,地球各层圈过程模拟软件系统,地球系统科学数据库与海量数据智能分析与可视化系统等。该设施建成后,将大幅提高我国地球系统模拟的整体能力和重大自然灾害预测预警、气候变化预估的研究水平。

五、保障措施

（一）健全管理制度

加快完善管理规章制度，规范和促进重大科技基础设施的建设、运行和管理。健全部门协调制度，加强规划实施中各部门间的统筹协调，发展改革、科技、财政等部门要各司其职、分工协作。建立健全规划动态调整机制，滚动推进“十二五”建设重点的立项和实施，并根据形势发展每五年对规划内容进行必要调整。制定符合设施特点和发展规律的管理办法，加强设施运行评价，提高设施运行效率。完善设施建设配套政策措施，鼓励地方政府在土地、资金、人才等方面出台相关政策，形成共同支持设施发展的良好局面。

（二）保障资金投入

加强重大科技基础设施预研、建设、升级改造、运行和科研的协调，加大财政资金投入力度，鼓励企业等其他来源资金投入，形成多元化投入格局。规范投入管理，加强绩效评价，切实提高资金的使用效率和效益。

（三）强化开放共享

健全重大科技基础设施开放共享制度，最大限度发挥其公共平台作用。健全用户参与机制，形成科研院所、高等学校、企业等多方共建、共管和共享的局面。统筹安排开放共享配套条件建设，提高设施科研服务能力。将开放共享程度作为设施运行考核的重要指标，根据评价结果配置运行资源。

（四）协同推进预研

加强部门沟通协调，协同加强预研工作，为重大科技基础设施建设提供充分的技术和工程储备。充分利用现有资金渠道，系统安排原理探索、技术攻关、工程验证等类型的预研项目。强化预研工作各阶段以及预研与设施建设之间的衔接，形成循序推进、动态调整、持续发展的良好局面。

（五）加强人才培养

坚持设施建设与人才培养相结合，造就高水平的重大科技基础设施建设、管理和科研人才队伍。制定与设施发展相配套的人才计划，吸引和凝聚一大批高层次创新人才。加强设施建设与国家科技重大专项、重大科技计划的衔接，加速培养一批高水平科技创新领军人才，造就一批科研、工程和管理人才队伍。建立健全与设施特点相适应的人员分类评价、考核、激励政策，凝聚和稳定设施建设和运行专业人员队伍。

（六）促进国际合作

适应重大科技基础设施发展日益国际化的趋势，结合我国科技发展实际需求，积极参与享有知识产权和使用权的重大科技基础设施国际合作项目。积极探索以我为主的国际合作，吸引国外资源参与我国发起的重大科技基础设施建设和相关科学研究。注重引进国外先进技术和管理经验，提高我国重大科技基础设施建设、运行的技术和管理水平。

全民科学素质行动计划纲要实施方案

（2011—2015 年）

根据《中华人民共和国国民经济和社会发展第十二个五年规划纲要》和《国务院关于印发全民科学素质行动计划纲要（2006—2010—2020 年）的通知》（国发〔2006〕7 号，以下简称《科学素质纲要》），为实现全民科学素质工作 2020 年的目标，进一步安排“十二五”期间全民科学素质工作的阶段目标、重点任务和保障措施等，制定本实施方案。

一、背景和意义

自 2006 年国务院颁布实施《科学素质纲要》以来，各地区各部门以科学发展观为指导，围绕党和国家工作大局，联合协作，采取了一系列政策措施，公民科学素质建设取得了显著成绩，较好地实现了“十一五”全民科学素质工作目标，为“十二五”开局和实现 2020 年长远目标奠定了坚实基础，为构建社会主义和谐社会、建设创新型国家做出了积极贡献。2010 年我国公民具备基本科学素质的比例达到 3.27%，比 2005 年的 1.6%提高了 1.67 个百分点；对未成年人、农民、城镇劳动者、领导干部和公务员等重点人群科学素质行动措施的稳步推进，带动了全民科学素质的整体提高；科学教育和科普活动广泛开展、科普设施不断完善、科普资源逐步丰富、大众传媒科技传播能力显著增强，使公民科学素质建设的公共服务能力得到较大提升；联合协作工作机制的建立，为全民科学素质工作的顺利开展提供了保障。

但是，也应清醒地看到，目前我国公民科学素质水平与发达国家相比仍有较大差距，全民科学素质工作发展还不平衡，不能满足全面建设小康社会的需要和建设创新型国家的要求。主要表现在：面向农民、社区居民、少数民族地区群众的全民科学素质工作亟待强化；科普资源整合力度仍然不够，科普基础设施服务能力有待提升，科普人才队伍建设有待加强；科普事业投入不足，科普产业培育和发展仍在起步阶段；科学基础教育需要进一步推进，社会各方力量参与全民科学素质工作的积极性还没有充分调动。“十二五”时期是全面建设小康社会的关键时期，是深化

改革开放、加快转变经济发展方式的攻坚时期。进一步加强公民科学素质建设，对于增强自主创新能力，转变经济发展方式，保障和改善民生，坚持以人为本，促进经济社会长期平稳较快发展，具有重要战略意义。

二、方针和目标

指导方针：

高举中国特色社会主义伟大旗帜，以邓小平理论和"三个代表"重要思想为指导，深入贯彻落实科学发展观，坚持"政府推动、全民参与、提升素质、促进和谐"的方针，围绕"节约能源资源、保护生态环境、保障安全健康、促进创新创造"的工作主题，面向基层、关注民生，完善机制、提升能力，加强领导、开拓创新，推动科学技术教育、传播与普及，不断提高全民科学素质。

目标：

到 2015 年，科学技术教育、传播与普及有显著发展，基本形成公民科学素质建设的组织实施、基础设施、条件保障、监测评估等体系，我国公民具备基本科学素质的比例超过 5%。

——促进科学发展观在全社会的深入贯彻落实。突出工作主题，更加关注保障和改善民生，重点宣传普及低碳生活、创新创造、公共安全、身心健康等观念和知识，倡导建立资源节约型、环境友好型社会，促进人与自然和谐相处，提高生态文明水平，推动发展向主要依靠科技进步、劳动者素质提高、管理创新转变。

——以重点人群科学素质行动带动全民科学素质整体水平持续提升。未成年人对科学的兴趣明显增强，领导干部和公务员的科学决策水平不断提高，农民、城镇劳动者、社区居民的科学素质显著提升，城乡居民之间、经济发达地区与欠发达地区居民之间科学素质差距逐步缩小。

——公民科学素质建设的公共服务能力大幅提升。科学教育与培训体系逐步完善，大众传媒科技传播能力和科普基础设施的服务能力不断增强，科普资源更加丰富，科普人才队伍发展壮大，促进基本科普服务的公平普惠，公民提高科学素质的机会与途径显著增多。

——公民科学素质建设机制不断创新。资源共享机制逐步完善，资源集成和有效利用得到加强，公益性科普事业与经营性科普产业并举的体制初步建立。动员激励机制不断完善，社会各方面参加公民科学素质建设的积极性明显提高，社会化工作格局基本形成。科普工作与科研、教育、文化等事业紧密结合，联合协作机制不断完善，全民科学素质工作合力不断增强。

三、重点任务

根据指导方针和目标，"十二五"时期重点开展以下工作：

（一）实施未成年人科学素质行动

任务：

——宣传科学发展观，结合我国国情，重点宣传节约能源资源、保护生态环境、保障安全健康、促进创新创造等内容，使未成年人不断提高科学认知水平，从小树立人与自然和谐相处和可持续发展的意识。

——完善基础教育阶段的科学教育,提高学校科学教育质量,着力提升中小学生的学习能力、实践能力和创新能力,使中小学生掌握基本的科学知识与技能,体验科学研究活动的过程,培养良好的科学态度与兴趣。

——巩固农村义务教育普及成果,推进教育均衡发展,提高农村中小学科学教育质量,为农村未成年人特别是女童和留守儿童提供更多接受科学教育和参加科普活动的机会,培养他们独立学习和自我发展的能力。

——开展多种形式的科普活动和社会实践,引导未成年人形成对科学技术的兴趣和爱好,树立科学意识、崇尚科学精神,养成运用科学知识和方法思考、解决问题的习惯。

措施:

——在幼儿园日常教育中融入科学启蒙教育。结合幼儿年龄特点,利用身边的事物与现象,通过游戏、活动等方式激发幼儿的认知兴趣和探究欲望,养成良好的行为习惯。

——推进义务教育阶段的科学教育。总结完善义务教育阶段素质教育改革经验,构建符合素质教育要求的课程体系和评价、考试制度,培育学生的创新意识和创新精神。实施科学等课程标准,提高科学课程和数学、物理、化学、生物等课程的教学质量和效果,帮助学生掌握基本的科学知识与技能。加强数字技能学习教育,培养学生运用互联网学习和获取信息的能力。进一步推广“做中学”活动的经验和成果,创新科学教育方法,鼓励学生通过参与、体验、实践和动手制作等方式提高科学素质。

——推进高中阶段的科学教育。鼓励普通高中开设科学教育选修课,拓宽学生的知识面。鼓励开设通用技术课程,支持开展研究性学习、社区服务和社会实践活动,提高学生的探究能力。大力发展中等职业教育,加强基础能力建设,推进教育教学改革,着力培养学生的职业道德、职业技能和就业创业能力。逐步实施农村新成长劳动力免费劳动预备制培训。

——丰富校外和课外科学教育活动。动员科技和教育工作者开展与青少年面对面的科技交流活动。发挥科技场馆等科普教育基地的作用,开展“大手拉小手”科技传播行动、科技专家进校园(社区)、走进科学殿堂等活动。鼓励学生进实验室、动手做科研、参加科学调查体验。办好青少年科技创新大赛、明天小小科学家、青少年科技创新奖等活动,提高各类科技竞赛的质量。积极鼓励地方和民间公益组织开展普及性科技活动,扩大参与面和影响力。面向乡村学生、农民工子女组织开展学业辅导、亲情陪伴、感受城市、自护教育等各类志愿服务,帮助他们提高科学素质、丰富生活阅历、增长见识。

——营造崇尚科学的校园文化氛围。在创建平安校园、文明校园、绿色校园、和谐校园活动中,普及保护生态环境、节约能源资源、心理生理健康、安全避险自救等知识,加强珍爱生命、远离毒品和崇尚科学文明、反对愚昧迷信的宣传教育。开展学校科技节、科技周等活动,鼓励学生进行小制作、小发明、小创造,组织开展防灾避险应急演练,设立科普教育长廊、板报,营造师生自由讨论的文化氛围。

——建立完善校外科技活动与学校科学课程的衔接机制。总结推广青少年学生校外活动场所科普教育共建共享试点工作经验,逐步扩大试点范围。开展科技馆活动进校园、科普大篷车进校园等工作,鼓励中小学校利用科技馆、青少年宫、儿童活动中心、科普教育基地、青少年科技教育基地等资源,开展科学教育和科普活动。

——发挥家庭教育在提高未成年人科学素质中的作用。鼓励中小学校利用家长会、家校联系会议等形式，对未成年人父母或其他监护人的育儿观念、方法给予指导，提高其科学育儿水平。鼓励父母或其他监护人为未成年人进行科学实践活动提供条件，引导其广泛接触自然、社会，培养亲近自然的情感。

分工：

由教育部、共青团中央牵头，中央宣传部、科技部、人力资源社会保障部、环境保护部、卫生部、广电总局、中科院、社科院、工程院、气象局、自然科学基金会、全国妇联、中国科协参加。

（二）实施农民科学素质行动

任务：

——面向农民宣传科学发展观，重点开展保护生态环境、节约资源、保护耕地、发展循环农业、建设生态家园等内容的宣传教育，推动广大农村形成讲科学、爱科学、学科学、用科学的良好风尚，促进社会主义新农村建设。

——提高农民运用先进适用技术发展生产、增产增收致富的能力，引导农民发挥主动性和创造性，将普及实用技术与提高农民科学素质结合起来，着力培养有文化、懂技术、会经营的新型农民和农村实用人才。

——提高农村富余劳动力向非农产业和城镇转移就业，以及适应现代科学文明生活的能力。

——提高农村妇女及革命老区、民族地区、西部欠发达地区、贫困地区农民的科学文化素质。

措施：

——建立农村科学教育培训体系。落实《农民科学素质教育大纲》，充分发挥党员干部现代远程教育网络、农业广播电视学校、农村致富技术函授大学、农村成人文化教育机构、农业科教与网络联盟、普通高校、乡镇综合文化站、村文化活动室等在农村科技培训中的作用，面向农民大力开展科学教育活动。

——继续开展形式多样的农民科技培训。结合农民创业培训、绿色证书培训、星火科技培训、双学双比、技能竞赛、巾帼科技致富工程、百万新型女农民教育培训等活动，开展针对性强、务实有效、通俗易懂的农业科技培训，提高农民的创业、创新和创造能力。

——继续实施农业从业人员培训。面向农业产前、产中、产后服务人员和农村社会管理人员，开展技能培训，提高农民职业技能水平。根据就业市场需求和企业岗位实际要求，对农村转移就业劳动者开展订单式培训或定岗培训，使其掌握初级以上职业技能或达到上岗要求。鼓励农村未继续升学的应届初高中毕业生等新成长劳动力参加1—2个学期的劳动预备制培训，提升技能水平和就业能力。组织有技术、资金和创业意愿的农民开展创业培训，加强项目开发、开业指导、小额贷款、后续扶持等"一条龙"服务，帮助其自谋职业和自主创业。支持鼓励各级各类学校参与培养有文化、懂技术、会经营的新型农民，开展进城务工人员、农村劳动力转移培训。

——广泛开展各种形式的群众性、社会性、经常性农村科普活动。深入开展文化科技卫生"三下乡"、科技活动周、全国科普日等活动，总结推广科技特派员、科技入户、科技110、科普之冬（春）、科普大集、专家大院、科技咨询服务站、科技专家和致富能手下乡、科教兴村、科技之光青年专家服务团、"三农"网络书屋等行之有效的做法，探索科技工作者"常下乡，常在乡"的长效机制。继续实施千万乡村环保科普行动，结合农村环境综合整治，开展节约资源和综合利用农业废弃物等宣传，开展反对封建迷信等科普活动。

——加强农村科普示范体系建设。继续实施科普惠农兴村计划、基层农技推广体系改革与建设示范项目、农村清洁工程、农村民居防震保安工程等惠农工程。加强农村基层科普队伍和科普能力建设,充分发挥农村专业技术协会、农村科普示范基地和科普工作队等示范带动作用,探索建立科普服务“三农”的长效机制。深入开展全国科技进步示范市(县)和全国科普示范县(市、区)、乡(镇)、村等创建活动,推广农民科学素质行动的先进经验。

——健全农村科普公共服务体系。完善农村科技教育、传播与普及服务组织网络。依托农业技术推广机构、农民专业合作组织、乡镇企业等发展农村基层科普组织。对农村党员、基层干部、骨干农民、科技示范户、农民合作组织负责人以及农村各类实用人才开展科普工作培训,重点加强对各类农村实用技术培训机构教师的继续教育和培训。发挥乡镇科协、村科普小组、农村专业技术协会和各类农村实用技术培训机构在农机服务中的作用,发挥科技特派员、大学生村官、西部计划志愿者的科普宣传、科技咨询服务作用,组织专家咨询服务和志愿者队伍,形成动员科技人员为“三农”服务的有效机制。

——加强对少数民族群众和民族地区的科普工作。探索开展科普富民兴边行动,提高少数民族群众和民族地区农牧民的科学素质。落实国家民委等部门《关于进一步加强少数民族和民族地区科技工作的若干意见》。扶持少数民族语言文字科普宣传品的翻译出版,加强双语科普工作。加强民族地区科普基础设施建设。利用广播、电视、互联网等开展面向少数民族群众的科技教育、传播与普及。进一步发展少数民族科普工作队,组建民族院校少数民族学生科普志愿者队伍,支持其发挥作用。结合少数民族传统节日,组织开展内容丰富的科普宣传活动。

分工:

由农业部、中国科协牵头,中央组织部、中央宣传部、教育部、科技部、国家民委、人力资源社会保障部、环境保护部、卫生部、广电总局、安全监管总局、林业局、中科院、工程院、气象局、全国总工会、共青团中央、全国妇联参加。

(三)实施城镇劳动者科学素质行动

任务:

——宣传科学发展观,重点普及节约资源、保护环境、节能减排、安全生产、健康生活等知识,促进经济发展方式的转变和科学文明健康生活方式的形成。

——围绕走新型工业化道路和发展现代服务业的需求,以学习能力、职业技能和技术创新能力为重点,提高第二、第三产业从业人员科学素质,更好地适应经济社会和自身发展的要求。

——围绕城镇化进程的要求,提高进城务工人员的职业技能水平和适应城市生活的能力。

——提高失业人员的就业能力、创业能力和适应职业变化的能力。

措施:

——加强对城镇劳动者科技教育培训的宏观管理。将科学素质内容纳入各级各类职业教育和成人教育课程及培训教材,将有关科学素质的要求纳入国家职业标准,作为各类职业培训、考核和鉴定的内容。促进用人单位加强全民科学素质工作,建立健全从业人员带薪学习制度,鼓励职工在职学习。

——大力开展各种形式的职业培训。健全以就业技能培训、岗位技能提升培训和创业培训为主要内容的职业培训制度。开展创业培训、创业指导和创业小额贷款工作,提高劳动者创业能力。根据企业用工需求和劳动者的就业需求,组织订单式、定向式培训,提高劳动者职业技能水平。实施青工技能振兴计划，开展青年岗位能手活动、中国青年就业创业行动，推进进城务工青年订单式技能培训，组织青年技能训练营，鼓励青年积极参加职业技能竞赛。深入实施全国妇女巾帼建功活动，广泛开展妇女岗位培训和创业技能培训，激励妇女在工作岗位建功成才。

——加强专业技术人员继续教育工作。实施新的专业技术人才知识更新工程，举办专业技术人员高级研修班，建立国家级专业技术人员继续教育基地，开展少数民族专业技术人才特殊培养工作，推进专业技术人员继续教育法制建设，促进专业技术人员能力水平和科学素质的全面提升。充分发挥科技社团在专业技术人员继续教育中的重要作用，帮助专业技术人员开展技术攻关、解决技术难题，参加跨行业、跨学科的学术研讨和技术交流活动。

——开展日常性职工科普教育活动。继续深入推进“创建学习型组织、争做知识型职工”、“讲理想、比贡献”等活动，着力打造一批学习型、创新型、技能型团队。充分发挥企业科协、职工技协、研发中心等组织和机构的作用，举办面向职工的专题讲座，组织职工技能竞赛和同业技术交流，广泛开展小革新、小发明、小创造等群众性技术革新活动，组织专家团队深入乡镇企业和国有大型企业开展技术咨询服务等活动。在企业内部刊物、广播、闭路电视、局域网络上开办科普专栏，设立科普橱窗、职工书屋等，充分利用有关实验室、产品陈列室等建设科普宣传阵地。加大面向科技工作者的健康知识科普宣传，组织开展健康讲座、心理培训等宣传教育活动。关注进城务工青年的情感需求和心理问题，着力加强对务工青年的人文关怀和心理疏导。

分工：

由人力资源社会保障部、全国总工会、安全监管总局牵头，中央宣传部、教育部、科技部、卫生部、广电总局、中科院、工程院、气象局、共青团中央、全国妇联、中国科协参加。

（四）实施领导干部和公务员科学素质行动

任务：

——深入贯彻落实科学发展观，将提高科学素质贯穿于领导干部和公务员的选拔录用、教育培训、综合评价全过程，弘扬科学精神，提倡科学态度，讲究科学方法，增强领导干部贯彻落实科学发展观的自觉性和科学执政的能力，增强公务员终身学习和科学管理的能力，使领导干部和公务员的科学素质在各类职业人群中位居前列。

措施：

——加强规划，把提高科学素质作为领导干部和公务员教育培训的长期任务。按照全国干部教育培训工作部署，落实各级各类干部培训规划，将弘扬科学精神、提倡科学态度、讲究科学方法作为领导干部和公务员培训的重要内容。重点培训市县党政领导、地方和部门各级科技行政管理干部、科研机构负责人和国有企业、高新技术企业技术负责人等科技管理人员。

——以创建学习型党组织为载体，加强领导干部和公务员科学素质学习。在党委（党组）中心组理论学习中，将科学发展观、建设创新型国家等战略思想以及我国科技发展规划作为重要内容。在组织培训、自主选学和在职自学中，强化科学知识、科学方法、科学思想、科学精神的学习。组织开展院士专家西部行等活动，开展关于贯彻落实科学发展观、建设学习型党组织内容的宣传教育。

——在领导干部和公务员选拔录用、综合评价中体现科学素质的要求。建立体现科学发展观要求的干部综合考核评价体系。在党政领导干部、国有企业负责人选拔任用考试大纲和题库中，强化与科学素质要求有关的具体内容。在公务员录用考试中，强化科学素质有关内容。研究制定领导干部和公务员科学素质监测、评估标准。

——依托各类干部培训院校,加强领导干部和公务员科学素质的培训。将科学素质教育纳入各级各类干部教育培训机构的教学计划中。在全国干部培训教材建设中,加强科普内容的编写和使用。

——开展各类科普活动,向领导干部和公务员普及现代科技知识。继续办好院士专家科技讲座、科普报告和专题科普讲座等各类科技知识讲座和报告。有计划地组织领导干部和公务员到科研场所实地参观学习。针对领导干部和公务员编辑出版科普读物。

——加大宣传力度,为领导干部和公务员提高科学素质营造良好氛围。推出一批注重科学素养、弘扬科学精神、提倡科学态度、讲究科学方法的领导干部和公务员典型,宣传其好做法、好经验。落实中央宣传部等部门《关于进一步加强科技宣传工作的意见》,大力传播科学思想、科学方法和科学精神。

分工:

由中央组织部、人力资源社会保障部牵头,中央宣传部、科技部、环境保护部、卫生部、中科院、社科院、气象局、共青团中央、全国妇联、中国科协参加。

(五)实施社区居民科学素质行动

任务:

——宣传科学发展观,普及节约资源、保护环境、节能减排、健康生活等知识,促进社区居民形成科学文明健康的生活方式。

——提升社区居民应用科学知识解决实际问题、改善生活质量、应对突发事件的能力,激发社区居民提高科学素质的主动性和积极性。

——围绕建设文明和谐的学习型社区,提升社区科普服务能力,完善社区公共服务体系。

措施:

——开展形式多样的社区科普宣传和教育活动。围绕安全健康、节能环保、防灾减灾等内容,开展科教进社区、卫生科技进社区、全民健康科技行动、社区科普大讲堂、节能减排家庭行动、心理健康咨询等活动。发挥社区教育在提高劳动者科学素质、服务民生和促进社会和谐方面的作用。面向老年人、妇女、少年儿童开展科学、安全、健康生活等宣传和教育活动。引导未成年人正确使用网络资源,获得有益知识,拒绝不良信息。面向农民工开展提升自身素质、适应城市生活的宣传和教育活动。

——提升社区科普能力。实施社区科普益民计划。充分依托社区公共服务场所和设施,建立完善社区科普活动室、科普图书室、科普画廊等基础设施,发挥其科普功能。结合社区信息化建设,发挥互联网、移动通信、移动电视等新型传媒的科普宣传功能。健全街道科协、科普协会和社区科普小组等网络组织。建立社区科普宣传员和科普志愿者队伍。开展科普示范街道、社区、楼宇、家庭等创建活动。

——搭建社会化的社区科普工作格局。整合社区及周边科普资源,建立共建共享机制,鼓励学校、科研院所、企业、科技社团、科普场馆、科普教育基地和部队积极参与社区科普活动。

分工:

由中国科协、全国妇联牵头,中央宣传部、教育部、科技部、国家民委、环境保护部、卫生部、广电总局、安全监管总局、中科院、社科院、气象局参加。

（六）实施科学教育与培训基础工程

任务：

——加强教师的科学素质建设，提高教师队伍整体科学素质和水平。

——加强教材建设，改进教学方法，适应不同对象需求，满足科学教育与培训要求。

——加强教学基础设施建设，充分利用现有的教育培训场所、基地，根据需要建设新的科学教育基础设施，配备必要的教学仪器和设备，为开展科学教育与培训提供基础条件支持。

措施：

——大力提高教师的科学素质。鼓励高等师范院校和有关高校增设科学教育相关专业，着力培养科学教育的专门师资。在职教师培训增加科学教育内容，推进中小学教师科学素质与课程实施能力建设，广泛开展中小学科学教师之间的业务交流，提高实施科学教育的能力和水平。以县及县以下幼儿园、中小学科学教育教师培训为重点，加强科学教育骨干教师培训。逐步完善科学教育教师职称评价标准和办法。

——建立健全科技与教育结合、共同推动科学教育的有效模式。推动高等院校、科研院所的科技专家参与中小学科学课程教材建设、教学方法改革和科学教师培训。继续实施科教合作共建中小学教师专业发展支持系统项目。推动有条件的中学科学教师到高等院校、科研机构和重点实验室参与科研实践。

——提高科学教育与培训的教材质量。按照基础教育课程标准，进一步提高科学课程教材的质量和水平，增强教学内容的趣味性、直观性和吸引力。将科普工作与素质教育紧密结合，注重培养学生创新创造能力，将科普内容纳入各级各类教育培训教材和教学计划。根据农民、城镇劳动者、社区居民、领导干部和公务员的特点和需求，加强各类人群科学教育培训的教材建设。重视少数民族文字的教材编写和音像类教材的开发制作。

——改进科学教育与培训的教学方法。加强中小学科学教育研究，改进教学方法，广泛应用现代科学教育技术与先进教学理念，增强教育教学效果。针对不同人群开展科学教育培训，改革与探索成人教育教学方式，提高培训效果。

——加强科学教育与培训的基础条件建设。逐步实现义务教育学校特别是边远农村地区中小学科学仪器、教具、图书等基本达标，面向社会提供服务。继续推进中小学科学教育网络资源建设，支持和鼓励现有科学教育网站扩大科学教育资源。加强农村中小学现代远程教育的科学教育资源建设。充分利用报纸、广播、电视等媒体，动员大学、科研院所、科技馆、职业学校、成人文化教育机构、社区学校等公共机构对公众进行分类教育和培训。

分工：

由教育部、人力资源社会保障部牵头，中央宣传部、发展改革委、科技部、农业部、中科院、社科院、工程院、气象局、自然科学基金会、全国总工会、共青团中央、全国妇联、中国科协参加。

（七）实施科普资源开发与共享工程

任务：

——繁荣科普创作。围绕宣传落实科学发展观，紧扣时代发展脉搏，适应国家、社会和公众的需要，注重科学与艺术、自然科学与人文社会科学的结合，创作开发一批优秀科普作品。

——集成国内外科普资源及信息，建立共享交流平台，为社会和公众提供基本科普资源支持和公共科普服务。

——促进科普资源开发、集散和服务的社会化，发挥市场机制引导作用，积极推动科普产业发展。

措施：

——促进原创性科普作品的创作。以评奖、作品征集等方式，加大对优秀原创科普作品的扶持、奖励力度，鼓励社会各界参与科普作品创作。推出一批群众喜闻乐见的优秀挂图、图书、展览、影视作品、文艺节目等科普资源，加大宣传力度，提高公众的认知度。推动国家有关部门和单位制作的优秀科普电影、电视节目在基层播放。加强国际合作与交流，引进国外优秀科普产品，带动我国科普创作整体水平的提高。激发科技、教育、传媒工作者的科普创作热情，把科普作品纳入业绩考核范围。

——推进科技成果转化为科普资源。促进各类科研项目成果的传播和普及工作，提高公众对国家重大工程项目、科技计划项目和科技重大专项产生的创新成果的关注度和知晓率。积极探索将学术交流与科普活动紧密结合的新途径，充分发挥科技社团联系科技工作者及科普创作团队的作用，选择适宜向公众传播的科技成果，探索将科技成果转化为科普资源的机制。鼓励和支持科研项目承担单位和负责人将科研成果向社会公众传播。

——加强科普资源的开发、集成与共享。开展主题科普展览巡回展出活动，推动展览和展品在各类科普场馆、设施、服务机构之间交流。推动科普资源包开发，集成各种科普展览、教育和活动资源，供广大青少年宫、活动中心、图书馆、文化馆、科普活动站等场所和学校、农村、城镇社区等基层单位共享使用，为其开展科普工作提供公共指导和服务。促进科普展教活动与学校科学课程教学、综合实践和研究性学习相衔接。加强发达地区对欠发达地区展教资源的支援力度。建立应急科普资源开发与服务机制。

——制定科普资源开发共享的相关标准和规范。加强科普资源开发和共享的指导和规划，不断优化科普资源的内容和结构。探索科普产品的新形式，开发适用于电信网、互联网、广播电视网“三网融合”需要的新型科普资源。

——建立全国科普资源及信息的共享交流平台。以中国数字科技馆等优秀科普网站为平台，建立动员激励机制，通过分散存储、集中服务等形式，推动全社会优质科普资源集成共享。

——推动科普产业发展。以公众科普需求为导向，发挥市场的引导、优化和调节作用，推动科普产品的研发、生产、集散和服务。加强知识产权保护，研究制定科普产品技术规范和设计制作机构资质认定办法等，促进科普产业的良性发展。举办科普产品博览会、交易会，及时发布科普场馆建设和科普活动信息，为企业及其他社会机构搭建交流和服务平台。推动科普出版、科普旅游馆（园）、科普展览展品开发制作、科普玩具、科普教育与科普游戏软件、营利性科普网络等科普产业发展，逐步建立公益性科普事业与经营性科普产业并举的体制。

分工：

由中国科协、科技部牵头，中央宣传部、教育部、国家民委、环境保护部、农业部、卫生部、广电总局、安全监管总局、林业局、中科院、社科院、工程院、气象局、自然科学基金会、全国总工会、共青团中央参加。

（八）实施大众传媒科技传播能力建设工程

任务：

——加大报刊、广播、电视等传统媒体的科技传播力度。

——发挥互联网等新兴媒体在科技传播中的积极作用。

——提升大众传媒的科技传播质量。

措施：

——制定鼓励大众传媒开展科技传播的政策措施。推动电视台、广播电台制作更多喜闻乐见的科技节目并增加播出时间，出版单位增加各类科普出版物的品种和发行量，综合性报纸增加科技专栏的数目和版面，科普网站和门户网站建设科技专栏。中央主要新闻媒体确定专人负责科技宣传工作，设立科技宣传专门机构。完善考核评价机制，扶持科技宣传报道做大做强。推动各类大众传媒机构参与科普产品的开发和制作。大力扶持科普出版物等科普产品在农村和边远地区、民族地区的发行和使用工作。充分发挥科技宣传联席制度的作用，统筹协调科技宣传工作，组织指导中央和地方媒体开展科技宣传，做好科技领域热点敏感问题、突发事件的舆论引导。

——提升大众传媒从业者的科学素质与科技传播能力。各媒体配备一定数量的科技记者，专门负责科技宣传报道。吸收自然科学类专业毕业生充实科技宣传报道队伍。加强科技宣传报道人员业务培训，定期组织科技宣传报道编辑记者集中学习培训。组建科技宣传专家库。推动科技社团与媒体交流互动，定期举办科学家与媒体交流活动，提高媒体从业者客观准确报道最新科技创新成果、具有科技背景的社会热点话题以及自然灾害、突发公共卫生事件的能力。

——打造科技传播媒体品牌。推动形成一批有一定规模和影响力的科普出版机构。中央主要新闻媒体开辟科技宣传专栏或专题节目，定期进行科技宣传报道。各地各类新闻媒体参照中央媒体做法，开设专题、专栏或专版，加大科技宣传报道力度。

——发挥互联网、移动通信、移动电视等新兴媒体在科技传播中的积极作用。研究开发网络科普的新技术和新形式。中央重点新闻网站开设科技宣传专栏。培育、扶持若干有较强吸引力的品牌科普网站和虚拟博物馆、科技馆。开辟具有实时、动态、交互等特点的网络科普新途径，开发一批内容健康、形式活泼的科普教育、游戏软件。发挥中国互联网协会网络科普联盟的作用，促进网站之间开展科技传播的交流与合作。

分工：

由中央宣传部牵头，教育部、科技部、农业部、广电总局、中科院、社科院、气象局、全国总工会、共青团中央、全国妇联、中国科协参加。

（九）实施科普基础设施工程

任务：

——大幅度增强科普基础设施的整体服务能力，增加公众提高科学素质的机会与途径。

——优化科普资源配置，增加科普基础设施总量，形成较为合理的全国整体布局。

——完善科普基础设施建设与发展的保障体系。

措施：

——加强对科普基础设施发展的宏观指导。落实发展改革委等部门《科普基础设施发展规划（2008—2010—2015 年）》。研究制定科普基础设施的建设标准、认定办法、管理条例及监测评估体系，定期开展监测评估，发布科普基础设施发展报告。将科普基础设施建设纳入国民经济和社会发展总体规划及各地基本建设计划，加大对公益性科普基础设施建设和运行经费的公共投入。

——积极发展科技馆。按照《科学技术馆建设标准》，对不具备展教功能或不能充分发挥科普作用的科技馆进行必要的更新改造。积极推动科技馆在全国的合理布局，重点在市（地）和有条件的县(市)发展主题、专题及其他具有特色的科技馆。创新理念,加强展览和教育活动的设计策划,增强科技馆的教育功能,提高各级各类科技馆的重复参观率。加强对科技馆运行的规范管理,开展科技馆评级和绩效评价。

——建设各类专业科技博物馆。鼓励和推动有条件的研究机构、大学、企业和具有重要资源的城市,因地制宜建设和发展一批专业或产业科技博物馆。充分利用国家重大工程项目或企业闲置淘汰的生产设施,建设富有特色的科技博物馆。积极推动科技博物馆合理布局。

推进科普基地建设。发展国家级和省级科普教育基地,到2015年底,使国家级科普教育基地总数达到1000个左右,省级科普教育基地总数达到3000个左右。建设不同功能的行业科普基地,不断完善运行机制,纳入国家整体布局。进一步推动科研机构和大学开展科普活动。鼓励有条件的企业向公众开放研发机构、生产设施(流程)或展览馆,建设专门科普场所。推动青少年宫、妇女儿童活动中心、妇女培训基地、文化宫等增加科普教育功能。引导海洋馆、野生动物园、主题公园、自然保护区、森林公园、地质公园、动植物园等强化科普教育功能。

——发展基层科普设施。依托现有社会设施,推动在全国所有的县(市、区)建设具备科普教育、培训和展示等功能的县级综合性科普活动场所。在充分利用和整合现有资源的基础上,到2015年底,在全国60%的街道(乡镇)、社区(行政村)建有科普活动站(室),60%的社区(行政村)建有科普画廊(宣传栏),宣传内容每年更新10次以上。加大科普大篷车配发工作力度,扩大服务范围,更新展品展项,增强为基层群众服务能力。鼓励有条件的农村职业学校、成人教育机构、中小学、青少年宫利用现有场所建立青少年科学工作室。

分工:

由中国科协、发展改革委、科技部、财政部牵头,教育部、人力资源社会保障部、环境保护部、农业部、卫生部、林业局、中科院、气象局、全国总工会、共青团中央、全国妇联参加。

(十)实施科普人才建设工程

任务:

——提升科普人才队伍的整体素质,培养和造就一支规模适度、结构优化、素质优良的科普人才队伍。

——优化科普人才队伍结构。稳定专职科普人才队伍,逐步建立一支专业化科普管理人才队伍。不断壮大兼职科普人才队伍,积极发展科普志愿者队伍。大力培养面向基层的科普人才。

——培育一批高水平的科普创作与设计、科普研究与开发、科普活动策划与组织、科普传媒、科普产业经营与管理等方面的人才。

措施:

——加强农村实用科普人才培养。依托农村党员、基层干部、基层科普组织人员、农村专业技术协会业务骨干、农村科技带头人和基层科技、教育工作者以及离退休人员,积极发展科普员队伍,向群众传递科技信息,组织群众参与科技教育、传播与普及活动。利用农业技术推广机构、农村合作经济组织、农村专业技术协会、农村致富技术函授大学等,采取培训、示范和实践相结合的方式,培养农村实用科普人才,提高科普服务能力。发挥农村科普示范户、农村专业技术协会骨干等农村科普带头人的示范作用。加强少数民族和民族地区科普人才建设,充分发挥少数民族科普人才特别是双语科普人才在科普宣传中的重要作用。

——建立社区科普人才队伍。结合科教进社区、卫生科技进社区、全民健康科技行动、社区科普大讲堂等活动以及社区科普益民计划，建立社区科普宣传员队伍。依托大学、科研机构、科普组织、科普场馆、科技社团、社区科普大学等，建设社区科普人才培养培训基地。鼓励学校、科研机构、企业、科技社团、科普场馆、科普教育基地等企业事业单位和部队的专业人才积极参与社区科普活动，建立社区科普人才队伍交流协作机制。

——发展企业科普人才队伍。充分发挥企业科协、企业团委、职工技协、研发中心等组织和机构的作用，开展专业技术人员的继续教育和职业技能培训等，培养和造就企业实用科普人才。

——积极发展青少年科技辅导员队伍。结合中小学科学课程和课外科普活动，重点在中小学、科普场馆、青少年科技活动中心、青少年宫等建立专职青少年科技辅导员队伍。依托科技专家、大学生志愿者、老科技工作者等建立兼职青少年科技辅导员队伍。加强对青少年科技辅导员的培训，提高其开展科学技术教育、组织策划科普活动的能力。

——大力发展科普志愿者队伍。推动建立科普志愿者协会、科普志愿者服务站等组织，为科普志愿者施展才能提供服务平台。鼓励老科技工作者、高校师生、中学生、在职科研人员、传媒从业者参加科普志愿者队伍。在大型主题科普活动和科普场馆、科普教育基地的展教活动中，充分发挥科普志愿者的作用，为其提供参与科普实践的机会。

——加快高端和专门科普人才培养。办好科技传播和相关专业，建设一批科普专门人才培训和实践基地，培养大批科普创作与设计、科普研究与开发、科普传媒、科普产业经营、科普活动组织策划等专门人才。

分工：

由科技部、中国科协、人力资源社会保障部牵头，中央组织部、中央宣传部、教育部、国家民委、环境保护部、农业部、卫生部、广电总局、安全监管总局、林业局、中科院、社科院、工程院、气象局、自然科学基金会、全国总工会、共青团中央、全国妇联参加。

（十一）完善公民科学素质建设长效机制

任务：

建立健全广泛动员社会各界参加全民科学素质工作的机制。

措施：

——完善人才培养和动员机制。落实国家中长期科技、教育、人才发展规划纲要，建设好专职和兼职科普工作队伍。通过学校培养、在职培训、国外进修、国际交流、实践锻炼等，培养适应我国科技馆、科普传媒等事业发展需要的专门人才，制定专职科普工作者的评价标准。完善科普人才评价政策，提高科普人员和科普成果在科技考核指标中所占比重。研究制定激励措施，充分调动社会各界参与科普创作，传播科学知识和科技成果。

——建立科研与科普密切结合机制。研究制定在国家科技计划项目中相应增加科普任务的措施与办法。将科普工作作为国家重大科技创新任务的有机组成部分，在不涉及保密的情况下，使公众能够及时了解最新科技发现和创新成果。推动国家重大工程项目、科技计划项目和科技重大专项在立项时增加相应科普任务，验收时对科普效果进行评价。推动承担国家科技项目的科研团队、企业、高校和广大科技专家在科研与科普工作的结合上发挥示范和带头作用，为广大科技工作者做出表率。

——强化科普投入和产业发展保障机制。逐步加大对科技场馆等公益性科普设施的投入，保障基本建设、维护良性运转。落实完善捐赠公益性事业税收政策，广泛吸纳民间资金投入公民科学素质建设。推动各类科普平台的整合共享，提高科普资源使用效益。落实和完善有利于科普产业发展的财政、税收、金融等政策措施，研究制定科普产业相关技术标准、规范，推动科普产业健康快速发展。

——健全监测评估体系和考核激励机制。制定《中国公民科学素质基准》，建立《科学素质纲要》实施的监测指标体系，定期开展中国公民科学素质调查和全国科普统计工作，为公民提高自身科学素质提供衡量尺度和指导，为《科学素质纲要》的实施和监测评估提供依据。探索将全民科学素质工作纳入业绩考核，充分调动工作积极性。对在公民科学素质建设中作出突出贡献的集体和个人给予奖励和表彰，大力宣传先进人物和典型经验。

分工：

由科技部、财政部、中央宣传部牵头，中央组织部、发展改革委、教育部、国家民委、人力资源社会保障部、环境保护部、农业部、卫生部、广电总局、安全监管总局、林业局、中科院、社科院、工程院、气象局、自然科学基金会、全国总工会、共青团中央、全国妇联、中国科协参加。

四、组织实施

（一）组织领导

——国务院负责领导《科学素质纲要》的实施工作。各有关部门按照《科学素质纲要》的要求，将有关任务纳入相应工作规划和计划，充分履行工作职责，发挥各自优势，密切配合，形成合力。中国科协要发挥综合协调作用，会同有关方面共同推进公民科学素质建设。

——地方各级政府负责领导当地的《科学素质纲要》实施工作。要把公民科学素质建设作为推动地区经济社会发展的一项重要工作，纳入本地区经济社会发展总体规划，把实施《科学素质纲要》的重点任务列入年度工作计划，纳入目标管理考核。要因地制宜，制定本地区“十二五”全民科学素质工作的实施方案。要继续完善公民科学素质建设的工作机制和制度，制定具体政策措施，加大投入，为实施《科学素质纲要》提供保障。

——加强《科学素质纲要》实施的督促检查，推动工作任务的落实。

（二）保障条件

——政策法规。在国家和地方的国民经济和社会发展规划、相关专项规划以及有关科学技术教育、传播与普及的法律法规中，体现公民科学素质建设的目标和要求。完善促进公民科学素质建设的政策法规，根据形势发展需要，对现有政策法规进行修订、补充和调整，推进《中华人民共和国科学技术普及法》实施条例和地方科普条例的研究制定工作，落实有关鼓励科普事业发展的科普税收优惠等相关政策，为提高全民科学素质提供政策保障。

——经费投入。各级政府根据财力情况和公民科学素质建设发展的实际需要，逐步提高教育、科普经费的投入水平，并将科普经费列入同级财政预算，保障《科学素质纲要》的顺利实施。中央财政根据财政状况，逐步加大对地方的转移支付力度。地方各级政府安排一定的经费用于公民科学素质建设。各有关部门根据承担的《科学素质纲要》实施任务，按照国家预算管理的规定和现行资金渠道，统筹考虑和落实所需经费。落实完善捐赠公益性科普事业税收政策，广泛吸纳境内外机构、个人的资金支持公民科学素质建设。

（三）进度安排

——启动实施。2011 年，推动和指导各地制定本地“十二五”全民科学素质工作实施方案并启动实施工作。组织制定本实施方案中 11 项重点任务的具体实施方案。做好“十二五”《科学素质纲要》实施动员和宣传工作。

——深入实施。2012—2014 年，继续完善工作机制，加强监测评估，针对薄弱环节，解决突出问题，全面推进各项重点任务的实施。

——总结评估。2015 年，组织开展督查，对“十二五”期间全民科学素质工作进行总结和评估，继续推进组织实施工作。

计量发展规划

（2013—2020年）

计量是实现单位统一、保证量值准确可靠的活动，关系国计民生。计量发展水平是国家核心竞争力的重要标志之一。为贯彻党的十八大精神，进一步夯实计量基础，全面提升计量整体能力和水平，特制定本规划。

一、发展现状与形势

党和国家历来高度重视计量工作。新中国成立后尤其是改革开放以来，基础性、前沿性和共性计量科研成果大量涌现，具有中国特色的计量发展与管理制度逐步形成。国家计量基标准、社会公用计量标准、量传溯源①体系不断完善，保证了全国单位制的统一和量值的准确可靠；专用、新型、实用型计量测试技术研究水平和服务保障能力进一步增强；计量法律法规和监管体制逐步完善；国际比对和国际合作进一步加强，我国计量测量能力居于世界前列。但是，计量工作的基础仍较为薄弱。国家新一代计量基准持续研究能力不足；量子计量基准相关研究尚处于攻坚阶段，与发达国家仍有很大差距；社会公用计量标准建设迟缓，部分领域量传溯源能力仍存在空白；法律法规和监管体制滞后于社会主义市场经济发展需要，监管手段不完备，计量人才特别是高精尖人才缺乏。

本世纪第二个十年，是我国全面建成小康社会、加快推进社会主义现代化建设的关键时期，是深化改革开放、加快转变经济发展方式的攻坚时期。计量发展面临新的机遇和挑战：世界范围内的计量技术革命将对各领域的测量精度产生深远影响；生命科学、海洋科学、信息科学和空间技术等快速发展，带来巨大计量测试需求；国民经济安全运行以及区域经济协调发展、自然灾害有效防御等领域的量传溯源体系空白需尽快填补；促进经济社会发展、保障人民群众生命健康安全、参与全球经济贸易等，需要不断提高计量检测能力。夯实计量基础、完善计量体系、提升

① 量传溯源是量值传递和量值溯源的简称。量值传递指通过对测量仪器的校准或检定，将国家测量标准所实现的单位量值通过各等级的测量标准传递到工作测量仪器的活动，以保证测量所得的量值准确一致。量值溯源是量值传递的逆过程。

计量整体水平已成为提高国家科技创新能力、增强国家综合实力、促进经济社会又好又快发展的必然要求。

二、指导思想、基本原则和发展目标

（一）指导思想

高举中国特色社会主义伟大旗帜，以邓小平理论、“三个代表”重要思想、科学发展观为指导，突出基础建设、法制建设和人才队伍建设，加强基础前沿和应用型计量测试技术研究，统筹规划国家计量基标准和社会公用计量标准发展，进一步完善量传溯源体系、计量监管和诚信体系，为推动科技进步、促进经济社会发展和国防建设提供重要的技术基础和技术保障。

（二）基本原则

——突出重点，夯实基础。加强计量科学技术基础研究，夯实计量技术基础；加快计量科学技术成果转化，带动科学技术、高技术产业以及企业科研等相关测试领域的发展与创新；加强国家计量基标准和社会公用计量标准建设，满足重点领域、重大工程对计量测试技术的需求。

——统筹兼顾，服务发展。统筹社会计量资源，合理布局国家计量科技创新实验基地以及国家计量基标准和社会公用计量标准等基础建设；统筹计量基础研究和应用计量技术研究，兼顾区域、领域、行业和社会发展需求。

——完善法制，依法监管。完善计量法律法规体系；完善计量监管手段，推进公正执法；完善计量行政监管方式，推进规范执法；强化计量法制理念，推进文明执法。

（三）发展目标

到 2020 年，计量科技基础更加坚实，量传溯源体系更加完善，计量法制建设更加健全，基本适应经济社会发展的需求。

科学技术领域：建立一批国家新一代高准确度、高稳定性量子计量基准，攻克前沿技术。突破一批关键测试技术，为高技术产业、战略性新兴产业发展提供先进的计量测试技术手段。提升一批国家计量基标准、社会公用计量标准的服务和保障能力。研制一批新型的标准物质①，保证重点领域检测、监测数据结果的溯源性、可比性和有效性。建设一批符合新领域发展要求的计量实验室，推动创新实验基地建设跨越式发展。

法制监管领域：完成《中华人民共和国计量法》及相关配套法规、规章制修订工作。建立权责明确、行为规范、监督有效、保障有力的计量监管体系，建立民生计量、能源资源计量、安全计量等重点领域长效监管机制。诚信计量体系基本形成，全社会诚信计量意识普遍增强。

经济社会领域：量传溯源体系更加完备，测试技术能力显著提高，进一步扩大在食品安全、生物医药、节能减排、环境保护以及国防建设等重点领域的覆盖范围。国家计量科技基础服务平台（基地）、产业计量测试服务体系、区域发展计量支撑体系等初步建立，计量服务与保障能力普遍提升。

① 标准物质是具有足够均匀和稳定的特定特性的物质，其特性被证实适用于测量中或标称特性检查中的预期用途。

专栏1 计量发展量化目标

1.完成《中华人民共和国计量法》修订;
2.国家计量基标准、标准物质和量传溯源体系覆盖率达到95%以上;
3.国家一级标准物质数量增长100%,国家二级标准物质品种增加100%;
4.国家计量基准实现国际等效比例达到85%以上;
5.得到国际承认的校准测量能力达到1400项以上,其中90%以上达到国际先进水平;
6.国家重点管理计量器具受检率达到95%以上;
7.全国范围内引导并培育10万家诚信计量示范单位;
8.实现万家重点耗能企业能源资源计量数据实时、在线采集。

三、加强计量科技基础研究

(四)加强计量科技基础及国家计量基标准研究

加强计量科技基础及前沿技术研究,特别是物理常数等精密测量和量子计量基准研究,应对国际单位制中以量子物理为基础的自然基准取代实物基准的重大技术革命,建立新一代高准确度、高稳定性量子计量基准。突破关键技术,建立一批经济社会发展急需的国家计量基标准、社会公用计量标准。加快改造和提升国家计量基标准能力和水平。

专栏2 计量科技基础研究重点项目

1.基本物理常数精密测量技术研究;
2.量子基准核心量子器件研究;
3.基于铯钟、光钟的新一代时间频率基准研究;
4.新一代量子计量基准研究;
5.生物计量基准研究;
6.超快光学、太赫兹精密测量技术以及单光子测量技术研究;
7.新一代基于原子尺度的纳米计量技术研究;
8.新材料计量测试技术及复杂环境下材料微纳结构测量技术研究;
9.经济安全、生物安全、医疗安全、能源资源、生态建设、环境保护、应对气候变化、防灾减灾等领域计量溯源技术研究;
10.高频天线计量关键技术研究;
11.智能和互联式测量、嵌入式和普及式测量技术研究等。

(五)加强标准物质研究和研制

开展基础前沿标准物质研究,扩大国家标准物质覆盖面,填补国家标准物质体系的缺项和不足。加强标准物质定值、分离纯化、制备、保存等相关技术、方法研究,提高技术指标。加快标准物质研制,提高质量和数量,满足食品安全、生物、环保等领域和新兴产业检测技术配套和支撑需求。完善标准物质量传溯源体系,保证检测、监测数据结果的溯源性、可比性和有效性。

专栏3　国家标准物质研究和研制的重点领域和重点方向

1.食品安全领域，重点方向：食品中有机化学品残留、食品添加剂、食品中营养成分、食品中元素及形态、食品包装材料及持久性有机污染物检测以及食品中生化计量技术、物化特性及电离辐射计量技术、食品安全前沿性计量技术研究和相关标准物质的研制；

2.临床检验领域，重点方向：与心脑血管疾病、肿瘤等重大疾病早期预警和诊断、疾病危险因素早期干预等相关标准物质的定值、制备、稳定化技术研究以及相关高等级标准物质研制；

3.生物领域，重点方向：基因核酸标准物质，蛋白质、脂质和毒素标准物质，微生物标准物质，生物工程多糖标准物质等标准物质的研制以及相关前沿计量测试技术研究；

4.环保领域，重点方向：有机物标准物质，土壤、温室气体、烟道排放气体、交通工具尾气等检测用标准物质的研制及相关计量测试技术研究；

5.材料科学领域，重点方向：石油、煤炭和生物燃料理化性质方面的标准物质，工业产品、工业原材料中有害物质检测用标准物质，接触角、表面张力等界面特性方面标准物质，纳米薄膜厚度、薄膜表面成分、材料微观结构、碳基材料/纳米材料的特性量值方面的标准物质的研制及相关计量测试技术研究。

（六）加强实用型、新型和专用计量测试技术研究

加快新型传感器技术、功能安全技术等新型计量测试技术和测试方法研究，加快转化和应用，填补新领域计量测试技术空白。加快航空航天、海洋监测、交通运输等专用计量测试技术研究，提升专业计量测试水平。提高食品安全、药品安全、突发事故的检测报警、环境和气候监测等领域的计量测试技术水平，增强快速检测能力。将计量测试嵌入到产品研发、制造、质量提升、全过程工艺控制中，实现关键量准确测量与实时校准。加强仪器仪表核心零（部）件、核心控制技术研究，培育具有核心技术和核心竞争力的仪器仪表品牌产品。

（七）加强量传溯源所需技术和方法研究

加强与微观量、复杂量、动态量、多参数综合参量等相关的量传溯源所需技术和方法的研究。加强经济安全、生态安全、国防安全等领域量值测量范围扩展、测量准确度提高等量传溯源所需技术和方法的研究。加强互联网、物联网、传感网等领域计量传感技术、远程测试技术和在线测量等相关量传溯源所需技术和方法的研究。加强计量对能源资源的投入产出、流通过程中的统计与测量，以及对贸易、税收、阶梯电价等国家政策的支持方式和模式研究。

（八）推进计量科技创新

大力推动计量科技与物理、化学、材料、信息等学科的交叉融合，完善学科布局。加强高校、科研院（所）以及部门科研项目的合作，开展重点领域、重点专业、重点技术难题专项合作研究。改善对环境控制和设施配套有较高要求并与先进测量、高精密测量相适应的超高、超宽和洁净实验条件以及计量科技创新实验环境。构建以计量前沿科研为主体、计量科研创新发展为手段、服务产业技术创新为重点、推动创新型国家建设为宗旨的"检学研"相结合的计量技术创新体系。

（九）加快科技成果转化

计量科研项目的立项、论证等要与高技术产业、战略性新兴产业的科研项目对接，把科研成果的转化作为应用型计量技术研究课题立项、执行、验收的全过程评审指标。加快计量科研成果的推广和应用。建立计量科研机构与企业技术机构交流平台，加强计量技术机构与企业联合立项、联合攻关、联合研发力度，开展计量科研成果展示、科研人员技术交流、技术合作或共同开发等，促进计量科研成果转化和有效应用。

（十）积极参与计量国际比对

积极参加计量基标准国际比对，增加作为主导实验室组织计量国际比对的数量，提高我国量值

的国际等效性。加强对计量国际比对各环节管理，为参与和组织计量国际比对提供便利。积极参与国际同行评审，加快校准测量能力建设，提升我国在国际计量领域的竞争力和国际影响力。

（十一）制修订计量技术规范

及时制修订计量技术规范，满足量传溯源及计量执法需要。加大经济发展、节能减排、安全生产、医疗卫生等领域的计量技术规范制修订力度。加强部门（行业）和地方计量技术规范制修订工作管理，促进计量技术规范协调统一。增强实质性参与制修订国际建议①的能力，推动我国量值与国际量值等效一致。

四、加强计量服务与保障能力建设

（十二）提升量传溯源体系服务与保障能力

统筹国家计量基标准、社会公用计量标准建设，科学规划量传溯源体系。加速提升时间频率等关键量和温室气体、水、粮食、能源资源等重点对象量传溯源能力。加快食品安全、节能减排、环境保护等重点领域国家计量基标准和社会公用计量标准建设，填补量传溯源体系空白。全面提升各级计量技术机构量传溯源能力。根据需要合理配置计量标准，做好企（事）业单位的内部量传溯源工作，保证量值准确可靠。

专栏4　国家量值传递能力提升

1.国家计量基标准保存单位的能力提升：加快国家计量基标准建立，加大国家计量基标准改造力度，加强相关标准物质的研制，完善实验基础条件，提升国家计量量传溯源源头的计量基标准水平和量传溯源能力；

2.各大区计量测试中心能力提升：建立大区级别计量标准，完善实验基础条件，重点开展量传溯源计量技术与方法的应用研究等，提升各大区量传溯源能力以及服务区域经济发展的能力；

3.部门（专业）计量技术机构（计量站）能力提升：完善实验基础条件，开展专用计量技术与方法研究等，满足海洋、农（林）业、气象、水利、地震、电力、通讯、铁路交通等部门（专业）发展需求；

4.省级计量技术机构能力提升：建立社会公用计量标准，完善实验基础条件，开展实用型计量技术研究和计量测试工作，全面提升量传溯源服务能力，适应各省（区、市）高技术产业、战略性新兴产业、节能减排等重点领域、重大工程和重点项目建设以及当地产业发展需求；

5.地（市）级计量技术机构能力提升：完善适应本地区经济社会发展和强制检定需要的社会公用计量标准、计量检定实验条件，重点满足食品安全、安全生产以及特种设备安全、节能减排、环境保护等领域的发展需要；

6.县级计量技术机构能力提升：完善适应县域经济社会发展和强制检定需要的社会公用计量标准、计量检定实验条件，重点满足食品安全、安全生产、贸易结算、医疗卫生等领域发展需要；

7.企（事）业计量能力提升：建立企（事）业内部量传溯源所需的计量标准，加强对计量标准、工作计量器具的管理，采用先进的计量器具和检测仪器设备，提升生产工艺过程控制、产品质量升级的相关计量技术支撑能力。

（十三）完善国家计量科技基础服务平台（基地）

以国家计量基标准和社会公用计量标准建设为主体，以量传溯源体系为基本架构，进一步完善国家计量科技基础服务平台（基地）。加强大型计量科学仪器、设备共享，营造开放、共享的计量研究实验环境。加强科技文献数据、计量科研数据和科研成果数据共享，促进科研成果的转化、推广

① 国际建议：国际法制计量组织的出版物之一，旨在提出某种测量器具必须具备的计量特性并规定了检查其合格与否的方法和设备。

和应用。强化平台（基地）信息化建设，不断充实国家计量基标准和社会公用计量标准、计量科研成果、计量服务能力和水平等信息。

（十四）构建国家产业计量测试服务体系

整合相关科研院所、高等院校、企（事）业单位等资源，在高技术产业、战略性新兴产业、现代服务业等经济社会重点领域，研究具有产业特点的量值传递技术和产业关键领域关键参数的测量、测试技术，开发产业专用测量、测试装备，研究服务产品全寿命周期的计量技术，构建国家产业计量测试服务体系。

专栏5　国家产业计量测试服务重点领域

1.节能环保产业：为高效节能产业、节能环保产业和资源循环利用产业的新技术发展提供计量检定、校准及测试等服务；

2.新一代信息技术产业：为信息网络产业、电子核心基础产业、高端软件和新兴信息服务产业提供计量检定、校准及测试服务；

3.生物产业：为生物医药产业、生物医学工程、生物农业产业、生物制造产业等提供计量检定、校准及测试技术服务；

4.高端装备制造业：为航空装备产业、卫星及应用产业、轨道交通装备产业、海洋工程装备产业、智能制造装备产业等提供计量检定、校准及测试服务；

5.新能源产业：为核电技术、风能、太阳能、生物质能等新能源产业发展提供计量检定、校准及测试服务；

6.新材料产业：为新型功能材料、先进结构材料、高性能复合材料等产业发展提供计量检定、校准及测试服务；

7.其他重点产业。

（十五）构建区域发展计量支撑体系

整合区域内现有计量技术机构、专业计量站、部门计量技术机构以及企（事）业单位的计量技术能力，结合主体功能区规划定位，加强计量技术服务与保障能力建设。建立满足区域发展需要的国家计量基标准和社会公用计量标准，完善量传溯源体系。加强相关计量测试技术的研究，开展计量检测等活动，提升现代计量测试水平和服务区域经济发展的能力。

专栏6　区域发展计量技术保障能力建设重点

1.西部地区计量技术保障能力建设：根据西部地区战略发展定位，重点提高服务电力、天然气、煤炭、森林、矿山等能源资源的计量技术支撑能力，服务西气东输、西电东送、高原铁路等重大工程建设的技术支撑能力；

2.中部地区计量技术保障能力建设：根据中部地区战略发展定位，围绕粮食生产基地、能源原材料基地、现代装备制造及高技术产业基地建设，重点提升服务农业、煤炭、电力、交通运输业等计量技术支撑能力，提升服务农业商品生产基地和能源原材料基地建设以及农产品加工转化和资源深度开发的计量技术支撑能力；

3.东部地区计量技术保障能力建设：根据东部地区发展战略定位，围绕重点发展高技术产业和资源消耗小、附加价值高的出口产业，重点提升服务信息产业、核电、生物、医药、新材料、海洋、太阳能光伏与半导体光源产业等高技术产业发展的计量技术支撑能力；

4.东北地区等老工业基地计量技术保障能力建设：根据东北地区的发展战略定位，围绕巩固和提升全国最重要的商品粮食生产基地、重要林业基地、能源原材料基地、机械工业和医药工业基地，重点提升服务大型铸锻件、核电设备、风电机组、先进船舶和海洋工程装备、大型农业机械、高速动车组、大功率机车、高档数控机床等相关产业发展的计量技术支撑能力。

（十六）构建国家能源资源计量服务体系

完善与能源资源计量相关的国家计量基标准和社会公用计量标准体系建设，加强能源资源监管和服务能力建设,开展城市能源资源计量建设示范,开展能源资源计量检测技术研究、交流及计量检测技术研究成果转化,促进节能减排。开展计量检测、能效计量比对等节能服务活动,促进用能单位节能降耗增效。开展专业技术人才培训,提高专业素质,构建能源资源计量服务体系。

(十七)加强企业计量检测和管理体系建设

依据测量管理体系有关标准和国际建议要求,完善计量检测体系认证制度,推动大、中型企业建立完善计量检测和管理体系。加强计量检测公共服务平台建设,为大宗物料交接、产品质量检验以及企业间的计量技术合作提供检测服务。生产企业特别是大、中型企业要加强计量基础设施建设,建立符合要求的计量实验室和计量控制中心,加强对计量检测数据的应用和管理,合理配置计量检测仪器和设备,实现生产全过程有效监控。积极采用先进的计量测试技术,推动企业技术创新和产品升级。新建企业、新上项目等,要把计量检测能力建设作为保证企业产品质量、提高企业生产效率、实现企业现代化和精细化管理的重要技术手段,与其他基础建设一起设计、一起施工、一起投入使用。

(十八)增强国防建设服务保障能力

(十九)加强国际计量交流合作

建立国际计量交流合作平台,加强国际计量技术交流合作,促进我国量值国际等效,促进对外贸易稳定增长。扩大计量双边、多边合作与交流,参与重要国际合作计划和项目,扩大互认国和互认产品范围,满足“一次测试、一张证书、全球互认”的发展需求。

五、加强计量监督管理

(二十)加强计量法律法规体系建设

加快《中华人民共和国计量法》及相关配套法规、规章的制修订,建立健全有中国特色的计量监管体制和机制。全面梳理相关法规规章,形成统一、协调的计量法律法规体系。制定强制管理的计量器具目录,强化贸易结算、安全防护、医疗卫生、环境监测、资源管理、司法鉴定、行政执法等重点领域计量器具监管。制修订能效标识监管、过度包装监管等方面的行政法规或规章,推动相关监管制度的建立和实施。

(二十一)加强计量监管体系建设

进一步健全计量监管体系,提高监管效率,保证全国单位制统一和量值准确可靠。加强重点计量器具的监督,完善计量器具制造许可、型式批准、强制检定、产品质量监督检查等管理制度,提高计量器具产品质量。用简便、快速、有效的计量执法装备充实执法一线,完善计量监管手段,提高执法人员综合素质和执法水平。加强对计量检定技术机构监管,规范检定行为。建立强制检定计量器具档案。完善部门计量监管机制,加大监管力度。充分发挥新闻舆论、社会团体、人民群众等社会监督作用。

(二十二)推进诚信计量体系建设

在服务业领域推进诚信计量体系建设,加强诚信计量教育,树立诚信计量理念。强化经营者主体责任,培养自律意识,推动经营者开展诚信计量自我承诺活动,培育诚信计量示范单位。加强计量技术机构诚信建设,增强计量检测数据的可信度和可靠性。实施诚信计量分类监管,建立诚信计量信用信息收集与发布和计量失信“黑名单”制度，建立守信激励和失信惩戒机制。

（二十三）强化民生计量监管

加强对食品安全、贸易结算、医疗卫生、环境保护等与人民群众身体健康和切身利益相关的重点领域计量监管。在服务业领域推行计量器具强制检定合格公示制度，依法接受社会监督。强化食品安全等重点领域相关标准物质的制造、销售和使用中的监管，促进标准物质规范使用。强化对定量包装商品生产企业计量监管，改革完善定量包装商品生产企业计量保证能力监管模式，有针对性地开展计量专项整治，维护消费者合法权益。

（二十四）强化能源资源计量监管

加强对用能单位能源资源计量器具配备、强制检定的监管。开展能源资源计量审查、能效对标计量诊断等活动，培育能源资源计量示范单位。按照相关法律法规要求，强化用能单位能源资源计量的主体责任，引导用能单位合理配备和正确使用能源资源计量器具，建立能源资源计量管理体系，实现实时监测。加强对能源资源计量数据分析、使用和管理，对各类能源资源消费实行分类计量。积极采用先进计量测试技术和先进的管理方法，实现从能源采购到能源消耗全过程监管。

（二十五）强化安全计量监管

加强安全用计量器具提前预测、自动报警、检测数据自动存贮、实时传输等相关功能的研发和应用，提高智能化水平。加强与安全相关计量器具的制造监管，为生产安全、环境安全、交通安全等提供高质量的计量器具。加强重点行业安全用计量器具的强制检定，督促使用单位建立和完善安全用计量器具的管理制度，按要求配备经检定合格的计量器具，确保安全用强制检定计量器具依法处于受控状态。加强安全用计量器具的监督抽查。建立计量预警机制和风险分析机制，制定计量突发事件的应急预案。

（二十六）严厉打击计量违法违规行为

加强计量作弊防控技术和查处技术研究，提高依法快速查处、快速处理能力。加大计量器具制造环节监管，严厉查处制造带有作弊功能的计量器具。加强市场监管，对重点产品加大检查力度，严厉查办利用高科技手段从事计量违法行为。严厉打击能效标识虚标和商品过度包装行为。加强执法协作，建立健全查处重大计量违法案件快速反应机制和执法联动机制，加强行业性、区域性计量违法问题的集中整治和专项治理。建立健全计量违法举报奖励制度，保护举报人的合法权益。做好行政执法与刑事司法衔接，加大计量违法行为的刑事司法打击力度。

六、保障措施

（二十七）加强组织领导

各级人民政府要高度重视计量工作，把计量发展规划纳入到国民经济和社会发展规划中，及时研究制定支持计量发展的政策措施。各地要按照计量量传溯源体系特点和要求，整体规划计量发展目标，合理布局本地区计量发展重点，建立完善的计量服务与保障体系。各部门、各行业、各单位要按照规划要求，组织编制实施方案，分解细化目标，落实相关责任，确保规划提出的各项任务完成。要加强国家、地区、部门有关年度工作计划与规划的衔接，把规划的总体要求安排到年度计划中。

(二十八)加大投入力度

各级人民政府要增加对公益性计量技术机构的投入。发展改革、财政、科技、人力资源社会保障等部门要制定相应的价格、投资、财政、科技以及人才支持政策。加强对计量重大科研项目的支持,促进计量科技研发和重点科研项目、科研成果的转化和应用。增加强制检定所需计量检定设备投入,完善基层计量执法手段,提升计量执法能力和水平。支持开展计量惠民活动,把与人民生活、生命健康安全密切相关的计量器具的强制检定所需费用逐步纳入财政预算。

(二十九)加强队伍建设

依托重大科研项目、重点建设平台和国际合作项目,加大学科带头人培养力度。强化高层次科技人才开发,着力培养具有世界科技前沿水平的高级专家、高层次领军人才。加大优秀科技人才引进,重视青年科技英才培养,支持青年人才主持重点科技项目。加强计量相关学科、专业以及课程建设,完善全过程计量人才培养机制。加强计量技术人员相关职业资格制度建设,加强计量行政管理人才培养,提升计量队伍的业务水平和监管能力。加强计量文化建设,构建“度万物、量天地、衡公平”的计量文化体系。加强计量基础知识普及教育和宣传,形成公平交易、诚信计量的良好社会氛围。

(三十)强化评估考核

加强对规划实施评估,定期分析进展情况。实施规划中期评估,评估后需调整的规划内容,由规划编制部门提出具体方案,报国务院批准后实施。规划编制部门要对规划最终实施总体情况进行全面评估并向社会公布规划实施情况及成效。地方各级人民政府、各有关部门要建立落实规划的工作责任制,按照职责分工,对规划的实施情况进行检查考核,对规划实施过程中取得突出成绩的单位和个人予以表彰奖励。

关于推进物联网有序健康发展的指导意见

物联网是新一代信息技术的高度集成和综合运用,具有渗透性强、带动作用大、综合效益好的特点,推进物联网的应用和发展,有利于促进生产生活和社会管理方式向智能化、精细化、网络化方向转变,对于提高国民经济和社会生活信息化水平,提升社会管理和公共服务水平,带动相关学科发展和技术创新能力增强,推动产业结构调整和发展方式转变具有重要意义,我国已将物联网作为战略性新兴产业的一项重要组成内容。目前,在全球范围内物联网正处于起步发展阶段,物联网技术发展和产业应用具有广阔的前景和难得的机遇。经过多年发展,我国在物联网技术研发、标准研制、产业培育和行业应用等方面已初步具备一定基础,但也存在关键核心技术有待突破、产业基础薄弱、网络信息安全存在潜在隐患、一些地方出现盲目建设现象等问题,急需加强引导加快解决。为推进我国物联网有序健康发展,现提出以下指导意见:

一、指导思想、基本原则和发展目标

(一)指导思想

以邓小平理论、“三个代表”重要思想、科学发展观为指导,加强统筹规划,围绕经济社会发展的实际需求,以市场为导向,以企业为主体,以突破关键技术为核心,以推动需求应用为抓手,以培育产业为重点,以保障安全为前提,营造发展环境,创新服务模式,强化标准规范,合理规划布局,加强资源共享,深化军民融合,打造具有国际竞争力的物联网产业体系,有序推进物联网持续健康发展,为促进经济社会可持续发展作出积极贡献。

(二)基本原则

统筹协调。准确把握物联网发展的全局性和战略性问题,加强科学规划,统筹推进物联网应用、技术、产业、标准的协调发展。加强部门、行业、地方间的协作协同。统筹好经济发展与国防建设。

创新发展。强化创新基础,提高创新层次,加快推进关键技术研发及产业化,实现产业集聚发展，培育壮大骨干企业。拓宽发展思路，创新商业模式，发展新兴服务业。强化创新能力建设，完善公共服务平台，建立以企业为主体、产学研用相结合的技术创新体系。

需求牵引。从促进经济社会发展和维护国家安全的重大需求出发，统筹部署、循序渐进，以重大示范应用为先导，带动物联网关键技术突破和产业规模化发展。在竞争性领域，坚持应用推广的市场化。在社会管理和公共服务领域，积极引入市场机制，增强物联网发展的内生性动力。

有序推进。根据实际需求、产业基础和信息化条件，突出区域特色，有重点、有步骤地推进物联网持续健康发展。加强资源整合协同，提高资源利用效率，避免重复建设。

安全可控。强化安全意识，注重信息系统安全管理和数据保护。加强物联网重大应用和系统的安全测评、风险评估和安全防护工作，保障物联网重大基础设施、重要业务系统和重点领域应用的安全可控。

（三）发展目标

总体目标。实现物联网在经济社会各领域的广泛应用，掌握物联网关键核心技术，基本形成安全可控、具有国际竞争力的物联网产业体系，成为推动经济社会智能化和可持续发展的重要力量。

近期目标。到2015年，实现物联网在经济社会重要领域的规模示范应用，突破一批核心技术，初步形成物联网产业体系，安全保障能力明显提高。

——协同创新。物联网技术研发水平和创新能力显著提高，感知领域突破核心技术瓶颈，明显缩小与发达国家的差距，网络通信领域与国际先进水平保持同步，信息处理领域的关键技术初步达到国际先进水平。实现技术创新、管理创新和商业模式创新的协同发展。创新资源和要素得到有效汇聚和深度合作。

——示范应用。在工业、农业、节能环保、商贸流通、交通能源、公共安全、社会事业、城市管理、安全生产、国防建设等领域实现物联网试点示范应用，部分领域的规模化应用水平显著提升，培育一批物联网应用服务优势企业。

——产业体系。发展壮大一批骨干企业，培育一批“专、精、特、新”的创新型中小企业，形成一批各具特色的产业集群，打造较完善的物联网产业链，物联网产业体系初步形成。

——标准体系。制定一批物联网发展所急需的基础共性标准、关键技术标准和重点应用标准，初步形成满足物联网规模应用和产业化需求的标准体系。

——安全保障。完善安全等级保护制度，建立健全物联网安全测评、风险评估、安全防范、应急处置等机制，增强物联网基础设施、重大系统、重要信息等的安全保障能力，形成系统安全可用、数据安全可信的物联网应用系统。

二、主要任务

（一）加快技术研发，突破产业瓶颈

以掌握原理实现突破性技术创新为目标，把握技术发展方向，围绕应用和产业急需，明确发展重点，加强低成本、低功耗、高精度、高可靠、智能化传感器的研发与产业化，着力突破物联网核心芯片、软件、仪器仪表等基础共性技术，加快传感器网络、智能终端、大数据处理、智能分析、服务集成等关键技术研发创新，推进物联网与新一代移动通信、云计算、下一代互联网、卫星通信等技术的融合发展。充分利用和整合现有创新资源，形成一批物联网技术研发实验室、工程中心、企业技术中心，促进应用单位与相关技术、产品和服务提供商的合作，加强协同攻关，突破产业发展瓶颈。

（二）推动应用示范，促进经济发展

对工业、农业、商贸流通、节能环保、安全生产等重要领域和交通、能源、水利等重要基础设施，围绕生产制造、商贸流通、物流配送和经营管理流程，推动物联网技术的集成应用，抓好一批效果突出、带动性强、关联度高的典型应用示范工程。积极利用物联网技术改造传统产业，推进精细化管理和科学决策，提升生产和运行效率，推进节能减排，保障安全生产，创新发展模式，促进产业升级。

（三）改善社会管理，提升公共服务

在公共安全、社会保障、医疗卫生、城市管理、民生服务等领域，围绕管理模式和服务模式创新，实施物联网典型应用示范工程，构建更加便捷高效和安全可靠的智能化社会管理和公共服务体系。发挥物联网技术优势，促进社会管理和公共服务信息化，扩展和延伸服务范围，提升管理和服务水平，提高人民生活质量。

（四）突出区域特色，科学有序发展

引导和督促地方根据自身条件合理确定物联网发展定位，结合科研能力、应用基础、产业园区等特点和优势，科学谋划，因地制宜，有序推进物联网发展，信息化和信息产业基础较好的地区要强化物联网技术研发、产业化及示范应用，信息化和信息产业基础较弱的地区侧重推广成熟的物联网应用。加快推进无锡国家传感网创新示范区建设。应用物联网等新一代信息技术建设智慧城市，要加强统筹、注重效果、突出特色。

（五）加强总体设计，完善标准体系

强化统筹协作，依托跨部门、跨行业的标准化协作机制，协调推进物联网标准体系建设。按照急用先立、共性先立原则，加快编码标识、接口、数据、信息安全等基础共性标准、关键技术标准和重点应用标准的研究制定。推动军民融合标准化工作，开展军民通用标准研制。鼓励和支持国内机构积极参与国际标准化工作，提升自主技术标准的国际话语权。

（六）壮大核心产业，提高支撑能力

加快物联网关键核心产业发展，提升感知识别制造产业发展水平，构建完善的物联网通信网络制造及服务产业链，发展物联网应用及软件等相关产业。大力培育具有国际竞争力的物联网骨干企业，积极发展创新型中小企业，建设特色产业基地和产业园区，不断完善产业公共服务体系，形成具有较强竞争力的物联网产业集群。强化产业培育与应用示范的结合，鼓励和支持设备制造、软件开发、服务集成等企业及科研单位参与应用示范工程建设。

（七）创新商业模式，培育新兴业态

积极探索物联网产业链上下游协作共赢的新型商业模式。大力支持企业发展有利于扩大市场需求的物联网专业服务和增值服务，推进应用服务的市场化，带动服务外包产业发展，培育新兴服务产业。鼓励和支持电信运营、信息服务、系统集成等企业参与物联网应用示范工程的运营和推广。

（八）加强防护管理，保障信息安全

提高物联网信息安全管理与数据保护水平，加强信息安全技术的研发，推进信息安全保障体系建设，建立健全监督、检查和安全评估机制，有效保障物联网信息采集、传输、处理、应用等各环节的安全可控。涉及国家公共安全和基础设施的重要物联网应用，其系统解决方案、核心设备以及运营服务必须立足于安全可控。

(九)强化资源整合,促进协同共享

充分利用现有公共通信和网络基础设施开展物联网应用。促进信息系统间的互联互通、资源共享和业务协同,避免形成新的信息孤岛。重视信息资源的智能分析和综合利用,避免重数据采集、轻数据处理和综合应用。加强对物联网建设项目的投资效益分析和风险评估,避免重复建设和不合理投资。

三、保障措施

(一)加强统筹协调形成发展合力

建立健全部门、行业、区域、军地之间的物联网发展统筹协调机制,充分发挥物联网发展部际联席会议制度的作用,研究重大问题,协调制定政策措施和行动计划,加强应用推广、技术研发、标准制定、产业链构建、基础设施建设、信息安全保障、无线频谱资源分配利用等的统筹,形成资源共享、协同推进的工作格局和各环节相互支撑、相互促进的协同发展效应。加强物联网相关规划、科技重大专项、产业化专项等的衔接协调,合理布局物联网重大应用示范和产业化项目,强化产业链配套和区域分工合作。

(二)营造良好发展环境

建立健全有利于物联网应用推广、创新激励、有序竞争的政策体系,抓紧推动制定完善信息安全与隐私保护等方面的法律法规。建立鼓励多元资本公平进入的市场准入机制。加快物联网相关标准、检测、认证等公共服务平台建设,完善支撑服务体系。加强知识产权保护,积极开展物联网相关技术的知识产权分析评议,加快推进物联网相关专利布局。

(三)加强财税政策扶持

加大中央财政支持力度,充分发挥国家科技计划、科技重大专项的作用,统筹利用好战略性新兴产业发展专项资金、物联网发展专项资金等支持政策,集中力量推进物联网关键核心技术研发和产业化,大力支持标准体系、创新能力平台、重大应用示范工程等建设。支持符合现行软件和集成电路税收优惠政策条件的物联网企业按规定享受相关税收优惠政策,经认定为高新技术企业的物联网企业按规定享受相关所得税优惠政策。

(四)完善投融资政策

鼓励金融资本、风险投资及民间资本投向物联网应用和产业发展。加快建立包括财政出资和社会资金投入在内的多层次担保体系,加大对物联网企业的融资担保支持力度。对技术先进、优势明显、带动和支撑作用强的重大物联网项目优先给予信贷支持。积极支持符合条件的物联网企业在海内外资本市场直接融资。鼓励设立物联网股权投资基金,通过国家新兴产业创投计划设立一批物联网创业投资基金。

(五)提升国际合作水平

积极推进物联网技术交流与合作,充分利用国际创新资源。鼓励国外企业在我国设立物联网研发机构,引导外资投向物联网产业。立足于提升我国物联网应用水平和产业核心竞争力,引导国内企业与国际优势企业加强物联网关键技术和产品的研发合作。支持国内企业参与物联网全球市场竞争，推动我国自主技术和标准走出去，鼓励企业和科研单位参与国际标准制定。

（六）加强人才队伍建设

建立多层次多类型的物联网人才培养和服务体系。支持相关高校和科研院所加强多学科交叉整合，加快培养物联网相关专业人才。依托国家重大专项、科技计划、示范工程和重点企业，培养物联网高层次人才和领军人才。加快引进物联网高层次人才，完善配套服务，鼓励海外专业人才回国或来华创业。

各地区、各部门要按照本意见的要求，进一步深化对发展物联网重要意义的认识，结合实际，扎实做好相关工作。各部门要按照职责分工，尽快制定具体实施方案、行动计划和配套政策措施，加强沟通协调，抓好任务措施落实，确保取得实效。

六、社会发展

卫生事业发展“十二五”规划

为适应人民群众不断增长的健康需求和经济社会发展对卫生事业发展的新要求，根据《中华人民共和国国民经济和社会发展第十二个五年规划纲要》、《中共中央 国务院关于深化医药卫生体制改革的意见》（中发〔2009〕6号）和《国务院关于印发“十二五”期间深化医药卫生体制改革规划暨实施方案的通知》（国发〔2012〕11号），编制本规划。

一、规划背景

（一）“十一五”期间卫生事业发展取得的成就

“十一五”期间，各项卫生工作取得重大进展，卫生事业发展“十一五”规划纲要确定的主要目标和任务全面完成，人民群众健康水平明显提高。2010年，人均预期寿命提高到74.83岁，孕产妇死亡率下降到30/10万，婴儿死亡率下降到13.1‰，5岁以下儿童死亡率下降到16.4‰，主要健康指标总体位居发展中国家前列。

深化医药卫生体制改革工作开局良好。2009年，中共中央国务院印发了《关于深化医药卫生体制改革的意见》，国务院印发了《医药卫生体制改革近期重点实施方案（2009—2011年）》，全面启动医改工作。按照“保基本、强基层、建机制”的要求，统筹推进五项重点改革，取得了重大阶段性成效，为卫生事业科学发展提供了有力的体制机制保障。

疾病预防控制工作取得明显成效，全国甲乙类传染病发病率总体平稳，未发生重大传染病大规模流行。艾滋病病毒感染人数累计报告379348例，有效治疗传染性肺结核病患者246万人，全人群乙肝表面抗原携带率控制在7%以内，血吸虫病防治达到疫情控制标准，97.94%的县（市、区）实现消除碘缺乏病的目标。爱国卫生运动深入开展，城乡环境卫生面貌持续改善，农村卫生厕所普及率达到67.43%。影响妇女儿童健康的重点问题逐步得到解决，妇女儿童健康水平不断提高，农村孕产妇住院分娩率达到97.8%，5岁以下儿童中重度营养不良患病率比2000年下降

49.8%,新生儿疾病筛查覆盖率达到57%。

基本医疗保障制度不断完善。截至2010年底,城乡基本医保参保人数达到12.6亿人。职工医保和城镇居民医保参保人数分别达到2.37亿人和1.95亿人。新农合制度实现全面覆盖,参合率达到96%,人均筹资水平从“十五”末的30元提高到156元,保障水平明显提高。医疗卫生服务体系建设步伐明显加快,中央累计安排专项资金603.7亿元支持近5万个医疗卫生机构项目建设,基层医疗卫生机构服务能力全面提升。国家基本公共卫生服务项目和重大公共卫生服务专项全面实施,基本公共卫生服务均等化水平进一步提高。国家基本药物制度稳步推进,公立医院改革取得积极进展。居民卫生服务利用状况显著改善,个人卫生支出占卫生总费用的比重从52.2%下降到35.3%,个人卫生支出过快增长的趋势得到遏制,群众看病就医困难问题有所缓解。

食品安全与卫生监督工作取得积极进展,食品安全形势总体稳定。医疗监管力度继续加大,医疗服务行为进一步规范。卫生法制建设不断加强,相关法律法规制度进一步完善。药品监管能力逐步提高,药品安全状况明显改善。中医药工作取得明显进展,中医药服务体系不断完善,服务能力显著增强,在基本医疗卫生制度建设中发挥了积极作用。

卫生工作在促进社会和谐稳定方面发挥重要作用。圆满完成北京奥运会、新中国成立60周年庆祝活动、上海世博会等重大活动的医疗卫生保障任务。全面实现汶川地震、玉树地震及舟曲山洪泥石流等重大自然灾害“大灾之后无大疫”的目标。科学防控甲型H1N1流感疫情,最大程度地减轻了疫情对人民群众健康的危害和对经济社会发展的不利影响。

(二)“十二五”期间卫生事业发展面临的形势

1.卫生事业在国民经济和社会发展中的作用进一步显现,面临重要发展机遇。卫生事业在扩大内需、增加就业、促进经济社会发展等方面的作用越来越突出。国家把保障和改善民生作为加快转变经济发展方式的根本出发点和落脚点,持续增长的综合国力为卫生事业发展提供了坚实基础。各地更加重视加快卫生事业发展,社会各界、国际社会对卫生工作给予高度关注和支持,人民群众对卫生服务提出了更高的要求,卫生事业面临难得的发展机遇。

2.经济社会发展新阶段带来多重健康问题挑战,卫生工作任务更加艰巨。我国正处于工业化、城市化快速发展时期,人口老龄化进程加快,面临的健康问题日趋复杂。一方面,重大传染病流行形势依然严峻,慢性非传染性疾病和精神疾病对人民群众的健康威胁日益加大,新发传染病以及传统烈性传染病的潜在威胁不容忽视。另一方面,生态环境、生产生活方式变化以及食品药品安全、职业伤害、饮用水安全和环境问题等对人民群众健康的影响更加突出。不断发生的自然灾害、事故灾害及社会安全事件也对医疗卫生保障提出更高的要求。医疗卫生服务供给与需求之间的矛盾日趋突出,服务理念、服务模式等亟须作出相应调整。

3.制约卫生事业发展的体制机制问题日益凸显,医改进入攻坚阶段。卫生事业发展中不平衡、不协调、不可持续的问题依然存在。卫生资源配置、卫生服务利用、居民健康水平在城乡、地区和人群方面存在显著差异,群众大病医疗费用负担仍然较重。随着医改的推进,深层次的体制矛盾、复杂的利益调整等难点问题进一步显现,改革已进入“深水区”。医疗保障制度建设有待进一步加强,基本药物制度还需巩固完善,公立医院改革需要深化拓展,推进社会力量办医仍需加大力度,人才队伍总量和结构性矛盾依然突出。解决这些问题必须持续不断地推进改革。

二、指导思想、基本原则和主要目标

（一）指导思想

以邓小平理论和“三个代表”重要思想为指导，深入贯彻落实科学发展观，以维护人民健康为中心，以深化医药卫生体制改革为动力，坚持卫生事业的公益性，坚持预防为主、以农村和基层为重点、中西医并重、依靠科技与人才，保基本、强基层、建机制，转变卫生发展方式，把基本医疗卫生制度作为公共产品向全民提供，促进卫生事业与经济社会协调发展，不断提高人民群众的健康水平。

（二）基本原则

——坚持统筹兼顾。统筹公共卫生、医疗服务、医疗保障、药品供应保障四个体系，加快推进基本医疗卫生制度建设；统筹城乡、区域卫生事业发展，不断缩小人群之间卫生服务利用和健康水平差异。坚持中西医并重，充分发挥中医药特色优势。

——坚持科学发展。平衡局部利益与整体利益、当前利益与长远利益，推动卫生发展方式从注重疾病治疗向注重健康促进转变，从注重个体服务向注重家庭和社会群体服务转变；优化资源配置，重点发展公共卫生、基层卫生等薄弱领域及医学模式转变要求的新领域，实现医疗卫生工作关口前移和重心下沉。

——坚持政府主导、全社会参与。强化政府保障基本医疗卫生服务的主导地位，加大投入力度；广泛动员社会力量参与，加快形成多元化办医格局；切实调动医务人员的积极性，充分发挥其改革主力军作用；通过健康教育等多种方式积极引导广大群众形成健康的生活方式，促进健康产业发展。

——坚持强化能力建设。以医药卫生人才队伍和信息化建设为战略重点，强化人才资源是第一资源的理念，加快实施人才强卫战略，改革人才培养和使用体制机制，优先培育高素质卫生人才；大力加强信息化建设，提升医疗卫生服务能力和管理水平。

（三）发展目标

到 2015 年，初步建立覆盖城乡居民的基本医疗卫生制度，使全体居民人人享有基本医疗保障，人人享有基本公共卫生服务，医疗卫生服务可及性、服务质量、服务效率和群众满意度显著提高，个人就医费用负担明显减轻，地区间卫生资源配置和人群间健康状况差异不断缩小，基本实现全体人民病有所医，人均预期寿命在 2010 年基础上提高 1 岁。

——分工明确、信息互通、资源共享、协调互动的公共卫生服务体系基本建立，促进城乡居民享有均等化的基本公共卫生服务。

——规范有序、结构合理、覆盖城乡的医疗服务体系基本建立，为群众提供安全、有效、方便、价廉的基本医疗服务。

——以基本医疗保障为主体、其他多种形式补充医疗保险和商业健康保险为补充、覆盖城乡居民的多层次医疗保障体系基本建立，个人医药费用负担进一步减轻。

——以国家基本药物制度为基础的药品器械供应保障体系进一步规范，确保基本药物安全有效、公平可及、合理使用。

——支撑卫生事业全面、协调、可持续发展的各项体制机制更加健全，有效保障医药卫生体系规范运转。

专栏 1 “十二五”时期卫生事业发展指标		
类 别	指 标	2015 年
主要指标		
健康状况	人均预期寿命（岁）	在 2010 年基础上提高 1 岁
	婴儿死亡率（‰）	≤12
	5 岁以下儿童死亡率（‰）	≤14
	孕产妇死亡率（/10 万）	≤22
工作指标		
疾病预防控制	法定传染病报告率（%）	≥95
	存活的艾滋病病毒感染者和病人数（人）	120 万左右
	全人群乙型肝炎表面抗原携带率（%）	≤6.5
	以乡（镇）为单位适龄儿童免疫规划疫苗接种率（%）	≥90
	重点慢性病防治核心信息人群知晓率（%）	≥50
	高血压和糖尿病患者规范化管理率（%）	≥40
妇幼卫生	3 岁以下儿童系统管理率（%）	≥80
	孕产妇系统管理率（%）	≥85
	孕产妇住院分娩率（%）	≥98
卫生监督	日供水 1000 立方米以上的集中式供水单位卫生监督覆盖率（%）	≥90
医疗保障	城乡三项基本医疗保险参保率（%）	在 2010 年基础上提高 3 个百分点
	政策范围内住院费用医保基金支付比例（%）	75 左右
卫生资源	每千人口执业（助理）医师数（人）	1.88
	每千人口注册护士数（人）	2.07
	每千人口医疗机构床位数（张）	4
医疗服务	二级以上综合医院平均住院日（天）	≤9
	入出院诊断符合率（%）	≥95
卫生费用	个人卫生支出占卫生总费用的比重（%）	≤30
	人均基本公共卫生服务经费标准（元）	≥40

三、加快医药卫生体系建设

（一）加强公共卫生服务体系建设

1.加强重大疾病防控体系建设。开展重点疾病监测，加强传染病网络直报系统建设和管理，完善疾病监测系统和信息管理制度。建立覆盖城乡的慢性病防控体系。建立健全覆盖城乡、功能完善的重性精神疾病管理治疗网络。加强疾病防控实验室检测网络系统建设。建立传染病实验室质量管理体系。落实疾病预防控制机构人员编制，优化人员和设备配置，重点支持中西部地区提高工作能力。

2.完善卫生监督体系。加强基层卫生监督网络建设。加强卫生监督监测能力建设,完善监测网络直报系统。建立健全食品安全风险监测评估预警、食品安全标准和事故应急处置与调查处理体系。充分利用现有资源,建立比较完整的职业病防治体系,提高防治能力。加强环境卫生、放射卫生、学校卫生、传染病防治、医疗执法等卫生监督能力建设。

3.加强妇幼卫生和健康教育能力建设。加强市、县级妇幼保健机构能力建设。建立健全省、市、县三级健康教育工作网络,重点加强省、市级健康教育能力建设,提升乡镇卫生院、社区卫生服务中心健康教育能力,完善健康素养监测体系。

4.加快突发公共事件卫生应急体系建设。完善突发公共卫生事件综合监测预警制度,建立风险评估机制。加强国家级、省级紧急医学救援和实验室应急检测能力建设,支持中西部地区加强卫生应急队伍建设,到2015年,形成指挥统一、布局合理、反应灵敏、运转高效、保障有力的突发公共事件卫生应急体系。加强院前急救体系建设,重点提高农村地区急救医疗服务能力。

5.加强采供血服务能力建设。完善无偿献血服务体系,加强血站血液安全保障能力建设,积极推进血站核酸检测工作,提高血站实验室检测能力。到2015年,血液筛查核酸检测基本覆盖全国。

专栏2　公共卫生服务体系建设重点工程

重大疾病防控体系建设:一是针对严重威胁群众健康的传染病、地方病等重大疾病,加强防控能力建设,支持承担重大疾病防控任务的各级公共卫生机构建设;二是重点加强国家级鼠疫菌毒种保藏中心建设。

卫生监督体系建设:支持基层卫生监督机构业务用房建设和基本设备购置。完善饮用水卫生监测网络。

农村急救体系建设:改扩建县级急救机构业务用房,配置必要的急救设备和救护车。进一步完善突发公共卫生事件应急救治网络。

食品安全风险监测体系建设:为省级、地市级疾病预防控制机构配置实验室检验检测设备。

建立专业公共卫生机构、城乡基层医疗卫生机构和医院之间分工协作的工作机制,确保信息互通和资源共享,实现防治结合。加强专业公共卫生机构对医院和基层医疗卫生机构开展公共卫生服务的指导、培训和监管。通过多种措施,增强医院公共卫生服务能力,提高公共卫生机构的医疗技术水平。

(二)加强医疗服务体系建设

1.优化配置医疗资源。坚持非营利性医疗机构为主体、营利性医疗机构为补充,公立医疗机构为主导、非公立医疗机构共同发展,以群众实际需求为导向编制区域卫生规划和医疗机构设置规划,按人口分布和流动趋势调整医疗资源布局与结构,合理确定公立医院功能、数量、规模、结构和布局。遏制公立医院盲目扩张,每千常住人口医疗卫生机构床位数达到4张的,原则上不再扩大公立医院规模。切实保障边远地区、新区、郊区、卫星城区等区域的医疗资源需求,重点加强儿科、妇产、精神卫生、肿瘤、传染病、老年护理、康复医疗、中医等领域的医疗服务能力建设,新增医疗卫生资源重点投向农村和城市社区等薄弱环节,保证基本医疗服务的可及性。大力发展康复医院、护理院(站)等延续性医疗机构,提高康复医学服务能力和护理水平,到2015年,初步实现急慢分治。加强妇幼医疗服务体系建设,提高妇女儿童医疗服务水平。严格控制大型医疗设备配置,鼓励共建共享,提高医疗卫生资源利用效率。引导患者合理就医,保障群众就近获得高质量的医疗服务。

2.大力发展非公立医疗机构。在区域卫生规划和医疗机构设置规划中,为非公立医疗机构留出足够空间。需要调整和新增医疗卫生资源时,在符合准入标准的条件下,优先考虑社会资本。放宽社会资本举办医疗机构的准入范围,鼓励有实力的企业、慈善机构、基金会、商业保险机构等社会力量及境外投资者举办医疗机构,鼓励具有资质的人员(包括港、澳、台地区人员)依法开办私人诊所。公立医院资源丰富的城市,可引导社会资本以多种方式参与包括国有企业所办医院在内的部分公立医院改制重组,积极稳妥地把部分公立医院转制为非公立医疗机构,适度降低公立医院的比重,促进公立医院合理布局,形成多元化办医格局。到2015年,非公立医疗机构床位数和服务量均达到医疗机构总数的20%左右。

3.加强农村三级卫生服务网络建设。优先建设发展县级医院,提高服务能力和水平,使90%的常见病、多发病、危急重症和部分疑难复杂疾病的诊治、康复能够在县域内基本解决。继续加强乡镇卫生院和村卫生室建设。积极推进乡镇卫生院和村卫生室一体化管理。到2015年,基本实现每个乡镇有1所政府举办的卫生院,每个行政村有村卫生室,提高乡、村卫生机构设备配备水平。

4.完善以社区卫生服务为基础的城市医疗卫生服务体系。进一步健全社区卫生服务体系,充分利用社区综合服务设施,继续加强社区卫生服务中心(站)能力建设,完善社区卫生服务功能,逐步建立社区首诊、分级诊疗和双向转诊制度。到2015年,努力建成机构设置合理、服务功能健全、人员素质较高、运行机制科学、监督管理规范的社区卫生服务体系,原则上每个街道办事处或3万—10万居民设置1所社区卫生服务中心;建立起社区卫生服务机构与大医院、专业公共卫生服务机构上下联动、分工明确、协作密切的城市医疗卫生服务体系。

5.加强区域医学中心和临床重点专科能力建设。充分利用现有资源,在中央和省级可以设置少量承担医学科研、教学功能的医学中心或区域医疗中心。加强业务用房短缺、基础设施较差的地市级综合医院建设。加强临床重点专科建设,支持薄弱和急需医学学科发展,提升医疗技术水平和临床服务辐射能力。

6.加强城乡医院对口支援。继续实施以“万名医师支援农村卫生工程”为主要形式的城乡医院对口支援。组织协调东西部地区医院省际对口支援。巩固完善城市三级医院与县级医院间的对口支援和协作关系。开展二级以上医疗机构对口支援乡镇卫生院工作,建立城市医院支农的长效机制。落实城市医院医生晋升中高级职称前到农村服务1年以上的政策。加强对口支援的管理和考核评估,调动支援医院和受援医院双方的积极性,建立合作双赢的运行机制。

专栏3　医疗服务体系建设重点工程

地市级综合医院建设:支持业务用房短缺、基础设施较差的地市级综合医院业务用房建设和设备配置。

临床重点专科建设:支持国家级、省级和地市级临床重点专科建设。

儿童医疗服务体系建设:加强省级妇儿专科医院建设。支持省、地市级医院儿科(专科医院)以及县级医院妇儿科建设。

完善基层医疗卫生服务体系:一是支持县级医院、乡镇卫生院改善基础设施条件;二是为边远贫困地区配置流动医疗服务车,并装备基本医疗、急救设施设备等。

(三)健全医疗保障体系

加快建立和完善覆盖城乡居民的多层次医疗保障体系。逐步提高政府对新农合和城镇居民医保的补助标准,到2015年,达到每人每年360元以上,个人缴费水平相应提高。逐步提高基本医疗保险最高支付限额和费用支付比例。做好职工医保、城镇居民医保和新农合待遇水平的衔接,三项基本医保政策范围内住院费用支付比例均达到75%左右,明显缩小与实际支付比例的差距。普遍开展城镇居民医保、新农合门诊医疗费用统筹,支付比例提高到50%以上,稳步推进职工医保门诊统筹。坚持城乡统筹,逐步提高统筹层次,缩小城乡、地区间保障水平差距,落实医疗保险关系转移接续办法,有条件的地区探索建立城乡统筹的居民基本医保制度。

继续巩固发展新农合制度,参合率保持在95%以上,建立长期稳定的筹资增长机制,不断提高新农合筹资水平,逐步缩小城乡医保筹资水平和保障水平的差距,为实现城乡统一的医疗保障制度奠定基础。逐步扩大保障范围,到2015年,实现普通门诊统筹全覆盖。扩大大额门诊慢性病、特殊病种补偿的病种范围。继续开展重大疾病保障工作,在全国全面推开提高儿童白血病和先天性心脏病、尿毒症等大病医疗保障水平工作,将肺癌等大病纳入保障和救助试点范围,并适当扩大病种,提高补偿水平。

进一步完善职工医保和城镇居民医保制度,巩固扩大覆盖面,逐步提高保障水平。进一步完善城乡医疗救助制度,全面提高医疗救助水平,对救助对象参保及其难以负担的医疗费用提供补助,筑牢医疗保障底线。

探索建立重特大疾病保障机制,切实解决重特大疾病患者的因病致贫问题。积极开展城乡居民大病保险工作,利用基本医保基金向商业保险机构购买大病保险,减轻参保(合)人的高额医疗费用负担。发挥基本医保、大病保险、医疗救助、多种形式补充保险和公益慈善的协同互补作用,统筹协调基本医保、大病保险和商业健康保险政策,有效提高保障水平。

加强基本医保基金监管,健全管理经办机构。规范基金管理,控制基金累计结余率,提高基金使用效果,确保基金安全。建立医疗费用全国异地协查机制,全面实现统筹区域内和省内医疗费用异地即时结算,初步实现跨省医疗费用异地即时结算。积极探索委托具有资质的商业保险机构经办各类医疗保障管理服务。

全面推进支付方式改革,结合基金收支预算管理和疾病临床路径管理,在全国范围内积极推行按病种付费、按人头付费、总额预付等多种支付方式。鼓励优先使用基本医保药品目录内药品,建立医保对医疗费用增长的制约机制,控制医药费用不合理增长。

积极发展商业健康保险,完善补充医疗保险制度。完善商业健康保险产业政策,鼓励商业保险机构发展基本医保之外的健康保险产品,满足多样化的健康需求。鼓励企业、个人参加商业健康保险及多种形式的补充保险。

（四）建立健全药品供应保障体系

贯彻落实《国家药品安全“十二五”规划》,提高药品安全水平。按照“地方政府负总责,监管部门各负其责,企业是第一责任人”的要求,全面落实药品安全责任。强化药品研制、生产、流通和使用全过程质量监管,严厉打击制售假冒伪劣药品行为。实施国家药品标准提高行动计划,全面提高仿制药质量。健全药品检验检测体系,提高检验检测能力。加强基层药品不良反应监测,强化对药品不良反应和医疗器械不良事件的评价和预警。完善药品安全应急处置体系,提高应急处置能力和水平。加强技术审评、检查认证、监测预警等基础设施建设,配置快速检验设备,加快推进药品快速检验技术在基层应用。推进国家药品电子监管体系建设,完善覆盖全品种、全过程、可追溯的药品电子监管体系。推动执业药师队伍发展,加大执业药师配备使用力度,到2015年,所有零售药店和医院药房营业时有执业药师指导合理用药。规范药品流通秩序,完善以政府为主导的省级网上药品集中采购办法,加强集中采购和配送工作监督管理,进一步规范采购行为,将高值医用器械、耗材纳入集中采购范围。

制定和完善基本药物制度相关配套政策,提高基本药物供应保障能力。巩固政府办基层医疗卫生机构实施基本药物制度的成果,有序推进村卫生室实施基本药物制度,对非政府办基层医疗卫生机构可采取政府购买服务的方式将其纳入基本药物制度实施范围,鼓励公立医院和其他医疗机构优先使用基本药物。健全国家基本药物目录遴选调整机制。规范基本药物采购机制。强化医疗机构基本药物使用管理,建立和完善基本药物临床综合评价体系。加大对医务人员临床应用国家基本药物的培训力度。完善基本药物价格形成和调整机制。建立基本药物制度运行监测评价信息系统。

四、做好各项重点工作

(一)加强公共卫生服务工作

实施国家基本公共卫生服务项目,扩大项目内容和覆盖面。实施国民健康行动计划,重点做好食品安全(包括餐饮、饮用水卫生)、职业卫生、精神卫生、血液安全、慢性病防控、卫生应急等工作。

专栏 4 国民健康行动计划

防控重大疾病:重点传染病防控(艾滋病、结核病、乙型肝炎、血吸虫病等),扩大国家免疫规划,人畜共患病防治,重点地方病防控,重大慢性病防控,精神疾病防治。

保障重点人群健康:母婴平安(农村孕产妇住院分娩补助、降低孕产妇死亡率和消除新生儿破伤风项目、出生缺陷综合防控),农村妇女宫颈癌和乳腺癌检查,农村地区儿童健康改善,农民工健康关爱,职业健康,白内障患者复明,健康学校。

控制健康危险因素:突发事件卫生应急,饮用水安全与环境卫生(农村改水改厕、饮用水卫生监测),医疗质量和安全,食品安全保障(标准制定与跟踪评价,风险监测和评估、事故调查处置能力建设),全民健康生活方式及健康素养促进,血液供应和安全。

1.做好重大疾病防控工作。继续开展重大传染病、寄生虫病、地方病防治。继续落实艾滋病“四免一关怀”政策,扩大艾滋病防治宣传教育、监测检测、预防母婴传播、综合干预、抗病毒治疗的覆盖面,加强血液管理、医疗保障、关怀救助、权益保护、组织领导和防治队伍建设。继续落实现代结核病控制策略和措施,发现并治疗肺结核患者 400 万人,扩展耐多药肺结核规范化诊治管理工作,以市(地)为单位开展耐多药肺结核诊治工作覆盖率达到 50%。提高免疫规划疫苗常规接种率和流动人口预防接种管理质量。恢复并维持无脊髓灰质炎状态,努力实现消除麻疹的目标。加强重点人群乙肝疫苗接种工作。实施以传染源控制和阻断传播途径为主的血吸虫病综合防治措施,所有血吸虫病流行县(市、区)达到传播控制标准,已达到传播控制标准的县(市、区)力争达到传播阻断标准。加强疟疾、黑热病等虫媒传染病防控,落实包虫病综合防治措施。完善重点地方病监测体系,落实防治措施,基本消除重点地方病危害。坚持以食盐加碘为主的碘缺乏病综合防治措施,到 2015 年,总体保持消除碘缺乏病状态的县(市、区)比例达到 95%。全面落实地方性氟、砷中毒病区的改水和改炉改灶工作。实施以传染源控制为主的狂犬病、布病等人畜共患病综合治理策略,降低狂犬病死亡率,遏制布病疫情的上升趋势。加强手足口病综合防控。加强流感监测和防治工作。

大力加强慢性病防治和精神卫生、口腔卫生等工作。全面实施慢性病综合防控策略，加强慢性病高危人群发现和预防性干预工作，开展高血压、糖尿病等基层综合防控，在各级医疗机构推行35岁以上首诊患者测量血压制度，在80%以上的社区、乡镇医疗卫生机构开展血糖测定服务。支持贫困地区高血压患者和糖尿病患者免费药物治疗。大力开展“全民健康生活方式”行动，创建慢性病综合防控示范区，实施高危人群健康管理、生活方式指导和干预，老年居民健康管理率达到60%。加强脑卒中、冠心病等心脑血管疾病的筛查和防治工作。在癌症高发区开展重点癌症筛查和早诊早治工作。加强伤害监测，开展以儿童为重点的伤害干预工作。建立重性精神疾病病例报告制度，加强管理治疗，使贫困重性精神疾病患者得到抗精神病药物治疗和紧急救助。到2015年，发现的重性精神疾病患者管理率达到70%，治疗率达到60%。逐步完善社会心理支持和心理卫生服务体系，加强制度化和规范化管理。加强龋病和牙周病防治，扩大儿童口腔疾病综合干预覆盖面。采取有效措施防治常见致盲性眼病，继续开展白内障患者复明工程。

2.深入开展爱国卫生运动。全面启动健康城镇建设活动，继续开展国家卫生城（镇）创建活动。扎实推进“全国城乡环境卫生整洁行动”和以改水改厕为重点的农村环境卫生整治活动。加强农村饮用水水质卫生监测，建立农村环境健康危害因素评价体系，到2015年，集中式供水工程水质卫生监测覆盖率力争达到60%。加强病媒生物防控标准制定和监测工作。

3.做好妇幼卫生工作。做好以宫颈癌和乳腺癌筛查为重点的农村常见妇女病防治工作，2015年农村适龄应检妇女常见病检查率达到70%。加强孕产期保健服务，继续实施农村孕产妇住院分娩补助政策。建立危重孕产妇和新生儿急救中心及绿色通道，提高产科、儿科服务质量。继续做好降低孕产妇死亡率和消除新生儿破伤风工作。加大出生缺陷干预力度，开展出生缺陷三级综合防治，加强婚前孕前保健宣传教育、产前筛查和产前诊断、新生儿疾病筛查管理，降低严重多发致残的出生缺陷发生率。到2015年，新生儿遗传代谢性疾病筛查覆盖率达到70%。加强地中海贫血防控。加强儿童保健服务和管理，着力改善儿童健康状况。加强爱婴医院管理，提高母乳喂养率，促进婴幼儿科学喂养。推广儿童疾病综合管理等适宜技术，重点提高农村医疗卫生机构的儿童常见病诊治、现场急救、危急重症患儿处理和转诊能力。降低儿童营养不良和贫血患病率。到2015年，5岁以下儿童生长迟缓率控制在10%以下，贫血患病率控制在20%以下。

4.广泛开展健康教育。发挥健康教育体系和健康教育基地的作用，针对重点疾病、重点人群、重点场所和重大公共卫生问题开展群众喜闻乐见的健康教育活动，继续推进全民健康素养促进行动，普及基本卫生知识，倡导健康文明生活方式。到2015年，城乡居民健康素养水平提高到10%。加强控烟宣传，建立免费戒烟热线，全面推行公共场所禁烟，积极创建无烟医疗卫生机构、无烟学校、无烟单位，建立完整的烟草流行监测体系，认真履行《烟草控制框架公约》。到2015年，15岁及以上人群吸烟率在2010年基础上下降2—3个百分点。

5.做好卫生应急工作。继续做好鼠疫、流感大流行、重大输入性传染病或新发现传染病疫情等重特大突发公共卫生事件的防范和应对工作。完善信息报送、风险评估和监测预警制度，加强突发公共卫生事件早期预警和预防控制工作。以灾害事故现场医疗卫生救援、突发中毒事件和核辐射事件卫生应急、突发事件应急心理援助为重点，全面做好各类重大突发公共事件的卫生应急工作，积极开展重大灾害事故紧急医学救援，做好重大活动卫生保障工作。加强鼠疫检测、监测及预警工作，提高偏远地区和基层医疗机构的鼠疫诊断水平和救治能力。

6.做好流动人口公共卫生服务工作。提高进城务工人员及其子女基本医疗卫生服务可及性，使随迁儿童享有与流入地户籍儿童同等的基本医疗卫生服务。强化流动人口的公共卫生服务和重大传染病防控工作，促进农民工与城镇居民享受均等化的公共卫生服务。

（二）强化食品安全和卫生监督工作

1.加强食品安全工作。贯彻落实《国家食品安全监管体系“十二五”规划》，进一步加强食品安全监管工作。推进食品安全法配套法规制度建设，进一步完善食品安全工作机制。强化食品安全风险监测网络建设，整合监测资源，建立统一的国家食品安全风险监测体系，健全食品安全风险交流制度。加强食品安全标准制修订工作，尽快完成现行食品安全标准清理整合工作，加强重点品种、领域的标准制修订工作，充实完善食品安全国家标准体系。建立健全食品安全事故信息报告和流行病学调查机制，提高各级疾病预防控制机构食源性疾病监测和事故应急能力。继续发布违法添加非食用物质“黑名单”。加强食品安全法律、法规、标准和相关知识宣传教育。加强餐饮食品安全监管。

2.加大职业病防治力度。加强对尘肺、职业中毒、职业性肿瘤等重点职业病的监测。逐步扩大职业健康检查覆盖面，开展职业健康风险评估。不断完善职业病防治法律法规和标准体系，规范职业病诊断与鉴定程序。加强职业病防治宣传教育和职业健康促进，加强专业人员培训，提高职业病防治能力和水平。

3.大力推进卫生监督工作。加强城乡集中式供水、二次供水和学校饮用水卫生监测工作，提高水质检验能力，形成全国饮用水卫生监测网络。推进公共场所卫生监督量化分级管理工作。继续实施消毒产品及涉及饮用水卫生安全产品的专项监督抽检。以医疗机构放射性危害控制为重点，加强放射卫生监督管理。推进环境污染对健康影响的监测、评估工作，提高重金属污染健康危害监测、诊疗服务水平。以农村等薄弱地区为重点，全面推进学校卫生监督工作。加强传染病防治监督检查。加大打击非法行医和非法采供血工作力度。加强卫生监督队伍管理，深入开展监督稽查，规范执法行为。

（三）全面加强医疗服务管理

1.加强医疗质量管理。进一步完善国家、省级医疗质量管理与控制体系，在医疗机构深入开展“服务好、质量好、医德好、群众满意”活动和“医疗质量万里行”活动。完善医疗机构、医务人员、医疗技术等医疗服务要素准入管理制度，加强医疗服务要素准入和退出管理。在三级医院和80%的二级医院全面开展临床路径管理和单病种质量控制工作。加强医疗机构药事管理，基本建立临床药师制度，促进以抗菌药物为重点的临床合理用药。提高临床护理服务能力和水平，全面推行责任制整体护理的服务模式，推广优质护理服务。完善医院感染预防和控制体系，降低医院感染发生率。大力推动无偿献血，到2015年，献血率达到10/千人口。规范临床用血管理，提高医疗机构合理用血水平，保障血液安全。进一步加强戒毒医疗服务工作。

2.强化医疗服务监管。建立健全医疗服务监管体系，完善医疗服务监管法规制度，加强医疗服务行为、质量安全和机构运行的监测监管。加强平安医院建设，完善投诉管理，推进医疗纠纷人民调解，健全医疗责任风险分担机制。完善医院等级评审评价制度，建立社会监督与评价的长效机制，加强日常质量控制评价工作，到2015年，基本形成比较健全的医院评审评价体系。加强对人体器官移植的监管。严格医疗广告的审批和监管。全面推进医师定期考核，规范医疗执业行为。

3.推行惠民便民措施。改进群众就医服务，三级医院和有条件的二级医院普遍开展预约诊疗、“先诊疗、后结算”、志愿者和医院社会工作者服务，优化医疗机构门急诊环境和流程，广泛开展便民门诊服务。推行基本医疗保障费用直接结算，实施成本核算与控制。基本实现同级医疗机构检查结果互认。

4.控制医疗费用不合理增长。加强对医疗费用的监管，将次均费用和总费用增长率、住院床日以及药占比等控制管理目标纳入公立医院目标管理责任制并作为绩效考核的重要指标，及时查处为追求经济利益的不合理用药、用材和检查及重复检查等行为。加强对费用增长速度较快疾病诊疗行为的重点监控，控制公立医院提供非基本医疗服务。

5.推进公立医院改革。按照“四个分开”的要求，全面推进县级公立医院改革，深化城市公立医院改革。坚持公立医院公益性质，落实政府办医责任。完善公立医院补偿机制，落实政府投入政策，以破除“以药补医”机制为关键环节，推进医药分开，理顺医疗服务价格。各级卫生行政部门负责人不得兼任公立医院领导职务，逐步取消公立医院行政级别。建立统一、高效、权责一致的公立医院管理体制，强化卫生行政部门规划、准入、监管等全行业管理职能，落实公立医院自主经营管理权，推进管办分开。完善公立医院治理机制，探索建立理事会等多种形式的法人治理结构。加强对公立医院的绩效考核，建立院长选拔、任用、奖惩考核等激励约束制度。推进现代医院管理服务创新，促进院长队伍的职业化、专业化建设，提高公立医院的精细化、专业化、科学化管理水平。推进以聘用制度和岗位管理制度为主要内容的人事制度改革，完善医务人员职称评定制度。建立合理的分配激励机制，提高医务人员待遇。推进注册医师多点执业，充分调动医务人员积极性。

明确公立医院和基层医疗卫生机构的功能定位，深化基层医疗卫生机构综合改革，优先发展基层医疗卫生机构。加强公立医院对基层医疗卫生机构的支持指导，提高分工协作水平，逐步形成基层首诊、分级医疗、上下联动、双向转诊的诊疗模式。

(四)积极发展中医药事业

进一步完善中医医疗服务体系，加强县级中医医院建设。开展重大疾病的中医药防治与研究。积极发展中医医疗和预防保健服务，充分发挥中医药在基本公共卫生服务中的优势与作用。大力提升基层中医药服务能力和推广中医药适宜技术，鼓励零售药店提供中医坐堂诊疗服务。加强中医药资源保护、研究开发和合理利用，提升中药产业发展水平。培养一批高质量中医药人才，造就一批中医药大师。加强中医药继承与创新，基本建成中医药继承与创新体系。加强民族医药传承与发展，促进中西医结合。积极推进中医药法制化、信息化和标准化建设。繁荣发展中医药文化，推动中医药走向世界。研究制定鼓励中医药服务的医疗保障和基本药物政策，完善中医药发展的保障机制。

(五)加强医药卫生人才队伍建设和医学科技发展

加快实施人才强卫战略，大力推进医药卫生人才制度完善和机制创新。加强以全科医生为重点的基层医疗卫生队伍建设，建立以临床培养基地和基层实践基地为主体、以规范与提升临床诊疗能力和公共卫生服务能力为重点的培训网络。到 2015 年，通过转岗培训、在岗培训和规范化培养等多种途径培养 15 万名全科医生，使每万名城市居民拥有 2 名以上全科医生，每个乡镇卫生院均有全科医生。加快建立住院医师规范化培养制度。加强农村卫生人才队伍建设，为农村定向免费培养医学生，为县级医院培养骨干医生，大力开展基层医疗卫生人员继续教育和实用技能培训。制定优惠政策，鼓励和引导医务人员到基层工作。加强村级卫生人员培养培训，逐步推进乡村医生向执业(助理)医师转变。研究实施基层医疗卫生机构全科医生及县级医院急需高层次人才特设岗位计划。加强公共卫生人才队伍建设，完善专业公共卫生机构岗位管理制度，吸引和鼓励优秀人才从事公共卫生工作。建立健全公共卫生医师规范化培训制度。大力培养护理、药师、卫生应急、卫生监督、精神卫生、儿科医师等急需紧缺专门人才。加强高层次医药卫生人才队伍建设,分类制订医药卫生杰出骨干人才推进计划。建立卫生管理人员职业化制度,全面提升卫生管理专业化和职业化水平。创新医药卫生人才培养、使用评价、流动配置和激励保障机制,大力改善医药卫生人才发展政策环境。

加快推动医药卫生科技进步,大力推进医药卫生科技创新体系建设,以科技重大专项等科研计划项目为依托,集成全国医药卫生科技资源,探索建立以国家需求与任务为导向、联合开放与资源集成的新型国家医学科技创新体系。强化医学科研基地建设,进一步规划和建设卫生部重点实验室。加快组织实施并充分发挥“艾滋病和病毒性肝炎等重大传染病防治”和“重大新药创制”科技重大专项的引领作用,提升传染病防控综合能力和新药创制水平。大力开展重大慢性病防治和重大公共卫生问题防控的技术创新、转化医学研究与技术推广应用,促进健康和生物医药产业发展。建立健全面向基层的适宜卫生技术推广机制,完善卫生技术评估和伦理审查制度,积极开展医学科普工作。加强实验室生物安全能力建设。

专栏5 卫生人才与科技基础设施重点工程

重大专项:基层医疗卫生人才支持计划,医学杰出骨干人才推进计划,紧缺专门人才开发工程,中医药传承与创新人才工程,医师规范化培训工程。

重点工程:全科医生临床培养基地建设。

医学科研基地建设:加强卫生部重点实验室能力建设。

(六)推进医药卫生信息化建设

加强区域信息平台建设,推动医疗卫生信息资源共享,逐步实现医疗服务、公共卫生、医疗保障、药品供应保障和综合管理等应用系统信息互联互通。提高城乡居民规范化电子健康档案建档率,2015年建档率达到75%以上。向群众提供连续的预防、保健、医疗、康复等系列服务,方便居民参与个人健康管理。加快基层医疗卫生机构信息化建设,以省为单位建立涵盖基本药物供应使用、居民健康管理、基本医疗服务、绩效考核等功能的基层医疗卫生信息系统。加强医院信息化建设,建立医院诊疗行为管理和医务人员绩效考核信息系统,规范医疗服务行为,提高资源使用效率。发展面向农村及边远地区的远程诊疗系统,提高基层尤其是边远地区的医疗卫生服务水平和公平性。加快建立全国统一的医药卫生信息化标准体系。积极推进区域统一预约挂号平台建设,普遍实行预约诊疗,实现电子病历跨区域医疗机构的共享。统筹管理卫生统计、疫情报告、卫生监督、医疗救治、医疗服务监管等信息工作,由单项管理逐步转变为实时监督、综合管理。引导并推进社会化医药卫生信息服务。

专栏6 医药卫生信息化建设重点工程

推进基层医疗卫生信息化建设。建设三级医院与县级医院远程医疗系统,加强公立医院信息化建设。

(七)加快健康产业发展

建立完善有利于健康服务业发展的体制和政策。鼓励社会资本大力发展健康服务业,推动老年护理、心理咨询、营养咨询、口腔保健、康复、临终关怀、健康体检与管理等服务业的开展，满足群众多层次需求。鼓励零售药店发展，发挥药品流通行业在药品供应保障和服务百姓健康方面的作用。加强健康管理教育和培训，建设医疗技术产品研发平台。制定标准与规范，推动健康体检行业的规模化与产业化进程。大力发展中医医疗保健服务业。

完善鼓励和促进非公立医疗机构发展的政策措施，进一步改善执业环境，落实价格、医保定点、土地、重点学科建设、职称评定、大型设备配置等方面政策，对各类社会资本举办非营利医疗机构给予优先支持。落实非营利性医疗机构税收优惠政策，完善营利性医疗机构税收政策。政府可通过购买服务的方式，鼓励非公立医疗机构提供公共卫生服务和承担政府指定任务。加强医疗机构分类管理，引导非公立医疗机构规范执业。提高非公立医疗机构的技术水平和管理水平，鼓励非公立医疗机构向高水平、规模化的大型医疗集团发展。

大力发展生物医药，改造提升传统医药。完善医药产业政策，鼓励医药企业兼并重组，提高产业集中度，支持企业加快技术改造，增强产业核心竞争力和可持续发展能力。加强自主创新，全面提升生物医药企业的创新能力和产品质量管理能力，推动生物技术药物、化学药物、中药、生物医学工程等新产品和新工艺的开发、产业化和推广应用，积极推动生物医药产业做大做强。大力发展中医药相关健康产业，鼓励和支持产学研结合和建立产业技术联盟，提高我国中药产业的国际竞争能力。

五、保障措施

（一）加强组织领导

各地要将本规划确定的主要目标和指标纳入当地国民经济和社会发展年度计划，对主要指标设置年度目标，明确职责，合理配置公共资源，认真组织落实，有序推进各项重点工作。各有关部门要各负其责，密切配合，形成工作合力。

（二）完善体制机制

建立协调统一的医药卫生管理体制，整合卫生管理职能，加强统筹协调，提高行政效率。强化政府在提供公共卫生和基本医疗服务中的主导地位。完善政府卫生投入机制，政府卫生投入增长幅度要高于经常性财政支出增长幅度，逐步提高政府卫生投入占经常性财政支出的比重。合理划分中央和地方各级政府卫生投入责任。健全医疗卫生机构补偿机制，坚持投入与改革并重，大力推进医疗卫生机构综合改革。

（三）营造良好发展环境

进一步完善卫生法律体系和卫生标准体系。推进依法行政，严格规范行政执法，切实提高各级政府运用法律手段发展和管理医药卫生事业的能力。实施卫生系统“六五”普法规划，深入开展卫生法制宣传教育，增强医务工作者、广大人民群众的卫生法制观念，创造良好的法制环境。加强医德医风建设，开展重大政策风险评估，全面推进政务公开，深入开展新闻宣传，树立卫生行业良好形象，为卫生事业改革发展营造良好舆论氛围。

（四）推进合作交流

以实现联合国千年发展目标为重点，加强全球卫生和医药科研等领域的合作，积极引进卫生改革与发展相关智力、技术资源。创新工作模式，提升卫生援外工作层次和影响力。继续深化与港澳台地区的医疗卫生合作交流。

（五）加强规划监测评估

建立实施规划的监测评估机制。加强监测评估能力建设，定期评估规划的实施情况，监督重大项目的执行情况。规范监测和评估程序，完善评价体系和评价办法，提高监测评估的科学性、公开性与透明度。开展年度考核，建立规划中期和末期评估制度，对规划实施进度和实施效果开展全面评估，及时发现问题，研究解决对策。

国民旅游休闲纲要

（2013—2020年）

为满足人民群众日益增长的旅游休闲需求，促进旅游休闲产业健康发展，推进具有中国特色的国民旅游休闲体系建设，根据《国务院关于加快发展旅游业的意见》（国发〔2009〕41号），制定本纲要。

一、指导思想和发展目标

（一）指导思想

以邓小平理论、“三个代表”重要思想、科学发展观为指导，按照全面建成小康社会目标的总体要求，以满足人民群众日益增长的旅游休闲需求为出发点和落脚点，坚持以人为本、服务民生、安全第一、绿色消费，大力推广健康、文明、环保的旅游休闲理念，积极创造开展旅游休闲活动的便利条件，不断促进国民旅游休闲的规模扩大和品质提升，促进社会和谐，提高国民生活质量。

（二）发展目标

到2020年，职工带薪年休假制度基本得到落实，城乡居民旅游休闲消费水平大幅增长，健康、文明、环保的旅游休闲理念成为全社会的共识，国民旅游休闲质量显著提高，与小康社会相适应的现代国民旅游休闲体系基本建成。

二、主要任务和措施

（三）保障国民旅游休闲时间

落实《职工带薪年休假条例》，鼓励机关、团体、企事业单位引导职工灵活安排全年休假时间，完善针对民办非企业单位、有雇工的个体工商户等单位的职工的休假保障措施。加强带薪年休假落实情况的监督检查，加强职工休息权益方面的法律援助。在放假时间总量不变的情况下，高等学校可结合实际调整寒、暑假时间，地方政府可以探索安排中小学放春假或秋假。

(四)改善国民旅游休闲环境

稳步推进公共博物馆、纪念馆和爱国主义教育示范基地免费开放。城市休闲公园应限时免费开放。稳定城市休闲公园等游览景区、景点门票价格,并逐步实行低票价。落实对未成年人、高校学生、教师、老年人、现役军人、残疾人等群体实行减免门票等优惠政策。鼓励设立公众免费开放日。逐步推行中小学生研学旅行。各地要将游客运输纳入当地公共交通系统,提高旅游客运质量。鼓励企业将安排职工旅游休闲作为奖励和福利措施,鼓励旅游企业采取灵活多样的方式给予旅游者优惠。

(五)推进国民旅游休闲基础设施建设

加强城市休闲公园、休闲街区、环城市游憩带、特色旅游村镇建设,营造居民休闲空间。发展家庭旅馆和面向老年人和青年学生的经济型酒店,支持汽车旅馆、自驾车房车营地、邮轮游艇码头等旅游休闲基础设施建设。加强公园绿地等公共休闲场所保护,对挤占公共旅游休闲资源的应限期整改。加快公共场所无障碍设施建设,逐步完善街区、景区等场所语音提示、盲文提示等无障碍信息服务。

(六)加强国民旅游休闲产品开发与活动组织

鼓励开展城市周边乡村度假,积极发展自行车旅游、自驾车旅游、体育健身旅游、医疗养生旅游、温泉冰雪旅游、邮轮游艇旅游等旅游休闲产品,弘扬优秀传统文化。大力发展红色旅游,提高红色旅游经典景区和精品线路的吸引力和影响力。开发适合老年人、妇女、儿童、残疾人等不同人群需要的旅游休闲产品,开发农村居民喜闻乐见的都市休闲、城市观光、文化演艺、科普教育等旅游休闲项目,开发旅游演艺、康体健身、休闲购物等旅游休闲消费产品,满足广大群众个性化旅游需求。鼓励学校组织学生进行寓教于游的课外实践活动,健全学校旅游责任保险制度。加强旅游休闲的基础理论、产品开发和产业发展等方面的研究,加大旅游设施设备的研发力度,提升旅游休闲产品科技含量。

(七)完善国民旅游休闲公共服务

加强旅游休闲服务信息披露和旅游休闲目的地安全风险信息提示,加强旅游咨询公共网站建设,推进机场、火车站、汽车站、码头、高速公路服务区、商业集中区等公共场所旅游咨询中心建设,完善旅游服务热线功能,逐步形成方便实用的旅游信息服务体系。完善道路标识系统,健全铁路、公路、水路、民航等的旅游交通服务功能,提升旅游交通服务保障水平。加强旅游休闲的安全、卫生等保障工作,加强突发事件应急处置能力建设,健全旅游安全救援体系。加强培训,提高景区等场所工作人员、服务人员和志愿者无障碍服务技能。创新人才培养模式,提高旅游休闲高等教育、职业教育质量,加快旅游休闲各类紧缺人才培养。

(八)提升国民旅游休闲服务质量

制定旅游休闲服务规范和质量标准,健全旅游休闲活动的安全、秩序和质量的监管体系,完善国民旅游休闲质量保障体系。倡导诚信旅游经营,加强行业自律。加强跨行业、跨地区、多渠道的沟通和协调,打击欺客宰客、价格欺诈等严重侵害消费者权益的违法行为。发挥社会监督和舆论监督作用,畅通旅游休闲投诉渠道,建立公正、高效的投诉处理机制。依法维护经营者和消费者的合法权益,维护公平竞争的旅游休闲市场环境。

三、组织实施

（九）加强组织领导

发展改革和旅游部门负责实施本纲要的组织协调和督促检查。各相关部门要将旅游休闲纳入工作范畴，发挥工会、共青团、妇联等人民团体以及相关行业协会的作用，共同推动国民旅游休闲活动发展。

（十）加强规划指导

要把国民旅游休闲纳入各级国民经济和社会发展规划，以及相关行业和部门的发展规划。加强对各地旅游休闲发展的分类指导，鼓励有条件的地方编制适合本地区旅游休闲发展专项规划。城乡规划要统筹考虑旅游休闲场地和设施用地，优化布局。

（十一）加大政策扶持力度

逐步增加旅游休闲公共服务设施建设的资金投入。鼓励社会力量投资建设旅游休闲设施，开发特色旅游休闲线路和优质旅游休闲产品。鼓励和支持私人博物馆、书画院、展览馆、体育健身场所、音乐室、手工技艺等民间休闲设施和业态发展。落实国家关于中小企业、小微企业的扶持政策。

（十二）加强监督管理

地方各级人民政府要按照本纲要的要求，加强旅游市场管理，强化综合执法，确保旅游休闲的相关法律法规和标准规范得到有效实施。

孔子学院发展规划

（2012—2020 年）

为进一步加强孔子学院建设，促进中外教育交流与合作，充分发挥孔子学院综合文化交流平台作用，推动中华文化走向世界，制定本规划。

一、规划背景

随着我国经济社会快速发展、国际地位大幅提升，世界各国更加重视发展与中国的友好合作关系，汉语在国际交流中的作用日益凸显。孔子学院主动适应这一形势需要，以加快汉语走向世界为使命，努力构建汉语言文化传播网络，办学规模迅速扩大，办学质量日益提高，品牌项目广受欢迎，创造了中外合作开展语言文化交流的新模式，走出了一条中华文化走向世界的新途径，实现了跨越式发展，成为我国对外教育文化交流与合作的典范，为推动汉语走向世界、促进中外文化交流、增进我国与各国人民之间的友谊作出了重要贡献。截至 2011 年底，已在 105 个国家建立了 358 所孔子学院和 500 个中小学孔子课堂，注册学员达到 50 万人。同时，目前孔子学院的发展还不能完全适应全球汉语学习需求，高素质的专业教师数量不足，适用教材短缺，办学质量有待提高，资源整合亟待加强。

在全球化环境下，文明多样性成为共识，加强不同文化之间的了解和理解成为各国谋求发展的共同需求。中国的发展成就引起世界的广泛重视，丰富多彩的中华文化越来越受到各国人民的欢迎和喜爱，越来越多的国家将汉语教学纳入本国国民教育体系，华侨华人把学习祖（籍）国语言文化作为维系民族情感的纽带，全球要求学习汉语人数大幅增加。进一步加强孔子学院建设，有助于推动中外教育交流与合作，提高我国教育国际化水平，为中外在多领域合作共赢提供人才支撑；有助于展现我国文明、民主、开放、进步的形象，增进国际社会对我国的理解和认同。必须进一步提高认识，充分利用各种有利条件，切实加强孔子学院建设，努力开创孔子学院发展新局面。

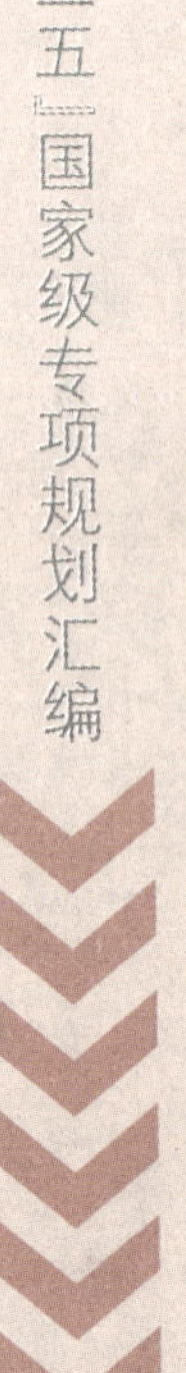

二、总体要求

（一）指导思想

适应我国公共外交和人文交流需要，抓住机遇，合理布局，以汉语教学为主体，以提高质量为核心，力求开办一所就办好一所，充分发挥孔子学院综合文化交流平台作用，为推动中国语言文化走向世界，促进中外友好关系发展作出应有贡献。

（二）基本原则

坚持科学定位、突出特色。汉语教学和文化交流有机结合，根据不同国家的情况和当地实际需要开设相关课程，开展特色文化交流活动，努力适应各国汉语学习者多样化、多层次的需求。

坚持政府支持、民间运作。制定总体规划，完善政策措施，突出公益性、民间性，充分调动社会力量办学的积极性。

坚持中外合作、内生发展。采取中外学校、企业及社团合作办学模式，统一名称、统一章程，积极发挥中外各方面作用，遵守孔子学院所在地的法律法规，尊重当地文化传统和习俗，共建共管。

坚持服务当地、互利共赢。充分发挥综合文化交流平台作用，促进各国人民和不同文明之间的交流互鉴，努力为当地经济、教育、文化发展提供服务。

（三）发展目标

到2015年，全球孔子学院达到500所，中小学孔子课堂达到1000个，学员达到150万人，其中孔子学院（课堂）面授学员100万人，网络孔子学院注册学员50万人。专兼职合格教师达到5万人，其中中方派出2万人，各国本土聘用3万人。大力发展网络、广播、电视孔子学院。

到2020年，基本完成孔子学院全球布局，做到统一质量标准、统一考试认证、统一选派和培训教师。基本建成一支质量合格、适应需要的中外专兼职教师队伍。基本实现国际汉语教材多语种、广覆盖。基本建成功能较全、覆盖广泛的中国语言文化全球传播体系。国内国际、政府民间共同推动的体制机制进一步完善，汉语成为外国人广泛学习使用的语言之一。

三、主要任务

（一）突出发展重点，提高办学质量和水平

统筹规划、合理布局，进一步形成多层次、多样化、广覆盖的孔子学院发展格局。因地制宜、分类指导，多数孔子学院以汉语教学为主要任务，努力成为所在国的汉语教学中心、本土汉语师资培训中心和汉语水平考试认证中心；支持有条件的孔子学院开展高级汉语教学和当代中国研究，成为深入理解中国的重要学术平台；适应学员多样化需求，鼓励兴办以商务、中医、武术、烹饪、艺术、旅游等教学为主要特色的孔子学院；一些国家的孔子学院，实行汉语教学、文化交流和职业培训并举，帮助学生既学习汉语言文化又提高职业技能。

促进孔子学院（课堂）办学与所在国的国民教育体系相结合，与学生未来职业发展相结合，与帮助各国学生来华留学相结合，切实提高孔子学院的办学实效，增强吸引力。建立健全质量评估体系，完善孔子学院退出机制。

（二）建立健全教学和管理人力资源体系

加快高素质管理队伍建设。完善孔子学院院长选拔办法，选拔一批懂教育、素质高、善协调管理、爱岗敬业的专职院长。中方院长主要从中方合作院校的中层以上优秀干部中选派。强化院长岗前和在职培训。

加强专业化师资队伍建设。制定发布国际汉语教师标准，实行国际汉语教师资格认证，制定符合国际汉语教育特点的教师职务（职称）评聘办法。完善国际汉语教育学科体系，培养适应不同层次教学需要的合格师资，注重培养高层次国际汉语教育人才。以孔子学院中外合作院校选派教师为主体，以选派国内高校毕业生做志愿者、吸收中国留学生和华侨华人做教师为补充，加快建设中方长期乃至终身从事孔子学院工作的高素质专兼职师资队伍。加大孔子学院所在国本土师资培养力度，扩大“孔子学院奖学金”规模，招收更多各国青年来华攻读国际汉语教育专业硕士学位。积极帮助海外华文学校培训师资，支持和鼓励华侨华人从事汉语教学工作。

扩大志愿者选派规模。志愿者主要从高校人文和社会科学专业的本科毕业生和硕士、博士研究生中选派。提高志愿者待遇。注重在优秀志愿者中选拔培养专职国际汉语教师和管理干部。

（三）建立健全国际汉语教材和教学资源体系

制定国际汉语课程标准和国际汉语教材编写指南。发挥孔子学院和社会各方面积极性，改编和新编一批知识性、趣味性和通用性较强的汉语教学和中华文化精品教材，大力开发各种文化辅助读物、多媒体课件及实用教具和工具书，支持各国孔子学院编写本土教材，形成适应幼儿、中小学生到高校学生和社会人士等不同人群、不同层次汉语学习需求的教材和教学资源体系。加强各国本土师资使用教材的能力培训。加快教学方法改革创新，加强教学案例库建设，注重与本土文化相结合，克服话语体系和文化差异带来的障碍，探索出外国人易于接受的教授汉语和介绍中国的方式方法。办好《孔子学院院刊》，增加语种版本，丰富内容，提高品质，扩大各国读者群。

（四）建立健全汉语考试服务体系

借鉴国外考试产品推广经验和成功模式，紧紧依靠孔子学院，积极进行市场策划和运作，研究提供多元化的考试种类。实行考教结合，纸考、机考、网考结合，以满足不同年龄、不同人群汉语学习者的多样化需求，形成世界公认的考试品牌。对国外规模大、质量好的汉语考试进行认证，建立全球汉语考试服务体系。

（五）积极开展中外文化交流活动

深化中外人文交流与合作。支持孔子学院根据当地需要设立中华文化展示体验区和图书角，推广中华文化优秀产品，举办各具特色的文化活动，积极介绍中国历史、文化和发展实践。充分利用孔子学院平台，积极吸收借鉴国外优秀文化成果。

四、重点项目

——建设教师培养培训基地。依托国内高校继续加强国际汉语教育与推广基地建设，提升汉语教师培养培训能力和水平。与外国高校合作设立汉语师范专业，建设一批教师培训基地，重点培养培训各国本土汉语教师。

——建立志愿者人才库。扩大对外汉语专业和非英语语种专业招生规模，丰富对外汉语专业学生知识面，适当增加文史哲课程，鼓励人文和社会科学专业的在校学生选修对外汉语教学课程，拓展志愿者选拔范围。建立国际汉语教育专业硕士海外实习制度。

——实施国际汉语教材工程。成立国际汉语教材指导委员会和中外专家组成的工作组。依托国内外基础较好、积极性较高的高校，开展区域性多语种汉语教材研发。与国内外出版社密切合作，打造编写、出版和发行一体化的教材供应体系。建立国际汉语教材资源库，为教学法研究和教材编写提供信息服务。

——加强网络孔子学院建设。增加多语种频道和栏目，建立中国语言文化国际传播数字平台，帮助世界各国汉语学习者用母语上网学习，鼓励和支持各国孔子学院开展远程教学。

——开展“孔子新汉学计划”。通过资助课题研究、攻读学位等方式，吸引各国优秀青年来华考察访学。推动在世界著名高校设立中国学教席，资助国外介绍中国的优秀著作和译著出版，支持各国孔子学院举办中华文化研究学术会议等活动。

——建设示范孔子学院。重点建设一批示范孔子学院，在扩大学员规模、提高办学质量、增强社会影响力等方面发挥带动辐射作用。

——实施孔子学院品牌工程。积极开展专家学者巡讲、大学生小分队巡演、汉语教材巡展。办好“汉语桥”世界大、中学生中文比赛。扩大各国中小学校长访华和学生来华夏（冬）令营规模。

五、保障措施

（一）加大经费保障力度

建立健全多渠道筹集资金的孔子学院经费投入机制。积极拓宽资金渠道，鼓励和吸引海内外企业、个人和其他社会力量对孔子学院给予资金支持。完善孔子学院资金管理制度，加强对孔子学院项目中方资金的检查、审计与绩效评估。

（二）加强统筹协作

总部理事会是孔子学院的最高决策机构，负责制定、修改孔子学院章程，审议全球孔子学院的发展战略和规划，审议总部年度工作报告和工作计划，研究孔子学院建设的重大事项。各常务理事单位要结合部门职能，加强资源整合，认真履职尽责，大力支持孔子学院发展。孔子学院总部（国家汉办）作为总部理事会的日常办事机构，要加强对孔子学院的服务和管理。加强孔子学院可持续发展研究。制定国际汉语师资、教材、课程、考试等各项质量标准。加强对孔子学院的巡视和督查。试点建立孔子学院总部区域服务中心，实现靠前提供信息咨询和服务，促进区域内孔子学院的教学资源共享。

（三）充分发挥各方作用

各有关地方要充分利用中外经贸合作、友好城市、友好学校等机制，支持高校和中小学积极参与孔子学院（课堂）建设。要根据本规划提出的目标任务，制定切实可行、操作性强的配套措施，分解落实任务。

各有关高等学校要充分发挥孔子学院建设主力军作用，将孔子学院建设纳入学校总体发展规划和重点工作，精心组织，周密安排，专人负责。

“走出去”企业要积极支持孔子学院建设。鼓励有条件的企业设立奖学金奖励孔子学院学员，优先聘用具有孔子学院学习经历的当地人员。对于聘用当地员工较多、具备办学条件的大型企业，支持其开办孔子学院。

充分发挥社会力量办学积极性，通过依法实施税收优惠、提供引导资金等政策，吸引国内外社会各界广泛参与和支持孔子学院建设。

中国反对拐卖人口行动计划

（2013—2020 年）

为有效预防、依法打击拐卖人口犯罪，积极救助、妥善安置被拐卖受害人，切实维护公民合法权益，依据有关国际公约和我国法律，定《中国反对拐卖人口行动计划（2013—2020 年）》（以下简称《行动计划》）。

一、指导思想和总体目标

（一）指导思想

高举中国特色社会主义伟大旗帜，以邓小平理论、“三个代表”重要思想、科学发展观为指导，坚持“以人为本、综合治理、预防为主、打防结合”工作方针，不断加强和创新社会管理，完善政策，落实责任，整合资源，标本兼治，切实保障公民基本权利，维护社会和谐稳定，维护我国际形象。

（二）总体目标

进一步完善集预防、打击、救助和康复为一体的反拐工作长效机制，健全反拐工作协调、保障机制，细化落实各项措施，依法坚决打击、有效遏制拐卖人口犯罪，确保被拐卖受害人及时得到救助康复和妥善安置。

二、行动措施和任务分工

（一）健全预防犯罪机制

1.工作目标

完善预防拐卖人口犯罪的网络，综合整治拐卖人口犯罪活动重点地区和“买方市场”，减少拐卖人口犯罪发生。

2.行动措施

（1）加强部门联动，建立发现、举报拐卖人口犯罪工作机制。（中央综治办、司法部负责，教育部、公安部、民政部、卫生部、人口计生委配合）

(2)加强拐卖人口犯罪活动重点行业、重点地区和重点人群预防犯罪工作。(中央综治办负责,公安部、卫生部、人口计生委、妇儿工委办公室、全国妇联配合)

——加强人力资源市场管理,规范劳动者求职、用人单位招用和职业中介活动,鼓励用工单位开展反拐教育培训。建立和完善劳动用工备案制度,加强劳动保障监察执法,加大对非法职业中介及使用童工、智力残疾人等违法行为查处力度,完善部门联动协作机制。研究在劳务市场发生的拐卖人口犯罪问题,有针对性地开展预防工作。(人力资源社会保障部负责,工商总局、广电总局、全国总工会、共青团中央、全国妇联、中国残联配合)

——严厉打击卖淫嫖娼违法犯罪,加强城乡结合部、“城中村”娱乐服务场所治安整治,改进失足妇女教育帮扶工作。(公安部负责,人力资源社会保障部、文化部、卫生部、工商总局、全国妇联配合)

——加大拐卖人口犯罪活动重点地区综合整治力度。基层政府、村(居)委会切实将帮助易被拐卖人群和预防拐卖人口犯罪纳入重点工作中。(中央综治办、公安部负责,民政部、妇儿工委办公室、扶贫办、共青团中央、全国妇联配合)

——加强拐卖人口犯罪活动重点地区计划生育服务和孕情管理,减少意外妊娠和政策外生育,及时通报有关信息。(人口计生委负责,公安部、卫生部配合)

——加大老少边贫地区农村人口扶持力度,开发适合农村特点的创业就业渠道,提高贫困人口尤其是贫困妇女脱贫致富能力。(扶贫办负责,发展改革委、农业部、人力资源社会保障部、国家民委、全国妇联配合)

——保障所有适龄儿童、少年接受九年义务教育,切实控制学生辍学。(教育部负责,共青团中央配合)

——健全流浪未成年人救助保护机制,积极利用现有救助管理机构和福利机构做好流浪未成年人和弃婴的救助安置,依托社会工作等专业人才提供心理辅导、行为矫治、文化教育、技能培训、就业帮扶等服务。加强街面救助,及时发现、救助流浪乞讨和被强迫违法犯罪的未成年人。(民政部、公安部负责,财政部、住房城乡建设部、卫生部、教育部、人力资源社会保障部、共青团中央、全国妇联配合)

——鼓励农村有外出务工意愿的妇女、残疾人、城市失业下岗妇女、女大学生和解救的被拐卖妇女创业就业,落实好促进就业各项政策,组织开展实用技术、务工技能和创业就业培训。(人力资源社会保障部、国家民委、中国残联负责,共青团中央、全国妇联配合)

——在流动、留守妇女儿童集中地区发挥妇女互助组、巾帼志愿者等作用,完善妇女热线、妇女维权站点、妇女之家等功能,提高流动、留守妇女儿童反拐能力。(全国妇联负责,民政部、文化部、财政部、广电总局配合)

——加强拐卖人口罪犯教育改造工作,进一步降低重新犯罪率。(司法部、公安部负责)

(3)加大拐卖人口犯罪“买方市场”整治力度,在收买人口犯罪活动高发地区开展综合治理,从源头上减少拐卖人口犯罪的发生。(中央综治办、公安部负责,教育部、民政部、人力资源社会保障部、司法部、卫生部、人口计生委、全国妇联配合)

——大力开展出生人口性别比偏高综合治理工作。(人口计生委负责,卫生部、公安部、全国妇联配合)

——规范婚姻登记工作。规范收养渠道。(民政部负责)

——加强医疗卫生机构管理，严禁为被拐卖儿童出具虚假出生证明，明确医护人员发现疑似拐卖情况及时报告的义务。（卫生部负责，公安部配合）

——开展维护妇女权益、促进性别平等的村规民约修订和培训，消除男尊女卑、传宗接代等落后观念，提高女孩受教育水平，确保女性在农村平等享有土地承包、宅基地分配、土地征收补偿分配和集体收益分配的权利。（全国妇联、农业部负责，民政部、教育部配合）

（4）进一步做好跨国拐卖人口犯罪预防工作。加强口岸边防检查和边境通道管理，严格出入境人员查验制度，加大对非法入境、非法居留、非法就业外国人的清查力度。加强边境地区人力资源市场监管，严格规范对外劳务合作经营活动，依法取缔非法跨国婚姻中介机构。（公安部、人力资源社会保障部、商务部、外交部负责，民政部配合）

（二）打击犯罪和解救被拐卖受害人。

1.工作目标

不断提高侦破各类拐卖人口犯罪案件的能力和水平，依法严厉打击拐卖人口犯罪，及时解救被拐卖受害人。

2.行动措施

（1）继续组织开展全国打击拐卖人口犯罪专项行动，进一步完善公安机关牵头，有关部门配合、群众广泛参与的打拐工作机制。（公安部负责，高法院、高检院、民政部、人力资源社会保障部、人口计生委、全国妇联配合）

——各级政府相关部门、单位加大打拐工作力度，明确相关机构具体承担，确保责有人负、事有人干，切实加强经费保障。（国务院反拐部际联席会议各成员单位负责）

——各级公安机关完善打拐工作机制，由刑侦部门牵头，有关部门和警种通力协作，定期分析拐卖人口犯罪形势，研究完善打、防、控对策。（公安部负责）

——严格落实侦办拐卖儿童案件责任制。对拐卖儿童案件实行“一长三包责任制”，由县级以上公安机关负责人担任专案组组长，负责侦查破案、解救被拐卖儿童、安抚受害人亲属等工作。案件不破，专案组不得撤销。（公安部负责）

——严格执行儿童失踪快速查找机制。接到儿童失踪报警后，由公安机关指挥中心迅速调集相关警力开展堵截、查找工作，及时抓获犯罪嫌疑人，解救受害人。（公安部负责）

——认真开展来历不明儿童摸排工作。各地公安机关负责采集失踪儿童父母血样，检验录入全国打拐DNA（脱氧核糖核酸）信息库，并加强与有关部门沟通，及时发现来历不明、疑似被拐卖的儿童，采血检验入库。对被收养儿童、来历不明儿童落户的，要采血检验入库比对，严把儿童落户关。（公安部负责，教育部、卫生部、人口计生委、全国妇联配合）

——制定符合拐卖人口犯罪特点和与受害人心理、生理相适应的案件调查程序。（公安部负责，高检院配合）

（2）依法严惩拐卖人口犯罪

——对拐卖人口犯罪集团首要分子和多次参与、拐卖多人，同时实施其他违法犯罪或者具有累犯等从严、从重处罚情节的，坚决依法惩处。（高法院、高检院、公安部负责）

——对收买被拐卖受害人以及以暴力、威胁方法阻碍、聚众阻碍国家机关工作人员解救受害人，依法应当追究刑事责任的，坚决依法惩处。（高法院、高检院、公安部负责）

——对收买、介绍、强迫被拐卖受害人从事色情服务及强迫性劳动的单位和个人，严格依法追究其行政、民事、刑事责任。坚决取缔非法职业中介、婚姻中介机构。对组织强迫儿童、残疾人乞讨，强迫未成年人、残疾人从事违法犯罪活动的依法予以惩处，及时查找受害人亲属并护送受害人前往救助保护机构。完善人体器官捐献制度，依法惩治盗窃人体器官、欺骗或强迫他人捐献器官、组织贩卖人体器官等犯罪行为。（公安部、人力资源社会保障部、卫生部负责，中央综治办、高法院、高检院、民政部、工商总局、全国总工会、共青团中央、全国妇联、中国残联配合）

——对受欺骗或被胁迫从事违法犯罪行为的被拐卖受害人，依法减轻或免除处罚。（高法院、高检院、公安部负责）

(3)进一步加强信息网络建设，完善全国打拐DNA（脱氧核糖核酸）信息库，健全信息收集和交流机制，推进信息共享，提高反拐工作信息化水平。（公安部、民政部负责，发展改革委、财政部、教育部、卫生部、人口计生委、全国妇联配合）

(4)依法解救被拐卖儿童，并送还其亲生父母。对查找不到亲生父母的，由公安机关提供相关材料，交由民政部门妥善安置，不得由收买家庭继续抚养。（公安部、民政部负责）

（三）加强被拐卖受害人的救助、安置、康复和回归社会工作

1.工作目标

保障被拐卖受害人合法权益，加强被拐卖受害人的救助、安置、康复、家庭与社区融入等工作，帮助其顺利回归社会。保护被拐卖受害人隐私，使其免受二次伤害。

2.行动措施

(1)进一步加强地区、部门和机构间救助被拐卖受害人的协作配合。（民政部负责，中央综治办、公安部配合）

(2)规范被拐卖受害人救助、安置、康复和回归社会工作程序，制定查找不到亲生父母的被拐卖儿童安置政策和办法，推动其回归家庭，促进其健康成长。（公安部、民政部负责，教育部、卫生部、财政部、全国妇联配合）

(3)完善政府多部门合作、社会各界支持的被拐卖受害人救助、安置和康复工作机制，提升救助管理站、妇女之家、福利院等机构服务水平。（民政部负责，卫生部、公安部、全国妇联配合）

——充分利用现有社会救助和社会福利设施提供救助和中转康复服务，并保障人员和经费需求，使被拐卖受害人得到符合其身心、年龄和性别特点的救助安置。（民政部、财政部负责，发展改革委、公安部、教育部、卫生部、中国残联配合）

——在被拐卖受害人临时救助和康复工作中引入专业社会工作服务，鼓励有关社会组织、企事业单位和个人为救助被拐卖受害人提供资金、技术支持和专业服务。（民政部负责，全国总工会、共青团中央、全国妇联、中国残联配合）

——指定定点医疗机构为被拐卖受害人提供基本医疗服务和生理心理康复服务。（卫生部负责，民政部配合）

——通过培训教育等活动，增强被拐卖受害人的法律意识、维权意识。法律援助机构依法为符合条件的被拐卖受害人提供法律援助。（司法部负责，民政部、公安部、全国总工会、共青团中央、全国妇联配合）

(4)加强社会关怀，帮助被拐卖受害人顺利回归社会。

——确保被解救的适龄儿童入学、回归学校和适应新的生活。（教育部负责，民政部配合）

——为不能或不愿回原住地的16岁以上被拐卖受害人提供适宜的职业技能培训、职业指导和

职业介绍等就业服务，并帮助其在异地就业。（人力资源社会保障部负责，民政部、全国总工会、共青团中央、全国妇联配合）

——在保护个人隐私前提下，进一步做好被拐卖受害人及其家庭和所在社区工作，保障愿意返回原住地的被拐卖受害人顺利回归家庭和社区。（民政部负责，共青团中央、全国妇联配合）

（5）为回归社会的被拐卖受害人提供必要服务，切实帮助解决就业、生活和维权等问题。（民政部、司法部、人力资源社会保障部负责，共青团中央、全国妇联配合）

（6）进一步加强对被解救受害人的登记、管理和保护工作，建立并完善专门档案，跟踪了解其生活状况，积极协调有关部门和组织帮助解决实际困难。（公安部、民政部负责，全国妇联配合）

（7）进一步加强对被拐卖受害人身心健康领域的研究，寻求更为有效的康复治疗方法。（卫生部负责，教育部、共青团中央、全国妇联配合）

（四）完善法律法规和政策体系

1.工作目标

结合当前拐卖人口犯罪形势和实际工作需要，研究制定和修订有关法律法规和政策，为反拐工作提供法律法规和政策支持。

2.行动措施

（1）修订有关法律法规，进一步健全反拐法律体系。（法制办负责，全国人大常委会法工委、高法院、高检院、公安部、民政部、人力资源社会保障部、共青团中央、全国妇联配合）

——完善有关法律，加大对收买被拐卖受害人行为的打击力度。（全国人大常委会法工委负责，法制办、高法院、高检院、公安部配合）

——完善被拐卖受害人救助有关法规，切实保障其合法权益。（民政部、法制办负责，全国人大常委会法工委、全国妇联配合）

——完善儿童临时监护和监护监督制度，进一步推动未成年人父母或其他监护人依法为未成年人健康成长提供良好家庭环境和家庭教育。研究制定监护权转移的具体程序，避免因监护人丧失监护能力或监护人侵权对儿童造成伤害。（民政部、法制办负责，全国人大常委会法工委、教育部、共青团中央、全国妇联配合）

（2）制定并完善有关政策，推动反拐预防、打击、救助、康复工作科学化、规范化、制度化。（国务院反拐部际联席会议各成员单位负责）

（五）加强宣传、教育和培训

1.工作目标

强化各级政府及相关部门、社会各界对反拐工作重要性的认识，动员全社会广泛参与反拐工作。加强教育培训和理论研究，提高反拐工作能力。

2.行动措施

（1）开展多渠道、多形式宣传教育，着重在拐卖人口犯罪活动重点地区和易被拐卖人群中开展反拐教育和法制宣传，增强群众反拐意识。（公安部、中央宣传部负责，教育部、司法部、铁道部、文化部、人口计生委、广电总局、交通运输部、新闻出版总署、妇儿工委办公室、全国总工会、共青团中央、全国妇联配合）

——将反拐教育纳入中小学和中职学校教育教学活动中，提高学生自我保护意识。在学校管理制度中，明确教师发现疑似拐卖情况及时报告的义务。（教育部、司法部负责）

——加强流动、留守儿童及其监护人反拐教育培训。(教育部、公安部、全国妇联负责)

——将反拐宣传教育纳入社区管理工作中,提高社区成员尤其是妇女、儿童和未成年人父母或其他监护人的反拐意识和能力。(民政部、公安部、全国妇联负责,教育部、国家民委、司法部配合)

——定期在火车站、汽车站、航空港、码头、娱乐场所、宾馆饭店等开展反拐专题宣传活动,并在日常安全宣传中纳入反拐内容,动员、鼓励交通运输行业和娱乐场所、宾馆饭店等工作人员及时报告疑似拐卖情况。(交通运输部、铁道部、民航局负责,公安部、司法部、全国妇联配合)

——加强边境地区群众宣传教育,提高群众反拐意识、识别犯罪和自我保护能力。(司法部负责,公安部、民政部、人力资源社会保障部、共青团中央、全国妇联配合)

——开发少数民族语言文字宣传品,在少数民族聚居区开展反拐宣传教育。(国家民委负责,新闻出版总署、文化部、共青团中央、全国妇联配合)

——开发符合残疾人特点的宣传品,提高残疾人的反拐意识和自我保护能力。(中国残联负责,文化部、新闻出版总署、共青团中央、全国妇联配合)

(2)动员社会力量支持和参与反拐工作。建立举报拐卖人口犯罪奖励制度,积极培育反拐志愿者队伍,借助微博等网络和媒体,广辟线索来源。(国务院反拐部际联席会议各成员单位负责)

(3)加强各级反拐工作人员教育培训和反拐工作队伍专业化建设,提高《行动计划》实施能力。(国务院反拐部际联席会议各成员单位负责)

——将妇女儿童权益保护和反拐法律法规、政策等纳入教育培训内容,提高侦查、起诉和审判拐卖人口犯罪的能力和水平。(公安部、高检院、高法院负责)

——加强边境地区公安司法人员教育培训,提高防范和打击跨国拐卖人口犯罪的意识和能力。(公安部、高法院、高检院、司法部负责)

——加强从事被拐卖受害人救助工作人员教育培训,提高救助能力和水平。(民政部、卫生部负责,全国总工会、共青团中央、全国妇联配合)

(六)加强国际合作

1.工作目标

有效预防和严厉打击跨国拐卖人口犯罪,加强对被跨国拐卖受害人的救助。积极参与国际社会有关打击贩运人口议题的讨论和磋商,展示我国反拐措施和成效,树立良好国际形象。

2.行动措施

(1)加强反拐工作国际交流与合作。(外交部、公安部负责,商务部配合)

(2)充分利用有关国际组织的资源和技术,加强国际反拐合作项目建设和引进工作。(公安部负责,外交部、商务部配合)

——积极参与湄公河次区域合作反拐进程等各项国际反拐合作机制。(公安部负责,全国人大常委会法工委、高法院、高检院、外交部、民政部、人力资源社会保障部、商务部、妇儿工委办公室、全国妇联配合)

——加强与国际移民组织、联合国儿童基金会、联合国毒品和犯罪问题办公室等国际组织和相关国家的交流合作,联合开展反拐培训,掌握国际拐卖人口犯罪发展趋势及应对措施,展示我国反拐工作成效。(外交部、公安部、商务部负责,全国妇联配合)

(3)加强国际警务合作,充分利用双边、多边和国际刑警组织等渠道,开展跨国拐卖人口犯罪案件侦办合作和情报信息交流,充分发挥边境反拐警务联络机制作用,共同打击跨国拐卖人口犯

罪。（公安部负责，外交部、司法部配合）

（4）加强与相关拐入国政府和国际组织合作，及时解救和接收被拐卖出国的中国籍受害人，并为其提供必要的服务。（外交部、公安部负责，民政部配合）

（5）加强与相关拐出国政府和国际组织合作，及时发现和解救被拐卖入中国的外籍受害人，完善对被跨国拐卖受害人救助工作机制，做好中转康复工作，并安全遣送。（外交部、公安部、发展改革委负责，民政部配合）

（6）认真履行和充分利用《联合国打击跨国有组织犯罪公约》及其关于预防、禁止和惩治贩运人口特别是妇女和儿童行为的补充议定书，稳步推进与其他国家特别是周边国家缔结司法协助条约和引渡条约工作，进一步扩大打击拐卖人口犯罪国际司法合作网络。（外交部负责，高法院、高检院、公安部、司法部配合）

三、保障措施

（一）加强组织协调

国务院反拐部际联席会议加强组织领导和统筹协调，制定并完善政策措施，及时研究解决突出问题和困难。联席会议办公室负责协调组织对《行动计划》实施情况进行督导检查，开展阶段性评估和终期评估，对拐卖人口犯罪重点案件和重点地区建立挂牌督办和警示制度。县级以上地方政府要逐级建立协调机制，组织协调和督导检查反拐工作，并制定本地区《行动计划》实施细则和年度实施方案。各级反拐工作协调机制成员单位要密切配合，根据任务分工制定本部门、本单位实施方案，并开展自我检查和评估。

（二）完善经费保障

各级政府将《行动计划》实施经费纳入财政预算。鼓励社会组织、公益机构、企事业单位和个人捐助，争取国际援助，多渠道筹集反拐资金。

（三）严格考核监督

将反拐工作纳入社会管理综合治理考核范畴以及相关部门、机构的目标管理和考核体系，考核结果送干部主管部门，作为对相关领导班子和领导干部综合考核评价的重要依据。对反拐措施得力、成效显著的部门和地区，给予表彰和奖励。对拐卖人口犯罪严重、防控打击不力的地区，依法依纪追究有关人员的责任，并实行社会管理综合治理一票否决。

七、其　他

关于加快培育国际合作和竞争新优势的指导意见

改革开放以来，我国坚持对外开放的基本国策，形成了全方位、多层次、宽领域的对外开放格局和具有中国特色的开放型经济体系。当前及今后一个时期，全球经济结构面临深度调整，围绕市场、资源、人才、技术、标准等方面的竞争日趋激烈，我国发展面临的外部环境更加复杂，迫切需要加快培育国际合作和竞争新优势。为此，现提出以下意见：

一、指导思想和基本原则

（一）指导思想

以邓小平理论和"三个代表"重要思想为指导，深入贯彻落实科学发展观，以开放促发展、促改革、促创新，实施更加积极主动和互利共赢的开放战略，培育新的增长动力，集成新的发展优势，拓展新的开放领域，实现由出口和利用外资为主向进口和出口、利用外资和对外投资并重转变，加快形成以技术、品牌、质量、服务为核心竞争力的新优势，构建更大范围、更广领域、更高层次的开放型经济体系。

（二）基本原则

——坚持改革创新。积极稳妥地推进涉外经济领域的体制改革和机制创新，形成统一、透明、稳定的涉外经济体制；积极开展国际合作，充分利用全球科技智力资源，促进产业结构升级和技术创新，提高科技创新能力，赢得发展先机和主动权。

——坚持市场主导。要充分发挥市场在配置资源中的基础性作用，通过完善市场机制和利益导向机制，合理配置公共资源，积极创造良好的政策环境、体制环境和市场环境，激发市场主体的积极性和创造性。

——坚持互利共赢。尊重和照顾合作各方的合理关切，扩大同各方利益的汇合点，妥善处理矛盾冲突，与国际社会共同应对全球性挑战、共同分享发展机遇、共同创造更大的市场空间，走共同发展道路。

——坚持内外联动。利用全球要素，优化资源配置，通过引进国外资金、技术、人才、管理经验增强自主发展能力，通过拓展国际经贸合作的广度和深度扩大发展空间。把对外开放与国内区域协调发展紧密结合起来,完善对外开放区域格局。

——坚持安全高效。既要把握机遇,不失时机地提高企业国际化经营能力和水平,又要增强风险意识和忧患意识,审时度势、量力而行、稳步推进、注重实效,维护国家利益和经济安全,切实防范风险。

二、目标任务

(三)优化对外贸易结构

培育出口竞争新优势。实施技术、品牌、营销、服务“四带动”出口战略,推动出口从传统的生产成本优势向新的核心竞争优势转化,促进由“中国制造”向“中国创造”和“中国服务”跨越。完善贸易、产业、财税、金融、知识产权政策,增强企业技术创新、自我转型的内生动力,夯实出口的产业和技术基础,鼓励技术含量高的机电产品和战略性新兴产业开拓国际市场。大力培育出口品牌,支持企业建立境外营销网络,提高出口产品附加值。支持企业在境外注册商标,开展国际通行的产品、服务和管理体系认证。

掌握对外贸易主动权。建立规范贸易秩序的有效机制,引导企业有序参与国际竞争,提高出口议价能力。实施更加积极主动的进口战略,发挥进口对宏观经济平衡和结构调整的重要作用。拓展进口渠道,提高进口议价能力;增加先进技术、重要设备和关键零部件、资源能源、节能环保和循环经济产品及服务进口;适当扩大消费品进口。鼓励有条件的城市探索建设具备物流集散、交易定价、设计展览和金融服务等综合性功能的国际贸易中心。

推动加工贸易转型升级。促进加工贸易与国内产业融合,增强加工贸易对技术创新和结构调整的促进作用。优化加工贸易产业结构,促进加工贸易向产业链高端拓展,向中西部地区转移。充分发挥海关特殊监管区域作用,引导加工贸易逐步向海关特殊监管区域集中。

大力发展服务贸易。建立健全服务贸易促进体系,深度挖掘传统服务贸易潜力,努力扩大文化、技术、中医药、软件和信息服务、商贸流通、金融保险等新兴服务出口,扩大研究与开发、技术检测与分析、管理咨询和先进环保污染治理技术等领域的服务进口。完善支持服务外包示范城市发展服务外包产业的政策措施,大力发展服务外包。扩大金融、物流等服务业对外开放,稳步开放教育、医疗、体育等领域,引进国际优质资源,促进国内市场充分竞争,提高服务业国际化水平。

(四)提升利用外资水平

优化利用外资结构。把承接国际制造业转移和促进国内产业结构升级相结合,积极引导外资投向现代农业、高新技术、先进制造、节能环保、新能源和新材料等产业,鼓励外商投资现代物流、信息技术服务、工程咨询、商务服务、信息咨询、科技服务和节能环保服务等现代服务业,严格限制高耗能、高污染和低水平、产能过剩项目。坚持以我为主,积极用好国外优惠贷款,适度借用国际商业贷款。

丰富利用外资方式。在符合外商投资产业政策的前提下,鼓励外资以参股、并购等方式参与境内企业兼并重组,促进外资股权投资和创业投资发展。有效利用境内外资本市场,支持有条件的企业境内外上市;允许符合条件的企业通过发行债券(包括可转换债券)方式到国际金融市场融资。积极探索排放权交易、应对气候变化、服务外包等领域利用外资方式。

增强利用外资效应。更加注重择优选资，促进“引资”与“引智”结合，进一步发挥外资作为引进先进技术、管理经验和高素质人才的载体作用。鼓励跨国公司在华设立地区总部、研发中心、采购中心、财务管理中心；鼓励外资投向科技中介、创新孵化器、生产力中心、技术交易市场等公共科技服务平台建设，积极发展研发服务、信息服务、创业服务、知识产权和科技成果转化等高技术服务业。

（五）加快实施“走出去”战略

提高对外投资质量。充分发挥我国轻工、纺织、服装、机械、家用电器、电子信息等行业的比较优势，鼓励企业对外投资设厂。鼓励冶金、建材、化工等行业到境外建立生产基地。深化国际能源资源开发和加工互利合作，拓展农业国际合作。支持有条件的企业积极开展境外基础设施建设和投资。发挥股权投资基金对促进企业境外投资的积极作用。创新境外经贸合作区发展模式，强化功能定位和产业选择。

提升对外承包工程和劳务合作的质量。拓展对外承包工程方式和领域，增强承包工程带动国内设备出口能力。以设计咨询、前期规划为先导，带动中国技术和标准“走出去”。规范市场竞争秩序，提高承包工程的质量和效益，加强项目设计咨询、投融资和运营服务能力，培育“中国建设”国际品牌。规范发展对外劳务合作，加强政府指导和公共服务，建立对外劳务合作服务平台。优化外派劳务结构，加强劳务培训工作，打造“中国劳务”国际品牌。

增强“走出去”主体实力。鼓励国内企业在全球范围内开展价值链整合，在研发、生产、销售等方面开展国际化经营，提高企业跨国经营管理水平，逐步形成若干具有国际知名度和影响力的跨国公司。提高金融机构服务能力和风险管控能力，为我国企业开展国际经济合作和竞争提供更好服务。注重发挥中小企业和民营企业优势，支持中小企业加速境外产业集群发展。

（六）完善区域开放格局

加快沿边开放步伐。积极拓展沿边省（区）与周边国家经贸合作领域和空间，建设若干面向毗邻地区的区域性国际贸易中心，构筑特色鲜明、定位清晰的陆路开放经济带。支持开放开发试验区发展，加快建设边境经济合作区、跨境经济合作区。加强与周边国家基础设施建设合作，加快实现互联互通。

发展内陆开放型经济。积极吸引装备制造、汽车、纺织、电子信息、生物等产业转移。鼓励东部地区与内陆地区共建开发区，在“两横两纵”（“两横”指陇海铁路、长江水道，“两纵”指京广铁路、京九铁路）沿线，形成若干国际加工制造基地和外向型产业集群。加强内陆开放通道和物流基础设施建设，提升内陆地区对外开放的平台支撑能力。

提升沿海地区开放水平。发挥长江三角洲、珠江三角洲、环渤海地区对外开放门户的重要作用，建设若干服务全国、影响世界的国际贸易中心。重点引进前沿高端产业，提高资金技术密集度。推进科技研发基地建设，加快从全球加工装配基地向研发、先进制造基地转变。推进服务业开放在沿海地区先行先试。

拓展两岸四地经贸合作深度。争取到“十二五”末，内地对港澳基本实现服务贸易自由化。鼓励内地企业在香港设立资本运营中心，使香港成为“走出去”的信息平台和融资平台。推动两岸经济关系正常化、制度化和自由化。鼓励海峡西岸经济区在推进两岸交流合作中先行先试，加快平潭综合实验区开放开发，加强两岸产业合作。

(七)构建开放型创新体系

扩大科技对外开放。鼓励跨国公司和科研机构在我国设立研发机构。鼓励科研机构、高校和企业与世界一流研究机构建立长期稳定的战略合作伙伴关系,拓展国家科技计划和重大专项成果的国际市场。引导科研院所、高校和企业积极融入科技全球化进程,在国外申请专利,参与制定国际标准。

积极开展全球重大科技问题合作研究。加大我国参与国际大科学计划、大科学工程的范围和力度。鼓励我国科学家和科研机构积极参与应对气候变化、转基因生物品种培育、自然灾害、重大传染病等全球性问题研究。在我国具有优势的科技领域,有目的、有重点地牵头组织实施国际大科学工程研究计划。

深化双边、多边和区域科技合作。积极开展对外科技交流,充分发挥科技创新合作在政府间战略合作中的作用。深化同发达国家的科技合作关系,完善政府间双边和多边国际科技合作框架。加强与发展中国家的合作,以推动先进技术转移和应用为重点,积极拓展有利于当地民生的科技领域援助。继续参与和加强联合国系统下的多边合作,参加新兴大国和区域组织机制下的科技合作和重大科研项目。

(八)提高产业国际竞争力

抢占未来全球产业发展制高点。把加快培育和发展战略性新兴产业作为提高产业国际竞争力的战略突破口,促进战略性新兴产业国际化发展。密切跟踪世界科技和产业发展方向,选择节能环保、新一代信息技术、生物、高端装备制造、新能源、新材料、新能源汽车等产业为战略重点,突破一批关键核心技术,加快形成先导性、支柱性产业。

提高制造业国际化发展水平。适应国际市场的需求变化,发挥我国产业的比较优势,调整优化原材料工业,发展先进装备制造业,改造提升消费品工业,增强产业配套和协同发展能力,促进制造业由大变强。积极开展产业国际合作和交流,不断拓展新的合作领域和空间。

利用全球资源促进产业创新。鼓励国内企业在科技资源密集的国家和地区,通过自建、并购、合资、合作等多种方式在海外设立研发中心。充分发挥技术进出口交易促进平台的作用,加强引进消化吸收再创新,以大型骨干企业、产业技术创新联盟为依托,突破一批关键核心技术,提升我国产业创新发展能力与核心竞争力。

(九)稳步推进金融国际化

适度加快金融市场开放。扩大在境内发行人民币债券的境外主体范围,研究允许符合条件的国际金融组织、境外货币当局和金融机构将持有的人民币投资我国金融市场。推进中资金融机构在境外开办人民币业务和人民币金融资产境外发行。支持上海建设国际金融中心。支持香港巩固和提升国际金融中心地位。有序拓宽对外投资渠道,健全对外债权债务管理。有序扩大证券投资主体范围,提高证券投资可兑换程度。研究允许境外机构在境内发行股票、债券、基金等,逐步放宽境内机构在境外发行有价证券,拓宽境内投资者对外证券投资渠道。进一步研究放宽其他资本项目跨境交易及拓展境内外汇市场的参与主体。

扩大人民币对外使用。积极稳妥推进资本账户开放,逐步实现人民币资本项目可兑换。推进对外贸易、跨境投融资、对外承包工程和劳务合作等以人民币计价和结算,保障跨境人民币结算、清算渠道畅通便利。推动境内人民币市场对外开放。进一步与有关国家开展双边本币互换,支持有意愿的经济体将人民币作为储备货币,逐步增强人民币的国际储备功能。

稳步推进金融机构国际化。在商业可持续、风险可控的前提下，支持符合条件的金融机构通过设立境外分支机构、并购等多种渠道，到境外开展业务，为我国企业国际化经营提供金融服务支撑。支持国内大银行在提升对内金融服务水平的基础上，稳妥有序地实施国际化战略，提升全球金融运作能力和国际化经营水平。适时引导保险、证券等金融机构到境外开展国际业务。坚持以我为主、积极审慎，适时引入高质量境外机构投资者参与境内金融机构战略性重组。

（十）深化国际经济合作

积极推动区域经济合作。在统筹扩大对外开放与维护国内产业安全的基础上，积极推进自由贸易区战略，形成东西呼应、区域协调、布局合理的自由贸易区格局。不断拓展自由贸易区、区域财金合作内涵，深化中国—东盟自贸区贸易、投资、财金、基础设施等领域的合作，加快推进中日韩自由贸易区协议谈判，积极参与中日韩、东盟与中日韩(10+3)、亚太经济合作组织、东亚峰会、亚欧会议等国际合作机制。

统筹发展双边经贸关系。平衡好我与发达国家的彼此关切，逐步扩大利益汇合点，妥善应对和缓解矛盾。加强与新兴经济体在全球经济治理体系改革、宏观经济政策、贸易、投资、能源资源、科技等多领域的合作。深化与发展中国家的务实合作，探索更多更有效的合作共赢方式。提高对外援助质量和效益。

积极参与全球经济治理。支持二十国集团继续发挥全球经济治理平台的作用，稳步提高我国在国际货币基金组织和世界银行的发言权和影响力，积极推动世贸组织多哈回合谈判，推动建立均衡、共赢、关注发展的多边贸易体制。坚持以对话协商妥善处理贸易摩擦，坚决反对各种形式的保护主义。积极推动国际金融体系改革，加强国际金融监管合作。积极参与涉及我国重要利益的全球性问题的国际合作。

三、保障措施

（十一）完善对外贸易政策，加快转变外贸发展方式

完善外贸促进政策。以加快转变外贸发展方式、优化对外贸易结构为着力点，加快建立健全符合我国国情和国际规则的外贸促进政策体系。引导外贸企业调整进出口产品结构和市场结构，鼓励中小企业开拓国际市场。发挥金融对外贸发展的支撑功能，鼓励金融机构开发更多支持贸易发展的金融产品。发展国际贸易社会化服务体系，深化行业协会、进出口商会管理体制和运行机制改革，完善和强化其在信息服务、行业自律、维护企业权益等方面的功能和作用。完善外贸公共服务平台建设，推进外贸诚信体系建设。

提高贸易便利化水平。完善配额许可证管理制度和加工贸易管理制度。推进“大通关”建设，完善区域通关合作机制，支持港口功能向内陆地区延伸。提升电子口岸功能，推进与贸易有关的政务信息共享和业务协同。完善海关企业分类管理办法和进出口企业检验检疫信用体系，提高通关效率。清理、撤销进出口环节的不合理收费和不合理限制。进一步简化对外经贸人员出入境审核程序，争取与更多国家达成互免签证协议。

（十二）加强对利用外资的引导，改善利用外资环境

完善利用外资政策。适时调整《外商投资产业指导目录》和《中西部地区外商投资优势产业目

录》,优化外商投资结构。完善外资并购的法律法规和相关政策,依法实施经营者集中反垄断审查,做好外资并购安全审查,维护公平竞争和国家安全。放宽服务业准入限制,提高承接服务外包能力。加大对鼓励类项目的支持力度,对用地集约的鼓励类外商投资项目优先供地。完善有关开发区发展的政策措施,发挥开发区在体制创新、科技引领、产业集聚、土地集约方面的载体和平台作用。鼓励中外企业加强研发合作,支持符合条件的外商投资企业与内资企业、研究机构合作申请国家科技开发项目、创新能力建设项目等。

规范利用外资管理。深化外商投资管理体制改革,不断提高投资便利化程度。完善高新技术企业认定办法,加大知识产权保护力度,提高外商投资高新技术产业和研究创新的积极性。加强制度建设,创新监管方式,建立科学合理的外商投资综合评价指标体系。规范和促进外资基金、债券融资等有序发展。积极推动国外贷款管理创新,完善境内机构境外发债、借用国际商业贷款管理办法。

提高外债管理水平。适时制订外债管理法规,推动外债管理的法制化、规范化、系统化。完善对外商投资企业的外债管理办法,改革境内银行外债管理方式。支持地方建立管理规范、决策科学、职能明确、责任落实的外债风险防范制度。

(十三)加大工作力度,增强“走出去”战略的实施效果

加强“走出去”宏观指导。适时出台新形势下指导性文件,实现政策促进、服务保障和风险控制的系统化和制度化。完善对外投资、承包工程的产业导向和国别指导政策,提高指导企业“走出去”的针对性和有效性。提高对外投资、承包工程的舆情监测和应对能力,营造有利的舆论环境。健全对外投资、承包工程的风险防控和监管机制,加强境外中资企业和境外国有资产管理。完善对外投资管理制度,推进对外投资便利化,减少政府核准范围和环节,加强动态监测和事后监管。

提升“走出去”服务水平。引导企业加强对外投资、承包工程的协调合作,发挥行业协会和境外中资企业商会的作用,避免无序竞争和恶意竞争。引导企业在境外依法合规经营,注重环境资源保护,加速与东道国经济社会发展的融合,积极履行社会责任。完善相关信息共享系统、多双边投资合作促进机制等载体平台建设,扶持本土投资银行、法律、会计和评估等中介机构发展,切实发挥中介机构的专业化咨询、权益保障等作用。

(十四)健全科技开放机制,提升核心竞争能力

形成国际科技合作多元化投入体系。加大对国际科技合作的财政投入力度,支持我国参与国际前沿科学研究,鼓励各部门、各地方开展国际科技合作与交流。鼓励扩大民间资本对国际合作的投入,形成国有资本、民间资本和外资等多元化投入体系。在对外援助中更加注重科技领域援助。

建立国际化科技人才队伍。围绕国家重大战略目标,扩大合作研发和培训力度,与国外相关机构有序开展人才交流合作,培养具有国际视野的优秀人才。加大引进国外高技术人才的力度,吸引全球优秀人才来华创新创业。加快国际科技合作中介服务体系建设,培育一批熟悉国际技术转移的专业人才和中介机构,为企业提供高质量的科技中介服务。

(十五)推进金融改革创新,深化金融对外开放

优化金融市场开放环境。积极稳妥地推进境外机构投资银行间债券市场试点,进一步丰富债券市场投资者类型。加快债券市场法律法规建设,为境外主体参与银行间债券市场提供良好的环境。稳步发展衍生产品市场,适度推进衍生产品市场开放,进一步深化市场避险功能和价格发现功能。研究推动境外机构参与上海黄金交易所交易。研究制定境外企业到境内发行人民币股票的制

度规则，认真做好相关技术准备，适时启动境外企业到境内发行人民币股票试点。推进人民币对新兴市场货币在双方银行间外汇市场挂牌交易。

积极参与国际金融体系改革。推动国际储备货币多元化，积极参与国际金融准则修订和国际金融机构标准制定。支持发展中国家有效参与金融稳定理事会等国际金融部门改革协调机构及标准制定机构工作。

（十六）完善风险防范机制，切实保障经济安全

确保金融体系安全。加强宏观审慎管理，研究跨国金融机构及跨境资本流动对我国经济金融产生的影响，制定相关风险评估、风险预警及风险应对方案，提高对跨境资本流动的监测和风险应对能力。加强金融基础设施建设，切实发挥金融安全网的作用，提高系统性风险处置能力。

维护重点产业安全。加强产业损害预警机制建设，建立健全产业安全评估体系，完善和丰富贸易调查和贸易救济手段。组织开展重点国别产业损害预警磋商和对话。健全经营者集中反垄断审查制度，提高贸易摩擦应对和贸易救济能力，保护我国国家利益和产业发展权益。

完善境外权益保障机制。加强国别政治、经济、安全信息的收集、评估和发布，建立健全安全风险预警机制和突发事件应急处理机制，深化国际执法合作与行政互助，提高企业风险防控能力，切实保障"走出去"企业的合法权益和境外人员的人身财产安全。

（十七）改革涉外经济体制，提高宏观管理水平

完善开放条件下的宏观调控体系。建立更加科学合理的内外部均衡指标体系，提高财政、货币、产业、竞争政策和对外贸易、利用外资、对外投资政策的协调性。充分考虑国内宏观经济政策的全球影响和国际宏观经济政策的国内传递，认真评估宏观政策的内外关联效应，在坚持自主性、独立性的同时，与主要经济体和多边组织加强宏观经济政策的国际协调。

完善涉外经济的管理机制。加快制定和完善涉外经济领域的法律法规，深化外汇管理体制改革，进一步推进贸易投资便利化，稳步放宽跨境资本交易限制，健全跨境资本监测分析体系，促进国际收支趋向基本平衡。坚持"引进来"和"走出去"相结合，建立统一高效的对外开放决策、协调和管理机制，进一步规范对外开放秩序，保持对外开放基本政策的全国统一和协调。

（十八）积极开展经济外交，互利共赢共同发展

加强外交与经济紧密互动。更加注重国际关系中政治与经济的战略互动，进一步强化政治外交与经济外交的协调配合。推进政府间多双边合作，拓展政府间宏观经济政策协调的深度和广度。完善战略对话、经贸联委会、混委会等机制化合作平台，深化多双边经贸合作。充分发挥驻外使领馆的一线作用，为我国企业开拓国际市场提供有力支撑。

营造良好的外部环境。加快实施文化"走出去"工程，积极发展文化贸易，加强海外中国文化中心和孔子学院建设，推进文化国际合作，提升中华文化的全球感染力和亲和力。加强援外人力资源开发合作，促进人员往来和交流。针对重大突发事件及时准确发出我方声音，创新宣传方式，增强宣传效果。

国内贸易发展“十二五”规划

《国内贸易发展“十二五”规划》根据《中华人民共和国国民经济和社会发展第十二个五年规划纲要》编制，主要阐明“十二五”时期我国国内贸易发展战略，提出发展政策导向，明确政府工作重点，引导市场主体行为，促进国内贸易又好又快发展。

一、现状与形势

（一）“十一五”时期国内贸易发展取得显著成就

“十一五”时期，面对复杂多变的国内外形势，国内贸易坚持科学发展，坚持改革开放，转变发展方式，健全流通网络，提升服务水平，主要指标达到或超过规划目标，为应对国际金融危机、促进国民经济平稳较快发展、保障和改善民生作出了重要贡献。

总体规模快速增长。社会消费品零售总额、生产资料销售总额分别从2005年的6.8万亿元、14.3万亿元，提高到2010年的15.7万亿元、36.1万亿元。批发零售住宿餐饮业增加值从2005年的1.8万亿元提高到2010年的4.4万亿元，年均实际增长14.9%。

结构调整积极推进。区域结构有所改善，2010年中西部地区社会消费品零售总额占全国的比重比2005年提高近1个百分点。农村市场体系薄弱的局面明显改观，2010年底，农村连锁超市已覆盖全国80%的乡镇和65%的行政村。流通组织化程度提高，全国批发和零售业法人企业数占批发和零售业全部经营单位比重由2005年的7.3%提高到2010年的8.8%。零售业态发展较快，超市、便利店、专卖店、专业店、网上商店等加速普及。

现代流通加快发展。连锁经营向多行业扩展，物流装备技术和现代化配送水平稳步提高，电子商务发展迅猛。2010年限额以上连锁零售企业商品销售额达到2.7万亿元，“十一五”期间年均增长16.8%；一批现代化物流配送中心投入使用，限额以上连锁零售企业统一配送率达到63.6%；2010年电子商务交易额达到4.5

万亿元，其中网络零售额超过5200亿元。

综合贡献更加突出。批发零售住宿餐饮业增加值占国内生产总值比重由2005年的9.8%上升至2010年的10.9%，对经济增长的贡献居第三产业首位。2010年国内贸易税收近1.6万亿元，占全国税收总额的21.8%。“十一五”期间，国内贸易税收年均增长24%，高于同期全国税收年均增速。2010年国内贸易就业人数达到1.027亿人。国内贸易在应对突发事件和举办重大活动中，发挥了保障供应、稳定市场的重要作用。

国内贸易在快速发展的同时也存在一些突出问题：市场管理制度不健全，法律法规和标准体系尚需完善；城乡市场发展不均衡，部分生活服务行业发展滞后；企业竞争能力不强，流通效率亟待提高；市场调控和应急保供能力较弱，市场秩序仍需规范。

（二）“十二五”时期国内贸易发展面临重大机遇和挑战

“十二五”时期是我国全面建设小康社会的关键时期，是深化改革开放、加快转变经济发展方式的攻坚时期，国内贸易发展面临重大机遇：国家着力扩大内需、完善促进消费政策措施，为国内贸易发展提供了不竭动力；工业化进程进一步加快，城镇化积极推进，对外开放进一步扩大，为国内贸易发展提供了更大空间；深化收入分配制度改革，健全社会保障体系，建立扩大消费需求的长效机制，有利于提高居民消费能力，改善消费预期，为国内贸易发展提供了市场潜力；物联网、云计算等新一代信息技术的应用，将加快经营管理模式创新，推动流通向网络化、智能化方向发展，为国内贸易发展提供了有力支撑。

“十二五”时期，国内贸易发展也面临诸多挑战：人民群众生活水平显著提高，居民消费结构不断升级，对国内贸易优化结构与布局提出了新要求；资源环境约束日趋强化，资金、土地、劳动力等要素成本上升，国内贸易加快转变发展方式的迫切性进一步增强；国际国内市场联系更加紧密，国内贸易领域的市场竞争更加激烈，维护市场正常秩序的任务更加艰巨；部分大宗商品较多依赖进口，受国际市场价格影响较大，市场调控难度增大。

二、指导思想、基本原则和发展目标

（一）指导思想

以邓小平理论和“三个代表”重要思想为指导，深入贯彻落实科学发展观，围绕提高流通效率、方便群众生活、保障商品质量、引导生产发展和促进居民消费，加快推进国内贸易发展方式转变，建立健全现代国内贸易体系，更好地发挥国内贸易作为国民经济基础性和先导性产业的作用。

（二）基本原则

坚持发挥市场的基础作用。遵循价值规律和市场规则，在更大程度上发挥市场配置资源的基础性作用。继续深化流通管理体制改革，加快转变政府管理职能，努力营造公平、公开的市场竞争环境。支持和引导非公有制流通企业发展。加强流通基础设施建设。

突出扩大消费的战略地位。着力创新和完善消费促进政策，推动消费业态和商业模式创新，大力促进便民消费、实惠消费、热点消费、循环消费、安全消费和信用消费。发挥城市的消费中心功能，大力开拓农村市场，进一步释放居民消费潜力。充分发挥国内贸易保障消费、引导消费、创造消费的功能。

增强引导生产的重要功能。推动流通企业与生产企业加强合作，促进产销衔接，引导制造业转型升级，引导发展订单农业。大力发展生产服务行业，完善生产服务网络，加快服务产品和服务模式创新，促进产业结构调整。以现代流通带动现代生产，提高经济运行效率。

明确改善民生的根本宗旨。完善商品流通和生活服务网络，加强市场调控，保障市场平稳运行，满足群众基本生活需求。充分发挥内贸吸纳就业的优势，积极支持中小企业发展，减轻社会就业压力。整顿和规范市场秩序，弘扬诚信经商、文明兴商的商业文化，保障居民放心消费，提高消费者满意度，促进社会和谐。

注入改革创新的强劲动力。深化内贸领域各项改革，继续推进国内贸易对内对外开放，以开放促改革促发展。以信息化带动流通现代化，大力发展电子商务；积极发展绿色流通，加快推进节能减排；统筹区域、城乡和国内外贸易协调发展，优化布局与结构；推进产业融合互动发展，提高流通组织化程度和集约化水平，增强企业竞争力。

（三）发展目标

总体规模指标实现翻番。2015 年社会消费品零售总额 32 万亿元左右，年均增长 15%左右；生产资料销售总额 76 万亿元左右，年均增长 16%左右；批发零售住宿餐饮业增加值超过 7 万亿元，年均实际增长 11%左右。2015 年国内贸易就业人数 1.3 亿人左右，其中城镇就业 1 亿人左右，年均增加 500 万人以上。

城乡区域发展趋于协调。农村市场体系建设滞后的局面得到改善，流通基础设施建设得到加强，连锁超市行政村覆盖率显著提升。城市商业网点布局更加合理，综合服务功能明显提升，城市对农村的带动作用增强。

流通现代化水平显著提升。限额以上连锁零售企业商品销售额占社会消费品零售总额的 20%左右，统一配送率在 70%左右；电子商务交易额年均增长 30%以上，网络零售额快速增长；流通组织化程度明显提高，形成一批具有较强竞争力的流通企业。

市场应急调控能力增强。城乡市场统计监测体系功能完善、反应灵敏，市场调控的前瞻性、预见性增强。中央储备与地方储备、政府储备与商业储备相结合的生活必需品储备制度基本建立，有效防范和应对市场异常波动的能力进一步增强。

国内市场环境明显改善。内贸领域法律法规、标准和信用体系进一步健全，市场秩序更加规范，市场主体诚信意识明显提升，流通领域商品质量安全行业管理水平提高，商品和要素顺畅流通。

专栏 1 “十二五”时期国内贸易发展的主要指标

指 标	2010 年	2015 年	年均增长	属 性
总体规模指标				
社会消费品零售总额（万亿元）	15.70	32	15%	预期性
生产资料销售总额（万亿元）	36.10	76	16%	预期性
批发零售住宿餐饮业增加值（万亿元）	4.40	（7）	（11%）	预期性
国内贸易就业人数（亿人）	1.03	1.30	[2730]	预期性
其中：国内贸易城镇就业人数（亿人）	0.74	1	[2560]	预期性
流通现代化指标				

续表

指　　标	2010 年	2015 年	年均增长	属　性
限额以上连锁零售企业销售额占社会消费品零售总额比重(%)	17.40	20		预期性
电子商务交易额(万亿元)	4.50	18	>30%	预期性

注:1.[ ]内为五年累计数,( )内为以规划基期价格计算的不变价数值或年均实际增长率。
2.《中华人民共和国国民经济和社会发展第十二个五年规划纲要》提出“十二五”期间国内生产总值年均实际增长 7%的发展目标。

三、主要任务

(一)统筹国内贸易协调发展

1.推动形成区域特色鲜明的发展格局。发挥东部地区先行带动作用,重点拓展新的服务领域,推动内外贸互动发展,加快形成大城市以服务经济为主的产业结构,形成消费拉动经济增长的先行区。发挥中部地区区位优势,提升流通枢纽地位和商品集散功能,加快发展现代流通方式,大力发展生产性服务业。突出西部地区资源和特色优势,加大农产品和资源能源类商品交易市场建设力度。大力支持沿边省(区)和民族地区发展,建设一批具有民族和地方特色的边贸市场、商品交易市场和区域性商贸中心,扶持少数民族地区发展特需商品和民族贸易。建立国内贸易区域协调发展机制,引导资源跨区域整合。

2.发挥主要商业功能区的辐射带动作用。结合国家区域发展总体战略和构建城市化战略格局的总体部署,加快形成 11 个主要商业功能区,发挥其商品集散、价格形成、消费集聚、产业服务和辐射带动功能,形成一批国内贸易的重要增长极(见主要商业功能区分布图)。推动环渤海、长三角、珠三角商业功能区建设,大力发展现代服务业,进一步强化贸易中心地位和消费集聚功能。推动中原、长江中游、成渝、关中—天水商业功能区建设,强化商品特别是农产品现代物流基地和流通枢纽地位,提升商品集散和消费集聚功能。推动滇黔桂、甘宁青、新疆商业功能区建设,支持特色商品流通、民族贸易和边境贸易发展,增强商品集散功能和市场保障能力。推动哈长商业功能区建设,大力发展粮食等重要商品流通和专业服务行业,增强商品集散功能和为产业服务的能力。加强规划衔接、资源共享和市场开放,实现主要商业功能区内部一体化发展和功能区之间协调联动发展,初步形成全国骨干流通网络。

3.加强农村现代市场体系建设。引导大型流通企业进入农村,加强农村流通基础设施建设,深入实施万村千乡市场工程,继续推进新农村现代流通服务网络工程,扩大农村连锁超市覆盖面。按照土地利用总体规划、小城镇建设规划,重点在县、乡镇培育农村商贸服务中心。整合流通企业、银行和电信运营商等资源,建立统一的信息服务平台和农村商业信息库。以县、乡镇为农村物流节点,建立多元化的配送体系,加快农村物流资源整合,提高商品配送比率。支持农村商业网点拓展经营领域,取得相关经营资质,开展日用消费品、农资、图书、药品、烟草、通信等产品的经营,增强农技推广、水电费代收代缴、维修等服务功能。鼓励万村千乡市场工程、新农村现代流通服务网络工程、邮政等网点开展农产品购销、再生资源回收等业务。建立健全农机制造企业品牌营销网络、农

附图:主要商业功能区分布图

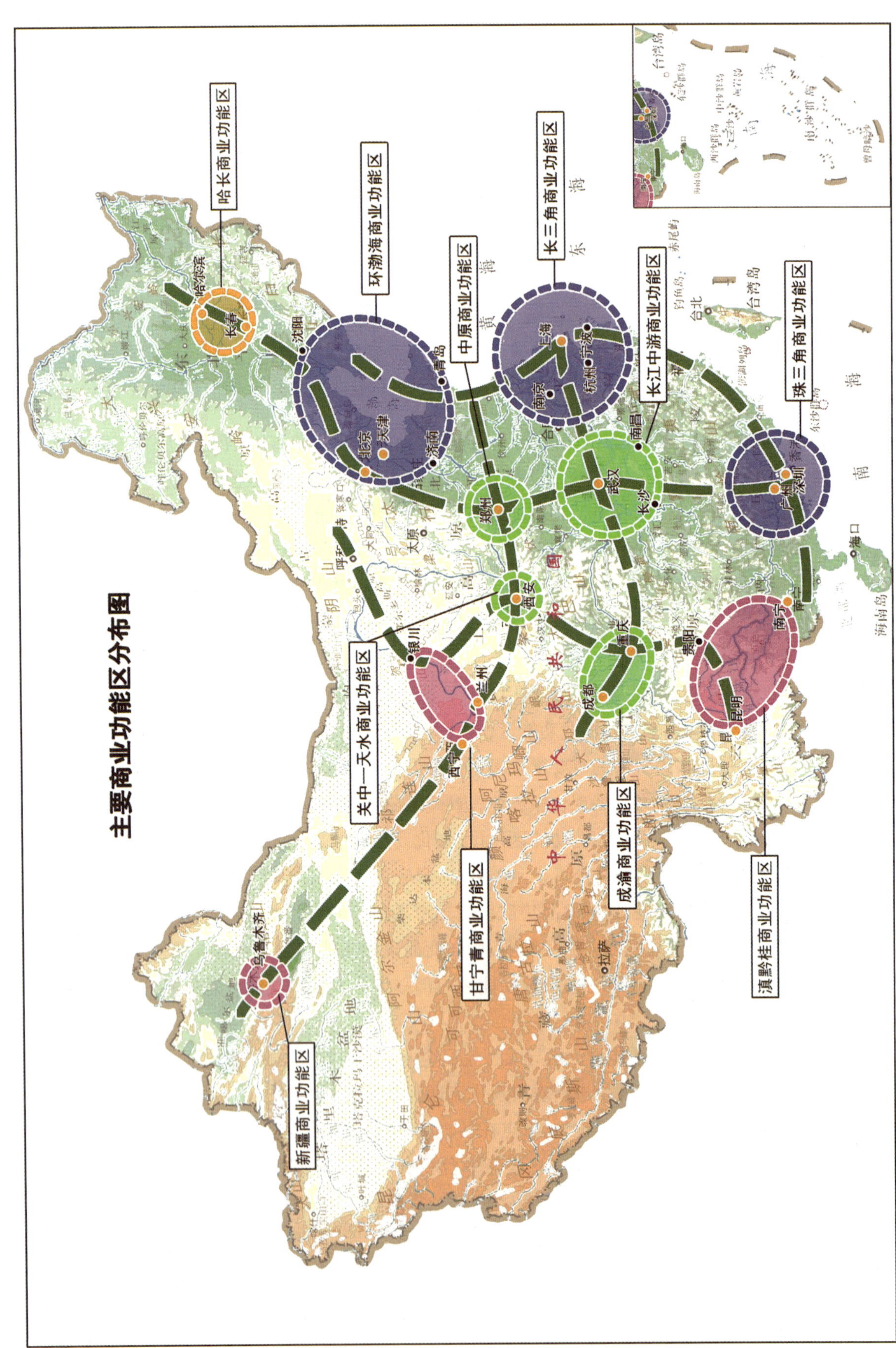

机专业流通企业销售网络相结合的新型农机市场体系。

4.推进城乡商业服务网络一体化。积极推进商业网点规划制定和实施。在城区,鼓励改造提升传统商业中心,引导商业网点合理布局,形成具有综合服务功能和较强辐射能力的消费中心;支持具有地方特色的商业街提档升级、规范发展。在郊区,引导专业市场及物流配送中心集聚发展。在社区,加强商业设施建设和业态配套,严格商业网点用途管理。鼓励各类经营主体进入社区,设立便利店、菜市场(店)、早餐店、药店、维修店、邮政局(所)、家政服务点、再生资源回收站等居民日常生活必需的商业网点,打造一刻钟便民生活服务圈。发展社区商业中心,提升社区综合服务功能。培育一批商业中心城市,推动各具特色的中小城市商业发展,优化城市群内部的商业分工。推动城市现代商业网络向农村延伸,支持流通企业建立城乡一体化的营销网络,畅通农产品进城和工业品下乡的双向流通渠道。

(二)建立和完善现代商品流通体系

1.着力建设农产品现代流通体系。引导各类投资主体投资建设和改造农产品批发市场和农贸市场、社区菜市场等鲜活农产品零售网点。加强预选分级、加工配送、包装仓储、检验检测等设施设备建设改造。支持农产品冷链物流发展,逐步形成全程冷链。积极探索以参股控股、产权回购回租、公建配套等多种形式,改造和新建一批具有公益性质的农产品批发市场、农贸市场、社区菜市场、菜店。统筹农产品集散地、销地、产地批发市场建设。积极推动农超对接、农批对接等多种产销衔接方式发展。支持农业生产基地、农民专业合作社在城市社区设立多种形式的鲜活农产品直销网点。创新农产品流通方式,鼓励拍卖、网上零售等现代交易方式发展,探索发展农产品流通领域的电子商务。完善全国鲜活农产品市场信息平台,健全农产品信息网络,形成全国统一的信息发布机制。

2.积极完善生产资料现代流通体系。鼓励直采直供、网上购销。支持生产资料流通企业向上下游延伸,形成供应链集成服务模式。逐步完善佣金代理制,规范发展总经销和总代理。支持发展企业间的电子商务。鼓励具备条件的生产资料生产、流通企业发展内外贸结合的经营模式,建立跨国采购和销售网络。支持生产资料批发市场加快改造升级,提升物流配送、流通加工、价格发布、金融服务、信息引导等综合服务功能,形成一批全国性或区域性生产资料交易中心。

3.加快健全工业消费品流通体系。引导零售企业突出主业、提高自营比重。支持零售企业拓展网上销售、信用销售、配送等服务功能,完善售后服务。积极促进工商对接,引导工业消费品批发、零售、生产企业建立稳定的供应链,鼓励生产企业向零售企业直接供货。促进工业消费品批发市场规范发展,提升综合服务功能。鼓励发展具有品牌优势的连锁工业消费品批发市场。支持具有批发功能的仓储式会员店发展。规范总经销、总代理,减少代理层次。

(三)促进内贸领域服务行业大发展

1.促进家庭服务业规范发展。整合家庭服务资源,实现家庭服务供求信息高效对接。丰富服务内容,延伸服务范围。加强家庭服务企业和人员管理,鼓励从业人员职业化,加强服务技能培训,统一服务标准,提高服务质量。推动一批管理科学、运作规范、影响力较大的家庭服务企业跨区域发展。

2.鼓励发展大众化餐饮。发展特色餐饮、民族餐饮、早餐、快餐和送餐服务。优化大众化餐饮布局,支持大型餐饮企业建设主副食加工配送中心,发展标准化餐饮网点。培育一批品牌化、连锁化经营的大众化餐饮企业。弘扬中华饮食文化,逐步形成业态互补、高中低档协调发展、中外餐饮融合促进的发展格局。

3.支持发展经济型住宿业。建立能够满足不同层次需求的住宿服务网络。大力发展绿色饭店和经济型连锁酒店，在大中城市开展绿色饭店创建活动。鼓励住宿企业连锁化、品牌化经营，推进住宿、旅游、出行一体化服务。推广实施住宿业相关国家标准和行业标准，提高住宿业服务水平。

4.提升其他服务行业发展水平。促进洗染、沐浴、美发美容、人像摄影、再生资源回收、修理与维护等服务网点合理布局，丰富便民利民服务网点，扩展服务领域和服务项目。大力发展租赁业，鼓励开展先进技术装备的融资租赁业务，积极发展实物租赁市场。培育一批面向国内外市场的专业化品牌化展会。加强拍卖和典当业监管。规范提升认证认可、信用评估、经纪代理、管理咨询、市场调查、服务外包、创意设计等商务服务行业。

（四）全面提高流通企业竞争力

1.积极培育大型企业。加大金融支持力度，推动有实力的流通企业通过参股、控股、联合、兼并、合资、合作等方式，跨行业、跨地区整合资源，实现资本化扩张，形成若干大型零售商、批发商、代理商等。鼓励有条件的企业在依法合规、公平竞争的前提下，组成战略联盟，开展采购、营销等方面合作。

2.大力扶持中小企业。支持中小流通企业特别是小微型企业专业化、特色化发展。建立健全中小流通企业服务体系，扶持发展一批面向中小流通企业的公共服务平台和服务机构。鼓励中小企业开展联合采购。引导中小企业利用信息技术提高管理、营销和服务水平。

3.鼓励实施品牌战略。建立品牌促进、推介和保护等公共服务体系。完善中国品牌产品境内外营销网络，畅通中国品牌产品流通渠道。积极发展品牌产品专卖店、专业店。鼓励流通企业开发自有商品品牌。支持流通企业服务品牌建设，保护中华老字号，鼓励中华老字号创新发展。

（五）大力推进流通现代化

1.积极推动科技进步。加强国内贸易领域信息化、自动化、标准化技术的研发和应用，支持流通企业信息化改造和综合公共信息平台建设。鼓励技术创新，推广应用企业资源计划系统、管理信息系统、供应链管理系统等信息管理技术。积极推动物联网、云计算等技术应用，开展智能商店试点。

2.大力发展电子商务。加强电子商务物流配送体系建设，大力发展电子商务服务业。鼓励流通企业通过应用电子商务实现转型升级，积极推动网络零售健康快速发展。支持发展社区电子商务、移动电子商务等新型电子商务模式。完善电子商务技术标准、统计监测和信用体系，探索建立电子商务信用等级认证制度。有序发展第三方电子商务平台。推动电子商务交易监管平台建设，保护消费者合法权益。

3.鼓励发展连锁经营。推动连锁经营向多行业、多业态延伸，提高流通规模化、组织化程度。鼓励发展直营连锁，规范发展特许连锁，扶持发展自愿连锁。提升统一采购、统一管理、统一核算、统一配送水平。运用信息化手段，优化供应链，提高经营管理水平。

4.加快发展物流配送。大力发展面向国内贸易的第三方物流，支持一批传统物流企业改造升级，提高商贸物流专业化、社会化、信息化水平。积极发展多式联运。支持大型连锁企业的配送中心面向社会提供配送服务。完善城市共同配送网络。合理规划和建设商贸物流集聚区，支持建设跨区域物流信息服务平台。

5.积极发展绿色低碳流通。引导流通企业开展绿色采购，设立节能环保产品专柜。鼓励消费者购买和使用资源节约和绿色环保产品。减少一次性用品、塑料袋的使用,遏制商品过度包装。大力推进绿色物流。推广使用散装水泥。加快以旧换新、收旧售新、旧货流通、再生资源回收等循环流通网络建设。推动旧货市场和二手设备、二手车交易市场升级改造,大力发展品牌二手车经营。培育报废汽车、船舶和废旧电子回收拆解骨干企业,引导建立报废汽车破碎示范中心。制定和实施内贸节能环保标准,加强能耗、水耗、环保管理,积极开展节能、环保和低碳认证。推进商业建筑和设施节能减排,培育一批节能环保商店、绿色市场、绿色园区示范企业。大力推广节电、节水、环保技术和装备。

(六)保障国内市场稳定运行

1.加强公共信息服务。完善城乡市场统计监测体系,进一步健全监测指标系统、信息采集系统、信息加工系统、信息储存系统和信息发布系统,提高市场监测、预测预警分析和公共信息服务能力。打造覆盖全国的市场监测网络平台。支持样本企业改善信息报送条件,优化样本企业结构,增强样本代表性。整合信息资源,构筑全方位、多层次的市场信息发布渠道。

2.提高市场调控能力。加强重要商品储备,增强平抑市场异常波动能力。对猪肉等重要生活必需品,建立健全中央和地方两级政府储备制度。培育中央和地方两级应急保供骨干企业队伍,积极探索生活必需品商业储备制度建设,支持骨干企业增加生活必需品库存。健全应急商品投放网络。加强肉、菜、糖、边销茶、生丝等重要商品储备的设施设备建设与升级改造。统筹利用两个市场、两种资源,维护重要商品市场供求基本平衡。

3.完善市场应急机制。加强生活必需品市场应急供应管理的制度建设,建立健全突发事件应对机制。不断完善生活必需品市场供应应急预案。建立应急管理平台,及时掌握应急商品的地域分布、库存水平、产出能力和物流资源等基本情况,逐步实现市场应急供应管理全程控制。

(七)营造规范有序的市场环境

1.大力整顿规范市场秩序。全面清理各种地区封锁的规定,促进商品和各种生产要素在全国范围内自由流动和充分竞争,消除企业跨行业、跨区域、跨所有制兼并重组的阻力。清理规范涉及行政许可和强制准入的垄断性经营服务收费。加强基层执法队伍建设,提高执法监管效能。严厉打击缺斤短两、商业欺诈、商业贿赂、不正当竞争等违法行为,加大处罚力度。整顿大宗商品交易市场秩序。规范零售商、供应商交易行为。

2.严厉打击侵权和假冒伪劣行为。完善打击侵犯知识产权和制售假冒伪劣商品工作机制,加强组织领导和统筹协调。研究修订相关法律制度,推动完善刑事定罪量刑标准,健全相关检验和鉴定标准。加强和规范行政执法,加大刑事司法打击力度,加强行政执法与刑事司法有效衔接。推动建立跨地区跨部门执法协作机制。健全监督考核制度,发挥社会监督作用。

3.积极推动信用体系建设。完善商务领域信用信息系统。支持商会或行业协会依据标准开展对会员企业的信用评价工作。建立商务从业人员信用管理制度。推进信用信息和信用评价结果的共享和应用。制定商业保理等信用服务业的行业规范,培育有序竞争的信用服务市场。大力发展信用销售,规范发展预付消费,鼓励发展信用消费。积极开展诚信经营宣传教育活动。

4.加强商品质量安全行业管理。鼓励食品经营企业采用先进技术和管理规范,健全企业进货查验、购销台账等制度。完善食品安全事故处置、信息通报、监测评估体系,提高食品安全风险预警和防控能力。完善药品流通网络和药品流通分类分级管理制度,推进社会零售药店规范管理,制定从业人员职业分类标准和岗位规范,健全药品购销索证索票、出入库及运输安全管理责任制。扶持和规范中药材交易市场，建立中药材流通追溯体系。加强保健食品、化妆品流通监管，探索建设追溯体系。逐步建立肉菜等食用农产品的流通追溯体系。完善酒类流通随附单溯源等管理制度。支持符合条件的生猪等定点屠宰企业升级改造，严格企业准入。完善省、市、县和企业互联互通的屠宰监管系统，建立监管和公共服务网络。整合充实商务领域执法监管力量，严厉打击私屠滥宰等违法行为。

（八）深化国内贸易的改革开放

1.推进管理体制改革。放宽垄断专营领域市场准入，深化原油、成品油、食盐、药品等商品流通体制改革，完善重要商品流通体系和管理机制，鼓励民间资本进入流通领域。加快流通管理部门职能转变，强化社会管理和公共服务职能，增加政府对具有公益性质的流通基础设施的投入。加快建立分工明确、权责统一、协调高效的国内贸易管理体制。强化政策制定、执行与监督相互衔接。推动相关行业协会、商会改革和发展，加强行业自律和信用评价，支持行业组织提高服务能力。

2.提高对外开放水平。创建公平的内外资投资环境，依照法律法规对内外资企业实行同等待遇。提高利用外资质量，优化外商投资结构。引导外资投向中西部地区和社区商业，引进新业态、新技术，促进传统内贸行业改造升级。依法加强外资并购管理。完善产业损害预警机制。积极鼓励和引导企业有序开展对外投资合作，在境外设立中国商品交易和物流集散中心，建立国际采购和营销网络。积极为生产企业建立境外营销网络提供配套服务。

3.促进内外贸协调发展。逐步建立与国际接轨的流通规则体系。引导外贸企业疏通内销渠道。鼓励流通企业开拓国际市场。支持内外贸企业之间的兼并重组与合作，重点培育一批具有产业链整合能力、内外贸结合的大型流通企业集团。重点发展一批外贸商品占有一定比重的商品交易市场。培育一批面向国际、国内两个市场的展会。鼓励优势电子商务平台开展内外贸交易。

专栏2 “十二五”时期国内贸易发展的重点工程

1.兴贸富边市场工程。以沿边和民族省（区）重点口岸城市和交通枢纽城市为节点，支持改造和建设一批内外贸一体化的特色边贸市场、商品交易市场、物流基地、出口加工基地和跨境物流通道，加强流通基础设施建设，形成若干具有一定规模和辐射能力的区域性商贸中心。

2.万村千乡市场工程。发展农村连锁经营网络，扩大农村连锁超市覆盖面，建设全覆盖、多层次的农村商品配送体系，使农村超市商品配送率提高至60%。鼓励农村连锁超市发展“一网多用”。对50%以上的农村超市进行信息化改造。在有条件的县、乡镇开展农村商贸服务中心建设试点。重点支持100家大型流通企业下乡。重点支持100个面向农村的配送中心建设。

3.社区商业示范工程。培育1000家社区商业示范社区，完善社区商业网点，增加服务功能，支持一批连锁企业进入社区。通过创建示范社区，扩大社区商业规模，带动社区便利店和超市等业态升级，提升社区商业连锁化和便利化程度，增强社区吸纳就业能力。

4.农产品骨干流通网络建设工程。重点支持100家大型连锁超市与农产品基地直接对接，推行标准购销合同。在省级城市和农产品优势产区建设改造100家骨干农产品批发市场，在地级城市建设改造500家区域性农产品批发市场，在县乡建设改造6000家农贸市场。加强农产品冷链物流、配送中心、电子结算、检验检测等设施建设。以标准化菜市场和连锁超市为主体，以直营直供菜店、早晚市、周末菜市场和网上经营为补充，建设城市鲜活农产品零售网络。加快绿色市场培育与认证。积极推动“南菜北运”等农产品现代流通综合试点工作，构建全国农产品现代流通综合示范区。

5.家庭服务体系建设工程。在中心城市建设或完善家庭服务网络中心，逐步形成较完善的家庭服务体系。支持一批大型龙头家庭服务企业建设、改造连锁门店，重点培育一批管理规范、连锁经营的员工制品牌服务企业，规范中小家庭服务企业发展。支持家庭培训机构和家庭服务企业开展家庭服务人员培训，扶持一批城镇下岗人员、农民工从事家庭服务。

6.早餐示范工程。在地级以上城市支持大型龙头餐饮企业新建或改造主食加工配送中心，重点完善食品安全检测、信息管理和冷链与配送三大系统，支持建设标准化餐饮网点，培育一批品牌早餐企业及快餐企业。

续表

7.生活服务行业集聚创新示范工程。 在大中城市建设若干集聚生活服务行业的街区,形成一批美食街、购物街、休闲娱乐街、老字号街等,形成一批创新型服务企业,发展网络定制服务等,促进服务行业自主品牌发展。 **8.生产服务行业创新示范工程。** 支持有条件的省市,以产业集聚区、商贸物流园区、重点企业、电子商务平台等为载体,建设一批各具特色、充满活力的现代服务业公共服务平台,培育一批主业突出、竞争力强的现代服务企业,形成一批主体功能突出、带动作用强的现代服务业发展示范区。 **9.中小流通企业服务体系建设工程。** 选择部分省市试点建立中小流通企业服务中心,扶持建立一批公共服务平台,逐步完善面向中小流通企业的创业辅导、人才培训、信息咨询、市场开拓、融资担保、法律咨询与援助等公共服务,促进中小流通企业健康快速发展。 **10.电子商务示范工程。** 以国家电子商务示范城市为重点,以国家电子商务示范园区(基地)为载体,支持电子商务公共服务体系建设。支持电子商务示范企业进行技术创新和模式创新,完善交易结算、安全保障、仓储物流等配套服务系统,提高电子商务应用水平。支持传统企业应用信息技术发展电子商务,形成一批面向消费者的网络购物平台、面向企业的电子商务平台。 **11.城市物流配送体系示范工程。** 加快大中城市商贸物流聚集区和物流配送节点建设,优化城市物流配送空间布局,建立托盘共用系统,搭建城市共同配送服务平台。重点支持现代物流示范城市内200个物流配送中心和一批商贸物流园区建设与改造,大中城市连锁零售企业统一配送率达到75%。 **12.再生资源回收体系建设工程。** 在省会城市、部分地级城市和具备条件的县级市,加快建设城市社区和乡村回收站点、分拣中心、集散市场“三位一体”的再生资源回收体系,建设80个废旧商品回收体系示范城市、100个废旧商品回收分拣集聚区,扶持100个回收行业重点龙头企业。 **13.汽车循环消费促进工程。** 鼓励汽车供应商、经销商开展品牌二手车经营,引导大型企业发展连锁经营,设立品牌二手车卖场、精品店等专业经销企业,培育一批功能完善、管理规范的二手车交易示范市场。推动报废汽车回收拆解企业开展以清洁环境、安全生产、节约资源为重点的达标升级活动,集中支持和培育起点高、回收网点完善、具有规模效应的汽车回收拆解骨干企业,引导有条件的地区建立报废汽车破碎示范中心。 **14.零售业节能环保工程。** 在直辖市、计划单列市、省会城市支持大型零售店铺实施照明、空调、电梯及其他建筑内部用能设施的节能改造,严格用能管理。在全国零售行业开展节能减排行动和创建“节能环保示范企业”活动,树立一批节能环保型企业典范。 **15.市场调控体系建设工程。** 加强城乡市场统计监测体系建设,完善重要商品预测预警系统。建立健全中央、地方两级政府储备制度。培育骨干企业队伍,完善配套支持政策。加强应急商品数据库建设,增加应急商品品种和重点联系企业数量。依托配送中心、批发市场、大型超市、农贸市场、社区商店等网点,形成应急投放网络,确保投放渠道畅通。 **16.肉菜酒类流通追溯体系建设工程。** 在具备条件的大中城市,建立覆盖屠宰、批发、零售、消费等环节的追溯体系和中央、省、市三级政府管理平台,实现肉菜来源可追、去向可查、责任可究,落实经营者和市场开办者的主体责任。选择品牌知名度高的酒类企业,建立覆盖酒类生产、批发、零售、餐饮的追溯链条,实现品牌酒瓶瓶可追溯。形成全国性的肉类蔬菜酒类流通追溯网络。 **17.“放心肉”服务体系建设工程。** 建立省、市、县商务主管部门(以及民族、宗教部门)对屠宰企业实行远程监控的屠宰监管技术系统,实现对生猪等入厂到产品出厂全过程监控。支持骨干龙头屠宰企业升级改造与中小型屠宰企业标准化改造,鼓励屠宰企业兼并重组与转型升级,重点支持屠宰加工、肉品检验、冷链储运、无害化处理及企业信息管理系统和污水处理等设施设备改造。 **18.内贸领域监管与公共服务体系建设工程。** 积极推进市县商务综合行政执法试点,建设统一、规范、高效的商务行政执法队伍,改善执法装备和条件,提高执法能力。推动建立省、市、县三级12312商务举报投诉服务中心,完善举报投诉、政策咨询、信息查询、预测预警、宣传培训等综合服务功能。

四、保障措施

从战略和全局的高度,充分认识国内贸易发展的重要性和紧迫性,加强组织领导与政策促进,认真贯彻落实《国务院关于深化流通体制改革加快流通产业发展的意见》(国发〔2012〕39号),推动本规划的实施。

(一)完善法规标准体系

1.健全法律法规体系。加快内贸领域法律法规体系建设步伐,提高依法行政水平。根据实际情况与需要,抓紧研究制定和修订市场体系建设、重要商品流通、商业网点规划管理以及规范市场主体和经营行为等方面的法律法规或部门规章,进一步完善流通领域立法。

2.加快完善标准体系。推进基础性标准和涉及群众生命、财产、安全、健康等领域标准制修订,完善节能降耗、从业人员岗位和技能要求、检验检测、农产品和食品流通、药品流通等方面的标准和认证认可制度,逐步实现流通行业标准全面覆盖。开展标准化示范企业创建工作。加强标准化队伍建设,提高行业协会、标准化技术机构和企业标准化人员的业务素质。积极参与国际标准化活动,鼓励企业参与或主导制订国际标准。

(二)加大财税和价格政策支持力度

1.加大财税支持力度。着眼于搞活流通、扩大消费,优化结构,突出重点,积极发挥中央财政资金的促进作用,大力支持内贸关键领域、薄弱环节,提升国内贸易行业的综合服务能力。认真落实现行的各项税收优惠政策,进一步完善有利于内贸行业健康发展的税收政策。实行结构性减税,重点支持农产品流通、生活服务业、连锁经营企业发展和废旧商品回收体系建设。

2.规范流通环节收费。进一步落实鲜活农产品运输“绿色通道”政策,开展公路收费专项清理工作,完善公路收费政策,规范公路车辆通行费管理;清理整顿大型零售商向供应商收费,完善相关法规和规章制度;加强零售商供应商交易服务收费管理;规范农产品市场收费,推动降低农产品批发市场、农贸市场的摊位费。地方政府可以依照法定程序将政府投资或控股的农产品交易市场收费纳入地方政府定价目录,实行政府指导价管理。加快推进工商用电用水同价。

(三)创新金融支持政策

1.大力发展消费信贷。稳步发展消费信贷市场,有针对性地培育和巩固消费信贷增长点,集中推进汽车、家电、教育、旅游等与改善民生密切相关的信贷消费发展。完善消费信贷政策,支持新型消费信贷机构发展,充分发挥信用卡的消费信贷功能,支持新型消费产业和新型消费市场发展。

2.加快金融产品创新。积极引导金融机构、融资性担保机构加大对流通企业特别是小微流通企业的金融支持力度,优化项目贷款管理模式和贷款评审流程,推动发展新型融资方式,为企业发展提供更加便利的融资服务。支持符合条件的流通企业通过设立财务公司、发行企业债券、上市融资、发行非金融企业债务融资工具等多种方式筹措发展资金。

3.加强金融基础设施建设。加快建设适应连锁经营、物流配送、电子商务等现代流通方式发展要求的支付平台,不断完善电子商业汇票系统建设,推动非金融机构支付服务规范发展,在保障安全的前提下进一步提高支付效率。

4.提供良好的金融服务。优化银行卡刷卡费率结构,降低总体费用水平,扩大银行卡使用范围。提高资金跨区汇兑效率和票据的安全性,共同营造良好的信用环境。

(四)完善规划和土地政策

制定全国流通节点城市布局规划,做好各层级、各区域之间规划衔接。科学编制商业网点规划,做好商业网点规划与控制性详细规划和修建性详细规划的相互衔接。加强商业网点建设指导,完善社区商业网点配置。统筹安排流通业用地,落实和完善支持流通业发展的用地政策。农产品批发市场用地应严格按照规划合理布局,土地招拍挂出让前,所在区域有工业用地交易地价的,可以参照工业用地市场地价水平、所在区域工业用地基准地价和工业用地最低价标准等确定出让底价。土地出让后严禁改变用途从事其他商业及住宅等房地产开发。地方政府对农产品批发市场、农贸市场、物流配送中心等流通基础设施用地应优先纳入土地利用总体规划和城市总体规划并予以保障。

(五)加强理论研究和人才培养

1.重视内贸基础理论研究。坚持内贸实践与理论相结合,支持高校加强内贸学科建设,支持高校、科研机构积极开展内贸重大理论和实际问题研究,探索建立具有中国特色的流通理论体系。

2.加快内贸专业人才培养。支持高校加强内贸相关专业建设,创新教育教学方法,创立高校与部门、科研院所、行业企业联合培养人才的新机制,提高内贸专业人才培养质量。强化内贸职业教育、评价和培训。支持有条件的企业设立教育培训机构,指导商业类职业学校专业建设,优化整合现有资源,拓展新兴领域专业设置。建立内贸行业专业人才评价机制,按照国家职业标准和行业标准,做好内贸行业技能人才评价工作。培养多层次、多门类、复合型的贸易经济人才。

(六)建立统计评价体系

建立完善行业统计调查制度和评价指标体系,加强对行业发展规模、经营效益、行业结构、现代化程度和贡献度等方面的调查统计,及时准确反映行业发展现状、存在问题和发展趋势。鼓励行业组织和科研机构发挥自身优势,参与行业统计工作。

地方各级人民政府和有关部门要切实加强规划的组织实施,采取有效措施,形成合力,扎实推进规划各项任务的落实。建立规划实施监测评估机制,实行年度监督、中期评估和终期检查制度。制定分解落实方案,明确工作职责、时间进度和质量要求。加强年度计划与本规划衔接,注重短期政策与长期政策配合,对主要指标设置年度目标,充分体现本规划的发展目标和重点任务。强化规划实施情况的动态跟踪分析,加强监督检查。

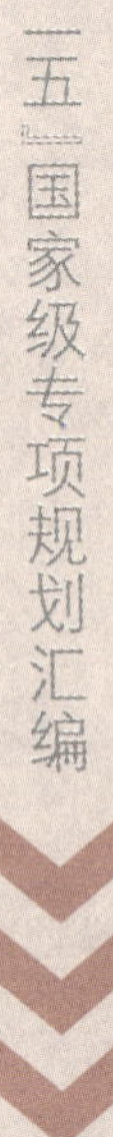

全国老工业基地调整改造规划

（2013—2022年）

序　言

为了巩固和深化东北地区等老工业基地振兴成果，统筹推进全国老工业基地调整改造工作，按照2010年国务院振兴东北地区等老工业基地领导小组会议部署，根据《中共中央 国务院关于实施东北地区等老工业基地振兴战略的若干意见》（中发〔2003〕11号）、《中华人民共和国国民经济和社会发展第十二个五年规划纲要》，制定本规划。

本规划所称老工业基地是指“一五”、“二五”和“三线”建设时期国家布局建设、以重工业骨干企业为依托聚集形成的工业基地。老工业基地的基本单元是老工业城市。根据上述时期国家工业布局情况，以及1985年全国地级以上城市工业固定资产原值、工业总产值、重化工业比重、国有工业企业职工人数与就业比重、非农业人口规模等6项指标测算，全国共有老工业城市120个，分布在27个省（区、市），其中地级城市95个，直辖市、计划单列市、省会城市25个。

改革开放特别是实施东北地区等老工业基地振兴战略以来，120个老工业城市呈现不同的发展态势。95个地级老工业城市中，大部分发展速度加快，但发展方式仍然比较粗放，需要在更高层次上推进调整改造；少部分发展滞缓或主导产业呈现明显的衰退特征，调整改造任务艰巨。25个直辖市、计划单列市和省会城市整体发展基本进入良性轨道，但传统工业企业比较集中的市辖区的调整改造任务尚未完成。

本规划范围为，95个地级老工业城市和25个直辖市、计划单列市、省会城市的市辖区，详见专栏1和附图。

本规划是指导今后一个时期老工业基地调整改造的行动纲领。规划期为2013—2022年。

专栏1　规划范围

地级城市(共95个)：
河北省(6个)：张家口、唐山、保定、邢台、邯郸、承德；
山西省(5个)：大同、阳泉、长治、晋中、临汾；
内蒙古自治区(2个)：包头、赤峰；
辽宁省(11个)：鞍山、抚顺、本溪、锦州、营口、阜新、辽阳、铁岭、朝阳、盘锦、葫芦岛；
吉林省(6个)：吉林、四平、辽源、通化、白山、白城；
黑龙江省(6个)：齐齐哈尔、牡丹江、佳木斯、大庆、鸡西、伊春；
江苏省(3个)：徐州、常州、镇江；
安徽省(6个)：淮北、蚌埠、淮南、芜湖、马鞍山、安庆；
江西省(3个)：九江、景德镇、萍乡；
山东省(2个)：淄博、枣庄；
河南省(8个)：开封、洛阳、平顶山、安阳、鹤壁、新乡、焦作、南阳；
湖北省(6个)：黄石、襄阳、荆州、宜昌、十堰、荆门；
湖南省(6个)：株洲、湘潭、衡阳、岳阳、邵阳、娄底；
广东省(2个)：韶关、茂名；
广西壮族自治区(2个)：柳州、桂林；
四川省(8个)：自贡、攀枝花、泸州、德阳、绵阳、内江、乐山、宜宾；
贵州省(3个)：遵义、安顺、六盘水；
陕西省(4个)：宝鸡、咸阳、铜川、汉中；
甘肃省(4个)：天水、嘉峪关、金昌、白银；
宁夏回族自治区(1个)：石嘴山；
新疆维吾尔族自治区(1个)：克拉玛依。
直辖市、计划单列市、省会城市的市辖区(共25个)：
北京市石景山区、天津市原塘沽区、上海市闵行区、重庆市大渡口区、石家庄市长安区、太原市万柏林区、沈阳市大东区、大连市瓦房店市、长春市宽城区、哈尔滨市香坊区、南京市原大厂区、合肥市瑶海区、南昌市青云谱区、济南市历城区、郑州市中原区、武汉市硚口区、长沙市开福区、成都市青白江区、贵阳市小河区、昆明市五华区、西安市灞桥区、兰州市七里河区、西宁市城中区、银川市西夏区、乌鲁木齐市头屯河区。

一、规划背景

全面总结实施东北地区等老工业基地振兴战略取得的成就、经验和做法，分析存在的问题，准确把握新形势新特点，切实提高对新时期老工业基地调整改造重要性的认识。

(一)振兴战略的成就与经验

2003年，党中央、国务院从全面建设小康社会全局出发，作出了振兴东北地区等老工业基地战略决策。十年来，东北老工业基地振兴取得了重要阶段性成果，积累了宝贵的经验。以国有企业改革和吸引外来投资为重点，大力推进体制机制创新，激发了发展的活力和动力；以产业结构调整为重点，加强技术改造和自主创新，不断培育产业竞争新优势；以棚户区改造、完善社保体系等为重点，加强重大民生工程建设，改善了人民生活；以城区老工业区搬迁改造为重点，优化城市内部空间布局，完善了综合服务功能；以资源枯竭城市经济转型为重点，推动建立资源开发补偿机制和衰退产业援助机制，增强了资源型城市可持续发展能力。总体上看，东北老工业基地城乡面貌发生很大变化，人民精神风貌昂扬向上，经济社会重新焕发生机和活力，正在成为全国重要经济增长区域。其他地区的老工业基地调整改造也取得了积极进展。同时也要清醒地认识到，东北老工业基地内生增长动力和良性发展机制尚未形成，经济增长过分依赖投资拉动，区域内部发展很不均衡。

目前,老工业基地振兴进入了统筹推进、攻坚克难的新阶段。要适应新情况新变化,在认真总结前十年东北老工业基地振兴实践经验的基础上,将振兴工作由前期以东北地区为主向巩固深化东北、统筹推进全国老工业基地振兴转变,把工作重点放在老工业城市调整改造上。

(二)发展基础

规划范围内的老工业基地,国土面积总计约140万平方公里,人口规模3.9亿,2011年地区生产总值占全国24.7%。这些老工业基地工业基础雄厚,发展条件较好。一是资产存量大。“一五”时期前苏联援建我国的156个重点项目一半以上布局于此,经过“二五”和“三线”建设,积累了大量资产,现有规模以上工业企业7.6万家,工业固定资产6.8万亿元,分别占全国的23.3%和29.8%。二是产业规模大。2011年工业总产值20.8万亿元,占全国的24.6%。三是产业地位重要。拥有装备制造、军工、能源、原材料等基础性、战略性产业,聚集了一大批大型骨干企业和高素质的产业工人队伍,许多产品技术水平国内领先。四是科技创新潜力大。拥有高等院校约500所、国家级技术研发实验机构220多个,国家级高新技术开发区数量占全国总数的1/3,具有研发重大技术和发展战略性新兴产业的基础。五是自然资源丰富。一些老工业基地金属矿、煤炭、油气等资源储量依然较大,是国家重要的能源原材料基地。

(三)存在问题

当前,规划范围内的老工业基地发展改革还面临一些突出矛盾和问题。一是产业层次低,发展方式粗放。老工业基地原材料和初级产品产值占工业总产值的比重高出全国平均水平19个百分点,总体能耗强度是全国平均水平1.3倍,60%以上的老工业城市能耗强度都高于全国平均水平。二是城市内部空间布局不合理,基础设施落后。历史形成的老工业区大多处于城市中心,生产区和生活区混杂交错,市政基础设施陈旧,制约了城市功能提升。三是排放强度大,环境污染严重。单位地区生产总值化学需氧量、二氧化硫排放强度分别是全国平均水平的2.2倍和1.5倍,工业废弃地重金属污染、沉陷区等问题亟待解决。四是就业压力大,收入水平低。城镇登记失业率高出全国平均水平约0.7个百分点,城镇居民人均可支配收入相当于全国平均水平的4/5左右,相当部分居民生活条件较差,一些“三线”企业职工生活尤为困苦。五是国企改革相对滞后,历史遗留问题多。一些国企改革不到位,一些处于停产半停产状态的国企改革难以推进,企业办社会、厂办大集体、社保费拖欠等历史遗留问题尚未得到妥善解决,改革成本巨大。这些矛盾和问题已成为老工业基地加快转变发展方式的严重制约,必须引起高度重视,采取有力的政策措施予以解决。

(四)重大意义

老工业基地为我国形成独立完整的工业体系和国民经济体系,为改革开放和现代化建设作出了历史性重大贡献。在新的历史条件下,做好老工业基地调整改造工作,对于加快转变经济发展方式,推进新型工业化和新型城镇化,加快形成新的增长极,构建社会主义和谐社会,具有重大意义。一是推进新型工业化和建设创新型国家的需要。老工业基地集中了我国航空航天、国防军工、重大装备、冶金、石化等重工业的众多骨干企业,是我国工业的根基和命脉,也是推进自主创新的重要载体。做好调整改造工作,对我国加快新型工业化和建设创新型国家进程具有重要影响。二是推进新型城镇化和区域协调发展的需要。老工业基地城镇化率较高,但城市功能不够健全,服务业发展明显滞后,基础设施陈旧,城镇化质量有待提升。同时,老工业城市在东北和中西部地区发展中发挥着关键作用。做好调整改造工作,对于推进新型城镇化、促进区域协调发展具有重要作用。三是构建资源节约型和环境友好型社会的需要。多数老工业基地存在资源利用率低、能耗高、污染重、环境保护压力大等问题，是推进节能减排和生态环境保护的重点难点地区。做好调整改造工作，对于构建“两型社会”具有重要推动作用。四是保障和改善民生的需要。部分老工业城市民生保障水平较低，历史遗留问题突出，社会矛盾集中，不稳定因素较多。做好调整改造工作，对于破解城市内部二元结构难题、促进社会和谐稳定具有重要意义。五是扩大内需的需要。老工业基地调整改造是一项系统工程，涉及面广、带动力强，能有效拉动投资和消费，可成为长期扩大内需的重要抓手和潜力源泉。

二、总体要求

把老工业基地调整改造作为扩内需、调结构、惠民生的重要战略任务，针对突出矛盾和问题，明确总体思路和目标任务，加大工作力度，努力开创新局面。

（一）指导思想

以邓小平理论、“三个代表”重要思想、科学发展观为指导，认真贯彻落实党的十八大精神，坚持科学发展主题和加快转变经济发展方式主线，以新型工业化和新型城镇化为引领，把深化改革、扩大开放作为强大动力，把再造产业竞争新优势、全面提升城市综合功能作为主攻方向，把促进绿色发展、增强创新支撑能力作为重要着力点，把保障和改善民生作为根本出发点和落脚点，深入实施全国老工业基地调整改造，促进老工业基地全面协调可持续发展，建设国家重要的新型产业基地和区域经济发展的重要增长极。

（二）基本原则

——坚持全面推进与分类指导相结合。既要统筹推进老工业基地经济社会发展，解决共性问题，又要针对不同发展态势和产业结构特点，指导并支持各地探索各具特色的调整改造道路。

——坚持调整产业结构与完善城市功能相结合。既要推进产业结构优化升级，增强产业竞争力，又要加强城区老工业区改造，优化城市内部空间布局，全面提升城市功能。

——坚持市场取向与政府引导相结合。既要充分发挥市场配置资源的基础性作用，又要发挥政府导向作用，采取切实有效措施解决制约市场机制发挥作用的体制机制问题。

——坚持自力更生与国家扶持相结合。既要鼓励老工业基地挖掘内在潜力，调动积极性、主动性、创造性，自力更生谋发展，又要加强国家政策扶持，着力解决历史遗留问题以及依靠自身难以解决的困难。

（三）调整改造定位

针对不同发展态势的老工业城市，明确调整改造主要任务和政策取向，鼓励大胆探索实践，走各具特色的调整改造之路。

总体发展速度较快但发展方式比较粗放的老工业城市，要把转变发展方式放在更加突出的位置，逐步培育成为省域经济发展的重要增长极。要加快发展战略性新兴产业和现代服务业，增强自主创新能力，提升经济发展的质量和效益，完善城市综合服务功能，大力推进生态环境保护和社会事业发展，增强可持续发展能力和辐射带动能力。要充分发挥市场机制的作用实施调整改造，中央和省级政府给予适当支持。

发展滞缓或主导产业衰退比较明显的老工业城市，要加快体制机制创新，增强发展活力动力，尽快进入良性发展轨道。要坚持不懈地推进国有企业改革,切实解决历史遗留问题,强化社会保障体系建设,推进棚户区改造等重点民生工程,加快传统产业升级改造,培育发展新兴产业,加强城市基础设施建设。在自身艰苦奋斗的同时,中央和省级政府给予重点支持。

直辖市、计划单列市、省会城市列入规划范围的市辖区,要在城市功能分区中选准定位,充分发掘利用区位及科教人才优势,加快调整改造步伐,努力成为城市发展新的引擎。要下大力气优化产业结构和空间布局,完善公共服务功能,提高民生保障水平,改善生态环境。

(四)调整改造目标

到2017年,规划范围内老工业基地调整改造的主要目标是:

——产业结构优化升级取得重要进展,产业竞争力显著提升,高新技术产业增加值、服务业增加值占地区生产总值的比重分别达到17.8%和45%。

——城市内部空间布局得到优化,城区老工业区调整改造全面展开,基础设施得到改善,服务功能明显提升。

——节能减排取得明显成效,与2012年相比,单位工业增加值用水量降低32%,单位地区生产总值能源消耗降低18%,化学需氧量、二氧化硫排放分别减少10%、9%。

——科技创新能力得到增强,人才队伍建设得到加强,创新体系进一步完善,研究与试验发展经费支出占地区生产总值比重达到2.2%,每万人口发明专利拥有量提高到3.1件。

——人民生活持续改善,居民收入增长和经济发展同步,城镇居民人均可支配收入达到2.99万元,城镇参加基本养老保险人数达到1亿人,城镇累计新增就业人数1300万人,城镇保障性安居工程累计建设680万套。

——改革开放取得新进展,国企改革基本完成,多种所有制经济协调发展,对外开放的广度和深度不断拓展,经济发展的活力动力明显增强。

到2022年,老工业基地现代产业体系基本形成,自主创新和绿色低碳发展水平显著提升,城区老工业区调整改造基本完成,城市综合功能基本完善,辐射带动作用显著增强,基本公共服务体系趋于健全,良性发展机制基本形成,为建设成为产业竞争力强、功能完善、生态良好、和谐发展的现代化城市奠定坚实基础。

三、再造产业竞争新优势

坚持走新型工业化道路,改造提升传统优势产业,大力培育发展战略性新兴产业,促进生产性服务业与工业融合发展,全面提升老工业基地产业综合竞争力。

(一)改造提升传统优势产业

加大调整改造力度,增强传统优势产业的市场竞争力。(1)以装备制造业为主导产业的城市,要增强重大技术装备研发成套能力,提高基础零部件、基础工艺、基础材料的研制应用水平,提高工业增加值率。(2)以汽车工业为主导产业的城市,要瞄准城乡和国内外不同层次的市场需求,增强产品研发能力,重点发展自主品牌汽车、发动机及关键零部件等。(3)以钢铁、有色、化工等原材料工业为主导产业的城市,要推广应用高效、低消耗、低排放工艺技术,延伸产业链,重点发展各类精深加工材料,提高产品质量和资源综合利用水平。(4)以资源开采加工为主导产业的城市,要合理控制资源开采规模和强度，延长产业链，提高加工深度，深化共伴生资源综合利用。其中，以煤炭工业为主导产业的城市要加快推进煤矿企业兼并重组，淘汰落后产能，强化安全生产，提高煤炭洗选加工水平。

专栏2　部分老工业城市传统优势产业发展重点

装备制造业：齐齐哈尔、德阳、洛阳等重点发展重大成套设备，天水、宝鸡、安阳等重点发展重型、专用数控机床，张家口、鸡西、石嘴山等重点发展煤炭采掘设备，宝鸡、荆州、牡丹江等重点发展石油钻采设备，洛阳、徐州、柳州等重点发展农业机械、工程机械等。

汽车工业：芜湖、保定等重点发展自主品牌乘用车，包头、十堰、襄阳等重点发展重载汽车及发动机，铁岭、晋中等重点发展各类专用汽车。

钢铁工业：鞍山、攀枝花、嘉峪关等重点发展高速铁路用钢、船用钢板、高强度工模具钢、高磁感取向硅钢及其他特殊合金钢。

有色金属工业：白银、赤峰、娄底等重点发展航空航天、国防军工、电子信息等行业急需的有色金属新材料。

化学工业：大庆、吉林、岳阳等重点发展精细石化产品，自贡、宜昌、衡阳等重点发展精细盐化工、磷化工等产品。

煤炭工业：大同、平顶山、六盘水等稳定产量，加强煤矸石、煤泥、煤层气、矿井水等综合开发利用。

大力优化产业组织结构，鼓励各类所有制企业参与老工业基地国企改制重组，支持老工业企业与原对口援建企业开展多种形式的合作。培育发展具有较强技术研发、系统集成、核心制造、市场开拓和融资能力的大型企业，发挥引领带动作用，扶持发展一批“专、精、特、优”中小企业，增强配套协作能力。因地制宜，整合基础加工能力，建设专业化生产中心，开展公共协作服务。优化工艺流程，加快生产设备设施更新，提高生产集约化、清洁化和精深加工水平，切实减少资源消耗和污染物排放。充分利用新技术、新材料，提升产品的数字化、智能化、绿色化水平，促进产品更新换代。加强企业研发设计、生产、营销和财务等环节的信息化改造，提升管理水平。培育企业的市场开拓和品牌营销能力，打造一批国内外知名品牌。

（二）培育发展战略性新兴产业

依托老工业基地优势企业、科研机构和重大项目，大力发展战略性新兴产业，促进产业结构优化升级。高端装备制造业要面向我国重大工程迫切需求，重点发展轨道交通设备、航空航天装备、高性能加工设备及关键零部件。新材料产业要紧密围绕高端装备制造、国家重大工程建设需求，重点发展先进结构材料、新型功能材料和高性能复合材料。节能环保产业要以各类节能环保示范工程和项目为依托，大力发展具有自主知识产权的先进节能环保产品。新能源产业要结合能源结构调整的需要，重点发展新能源技术装备和清洁可再生能源。生物产业要面向健康、农业和资源环境等领域，重点发展生物医药、生物制造、生物质能源等。新能源汽车要重点发展插电式混合动力和纯电动汽车及电池、电机、电控等核心部件，积极研究开发高能效、低排放燃油汽车。新一代信息技术产业要把握市场需求新趋势，重点发展电子信息核心基础部件、高端软件和信息技术服务等。

要结合市场需求，发展具有竞争优势的战略性新兴产业，避免盲目发展和重复建设。加强原始创新和引进消化吸收再创新，着力突破核心技术，实施重点领域高技术产业化项目，抢占产业制高点。积极发展战略性新兴产业的关键零部件和重要工艺设备，增强协作配套能力。营造良好发展环境，推进形成产学研用紧密合作机制和创新成果产业化机制。加强对外合作，积极引进先进技术和人才，形成开放式发展局面。发挥军工技术优势，支持军民两用技术产业化和相互转化，培育形成新兴产业。

专栏3　部分老工业城市战略性新兴产业发展重点

高端装备制造业:株洲、大同等重点发展高速重载机车、地铁车辆及交流传动系统等,汉中、安顺、襄阳等重点发展为大型客机、支线飞机、大型运输机等配套的零部件。

新材料产业:金昌、遵义、邢台等重点发展镍钴合金及大规格中空型材、特种铸锻件等先进结构材料,吉林、包头、牡丹江等重点发展碳纤维、高性能稀土材料等新型功能材料,鸡西等重点发展高端石墨材料。

节能环保产业:自贡、佳木斯、四平等重点发展节能环保锅炉、电机、换热器等产品。

新能源产业:湘潭、锦州、保定等重点发展风电、光伏发电等新能源装备制造。嘉峪关、张家口、赤峰等积极发展风电等新能源,同时积极配合做好新能源电力并网工作。

生物产业:通化、新乡、邵阳等重点发展重组人胰岛素、生物血液制品、疫苗等生物药品,南阳、蚌埠等重点发展非粮转化乙醇、纤维素转化技术。

新能源汽车产业:芜湖、襄阳、柳州等重点发展插电式混合动力和纯电动汽车,以及动力电池、电机、电控等关键部件。

新一代信息技术产业:绵阳、衡阳、咸阳等重点发展信息化数字家电、新型显示、电子核心基础部件、特色高端软件产品和新兴技术服务等。

(三)大力发展生产性服务业

加大扶持力度,优化发展环境,加快提升生产性服务业规模和水平,形成与新型工业化和新型城镇化协调发展的服务体系。大力发展现代物流业,在重要产业基地和交通枢纽城市科学规划建设一批物流园区,加快煤炭、钢铁、化工、农产品等产业物流发展,鼓励生产企业剥离内部物流业务,推进物流社会化、专业化发展。有序拓展金融服务业,创新金融产品和服务,加强对中小企业融资支持。规范提升商务服务业,加快发展项目策划、并购重组、财务顾问等企业管理服务,大力发展工程咨询、信用评估、技术产权交易等专业服务,促进服务外包产业发展。加快推行合同能源管理,扶持发展节能服务业,引导节能服务公司加强技术研发、服务创新和品牌建设,支持采用合同能源管理方式实施节能改造,培育发展第三方认证、评估机构。培育壮大高技术服务业,大力发展信息技术、电子商务、研发设计、检验检测、科技成果转化等服务产业。积极推进环境服务业模式创新试点,开展综合环境服务。跟踪国内外经济社会发展新趋势,结合老工业基地调整改造现实需要,鼓励发展服务新业态。

(四)积极承接产业转移

抓住现阶段国内外产业格局深刻调整的重大机遇,充分利用老工业基地产业基础好、配套能力强、市场潜力大的有利条件,积极承接国内外产业转移。承接产业转移要坚持高起点、高标准,积极承接有利于延伸产业链、提高技术水平和资源综合利用水平、充分吸纳就业的产业,严格产业准入,严禁污染产业和落后生产能力转入。因地制宜承接发展优势特色产业,电力丰裕、矿产资源丰富的城市,可适度承接发展技术先进的冶炼加工等产业。支持行业龙头企业向老工业基地转移生产能力,引领配套协作企业同步转移。加强对各类开发区发展的规划指导,提升公共服务设施建设和运行水平,促进产业在转移中集聚发展。支持在发展滞缓或主导产业衰退比较明显的老工业城市设立承接产业转移示范区。

四、全面提升城市综合功能

统筹老工业城市的城区老工业区改造和新区建设,优化城市内部空间布局,加强市政公共设施建设，完善城市功能，增强老工业基地的辐射带动作用。

（一）推进城区老工业区改造

按照城市总体规划和土地利用总体规划要求，推进城区老工业区综合改造，科学利用存量建设用地，优化调整用地结构和空间布局，提升城市功能。对位于城市中心地带的老工业区，适时实施整体搬迁改造，同步推进企业技术改造和改制重组。腾退土地主要用于发展现代服务业，建设公共服务设施、新型社区和公园绿地等。对不具备整体搬迁条件的城区老工业区，要完善公共基础设施，加强企业技术改造，提升产业技术水平，大力推行清洁生产和安全生产。对达不到污染排放和安全生产要求的企业，依法责令搬迁改造。选择在产业升级、城市布局优化、生态环境治理和工业遗产保护等方面综合成效显著的城区老工业区作为示范区，总结推广成功经验。

城区老工业区改造要注重保护具有地域特色的工业遗产、历史建筑和传统街区风貌。做好工业遗产普查工作，确定需要重点保护的工业遗产名录，将具有重要价值的工业遗产列为相应级别的文物保护单位。在加强保护的同时，合理开发利用工业遗产资源，建设爱国主义教育示范基地、博物馆、遗址公园、影视拍摄基地、创意产业园等。研究建立工业遗产维护利用的长效机制。

（二）完善城市服务功能

加强市政公共设施建设，增强基本公共服务支撑能力，加快推进分离企业办社会职能改革。完善城市综合交通系统，积极发展城市公共交通，鼓励符合条件的老工业城市发展轨道和城际快速交通。加大老工业基地电力、给排水、供气、供热、污水垃圾处理、防洪排涝等基础设施建设和改造力度。加强信息基础设施建设，加快宽带网络和数字广播电视网升级改造。加强城市交通、消防、环保等信息服务平台建设，推进信息化管理，增强处理公共安全和突发事件的能力。改善公共卫生和医疗服务设施条件，增强重大疾病、职业病和地方病防治能力。充分利用已有资源支持图书馆、博物馆、体育场馆等公共文化体育设施建设，丰富人民群众生活。加大对以工矿区为依托的小城镇市政基础设施建设投入力度，完善基本服务功能，改善生产生活环境。

（三）优化城市内部空间布局

统筹城市布局调整和产业集聚发展，科学开展新城区建设。统筹规划新城区生产、生活和公共服务区域，强化生产生活配套能力建设，形成方便生产、适宜生活、生态和谐的现代化城市功能组团。加强新老城区在人口分布、产业发展、公共设施配套等方面的衔接，实现功能互补、合理分工。引导老城区和偏远工矿区的企业向产业园区转移，促进土地节约集约利用和产业集聚发展。以资源开采加工业为主导的老工业城市要针对布局相对分散的现状，加强组团间交通基础设施建设，大力推进独立工矿区和棚户区改造。以装备制造业为主导产业的城市，要引导中心城区的工业企业搬迁到产业园区集聚发展，腾出空间大力发展现代服务业。

（四）推动城乡协调发展

建立健全以城带乡、以工促农的体制机制，促进公共资源在城乡之间均衡配置、生产要素在城乡之间自由流动，充分发挥老工业城市调整改造对周边地区经济社会发展的引领带动作用，形成新型工业化、信息化、城镇化、农业现代化相互促进的格局。推进城乡基础设施建设和社会事业协调发展，逐步建立城乡统一的公共服务体系。推进城乡产业协调发展，积极发展县域经济，支持劳动密集型和地方特色产业发展。协同推进城乡劳动就业和社会管理，把促进农业转移人口市民化作为重要任务，有序把农民工及其家属纳入城市公共服务体系覆盖范围，积极稳妥地推进户籍制度改革，把有稳定劳动关系并在城镇居住一定年限的农民工及其家属逐步转为城镇居民。

五、大力促进绿色发展

大力推进节能减排,集约利用资源,保护和改善生态环境,不断提高绿色低碳发展水平,建设资源节约型、环境友好型城市。

(一)积极推进节能减排

严格控制高耗能、高排放和产能过剩行业发展,提高新建项目节能环保准入门槛,加快淘汰火电、钢铁、水泥、焦炭、造纸等行业的落后产能。在钢铁、有色、化工、建材等高耗能行业,推进工业锅炉(窑炉)、电机系统和余热余压利用等节能改造。大力发展绿色建筑,对新建建筑严格按照节能标准要求进行设计、施工和验收,老城区综合改造时要对既有建筑同步实施节能改造。加快推进采暖地区“节能暖房”工程和供热计量改革。继续组织实施好节能产品惠民工程和绿色照明节能改造工程。

全面实施主要污染物排放总量控制制度,大力推行清洁生产,对高污染企业实行强制性清洁生产审核。以化工、有色、造纸、印染、农产品加工等行业为重点,加大污水深度处理力度。加快燃煤火电机组低氮燃烧技术改造和脱硫脱硝设施建设,推动钢铁、有色、化工、建材等行业烟气脱硫改造,支持改用清洁能源。加强重金属污染防治,积极推进工业固体废物减量化、资源化利用和无害化处理。强化危险废物规范化管理,实施危险化学品等废弃物处置工程。基本实现所有县和重点建制镇具备污水处理能力。推进环境治理设施的专业化运营,确保达标排放。

(二)提高资源利用效率

抓住资源开发、资源消耗、废弃物产生、再生资源利用和社会消费等关键环节,重点打造矿产开采、装备制造、冶金、化工、农产品加工等领域循环产业链,推动产业园区实施循环化改造。大力发展循环经济,大幅度提高资源产出率和资源综合利用效率。以资源开采加工业为主导的城市要加强共伴生矿、难选矿、尾矿综合开发利用,推动粉煤灰、工业副产石膏、冶炼和化工废渣、建筑和道路废弃物综合利用,大力发展新型建筑材料。加快完善再生资源回收体系,培育发展“城市矿产”示范基地,推进再生资源规模化利用。以工程机械、矿山机械、机床、汽车及零部件等为重点,在以装备制造业为主导的城市培育建设若干个国家级再制造产业集聚区,完善再制造旧件回收体系,规范行业发展。开展餐厨废弃物资源化利用和无害化处理试点。推行用水总量控制和定额管理,在冶金、电力、化工等重点行业实施节水技术改造,提高水循环利用率。促进再生水、矿井水等非常规水源利用。

(三)加强生态环境整治修复

加强工业废弃地环境监管,开展企业搬迁遗留场地污染调查和环境评估,未经评估和无害化治理的污染场地不得流转和二次开发。对于土壤污染严重的区域,要及时治理,防止污染扩散。积极探索废弃地市场化治理模式,创新资金投入和管理机制,明确整治后土地使用权属和土地增值收益分配办法,保障治理主体的合法权益。建立完善的绿色矿山标准体系和管理制度,推进建设开采方式科学化、资源利用高效化、企业管理规范化、生产工艺环保化、矿山环境生态化的绿色矿山。科学划定矿山生态环境重点治理区,开展造林绿化等形式的综合治理,推进废弃矿山植被恢复和水土保持。积极防治矿山地质灾害,加强灾害监测预警体系建设。

六、增强创新支撑能力

加快推动教育、科技发展和人才队伍建设，夯实调整改造的智力基础，增强老工业基地自主创新能力。

（一）提升高等教育和职业教育发展水平

优化高等教育和职业教育人才培养结构，优先发展调整改造急需的学科专业，建立健全现代职业教育体系，合理确定中等和高等职业学校的结构布局和人才培养任务。鼓励地方政府和企业共建职业院校和实训基地，支持有条件、有需求的开发区参与办学。支持高等院校积极探索为老工业基地培养人才的新模式，开展单独招生改革试点。鼓励高等院校、高等职业院校加强特色学科专业和重点实验室、实训基地建设，改善办学条件。“国家中等职业教育改革发展示范学校”、“中央财政支持的职业教育实训基地”等职业教育重点项目计划向老工业基地倾斜。

（二）加强科技创新能力建设

深入实施知识创新工程和技术创新工程，支持建设一批国家级工程研究中心，增强科技创新能力。进一步引导和支持创新资源向企业集聚，加快构建以企业为主体的技术创新体系。完善科技服务体系，加快科技成果转化。加快大学科技园、生产力促进中心和科技企业孵化器等建设，创新服务模式，提升服务水平。完善科技成果转化的激励政策，促进科技成果产权化、产业化和商品化，支持金融机构开展知识产权质押贷款。重点瞄准航空、航天、新材料、新能源、节能环保、先进制造和生物工程等领域，组织实施一批带动力强、影响面广、见效快的技术创新项目。中国科学院院地合作计划要把支持老工业基地科技创新作为重要内容，加大科技成果转化、技术支持和人才培养交流力度。实施老工业基地知识产权能力提升计划，增强企业知识产权创造、运用、保护和管理能力。支持区域标准信息资源平台建设，引导和推动企业积极采用国内外先进标准。

（三）加强人才培养和引进

依托创新人才推进计划和国家高技能人才振兴计划，培养老工业基地调整改造急需人才。鼓励高等院校、职业院校、培训机构和企业共同组织开展定向、定岗和订单式人才培养培训。采取技术入股、股权期权与分红权激励等政策措施，鼓励老工业基地引进重点行业和关键技术领域急需的高层次人才，加强创新团队的培养与引进。国家各类人才引进和交流项目要向老工业基地倾斜，帮助引进国内外优秀人才，选派人员到国内外发达地区交流。

专栏4　老工业基地科技和人才建设重点

传统产业优化升级科技专项——研发示范先进适用的关键共性技术和工艺，提升老工业基地基础原材料产业技术水平，促进节能减排和资源综合利用。提高高端基础制造装备和基础零部件等研发水平。

中国科学院院地合作计划——推进中国科学院所属科研院所与老工业基地开展院地合作，搭建应用技术研发与转化平台，促进科技成果转化、技术支持和人才培养交流，提供技术服务。

知识产权能力提升计划——推动老工业基地企业知识产权战略制定和实施，促进知识产权创造、运用、保护和管理能力提升，构建产学研用结合的知识产权合作创新机制。

国外引智和对外交流专项——围绕老工业基地调整改造核心任务，每年引进2000人次国外专业技术人员到老工业基地相关领域服务；组织管理、技术和技能人员学习国外老工业基地调整改造经验。

七、着力保障和改善民生

坚持民生优先,建立和完善基本公共服务体系,着力解决就业、社会保障、住房等重点民生问题,加强和创新社会管理,促进社会和谐稳定。

(一)稳定和扩大就业

积极拓宽就业领域,大力发展劳动密集型产业和服务业,扶持发展中小型、微型企业。落实税费减免、社会保险补贴、职业培训补贴、小额担保贷款、财政贴息等政策,鼓励和支持下岗失业人员自谋职业和自主创业。对于地方政府投资的建设项目,同等条件下优先安排下岗失业人员就业。鼓励和引导发展滞缓或主导产业衰退比较明显的老工业城市创建各类充分就业示范社区。完善就业援助政策,进一步规范公益性岗位开发,开展就业技能培训,及时帮助城镇就业困难人员和零就业家庭就业。加强公共就业服务体系建设,及时采集发布人力资源供求信息,促进信息资源共享。

(二)健全社会保障体系

全面落实基本养老、基本医疗、失业、工伤、生育保险政策,构建水平适度、持续稳定的社会保障网。积极推进各类困难群体参加社会保险,努力扩大社会保险覆盖面,按照国务院统一部署做好做实基本养老保险个人账户试点工作。结合解决历史遗留问题,落实好各项政策,继续做好将各类关闭破产企业退休人员和困难企业职工纳入基本医疗保障体系、将企业老工伤人员全部纳入工伤保险统筹管理等工作。结合厂办大集体改革工作,妥善解决厂办大集体职工的社会保障问题。加强社会救助制度建设,完善最低生活保障制度,实现应保尽保。中央加大对发展滞缓或主导产业衰退比较明显的老工业城市社会保障的补助力度,省级政府要统筹使用中央财政安排的基本养老保险基金补助资金、医疗保障补助资金、城乡居民最低生活保障补助资金,对老工业基地给予一定倾斜。

(三)努力改善居住条件

加大老工业基地保障性住房建设力度。扎实推进城市、国有工矿区和煤矿棚户区改造,落实税收、土地供给和金融等方面的配套支持政策,力争“十二五”期间完成改造任务。有条件的地区要积极引入市场机制,对棚户区实行商业化开发。对可整治的旧住宅区,要积极进行房屋维修和环境整治,完善配套设施,提高居住水平。着力改善国企老职工、困难家庭的居住条件,认真解决关闭破产企业尤其是“三线”军工破产企业的职工住房问题。

(四)加强和创新社会管理

加强社会管理能力建设,建立健全社会管理体系,推进社会管理的规范化、专业化、社会化和法制化。促进各类社会组织健康发展,政府可通过委托、购买等方式支持社会组织提供公共服务。完善社会矛盾调解机制和社会治安防控体系,有效防范和化解因企业重组破产、劳动争议、征地拆迁、环境污染等引发的社会矛盾,注重在源头上预警和化解矛盾。严格安全生产管理,强化企业安全生产责任制,健全企业安全生产预防机制,加大力度防范各类生产安全事故和重大职业危害。健全城市突发事件应急体系,加强社会治安综合治理。加强独立工矿区、城中村等特殊地区的社会管理,健全基层管理组织。

八、进一步深化改革开放

创新体制机制，大力推进国有企业改革，积极发展多种所有制经济，加快转变政府职能，提升对内对外开放的层次和水平，为调整改造提供强大动力。

（一）深化国有企业改革

进一步完善已改制国有企业法人治理结构，建立健全激励约束机制。重点推进发展滞缓或主导产业衰退比较明显的老工业城市未改制地方国有企业改革，对多年处于停产倒闭状态的企业，积极稳妥地依法实施破产。以破产和停产半停产国有企业为重点，抓紧妥善解决历史遗留问题。认真贯彻落实厂办大集体改革政策，力争在3—5年内厂办大集体与主办企业彻底分离，在职和退休职工都得到妥善安置，合法权益得到切实维护。剥离企业办社会职能，完善配套政策，对地处偏远的独立工矿企业，要因地制宜，妥善处理。探索解决国有企业改革遗留的"壳企业"问题。

（二）大力发展非公有制经济

贯彻落实国家扶持非公有制经济和中小企业发展的政策措施，加强创业扶持、科技平台、投融资等社会化服务体系建设，促进非公有制经济发展，推进所有制结构多元化。支持非公有制企业通过参股、控股、并购等多种形式，参与国有企业改制重组。培育科技型中小企业，发展各类新兴产业。支持符合条件的企业上市。鼓励和引导非公有制企业投资于基础设施、社会公共事业、金融服务等领域，为非公有制经济发展营造公平竞争的环境。

（三）加快转变政府职能

切实转变老工业基地政府职能，将工作重点放在为经济社会发展创造良好环境上，更加注重履行公共服务和社会管理职能，理顺市场监管体制。深化行政审批制度改革，减少审批事项和环节，完善政务公开制度，扩大政府信息公开的范围和内容。完善经济社会发展综合评价体系，建立科学的政府绩效评价指标体系和评估机制。严格执行行政问责制，健全责任追究制度和纠错改正机制，提高政府的执行力和公信力。

（四）积极扩大对外开放

进一步扩大对外开放领域，优化投资环境，积极吸引外资参与老工业基地的调整改造。鼓励外商投资高端制造业、高技术产业、节能环保产业和现代服务业，支持港澳台地区在老工业基地建立具有特色的产业集聚区。规范引导外资以并购、参股等方式参与国企改制和不良资产处置。支持老工业基地调整产品出口结构，建设一批特色商品出口基地，鼓励高技术、高附加值和劳动密集型产品出口。支持具备条件的老工业基地按现有程序申请设立海关特殊监管区域。支持符合条件的省级开发区按程序升级为国家级开发区。鼓励有条件的大型企业"走出去"，积极开拓国际市场，按照商业原则开展互利共赢的投资合作，建立国际化研发、采购、生产和销售网络。

（五）加强与国内发达地区合作

在符合土地利用总体规划的前提下，支持国内发达地区在老工业基地共建开发区，探索土地合作新机制。支持具有互补优势的发达地区与老工业基地建立对口协作关系，加强人才、技术、产业等方面的交流合作。鼓励老工业基地企业与东部地区企业加强专业化分工协作，构建互利共赢的战略联盟。支持毗邻老工业基地加强区域经济协作，开展基础设施、产业发展、公共服务和社会管理等方面的对接。

九、政策扶持与规划实施

深刻认识老工业基地调整改造的重要性、艰巨性、复杂性和紧迫性,充分发挥市场机制基础性作用,采取有针对性的政策措施,加大扶持力度,努力实现调整改造目标。

(一)财税政策

中央、有关地方各级人民政府要加大资金投入,加快推进老工业基地调整改造。继续安排中央预算内投资支持东北地区等老工业基地调整改造,其他相关投资专项也要向老工业基地倾斜。2013年起,安排中央预算内投资支持城区老工业区整体搬迁改造,主要用于企业搬迁改造、厂区污染土地治理等方面。充分利用老工业基地的产业基础,优先布局重大产业项目。中央和省级政府要加大对老工业基地的转移支付力度。资源枯竭老工业城市继续享受中央财政转移支付政策。研究将发展滞缓或主导产业衰退比较明显的老工业城市纳入资源枯竭城市中央财政转移支付范围,统筹解决国企改革历史遗留问题、社会保障资金缺口、棚户区改造地方配套资金缺口、停产倒闭的国企人员身份置换等问题。承接城区老工业区搬迁企业的中西部地区和东北老工业基地国家级经济技术开发区、边境经济合作区和高新技术开发区,其基础设施项目贷款享受现行中央财政贴息支持政策。城区老工业区搬迁企业享受现行政策性搬迁企业所得税优惠政策,搬迁企业房屋、土地权属发生转移且符合规定条件的,可统一享受现行有关契税优惠政策。

(二)融资政策

创新投融资模式,支持符合条件的具有较强综合实力的投资公司发行债券,募集资金用于组织实施城区老工业区综合改造。支持符合条件的整体搬迁企业发行债券,用于企业搬迁改造。发挥各类股权投资(基金)企业的作用,鼓励建立专门股权投资基金,支持老工业基地企业技术改造、兼并重组,城区老工业区改造和开发区建设等。鼓励有条件的地方建立中小企业信用担保基金,稳妥有序发展小额贷款公司,扶持各类创业投资公司发展。支持商业银行在老工业基地设立分支机构。优先支持符合条件的老工业基地项目申请使用国际金融组织和外国政府优惠贷款。

(三)土地政策

在符合土地利用总体规划和城市总体规划的前提下,根据老工业区搬迁改造用地需求,在编制下达年度土地利用计划时适当倾斜,保障老工业基地调整改造建设项目用地。企业原址调整为工业遗址或文物保护区的,要优先保障企业搬迁建设用地。地方各级人民政府安排土地整治项目时,优先考虑老工业基地工矿废弃地治理和土地复垦。研究探索“三线”调整改造时期“三线”企业搬迁后闲置土地合理利用途径。

(四)规划实施

有关省(区、市)人民政府对本地区老工业基地调整改造工作负总责,要加强组织领导,建立和完善工作机制,加大扶持力度,落实各项任务。发展滞缓或主导产业衰退比较明显的老工业城市要编制调整改造总体规划,城区老工业区需进行整体搬迁改造的城市要科学制定搬迁改造实施方案,并认真组织实施。国务院有关部门要分工负责,尽快落实支持老工业基地调整改造的相关政策措施。发展改革委要切实加强规划实施的组织协调,会同有关部门尽快确定发展滞缓或主导产业衰退比较明显的老工业城市名单，制定本规划重点任务分工方案，并适时对规划实施情况进行跟踪检查和评估。鼓励和支持公众积极参与规划实施监督。

附图：规划范围分布图

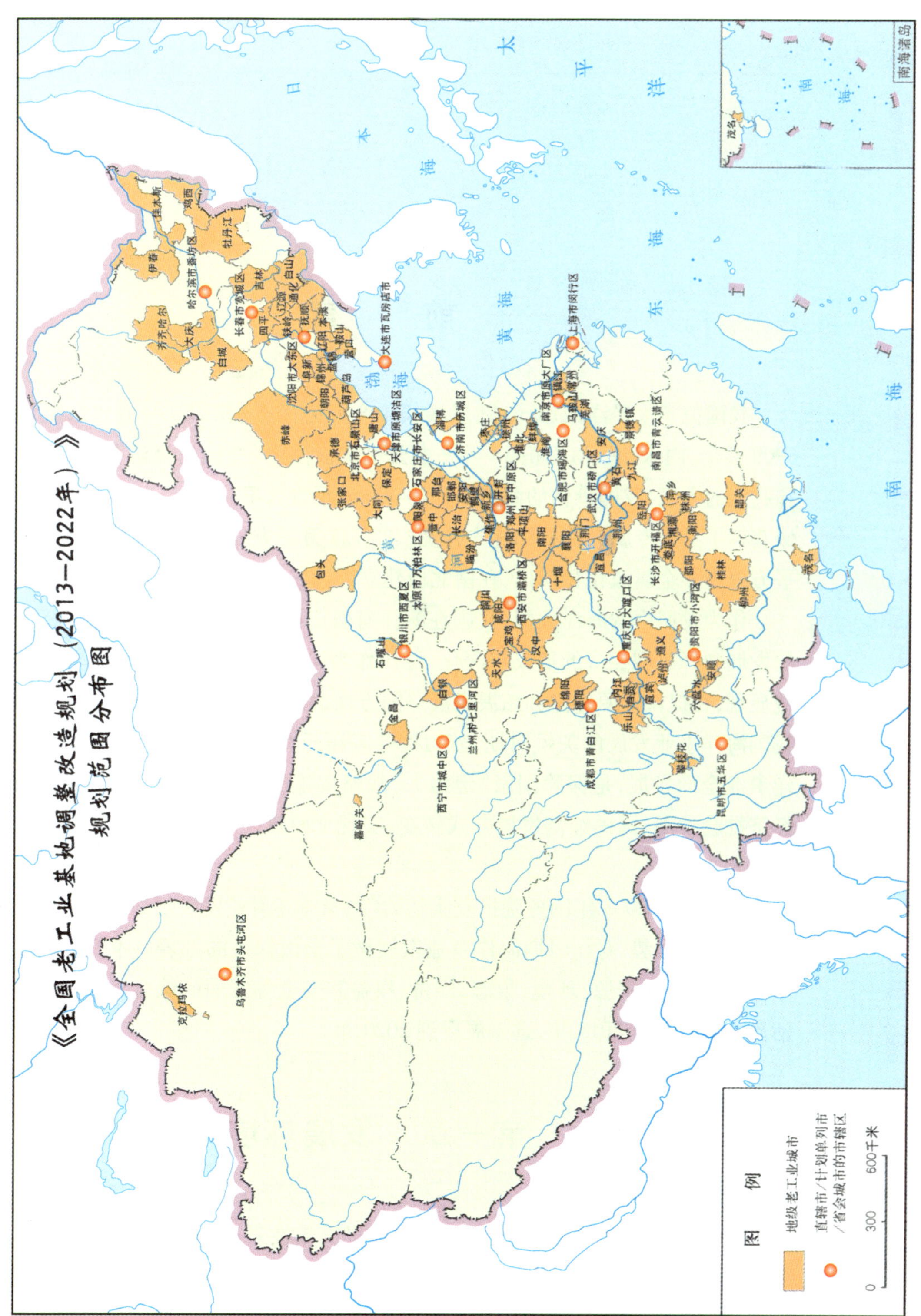

国家海洋事业发展“十二五”规划

前　言

我国位于太平洋西岸，大陆岸线长 1.8 万公里，面积 500 平方米以上的海岛 6900 多个，内水和领海面积 38 万平方公里。根据《联合国海洋法公约》有关规定和我国的主张，我国管辖的海域面积约 300 万平方公里。此外，我国在国际海底区域获得了具有专属勘探权和优先开发权的 7.5 万平方公里多金属结核矿区和 1 万平方公里多金属硫化物矿区，在南北极建立了长城、中山、昆仑、黄河科学考察站。

作为发展中的海洋大国，我国在海洋有着广泛的战略利益。随着经济全球化的发展和开放型经济的形成与深化，海洋作为国际贸易与合作交流的纽带作用日益显现，在提供资源保障和拓展发展空间方面的战略地位更为突出。“十二五”是我国海洋事业发展的关键时期，着力提升海洋开发、控制和综合管理能力，统筹海洋事业全面发展，是保障国家“走出去”战略实施的重大举措，对于促进沿海地区经济社会发展、国民经济发展方式转变、实现全面建设小康社会目标，具有重大的战略意义。

本规划以 2008 年国务院批复实施的《国家海洋事业发展规划纲要》为基础，结合面临的新形势，对新时期海洋事业发展做了全面深入的部署。本规划所指海洋事业，涵盖海洋资源、环境、生态、经济、权益和安全等方面的综合管理和公共服务活动。规划期至 2015 年，远景展望到 2020 年。

第一章　发展环境

“十一五”以来，我国海洋事业发展取得突破性进展，同时也面临严峻形势和诸多挑战。必须以全球眼光和战略思维，审视海洋事业发展的新形势，准确把握海洋事业发展的新特征，继续抓住重要战略机遇期，有效化解发展过程中的矛盾和问题，努力开创海洋事业发展的新局面。

第一节　成就回顾

“十一五”时期,全民海洋意识显著增强,海洋规划工作有序开展,海洋发展战略逐渐明晰。海洋国际合作深入推进,国家海洋权益和海洋安全得到有效保障,实现了我国管辖海域的定期巡航执法。海洋科学技术取得重大突破,具有标志性的深海勘探等技术达到或接近世界先进水平,领海、专属经济区和国际海域资源环境与科学调查广泛展开。海洋经济持续快速增长,对国民经济发展的拉动作用明显增强。重点海域环境污染防治措施逐步实施,海洋保护区建设取得重大进展。海洋公益服务和防灾减灾的支撑保障能力显著增强,海域、海岛、海上交通、海洋渔业和海上治安管理取得积极成效,海洋综合管理能力进一步提升。

第二节　机遇与挑战

“十二五”是我国海洋事业加快调整、拓展和提升的关键时期。《中共中央关于制定国民经济和社会发展第十二个五年规划的建议》和《中华人民共和国国民经济和社会发展第十二个五年规划纲要》对海洋事业发展提出了更高要求,做出了重要部署。海洋事业发展面临新的机遇,但同时也存在诸多严峻挑战。一是随着沿海地区经济快速发展以及临海产业的加速集聚,科学利用海洋资源、合理保护海洋生态环境的任务更加艰巨,亟待加强对海洋经济发展方式转变和布局优化的指导与调节,切实提高海洋经济监测评估、海洋防灾减灾和海洋资源环境监管等方面的能力。二是面对世界海洋科技竞争日趋激烈的严峻形势和国民经济发展方式加快转变的迫切要求,亟待改善海洋自主核心技术缺乏、成果转化率低、科技高端人才严重不足的现状,优化配置科技资源,切实提高海洋科技创新能力和人才培养力度。三是随着改革开放战略的深入实施和海洋事业“走出去”步伐的加快,亟待完善海洋综合协调机制,切实提高维护海洋权益、保障海洋安全、快速处置海洋突发事件和参与维护国际海洋秩序等方面的能力。

第二章　总体要求

积极适应国内外形势的新变化,立足发展基础,把握发展机遇,创新发展思路,科学确定“十二五”时期海洋事业发展的指导思想、原则和目标,推进我国海洋事业再上新台阶。

第一节　指导思想

以邓小平理论和“三个代表”重要思想为指导,以科学发展为主题,以加快转变经济发展方式为主线,以体制机制创新和科技进步为支撑,坚持陆海统筹,科学利用海洋资源,合理保护海洋生态环境,积极推进海洋经济发展,提高海洋意识,繁荣海洋文化,维护国家海洋权益,参与国际海洋事务,拓展发展空间,全面提高海洋开发、控制和综合管理能力,为建设现代化海洋强国奠定坚实基础。

第二节　基本原则

坚持陆海统筹。正确处理沿海地区经济社会发展与海洋资源利用、海洋生态环境保护的关系,统筹协调陆海经济社会发展的基本思路、功能定位、重点任务和管理体制。

坚持全球视野。正确处理及时总结自身实践与充分借鉴国际经验的关系,创新发展思路,主动参与国际海洋事务的交流合作,积极承担相应的国际责任和义务,树立更加开放的现代海洋发展观。

坚持服务为本。正确处理海洋事业快速发展与提高社会公共服务水平的关系,创新管理体制机制,切实提高海洋事业对国民经济发展、社会事业进步的服务保障能力。

坚持持续发展。正确处理海洋资源开发与生态环境保护的关系,规范海洋开发秩序,转变海洋经济发展方式,提高海洋防灾减灾能力,努力促进经济社会与生态环境的协调发展。

坚持科技创新。正确处理加快海洋事业发展与提高综合竞争力的关系,优化科技资源配置,推进科技成果转化,加快人才培养与引进,切实提高科技对海洋事业发展的支撑作用。

第三节　发展目标

“十二五”时期,海洋事业发展的目标是:

——海洋综合管理能力稳步提高。海洋综合管理体制机制进一步完善,涉海法律法规和政策日益健全,海洋联合执法力度不断加大。海域、海岛、海洋环境、交通运输、渔业管理更为规范有力,海洋经济监测公报与评估制度有效执行,海洋综合管理调控手段明显加强。

——海洋可持续发展能力显著增强。海洋环境恶化趋势得到遏制,主要入海污染物排放总量得到有效控制,近岸海域水质总体保持稳定,重点近岸海域水质有所改善。海洋保护区占管辖海域面积的比例由2010年的1.1%提升到2015年的3%,大陆自然岸线保有率不低于36%。

——海洋公共服务能力明显优化。海洋灾害监测预报预警水平提高,风暴潮灾害警报提前12小时发布,海啸灾害警报在海底地震发生后30分钟内发布。海洋防灾减灾体系逐步完善,新建89个海洋观测站,建成3个大型海上综合观测平台,志愿船不低于400艘。海洋调查与测绘、海洋信息、海洋标准计量等公共服务能力显著提高。出海边防检查和海上治安管理服务能力不断增强。海上人命救助有效率稳步提升。

——海洋巡航执法能力不断强化。管辖海域维权巡航执法时空覆盖率进一步提升,应对海上侵权事件及其他违法行为的应急反应和现场处置能力明显提高,参与维护国际重点海域和海上战略通道安全的保障能力得到强化。

——海洋科技创新能力大幅提升。我国海洋基础研究水平进入世界先进行列,海洋前瞻性和关键性技术研发能力显著增强。深海油气开发、深海资源勘探技术的自主研发能力取得实质性突破,海上风能工程装备、海水淡化和综合利用装备实现大规模产业化,海水淡化原材料、装备制造自主创新率达到70%以上,对海岛新增供水量的贡献率达到50%以上,对沿海缺水地区新增工业供水量的贡献率达到15%以上。海洋科技对海洋经济的贡献率达到60%。海洋事业从业人员中本科及以上学历比例达到55%,以重大海洋科技项目或工程为依托,培养100名左右具有国际水平的海洋科学与技术领军人才。

到2020年,海洋事业发展的总体目标是:海洋科技自主创新能力和产业化水平大幅提升。海洋开发布局全面优化,海域利用集约化程度不断提高。陆源污染得到有效治理,近海生态环境恶化趋势得到根本扭转,海洋生物多样性下降趋势得到基本遏制。海洋经济宏观调控的有效性和针对性显著增强,海洋综合管理体系趋于完善,海洋事务统筹协调、快速应对、公共服务能力显著增强。

参与国际海洋事务的能力和影响力显著提高，国际海域与极地科学考察活动不断拓展。全社会海洋意识普遍增强，海洋法律法规体系日益健全。国家海洋权益、海洋安全得到有效维护和保障，海洋强国战略阶段性目标得以实现。

第三章　海洋资源管理

坚持可持续发展的原则，强化规范管理，科学养护和利用海洋生物资源，加强海水资源、海洋可再生能源和海洋油气资源开发利用的规划指导，切实提高海洋资源对促进海洋经济和沿海地区经济社会发展的支撑保障作用。

第一节　加强海洋渔业资源管理

加强海水养殖管理，合理确定养殖规模，调整优化海水养殖布局，积极拓展深水大网箱等离岸养殖，支持工厂化循环水养殖，加快水产养殖标准化建设和健康养殖标准推广应用。加强人工鱼礁和海洋牧场建设，合理确定增殖放流品种，加大近海海域渔业资源增殖放流力度。不断完善伏季休渔制度，继续实施海洋捕捞渔船总量和功率总量控制制度，促进渔业装备更新，2015 年渔船总数和功率总量不突破 2010 年实际数量。继续实施远洋渔业扶持政策，发展壮大大洋性渔业，巩固提高过洋性渔业，加强新资源新渔场的探捕和开发利用，积极建设多功能海外渔业综合开发基地。研究制定促进海洋渔业健康发展的政策措施。

第二节　加大海洋油气资源勘探与开发

加强黄海、东海、南海等海域油气资源战略调查与评价，完成重点海域油气资源普查。加大黄海、南海、东海油气勘探，加强深水区油气资源潜力的科学研究，加大深水勘探开发科技与装备的攻关力度，力争实现商业性油气开采。实施海域天然气水合物资源普查，积极研发勘探开采技术和装备，开展试采工程。

第三节　推进海水资源综合利用

加快制定促进海水直接利用、海水淡化与综合利用的政策措施，扩大沿海城市海水利用规模。在沿海地区的电力、化工、石化、冶金等行业中实行海水直流冷却和循环冷却，2015 年海水年直接利用量达到 750 亿—1000 亿立方米。积极创建国家级海水淡化与综合利用示范城市，继续支持天津、大连、青岛、上海、深圳、厦门、宁波等城市因地制宜地实施海水淡化工程。鼓励沿海省市率先选择一批沿海市县，开展海水淡化和海水综合利用试点，扩大海水淡化和海水综合利用规模。以辽宁长海、山东长岛、浙江舟山、福建平潭、广东南澳、广西涠洲和海南西沙群岛等海岛为重点，大力发展海水淡化，满足海岛居民生活用水。2015 年，海水淡化量达到 220 万—260 万立方米/日。促进海水化学资源和卤水资源综合利用，加快浓海水制盐、提钾、提溴、提镁、提锂及其深加工等产业化进程，建设国家海水利用产业化基地。

第四节　加快海洋可再生能源利用

加快海洋可再生能源勘查与评估，编制发展规划，利用国家海洋可再生能源专项资金加强海洋能开发应用。开展万千瓦级潮汐水轮发电、兆瓦级潮流发电、百千瓦级新型波浪能项目示范。探索开展温差能和海洋生物质能利用。因地制宜地发展海上风电，引导风电场布局逐步向深水远岸推进。委员会等国际组织的活动。发展与国际海洋学院、保护国际等非政府间国际组织的活动。

第四章　海域集约利用

坚持集约节约用海，加强海域使用管理，严格执行海洋功能区划制度，强化围填海及重大建设项目用海管理，健全海域使用机制，规范海域使用秩序，提高海域使用效率。

第一节　加强海域使用管理

全面推进国家、省、市、县四级海域使用动态监视监测体系建设，对重点项目用海实行全过程监管。实施差别化的海域供给政策。制定各类建设项目用海标准，适时调整海域使用金征收标准。开展海域资源价值评估，推进实施海域使用权招标、拍卖和挂牌出让工作，健全和规范海域使用权市场流转机制。加强海域使用动态监管与执法检查，对各类用海活动开展定期专项检查，加大对违法行为的查处力度。推进全国海岸和近岸海域整治修复工作，到 2015 年，完成整治和修复海岸线长度不少于 1000 公里。

第二节　严格执行海洋功能区划制度

进一步完善海洋功能区划制度，加快各级海洋功能区划的编制工作，科学划分海域基本功能，统筹海域空间开发，提高海域利用效率，强化海洋功能区划实施的监督检查，切实发挥海洋功能区划的整体性、基础性、约束性作用。优化海岸线资源配置，加强海岸线保护与利用的统筹规划，调控海岸线开发布局和强度，严格控制占用海岸线的开发利用活动，突出海岸线的社会服务功能。严格限制高耗能、高污染、低水平重复建设项目用海，合理布局沿海港口、滨海城镇和临港工业区。

第三节　强化围填海及重大建设项目用海管理

严格围填海年度计划管理，科学确定围填海规模和时序。加强围填海计划执行情况的评估和考核，加大对违法违规围填海行为的查处力度。强化围填海项目用海审批管理，严格执行建设项目用海预审制度和环境影响评价制度，做好重大建设项目选址的科学论证。加强对集中连片围填海的管理，严格控制内湾围填海，减少对自然岸线、海湾、海岛、湿地、水生生物资源、水下文物等的破坏。规范海底电缆管道和军事用海管理。

第五章　海岛保护与开发

贯彻落实《海岛保护法》，加快实施海岛保护规划，实施海岛分类分区管理，加强有居民海岛的合理开发和无居民海岛的保护，强化特殊用途海岛管理。

第一节 促进有居民海岛有序开发

采取特殊的扶持政策，加快舟山、横琴、平潭等重点海岛的开发开放。建设舟山群岛新区，全力打造海洋综合开发试验区。推动横琴开发开放，建设率先发展的粤港澳紧密合作示范区。建设平潭综合实验区，建立两岸交流合作先行区。适度控制海岛居住人口规模，改善海岛人居环境，保护自然景观和历史遗迹，维护海岛及其周边海域的生态平衡。大力推进海岛基础教育、公共卫生和广播电视等社会事业发展，支持交通通讯、供水供电、污水和生活垃圾处理等基础设施建设。引导发展特色产业，制定扶持边远海岛开发利用的有关政策。

第二节 加强无居民海岛保护

加大执法力度，加强监视监测，清理非法用岛活动，严格限制开发具有红树林、珊瑚礁、泻湖等特殊生态系统的无居民海岛，禁止在无居民海岛及周边海域倾废。建立海岛统计调查制度，开展海岛资源综合调查和地名普查，设置海岛名称标志，完善海岛数据库。发布无居民海岛开发利用名录，依法开展无居民海岛地籍调查、土地确权登记等工作，稳妥实施无居民海岛有偿使用制度。开展海岛生态评估，选择典型海岛实施生态修复，推行生态型海岛开发利用模式。

第三节 强化特殊用途海岛管理

开展领海基点岛屿巡视。加强领海基点海岛保护，划定保护范围，保持领海基点海岛及其周边区域地形、地貌稳定，修复受损严重的领海基点海岛。积极保护国防用途海岛，禁止从事影响国防的各类活动。对海洋权益和海洋划界有影响的特殊岛屿要加强助航导航、水文气象观测、地震监测、海洋防灾减灾等公益性设施建设。加强海岛自然保护区和特别保护区建设，建立海岛自然保护区科学普及和海岛生态环境保护宣传教育基地。

第六章 海洋环境保护

坚持海陆统筹、河海兼顾，完善海洋环境保护协调合作机制，实施以海洋环境容量和近岸海域污染状况为基础的污染物排放总量控制制度，从源头上扭转海洋环境质量恶化的趋势。

第一节 提高海洋污染防控力度

实施污染物排海总量控制，编制实施近岸海域污染防治规划。加强对渤海、长江口、珠江口等重点海域海洋环境容量和污染物排海总量的监测评估，重点加强对直排海污染源的监管，加强近岸重点海域环境综合整治，实施流域—海域污染物排海总量控制示范工程。强化对海洋石油勘探开发、海洋工程建设项目、海洋倾废活动的全过程监督管理，加大海洋环境执法查处力度。实施船舶及其相关活动的油污染物零排放计划，建立船舶油污水、压载水、生活污水和固体废弃物跟踪系统，加强船舶污染物接收和港口污染处理设施建设。修订相关法规，建立健全海洋污染损害赔偿机制，实施船舶油污损害赔偿基金制度，开展石油勘探开发等海洋工程和大型临海企业海洋污染赔偿制度研究。沿海地区要依据海洋功能区划、近岸海域环境功能区划等，确定氮磷营养盐、化学需氧量、石油类等特征污染物的总量控制目标,制定并实施重点河口、海域各类污染物排海总量分配方案和削减计划,改善近岸海域环境质量。2015 年中度和重度污染海域面积比 2010 年减少 10%。

第二节 加强海洋环境监测与评价

实现海洋环境管理由事后管理向全过程监管转变,继续完善国家、省、市、县相结合的海洋环境监测体系,开展海洋环境监测机构标准化建设。推进海洋环境监测网络建设,提升装备能力和技术水平,实现对我国管辖海域各类环境要素的监测。建立海洋环境保护数据共享机制,深化海洋环境监测信息分析评价,完善海洋环境质量公告制度和环境状况通报制度。对入海排污口、直排海污染源、重大海洋工程等加强海洋环境监测监督;对赤(绿)潮易发区、集中海水养殖区、重要滨海浴场、珍稀濒危海洋生物主要活动区域等直接关系到经济社会发展、公众健康安全、海洋生态安全的海域开展海洋环境质量监测。对海洋石油勘探开发实行定期巡航监测,定期发布通报。加强对持久性有机污染物、重金属、内分泌干扰物、生物毒素等的监测与评价。

第三节 强化海洋重大污染事件管理与处置

健全海洋环境突发事件应急处理机制,完善各类海洋环境灾害和突发事件应急预案,提高全海域海洋应急监测预警能力。开展沿海环境风险源和环境影响区调查,建立海洋环境风险信息数据库,强化海洋环境风险评估。加强海上溢油风险评估工作,在国家重大海洋溢油应急处置部际联席会议制度基础上,定期开展隐患排查,强化溢油风险管理措施,完善海上溢油应急联动机制。制定应对核泄漏事故海洋环境监测预案,开展重点海域海洋环境放射性监测和评估工作。健全海洋环境突发事件的信息通报和发布制度,强化事件处理的公开透明,明确政府应对措施,提高公众防范技能。

第七章 海洋生态保护和修复

加大海洋生态保护和修复力度,建设海岸带蓝色生态屏障,恢复海洋生态功能,提高海洋生态承载力。

第一节 加强海洋生物多样性保护

编制实施海洋生态保护与建设规划。开展海洋生物多样性普查,重点对 98 个海洋生物多样性优先保护区域开展调查与评估。建立海洋生物样品库和重要海洋生物种质资源库,建立海洋生物多样性信息管理系统。加强海洋濒危物种保护和外来入侵物种防范的管理,建设海洋水生生物自然保护区和海洋水产种质资源保护区。加强各类海洋保护区规划和管理,完善海洋保护区基础设施和标准体系建设。到 2015 年,新建国家级海洋自然保护区 3 个、海洋特别保护区 44 个,推进形成海洋保护区网络。研究建立海洋生态补偿机制,选择典型海域开展海洋生态补偿试点。

第二节 推进海洋生态系统修复

保护与修复滨海湿地、盐沼、红树林、珊瑚礁和海草床等重要海洋生态系统。加强海洋生态修复技术研究，实施海洋生态修复工程，建设25处海洋生物资源修复区，开展35处滨海湿地生态修复，新增滩涂湿地植被面积200平方公里，其中种植红树林100平方公里，恢复芦苇湿地100平方公里。在广东大亚湾及雷州半岛、广西涠洲岛、海南周边及西沙等海域开展珊瑚礁人工繁育和生态修复。在滨海地区规划建设海洋生态文明示范区。

第三节 强化海洋生态监测和生态灾害管理

提高海洋生态监测能力，完善海洋生态监控体系，加强海洋生态灾害预警和防治工作。提高卫星航空遥感、远程视频及在线自动监测能力，新建18个海洋生态监测站。建设海洋绿潮、水母、外来入侵物种、敌害生物、病毒病害等监控网络，强化海洋赤潮监控，形成20个重点生态监控区。开展海洋生态灾害防治技术应用示范，加强海洋生态灾害防治体系及治理示范工程建设。

第八章 海洋经济宏观调控

坚持陆海统筹，加强对海洋经济发展的指导、调节与服务，调整海洋产业结构，优化海洋经济布局，加快海洋经济发展方式转变，奠定海洋强国的经济基础。

第一节 加强海洋经济指导与调节

研究支持海洋产业结构调整的财政、金融、税收政策，制定促进海洋经济发展的指导意见。发布海洋产业优先发展目录，制定行业标准和重要产品技术标准，推广海洋循环经济发展模式，严格限制高耗能、高污染的海洋产业发展。编制海洋经济发展规划，加强对海洋经济的规划指导。保持海水养殖业稳步增长，强化海洋渔业在海洋经济中的基础地位。大力推进海洋药物和生物制品、海水淡化和综合利用、海洋能、高端船舶制造和海洋工程装备、海洋新材料、深海资源等新兴产业的发展。加强海洋经济统计工作，定期发布统计公报，搭建海洋经济信息服务平台。开展全国海洋经济调查工作，强化国家海洋经济运行监测与评估。继续将围填海计划管理作为宏观调控的重要手段，科学引导沿海地区产业发展的投资规模与空间布局。

第二节 实施海洋主体功能区战略

制定并实施海洋主体功能区规划，发挥战略性、指导性作用，合理划分内水和领海、海岛、专属经济区和大陆架的主体功能，实施海洋空间分类管理，实行差别化的绩效评价，优化海洋开发利用空间布局。对海域利用程度高，海洋生态环境压力大，海洋资源开发问题突出，海洋产业活动和经济结构亟须调整的海域实施优化开发。对区位优势明显和战略地位突出，海洋资源环境承载力较好，海洋经济发展潜力较高，适于高强度集中开发的海域及海岛实施重点开发。对关系我国海域与海岸线生态安全，需要保持并提高渔业生产能力的海域及海岛实施限制开发。对具有典型性或代表性海洋生态系统、珍稀濒危海洋生物、重要经济价值的海洋生物生存区、水下文物保护区、重大科学文化价值的海洋自然历史遗迹和自然景观所在的海域及海岛实施禁止开发。

第三节 推进海洋经济发展试点工作

支持山东、浙江、广东、福建和天津开展海洋经济发展试点工作，在深化改革、优化海洋经济结构、加强海洋生态文明建设、创新综合管理体制机制等方面先行先试,加强对试点地区海洋经济发展情况的跟踪指导、督促检查、经验总结等工作,为全国海洋经济科学发展提供示范。继续对沿海重点开发开放地区的发展给予支持,形成布局合理、优势互补、开发有序和各具特色的海洋产业集聚区。

第九章 海洋公共服务

推进海洋调查与测绘、海洋信息化和海洋标准计量工作,强化海洋渔业和海上交通的服务保障能力,提升海洋公共服务质量和水平。

第一节 加强海洋调查与测绘

加强海洋调查的统筹规划与管理,开展近岸海域精细勘测与测绘。定期更新近海海洋资源环境基础数据和基础图件,完善海洋基础数据库系统。加快实施海洋地质保障工程。拓展海洋勘探调查空间,加强专属经济区和大陆架综合调查,开展外大陆架海域、重要资源区等专项调查,继续开展国际海域资源调查与评价。加强全球海洋地理空间信息基础设施建设。研究建立海洋调查船准入制度,推进大型海洋调查探测设备和分析测试仪器共享。

第二节 提升海洋信息化水平

统筹海洋信息化工作,编制海洋信息化发展规划。加快海洋信息标准化建设,推进信息资源的统一管理和共享,依托国家电子政务网络,整合改造海洋信息业务网。建设海洋环境与基础地理信息服务平台,以海域海岛管理、生态环境保护、海洋防灾减灾、海洋经济监测、基础科学研究为主题,推进海洋管理与服务信息化工作。继续建设“数字海洋”,加快海洋数字档案与图书馆建设。健全海洋信息发布制度,强化信息公共服务。进一步强化海洋信息管理,保障国家海洋信息安全。

第三节 健全海洋标准计量服务体系

强化“海洋标准化技术委员会”工作机制,完善质量监督管理体系,建设海洋技术产品质量监督检验中心。重点加强海洋资源勘探开发、海洋高新技术产业化、海洋观测预报和防灾减灾等标准体系建设。建立海洋标准效果评估体系,建设全国海洋标准信息服务平台。加强海洋标准计量的国际合作,建设亚太区域海洋仪器检测评价中心。

第四节 提高海洋渔业服务能力

加强对海洋渔业发展的指导,优化渔港建设布局,改扩建一批沿海重点渔港,提高建设标准,完善通讯、监控、导航等设施,在台风多发的东南地区适当增加布局密度。到2015年,基本形成功能完善的沿海渔港网络,为70%的渔船提供就近服务。加强渔村供水供电、交通通讯等基础设施建设,改善渔民生产生活条件,加大渔民转产转业的政策扶持力度,开展渔民多样化就业培训。健全海洋水产良种选育、水产技术推广与疫病防控服务体系,加强海产品质量安全监督,强化渔业安全生产和执法检查。推进政策性渔业保险。

第五节　强化海上交通安全服务

加大海上航运监管与服务力度，优化船舶交通管理系统布局，完善沿海干线航标体系，建成西沙、南沙海域公用航标，航道安全巡航扩展至专属经济区及其他管辖海域。开展沿海民用港口及航路测绘，更新重要通航水域、能源大港海图。完善全国沿海近岸水域甚高频安全通信系统布局，实现沿岸25海里全覆盖。购置直升机、固定翼飞机，建造巡航船、航标船、测量船，推进航运保障基地建设。建立健全海上交通安全应急救援指挥机构，完善海上搜救应急预案体系，定期开展海上联合搜救演练，积极推进搜救国际合作。到2015年，渤海湾、长江口、台湾海峡、珠江口、琼州海峡、南海部分水域离岸100海里范围内，监管救助力量到达时间不超过90分钟。

第六节　维护海域平安稳定

创新海上治安管理，完善海上治安综合治理工作机制。编制平安海域建设发展规划，实施我国内水、领海及毗连区常态治安巡逻，打击海上犯罪。改进出入境船舶边防检查服务，提高船舶出入境边防检查效率。精准管控靠港国际航行船舶，保障港口和船舶治安安全。提升海上治安管理服务能力，合理布防海上警力，完善沿海口岸、码头和监控系统等基础设施和通关条件，强化海上110治安报警服务平台建设，健全海上群防群治网络，加强执法装备能力建设。

第十章　海洋防灾减灾

增强海洋灾害意识，加强海洋灾害风险防范和突发事件的应急管理，加快提高海洋灾害观测能力和预警预报服务水平，增强海洋领域应对气候变化能力，完善海洋防灾减灾体系，保障人民生命财产安全。

第一节　强化海洋灾害风险防范能力

开展全国海洋灾害风险评估与区划工作，为沿海地区经济发展布局和涉海工程防护规范标准制定提供科学指导。建立沿海重大工程建设的海洋灾害风险评价制度，制定风险评价技术规范，对已建和在建的沿海核电站、化工企业、大型产业园区和城镇发展区开展风险排查，及时消除安全隐患。在海洋灾害重点防御区内设立产业园区、进行重大项目建设的，应当在项目可行性论证阶段，开展海洋灾害风险评估，预测和评估海啸、风暴潮等海洋灾害的影响。

建立健全分类管理、分级负责、条块结合、属地管理为主的海洋灾害应急管理体制。完善海洋灾害应急预案，建立灾害预警多部门应急联动机制，定期组织开展应急管理专题培训和应急演练。建设海洋减灾中心和移动应急指挥平台，加强海洋灾情信息快速获取能力建设，提高应对各类海洋灾害的装备能力、技术水平和物资储备。做好海洋防灾减灾宣传教育工作，提升全社会的海洋灾害防范意识。

第二节　提升海洋预报服务水平

加强海洋、气象、地震、环保、水利、海事、民政、渔业等主管部门的协同与配合，进一步完善海洋预报体系，形成分级分区、面向目标、互为补充的海洋预报服务工作格局。加强海洋预报技术的自主研发，重点推进沿海重大设施、产业密集区和人口密集区的精细化预报工作。拓展海洋预报服务领域，丰富服务内容，建立渔业生产、大洋航路保障、海上搜寻与救助、海洋油气生产等专题服务系统。到2015年，风暴潮、海浪、海流数值预报时效从目前的3天提高到5天以上，近岸空间分辨率从4000米提高到100米以内，开展海洋灾害发生前3至6小时的短时临近预报。加强海洋预警信息发布，通过各类媒介及时发布灾害预警信息，增强海洋预报的社会服务功能。

第三节　增强海洋应对气候变化能力

提升海洋对气候变化影响的分析预测能力，开展厄尔尼诺、拉尼娜等海—气形势对我国气候影响的预测工作，定期发布各类分析预测产品。建立气候变化影响调查评估体系，开展海平面上升、海洋生态系统退化等对我国沿海经济社会影响的监测调查和趋势分析工作。加强沿海湿地的保护和防护林带、防潮工程建设，提高沿海各类重大工程项目和城镇市政排水设施的设计标准，增强沿海地区应对气候变化的能力。

第四节　提高海洋灾害观测能力

加强规划，优化布局，加大海洋灾害观测覆盖密度，增强离岸观测能力，完善沿岸观测、海底观测、海上平台、浮标、潜标、船舶、航空遥感和卫星遥感等多种手段相结合的海洋灾害立体观测网，提高观测网运行保障能力。加强海上重要通道、国际航线等重点海域的观测能力建设。大力推进志愿船和应急移动观测，加大海啸监测力度。进一步加强海洋断面调查，增加数量和频次，提高调查装备水平。

第十一章　海洋权益维护

实施常态化的海洋维权巡航执法，开展多种形式的海洋维权行动，深化相关对策研究，强化管辖海域的实际控制，加强海上航行安全保障，切实维护国家海洋权益。

第一节　加强海上维权巡航执法

强化对我国管辖海域的定期维权巡航执法，进一步提高海上维权执法与管控能力，购置、建造用于维权巡航执法的船舶、飞机，建设保障基地，提升监视监控和通信联络能力。

第二节　开展多形式海洋维权行动

在传统渔场开展常态化护渔维权行动，保护我国渔船在东海、南海传统渔区的生产活动。结合海南国际旅游岛建设，科学规划西沙、南沙旅游线路。在管辖海域和岛礁建立海洋保护区，切实加强海洋生态环境保护和管理。按照《联合国海洋法公约》等相关规定，积极推进在公海及国际海底区域内的资源开发、科学调查等活动。加强我国海洋权益主张的对内对外宣示和解释工作，正确引导社会舆论。

第三节　维护国际海上航行安全

深化与海洋大国在海运管理制度等方面的合作，加强海上战略安全、通道安全的磋商与对话协调机制，拓展在打击海盗、反恐、反走私、缉毒、搜救等领域务实合作，共同维护重要海上运输通道安全。加强与重要通道沿岸国在海洋观测、航道测量、环境保护和灾害预报、航海保障能力建设等领域的互惠合作。积极参与维护马六甲海峡安全的地区事务和海上合作。

第十二章　国际海洋事务

拓展双边和多边海洋合作空间，积极引导区域海洋合作，切实履行国际责任和义务，全面提高我国参与国际海洋事务的能力。

第一节　全面参与国际海洋事务

积极参与联合国相关海洋事务，提高参与国际海洋规则制定和海洋事务磋商能力。加强对联合国教科文组织政府间海洋学委员会、国际海底管理局等机构工作的实质性参与。深化《联合国海洋法公约》研究，跟踪世界各国实践公约的最新情况。准确把握国际海洋秩序发展新趋势，做好参与重要国际事务的政策、法律、科学、技术及执行方案的储备，提高研判和行动能力。深入参与海洋环境保护、海底资源开发、渔业资源管理、海事与海上救助等涉海国际公约、条约、规则的制定、修订工作。推进与相关国家及国际组织的合作，积极开展国际海洋合作研究与技术培训。积极参与联合国海洋和海洋法事务非正式磋商、“全球海洋环境状况定期评估”工作，跟踪研究深海生物基因资源、公海保护区等国际海洋热点问题。

第二节　深化拓展双边海洋合作

积极开展政府间、科研机构间的合作，搭建合作平台，加强在海洋观测与调查、海洋生态环境保护与评估、海洋灾害过程研究与防灾减灾、应对气候变化与防范措施、海洋经济发展政策与海洋管理等领域的合作。推进中印尼海洋与气候变化联合研究中心建设，加大对发展中国家海洋防灾减灾能力建设的支持和技术援助力度。加强与发达国家、新兴经济体国家在前沿海洋科学、业务化海洋学、海洋政策与管理、信息共享、教育培训、旅游开发等方面的合作交流，积极推进海洋可再生能源开发、海水淡化、海洋生物工程、海洋矿产资源开发、海洋空间资源利用、极地考察等海洋技术的交流与合作。

第三节　积极引导多边区域合作

加强与有关国家在海洋政策、海洋生态环境保护和防灾减灾等领域的合作，推动南海海啸预警与减灾系统建设。支持并参与联合国政府间海洋学委员会发起的重大海洋科学计划和各项活动，组织实施区域海洋合作项目。积极发展与北太平洋科学组织、国际海洋研究科学委员会、国际海洋学院等国际组织和非政府组织的合作关系。进一步发挥在亚太经合组织海洋工作组中的重要作用，做好亚太经合组织海洋可持续发展中心工作。

第十三章　国际海域资源调查与极地考察

持续开展国际海域资源调查，深化极地科学考察，加强国际海域资源调查和极地科学考察能力建设，为人类和平利用海洋作出贡献。

第一节　加强国际海域资源环境调查与评价

在国际海底开展多金属硫化物、富钴结壳及生物基因资源调查，适时提出多金属硫化物和富钴结壳勘探矿区的申请。深入开展多金属结核合同区的资源评价。开展国际海底环境综合研究，加强深海典型生境生物多样性调查与评价，开展深海微生物、底栖生物和浮游生物研究。加强深海生物基因资源采集、保藏、提取和培养技术研究，开发深海生物资源利用技术。

第二节　深化极地科学考察

实施南极大陆及周边重点海域、北极海域环境的综合考察。深化极地科学考察与研究，重点开展冰川、海洋、大气、地质与地球物理、天文等基础领域的科学研究。加强对极地生物资源调查和利用研究，开展极地微生物基因资源的收集和应用评估。加强北极航道利用调查与研究，积极参与相关领域国际合作。完善极地观测系统，实现南北极综合考察常态化。有效开展南极保护区建设和管理工作。

第三节　加快国际海域调查与极地考察能力建设

新建大洋综合调查船和载人潜水器支持母船，提高装载能力。加大深海矿产资源勘查、开采、选冶加工技术和装备的研发力度。加快国家深海基地建设，提高深海资源调查、深海技术装备研发的综合保障能力。规划建设大洋调查海外支撑保障站点。提高极地科学考察和保障能力，规划建设南极新的考察站，建设南极固定翼飞机保障系统，提高极地考察陆地运输装备能力，实施极地考察破冰船建造工程，确保每年 200 天以上的极地考察时间。实施极地科学考察国内基地的改造升级，重点强化实验分析、数据处理、多学科综合研究、资料数据共享和国际极地信息交流功能。

第十四章　海洋科学技术

坚持深化近海、强化远海、支撑发展、引领未来的方针，加强海洋基础性、前瞻性和关键性技术研究，加快海洋科技成果转化，提高海洋科技对海洋开发、保护与综合管理的支撑能力。

第一节　深化海洋基础科学研究

围绕国家战略需求，在一批重大基础科学上取得突破，推动海洋科学整体水平的提高。重点开展海洋与气候、海洋生物多样性、海陆相互作用、海底深部过程等重大前沿问题研究。加强物理海洋、海洋生物、海洋地质与地球物理、海洋化学等优势领域研究。支持工程海洋学、极地海洋学、海洋观测技术学等新兴领域的研究。推进海洋科学国家重点实验室和科学创新基地建设。拓展野外科学观测站点建设,完善海洋科学观测网络,推进海上综合科学试验场建设。

第二节　发展海洋战略性前瞻技术

深化深海探测技术研究,加快高新海洋工程装备研发,推进"蛟龙号"深海试验性应用。加强大深度水下运载、生命维持系统、高比能量动力装置、高保真采样和信息远程传输、深海装备制造等技术研发,实现重载作业型水下机器人装备与技术的国产化。发展海洋观测技术,提高自主创新能力,突破一批海洋生态和动力环境观测核心技术,加快推进海底观测网技术发展。发射海洋系列卫星,完善数据地面接收站建设,深化海洋卫星遥感技术的研发和应用。加强特种船舶装备技术研发,重点发展深海钻井船关键技术、大洋渔业船舶与装备关键技术、深远海多功能可移动式人工岛关键技术、海上救捞作业船和深潜救助打捞作业技术及配套装备。继续发展深海勘探技术,加强大洋、海底多参数快速勘测和三维勘查技术、热液区原位观测和综合评价技术、深海矿产资源和生物资源取样关键技术及工程样机研发。研究二氧化碳海底封存技术。

第三节　推进海洋技术产业化

完善海洋科技创新体制机制,搞好海洋科技投融资平台建设,积极推进产学研结合,发挥企业在成果转化中的主体作用,推动形成区域海洋科技产业联盟。实施科技兴海工程,推进成果转化和产业化。支持海洋产业技术研发转化中心和孵化基地建设,推进海洋工程技术(研究)中心、海洋技术成果转化和高新技术产业化基地、海洋技术推广中心建设,引导海洋生物、海洋工程装备制造、海水综合利用、海上清污和海洋能等科研成果加快转化。发展苗种繁育、绿色养殖和精深加工等海洋生物资源开发与高效综合利用技术。加快深海生物资源利用技术转化,在深海生物制品、工业酶以及生物冶金等方面实现产业化突破,规划建设海洋生物医药产业园和海洋药谷。搭建海洋可再生能源开发利用实验平台,完善海洋可再生能源标准体系,加速海洋能产业化进程。强化海水淡化技术研发、示范及运行机制的集成创新,开展新能源和海水淡化联合技术示范应用,实现万吨级以上大规模海水淡化、海水循环冷却等工程示范和产业化推广,到2015年,反渗透法和蒸馏法海水淡化单机规模分别达到1.5万立方米/日和2.5万立方米/日。大力推进深水油气生产作业装备、深海通用材料、基础部件产业化开发。

第十五章　海洋教育和人才培养

实施"泛海人才战略",加快海洋教育发展,加强高层次创新型人才培养,完善海洋人才工作体制机制,发挥海洋人才效能,统筹推进海洋人才队伍建设。

第一节　加快海洋教育发展

支持发展海洋高等教育,调整优化涉海高等院校海洋学科专业设置,扩大相关专业办学规模,推进重点学科和实验室建设,加强国内外学术交流与合作,积极培育具有国际水准与地域特色的海洋院校和专业。在经费投入、扶持政策等方面对海洋基础学科教育予以适当倾斜。积极发展研究生教育,改革培养模式。实施海洋人才培养共建计划,继续推进涉海部门(单位)与相关高等院校合作共建。加强海洋职业教育和培训,壮大专业技能人才队伍。制定海洋行业继续教育规划和实施办法。

第二节 培养创新型领军人才

实施海洋领军人才和创新团队培养发展计划、高层次创新型海洋科技人才引进计划。结合国家重大项目、重点实验室、博士后科研流动(工作)站建设,建立高层次创新型人才培养基地。健全有利于人才创业及团队形成的引进、使用、培养、评价和激励机制。完善首席科学家、首席专家和特聘专家制度,对重大海洋科学与调查项目推行技术负责人与行政负责人分离制度。支持我国科学家参加国际大型海洋科学研究计划,牵头组织重大国际合作研究项目。促进与港澳台地区在海洋科技教育与人才培养方面的交流合作。以海洋高新技术产业园区和涉海留学人员创业园为载体,加大对高层次留学人才回国创业的扶持力度,为引进人才提供全方位服务。

第三节 统筹海洋人才队伍建设

根据海洋事业发展需要,加强海洋工程装备技术、海洋资源开发利用技术、海洋公益服务专业技术、海洋管理、海洋高技能和国际化海洋人才队伍建设。制定重点海洋产业人才发展目录,研究重点领域海洋专业技术人才培养与激励政策。引导企业参与国家重大海洋专项,在研发实践和产业化过程中集聚培养人才。稳定海洋专业技术工作方向,加强专业技术团队培养。鼓励海洋相关专业毕业生到基层台站、远洋船舶、边远海岛等一线地区和艰苦岗位实习工作。实施海洋优秀青年科技人员培养计划,为海洋事业发展储备优秀人才。开展海洋人才动态跟踪统计工作,形成监测评估体系,促进人才有效配置与合理流动。

第十六章 海洋法律法规

坚持依法治海、依法护海,健全海洋法律法规体系,完善海洋执法与监督机制,不断提高海洋依法行政能力和海洋综合管理水平。

第一节 加强海洋立法工作

完善海洋立法的框架体系,提高海洋立法工作的针对性和前瞻性,推进海洋立法工作有序开展。加快制定南极活动管理条例等法律法规。加强海洋经济、渤海区域、海洋防灾减灾、海洋巡航执法、大洋勘探、军事用海管理以及海洋基本法等方面的立法研究。进一步完善海域使用、海上交通安全、海洋倾废等方面的法律制度。制定与相关法律配套的实施细则,确保海洋法律执行的可操作性。研究建立法律法规实施效果评估制度。支持沿海地区出台地方性海洋法规与政府规章,健全上下协调的法律法规体系。推进海洋法律法规的普及与宣传。

第二节 提高依法行政水平

加强干部队伍法治教育,增强依法行政观念,提高执法水平。强化海洋执法体系建设,重点加强海域使用、无居民海岛利用、海洋环境影响评价和海洋工程等审批环节的制度建设与管理，形成规范的行政决策程序，落实专家咨询、合法性审查、风险评估、重大决策听证、政府信息公开等制度。加强海洋领域信访和行政复议工作，完善举报投诉平台，推行行政复议委员会制度，建立健全对行政处罚、许可、强制、复议等行为的审查程序，及时化解各类用海矛盾。

第十七章 海洋意识和文化

树立建设海洋强国的意识和理念，发掘和保护海洋文化遗产，培育海洋文化产业，促进海洋文化繁荣发展，增强海洋事业发展软实力。

第一节 提高全民族海洋意识

制定增强全民族海洋意识指导意见。推进中小学海洋基础知识教育，加强高等院校海洋科学和文化普及教育。充分利用自然博物馆、科技馆、展览馆等各类场馆，建设一批海洋科普教育基地，完善海洋保护区的科普教育功能。积极推进国家海洋博物馆和中国海洋档案馆建设。积极开展海洋文化理论研究，编纂中华海洋文明史，出版海洋文化、科普教育等系列丛书。利用各类新闻媒体多形式开展海洋宣传工作。组织开展海洋知识竞赛、海洋夏令营、海洋博览会等活动，继续办好“世界海洋日暨全国海洋宣传日”等海洋主题宣传和文化活动。

第二节 保护海洋文化遗产

制定海洋文化遗产保护规划。加强海洋文化遗产研究和调查，初步查清我国涉海文物和非物质文化遗产数量、规模和保护现状。加强海洋水下文化遗产保护，实施南海Ⅰ号、南澳Ⅰ号等沉船遗址和西沙水下文物重点保护工程，提高水下考古科技和装备水平。加强各级水下文物保护区建设，加大执法力度，保障管辖海域水下文化遗产安全。系统整理保护民间节庆等习俗、文学艺术、传统技艺、饮食服饰等涉海非物质文化遗产及代表性传承人，拓展文化遗产传承利用途径。加强（象山）海洋渔文化生态保护区建设。发掘、传承和弘扬妈祖文化、以海洋丝绸之路为代表的海洋商业文化、以郑和下西洋为代表的航海文化，鼓励各类海洋文化艺术作品的创作和展示发行。

第三节 培育海洋文化产业

加强政府对海洋文化产业的引导与培育，实施重大海洋文化产业项目带动战略，推动海洋文化产业基地和区域性特色海洋文化产业群建设。编制海洋文化发展规划，制定海洋文化产业发展扶持政策，设立海洋文化基金，鼓励跨所有制经营和重组，推动海洋文化与制造业、服务业和高新技术产业的融合，提高规模化水平。积极发展海洋文化娱乐、旅游休闲、体育运动等产业，培育一批优质海洋旅游景区和旅游线路，打造国家精品海岸和海岛旅游带。继续搞好青岛国际海洋节、厦门国际海洋周、象山开渔节、平潭国际沙雕节等各具特色的海洋节庆活动，打造招商引资、集聚产业的文化平台。

第十八章　保障措施

充分认识海洋在发展全局中的战略地位和重要作用，增强紧迫感和忧患意识，强化对海洋事务的统筹协调，加强对海洋经济的宏观调控，加大对海洋事业的支持力度，努力提高海洋开发、控制和综合管理能力。

第一节　制定海洋发展战略

树立海洋科学发展观和权益观，把握全球海洋发展态势，深入开展海洋发展的战略性、方向性和政策性等重大问题研究。制定并实施国家海洋发展战略，统筹我国在内水、领海和毗连区、专属经济区和大陆架、公海和国际海底区域以及南北两极的现实和潜在利益，统筹国家海洋政治、外交、安全、经济、管理等工作，形成促进海洋事业发展的合力。

第二节　实施海洋综合管理

推动建立海洋事务高层次协调机制，加强涉海管理部门之间的统筹协调和沟通配合，提高中央与地方海洋管理工作的联动性，增强海洋行政管理效能。根据国家宏观政策取向，综合运用海域和海岛、海洋渔业、海运海事、海洋生态环境保护等管理手段，对海洋产业发展和海洋经济运行实施引导和调节，提高综合管理对海洋开发利用与保护的调控效率。

第三节　强化规划配套指导

国务院有关部门和沿海各级人民政府要结合工作职能，立足海洋事业发展的实际情况，加快事关海洋经济发展、海洋生态环境保护、重点海洋产业培育、海洋科学技术研发转化等方面规划的编制实施，落实配套政策和措施，通过充分发挥各类海洋规划的指导调节作用，促进沿海地区产业结构调整和布局优化，加快发展方式转变。各级发展改革部门和海洋行政主管部门要建立海洋事业发展规划实施监督检查与评估机制，定期向同级人民政府和上级主管部门报告有关情况。

第四节　加大政府投入力度

国务院有关部门在安排财政预算和投资计划时，加大对海洋事业的支持力度，按照统筹考虑、区分轻重缓急、避免重复建设的原则，优先保障国家海洋领域重大项目的实施。沿海地方各级人民政府要在制定国民经济和社会发展规划、计划及财政预算时把海洋事业发展放在重要位置，进一步加大基础能力建设、重大专项的资金投入和支持力度。要统筹和规范海域使用金的用途，重点加强海洋环境保护和生态修复，并强化绩效考评和审计监督。

全国海洋经济发展“十二五”规划

前　言

海洋是潜力巨大的资源宝库，也是支撑未来发展的战略空间。我国海域辽阔，海洋资源丰富，开发潜力巨大。经过多年发展，我国海洋经济取得显著成就，对国民经济和社会发展发挥了积极带动作用。大力发展海洋经济，进一步提高海洋经济的质量和效益，对于提高国民经济综合竞争力，加快转变经济发展方式，全面建设小康社会具有重大战略意义。

“十二五”时期是我国海洋经济加快调整优化的关键时期，要准确把握海洋经济发展的阶段性特征，坚持陆海统筹，科学规划，实施可持续发展战略。为科学规划海洋经济发展，合理开发利用海洋资源，根据《中华人民共和国国民经济和社会发展第十二个五年规划纲要》和《全国主体功能区规划》有关精神，编制《全国海洋经济发展“十二五”规划》，作为“十二五”时期我国海洋经济发展的行动纲领。

本规划涉及的区域包括我国的内水、领海、毗连区、专属经济区和大陆架、其他管辖海域以及海洋经济发展所依托的相关陆域（未包括港、澳、台地区）。本规划涉及的海洋产业及海洋相关产业包括海洋渔业、海洋船舶工业、海洋油气业、海洋盐业和盐化工业、海洋工程装备制造业、海洋药物和生物制品业、海洋可再生能源业、海水利用业、海洋交通运输业、海洋旅游业、海洋文化产业、涉海金融服务业、海洋公共服务业等。规划期为2011—2015年，展望到2020年。

第一章　规划背景

“十一五”期间，我国海洋经济快速发展并取得显著成就。同时，受国际金融危机等不利因素影响，海洋经济发展也面临着严峻挑战。

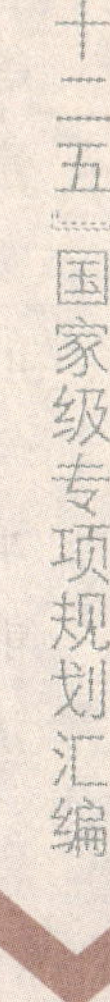

第一节 发展成就

海洋经济总量持续快速增长。“十一五”期间,我国海洋经济年均增长13.5%,持续高于同期国民经济增速。2010年,海洋生产总值近4万亿元,比“十五”期末翻了一番多;海洋生产总值占国内生产总值和沿海地区生产总值比重分别为9.9%和16.1%,较“十五”期末分别提高了0.3个和0.8个百分点;涉海就业人员3350万人。海洋经济已经成为拉动国民经济发展的有力引擎。

沿海地区产业集聚水平显著提高。随着我国参与经济全球化程度不断加深,沿海地区区位优势日益凸显,产业空间布局趋于优化。“十一五”期间,国家加强了对沿海地区经济发展的分类指导,相继出台了一系列发展规划,沿海地区增长极不断涌现,一批临港临海产业园区快速崛起,海洋经济的规模效益明显提升。环渤海、长江三角洲和珠江三角洲地区海洋经济规模不断扩大,2010年三大区域海洋生产总值占全国海洋生产总值的比重达88%。

海洋新兴产业快速起步。海洋技术创新取得新突破,海上风能发电技术进入商业化运行阶段,潮流能、波浪能发电技术进入示范运行阶段,海水提取钾、溴、镁技术进入工业化试验阶段。以海洋高技术为支撑的海洋新兴产业快速发展,年均增速超过20%。2010年,海水利用业增加值近9亿元,比“十五”期末翻了一番多;海洋可再生能源业增加值近40亿元,比“十五”期末翻了三番多。同时,邮轮游艇、休闲渔业、海洋文化、涉海金融及航运服务业等一批新型服务业态加快发展,成为“十一五”期间海洋经济发展的新亮点。

重大海洋基础设施建设取得突破性进展。2010年,沿海港口千吨级以上泊位通过能力超过55亿吨,深水泊位1774个,较“十五”期末分别新增30亿吨和661个,港口设施大型化、规模化、专业化和航道深水化水平大幅提升。青岛海湾大桥、杭州湾跨海大桥、舟山跨海大桥、平潭海峡大桥、厦漳跨海大桥、南澳跨海大桥、港珠澳大桥、青岛胶州湾海底隧道、崇明长江隧道、厦门翔安海底隧道等一批跨海桥梁和海底隧道相继建成或开工建设。重大海洋基础设施的不断完善,加快了生产要素流动与区域经济融合,促进和支撑了沿海地区经济发展。

海洋产业的国际地位和影响力不断提升。我国海运能力不断提高,截至2010年底,超过亿吨的港口20余个,货物吞吐量连续7年保持世界第一;海洋油气生产跨入大国行列,2010年海洋油气产量超过5000万吨油当量;造船能力全面提升,2010年造船工业的造船完工量、手持订单量、新承接订单量均居世界第一,船舶出口覆盖全球169个国家和地区;海水工厂化养殖和远洋渔业捕捞能力显著增强,海洋水产品加工和出口能力不断提高。随着海洋产业国际地位的提升,我国海洋经济的国际竞争力和抗风险能力进一步增强。

第二节 机遇挑战

经过“十一五”时期的发展,我国海洋经济迈上新台阶,站在了新的历史起点上。“十二五”时期是加快海洋经济发展方式转变的重要阶段,必须科学判断和准确把握发展趋势,充分利用好各种有利条件,努力保持海洋经济长期平稳较快发展。

从国际看,经济全球化深入推进,国际产业分工和转移加快,科技创新孕育新的突破,新技术的推广和应用促进了海洋经济结构转型升级,这为我国加快实施海洋经济“走出去”战略,推进海洋经济在更广范围、更大规模、更深层次上参与国际合作与竞争,进一步拓展新的开放领域和发展空间提供了良好条件。同时,受国际金融危机影响,全球经济发展和市场需求仍存在诸多不确定性,各种形式的保护主义抬头；随着能源资源竞争的不断加剧，围绕海洋资源的权益争夺将愈演愈烈；地区性摩擦和冲突频发，主要国际航线面临的非传统安全领域威胁日趋严峻；海洋生态环境约束日益显现，全球气候变化与海洋灾害影响加剧等问题更加突出，这些因素对我国海洋经济发展提出了严峻挑战。

从国内看，我国综合国力稳步增强，工业化、城镇化深入发展，经济发展方式加快转变，市场需求潜力不断扩大，科技教育水平显著提升，基础设施日趋完善，宏观调控能力明显提高，为海洋经济加快发展创造了良好条件。同时，海洋经济发展中不平衡、不协调和不可持续的问题依然突出，粗放增长方式尚未根本转变，产业结构和布局不尽合理，自主创新和技术成果转化能力不强，资源与生态环境约束加剧，保障发展的体制机制尚不完善，这些因素仍制约着我国海洋经济的持续健康发展。

第二章　总体要求

按照全面建设小康社会的总体部署和《中华人民共和国国民经济和社会发展第十二个五年规划纲要》有关要求，确定“十二五”时期海洋经济发展的指导思想、基本原则和总体目标。

第一节　指导思想

以邓小平理论和“三个代表”重要思想为指导，深入贯彻落实科学发展观，坚持陆海统筹，科学规划，合理布局，着力推进海洋产业结构调整升级，增强科技创新能力，强化海洋资源节约集约利用和生态环境保护，完善体制机制，全面提升我国海洋经济可持续发展能力、国际竞争能力和抗风险能力。

第二节　基本原则

陆海统筹，联动发展。统筹陆海资源配置，统筹陆海经济布局，统筹陆海环境整治和灾害防治，统筹陆海开发强度与利用时序，统筹近岸开发与远海空间拓展，全面提高综合开发水平。

结构调整，优化发展。调整产业结构，优化空间布局，合理配置生产要素，改造提升海洋传统产业，培育壮大海洋新兴产业，积极发展海洋服务业，统筹安排各行业用海，加快转变海洋经济发展方式。

生态优先，绿色发展。统筹考虑海洋生态环境保护与陆源污染防治，大力发展海洋循环经济，加强海洋资源节约集约利用，推进海洋产业节能减排与清洁生产，强化海洋生态环境保护和防灾减灾，不断增强海洋经济可持续发展能力。

科技引领，创新发展。完善科技创新体系，着力提升海洋科技自主创新和成果转化能力，发挥科技的支撑引领作用，注重海洋人才培养，改革和创新海洋管理体制，增强海洋经济发展的内生动力和竞争能力。

国际视角，开放发展。充分利用“两个市场”、“两种资源”，积极参与经济全球化，继续实施“走出去”战略，进一步扩大双边、多边经贸合作，加快提升海洋经济对外开放水平。

第三节　总体目标

综合考虑未来海洋经济发展趋势,确定“十二五”时期全国海洋经济发展的主要目标:

海洋经济总体实力进一步提升。海洋经济平稳较快发展,海洋经济增长质量和效益明显提高。海洋生产总值年均增长 8%,2015 年占国内生产总值的比重达到 10%。海洋经济对就业的拉动作用进一步增强,新增涉海就业人员 260 万人。

海洋科技创新能力进一步加强。海洋领域研究与试验发展经费占海洋生产总值比重稳步提升。2015 年,海洋科技成果转化率达到 50%以上,海洋科技对海洋经济的贡献率达到 60%以上。

海洋可持续发展能力进一步增强。海洋资源节约集约利用程度进一步提高,海洋环境恶化趋势得到有效遏制,氮、磷等主要入海污染物排放总量得到初步控制,近岸海域水质总体保持稳定。长江、黄河、珠江等重要河流入海口和渤海等重点海域的水质有所改善。新建各级各类海洋保护区 80 个,2015 年海洋保护区面积占管辖海域面积的比重达到 3%。海洋防灾减灾能力显著增强。

海洋产业结构进一步优化。海洋传统产业升级加快;海洋新兴产业实现突破性进展,2015 年增加值较“十一五”期末翻一番,占海洋生产总值比重超过 3%;海洋服务业增加值年均增长 9%,在海洋生产总值中的比重继续提高。

海洋经济调控体系进一步完善。海洋经济的政策指导和调节能力不断增强,监测与评估能力逐步提升,标准制度日益健全,对外开放水平明显提高,综合管理体制与协调机制进一步完善。

“十二五”期间海洋经济发展主要预期指标

指标名称		2010 年	2015 年	年均增长
经济发展	海洋生产总值年均增长(%)			8
	海洋生产总值占国内生产总值的比重(%)	9.90	10	
	新增涉海就业人员(万人)		〔260〕	52
科技创新	海洋研究与试验发展经费占海洋生产总值比重(%)	1.48	2	
	海洋科技成果转化率(%)		>50	
	海洋科技对海洋经济的贡献率(%)	54.50	>60	
结构调整	海洋新兴产业增加值占海洋生产总值比重(%)	1.60	>3	
	海洋服务业增加值年均增长速度(%)			9
环境保护	新建各级各类海洋保护区(个)		〔80〕	16
	海洋保护区面积占管辖海域面积的比重(%)	1.10	3	
注:〔〕内为五年累计数。				

到 2020 年,我国海洋经济综合实力显著提高,海洋经济发展空间不断拓展,海洋产业布局更为合理,对沿海地区经济的辐射带动能力进一步增强,海洋资源节约集约利用水平明显提高,海洋生态环境得到持续改善,海洋可持续发展能力不断提升,沿海居民生活更加舒适安全。

第三章　优化海洋经济总体布局

根据不同地区和海域的自然资源禀赋、生态环境容量、产业基础和发展潜力,按照以陆促海、以海带陆、陆海统筹、人海和谐的原则，积极优化海洋经济总体布局，形成层次清晰、定位准确、特色鲜明的海洋经济空间开发格局。充分发挥环渤海、长江三角洲和珠江三角洲三个经济区的引领作用，推进形成我国北部、东部和南部三个海洋经济圈；结合落实国家关于沿海区域发展的部署，着力培育一批重要的海洋经济增长极。加大海岛及邻近海域保护力度，有序推进重要海岛开发建设，扶持边远海岛发展，加强海岛地区生态保护，促进经济社会协调发展。

第一节 北部海洋经济圈

北部海洋经济圈由辽东半岛、渤海湾和山东半岛沿岸及海域组成。该区域海洋经济发展基础雄厚，海洋科研教育优势突出，是我国北方地区对外开放的重要平台，是我国参与经济全球化的重要区域，是具有全球影响力的先进制造业基地和现代服务业基地、全国科技创新与技术研发基地。

辽东半岛沿岸及海域。该区域发展的功能定位是东北地区对外开放的重要平台、东北亚重要的国际航运中心、全国先进装备制造业和新型原材料基地、重要的科技创新与技术研发基地、生态环境优美和人民生活富足的宜居区。“十二五”时期建设重点是：大力发展水产品养殖，建设浅海水产品养殖基地及大连海珍品增殖基地，推进海洋牧场建设。整合沿海旅游资源，打造具有地域特色的东北亚黄金旅游线路。充分发挥东北地区出海通道和对外开放门户的作用，加强主要港口和集装箱干线港建设，抓紧完善航运基础设施和服务体系，形成以大连港、营口港为主要港口，锦州港、丹东港为地区性重要港口，葫芦岛港、盘锦港为一般港口的总体发展格局。重点打造以大连为主的海洋工程装备制造基地。重点建设大连海洋生物医药中试与产业化基地，加快研制一批附加值高、市场前景好的新型海洋药物和生物制品。积极发展海水利用业，建设大连海水综合利用示范区。加快推进大连、丹东、葫芦岛等海上风电及其他海洋可再生能源基地建设。加强辽河流域和近岸海域污染防治，加强对典型海洋生态系统、珍稀濒危海洋生物的保护。

渤海湾沿岸及海域。该区域发展的功能定位是我国北方对外开放的重要门户、全国科技创新与技术研发基地，以及全国现代服务业、先进制造业、高新技术产业和战略性新兴产业基地。“十二五”时期建设重点是：依托天津港、秦皇岛港、唐山港、黄骅港，重点发展中转、配送、采购、转口贸易及出口加工等业务，推进天津北方国际航运中心和国际物流中心建设。推进重大旅游项目建设，支持天津邮轮游艇经济发展和东疆保税港核心功能区建设。合理控制渤海油气资源的开发规模，重点做好南堡、曹妃甸油气区的开发，合理布局石化产业集群。积极发展生态型增殖养殖业，建设大型海洋水产品加工基地和物流中心，大力发展休闲渔业。稳定盐业生产，加快盐田改造，提升自动化作业水平。推进形成海水淡化及综合利用、海洋化工循环经济产业链。发挥海洋科技优势，重点发展海水淡化、海上风电、海洋药物和生物制品等海洋新兴产业。改进和完善对海洋经济的金融服务，大力发展船舶融资、船运保险、资金结算等航运金融业务。加强海洋文化基础设施建设，构建以国家海洋博物馆为核心的海洋文化产业集聚区。加强入海河流小流域综合整治和渤海湾海域污染防治，强化陆源污染控制，推进防护林体系建设。

山东半岛沿岸及海域。该区域发展的功能定位是具有较强国际竞争力的现代海洋产业集聚区、具有世界先进水平的海洋科技教育核心区、国家海洋经济改革开放先行区、全国重要的海洋生态文明示范区。“十二五”时期建设重点是：着力培育海洋渔业特色品种，推进海洋牧场建设，建成全国重要的海水养殖遗传育种中心、海洋生物种质资源库和海产品质量检测中心；积极发展高附加值的水产加工业，提升精深加工水平。构筑以青岛港为核心，烟台港、日照港为骨干，威海港、潍坊港、东营港、滨州港为支撑的东北亚国际航运综合枢纽,发展现代航运服务,逐步形成以港口为中心的物流网络和临港物流集聚区。重点发展国际滨海休闲度假、邮轮游艇、海上运动等高端海洋旅游业,建设长岛休闲度假岛和荣成好运角旅游度假区,打造全国重要的海洋文化和体育产业基地。重点发展青岛造船和海洋工程装备制造基地。加强以青岛为核心的海洋科技教育基地建设,依托海洋科技创新优势,在青岛、烟台、威海等地建设海洋新兴产业基地,重点发展海洋药物和生物制品、海洋新材料、海水淡化等海洋新兴产业,加快推进海上风电及其他海洋可再生能源基地建设。加快推进青岛西海岸、烟台东部、潍坊滨海、威海南海等海洋经济新区和青岛中德生态园、日照国际海洋城、潍坊滨海产业园三个中外合作园区建设,建成具有较强自主创新能力和国际竞争力的现代海洋产业集聚区。建设沿海生态廊道,加强自然保护区和海岸带保护,维护生态系统多样性。

第二节 东部海洋经济圈

东部海洋经济圈由江苏、上海、浙江沿岸及海域组成。该区域港口航运体系完善,海洋经济外向型程度高,是我国参与经济全球化的重要区域、亚太地区重要的国际门户、具有全球影响力的先进制造业基地和现代服务业基地。

江苏沿岸及海域。该区域发展的功能定位是我国重要的综合交通枢纽,沿海新型的工业基地,重要的土地后备资源开发区,生态环境优美、人民生活富足的宜居区。"十二五"时期建设重点是:实行江海联动,加快打造以连云港港为核心的江苏沿海港口群。积极发展滩涂农林牧业,改良和培育耐盐碱农作物,营造沿海滩涂防护林带,因地制宜发展滩涂种草养畜。发挥海洋、湿地、文化等旅游资源优势,培育我国东部旅游新基地和生态休闲旅游带。积极推进南通、盐城、连云港沿岸及海域的海上风电基地和盐城风电装备基地建设。推进建设无锡海洋深潜装备研发基地,打造新型高端海洋船舶工业带。大力发展海洋药物和生物制品业,重点建设泰州、连云港、大丰、启东海洋生物产业基地,积极发展高端海洋生物技术产品。加快培育涉海业务中介组织,重点发展海洋环保、海洋科技成果转化交易等服务业。积极培育海洋文化创意产业,规划建设创意设计产业基地。加强自然保护区、湿地、滩涂以及水源保护区等的保护,推进滨海湿地生态修复与保护,构建潮间带和滩涂生态屏障。

上海沿岸及海域。该区域发展的功能定位是国际经济、金融、贸易、航运中心。"十二五"时期建设重点是:推进上海国际航运中心建设,提升上海港国际地位,统筹规划集疏运体系,提高码头泊位的大型化和专业化水平,形成以深水港为枢纽、中小港口相配套的沿海港口和现代物流体系。加强国际航运中心软环境建设,大力发展航运物流、航运金融、航运信息等服务业,探索建立国际航运发展综合试验区;拓展上海航运交易所服务功能,开展船舶交易签证、船舶拍卖、船舶评估等服务;加快发展上海北外滩、陆家嘴、临港新城等航运服务集聚区。进一步拓展旅游市场,整合区内旅游资源,加快发展邮轮产业,建设吴淞口国际邮轮码头。结合发展休闲渔业,积极倡导生态、健康型水产养殖。不断提高船舶自主设计制造能力,重点开发海洋工程装备及关键配套系统,加快建设长兴岛海洋工程装备制造基地。推进海洋可再生能源开发,重点建设东海大桥、临港新城和奉贤海上风电场。加强长江口和近海海域污染综合治理及生态保护,完善区域污染联防机制,推进区域环境保护基础设施共建、信息共享和污染综合整治。

浙江沿岸及海域。该区域发展的功能定位是我国重要的大宗商品国际物流中心、海洋海岛开发开放改革示范区、现代海洋产业发展示范区、海陆协调发展示范区、海洋生态文明和清洁能源示范区。“十二五”时期建设重点是:着力构建大宗商品现货交易平台、海陆联动集疏运网络、金融和信息支撑系统“三位一体”的港航物流服务体系,加快推进以宁波—舟山港为核心的大宗商品储运加工贸易基地和集装箱干线港建设,建设我国大宗商品交易中心。支持发展现代航运服务业,建设宁波、舟山、温州等航运服务集聚区。建设舟山现代远洋渔业基地,优先发展高效生态海水养殖,建设一批生态型水产养殖园区和海洋生物资源精深加工区。加强大洋勘查技术与深海科学研究开发基地建设,支持开展深海装备研制。加强海洋生物技术研究,建设国内重要的海洋生物产业基地。积极发展海水利用业,建设具有国内领先水平的海水资源开发利用工程研究平台、产品中试与产业化基地。积极开发潮汐能、潮流能等海洋清洁能源,积极推进杭州湾、舟山、宁波、台州、温州等海域的海上风电建设。深入挖掘历史文化、民俗文化旅游资源,继续办好海洋文化节,建成我国知名的海洋文化和休闲旅游目的地。严格控制围垦规模,加强沿海标准海塘、防护堤及防护林等建设。

第三节 南部海洋经济圈

南部海洋经济圈由福建、珠江口及其两翼、北部湾、海南岛沿岸及海域组成。该区域海域辽阔、资源丰富、战略地位突出,是我国对外开放和参与经济全球化的重要区域,是具有全球影响力的先进制造业基地和现代服务业基地,也是我国保护开发南海资源、维护国家海洋权益的重要基地。

福建沿岸及海域。该区域发展的功能定位是两岸交流合作先行先试区域、服务周边地区发展新的对外开放综合通道、东部沿海地区先进制造业的重要基地、我国重要的自然和文化旅游中心。“十二五”时期建设重点是:加快发展游艇帆船等高端旅游,积极拓展闽台旅游合作,共同打造“海峡旅游”品牌。积极开展闽台渔业协作,建设生态型海水养殖和海产品精深加工基地,打造全国重要的海水养殖优质品种制种和遗传育种基地。加强厦门港集装箱干线港建设,加快建设连接两岸及港澳、服务中西部地区发展的海峡西岸港口群,积极发展国际物流,构建现代港航物流体系。优化发展船舶修造、海洋工程装备设计研发和制造、海洋精细化工等产业。积极推进海上风电等海洋可再生能源开发,推进闽台新能源合作。加快培育海洋药物和生物制品业,推进厦门、福州、泉州等海洋药物及生物制品生产基地建设。积极发展海水利用业,实施海水淡化和海水综合利用高技术产业化示范工程。以区域特色海洋文化资源为依托,积极培育海洋文化创意产业。加强沿海港湾、近海岛屿保护,加强入海河流小流域污染综合整治和近岸海域污染防治。

珠江口及其两翼沿岸及海域。该区域发展的功能定位是提升我国海洋经济国际竞争力的核心区、促进海洋科技创新和成果高效转化的集聚区、加强海洋生态文明建设的示范区、推进海洋综合管理的先行区。“十二五”时期建设重点是:加强粤港澳邮轮航线合作,打造世界邮轮旅游航线重要节点,积极发展新兴旅游项目,重点建设南澳岛、惠东巽寮、红海湾等一批海洋综合旅游区,建成国际高端旅游目的地。以广州、深圳、湛江、珠海、汕头等主要港口为依托,打造世界级港口群和国际物流中心。加快深海油气资源勘探、开发、储备和综合加工利用,推进广州、深圳、珠海、湛江、惠州等地深海油气资源开发装备研究、生产基地建设,在汕头、南澳海域适度开发海上风电。支持广州提升大型船舶制造基地自主设计制造能力;大力发展船舶配套产业,建设广州、江门船舶配套基地;积极发展游艇制造业,重点建设珠海、东莞、中山等游艇制造基地;积极发展深海勘探和开发设备、海洋新能源开发设备等海洋工程装备制造业。积极拓展深水大网箱等海洋离岸养殖,加快发展水产品加工流通业,建成一批水产品加工基地和物流中心。充分利用南海海洋生物资源优势,重点发展海洋药物和生物制品。严格控制珠江口围垦,保护河口和海岸湿地,加强典型海洋生态系统、珍稀濒危物种和重要渔业资源的保护。

广西北部湾沿岸及海域。该区域发展的功能定位是中国—东盟开放合作的物流、商贸、先进制造业基地和信息交流中心、重要的国际区域经济合作区。“十二五”时期建设重点是:大力推广生态养殖,鼓励发展珍珠、海水名贵鱼等特色品种养殖,建立红树林区生态养殖示范基地;实施海水养殖苗种工程,加快建设水产原良种场和遗传育种中心;加快发展水产品精深加工及配套服务业,建设水产品冷冻加工基地。建设广西北部湾沿海港口,规划建设一批万吨级以上泊位和深水航道,完善西南地区出海大通道的交通基础设施。进一步培育集装箱干线航线,开辟对东盟国家的航线,探索开辟远洋国际航线。积极开发多层次的海洋旅游精品,发展以游艇和帆船为主的海上运动休闲旅游,建立环北部湾滨海跨国旅游区。加快海岛旅游开发,重点推进涠洲岛整体开发和海岛生态修复。积极发展海洋油气业,加大对北部湾盆地的勘探力度,提高对莺歌海盆地海洋油气资源的开采、储存和加工能力。加强红树林生态系统的保护和修复,构建海岸生态防护带,加强海洋保护区建设。

海南岛沿岸及海域。该区域发展的功能定位是我国旅游业改革创新的试验区、世界一流的海岛休闲度假旅游目的地、全国生态文明建设示范区、国际经济合作和文化交流的重要平台、南海资源开发和服务基地、国家热带现代农业基地。“十二五”时期建设重点是:加快海南国际旅游岛建设,积极开发滨海度假、海洋观光、海岛休闲、邮轮游艇、海上运动等特色旅游项目。规范中沙群岛、西沙群岛旅游开发活动,建设热带海岛风情休闲度假基地。发展热带休闲和观赏渔业,推进西沙渔业生产服务基地和海洋水产种质资源保护区建设。建设海南三亚珊瑚礁自然保护区生态教育基地和珊瑚礁修复基地。重点建设海口、洋浦、八所等港口,完善港口功能和配套设施,打造面向东南亚的航运枢纽、物流中心和出口加工基地。加大琼东南盆地深水领域的油气勘探开发力度,鼓励发展商业石油储备和成品油储备。加大对南海海洋矿产资源勘查开发力度。结合海岛供能系统建设,开发海上风电和海洋能等。加强红树林、珊瑚礁、海草床等典型生态系统与生物多样性保护。

第四节　海岛开发与保护

深入贯彻《中华人民共和国海岛保护法》,认真实施《全国海岛保护规划》,统筹海岛保护、开发与建设,严格规范海岛开发利用秩序,强化海岛分类管理,实现海岛的合理开发与可持续利用。

重点开发三大海(群)岛。根据国家区域发展总体战略,统筹考虑海岛的区位条件、发展潜力和生态环境容量,重点开发浙江舟山群岛新区、福建平潭综合实验区和广东横琴岛。浙江舟山群岛新区重点发展港口物流业、高端船舶和海洋工程装备制造业、海洋可再生能源业、现代海洋渔业和海洋旅游业,集中建设战略性资源储备中转基地、大宗商品国际物流基地,将其打造成为我国大宗商品国际储运中转加工交易中心、东部地区重要的海上开放门户、海洋海岛综合保护开发示范区、重要的现代海洋产业基地、陆海统筹发展先行区。福建平潭综合实验区重点发展高新技术产业、海洋产业、旅游业和现代服务业,积极开展两岸产业合作,加强两岸关键产业领域与核心技术联合研究开发,建设海峡西岸高新技术产业基地、现代服务业集聚区、海洋经济示范基地和国际知名的海岛旅游休闲目的地,将其打造成为两岸交流合作的先行区、体制机制改革创新的示范区、两岸同胞共同生活的宜居区、海峡西岸科学发展的先导区。加快广东横琴岛开发建设,重点发展商务服务、休闲旅游、科教研发和高新技术等产业,建设粤港澳地区的区域性商务服务基地、与港澳配套的国际知名旅游度假基地、珠江口西岸的区域性科教研发平台、融合港澳优势的国家级高新技术产业基地，将其建设成为“一国两制”下探索粤港澳合作新模式的示范区、深化改革开放和科技创新的先行区、促进珠江口西岸地区产业升级发展的新平台。

合理开发近岸海岛。以保护为核心，集约利用近岸海岛资源，控制海岛及周边海域的开发规模和开发强度。因岛制宜，科学发展以生态养殖、休闲渔业、生态旅游等产业为主的海岛经济。严格限制围填海等改变海岛岸线的行为，严格限制填海连岛工程建设。支持缺水海岛建设海水淡化、中水回用、海水直接利用以及大陆引水、蓄水等工程。鼓励在有条件的海岛利用风能、太阳能、波浪能等可再生能源发电。

扶持边远海岛发展。在强化保护的前提下，支持有条件的海岛发展特色产业；重点支持边远海岛交通、能源、饮水、环保、防灾减灾等基础设施建设，积极利用风能、潮汐能、太阳能等可再生能源，鼓励边远海岛建设集雨、储水设施以及海水淡化、中水回用等工程；加强边远海岛基础教育、公共卫生、劳动就业、社会保障等公共服务能力建设，着力解决边远海岛居民最急需、最迫切的民生问题。

严格海岛资源保护和开发管理。加强海岛资源和生态、开发利用状况调查评价，建立海岛监视监测系统，全方位跟踪和监测海岛开发利用情况和海岛资源及生态状况，推进海岛生态修复等工作。海岛新建工程项目要符合海岛保护规划，对不符合海岛保护规划的项目要提出停工、拆除、迁址或关闭的时间要求。严格规范无居民海岛利用活动。

第四章　改造提升海洋传统产业

通过技术创新，加快海洋渔业、海洋船舶工业、海洋油气业、海洋盐业和盐化工等传统产业改造升级，提高产品技术含量和附加值，增强市场竞争力。

第一节　海洋渔业

合理调整拓展养殖空间，加快推进标准化健康养殖。合理控制、科学规划近海养殖容量，积极拓展深水大网箱等海洋离岸养殖，支持工厂化循环水养殖，推广应用健康养殖标准和模式，不断优化养殖品种结构和区域布局。发展与海水养殖业相配套的现代苗种业，加强水产新品种选育，提高水产原良种覆盖率和遗传改良率。加快水生动物疫病防控和质量安全检验监管体系建设。因地制宜发展海洋滩涂农牧林业等新型业态。

严格控制近海捕捞强度，大力发展远洋渔业。严格执行休渔、禁渔制度，强化渔业资源保护管理，推进海洋捕捞渔民转产转业，促进渔业可持续发展。积极开展渔业资源增殖放流，加强人工鱼礁和海洋牧场建设，加强重要水产种质资源产卵场、索饵场和洄游通道保护与管理，保护水生生物物种。积极发展过洋性渔业，继续加快开拓大洋性渔业，提高大洋渔场环境及渔情速报等预测预报能力，加强新资源、新渔场的调查与探捕，稳妥推进极地海洋生物资源利用。加强远洋渔业装备和技术研发，积极推动海洋渔船标准化更新改造，培育一批具有国际竞争力的远洋渔业企业和现代化远洋渔业船队。推进海外渔业基地建设，形成集产供销和后勤补给为一体的海外陆上后勤基地。支持远洋渔业发展，继续完善相关扶持政策。以沿海渔港建设项目为平台，延长海洋渔业产业链，带动港区水产品交易、加工等相关产业发展，打造渔港经济圈。

积极发展水产品精深加工业，进一步健全营销体系。培植壮大一批现代化水产品精深加工龙头企业，提高水产品和加工副产品综合开发利用水平，促进水产品加工业集群式发展和优化升级，培育一批具有较高市场占有率的知名品牌。规范水产品交易市场，积极培育大型水产品网络交易平台，建成多渠道、便捷化配送体系，推动单一的传统营销方式向多元化现代营销方式转变。

第二节　海洋船舶工业

建立现代造船模式，推进产品结构调整。适应国际造船标准规范，遵循现代造船模式，强化精细管理，加快推进大型散货船、油船、集装箱船等主力船型的优化升级，开发设计节能环保、安全高效的绿色船舶，着力提高产品核心竞争力，积极拓展国际市场。加强高端船舶和特种船舶研究设计，重点研发系列化大型及支线液化天然气船、液化石油气船、特种工程船舶、豪华客滚船等高技术、高附加值船舶。发展新型高性能远洋渔船、海洋调查船、冰区船舶，培育豪华邮轮、旅游观光游艇等品牌产品。做强做优船舶工业，集中力量优化提升环渤海、长江口和珠江口区域三个具有国际影响力的现代化大型造修船基地。

提高自主研发能力，大力发展船舶配套产业。进一步完善船舶配套产品研发体系，提升自主品牌船舶配套设备的开发能力，提高船舶配套产品本土化装船率，重点研发船用柴油机、轴舵系统、通信导航系统、甲板系统及废物处理设备等高技术、高附加值的船舶配套产品。引导中小企业积极参与大船厂的分段制造生产体系，提高配套服务能力，形成适应现代造船模式的船舶工业产业集群。

第三节　海洋油气业

加大海洋油气勘探力度，稳步推进近海油气资源开发，加强勘探开发全过程监管和风险控制。提高渤海、东海、珠江口、北部湾、莺歌海、琼东南等海域现有油气田采收率，加大专属经济区和大陆架油气勘探开发力度。依靠技术进步加快深水区勘探开发步伐，提高深远海油气产量。到2015年，争取实现新增海上石油探明储量10亿—12亿吨，新增海上天然气探明储量4000亿—5000亿立方米；海上油气产量达到6000万吨油当量。进一步优化发展沿海石油石化产业，加大对现有化工园区的整合力度，推动产业集聚升级。强化沿海液化天然气接卸能力和油气输配管网建设，提高储备周转与区际调配能力。

第四节　海洋盐业和盐化工

合理规划原盐生产布局，稳定原盐生产规模，加快盐田改造，提高自动化作业水平和原盐生产效率。提升工艺技术和装备水平，积极开发高附加值盐产品，推进原盐加工业精细化、系列化发展。积极发展盐化工业，培育盐化工产业新增长点。

第五章　培育壮大海洋新兴产业

以国家级产业园区为依托，以重大技术突破为支撑，以市场需求为导向，巩固壮大海洋工程装备制造业，加快发展海水利用业，扶持培育海洋药物和生物制品业以及海洋可再生能源业，有效提升产业竞争力。

第一节　海洋工程装备制造业

海洋油气资源勘探开发装备。重点研发新型、深水装备及关键配套设备和系统，突破设计制造核心技术，重点发展半潜式钻井平台、自升式钻井平台、半潜式生产平台、浮式生产储卸装置、钻井船、物探船、起重铺管船等装备，全面提升海洋平台电站、动力定位系统、钻井系统、水处理系统、油气处理系统及水下采油、施工、检测、维修系统等设备配套能力。掌握深海油气田开发装备的自主设计和建造技术，形成我国自主开发深海油气资源的装备体系，提升装备总装、配套、技术服务能力。

海洋可再生能源利用装备。提升适合各种类型海上风电场施工安装专用装备的制造能力，加快5兆瓦以上海上风电机组及配套设备的研发和产业化。积极开发海上风电永磁发电系统、海洋浮式风力发电系统、大容量储能系统等新产品以及海洋潮汐能、波浪能和潮流能发电装备。推进海洋能源综合集成利用，加快研发海岛可再生能源独立电力系统设备。

海水利用装备。提高海水利用装备国产化水平，积极研发日产10万吨以上海水淡化设备、循环冷却及海水脱硫成套设备，延伸海水利用装备产业链条。

第二节　海洋药物和生物制品业

开发安全有效、具有自主知识产权、市场前景广阔的海洋新药物，重点开发抗肿瘤、抗感染、抗病毒，以及治疗心脑血管疾病、神经系统疾病、糖尿病、老年性疾病的海洋药物；积极探索海洋生物资源新物质和海洋生物制品新功能，推进海洋生物新技术、新产品产业化。建立海洋生物和药物资源样品库，推进海洋生物产业公共服务及创新平台建设。加强用于生产海洋药物与生物制品的动植物养殖和栽育，积极推进海洋生物酶制剂、海洋生物功能材料和海洋绿色农用生物制剂等的研发与产业化，积极开发海洋保健品和功能食品。建立健全海洋生物制品研发、生产、检测的标准体系，提升海洋药物和生物制品生产装备的研发制造能力，在有条件的城市建设海洋药物和生物制品产业基地。

第三节　海洋可再生能源业

海上风电。优化开发布局，扶持与农渔业兼容发展的潮间带风电建设，积极发展离岸风电项目，提高产业集中度，有序推进海上风电基地建设。加强海上风电输电规划，完善配套基础设施，提高气象保障能力，加强电网并网技术研究。

海洋能。加强海洋能资源勘查，科学选划海洋能利用空间。建设近岸万千瓦级潮汐能电站、近岸兆瓦级潮流能电站、海岛多能互补独立电力系统等示范工程，积极推进产业化进程。

第四节　海水利用业

海水淡化。提高海水淡化技术自主化水平，实施海水淡化科技产业化工程，开展产业化技术和政策示范，鼓励并支持沿海城市、海岛组织实施大规模海水淡化产业示范工程。在满足相关指标要求并确保人体健康前提下，积极开展海水淡化项目纳入市政饮用水工程试点工作，在有条件的海岛以海水淡化水为主要水源，鼓励沿海城市与企业以海水淡化水作为生产生活用水。

海水直接利用。在沿海地区围绕电力、化工、石化等重点行业，大力推广直接利用海水作为工业用水。结合沿海高耗水行业节水改造和新建项目，大力推广应用海水循环冷却。在有条件的沿海城市，推广海水作为大生活用水。

海水综合利用。推进海水化学资源综合利用，大力开发精细化工产品，重点研发海水提取钾、溴、镁等系列产品的应用技术。

第六章 积极发展海洋服务业

大力发展海洋交通运输业、海洋旅游业和海洋文化产业，积极发展涉海金融服务业、海洋公共服务业，加快推进产业结构转型升级，保障海洋经济健康发展。

第一节 海洋交通运输业

海上运输。优化海运船舶运力结构，促进海运船舶的大型化、专业化。培育一批规模较大、竞争力较强的航运企业，增强远洋航运能力。2015 年，远洋船舶平均吨位达到 25000 吨，沿海港口货物吞吐量达到 78 亿吨。提高运输组织化水平，加快发展大宗货物和集装箱等的多式联运，推进完善陆海联运体系。加快上海国际航运中心建设，推进天津北方国际航运中心、大连东北亚国际航运中心建设，提升国际航运合作水平。积极发展航运保险、航运金融、海事仲裁和信息咨询等高端航运服务业，初步形成现代航运服务体系。

港口建设。有序推进沿海港口建设，完善布局，拓展功能，着力提升港口保障能力和服务水平。重点推进煤炭、原油、液化天然气、铁矿石和集装箱等主要货类运输码头建设。到 2015 年，沿海港口深水泊位达到 2214 个。推进港口企业规模化、集约化经营，鼓励发展公用码头。加强港口深水航道、防波堤等公共基础设施和集疏运系统建设。

港口物流。加快发展港口物流，推进港口与临港产业园区的有效对接和联动，建设以港口为依托的全国性物流枢纽、物流园区和国际物流中心，构建以港口为重要节点的物流服务网络。支持口岸基础设施建设，改善口岸监管条件。加快电子口岸建设，在主要港口建立港航电子数据交换中心，为通关一体化服务创造条件；推进港口物流公共信息平台和电子商务平台等重大示范工程建设，逐步建成区域性物流公共信息平台。

第二节 海洋旅游业

科学规划和开发滨海、海岛等旅游资源，积极推进生态旅游示范区、滨海度假区等建设。实施旅游精品战略，因地制宜打造各具特色的滨海黄金旅游带。推进海南国际旅游岛建设。积极推进海岛旅游，有序引导社会资本投资无居民海岛的保护开发。积极发展休闲渔业。大力发展邮轮经济，推进大连、天津、青岛、上海、厦门、深圳、北海、三亚等港口邮轮运输，完善港口码头的旅游服务功能，支持有条件的地方发展成为邮轮母港。建设游艇基地，规范游艇市场秩序，发展以游艇和帆船为主体的海上运动休闲旅游。

第三节 海洋文化产业

弘扬海洋文化，充分挖掘以涉海文物、遗址、古建筑等为代表的历史文化和以海岛生活习俗、节日庆典、体育活动等为特色的民俗文化，支持开展渔文化生态保护区建设，打造一批海洋文化品牌。继续办好中国海洋文化节、青岛国际海洋节、厦门国际海洋周、象山开渔节、全国大中学生海洋知识竞赛等海洋文化活动。充分利用各类媒介，广泛传播海洋文化，规划建设一批具有海洋特色的博物馆及民俗文化景区。积极培育以海洋为主题的演艺、展览、出版、动漫等文化创意产业。

第四节　涉海金融服务业

加强金融市场建设，拓宽海洋经济融资渠道，创新金融保险工具，完善海洋金融服务体系。探索海域使用权抵押贷款等创新模式，发展和培育海域使用权二级交易市场。积极支持符合条件的涉海企业以发行股票、公司债券等多种方式筹集资金。探索海洋灾害保险新模式，建立和完善海洋保险和再保险市场。

第五节　海洋公共服务业

加快海洋信息体系建设，提供海上通信、海上定位、海洋资料及情报管理服务等，积极培育海洋信息服务企业，促进信息服务向专业化、网络化、品牌化发展。利用国家陆海统一的测绘基准框架和数字海洋信息基础框架，加强海洋测绘地理信息公开和服务。提升海洋立体监测和预报服务能力，积极开展海洋产业安全生产、环境保障、气象预报等专题服务，强化面向港口作业、海洋油气生产、海上旅游、海洋渔业、海洋盐业等领域的服务。提高海洋工程环境影响评价、海域使用论证、海洋工程勘查、气候可行性论证、海洋气象灾害风险评估等服务水平，积极拓展海洋公共服务领域。对海上渔船安全实行实时监控，完善海上搜救应急服务，积极推进搜救活动的双边、多边和区域合作。提高海域治安管理能力，构建海上治安打防管控体系，改进出入境船舶边防检查服务，优化国际航行船舶管控服务。

第七章　提高海洋产业创新能力

推动海洋产业核心技术的原始创新、集成创新、引进消化吸收再创新，提高海洋科技成果转化率，增强科技创新与支撑能力，积极引导和鼓励科技型涉海企业发展，加强海洋产业创新型人才队伍建设。

第一节　积极发展海洋产业核心技术

支持发展市场前景广阔、辐射带动作用显著、有利于促进海洋产业结构升级的核心技术。在海水利用技术领域，加强海水淡化、海冰淡化和海水直接利用新技术研究，开发大型低温多效、反渗透海水成套技术，发展适于海岛的多能源耦合海水淡化技术和装置，研发大生活用海水高效预处理技术和后处理技术、海水脱硫技术及海水冷却技术。在海洋油气勘探开发技术领域，进一步研发具有自主知识产权的深水油气勘探和安全开发技术，发展深水工程重大装备及配套作业技术。在海洋工程装备技术领域，加快特种船舶建造、深海探测、深水油气生产作业、天然气水合物开采、深海通用材料等技术和装备研发。在海洋生物资源综合利用技术领域，发展深远海生物资源利用技术，深化海洋生物产品精深开发技术与装备研发，加强海洋药物、海洋功能食品和海洋微生物开发等关键共性技术研究。在海洋可再生能源利用技术领域,突破温差能等海洋能开发利用关键技术,自主研发万千瓦级潮汐能、兆瓦级潮流能、百千瓦级波浪能发电装置等核心设备。在海洋观测监测技术领域,重点研发海洋调查、观测、监测设备与仪器。

第二节　加快推进海洋科技成果产业化

建立健全海洋科技成果转化机制。充分发挥市场、政府和中介机构的作用,完善产学研结合模式,积极推动协同创新,加快建设公共转化平台和成果转化基地。完善海洋科技成果转化相关政策,创新海洋科技成果转化激励和评价机制,积极推进海洋科技成果转化,发展海洋高技术产业园区和技术交易市场等。创新投融资机制,鼓励企业、社会团体和中介机构参与海洋科技创新及成果推广应用。加强海洋科技成果、技术转让等信息资源的共享服务,建设并完善海洋科技成果产业化信息服务网络。有条件的地区在统筹现有资源的基础上,建设海洋科技成果转化平台、交易服务和推广中心。

加强海洋高技术产业园区建设。重点鼓励海洋高技术产业发展基础好、竞争优势突出的园区拓展发展空间,提高建设和管理水平,强化创新功能,提高产业承载和集聚能力。支持各类产业园区优化调整结构,推行园中园和一区多园模式,建设特色海洋产业园区,推进建设国家科技兴海产业示范基地和海洋高技术产业基地,规划建设青岛蓝色硅谷海洋科技自主创新示范区。

第三节　鼓励科技型涉海企业发展

积极推进涉海企业技术创新,加快培育一批集研发、设计、制造于一体的海洋科技型骨干企业。采取技术合作、知识共享、共同开发等方式,加快构建以企业为主体、市场为导向、产学研相结合的海洋产业技术创新战略联盟。支持涉海企业、社会团体和中介机构制定国际、国内海洋技术及产品标准。鼓励民营经济和中小企业积极参与海洋新兴产业发展。

第四节　培养海洋产业创新型人才

加强海洋产业高层次创新型人才培养和引进,壮大海洋工程装备、海洋资源开发、海洋公共服务专业技术人才队伍和海洋高技能人才队伍,加强跨学科优秀科技创新团队建设。营造海洋产业创新型和领军型人才发展的良好环境,建立海洋产业人才教育培训基地,完善海洋产业人才培养开发、评价发现、选拔任用、流动配置和激励保障机制,引导和鼓励涉海企业建立创新人才培养、引进和奖励制度;大力推进海洋产业人才创业,积极推动符合条件的海洋产业人才进入国家创新型人才创业扶持计划;构建统一开放的海洋产业人才信息服务平台,完善人力资源市场服务功能,促进海洋产业人才合理流动。

第八章　推进海洋经济绿色发展

科学开发利用海洋资源,积极发展循环经济,大力推进海洋产业节能减排,加强陆源污染防治,有效保护海洋生态环境,切实增强防灾减灾能力,推进海洋经济绿色发展。

第一节 大力发展循环经济

鼓励涉海企业加大海洋资源循环利用技术研发和应用等方面的投入，引导园区及企业开展海洋领域循环经济示范。重点围绕海水养殖业、海水利用业、海洋盐业和盐化工等领域，探索构筑沿海地区循环产业体系。积极开展有关循环经济的信息咨询和技术推广，支持涉海企业参与循环经济领域的国际交流与合作，引进国外先进的循环经济技术和模式。

第二节 加强海洋生态环境保护

在促进海洋经济快速发展过程中，要高度重视海洋生态环境保护，促进海洋经济和生态环境和谐发展。在海洋资源利用过程中，要坚持优先保护生态，在保护中开发，在开发中保护。坚持海陆统筹、河海兼顾，完善海洋生态环境保护协调合作机制。继续推进海洋环境监测网络建设，提升装备能力和技术水平。提高海洋污染防控力度，编制实施近岸海域污染防治规划和主要入海河流河海统筹规划，大力实施渤海环境保护总体规划等专项规划，加强污染源治理和监督性监测。加强海洋环境风险管理和防控能力建设，完善海洋环境影响评价制度，制定海洋环境风险、灾害风险评估规范和技术标准。对于海上石油勘探开发等新建项目，要严把环评审批关，不得批准不符合海洋环境保护规划要求的项目。建立海洋工程灾害风险评估机制，对于在建和已建项目，要定期开展环境风险排查整治。建立健全海洋生态损害赔偿和损失补偿制度。加大海洋污染监督执法力度，强化海洋生态监控和生态灾害管理，重点对典型海洋生态区、核电和危险化学品集聚区、城市相邻海域、临港临海产业园区和重大工程建设、海洋倾废实行实时和全过程环境监管，加强海漂垃圾整治。建立海上石油勘探开发溢油事故责任追究制度。强化海洋生态建设和海洋保护区管理，编制实施海洋生态保护与建设规划。加强海岸带综合治理，统筹规划海岸带整治修复工作。高度重视海岸湿地及近海特别是滩涂、红树林、珊瑚礁以及生物多样性等保护，严格控制开发占用湿地，制定并实施海洋珍稀物种专项保护行动计划，推进受损海洋生态系统修复，建设海洋生态文明示范区。

第三节 推进海洋产业节能减排

大力推进海洋产业节能减排。根据区域海洋环境容量和生态承载能力，制定严格的产业准入标准，完善海洋环境风险项目准入制度。严格执行环境影响评价制度。加强重大工业项目建设的前期论证，严格立项和审批程序，严格禁止国家产业政策限制类、淘汰类项目在沿海地区布局。推广节能环保发展模式，通过技术改造创新，淘汰落后生产工艺装置，促进传统高耗能、高污染企业改造升级，进一步降低能耗和污染物排放量。积极开发利用潮汐能、波浪能、海上风能等清洁能源，鼓励资源节约型和环境友好型产业园区建设。在滨海湿地、三角洲和海岛等典型生态区，鼓励发展生态渔业、生态旅游和海洋清洁能源，充分发挥其蓝色碳汇功能，实现经济效益、社会效益和生态效益的有机统一。

加快发展海洋产业节能环保技术。增强涉海企业节能减排意识，建立以企业为主体的节能技术创新体系。推广先进节能技术和产品，积极发展海洋环保装备及环保材料，加快淘汰高耗能老旧渔船和装备，着力解决海上溢油、重金属、有机污染物、放射性物质等主要海洋污染物的防治问题。加快制定涉海行业节能减排标准。

严格控制污染物排放。根据海洋功能区环境保护要求，严格执行陆源入海排污口及海上人工设施污染物达标排放标准，规范入海排污口设置，评估近岸海域环境容量，对重点海域实施入海主要污染物排放总量控制；严格管理船舶污水排放，建立港口码头油污水集中处理设施。切实提高污水处理设施运行率和达标处理率。强化新建排海污水处理厂脱氮脱磷工艺，提高现有排海污水处理厂脱氮脱磷效率。

第四节 提高海洋防灾减灾能力

增强企业安全生产和灾害防范意识，开展应急预案演练和应急知识教育，切实提高应急、自救、互救能力。加强防灾减灾基础设施建设和海洋灾害风险评估，危险品生产企业严格执行预警信息发布和上报制度，提高防灾标准，最大限度减少海洋自然灾害损失。加强海洋灾害的监测预报，及时发布预警信息。重点加强水产养殖、海岛旅游等产业防灾减灾避灾能力建设，提高海上作业人员和旅游人员防御海潮、风暴潮等灾害能力，最大限度保障灾害发生后人员安全。加强海上石油勘探开发溢油风险实时监测及预警预报，防范海上石油平台、输油管线、运输船舶等发生泄漏，完善海上溢油应急预案体系，建立健全溢油影响评价机制。加强信息沟通，提高灾害信息服务水平，深化灾害应急联动协作机制。建立应对灾害救援产品与特种装备生产体系，健全海上应急救援队伍，研究制定海洋应急处置管理办法。

第九章 加强海洋经济宏观指导

强化海洋经济规划指导与调节，合理布局临港临海产业，加强海洋经济监测与评估，推进全国海洋经济发展试点，建立与海洋经济发展转型相适应的调控体系。

第一节 强化海洋经济规划指导

加强海洋经济规划指导和政策扶持。进一步完善海洋经济发展规划体系，强化各级各类规划的衔接配合。加强对海洋经济结构调整关键领域和薄弱环节的规划指导，尽快组织编制深海油气资源勘探开发、海水利用、海水养殖、海洋新能源开发利用、海洋旅游发展等领域专项规划。制定相关配套政策，引导海洋传统产业改造升级，着力扶持海洋新兴产业和海洋服务业发展。研究制定海洋产业发展指导目录，确定国家鼓励、限制和淘汰的海洋产业类型，促进产业结构优化升级。

强化海洋主体功能区规划和海洋功能区划对海洋开发活动的指导与约束。科学编制实施海洋主体功能区规划和海洋功能区划，根据不同海域空间的功能定位和管理要求，确定开发方向，控制开发强度，规范开发秩序，优化开发布局，完善开发政策，统筹谋划海洋空间利用和海岸带经济布局。加强区域用海整体规划、整体论证、整体审批和整体围填海管理，充分发挥海域使用管理对海洋产业布局的调控作用。强化执行力度，切实发挥海洋主体功能区规划和海洋功能区划在促进海洋经济科学发展中的基础性、约束性和指导性作用。

第二节 加强海洋经济监测评估

健全海洋经济统计制度，推进国家、省（区、市）、市海洋经济核算工作，完善海洋经济核算体系。开展全国海洋经济调查，推进国家和省级海洋经济运行监测与评估能力建设，定期发布海洋经济监测和评估信息，提高辅助决策能力和社会服务水平。搭建国家海洋经济研究平台，加强海洋经济运行分析评估和海洋经济重大问题研究。

第三节 推进全国海洋经济发展试点

积极推进全国海洋经济发展试点工作，加大对试点工作的指导和支持力度，重点在海洋资源可持续利用、海洋经济发展方式转变、海洋生态文明建设和海洋综合管理等方面探索新思路和新模式。试点地区要建立试点工作定期报告制度，国务院有关部门要加强对试点工作的监督检查和评估，研究解决试点中出现的新情况、新问题，及时总结试点工作经验，抓紧研究制定支持全国海洋经济发展的指导意见。

第十章 保障措施

深化海洋管理体制改革，加强各行业部门间的统筹协调与交流合作，建立健全促进海洋经济发展的制度。加强财政、金融等政策的协调配合，强化规划组织实施和监督评估工作，逐步完善促进海洋经济又好又快发展的政策保障体系，切实提高对海洋经济发展的组织管理与引导能力。

第一节 加强海洋经济管理的统筹协调

完善海洋管理体制，建立健全海洋经济综合管理与协调机制。创新陆海统筹综合管理模式，统筹推进集监管立体化、执法规范化、管理信息化、反应快速化于一体的现代海洋管理体系建设。加强涉海管理部门之间的统筹协调和沟通配合，提高中央与地方海洋经济管理工作的联动性，增强海洋行政管理效能。

国务院各有关部门要加大对海洋经济管理的统筹协调，明确工作分工，落实工作责任。发展改革委、海洋局要会同国务院有关部门建立部际联席会议工作机制，加强对海洋经济的指导与调节。沿海省级人民政府要根据本地区的实际情况，统筹协调各方面力量，抓紧研究制定有利于促进海洋经济发展的政策措施。

第二节 优化海洋经济发展的制度环境

完善海洋法律法规体系。抓紧制定海域使用管理法、海洋环境保护法、海岛保护法、海上交通安全法、矿产资源法、渔业法等法律法规的配套制度，加大执法力度，强化执法监督。加强对地方海洋立法工作的指导，支持沿海地区进行制度创新和改革。

加强海洋产业标准化建设。完善海洋新兴产业、海洋资源开发与综合利用、海洋生态与环境保护等标准体系，加快建立邮轮游艇、休闲渔业、公共服务及文化产业等涉海服务标准体系，提升海洋产业标准化水平。积极参与国际标准的研究和制定，全面加强海洋产业标准化建设。

第三节 完善支持海洋经济发展的政策体系

财政政策。进一步加大对海洋生态环境保护、防灾减灾、基础设施建设等公益事业领域的支持力度。探索通过相关措施加大对海水综合利用、海洋新能源开发、海洋工程装备设计、深海资源勘探开发、海洋药物与生物制品研发、海水养殖、远洋渔业、海洋产业节能减排、海洋环境保护等的支持力度。中央和省级财政要加大对边远海岛的财政转移支付力度，重点支持基础设施、社会保障、基础教育、公共卫生等领域建设。

投融资政策。鼓励和引导民间资本参与海洋产业发展。尽快形成多元化的投融资机制，扩大直接融资比重。鼓励金融机构加大对海洋渔业和海洋新兴产业的信贷支持力度，发挥信贷资源优化配置对海洋产业投资结构的引导和调整作用。支持有实力、有潜力且符合条件的涉海企业上市融资。探索建立促进海洋产业发展的专项基金，鼓励各类创业投资基金投资小型微型海洋科技企业。积极探索海洋自然灾害保险的运作机制，研究建立由被保险人、保险公司、相关政府和融资市场风险共担的保险和担保机制。

海域和海岛管理政策。创新海域和无居民海岛使用权流转的管理制度，推进资源市场化配置进程，完善海域和无居民海岛使用权招拍挂制度，探索建立海域和无居民海岛使用权二级市场以及海域使用权抵押贷款制度。严格控制传统养殖区和捕捞区的建设用海，完善渔业水域、滩涂占用补偿制度。完善海域使用金制度，加强海域整治、保护和管理。科学编制并严格执行围填海计划，加强对围填海项目选址、平面设计的审查，严格按照法定权限审批围填海项目，加强对集中连片围填海的管理。

第四节　加强规划组织实施和督促检查

国务院有关部门要按照职能分工，加强对本规划实施的指导、检查和监督，确保完成规划提出的各项任务。沿海地方各级人民政府要根据本规划确定的功能定位和发展重点，制定或修订本地区海洋经济发展规划，创新机制，明确责任，加强领导，主动与国务院有关部门沟通衔接，确保规划提出的各项任务落到实处。规划实施中涉及的重大政策、改革试点和建设项目按规定程序另行报批。发展改革委要会同海洋局建立健全规划评估机制，加强对本规划实施情况的督促检查，研究解决实施过程中出现的新情况、新问题，重大问题及时报告国务院。

关于促进海洋渔业持续健康发展的若干意见

我国是海洋大国，海洋渔业是现代农业和海洋经济的重要组成部分。改革开放以来，海洋渔业快速发展，结构不断优化，海水产品产量大幅增长，渔民收入显著增加，有力地促进了经济社会发展。但是，我国海洋渔业发展方式仍然粗放，设施装备条件较差，近海捕捞过度和环境污染加剧。为促进海洋渔业持续健康发展，现提出以下意见：

一、总体要求

(一)指导思想

以邓小平理论、“三个代表”重要思想、科学发展观为指导，深入贯彻落实党的十八大精神，坚定不移地建设海洋强国，以加快转变海洋渔业发展方式为主线，坚持生态优先、养捕结合和控制近海、拓展外海、发展远洋的生产方针，着力加强海洋渔业资源和生态环境保护，不断提升海洋渔业可持续发展能力；着力调整海洋渔业生产结构和布局，加快建设现代渔业产业体系；着力提高海洋渔业设施装备水平、组织化程度和管理水平，不断提高海洋渔业综合生产能力、抗风险能力和国际竞争力；着力加强渔村建设和优化渔民就业结构，切实保障和改善民生。

(二)基本原则

——坚持资源利用与生态保护相结合。合理开发利用海洋渔业资源，严格控制并逐步减轻捕捞强度，积极推进从事捕捞作业的渔民(以下简称捕捞渔民)转产转业。加强海洋渔业资源环境保护，养护水生生物资源，改善海洋生态环境。

——坚持转变发展方式与创新体制机制相结合。大力发展海洋渔业产业化经营，加快推进发展方式由数量增长型向质量效益型转变。完善海洋渔业经营制度，健全行业准入和退出机制，不断增强自身发展活力。

——坚持发展生产与改善民生相结合。提高海洋渔业设施装备水平和组织化程度，强化安全生产管理和服务，保障渔民生命财产安全。加强渔村建设，改善渔区基础设施条件，推进渔区社会事业全面发展，不断提高渔民生活水平。

——坚持市场调节与政策扶持相结合。充分发挥市场配置资源的基础性作用,建立现代渔业多元化投入机制。将海洋渔业作为公共财政投入的重点领域,改善基础设施和装备条件,提高科技支撑能力,健全基本公共服务体系。

(三)发展目标

到2015年,海水产品产量稳定在3000万吨左右,海水养殖面积稳定在220万公顷左右,其中海上养殖面积控制在115万公顷以内;近海捕捞强度有效控制,外海和远洋渔业综合生产能力不断增强,海水产品精深加工规模不断扩大;渔业组织化程度明显提高,渔民收入稳步增长;渔船装备水平明显提高,安全生产能力进一步提升;现代渔业产业体系和支撑保障体系基本形成;水生生物资源养护和修复能力明显提升,渔业生态环境有所改善。

到2020年,海洋渔业基础设施状况显著改善,物质装备水平进一步提高,科技支撑能力显著提升,海水养殖生态健康高效,渔船数量和捕捞强度与渔业资源可再生能力大体相适应,海水产品供给品种丰富、质量安全,海洋渔业生态环境明显改善,渔民生产生活条件显著改善,形成生态良好、生产发展、装备先进、产品优质、渔民增收、平安和谐的现代渔业发展新格局。

二、加强海洋渔业资源和生态环境保护

(四)全面开展渔业资源调查

健全渔业资源调查评估制度,科学确定可捕捞量,研究制定渔业资源利用规划。每五年开展一次渔业资源全面调查,常年开展监测和评估,重点调查濒危物种、水产种质等重要渔业资源和经济生物产卵场、江河入海口、南海等重要渔业水域。加强渔业资源调查船建设,完善监测网络,提高渔业资源调查监测水平。

(五)大力加强渔业资源保护

严格执行海洋伏季休渔制度,积极完善捕捞业准入制度,开展近海捕捞限额试点,严格控制近海捕捞强度。加强濒危水生野生动植物和水产种质资源保护,建设一批水生生物自然保护区和水产种质资源保护区,严厉打击非法捕捞、经营、运输水生野生动植物及其产品的行为。完善海洋渔船管理制度,逐步减少渔船数量和功率总量。发展海洋牧场,加强人工鱼礁投放,加大渔业资源增殖放流力度,科学评估资源增殖保护效果。

(六)切实保护海洋生态环境

加强海洋生态环境监测体系建设,强化监测能力。严格控制陆源污染物向水体排放,实施重点海域排污总量控制制度。严格控制围填海工程建设,强化海上石油勘探开发等项目管理,加强渔业水域生态环境损害评估和生物多样性影响评价,完善和落实好补救措施。控制近海养殖密度,加强投入品管理,减少养殖污染。切实加强“三沙”(西沙、中沙和南沙)捕捞管理,保护生态环境。加强渔船油污、生活垃圾等废弃物排放管理,减少对近海、外海和远洋的环境污染。

三、调整海洋渔业生产结构和布局

（七）科学发展海水养殖

按照《全国海洋功能区划（2011—2020年）》等相关涉海规划，制定并落实水域、滩涂养殖规划，引导渔民依法规范养殖。加大水产养殖池塘标准化改造力度，推进近海养殖网箱标准化改造，大力推广生态健康养殖模式。推广深水抗风浪网箱和工厂化循环水养殖装备，鼓励有条件的渔业企业拓展海洋离岸养殖和集约化养殖。加强水产原种保护和良种培育，建设一批标准化、规模化的良种生产基地，提高水产良种覆盖率。加强水产饲料研发，积极推广使用人工配合饲料。加强水生动物疫病防控和水产品质量安全管理。

（八）积极稳妥发展外海和远洋渔业

有序开发外海渔业资源，发展壮大大洋性渔业。巩固提高过洋性渔业，推动产业转型升级。积极参与开发南极海洋生物资源。加强远洋渔业科技研发，提高远洋渔业资源调查、探捕能力。

（九）大力发展海水产品加工和流通

积极发展海水产品精深加工，加快研制加工处理机械、生产线和废弃物处理设备，全面提升水产品加工工艺、装备现代化和质量安全水平。加强海水产品冷链物流体系和批发市场建设，积极发展海上冷藏加工，实现产地和销地有效对接。充分利用国内外“两种资源、两个市场”，保持水产品国际贸易稳定协调发展。鼓励海洋渔业龙头企业、渔民专业合作社开展品牌创建，提高海水产品附加值。强化海水产品市场信息服务，发展电子商务，降低流通成本，提高流通效率。

四、提高海洋渔业设施和装备水平

（十）加快渔船更新改造

升级改造海洋捕捞渔船，逐步淘汰老、旧、木质渔船，发展钢质渔船，鼓励发展选择性好、高效节能的捕捞渔船。全面提升远洋渔业装备水平，培育一批现代化远洋渔业船队。加强渔船建造管理，落实好老旧渔船报废工作，逐步建立定点拆解和木质渔船退出机制，坚决取缔违法违规造船，严格限制建造对渔业资源破坏强度大的底拖网、帆张网和单船大型有囊灯光围网等作业类型渔船。

（十一）加强渔业装备研发

加大对渔船装备技术研发的投入，依托高等院校、科研院所和骨干企业，整合科研资源，建立研发平台和技术创新联盟，培养渔业知识和装备设计制造技术兼备的人才队伍，系统开展渔业装备共性和关键技术研究。

（十二）加强渔港建设和管理

科学规划、合理利用岸线资源，完善渔港布局，加快建设进度，尽快形成以中心渔港、一级渔港为龙头，以二、三级渔港和避风锚地为支撑的渔港防灾减灾体系。重点加强渔港防波堤、护岸、码头和渔政执法设施等公益性基础设施建设，同步建设和完善港区渔需物资供应、船舶维修、海水产品加工、市场等经营性服务设施。理顺渔港建设管理体制，强化渔港管理和维护，明晰渔港设施所有权、使用权、经营权和监督权。建立健全渔港及其设施保护制度。

五、进一步改善渔民民生

(十三)积极推进渔村建设

统筹规划,合理布局,以渔港建设带动渔区小城镇和渔村发展。开展渔区村庄整治,加强渔区基础设施建设,重点解决饮水安全、用电、道路等问题。完善社会保障制度,促进渔区教育、文化、卫生、养老等社会事业全面发展。落实扶持政策,启动实施以船为家渔民上岸安居工程。

(十四)切实促进捕捞渔民转产转业

编制捕捞渔民转产转业规划,加大转产转业政策扶持力度,调动渔民减船转产积极性。支持发展海水养殖、海水产品加工和休闲渔业,延长产业链,提高渔业效益,拓宽渔民转产转业和增收渠道。落实相关就业创业扶持政策,加强渔民职业技能培训,鼓励用人单位积极吸纳渔民就业。

六、提高海洋渔业组织化程度和管理水平

(十五)提高组织化程度和科技水平

创新渔业组织形式和经营方式,培育壮大渔民专业合作社和海洋渔业龙头企业。鼓励渔民以股份合作等形式创办各种专业合作组织,引导龙头企业与合作组织有效对接。鼓励龙头企业向渔业优势产区集中,培育壮大主导产业,加快建设一批现代渔业示范区。大力发展海洋渔业科技教育事业,深化海洋渔业科研机构改革,加强涉渔专业和学科建设,创新渔业科技人才培养模式,加快培育新型渔民和渔业实用人才。深化水产技术推广体系改革,发挥各级水产科研机构、技术推广部门优势,鼓励和支持渔民专业合作社、龙头企业开展技术推广、病害防治等社会化服务,提高水产技术推广能力。

(十六)加强渔政执法

严厉打击“三无”(无捕捞许可证、无船舶登记证书、无船舶检验证书)、“大机小标”(实际功率大于铭牌标定功率)渔船及各类非法捕捞和养殖行为。制定禁止或者限制使用的渔具目录。

(十七)强化涉外渔业管理

深化双多边渔业合作,积极参与国际渔业条约、协定和标准规范的制订,建立健全与国际渔业管理规则相适应的远洋渔业管理制度,提升远洋渔业管理水平。加强渔民及渔业企业的教育和管理,严格遵守有关法律法规和国际条约。

(十八)大力加强渔业安全生产管理

健全安全生产责任和管理制度,加强宣传和培训,深入开展“平安渔业示范县”和“文明渔港”创建。加快建设渔船信息动态管理和电子标识系统,进一步规范渔船流转管理,加强渔业安全应急管理体系建设,尽快普及配备渔船救生筏、船舶自动识别系统、卫星监控系统、渔船通信设备等安全设施。强化海洋渔业气象服务,完善渔业安全应急预案,合理布局救助力量。积极引导渔船编队生产,鼓励渔船开展相互支援和自救互救。

七、强化保障措施

（十九）支持基础设施建设

加大国家固定资产投资对海洋渔业的支持，加快渔政、渔港、水生生物自然保护区和水产种质资源保护区等基础设施建设，继续支持海洋渔船升级改造、水产原良种工程和水生生物疫病防控体系建设。

（二十）加大财政支持力度

统筹考虑并完善捕捞渔民转产转业补助与渔业油价补贴政策，研究提高转产转业补助标准，调整油价补贴方式，使之与渔业资源保护和产业结构调整相协调。继续实施渔业海难救助政策。保障渔政、资源调查、品种资源保护、疫病防控、质量安全监管等经费。继续实施增殖放流和水产养殖生态环境修复补助政策。加大对水产育种、病害防治、资源养护、渔业装备等科技创新和成果转化的支持力度。

（二十一）完善金融保险等扶持政策

金融机构要根据渔业生产的特点，创新金融产品和服务方式，合理确定贷款规模、利率和期限，简化贷款流程，提高服务效率，加强信贷支持。支持符合条件的海洋渔业企业上市融资和发行债券，形成多元化、多渠道海洋渔业投融资格局。研究完善渔业保险支持政策，积极开展海水养殖保险。调整完善渔业资源增殖保护费征收政策，专项用于渔业资源养护。将渔业纳入农业用水、用电、用地等方面的优惠政策范围。

（二十二）强化法制建设

进一步研究完善渔业方面的法律、法规和规章。征收、征用渔业水域、滩涂的，要按照物权法、土地管理法、海域使用管理法等规定予以补偿安置。

八、加强组织领导

（二十三）加强部门协调

各有关部门要认真履行职责，密切配合，加强工作指导，加大工作力度，积极落实各项政策措施；进一步改进渔业服务，精简行政审批事项和程序，减少办证数量，坚决制止涉渔乱收费等侵害渔民合法权益的行为，切实减轻渔民负担。发展改革委、财政部要落实加快海洋渔业发展的资金。农业部要认真履行规划指导、监督管理、协调服务职能，做好海洋渔业发展和生态保护工作。

（二十四）落实地方责任

沿海省级人民政府要对海洋渔业发展工作负总责，逐级落实责任制，建立协调机制，强化渔业行政管理体制和执法体系。沿海地方各级人民政府要将海洋渔业发展纳入当地经济和社会发展规划，明确发展目标，研究制定本地区促进海洋渔业发展的实施方案。

组　　稿：张振明
责任编辑：刘彦青　郑　治
装帧设计：东昌文化
责任校对：张　红

图书在版编目(CIP)数据

“十二五”国家级专项规划汇编（第三辑）/国家发展和改革委员会 编.
-北京：人民出版社，2014.1
ISBN 978-7-01-013029-3

Ⅰ.①十…　Ⅱ.①国…　Ⅲ.①经济规划-汇编-中国—2011~2015　Ⅳ.①F123

中国版本图书馆 CIP 数据核字(2014)第 003259 号

审图号：GS(2014)1 号

“十二五”国家级专项规划汇编
SHIERWU GUOJIAJI ZHUANXIANG GUIHUA HUIBIAN
（第三辑）

国家发展和改革委员会　编

人民出版社 出版发行
（100706　北京市东城区隆福寺街 99 号）

北京新华印刷有限公司印刷　新华书店经销

2014 年 1 月第 1 版　2014 年 1 月北京第 1 次印刷
开本：889 毫米×1194 毫米 1/16　印张：57.75
字数：1470 千字　印数：0,001-4,000 册

ISBN 978-7-01-013029-3　定价：198.00 元

邮购地址 100706　北京市东城区隆福寺街 99 号
人民东方图书销售中心　电话 (010)65250042　65289539